论语

中国春秋时期一部语录体散文集

（春秋）孔子 著

辽海出版社

壹

图书在版编目（CIP）数据

论语 /（春秋）孔子著 . —沈阳：辽海出版社，2014. 12（文化百科）

ISBN 978-7-5451-3240-3

Ⅰ . ①论… Ⅱ . ①孔… Ⅲ . ①儒家 Ⅳ . ① B222.21

中国版本图书馆 CIP 数据核字（2014）第 259893 号

论语

责任编辑：柳海松
责任校对：丁 雁
装帧设计：马寄萍
出 版 者：辽海出版社
地 址：沈阳市和平区十一纬路 25 号
邮政编码：110003
电 话：024-23284473
E - mail：dszbs@mail.lnpgc.com.cn
http://www.lhph.com.cn
印 刷 者：北京一鑫印务有限责任公司
发 行 者：辽海出版社
开 本：787mm × 1092mm 1/16
印 张：80
字 数：1280 千字
出版时间：2015 年 1 月第 1 版
印刷时间：2020 年 3 月第 3 次印刷
定 价：498. 00 元（全四册）

《论语》编委会

前　言

在我国东周时期，周王室东迁后日益衰微，逐渐丧失了宗主地位，各个诸侯为了争夺霸主地位，开始了长期的兼并战争。

在这期间，鲁国的孔子面对“礼崩乐坏”的社会现实，痛心疾首。为了建立一种新的秩序和规则，他决心恢复周公建立的礼乐制度，提出“克己复礼”的主张，并用“仁”对“礼”进行改造，提出并完善了“仁学”理论。

孔子认为，“仁”就是“爱人”，就是对人要尊重、关心和体谅。“仁”既是每个人必备的修养，又是治国平天下必须遵循的原则。

孔子把孝悌看成“仁”的根本，他把“仁”运用到政治领域，就是重视人民，关心百姓的疾苦，就是“德治”。为了实践“仁”，孔子十分重视“礼”，主张克制自己，使自己的言论行为都符合礼的要求。

有一天，孔子的学生子贡向孔子请教：“老师，什么是仁？如何做到仁？”

孔子回答：“克制自己，恢复周礼，就是仁；以周礼为标准，时时处处严格要求自己，使自己的言行符合周礼，就是做到仁了！”

为了实现自己的这一政治主张，孔子经过了长达15年在各诸侯国的游说。然而，由于当时各诸侯国都忙于争霸，并没有谁采纳他以“仁”治国的政治主张。

颠沛流离十几年后，年近70岁的孔子在并未实现自己政治主张的情况下，回到鲁国，专事讲学和历史文献的整理，并把自己的政治主张和思想抱负倾注于笔端，成为我国历史上私学的开山鼻祖，开创了影响我国知识分子2000多年的儒家学派。

孔子一生从事教育事业达 40 多年之久，门生众多。据史料记载孔子弟子有 3000 人，其中才华出众、品德优良者 72 人。

孔子去世后，他的主要弟子及其再传弟子将孔子的言行整理成书，书名叫《论语》，内容包括孔子谈话、孔子答弟子问、弟子之间的相互讨论以及弟子对孔子的回忆等，集中体现了孔子的政治主张、论理思想、道德观念及教育原则等。

《论语》作为一部涉及人类生活诸多方面的儒家经典著作，许多篇章谈到做人的问题。

孔子认为，一个人要正直，只有正直才能光明磊落，只有心中坦荡，做事才没有担忧。

做人要重视“仁德”，这是孔子在做人问题上强调最多的问题之一。在孔子看来，仁德是做人的根本，是处于第一位的。孔子还认为，只有仁德的人才能无私地对待别人，才能得到人们的称颂。

孔子提出仁德的标准，这就是刚强、果断、质朴、语言谦虚的人接近于仁德。同时他还提出实践仁德的 5 项标准，即：“恭、宽、信、敏、惠”，即恭谨、宽厚、信实、勤敏、慈惠。他说，对人恭谨就不会招致侮辱，待人宽厚就会得到大家拥护，交往信实别人就会信任，做事勤敏就会取得成功，给人慈惠就能够很好使唤民众。孔子说能实行这五种美德者，就可算是仁了。

孔子强调做人还要重视全面发展。他说：“志于道，据于德，依于仁，游于艺。”意思是说，志向在于道，根据在于德，凭借在于仁，活动在于“六艺”，即礼、乐、射、御、书、数。只有这样，才能真正地做人。

《论语》成书于战国初期，自古以来就是我国首选的启蒙读物，是我们中华民族古往今来的“同一本书”，共同的话题，共同的语言，共同的思维之道和共同的价值观。

《论语》作为一部涉及生活诸多方面的儒家经典著作，语言简洁精炼，含义深刻，具有深刻的内涵，对我们广大读者具有极大的借鉴意义。

《论语》是研究孔子思想的主要资料。一部《论语》，将孔子及其门生有限生命融到无尽的历史中，创造了我国古代光辉的人文主义精神，被后人誉为“天不生仲尼，如万古长夜”，“半部《论语》治天下”。

《论语》作为国学经典，是我们中华民族五千年的文化精髓，其中蕴涵着丰富而深刻的人生智慧和处世哲理，是经过千百年的历史洗礼和多少代人实践检验过的，是我们广大读者学习的必备精神食粮。我们广大读者阅读《论语》，能够秉承仁义精神，学会谦和待人、谨慎待己、勤学好问等优良品行，使我们成为内外兼修的未来精英。

我们广大读者阅读《论语》，就如同师从贤哲。阅读圣贤之书，与圣贤为伍，是我们精神获得高尚和超越的最高境界。

在如今社会处于转型的时期，充斥着各种各样所谓的现代文化，良莠不齐，纷繁杂芜，作为我们广大读者，应该慎重从文化杂烩中精挑细选最好的、最纯的、最精的文化知识进行学习，以便促进我们健康发展，那么《论语》就是我们最佳的选择。

作为国学经典的《论语》，并非陈旧过时，可以说能够适应任何时代的需要，且不同的时代都可以进行新的解读，都有时代的新意。我们要古为今用，活学活用，在新的时代推陈出新，进行新的解读，赋予新的内涵，不断发扬新的精神。

为此，我们特别编撰了这套《论语》读本，主要是根据广大读者学习吸收的特点，在忠实原著基础上，除了配备原文外，还增设了简单明白的注释和白话新解，同时还配有相应启迪故事和精美图片等，图文并茂，生动形象，非常易于阅读和理解，是广大读者学习《论语》的最佳读物，相信大家从中会获得新的感受和新的意蕴。

目　录

学而时习之 …… 1

自强不息的精神源头 …… 2

大贤孔子的早年经历 …… 5

宋濂冒大雪访恩师 …… 9

李时珍毕生追求科学 …… 10

7岁的秘书省正字刘晏 …… 13

孝弟为仁之本 …… 16

舜孝敬父母友爱兄弟 …… 17

周公以孝悌仁爱服天下 …… 20

孔子践行仁爱之道 …… 23

孔子教育弟子勇毅力行 …… 29

缪彤自挝感化家人 …… 34

巧言令色 …… 35

南朝齐国的昏庸国君 …… 36

顾炎武的天下兴亡之责 …… 36

朱柏庐教人修身治家 …… 41

曾国藩的修身经世实践 …… 45

严惩恶道士的神童 …… 51

敬事而信 …… 53

大禹的爱国爱民精神 …… 54

伊尹的济难报国之志 …… 57

齐襄公失信于人致死 …… 60

一身正气的小才子 …… 61

贤贤易色 …… 63
功追大禹的水工李冰 …… 64
樊於期舍生守信誉 …… 67
晏子维护国家的尊严 …… 67
赵武灵王立志兴国 …… 72
屈原悲吟为国捐躯 …… 76
温良恭俭让 …… 82
子贡尊师重道守墓 …… 83
孔门弟子的孝悌之行 …… 83
季札以孝悌之道让国 …… 87
郯子扮鹿献乳奉双亲 …… 90
中医学开山鼻祖扁鹊 …… 93
孟子的孝悌仁爱实践 …… 97
观其志，观其行 …… 101
周文王姬昌施行仁政 …… 102
天文学的先驱甘德 …… 104
徐勉遗留子孙以清白 …… 105
吴与弼的儒学修养实践 …… 106
道德教育大家王守仁 …… 110
信近于义，恭近于礼 …… 114
中华传统天帝信仰起源 …… 115
周武王姬发继承王位 …… 118
周幽王博笑烽火戏诸侯 …… 120
孔子创建儒家思想体系 …… 121
“二戴”总结儒家精髓 …… 126
战国天文学家石申 …… 129
贫而无谄，富而无骄 …… 132
楚庄王熊侣重用贤能 …… 133
苏武牧羊不失节气 …… 135
王昭君以身和亲安邦 …… 139
诸葛亮为国鞠躬尽瘁 …… 142

为政以德，譬如北辰 …… 146
尧舜禹的天下为公意识 …… 146
姜尚辅周拯救天下苍生 …… 150
齐桓公姜小白选贤改革 …… 155
颜回讲德修义孔子称赞 …… 158
董仲舒三次对策汉武帝 …… 158
董仲舒追求的儒学思想 …… 162
道之以德，齐之以礼 …… 167
晋文公姬重耳文治武功 …… 168
孔子行礼虚心求教渔夫 …… 172
周公制定礼乐典章制度 …… 172
孔子胸怀理想实地考察 …… 176
世界级医学伟人张仲景 …… 181
孟懿子问孝 …… 185
孟子自我培养浩然正气 …… 186
杨王孙裸葬反铺张浪费 …… 190
祭遵克己奉公称楷模 …… 190
马太后不为亲族谋私 …… 192
寒朗不惜冒死平冤狱 …… 196
是仪不存私心勤奉公 …… 199
子游问孝 …… 202
童年贪玩的大儒孟子 …… 203
秦代对孝道思想的继承 …… 204
汉文帝家事国事两相宜 …… 208
缇萦上书救父废除肉刑 …… 212
与日同辉的天文学家刘洪 …… 213
视其所以 …… 217
吴王阖闾称雄一时 …… 218
吕不韦巨富不忘大义 …… 220
巴寡妇清仗义援国 …… 223
司马迁大义退玉璧 …… 227

富贵贫寒不以貌论 …… 230
我国数学史上的牛顿刘徽 …… 230
先行其言而后从 …… 234
越王勾践卧薪尝胆 …… 235
公孙闬巧言祸国 …… 237
荀子坚信人定胜天 …… 238
墨子行侠甘洒热血 …… 241
12岁做上卿的甘罗 …… 245
杰出的科学家祖冲之 …… 248
知之为知之 …… 251
韩非著书实现改革 …… 252
杰出的农学家贾思勰 …… 252
伟大的地理学家郦道元 …… 258
杜甫以诗抒发爱国情 …… 261
范仲淹先天下而忧 …… 266
举直错诸枉 …… 271
刘邦任用贤能治国 …… 272
功不可没的天文学家刘焯 …… 272
唐代杰出天文学家一行 …… 275
明太祖知恩报乞丐 …… 278
明成祖建寺报母恩 …… 281
宋濂一生坚守信义 …… 283
人而无信 …… 286
锐意进取的秦汉文化 …… 287
司马迁身残志坚著史书 …… 290
张骞冒险去西域 …… 292
班超愤然投笔从戎 …… 297
马援的誓言万丈豪气 …… 303
段秀实不畏权贵执法 …… 307

学而时习之

子[1]曰："学[2]而时[3]习之，不亦说[4]乎？有朋[5]自远方来，不亦乐[6]乎？人不知而不愠[7]，不亦君子[8]乎？"

【注释】

①子：我国古代对有地位、有学问的男子的尊称，有时也泛称男子。这里指孔子。

②学：孔子在这里所讲的"学"，主要是指学习西周的《礼》、《乐》、《书》等传统文化典籍。

③时：时时，按时。

④说：同"悦"，愉快、高兴。

⑤有朋：一本作"友朋"。旧注说，"同门曰朋"，即同在一位老师门下学习的叫朋，也就是志同道合的人。

⑥乐：与说有所区别，也表示愉快。

⑦愠：恼怒、怨恨。

⑧君子：有德者，指道德修养高尚而有学问的人。

【解释】

孔子说："学了知识以后，要按一定时间去温习它，不是很愉快吗？有志同道合的朋友从远方来，不是很高兴吗？别人不了解自己，自己也不怨恨，这不就是君子吗？"

孔子人生的理想有三个方面：学习、交朋友、进行自我修养。其中，他把学习放在首位。学习的内容就在于不断地求知致道、讲信修义、进德修身。

孔子反复强调“不亦乐乎”，读书做学问自始至终，都要随时随地地学习，随时随地地反省，只要勤学好问，自然就能不断地提高自己的修养。

【故事】

自强不息的精神源头

“自强不息”源自《周易》：“天行健，君子以自强不息。”它要求人们应当自强不息，自胜自立；同时也勉励人们穷则思变，积极改革，奋发图强。

《周易》的诞生地是现在河南安阳南10千米处的羑里城，这里是商纣王囚禁周文王而演《周易》的地方。商纣王为什么囚禁周文王？周文王又是怎样推演著成《周易》的呢？这话要从头说起。

那是在商纣王的时候，周族还是渭河边上的一个部落。按照当时“公、侯、伯、子、男”五等爵位，周部落首领姬昌被商王朝封为“伯”。这时的姬昌还不是周文王，“文王”之名是汉代以后才叫起来的。

周伯姬昌由于修养出很高的德行，对治理国家也有很高的见地和办法，仅仅3年时间，天下就有三分之二的诸侯国归属了他。为了总结先王治理天下的德与失，姬昌认真考察先贤圣王得天下的原因，以及昏王暴君失天下的根源，他一一写下来，存放在明堂，让自己和后代牢记。

商纣王看到天下诸侯纷纷归附姬昌，心里非常忧虑，他忧心忡忡地对重要羽翼崇侯虎说："我与周伯姬昌竞争，现在他越来越强大，如果要纵容姬昌这样下去的话，恐怕有一天他要来对付我。"

崇侯虎说："周伯姬昌的确是个不凡的人，他所作所为都在行仁义之举，而且善于谋略。他的太子姬发勇敢又果断。中间有个儿子叫姬旦的恭敬节俭而又了解天下。正像大王您说的那样，如果纵容了他们，日后我们就有忍受不了的灾祸；如果放纵了他们，日后我们就会有国灭身亡的危险。趁他们还没有真正成大气候，应该及早想办法制服他们。"

商纣听信崇侯虎的谋划，最后，趁周伯姬昌到朝廷觐见之机，把姬昌囚禁在羑里这个地方。姬昌有家难回，有国难投，心潮起伏，思绪万千，遂下决心泰然处之。他面对着伏羲八卦，自强不息，尽自己平生学识，专注地投入推演先人伏羲的八卦。

相传在上古时，伏羲氏创造了先天易，也叫"先天八卦"；神农氏创造了连山易，也叫"连山八卦"；轩辕氏创造了"归藏易"，也叫"归藏八卦"。说起来，以上从伏羲到神农到轩辕，就是一种文化的传承，但是也没有这一方面的专人去收集整理。

姬昌发现，伏羲的八卦包含了变与不变的道理，"八"能生六十四，六十四又何尝不能生出四千零九十六来，四千零九十六再生出……如此往复，它包含了诸多偶然性、或然性及必然性。

与此同时，"易"，是用数的变化来表示的，这就有了数理在其中；而六十四卦三百八十四爻，那些卦辞与爻辞，上至天文地理，下至人伦道德，森罗万象，无所不包，它汇聚了先人广博的知识和深邃的智慧。于是，姬昌开始对伏羲八卦进行潜心推演。

姬昌推演八卦有两个必要条件：一个是数字；一个是蓍草。其中数字是与人类成长、发展、进步密切相关的，也是《易》的玄关。

《系辞传》记载："天一地二，天三地四、天五地六、天七地八、天九地十。天数五、地数五，五位相得而各有和；天数二十有五，地数三十；凡天地之数，五十有五。"这一段话告诉人们，姬昌以1、3、

5、7、9为奇数，为阳、为天；2、4、6、8、10为偶数，为阴、为地。奇数之和为25，偶数之和为30；5个奇数和5个偶数的和为55。

姬昌推演八卦所用的数字，是以天地为依据。这些数字揭示了一个最基本的数学常识概念。这10个数字的构成，是天、地、人，以至宇宙万物的千变万化所不可能离开的，它为人类揭示宇宙未知的奥秘开辟了道路。

就这样，由天才的姬昌被囚羑里的偶然事件，演化成了一部变化莫测的千古奇书《周易》的必然诞生。

后来，《周易》这部书经过周公和孔子两个伟大人物的推论解读，才流传了下来。经过历代传承，《周易》已成了诸子百家之源，被誉为“群经之首”。

《周易》所说的“天行健，君子以自强不息”，意指君子处事，就应该像天那样高大刚毅而自强不息，自我力求进步，永不停止。其实，这句话不但是姬昌自己身处困境，自强不息推演《周易》精神的真实写照，更体现了我国古代思想家对道德主体性的深刻理解，体现了儒家所说“得众动天”、“强我中华”的进取精神。

在古代传统道德中，自强作为道德精神和规范，其主体不仅是指个人，而且也是指人民、国家和民族。“天行健”本身就是一种永恒的运动和变化，因此，“自强不息”也就意味着永不满足现状，不断改革进取，应时以变，以开创之势治国、平天下。

《周易·革》记载：天地变改，四季得以形成，商汤、周武变改桀、纣的命运，既顺从了天的规律，又适应了百姓的愿望，革卦变改之时的意义是多么重大呀！

总之，自强的道德精神，包含着改革进取的内容。自强不息，变法强国，革故鼎新，改革进取的精神，它贯彻于《周易》始终，成了中华民族贯彻古今的优秀传统。

大贤孔子的早年经历

周公制定的礼乐，体现了当时的时代文明。但是，随着形势的发展变化，至春秋末期，整个社会礼崩乐坏，诸侯割据，连年征战，天下混乱。

至公元前551年，在鲁国陬邑曲阜东南的叔梁纥家里，一个男婴降生了，取名为孔丘，字仲尼。仲尼从小失去了父亲，只能与母亲颜徵在到外婆家所在的曲阜城生活。

仲尼与母亲相依为命。母亲仅靠自己纺线织布、种粮种菜、饲养禽畜以及亲友的接济艰难度日。这位无比坚强的母亲，只能把自己全部希望都寄托在聪颖懂事的儿子身上。受母亲言传身教的影响，仲尼自幼酷爱礼仪，尤其是对祭祀等一些古老文化礼仪有着浓厚兴趣，并且经常做这方面的游戏。

公元前546年早春，一天早饭后，阳光暖暖地照着，大街上传来了悠扬的乐声和嘹亮的锣鼓声。在乐队的后面跟着一队车马。原来，这是某位贵族要进行祭祀活动，参加祭祀的贵族们兴高采烈地坐在车里。

小仲尼赶紧跑出家门和平民百姓一起，紧紧地跟在祭祀队伍的后面。穿街过巷，祭祀队伍来到了曲阜南郊。主祭官和贵族们登上了祭坛，看热闹的布衣平民则有序地站在祭坛周围。

供桌上放着烤熟的猪、牛、羊和油炸的鸡、鸭、鱼、肉等祭品。空气里弥漫着肉的香味儿。只见穿戴一新的主祭官郑重地宣布道：“郊祭大典开始！依规程敬祭天神、地神！”

这次郊祭大典大约进行了一个半小时，年幼的仲尼始终兴致勃勃地在旁边观看着。直至祭祀典礼结束了，仲尼才回到家里，但是年仅6岁的他仍然兴趣不减。刚吃过午饭，他就在院子里摆上一些坛坛罐罐，模仿起祭礼来。他又当“主祭官”，又当“参祭者”，一步不落地按照程序严格操作着。日复一日，仲尼尽情地演习着郊祭。这一切，都被细心的母亲看在眼里。

有一天，母亲把仲尼叫到身边，微笑着问：“丘儿，你长大以后，是想做管祭祀的官吗？小孩子家怎么天天学礼制呀？”

仲尼瞪着一双明亮的大眼睛，认真地回答：“娘啊！我长大了，要当个为国效力的好大夫，不学礼制能行吗？”

母亲听到儿子有读书的要求，心中暗喜，一把将儿子搂在怀里说：“丘儿真是娘的好孩子！从今以后，咱家里专为你设学堂，你姥爷当过教书先生，我也当教书先生，娘教你读书好吗？”

“太好啦，太好啦！孩儿谢过母亲！”仲尼说完，恭敬地给母亲磕了一个头。

公元前546年，6岁的仲尼在家里跟着自己的母亲学识字。他只用了6天的工夫，就把300多个字学会了。

仲尼到了13岁起便开始入学。当时学生们所学的，主要是敬神祭祀的礼节。此外，就是对待长辈的揖让进退礼貌和一些修身做人的道理。仲尼这时候学习的知识，简单地说就是“尚古”，也就是“崇尚古制”。“古”是指古代的尧帝、舜帝、禹王、周文王、周武王、周公时的政治和文化。

这些帝王都仁慈贤明，他们在位时国内的政治都安定而修明，为民造福。可是，到了仲尼这个时代，情形就大不相同了。

原来，在周天子支配下的各国诸侯，互相争权夺利，纷纷与王室脱离关系，宣告独立，过去的修明政治如今都已被搞得混乱不堪了。鲁国只是东方的一个小国，势弱力小，随时有遭受他国兼并的危险。再加上国内权臣们的钩心斗角，天下纷乱如麻。

仲尼目睹这些情形，不免怀念起古代的修明政治和安定的生活，因而对古代的文化和古时候圣人的言行如《诗》《书》《礼》《乐》等，都很细心地去探究。

仲尼在15岁前学习了一般文化知识和基本技能，但这些根本无法满足他对知识的渴求。由于家境贫寒，仲尼没有条件进入专门为贵族子弟设立的高级学校深造，他就只能通过自学来提高自己的水平了。

母亲的精心教育和家庭的深远影响，使年轻的仲尼表现出与众不同的特质。他勤奋好学，当时社会上要求士人必须精通“礼、乐、射、御、书、数”六大科目，他都努力去掌握。他进太庙时遇见什么问什么，表现出极其强烈的求知欲望。仲尼从不放弃任何一个学习的机会，并且非常热衷于政治。他从小就树立了自己的远大理想，决心步入仕途，中兴家业，出人头地。

仲尼对周公非常仰慕，以至于在梦中见到了周公。每次他梦见周公，醒后总是久久不能入睡。因为敬仰周公，他经常到鲁国各地考察学习，遇有不明白的问题就虚心向他人求教，这使他获得了大量知识。

仲尼时刻不忘随时随地研习周礼，通过不断地观摩钻研，使他对周礼的一套越来越熟悉了，他的名气也越来越大了，就连鲁国国君也开始注意到他了。

冬去春来，转眼间仲尼已经19岁了，出落成了一个英俊儒雅的少年，他在一年一度的初春乡射比赛中夺魁，使得他名声更响亮了。

公元前532年的一天，是仲尼结婚的大喜日子。婚后的第二年，孔夫人就生下了一个儿子，这对年轻的夫妇自是高兴不已。

有了家庭的仲尼比原来更加努力地学习，他还曾经专程到宋国考察殷商的礼制，对周礼的渊源进行了研究。他明确地指出夏礼、殷礼以及周礼之间的继承关系。

鲁昭公对仲尼的言行极为赞赏，当他得知仲尼有了儿子，特地命人送去一条大鲤鱼，以示祝贺。仲尼夫妇能得到当朝君王的如此厚待，简直是受宠若惊。仲尼随即给儿子起名为鲤，字伯鱼，以表示对君王赐鱼的纪念。

仲尼渊博学识和出众的才华得到越来越多人的承认和赏识，特别是鲁昭公赐他鲤鱼的消息更是不胫而走，一时间传遍了鲁国都城。鲁国执政的正卿季武子就派人前来请他，让他担任鲁国的大司寇。

仲尼恪尽职守，正直公正，工作上卓有成效，得到了众人赞誉。与此同时，他一面做好本职工作，一面更加孜孜不倦地学习。他越学越感到不满足，越学越感到自己与古代文化结下了不解之缘。在此期间，曾点、颜路先后拜仲尼为师，做了仲尼的学生。

不久，鲁国上卿大夫孟僖子之子孟懿子来给仲尼拜年。

孟懿子说:“我父亲重病前看得明白，鲁都的官学死气沉沉，不出人才。他已面奏国君批准，允许夫子办私学，传道授业。我会遵从父命，尽力帮助夫子办学。”说着，从怀中取出了国君诏书。

这是一份具有深远意义的诏书，它标志着我国从此开启了私人办学的先河。不久，10 多个前来求学的青少年就带着行李衣物和学费搬进了孔门。仲尼在阙里的街西边筑起了杏坛，建成了历史上的民间第一所学堂。

仲尼当时的办学基本方针是“有教无类”，即招生对象不分贫富贵贱和民族国别，一律同等对待。这个方针适应了春秋时期文化下移的潮流，突破了以前贵族教育体制在出身、国别、族别等诸多方面的限制，迎合了广大平民的愿望，因而受到了上至达官贵族、下至平民百姓的普遍欢迎。

仲尼幼年曾受道家学派创始人老子的教导，人到中年仍是一心想向老子学习。于是，他就带着颜回、子路等几个弟子到洛阳去见老子。

仲尼说明来意，向老子求教。老子张嘴大笑道:“你们看我这些牙齿怎么样?”

仲尼看了看老子的牙齿，早已残缺不全了。老子又伸出了自己的舌头问:“那么，我这舌头呢?”

仲尼又仔细地看了看老子的舌头，立时顿悟道:“先生学识渊博，果然是名不虚传!”他又面带微笑地接着说，“如醍醐灌顶，方才大悟呀!”

仲尼师徒辞别老子，返回鲁国。在途中，仲尼喜悦极了。弟子们却都疑云重重，不得释然。

仲尼解释说：“他张开嘴让我们看他牙齿，意在告诉我们，牙齿虽硬，但是上下碰磨久了，也难免残缺不全；他又让我们看他舌头，意思是说，舌头虽软，但能以柔克刚，所以至今完整无损。”

他的弟子们听后恍然大悟，方才明白了其中的奥妙，各人简直受益匪浅。

仲尼的一生从事教育事业达 40 多年之久，学生众多，大家都叫他“孔子”。据史料记载，孔子有弟子 3000 人，其中才华出众、品德优良者有 72 人。

孔子的学生遍布当时的许多个诸侯国，多数来自鲁国、卫国、齐国、秦国、陈国、宋国、晋国、楚国、吴国、蔡国、燕国等。

孔子曾经按品行和专长对他的学生进行分类，举出第一类的佼佼者。其中品行高洁者以颜渊、闵子骞、冉伯牛、仲弓为代表；表达力强以宰予、子贡为代表；擅长政事者以冉有、子路为代表；在学问研究方面以子游、子夏为代表。

这些弟子和学生们，也就是后人所说的“孔门十哲”。他们大都受到孔子的思想理论、德行和爱好的熏陶，与孔子的政治倾向基本一致。孔子的早期活动，通过亲身实践和创办私学，为后来创立儒学积累了丰富的经验。

宋濂冒大雪访恩师

宋濂是明朝著名的散文家、学者，曾经被明太祖朱元璋称赞为“开国文臣之首”。他由于家境贫苦，少年时每日都是粗茶淡饭，穿着破旧棉衣，他的同学中有不少是富家子弟，穿着绫罗绸缎，但他丝毫没有羡慕的意思，而是把全部心思都用在求学读书上。

宋濂很爱读书，遇到不明白的地方总是喜欢刨根问底。这次，他又遇到了一个问题，为了搞清楚这个问题，他冒雪行走数十里，去请教已经不收学生的闻人梦吉老师，当他赶到了老师的家时，碰巧老师不在家。

但是宋濂并没有气馁，过了几天，他再次去拜访老师，这次老师在家，却以不收学生为由拒绝接见他。因为天冷，宋濂被冻得够呛，他的脚趾都被冻伤了。

当宋濂第三次拜访老师的时候，不小心掉入了雪坑中，幸好被人救起。就在宋濂几乎晕倒在老师家门口的时候，老师终于被他的诚心所感动，耐心解答了宋濂的问题。

后来，宋濂为了求得更多的学问，不畏艰辛劳苦，拜访了很多老师，最终成为闻名遐迩的学者！

李时珍毕生追求科学

自强不息的伟大民族精神传承到明代，在资本主义萌芽出现的背景下，更多地表现为在继承儒家精神基础上的对科技的探索和追求。

明代已经认识到了科技的力量，因此涌现了许多以科学研究为己任的大家，这是自强不息的民族精神在新的历史时期的具体表现。而李时珍就是其中的代表。

李时珍是明代医学家、药物学家。他参考历代有关医药及其学术书籍800余种，踏遍青山绿水进行调查研究，历时27年，编著成我国古代药物学的总结性巨著《本草纲目》。这种献身科学，勇毅创新，敢于赶超前人的进取精神，仍然激励着人们前进。

李时珍是湖北蕲州人，出生于中医世家，受父亲的影响，他渴望自己将来也能做一个济世救人的医生。

李时珍小时候因与父亲上山采药，所以对大自然的一草一木，一山一水，一虫一兽，他都感兴趣。但他对治疗病人所用的药物，比对疾病的兴趣更浓一些。为了满足自己这方面的兴趣和志愿，李时珍开始阅读古代那些专门论述自然界各种事物的书籍，像《山海经》、《尔雅》等，都是他阅读的重点。

此外，专门论述自然界花草虫兽的书，还有历史书、地方志、小说、炼丹书、药方书、笔记、传记、博物志等。只要他能看到的书，他就要拿来看。他还边看，边摘录，边做笔记和写心得。

就这样，李时珍在家中关门读书达10年之久，据说连大门也不出。他在27岁那年，还以医术高明，被推荐入朝，在北京当上了太医。他利用这个机会，收集到许多十分宝贵的医药资料。

李时珍知道，书本上的知识是前人的亲身经历所记载下来的十分宝贵的资料，但他自己也觉得这些资料可能会存在不少不正确、甚至是错误的东西。他深深知道，医药是人命关天的大事，如稍一不慎，用错了药，那就会是害人而不是救人，这种事是医生绝对不可出现的。

神圣的责任感，促使李时珍立下志愿，要重修一本新的本草书，也就是中药学著作。在广泛阅读前人著作的基础上，李时珍决定到自然界去，做实地调查，亲自实践。

他除了在自己家乡各地巡游学习、为人治病以外，还不辞辛苦，跋涉万里，足迹踏遍几乎大半个中国，包括河北、江苏、湖南、安徽、河南等地。通过实地考察，李时珍获得了可贵的第一手资料，这就大大增加了写作本草书的科学性。

在巡游各地的过程中，为了研究每一种药物的效用，使读者能得到正确的知识，并在临床时准确地应用这些药，李时珍除了大量查阅前人已取得的成就并加以利用外，他还对自己认为尚未研究清楚，或还存在疑问的地方，都认真负责地进行调查、研究、分析，最后才得出应有的结论。

为了证实鱼类有发声的功能，他特地到海边向渔夫请教学习，终于获得了这方面的知识。他了解到，渔人们总是认真倾听水中的声音，如果声音如雷声般响，这就是石首鱼群来了；如果水中发出轧轧声，那是黄颡鱼群的声音。

为了证实捕蛇者捕蛇的方法，并看看白花蛇身上的花纹的结构，他特地去拜访捕蛇者，并与捕蛇者一同去捕蛇。他看到捕蛇者在石南藤下面铺上沙堆等白花蛇爬过来盘在沙堆上，便用叉子把蛇捕住。他亲自把蛇翻来覆去地看了又看，证实这种蛇身上的确有24块方格的花纹。

为了证实铅对人体是有毒的，李时珍曾亲自到铅矿井，与工人一起下井采矿。他还看到采矿工下井以前，总是先吃许多肥肉、狗肉，并喝一些酒，然后才下井去采矿。矿工说：如果空着肚子下井，必然会中铅气的毒，日久就浑身瘫痪，面色发黄，贫血而死亡。李时珍把亲自见到的情况记了下来。

像这样的记载，在《本草纲目》中数不胜数。过去好多本草学家都没有这样认真负责的精神，所以不是记得不确切，就是缺乏记载。他在这方面大大超过前代本草学家。他记载了矿工常发生汞中毒，煤矿工人发生煤气中毒的症状都十分确切，这些在我国是最早的记载。

从事自然科学研究，需要亲身实践，进行反复考证，才能取得第一手资料。在某些学科，亲身的实践有时是需要冒一定的风险的。例如搞化学试验，有时会起火、爆炸等，没有牺牲精神和勇气，是不可能取得真知灼见的。对李时珍这样一个本草学家来说，同样存在这样的问题。

有些药物的作用，需要亲身去实践，如他对鲮鲤，即穿山甲，曾经自己做过解剖，以观察它是否真的是以蚂蚁为食，结果发现这种动物胃中果然是充满了蚂蚁。

李时珍就是用这种亲眼所见，亲手所做来加以检验的，所以他的著作具有很高的科学性，道理就在这里。更为可贵的是，李时珍还以自己的身体去检验某些药物的药理作用。这是需要有献身科学的精神才能做得到的。

有一种叫罗勒子的药物，据记载可以把眼睛中的异物移去，其功效究竟如何呢？是真是假，李时珍决定做试验。

他先用一个碗，碗中放些水，把罗勒子放在碗中，不多一会儿，罗勒子即吸水膨大，形成一层膜，这就说明了它在眼中也能把眼泪吸收起来，这层膜就会吸住异物，所以它确有这种作用。后来他还用自己的眼睛做了试验，效果的确不错。

李时珍的献身精神还不止此。用药试眼，最多眼睛受病。他还曾试验一种药理作用极剧烈的曼陀罗花。曼陀罗花具有麻醉作用，饮用后有如酒醉，可以用来做麻醉药，开刀做手术，都没有问题。

古书上曾经说过，曼陀罗花汤喝下去以后，人就会感到像酒醉一样，不由自主地又笑又闹，手舞足蹈。究竟是不是这样，要喝多少才能达到麻醉的程度呢？当时没有现成的经验可循，只有自己亲身试验，才能知道多少药量合适。

为了把药量药性搞清楚，“不入虎穴，焉得虎子”，他亲自试验了。药量一点一点地加，他自己也以身体的感受来判断用药量，最后，他终于弄清了这种药的用量，要达到“半酣”，也就是半醉的状态，人就会不自觉地手舞足蹈，欢笑而不自主。他用自己的身体，把这种麻醉药的用量弄清楚了。

李时珍的本草学著作面世以后，一直受到人们的重视，不仅在国内如此，在国外同样影响深远。而他献身科学的精神，真正体现了中华民族追求真理的优秀品质。

7岁的秘书省正字刘晏

刘晏，唐代著名的理财家，曹州南华（今山东东明）人，曾任过县令、京兆尹、盐铁史等职。幼年天资过人，7岁时，作《东封书》深得唐玄宗的赞扬，被封为秘书省正字。

唐代著名的理财家刘晏出生在曹州南华（今山东东明）。他幼年时天资过人，读书非常用功，小小年纪就会作一手好诗文。

一天，唐玄宗李隆基到泰山举行盛大的祭天典礼，7岁的刘晏听到这个消息后，由长辈领着从家乡曹州来到泰山行宫，向唐玄宗献上自己精心撰写的《东封书》，文中赞扬唐玄宗治国的功绩，写得非常出色。唐玄宗看了，大为惊奇。一个7岁的孩子竟能写出如此文辞隽永的好文章来，唐玄宗对此有些怀疑，于是，就命宰相张说当面测试，看看刘晏是否有真才实学。

刘晏从小长大，从未见过这么大的场面，但他很镇静，一点儿也不怯场。张说出题面试刘晏，他出口成章。又问他一些学术上的深奥问题，他也对答如流，说得头头是道。令那些在场的大臣连连称是，交口称赞。经过当面测试，证实了《东封书》确实为刘晏所作。张说兴高采烈地向唐玄宗如实禀报了测试过程，并称刘晏是神童。唐玄宗大喜，便说："这孩子既然是个神童，就授予他秘书省正字的官职吧。"

唐朝时的秘书省是国家图书馆机构，内藏大量图书。秘书省正字，就是校正书籍中错误的官员。从乡下来到京城的少年刘晏，得到了一个很好的学习机会。他抓紧一切时间，如饥似渴地阅读大量藏书，使自己掌握了丰富的知识，学到了不少新的东西。

一次，唐玄宗在勤政殿观赏杂技演出，艺人王大娘表演了《戴竿》，节目演的是王大娘顶长竿，有一座用木头制作的假山在竿顶上，山上有个小孩载歌载舞，边跳边唱。唐玄宗看了表演，非常高兴，便命人把刘晏叫来。刘晏见过唐玄宗后，杨贵妃忙把他抱过来，放到自己的膝盖上，问："小神童，你刚才看得这个节目好不好？"

刘晏回答说："好，很精彩！"

杨贵妃又问："你能不能以这个节目为题作一首诗？"

刘晏沉思了片刻，吟道：

楼前百戏竞争新，
惟有长竿妙入神。

谁谓绮罗翻有力，

犹自嫌轻更着人。

这首诗，首先说节目精彩、好看，笔锋一转，最精彩的是哪一个呢？是王大娘的戴竿更美妙传神，一下子把在场人的注意力引到长竿上来。接着更进一步地说，王大娘的技艺多么精湛，力气多么大，人能在竹竿的假山上做各种动作，而王大娘还能轻松自如的表演。听了刘晏的《咏王大娘戴竿》诗后，唐玄宗和杨贵妃大加赞赏，特地把象牙朝板和黄色锦袍等贵重礼品赠送给他。

不仅如此，小神童刘晏还受到宰相张说的特别关心，他常常到秘书省来看望刘晏。一次，张说来了，刘晏正在埋头看书没有看见他，张说便问道："秘书正字，你任职以来正了多少字呀？"

刘晏一看宰相大人来了，忙起身让座，礼貌地回答："天下的字都正，只有一个字不正。"

张说问："哪个字不正？"

刘晏道："'朋'字不正。"

"为什么？"

刘晏说："朋是由两个月字组成，月是歪向一边的。"

张说连声说："答得好，答得好！"

刘晏在书海中度过了他的少年时代，但是，他从不满足，坚持认真读书，不耻下问，虚心求教。长大以后曾任过县令、京兆尹、盐铁史等职，为官20余年来，一直主管财政，两袖清风，无贪无沾，清正廉洁，为时人和世人所称道。

孝弟为仁之本

有子[①]曰："其为人也孝弟[②]，而好犯上[③]者鲜[④]矣；不好犯上而好作乱者，未之有也。君子务本[⑤]，本立而道生。孝弟也者，其为仁之本[⑥]与！"

【注释】

①有子：孔子的学生，姓有，名若。在《论语》书中，记载的孔子学生，一般都称字，只有曾参和有若称"子"。

②孝弟：孝，儒家所认为的子女对待父母的正确态度；弟是弟弟对待兄长的正确态度。弟通"悌"。

③犯上：犯，冒犯、干犯。上，指在上位的人。

④鲜：少的意思。《论语》书中的"鲜"字，都是如此用法。

⑤务本：务，专心、致力于。本，根本。

⑥为仁之本：仁是孔子哲学思想的最高范畴，又是伦理道德准则。为仁之本，即以孝悌作为仁的根本。

【解释】

有子说："孝顺父母，友爱弟兄，却喜欢冒犯长辈和上级，这样的人是很少见的；不喜欢冒犯长辈和上级，却喜欢造反的人是没有的。君子专心致力于事务的根本，根本建立了，治国做人的原则也就有了。孝顺父母，敬爱兄长，这就是仁爱的根本啊！"

【故事】

舜孝敬父母友爱兄弟

东方人类从母系社会过渡到父系社会经历了漫长的过程，这个过程直至舜时才得以完善。以舜为主体形成的舜文化，是中华民族道德文化的源头，对华夏文明的形成与发展产生了极大的影响。

舜是道德文化的鼻祖。舜以崇尚孝悌而闻名于时，以推行“父义、母慈、兄友、弟恭、子孝”的家庭理念而恭行于世，以全新的道德文化开辟了东方人类社会的新纪元。

舜是黄帝的后裔，传说中的远古帝王，五帝之一。舜出生以后，本来有一个幸福的家庭。但是，天有不测风云，人有旦夕祸福。舜 4 岁那年，母亲去世，父亲瞽叟就又娶了一个老婆，舜在家中的地位发生了 180 度的大转变。他不再是家庭中的宝贝，而是成为家庭中的累赘，成为一个多余的人。

后母壬女是当地有名的泼妇，人人都怕她三分。她与瞽叟成家后，对舜这也看不惯，那也不顺眼，从来就没有一个好脸色，动不动就打骂、饿饭。凡是后母身上的毛病，在壬女身上都可以找到。

瞽叟则事事顺着壬女，任其所为。特别是壬女生下儿子象以后，更是把舜看成是家里多余的人，倍加虐待，并千方百计地想把舜赶出家门。更为严重的是，壬女还多次与瞽叟合谋想要杀掉舜。

舜同父异母的兄弟象是一个非常傲慢的人，不讲道理时时处处欺负舜。在这样的逆境中，舜逆来顺受仍然恭敬地侍奉父亲和继母，爱护着兄弟象。每当瞽叟、壬女想要害他的时候，他就躲起来。而平时一般性的打骂、惩罚，他就默默地承受。

对于舜的孝行，《史记·五帝本纪》中记载：

瞽叟由于爱续妻壬女与小儿子象，常常想杀害舜。在瞽叟动杀机的时候，舜就逃避，不让自己遭到杀害。但在一般情况下，要打要骂，就随他们的便。不管情况如何，舜都不违背父母的意愿，每天都谨慎地侍奉他们，从不懈怠。

那么，舜孝敬父母、友爱兄弟，都有哪些具体的事迹呢？

有一次，象独自去放牛。由于贪玩牛跑到氏族部落的地里践踏了庄稼。尧舜时代还是氏族公社所有制，任何人都不得乱拿氏族公社的东西，也不能毁坏公社的东西。否则，就要受到惩罚。象放牛践踏了公家的庄稼，部落酋长通知瞽叟去“请荆”。

所谓“请荆”，就是主动到部落酋长那里接受“鞭刑”。在接到“请荆”的通知后，瞽叟只得老老实实地按照规矩，把自己捆绑得结结实实，到酋长那里请求处罚，接受鞭笞。

舜从外面回来，听说父亲“请荆”，要受鞭笞之刑，就急急忙忙跑到酋长那里，请求代父亲受刑。舜的举动，使大家很受感动。酋长素来知道舜的为人，就将舜的刑罚草草了事。

壬女一直想把舜赶出家门，但又没有找到适当的理由。一次，壬女终于想出了一个法子。春天到了，壬女要舜与象到两个地方去种豆子，谁的豆子出了苗就可以回家，没有出苗就不能回家。

为使舜的地里长不出豆苗，不能回家，壬女就事先把舜的豆子炒熟了。兄弟俩快要分手的时候，都已经走累了，象要求休息一下。

鬼使神差，临走时，由于两人的袋子一模一样，象拿走了舜的袋子，舜拿着象的袋子。结果，过了一段时间，舜的地里就长出了豆苗，平安回到家里。象的地里却怎么也长不出豆苗，久久不能回家。

壬女看到舜回来了，象却没有回来，已经明白了是怎么回事，气得病了一场。舜回来后，看到象还没有回来，又返回到象种豆的地方，象已经饿得倒在地上。这时，舜就把饿昏了的象背了回来。

有一天，壬女要象到舜那里对他说：“家里的仓有点漏雨，父母要你回去修理一下。”

父母之命，舜当然要服从。舜到了姚墟，爬上了仓顶。正在进行仔细检查修补时，突然间浓烟滚滚。舜一看，原来是仓库下面已经着火了。于是，舜想找梯子下来，但梯子已经不翼而飞；叫壬女和象快来救火，壬女和象也已经跑得无影无踪。

舜被这突如其来的变故急得满头大汗。情急之中，求生的本能发挥了作用，舜不顾一切地往下一跳。这时候，娥皇和女英为他准备的披风，在下降的过程中张开，从而增加了空气阻力，减缓了下降速度，使舜顺利地落到地上逃过一劫。

过了不久，瞽叟对舜说："家里那口水井，自从你打成后还没有淘过，现在淤泥多了，你什么时候抽空回去淘一淘。"舜二话没说，立即就答应了。

舜立即开展淘井工作。正在这时，瞽叟、壬女与象就往井里填泥土和石头。他们心想，这一次舜必死无疑。但他们没想到的是，舜竟然活着出来了。

原来，舜当年打井时，在井下打了一条通向邻近水井的通道。当他下到井底准备淘井之际，突然看到上面往下掉泥土和石头，知道大事不妙，于是就躲进井下通道，从另外一个井口出来了，又一次躲过了一场灭顶之灾。

在瞽叟、壬女与象谋害舜的过程中，还发生过这样一件事：他们邀请舜赴宴，想把舜灌醉后再杀掉。娥皇和女英觉察到了他们的阴谋。因为舜是孝子，她们不能阻止舜去赴宴，以免有损舜孝敬父母的声誉。于是，她们采集了不少草药，熬成药汤，让舜在药汤里浸泡，然后让舜赴宴。

由于舜泡了药汤，身体的解酒功能大大提高，终日饮酒不醉。瞽叟、壬女与象不断地给舜敬酒，舜则来者不拒毫无醉意。没想到象在不断敬酒中，倒是把自己先给灌醉了。最后，醉酒杀舜的阴谋就这样失败了。

在这以后，舜仍然像往常一样孝敬父母，友爱兄弟，得到人们的广泛赞誉。舜的孝道对先秦时期儒家思想的形成有特别的意义。儒家的学说重视孝道，舜的传说也是以孝著称，所以他的人格形象正好作为儒家伦理学说的典范。

孔子和孟子都极力推崇舜的孝行，而且倡导人们努力向舜看齐，做舜那样的孝子。孟子甚至设想，舜做了天子后，瞽叟因杀人而被捕，舜虽不会利用权力破坏刑律而将其赦免，但一定到监狱里偷偷地把父亲背出来，一起逃到海滨，过无忧无虑的日子，为了共享天伦之乐而忘掉天子的地位。

由于儒家的宣传，有关舜的事迹传说在传统文化中留下极深刻的影响，也成了儒家“仁爱孝悌”思想的历史渊源。

周公以孝悌仁爱服天下

舜帝开创的道德文明，至西周时期得到了继承和发扬。西周时期，以周公为代表的思想家和政治家，注重仁爱天下，强调孝悌之行。

周公是被公认的儒学奠基人，他所倡行的仁爱孝悌，是儒家道德修养的重要标志，逐渐发展成为我国传统文化的重要组成部分。

周公，又称周公旦，是西周初期人，是周武王的弟弟。周公旦对父亲周文王姬昌非常孝顺，仁爱之心胜过其他兄弟。周文王过世后，他又以仁爱之心辅佐周天子，天下人无人不钦佩。

周武王姬发即位后，周公辅佐周武王，处理了许多政务。公元前1066年，武王讨伐商纣王。周公辅佐周武王，最后打败商纣王，灭商建周。

周武王封纣王的儿子禄父为殷君，让自己的弟弟管叔鲜、蔡叔度辅助他治理。同时大封功臣、同姓和亲戚。周公的封地在曲阜，封号是鲁公。但周公并没有去封地，而是留在朝廷辅佐周武王。

周武王战胜纣王后，天下还没有完全统一，周武王却患了病，病情十分严重。大臣们都感到恐惧，太公望和周召公想用占卜弄清楚吉凶。

周公道："不能让我们的先王忧虑悲伤。"周公于是以身为质设立了3个先王的祭坛。

周公向北站立，手捧玉璧玉圭，向周代3个先王的灵位祈祷说："你们的长孙周王发积劳成疾，如果3位先王欠上天一个儿子，请让我代替周王发。现在我通过占卜的大龟听命于先王。"

周公命史官记下这些祝词，然后在3位先王灵前占卜，占卜的结果表明是大吉。又开锁查看秘密藏在柜中的占卜书也是吉象。

周公命人将册文收进密柜，然后进宫祝贺周武王说："您没有灾祸。我刚才接受了3位先王的命令，让您只需考虑周室天下的长远利益，不要担心别的。"也许是神灵保佑，第二天，周武王的病果然就好了。

后来，周武王去世，年幼的周成王即位。周公担心有人乘机起兵背叛朝廷，引起天下大乱，就暂时代替周成王处理政务，主掌国家大权。

管叔和他的几个弟弟在国中散布流言说："周公阴谋篡夺王位。"

周公告诉太公望、周召公说："我不避嫌疑代理国政，是怕有人背叛周王室，没法向我们的先王交代。3位先王为天下大事长期操劳，现在刚刚成功，武王早逝，成王年幼，我只是为了稳定周王室的事业才这样做的。”

周公派儿子伯禽代替自己去鲁地受封，临行前语重心长地对伯禽说：“我是文王的儿子、武王的弟弟、成王的叔父，在天下人的心目中，我的地位不算低了，但我却忙得洗一次头要3次提起头发，吃一顿饭要3次吐出正在咀嚼的食物，赶着去接待贤士。即使这样，我还生怕失掉了天下的贤士。你到鲁国以后，千万不要因为地位高贵而怠慢他人。”

不久，管叔、蔡叔、武庚等人率领淮地部落起来造反。周公奉周成王的命令，带兵东征。他顺利地平定了叛乱，安抚了商的遗民。周公在两年内完全平定了淮地和东部其他地区，各诸侯国都归了周王室。

周成王长大以后，周公就把政权交给周成王。周公站在臣子的位置上，谨慎恭敬地辅佐周成王，像踏着薄冰走路一样小心翼翼。

周成王执政后，对周公不满的人造他的谣言，说他有野心，想篡权。周公无法辩解，只好去了楚国。

一天，周成王命人打开藏着秘密文件的小柜子，发现里面有一册文书，原来是周公写着“王年龄幼小，冒犯神灵的是旦，希望神灵把灾难降到旦头上，饶恕王。”

原来，周成王小的时候，曾患过很重的病，看着快不行了。周公把自己的指甲剪下来，到黄河岸边祈祷，写下这份祝词，希望自己能代替周成王去死。

这份文书藏在密柜中。周成王看了这份祝词后，感动得泪流满面，连忙派人去楚国迎回周公。周公回都城后，担心周成王年轻，忽视国家大事，就写了《多士》《无逸》两篇文章。

周公在文章中讲述商、周的贤王勤勉治国和商纣王误国的历史，阐明了历代兴亡成败的道理，希望周成王能学习先代圣贤的榜样，做一个英明的君主。

当时天下虽已安定，但朝廷的官职制度还未安排得当。于是周公写了《周官》，划定百官的职责；又写了《立政》，规定执政者要为百姓做好事，百姓都欢欣鼓舞；并制定了一套完备的礼乐和典章制度。

周公辛勤操劳国事，积劳成疾，患了重病。临终时他说："一定要把我埋葬在成周，以此来表示我不敢离开周成王。"

周公去世后，周成王把他埋葬在毕邑周文王的墓旁，表示自己不敢把周公当作臣子。毕邑位于现在的陕西省咸阳市北。

周成王下令，特准鲁国在举行郊祭和祭祖时，让周公享有和周天子一样的礼乐，以褒奖周公的德行。

周公制礼作乐，建立典章制度，尤其是以孝悌之道辅佐周天子，对历史产生深远影响。周公思想对儒家的形成起了奠基性的作用，汉代时的儒家曾经将周公、孔子并称。

孔子践行仁爱之道

周公宣扬以仁爱治天下，强调孝悌之行，这一思想到了春秋时期的孔子这里，又有所发展。孔子创建的仁爱思想，是孔子认为的理想人格，也是儒家思想的重要组成部分。

孔子强调，为仁要身体力行，反对花言巧语的伪饰和卑躬屈膝的奉承。在孔子看来，仁者心地坦荡无私，无患得患失之念，所以"仁者不忧"。

在鲁国，有一位非常节俭的人，做饭用的是瓦做的炊具。有一天，他做了一些食物，自己吃了以后觉得味道很美，便装到了一个盛羹的瓦器里，特意献给孔夫子尝尝。

孔子接受以后，显得很高兴，就像接受了三牲的馈赠一样。

孔子的弟子子路问道："阔口的瓦盆，是一种简陋的器皿，煮的食物也不过是很普通的东西，先生您为什么会高兴得这样啊？"

孔子说："善于进谏的人，他心中常会想到君王；吃到美味的人，心中会想起父母。我并不是因为所馈赠的食物丰厚，是因为他吃到好东西就想到我啊！"

有一次，孔子到了楚国，有一位捕鱼的人，送来一条鱼，孔子不肯接受。

捕鱼的人说："天这么热，市集又很远，没有地方去卖啊，想到如果把它丢在污秽的地方，还不如送给君子食用，因此我才敢冒昧地拿来送给您啊！"

孔子听后，很恭敬地拜了两拜，接受了这条鱼，并让弟子们把室内打扫干净，准备把它作为祭品供献给祖宗神灵。

孔子的弟子很是奇怪，问道："那捕鱼的人，是打算把它丢弃的，先生您却用它来做祭品，这是为什么呢？"

孔子说："我听说，爱惜食物，不愿它腐坏，将食物施与别人，这与心存仁爱的人是同一类的。如此，哪有受到仁爱之人的馈赠，却不拿去祭祀祖宗神灵呢？"

在这个故事中，孔子看到的是送食人的心境，而非馈赠食物的厚薄，可见孔子的一颗仁者之心。

渔者将欲弃之鱼，拿来献给孔子，孔子却用来祭祀，他的做法令人不解。而且，孔子还以很恭敬的心来接受这条鱼。致使学生产生疑惑向孔子请问。孔子这才向学生解释道，一个珍爱食物，不愿随意浪费之人，与仁人君子是同一类的啊，他们所献来的食物，焉能不用来祭祀呢？

天地化育万物，何其不易。一粥一饭，半丝半缕，是多少人的血汗，若在艰难困苦的日子里，食物就更显得珍贵。一个懂得爱惜粮食物品之人，知道体恤他人的付出，也有一颗知恩感恩之心，不忍随意践踏、浪费。这样的人，心存仁爱，是与仁人君子同样的境界。孔子将这鱼用来祭祀，也是对仁爱之人的尊重。

孔子的弟子高柴，字季羔，也叫子羔，憨直忠厚，在春秋时期，担任卫国的刑官，为官清廉，执法公平。有一次，有一个人犯了法，季羔按刑法，下令砍掉了他的脚。

不久，卫国里发生了卫灵公之子蒯聩兴兵作乱之事，季羔因此逃了出来。当季羔逃到了城门口时，竟发现守城门的人恰是那位被他砍掉脚的人。

这位守城人一看是季羔，不但没有借机抓他，反告诉季羔说："那边有一个缺口，可以跳出城去。"

季羔答道："君子是不会去逾越围墙的。"

守城人停了一下，想了想，又告诉季羔说："在那边有一个小洞，也可以爬出城外。"

季羔又答道："君子是不会从洞里钻着出去的。"

搜捕的人眼看着就要到了，危急之下，守城的人左右看看，马上告诉季羔说："这有一间房子，先生您或许可以先藏一下！"

于是季羔就躲进了房子里。

过了不久，追捕的人停止了搜索，季羔也得以安全了。当季羔正准备从那里离开时，心中感谢守城的人，对他说道："我不能违背法令，亲自下令砍了你的脚，如今我在危难之中，这正是你报仇的好时机，你反而3次让我找机会逃走，这是为什么呢？"

守城人说："砍了我的脚，是因为我犯了罪，这是无可奈何之事。可那时，您按法令来治我的罪，叫行刑的人先砍别人的，再砍我的，是希望我能得到机会侥幸赦免啊！我知道案情已经查明，罪行也已判定了，可等到要宣判定刑的时候，您那忧愁的样子，都显现在了脸上，我是看在眼里的，难道您对我有什么偏爱吗？上天诞生了一个有道德修养的人，本来就应该如此啊，这便是我敬重您的原因。"

孔子听说了此事，禁不住赞叹道："季羔真是善于为吏啊，同样是执行法令，想着仁爱宽恕就可以树立恩德，若加以严酷暴虐就要结成仇怨。秉公办事，仁爱存心，这是季羔的做法啊！"

犯罪判刑，理应依法办理，有法可依，违法必究，自然不可徇私悖理。故被砍去脚的守城人在受到刑罚之后，自知是自己违背法令所受的惩罚，心中没有可怨，季羔也是秉公处理，并无私心私怨。

然而，季羔虽判人刑罚，却也不失他的仁爱存心，于心不忍，在最后时刻，仍尽己所能，希望能帮助犯者有所减轻。在将要宣判时，心中忧愁自然形之于色，受刑者见之，也能感受到季羔的不忍。虽执法以公，但居心以仁，由此也让受刑者敬重。

被砍去脚的守城人也是一明理之人，虽被处以刑罚，但自知是自己过错，没有半点埋怨之意。在季羔受难之时，本可以借此报怨，却仍帮助季羔躲过劫难，也确是知情达理。也正因为他深知季羔的仁德，敬重季羔的为人，故 3 次相助，让季羔得以脱难，此举同样为人敬佩。

孔子认为，具有仁的品德的人还无所畏惧，敢于坚持真理，"仁者必有勇，勇者不必有仁"。当君子在国家危亡之际、人民困苦之时，他能凭借仁智勇挺身而出，不顾惜自身生死存亡。

公元前 500 年，鲁定公与齐景公要在夹谷举行盟会，孔子正任鲁国的代理国相。

孔子对鲁定公说："臣听闻以和平解决国与国之间的争端，必定要有武力做后盾；以战争解决国与国之间的纠纷，也要有和平解决的准备。古代诸侯同时离开国境，一定要配备应有的官员作为随从，请君上配备左右司马随行吧！"

鲁定公接受了孔子的建议，配备了掌管军事的左右司马。到了盟会的地方，除土为坛，上设席位，用土垒成三级的阶梯，以诸侯会遇的礼节与齐侯会了面。宾主互相揖让着登上坛，又互相敬完了酒。然而，齐方却暗地里让武士手执兵器，鼓噪喧呼，想要劫持鲁定公。

当此危急之际，孔子立即登上阶梯，走向前，扶着鲁定公退下坛来。

随后，孔子对着鲁国的卫士们说："你们可以拿起兵器杀了他们。我们两国君主结盟，边远的东夷，战败的俘虏，竟敢称兵闹事，破坏两国友谊，这不是齐君对待别国诸侯的道理。边远的人不应参与中夏的政事，东夷之属不应干扰华夏的活动，俘虏不得干预盟约，兵士不得威逼友邦。以神道来说是不祥，从道德而言是违义，于人之交往是失礼。齐君必定不会这么做。"

齐侯听了很惭愧，于是挥了手让武士退避下去。不久，齐人又演奏起宫中的音乐，还使歌舞杂技的艺人嬉戏于前，以此想戏弄鲁定公。

孔子见了，立刻上前，登阶而上，还有一个阶梯来不及登便高声说："匹夫荧侮诸侯，论罪当杀，请右司马赶快行刑吧！"

齐侯不料有此结果，紧张起来，脸上露出了羞愧的颜色。

在将要正式订盟的时候，齐人又故意在盟约上加了一条说："如果不派出兵车 300 乘跟着我军去征战，就要像盟约中所约束的那样。"

孔子也不甘示弱，他回答道："若不归还侵占我国汶阳之田，而要我军遵照出兵之命的，也同样受到盟约的制裁。"

之后，齐侯准备要宴会鲁定公，孔子对着齐国的大夫梁丘据说道："齐鲁两国的传统制度，先生难道没有听说过吗？盟约已经订好，如果又要设宴来招待，不是太麻烦你们的官员么？而且牛形或象形的酒器是在宗庙与宫廷内用来祀神或宴宾的，不应当拿到野外来；飨宴的音乐，也是设于宗庙或宫廷，不应到野外来合奏。宴会上如果配齐了这些东西，那就是丢掉了先王之礼；如果不配备这些东西，那就丝毫价值也没有。没有丝毫价值，我会感到羞辱，丢弃先王的礼节，齐侯会因此背上恶名。您何不仔细考虑考虑？说到宴会，那是显示一种政治道德和政治风度的，如果显示不出来，那还不如作罢的好。”

于是，齐侯最终没有设宴来招待鲁定公。

齐侯回到国内，为当日的事颇感羞愧，便责怪他的群臣百官说：“鲁人拿君子的道义去辅佐他的君主，你们却使用夷狄的办法来教我，使我犯下不少过失。”于是，齐侯便归还了过去侵占的鲁国四邑以及汶阳的田地。

孔子身为大儒，万世师表，他文质彬彬，言行有礼，有着君子的和善风范。然而在陪同鲁定公与齐景公会晤时，面对齐人种种阴谋与无礼挑衅，在情势危急之下，他却能当机立断，勇气十足，并且据理力争。

以其不凡的机智与魄力，不仅没有让齐国有侮辱轻慢鲁定公的机会，也使齐侯归还了原来所侵占的鲁国土地，终不辱君命，圆满完成使命。真可谓是文武双全的人才！

知、仁、勇，三者缺一不可。倘若有所偏失，便难以达到圆满的效果。除了一颗仁爱之心外，待人处事也需有智慧。需用威严之时，便当以威严之势折服，这样才能制止恶行，不使其在罪恶的泥潭中越陷越深。因此除了仁爱与义勇外，智慧也是不可或缺的。

孔子所宣扬的仁具有泛爱的特点，是对春秋时期人的价值发现的肯定。比如有一次马厩失火，孔子退朝回来只问伤到人没有，而不问马。养马者的社会地位很低，这个例子有力地说明孔子的仁适用于劳动人民。

总之，孔子把“仁”作为最高的道德原则、道德标准和道德境界。他第一个把整体的道德规范集于一体，形成了以“仁”为核心的伦理思想结构。他的仁爱思想经后儒的不断充实，已经成为儒家人学思想中永恒的“不灭之火”。

孔子教育弟子勇毅力行

周文王推演而成《周易》后，其中的“天行健，君子以自强不息”的精神被历代发扬光大。最初将这一精神用于实践的，是春秋时期的儒家创始人孔子。

作为一个伟大的教育家，他认为，仁者不忧，智者不惑，勇者不惧。为此，他以仁、智、勇“三达德”为核心教育弟子，要求弟子做到勇毅力行，至死不变。这是孔子思想的基本内容之一，也是儒家文化的重要内容。

“三达德”的养成重在勇毅力行，坚持到底。孔子在教育实践中始终贯彻这一精神要旨。

有一次，孔子和弟子们优游讲学于郊野。听说附近住着一位远近闻名的老农，年已70岁，身体健康，勤劳俭朴，遇事礼让，附近百姓遇到大小事都去找他询问，有什么纠纷口角也请他出面调解，只要他说一句话，问题就解决了，便很想前去拜访他。

孔子一行找到了老农的居所。只见房屋虽小，但墙壁用泥抹得平整光亮，屋顶茅苫盖得整齐严实，屋内屋外打扫得干干净净。孔子和弟子进入屋内，只见老人腰背挺直，正在厨房用陶鬲煮饭。见到这些不速之客，老人连忙放下炊具，躬身相迎。

孔子向老人介绍了自己的身份和来意。接着问道：“老人家，你还有什么亲人吗？”

老人答：“有一个儿子和儿媳、孙子。”

孔子又问：“你这么大年纪了，为什么不同他们一起生活呢？”

老人说：“他们孝顺我，好的东西常常先给我享用，孙子也经常来看我，身上的衣服全是儿媳做的。现在我自己还能自理，若和他们生活在一起，就加重了他们的负担，所以就自己独立生活了。”

孔子说：“这也算得是父慈子孝了！”

老人随即取来盂，装着饭吃了起来，边吃边说：“香啊！甜啊！先生你看这饭是多么香啊！你不嫌弃的话，也请你尝尝。”

孔子高兴地接过老人送上的饭，恭敬地祭天地后，也跟着有滋有味地吃了起来，就像在吃国君分给他的祭肉一样。

老人又为每人盛了一盂，孔子边吃边赞赏地说：“好啊，真是又香又甜的美食！”吃完饭后，他们又和老人闲聊了一阵，才起身告辞。

在路上，子路问老师：“先生，陶鬲和盂是最粗陋的炊具器皿，用它煮的饭食是最低下的饭食，先生如何吃得这样高兴呢？”

孔子说：“一个喜欢劝谏君王的臣子，其必然时时想着的是君王；一个孝顺的儿子，当他拿着美味的佳肴后，必然先想到的是他的父母；一个想为百姓做好事的人，也必然是和百姓想的一样。今天，我不是看他的炊具器皿是否尊贵，而是看他待人的态度，老人虽已年迈，但有那样健康的心态对待他人，享受人生，真地令人如沐春风啊！他的那份热情难道不感染你吗？”

颜回说：“从他的盛情就可看出，他是个道德高尚的人啊！”

孔子接着说：“知足常乐，心地坦坦荡荡，这种高尚的人寿命将会很长。这就是仁者不忧啊！”

一天，孔子带着子路、子贡、颜回路过农山。农山险峻高耸，景色秀丽，孔子师徒即登山一游。登上山顶后，孔子望着壮丽山河感叹说：“登高望远，令人心潮澎湃，你们各自来谈谈心中的志向吧！”

子路忙趋前说：“我愿那前面宽旷的平原上，有一大队手执刀、枪、斧、钺的人马，呼啸着朝我杀来，在这样的阵势前面，我一人敢于仗剑杀敌，得地千里。”

孔子说：“仲由，你真是勇士啊！”

子贡接着说：“赐愿出使齐国和鲁国。这两个国家将要大战于广大平原，正当两军对峙之时，我敢站立于两军阵前，凭三寸不烂之舌，消弭战事，解除两国战争带来的痛苦。”

孔子说：“端木赐呀，你的确能言善辩！”

两人听了孔子的评说后，颇感高兴。

而颜回却默然不语。孔子便招呼道：“回啊，过来，你也来谈谈吧！”

颜回回答说：“论文武之事，他们两人都已说过，我在这些方面远不及他们，我还有什么可说的呢？”

孔子说：“他们虽然都说了自己的愿望，但我还是想听你的志向啊！”

颜回说：“回曾听说过那极香的薰草和臭味难闻的莸草是不能同藏于一个器皿之中的，贤君尧和暴君夏桀是不能共同治理一个国家的，这叫物以类聚，人以群分。回只希望得一个圣明的君主，我就去忠诚地辅佐他，并在广大的百姓中，全面施以父义、母慈、兄友、弟恭、子孝的教育，引导他们的行为遵循礼乐，使国家的城郭可以不修而无忧患，沟池不修而无人逾越，把剑、戟、斧、钺等兵器全用来铸造农具，把那些作战用的牛马都放于水草丰富的原野上，使每个家庭再无离散的忧虑，使天下千秋万代免除战争祸根。这样，那仲由也用不着一人陷阵了，赐也不用那样滔滔雄辩了！”

孔子听后高兴地说：“回啊！你的愿望真好，这就是智者不惑啊！”

子路一时不明白孔子的意思，便问：“先生，我们都说自己的志向，你认为哪个符合你的心意呢？”

孔子极目远眺，神色肃穆地对着3个弟子说：“我的愿望是实现一个人民安居乐业，天下永世太平的大同世界，使‘老者安之，朋友信之，少者怀之’，颜回所说的才是我的真正愿望啊！”

孔子一行从农山回到馆舍，大家还在议论不休。孔子今天特别高兴，他看到了颜回的仁德之心，也批评了子路的蛮勇，冷落了子贡的巧辩。

子路对先生今天的告诫没有想通，不太心服，他暗想：先生过去曾说过“勇者不惧”，我也是个勇者不惧的人，为什么今天不赞同我的观点呢？

于是他径直地去找孔子，问道：“先生，您不是说勇者不惧么，而且还赞誉勇者有坚忍不拔的精神，勇往直前的力量！然而，先生今天在评论弟子的志向时，似乎与您过去的说法矛盾啊！”

孔子说：“仲由呀，我说的‘勇者不惧’，是有道德标准的。这个标准就是‘义’，要依义而行。否则，就会恃勇逞强，给自己、给别人、给社会带来无穷后患！”

子路又问：“一个好勇的人就会出现后患吗？”

孔子说：“若是一个人血气方刚而不具有仁德，一旦别人对他怨恨，他就会凭自己的勇猛而激发作乱的。”

子路又问：“那有仁德的人不是也崇尚勇吗？”

孔子说：“一个有道德的人崇尚勇敢的，但崇尚勇敢时却把正义看作头等要紧的事。”

子路在众弟子中是最好勇又好义的，然而偏于意气用事也是一个缺点。孔子对他这一点非常忧虑，不时予以告诫，今天也是针对子路这个弱点而说的。

孔子见大家再没说话，便笑着说：“我的主张如果行不通，只好驾一条独木舟漂流到海外去归隐，到那个时候，恐怕能跟随我的只有子路了！”

子路听到这句话，有点急不可耐的样子。孔子见状指着子路笑着说：“子路的武功、勇气都超过我，但是他的脾气也超过我啊！”

子路又问："先生，假使您打仗，您带哪一个？您总不能带颜回吧？他营养不良，体力不够，您总应该带上我吧？"

孔子听了子路的话笑了，他对子路说："你像一只发了疯的老虎一样，站在河边就想跳过去，跳不过也想跳，这样有勇无谋怎么行？像你这种脾气，要打仗绝不带你，要带一定要带能做到'临事而惧，好谋而成'的人，遇事谨慎小心、深谋远虑的人，才能统帅三军啊！"

众弟子听了先生这番教诲，都受益匪浅。

孔子意犹未尽，他接着说："有德者必有言，有言者不必有德。仁才必有勇，勇者不必有仁。"

子路今天也深受启发，暗暗反省过去的鲁莽行为，内心愧疚起来。

孔子看出了他的心思，慈爱地对子路说："仲由呀！你的性格坦诚，敢想敢问，敢于发表自己的见解，先生就是喜欢你这样的人啊！一个道德高尚的人要做到3点，这就是'仁者不忧，智者不惑，勇者不惧'，可称之为'三达德'，你要随时用这3条来要求自己啊！"

子路说："请先生放心，仲由一定这样去做！"

子贡说："这3条不正是先生品德的自我写照吗！"大家都高兴地笑了起来。

孔子以"仁、智、勇"为"三达德"，并以此来教育弟子，使"三达德"成为儒家传统思想的一部分。其中仁是核心，智所以知仁，勇所以行仁，三者形成智、情、意一体的德行。

儒家一贯推崇勇德。孔子把勇作为践履仁德的条件之一，认为勇必须符合于礼义，并能智勇双全。勇德，作为传统道德的基本规范之一，强调的是勇毅力行，是人类社会带有共同性的传统美德。

在我国传统伦理文化中，表达勇的道德品质的概念还有刚、毅等。其内容主要包括体仁能慈、行义循礼、明智善断、临危不惧、知耻力行等。

直观地解释，"勇毅"就是做事有胆量、有勇气、有毅力；"力行"就是身体力行。由此可见，人格的完善，社会的进步，重心不在于言，而在于行。

勇毅与怯懦相对立，也与蛮勇、冒险相区别。勇毅只有从一定的原则和目的出发，即同“义”联系起来，才具有道德价值。

总之，“勇毅力行”是中华民族在践履道德方面所具有的德性和德行，或者说是在道德意志方面所体现的美德。

缪肜自挝感化家人

缪肜，汉朝人，从小父母早亡，留下兄弟四人相依为命。作为长兄，缪肜承担起照顾弟弟们的重担。生活虽然清苦，但是不乏甘甜。家庭的融融暖意，也令大家羡慕不已，兄弟们的和睦赢得了邻里的称赞。

后来各自都娶了妻子，这几个妇女们就要请求均分家产，有好几次有争闹的言语发生。缪肜看着这样的情景，想起兄弟们当年和睦的日子，不禁十分感慨。

为此，缪肜独自关锁门户，在屋中抽打自己，厉声自责道：“缪肜啊缪肜，你天天都说要修身谨行，学习先辈的教诲，以求齐整风俗，匡扶正气。可现在连自己的家都不和睦，你辜负了祖宗的教诲，真是不孝啊！”说罢，缪肜便已失声痛哭。

弟弟、弟媳们循着哭声听到长兄的自责，大家惭愧地低下了头，就都在门外叩头、谢罪。

从此以后，缪家又恢复了往日的和乐气氛，家人们不再有隔阂，真正做到兄友弟恭、夫义妇顺，大家团结和睦地一起生活。

巧言令色

子曰：“巧言令色[1]，鲜[2]矣仁！”

曾子[3]曰：“吾日三省[4]吾身：为人谋而不忠乎？与朋友交而不信乎？传不习[5]乎？”

【注释】

①巧言令色：巧和令都是美好的意思，此处应释为装出和颜悦色的样子。

②鲜：少的意思。

③曾子：曾子姓曾，名参，字子舆，生于公元前505年，鲁国人。曾参是孔子的得意门生，以孝子出名。

④三省：检查、察看。三省有几种解释：一是3次检查；二是从3个方面检查；三是多次检查。其实，古代在有动作性的动词前加上数字，表示动作频率高，不必认定为3次。

⑤传不习：传，老师传授给自己。习，与“学而时习之”的“习”字一样，指温习、实习、演习等。

【解释】

孔子说：“花言巧语，一副伪善面目的人，这种人的仁心就很少了！”

曾子说：“我每天都多次地反省自己：为别人办事有没有尽心竭力？同朋友交往是否诚实？老师传授给我的知识是否复习了呢？”

【故事】

南朝齐国的昏庸国君

南朝鬱林王萧昭业，南齐的第三任皇帝。他的父亲文惠太子是齐武帝的长子，因为身体不好，未登上皇位就病死了。从文惠太子生病到死期间，鬱林王满脸悲伤，大声痛哭，可他一回到自己的房屋就满面欢笑，没有一点儿悲伤的样子。

在文惠太子死前，鬱林王曾让一位巫婆祷告，祈求自己早日登上皇位。等到齐武帝有病的时候，鬱林王又让巫婆日夜祷告上天，求齐武帝早死。

齐武帝病重的时候，鬱林王给自己亲近的妃子写信，在纸的中央写一大“喜”字，周围写着三十六个小“喜”字环绕着。但鬱林王在侍候齐武帝时，却是面容凄惨，泪随声下。齐武帝每提到死，他都泣不成声。齐武帝因此认为鬱林王必然能承担起帝王的重任。

刚刚把齐武帝的尸体装入棺材，鬱林王就把齐武帝的歌伎全部招来，演奏各种乐器。鬱林王当了皇帝后，大小的政务都交给大臣决定，他任意赏赐左右的人，都是一些不得志的小人。等到他被废掉时，国库已经被用空了。

顾炎武的天下兴亡之责

古代儒学“修身、齐家、治国、平天下”思想发展到明末清初，更加强调经世致用。正是基于这样的思想理念，当时的著名思想家顾炎武提出了“天下兴亡，匹夫有责”这一口号。其意义和影响极为深远，成为激励中华民族奋进的精神力量。

顾炎武在《日知录》中，谈到“亡国”与“亡天下”的区别。他说的“亡国”，是指改朝换代，一个王朝的灭亡；“亡天下”，是指整个国家民族的沦亡。维护一个王朝的政权是君臣者的事，保卫整个国家民族则是全国人民都有责任的大事情。

这句话在人们传习和引用过程中，后被近代维新派代表人物梁启超概括成为“天下兴亡，匹夫有责”。意思是天下大事的兴盛、灭亡，每一个老百姓都有义不容辞的责任。

顾炎武为什么会产生这样的思想？这就得从他的成长和他所处的时代谈起了。

顾炎武诞生于明万历年间的1613年。那个时候，由于明代封建王朝衰败，国力削弱。东北女真人领袖努尔哈赤乘机而起，不再接受明代朝廷的统辖，先于1616年建立地方性政权，国号大金，史称“后金”，后来其子皇太极将“金”改称为“清”。明朝为了同实力不断扩大的后金作战，导致国内矛盾不断加剧。

顾炎武的童年时代，所面临的就是这样一个严峻的社会现实。他从9岁起，便不间断地读我国古代的历史名著如《史记》《左传》《战国策》《国语》《资治通鉴》等，还认真地读了像《孙子》《吴子》一类古人谈军事的书。这对于顾炎武成长后注重经国济世的实学，学术上孜孜于进行新的探索，关心国家大事和民族命运，都有明显的影响。

在11岁那年，他的祖父要求他读完《资治通鉴》，并告诫他说：“现在有的人图省事，只浏览一下《纲目》之类的书便以为万事皆了了，我认为这是不足取的。”

这番话使顾炎武领悟到，读书做学问是件老老实实的事，必须认真忠实地对待它，以至于后来的他成了一个在学术上很有成就之人。

顾炎武已经是14岁的少年了，进入昆山县的官学，取得了秀才的资格。这时的顾炎武在许多同学少年中，交上了一个名叫归庄的好朋友。他们互以名节相砥砺，性情都耿直狷介，不肯随俗浮沉，以致被人称为“归奇顾怪”。

当时这两个年轻人称得上是优秀之才。他们对社会现状有着同样的看法，对当时败坏的社会风气都深恶痛绝，真可说是志同道合。他们还参加了当时江南一带知识分子的进步组织复社，同各地来的读书人一道，既论文又议政，抨击朝廷中的贪官污吏，议论国家大事。

1639年，27岁的顾炎武又一次参加了为取得举人资格而进行的考试，仍遭到了失败。13年的亲身经历，使他深刻地认识到科举制度的危害性。严峻的社会现实，更促使他做出了同科举制度决裂的抉择。此后，他便把全副精力用到挽救社会危机的探索中去。

顾炎武的家中收藏有很多图书，他夜以继日地从这些书籍中去搜集有关农业、水利、赋税、矿产、交通等方面的材料，打算编成一部分量很大的书。这部书虽然因为天下大乱没有能够编写成功，但是，基本材料都完整地保存下来了。

后来，顾炎武把这些重要资料一分为二，其中有关经济资料的汇编叫《天下郡国利病书》，有关地理资料汇编就叫《肇域志》。这两部资料汇编性质的书，内容丰富，史料翔实，直至今天对于我们研究我国古代尤其是明代的经济史和历史地理学，都还具有重要的参考价值。

正当顾炎武把自己的探索日益深入的时候，清军很快进占北京，建立了我国历史上最后一个封建王朝。明亡清兴，改朝换代，面对这样的局面，顾炎武为了实现拯救苍生之志，从1645年至1654年的10年间，一直在大江南北考察。后来又下决心远离家乡到北方去。

东汉王朝的伏波将军马援，早年处于艰难的环境之下，曾在北方边地经营农田和畜牧。马援当时说：“丈夫为志，穷且益坚，老当益壮。”这正是顾炎武要效法马援的志向所在。

1657年春天，45岁的顾炎武从南京返回昆山。他将家产全部变卖，同好友归庄等人依依惜别，踏上了到北方去的旅途，经过长途跋涉，来到山东莱州府。在这以后的三四年间，顾炎武逐渐把自己的活动范围扩大到了整个山东、河北、北京，结交不愿为清王朝做官的学者，同他们互励气节，研讨学问。

1658 年至 1659 年之际，顾炎武来到古称燕、代的今河北北部地区，历抵北京、蓟州、山海关、十三陵等地。他在居庸关考察了历代派兵戍守的下口，东望明帝十三陵所在的天寿山，不禁感慨万千，以诗记之：

燕代经过多感慨，不关游子思风烟。

顾炎武不是一个漫无目的的旅行家，他是一个以天下为己任的学者。这种襟怀在所写的另一首五言《秋雨》中反映得十分清楚，诗中写道："生无一锥土，常有四海心。"顾炎武正是要通过在"四海"的实际考察，去探求历史兴亡变迁的原因。

山海关，北依角山，南临渤海，为东北与华北交通的重要关隘。明代以来，这里更是一个军事要塞，明清代兴亡，就是从这里揭开战幕的。顾炎武登临山海雄关，凭栏远望，往事历历在目。

1662 年，50 岁的顾炎武决定把自己的活动范围扩大至西北去，以便更广泛地求友访学，同时实际地了解那里的国计民生状况。

20 多年来，顾炎武刻苦研究古代音韵学的专著《音学五书》，经过历年来反复认真地修改，也已接近完成。从此，他开始了生平最主要的著作《日知录》的撰写。

1664 年初，顾炎武结束在山西、陕西的考察，经由北京绕道河南，回到了山东。在山东章丘县大桑家庄，他购置了一份田产，寄居下来。

几年来，在山西、陕西、山东的游历中，顾炎武陆续结交了那里的著名学者傅山、李颙、阎若璩等人。他们与顾炎武志同道合，都成了他晚年最要好的朋友。

顾炎武定居西北，已届垂暮之年，但决心在这里探讨"国家治乱之源，生民根本之计”。十分可贵的是，顾炎武并没有停留在对社会问题的暴露上，而且还进一步提出了许多积极的改革主张。

顾炎武首先把立足点放在发展生产上，这就是他一再强调的“厚民生”。他从西北地区的实际状况出发，主张在这里开垦荒地，而且还亲自经营过垦荒事务。他认为应当在这里发展纺织业，主张“每州县发纺织具一副，令有司依式造成，散给里下”，同时从外地招聘纺织工匠前来传艺。

他从多年的实际调查中，了解到西北是发展矿业和畜牧生产的好地方，他在给自己的学生潘耒的信中，曾经写道：

> 大抵北方开山之利，过于垦荒；畜牧之获，饶于耕耨。使我有泽中千牛羊，则江南不足怀也。

他还认为，要在西北地区发展生产，迫在眉睫的问题就是必须进行赋税征银制的改革，以便减轻西北以及类似的一些落后地区人民的经济负担。他反对赋税不加区别地一律征收白银，主张：

> 凡州县之不通商者，令尽纳本色，不得已，以其十之三征钱。

顾炎武渊博的历史知识和一生在各地的实际考察，使他不仅把自己的看法写进了《日知录》，而且还专门写了《郡县论》《钱粮论》《生员论》等著名政论文章。这些著作，在我国古代政治思想史上是很值得重视的。

1682年2月14日清晨，顾炎武似乎觉得身体好了一些，准备出门去看望几个朋友。但是他没有想到，自己竟连上马的力气也没有了，一失足栽倒在地上，从此便永远起不来了。第二天凌晨，我国历史上的一位杰出的学者和卓越的思想家，静静地离开了人世。

顾炎武作为开创一代学术的文化巨人，他的大量著作是留给后人的一份珍贵的文化遗产，而他提出并积极实践的“天下兴亡，匹夫有责”的主张，影响了一代又一代的仁人志士。

朱柏庐教人修身治家

明末清初对儒学“修身、齐家、治国、平天下”思想的运用，还体现在当时著名的理学家、教育家朱柏庐身上。他在家庭教育方面，提倡尊敬师长，勤俭持家，邻里和睦等，为后人留下了宝贵的遗产。

朱柏庐原名朱用纯，明末清初江苏昆山县人。他自幼致力读书曾考取秀才，志于仕途。后因父亲朱集璜抗清牺牲，他的心灵因此受到了很大震动，决心要像父亲那样，具有民族气节，决不屈膝事敌，不再求取功名。

朱柏庐上侍奉老母，下抚育弟妹，播迁流离，备极艰辛。待局势稍定，才返故里。他居乡教授学生，潜心研究程朱理学，主张知行并进，躬行实践，一时颇负盛名。曾用精楷手写数十本教材用于教学。

朱柏庐所著《朱子家训》，又名《朱子治家格言》《朱柏庐治家格言》，讲求道德修养、行为规范的准则，劝人勤俭治家，安分守己，宣扬儒家伦理道德。被历代士大夫尊为“治家之经”。

《朱子家训》中运用了很多典故，来阐释如何治家等道德修养方面的道理。比如其中有一句话说道：

宜未雨而绸缪，勿临渴而掘井。

意思是说，凡事先要准备：像没到下雨的时候，要先把房子修补完善，不要“临时抱佛脚”；不要等到口渴了的时候，才来掘井。

“未雨绸缪”，典出先秦时期周公的故事：周成王姬诵继位时尚且年幼，由叔父周公辅政。周公曾经写一首《鸱鸮》诗给周成王，诗的大概意思是：鸱鸮趁天未下雨，急剥桑皮，拌以泥灰，以缚门窗。周公此诗是希望周成王及时制定措施，以止叛乱阴谋。

“临渴掘井”，典出先秦时期晏子的话：

有一次，齐景公问晏子说：“如果帮助昭公回到鲁国，他会成为贤明爱民的君王吗？”

晏子回答说：“不会如此。掉进水里和迷路的人，原本就不曾去注意路径方向，直至溺水了才知道探水路，迷路了才会向人问路。这就如同国家面临危难时，才急忙去制造兵器，被食物塞住喉咙了，才急着挖井取水来喝，虽然快速行动了，但还是来不及了。”

再如：“黎明即起，洒扫庭除。”意思是说，天刚亮就应该起来，打扫厅堂院落。这句家训着眼于“勤”字。早起第一件事为洒扫，目的在于让家中每一个人及外人看到一个整齐清洁、治理有方的家庭的蓬勃生机。所谓小节不矜，大事难成。在尘垢中打滚不以为耻的人，多半是懒出了水平，只知浑浑噩噩地打发时光。

按照儒家的观点来看，“一屋不扫何以扫天下”？这就是说，连自己的院子一块小小地方都管理不好，怎么可能管理好天下呢！

在东汉末年，外戚和宦官把持朝政，打压有才华的官员，很多有识之士被关进牢里。政局混乱，民不聊生。

有一位少年名叫陈藩，从小立有大志，决心长大后为国效力，为天下百姓谋福利。他独自住在一个小院里，每天闭门读书，其他什么都不管，就连自己的庭院和房间都懒得收拾。

有一天，他父亲的好友薛勤来看他。见陈藩住的房间乱七八糟的，薛勤不禁皱起眉头问：“年轻人，为什么不把房间打扫干净再接待客人？”

陈藩昂起头，不以为然地回答：“男子汉生活在这个世界上，应该以扫除天下为己任，怎么能做打扫房间的小事呢？”

薛勤虽然为陈藩年少却胸怀大志感到敬佩，但他很不赞同不爱整洁的理由，反驳说：“一屋不扫何以扫天下？”

陈藩一时无言以对，内心受到强烈的震动。他明白了凡事要从小处做起，懂得了“不积跬步，无以至千里”的道理。

后来，陈藩在朝廷做了官，历任太守、太尉、太傅等职；从政数十年，清正廉明，刚正不阿，赢得了世人的赞誉。

再如：“见色而起淫心，报在妻女；匿怨而用暗箭，祸延子孙。”意思是说，看到美貌的女性而起邪心的，将来会报应在自己的妻子儿女身上；怀怨在心而暗中伤害人，将会给自己子孙留下祸根。

春秋战国时期，鲁国有个名叫秋胡的人，娶妻结婚后才5天，他就急着外出求职去了，在陈国谋得了一官半职。眨眼过了5年，秋胡思念家中老母和妻子，就向上司告了假，带着几年来积聚的金银财物，驾车赶路回家。

快到家了，秋胡在路边的桑园里看见有位农家少妇正在采桑。烈日当空，暑气蒸人，只见那女子穿得单薄，背影婀娜多姿，秀色迷人。

秋胡心中顿生邪念，不顾家门就在眼前，急忙下车一边向采桑女走去，一边大声说：“大嫂，烈日下采桑多么辛苦，我因赶路也暑热难当，请停下来陪我在这桑荫下歇会儿吧！”

采桑少妇仿佛没有听见他的话，顾自采桑不止。

秋胡走到妇人身后又说：“费力种田不如遇上丰年，费力采桑不如遇上大官。我身上带有金银，情愿送给大嫂，怎么样？”

采桑少妇正色道：“采桑固然辛苦，养蚕可以纺丝织绢，拿来换取吃穿和日常用度，上可赡养双亲，下可替出门在外的丈夫养育儿子。我才不会接受你的金钱，但愿你心无邪念，收起财物赶路去吧！”秋胡只好悻悻地回家了。

到家后，秋胡把挣来的钱交与母亲，然后询问妻子在哪里。妻子来了后，他发现竟然是刚才被调戏的那位女子！秋胡一时羞愧难当，默然无语。

妻子的愤怒可想而知，她指责秋胡说："你在外做官这么长时间，不是着急回家看望母亲，反而调戏路边妇人，这是不孝、不义；不孝的人，就会对君不忠；不义的人，就会做官不清。不孝不义的人，我没办法和你一起白头偕老。"说完出村往东跑去投河自尽了。

这就是秦汉时期以来广为流传的"秋胡戏妻"的故事。该故事对古代文化艺术的创作产生了重要影响。

《朱子家训》中也有很多句子是立意阐述，直接表明作者自己的观点。比如："一粥一饭，当思来之不易；半丝半缕，恒念物力维艰。"意思是说，吃每一碗粥、每一碗饭时，应该想想这粥饭里有多少人力的付出，多少财物的消耗，真地是来之不易；我们生活所需的每半根丝、每半缕线，都要常常想想其中含几多物质和几多人的心血，应该好好珍惜。

这句话告诫人们养成勤俭节约的美德要从日常生活、穿衣吃饭做起，不要铺张浪费。切莫把日常微小的事物看轻了，从而不知珍惜。要知道每一样东西的背后有多少人的辛勤付出，有多少能源的消耗；桩桩件件来之不易。

古代很多人从小就见长辈们是这样做的，长辈也是这样教孩子的。长辈每天总是早早起床，将屋里连同门前的小院子扫得干干净净，边扫地边教孩子这"黎明即起，洒扫庭除"的道理。

一个人的品行人格往往就是从这些点滴生活小事中培养起来的，这就是《朱子家训》的影响，家庭教育的作用。

《朱子家训》从治家的角度谈了安全、卫生、勤俭、有备、饮食、房田、婚姻、美色、祭祖、读书、教育、财酒、戒性、体恤、谦和、无争、交友、自省、向善、纳税、为官、顺应、安分、积德等诸方面的问题，核心就是要让人成为一个正大光明、知书明理、生活严谨、宽容善良、理想崇高的人，这也是我国传统文化的一贯追求。

《朱子家训》之所以在后世有这么大的影响，除了它集中体现了国人修身齐家的理想与追求，更重要的是它用了一种通俗易懂的语言，容易被广大民众接受。

家训本不是严格意义上的启蒙书，一般多悬于厅堂屋室，以对家庭成员尤其是子弟起警戒的作用。但《朱子家训》影响巨大，脍炙人口，几乎家喻户晓，自然也就成了古代人人必读的启蒙书之一。

曾国藩的修身经世实践

清代儒学强调经世致用，但达到目的首先要修己修身。自古就有立功、立德、立言“三不朽”之说，而真正能够实现者却寥若晨星，曾国藩是其中之一，被誉为“中华千古第一完人”。

曾国藩出生于清代晚期一个地主家庭，自幼勤奋好学，6岁入塾读书。8岁能读八股文、诵“五经”，14岁时能读《周礼》《史记》《文选》，同年参加长沙的童子试，成绩列为优等。1838年进士出身，自此以后供职京师。

如何修身，儒家的伦理哲学提出了根本之法，这就是“诚”。按照儒家修己治人的伦理哲学，修身是齐家、治国、平天下的根本，而“诚”则是修身的根本之法。

曾国藩完全继承了传统文化中关于“诚”的思想，更多地是从功夫论及其与本体论的结合上论及，不仅将其视为一切事务的根本，而且将它作为修身的基本之道。

曾国藩订立“敬、恕、诚、静、勤、润”6字修身养性之法，他认为：

> 德成以谨言慎行为要，而敬、恕、诚、静、勤、润六者，缺一不可。

晚年，他检讨自己的一生，说道：

> 昔年于慎独、居敬等事，全未用功，至今衰老，毫无把握，悔之晚矣。

真正做到守“静”，并非易事。曾国藩很注意培养守“静”功夫。一天，他读《周易》的“大壮”卦，以及彖、大象，认为正与《孟子》中的“养气章”通。但读爻辞无所得，认为是由于“心粗不入”。随后又复读《周易》仍无得。饭后心杂，灯下拟作题图诗，意欲求工，反而不能成一字。

读《周易》无所得，曾国藩反省自己“游思纷至”，同时他又感到守“静”甚难，有时很难克制自己，“不能静坐，只好出门”。

作为一种修身方法，“静”无疑有着积极作用，但这是一种脱离实践的闭门沉思，走向极端也有着流弊。晚年，曾国藩意识到这一点。

他指出，圣贤之言德行者，名类甚多，“苟以一两字切己反求，皆有终身可行之益，但末流之弊，不可不防”。因此，守“静”也有其反面，须预防矫枉过正。

如何在实际生活中修身，儒家提出了克己内省、改过迁善等具体方法，其核心是强调反求诸己，严格反省自己的言行。按照这一修身之道，同时又遵循盈虚交替的天之道，曾国藩时时检查自己的不足之处。他严格按照“慎独”的要求，时时自省改过。

一是戒除不诚和虚伪。诚是修身之本，曾国藩在待人接物中，时常反省自己。

一次，曾国藩与窦兰泉谈，“言理见商”，过后检查自己，“实未能心领其语意，而妄有所陈，自欺欺人，莫此为甚。”其原因，“总由心有不诚，故词气虚憍，即与人谈理，亦是自文浅陋，徇为外人，果能益哉？可恨，可羞！”

又有一次，曾国藩与冯卓怀、陈源兖等谈论“诗文之业亦可因以进德”问题。彼此持论不合，“反复辩诘”，而曾国藩“内有矜气，自是特甚，反疑人不虚心”，过后他反省自己“何明于责人而暗于责己也”？

违背自己所定的戒律，也是不诚的体现。一次曾国藩深夜才归，“违夜不出门之戒”，他因此反省道，“都是空言欺人”。有人曾当面责备曾国藩“伪”，“对人能做几副面孔”，对他触动很深。

曾国藩早年有时好取人悦，言不由衷，事后反省，感到待人缺乏忠信。一天，他与人饮酒，久谈过后也觉不当，“多言不知戒，绝无所谓省察者，志安在耶？耻安在耶？”

二是去其好名之心。名实相符，是“诚其意”的要求，于是，曾国藩时时检查自己的好名之心。一天早上，曾国藩忽然“名心大动，忽思构作一巨篇以震炫举世之耳目”。事后，他痛骂自己“盗贼心术，可丑”！

他每天写自课本，却无改过的实际行动，“日来自治愈疏矣，绝无瑟僴之意”。他责备自己“何贵有此课之册！看来只是好名”。每天做日课，“写此册而不日日改过，则此册直盗名之具也。既不克痛湔旧习，则何必写此册”。

除外，他还反省自己的种种言行，均是好名之心作怪。如有时作“无礼之应酬，勉强从人”，其一半原因“仍从毁誉心起，怕人说我不好”。

直至晚年，曾国藩仍时时反省自己的好名之心。如“焦虑过多，无一日游于坦荡之天”，他自己认为，“总于由名心太切、俗见太重二端”。

三是力戒无恒之弊。立志有恒是克己内省的基本方法，曾国藩非常重视这一点。有一天，曾国藩早上起来吃烟，“口苦舌干，甚觉烟之有损无益，而刻不能离，恶湿居下，深以为恨”。他发誓“从今永禁吃烟，将水烟袋捶碎”。

第二天，曾国藩想到自己已到30岁，颇有感慨，“今一世矣。聪明日减，学业无成，可胜慨哉！”他下定决心，“自今以始，吾其不得自逸矣”。

戒烟后，曾国藩时时警惕，将近一月时，他在日记中写道：“吾自戒吃烟，将一月，今差定矣！以后余有三戒：一戒吃烟，二戒妄语，三戒房闼不敬。一日三省，慎之慎之！”

为了约制自己行事有恒，曾国藩立志自新，并时时反省。几十多天后，他检查自己，“未曾改得一过，所谓‘三戒’、‘两如’及静坐之法，养气之方，都只能知，不能行，写记此册，欲谁欺乎？”因此下定决心，“此后直须彻底荡涤，一丝不放松。从前种种，譬如昨日死，以后种种，譬如今日生”。其后，曾国藩经常处于反复的思想的斗争中，他给自己订立了每天的课程，但第二天即“晏起”。第三天虽早起，接着“又晏起”，“一无所作，又虚度一日”，无以“自解”，仅“浩叹而已”。

其后多为“晏起”，曾国藩心甚不安，但只是“可恨”而已。有几天，日高三丈，客人已来，曾国藩又晏起，并“无事夜行，心贪嬉游”。他在当天的日记中骂自己到“直不成人”，责问自己“要日课册何用”？为此曾国藩甚为内疚，甚至“寝不成寐”，感到又“虚度一岁”。

经过反复强行约束自己，曾国藩基本上改掉了早上晏起的毛病，很少再犯，每天坚持读书写字，但是有的嗜好却始终难以抑制。

如他的棋瘾颇大，有一天见别人下围棋，便“跃跃欲试，不仅如见猎之喜”。他检查自己“口说自新，心中实全不真切”。有一天，曾国藩又观人围棋，“凡欲攘臂代谋”，过后又骂自己“屡惩屡忘，直不是人”！

经过强行压抑，有些效果，但又忍不住看人下围棋，“嗜之若渴”，过后他又自责“真下品矣”。

没过多久，曾国藩又与人对弈，过后又自责，“明知旷工疲神，而屡蹈之，何以为人！”后来与人下了几局围棋后，头昏眼花，“因戒永不下棋”。甚至立下誓言：“如再下棋，永绝书香。”

四是戒除忿气与不敬。曾国藩早年在京时有些偏激，时因小事大发怒气，每次事后他均自我反省。一次，曾国藩与曹西垣、金竺虔等人“语及小故”，“大发忿不可遏，有忘身及亲之忿”。虽经友人理谕，“犹复肆口谩骂，比时绝无忌惮”。

过后，曾国藩反省此事，“每日间总是‘忿’字、‘欲’字往复，知而不克去，总是此志颓放耳！可恨可耻。”同时，他还虚心接受友人的批评，友人曾当面责备曾国藩“慢”、“自是”等。他听后甚为感佩，谓：“直哉，吾友！吾日蹈大恶而不知矣！”

后来，曾国藩总结平忿方法，即“凡遇牢骚欲发之时，则反躬自思：吾果有何不足而蓄此不平之气？猛然内省，决然去之。不惟平心谦抑，可以早得科名，亦且养此和气，可以消减病患”。

出京治军，面临的情况更为复杂，曾国藩尤重视此方面的修养。一次因公愤私忧，“辗转不能去怀”，以致“夜不成寐”。他想到北宋时期哲学家邵雍所谓观物，战国时期思想家庄周所谓观化，北宋时期理学家程颐所谓观天地，感觉自己应该“须放大胸怀，游心物外，乃能绝去一切缴绕郁悒、烦闷不宁之习”。

五是戒除各种私欲。朱熹提出的“存天理，灭人欲”，对士大夫影响很大，成为他们修身养性的戒律，曾国藩亦时时克制自己的各种意欲。他自己默思，“此心需常有满腔生意；杂念憧憧，将何以极力扫却？勉之！”并反省自己“利心已萌”。

一天，他“闻人得别敬，心为之动”。又想起昨天晚上，他“梦人得利，甚觉艳羡”，于是醒后“痛自惩责，谓好利之心至形诸梦寐，何以卑鄙若此”！方欲痛自湔洗，而今天“闻言尚怦然欲动，真可谓下流矣”！

又一次与客人谈话，“闻色而心艳羡”，在当天的日记骂自己“真禽兽矣”。曾国藩下决心与过去决裂，说：“余今闷损至此，盖周身皆私意私欲缠扰矣，尚何以自拔哉！立志今年自新，重起炉冶，痛与血战一番。而半月以来，暴弃一至于此，何以为人！何以为子！”

克除私欲是一个艰难的过程，曾国藩在立志自新之后，仍有“患得患失之心”。他“憧憧靡已，强为制之，尚觉扰扰，夜不成寐”，自责“平日所谓知命者，至是何有，真可羞已”。

六是戒除懈怠玩忽之习。在京师那段时间，曾国藩曾一度放松自己，后来他在日记中记下了自己的悔悟，“拟自今以后，每日早起，习寸大字一百，又做应酬字少许；辰后，温经书，有所知则载《茶余偶谈》；日中读史亦载《茶余偶谈》；酉刻至亥刻读集，亦载《茶余偶谈》；或有所作诗文，则灯后不读书，但作文可耳”。

直至晚年，曾国藩仍时时警诫自己。有一天他未写奏折，心中非常不安，在日记中写道：“是日应办奏稿，方不误次日发报之期。一念之惰，遂废本日之常课，又愆奏事之定期。乃知天下百病，生于懒也。”

除上述之外，曾国藩在其他方面也时时反省自己。例如，曾国藩力倡勤俭，也能够身体力行，并且严格要求自己。

曾国藩的一个友人给他打了一把银壶，为炖人参、燕窝之用，用了8两多银子。事后曾国藩心中不安，“深为愧悔”。他自己反省说：现在百姓尚食草根，官员也多贫困，而自己身居高位，如此娇奢，深感惭愧，警醒自己“以后当于此等处痛下针砭”。

曾国藩奉行儒家的仁爱之道，这与他平时的修行分不开。一天，曾国藩听说是日，某武臣部拟斩立决，应邀同往西市观看。过后，他对自己“欣然乐从”的举动甚为内疚，反省自己“仁心丧尽，比时悔之而不速返，徘徊良久，始归。旷日荒谬至此，尚得为人乎”？

听取别人的忠告和意见，吸收别人的长处，是传统儒家文化中重要的修身方法。曾国藩吸收了这一修身方法，积极实践“取人为善”，注重获得“诚意”及修身的方法，请师长、亲友、僚属随时规谏自己，并师法古人或今人的贤者。

总之，曾国藩克己唯严，崇尚气节，标榜道德，身体力行，实现了儒家“修身、齐家、治国、平天下”及立功、立德、立言“三不朽”事业，对后世产生了深远影响。

严惩恶道士的神童

纪昀（1724~1805 年），又名纪晓岚，河北献县人，清朝内阁大学士，官居一品。在位期间主编了享有世界声誉的中国文化典籍《四库全书》。

公元 1724 年，纪昀出生在河北献县有名的纪家，从小就勤奋好学，是纪姓大族的小神童。

幼年纪晓岚求学的塾馆同一座道教的庙宇毗邻。那寺庙内的老道士，表面上道貌岸然，实为道德败坏，极为好色之徒，常常偷看漂亮的女人，有时按捺不住，公然盯梢或调戏。在寺庙的墙外，有个大水坑，常年积水，是女人们洗衣裳的好地方。由于这个恶道士品行不端，所以，她们从不敢单独到这里来用水。

有一年大旱，井水枯竭，只有这个大水坑还未干涸，尚有半坑水可供使用，村上的女人们，不得不三五成群地结伙来到坑边洗衣服。纪晓岚上学经过庙宇时，几次发现老道士趴在墙头上，双眼通红，鬼鬼祟祟地朝水坑盯视，于是，他便想出一个好主意，惩治一下这个淫心太盛的恶道士。

一天中午，纪晓岚看见几个妇女又到坑边去洗衣服，随后跟去，悄悄溜进庙门。走到大殿前院的侧屋旁，他用手指蘸唾液，将菱形窗格上敷贴的窗纸一点，化开一个小洞，眼睛凑上去窥看，只见老道士正光着膀子呼呼地睡大觉，床旁的小凳上放着他的道帽。

晓岚便轻轻推开门，蹑手蹑脚地来到小凳前，轻轻拿起道帽，顶在自己头上，然后回身，轻轻带上房门。走到院子里，他搬了几块土坯放在墙头之下，又在墙角捡了几块小石头，脚踩住土坯，刚好能让墙外水坑的女人看到道帽。接着，晓岚将手里的小石子接二连三地朝墙外的水坑方向扔去。

“哎呀呀，哎呀呀，哪个来捣蛋？”

“啊，是老色鬼，老道士！”

“死不要脸的东西！”

一阵吵骂声远远地从墙外传来。原来，晓岚早就计算好距离，均匀准确地用力将石子抛出，那石子竟像长了眼睛，一个个落在水里，溅得妇女们满身满脸都是水。妇女们朝石子投来的方向抬头张望，只见庙宇墙内的道帽一晃一晃，转眼便不见了人影。女人们匆匆忙忙洗好衣服，端起衣盆边骂边走了。

晓岚在庙内闻声判断已经得了手，便急忙跳下土坯，又悄悄推开侧屋门，将道帽放回原处，又从原路走到庙门边。他先从门缝向外张望，见女人们的身影已走远了，便轻捷地跳出来，把庙门虚掩上，飞也似地溜了，躲在竹林里远远地看“戏”。

一会儿，只见妇女们带着村里的男人们浩浩荡荡奔向庙宇，道士哀求饶命的声音很快从远处传来。

老道士经受了一番皮肉之苦后，再也不敢调戏妇女了。

敬事而信

子曰："道[1]千乘之国，敬事[2]而信，节用而爱人，使民以时。"子曰："弟子入[3]则孝，出[4]则弟，谨而信，泛爱众，而亲仁。行有余力，则以学文。"

【注释】

①道：治理的意思。

②敬事：相当今言"敬业"之意。"敬"字一般用于表示个人的态度，尤其是对待所从事的事务要谨慎专一、兢兢业业。

③入：古代时父子分别住在不同的居处，学习则在外舍。入是指到父亲住处，或说在家。

④出：与"入"相对而言，指外出拜师学习。出则弟，是说要用弟道对待师长，也可泛指年长于自己的人。

【解释】

孔子说："治理一个拥有千辆兵车的国家，应该严谨认真地办理国家大事，并恪守信用，诚实无欺；同时还应节约财政开支，爱护官吏臣僚，百姓服劳役不能误了农时。"

孔子说："弟子们在父母跟前要孝顺父母；出门在外，要遵从兄长，谨慎少言，言而有信，博爱民众，亲近有仁德的人。这样躬行实践之后，若还有精力，就再去学习文化知识。"

【故事】

大禹的爱国爱民精神

古代报国思想准确说应该始于夏代，因为从禹建立了夏王朝以后，人们才有了“国家”的概念。禹在建国过程中所体现出来的爱国爱民精神，成了中华民族精忠报国思想的源头。

那是在帝尧时期，中原洪水为灾，百姓愁苦不堪。鲧受命治理水患，他用堵截的办法治水，用了9年时间，结果洪水未平。舜巡视天下，发现一点成绩也没有，就命鲧的儿子禹继任治水之事。

禹接受任务后，立即与百官商议对策。他亲自翻山越岭，趟河过川，拿着绳墨标杆等工具，进行实地勘察，测度地形的高低，树立规划水道。

禹穿着破烂的衣服，吃粗劣的食物，住简陋的席篷，每天亲自手持耒锸，带头干最苦最累的活。几年下来，他的腿上和胳膊上的汗毛都脱光了，手掌和脚掌结了厚厚的老茧，躯体干枯，脸庞黧黑。老百姓见了无不心痛流泪。至今嵩山一带还流传着许多大禹治水的动人故事。

传说，禹治水时，要在介于太室山和少室山之间的轩辕山打出一条疏洪泄流的通道。为了加快挖山的速度，他化为一头神力无比的大黑熊，连推带扒，很快就把山挖掉了大半。尽管民间传说具有神化色彩，但由此也可见禹为治水患而付出的艰辛和牺牲。

禹为了治水，费尽脑筋，不怕劳苦，从来不敢休息。他路过家门口，听到妻子生产，儿子呱呱坠地的声音，都咬着牙没有进家门。第三次经过的时候，他的儿子启正抱在母亲怀里，他已经懂得叫爸爸，挥动小手，和禹打招呼。禹只是向妻儿挥了挥手，表示自己看到他们了，还是没有停下来。

禹鉴于前辈治水无功主要是没有根据水流规律因势利导，而只采用筑堤截堵的办法，一旦洪水冲垮堤坝便前功尽弃的教训，大胆改用疏导和堰塞相结合的新办法。这就是顺天地自然，高的培土，低的疏浚，成沟河，除壅塞，开山凿渠，疏通水道。

经过 13 年的努力，禹带领人们开辟了无数的山，疏浚了无数的河，修筑了无数的堤坝，使天下的河川都流向大海，终于治水成功，根治了水患。

洪水刚刚退去，一块块平原露出水面，他带领人们在田间修起条条沟渠，引水灌溉，种植粟、黍、豆、麻等农作物，还教人们在地势低洼的地方种植水稻，使农业生产也取得了进步。

禹勤奋地为万民谋利，在天下的威望达到顶点。万民称颂说："如果没有禹，我们早就变成鱼鳖了，也早就饿死了！"

帝舜称赞禹，正式禅位于禹。禹在诸侯的拥戴下，以安邑为都城，国号夏。当了部落联盟首领的禹更加热爱自己的国家，为夏王朝的长远发展制订了许多新措施。

禹曾在治水的过程中走遍天下，对各地的地形、习俗、物产都了如指掌。于是，他把全国分为 9 个州，即冀州、兖州、青州、徐州、扬州、荆州、豫州、梁州和雍州。

禹还规定了五服制：帝畿以外五百里的地区叫"甸服"，再外五百里叫"侯服"，再外五百里叫"绥服"，再外五百里叫"要服"，最外五百里叫"荒服"。甸、侯、绥三服，进纳不同的物品或负担不同的劳务。要服，不纳物服役，只要求接受管教，遵守法制政令。荒服，则根据其习俗进行管理，不强制推行政教。

禹为了管理国家还到南方巡视，在涂山约请诸侯相会。涂山位于现在的安徽蚌埠市西。为纪念这次涂山盛会，把各方诸侯部落酋长们送来的青铜铸成九鼎，象征统一天下九州，成为夏王朝之象征。

禹还在视察少数民族地区时，沿途向当地人询问习俗，鼓励农耕，告其农时，播种五谷，教育部族酋长们讲礼仪，知法度，不以强凌弱，和睦相处。同时又宣布，若有不听教化者，要以兵征讨，决不客气。

禹关心百姓的疾苦。他看见穷人把孩子卖了，就把孩子赎了回来；见到有的百姓没有吃的，就让随从把仅有的粮食分给百姓。

有一次，他出门看见一个罪人，竟下车问候并哭了起来。随从说："罪人干了坏事，你何必可怜他！"

禹说："尧舜的时候，人们都和尧舜同心同德。现在我当天子，人心却各不相同，我怎能不痛心？"

禹成功治水，建立夏王朝，热爱自己的国家，爱戴天下万民。对于大禹的爱国爱民精神，后人总结出以下几个方面：

一是公而忘私、勤政为民的奉献精神。大禹受命统率全国治水事务，始终以为民造福为己任。大禹13年在外，三过家门而不入，是公而忘私执政为民的代名词。

二是革故鼎新、务实求真的科学精神。禹认真总结前人治水教训，组织了全国性的大地测量，精研山水地理，虚心学习各地治水经验，终于提出了改革古道、因势利导的治水方略。

三是艰苦奋斗、坚韧不拔的创业精神。大禹为了治水伟业，吃粗茶淡饭，穿破旧衣服，住简陋房屋。正是他这种身先士卒、艰苦奋斗、坚韧不拔的创业精神，成就了我国历史上第一个人类战胜自然的典范。

四是和谐发展、依法治国的民本精神。大禹在带领人民治理洪患的艰苦历程中，最广泛地接触了人民，最深切地了解了民情，最真切地感受到了人民群众的伟大力量，形成了以"敬民、养民、教民、护民"为主要内容的"民本"思想。

五是谦虚谨慎、廉洁奉公的自律精神。舜评价大禹说："成治水之功，行声教之言，成就最大。勤劳于国，尽力沟洫；节俭于家，卑宫菲食。谦恭而不自满，可谓贤才之最。备受赞美而不骄，天下无人敢与之争能；不尚征伐而战绩斐然，天下无人能与争功。”

大禹的爱国爱民精神是中华民族的宝贵财富，几千年来，不断被炎黄子孙发扬光大，使大禹精神超越了时代的界限，升华为整个中华民族的精神。

伊尹的济难报国之志

大禹建立的夏王朝到了桀期间，由于夏桀昏庸傲慢，不得民心，那些受尽欺压的平民百姓指着太阳咒骂他：“你几时灭亡，我们情愿跟你一道灭亡！”桀的大臣们也都盼望夏朝早点灭亡。

这些都被汤看在眼里。汤又叫“太乙”，他是夏王朝在黄河下游的一个属国商国的首领。汤见夏桀腐败残暴，就决心与他争夺天下。

汤一天到晚总考虑怎样推翻桀的计划，一日三餐，马马虎虎，并不留心饭菜质量怎么样。这种情况，早被细心的厨师伊尹看到了。

伊尹出身低微，养父是有莘国厨师。伊尹聪明好学，很有才干，终于学得一身好手艺成为一位名厨。伊尹的烹饪技术十分高超，尤其是擅长精制味美的汤，达到了出神入化的境界，名传四方。

喜爱喝汤的商汤听说后，就派人向伊尹的主人莘氏索要伊尹，遭到了拒绝。商汤不死心，为得到伊尹，不惜向莘国公主求婚，以迎娶不美貌的公主为代价。莘氏答应了，而且让伊尹做女儿的陪嫁物。

伊尹佩服有大志的人，他听说汤有远大志向，高兴坏了，立刻背着烹调用的“玉鼎”和“砧板”跟着去了。从这时起，伊尹就已经不再满足于为国君做那可口的饭菜与酒肴，他更有一颗在政治上的忠君报国之心。

事实上，在伊尹的心目中，经常考虑的是整个国家普天之下的人民的生存状况及命运问题，他认为在商汤管理的范围内，只要还有一个男子或是妇女，没有受到尧舜之道的恩泽的话，就如自己把他们推进沟壑中一样。他把天下个别人的疾苦，视为整个国家人民的疾苦，把天下人民的灾难，视为自己没有尽到拯救的责任。

正因为伊尹有如此广阔的胸襟，强烈的济天下之难的责任心，所以才建议汤踏上了伐夏救民，灭夏兴商的革命大道，而他本人也投身于这场壮丽的事业中。

伊尹知道汤总是惦记着推翻桀的大事。他看在眼里，急在心上，总想找个机会和汤谈一谈自己对这事的看法。于是想出了一个办法来吸引汤的注意，这一次故意把饭菜做得特别咸，下一次又故意不放盐。

汤感到饭菜不顺口，不对味，就叫过伊尹说：“你最近做的菜，不是咸，就是淡，是为什么呢？”

伊尹说：“大王，这是我在试探您还知道滋味不知道。从今天起，我一定把饭菜做好。不然，大王杀我的头！”

从那以后，伊尹做的饭菜咸淡适度香甜可口，味道很合汤的胃口。汤非常满意，又把伊尹找来说：“看来，你的进步很大，做菜的本事果然不凡。”

伊尹连忙借题发挥，有所指地说：“大王，这并没有什么值得夸奖的。菜不能太咸，也不能太淡，只要把佐料搭配好，吃起来自然有味儿。这和您治理国家是一个道理，既不能无所作为，也不能急于求成。只有掌握好分寸关节，才能把事情办好。”

汤听了连连点头，心想：“谁能知道，在我的厨房里竟有这样一位难得的人才！”于是，汤立即宣布解除伊尹的奴隶身份，让他做了大臣。

伊尹心怀感激地对汤说："大丈夫生于天地之间，济世安民，忠君报国，乃是男儿所为。"

从此以后，伊尹尽心尽力为汤出谋划策，逐渐成为汤的主要助手。有一天，伊尹向汤建议，鉴于夏桀昏庸残暴，不要再向夏送贡品了。同时，他还建议汤控制一些小国，使他们归附汤。汤采纳了这一计划。

桀不甘心自己的势力范围缩小，就以商国没有进贡为借口，联合起九夷族的力量，气势汹汹地讨伐商国。汤听到这个消息，对伊尹说："现在桀找上门来打仗，我们打还是不打呢？"

伊尹沉思了片刻，然后说："桀这次集中了九夷族的兵力，说明他还有一些战斗力，我看不如避其锋芒，先恢复向夏进贡等以后有机会再说。"

汤立刻派人把贡品送到桀的军营。

桀见了堆积如山的财宝，十分得意，笑着对手下人说："看来，汤还是怕我的呀！"于是，桀带着贡品满载而归收兵回国了。

第二年，商国又不向夏进贡了。桀暴跳如雷，发号施令，集合本国一些军队，觉得不一定能打败商汤，于是想再次召集九夷族一起去讨伐商国。可是，九夷族也逐渐看到了夏桀的种种昏庸表现，已经不愿意为夏朝出兵卖命了。

这时，在夏桀的附属国中，真正能听桀调遣的只剩下昆吾国这一个了。伊尹与商汤分析了这一形势。汤对大臣们说："服从桀的人越来越少，我们只要打败他的最后一个帮手昆吾国，夏亡的日子就不远了。"于是，汤和伊尹率领商国军队北上，迅速打败了昆吾国，消灭了桀的最后一支外围力量。

桀恼羞成怒，带兵倾巢出动与汤决战。商军以逸待劳，早已等候在鸣条这个地方。

伊尹和汤鼓励将士们奋勇杀敌，振奋精神。汤传下法令说："桀做尽了坏事，我们要去讨伐他，大家要听从命令。对杀敌立功的，我要给予重赏，决不食言；对不服从命令的，我也绝不客气！”

将士们下定死战的决心。交战这一天，天刚亮商军就冲了过去，势不可挡，将士们非常勇猛。夏桀的队伍有一部分赶紧逃命，大多数投降了商军。汤乘胜追击，把夏桀赶进安徽南巢山中。夏桀困于山中，由于没有援兵，当地的百姓也痛恨他，最后饿死在南巢山里。

汤率领军队攻入了夏朝的国部，夏灭亡了，汤建立了商王朝，并定都于亳，成为我国历史上第二个王朝。商汤废除了夏的政令，并作《汤诰》告诫诸侯要敬畏上天，修行德政，为民谋利。

伊尹作战勇敢，智慧超群，为汤开国创业立下不少功劳，他由一名当厨师的奴隶，一直成为辅助国君的大臣，后来当上了右丞相。因此，伊尹深受国王的赏识和人民的爱戴。

胸怀报国之心的伊尹不仅辅佐成王开创了商王朝，后来又辅佐成汤的儿子外丙、仲壬和成汤之孙太甲，为三朝功臣，他主持建造了偃师商城，规范了甲骨文，提出“以德治国”、“任人唯贤”等立国大计，被历代尊为贤相，称“中华第一名相”。

齐襄公失信于人致死

春秋时期，齐襄公还是太子的时候，就与公孙无知争斗。襄公即位之后便降低了无知的俸禄和等级，无知对此十分怨恨，发誓将来一定要报仇。

齐襄公派连称和管至父二人去驻守葵丘（今河南兰考县东），约定第二年瓜熟的时候就派人去替换他们。等时候到了，襄公却没有派人去替换。因此二人非常生气，就决定和公孙无知联合策划叛乱。

公元前686年，襄公在沛丘打猎时受到惊吓，回去后把一个叫茀的人鞭打了三百下，并赶出了宫殿。

无知、连称、管至父等人听说襄公受伤，就带兵来攻袭襄公。正遇到茀，茀虽然刚受了襄公的鞭打，但依然十分忠心，他欺骗无知说自己先进去打探消息。谁知茀入宫之后，就把无知等人叛乱的事告诉了襄公，襄公情急之下就藏在了屋门后。

无知等人在外面等了很久，见没有消息，就冲进宫去，结果却遭到袭击，伤亡惨重。

无知四处寻找襄公，忽然有人见屋门下露着人脚，打开门一看，果然是襄公，二话没说，无知就一刀把他给捅死了。襄公死后，公孙无知自立为齐国的国君。

一身正气的小才子

张居正，湖广江陵人，明神宗时的丞相。

张居正出生在明朝中叶的湖广江陵，从小聪颖好学，且一身正气。一日，在湖广江陵府城外的一条大道上，几个五六岁的儿童抬着用一把竹椅做成的“轿子”，在路上玩耍。“轿”上坐着一位眉清目秀的长脸小男孩，他就是张居正。张居正不停地指挥着抬“轿”和保“驾”的孩子们，俨然一副当“官”的派头。孩子们一颠一颠地抬“轿”，“保驾”之人口中不断地向“张老爷”汇报情况。孩子们玩得兴趣正浓，忽听前面响起了锣声，知道有大官要从此经过。

其中一个孩子喊道：“张居正！”

“哎，大胆！怎敢喊起老爷我的名字来了？”张居正正色道。

“哎，哎，假张老爷，别闹了，快让路！”那个孩子有些胆怯。

张居正慢腾腾地说：“什么事呀？”

另一个孩子说：“你没听见锣声吗？那是府台大人来啦！那才是真老爷呢！”

“快！快下来让路吧！”孩子们有些惊慌。

张居正笑着说：“哎，看把你们吓得！别害怕，不许跑！他们抬的是老爷，你们抬的也是老爷呀。”

“咳！别闹了，他们抬的是真老爷，我们抬的是假老爷呀！”一个孩子说。

张居正满不在乎地说："什么真的假的，我倒要看看这真老爷有多大能耐！不要跑！别动！"

锣声越来越近。开道衙役走过来，大声地喊道："回避！让道！"

衙役看这几个小孩没有动，便大声说："老爷来了，还不赶快让道！"

一个孩子上前嬉笑着说："我们这也有老爷呀。"

衙役抬头望了望竹椅上端坐着的张居正，捂嘴扑哧一笑，说："别胡闹了，惹老爷生气，要打板子的。快快让路。"

张居正从椅子上站起来说："他是官，我也是官，他为什么不能让道与我呢？"

这时，府台大人走出轿子，笑着对张居正说："你知道我是什么官吗？"

张居正说："我当然知道，你不就是江陵府台吗？"

府台大人说："对啦！"

张居正一本正经地问府台大人："可你知道我是什么官吗？"

府台大人笑了笑说："不知道。"

张居正得意地说："我当的是管官的官。"

府台大人听了很有意思，说："照这么说，你的官比我的官还大，是吧？"

张居正回答："是呀！"

这时，府台大人觉得这个孩子不一般，便想考考他，于是说："那么这样吧！我出副对联你来对，你若对着了，我就绕道而行；你若对不出，你就给我回避让路，行吗？"

张居正说："行！"

府台大人出了上联，吟着："大老爷，八抬轿，顶天立地。"

张居正不假思索，顺口答道："小学生，一支笔，定国安邦。"

府台大人一听非常高兴，连称"小才子，小才子"，令衙役绕道而行。

贤贤易色

子夏[①]曰："贤贤[②]易[③]色，事父母，能竭其力；事君，能致其身[④]；与朋友交，言而有信。虽曰未学，吾必谓之学矣。"

子曰："君子不重则不威，学则不固。主忠信，无[⑤]友不如己者，过[⑥]则勿惮[⑦]改。"

【注释】

①子夏：姓卜，名商，字子夏，孔子的学生，比孔子小44岁，生于公元前507年。孔子死后，他在魏国宣传孔子的思想主张。

②贤贤：第一个"贤"字作动词用，尊重的意思。贤贤即尊重贤者，此处引申为尊重妻子。

③易：有两种解释：一是改变的意思；二是轻视的意思。

④致其身：致，意为"献纳""尽力"。这是说把生命奉献给君主。

⑤无：通"毋"，不要的意思。

⑥过：过错、过失。

⑦惮：害怕、畏惧。

【解释】

子夏说："一个人能够尊重贤者，看重其品质，而不看重其相貌；侍奉父母，能够竭尽全力；服侍君主，能够献出自己的生命；同朋友交往，说话诚实恪守信用。这样的人，尽管他自己说没有学习过，我一定说他已经学习过了。"

孔子说："君子，不庄重就没有威严；学习可以使人不闭塞；要以忠信为主，不要同与自己不同道的人交朋友；有了过错，就不要怕改正。”

【故事】

功追大禹的水工李冰

公元前316年，秦国吞并蜀国。那时的蜀国，年年非涝即旱，有“泽国”、“赤盆”之称。秦为了将蜀地建成重要的基地，决定彻底治理岷江水患，同时派精通治水的李冰任蜀郡太守。

李冰做蜀郡太守的时间没有明文记载，大约在公元前277年至前250年之间。他最初到蜀郡时，亲眼看到岷江给当地带来的严重灾难。岷江发源于成都平原北部的岷山，沿江两岸山高谷深，水流湍急。

岷江到灌县附近，进入一马平川，水势浩大，往往冲决堤岸，泛滥成灾，而从上游挟带来的大量泥沙也容易淤积在这里，抬高河床，加剧水患。特别是在灌县城西南面，有一座玉垒山，阻碍江水东流，每年夏秋洪水季节，常造成东旱西涝。

李冰到任不久，便开始着手进行大规模的治水工作。他和他的儿子二郎沿岷江进行实地考察，了解水情、地势等情况，制订了治理岷江的规划方案，并开始实施。

修建“宝瓶口”：李冰父子邀集了许多有治水经验的农民，对地形和水情做了实地勘察，决心凿穿玉垒山引水。由于当时还未发明火药，李冰便以火烧石，再浇冷水，使岩石爆裂，终于在玉垒山凿出了一个宽20米，高40米，长80米的山口。因其形状酷似瓶口，故取名“宝瓶口”，把开凿玉垒山分离的石堆叫“离堆”。

李冰之所以要修宝瓶口，是因为只有打通玉垒山，使岷江水能够畅通流向东边，才可以减少西边的江水的流量，使西边的江水不再泛滥，同时也能解除东边地区的干旱，使滔滔江水流入旱区，灌溉那里的良田。

这是治水患的关键环节，也是都江堰工程的第一步。修建“分水鱼嘴”：宝瓶口引水工程完成后，虽然起到了分流和灌溉的作用，但因江东地势较高，江水难以流入宝瓶口。为了使岷江水能够顺利东流且保持一定的流量，并充分发挥宝瓶口的分洪和灌溉作用，李冰在开凿完宝瓶口以后，又决定在岷江中修筑分水堰，将江水分为两支：一支顺江而下；另一支被迫流入宝瓶口。由于分水堰前端的形状好像一条鱼的头部，所以被称为“鱼嘴”。

鱼嘴的建成将上游奔流的江水一分为二：西边称外江，沿岷江河床顺流而下；东边称为内江，它流入宝瓶口。由于内江窄而深，外江宽而浅，这样枯水季节水位较低，则60%的江水流入河床低的内江，保证了成都平原的生产生活用水。

而当洪水来临，由于水位较高，于是大部分江水从江面较宽的外江排走，这种自动分配内外江水量的设计就是所谓的“四六分水”。

修建“飞沙堰”：为了进一步控制流入宝瓶口的水量，起到分洪和减灾的作用，防止灌溉区的水量忽大忽小、不能保持稳定的情况，李冰又在鱼嘴分水堤的尾部，靠着宝瓶口的地方，修建了分洪用的平水槽和“飞沙堰”溢洪道，以保证内江无灾害。溢洪道前修有弯道，江水形成环流，江水超过堰顶时洪水中夹带的泥石便流入到外江，这样便不会淤塞内江和宝瓶口水道，故取名“飞沙堰”。

飞沙堰采用竹笼装卵石的办法堆筑，堰顶做到比较合适的高度，起一种调节水量的作用。当内江水位过高的时候，洪水就经由平水槽漫过飞沙堰流入外江，使得进入宝瓶口的水量不致太大，保障内江灌溉区免遭水灾。

同时，漫过飞沙堰流入外江的水流产生了漩涡，由于离心作用，泥沙甚至是巨石都会被抛过飞沙堰，因此还可以有效地减少泥沙在宝瓶口周围的沉积。

为了观测和控制内江水量，李冰又雕刻了3个石桩人像，放于水中，以“枯水不淹足，洪水不过肩”来确定水位。还凿制石马置于江心，以此作为每年最小水量时淘滩的标准。

李冰克服重重困难建成的都江堰，之所以能够历经2000多年依然能够发挥重要作用，关键在于后世制定了合理有效的岁修制度。古代竹笼结构的堰体在岷江急流冲击之下并不稳固，而且内江河道尽管有排沙机制但仍不能避免淤积。因此需要定期对都江堰进行整修，以使其有效运作。

汉灵帝时设置"都水掾"和"都水长"负责维护堰首工程。蜀汉时，诸葛亮设堰官，并"征丁千百人主护"。此后各朝，以堰首所在地的县令为主管。

宋朝时，制定了施行至今的岁修制度，即在每年冬春枯水、农闲时断流岁修的制度，称为"穿淘"。岁修时修整堰体，深淘河道。淘滩深度以挖到埋设在滩底的石马为准，堰体高度以与对岸岩壁上刻的水标相齐为准。

明代以来，使用卧铁代替石马作为淘滩深度的标志，现存3根3米多长的卧铁，位于宝瓶口的左岸边，分别铸造于明万历年间、清同治年间和1927年。

李冰在任蜀郡太守期间，还对蜀地其他经济建设做出了贡献。李冰在今宜宾、乐山境开凿滩险，疏通航道，修建了今崇州市西河、邛崃南河、石亭江、绵远河等灌溉和航运工程。这一切均说明李冰是一位颇有建树的水利工程专家。

李冰还成功地开广都盐井，即现在的成都双流盐井。在此之前，蜀地盐开采处于非常原始的状态，多依赖天然咸泉、咸石。李冰创造凿井汲卤煮盐法，结束了巴蜀盐业生产的原始状况。这也是我国史籍所载最早的凿井煮盐的记录。

李冰还在成都修了石牛门的市桥、南渡流的万里桥、郫江西的永平桥等7座桥，这些便民设施，极大地改善了当地人的生活。

李冰所做的这一切，尤其是都江堰水利工程，对蜀地社会产生了深远的影响。都江堰的修成，不仅解决了岷江泛滥成灾的问题，而且从内江下来的水还可以灌溉10多个县，灌溉面积达300多万亩。从此，成都平原成为"沃野千里"的富庶之地，获得"天府之国"的美称。

李冰为蜀地的发展做出了不可磨灭的贡献，人们永远怀念他。明代阮朝东撰的《新作蜀守李公祠碑》说："禹之泽在天下，冰之泽在蜀。蜀人思冰，不异于思禹也。"2000多年来，四川人民把李冰尊为"川主"。

樊於期舍生守信誉

樊於期是战国时期秦国人，是秦国的大臣。当时秦国的国君就是后来的秦始皇——嬴政。

嬴政的父亲嬴异人，年轻时在赵国做人质。后来在赵国的一个名叫吕不韦的商人的帮助下，嬴异人回到秦国，做了国君，并立嬴政为太子，封吕不韦为丞相。

嬴异人死后，嬴政继位当了国君。樊无期深知嬴政的为人，感到凶多吉少，就跑到燕国。

后来，嬴政让燕国交出樊於期的人头，不然就攻打燕国。樊於期知道后找荆轲献出自己的人头，他在死前，对荆轲说："你要是见到秦王，告诉他，后宫的秘密我对谁也没有说。"

后来荆轲刺杀秦王失败，在临死前对嬴政说："樊无期让我告诉你，后宫的秘密他对谁也没有说。"

秦王听了之后，非常震惊，后悔当初不应该迫害樊无期这样一个正人君子。

晏子维护国家的尊严

春秋时期，正经历着我国历史上的第一次重大变革，不仅出现了孔子那样的思想大家，也有像晏子这样维护国家尊严的政治家和外交家。

晏子，是春秋时期齐国的相国。当时的齐国早已不是管仲为相时的齐桓公时代，中原霸主的地位早已易位，国势日渐衰微。在这种情况下，齐国外交就显得更加艰难，也变得更为重要了。

晏子不仅德行出众，而且头脑机敏，能言善辩。作为国王的主要助手，他曾经多次地出使他国，在外交过程中，有理有节，进退有度，每次都出色地完成了使命，充分表现出了维护国家尊严的忠诚与能力。

有一次，晏子奉命出使楚国，楚王听说后，就对左右人说：“晏子是齐国最能言善道之人，现在他要来，寡人欲羞辱他一番，该如何做呢？”

于是，左右之人献计种种。

待到晏子如期出使楚国，到了城门口时，楚人想要嘲笑他身材矮小，因此故意不开正门，而是在正门旁开了个小门来迎接他。

在古时，家居院落等建筑会在正门旁的墙根开个小门或留一小洞，方便狗出入。

晏子若从小门进的话，正中楚人之奸计，无疑是受辱；若从城门进，必须找到一个理由，否则便显得无能，也是受辱。楚人就是这样给晏子出了一个两难之题。晏子一眼就看出了楚人的意图，毅然拒绝从小门入。并机智地抛出了这样一个推论，一下就解开了两难之题。

晏子对着迎接的官员说道："只有出使狗国者，才从狗门而入；而今我晏子出使楚国，不当由此门而入。"

晏子这一推论明确告诉楚人：从小门入，我晏子一人受辱，可楚人你则要付出整个楚国受侮辱的代价；你楚人不愿付出受辱的代价，则我晏子就当从城门入。你楚人就看着办吧！

迎宾官员一听，脸色发红，却无言以对，只得打开城门，请晏子从大门堂堂正正进入。在第一个回合中，晏子取得了胜利。

晏子进入朝门，楚国几十员大臣等候着。楚国治理城郊的郊尹斗成然首先发话："听说齐国在姜公封国时，强于秦、楚，货通鲁、卫，而自从桓公之后，屡遭宋、晋侵犯，朝晋暮楚，齐君臣四处奔波臣服于诸侯。但凭景公之志、晏子之贤，并不比桓公、管仲差呀，这是为什么？"

晏子说："兴败强衰，乃国之规律，自楚庄王后，楚国不是也屡次遭到晋、吴两国的打击吗？我们的国君识时务，与诸侯平等交往，怎么是臣服呢。你的父辈作为楚国的名臣，不也是这么做的吗，难道你不是他们的后代？"斗成然羞愧而退。

楚大臣阳丐上前一步说："听说你很善于随机应变、左右逢源，然而，齐国遭遇崔庆之难，齐多少忠臣志士为讨伐两人而献出生命，你作为老臣，既不能讨贼，又不能退位，更不能以死相拼，你留在朝廷还有何用？"

晏子说："抱大志者，不拘小节；庄公之死有他自身的错误。我之所以留身于朝中，是要扶助新君立国、强国之志，而非贪图个人的性命。如果老臣们都死了，谁来辅佐君王呢？"

阳丐自知无趣退下。

楚右尹郑丹上前逼问："你说得太夸耀，崔庆之难的重大事件，你只是隔岸观火，并不见你有什么奇谋？"

晏子答："你只知其一，不知其二，崔庆结盟，我未干预；四族之难，我正在保全君王，这正是宜柔宜刚，怎么说是旁观呢？"郑无话可答。

楚太宰启疆闪出发问："你贵为相国，理当美服饰、盛车马，以彰显齐国的荣盛。你怎么骑着瘦弱的马、穿着破旧来呢，还听说你这件狐裘，已经穿了30年了，你是不是太吝啬了。"

晏子笑答："你太见小了，我自从居相位来，父辈有衣裘、母辈有肉食、妻族无饥荒，同时，依靠我救助的还有70多家。我个人虽然节俭，而富于三族、解除群士之难，这不是更显示出君王的德正吗？"

启疆叹服。

楚王车右，囊瓦指问："我听说君王将相，都是魁梧俊美之相，因而能立功当代、留名后人。而你身不满5尺，力不能胜一鸡，你不觉得羞愧？"

晏子坦然自若地回答："秤驼虽小，能压千斤；舟桨空长，终为水役。侨如长身而被鲁国所杀，南宫万绝力却死于宋国，你自以为高大，还不是只能为楚王御马吗？我虽然不才，但能独当一面，忠心为国效犬马之力。"

囊瓦羞愧难当。

楚大夫伍举见大家难当晏子，忙解围说："晏子天下奇才，你们怎么能跟他较劲呢？算了算了，楚王等着召见呢！"

晏子觐见楚王后，却又面临着"话难听"这一关。楚王为之设宴赐酒。坐定后，楚王故意问晏子："难道齐国没有人了吗？怎么派你当使者呢？"

楚王仗着"势"大气粗，完全不把晏子放在眼里，更不把晏子当人看。明明活生生的人一个出现在楚王面前，可楚王他口出难言"齐国没有人了"，简直是目中无"晏子"！

晏子作礼答道："齐国的临淄城有750百户，人人张袖可成荫，挥汗可成雨，行人来往川流不息，站立时必须并肩接踵，怎么会没有人呢？"

晏子有意误解楚王之意，而楚王仍不善罢甘休，又再次质问晏子："那为什么要派你出使呢？"意欲置晏子于难堪之中而后快。

面对质问，晏子机智地予以了反击。他答道："齐国派遣使者，各有所出使的对象，贤者出使于贤君，不贤者出使于不贤之君。晏子最为不肖，故最适合出使楚国。"

晏子假因溯果，先说齐王选派使臣的原则是各有所用，人尽其才。齐王的这一原则显然是出自晏子的机智假设。然后，他再说自己是最不肖者，有意贬低自己，说不肖的晏子我就只配出使到最不肖的君王的楚国了。

晏子的这番回答，其实是接连套用了这样的逻辑：大前提是，凡是无才无能之人，就只配出使无才能的君王的国家；小前提是，我晏子是最不肖的人，故只配出使到最无才能的君王的国家；结论是，既然我晏子出使的是楚国，那楚国的君王就是最无才能的君王了。

晏子就是这样轻而易举地把楚王贬折了一番，使得楚王哑巴吃黄连，有苦说不出，只好无言以对。于是笑着赐晏子酒。

这时，楚王还不善罢甘休，他还有另外的计策。待饮酒尽兴时，恰好有两个小臣绑一人从殿前经过，经过楚王面前，楚王问道："绑住的人怎么了？所犯何罪？"

臣子答道："是齐国人，所犯是盗窃之罪。"

楚王又看着晏子，说道："难道齐人生性喜欢偷窃的吗？"

晏子离席而起回答楚王："晏子听说，橘子生在淮南为橘，其味甜美，若生长在淮北就变成枳，酸小涩苦，其叶虽似，但果实味道却不相同。为何会如此呢？实是水土不同的缘故啊。如今人民生活在齐国不偷窃，来到楚国却偷窃，这难道是楚国的水土使他发生了变化吗？"

楚王见无论如何都羞辱不到晏子，反让自己感到羞愧，于是笑着说道："圣人真是不可加以戏弄的啊，寡人欲让您受辱，反而自取其辱了。"

楚王依据事先的谋划，与"两个小臣"同唱双簧戏，暗中将晏子推入他们预计的陷阱中。殊不知，晏子灵机闪现，一个犀利的橘、枳类比，反将楚王推进了他们自设的陷阱中。楚王又一次聪明反被聪明误的自取受辱，落得自我难堪的境地。

晏子出使楚国，楚王却想借机羞辱晏子，面对这种种困境，晏子竟能游刃有余，不仅自身不受辱，也保护了齐国的国威，还巧妙地使对方自感羞愧，有力地维护了国家的尊严，真可谓是不辱使命。

晏子就是这样聪明机智，既不辱使命，楚国和齐国的百姓、大臣、诸侯、君王都敬重他的人品和才华。

赵武灵王立志兴国

在春秋战国时期诸侯争霸的形势下，涌现出很多立志报国的仁人志士，这既是时代的要求，更使报国精神得到了充分体现。赵武灵王就是一个典型。

赵武灵王是战国时期赵国国君，他15岁即位时，赵国已有一百多年历史了。在当时，作为“战国七雄”之一的赵国，其疆域仅次于秦国，名列第二，但四周强邻环伺，群雄争锋，形势极为严峻。

公元前318年，韩、赵、魏三国联合攻秦国，反被秦国打败，赵国损失惨重。同年齐国又在观泽这个地方大败赵军；两年后，秦军又夺了赵国的中都和西阳。正是在这种外患频仍，国势日衰，存亡危机日重一日的时刻，年少国君赵武灵王的雄心未减，更激发起了他的强军兴国之志。

赵武灵王一方面重用先王的大臣肥义、楼缓等，起用新锐人物许钧、牛剪、赵希等，以实施人才兴国战略；另一方面，减税省刑，与民休息，发展农业生产，增强国力，积极为光复先王的功业，恢复赵国的霸主地位做物质准备。

有了一定的人力和财力基础之后，赵武灵王和大臣们商议。他征求大臣们的意见说："胡人没有我们人多，兵器没有我们的好，武艺也不如我们的将士高强，可为什么我们总打不败他们呢？"

边关守将告诉赵武灵王："胡人身穿短衣，袖口又窄又紧。他们是游牧民族，从小都是在马背上长大的，骑马驰骋，来得快，跑得快，非常便利。我们这些身穿宽袍大袖的步兵和笨重的战车，不是他们的对手。"

赵武灵王反复琢磨着对付胡人的办法。这一天，他对重臣肥义和楼缓两人说："没有强大的兵力，国家就不能生存。现在赵国四面临敌，我想出一个对策：让大家都穿胡人那样的衣裳，学他们骑兵打仗的本领。你们看行吗？"

楼缓兴奋地说："大王这个办法好。那样赵国的兵力就增强了。"

肥义欣慰地说："大王胸怀这般兴国大志，奋发图强，锐意改革，一定能建立不世之功！"

赵武灵王接着说："我应该带头穿起胡人的衣服，给大家做个样子看看！"肥义、楼缓都会心地笑了。

这一天，赵武灵王召见大臣朝会。他穿着新制的胡服从容上殿，肥义和楼缓也穿着胡服站立两旁。大臣们交头接耳，窃窃私语。尽管中原人衣袖肥大，行动不便，可古来如此，因此大臣们都认为很好看。今天，他们看见赵武灵王带头穿着胡人的服装，都觉得看不惯、不舒服。

赵武灵王把自己改穿胡服的想法说了一遍，劝大臣们都改变装束。大臣们又摇头又摆手，说不上是哭还是笑。赵武灵王也先不勉强他们。

赵武灵王见自己的叔叔公子成没来，就派人请他带头穿胡服。谁知公子成一听就火了："什么？中原自古以来的习俗，谁敢改了，这是忘了祖宗！我可不答应！"

赵武灵王深知，叔叔公子成年高德劭，在群臣中深富威望，做通了他的思想工作，也就等同于打开了群臣思想的缺口，其他问题即可迎刃而解。于是，决定亲自登门拜访。

赵武灵王来到公子成家里，对他说："皇叔，我觉得穿什么衣服不是一成不变的，主要看做事方便不方便。从古到今都是如此。"

公子成有些激动地说："可你要改穿胡人的衣裳啊！别忘了，他们还常来打我们，抢我们的东西呢！"

赵武灵王说："皇叔您听我说，我改穿胡服，就是为了这个呀！中山国抢占我们土地，胡人也趁火打劫。可赵国的兵力太弱，无法抵挡，如果我们改穿胡服，行动有多方便！再训练骑兵和他们作战，就一定能取胜。难道叔叔您不愿意赵国强盛吗？"

公子成听完，连忙跪下磕头，说："我真是老糊涂了。你有为国雪耻的雄心，我不该拦着你呀！"说着，公子成接过赵王亲手递过来的胡服，高高兴兴地穿上了。

第二天，文武大臣见公子成都改装了，谁也不再反对穿胡服了。公子成趁热打铁，向全国发出了改穿胡服的命令。

改穿胡服以后，赵武灵王又立即开始训练骑马射箭的军队。他身体力行，带领将士们勤学苦练。

每天早晨，在野外的练兵场上，一队队赵国的骑兵身穿胡服，足蹬高统皮靴，腰扎皮带，搭弓射箭，精神焕发，一个个勇猛无比。

赵武灵王一边看一边对肥义说："中原各国打仗，总是大将站在战车上指挥，士兵跟在后面跑，远不如胡人骑马射箭灵活，一眨眼工夫冲过来了，不可阻挡。咱们一定要好好学这个长处啊！"

肥义说："我们有骑兵了，往后再也不用担心胡人来犯了！"

经过一段时间的准备，赵国渐渐兵强马壮起来了。赵武灵王多次同大臣们商量，讨伐中山国，讨回被强占的土地。他先率领训练有素、武艺高强的骑兵打败林胡人，迫使胡王献出大量马匹。还利用这些马匹，进一步扩大了骑兵的实力。

接着，赵武灵王又下令讨伐中山国。中山虽然不是一流强国，但由于处于赵国的心脏地带，给赵国的国家安全和统一带来了极大的威胁。勇猛强悍的赵国骑兵一口气夺下中山国4座城池。

中山国王得知后，慌慌张张地派一支步兵队伍出来迎战。但中山军队还是老式作战方法，战车前面开路，一副气势汹汹的样子。赵国的骑兵训练有素，已经成为一支反应迅速的劲旅。赵武灵王命一部分骑兵在前面进攻，他自己亲自率领另一部分骑兵，悄悄绕到中山军队背后，然后发起突然攻击。

赵武灵王大声喊着："冲啊！用我们的铁骑冲击敌军！"随即，像一阵狂风，呼啸着卷了过去。

中山国军队在赵国快速反应的骑兵冲击下，立刻阵脚大乱，吓得连喊带叫："神兵下凡了，神兵下凡了！"

这一仗，赵军缴获了大批武器和粮食，中山国大伤元气，再也不敢欺侮赵国了。此刻，其他游牧部落也不敢来侵扰赵国边境了。

打败中山国主力部队后，赵武灵王率军又到达赵国与楼烦边境的重镇无穷之门，位于现在河北张北南。继而穿过楼烦和林胡的势力范围，向西折向黄河。赵武灵王渡过黄河，登上了黄河西侧、林胡人长期活动的黄华地带。在此行中，赵武灵王与游牧民族骑兵发生多次战斗，无一败绩。

赵武灵王是赵国历史上唯一的一位游遍赵国全境的国君。在整个战国时期，赵武灵王也是屈指可数曾经游遍其国土的几位国君之一。赵武灵王亲自率领骑兵横行中山和北方的劲敌楼烦和林胡之间，无疑是一个极富传奇性的政治活广告，胡服骑射的强兵效果无须复言，极大地增强了赵国国民对胡服骑射的信心和向往。

赵武灵王励精图治，发展生产，壮大国力，不到10年的时间，赵国就成为战国后期的强国之一。于是，又在信都的信宫即今邢台大会天下诸侯，就是召集诸侯定期过来开会，诸侯莫敢不来的。

大会诸侯的那一刻成为赵武灵王人生最辉煌得意的顶峰。赵武灵王终于实现了他最初的强兵报国的梦想。

赵武灵王在刀光剑影、狼烟四起的中原大地上，能审时度势，适时应变；在争雄势力中，能清晰找准问题的症结所在，并能以开放的态度，借他山之石以攻玉，学习胡人的服饰文化和先进的军事技术，从而为赵国赢得了军事上的制高点，为复兴赵国奠定了基础。

他的成功改革，是古代仁人志士报效国家的创举，在中华千秋史册上留下了可歌可赞的一页。

屈原悲吟为国捐躯

战国时期文人士大夫的报国思想，在屈原身上有充分地体现。他洞悉列国形势，对楚国的现状有着清醒的认识，“众人皆醉而我独醒”，表现了可贵的爱国情怀。

屈原，战国时期楚国人，他青年时期就学识渊博，才华横溢，胸怀大志，准备报效国家。可是，他生活的年代正是楚国由盛转衰的时期。

在当时，称雄的秦、楚、齐、燕、赵、韩、魏国连年不断混战。年轻的屈原是楚怀王的左徒官，他见百姓受到战争灾难，十分痛心，就以报国为己任，劝楚怀王任用贤能，爱护百姓，很得楚怀王的信任。

那时的秦国最强大，时常攻击其他国。因此，屈原亲自到各国去联络，要用联合的力量对付秦国。通过屈原出色的外交，楚、齐、燕、赵、韩、魏国君王齐集楚国的京城郢都，结成联盟，楚怀王成了联盟的领袖。

六国联盟的力量，有力地制止了强秦的扩张。屈原更加得到了楚怀王的重用，很多内政、外交大事，都凭屈原做主。

看到屈原出色的政治才干，楚国以子兰为首的一班贵族非常嫉妒和忌恨，常在楚怀王面前说屈原的坏话，说他独断专权，根本不把楚怀王放在眼里。挑拨的人多了，楚怀王对屈原渐渐不满起来。

秦国的间谍把这一情况，报告秦王。秦王早想进攻齐国，只碍着六国联盟不敢动手，听到这个消息，忙把相国张仪召进宫来商量。

张仪认为在六国之中，齐楚两国最有力量，只要离间这两国联盟也就散了。他愿意趁楚国内部不和的机会亲自去拆散六国联盟。秦王大喜。

张仪带着金银财宝来到楚国郢都，先来拜访屈原，说起了秦国的强大和秦楚联合对双方的好处，遭到了屈原的断然拒绝。

张仪又用财宝买通了子兰，子兰就引张仪拜见了楚怀王最宠爱的王后郑袖。张仪把一双价值万金的白璧献给了郑袖。那白璧的宝光把楚国王后的眼睛都照花了。郑袖欣然表示，愿意帮助他们促成秦楚联盟。

子兰想了一条计策说："我们就说屈原向张仪索取贿赂，由郑袖在楚怀王面前透出这个风声。"张仪大喜。

张仪布置停当，就托子兰引见楚怀王。他劝楚怀王绝齐联秦，列举了很多好处。最后道："只要大王愿意，秦王已经准备了秦的600里土地献给楚国。"

楚怀王听说不费一兵一卒，就可白得600里土地，心中大喜。他回到宫中，高兴地告诉了郑袖。

郑袖向他道喜，随即又皱起眉头说："听说屈原向张仪要一双白璧未成，怕要反对这事呢！"

楚怀王听了，半信半疑。

第二天，楚怀王摆下酒席招待张仪。席间讨论起秦楚友好，屈原果然猛烈反对，与子兰等人进行了激烈争论。他认为，放弃了六国联盟，就给秦国以可乘之机，这是楚国生死存亡的事情！他走到楚怀王面前大声说："大王，不能相信呀！张仪是秦国派来拆散联盟、孤立楚国的，万万相信不得！"

楚怀王想起郑袖所说，果然屈原竭力反对秦楚和好，他贪图秦国的土地，不禁怒道："难道楚国的600里土地抵不上你一双白璧！"说完不听屈原辩解，就令武士把他拉出宫门。

屈原痛心极了，站在宫门外面不忍离开，盼着楚怀王能醒悟过来改变主意，以免给国家带来灾难。他从午站到晚，看见张仪、子兰等人高高兴兴走出宫门，叹着气绝望地说："楚国啊，你又要受难啦！"

屈原认为楚怀王会醒悟，定会分清是非的。只要楚怀王回心转意，楚国就有办法了。但是楚怀王不再召见他，他越来越忧愁，常常整夜不眠，就写出《离骚》这首长诗，把对楚国的忧愁和自己的怨愤都写了进去。"离骚"就是"离忧"的意思，表示人在遭遇忧愁的时候，抒发自己的怨愤。

这首长诗传到宫中，子兰等人又有了新的攻击材料，就说屈原把楚怀王比作桀纣。楚怀王一怒，撤掉了屈原的官职。

郢都的空气快把屈原逼疯了，他只好搬出了郢都，准备住到汉北去。他走几步，停一停，恋恋不舍地回望这座雄伟的郢都城。屈原挂念着国事，到一处就歇几天，打听一下消息。

有一天，他看到一座古庙里的墙壁上，画着天地神灵和古代圣贤的故事。圣君贤王的事迹触动了他的心事，他想不通楚怀王为什么这样糊涂。他对神灵大声喝问："这世界究竟有没有是非！？"因此写成了《天问》这篇长诗。

神灵没有回答屈原，可事实却对他作了回答。当楚怀王和齐国断绝了邦交，拆散了联盟以后，就派人跟张仪到秦国去接收土地。结果自然是一场空。

就在这时，秦王改变了攻齐的计划，索性联合齐国，分两路迎击楚军。楚军挡不住两国的夹攻，连打几个败仗，秦兵占领了楚国的汉中。

消息传到汉北，把屈原急坏了。他愤怒、叹气，最后决定赶回郢都设法去抵抗秦国。半路上，他接到了楚怀王的命令，派他出使齐国恢复联盟。屈原高兴地想：大王到底回心了！就立刻奔赴齐国。

由于楚怀王违背联盟，齐国十分愤恨。但是屈原是齐王敬重的人，经过一番谈判，就答应撤回助秦攻楚的齐兵。就在屈原尚未返国时，他得到了秦楚议和的消息。他怕楚怀王再受欺骗，连忙辞了齐王，赶回楚国去。

屈原走了几天，忽听传说：张仪又到郢都来了。他不禁连连跺脚，日夜兼程，向郢都赶去。子兰等人听见屈原回来了，连忙来报告王后郑袖。他们都怕屈原再回郢都，让他留在楚怀王面前，日久总是大患。

这天夜里，郑袖就向楚怀王哭诉："屈原在云梦地方对百姓说，那些阵亡的都是我向大王进言而冤死的。他回来，要替冤死的申冤报仇。"

楚怀王听了大怒："他敢这样？简直是疯了！"

郑袖趁机进谗："是疯了，不是疯了怎会对百姓说这样放肆的话？我怕见他，他要在郢都，就让我到江南去。"

第二天，楚怀王下了一道命令：任屈原为三闾大夫，不必进宫，立刻赴任。他派子兰把命令送给屈原。子兰见了屈原，奸笑着向他道喜，传达了楚怀王的命令。

屈原惊呆了，他仰天长叹："大王，你再不能糊涂哟，楚国的江山，楚国的百姓，全在你的身上啊！"

屈原走了，此后的10多年中，楚国满朝文武都投入郑袖、子兰一党，联盟不久又散了。楚国国势一天不如一天，失掉了对抗秦兵的力量。秦国占领了楚国北部的8座城池。

楚怀王正在愁闷，忽然接到秦王的来信，请他到秦国武关这个地方，商谈秦楚永世友好的办法。楚怀王左思右想，拿不定主意：要不去，只怕秦军向南进攻；要去呢？又怕秦国心怀叵测。

子兰首先劝楚怀王："秦王愿意和好，这机会可失不得。"子兰一党的楚国大夫靳尚也说："走一遭，至少会有几年的太平。"

楚怀王回到后宫，又听了郑袖一番劝行的话，这才打定了主意，马上写了回信，同意去武关会谈。准备了几天，他和靳尚带了500人马动身。

楚怀王才离郢都，就见途中有一匹马飞一般奔来。奔到跟前，马上的人跳下，伏在车前，大声恸哭。楚怀王一看，原来是屈原。

屈原听到了楚怀王要去武关的消息，连夜飞马而来。只听他悲声说道："大王啊，秦国如虎口，这危险冒不得哟！你要想想楚国的祖宗和百姓，不能单听小人的说话啊！"

10多年不见，屈原憔悴了。楚怀王见了他，想起这10多年来国势，一天天走下坡，心里也涌起了一阵感伤。楚怀王正在沉思，靳尚站出来狠狠地对屈原说："今天是大王出门的好日子，你说这些丧气话什么意思？"

屈原气得嘴唇发抖，颤声说道："你是楚国人，也该替楚国想想，不能把大王送进虎口啊！"

靳尚大怒，迭声叫让开。屈原攀住了车辕不肯放手。靳尚令人把屈原推倒在地，扬鞭催马，簇拥楚怀王而去。屈原爬起来，一边追，一边叫。靳尚只怕楚怀王心里动摇，加快一鞭，那车飞一般去了。

屈原喘着气站住了，眼睁睁望着向西而去的人马，等到不见了影子，还呆呆立在那儿。

果不出屈原所料，不到半个月，靳尚一人一马逃回郢都。原来，楚怀王和500人马一到武关，就被秦国扣留，已经送往咸阳了。

消息震惊了全国。郑袖为了安定人心，立太子熊横为顷襄王，她自己掌握国政；任命子兰做管理全国军政的令尹。

这一天，屈原忽然接到楚怀王的死讯。原来，楚怀王被扣押后，几次逃出，又几次被秦兵捉住，最终在顷襄王即位的第三年气死了。秦国把他的枯骨送还楚国。灵柩到达郢都时，楚国百姓个个感到奇耻大辱，沿路都有人失声痛哭。

这事件把屈原的心击碎了，他本来把复兴楚国的希望寄托在楚怀王的醒悟上，现在觉得什么都完了。他在楚怀王灵柩面前哭昏了过去。他要求顷襄王趁各国都在怨恨秦国的机会，设法联络，一同对付秦国。然而，顷襄王在子兰等人的操纵下全然不听。

屈原日夜在宫门前痛哭，期望打动顷襄王。这可恼了郑袖，她立刻叫顷襄王革掉屈原的三闾大夫职位，叫人押送流放到江南陵阳去，永远不准过江。

屈原到了流放地陵阳，日夜心烦意乱。他的马悲哀地嘶叫着，马夫也回头望着楚国叹气。屈原不禁激动地说："对，我们是楚国人、楚国马，死也要死在楚国的土地上！"

屈原在陵阳住了9年，既没有回郢都的希望，又听到楚国的局面越来越坏，每个传来的消息都使他坐立不安。他想起楚怀王是因为拒绝割让黔中才死在秦国的，决意到这块地方去看看。于是，他来到黔中郡溆浦，在这个地方住了下来。

屈原心里爱国的火焰还在燃烧，可自己又无能为力，就只好每天在山边湖旁踱着。他把满腹的忧愁愤恨，都写成了诗篇。他越来越老了，但是复兴楚国的希望，却一天也没有熄灭过。

公元前278年的一天，一个晴天霹雳的消息把屈原击昏了：秦将白起进攻楚国，占领郢都，楚国的宗庙和陵墓都被毁了。

"楚国要亡了！"屈原喃喃地说。他决定回到郢都去，死在出生的土地上。他头也不梳，脸也不洗，昏昏沉沉地走了几天，恍惚中来到了汨罗江边。

站在汨罗江畔，屈原在清澈的江水里看见了自己的满头白发，心里像波浪一样翻腾起来：联盟被小人破坏了，楚国受到了危险，百姓遭到了灾殃……他决心用自己的生命去警告卖国的小人，激发全国百姓的爱国赤诚。

公元前278年农历五月初五这天，屈原抱着一块石头，跳入了汨罗江。翻腾的江水卷起浪花，拥抱着一个伟大的灵魂。

屈原为国捐躯，他的诗歌对后世产生了深远的影响，而他的爱国人格和报国之心，使他成为一颗光耀历史天空的巨星。

温良恭俭让

曾子曰："慎终追远，民德归厚矣。"

子禽[①]问于子贡[②]曰："夫子[③]至于是邦[④]也，必闻其政，求之与？抑[⑤]与之与？"

子贡曰："夫子温、良、恭、俭、让以得之。夫子之求之也，其诸异乎人之求之与？"

【注解】

①子禽：姓陈名亢，字子禽。郑玄所注《论语》说他是孔子的学生。

②子贡：姓端木名赐，字子贡，卫国人，比孔子小31岁，是孔子的学生，生于公元前520年。子贡善辩，孔子认为他可以做大国的宰相。

③夫子：古代的一种敬称，孔子曾担任过鲁国的司寇，所以他的学生们称他为"夫子"。后来，因此而沿袭以称呼老师。

④邦：指当时割据的诸侯国家。

⑤抑：还是的意思。

【解释】

曾子说："谨慎地对待父母的去世，追念久远的祖先，自然会导致老百姓日趋忠厚老实了。"

子禽问子贡说："老师每到一个国家，必能了解那个国家的政事，是他自己求来的呢？还是人家国君主动告诉他的呢？"

子贡说："老师温良恭俭让，所以才得到这样的资格。他老人家获知政事的方法，大概与别人的求法不同吧？”

【故事】

子贡尊师重道守墓

子贡天性至孝，3岁即知人善恶。17岁时，听说孔子在授徒，心里非常景仰，于是拜孔子为师。在孔子的72个弟子中，子贡是最善经商的一个。

一次，子贡外出经商，途中赎回一位沦为外国奴隶的鲁国人，按照规定，他可以获得一笔奖金。子贡没有去领取奖金，他的这种行为不但没有使他蒙受经济损失，反而因此而广受世人称誉而给他带来了更多商机。

孔子知道了这件事情之后对子贡说：“在大家看来你是做了一件好事，但是却因为你这样做了，以后如果再有鲁国的人被沦为奴隶的话，恐怕就会有越来越少的人去救了。因为大家都看到了你的榜样，后来的人就算救了也不敢去领奖金了，久而久之这倒反成了一件坏事情。”

子贡时时处处维护孔子的尊严，绝不允许任何人毁谤老师的声誉。一次，鲁国大夫叔孙武叔在人前贬低孔子抬高子贡，子贡非常气愤。他当即以房子为喻，说老师的围墙高十数丈，屋内富丽堂皇，不是一般人能看得到的；而自己不过只有肩高的围墙，一眼就可望尽。

子贡还把老师孔子比作太阳和月亮，说他光彩照人，不是常人所能超越的。孔子死后，子贡悲痛万分，在孔子墓旁结庐而居，一直守墓六年。

孔门弟子的孝悌之行

孔子对周公思想的发展，不仅强调仁爱，将仁爱作为伦理思想的

核心，并且同样注重孝道。在孔子的思想中，“孝”是人才成长的思想基础。

孔子认为，一个人只有孝敬父母，才能为国为民，尽忠好义。因此，他曾经多次与弟子谈论孝道，教育弟子要懂孝道，尽孝行。在孔子的教导下，孔门弟子们行孝尽孝成为风气。

闵子骞在孔子的弟子中，是出了名的孝子。他上事父母，下顺兄弟，一举一动，尽善尽美，无人讲他闲话。闵子骞行孝深得孔子的赞许。

闵子骞小时候，受后母虐待。后母疼自己生的两个儿子。有好吃的，就偷偷地给自己生的两个儿子吃，闵子骞不但吃不着好的，还常常吃不饱饭。可是，闵子骞怕父亲知道了难受，从未告诉他。

冬天到了，后母所生的两个儿子穿的都是棉絮衣，身上暖烘烘的，而闵子骞穿的却是芦花做的棉衣。

有一天，闵子骞的父亲坐着他们兄弟三人拉着的车外出。那天非常寒冷，西北风“呼呼”地刮。闵子骞的棉衣不能御寒，一打就透，他冻得浑身颤抖，面色灰白，手都冻僵了。他的两个弟弟，因为拉车赶路，衣服保暖，脸上直冒热汗，面色红润。

闵子骞的父亲一看，闵子骞瑟瑟发抖而两个弟弟直淌汗，以为闵子骞拉车不卖力气，一气之下，就用鞭子抽打他。

鞭子抽破了棉衣，芦花忽地飞了出来。父亲感到奇怪，抓着几个一看，才恍然大悟。啊！原来儿子身穿芦花，是冻得在发抖！“回家！哪儿也不去了！”父亲命令三兄弟往回走。

闵子骞的父亲真是气极了，他心疼起自己的儿子，一进家门，便把妻子叫出来，骂她没有人心，要休掉她。

闵子骞一见，跪在地上哀求父亲说："母亲在这儿，只有我一个人寒冷，如果母亲离去，那么我们兄弟三人都将孤单！我的棉衣絮芦花，是我家贫困，没有那么多棉花！"

父亲见他的话说得婉转而近情理，便打消了休妻的念头。后母听了闵子骞的话，非常惭愧。从此以后，她痛改前非，待闵子骞比她的亲生儿子还好。

曾参出身贫寒，一生经历坎坷，但终生讲求修身养性，主张"日三省吾身"。

曾子以孝出名，他不仅行为上恪守孝道，而且还有一套理论主张。他把孝分为 3 种："大孝尊亲，其次弗辱，其下能养。"意思是说，第一等的是言语、行为和内心能尊敬父母；第二等是不打骂侮辱父母，对他们好；再下一等的是能给他们养老送终。

曾子在孔子门下受业学习多年，学有所成。那时，他家贫寒，为了养活父母，他在离家很近的莒国出仕做小吏。虽然俸禄只有几斗米，但是他仍然十分欢喜，因为能用自己所得供养双亲。

后来，他成了大名士，双亲也老了，他就不再外出谋官。当时，齐国聘请他做相国，楚国委任他为令尹，晋国请他做上卿，都被他拒绝了。

父母亡故之后，曾子游历到楚国做了大官，出门百乘相随，大队仪仗呼拥，高官厚禄十分显赫。可曾子并不高兴。他常常面北哭泣，因为在他看来，官再高，禄再丰，父母已经亡故，无法再奉养双亲了。父母没能过着荣华富贵日子，太可怜了。

父亲在世时，有一天，曾子到他父亲的瓜地里去锄草。一不小心，把瓜苗锄掉了好几棵。曾子好心疼，自责自己的粗心。这时，正赶上他父亲拄着棍子来薅草，一看见曾子把瓜苗锄掉好几棵，气不打一处来，没问青红皂白，举起大棍，照着曾子的脑袋打来。

本来，曾子稍一侧身，棍子就不会落在曾子的头上的。但曾子想，自己错了，父亲打几下消消气，就没有躲闪，仍立在原地。

因用力过猛，曾子被打倒在地，不省人事了。这下子可吓坏了父亲，后悔自己出手太重。老人连呼带叫，揉了半天，曾子才苏醒过来。

为了不使父亲为自己担忧，曾子赶紧爬起，好像没挨过打似地向父亲赔不是。并走进瓜棚，拿过琴来弹给父亲听，让父亲消气。

曾子不仅对父亲如此，就是对后母也是十分孝敬，甚至休了妻子以敬后母。曾子的后母对他十分刻薄，一点恩义也没有，但曾子毫无怨言，像对父亲那样，孝顺备至。

有一次，曾子让妻子为母亲做藜羹，他的妻子一时粗心，没蒸熟就端了上去。曾子知道后，大为恼火，立刻写了休书，将妻子撵出门去。

知情人都认为太过分了，责问他说："妇人犯了七出之条，才能休掉；藜羹不熟，这样区区小事，你为什么要因此休妻呢？"

曾子说："藜羹确实是件小事，但我叫她煮熟奉母，她竟然不听我话。这样的人，如何可以留下她呢？"

然而曾子毕竟深爱自己的妻子，为了珍惜夫妻感情，终身没有再娶。

子路是孔子的学生。他从不欺负弱者，且尊老爱幼，是乡里有名的大孝子。子路家里很穷，常常以糠菜充饥。他想，家有穷富，人有高低，但家庭越贫寒，就越应想方设法孝敬父母，尽心尽力地去侍奉父母，尽量让父母少受些苦。他自己常常吃野菜或灰菜做的面团子，却设法让父母吃上米饭。

后来，家境稍有好转，子路对父母仍照顾备至，想方设法让二位老人吃好，尽子之孝道。

一天，子路去25千米外的陬邑做买卖，见集市上卖一种米，白白的。子路问："这是什么米？"

同行的人告诉他说："这叫稻米，做饭香甜可口！"子路想，何不背回点让二老尝尝。于是他就买了一口袋，背回家中，给父母煮出香喷喷的白米饭。

二老边吃边赞不绝口："白米饭真好吃啊！"子路见二老这样喜爱

白米饭，他就经常去陬邑背米。

后来，子路得知孔子收徒讲学，就前往拜师学习，由于他勤奋刻苦，很快就成了孔子的得意门生，可就有一样叫先生非常不满意：子路过一段时间就请假回家。

一天，孔子问子路："你为什么过一段时候就请假回家？"

子路见先生问起这事，忙向前行礼回答："先生不知，学生的二老最喜陬邑的白米饭，学生过一段时间就得去陬邑背米，孝敬双亲。"

孔子听了，深为感动，并夸赞他说："子路真是个大孝子啊！"

子路常对人说，背着沉重包袱走远路的人，休息时从不选择地点，因为太累呀！双亲年迈家里又很穷的人，找工作会不管挣钱多少，因为急需钱花啊！

二位老人去世以后，子路去南方到了楚国，受到楚国重用，曾高贵一时。跟随他的车子达到100多辆，积攒的谷子有几十万担，坐车铺的垫子，一层接一层，吃饭的时候，摆着多少个鼎看着吃。

穷贱之时子路孝顺双亲尽心尽力，富贵之日子路更时刻怀念双亲。他说道：

> 我真愿意回到同父母一起享受欢乐的时刻，可是不能再得到了。二老寿数有限，孝子想要孝敬老人，可是二位老人不能等啊！就像草木想着不凋谢，可是霜露不允许啊！我没能及时孝敬老人，时机一过，后悔也没有用了。

贫亦孝，富亦孝。子路孝顺父母的深切情感，不知打动了多少孝子的心啊！

季札以孝悌之道让国

周公的仁爱孝悌思想被孔子继承并加以阐扬后，在当时产生了巨大的影响。由于仁爱孝悌具有强大的精神力量，当时涌现出了像季札这样讲求孝悌之道的人。

季札曾把王位让给哥哥，后来再度让国，其所体现的和谐、诚信、礼让、睿智等孝悌之道，已经融入中华民族的优秀品质中。

季札是春秋时期吴国人，因受封于延陵一代，又称“延陵季子”。其祖先是周王朝的泰伯，曾经被孔子赞美为“至德”之人。

泰伯本是周室的王位继承人，但他的父亲有意传位给幼子季历以及孙子昌。于是，泰伯就主动把王位让了出来，自己则以采药为名，逃到荒芜的荆蛮之地，建立了吴国。

数代之后，吴国皇族寿梦继承了吴国王位。在寿梦的4个儿子当中，以四子季札最有德行，所以寿梦一直有意要传位给季札。

季札是一位杰出的政治家和外交家。在公元前485年冬，楚国名将子期进攻陈国，吴王派季札救援陈国。季札传言给子期，明确表达自己的反战态度。经季札调停后，平息了一场战乱。

公元前544年，季札奉命出使鲁、齐、郑、卫、晋五国，在这次外交活动中，他同齐国的晏婴，郑国的子产及鲁、卫、晋等国的重要政治家会晤，高谈政事，评论时势，使中原国家了解并通好吴国。

季札重信义。一次途经徐国时，徐国的国君非常羡慕他佩带的宝剑，难于启齿相求，季札因自己还要遍访列国，当时未便相赠。

待出使归来，再经徐国时，徐君已死，季札慨然解下佩剑，挂在徐君墓旁的松树上。侍从不解。他说：“我内心早已答应把宝剑送给徐君，难道能因徐君死了就可以违背我的心愿吗？”此事传为千古美谈。

正是因为季札多才多艺，他的哥哥诸樊特别疼爱他，认为自己的德能还在季札之下，一心想把持国的重任托付给他。但是季札不肯受位，坚持把王位让给哥哥。

季札说：“曹国之人想拥立贤能的子臧为国君，来取代无德的曹王，但被子臧所拒绝。为了坚守臣民应有的忠义，并打消国人拥立的念头，子臧离开曹国，奔走到了宋，使曹国的君主，仍然得以在位执政。子臧谦恭无争的美德，被人们赞美为能‘守节’的圣德之人。前贤的殷鉴历历在心，国君的尊位，哪里是我季札所希求的呢？虽然我无德，但祈求追比贤圣，则是念念在心啊！”

季札的厚德感动了吴国上下，人们如同众星捧月一般，一心想要拥戴季札为王。不得已之下，季札退隐于山水之间，成日躬耕劳作，以表明他坚定的志节，才彻底打消了吴人的这个念头。

吴王诸樊直至去世之前，都还念念不忘弟弟季札。他留下遗训，让后人将王位依次传给几位弟弟，这样最终就能传到幼弟季札的手里，以先王寿梦生前的遗愿。到继位的吴王夷昧临终前，要把王位传给季札。

季札再一次拒绝了执政的遗训。为了表明自己坚定的决心，他再度归隐而去。

孔子赞扬季札的孝悌之道，说：“其可谓至德也已矣，三以天下让，民无得而称焉。”意思是说，他的道德高到了极处，他曾经以天下三度让给兄弟，人民不知道如何称颂他的至德。

在这个“季札让国”历史故事的背后，还有一个溯源主题余韵不尽。中原地区与吴越一带的人们，都是同祖共宗的兄弟。在古老的华夏大地上，千百年来人们本就同根同源，同体相依。

郯子扮鹿献乳奉双亲

由于仁爱孝悌思想先秦社会产生了广泛而深远的影响，在各诸侯国的国君中，涌现出许多仁爱治国、孝悌亲情的典范。春秋末期郯国的国君郯子就是其中的一个代表。

春秋末期，中原大地，诸侯割据，方国林立。在今山东半岛一带，最大的国家首推鲁国。在鲁国周围，更有许多小国，郯国便是这许多小国中的一个。其位置大约在今山东省郯城县北不远的地方。

郯国的国君，其先祖可追溯至上古时期，至春秋末期，国君的姓氏已无从考证，历史上通常称之为郯子。郯子很小的时候，非常孝顺父母，其孝名远近传播。后来，他的父母年迈，而且都患了眼病，于是便由他继承大位，当上了国君。

郯子当国君后的第一件事，照例是去朝见鲁国的国君。因为郯国地小人少，鲁国地大人众，郯国需要鲁国的庇护。鲁国当时正值鲁襄公在位。

公元前566年，鲁襄公以美味佳肴款待郯子，席间鲁襄公问起郯子的高祖为什么用鸟来命名官爵。

郯子本来就是个博学的君主，他数典述祖侃侃而谈："我的祖先少昊初立位时，恰好有凤凰飞来，这被当成吉祥的征兆，因此就拜鸟为师，以鸟名来称呼各种官职。"

郯子进一步解释说："如凤鸟氏掌管历法，玄鸟氏掌管春分、秋分，伯劳鸟掌管夏至、冬至，青鸟氏掌管立春、立夏，丹鸟氏掌管立秋、立冬。以上这4种鸟都是凤鸟氏的属官。作为管理百姓的官职，就只能以百姓的事情来命名，而不像从前那样以龙、鸟命名了。"

满座人无不佩服郯子的学识渊博。据说当时孔子还是一个27岁的年轻人，他听到这一信息后，求见郯子，向他学习这一方面的知识。至今还流传着"孔子师郯子"的故事。

郯子深谙人生苦短，他认为父母这一辈子不容易，因而备加珍惜与父母相处的每一时刻。在鲁国处理完国事后，就匆匆赶回家，并请了最好的医生，给父母诊治。

医生说，这种病关键是要去火，而去火的最佳办法是饮用鹿乳，并用鹿乳洗眼睛。医生叮嘱说，时间一定要抓紧，否则两位老人家有双目失明的可能。

郯子听了医生的话，一时犯了难。要知道，鹿是野生动物，胆小怕人，极善奔跑，不用说取鹿乳，就是接近它也很困难。这鹿乳从哪儿才能弄到呢？

为了治疗父母的眼病，郯子带着几个侍从，整天钻深山，穿老林，渴望能寻着鹿群，并弄到鹿乳。可是，鹿是特别机灵的野生动物，不等人靠近，早就一阵风似地跑得无影无踪。

郯子等望鹿兴叹，一筹莫展。一晃过去了好多天，毫无所获。郯子心像火烧似的，这样下去，父母的双眼非瞎不可啊！

郯子吃不下饭，睡不着觉，苦思冥想弄到鹿乳的办法。突然，他眼睛一亮：何不把自己化装成鹿去接近鹿群，随后再相机行事呢？

他把这个想法跟侍从们一说，侍从们直摇头，没有一个同意的。他们说："从古至今，没听说哪个国君装鹿的，再说，那样做多危险呀！万一有个好歹，怎么向郯国的民众交代？"

郯子说："人生在世，最重要的事情莫过于孝顺父母。现在父母有病，非用鹿乳不可，我哪能顾虑许多呀？"

侍从们见国君态度坚决，提议说："那好，装鹿取乳的事，就由我们去做吧！”

郯子说：“不，我的父母理应由我供奉，让你们代劳，我心里不安。”于是，郯子开始化装。他找来一张鹿皮披在身上，并在头上安了假角，然后伏在地上左蹦右跳，远看还真像一头调皮的小鹿。郯子乔装打扮后，独自进入深山老林，模仿鹿跑，模仿鹿叫。他在心里说：鹿啊，求求你们快来与我为伍吧，不然，我父母的眼睛就治不好啦！

人装着鹿，不能站立行走，全靠在地上爬，还得跑，还得叫，那滋味可不好受。郯子想到孝子的义务和责任，硬是忍着撑着，不敢露出丝毫的破绽。

两天下来，他的手烂了，脚胀了，口干舌燥，头晕眼花，浑身像散了架。可是一想到父母的眼病，他咬着牙，还是硬忍着硬撑着。

有几次，郯子确实遇到了鹿群从身边经过，他赶紧摇头摆尾，学着鹿的样子“呦呦”鸣叫，迎上前去与它们亲昵。鹿群当初以为这是自己的同类，就前来与之热乎，可是靠近一看一嗅，发现不大对头，马上四蹄蹬开，飞也似的跑了。

郯子急得脸红心跳，恨不得一把抓住一头母鹿。多少天过去了，郯子还是没有弄到鹿乳。这一天，他又早早地进入了深山老林，焦急地等待着鹿群。从早上等到中午，从中午等到傍晚，连鹿群的影子也没有见到。就在他像鹿一样伏在地上左观右看时，突然发现远处有一支箭正瞄着自己。他顿时意识到，那是猎人的箭，猎人把他当成一头小鹿，正欲射箭猎获。

利箭在弦，千钧一发，郯子赶紧站起身来，迎着利箭大喊：“别射，别射，我是人！”

猎人正瞄准着小鹿，准备放箭，谁知“小鹿”却站立起来，对着自己喊话，不免吓了一跳。

这时，郯子已脱下鹿皮，立起身站在那里。猎人走上前，没好气地说：“你一个大活人，装鹿干什么？要不是造化大，早被我射死了！”

郯子抱歉而又恭敬地拱了拱手，向猎人表示谢意。接着，他表明了自己的身份，并把装鹿的缘由和苦衷叙说了一遍。

猎人这才明白，眼前这个人竟是自己的国君，而且还是个孝子。郯子的孝心和孝行，使猎人很受感动。猎人朗声笑道："不就是鹿乳嘛，你找我呀！"

郯子听了这话，喜出望外，忙道："怎么？你有鹿乳？"

猎人告诉郯子说，自己是打猎的，前不久猎得一头母鹿，那鹿乳多着呢！接着把郯子带回家，赠送给他满满一桶鹿乳，还说："以后需要，尽管来取。"

郯子对猎人千恩万谢，携带鹿乳，告别下山。回到家，郯子把鹿乳分成两半，一半给父母饮用，一半给父母洗眼。几天以后，他父母的眼病果然痊愈，而且眼睛比原先更清亮了。

郯子非常高兴，自己的孝心总算有了回报。他几次亲自去向那个猎人表示感谢，猎人憨厚纯朴，说："用不着谢，你只要把咱郯国治理好就行了！"

此后，郯子牢记猎人的话，精心治理国家，安抚百姓，提倡孝敬，使小小的郯国变得昌盛富裕。

在当时天下动乱的情况下，郯国以区区小国颇有名气，这其中主要原因是国君郯子的政绩、才华和仁孝之德赢得了人心。郯子的孝行历来为人所称道，被视为德、才、威、雅的化身。

中医学开山鼻祖扁鹊

扁鹊医术精湛，所以人们就用传说中的上古轩辕时代的名医"扁鹊"的名字来称呼他。

其实，"扁鹊"是古代医术高超者的一个通用名词。"扁"字的读音，在那时的发音是"篇"，清代学者梁玉绳在《史记志疑》中说，扁鹊之扁是"取鹊飞之意"，即指一只喜鹊在自由自在地飞翔。

按照古人的传说，医生治病救人，走到哪里，就将安康和快乐带到哪里，好比是带来喜讯的喜鹊。所以，古人把那些医术高超、医德

高尚的医生称作“扁鹊”。扁鹊医术高明、学识渊博，走南闯北、治病救人，顺理成章地被人们尊敬地称作“扁鹊”。

扁鹊遍游各地行医，擅长各科，在赵国为“带下医”，即妇科；至周国为“耳目痹医”，即五官科；入秦国则为“小儿医”，即儿科。

相传因为邯郸西南妇女多病，扁鹊在那里的时候就花费大部分的时间为妇女治病。洛阳风俗尊重老人。扁鹊在那里就当耳目科医生，替很多老人治好耳聋眼花的疾病。

他到咸阳时，因为那里的孩子多病，就几乎变成小儿科的专门医生。这些都说明扁鹊之所以能够精通各科和各种医疗技术，是与他这种处处从人们需要出发的热情分不开的。

扁鹊不仅在诊断学上有很大的贡献，而且是医学上的“多面手”。为了能够迅速有效地给人们解除在疾病的上痛苦，满足医疗上的需要，扁鹊还研习和应用砭刺、针灸、按摩、汤液、热熨等方法，效果显著，所以很有医名。

有一次，晋国的赵简子病重，其家人十分惶恐，请扁鹊去给他诊治。扁鹊把过赵简子的脉搏以后，断定赵简子不会死。他给赵简子配了药，又扎了针，果然，不出3天，赵简子就苏醒过来了。

扁鹊曾经给虢太子治病，当时他就用了针灸、热敷和汤药3种方法进行综合治疗。有一次，扁鹊路过虢国，听说虢君的太子突然昏死过去。他认为这事很可怀疑，要去看个究竟。当扁鹊跑到宫里的时候，大臣们已在替太子办理后事。

扁鹊问明了太子怎样昏死的情况以后，就仔细地察看。他发现太子还有微弱的呼吸，两腿的内侧还没有全凉，因而断定太子不是真死，而是得了“尸厥病”，即类似现代的假死，认为还有治好的希望。

他就给太子扎针，太子果然醒了过来。扁鹊接着又在太子两腋下施行热敷，不一会，太子就能够坐起来了。虢君万分惊喜，他热泪盈眶，向扁鹊作揖道谢。扁鹊临走时还留下了药方，虢太子按方服了20多天的汤药，便完全恢复了健康。这就是世代传说的扁鹊起死回生的故事。

当时的人都把扁鹊当作神仙来看待。但是扁鹊并不因此而感到骄傲，也不炫耀自己的本领，他说：“不是我有什么本领能够把病人救活，而是病人本来就没有死。”

扁鹊看病行医有“六不治”原则：一是依仗权势，骄横跋扈的人不治；二是贪图钱财，不顾性命的人不治；三是暴饮暴食，饮食无常的人不治；四是病重不早求医的人不治；五是身体虚弱不能服药的人不治；六是相信巫术的人不治。

有一次，扁鹊到了齐国，蔡桓公知道他有很高明的医术，就热诚地招待他。扁鹊见了蔡桓公，根据蔡桓公的气色，断定他有病。

他对蔡桓公说：“你已经有病了，现在病还在浅表部位，如果不赶快医治，就会加重起来。”

蔡桓公因为自己当时并没有不舒服的感觉，所以不相信扁鹊的话，反以为扁鹊是想借此显示自己的本领，博取名利。

过了5天，扁鹊又看见了蔡桓公，观察到蔡桓公的病已经进入血脉之间，再劝他赶快医治。蔡桓公还是不听。

又过5天，扁鹊又告诉蔡桓公说：“你的病已转到了胃肠，如果再拖延不治，恐怕就无法挽救了。”

蔡桓公这一次不仅不听，反而对扁鹊说：“我起居同平时一样，没病，请你不要再罗罗唆唆了。”

又是5天过去了，扁鹊细看蔡桓公的气色，知道他的病情已经到了无法医治的地步了，于是一句话也不说就走开了。

蔡桓公派人去问他为什么走了，他说：“病在浅表，可以用汤药医治；病到血脉，可以扎针医治；病到内脏也还不是没有办法；可是现在蔡桓公的病已深入到骨髓，再没有方法可以医治，所以只好退出。”

不久，蔡桓公果然病倒了。他派人去请扁鹊，这时扁鹊已经到秦国去了。蔡桓公终于因为没有听扁鹊的话而病死了。

这就是著名的扁鹊见蔡桓公的故事。

扁鹊治病不是只用望诊和切诊的方法，他同时也很注意从多方面来诊断疾病。他既看舌苔，又听病人说话、呼吸和咳嗽的声音，还问病源和得病前后的种种情况。除了病人以外，他还向病人的家属和亲友细细查询，以求得准确的结论，便于对症下药。这就是上面提到的望、闻、问、切四诊法。这一套诊断方法的建立，是扁鹊在我国医学史上的巨大贡献。

扁鹊为了人们的健康，还提出了一套破除迷信和预防疾病的思想。他认为身体应该好好保养和锻炼，有了病以后要赶紧请医生医治，拖延久了病就会加重起来，以至于不能医治。

扁鹊说，人不怕有病，就怕有了病以后不好好医治，应该懂得轻病好治的道理。他又说，相信鬼神和巫师而不相信医生的人，他们的病是不会治好的。扁鹊在迷信思想还很浓厚的古代，能够毫不踌躇地提出反对相信巫师的看法，是很不容易的。

关于如何预防疾病，扁鹊告诉大家，健康时就要注意寒暖，节制饮食，胸襟要舒畅，不能动怒生气等。在今天看来，这些也都是合乎科学的。

扁鹊为了使自己的医术能够保存下去，很注意培养徒弟。子阳、子豹、子同、子明、子游、子仪、子越、子术、子容等人，都是他的著名的徒弟，其中子仪还著有《本草》一书。

扁鹊所处的年代，正是生产力迅速发展和社会发生着激烈变革、动荡的年代，也是人才流动、人才辈出的时代，各诸侯国都在竞争人才。秦国为了广招贤能，采取了兼收并取之法，除重视治理国家的人才外，对医生也很尊重。给予医生以极好的待遇，各国名医纷纷到秦，扁鹊就是在这种情况下成为秦人的。

扁鹊在秦国时，有一次秦王有病，就召请扁鹊来治。就在扁鹊给秦王施治时，太医令李醯和一班文武大臣赶忙出来劝阻，说什么大王的病处于耳朵之前，眼睛之下，扁鹊未必能除，万一出了差错，将使耳不聪，目不明。

扁鹊听了气得把治病用的砭石一摔，对秦王说："大王同我商量好了除病，却又允许一班蠢人从中捣乱；假使你也这样来治理国政，那你就会亡国！"

秦王听了只好让扁鹊治病。李醯看到自己治不好的病，到了扁鹊手里却化险为夷，自知不如扁鹊，就产生嫉恨之心，使人暗下毒手，最后杀害了扁鹊。就因为这件事，有一天李醯驾车出门，愤怒的人们把他包围起来，要不是他的卫兵保护，这个卑鄙无耻、阴险毒辣的杀人犯，准会被大家打死的。

扁鹊虽然被暗害了，但他在医学上的贡献，随着历史的发展，一天比一天得到发扬光大。到汉朝的时候，扁鹊的医疗理论和经验，被总结成一部医学的经典著作，书名叫作《难经》，一共有80篇，其中有《脉经》《经络》《脏腑》《病理》《穴道》《针法》等篇。一个对于人民真正有所贡献的人，不管时间隔得多久，他总是不会被忘掉，更能够得到人民的尊敬和怀念的。扁鹊就是这样的一个人。所以即使到了现在，人民群众永远怀念着他。

孟子的孝悌仁爱实践

先秦时期的仁爱孝悌思想，经过孔子的阐发，以及季札、郯子等人的亲身实践，至战国时期又有了新的发展。尤其是经过当时著名的思想家孟子的实践努力，使其具有了新的内涵，从而对中华民族的道德精神构建产生了积极而深远的影响。

孟子，战国时期的邹国人。邹国位于现在的山东。孟子是一个伟大的思想家、教育家、政治家、文学家、雄辩家，儒家的主要代表之一。据说他曾经受业于孔门弟子。在儒学分化中，孟子代表了孔门正统学术思想，以至于被称为“孔孟学派”。

孟子在实践活动中，多次和弟子们阐述孝悌思想。在一个秋雨连绵的夜晚，孟子和学生们围坐在一起，讨论孝悌和修养的关系问题。

爱提问题的公孙丑首先提问：“先生，您为什么那么重视孝悌呢？”

孟子解答：“因为要实行尧舜的仁政，必须立足于孝悌。”

公孙丑接着问：“那么，什么是孝悌呢？”

孟子解释说：“孝顺父母为孝，尊敬兄长为悌。孝和悌是仁义的基础，只要每个人都爱自己的双亲，尊敬自己的兄长，天下就可以太平。”

孟子谴责不孝顺父母的人，他认为不孝有5项内容。公孙丑问他有哪5项内容时，孟子说：“世俗所谓不孝的事情有5件：四肢懒惰，不管父母的生活，一不孝；好下棋喝酒，不管父母生活，二不孝；好钱财，偏爱妻室儿女，不管父母生活，三不孝；放纵耳目的欲望，使父母因此受耻辱，四不孝；逞勇敢，好斗殴，危及父母，五不孝。”

孟子除了重视孝悌之道，还发展了孔子的仁爱观。他继承了孔子的儒家思想，主张仁爱，把爱推广到全社会，让社会公民都施行仁爱。他的这种仁爱观体现了一种博爱精神，说明孟子具有的宽广情怀，以及营造社会和谐的美好愿望。

有一次，孟子和梁惠王谈论治国之道。孟子问梁惠王：“用木棍打死人和用刀子杀死人，有什么不同吗？”

梁惠王回答说："没有什么不同的。"

孟子又问："用刀子杀死人和用政治害死人有什么不同？"

梁惠王说："也没有什么不同。"

孟子接着说："现在大王的厨房里有的是肥肉，马厩里有的是壮马，可老百姓面有饥色，野外躺着饿死的人。这是当权者在带领着野兽来吃人啊！大王想想，野兽相食，尚且使人厌恶；那么当权者带着野兽来吃人，怎么能当好老百姓的父母官呢？孔子曾经说过，首先开始用俑的人，他是断子绝孙、没有后代的吧！您看，用人形的土偶来殉葬尚且不可，又怎么可以让老百姓活活地饿死呢？"

孟子又举了一个例子，他说："人们看到小孩溺水就会生恻隐之心，实施救援，这种恻隐之心是隐藏于我们内心，它是仁义的源头，人的仁义之心都发源于此。人性天生就是善的，就像水必然由高处向低处流一样。只要不受外界的影响，人性就不会变恶。"

梁惠王听了孟子的一番宏论，深有感触地说："孟老夫子的话，确是闻所未闻。"但梁惠王还是觉得自己是爱护百姓的，就说道，"我费心尽力治国，又爱护百姓，却不见百姓增多，这是什么原因呢？"

孟子回答说："让我拿打仗作个比喻吧！双方的军队在战场上相遇，免不了要进行一场厮杀。厮杀结果，打败的一方免不了会丢盔弃甲，飞奔逃命。假如一个兵士跑得慢，只跑了50步，却去嘲笑跑了100步的兵士是'贪生怕死'。"

孟子讲完故事，问梁惠王："这对不对？"

梁惠王立即说："当然不对！"

孟子说："你虽然爱百姓，可你喜欢打仗，百姓就要遭殃。这与五十步笑百步同样道理。"

梁惠王这时终于明白，自己有同样的缺点或错误，虽然程度上轻一些，但本质是相同的。

梁惠王自诩"尽心"，而在孟子看来，他所采用的措施，只是"爱民"的临时措施，与邻国之政实际上是五十步与百步之比。孟子认为治国的根本之道是实行"仁政"，提出不要用战争或劳役使人民耽误农时，不要滥捕鱼鳖，不要砍伐林木，让人民休养生息，有较安定的生活，这样才是“王道”的开端。

孟子讲：民为贵，社稷次之，君为轻。孟子认为，只有从人性出发，施行仁政，社会才可能成为人间的乐土。

其实，孟子的仁爱是一种由远及近的爱，也就是说是在对自己家人的爱之上再推广到全社会的爱。你对别人施予仁爱，别人也就自然对你施予仁爱，你在施予仁爱的同时，将来也将会得到别人的回报。

《孟子》里说：“老吾老以及人之老，幼吾幼以及人之幼。”意思是说，在赡养孝敬自己的长辈时，不应忘记其他与自己没有亲缘关系的老人；在抚养教育自己的小孩时，不应忘记其他与自己没有血缘关系的小孩。

《孟子》里还说：“不独亲其亲，不独子其子。”意思是说，不仅仅以自己的亲人为亲人，不仅仅以自己的子女为子女。

孟子要求对人生始终贯彻这样一种严格的生活准则：不符合社会道德要求的，哪怕是一丁点也不能给予别人；不符合社会道德要求的，哪怕是一丁点也不能取于别人。而对符合社会道德要求的利益，孟子认为自己去获取多少或给予别人多少都不过分。

孟子的孝悌与仁爱思想，是先秦古典文明孕育的绚丽结果。它同先秦、秦汉、秦汉时期以后其他思想学派的人文精神一道，共同构成了中华民族精神赖以建构和发展的宝贵资源。

观其志，观其行

子曰：“父在，观其①志；父没，观其行；三年②无改于父之道③，可谓孝矣。”

有子曰：“礼④之用，和⑤为贵。先王之道⑥，斯为美。小大由之，有所不行。知和而和，不以礼节之，亦不可行也。”

【注释】

①其：他的，指儿子，不是指父亲。

②三年：对于古人所说的数字不必过于机械地理解，只是说要经过一个较长的时间而已，不一定仅指三年的时间。

③道：有时候是一般意义上的名词，无论好坏、善恶都可以叫做道。但更多时候是积极意义的名词，表示善的、好的东西。这里表示“父亲生前的思想和行事”的意思。

④礼：在春秋时代，“礼”泛指奴隶社会的典章制度和道德规范。

⑤和：调和、协调。

⑥先王之道：指尧、舜、禹、汤、文、武等古代帝王的治世之道。

【解释】

孔子说：“看一个人，他的父亲在世时，要观察他的志向；父亲死后，要考察他的行为。如果他长年不改变父亲所坚持的好的道德准则，这样的人就可以说做到孝了。”

有子说：“礼的应用，以遇事做到和谐、恰当最为可贵。古代圣明君王治理国家的方法，可贵之处就在于这里。但不论大事小事只顾按和谐的办法去做，有的时候就行不通。这是因为为和谐而和谐，不以礼来节制和谐，也是不可行的。”

【故事】

周文王姬昌施行仁政

姬昌被封为西伯后，在治理岐山的过程中，他仿效祖父古公亶父和父亲季历制订的法度，实行仁政，礼贤下士，使岐山脚下的周族获得了前所未有的发展。

在对内方面，姬昌奉行德治，大力发展农业生产，采用划分田地，让农民助耕公田，纳九分之一税的办法。也就是征收租税有节制，让农民有所积蓄，以此来刺激劳动兴趣。他还规定商人往来不收关税，以及有人犯罪妻子不连坐等。

在对外方面，姬昌招贤纳士，广聚人才。许多外部落的人才以及从商王朝来投奔的贤士，他都以礼相待，予以任用。如伯夷、叔齐、太颠、闳夭、散宜生、鬻熊、辛甲等人，都先后归附姬昌称臣。

姬昌自己生活勤俭，穿普通人的衣服，还亲自到田间劳动，兢兢业业地治理自己的国家。在他的治理下，使岐山渐渐强大起来。

在当时，商朝的政治腐败，朝纲败坏。商纣王特别残暴，他利用炮烙之刑来取乐。炮烙，就是让犯人走在涂满润滑油的铜柱上，一滑倒就会倒在火坑里，顿时皮焦肉烂。

商纣的宠妃妲己看见人受炮烙的惨状却笑个不停。为了博得妲己一笑，商纣就经常对犯人实施炮烙之刑。商纣王的暴行引起了公愤。

姬昌对残暴的商纣王很是气愤。经过一番思考，他想利用炮烙之刑争取民心，提高自己在百姓中的威望。于是，姬昌来到朝歌，面见商纣王，说明来意，愿意献上岐山的一块土地，前提是商纣王必须废除炮烙之刑。

商纣王早听说人们对炮烙之刑意见很大，现在又能得到一块土地，就同意了姬昌的请求。

姬昌虽然损失了一块土地，但他得到广大诸侯的拥护，这为他兴周灭商创造了一个有利的条件。

岐山势力不断壮大，引起了商王朝君臣的不安。商纣王的亲信崇侯虎，暗中向商纣王进谗言说，西伯侯到处行善，树立自己的威信，诸侯都向往他，恐怕不利于商王。于是，商纣王趁姬昌来朝献地未归，将姬昌囚禁在羑里。

姬昌在囚禁期间，精心致力伏羲氏的先天八卦，发明“周文王八卦”和“周文王六十四卦”，流传于世。

姬昌的属臣为营救周文王出狱，搜求美女、宝马和珠玉献给商纣王。商纣王见了大喜，说：“只要有美女就足够了，何况宝物如此之多！”

于是，他下令放姬昌出狱，并授权他讨伐其他不听命的诸侯。这就是史书中说的周文王“羑里之厄”。

姬昌出狱后，下定决心灭商。为此，他遍访能人，以求灭商之策。

有一次，姬昌在渭水河边出猎时，巧遇年已垂老、怀才不遇的姜尚，当时他正在河边钓鱼。姬昌同他谈话，相互谈得很投机。

姬昌了解姜尚确有真才，便让姜尚与他同车而归，立以为师，共同筹划灭商策略。姜尚得遇知音，就在以后的日子里，为姬昌和他的后代立下了汗马功劳。

据《尚书·大传》记载：

姬昌在位的最后7年中干了6件大事：一是调解虞、芮两国的纠纷，以期两国能够和平相处；二是出兵伐犬戎，以解除东攻商的后顾之忧；三是攻打密须，解除了北边和西边后顾之忧；四是征服黎国，构成对商都朝歌威胁；五是兵伐邘国，进一步构成了对朝歌的直接威胁；六是灭掉崇国，将周的都城由岐山东迁渭水平原，建立丰京。

这6件大事做完后，姬昌实际已控制了大半个天下。相比之下，商朝因商纣王的残暴，众叛亲离，已处于极端孤立的境地。

就在大功即将告成之际，姬昌不幸去世了。葬于毕原。后来，他的儿子姬发在灭商之后，追尊先父为“周文王”。

周文王在我国历史上是一位名君圣人。后世的儒家，为了把道德与政治联系起来，把周文王当成一个“内圣外王”的典型加以推行，周文王的影响就越来越大了。

天文学的先驱甘德

我国是天文学发展最早的国家之一。由于农业生产和制定历法的需要，我们的祖先很早以前便开始观测天象，并用以定方位、定时间、定季节了。

春秋战国时期，天文历法有了较广泛的发展和进步。史学家司马迁在《史记历书》中说：

幽、历之后，周室

微，陪臣执政，史不记时，君不告朔，故畴人子弟分散，或在诸夏，或在夷狄。

这里的“畴人”系指世代相传的天文历算家。当时各诸侯国出于农业生产和星占等的需要，都十分重视天文的观测记录和研究。据《晋书天文志》记载：

鲁有梓慎，晋有卜偃，郑有裨灶，宋有子韦，齐有甘德，楚有唐昧，赵有尹皋，魏有石申夫，皆掌着天文，各论图验。

这种百家并立的情况对天象的观测以及行星恒星知识的提高，无疑起着积极的推动作用。

在诸家之中，最著名的是甘德石申夫两家。他们属同一时期的人。

甘德与石申精密观测金、木、水、火、土 5 个行星的运行，发现了 5 个行星出没的规律。他们发现黄道附近恒星的位置及其与北极的距离，是世界上最早的恒星表，代表了当时最高的天文学水平。

相传，甘德测定的恒星有 118 座，511 个。甘德对行星运动进行了长期观察和定时研究。他测出了木星的一个会合周期为 400 天，木星的恒星周期为 12 年，他还测出了金星的会合周期为 587 天，水星的会合周期为 126 天，火星的恒星周期为 1.9 年。

甘德的另一重大贡献是，在前 364 年用肉眼观测到了木星最亮的卫星——木卫二，比伽利略 1609 年发明了天文望远镜之后才发现木星卫星早了近 2000 年。此外，甘德还著有先秦浑天思想的代表作《浑天图》，以及《天文星占》8 卷、《甘氏四七法》等作品。

徐勉遗留子孙以清白

梁朝时中书令徐勉，一生身居高位，他严于律己，行事公正而谨慎，节俭不贪，不营置家产。平时所得的俸禄，大都分给了亲朋中的穷困者和贫苦百姓，因此家里没任何积蓄。

他的门客和老朋友中有人劝他为后代置点产业，他回答说：“别人给子孙留下财产，我给子孙留下清白。子孙如有德能，他们自会创家业；如果他们不成材，即使我留下财产也没用。”

徐勉经常教导子女要重品行操守，他曾写信告诫儿子徐崧说：“我们家世代清廉，所以平常日子过得清苦。至于置办产业这件事，从来就没有提及过，不仅仅是不经营而已。古人说：‘把整筐的黄金留给子孙，不如教他们攻读一门经书。’

“仔细研究这些言论，的确不是空话。我虽然没什么才能，但有自己的心愿，幸得遵奉古人这个教训去做，就不敢半途而废。

“一些门人和老朋友都劝我趁有职有权时见机行事，购置田园留给你们，我都没有采纳。因为我认为只有将宝贵的清白遗留给后代，才能让后人享用无穷。”

吴与弼的儒学修养实践

宋代之后，理学继续发展，至明代，心学的出现，标志着理学发展到了一个新阶段。吴与弼是有明一代心性之学的开山祖师。事实上，没有吴与弼，不会有明代儒学的繁盛和蔚为大观。

吴与弼是继孔子之后的少数几位儒家之一，他的身体力行，他的涵养功夫，尤其是他的躬耕农事，在我国儒学的发展历程中几乎寻不到对手。

吴与弼幼年天资聪慧，与其他的小孩子日常行为很不一样。6 岁入学，7 岁学对句，八九岁在乡学读书时，对文学、天文、律历、医卜均有所学，即已崭露头角。16 岁学诗赋，18 岁习以科举之业。

1410 年，19 岁的吴与弼赴京侍奉时任国子监司业的父亲，在读朱熹所编的《伊洛渊源录》时，对道统的传心之精神颇感震撼和惊叹。于是，他谢绝了与人交往，独处小楼二年，专心攻读《四书》《五经》和"二程"、朱熹的语录，无意入仕途，决心以讲授理学，传播程朱理学思想为己任。

1411 年，吴与弼奉父母之命返乡完婚。在乡里，他一切行动都遵守儒家的礼仪规范。每次到京探望父亲，穿的都是布衣旧鞋。有人故意讥讽吴与弼的迂腐，甚至故意找茬和无事生非，但他均不动心，久而久之，这些乡民反而被他所感化。

中年以后，由于家境日贫，吴与弼亲自下田耕作，自食其力。对不义之举，一概不为；对不义之财，一概不取。

有一次，吴与弼在割水稻的时候，不小心手被镰刀划出血，然而他并没有包扎伤口，继续如初。这件事反映出他不动心和不为外物所胜的修养境界。

吴与弼在贫苦中学术功力和心性功夫突飞猛进，感悟颇多，每日记于册，多为枕上流泪、彻夜不眠和反复反思的心血结晶。又常梦到圣人模样，其修身功夫已经做到了浑然不露圭角的澄明之境。

由于吴与弼的品德和博学，各地的好学青年慕名而来，或三五结群，或独自跋山涉水不远千里而来，只要是有诚心肯学之辈，他都谆谆教诲。甚至招待学生食宿，以此远近闻名。

他采用点拨引导的方法，针对每个学生自身的素质和特点，采用不同的方法。又常教育青年从日常事务和平凡生活上做功夫，笃行修心，常入于农事之中，劳累后即学，学累后即游于山泉之中。

吴与弼的学生多为品德优良、德高望重和不求闻达的真儒。比如，娄凉原本是个性格刚毅的人，经过其教化，成为明代思想家王守仁的老师；胡居仁隐居山中，不入仕途，笃行心学，开余干一派；胡九韶学其师，以孔门贤人之志为志，过着一辈子的清苦生活；陈献章学其师，累次拒绝朝廷的高官厚禄，声名满天下。

由此可见，吴与弼的人格魅力对其学生有着多么大的吸引力，反映了他理想人格的永久价值和真生命。

吴与弼经常哀叹宋代末期笺注之书多而支离，令人眼花缭乱，难以取舍，于是不轻于著述。这一点颇像孔子。他留给我们的只有《康斋集》，主要由一些信、日记和诗组成。《康斋集》中的书信，内含其外王思想、治学经验、功夫方法论和修养心得，是不可多得的儒学研究资料。

当然更为重要的是日记，虽约 1.2 万余字，但句句关情，字字珠玑，其观察体验生活之深刻和密切可与《论语》相媲美。而他的 2000 多首诗更是其具体生活的写真，与书信和《日录》同样地重要。

吴与弼的"治国平天下"思想主要体现在他的《陈言十事》一文中。该文是他答谢当时皇帝的提拔之恩并准许他回家养病而作的；同时，更希望君王能够振兴政治、治理百姓、爱民如子，创造开明政治新局面。

吴与弼认为，君王自身加强德行修养，立圣人之志，广圣人之学，做天地间百姓和官员的人格典范，实乃是先秦儒学的基本信条和原则，希望借人格魅力和示范作用带动、示范政治运作。

吴与弼强调君王要做道德至圣。他以汤武事迹、孔子和子思的言行为例，希望君王不自满，能够日新笃恭，日省自戒，日刻铭以自戒，以进于盛德之地，并将这种至德广博天南地北四方。最后，天下人都尊亲配天，君王带动和示范天下之民的修养道德行为。

吴与弼的敏锐视角在于把握从政过程的基本精神，其开拓性视野值得称赞。其中不仅有儒、道、法 3 种不同观点的互相渗透与融合，也具有仁德义等价值的永久性魅力。就个人修养而言，吴与弼自 19 岁偶然接触《伊洛渊源录》后便大彻大悟，不思功名和仕途之念，以尽圣贤之域，便不断修心性之学以涵养性命。其谈书治学的途径和方法为当时和后世所借鉴。

吴与弼亲身于农耕之中，以体会学问的真谛。由于他早年过于苦读，后来磨难和生命过程给了他很大的启示，即读书勿贪功近利，重在涵养消化，玩味琢磨，不断体悟。他认为，读书的基本目的在于反诸身心和涵养身心，以获自得之趣；读书应述而不作，不求闻达，以理义养心，为己治学。不是把读书作为一种工具，而是做一个真正的自适、自得和自我的读书人。

吴与弼以儒学为正宗，兼顾史学、法家等其他学派，也不排斥老子之学，为有明一代开启心性之学。他不仅反复参透朱熹《大学》、《中庸》、《论语》、《孟子》及“五经”为学问德行之本，也参透诸学，反复贯通，不断参验于劳作之中，真正做到一位真儒的风范。

吴与弼认为盛世的形成常常是格物致知、诚意正心修身的功夫所造成的。他常常游走于江湖之中，遍及我国的大部分地区，他的近1400首诗也很大一部分为旅途诗。在山林水竹和幽雅的环境里，消化正宗儒学；寄情于诗歌之中，以抒其学习之乐苦和参悟之机。

在崇仁县郊的偏僻山村、大山和小溪，常有他的痕迹。他背着自己心爱的古琴，骑着一匹老马，携上自己的儿子和几个学生，或端坐于高山岩石之上，或凝立于山云之中，或授课于绿荫之下，或放怀于绿竹青草中，写几首诗，饮一点酒，弹几首古曲，放出勃勃生机。

崇仁县有着幽深的山林，有古树绿竹，自然环境优美，万物生意，清新可人。其密林浓荫，翠竹含绿，山林寂静，百树争春，四季常青，尤其是东南面山中之境，更是人间最幽处。难怪他总是凝立于竹林之中，久久不愿离去呢！

为了亲近自然，参悟天机，他费7年之功，搬家于山深云多处，可见其对自然环境的爱和向往。这样一种融治学于江湖自然之中，甚至是耕作之中的亲躬行为，实乃是真儒精神，也是其修养心性的绝好写照。

为了体验正宗圣贤学问，他抱多病之躯，远离大富大贵，远离都市便利和繁华，亲耕于崇仁县青石桥附近的偏僻之乡。

贫困之时，借米于邻家，雨天之时，屋漏无干处。生活虽然穷苦，但他一点都不觉得苦和痛，反而安贫乐道，心意泰然，真正地做到颜回的贫中取乐仍不改初衷、舍身取道的达儒精神。从这一个角度而言，他比其他的儒家更伟大，更亲近。

他常说，不从大患难经历过，难有真学问和真节操。在经历过大苦大难之后，开心性之学，而且他的心性功夫，比孔子、孟子的工夫来得更具体、更实在和更容易躬行。

为了去拜访朱熹的讲学之地，他不畏70多岁的高龄，过赣闽雄关，风餐露宿，冒风雨、顶炎热，入福建；他不仅拜访南宋哲学家和教育家陆九渊的祖籍地，还常常亲临此地，参悟儒学。

吴与弼的一生就是读书、做圣贤功夫、行走江湖、游览、亲耕、养心性，发儒学向工农商贾转向之端，推动了我国文化教育开始纵向传递传播，使儒学由上而下，走向社会下层民众，走向工农商贾，意义重大。

道德教育大家王守仁

如果说吴与弼是推动明代儒学走向社会下层民众，那么，王守仁则完成了第二次文化下移。

王守仁是明代著名的哲学家、教育家，心学集大成者。作为道德教育大家，他的教育思想体系核心是："致良知"，极大地丰富了儒家"修身、齐家、治国、平天下"的思想内涵。

王守仁是明代浙江余姚人。据有关史料记载，幼年的王守仁由于母亲早亡，父亲又忙于科举考试，非常受祖母溺爱，对他几乎没有约束，使得他所接受的是近乎放任式的教育。

童年时期的王守仁顽皮异常，经常逃课，不肯认真读书，尤其喜欢玩军事游戏，制作大小旗帜居中调度，左右旋转，颇有战阵之势。

王守仁少年时非常喜欢下棋，往往为此耽误功课。其父王华对儿子家教极严，虽屡次责备，总不稍改，一气之下，就把象棋投落河中。

王守仁心受震动，顿时感悟，当即写了一首诗寄托自己的志向：

象棋终日乐悠悠，苦被严亲一旦丢。

兵卒坠河皆不救，将军溺水一齐休。

马行千里随波去，象入三川逐浪游。

炮响一声天地震，忽然惊起卧龙愁。

王守仁 12 岁正式就读私塾。当时朝政腐败，义军四起。一次与塾师讨论何为天下最要紧之事，他就不同凡俗，认为“科举并非第一等要紧事”，天下最要紧的是读书做一个圣贤的人。

明英宗被蒙古瓦剌部所俘，朝廷赔款求和。这件事情在王阳明幼小的心中投下了巨大的阴影。他发誓一定要学好兵法，为国效忠。在他 15 岁的时候就屡次上书皇帝，献策平定农民起义，未果。

不久，他出游居庸关、山海关一月之久，纵观塞外，那时已经有经略四方之志。王守仁以诸葛亮自喻，决心要做一番事业。此后刻苦学习，学业大进。骑术、射术、兵法，日趋精通。1499 年考取进士，授兵部主事。

在当时，朝廷上下都知道王守仁是博学之士，但提督军务太监张忠认为王守仁以文士授兵部主事，便蔑视王守仁。

有一次，张忠强令王守仁当众射箭，想以此让王守仁出丑。不料王守仁提起弯弓，轻松拉满，“刷刷刷”3箭，三发三中，全军欢呼，令张忠十分尴尬。

王守仁做了3年兵部主事，突患肺病，以病告归，结庐于会稽山龙瑞宫旁之阳明洞。故世称“阳明先生”。王守仁病愈复职后，因反对宦官刘瑾，于1506年被贬谪贵州龙场驿丞。刘瑾被诛后，任庐陵县知事，累进南太仆寺少卿。

其时，军事家王琼任兵部尚书，以为王守仁有不世之才，荐举朝廷，擢右佥都御史，继任赣南巡抚。王守仁上马治军，下马治民，文官掌兵符，集文武谋略于一身，做事智敏，用兵神速。后来，王守仁拜江西巡抚，再调拜南京兵部尚书，封“新建伯”。因功高遭忌，辞官回乡讲学，在绍兴、余姚一带创建书院，宣讲“王学”。

王守仁从34岁开始，就从事讲学活动，直至去世。其中绝大部分时间均是一面从政，一面讲学。他所到之处，讲学活动不断，并热心建立书院、兴办社学、建立学校，对明代中期讲学之风的兴起和书院的勃兴起到了一定的推动作用。

作为道德教育大家，王守仁解读和批判“格物致知”说，主张“心即理”，首创“知行合一”说，对《孟子》中“良知”的说法进行发挥，提倡“存童心”，强调万物一体。其中的“修齐治平”思想颇值得玩味。

王守仁对于“格物致知”说的解读和批判体现在两个方面：一是从道德修养的角度解读其理论的内在矛盾；一是从朱熹身后的影响来批判“格物致知”说的“学术之弊”。

从前一个方面看，由于王守仁年轻时期曾一度笃信朱学的格物说，然而当他用这种方法去进行个人的道德修养时，便发现无论是物去穷理，还是循序而读书，都不足以解决个人的道德修养问题。

为了实践朱熹的“格物致知”，有一次王守仁下决心穷竹之理，“格”了7天7夜的竹子，什么都没有发现，人却因此病倒。从此，他对“格物”学说产生了极大的怀疑。

鉴于朱学的“格物致知”的教训，王守仁主张心即理，并据此提出“知行合一”的口号，决心创立良知之学，用一种注重身心修养的学说来取代朱熹沉溺辞章、博而寡要、支离决裂的“格物致知”说。

经过多年的教育实践，王守仁在“致良知”的体系下，提出了“知行合一”的道德教育主张。王守仁认为，要做到“知行合一”，首先要能够静下心来，摒弃自己的私心杂念。光是自己坐在那里想还是不行的，如果人老是坐在那里“冥思苦想”，坐久了就会出现一些问题，比如“喜欢安静，讨厌活动”，甚至成为“痴呆汉”，因此人还要多在“事上磨炼”，做到“知行合一”，这才是道德的完成。

他认为，人在道德修养上要多多结合具体的情况，加以实践，倘若只是空想，遇到事情的时候就乱了，不去努力实践，那平时所想的功夫，也就没什么意义了。

王守仁曾经举过一个例子：当有一个人看见一个小孩子掉到井里面，必然会动恻隐之心，倘若顺着这种恻隐之心的自然发展，他必定会奔走呼救，这就是“知行合一”，也就是王守仁所说的“知是行之始，行是知之成”。

但是，倘若这个人此时转念，畏惧艰险，或者因为和孩子的父母关系不好而不前往，就是有“知”而“无行”了。

在王守仁所处的年代，儿童教育存在诸多弊端。如只注重教会儿童一些章句之学，只知道对儿童进行鞭打、体罚等粗暴的管教等。王守仁不仅对这种教育方法进行了严厉的批评，而且也提出了他的儿童教育主张。

他认为，教育儿童时要努力适应儿童的“童心”，顺应儿童的性情，鼓舞他们学习的兴趣，调动他们的学习积极性、主动性、创造性，这样才能够使儿童觉得学习是有意思的，从而自觉接受教育。

其实，王守仁的这种儿童教育主张仍然是他“致良知”心学思想的体现，他提倡通过“存童心”，也就是顺应儿童的性情发展进行教育，来唤起儿童心中所固有的“良知”，从而实现“致良知”的目的。

王守仁是儒学大家，他的教育思想在明代中后期的思想界曾经风靡一时，一度取代了程朱理学的地位，左右了我国思想界长达百年之久。

信近于义，恭近于礼

有子曰："信近[1]于义[2]，言可复[3]也；恭近于礼，远[4]耻辱也；因[5]不失其亲，亦可宗[6]也。"

子曰："君子食无求饱，居无求安，敏于事而慎于言，就[7]有道[8]而正[9]焉，可谓好学也已。"

【注释】

①近：接近、符合的意思。

②义：指思想和行为符合一定的标准。

③复：实践的意思。

④远：动词，使动用法，使之远离的意思，此外亦可以译为避免。

⑤因：同"姻"，指姻亲，如外祖父家。

⑥宗：家族。

⑦就：靠近、看齐。

⑧有道：指有道德的人。

⑨正：匡正、端正。

【解释】

有子说："讲信用要符合义，这才能实行；恭敬要符合礼，这才能远离耻辱；姻亲如果不失亲近，也可以视为可依靠的同宗。"

孔子说："君子，饮食不求饱足，居住不要求舒适，对工作勤劳敏捷，说话小心谨慎，若再能到有道的人那里去匡正自己，这样就可以说是好学了。"

中华传统天帝信仰起源

那还是我国人文始祖尧帝传位给舜时，在帝位交接的那一天，举行了庄严而隆重的禅让大典。尧对舜说道：

咨！尔舜！天之历数在尔躬。允执其中。四海困穷，天禄永终。

意思是说：嗨！你，舜！上天安排的使命落在你的身上。你要真诚地把握正确的原则。如果天下政治混乱、百姓贫困，上天给你的禄位就永远完结了。

这一句话表明，尧已经将上天的神圣使命托付给了舜，并告诫舜，要忠于这份神圣的使命，强调舜对天下人肩负的重大责任。

在舜的时候，有一个叫伯益的人，在他 10 岁的时候，便接替父亲的职位，担任早期华夏族主干的东夷部落联盟首领。他把东夷部落联盟治理得井井有条，成为当时华夏境内最强盛的部落。

帝舜征召伯益做主管畜牧业的主官，这是当时华夏大部落联盟的第一大生产管理部门。伯益也治理得很好，确保了当时遭受空前的大洪水的早期华夏先民不被饿死而灭绝。这令帝舜非常高兴，便任命他为大禹治水的第一助手。

伯益与大禹一起并肩奋斗了 13 年，终于取得治水的彻底胜利。他和大禹都受到了舜的表扬奖励，大禹被舜奖了一块玉，而伯益则得到了一面奖旗。帝舜还把自己的女儿嫁给了伯益做妻子，并让伯益主管灾后重建的全面工作。

据说，由于伯益各方面工作都很出色，舜曾经想把大部落联盟首领的职位禅让给他。但是伯益拒绝了，舜于是才把大禹选做自己的继承人，并要求大禹之后必须把职位禅让给伯益。

在舜禅让帝位给禹的时候，舜也说了尧帝那句话，说上天把神圣使命托付给了禹，强调禹要担负起天下人的重大责任。

伯益不仅治水成就卓著，而且在治水过程中还立下了其他功劳。在遭受洪水侵袭的地方，他根据当地地势低洼的特点，教给民众种植稻谷，促进了农业的发展。他还发明了凿井技术，使得北方广大平原地区逐渐得以开发。

伯益在政治上也很有建树。他曾告诫大禹，凡事要有前瞻性，要虑事周全。不要违背法则、制度，不要过度游乐享受，不要违背规律去追求百姓的称誉，不要违反民意而满足自己的欲望。治国不能懈怠，政事不能荒废，谦虚会受到益处，自满能导致失败，要选贤任能、除奸去邪等。

伯益在处理民族矛盾方面，也表现出了远见卓识。在舜时，三苗族离心离德，舜便派大禹武力征服。三苗不服，伯益提议，要德武相济。大禹接受了伯益建议，撤退军队，实行文教德治，三苗族受到感化终于归顺。

伯益提倡德治，认为只要由衷地信奉帝尧所代表的仁德，治国之谋就会取得成功，群臣辅弼君王就会彼此和谐，方方面面的朝政就会相得益彰。

大禹继承帝位后，建立了我国历史上第一个奴隶制王朝夏王朝。大禹到了年老的时候，他准备将帝位禅让给伯益，但伯益在长期帮助大禹的时候得罪了一些部落首领，这些部落首领联合起来支持大禹儿子启继承帝位。

有一些部落也支持伯益继位，于是，两派之间爆发了激烈的冲突，最后支持伯益的一派失败了，夏启继承了帝位。

夏王朝到第十六代君主夏桀的时期，年年发生天灾人祸，夏桀对内采取高压政策，对外实施武力扩张，结果闹得众叛亲离。这时，诸侯王商汤起兵讨伐夏桀，并采用祭拜天帝的仪式，他非常虔诚恭敬地向上天宣布：

我不敢私下赦免人世间的邪恶，这点不敢有一丝隐瞒，拳拳之心尽在你的掌握中。如果我有过错，我不会推诿给人世间。但是，假如人世间发生了邪恶，那都是我的过错和责任呀！

商汤巧妙地借助祭天仪式，成功赋予了自身天帝代言人的身份，把自己看作天帝儿子，称作“天子”。商汤打败了夏桀，拯救了广大人民，建立了商王朝。从此以后，人们也就对商汤这个自封的“天子”深信不疑。商王朝开创了我国古代将对神的信仰置于世俗强权之下的格局。

商王传十七代至纣王时，实行强权政治，以至于人们开始反叛商的恐怖天命。当时位于西边岐山的西伯侯姬昌，则针锋相对地提出了“仁”，他宣告天帝是仁慈的，于是大获民心，力量也日渐强大。

后来姬发在公开讨伐商纣时，发表了一份宣言：

周有大赉，善人是富。虽有周亲，不如仁人。百姓有过，在予一人。

意思是说：周王朝实行分封之事，使善人富贵起来。虽然有血缘至亲的人，但比不上有仁德高尚的人。即使人民有了过错，上天也只会惩罚“天子”一人。周王朝尚文，以人为本，以德治天下，周的立国中心思想是“善人是富”。

姬发这些话都是针对商的恐怖可畏的天命而说的，目的是为了消除人民对商天命代言人的畏惧迷信心理。他于是打败了商纣王，拯救了人民，建立了西周政权，称为“周武王”，人民也信赖这个行“仁”的天命代言人。

周王朝的国君皆以天帝代言人自居，并通过在泰山封禅祭天的形式，好像一切都依据天帝的命令行事。此后的儒家继承了中华天帝信仰的传统，并历代祭天延绵不绝。后来到了春秋战国之时，随着思想的进步，人文理性精神勃发，认为神为人创，民为神主，上古神秘观念已经逐渐消失了。

由于“皇天上帝”的概念渐渐由自然之“天”所取代，而“天”为道德民意之化身，这就构成了我国后世文化信仰的一个基础，而“敬天祭祖”便成为我国传统文化中最基本的信仰要素。

周武王姬发继承王位

周文王去世后，他的次子姬发继承王位，这就是周武王。周武王为了完成父亲灭商的遗愿，加紧筹备，采取了一系列措施。

在对内方面，周武王重用贤良，继续让姜尚做军师，让弟弟姬旦做太宰，召公、毕公、康叔、丹季等良臣均各有其位，人才荟萃，政治蒸蒸日上。

在对外方面，周武王争取联合更多诸侯国，孤立商王朝，壮大自己的力量。

此时，商朝在暴君商纣王统治下，政治上已十分腐败，但军事上仍有较强实力。周武王审时度势，在即位的第二年，为了试探商纣王对周人备战活动的反映，就发动了一次“孟津观兵”。

周武王的大军由镐京出发，进入今河南省境内，到达古渡孟津。这时，早已恨透商纣王的各路诸侯，自动来参加盟会的诸侯有 800 多人。史称：“八百诸侯会孟津”。

周武王在盟会上举行了誓师仪式，发布了誓词，这就是有名的《泰誓》。此时，人心向周、商纣王孤立无援的形势已形成。

参加盟会的诸侯劝他立即伐纣。但周武王却说道：“伐纣还不是时候，决定班师回西土等待时机。”

这次孟津观兵，表面上是为了进行军事演习，但实际上是为了试探伐商的可能性。

商纣王依然故我，越发昏庸暴虐，就在周兵与诸侯会盟孟津的两年后，他杀了王子比干，囚禁了箕子，太师疵、少师疆见状被迫逃离朝歌。而商纣王宠幸妲己，唯妇人言是听。妲己干涉政治，商王朝内部矛盾更加激化。

周武王认为时机已到，果断决定发兵伐纣，进行灭殷的最后决战。

公元前 1046 年，周武王亲率战车 300 乘，精锐武士 3000 人，以及步兵数万人，出兵东征。同年二月，周军抵达孟津，与卢、彭、蜀、羌等边境部族会合，联军总数达 4.5 万人。

在誓师大会上，周武王向全军将士发表誓词，即《尚书·牧誓》，列举商纣王只听妲己之言，不祭祀祖先、不任用宗亲贵戚，只信任四方有罪逃犯等罪状，说明自己是恭行“上天之意”给以惩罚。他要求将士，严明纪律，勇敢作战，战胜敌军。

《诗经》记载：“牧野洋洋，……时维鹰扬。凉彼武王，肆伐大商，会期清明。”

誓师之后，联军冒雨东进，从孟津渡黄河后，兼程北上，至百泉折东而进。

商纣王惊闻周军来袭，而此时商军主力远在东南地区，无法及时征调，只好仓促武装大批奴隶和战俘，连同守卫国都的军队，开赴牧野迎战。

据《史记》记载，商纣王出动的总兵力有 70 万人。

周军先由姜尚率数百名精兵上前挑战，震慑商军并冲乱其阵脚。然后，周武王亲率主力跟进冲杀，将对方的阵形彻底打乱。

商军中的奴隶和战俘全无斗志，纷纷倒戈，商军迅速崩溃。商纣王大败逃入朝歌，登鹿台自焚而死。至此，商朝灭亡。

牧野之战是我国历史上以少胜多，以弱胜强，先发制人的著名战例，也是我国古代车战初期的著名战例。它终止了600年的商王朝，确立了西周王朝的统治，为西周时期礼乐文明的全面兴盛开辟了道路。

牧野之战中所体现的谋略和作战艺术，也对我国古代军事思想的发展具有不可低估的意义。

在牧野之战后，周武王指挥联军兵分4路，向东南方进发，去征伐忠于商朝的诸侯势力。

为了巩固自己的统治，周武王采纳了周公对商朝遗民进行安抚以稳定天下形势的办法。以公、侯、伯、子、男五等爵位分封亲属和功臣，让他们建立诸侯国。

如封姜尚于临淄为齐国；封周公于曲阜为鲁国。他还将商纣王之子武庚留在商都，封为殷侯。这些措施，有效地安定了商的遗民，减少他们的敌对情绪。

与此同时，周武王又释放囚犯，赈济贫民，发展生产，从而促进了西周初年政治经济的稳定和发展，推动了社会的前进。

西周建立后的第三年，周武王因病去世。其子姬诵继位，这就是周成王。

周武王攻灭商朝后建立的西周，是我国历史上第三个奴隶制王朝。周武王建立的新王朝代替了腐朽的旧王朝，使他成为历史上有名的国王之一。

周幽王博笑烽火戏诸侯

西周最后一个王是周幽王。周幽王什么国家大事都不管，光知道吃喝玩乐，打发人到处找美女。有个大臣名褒珦劝谏幽王，周幽王不但不听，反而把褒珦下了监狱。褒珦的家人在乡下买了一个漂亮的姑娘，叫褒姒。幽王得了褒姒，就把褒珦放了。幽王为了博得褒姒一笑出了一个赏格：有谁能让王妃娘娘笑一下，就赏他一千两金子。

有个叫虢石父的人出了一个鬼主意："周王朝为了防备犬戎的进攻，在骊山一带造了 20 多座烽火台，请大王跟娘娘上骊山去玩几天。到了晚上，把烽火点起来，让附近的诸侯见了赶来，上个大当，娘娘见了保管会笑。"

他们上了骊山，真地把烽火点了起来。临近的诸侯以为犬戎打过来，赶快带领兵马来救，谁知上了当，憋了一肚子气回去了。褒姒知道了还真地笑了一下，虢石父也得了 1000 两金子。

后来犬戎进攻镐京，烽火点起来时诸侯因为上次上了当，谁也不来理会他们。犬戎的人马像潮水一样涌进城来，把周幽王、虢石父和褒姒的儿子伯服杀了，把那个不露笑脸的褒姒也给抢走了。

孔子创建儒家思想体系

仲尼最后回到鲁国，除了偶尔对现实发表一些议论外，基本是只发言不行动，他将精力主要用在了培养弟子和整理古代文化典籍上。

仲尼为了编著好《易传》，在晚年刻苦研读《易》。时而凝神端详，时而放声读之，时而持笔书写，不久，把《易》精读了一遍，了解了全书的内容；又细读了第二遍，基本掌握了书中的要点；接着，潜心精读了第三遍，更透彻地把握住了《易》的实质。

此后，仲尼结合写作与教学，不知又将《易》书翻阅了多少遍。这样，读来翻去，把串联竹简书的熟牛皮带子磨断了 3 次，史称"韦编三绝"。

其实，"三"是个概数，表示多次。就是说，仲尼读的那部《易》书的熟牛皮带子被磨断了多次。每次磨断之后，弟子帮助老师用新牛皮带子把竹简串好，继续研读。通过反复阅读琢磨，仲尼对《易》达到了融会贯通，在以前边读边写的基础上，开始系统地编写《易传》。

在编著《易传》的同时，仲尼又在老子思想的基础上加以吸收、改造和创新，早期的儒家学派终于诞生了。

儒家学派的目的与功能不外乎道德问题。在当时的社会背景下，道德问题说到底就是个礼制问题。儒家学派的创建是一个艰难而漫长的过程。仲尼在垂暮之年总结自己的思想进程时说：

> 吾十有五而志于学，三十而立，四十而不惑，五十而知天命，六十而耳顺，七十而从心所欲，不逾矩。

可见，仲尼在年轻时就有了远大的志向，但他一生中的挫折也是众所周知的。所以，儒家学派的出现应该是仲尼晚年的事情了。

仲尼自称“三十而立”。仲尼年轻时以办私学成名，他的贵族后裔身份也得到鲁国贵族的承认。仲尼当初到东周王都洛阳“问礼”，并会见了做史官的老子，真正得以系统地接触周官典籍，并全面检讨“周礼”，就始于此时。

在周游列国的14年间，仲尼一面教导弟子，一面上下求索。从“四十而不惑”至“五十而知天命”，仲尼走向成熟，创立了自己的理论体系。

在这一时期，仲尼在理论上的最大成就，就是用“仁”对“礼”进行改造，提出并完善了他的“仁学”理论。对于夏、商、周三代的礼制，仲尼最赞赏的是周礼，认为它综合了夏商之礼的优点。

在仲尼看来，周礼不仅继承了夏、商之礼的许多形式和“亲亲”、“尊尊”的核心内容，而且还大大地增加了夏商之礼所缺乏的道德理性精神，他把“有德”、“无德”作为了遵礼与否的主要标准。

仲尼顺此前进，进一步阐发和弘扬礼的道德性，用“仁”对礼进行改造和充实，从而把礼提到一个新的高度。“仁”字在仲尼以前的文献中已经出现，是一个从“亲亲”、“尊尊”引申出来的爱有等差的道德观念。

仲尼的“仁”的理论丰富了仁的内涵和外延。仅在《论语》一书中，谈“仁”的条目就有100多处。仲尼的“仁”又成为处理人际关系的准则，即所有人都从“爱人”的原则出发，从积极方面讲，要帮助别人立起来和发达起来；从消极方面讲，是不要把自己厌恶的东西推给别人。

仲尼还提出对执政者个人修养的要求，要求他们“律己正人”，做社会的表率、百姓的榜样。“德治”是治理者的内在德行、人格修养在国家治理中的体现，即所谓的儒家理想人格的最终目标：“内圣外王”之学。因此，就有了仲尼说：“其身正，不令而行；其身不正，虽令不从。”

作为教育家，仲尼的理想人格楷模是做一个仁人君子。在他看来，仁人君子不仅要有宏远的理想和对于这种理想的执着追求，而且更要通过长期不倦的自身修养实现崇高的君子人格。

仲尼所说的仁人君子忠于自己的理想，相信自己的价值，在任何时候和任何地方都使自己的行动符合仁义的原则。

仲尼既反对夸夸其谈，自吹自擂，言而无行，言过其行，要求脚踏实地，身体力行，切切实实干出成绩；又反对顽固不化，盲目蛮干，不撞南墙不回头，明知不对也硬干的作风。要求君子谨慎求实，随时准备修正自己的言行，老老实实地改正错误。

君子一定要敢于坚持真理，也必须随时修正错误。要求君子尽量与社会上的各类人建立良好的关系。他广泛论述了君子与国君、朋友、父母、兄弟以及其他人相处的关系，特别强调“礼”对这种关系的约束。

这就要求，人们对待亲族包括父母兄弟妻子儿女要厚道，对国君和上级不僭越、不献媚，对下级不盛气凌人和威胁利诱。成全别人的好事，不去促进别人的坏事。

“中庸”是仲尼的重要理论之一。他说：“中庸作为一种道德，是至高无上的啊！老百姓缺乏这种道德已经很久了。”中庸究竟是什么意思呢？中庸的意思就是使事物矛盾对立的双方都在一定限度内发展，从而使事物保持自己质的稳定性，永远处于一种统一和谐的境界。

仲尼意识到了保持事物质的稳定性的重要性。仲尼看到，在社会生活中，君臣、臣民、官民、列国、父子、夫妻、兄弟等，都是对立统一的一对矛盾。为了保持彼此之间统一和谐的关系，彼此的行动都要有一个“度”，超过或不足都会破坏这种统一和谐的关系。

仲尼的中庸学说是一种治国的艺术、处世的艺术和自我修养的艺术。中庸学说推进了礼学的深化，并使仲尼的正名说向前发展了一步。其中心目的，不外乎要求人们正视自己的等级名分，一切都在礼的框架内活动，以求得上下关系的和谐与社会的安宁。

除了“仁”这一治国思想外，仲尼所创立的儒家思想，还包括教育和美学两方面的内容。

在教育方面仲尼首次提出“有教无类”，认为世界上一切人都享有受教育的权利。在教育实践上，仲尼提出了很好的建议：教师在教书育人的过程中应该“诲人不倦”“循循善诱”“因材施教”。他认为学生应该有好的学习方法如“举一反三”“温故而知新”；学习还要结合思考“学而不思则罔，思而不学则殆”，好学“三人行必有我师”；学习态度要端正。仲尼的教育思想，至今仍然有启发和教育的重要意义。

仲尼的弟子子路请教先生：“听说一个主张很好，是不是应该马上实行呢？”

仲尼说：“还有比你更有经验、有阅历的父兄呢！你应该先向他们请教请教再说，哪里能马上就着手去做呢？”

冉有也以相同的问题请教先生：“听说一个人的主张很好，是不是应该马上实行呢？”

仲尼却答道：“当然应该马上实行。”

公西华看到同是一个问题而先生给出的答复却不同，他觉得不可理解。仔细思索了一番，仍然是想不出所以然来，便去向先生求教。

仲尼说：“冉有这个人遇事常常畏缩，所以要鼓励他勇敢；子路遇事轻率，常常鲁莽行事，所以要叮嘱他处事慎重。”这就是仲尼因材施教的一极好的例子。

人与人的个性是不同的，显然处事的方法和结果也不一样。作为一个老师，就要针对学生不同的特点，采取不同的方式来施教。这样才能充分发挥个人的特长。

在美学方面，仲尼的美学思想核心为“美”和“善”的统一，也是形式与内容的统一。

仲尼提倡“诗教”，即把文学艺术和政治道德结合起来，把文学艺术当作改变社会和政治的手段，陶冶情操的重要方式。并且仲尼认为，一个完人，应该在诗、礼、乐修身成性。仲尼的美学思想对后世的文艺理论产生了巨大的影响。

中华民族礼貌友善、温良忠厚和认真刻苦的气质，也是在儒家的教化下逐渐形成的。儒家思想规定了我国文化的特质，造就了中华民族的风骨，塑造了中华民族的基本精神面貌。儒家思想对我国社会的巩固、发展和延续都起过极其重要的作用。

“二戴”总结儒家精髓

继董仲舒之后，西汉时期儒者对儒家“修身、齐家、治国、平天下”思想有突出贡献的，当属戴德、戴圣叔侄两人，后世称之为“二戴”。

戴德，汉代礼貌学家，今文礼学“大戴学”的开创者。世称“大戴”。戴氏原为春秋时子姓，宋戴公后裔，传至戴德，世居魏郡斥丘，即现在河北省的成安县。

戴圣，西汉时期梁国睢阳，即现在的河南省商丘市。西汉时期官员、学者，汉代今文经学的开创者。世称“小戴”。

戴德、戴圣叔侄相遇，带有极大的偶然性。正是冥冥之中的巧遇，加上此后的共同努力，才使他们得以总结概括前人修身、齐家、治国、平天下的思想实践，使之成为儒家思想的重要组成部分。

那是在西汉元帝时，有一次，著名礼学家戴德回家过年，按传统风俗，腊月三十午后，各家都要去祖茔请祖先回家供奉。戴德来到坟地后，发现每个坟前都有烧纸的灰烬，石供桌旁有一个十二三岁的男孩抱头和衣而眠，就赶忙唤醒孩子问话。

小孩醒来看到眼前站着一位官吏，赶紧起来施礼。戴德问道：“你不在家过年，为何睡在这里？”

“奉家母之命，来此祭祖，因赶路疲劳，想稍歇一会儿再走，不觉就睡着了。”小孩答道。

“你祭哪家之祖？你父亲叫什么名字？”戴德问。

"我祭戴氏家祖，先父名讳戴行。"小孩指着坟茔说。

戴德一听是兄长之子，真是又惊又喜，忙说："孩子，我是你的叔叔呀！"

小孩曾经听母亲说有个在朝做官的叔父，今天终于见到了，当然高兴，急忙下跪。

戴德高兴得哈哈大笑，随之询问了一些情况，小孩一一做了回答。

祭祀完毕，戴德带侄儿回到家中。过完年后，戴德将侄儿带到任上，取名戴圣，供其读书。

戴圣天资聪颖，又肯吃苦，进步很快。后于朝廷选贤考试中名列榜首，本应委以重任，但当时汉代规定，一家人不准同时在朝奉君。

戴圣据理力争，陈述了"国家兴旺之道，在于不拘一格用人才"的道理，并辩解说："我与戴德不是一个戴家人，他是大戴，我乃小戴。"后被录用，与戴德同朝居官。

自从董仲舒提倡"罢黜百家，独尊儒术"后，西汉朝廷把5种儒家经典著作《易》《尚书》《诗》《礼》《春秋》作为学校讲授的主要内容，这5种著作即称为"五经"。汉武帝还为此专设五经博士进行讲授。

在这之后，解说"五经"者越来越多，但也出现了经越说越细碎，歧见异说越来越多的情况，使学员不知所从。为此，汉宣帝在公元前51年，于石渠阁亲自主持御前会议，"诏诸儒讲五经同异"，评定其正误。

"二戴"作为礼学专家，将古今记述、论述解释礼仪的文章收集起来，加以整理，编成《礼记》一书。

本书内容主要是记录孔子和弟子等的问答，记述修身做人的准则，其内容广博，门类杂多，涉及政治、法律、道德、哲学、历史、祭祀、日常生活、历法、地理等诸多方面，几乎包罗万象，集中体现了先秦儒家的政治、哲学和伦理思想，是研究先秦社会的重要资料。

《礼记》中的《大学》有两个版本体系：一是古本《大学》，即戴德、戴圣按原有次序排列的原文；二是后来经南宋理学家朱熹编排整理，划分为经、传的《大学章句》本。

《大学》从成篇直至北宋儒学复兴之前的千余年间，作为经学化的《礼记》中的一篇，并未受到特别的重视。此间虽有郑玄为之作注，孔颖达为之作疏，却都是并《礼记》而行。虽然如此，《大学》所秉承的往圣先贤德行伦理政治之道，却并未中绝。

事实上，在“二戴”按次排序完成古本《大学》之前，远古先民就已经进行修身、齐家、治国、平天下了。“二戴”正是在丰富史料的基础上，对源远流长的大学之道进行了概括。

据《尚书·虞书·尧典》记载：古代传说中的帝尧，严肃恭谨，明察是非，善于治理天下，宽宏温和，诚实尽职，能够让贤，光辉普照四面八方，以至于天上地下。

他能够明察有才有德之人，使同族人亲密团结。族人亲密和睦了，又明察和表彰有善行的百官，协调诸侯各国的关系，民众也随之变得友善和睦起来了。由此可见，帝尧修德行仁的从政方式。而帝尧的后继者们，同样遵循先贤道统。

舜慎重地赞美父义、母慈、兄友、弟恭、子孝五种常法，人们都能顺从。舜总理百官，百官都能承顺。舜在明堂四门迎接四方宾客，四方宾客都肃然起敬。

大禹强调君主能重视做君主的道理，臣下能够重视做臣下的职务，政事就能治理，众民就能勉力于德行了。

商汤不亲近歌舞女色，不聚敛金钱财物。勉励品德之人给予官位，勉励功绩之人给予奖赏。任用别人就像任用自己一样深信不疑，改正过错后就无遗憾。能够宽厚能够仁爱，对亿万人民明确地显示了诚信。

周文王给自己的妻子做榜样，推广到兄弟，进而治理好一家一国；周武王完成了周文王的事业，不敢丢弃周文王的善德，谋求顺从周文王宽容的美德；周公同心同德辅佐天子，考察记载成绩突出的人，用自强不息的道理来训诲下级官员。官员们敬天顺民、恒守常法，安抚百姓，用德政给人民带来富足与安宁的生活。

这种源远流长的德行政治实践传统，被“二戴”以前的历代政治家和思想家概括为理论性教言，从而凸显了从内在成德到外在立功之先后次序的记述和论说。

以《大学》为儒学进路的从主体终生不辍的德行修养，到由近及远地成就其社会政治事功的大学之道，乃是儒家先贤之垂范而一以贯之的实践和学思传统。这恰恰就是由“二戴”《大学》所经典表述的大学之道得以形成的深厚思想资源。

“二戴”将修身、齐家、治国、平天下作为一个人修为的重要组成部分。

他们认为，每个人都不是孤立的个体，选择离群索居是不可取的。所以，修身、齐家、治国、平天下，是一个连续的过程，也是一个人的价值逐渐实现的过程，而不是外在强加给人的义务。

2000多年来，我国一代又一代知识分子以修身、齐家、治国、平天下为崇高的指导，“穷则独善其身，达则兼济天下”，铸造了强健的人格心理，时至今日，仍然发挥着潜移默化的作用。

战国天文学家石申

石申，生于公元前4世纪，据《史记·天官书》记载，在我国的战国时期，著名的天文学家有4位：

在齐，甘公；楚，唐昧；赵，尹皋；魏，石申。

这里提到的魏国人，便是石申。《史记》中还说，这4位天文学家都有占星术的著作，在他们的著作中，还同时记录着战国时期的战乱形势，记录着政治事件的各种各样的说法，即：

田氏篡齐，三家分晋，并为战国。争于攻取，兵革更起，城邑数屠，因以饥馑疾疫焦苦，臣主共忧患，其察视祥候星气尤急，近世十二诸侯七国相王，言从（纵）衡者继踵，而皋、唐、甘、石因时务论其书传，故其占验凌杂米盐。

《史记正义》中还引南朝时代梁阮孝绪的《七录》说：

石申，魏人，战国时作《天文》八卷也。

这里提到的《天文》8卷就是和甘德所著的《天文星占》合称《甘石星经》的作品。不过，据说，这部《天文》8卷后来并没能完整地保存下来。

不过，在《汉书·天文志》中引述的石申著作的零星片断，可以使我们窥见石申在天文学和占星术两个方面的研究内容：

岁星赢而东南，《石氏》“见彗星”……赢东北，《石氏》“见觉星”；缩西市，《石氏》“见檀云，如牛”；缩西北，《石氏》“见枪云，如马”。《石氏》“枪、檀、棓、彗异状，其殃一也，必有破国乱君，伏死其辜，余殃不尽，为旱、凶、饥、暴疾”。

从这些片断可以知道，石申在天文学方面的贡献，是他与甘德所测定并精密记录下的黄道附近恒星位置及其与北极的距离，是世界上最古的恒星表。

相传他所测定的恒星，有138座，共880颗。从唐代《开元占经》中保存下来的石申著作内容看，其中最重要的是标有“石氏曰”的121颗恒星的坐标位置。现代天文学家根据对不同时代天象的计算来验证，表明其中一部分坐标值可能是汉代所测；另一部分，如二十八宿距度等则确与公元前4世纪，即石申的时代相合。

同时，石申与甘德在战国秦汉时影响很大，形成并列的两大学派。汉、魏以后，石氏学派续有著述，这些书都冠有“石氏”字样，如《石氏星经簿赞》等。

三国时代，吴太史令陈卓总合石氏、甘氏，以及殷商时代的天文学家巫咸为三家星官，构成283官、1464星的星座体系。从此以后，出现了综合三家星官的占星著作，其中有一种称为《星经》，又称为《通占大象历星经》，曾收入《道藏》。

该书在宋代称《甘石星经》，托名为“汉甘公、石申著”，始见于晁公武《郡斋读书志》的著录，流传至今。书中包括巫咸这一家的星官，还杂有唐代的地名，因此，后来的《甘石星经》并不能看作是石申与甘德的原著。

贫而无谄，富而无骄

子贡曰："贫而无谄[①]，富而无骄，何如[②]？"子曰："可也。未若贫而乐[③]，富而好礼者也。"

子贡曰："《诗》云'如切如磋，如琢如磨[④]'，其斯之谓与？"子曰："赐[⑤]也，始可与言《诗》已矣，告诸往而知来者[⑥]。"

【注释】

①谄：意为巴结、奉承。

②何如：《论语》书中的"何如"，都可以译为"怎么样"。

③贫而乐：一本作"贫而乐道"。

④如切如磋，如琢如磨：有两种解释：一说切磋琢磨分别指对骨、象牙、玉、石四种不同材料的加工，否则不能成器；一说加工象牙和骨，切了还要磋，加工玉石，琢了还要磨，有研讨、探求之意。

⑤赐：子贡名，孔子对学生都称其名。

⑥告诸往而知来者：诸，同之；往，过去的事情；来，未来的事情。

【解释】

子贡说："贫穷而能不谄媚，富有而能不骄傲自大，怎么样？"孔子说："这也算可以了。但是还不如虽贫穷却乐于道，虽富裕而又好礼之人。"

子贡说："《诗》上说'要像对待骨、角、象牙、玉石一样，切磋它，琢磨它'，就是讲的这个意思吧？"孔子说："赐呀！你能从我已经讲过的话中领会到我还没有说到的意思，举一反三，我可以同你谈论

《诗》了。”

【故事】

楚庄王熊侣重用贤能

楚庄王于公元前 613 年登基，即位之初，他常沉迷声色，荒于政事，并下令拒绝一切劝谏，胆敢违令者“杀无赦”。

大臣伍举以隐言进谏，称楚国高地有一大鸟，栖息三年，不飞不鸣，不知是什么鸟。

当时楚庄王即位已经第三年，他知道伍举在以大鸟讽喻自己，于是回答说：“大鸟三年不飞，飞则冲天；三年不鸣，鸣必惊人。”

然而，此后几个月，楚庄王依然如故，仍旧以淫乐为好。大夫苏从便冒死再次进谏，庄王最终听从了劝告，以后奋起图治。

还有一件事值得一提。

楚庄王有一匹心爱之马，楚庄王给马的待遇不仅超过了对待百姓，甚至超过了给大夫的待遇。他给马穿刺绣的衣服，吃有钱人家才吃得起的枣脯，住富丽堂皇的房子。

后来，这匹马因为恩宠过度，得肥胖症而死。楚庄王让群臣给马发丧，并要以内棺外椁的大夫葬礼为之安葬。大臣们认为楚庄王在侮辱大家，说大家和马一样。从而，众臣对楚庄王此举表示不满。

楚庄王下令，说再有议论葬马者，将被处死。

当时有个艺人叫优孟，他听说楚庄王要葬马的事，跑进大殿，仰天痛哭。

楚庄王很吃惊，问其缘由。

优孟说，死掉的马是大王的心爱之物，堂堂楚国，地大物博，无所不有，而如今只以大夫之礼安葬，太吝啬了。大王应该以君王之礼为之安葬。

楚庄王听后，无言以对，只好取消以大夫之礼葬马的打算。

楚庄王葬马这个事件，从楚庄王原先执意以大夫规格葬马，到最后答应放弃奢侈的葬马之举，映射了楚庄王从昏庸之君到圣明霸主的史实。“一鸣惊人”以及“庄王葬马”是楚庄王人生的一个缩影。

从开始楚庄王昏庸无道，到最后大彻大悟做明君，都表现在这两个事件中。

楚庄王从整顿朝政入手，把一批只会奉承拍马的人撤了职，把敢于进谏的伍举、苏从提拔起来，帮助他处理国家大事。与此同时，他还下令制造武器，操练兵马。

公元前611年，楚国先后伐庸、麋、宋、舒、陈、郑等国，均取得胜利。

为了显示楚国的兵威，公元前606年，楚庄王在周都洛邑的郊外举行一次大检阅。

此举无疑令周天子大吃一惊，周王马上派王孙满到郊外去慰劳楚军。楚庄王借此机会询问九鼎的大小轻重，意欲移鼎于楚，从而显示出有夺取周天子权力的野心。

九鼎相传为夏代大禹所铸，象征九州，夏、商、周均奉为传国之宝，是天子权力标志。

王孙满严词道：“政德清明，鼎小也重；国君无道，鼎大也轻。周王朝定鼎中原，权力天赐。至于鼎的轻重，你不当询问。”

楚庄王傲然地对王孙满说道：“你不要阻止铸鼎之事，我们楚国只要把折断的铜兵器收集起来，就足够铸造九鼎了。”

楚庄王问鼎，大有欲取周王朝天下而代之的意思，结果遭到周王使者王孙满态度强硬的严词斥责。楚庄王虽然口出狂言侮辱周室，但也意识到称霸中原时机未成熟，只好率领受阅部队退出周疆。

没几年工夫，楚国更加强大起来，先后平定了郑国和陈国的两次内乱，但是最后却与中原霸主晋国冲突起来。

公元前 597 年，楚庄王率领大军攻打郑国时，晋国派兵救郑。楚、晋两国军队在郑国的邲发生了一次大战。晋国大败，人马死了一半。

邲之战尘埃落定后，以楚庄王的大胜，晋军的惨败而告终。此时，楚庄王没有乘胜追击，带领将士饮马黄河。

经过楚庄王的励精图治，“霸主”的头衔又落到楚庄王头上了。在当时的各诸侯国中，以楚国的地域最大、人口最多，物产最丰，文化最盛。

公元前 594 年冬，楚、鲁、蔡、许、秦、宋、陈、卫、郑、齐、曹、邾、薛、鄫“十四国会盟”，正式推举楚国主盟，楚庄王遂成为称雄中原的霸主。公元前 591 年，英雄一生的楚庄王突然病重，他已经预感到自己不久于人世，便招重臣至病榻之前，遗命后事。这年入秋，楚庄王咽下了最后一口气，与世长辞。

楚庄王称霸中原，不仅使楚国强大，威名远扬，也为华夏的统一，民族精神的形成发挥了巨大的作用。

苏武牧羊不失节气

那是在公元前 100 年，汉武帝正要派兵讨伐北方的匈奴，忽报匈奴且鞮侯单于，已把过去拘留的汉朝使者全部放回来了，并奉书求和。

汉武帝听了接见了使者，又看了来书，见匈奴使者和来书均谦卑有礼，心想连年用兵，已使国库空虚，现在如果能同匈奴修好的确是一件好事。

为了表示修好诚意，汉武帝下令释放汉朝拘留匈奴来使，任命中郎将苏武为使送归。另还特地修书一封，连同大量金银财物一并带给匈奴且鞮侯单于。

谁知那且鞮侯单于并不是真心和好，所以送回汉使，原来是缓兵之计。他见汉天子派苏武送逐使者，厚赠金银，认为汉武帝中了他的奸计，更加骄傲起来。

苏武一到匈奴那里，马上就看穿了单于的真相，心想先不露声色，待返回后再启奏皇上不晚。谁知，却偏偏发生了意外。在苏武出使前，汉使卫律背叛朝廷投降了匈奴。

他手下有个叫虞常的人，表面投降了，但内心却在等待时机，希望能立得功劳，重返汉邦。

正好苏武一行到了匈奴，虞常便去拜访他熟识的副使张胜，对他说愿意杀掉卫律。张胜并不和苏武商量，擅自表示同意。不料机密泄露，虞常被捉。张胜害怕了，这才把整个事情经过告诉了苏武。

这时，虞常受刑不过，招出了张胜。单于听了大怒，立刻命令卫律召苏武受审。苏武叹道："辱没了国家的使命，我还有何面目复归汉朝？"拔出佩剑，便向自己的脖子抹去。

卫律大吃一惊慌忙上前抱住，苏武已血流满身，直急得卫律命令左右速去找医生。经过医生长时间抢救，苏武终于苏醒过来。

单于非常佩服苏武的气节，暗暗地打起了招降的主意。苏武伤刚好，单于就派人通知他参加判处虞常的事，打算趁机迫令他投降。

卫律从狱中提出虞常，当场宣告死罪，把他斩首。接着对张胜说："汉使张胜谋杀单于大臣本应处死，如若投降，尚可免死！"说罢便向张胜举起了宝剑。贪生怕死的张胜连说愿降，做了可耻的叛徒。

卫律冷笑着瞅瞅苏武，厉声喝道："副使有罪，苏君理应连坐！"

苏武说："我本没有和他们同谋又不是他们的亲戚，如何谈得上连坐？"

卫律突然拔出宝剑直逼苏武，苏武把头一昂，毫不动容。

在大义凛然的苏武面前，卫律的手反倒抖了起来，他忙把剑缩了回去一改怒容，和颜悦色地说："苏君，我卫律自从归顺匈奴，深得单于恩宠不但受封为王，拥有数万人，而且牛羊牲畜漫山。苏君今日若肯降服明日就可以与我一样。可你以血肉去滋润旷野，又有谁会知道你呢？"

苏武听了，连眼皮都没抬一下。

卫律又说："苏君若归降过来，我愿与君结为兄弟，若不听我劝，恐不能再见我面了。"

苏武听到这里，不禁勃然大怒，站起身来直指着卫律斥骂道："卫律，你做人家的臣下和儿子，不顾及恩德义理，背叛皇上、抛弃亲人，在异族那里做投降的奴隶，我为什么要见你！"

一席话把卫律骂得哑口无言，脸由白变红，一直红到脖子根。

匈奴见劝说没有用，决定用酷刑。当时正值严冬，天上下着鹅毛大雪。他们把苏武关进一个露天大地穴，不给饭吃，不给水喝，希望这样可以改变苏武的信念。

苏武躺在地窖里不由思绪万千，他想起自己的使命，想起家中的妻儿老母，想起了那雄伟壮观的长安城。他越来越感到饥饿难忍，但地窖里除了一块破毡之外，什么东西也没有。饿极了，他就撕块破毡放进嘴里，再把手伸向门外，抓回一把雪来，就着雪把毡吞下去。就这样一连过了许多天，竟然没有饿死。

迷信的单于以为神灵在保佑苏武不敢杀害他，就把他流放到北海荒无人烟的地方，给他一群公羊让他放，说等到公羊下了小羊，才准许他回国。

在荒无人烟、茫无边际的草原上，生存是极其艰难的。没有粮食苏武就挖野菜捉老鼠充饥。他早已把生死置之度外，却始终手持汉武帝给他的旌节，无论白天还是晚上睡觉，这旌节从来没有离开过他。

一连过去了19年。19年来虽然单于多次派人劝降，但苏武矢志不移，他说："我不能对不起皇上，不能对不起祖宗，不能对不起父母之邦。"

苏武经常孑然一人，怀抱着旌节，凝神南望，心中反复地重复着自己的信念："总有一天，我会举着这旌节重返故国的！"

有一天，苏武听到汉武帝去世的消息，万分悲痛，面向南方，放声大哭，以致口吐鲜血，每天早晚哭悼，长达数月。不久，当初下令囚禁苏武的匈奴且鞮侯单于也去世了，这时候，新单于执行与汉朝和好的政策，希望与汉朝廷建立和好关系。

汉昭帝即位后，匈奴和汉达成和议。汉代朝廷要求匈奴归还苏武，但新执政的匈奴单于却撒谎说："苏武已经病死了。"

后来，汉朝使者到匈奴去，让当年苏武的副使、坚决不降、被罚做苦工的常惠听说了，他设法见到了汉使，细述了详情，并同使者一起商量好了救出苏武的计策。

第二天，汉使又去见单于，假说大汉天子在上林苑中射到一只大雁，雁的脚上系着帛书，帛书中清楚地写着苏武在北方的沼泽之中。单于只好把苏武等人送还。

坚强不屈的苏武终于回来了，都城长安的人们听到消息后，都自动拥到大街上迎接。人们看见，苏武当年出国时年方40岁，现在已步履蹒跚；当年跟随他出使的共有100余众，于今生还者只有9人。人们望着须发尽白的苏武手执已经光秃秃的旌节，带领着饱经磨难的同伴们一步步走来的时候，无不感动得热泪滚滚。

苏武拜见汉昭帝，交回旌节。年轻的汉昭帝手抚旧节，听着苏武的叙述，禁不住眼泪扑簌簌而下。大臣们没有一个不流泪的，人们被苏武和他的同伴们深深地感动了。

苏武一生坚信报国的理想，“言必信，行必果，已诺必诚”。他那不屈不挠、爱国报国的赤胆忠心，永久地留在了中华民族的史册中。

王昭君以身和亲安邦

如果说李广、卜式、苏武是汉代报国的典型；那么王昭君的报国，则是以她自己的方式，向人们展现了一个巾帼不让须眉的伟大情怀。

那是在西汉元帝时，生于南郡秭归的王昭君被选入汉宫做了宫女。而这个时候，正是汉王朝和匈奴的关系发生变化的时候，王昭君的命运也随着形势的变化而发生了重大改变。

原来，匈奴族自冒顿单于以来，150 多年称雄塞北，自誉为“天之骄子”，与西汉王朝分庭抗礼。

从汉高祖至汉文帝、汉景帝时，由于国家初建，百废待举，对匈奴族的侵扰只能采取和亲的羁縻政策。汉武帝时，国力强盛，对匈奴的侵扰掳掠进行了反击。匈奴贵族的力量大大削弱，而汉王朝也耗费了大量人力物力。

公元前 60 年，匈奴虚闾权渠单于死，贵族内部因继位问题而分裂，至公元前 57 年，形成了“五单于争立”的混战局面。呼韩邪单于在混战中基本获胜，但自己的力量也大为减损，部众只剩几万人。不久又被新立的郅支单于打败而陷困境。

此时，呼韩邪单于接受了左伊秩訾王的建议，率部南下附汉。先遣子入侍，后于公元前 51 年入汉称臣，朝见汉王朝皇帝汉宣帝。

汉朝廷以高于诸侯王的礼节接待呼韩邪单于，入境时派专使迎接，朝见时赐以冠带衣裳、黄金玺绶及锦绣杂帛 8000 匹、絮 6000 斤。并接受他的请求，允许他们住在漠南光禄寨一带。当时匈奴正缺粮食，汉朝又调拨边谷粮食 34000 斛以救济匈奴人民。

公元前 33 年，呼韩邪单于第三次来朝见，自言愿意当汉家女婿，以进一步亲近汉朝。

即位不久的汉元帝闻知此事，决定从宫女中选人和他成亲。于是传旨众宫女："愿嫁匈奴单于者报名。"宫女们跪了满地，但听旨却知嫁给远在漠北的匈奴单于，各个噤若寒蝉，都无应声。

王昭君接旨后，自然也免不了思绪翻腾。她想起初入宫时自己曾有过美好的幻想，即能侍奉皇上，把民间疾苦讲给皇上听，劝皇上勤政爱民，使国家兴盛，百姓安乐，自己也不枉远离亲人入宫一场。但如今入宫数年，别说侍奉左右，就连皇上的面也没见过，尽忠不能、尽孝不得，这样白白消磨岁月的日子，谁知道过到几时。

王昭君想，与其这样老死在宫中，还不如应诏和单于成亲，出塞侍奉左右，日日好语奉告，使双方长久友好，省了多少刀兵之事。在有生之年，使国泰民安。即使生前远离故土，死后身埋荒漠，也无愧一世为人了。想到这里，王昭君下了自请和亲的决心。

汉元帝听到她应召的禀报，也很赞叹她的勇气。吩咐准备丰富的嫁妆，择日成亲。

成亲那天，呼韩邪单于先朝见汉元帝。汉元帝也命王昭君上殿与呼韩邪见礼。随着"王昭君上殿"一声旨令，阶下一位绝代佳人缓步登殿，大礼拜见。

只见王昭君容貌丰美，服饰漂亮，使汉宫为之生色、增光。又见她镇定从容，不卑不亢；端庄有礼，仪态万方，使人不由得为之注目，为之倾倒，为之肃然起敬。就连汉元帝也为之动容，想不到自己的后宫竟有这样才貌双全的美人，怅然若失之情油然而生。但面对群臣，岂能失信，于是转脸祝贺呼韩邪单于得配佳人。

呼韩邪单于激动万分，他感谢汉元帝给准备的丰厚嫁妆，更感谢把这样美的女子嫁给他。他再次拜伏朝堂，表示决不负汉朝厚恩。

呼韩邪单于回去后，又上书汉朝廷说：

愿保边塞上谷以西至敦煌，传之无穷，请罢边备塞吏卒，以休天子人民。

大汉君臣相信呼韩邪单于这是真诚的誓言。为此，汉元帝决定把这一年改元为“竟宁”，就是边境从此安宁之意。

王昭君带着汉家的厚望跟随单于到漠北的单于庭，开始了住穹庐、食畜肉、乳酪的生活。呼韩邪单于对她又敬又爱，封她为“宁胡阏氏”，意思是给匈奴族带来安宁的皇后。

王昭君对单于也谦恭有礼，并善待单于周围的人。她经常劝导单于牢记汉朝厚恩，维护两族和好，使天下人安乐。语言不通，她认真学；生活不习惯，她努力适应。呼韩邪单于关心她、体贴她，对她言听计从。

不久，王昭君为呼韩邪单于生了儿子，取名为伊屠知牙师。从此王昭君的生活又增添了新的内容。她精心哺育孩子，因为孩子不仅是自己和单于的骨肉至亲，也是汉匈两族友好事业的继承人。

王昭君和呼韩邪的阏氏及婢女们也友好相处，教她们缝衣刺绣技术，向她们学习匈奴话，给她们讲故乡的山水人物，讲勤政爱民的君主，讲深明大义的后妃，讲忠贞节义的臣下。她知书达理、宽厚待人、赢得了上上下下的爱戴和尊敬。

呼韩邪单于病故后，长子雕陶莫皋继位，称为复株累单于。按匈奴习俗：“父死娶其后母”。他一向敬慕王昭君，便要求娶她为妻。对汉族人来说，这是乱伦行为。王昭君上书汉成帝，请求归汉，以避免这难堪的事情。

即位的汉成帝和朝臣商量一番，认为既嫁到匈奴，还是服从匈奴习俗为妥。作为一个和亲使者，若不能遵其习俗，那就不仅伤害单于的感情，而且直接影响两族间的友好。于是敕令王昭君从胡俗。

王昭君从敕令中体会到自己与单于婚姻关系的深远意义，于是，她打破汉人传统的伦理观念，再嫁给复株累单于，继续履行其和亲使命，以成全汉匈两族的友好事业。

王昭君与复株累单于生二女，长女称须卜居次，次女称当于居次。她经常教育儿女，一定要继承前辈开创的基业，为汉匈两族的繁荣昌盛而尽力。并身体力行，履行和亲使命到最后一息。

王昭君是一位胆识俱备的巾帼英雄，她的远嫁塞外和亲，在汉匈关系中具有重要地位并产生深远影响，使汉匈60年没有发生过战争，为汉代边疆稳定和社会发展做出了重要贡献。

诸葛亮为国鞠躬尽瘁

那是在东汉末年，刘备听闻诸葛亮有治国才能，3次前往其居住之地卧龙岗，拜请诸葛亮出山辅佐于他，终于请得诸葛亮出山。从此以后，诸葛亮辅佐刘备，屡献机谋，帮助刘备建立了蜀汉政权。

219年，蜀主刘备在汉中之战中斩杀曹操名将夏侯渊，击败曹操，占据战略要地汉中。

在这样节节胜利的情况下，刘备部将关羽孤军北伐曹魏，虽然水淹七军、擒于禁、斩庞德、威震华夏、围曹仁于襄阳，达到军事上的最高峰，但是荆州后方空虚，东吴吕蒙以白衣计乘机夺取荆州，最后关羽被吴军擒获，遭到杀害。

刘备闻知后以全国大兵去讨伐吴国为关羽报仇。结果被陆逊击败，兵败退到白帝城。由于兵败，加之痛思关羽，以致忧虑成疾。刘备知道自己病难以治好，便派人日夜兼程赶到成都，请诸葛亮来嘱托后事。

诸葛亮留太子刘禅守住成都，带刘备的另外两个儿子刘永、刘理来到白帝城，进了永安宫，看到刘备病得不成样子，慌忙拜倒在刘备跟前。

刘备叫诸葛亮坐在旁边，用手摸着他的肩背说："自从得了丞相，我发展了自己的事业，但是现在，我这病是难好了，我儿子能力太弱，不得不将大事托你。"说完，泪流满面。

诸葛亮也哭着说："望陛下保重身体。"

刘备用眼睛看了看左右的将官，见马谡也在身边，就叫暂时退出，然后对诸葛亮说："马谡言过其实，不能重用，对于他，丞相要慎重考察。"

说完，刘备召集众将官到齐，拿笔写遗嘱，交给诸葛亮感叹地说："我本想和你们一同消灭曹丕，不幸中途分手。麻烦丞相把我的遗嘱交给太子刘禅，以后一切事情都望丞相指点。"

诸葛亮拜倒在地上说："望陛下好好安息，臣等一定全力效劳，辅助太子。"

刘备叫左右的人扶起诸葛亮，一手掩盖眼泪，一手握住诸葛亮的手说："我现在快要死了，有心腹的话要说。"刘备说："先生才干高于曹丕十倍，一定能办成大事，如果刘禅可以帮助就帮助，实在不行，你就做两川之主。"

诸葛亮听到这话，立即哭拜在地说："臣一定尽力辅助太子，鞠躬尽瘁，死而后已！"说完，叩头在地。

刘备听到这里，双眼一闭，撒手人寰。终年63岁。

诸葛亮辅佐后主刘禅治理蜀汉。为了蜀汉基业，诸葛亮实行了一系列比较正确的政治和经济措施，使蜀汉境内呈现兴旺景象。

为了实现全国统一，诸葛亮决定北上伐魏夺取魏的长安。临行之前，诸葛亮上书《出师表》给后主刘禅，以恳切的言辞，针对当时的局势，反复劝勉后主刘禅要继承先帝遗志，广开言路，严明赏罚，亲贤臣，远小人，完成兴复汉室的大业。也表达了诸葛亮报答先帝的知遇之恩，出师"北定中原"的坚强意志和对蜀汉忠贞不贰的品格。

228年春，诸葛亮令赵云等做疑兵，摆出由斜谷攻郿城的态势以吸引魏军；自已则率主力向祁山方向进攻，陇右的天水、南安、安定等郡相继叛魏降蜀，又收服了姜维，一时关中大震。

就在这时，马谡违背诸葛亮部署为张郃所败，丢了街亭；赵云等出兵也不利，诸葛亮只得退回汉中。不久，天水、南安、安定3郡又叛蜀附魏。

同年冬，诸葛亮趁陆逊在石亭打败曹休之机再次出散关，包围陈仓，攻打20多天未破。此时，魏的援军赶到，诸葛亮不得已又退回汉中。

229年，诸葛亮第三次北伐。蜀军进攻武都阴平，打败魏援军，占了这两郡，留兵据守，自已率部回师。次年魏军进攻汉中，诸葛亮加强防守，又增调援军，再由于连续大雨，子午谷、斜谷等道路不通，魏军撤退。

231 年，蜀军包围祁山，魏军统帅司马懿迎击，诸葛亮准备决战。

司马懿知蜀军远来，军粮不多，凭险坚守，拒不出战。诸葛亮想用退兵的办法引诱敌人，但司马懿追赶很谨慎，蜀军一停，他就扎营拒守。

此时李严假传刘禅要求退兵的圣旨，加上蜀军粮草将尽，诸葛亮只得班师，在归途中以伏兵杀了魏国名将张郃。

234 年春天，诸葛亮经过 3 年劝农讲武的准备，再率 10 万大军出斜谷口，同时派使臣到东吴，希望孙权能同时攻魏。

司马懿知蜀军再次出兵，料知蜀军远来，粮草运输困难，便筑营阻拦，不与蜀军作战，想把蜀军拖垮。诸葛亮也有准备，在渭水分兵屯田，做长期作战的打算。诸葛亮在这次出兵前曾与孙权约定同时攻魏，不想吴军 10 万攻魏不胜，撤回江东，所以蜀军只得与魏军单方面周旋。

这年八月间诸葛亮积劳成疾，病情日益严重，不久就与世长辞。姜维等遵照他的遗嘱，秘不发丧，整军退入斜谷。

诸葛亮神机妙算、忠君报国、忠心耿耿的品质，1000 多年来，已经在人们的心目中根深蒂固，成为中华民族历代相传的优秀品质。

为政以德，譬如北辰

子曰：“不患[1]人[2]之不己知，患不知人也。”

子曰：“为政以德[3]，譬如北辰，居其所而众星共[4]之。”

子曰：“诗三百，一言以蔽[5]之，曰：‘思无邪。’”

【注释】

①患：忧虑、怕。

②人：指有教养、有知识的人。

③为政以德：以，用的意思。说统治者应以道德进行统治，即“德治”。

④共：同“拱”，环绕。

⑤蔽：概括的意思。

【解释】

孔子说：“不怕别人不了解自己，只怕自己不了解别人。”

孔子说：“君王用道德来治理国家，自己就会像北极星一样，处在一定的位置上，别的星辰都会环绕在其周围。”

孔子说：“《诗经》三百篇，可以用一句话来概括它，就是‘思想纯正’。”

【故事】

尧舜禹的天下为公意识

中华民族的“克己奉公”这一优良传统，起源于尧舜禹时期的

"天下为公"思想。

在传说中的黄帝之后，黄河流域的部落中出现了尧、舜、禹等著名的领袖。他们在管理实践中，认为天下是公众的，部落联盟首领之位传贤而不传子。这种"天下为公"意识，开启了我国"克己奉公"为政思想的先河。

尧，是帝喾的儿子、黄帝的第五世孙。他的部族主要活动于现在的河北省唐县至望都一带的滹沱河流域。

尧当上部落联盟的首领，和大家一样住茅草屋，吃糙米饭，煮野菜做汤，夏天披件粗麻衣，冬天只加块鹿皮御寒，衣服、鞋子不到破烂不堪绝不更换。老百姓拥护他，如爱"父母日月"一般。

尧帝时期，在政权建设方面，已有了长足的发展。在行政管理机构建设上，在舜帝时更加完备健全了。当时分别设置九个专项主管部门：有总理百官的百揆，有专管水利土木工程建设的禹，有专管农业种植业的稷，有专管畜养业的益，有主管国民教育的契，有专管司法的皋陶，有专管工业发展的共工和专管音乐教育的夔，有专管教祭祀的俞和负责内务管理的龙。这说明了尧帝行政管理机构的细致和完善。

尧帝不仅建立了完整的管理机构，而且还制订出了各管理部门与之相应的行政管理的准则。比如：主管司法的官员要做到案情明了，处置得当，执法无私；主管宗庙祭的官员一定要具备正直、真诚的人品；负责内务管理的官员，则特别强调要求在颁发上级命令和汇报下面情况的时候一定要诚实准确。

在国体构制上实行的是一种由“四岳十二牧”构成的联邦共和体制。四岳是东岳泰山，西岳华山，南岳衡山，北岳恒山。十二牧指当时天下的12个州。

在联邦共和体制中，四岳十二牧的长老州长们有相当高的独立自治权力，同时还具有对中央政府进行民主管理的权力。

尧帝在位70年后，年纪老了，但对帝王的人选则更是谨慎。他先是向四岳十二牧的地方长官们发出咨文，也就是有关国事情况的报告，请求他们举贤荐能。这时，有人推荐尧的儿子丹朱继位。但由于丹朱很粗野，好闹事，所以尧没有同意。

后来，尧帝又召开部落联盟议事会议，讨论继承人的人选问题。大家都推举虞舜，说他是个德才兼备、很能干的人物。

舜，号有虞氏，传说是颛顼的第七世孙，距黄帝九世，生于诸冯。尧对舜进行了3年的秘密考察，最后认为舜是个合格的人选。

这一天，尧帝召集群臣，对大家说：“舜孝德昭于天，公正明于众，唯才是举，有能是用，勤政爱民，天下为公。唯有大舜，可继正统。舜之德才，胜我十倍，望卿等敬事之。”

舜泪流满面，泣不成声，跪拜在地上，说道：“臣德微才寡，不足以治大国，不足以服众臣，不足以安百姓。仰陛下之德望，才勉强称臣。如果再禅让帝位于臣，臣宁死。”

尧帝听罢，哈哈大笑，起身离座，双手扶舜，说：“所谓帝位，非享乐弄权之职，乃民众之马牛。现在天下百姓嗷嗷待哺，而你我却在此谦让，岂不贻笑群臣，贻笑百姓？”言毕，摘去黄冕，交于舜。

舜见事已至此，再推无益，于是接过黄冕，就位帝座。由此，尧帝完成了人类历史上第一个帝位的禅让，名垂青史，万众爱戴。据说尧帝寿118岁。尧帝遗嘱，丧葬从简，不封不树。

舜接位后，大刀阔斧，励精图治。他本着天下为公的精神，亲自耕田、渔猎、制陶，深受大家爱戴。

舜选贤任能，唯才是举。重用禹为司空，治理水土；弃为稷官，掌管农业；契为司徒，推行教化；皋陶为士，执掌刑法；垂为共工，管理百工。由于完善社会管理制度，使国事治理井井有条。

舜也仿照尧的样子通过部落联盟会议，进行民主讨论，确定人选，大家推举禹来做继承人。禹也同样经过了舜的长期考察。大禹秉承天下为公的宗旨，治水时克己奉公，心系天下百姓，不辞辛劳，三过家门而不入，终于圆满完成了舜帝交给的任务。

舜到晚年身体不好，依旧到南方各地去巡视，竟病故在途中的苍梧。舜去世后，禹做了部落联盟的首领。

禹把政权建设推进了一大步。在与大自然的抗争中，特别是洪灾的经历，促使了大禹时期贡赋制度的产生。禹实行的是租税制。根据土地的肥沃贫瘠程度确定相应的税率，这也许是世界上出现得最早的级差地租税。

在禹管理时期，和赋税同时产生的还有贡税。如冀州贡皮，兖州贡漆、丝，青州贡盐，徐州贡五色土，扬州贡金玉、竹制品，荆州贡皮革和木材，豫州贡漆和丝麻棉等，梁州贡玉、铁银矿和珍稀毛皮，雍州贡美玉等。

禹还总结出一整套完备的国家管理方法。其中重要的就是如何以民主的方式进行政治决策，表明大禹的政治管理方式已发展到非常完整非常系统的程度。

尧舜禹为后人贡献了太多的珍贵文化，其中最可宝贵的是为人类社会的发展找到了一条亘古不变的真理大道，这就是天下为公。

尧舜禹通过“禅让”等身体力行的方式，体现了他们在情感上心系民生，以天下为己任，在事功上做到尽量不干预社会，不干预老百姓，最高权力又能举贤以代。他们的公而忘私的高尚精神和坚忍不拔的卓绝意志，长期以来为天下人所高度崇拜，并产生了巨大的影响。

事实上，“天下为公”，已经成为鉴别我国历代王朝管理者是否清明合理合法的基本标准。华夏民族因特殊的历史机缘把天下为公引入到了国家文明的发展中，从而使这一精神思想上升为政治的文明，因此得到后世的不断传承。实我中华之福！

姜尚辅周拯救天下苍生

姜尚胸怀济世之志，致力于拯救天下苍生，以一种使命感和责任感，辅佐周王建功立业。这是对尧舜禹开创的“天下为公”精神的继承，以至于被后来的儒、道、法、兵、纵横诸家尊为“百家宗师”。

姜尚，祖居东海，商纣王时寄居商的都城朝歌城南，为生活所迫，以卖笊篱、面粉、牛肉、酒及贩猪羊为生，均不顺利。后在朝歌街口上开算命馆，接着到商纣王那里谋了个下大夫的职位，但他见商纣王荒淫无道，便辞官隐居。

姜尚是个有雄才大略的人，想施展自己的抱负，可是一直怀才不遇，大半生在穷困潦倒中度过。岁月蹉跎，转眼已到了垂生暮年，两鬓白发苍苍。他听说当朝贤主周文王的圣名后，便来到渭水河畔，假借垂钓之名来观望时局，希望能得到周文王的赏识，使自己的才华得以施展。

时间一年一年过去了，姜尚的头发由花白变成了全白。他在渭水河边钓鱼也很久了，在他投竿抛饵、两膝跪踞的石头上，已磨出了两个浅浅的小坑。人们见他一直垂钓，却毫无收获，都劝他放弃，他却说：“你们不懂其中的奥妙！”依旧垂钓。

一天，姜尚正在河边垂钓，从身后的大路上来了一辆马车，车后面跟着的人都垂丧着脸，其中有的人还哭哭啼啼，就连赶车的人也哭丧着脸。于是他问明原因后方知车中躺着的人是这家的大公子，出门拜师求学，突然间昏迷不醒，找了几个郎中都说是不治之症，让赶紧回家准备后事，不然就要死在外面。

姜尚用手撩起车帘看了一会儿说：“诸位不必悲伤，尽管放心，此人3日内必好。”

当时没有人能够相信这个穷老头说的话是真的。

几天后，姜尚正在钓鱼，从城中出来一伙人马直奔他而来，到了他钓鱼的地方，从车里走出一个英俊青年对着姜尚叩头就拜，嘴里不停说着救命恩人，一定要拜姜尚为师。

原来这个青年就是前几天躺在车里的那人，其父是当朝重臣，辅佐周文王治理国家。此时他要把姜尚请回家中给他当老师，因为他现在恰好正在寻访高师。并许以重金，还想认姜尚为义父。结果姜尚婉言谢绝。

这件事一时在城里传开了，人们都说：“渭水河边有个钓鱼的穷老头能断人生死，所言必中。”

姜尚的声名大噪。从百姓传到了朝廷，同时也传到了周文王的耳朵里。他想，一个钓鱼算卦的穷老头，对国家能有什么用呢？所以周文王并没有放在心上。日子就这样一天天一年年地过着，姜尚还是天天在渭水河边钓鱼。

这一天，周文王打算出去打猎，占卜的结果说：“出猎所获不是龙也不是貘，不是虎也不是熊，而是能够辅佐你成就霸业的人才。”周文王又回想起梦中先人说过的话“圣人出现之日，就是周族振兴之时”，于是满心欢喜地外出打猎。不经意间就来到了渭水之滨。

幽静的林间传来了阵阵马的嘶鸣，喧哗的人声也由远而近。姜尚看见一个王者打扮的人向这边走来。

周文王见这位垂钓老者一副超然物外的神情，便上前与他交谈起来。姜尚不失时机地告诉他自己的身世，两人谈得非常投机。

让周文王惊讶的是，姜尚天天以钓鱼为乐，居然对天下大事以及国家的武攻文治知道得这样清楚，知识又是如此渊博，而且观点新颖见解独到。他还发现姜尚对五行数术及用兵之法有很深的造诣。

求贤若渴的周文王从姜尚睿智、机敏的谈吐中发现，此人正是自己所要寻访的大贤。他高兴地感叹道：“我的先祖太公，早就寄希望于你啦！”从此，姜尚得了一个“太公望”的别号。周文王用最隆重的礼节款待他，并让他坐自己的马车。

在当时，天下没有第二个人能坐上周文王的车，让他坐在车里，这是天下最高的礼遇了，除姜尚外天下还没有第二个人能得到这样的礼遇。可是姜尚不但不坐周文王的马车，还要让周文王亲自背着他回城。

这可难为了周文王，心想：不背吧，国家朝廷求贤若渴，正是用人才的时候，不能失去这么难得的人才。背吧，面子又不好看，自古以来哪有国君背臣民的？为了国家兴旺就不要考虑个人面子了！想到这，周文王真地背起姜尚向城中走去。

走了一小段的路程后，把周文王累得满头大汗，气喘吁吁，只得坐下暂息。

姜尚看着累得汗流满面的周文王，笑着对他说：“你一共背我走了294步，我要保你大周江山294年，一步一年呀！”说完他又哈哈大笑起来。

周文王听姜尚这么一说，立刻来了精神头，也不感觉累了，一骨碌就爬起来拽过姜尚还要背，这时姜尚笑着说：“再背就不灵了，就294年吧，我们坐车回城！”

回到城里，周文王封姜尚为太师。从此以后，姜尚开始辅佐周文王，发展周的势力。

姜尚给周文王出的第一个大主意是“修德以倾商政”。意思是，为政以德，争取诸侯，孤立商纣王。

那时候，商纣王贪酒好猎，不得人心；周文王便禁酒止猎，顺从民意。商纣王横征暴敛，百姓困苦不堪；周文王轻徭薄赋，百姓知足常乐。商纣王招诱奴隶，引发奴隶逃亡，造成许多属国的怨恨；周文王就颁布“有亡荒阅”的法令，意思是说，有奴隶逃亡就大搜索，搜索到的奴隶，谁的归还谁，不许藏匿逃亡奴隶。

姜尚提出并实施的这些举措，大大提高了周在诸侯国中的地位。

有一次，虞国和芮国接壤的边民，为争田地闹纠纷，都愿意跑到周这里来解决，因为他们都承认周文王是“仁人”。进入周国之后，他们发现周国种田人都互让田界，人们都有谦让的习惯，还没见到周文王，就觉得惭愧了。

他们都说：“我们所争的，正是人家周国人以为羞耻的，我们还找周文王干什么，那只会自讨没趣罢了。”遂各自返回，互相礼让，化解了纠纷。

天下诸侯听说此事，都认为周文王“恐怕就是那位承受天命的君主。”于是有40多个小国归顺了周。

接着，姜尚又替周文王筹划向周围发展势力。周依次“伐犬戎”“伐密须”“败耆国”“伐邘”“伐崇侯虎”，这些都见于《史记·周本纪》中的记载。

另外，周甲骨卜辞中还有“伐蜀”“征巢”的记载。由此可见，周不但向北，而且向西、向南开拓疆土，势力直达江汉流域。周文王晚年，“天下三分，其二归周”，对殷商已经形成包围之势。

周文王去世后，他的儿子周武王继位，尊姜尚为“师尚父”，即“师之、尚之、父之”的意思。周武王以先父为榜样，承继先父的事业。

周武王受命第九年，根据师尚父姜尚的建议，周武王一面派间谍入商都收集情报，一面在孟津大会诸侯举行军事演习。

周武王在先父的墓地举行祭祀，然后用车载着木制的周文王牌位，供奉在中军大帐。周武王自称太子发，宣布是奉先父之命东伐。

接着，姜尚向全军发号施令：“诸位，集合你们的部众，不能按时到达者一律重处。出发！”

这时，前来会盟的八百诸侯都认为“纣可伐矣”。周武王却以“你们未知天命”为借口，结束军事演习，传令班师回国。

其实，深通韬略的周武王觉得讨伐商纣王的时机尚未成熟。这次会诸侯于孟津的目的，在于试探自己的号召灵不灵，真要讨伐商纣王准备还不够充足。商纣王尚有相当的实力，所以需要再等待一下。

又过了两年，商纣王更加暴虐专制，闹得众叛亲离。面临这种形势，商纣王还调集全部兵力征伐东夷。姜尚看到讨伐商纣王的时机成熟了，就建议周武王出兵。

大约在公元前 1046 年，周武王决定在孟津集合兵车 300 乘、虎贲 3000 人、甲士 4.5 万人，并联合庸、蜀、羌、髳、卢、彭、濮等西南各族，准备东征。号令发出后，八百诸侯如期会合。

姜尚在出征前曾进行过占卜，结果是龟兆，不吉利。忽然间暴风骤雨从天而降，在场的人都害怕了。唯有姜尚镇定自若，力劝周武王坚决出师。周武王毅然下令东进。

周武王率领部队冒雨急行，由现今荥阳汜水这个地方渡黄河北上，并按时到达殷郊牧野。当年的黄河从现今新乡、汲县向北流。牧野东面是黄河，西面是太行山，北面一马平川，距商纣王别都朝歌仅七十里，可以说是殷都的南大门。

牧野的殷民见周武王带领这么多军队到来很恐慌。周武王安慰他们说：“你们不要害怕，我是为安定你们生活而来的，不是跟你们作对的。”

殷民听罢，高兴得蹦起来，紧跟着纷纷跪在地上给武王叩头。

周武王率领的军队在牧野之战中，一举击败商军，获得胜利。纣王见大势已去，登上鹿台，穿上玉衣，自焚而亡。商王朝就这样被周武王推翻了。

东周从公元前的770年至公元前476年，恰好刚刚是294年，正应了当年周文王背姜尚的294步那句话。从此以后，我国历史就进入了群雄并起的战国时代。

姜尚以自己的亲身实践，辅佐周文王姬昌发展周的实力，又辅佐周武王姬发克商，实现了他济世救民的理想，践行了“天下为公”的伟大精神。

齐桓公姜小白选贤改革

自从周武王封姜尚于临淄为齐国之后，姜尚励精图治，使齐国国力得到增强。但齐国经过了几代国君，到了齐襄公时期，朝纲失常，政局混乱。谋臣管仲预感到齐国将要发生大乱，就建议姜小白的师傅鲍叔牙保护姜小白逃到莒国。

公元前686年，齐国政局又发生了动荡，一片混乱。在鲁国姜小白的哥哥公子纠和在莒国避难的姜小白，都连夜赶往了齐国。鲁国发兵送公子纠回国后，派管仲带兵堵截从莒国到齐国的路，管仲一箭射中姜小白。

姜小白假装倒地而死，管仲便派人回鲁国报捷。鲁国也就不那么着急送公子纠回国了，在路上走了6天才到。

实际上，当时管仲射中的是姜小白的带钩，姜小白装死迷惑了管仲。躲在帐篷车里日夜兼程地赶回了齐国，在齐国贵族的鼎力支持下，成为国君，这就是齐桓公。

齐桓公掌握了国家政权，立即发兵进击鲁国。鲁国战败。

随后，齐桓公要杀管仲，但鲍叔牙劝说：“如果君上想成就天下霸业，那么非管仲不可。管仲到哪个国家，哪个国家就能强盛，不可以失去他。”

齐桓公听从鲍叔牙的建议，假装要杀仇人，把管仲接到齐国。

齐桓公和管仲谈论霸王之术，管仲的才学让齐桓公大喜过望，齐桓公让管仲做了大夫，参与政事，不久又拜管仲为相。君臣同心，励精图治，对内整顿朝政，例行改革，对外尊王攘夷。

这一时期，齐桓公还起用了一批各有所长、尽忠职守的出色人才。其中最具代表性的，便是管仲提出的任用五杰的建议。

管仲对齐桓公说："举动讲规范、进退合礼节、言辞刚柔相济，我不如隰朋，请任命他为大司行，负责外交；开荒建城、垦地蓄粮、增加人口，我不如宁戚，请任命为大司田，掌管农业生产；在广阔的原野上使战车不乱、兵士不退，擂鼓指挥着将士视死如归，我不如王子城父，请任命他为大司马，统帅三军；能够断案合理公道，不杀无辜者，不诬无罪者，我不如宾胥无，请任命他为大司理，负责司法刑律；敢于犯颜直谏，不避死亡、不图富贵，我不如东郭牙，请任命他为大谏之臣主管监察谏议。想要富国强兵有这五位就足够了，但想要成就霸王之业，还要有我管仲在这里。"

齐桓公听从管仲建议，令五人各掌其事，并拜管仲为相，组成了强有力的领导集团。这个领导集团在政治、军事和经济方面做出了很多英明的决策。

在政治方面，齐国实行了国野分治的方法，国都为国，其他的地方为野。并划分各级官员的职权范围，要求他们兢兢业业，不许荒废政事。

每年正月，各级官员要向齐桓公汇报述职，齐桓公根据政绩来进行奖惩。

在军事方面，实行军政合一、兵民合一的制度。规定士乡的居民必须服兵役。另外，为解决武器不足的问题，规定犯罪可以用兵器赎罪，诉讼成功则要交一束箭。从此，齐国的兵器也渐渐充足起来。

在经济方面，通过减少税收，增加人口的生育水平，从而提高了齐国的总体人口数量。对商业特别是盐商加以重税，以补足税收的差异。实行粮食“准平”的政策，避免富人抢夺穷人的粮食，进一步限制贫富的差距。

在齐国各处设立“女闾”，将战犯或罪犯的寡妇充于其间，并抽以税收。这种经济政策和措施，导致了许多秦人、晋人慕名而来到齐国，大大地充实了齐国的国库。

齐桓公改革之后，齐国国力大为增强，齐桓公决定称霸天下。他先是与邻国修好，归还各个临国以前侵占的地盘，使邻国成为四周的屏障。接着，他又大会诸侯。

齐桓公是历史上第一个充当盟主的诸侯。

公元前681年，齐桓公在甄召集宋、陈、蔡、邾4国诸侯会盟，共修和好。

公元前651年夏，齐桓公再次大会诸侯于葵丘。这年秋天，又和诸侯会于葵丘。

通过与邻国修好和多次会盟，齐桓公在诸侯中的地位越来越高，终成霸主。

公元前645年，管仲重病，齐桓公问他群臣中谁可以代为相，管仲举荐了几位有才学的人。但在管仲去世后，齐桓公却不听管仲的话，信任竖貂、易牙等佞臣。

就在齐桓公重病期间，奸臣各率党羽争位，竖貂、易牙矫托王命把王宫用高墙围起，只留一个小洞，齐桓公饮食，全靠小太监从洞里送入，并很快连饭也不送了。

公元前643年冬，被禁闭的齐桓公在饥渴中悲惨地死去。各派之间趁机互相攻打对方，齐国一片混乱。直至两个多月后才在老臣的建议下发丧，这个时候，齐桓公的尸体已经腐烂不堪，虫蛆爬出户外，恶臭难闻。齐国霸业随之衰落。

颜回讲德修义孔子称赞

一年春天，孔子与子路、子贡、颜回三位高徒一起去郊游。师徒四人不知不觉已经到了山顶。

孔子说："站在高山之上，使人心胸为之开阔，精神为之昂扬，你们谈谈各自的志向和心愿吧。"

子路说："我愿手拿弓箭，统率大军，争得千里之地，夺得敌军旗帜，抓获大批俘虏，凯旋而归。"

子贡说："如果有两个大国在田野上交战，我愿意前去游说交战双方，使两国言归于好。"

颜回笑笑说："武有子路，文有子贡，他们都说了，我还说什么呢。我希望得到圣明君主的赏识，辅佐他，施行父义、母慈、兄友、弟恭、子孝等五教，以礼乐教导人民，使国家无刀兵之祸，人民没有离散之苦。"

听了颜回的话，孔子赞道："善哉，道德之言啊。"

子路向孔子拱手，问道："老师，假如将来我们三人的愿望都实现了，您选择谁呢？"

孔子抬起手来，捋捋胡须说："不伤财，不害民，要言不烦，颜回都具备了，我愿意跟着颜回去当一个小小的礼相。"

董仲舒三次对策汉武帝

公元前140年，雄心勃勃的汉武帝做了西汉王朝的第七位皇帝。上台伊始，他就大刀阔斧地进行改革，首先从治国理念上一改先祖故训，变黄老之学的无为政治为有为政治，开始重用儒生，并大力倡导儒学。

公元前134年，汉武帝诏命贤良进行对策。十年磨一剑，“三载不窥园”的董仲舒，正好赶上了这个机会，真是千载难逢，三生之幸！

汉武帝连问了三策，董仲舒也连答三章，其中心议题是天人关系问题，史称《天人三策》或《贤良对策》。

汉武帝迫切想要“贤良”们为他的皇权找到根据，并且从理论上回答自然的一些规律，因此在第一道制书中问道：怎样才能得到天帝的授权？

汉武帝所问的恰好是董仲舒曾经深入研究过的问题，他在奏章中更是把自然的发展变化和上天的意志合为一体，把皇权统治和天的意志结合起来。董仲舒在奏章的一开头就说，上天总是将自己的意志体现于人世间。随后，他又把儒家的一套重复了一遍，并提出了自己的主张。

他提出了自己对刑罚的看法。他在奏章中援引《尚书》周公和孔子的话说明天意支持德政的观点，并说之所以灾异起而德政废，是因为刑罚的问题。董仲舒在这个基础之上，还进一步提出了自己的一系列主张。

他建议说：

> 作为一国之君，先正自己的思想行为，然后再来纠正朝廷诸官的行为，这样才能做到上行下效。

他认为，只有这样，才不会有邪气和奸佞，才能风调雨顺，万民安居乐业，五谷丰登，天地丰润，四海之内闻盛德而皆来称臣。教化建立而奸邪停止，是因为它的堤防完好；教化废止而奸邪并出，用刑罚也不能制止，这是它的堤防坏了。

因此，他建议汉武帝广设学堂，在国都设立太学进行教育，在县邑设立县学、乡学实施教化，用“仁”来教育人民，用“义”来感化人民，用“礼”来节制人民，所以，虽然刑罚很轻，却没人违犯禁令，这是教化施行，习俗美好的缘故。

随后，董仲舒又以自己的眼光回顾了汉代以前的历史，说明周代兴盛是因为教化，秦代败亡则是因为暴政。而汉王朝继秦代的天下，就如同得到朽木粪土一样，一定要好好治理。

于是，他又一次向汉武帝表明，要想大治天下，实现他的政治理想，必须首先从思想上改变，使全国上下在思想上达到统一，这才有大一统的希望。

汉武帝看到董仲舒的对策，感到十分惊奇，他异常高兴，因为终于发现了最适合自己的思想基础。他对董仲舒十分满意，十分欣赏他的才干。

然而，由于汉代初期推崇黄老学说，推行“无为”的政策。而且当时太皇太后，即汉文帝的皇后窦氏还在世，她十分喜欢黄老学说，而且坚持黄老之学，这是一个必须逾越的障碍。

于是，汉武帝就这个问题第二次策问，要贤良们再对策。在这次策问中，他提出了古代帝王的“劳”与“逸”的问题，“奢”与“俭”的问题，还有“质朴”和“雕琢”的问题。他说：“有人说美玉不用雕琢，又有人说仁德要用文来修饰才完美，两者岂不相矛盾吗？”

他要臣下们回答为什么这两种说法相异，实质上他提出了一个非常现实的问题，“有为而治”和“无为而治”到底哪一个更正确。

董仲舒又写了一篇近2000字的对策，在策问中，他进一步阐述了自己的政治观点。然而在字里行间，无处不充溢着孔孟的儒家思想。这一篇文章更详细、更系统地提出了为君之道和治理天下的方法，对汉武帝产生了更加深远的影响。

在策问中，董仲舒叙述了自尧以来，直至周文王的几位君王的所作所为，得出结论说：“由此看来，帝王治国的道理是一致的，然而之所以有‘劳’和‘逸’之分，主要是因为他们所处的时代不同的缘故。”这实际上是回答了汉武帝有关“劳”和“逸”的问题。

君王的“劳”和“逸”是因为时境的变化。对于“奢”和“俭”

的问题，他引用孔子的话回答说：“所以孔子说：‘奢则不逊，俭则固。’”用以说明“俭”是自古治国的一项重要原则，对国家的兴亡有着深远的意义。

随后，董仲舒又用大量篇幅向汉武帝建议实行有为的政策。他认为历史上有为的帝王能做到“有为而治”的话，便天下升平；相反，如果做不到的话，便会天下大乱。

而能做到有为的帝王，正是与儒家的主张相符合的；不能做到的帝王，则与儒家的主张相背离。

他还引用曾子的话说，希望汉武帝尊崇适合于他自己的思想，并做出相应的行动，自然可以成为与前代贤明圣主相并肩了。接着，董仲舒顺承他在头一次奏章中的提议，建议汉武帝兴办太学。

董仲舒的这两次“对策”，逐渐深入而明确地提出了尊儒兴教、德刑并施的主张，赢得了汉武帝的充分信任。但汉武帝意犹未尽，又下第三道策问：为什么夏商周三代的治国思想不一样？

董仲舒的回答是：是因为天性完整而人性不足。针对当时的治国问题，董仲舒指出，大汉建国至现在已经70多年了，不如回头来进行改革，改革了就能好好治理，国家治理好了，灾害就会一天天消除，福禄也就会一天天到来。执政能适合人民，自然会得到天给予的福禄。

《天人三策》的三问三答看起来就像一个渴望知识的后生请教一个学有所成的智者，这里面可以看出董仲舒高屋建瓴的理论水平和汉武帝超人的智慧。

董仲舒以其滔滔不绝的口才和充足的理论准备，借助于可以自由阐发的春秋公羊学，投汉武帝之所好，公开援道入儒，在融合儒道、用道家和阴阳家的思想资料充实、发挥儒家义理的基础上，建构了一个让汉武帝心醉的“三纲五常”政治儒学体系。

在3次策问中，董仲舒既回答了皇帝提问，又提出自己的建议。面对董仲舒的回答，汉武帝满意了。

但董仲舒并未就此搁笔，紧接着他又写了一些文章，极力赞美儒家思想。他把《春秋》作为儒术的象征提了出来，而且还把它提高到上察天道，下察人事的神圣地位。

然后，他又表达了独尊儒术的主张。他说：

《春秋》大一统者，天地之常经，古今之通宜也。今师异道，人异论，百家殊方，指意不同。是以上无以持一统，治制数变，下不知所守。

臣愚以为不在六艺之科，孔子之术者，皆绝其道，勿使并进。邪辟之说灭息，然后统纪可一，而法度可明，民知所从矣。

这段话，多年以来一直以“罢黜百家，独尊儒术”8字加以概括。

董仲舒所总结的“罢黜百家，独尊儒术”的观点，得到了汉武帝的认同，汉武帝由此施行了一系列措施，对当时的社会和历史的发展起了重大的作用。

董仲舒以“君权神授”这一基本思想和模式，也为“大一统”的我国古代政治文明建设提供了成功范式，影响、造福中华民族近2000多年。

董仲舒追求的儒学思想

董仲舒文幸而人不幸，在对策后，他并没有在朝廷任职，而是被汉武帝派到江都易王刘非那里当国相。

刘非是汉武帝的哥哥，此人是一介武夫，但因为董仲舒当时声望很高，是举国知名的大儒，所以对董仲舒非常尊重。刘非把董仲舒比作辅助齐桓公称霸诸侯的管仲，也就是希望董仲舒要像管仲辅助齐桓公一样来辅助自己，以篡夺中央政权。

但是，董仲舒是主张“大一统”的，因此，对于刘非的发问，他借古喻今进行了规劝，指出：

仁人者，正其义不谋其利；明其道不计其功。

意思是说：正人君子，应当端正与人相交往的态度，不要为了能够从他人那里获取某种好处或达到某种目的，才决定和他人结交。

董仲舒的这句话，实际上是暗示刘非不要称霸。推而广之，是希望刘非说任何话，做任何事情，都应该是为了匡扶正义而不是为了个人的利益。

董仲舒为江都易王相6年，搞了不少祈雨止涝之类的活动。在这个阶段，有一件事对董仲舒的一生产生了重要影响：公元前135年，皇帝祭祖的地方长陵高园殿、辽东高庙相继发生了大火，董仲舒认为这是宣扬“天人感应”的好机会，于是带病坚持起草了一份奏章，以两次火灾说明上天已经对汉武帝发怒。

汉武帝看后大怒，从此，董仲舒不敢再说灾异之事，而是干起了老本行，从事教学活动，又教了10年的《公羊春秋》。

公元前125年，丞相公孙弘又推荐董仲舒做胶西王刘瑞的国相。刘瑞是汉武帝的哥哥，他比刘非更凶残、蛮横，过去不少做过他国相的人或被杀掉，或被毒死。因董仲舒是知名的大儒，刘瑞对他还比较尊重。

董仲舒在刘瑞这里一直小心谨慎，心神不安，唯恐时间长了遭到不测。遂于公元前121年以年老有病为由辞职回家。从此以后，也就结束了他的仕途生涯。

董仲舒虽然结束了仕禄生涯，但真正的儒者不会因为官场失意而意志消沉，从某种意义上讲，人生低谷或许更能锤炼强健的人格。

西汉时期史学家司马迁《史记》说“董仲舒为人廉直”。是真儒，其生活的目的就是为了“明道”“行义”；是纯儒，其事君的准则就是“廉直”“勿欺”。既是廉直勿欺，就注定了他不会阿附曲从，以博高位。

董仲舒罢相家居，已经年逾古稀，但他并没有高蹈肥遁，不问世事，而是魂牵斯文，忧国忧民。朝廷凡有大事，常下诏垂问，甚至有的刑事案件也派使者和延尉张汤前往董宅，问其得失。

董仲舒引经据典，一一作答，皆有条理，共决大案要案232件，后编为《春秋董仲舒决狱》一书，成为汉晋之间司法断案参考的经典文献。

他还常常就重大时政发表看法，上疏献计献策。当时关中民不好种麦，他建议多种冬小麦，以避饥荒。还针对“富者田连阡陌，贫者无立锥之地”的现象，建议限民占田，抑制土地兼并。

当时汉武帝外事四夷，特别是与匈奴的战争，使天下虚耗，户口减半。目睹那一场一场痛苦的较量，董仲舒也进行了自己的思考。

他认为：“义动君子，利动贪人”，对于像匈奴这样的贪人，主张“与之厚利以没其志，与盟于天以坚其约，质其爱子以累其心”，使其进有所贪，退有所忌，庶几可达到“胡马不窥于长城，羽檄不行于中国”，与邻为睦的目的。

董仲舒历经仕途沉浮，他以自己的行动诠释了他的道德修养。作为一个典型的忧患型人物，他进亦忧，退亦忧，就像后来的北宋文学家范仲淹说的那样：“居庙堂之高则忧其民，处江湖之远则忧其君。”“先天下之忧而忧，后天下之乐而乐”。

这种人格，是自孔子以来就形成的古代儒者的人格，当然也是被誉为“统儒”的董仲舒的天性。事实上，这种忠君、忧国、爱民的忧患意识，一直伴随董仲舒终生，直至死而后已。

董仲舒代表着一个阶层，这个阶层就是“士”。士，原本是邦国时最低一级的贵族，其上依次是大夫、诸侯和天子。天子有天下，诸侯有国，大夫有家，他们都是“领主”。士却没有领地，顶多有一块没有主权和治权的田地。没有领地，所以没什么家产。

事实上，在我国古代，士的安身立命之本，无非就是修齐治平，即修身、齐家、治国、平天下。其中第一件事是士自己的，后面3件事则分别是大夫、诸侯和天子的，但需要士来帮忙。

也就是说，士，首先要管好自己，加强道德修养，学成文艺武艺，这就是修身；然后帮助大夫打理采邑，这就是齐家；辅助诸侯治理邦国，这就是治国；协助天子安定四海，这就是平天下。

在家里，董仲舒总结了自己50余年治学的心得体会，加上对《春秋公羊》等的研究，写成了17卷82篇《春秋繁露》。

他仍继续从事对《春秋》微言大义的研究，从《春秋》的某些语言做出很神秘而又实有所指的注解。这就是汉代兴盛的“今文经学”的初期，他写了许多有关“今文经学”的文章。所谓今文经学是指用秦汉时期流行的隶书写的解释《春秋》的文章，首先做这种文章的就是董仲舒。

除了研究这类经学的文章以外，董仲舒还整理了各次上疏的文章和其他一些议论性的文字，据史书记载，他一共写了123篇这类文章，然而到现在，大部分已经遗失，流传下来的只有10多万字。

董仲舒没有把自己写的书命名为《春秋繁露》。传他成书之前，梦见有龙入怀，于是创作了这本书，当然只是传说。然而他写了好几十篇文章，分别叫《闻举》《玉杯》《蕃露》《清明》《竹林》等，却没有把他们编撰成书。一般认为是后人辑录编纂而成。因为这些文章是一部连贯的儒学之书，于是给它们冠名为《春秋繁露》。

《春秋繁露》大致上体现了董仲舒的思想。然而他在书中掺杂了不少关于神学的内容，从头至尾都贯彻着他的神学观。他还强调了天的至高无上。在《五行相生》篇中，他又重复了自己关于阴刑阳德的说法。

董仲舒从儒家思想出发，在书中表达了“仁义”的改良主张。在《仁义法》篇中，他解释“仁义”为“爱人”“克己”。在《制度》篇中，他还指出土地兼并是社会等级破坏、农民贫困作乱的原因，还主张废除奴婢制。

在《身之养重于义》中，他说以“利”“养体”，是人之天性，因此要用“礼”来防范老百姓，引导百姓如何取利。

他还把“天人感应”的思想融进了文章中，他说王者能起参天地的巨大作用，广大“民”“众”也能影响上天。更重要的是，他把“四权”和“三纲五常”在书中做了归纳，在《基义》中用天地、阴阳之道论证了三纲，他说君为臣纲、父为子纲、夫为妻纲是上天的意志。在《春秋繁露》中，董仲舒还阐述了“三统说”。三统从黑统开始，经历白统至赤统，又复归黑统，他认为这样就是历史的发展规律。

在书中，他进一步总结了他的“性三品说”，在《深察名号》中，他认为每个人身上都有仁贪二气。就如同天有阴阳二道一样，君主和圣人的出现就是为了教民为善。在《实践》篇中，他把人性分为三等，在《竹林》篇中说人的节情、化性、正命最终都依赖于圣人和天意。

公元前121年，董仲舒已归家10多年，这期间汉朝达到鼎盛。他尽管在家中著书立说，养病在家，但仍十分关心朝政大事，甚至他75岁时，还积极写奏章给汉武帝，坚决反对盐和铁官营的政策，认为这样加重了人民的负担。

公元前104年，在他写完最后一篇奏章后不久，他便因病去世，被葬于西汉时期京师长安的西郊。

有一次，汉武帝经过董仲舒的墓地，为了表彰董仲舒为汉王朝的效劳尽忠，表达自己的哀思之情，他特地下了马致意。因此，董仲舒的墓地又被称为“下马陵”。

董仲舒的一生，走过了75个春秋。从一位杰出的学者到皇帝的智囊，从当相治国到归家著书立说，他主要是作为一名思想家度过其一生的。他的廉洁正直，刻苦钻研的精神，得到了后人的赞美、推崇。

西汉时期称他是超过伊尹、管仲、姜子牙的相国大材，东汉时期王充称他是孔子的继承人。此后司马光、二程、朱熹等极力推崇他。元代把他请入“圣庙”受祭，明代封他为“先儒”，给他盖上了“董子庙”。

他的哲学思想，有一些可取之处，在当时也有适应历史发展的要求，他的神学是统一于他的哲学之中的。但他以神学为目的，甚至搞一些装神弄鬼之事，实不足取，不过，这并不妨碍他作为一个伟大的思想家，促进了我国历史的发展。

道之以德，齐之以礼

子曰：“道[①]之以政，齐[②]之以刑，民免[③]而无耻[④]；道之以德，齐之以礼，有耻且格[⑤]。”子曰：“吾十有[⑥]五而志于学，三十而立[⑦]，四十而不惑[⑧]，五十而知天命[⑨]，六十而耳顺，七十而从心所欲，不逾矩。”

【注释】

①道：同“导”，引导。

②齐：整齐、约束。

③免：避免、躲避。

④耻：羞耻之心。

⑤格：改正。

⑥有：同“又”。

⑦立：站得住的意思，引申为说话行事有独立见解，能立足于社会。

⑧不惑：掌握了知识，不被外界事物所迷惑。

⑨天命：指不能为人力所支配的事情。

【解释】

孔子说：“用法制禁令去引导老百姓，用刑罚来约束他们，老百姓虽然能避免犯罪，但没有羞耻之心。如果用道德来教化他们，用礼来约束他们，老百姓不仅会有廉耻之心，而且人心也会归服。”

孔子说：“我 15 岁立志于学习；30 岁能够自立；40 岁能不被外界事物所迷惑；50 岁懂得了天命；60 岁能正确对待各种言论，不觉得不顺耳；70 岁能随心所欲而不越出规矩。”

【故事】

晋文公姬重耳文治武功

晋献公年老的时候，宠爱一个叫骊姬的妃子，他想把骊姬生的小儿子奚齐立为太子。晋献公另外两个儿子重耳和夷吾都感到很危险，就先后逃到别的诸侯国避难去了。

晋献公去世后，晋国发生了内乱。后来夷吾回国夺取了君位，也想除掉重耳。重耳同狐偃和赵衰等人再一次到别处逃难。他们先后逃到狄、卫国、齐国、楚国。

楚国的成王把重耳当作贵宾，还用招待诸侯的礼节招待他。

有一次，楚成王在宴请重耳的时候，问重耳将来怎样报答他？重耳说："要是托大王的福，我能够回到晋国，我愿意跟贵国交好，让两国的百姓过上太平的日子。万一两国发生战争，在两军相遇的时候，我一定退避三舍！"

公元前636年，流亡了19年的重耳终于回到晋国，并被众人拥立为君。这就是晋文公。为巩固统治地位，晋文公便找来狐偃、赵衰等人商量改革朝政，令狐偃与赵衰制订国策，建立制度。他让狐偃全权改革，并让赵衰辅之，进行了一系列的改革。

在生产上，号召改进工具，施惠百姓，奖励垦殖；在贸易方面，降低税收，积极争取邻商入晋，互通有无，经济获得了繁荣的发展。

同时，大量起用受惠公、怀公时代受到迫害的旧族，提拔才能突出的新贵，笼络新旧贵族，使统治集团能够和谐相处。

晋文公还设立了三军。

在赵衰的建议下，任命郤縠为中军元帅，郤溱为中军佐。任命狐毛为上军将，由狐偃辅助。任命栾枝为下军将，先轸为下军佐。这样，公族为主，外戚为次，远亲为辅，形成了由六卿统领军队的完整阵容。

经过大刀阔斧的改革，晋国已越入强国之列。但晋文公之志不仅在此，他要称霸中原。就在晋文公为尊天子绞尽脑汁之时，机遇来临了。

公元前636年，周襄王与胞弟王子带发生火并，王子带联合狄人军队攻周，大败周军。在这种情况下，晋文公名正言顺地下令出兵勤王。叛军在晋国部队大举攻击下，很快溃不成军。周襄王被迎回王都。

周襄王大为感动，亲自接见晋文公，并好酒好肉招待。为了让晋国更加方便地辅弼王室，周襄王将阳樊、温、原、欑茅4个农业发达的城池赐予晋文公。

由此，晋国南部疆域扩展至今太行山以南、黄河以北一带，为其日后图霸中原提供了有利条件。逐鹿中原的大门顿时大开。

平定王子带之乱后，晋文公个人形象和晋国的国际形象都得到了极大地提升。于是，晋文公率军威慑卫国，令卫国大为恐慌。不久，晋国主力南移至曹国，俘虏曹共公，令曹国附晋。

此时国际形势错综复杂。当时楚成王本想与晋国一决高下，目标是救援卫国和曹国，不想卫、曹两国竟被晋国策反。于是，楚成王派大将成得臣率领楚、陈、蔡、郑、许五国兵马攻打宋国，以制衡晋文公。

在形势危急的情况下，宋襄公的儿子到晋国请兵援救。晋文公听从了大臣们的建议后，便派出了数万大军，浩浩荡荡去救宋国。晋、楚两国刚一交战，晋文公就立刻命令往后撤。

晋军中有些将士想不开，狐偃解释说："当初楚王曾经帮助过主公，主公在楚王面前答应过：要是两国交战，晋国情愿退避三舍。今天后撤，就是为了实践这个诺言。要是我们对楚国失了信任，那么我们就会理亏了。假如我们退了兵，他们还不罢休的话，步步进逼，那就是他们输了理，我们再跟他们交手也不迟。"

晋军一口气后撤了 90 里，到了城濮才停下来，布好了阵势，并严密监视战场情况。楚国有些将军见晋军后撤，想停止进攻。可是成得臣却不答应，一步紧一步地追到城濮，跟晋军遥相对垒。

公元前 632 年某日清晨，在城濮原野之上，晋、楚两国大军集结完毕。一场关乎晋文公政治生涯乃至华夏文明走向的大战即将来临。晋文公登上高台，指挥晋军。晋文公手下大将先轸、郤溱率领中军，护卫在晋文公左右。狐毛、狐偃领上军居右，栾枝领下军居左。

大战开始了。刚一交手，晋国的将军用两面大旗，指挥军队向后败退。他们还在战车后面拖着伐下的树枝，让战车拖扬起一阵阵尘土，显出十分慌乱的模样。成得臣原本不把晋军放在眼里，他见此情形，就不顾一切地直追上去。结果，正中了晋军的埋伏。

此刻，晋军的中军精锐，突然猛冲过来，把成得臣的军队拦腰切断。那些原来假装败退的晋军也回过头来，会同中军前后夹击，把楚军杀得七零八落。

晋文公爱惜圣灵，他吩咐将士们，只把楚军赶跑，不要再追杀。成得臣带了败兵残将回到半路上，觉得自己没法向楚成王交代，就自杀了。晋军占领了楚国营地，尽获楚军遗弃的粮食，凯旋回国。晋文公霸业已成，率军撤退，一路高奏凯歌，军容甚整。

公元前 632 年，晋文公奉周天子之命，召集各路诸侯在践土会盟。同年冬，晋文公在周、晋边界线上，再度以霸主之命号召诸侯，并由自己主盟，加固诸侯之间的联盟。

公元前 631 年，周襄王欲召集诸侯，他让晋文公代替自己发布命令，要诸侯到翟泉面见周天子。周襄王还特许晋国狐偃代晋文公主持会盟。当年 6 月，诸侯大会在翟泉如期举行，在活动中，晋国彰显了高人一头的优越感。翟泉会盟，标志着晋文公的霸业达到了巅峰。城濮之战和 3 次会盟后，中原出现了晋国独大的新格局。诸侯们在晋文公霸主的光辉之下，积极拥护晋国。但也有例外，他就是特立独行的郑文公。

现在晋国势大，郑文公对晋国更不放心了。于是，郑文公就与楚国联络，希望以此为助力，打击晋国势力，但这一消息不胫而走。晋文公本来早就想伐郑以报当初轻慢之恨，这次正好有了借口。

公元前 630 年，晋文公向郑国发起进攻，此番征战虽未灭郑，郑文公再也不敢对晋无礼，从此小心侍奉晋文公。两年后，郑文公去世，晋文公送在晋国做大夫的郑国公子兰回国即位，这就是郑穆公。郑穆公在位 22 年，始终是晋国的重要追随者。

晋文公在霸业初定后设立了三行建制，即中行、右行和左行。三行军主要是为了防御在太行山一带游弋的胡人。这支军队作为晋国不怎么起眼的后备军，却为后世史家所反复提到。因为按照周代制度，诸侯扩军不能超越三军，而此时晋国则是 3 支正规军，外加 3 支后备军。可见其势力之大。

晋文公即位以来，他文倚狐偃、武用先轸，整个晋国高层和气一堂，大家同心协力。事实上，狐偃、先轸等都属于作风强硬的政治家，这就难免会产生摩擦。这时很需要一位虚怀若谷、高风亮节的人来润滑摩擦，而这个人，就是当年曾经陪同晋文公历尽磨难的赵衰。

公元前 629 年，晋文公举行了盛大的阅兵式。为了表彰赵衰，为了使贵族们的权益分配更加合理，也为了满足自己的虚荣心，晋文公裁撤仅存在了 3 年的三行预备役，增设新二军，即新上军、新下军。

以赵衰为新军最高领导。在晋文公的刻意安排下，赵衰统领新军。诸侯扩为五军，旷古未有，这再一次证明，晋文公享受着诸侯领袖的绝对优势与权威。

公元前628年，功成名就的晋文公病重，年迈的身躯已经无法支撑他的生命。不久，一代霸主晋文公与世长辞，晋国大丧。

晋文公时代结束，晋襄公时代来临……

孔子行礼虚心求教渔夫

有一天，孔子和众弟子在树林里休息。弟子们读书，孔子独自弹琴。一曲未了，一条船停在附近的河岸边，一位须眉全白的老渔夫走上河岸，侧耳倾听孔子弹奏。孔子弹完一曲后，渔夫招手叫孔子的弟子到他跟前问道："这位弹琴的老人是谁呀？"

一位弟子说："他就是以忠信、仁义闻名于各国的孔圣人。"渔夫微微一笑，说："恐怕是危忘真性，偏行仁爱呀。"渔夫说完，转身朝河岸走去。弟子把渔夫说的话报告孔子。孔子听后马上放下琴，惊喜地说："这位是圣人呀，快去追他！"

孔子快步赶到河边，渔夫正要划船离岸，孔子尊敬地向他拜了两拜，说："我从小读书求学，到现在已经六十九岁了，还没有听到过高深的教导，怎么敢不虚心地请求您帮助呢？"

渔夫也不客气，走下船对孔子说："所谓真，就是精诚所至，不精不诚，就不能动人。所以，强哭者虽悲而不哀，强怒者虽严而不威，强亲者虽笑而不和。真正的悲没有声音让人感到哀，真正的怒没有发出来而显得威，真正的亲不笑而让人感到和蔼。以此用于人间的情理，事奉亲人则慈孝，事奉君主则忠贞，饮酒则欢乐，处丧则悲哀。"孔子听得入神。渔夫说完跳上小船，独自划船走了，孔子还在沉思。

周公制定礼乐典章制度

自从周武王灭商后，周天子把同姓宗亲和异姓功臣分封到各地做诸侯，形成了以周天子为中心的封建管理秩序。

在周武王去世后，其子周成王即位，由于周成王年幼，就由周成王的叔叔姬旦摄政当国。姬旦，也称“叔旦”，因是周代第一位周公，又称“周公旦”。他是周文王姬昌的第四子。

在周公摄政之前，商王朝对于臣服的方国、部落虽加有侯、伯等封号，但始终没有形成完整的分封制度，没有系统的控制方案，所以天下的方国时而臣服，时而反叛，使商政权很不稳固。

周公就从王朝的长治久安出发，吸取了商代的建制不完备的教训，开始对分封制度重视起来，目的是使之系统化、制度化，并与宗法制度紧密结合起来，全面推广到广大地区。这样一来，一个有别于商的新的分封制度便呼之欲出了。

为了巩固周王朝对分封的各个诸侯的管理，周公从政治及文化方面制定了一套完整的典章制度，史称“周公制礼作乐”。

周公辅佐周成王一共 7 年，在第六年时，他在洛邑制礼作乐。后来洛阳的周公庙里有个礼乐堂，就是专门纪念周公在洛邑制礼作乐的。礼乐堂位于定鼎堂的北边，里面有一组泥塑人物群像，再现了周公制礼作乐的场面。

在当时，洛邑人大多是殷商遗民，是一群“亡国者”，他们表面上臣服于周朝，但是骨子里仍不和周王朝一条心，时刻都有复辟的可能。

周公在洛邑理政，第一要务就是解决这个问题。

周公下达命令，让安阳一带殷商遗民统统向洛邑方向集结，并指着已经建好的成周城对人们训话说：“你们听着，现在我不忍杀掉你们，但要向你们下达命令。我在洛水附近修建了这座大城，是方便四方诸侯前来朝贡的，也是为你们服务王室提供方便，免得你们从大老远的地方奔赴而来，遭受劳顿之苦。”

周公接着说：“你们必须顺从并臣服于我们。你们仍有你们的土地，可以安心从事劳作和休息。如果不敬事周国，你们不但会失去土地，还会受到上天的惩罚。如果你们能够安心住在这个城邑，继续劳动，你们的子孙就会兴旺起来。”

为了有效管理殷商遗民，周公派了兵力，其实这些兵力当是为了应付东方战事而准备的，之所以这样设防，只不过陈兵于此，也是为了威慑殷商遗民罢了。

周公是个很勤奋的人，他常常挑灯夜读，研究殷人的礼制。他发现在殷商时期，君位的继承多是“兄终弟及”，传位不定。

在周公看来，这样根本不行，应该由嫡长子继承，即以血缘为纽带，规定王位由长子继承，同时把其他庶子分封为诸侯卿大夫。这样一来，严格的君臣、父子、兄弟和亲疏、尊卑、贵贱关系就显现出来了，从而形成了以血缘关系为纽带的宗法制。

首先，周王是上天的元子，即长子，称天子，是天下的共主，是大宗，而和周王有叔伯、兄弟关系的同姓诸侯是小宗。接下来是异姓诸侯，这些人和周王室大多有亲戚关系，从上至下，是天子、诸侯、大夫、士，从而就形成了一套君臣、父子、上下和尊卑、亲疏等礼仪制度。

也就是从中央到地方，从王侯至臣民，各种关系都理顺了，那就是地方必须服从中央，臣子必须服从君王，儿子必须服从老子，一级一级等级森严，这样就加强了中央政权的管辖力度。

周公分出了长幼、尊卑、远近和亲疏来，并分出了等级，使每个人都本分地待在自己的位置上，人人都守规矩，不能乱来。

周公规定的礼非常细致。譬如，一个生活在周某群落里的人，就得遵守以下的礼：办丧事的时候不能谈笑；远望灵柩的时候不许唱歌；吃饭的时候不要叹息，不能说话，不能发出咀嚼声；邻居们有丧事，不能兴冲冲地走路；听音乐的时候，不许唉声叹气等。

在周公制定的周礼中，还有一种礼叫“谥”，或者叫“谥法”。就是在每个天子乃至诸侯去世后，根据他生前的政绩和为人的好坏要取一个代号，以概括他的一生。譬如周武王姬发，因灭商有功，去世后他被谥为“周武王”。

周公不但制礼，同时还作乐。周公认为，礼和乐的区别是：礼调身，让人人的行为都有规矩，不能越过雷池；乐调心，让人人都与环境和谐，不能心急气躁，生出事端。他要让礼和乐相辅相成，相处和谐。

周公制定的礼是讲究等级和差异的，而他制定的乐则讲究和谐。这里的乐虽指音乐却超越了音乐，带有浓厚的社会色彩。

举例来说，《诗》原是用音乐伴奏的歌词，有《风》《雅》《颂》之分。《风》是指不同国家地区、不同风格的乐曲；《雅》是指西周王畿的乐歌；《颂》是天子用于祭祀和其他重大典礼的乐歌。

《雅》和《颂》的乐曲由于用途、声调不同，所以要使用不同的乐器。如果用错了，例如该用琴的却用了瑟，就是违礼，乐师就要受惩罚。而琴又有雅琴、颂琴之分，绝对不能搞混。在当时，招待宾客，举行宴会，举办典礼，都必须由乐工奏乐或歌唱，所唱的乐歌、所用的乐器都分着等级，不能乱来。

周公制礼作乐，其基本指导思想是“崇德保民”，这就是周公的德治思想，这一思想是在周公对殷周之际天命观的改造中提出来的。

“崇德”这个词在周公初期之前没有，以后才广泛使用。周公重“德”，认为王者之德是政权兴衰的关键所在。周公认为敬德就需保民，保民是敬德的体现。这就是后世“有德者王”或“得民心者得天下”的蓝本。

周公提出的“敬德保民”，是夏商以来我国思想从敬鬼神到重人事的一大转变。而德治思想的体现方式，就是周公的制礼作乐。周公制礼作乐，以礼乐来划分人间的等级秩序，同时又以礼乐来调和该等级秩序，两者相辅相成。其意义非常重大，它标志着周王朝的管理体系彻底走向正轨，并对西周社会的稳定起到了重要作用。

更为重要的是，由周公所提出的德治思想，开启了此后我国300多年的文明历史，礼乐文化直接孕育了后来的儒家文化，后来的儒家文化则是在西汉武帝时一跃成为我国文化主流的，这就是后来儒家思想的渊源。

周公不仅是一位大政治家，而且还是一位大思想家，是儒家思想的奠基者，是他奠基了儒学，影响了孔子，在古代史上享有崇高的地位。周公为中华民族留下了宝贵的思想财富和精神财富。

孔子胸怀理想实地考察

由于仲尼从小就对周礼非常向往，这个念头随着年龄的增长更趋浓厚了，因此他很想到周都洛阳去走一遭。

洛阳地处黄河流域位置适中。那时长江流域尚未开发，全国的文明集中在黄河流域，洛阳是该流域的中心。仲尼对洛阳的一切都深感兴趣，他每天都到各地去参观。

在祭天地的场所的墙壁上，他看到了绘着周公辅佐年少的周成王接见诸侯的图画。周公早就是仲尼心中的偶像。仲尼被这幅图画吸引住了，周公温和高贵的容颜、从容不迫的风度，令仲尼看了不由得生出敬畏之心。

有一天，仲尼到周王室图书馆去拜访老子。那时老子是国立图书馆的馆长，兼任记录国家历史的史官。仲尼向老子请教“礼”和古代的制度以及文物。老子对于礼很有见解，令仲尼颇多受益。在这之后，仲尼常去拜访老子。仲尼归国后向弟子们说：

谁都知道鸟是会飞的，也知道鱼是会游的，更知道兽是能走的。至于龙我就不知道，它能乘风云而上天，老子就是像龙一样的人物。

仲尼在洛阳的所见、所闻、所感，在他的一生中产生了极其深远的影响，对他后来建立的儒家学说是具有指导意义的。

为了推行政治主张，在公元前517年，仲尼带着自己的弟子们踏上赴齐国的道路。仲尼去齐国是有原因的。原来，因仲尼目睹贵族内部的权利之争，深感调和贵族内部关系的周礼在鲁国君臣那里已被肆意践踏，因而十分愤慨和痛心。

仲尼对违礼的鲁国季氏等三家大夫特别不满，实在不愿与三家大夫为伍。怎么办呢？他忽然想到，听说齐国的贤相晏婴当政很有作为，齐景公也是一个贤明的君主，到那里也许能有所作为。于是他决定到齐国去。

到达齐都临淄以后，仲尼并没有立刻去见齐景公。因为仲尼在鲁国虽然已有相当的名声，齐国不少人也听说过他，但在当时等级森严的社会里，仲尼“士”的身份还是太卑微了，贸然去见齐景公，很可能被拒绝。所以，仲尼就先去拜见齐卿高昭子。

高昭子是齐国大贵族，与田氏同为齐卿，在齐国有很大的势力和影响。他热情地接待了仲尼并让他做自己的家臣。因为他早就耳闻仲尼的学识。

仲尼在高昭子家里安顿下来以后，一面从事教学，一面办理高昭子交代下的事情，同时广泛访问齐国的权要人物，等待齐景公召见的机会。到齐国不久，仲尼就拜访了齐国的国相晏婴，双方进行了多次谈话和辩论。

晏婴出身于齐国大贵族之家，在齐灵公、齐庄公、齐景公三代国君统治时期做官，齐景公时当上齐相，是管仲之后最有作为的政治家。

仲尼在齐国住了一年多，希望得到齐景公的信任，给自己一个从政的机会，以便实践自己“君君、臣臣、父父、子子”的理想。可是一等再等，他从政的希望化为泡影。因为在齐国从政的希望已经不存在了，就产生了离开齐国的念头。

在仲尼由齐国回归到鲁国后的公元前 503 年，鲁国权倾朝野的阳货发动叛乱事件，给鲁国造成了重大危害。针对“乱贼臣子”的叛乱行为，仲尼决定对社会举办一次开门讲学，向学生和社会上各方面人士专题评析阳货。

冬季的一天上午，杏坛的学堂里挤得水泄不通。除了学生，还有民间的有识之士、鲁国官吏。仲尼评析了阳货叛乱事件的原因，反叛的四步险棋，以及叛乱事件的危害。在讲学的最后，仲尼发表了自己对平定阳货叛乱事件的感悟。

仲尼讲完了，热烈的掌声、议论声交织在一起。仲尼的声名日渐高涨。

公元前 501 年，51 岁的仲尼接受鲁国政府和季氏的聘任，担任地方官中都宰。中都位于后来山东的汶上县与梁山县之间，辖区约等于一个县。

仲尼以身作则，忠心为国，不谋私利，努力实践自己恢复周礼的政治理想。他希望鲁国从此振作起来，自立于列国之林，成为各国仿效的榜样。

随着时局的变化，仲尼为求政治发展，于公元前497年，离开生养他的父母之邦，为了保持自己清高的人格，也为了寻求新的从政机会，仲尼开始了为期14年周游列国的生涯。

仲尼安排好家事，安顿好留下的弟子，便带领自愿随行的子路、子贡、颜回、冉求、宰予、高柴等学生走上了通向卫国国都帝丘——即河南濮阳东南的大路。但是卫灵公并没有给仲尼安排具体职务，因而，仲尼整天除了教学活动就是会会朋友。

不久，有人向卫灵公进谗言，说了仲尼不少的坏话，卫灵公就派人监视仲尼的出入。这使仲尼难以忍受。仲尼和学生们商量一番，担心继续留在这里会出事，便决定尽快离开。

公元前497年，仲尼带着弟子们离开了卫国，南行经过曹国后，到达了后来以河南商丘为中心的宋国。

宋国是仲尼祖先生活的地方，他青年时代曾到这里考察过殷礼，他夫人亓官氏的娘家也在这里，所以仲尼对宋国有特殊的感情。到宋国后，仲尼希望受到热情的接待，想在这里住上一段时间。然而，当权的宋景公对仲尼这位与自己有着血缘关系的名人却相当冷淡，连国君应有的礼贤下士的样子也没有装一装。

仲尼只有摇头叹息。他明白，他的祖先曾经生活过的这个国家，已经丧失了复兴的希望。于是，师徒换上宋国百姓的服装，分成几个小组，秘密潜出宋国国都商丘。经过数日跋涉，仲尼到达新郑城郊。

郑国是春秋初期建立的诸侯国，在武公、庄公时期曾盛极一时，使中原的诸侯大国侧目而视。后来，国势逐渐衰落。由于在“五霸”争雄的岁月里处境十分困难，只能在朝秦暮楚中艰难维持。

当时，郑国出了一个著名政治家子产，他的行政措施和个人品格一直受到仲尼的赞扬。听到子产去世的消息，仲尼曾难过得流下热泪。仲尼对子产保护乡校的事迹大加赞赏。

仲尼此次来到子产的国家，带着学生四处走访子产的遗迹。他在郑国停留的时间不太长，只是作为一般游历者，在郑国的土地上留下了自己的足迹。

公元前492年，仲尼一行离开了郑国直下东南，来到陈国的国都宛丘，即河南淮阳。他们先投奔司城贞子，通过他会见了陈闵公。陈闵公对仲尼的博学多闻惊异不已，欢迎仲尼到来，给予他很高的礼遇，让他住最好的馆舍，聘请他充当官府的文化顾问。希望仲尼能帮助他改变国势衰落的局面。

仲尼在陈国的生活比较安定、闲适，除了进行教学活动外，他更多地与弟子们一起到陈国名胜之地或郊野游览。然而，陈国毕竟是一个日趋衰落的小国，仲尼在政治上很难有所作为。

不久，从鲁国传来鲁国执政季桓子病死的消息。季桓子死后，季康子承袭爵位并成为鲁国的执政。他办完季桓子的丧事后，准备依照父亲的遗愿召回仲尼。季康子于是派出使者来到陈国，向仲尼师徒传达了召回冉求并加以重用的意向。

冉求回鲁国后，做了季氏的家臣。但仲尼在陈国迟迟得不到召他回国的消息。这时，却传来楚昭王要聘请仲尼去楚国，并打算以书社之地700里封赏仲尼的消息。

仲尼放弃了在楚国从政的希望，他想，何不借此机会在这个陌生之地广泛游历一番，以深入了解这里的历史文化呢？

在楚国的3年里，仲尼师徒的足迹遍布北起方城即后来属河南、南至汉水、东至新蔡、西至南阳的许多地方。他和他的弟子们尽情地徜徉在汉北的青山碧水之间，在山林、河边、田间、道路、邑里，在他们经过的一切地方，与社会下层各色劳动者，如农夫、渔夫、牧童、隐士等有过广泛的接触，充分地了解了楚国的风土民情和深植于民间的楚国文化。

公元前484年，从鲁国传来不少振奋人心的消息。在鲁国，仲尼弟子们个个表现不凡，这使季康子感到有必要迎回他们的老师。于是派出公华、公宾、公林等作为使臣，携带厚礼前来卫国，迎接仲尼返回故国。

鲁国需要仲尼回去，仲尼更想回到鲁国。这两个条件一起具备的日子终于来到了，仲尼终于踏上了回家的路途。公元前484年，68岁的仲尼终于结束周游列国的生涯，回到了久违的鲁国。

仲尼返国后，朝中官员以及众多的故旧亲朋、昔日弟子，络绎不绝地前来探望。因为仲尼年事已高，不宜担任具体官职，鲁国就给予他很高的待遇，并尊之为国老。

仲尼经过多年实地考察，回国后开始潜心治学，由此开启了影响历史达数千年之久的儒学先河。

世界级医学伟人张仲景

张仲景儿童时就很聪颖，成年后拜同郡张伯祖为师学医，颇有造诣，时人称赞他的医术已超越老师。

在那个战争频繁的年代，疾病流行。当时著名的“建安七子”中，就有徐干、陈琳、应玚、刘桢因传染病死去的，可见疾疫流行的严重程度。当时人们对疾病的认识却是错误的，一些患病之家迷信巫神，总是企图用祷告驱走病魔。

医生得不到临床实践机会，所以很少研究医术，而终日却以主要精力结识豪门，追求荣势，这样医学当然很难得到发展。

在这样的历史背景下，张仲景深有感触，决心解决危害人民的疾病问题。为此，他从阅读《素问》《九卷》《八十一难》《阴阳大论》等前代古籍入手，在“勤求古训、博采众方”的基础上，经过多年临床实践的验证，最终写成了《伤寒杂病论》一书。

《伤寒杂病论》原书16卷，因战乱关系，书籍曾经散佚，现存张仲景著作是经西晋太医王叔和整理过的。计整理出《伤寒论》10卷、《金匮玉函经》8卷、《金匮要略方》3卷。

上述书籍，《金匮玉函经》在北宋以后流传并不广泛，研究者很少，《伤寒论》和《金匮要略方》则流传日广。特别是《伤寒论》，在北宋时研究者就开始增多，其主要学术内容是多方面的。

首先，《伤寒论》确立了辨证施治基础。《伤寒论》发展了《内经》学说，确立以"六经"作为辨证施治的基础。"六经"辨证原是《素问·热论篇》根据古代阴阳学说在医学中运用而提出的辨证纲领。

"六经"是指太阳、阳明、少阳；太阴、少阴、厥阴，是按照外感发热病起始后，在发展过程中出现的各种症状，并结合患者体质强弱的不同，脏腑和经络的生理变化，以及病势进退缓急，加以分析综合得出的对疾病的印象。

太阳、阳明、少阳是指表、热、实证；太阴、少阴、厥阴是里、寒、虚证。

凡病之初起，疾病在浅表，出现热实现象的，如脉浮，头项强痛而恶寒者，属于阳证的便称太阳病。凡病邪入里，病情属于阳证，并表现胃中燥实，大便干燥、发热谵语、口渴、舌苔黄厚等属热实在里，称阳明病。

另一种既非表证，又非里证，症状表现为口苦、咽干、目眩、胸胁苦满、寒热往来的半表半里状态，也属阳证范畴，称少阳病。

所谓三阴病，一般多是三阳病转变而来，特点是不发热，症状表现虚寒现象。如腹满、呕吐、腹泻、口不渴、食不下等称太阴病；如疾病出现脉象微细、四肢厥逆、怕冷、喜热饮，说明气血虚弱，称少阴病；还有一类疾病多因误治，呈现上热下寒，忽厥忽热，饥而不思食，或下利不止，手足厥冷，呈现寒热错杂现象的称厥阴病。

上述按"六经"证候的分类并不是孤立的6种证候，而是它和人体脏腑、经络、气化各方面都有机地联系一起进行观察认识的。从总的方面说，三阳表示肌体抵抗力强，病势亢奋。三阴病表示肌体抵抗力弱，病势虚弱。

“六经”辨证的治疗，各有一定治则。如太阳病按证候又有中风、伤寒、温病之分。

凡无汗、脉紧的，属表实，方用麻黄汤发汗，开腠理，驱寒邪。如脉浮缓，有自汗，属表虚，则用桂枝汤解肌发汗。其他按证立方。

属于阳明病的，主要指的是胃有实热或邪热蕴里，又有阳明经证和阳明腑证之分。前者身热，汗自出，不恶寒，反恶热者，治疗以白虎汤清热保津为主；后者，症见身烧壮热，或潮热，手足有汗，绕脐痛，大便秘结，小便黄赤，故治疗以用三承气汤攻下燥结为主。

少阳病邪在半表半里之间，故以大、小柴胡汤为主方。至于三阴病，因属虚寒、虚热之证，疾病起因多属寒邪直中少阴，以及年老虚弱抗邪乏力之人，病情均较险峻。

另一种则为传经之邪，因误治而呈现身体蜷缩，手足厥冷、昏沉萎靡或下利不止，脉象不清等，是危重之象。法以理中汤、四逆汤或附子汤为主方，取温通中阳和回阳救阴之效。

张仲景“六经”证治，乃是在当时疾病流行之时，通过医疗实践总结的一个热病治疗的总规律。

其次，《伤寒论》创造了“八纲”辨证的诊断方法。《伤寒论》在辨证论治方面也有重要创造，这就是诊断疾病时，以阴、阳、表、里、寒、热、虚、实为纲，通称“八纲”，“八纲”中阴、阳为总纲。

表、热、实属阳；里、寒、虚属阴。凡外感疾病，对身体壮实的人来说，病邪多从阳化，形成表、热、实证。而对身体虚弱的人来说，病邪多从阴化，成为里、寒、虚证。

“八纲”辨证的诊断方法是应用望、闻、问、切四诊法。从观察病人面色、形体、舌质，聆听病人声音，嗅闻排泄物气味，询问病史，现有病情，以及通过切脉、诊肌肤，了解病情的诸方面，从而取得疾病的深浅程度，病象的寒热、盛衰印象，然后分别疾病所属三阳、三阴的某一类型。

张仲景的《伤寒论》非常重视疾病的变化和假象。如一些症状，类似实热证候，而脉象却呈现沉细无力的，或如四肢厥逆者，而脉象却呈现沉滑有力的，都是真寒假热或真热假寒现象，《伤寒论》有多条例证。

另外，张仲景认为在诊断病情时，脉象和证候要互相参证取得病情依据，有时要根据症状诊断病情，有时要根据脉象诊断病情。

最后，《伤寒论》给出了用药方法。《伤寒论》在用药方法上是多种多样的，可归纳为汗、吐、下、和、温、清、补、消8种方法。也可说是按照病情用药时的8个立方原则，通称“八法”。针对不同病情，可分别采取汗下、温清、攻补或消补的给药方法，也可分别并用。

凡寒证用热药或热证用寒药，为“正治法”。如疾病出现前面所说的真寒假热或真热假寒现象，可采取凉药温服，热药冷服，或者凉药中少佐温药，温药中少佐凉药。这称为“反治法”。

《伤寒论》一书所体现的治疗方法是多种多样的，是依据临床实际制订治疗方案的。有时先表后里，有时先里后表，或表里同治，极为灵活变通。后世总结该书共包括397法，113方。

其中“扶正祛邪”“活血化瘀”“育阴清热”“温中散寒”等治疗方法，对后世学者有很大启发，得到广泛应用。

《伤寒杂病论》成书以后，对后世医学之发展影响极大。其中，“六经辨证”论治的体系，具有极高的临床实用价值。其系统的辨证施治思想不仅对外感热病的诊治具有指导意义，而且广泛适用于中医临证各科。

“八纲”辨证是在《内经》理论的指导下，对“六经”辨证内容在另一个理论高度上加以系统化、抽象化，是“六经”辨证的继承和发展；脏腑辨证为后世脏腑辨证理论体系的最终形成，奠定了良好的基础。温病学说实为伤寒学说之发展和补充，二者相互补充，使中医外感病症治疗体系趋于完善；本草学说为后世本草学之研究，开创了一个新局面；方剂学成就基本包括了临床各科的常用方剂，故被誉为“方书之祖”。

总之，《伤寒杂病论》所确立的辨证论治原则和收录的著名方剂等，向为历代医家奉为圭臬，因而该书实为后世临证医学之基石。

孟懿子问孝

孟懿子[1]问孝，子曰："无违[2]。"

樊迟[3]御，子告之曰："孟孙[4]问孝于我，我对曰无违。"樊迟曰："何谓也。"子曰："生，事之以礼；死，葬之以礼，祭之以礼。"

孟武伯[5]问孝，子曰："父母唯其疾之忧[6]。"

【注释】

①孟懿子：鲁国的大夫，姓仲孙，名何忌，"懿"是谥号。

②无违：不要违背。

③樊迟：姓樊名须，字子迟。孔子的弟子，比孔子小46岁，他曾和冉求一起帮助季康子进行革新。

④孟孙：指孟懿子。

⑤孟武伯：孟懿子的儿子，"武"是他的谥号。

⑥父母唯其疾之忧：其，代词，指父母。疾、病。

【解释】

孟懿子问什么是孝，孔子说："孝就是不要违背礼。"

后来樊迟给孔子驾车，孔子告诉他："孟孙问我什么是孝，我回答他说不要违背礼。"樊迟说："不要违背礼是什么意思呢？"

孔子说："父母活着的时候，要按礼侍奉他们；父母去世后，要按礼埋葬他们、祭祀他们。"

孟武伯向孔子请教孝道。孔子说："对父母，子女唯恐他们生病。"

【故事】

孟子自我培养浩然正气

自强不息精神被孔门弟子用于实践后，儒家的主要代表之一孟子继承了孔子的衣钵，他强调“善养吾浩然之气”，体现了自强不息的生命智慧。孟子是战国时期邹国人，是古代著名思想家、教育家，战国时期儒家代表人物。他继承并发扬了孔子的思想，成为仅次于孔子的一代儒家宗师，有“亚圣”之称，与孔子合称为“孔孟”。

孟子思想的形成，是和他母亲的教育分不开的。是孟母的言传身教，才使得孟子逐渐成为一个彪炳千古的儒学大师级人物。

孟子很小时就失去了父亲，母亲守节没有改嫁。孟母对孟子的教育很是重视，管束甚严，希望有一天孟子能成才为贤。

一开始，他们住在墓地旁边。孟子就和邻居的小孩一起学着大人跪拜、哭嚎的样子，玩起办理丧事的游戏。孟母看到了，就皱起眉头：“不行！我不能让我的孩子住在这里了！”孟母就带着孟子搬到市集。

到了市集，孟子又和邻居的小孩，学起商人做生意吆喝的样子。孟母认为：“这个地方也不适合我的孩子居住！”就又带着孟子去靠近杀猪宰羊的地方去住。

在这里，孟子便学起了买卖屠宰猪羊的事。孟母知道了，又皱皱眉头："这个地方依然不适合我的孩子居住！"于是，他们又搬家了。

这一次，他们搬到了学校附近。每月农历初一这个时候，官员到文庙，行礼跪拜，互相礼貌相待，孟子见了一一都学习记住。孟母很满意地点着头说："这才是我儿子应该住的地方呀！"

孟母三迁以后，虽然为儿子的成长创造了良好的环境，但并没有因此放松对儿子的严加管教。她认为，如果主观上不勤奋努力，还是难成大器的，应该抓紧对儿子的教育。在孟母的悉心教导下，孟子勤奋学习，掌握了丰富的知识。

后来孟子拜孔子的学生为师，学成以后，以士的身份游说诸侯，推行自己的政治主张，没有得到实行的机会。最后退而讲学。

孟子是孔子思想的正统的继承者，他不仅授徒讲学，培养出了乐正子、公孙丑、万章等优秀的学生，还与弟子一起著书立说，著《孟子》7篇。

作为一代儒家宗师，孟子非常重视修养。在心性修养方面，孟子从"性善论"这一根本思想出发，注重以"劳其筋骨，饿其体肤，空乏其身"来锻炼意志，以"富贵不能淫，贫贱不能移，威武不能屈"的标准来衡量是否为"大丈夫"，培养自己的浩然正气。

在《孟子》篇卷3公孙丑章句里，有孟子与学生公孙丑这样一段对话。孟子的学生公孙丑问孟子说："老师，我大胆问一句，按现在话说就是你有什么本事和专长呢？"

孟子说："我懂人，我懂人的性情是如何的，我知人情世故。我善于培养、养育我的浩然之气。"

公孙丑又问孟子："老师，我再大胆问一句，什么叫作浩然之气呢？"

孟子回答说："很难用言语表达与讲述它。它就是一种气，而这种气，是一种至极而正直之气，唯正直才能刚大，而能洞察识微，合于神明，所以很难说清楚它。"孟子进一步指出："要培养这种气，就要培养自身的道德与正义，不要做不好的事来损害它。这样久而久之，则可使其气，滋蔓塞满于天地之间，布施德教没有穷尽。”

“气”是一个哲学概念。我国传统哲学思想中，它表达了一个蕴涵在天地间，能使万事万物具有运动变化动力的能量，这种能量的总和，就称为“气”。气聚而成形为物，气动而使事物产生运动变化。

孟子浩然之气中的“气”，是指人身的，但是又能与天地相通相合的。他说的气里，包含了“气”作为一种根本性能量而推动了天地运行变化所产生的现象与规律，以及这种天地运行变化的现象与规律对人的影响。这种天地运行变化的现象、规律和性质，以人文思想与观念来解释，就是天地的精神。

孟子的浩然之气是配义与道而生出的，是人身集合、积累了正义才能产生出来的，是内而出的，不是非正义的东西可以取代、取得的。他认为，人的行为不符合道义时，就必然没有力量，而必软弱。

为了培养浩然之气，孟子强调意志的磨炼。他举古人的例子来证明这一点。如舜从田野之中被任用，傅说从筑墙工作中被举用，胶鬲从贩卖鱼盐的工作中被举用，管仲从狱官手里释放后被举用为相，孙叔敖从海边被举用进了朝廷，百里奚从市井中被举用登上了相位。

所以，孟子认为：“故天将降大任于斯人也，必先苦其心志，劳其筋骨，饿其体肤，空乏其身，行拂乱其所为，所以动心忍性，曾益其所不能。”

意思是说，上天将要降落重大责任在这样的人身上，一定要首先使他的内心痛苦，使他的筋骨劳累，使他经受饥饿，以致肌肤消瘦，使他受贫困之苦，使他做的事颠倒错乱，总不如意，通过那些来使他的内心警觉，使他的性格坚定，增加他不具备的才能。

孟子进一步强调，人经常犯错误，然后才能改正；内心困苦，思虑阻塞，然后才能有所作为；这一切表现到脸色上，抒发到言语中，然后才被人了解。

孟子还提出“生于忧患，死于安乐”的真知灼见：在一个国内如果没有坚持法度的世臣和辅佐君主的贤士，在国外如果没有敌对国家和外患，便经常导致灭亡。这就可以说明，忧愁患害可以使人生存，而安逸享乐使人萎靡死亡。

为了培养浩然之气，孟子强调应该有“大丈夫”志向。《孟子·滕文公下》记载：

富贵不能淫，贫贱不能移，威武不能屈，此之谓大丈夫。

意思是说，高官厚禄收买不了，贫穷困苦折磨不了，强暴武力威胁不了，这就是所谓大丈夫。大丈夫的这种种行为，表现出了英雄气概，显然是一种浩然正气。

“贫贱不能移”是人的理想、道德和一切做人的准则。这句话的真正意思是在告诫穷人：贫贱是很容易移的，恰如“富贵不能淫”实际上富贵是很容易沾染上淫的恶习一样，贫贱很容易使人将贫贱当作不可替代的理由，放弃理想、放弃道德、放弃一切做人的准则。

因此，穷人更应该有精神上的寄托，给自己的道德筑下“防洪堤坝”。无顾影之忧，光明磊落，活得旷达，简单明了，一切非议传谣，自然风止。这种浩然之气，令人景仰钦羡。

培养浩然之气的过程，也就是加强道德意识的过程。这种气是通过长期道德实践的积累从内心自然产生的，不是凭偶然几次合乎道德的行为勉强袭取的。孟子甚至认为，只要培养得法，这种气就会变得伟大而刚强，并且四处扩散，上下流行，充塞于天地之间。这充分体现了孟子强调道德作用的思想以及他的学说中具有的神秘主义因素。

孟子的“浩然之气”具有丰富的内涵。它源于孟子性善论的哲学思想及这种哲学思想影响下的独特个性，它以儒家道义为内容，以道德情感为动力。

同时，它也是孟子物质生命活力和精神心理活力的表现，其贯注于《孟子》作品全篇，就形成了孟子的文字具有磅礴雄浑的气势。

孟子的“浩然之气”学说，造就了我们民族最可敬的中流砥柱般的代代精英，他们以救世者的责任感和使命感创造着灿烂的思想文化，推动着中华文明不断向前发展。

杨王孙裸葬反铺张浪费

西汉时，葬礼铺张浪费之风越刮越厉害。最初是王孙贵族们，后来，平民百姓也纷纷效仿。为了安葬死去的亲人，有的负债累累，有的甚至倾家荡产。

这时，有一个名叫杨王孙的官员，他想用自己的实际行动，带头改变这股劳民伤财的厚葬之风。

于是，他把几个儿子叫到面前说："我将来死后，我想裸葬自己，回到我原本真实的状态，你们一定不要改变我的意愿。你们可用一个布袋，把我头朝下脚冲上垂直装进去。然后挖一个七尺深的大坑，从脚后跟处抓住布袋，等尸体下去后就抽出布袋，让尸体直接与土地接触。"

儿子感到十分为难，不听从吧，违背父命是重大不孝；听从吧，于心不忍。但是杨王孙执意要儿子们按照他的安排去做。

几年后，杨王孙死了。他的儿子们按照他生前的安排，办了一个很简朴的葬礼。

杨王孙的做法在当时虽然并没有起到多大的作用，但却为后人丧葬从俭树立了好的榜样。

祭遵克己奉公称楷模

东汉时期的许多执政者，同样秉承了汉初勤政为民的执政精神，他们不计个人得失，心怀国家，心系百姓，愿做有益于国家和人民的事情。祭遵就是典型的一例。

祭遵，东汉初年颍阳人。他从小喜欢读书，知书达理，虽然出身豪门，但生活非常俭朴。

公元24年，汉光武帝刘秀攻打颍阳一带，祭遵去投奔他。汉光武帝收他为门下吏。后随军转战河北，当了军中的执法官，负责军营的法令。在任职中，他执法严明，不徇私情，为大家所称道。

有一次，汉光武帝身边的一个小侍从犯了罪，祭遵查明真情后，依法把这小侍从处以死刑。

汉光武帝知道后，十分生气，心想祭遵竟敢处罚他身边的人，欲降罪于祭遵。这时，主簿陈副来劝谏汉光武帝说："严明军令，本来就是您的要求。如今祭遵坚守法令，上下一致做得很对。只有像他这样言行一致的人，号令三军才有威信啊！"

汉光武帝听了觉得有理，就赦免了祭遵，同时，让他担任刺奸将军，就是除暴去恶的将军，主要负责管制军事纪律。

汉光武帝曾经多次对诸将说："你们要小心祭遵啊，我的亲信犯了法，尚且被他处死，你们如果犯了法，他也绝不会徇私情的。"

公元26年春，祭遵拜为征虏将军，定封颍阳侯。

祭遵不仅执法严明，也是一位能征善战的将领。他与各路大将一起，北平渔阳，西征陇蜀，为汉光武帝建立的东汉政权立下了战功。

有一次战事结束，汉光武帝曾经到祭遵军营慰劳，饱飨士卒，令黄门侍郎为将士们做武乐，直至深夜才停止。当时祭遵有病，汉光武帝诏赐厚厚的坐褥，上面覆盖着皇帝用的御盖。

祭遵为人廉洁，为官清正，处事谨慎，克己奉公，常受到刘秀的赏赐，但他将这些赏赐都拿出来分给手下的人。

祭遵克己奉公，不治产业，家中也没有多少私人财产。自己一生，穿皮裤，盖布被。夫人裳不加缘，简朴至极。

祭遵的兄长祭午见他没有儿女，便替他做主，娶了一妾给他送去。祭遵坚决不受。他认为自己身负国家重任，因而不敢图虑继嗣之事。祭遵不仅生活十分俭朴，即使是在临终前安排后事时，他仍嘱咐手下的人不许铺张浪费，只要用牛车装载自己的尸体和棺木，拉到洛阳简单下葬就可以了。

祭遵一生，很受汉光武帝赏识。他的去世，让汉光武帝悲悯异常。他的灵柩运回河南，汉光武帝命百官都去迎接，自己也素服亲临，望哭哀痛。汉光武帝经过他的车骑时，泪流满面，不能自已。然后，汉光武帝又亲自用太牢大礼祭祀他。

在举行祭遵的葬礼那天，汉光武帝再次亲临，封给“成侯”的谥号，给予他将军印绶和侯印绶。又用画像的容车载运祭遵的衣冠，命甲士列阵送葬。葬礼完毕，汉光武帝又亲自到祭遵的坟上吊唁，并到其家中慰恤其家属。

祭遵去世很多年后，汉光武帝仍对他的克己奉公精神十分怀念。后世常用祭遵的“克己奉公”四个字，来形容一个人对自己要求严格，一心为公的精神。

马太后不为亲族谋私

在东汉时期，汉章帝的养母马太后，也是一位深明大义，忧国忘家，值得后世称颂的女性。

马太后是东汉名将马援的小女儿，由于父母早亡，年纪很小时就操持家中的事情，把家务料理得井然有序，亲朋们都称赞她是个能干的人。她13岁那年，其堂兄马严上表请命，于是她进入太子宫。进宫后，她侍候汉光武帝刘秀的皇后阴丽华，很受宠爱。她和其他妃嫔友好相处，礼数周全，上下和睦，于是特别受到宠幸，太子刘庄经常与她住在一起。

汉光武帝去世后，太子刘庄即位，就是汉明帝，马氏被封为贵人。

由于马贵人无子，当初她异母姐姐的女儿贾氏也被选入太子宫，生刘炟，汉明帝就把刘炟交给她抚养。马贵人尽心抚育，对养子宽爱慈和，刘炟虽非她亲生，但犹如亲子。由于皇太后阴丽华对马贵人非常喜爱，后来立她为汉明帝的皇后。

马贵人当了皇后，生活还是非常俭朴。她常穿粗布衣服，裙子也不镶边。一些嫔妃朝见她时，还以为她穿了特别好的料子制成的衣服。走到近前，才知道是极普通的衣料，从此对她更尊敬了。

马皇后知书识礼，时常认真地阅读《春秋》《楚辞》等著作。有一次，汉明帝故意把大臣的奏章给她看，并问她应如何处理，她看后当场提出中肯的意见。但她并不因此而干预朝政，此后再也不主动去谈论朝廷的事。

汉明帝去世后，刘炟即位，这就是汉章帝。马皇后被尊为皇太后。

汉章帝在位期间，外戚的问题是十分突出的朝政大事。对于外戚的地位以及其间的争斗，汉章帝时严时宽，时松时紧，游移不定。马太后遵照已去世的汉光武帝有关皇后家族不得封侯的规定，从不准许自己的家人利用她的身份地位谋取权贵。

马太后不仅自己提倡节俭，还以此要求自己的娘家人。她对于娘家人因私害公搞特殊化的行为，从不放过。在马家亲属中，如谁犯了微小的错误，她便首先显出严肃的神色，然后加以谴责。对于那些车马衣服华美，不遵守法律制度的家属，马太后就将他们从皇亲名册中取消，遣送回乡。而对亲族中有简朴、谦让义行的，她就加以勉励。

有一段时间，汉章帝打算赐封3位舅舅马廖、马防和马光。马太后知道后坚决不同意，并下诏斥责那些上书建议册封外戚的大臣。

马太后在诏书上说：

> 凡上书言封外亲者，皆欲献媚于我谋求好处。凡外戚贵盛至极，少有不倒台的。所以先帝在世慎防舅氏，令其不在枢机之位。我怎么能上负先帝之旨，下负先人之德，重蹈西京败亡的覆辙呢？
>
> 特此布告天下。

马太后的这道诏书传出，大臣们不敢再多说什么。她如此做并不只是谦虚，而是怕娘家人权势过盛后会不知收敛，而在自己死后如同西汉的那些外戚一样遭受灭族大祸，正是真心为自己家人着想。

汉章帝看到马太后的诏书后，觉得有些愧对3位舅舅，再次请求赐封。

他向太后面请道："汉兴之后，舅氏封侯，与诸子封王一样，已成定制。太后原意是谦虚退让，为何不让我奉献加恩三舅的美意呢？且舅舅们年事渐高，身体多病，如有不讳，将使我遗恨无穷，望太后省察，宜及时册封，不该拖延。"

马太后规劝汉章帝说："儿女孝顺，最好的行为是使父母平安。如今不断发生灾异，谷价上涨数倍，我日夜忧愁恐慌，坐卧不安，而皇帝却打算先为外戚赐封，违背了慈母的拳拳之心。"

马太后了解汉章帝的心情，就进一步以马家没有为国立功为由，继续劝汉章帝说："我反复考虑，实在不应加封。从前窦太后欲封王皇后兄，遭到丞相周亚夫的反对，说高祖有约，无军功者不得封侯。今马氏无功国家，怎能与佐汉中兴的阴、郭两家相比？而富家贵族、禄位重叠者，定难持久。我已对此深思熟虑，勿再提加封之事。况且你刚接帝位，天气异常，灾害频仍，谷价腾贵。正应为此事考虑，如何安顿百姓，渡过难关。怎么放着正事不干，先营封侯外戚呢？"

一席话，说得汉章帝只有俯首受教，唯唯退出。终于放弃了赐封的打算。

马太后到垂暮之年，有关部门接连以旧制为依据，再一次奏请章帝赐封各位舅父。汉章帝便瞒着马太后分别赐封三个舅舅马廖、马防和马光为顺阳侯、颍阳侯和许侯。

马太后听到消息后，找来三位兄弟规劝说："我虽已年老，仍告诫自己不要贪得无厌，我劝导兄弟共守此志，要使闭目身死之日不再遗憾。不料，我这老人的志向不再能够坚守！身死之日，我将永怀长恨了！"

马廖听了这话，羞愧难当，立即和马防、马光一起上书，请求辞去了一切官职，最后辞去新封，回到了自己的宅第。

在马太后的教导、影响下，内亲外戚乃至全国上下，一致崇尚谦逊朴素，都以简朴为荣，并能安分守法。

后来，马太后的母亲蔺夫人去世，家中人把坟茔砌得高一些，超过了朝廷制度的规定，马太后立命马廖将高出的部分削去，改回合适的高度。

公元 79 年农历六月癸丑，42 岁的马太后病逝于长乐宫，封"明德皇后"。同年七月壬戌，她与汉明帝合葬于显节陵。

马太后身为皇母，能够将国家利益置于个人利益之上，其所作所为，对汉明帝、汉章帝两朝的政治都有着积极的影响。她是封建社会里少有的"国情"胜于亲情的贤淑女性，赢得了后世人们的赞誉。

寒朗不惜冒死平冤狱

东汉时期的侍御史寒朗也是历史上一个克己奉公的官员。他甘愿冒死，平反冤狱的壮举，是青史留名的重大事件。

那是在东汉明帝时期，汉明帝刘庄有个异母兄弟叫刘英，他暗中勾结奸臣颜忠、王平等人，阴谋发动叛乱。汉明帝知道后十分震惊，万万没有想到自己十分关心爱护的弟弟居然要造反，因而非常愤恨。

汉明帝下令，凡是与造反有一点牵连的人都要斩首。还当着大臣们的面宣布，谁要是反对这样做，就以同党论处。这就是东汉时期有名的“楚狱”案件。

颜忠、王平被抓起来以后，为减轻自己的罪责，就胡乱栽赃，诬陷好人。许多与“楚狱”无关的人，都被汉明帝处置了。一时间，满朝上下，人人自危，没有了敢于直言的人。

寒朗作为侍御史参加了审理“楚狱”案件。见此情景，就下决心要为无辜者辩不白之冤，弄个水落石出。

就在这时，颜忠、王平又揭发隧乡侯耿建、朗陵侯藏信、护泽侯邓鲤、曲城侯刘建等人参与了谋反。明帝闻讯大怒，下令“穷治楚狱”，追查到底。于是，包括耿建等四人在内的一大批与此案无关的官员被牵连进去。

在朝野上下的一片肃杀气氛之中，百官噤若寒蝉，力求自保，独有寒朗挺身而出，为无辜者叫冤。

寒朗敢这样做，不光是心伤其冤，更是为了追求司法公正，实事求是，纠正错案。这样做当然风险极大，弄不好就会丢掉身家性命，甚至殃及满门。寒朗深知个中利害，所以，他决不逞匹夫之勇而莽撞行事，而是做了周密调查悉心研究的充分准备。

为了查证清楚，寒朗亲自审问刘建等人。刘建等人冤屈地说：“我们与颜忠、王平等人连面都没见过，怎么会同他们一起谋反呢？”

寒朗听后，就命人将颜忠、王平押上来审问。寒朗严肃地问道："既然你们揭发刘建等人曾同你们一块谋反，那你们说说刘建等人都长的什么样子？"

这一问，可把颜忠、王平问傻了，因为他们是胡编，根本没见过远在山东的刘建等人。寒朗听后非常气愤，决心冒杀头的危险，向汉明帝说明真相。

寒朗来到朝堂，向汉明帝跪奏道："陛下，刘建等人根本没有参与谋反，是受奸臣诬陷而已，现已查清，还有很多人都是无辜受害者。"

汉明帝不想推翻自己最初的判断，因此对寒朗的话根本听不进去，他说："四侯既然没有参与奸谋，那么颜忠、王平为什么要牵引他们？"

寒郎答道："颜忠、王平自称所犯之罪大逆不道，难以饶恕，所以才大量捏造牵引，企图以此开脱自己。"

汉明帝说："既然如此，刘建等人就没有罪过了，那你为什么不早早奏上，而是一直等到案子审完，还把刘建他们长久关押于此呢？"

寒朗答道："虽然调查他们没有罪，但担心海内另外有别人揭发他们有奸谋，所以我没敢及时上奏。"

汉明帝暴怒地说："你这明明是反对我处治参加造反的人！看来，你是被人收买了。来人啊！把寒朗拉出去斩首示众！"

这时，朝廷上空气十分紧张，但寒朗却神态自若，他高声说："等一等，我早就做了杀头的准备，不过请皇帝听我把话讲完。"

汉明帝问道："还有什么话，快讲！"

寒朗答道："我自己知道要为此灭族，不敢牵连多人，确实希望陛下万一觉悟而已。臣见到拷问囚犯的当事官吏，都说造作妖言是大罪，为臣子所应嫉恨，对牵连的人放掉不如关起来，以后可以没有责任。

"所以拷问一个牵连十个，拷问十个就牵连百个。公卿朝见时，陛下问以朝政得失，都是长跪而言。旧时规定大罪祸连九族，如今陛下大恩，只罪及其身，天下幸甚。等他们回到自己家，口中虽然不说，却暗自仰屋长叹，没有不知道此案有很多冤枉的，但都是不敢对陛下的决断有不同意见的。"

这时，汉明帝的脸色缓和了许多。

寒朗继续说：“我之所以要冒死奏明皇上，就是为了防止那些无辜者受到牵连，希望皇上能从盛怒中清醒过来。一些人助长皇上滥杀无辜，是为了自己当官，不是为了国家，这样下去冤狱越来越大，就会造成众叛亲离的结果，那么江山就要被断送。我这些话，请皇上三思。”

寒朗的滔滔一“辩”，言之有据，入情入理，可谓义正词严，无懈可击。

汉明帝被寒朗的真诚、直率所感动，终于醒悟了过来，觉得寒朗人品可贵，也就没有再去追究寒朗的失察之责。

过了两天，汉明帝亲自摆驾洛阳监狱，审查囚徒。经查实、审理，开释了那些无辜的受害者。后来，王平、颜忠死在监狱中。

寒朗知道自己有失察之罪，虽然皇帝没有追究，但有过必罚，就把自己关押起来。不久，汉章帝刘炟即位，知道了寒朗的事情就赦免了他。

这件冤案，在寒朗的据理力争之下，终于得到了制止。当然，在君主专制社会的大环境下，寒朗的辩冤解狱，确乎来之不易。

寒朗为别人的事在君王前冒死强谏，不是一个“笃”字了得，除了基于“仁者之情”外，还有一个因素，那就是他能够冷静分析，想出高明的办法审察颜忠、王平，从而察出端倪，判定冤情。

寒朗不计身家性命，舍生忘死平冤狱，甚至甘愿把自己投入大牢，真正做到了“公正无私”。这种可贵的克己奉公精神，深得后人赞叹！

是仪不存私心勤奉公

三国初期也不乏克己奉公的典范式人物。在孙权执掌大权的吴国，有一个专管国家机要的骑都尉，名叫是仪，他是一个文武双全，德才兼备的官员。

是仪原本姓氏，叫“氏仪”，东汉末年的大文豪孔融说“氏”字是“民”无上，不吉利，建议他改为姓“是”。于是，“氏仪”改为“是仪”。

是仪前后做官50年，从县吏到公卿、封侯，但他从未置过任何产业，不接受额外赏赐和别人的馈赠，一辈子过着极为俭朴的生活。

是仪布衣素食，从不追求精美华丽的服饰和味香色佳的菜肴，更谈不上能粉黛附珠之妾和珍宝玉器了，他省吃俭用，把剩余钱粮都接济了贫困的乡邻。

是仪廉于自身，固守清俭的行为，受到当地人的尊敬，大家交口称赞。人们一传十，十传百，不久传到了孙权那里。

孙权一开始并不太相信。因为在当时的东吴，原来南方的土著士族和北方南迁的世家大族，攀比排场，使奢侈之风日益兴盛，有的人身居高官，不思政务，却挖空心思搜刮财物，有的士族甚至积谷万仓，妻妾成群，婢女盈房，用粮肉喂犬马。

孙权想：是仪固然可能没有田产，但到底会不会像朝野上下所赞誉的那样俭朴呢？为了证实传闻，他决定去是仪家看个究竟。

这一天，孙权连个招呼都不打，就驾车专程来到了是仪家。只见他的屋舍简陋窄小，年久失修，显得破旧，屋内光线昏暗，全然不像个朝廷重臣的宅第。

过了一会儿，正巧是仪家开饭，孙权坚持要亲眼看看是仪家平时的饮食，端上来的是粗米饭和简单的蔬菜，亲口尝一尝，味道很一般。

孙权叹息不已，连声说道："想不到你为官数十载，身为朝廷股肱，竟吃得这么差，住得这么寒酸，耳闻目睹，可敬可佩！"说罢，孙权吩咐增加是仪的俸禄，并额外赏赐给他田产和住宅。

是仪执意不肯接受，一再辞谢道："臣一生俭节，粗茶淡饮足矣。"

孙权只得作罢。从那以后，孙权对是仪倍加尊重。有一年，他外出巡视，又路过是仪家附近，忽见一幢壮观的新宅大院，外表修饰得富丽堂皇，在一片低矮的旧宅中显得十分引人注目。

孙权问左右："这是谁家的新宅，如此富丽？"

侍从中有人随口答道："好像是是仪家。"

孙权连连摇头，说道："是仪俭朴过人，堪称廉洁奉公的楷模，肯定不是他家营建的新房。"

后来经过查问，果然不是是仪的房子。是仪就是这样被孙权所了解信任。

是仪经常向孙权提出建议，从不谈论他人短处。孙权常责备是仪不谈论时事，是非不明，是仪回答说："圣明君主在上，臣下尽忠职守，唯恐不能称职，实在不敢以臣下愚陋的言论，干扰圣上视听。"

有一次，校事吕壹诬告前江夏太守刁嘉诽谤国家政策，孙权大怒，将刁嘉逮捕入狱，彻底追查审问。

当时与刁嘉一起在座的人都惧怕吕壹，同声说刁嘉曾有过此事。

孙权诏令追究深查，诘问数日，越来越严厉，群臣吓得连大气都不敢出。这时，只有是仪说没听到过刁嘉有此事，在孙权的多番严厉质问下，是仪仍然如实回答，他说：“如今刀锯已压在臣的脖子上，臣下怎敢为刁嘉隐瞒自取灭亡，成为对君王不忠之鬼。但是，知与不知当有始末，臣下确未察知刁嘉有半点不轨之举！”

最后孙权相信了是仪，只好把刁嘉放了。刁嘉也因此而得以清白，免遭处罚。

是仪为国家服务数十年，未曾有过过错。吕壹身为典校郎，多次向孙权告发将相大臣，并说在被告发的人中，有的人一身就犯有三四项过错，但吕壹唯独没告发过是仪。

是仪在临终前，留下遗言：“我死后只穿平常衣服入殓，薄棺素身，不要髹漆装饰，丧事杜绝奢华，一切务必从俭。”

按照是仪的遗愿，子女亲友们从简办了丧事。

是仪一生勤勉、公不存私、清心寡欲的高风亮节，一直保持到生命最后一息。他的美德，被后世一代一代流传下来，影响了许多人。

子游问孝

子游[①]问孝。子曰："今之孝者，是谓能养。至于犬马，皆能有养，不敬，何以别乎？"子夏问孝，子曰："色难[②]。有事，弟子服其劳；有酒食，先生馔，曾是以为孝乎？"子曰："吾与回言终日，不违[③]，如愚。退而省其私[④]，亦足以发，回也不愚。"

【注释】

①子游：姓言名偃，字子游，吴人，比孔子小45岁。

②色难：色，脸色。难，不容易的意思。

③不违：不提相反的意见和问题。

④退而省其私：考察颜回私下里和其他学生讨论学问的言行。

【解释】

子游问什么是孝，孔子说："如今所谓的孝，只是说能够赡养父母就足够了。然而，就是犬马都能够得到饲养。如果不存心孝敬父母，那么赡养父母与饲养犬马又有什么区别呢？"

子夏问什么是孝，孔子说："最不容易的就是对父母和颜悦色。仅仅是有了事情，儿女需要替父母去做，有了酒饭，让父母吃，难道能认为这样就可以算是孝了吗？"

孔子说："我整天给颜回讲学，他从来不提反对意见和疑问，像个蠢人。等他退下之后，我考察他私下的言论，发现他对我所讲授的内容有所发挥，可见颜回其实并不蠢。"

【故事】

童年贪玩的大儒孟子

孟子，名轲，字子舆，山东邹县人，战国时期著名思想家、教育家。从小不爱学习，顽皮成性，后在母亲的感染下，发奋读书，终成为一代儒师。

战国时，在山东邹县的一户贫苦人家，刚刚3岁的孟轲便失去了父亲，家庭的重担全部落在母亲一个人肩上，孟母每天辛苦劳作把孟子抚养成人。孟母很重视教育，一心想把孟轲培养成有学问的人。

童年的孟轲很贪玩，孟家附近有一块墓地，经常有出殡、送葬的人群，不是吹吹打打，就是哭哭啼啼。孟轲经常与伙伴们一起模仿他们。

孟母见了很生气，对儿子说：

“你父亲是一位有学问的人，他因为生病而英年早逝，不能从小教你读书认字。我们家境又不好，若你不认真读书，将来怎会有出息？”

为了让孟轲能够受到良好的教育，孟母把家迁到城里。她以为孟轲可以专心读书了。

但孟轲的家背后离闹市很近，嘈杂的声音使孟轲无法认真读书。孟轲和他的新伙伴常常模仿卖货的、打铁的、杀猪的。孟母见了更为生气，于是决心再次搬家。

这一次，孟母把家迁到了学宫附近。学宫是读书胜地，许多读书人在那里学习，还时常演练礼仪。

孟轲受到了感染，每日在家中专心读书，也渐渐模仿起学宫中演练礼仪的举止来。

不久，孟母把孟轲送入了学宫。孟轲在那里学到了很多知识和礼仪，接受了许多新思想，也为他今后的成功奠定了基础。

初到学宫，孟轲对学习兴趣很浓，也很用功。但年幼的孟子并不懂得母亲望子成龙的良苦用心，不久，孟轲又重蹈覆辙，便开始整天只知玩耍。他爱上了射鸟，并自制了一套非常精致的弓箭用来射鸟。

有一日，孟轲正在上课，人在课堂，心思却早已跑出窗外。他突然想起了村东湖中的天鹅，想射一只来玩玩，于是就再也坐不住了。他趁老师不注意，偷偷地溜出了学宫，跑回了家。

正在家中辛苦织布的孟母见孟轲又逃学回来，随手抄起身旁的一把剪刀，猛地几下把织机上已经织成的一块布拦腰剪断了。

孟轲从未见母亲如此生气，他愣在那里，不知所措。母亲严厉地问道："这布匹断了还能重新接好吗？"

"不能。"孟轲怯声答道。

孟母又说："你不专心读书，半途而废，将来也会像这断了的布匹一样，成为没用的废物。"

话一出口，孟母再也抑制不住自己的情绪，伤心地痛哭起来。

孟轲看到伤心的母亲，又看看被母亲割断的布，恍然大悟，跪到母亲面前，说：

"母亲，原谅孩儿吧，孩儿一定不辜负母亲的希望，好好念书。"

从此以后，孟轲发奋学习，终于成为满腹经纶的大学者。

长大后的孟子虽然学富五车，然而仍不满足，决心外出历练，同时拜访名师，继续上进。

在游历到孔子的故乡曲阜时，几经周折，拜孔子的得意弟子、曾子的传人、品德高尚的司徒牛为师。

从此，孟子跟随司徒牛又开始向更高的境界迈进。经过多年的努力，孟子终于成了一代大儒。

秦代对孝道思想的继承

秦始皇建立统一天下后，秦代士人在思想建设方面取得了积极成果，认识到了孝道的力量，这是其中的重要思想成果之一。

秦代对孝道思想的认识，还要从与秦始皇密切相关的嫪毐事件说起。

公元前246年，13岁的秦王嬴政即位，这就是后来的秦始皇。秦王的母亲赵姬在儿子即位后成了王太后。

据说赵姬年轻貌美，与扮成宦官的嫪毐终日厮混，结果接连为秦王生了两个小弟弟，并打算等到秦王去世之后，好让这两个小孩做秦国的皇帝。

在太后的不断关照下，嫪毐获得了一路晋升。公元前239年，嫪毐获封长信侯，以山阳郡为其食邑，又以河西、太原等郡为其封田。嫪毐门下家僮最多时有数千人，希望做官而自愿成为嫪毐门客的也达到千余人。

不过按照秦国的规矩，封侯可谓相当困难，例如王翦在灭楚前，曾向秦王提到自己为将多年，仍未得封侯之赏，而王翦当时已经有消灭赵国，重创燕国的战绩。令人讶异的是，嫪毐无寸功而封侯，可见太后对他格外关照。

可惜的是，机关算尽太聪明，反误了卿卿性命。等待他的，将是一场灭顶之灾。

公元前238年，22岁的秦王按照惯例到秦国旧都雍地举行冠礼。其间有人向嬴政告发嫪毐为假宦，并与太后赵姬淫乱，甚至还试图以其与太后所生之子为秦王，嬴政下令彻查。

在秦王着手调查时，嫪毐决心孤注一掷，先发制人。他收买党羽，与太后密谋，欲除秦王。又窃取玉玺，准备调动地方军队以及他的家人攻占秦王居住的蕲年宫。

嫪毐毕竟是市井小人，小人得志忘乎所以。一天他与朝臣饮酒，酒后无意说出了自己的野心，朝臣慌忙报告嬴政。

秦王早就看嫪毐不顺眼，闻听朝臣的报告，果断行动，令相国吕不韦及有楚系外戚背景的昌平君、昌文君兄弟率兵平叛。嫪毐军本是乌合之众，不堪一击，加之不得人心，很快就被击溃。

在悬红铜钱百万的重赏下，嫪毐被生擒，被送至咸阳后，秦王将其处以车裂之刑。但对于自己的母亲，秦王不能处分，只好将她贬入雍地，就是现在的陕西宝鸡凤翔县，软禁起来。

一国之君幽禁母亲，毕竟是件大逆不道的事情。在秦国为客卿的齐国人茅焦大发感慨："儿子囚禁母亲，天地翻覆。从古至今，哪里有这种道理？"

秦王闻知后火冒三丈，打算杀了茅焦。但茅焦来到秦王面前，不慌不忙地行过礼，说："忠臣不讲阿谀奉承的话，明君不做违背世俗的事。现在，大王有极其荒唐的作为，我如果不对大王讲明白，就是辜负了大王。"

秦王停顿了一会，说："你要讲什么？说来听听。"

茅焦说："天下之所以尊敬秦国，不仅仅是因为秦国的力量强大，还因为大王是英明的君主，深得人心。现在，大王将母亲软禁在外，是为不孝。如此的品德，如何让天下人信服呢？"

秦王听了茅焦的话后深为震动，知道自己的行为对统一天下大业不利。于是，他亲自走下大殿，扶起茅焦，说："赦你无罪！先生请起，穿上衣服。我愿意听从先生的教诲。"

茅焦进一步劝谏，最后说："秦国正图一统天下，大王更不能有迁徙母后的恶名。"

秦王采纳了茅焦的建议，亲自率领车队，前往雍地把太后接回都城咸阳，母子关系得以恢复。

返回咸阳的太后极为高兴，设酒宴款待茅焦，席间对茅焦赞赏有加，说安定秦国的江山社稷，使母子重新相会，都是茅焦的功劳。其实茅焦冒死进谏，他最大的愿望是为秦王争得一个好的名声。

公元前229年，太后赵姬去世，谥号为“帝太后”，与庄襄王合葬在一起。

公元前221年，秦王统一天下建立秦国，自己号称秦始皇。他巡游各地，刻石称功，其中有不少宣扬孝道的文字。

公元前219年，秦始皇东行郡县，第二次从咸阳出发经函谷关、洛阳、荥阳至东鲁邹县的绎山。绎山位于现在的山东邹城市东南。

绎山高五里，秦始皇上绎山，与鲁诸儒生议刻石、颂秦德、议封禅，望祭山川之事。后来在山顶竖立第一幢刻石，刻有李斯的小篆，被后世称为《绎山刻石》。

此碑后被北魏太武帝登绎山时推倒。但因李斯小篆闻名遐迩，碑虽倒，慕名前来摹拓的文人墨客、达官显贵仍络绎不绝。原石虽已被毁，但留下了碑文。今天所见到的是根据五代南唐时期的文学家、书法家徐铉按原作临摹的摹本，现藏在西安碑林里。

《绎山刻石》全文223个字，其中有李斯等群臣颂扬秦始皇“上荐高号，孝道显明”的文字，表明秦始皇善于继承弘扬历史的优秀传统。

秦始皇为了使自己的儿子们忠于自己，还用孝道去教育他们。以至于赵高伪造遗诏迫令太子扶苏自杀时，蒙恬怀疑其中有诈，让扶苏上疏问个明白。

可扶苏却说：“父而赐子死，尚安复请？”颇有“父让子死，子不得不死”的浓重孝道氛围。

秦始皇为了使民众服从，还通过刑法的形式，在民间推行孝道，“以治黔首”。只不过这种依靠法律来使全国民众接受孝道的方式，只是“尊尊”而无“亲亲”，忽视孝道中调节人际关系的亲情温暖，使之变成单纯的权利义务关系，从而丧失了孝道的社会整合功能。

作为一个具有雄才大略的政治家和军事家，秦始皇的对孝道的遵行，引领了秦代士人对孝道的认识，更使他无愧于“千古一帝”的称号。

汉文帝家事国事两相宜

公元前206年，西汉王朝建立。汉代初期尊崇“黄老”之说，汉武帝罢黜百家，独尊儒家，都是以孝为家法的。汉初强调“以孝治天下”，所以继嗣皇帝谥号都有“孝”字，意喻强调孝治天下。

因为汉代施行的是“孝道治天下”，所以普通人想当官只有通过举孝廉才能当官。皇帝是全国之主，上行下效也应当要孝敬父母。

汉代注重对孝悌的传承，汉文帝刘恒当属实践这一主张的典范。

汉文帝是汉高祖刘邦的第三个儿子，他的母亲薄姬，是楚汉相争时魏王魏豹的一个姬妾。汉文帝做了皇帝后，他的母亲薄姬便成为皇太后。汉文帝从小就奉行孝道。他被封为代王时，生母薄太后跟随他住在一起。汉文帝与母亲感情深厚，倾心地侍奉母亲，尽力让她感到快乐和满足。

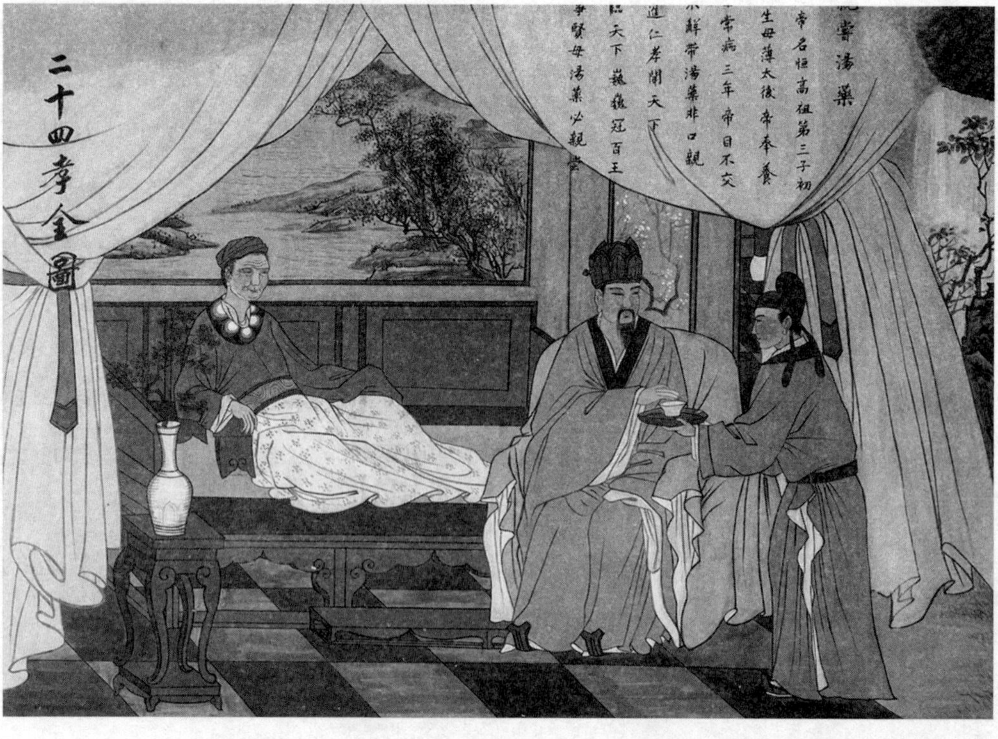

人吃五谷杂粮，肯定也会生病，薄太后老了，经常生病，汉文帝关心备至。他的母亲卧病3年，身为人子，他不把自己当成有权力的皇帝，而是经常衣不解带，不眠不休，伺候母亲，从不懈怠。

作为一个皇上，手下有那么多的侍从奴才，但是汉文帝亲自伺候母亲，询问病情，亲自熬药。每次太医给母亲开的药，熬好以后，汉文帝都要亲自品尝，然后才侍奉母亲服用。

自古道："久病床前无孝子"，而汉文帝却能做到日复一日。他的仁义和孝顺感动了天下人，这种高贵的品质，让人们尊敬和钦佩。

汉文帝不仅在孝敬母亲时以身作则，对亲情也非常重视。他在对待窦皇后家族的问题上，也表现出大度的胸襟。

汉文帝的妻子窦漪房一直以来都有一个愿望，那就是找到已经失散多年的兄弟，其次就是对已故双亲尽一些孝道。虽然窦漪房已经贵为皇后，但她依然不敢提出这样的要求，因为当时薄太后正忙于尊礼薄氏祖先。她感觉不该和老太太攀比。

但窦漪房一个好心的决定帮了她的大忙，就在她被册封的那一天，她向汉文帝提议，宴请天下所有鳏寡孤独之人，并赐给生活穷困之人布匹、米面、肉食，对于80岁以上的老人、9岁以下的孤儿，分别赐给每人1石米、20斤肉、5斗酒、2匹帛和3斤棉絮。

以善闻名的汉文帝对皇后的建议大加赞赏，并很快实施。于是，天下老百姓都对窦漪房皇后的善心口口相传，窦漪房的家世也逐渐流传开来。

这时，一个叫窦少君的年轻人听到了窦漪房的家世。他就是窦漪房的亲弟弟，当年分别的时候，窦少君才五六岁，现在已经成人。窦少君的姐姐离开没多久，厄运就降临窦少君身上，由于哥哥在外面劳作，家里没有人看管，窦少君被拐走了。他先后被拐卖多次，最后在河南宜阳一户财主家当了奴仆。

后来，窦少君跟着主人来到了长安。有一天窦少君在卦摊算了一卦，想看一下自己的命运如何，不料抽到一个上上签。算卦的老头说他在不久的将来就会大富大贵。窦少君打死也不信自己会有大富大贵，对算卦老头说的话并没有放在心上。

窦少君从卦摊回来的路上，听到了皇后窦漪房的故事。窦漪房？当他听到这个名字的时候，怔了一下。自己当年被送进宫的那个姐姐不也叫窦漪房吗？再联想刚才算卦老头说的话，他有点将信将疑了。有希望总比没希望好，于是他豁出去了，向皇帝上书，说自己是皇后失散多年的亲弟弟窦少君。

汉文帝看了这封信，问窦漪房怎么回事。窦漪房只好把自己的身世一五一十地向汉文帝说了。

汉文帝听了，捶胸顿足，说自己有愧于皇后，只顾自己的亲人，却把妻子的亲人忘记了。于是，他和窦漪房一起召见窦少君。

窦皇后的相貌虽然改变了不少，但是窦少君还是认得出来。但是窦漪房已经认不得弟弟了，因为当初离开的时候弟弟才五六岁，如今已经长大成人。

窦漪房怕误认，那样将带来不堪设想的后果。于是她问窦少君有什么证据证明他就是自己的弟弟。

窦少君不仅把父母怎么死的说了出来，还回忆了当年姐姐离开他的情景，最后一次给他洗头发，最后一次做饭给他吃等。说着说着就忍不住流下泪来。

这时候，窦漪房再也控制不住自己的情绪了，跑下去和弟弟紧紧拥抱在一起。这一幕被史官详细地记录了下来。书上说，当时不仅大汉的皇帝感动得落泪了，连旁边的宫女也跟着哭泣。

汉文帝为了表达自己的愧疚之情，赏赐窦少君大量的财产和田地。窦漪房深知汉文帝勤俭节约的品性，不可因为自己而破例，只让弟弟接受了足够养活他的部分财产和田地。不久又拿出自己的金银首饰来弥补汉文帝赏赐弟弟所造成的亏空。有这样一位贤明的皇后，汉文帝这一辈子也就满足了。

不久窦漪房的哥哥也找到了，三兄妹终于团聚。今日不同往昔，三兄妹谁也不会想到会有今天。汉文帝照例又要赏赐窦漪房的哥哥，但又被窦漪房阻止。

照理说，这是窦漪房的家事，与别人无关，可是她是皇后，皇后没有家事，皇后的一切事都是国家大事。杯弓蛇影的大臣们见窦漪房突然冒出来两个年轻力壮的兄弟，有点吃不消了。他们担心窦漪房会出来后宫干政，要把隐患消除在萌芽状态之中。其实连萌芽都没有，一切只是大臣们的假想。

一次早朝，几个串通好的大臣联合起来对汉文帝进谏，大意是说窦氏兄弟都是鲁莽之徒，没有任何文化素养，不应该依靠皇后的裙带关系而加官晋爵，让他们做富贵闲人。并且还要挑选德高望重、学识渊博的大臣与他们比邻而居，教导监督他们，以防止他们滋事扰民。

汉文帝没有立即答复大臣们的进谏，尽管他相信窦漪房绝无干政的可能，但历史上后宫的祸国殃民仍然使他如芒在背。当天晚上，他把大臣的进谏对皇后说了，面露为难之色。

善解人意的窦漪房马上解除了汉文帝的忧虑，她说大臣们的进谏是对的，哥哥弟弟没有读多少书，正需要教导。最后又强调一句，无论汉文帝做怎样的决定，她都支持。

在窦漪房的辅佐下，西汉时期政权也能继续由汉高祖刘邦时期定下的“以民生息”、“无为而治”的精神，把汉王朝推上了强盛的高峰。

汉文帝不仅在处理家庭事务上有仁爱之心，在治国方面也将他儒家的仁爱普泽天下。在位期间，他继承执行与民休息和轻徭薄赋的政策。他两次把田租减为三十税一，甚至12年间免收全国田赋。他兴修水利，加速发展农业生产。

他减轻刑罚，取消了连坐法和割鼻、砍脚、脸上刺字等肉刑；逐步削弱诸侯王势力，以加强中央集权；驻军北方，迁百姓住在边境，增强北部边境的防御力量。大汉王朝由此逐渐趋向安定，并一度呈现出富庶景象。

后来的景帝继承推行汉文帝的政策，历史上将汉文帝、汉景帝时期的统治，誉为“文景之治”。据说，到景帝时期，国库里的钱堆积成山，穿钱的绳子都腐烂了；粮仓满了，粮食堆在露天，有的都发霉腐烂了。可见物质基础已经相当丰厚。

总之，汉文帝是一个非常孝敬母亲的皇帝，也是一个非常注重亲情的皇帝，他做到了一个好皇帝应该具备的素质，也为大汉百姓和世界留下了一片灿烂光辉。

“文景之治”在汉代是最辉煌的时代，超过从前历史任何时候的繁荣，这也是一个注重孝道和亲情的皇帝的功德。

缇萦上书救父废除肉刑

淳于意是汉文帝时齐临淄（即今山东淄博东北）人，曾任齐太仓令，精医道，善于辨症诊脉，曾治好过许多疑难杂病。

淳于意自幼热爱医学，精于望、闻、问、切四诊，尤以望诊和切脉著称。因其经常拒绝对朱门高第出诊行医，被富豪权贵罗织罪名，送京都长安受肉刑。

他的幼女缇萦年方15岁，随父起解西入长安，一路上照顾老父的行程。缇萦抱定一死的决心，选定灞桥作为她犯颜上书的地方，她双手高举预先准备好的书状，静等皇帝车骑的到来。

皇帝的车骑终于出现在眼前，当左右武士把瘦小的缇萦押到皇帝跟前，汉文帝看到的是一个泪流满面的弱女子，他的内心深处立即涌起一股怜惜的心情。

他吩咐左右接过她的书状，并展开阅读：“我父亲做官时，齐地一带老百姓都称赞他廉洁公平。如今犯了罪，应该受罚。人死不能复生，受肉刑断了手足也不能再长出来，虽然想改过自新，也不可能了。我情愿给官府做奴婢，替父赎罪，让他有一个改过自新的机会。”

汉文帝看到缇萦写的信后，深受感动，没有想到这么年轻的少女能有如此的智慧和文才，就免了她父亲的罪，并下令废除了肉刑。

与日同辉的天文学家刘洪

刘洪是汉光武帝刘秀侄子鲁王刘兴的后代，自幼受到了良好的教育，青年时期曾任校尉之职，对天文历法有特殊的兴趣。160年，他的天文历法天才渐为世人所知，被调任太史部郎中，执掌天时、星历。

此后10余年，他积极从事天文观测与研究工作，奠定了坚实的天文历法基础。在此期间，他与参与人一起测定了二十四节气，以及太阳所在恒星间的位置、午中太阳的影长等天文数据。

约174年，刘洪关于太阳、月亮和“金、木、水、火、土”五大行星的天文学专著《七曜术》，引起了朝廷的重视。汉灵帝特下诏派太史部官员对其校验。刘洪依据校验结果，对原术进行了修订，写成《八元术》。测量天文数据和写成天文学著作，是他步入天文历法界的最初贡献。

鉴于刘洪在天文历算上的造诣，蔡邕推举他到东观一同编撰《东汉律历志》。蔡邕善著文、通音律，刘洪精通历理和算术，两人优势互补，出色完成了编撰任务。刘洪随即提出的改历之议虽然并未获准，但他却因此名声大振，成为当时颇负众望的天文学家。

此后，他主持评议王汉提出的交食周期的工作，又参与评议冯恂和宗诚关于月食预报和交食周期的论争。刘洪以其渊博的学识和精当的见解，均获得高度赞誉。不久，他初步完成并献上他的《乾象历》。

由于历中对月亮运动的描述，具有明显的优越性和可靠性，当即被采纳，取代了东汉《四分历》中的月行术。

约189年，汉灵帝任刘洪为山阳郡。在这以后大约10年的时间里，刘洪在努力料理繁重政务的同时，继续改良和完善他的《乾象历》，并注意培养学生，力图使对天文历法的研究后继有人。

当时著名的学者郑玄、徐岳、杨伟、韩翊等人都曾先后出其门下，这些人后来为普及或发展《乾象历》做出了各自的贡献。

206年，刘洪最后审定完《乾象历》，把积累多年的研究结果加了进去。虽然刘洪生前没有看到《乾象历》的正式颁行，但他数十年心血没有白费，经徐岳的学生阚泽等人的努力，《乾象历》于232年至280年正式在东吴颁行。

刘洪的《乾象历》创新颇多，不但使传统历法面貌为之一新，且对后世历法产生巨大影响。至此，我国古代历法体系最后形成。刘洪作为划时代的天文学家而名垂青史。

刘洪的《乾象历》确立了很多历法概念及经典的历算方法，是我国古代历法体系最终形成的标志，其中对月亮运动和交食的6项研究成果，具有划时代的意义。

第一项成果：提出朔望月和回归年长度两值偏大。刘洪在研究中发现，根据前人所取的朔望月和回归年长度值推得的朔望弦晦及节气时刻，总滞后于实测值。经过数十年潜心思索，他大胆提出上述两值均偏大的正确结论，并进行修正。

刘洪通过实测，用推算出的新数据取代旧数据，不仅具有提高准确度的科学意义，而且他那种敢于突破传统观念、打破僵局的勇敢态度为后来者树立了光辉的榜样。

第二项成果：刘洪确立近点月概念和它的长度计算方法。

刘洪在《乾象历》中对月亮近地点的移动作了精辟的总结，得出了独特的定量描述方法。月亮的运动有迟有疾，其近地点也不断向前移动。

刘洪经过测算，得出月亮每经一个近点月时，近地点前推进的数值，又进一步建立了计算近点月长度的公式，并明确给出了具体数值。我国古代的近点月概念和它的长度的计算方法从此得以确立，这是刘洪关于月亮运动研究的一大贡献。

第三项成果：刘洪解决了后世历法定朔计算的关键问题。

刘洪长期坚持每日昏旦观测月亮相对于恒星背景的位置，获得了大量的第一手资料，进而推算出月亮从近地点开始在一个近点月内的每日实际行度值。

刘洪把月亮每日实行度、相邻两日月亮实行度之差，每日月亮实行度与平行度之差，和该差数的累积值等数据制成表，即月亮运动不均匀性改正数值表。这就是月离表，为刘洪首创。

要想求任一时刻月亮运动相对于平均运动的改正值，可依此表用一次差内插法加以计算。这个定量描述月亮运动不均匀性的方法和月离表推算法，是我国古代历法的经典内容之一，后世莫不从之。

在《乾象历》中，该法仅用于交食计算；实际上月离表已经解决了后世历法定朔计算的关键问题。

第四项成果：刘洪确定了黄白交点退行概念的确立和退行值。

刘洪确立了黄白交点退行的新概念，虽然他没有给出交点月长度的明确概念和具体数值，但实际上已经为此准备了充分和必要的条件，为后世的发展奠定了结实基础。而黄白交点退行概念的确立和退行值的确定，是刘洪在月亮运动研究方面又一重大进展。

第五项成果：刘洪建立了月亮运动轨道，即白道的概念。

刘洪对月亮运动研究的另一重大成就是关于月亮运动轨道，即白道概念的建立。这标志着自战国以来对月亮运动轨迹含混不清的定性描述局面的结束。

刘洪给出的黄纬值为6.1度，误差0.62度。刘洪还给出了月亮从黄白交点出发，每经一日距离黄道南或北的黄纬度值表格，可由该表格依一次差内插法推算任一时刻的月亮黄纬。这就较好地解决了月亮沿白道运动的一个坐标量的计算问题。

研究表明，这一方法推得的月亮黄纬值的误差仅为0.44度。此外，刘洪还给出了月亮距赤的度距的计算方法。这些表述和方法都对后世历法产生了深远影响。

第六项成果：刘洪对交食周期的探索。刘洪提出11045个朔望月正好同941个食年相当的新交食周期值，推得一个食年长度，其结果的精度大大超过前人及同代人。

除上述研究成果外，刘洪在五星运动研究上也取得了一些进展。如关于五星会合周期的测算，在东晋以后，就被《乾象历》的五星法所取代，并自此沿用了百年之久。所以《乾象历》的五星法无论在当时还是在其后较长一段时间内，都是很有影响的。

刘洪取得了一系列令人瞩目的天文学成就，这些成就的显著特点是“新”和“精”，或是使原有天文数据精确化，或是对“新天文概念”、“新天文数据”、“新天文表格”、“新推算方法”的阐明，大都载于《乾象历》中。难怪有人称赞《乾象历》是“穷幽微”的杰作。

刘洪的《乾象历》使传统历法的基本内容和模式更加完备，他所发明的一系列方法成为后世历法的典范。这些成果，成为我国古代历法体系最终形成的里程碑，已经被载入史册。

视其所以

子曰："视其所以[①]，观其所由[②]，察其所安[③]。人焉廋[④]哉？人焉廋哉？"

子曰："温故[⑤]而知新[⑥]，可以为师矣。"

子曰："君子不器[⑦]。"

【注释】

①所以：所做的事情。

②所由：所走过的道路。

③所安：所安的心境。

④廋：隐藏、藏匿。

⑤故：已经学过的知识。

⑥新：刚刚学到的知识。

⑦器：器具。

【解释】

孔子说："考察一个人的所作所为，观察他的经历、办事的手段和方法，考察他的心境。那么，这人还怎能隐藏得住？这个人还怎能隐藏得住呢？"

孔子说："在温习旧知识时，能有新体会、新发现，这样就可以当老师了。"孔子说："君子不像器具那样（只有某一方面的用途）。"

孔子认为，不断温习所学过的知识，就可以获得新知识。这一学习方法不仅在封建时代有其价值，在今天也有不可否认的适用性。人们的新知识、新学问往往都是在过去所学知识的基础上发展而来的。

因此，温故而知新是一个十分可行的学习方法。

【故事】

吴王阖闾称雄一时

公元前515年，因王位继承问题，阖闾以宴请吴王僚为名，派勇士专诸将剑藏在鱼腹中，趁上菜之机刺杀了吴王僚。这就是历史上著名的“专诸刺王僚”故事。刺杀吴王僚后，阖闾夺得吴国王位，史称“吴王阖闾”。

这时的吴国虽已强大起来，但仍有不少困难，譬如：常受江河海水的侵害，军事防御设施尚不完备，国家和人民的安全没有保障；国家粮仓还没有建立，荒地也没有充分开垦；西边的楚国已成为雄踞中南的泱泱大国，南边的越国也具有很强的实力，对吴国构成很大威胁。

在这种严峻的形势下，具有政治胆识的阖闾大力搜罗人才，任贤使能，采纳良策，听取民声。他任用了楚国旧臣伍子胥，听取其振兴吴国的建议。并召伍子胥为行人，以伯嚭为大夫，共谋国事。

经伍子胥推荐，阖闾亲自召见军事家孙武，孙武献出了自己的军事著作兵法13篇。当时正是吴国振兴霸业之机，阖闾读了很感兴趣，封孙为将军。

阖闾让伍子胥主持修建的阖闾大城，就是今天的苏州古城，他还设置守备，积聚粮食，充实兵库，为称霸诸侯做准备。

经过几年的努力，吴国不断发展壮大。百姓丰衣足食，乐于为国家而献身。

这个时候，吴国具有了强大的经济实力，阖闾开始把重点转向军事上的发展。他教导吴国的士兵和将领加强训练，以适应与中原诸侯国作战的需要。

阖闾还重用军事家孙武，提高战术素养。加紧制作锋利的宝剑，以供战争之用。一切准备就绪，阖闾首先把矛头指向了西边强大的楚国。

公元前506年，吴王阖闾率军伐楚，在“柏举之战”中大败楚军，主帅令尹子常狼狈逃窜。楚军失去主帅，惨败溃逃。

此后，吴军又连续5次击败楚军，仅10天即进入楚国国都郢，创造了春秋时期攻占大国都城的先例。楚昭王惊慌出逃，后在秦国的帮助下才重返国都。

“柏举之战”是春秋末期一次规模宏大、影响深远的大战，史学家范文澜称它为“东周时期第一个大战争。”史学家吕思勉称它为“我国历史上以少胜多对比最悬殊的战役。”

吴国战胜强大的敌人楚国后，给楚国以巨大的创伤，使吴国声威大振，为吴国进一步争霸中原奠定了坚实的基础。

公元前507年，阖闾亲自率领大军，迎战前来进攻的越国军队，大败越军。

公元前504年，阖闾率军再次伐楚，迫使楚国迁都于都。从此，吴国威震中华。

公元前496年，阖闾兴师伐越国，两军在今浙江省嘉兴南交战，史称“槜李之战”。

在战斗中，越大夫灵姑浮挥戈击中阖闾，斩落他的脚趾。阖闾身受重伤，在败退途中，死在陉地，距槜李仅7里许。后葬苏州虎丘山。

当时，吴国的实力远超过了越国，但在“槜李之战”中越国却战胜了吴国，这就教育了吴国的执政者，要争霸中原，必先灭掉越国，以扫除后顾之忧。

大概正是由于这个原因，所以阖闾在临死前嘱咐自己的儿子，绝不能忘记这一深仇大恨。他只好把辉煌留给了他的后人。

吕不韦巨富不忘大义

秦王朝结束了自春秋起500年来诸侯分裂割据的局面，成为历史上第一个以汉族为主体、多民族共融的统一的中央集权制国家。这一伟大的历史性功绩，是和吕不韦的义举分不开的。

吕不韦是战国末期卫国著名商人，后来成为秦国丞相，为秦的统一事业做出了贡献，也在一定程度上反映出这一时期人们对义与利的态度。

吕不韦出生在一个商人家庭，但在父辈以前都是做小本生意的，等到自己当了掌柜，他不顾众人反对，决心涉足于盐铁等暴利行业。吕不韦精于商道，第一次出马便大显身手，在齐国都城临淄换币时与皇族亲属田单相识。田单当时任齐都临淄的市掾，就是管理市场的小官。

吕不韦爱结交，重大义，田单对他大为欣赏，一番畅谈之后，两人结为至交。吕不韦视对方为师，田单则将一部分家族事业交给吕不韦操持。

后来，齐、燕两国开战，齐国遭遇灭国之难，幸有田单在死撑。死撑的关键是物质的援助，而此时的吕不韦倾其所有，在海上为齐国开辟了一道生命线。

过了数年，齐国复国，吕不韦受到田单庇护，事业更是顺风顺水，一时间，已是中原大地上数一数二的巨商了。这时的吕不韦，开始树立了“欲以并天下”的志向，并以此驾驭着自己的事业。

在当时，秦国是个强国，秦昭王在位，太子是安国君。安国君有20多个儿子，都可能成为第三代继承人。在安国君的20多个儿子中，有一个儿子叫子楚，他作为秦国的质子去赵国。秦、赵两国常打仗，子楚的地位、处境都不好。

吕不韦到赵国都城做生意时，见到了子楚，很同情他的遭遇，同时也想到可以在子楚身上投资，他日可得大利。于是，吕不韦和子楚说：“我决定拿出一笔钱来，助您成为继承人，将来成为秦国的君主。”

子楚高兴地说：“你的计策真地成功了，我将与你分享秦国。”

吕不韦知道，安国君最喜欢华阳夫人，就教子楚一步步取得华阳夫人的欢心。华阳夫人自己没有生儿子，也需要将来有一个听话的儿子辈，于是华阳夫人在安国君面前极力说“子楚贤”，安国君就立子楚为继承人。

秦昭王去世，安国君为王，但一年就去世了。太子子楚立，就是庄襄王。

庄襄王以吕不韦为丞相，封为文信侯。3年后，庄襄王去世，接着是其子秦王政即位，这就是后来的秦始皇。吕不韦的地位依然很高，已经是亦商亦政了。

吕不韦曾经说过：“谋国之利，万世不竭。”果然如其所愿。这可以说是古代历史上最大的一笔生意。但不可否认的是，吕不韦从大局着眼，帮助子楚登上王位，稳定了秦王室，无疑也对后来的天下统一起到了关键性作用。

吕不韦曾经说："天下非一人之天下，乃天下人之天下也。"意思是说，天下不是一个人的天下，是天下人的天下。他认为，天下既然是天下人的天下，作为天下人，就不能以一己之私，肆意妄为，而应该以天下为大义。

早在庄襄王刚去世，秦国大旱，民不聊生。六国巨商联手大乱秦市，囤积居奇，投机倒把，不谙商战的秦国官市被连连挫败。形势万分危急，吕不韦大义当先，为秦国大战六国巨商，不仅不取秦国国府一分一毫，还举自家财货垫进了这个无底洞。

吕不韦以一家之力对抗六国巨商，压力巨大。山穷水尽时候，巴国巨商富户巴寡妇清施以援手，后来物价平抑，吕不韦才渡过了难关。

说到吕不韦的义事，不得不提鱼鹰游侠护商马队。这个护商马队最初只有一个人名叫荆云，这名壮士为了回报吕不韦的恩情，发展了100多名壮士入伙。本来，吕不韦为了完成子楚回国的秘密计划，已经将这群壮士遣散，但在迎接子楚回国最危难的时刻，他们出现了。

这些商旅护卫为了吕不韦和子楚安然脱赵，以百人之数敌几千赵国精锐，最后全部战死，致使以养士骄人的赵国政治家平原君至为惊叹。更令人赞叹的是，这些人虽被吕不韦遣散，却不惜争相毁容，生死追随，最后牺牲殆尽。

吕不韦得知荆云等人去世后，好不心痛，在壮士坟前惨然作歌：

> 烈士死难兮，我心沧丧，
>
> 长歌当哭兮，大义何殇！

说罢一头撞向墓碑。此后，长达半年，他变得苍老不已，而且心智恍惚，心中没有一丝生气。吕不韦在身心俱疲之际，高呼"大义何殇"，其心底的亮色仍是大义为重。

吕不韦生平所交往的各色士子不计其数，而终其一生，鲜有疏离反目者。他虽然出身商旅，却坚信“义为百事之本，大义所至，金石为开”。

吕不韦的门客义士有360多名，他后来因嫪毐事件失势，门客们离别之时，感慨唏嘘不能自已，参与《吕氏春秋》主纂的30多个门客更是大放悲声，每个门客都对吕不韦肃然一躬辞行，举步回头间都是赳赳一句：“吕公若有不测，我闻讯必至！”

因为待人待客爱挥洒金钱，爱结交豪杰，更能放眼天下，着眼于国家大义，吕不韦怎能不得人心？怎能做不成天下第一的大买卖？怎能不成就其三朝元老的大功业？

显而易见，吕不韦眼中的义与利的关系，不是“熊掌与鱼”的关系，而是“熊与熊掌”的关系，即没有熊，就没有熊掌，也就是说，只有大义壮实，熊掌才能肥厚。他在经商和从政生涯中，无事不以大义为本，因而才能获利。吕不韦的一生虽然曾受病垢，但他的大义之举仍为世人所称道。

巴寡妇清仗义援国

秦代初年的巴寡妇清，也在义利问题上表现得非同凡响，成为被后世赞誉的女中豪杰。

巴寡妇清，秦代长寿属巴国的枳县人，是古代历史上第一个女实业家。清，本是她的名，因她早年丧夫成为寡妇，出生巴郡，故称“巴寡妇清”。

巴寡妇清出身寒微，少年时跟父亲学习诗书，因为相貌与气质出众，嫁给了当地一位青年企业家。巴寡妇清的祖辈一代，在家乡枳县发现了丹砂矿，并将丹砂冶炼提取水银销售。丹砂即后来所称的朱砂。经过几代人的辛勤经营，积累了不少财富。

至巴寡妇清这一代，她经历了很多磨难。事业有成的丈夫英年早逝，面对地方封建势力的世俗偏见和族人的觊觎、侵犯，她毅然维护、继承了采砂炼丹的祖传实业，这就是当时勃勃兴起的开汞炼丹业，同时她还决定，从此不再嫁人。

巴寡妇清无论寒冬酷暑，她钻丹穴，进高炉，架锅添柴，事事亲为，多方讨教，很快掌握了朱砂冶炼提取水银的“核心技术”，还大大提高了生产效率。

这位常年耕耘在深山坳的单身女人，有胆有识，精明能干，经营有方，凭借出色的炼丹技术和过人的商业头脑，冲破大山与峡谷的阻碍，一手推动家族企业成为垄断全国丹砂水银行业的“商业帝国”，以至于积累的财富不可数计，终于成为富甲一方的巨商。

巴寡妇清的家势十分了得，据记载她家仆人上千、工人及士兵多达上万人，而当时她所在的枳县的总人口才不过四五万人。她的私人武装保护一方平安，并被作为成功民营企业家受到越来越多的人尊崇。被乡人奉为“活神仙”。

秦始皇统一六国后，收尽民间所有的兵器，甚至于是铁器，又怎么会让一个民间女子自己家里组建一支成千上万人的武装队伍？这与巴寡妇清经营的丹砂有很大关系。

在历史上，丹砂历来与卜筮、仙丹、皇权和剧毒联系在一起。早在商周之际，巫巴山地诸巫就已经掌握并开始施用“不死之药”丹砂了。丹砂很早就在我国出现，当时主要用于医药和建筑。商代时，巴寡妇清的先辈已懂得利用汞的化合物来医治癫疾或做镇静类的药物。当时只是将丹砂碾成粉状，纯属一种原始的利用。

后来丹砂的用途得到进一步推广：美容、食用养生、防腐、做颜料等，而这些用处大多为当时的帝王将相所需求。从西周时期至秦始皇统一全国，服食金丹一直是各国帝王渴求长生不老之方。

至秦代，秦始皇更是渴求长生不老，于是要人用丹砂炼长生不老之丹；帝王将相之墓需要用丹砂进行防腐；当时各国崇尚赤色，历代帝王的宫殿、台阶均为赤色，称为“丹墀”，也需要大量的丹砂。

巴寡妇清身处大山，却放眼天下，她看准秦始皇统一天下后寻求长生不老之药，炼丹原材料的丹砂将供不应求的商机，果断增大产量，打通水陆两条运输线，在咸阳、长安、中原地区广设经销网点。

当时的巴国是全国最大的丹砂供应地，巴寡妇清是先秦时期最大的丹砂业主。很多从业多年的师傅刮目相看：“这个娇柔女子能成大事！”

巴寡妇清为富能仁，除了全力以赴搞好劳工福利待遇，积极扶贫济困，维护乡里乡外，还在大秦的统一过程中做出了难以估量的贡献。

那是在秦国统一天下之前，关中地区曾经连续两年发生大旱。河道干涸，蝗虫大起，夏秋颗粒无收，庶民囤粮十室九空。这时，六国巨商乘机联手，大乱秦国市场，秦官市被连连挫败，致使秦国物价飞涨。当时虽有一方巨富吕不韦举私财垫付国库，但以一人之力大战六国巨商，压力之大，可想而知。

就在吕不韦决意冒险开启关中两座谷仓之时，巴寡妇清派水手班头带领船队，装满稻谷，发至潼关渡口，在转交的竹简上说：“现以平价卖粮于秦，三年之后，再收粮金。”

由于巴寡妇清在秦国危急关头施以援手，使秦国平抑了物价，渡过了难关。

后来，秦王嬴政扫平六国，统一天下，建立了我国历史上第一个集权专制的封建王朝。为了防御外敌，巩固政权，秦始皇决定增强边疆防卫，便下令全国州郡派款抽丁，修筑万里长城。

巴寡妇清平时便以财助困，广做善事。得到秦始皇派款抽丁筑长城的诏令后，她认为保家卫国，人人有责。于是，便捐出银钱万余两，给朝廷修筑长城。

巴寡妇清的几次慷慨相助，让秦始皇为她的疏财捐资的义举和图强兴业的节操所感动，立即降旨，册封巴寡妇清为“贞妇”。

秦始皇在治理国家方面大兴改革的同时，却没有忘记给自己修建秦始皇陵。而修建皇陵地宫需要无法估算的水银。消息传来，巴寡妇清快速投身进去，抢得先机，最终因质优价廉，一举成为垄断该行业的国家供应商。

秦始皇陵以水银为百川江河大海，机相灌输。据后来的考古研究勘查推论，陵墓地宫里的水银保守估计至少有100吨。

后来，秦始皇念巴寡妇清在乡下孤寡无后，便下诏请她住进皇宫，给以公卿诸侯的高级礼遇。从此，巴寡妇清的事迹“名显天下”。然而，这位有感皇恩浩荡的女实业家，到咸阳后不久就卧病不起，几经御医治疗无效，最终客死京城。

秦始皇遵照她的生前遗愿，将她的遗体护送回家乡，葬于巴郡枳县青台山。并下令为她修筑怀清台，寄托自己无限的哀思，表达对清的怀念和敬意。

从此，青台山便更名为“贞女山”。山上修筑的山寨，因秦始皇称“祖龙”而名“龙山寨”。巴寡妇清所葬的墓穴，称“寡妇坟”，又称“神仙洞。

对于巴寡妇清的义举和遗迹，后代多有记述。汉代史学家司马迁在《史记·货殖列传》、晋代《华阳国志·巴志》、唐代《括地志》和《一统志》《地舆志》《州府志》《舆地纪胜》，以及历代修编的《长寿县志》，对巴寡妇清的生平事迹均有记载。

历代名人、学士也来贞女山龙山寨怀清台，凭吊她的高风懿德，考察她的仙踪遗迹。清代学者任应沅和明代诗人金俊明，都对龙山寨、怀清台，进行了具体描绘。

明末诗人金俊明有诗道：“丹穴传赀世莫争，用财卫国能守贞。龙祖势力倾天下，犹筑高台怀妇清。”

巴寡妇清的事迹，被载入史册，千古传颂，成为后人心目中膜拜敬仰的女中豪杰。

司马迁大义退玉璧

司马迁是西汉时期史学家，曾在西汉武帝时任太史令。他对义与利的认识，基于对先贤思想的批判继承和创新。他一方面批判地继承了前代儒家思想中合理可取的方面；另一方面又唯物求实地扬弃了空疏而不合理的方面，构建起自己崭新的、独具远见的义利理论，从而极大地丰富了汉代初期治国思想。

司马迁说：“礼生于有而废于无。”意思是说，礼生于富有而废弃于贫困。这类似于管仲所说的“仓廪实而知礼节，衣食足而知荣辱”，都是说经济基础对上层建筑的重要作用。他认为利是义的物质基础；求富有正道，“奸富”不可取，认为义对利有制约作用。

作为世界文化巨人和我国传统文化的杰出代表，司马迁奇妙和恰到好处地将“义”与“利”结合起来，既鼓励人们逐利、求富，又反对为富不仁、为富不义，认为人们争利应当采取正当手段，也就是要符合“义”。在他看来，“义”与“利”是对等的，是统一的。这是司马迁的独特贡献。

司马迁把义利并重、义利相宜的义利观，融于自己的著作与思想体系之中，达到前人和后人均未能达到的高度。与此同时，司马迁在人格境界的提高方面，在日常社会生活中，也是一个大义为先，廉洁自律的人。

有一天，司马迁正在书居中翻阅史书，忽然家仆来说门外有客人求见。他放下手中的书，示意有请。

不一会，一位家仆打扮的人走进屋来，只见那人从怀中取出一封信和一个精致的小盒子递给司马迁。司马迁打开信一看，原来是大将军李广利写来的。

这时，司马迁的夫人和女儿妹娟走了进来。妹娟好奇地打开那个小盒子。只见里面放着一块晶莹剔透、光彩夺目的玉璧，不禁脱口赞道："真好看！这真是稀世之宝啊！"

司马迁闻声，也不由自主地接过玉璧，翻来覆去地玩赏着。口里也赞叹道："是啊，如此圆润，这般光洁，真可谓白璧无瑕啊！"

站在一旁的司马夫人见此情景，开口问道："莫非大人想要收下此玉？"

司马迁笑笑说："便是收下又能怎样？而今送礼受贿已成风气，朝廷内外，举国上下，两袖清风者又有几个？"

夫人听罢，愤然地说："送礼受贿，投机钻营，历来为小人所为，大人对此一贯深恶痛绝，今日不知为何自食其言。不错，收下此礼也许不会有人追究，但只怕是要玷辱了大人的人格！"

司马迁一听，"扑哧"一笑，说："夫人所言正是。我只是故意考验你，你竟当真了。"

接着，他又转过身来，语重心长地对女儿说："此玉之所以美，就是因为它没有斑点、污痕，人也如此。我是一个平庸之辈，从不敢以白璧来比喻自己，但如果收下这份礼物，心灵上就会沾染上污痕。"

说着，司马迁把玉璧装回盒中交给家仆，随即又挥笔给李广利写了一封回信，表达了他的谢绝之意。

玉璧是非常珍贵的东西，不但有观赏价值、收藏价值，而且可以增值，况且被人送来可谓赠品。可是，司马迁却坚决拒绝，为什么呢？因为司马迁有真正的人生见识，不是自己劳动所得坚决不要。

可马迁如果平白无故地接受了别人送给他的白璧，那么就等于欠别人一个人情，今后那个人就会以送过白璧为由，请司马迁为他做一些事情；而司马迁可能会看在收过白璧的分上，做出一些对送白璧人有利的事。这样一来，司马迁犯错误，使他自己心灵的这块白璧增加斑点与污点，因而丧失人格。

白璧的可贵，就在于没有斑痕、污点，无瑕的白璧才有价值。由此可见看出，司马迁的廉洁与自爱。对于财富之利，司马迁曾经在《货殖列传》写道：

天下熙熙，皆为利来；天下壤壤，皆为利往。

大意是说，普天之下，芸芸众生为了各自的利益而劳累奔波，乐此不疲。这句话反映出司马迁受到先秦乃至秦汉时期“农本”思想的影响，但并未含轻商、贱商之意。表明司马迁已朦胧地意识到了物质利益规律是人类社会正常运行的第一驱动力，反映了其财富观的唯物主义倾向。

对于凭不义之财而富且贵的所为，司马迁在《货殖列传》中给它一个名字：奸富。他说：“本富为上，末富次之，奸富为下。”那时是农耕社会，本富是依靠农、牧、林、果、渔业的生产收入而致富；末富是指经营工商业、高利贷而致富；奸富是指违法犯禁而致富。

司马迁同时指出：“求富有正道，奸富不可取。”对作奸犯科、杀人越货、贪赃枉法、掘家盗铸伪币、赌博斗驱等非法手段得来的财富——不可取的不义之财，司马迁持明显的否定态度。

人对于不义之财的态度关系到一个人的前途和命运，富贵不能强求，富与贵如浮云一般，强求了必然有祸患。在这一点上，司马迁的做法以及他的观点和著述实践，反映了儒家义德教化的传统，为世人树立了榜样。

富贵贫寒不以貌论

李撰是宋代人，字子约。曾布是著名文学家曾巩的弟弟。曾布在河北正定任职时，李撰担任了那里的一个小官，家中一向贫寒，生活俭朴。

一次，曾布的夫人邀请李撰的母亲和妻子去她家做客。当时有个姓宋的武官，担任点狱官，他的妻子也带孩子参加了宴会。宋武官的妻子赴宴时服饰华贵，身上披珠挂翠，耀人眼目。李撰的母亲和妻子穿的是旧衣服，没有多加装饰。

赴宴时两家都带来了孩子。宋武官的孩子打扮得很漂亮，衣服也光彩华丽。李撰的孩子好像有些笨拙，然而却善于诵读诗书。来参加宴会的许多人都称赞宋武官的孩子，讥笑李撰的孩子。

事后曾夫人笑着对大家说：“李先生目前虽然贫寒，但他的孩子个个都是优秀的人才，将来前途不可估量。宋武官的孩子，虽然穿戴整齐华丽，我看将来也只能是为人跑腿的材料罢了。”

后来，李撰的五个儿子，其中三人做到侍从的官职，两人为郎官。宋武官的儿子，仅仅做了个小小武官。果真像曾夫人所预言的。

我国数学史上的牛顿刘徽

刘徽出身平民，终生未仕。他在童年时代学习数学时，是以《九章算术》为主要读本的，成年后又对该书深入研究。在长期研习过程中，他发现《九章算术》奥妙无穷，但同时也发现了其中存在的问题。

在当时，刘徽所面对的，是一分堪称丰厚而又有严重缺陷的数学遗产。

其基本情况是：《九章算术》约成书于东汉之初，没有具体的作者，当时的研究者主要有张苍、耿寿昌。此书共有246个问题的解法，在许多方面如解联立方程，分数四则运算，正负数运算，几何图形的体积面积计算等，都属于世界先进之列。

但《九章算术》只有术文、例题和答案，没有任何证明。张苍、耿寿昌之后的许多数学家们，尽管在论证《九章算术》公式的正确性上作了努力，但这些方法多属归纳论证，对《九章算术》大多难度较大的算法尚未给出严格证明，它的某些错误没有被指出。也就是说，刘徽之前的数学水平没有在《九章算术》的基础上推进多少，这给刘徽留下了驰骋的天地。

于是，刘徽经过深入研究后，在263年写成《九章算术注》，对上述存在的问题均作了补充证明。《九章算术注》的第十卷题为《重差》，即后来的《海岛算经》，内容是测量目标物的高和远的计算方法。

《九章算术注》的完成，是刘徽数学研究过程中里程碑式的成就，也使他登上了数学舞台。

刘徽在证明过程中，显示了他的创造性贡献。他建立了我国古代数学体系，并奠定了它的理论基础。这个数学体系包括以下几个方面：

一是用数的同类与异类阐述通分、约分、四则运算，以及繁分数化简等的运算法则。在开方术的注释中，他从开方不尽的意义出发，论述了无理方根的存在，并引进了新数，创造了用十进分数无限逼近无理根的方法。

二是在筹算理论上，先给方程以比较明确的定义，又以遍乘、通约、齐同3种基本运算为基础，建立了数与式运算的理论基础。他还用“率”来定义我国古代数学中的“方程”，即现代数学中线性方程组的增广矩阵。

三是逐一论证了有关勾股定理与解勾股形的计算原理，建立了相似勾股形理论，发展了勾股测量术，通过对“勾中容横”与“股中容直”之类的典型图形的论析，形成了我国特色的相似理论。

四是在面积与体积理论方面，他用出入相补、以盈补虚的原理及“割圆术”的极限方法提出了刘徽原理，并解决了多种几何形、几何体的面积、体积计算问题。这些方面的理论价值至今仍闪烁着光辉。

刘徽除了建立我国古代数学体系，还提出了有代表性的创见。主要有以下几项：

一是在几何方面提出了“割圆术”，即将圆周用内接或外切正多边形穷竭的一种求圆面积和圆周长的方法。他利用割圆术科学地求出了圆周率 $\pi=3.1416$ 的结果。他提出的计算圆周率的科学方法，奠定了此后千余年来我国圆周率计算在世界上的领先地位。

他还利用割圆术，从直径为2尺的圆内接正六边形开始割圆，依次得正12边形、正24边形等，割得越细，正多边形面积和圆面积之差越小，他计算了3072边形面积并验证了这个值。

二是在《九章算术·阳马术》注解中，在用无限分割的方法解决锥体体积时，提出关于多面体体积计算的刘徽原理，具有深刻的影响。

三是创见“牟合方盖”说。“牟合方盖”是指正方体的两个轴互相垂直的内切圆柱体的相交部分。在《九章算术·开立圆术》注中，他指出了原来的球体积公式的不精确性，与此同时，引入了“牟合方盖”这一著名的几何模型。

四是在《九章算术方程术》注中，他提出了解线性方程组的新方法，运用了比率算法的思想。

刘徽还在《海岛算经》中，提出了重差术，采用了重表、连索和累矩等测高测远方法。

他运用“类推衍化”的方法，使重差术由两次测望，发展为“三望”、“四望”。而印度在7世纪，欧洲在15世纪至16世纪才开始研究两次测望的问题。

事实上，整个《九章算术注》在数学命题的论证上，主要使用了演绎推理，即三段论、关系推理、连锁推理、假设推理、选言推理以及二难推理等演绎推理形式。刘徽《九章算术注》不仅有概念，有命题，而且有联结这些概念和命题的逻辑推理。这就标志着我国古代数学形成了自己的理论体系。

刘徽的数学体系及其创见，不仅对我国古代数学发展产生了深远影响，而且在世界数学史上也确立了崇高的历史地位。鉴于刘徽的巨大贡献，不少书上把他称作“中国数学史上的牛顿”。

先行其言而后从

子贡问君子。子曰："先行其言，而后从之。"子曰："君子周①而不比，小人②比③而不周。"

子曰："学而不思则罔④，思而不学则殆⑤。"子曰："攻⑥乎异端⑦，斯⑧害也已⑨。"

【注释】

①周：合群。

②小人：没有道德修养的凡人。

③比：勾结。

④罔：迷惑、糊涂。

⑤殆：疑惑；危险。

⑥攻：攻击。

⑦异端：不正确的言论。

⑧斯：代词，这。

⑨也已：这里用作语气词。

【解释】

子贡问怎样做一个君子。孔子说："对于你要说的话，先实行了，再说出来，这就算是一个君子了。"

孔子说："君子合群而不与人勾结，小人与人勾结而不合群。"

孔子说："只读书学习而不思考问题，就会迷惑而没有收获；只空想而不读书学习，就有疑惑而不能解决。"

孔子说："攻击那些不同的意见，那是有害的。"

【故事】

越王勾践卧薪尝胆

战国时代，吴国和越国是两个大国。吴王夫差为了霸主的地位，加紧训练士兵，准备打败越国。此时的越王勾践并没有意识到吴国的强大。勾践的大臣范蠡经常提醒他要小心吴国，但勾践认为吴国的实力远不如自己，就没把范蠡的话放在心上。

果如范蠡所料，夫差终于出兵了。夫椒一战，勾践惨败，被迫退守会稽山。最后求和不成，只好听命于夫差，到吴国去做奴仆。

范蠡担心勾践在吴国有杀身之祸，就陪同勾践一同前往吴国，去从事养马驾车等贱役。

有一天，吴王夫差登姑苏台游嬉，远见勾践君臣端坐在马粪堆边歇息，范蠡恭敬地守候在一旁。

夫差说："勾践不过小国之君，范蠡无非一介之士，身处危厄之地，不失君臣之礼，也觉可敬可怜。"从此，夫差便有了释放勾践回国的意思。

有一次，夫差生病了。范蠡知是寻常疾病，不久即愈，便与勾践商定一计，让勾践去尝粪预测疾病，讨吴王夫差的欢心。勾践对夫差竭力奉承，夫差很是欢喜，不久身体果然复原。于是，夫差做出释放勾践君臣回国的决定。

勾践回到越国后，立志报仇雪耻。他唯恐眼前的安逸消磨了志气，就在吃饭的地方挂上一个苦胆。每逢吃饭的时候，先尝一尝苦味，还自问："你忘了会稽的耻辱吗？"

他还把席子撤去，用柴草当作褥子。这就是后来人们传诵的"卧薪尝胆"。

勾践下决心要使越国富强起来，他叫文种管理国家大事，叫范蠡训练人马。他还根据连年征战，人口稀少的具体条件，制订了一系列奖励生育的政策。全国的老百姓都巴不得多加一把劲，好叫这个受欺压的国家赶快富强起来。

勾践整顿内政，努力生产，使人丁兴旺，国力渐渐强盛起来。在这种情况下，他就和范蠡、文种两个大臣商议怎样讨伐吴国的策略。

勾践向夫差施用美人计，消磨夫差精力，使他不问政事，以加速吴国的灭亡。

他派人专门物色最美女子，把越国美女西施、郑旦献给夫差，让她们天天陪夫差喝酒、跳舞。夫差在美色的迷惑下，果然迷恋其中。

勾践还收购吴国粮食，使粮库空虚。有一回，勾践派文种去跟吴王说："越国收成不好，闹饥荒，向吴国借 1 万石粮，明年归还。"

夫差在心爱女人西施的劝说下，一口答应了。

第二年，越国农业丰收。文种把 1 万石粮食亲自送还吴国。夫差就把这 1 万石卖给了老百姓作为种子。伯嚭把这些种子分给农民，命令大家去种。

到了春天，种子种下去了 10 多天，还没有抽芽。没想到，又过了几天，那撒下去的种子全都烂了，他们想再撒自己的种子，已经误了农时。

这一年，吴国闹了大饥荒，吴国的百姓全恨夫差。他们哪里想到，这是文种的计策。当初还给吴国的那 1 万石粮，原来是经过蒸熟又晒干了的粮食。

此外，勾践还给夫差赠送木料，帮助夫差兴建宫殿，实际上是在耗费吴国人力物力。

公元前473年，越王勾践做好了充分准备，大规模地进攻吴国。吴国接连打了败仗，丧失了大部分领土，只剩下姑苏一座孤城了。姑苏城很快被勾践攻破，太子友也被杀了。

夫差派大臣跪在勾践的军前，请求议和。范蠡笑着说："当年我的大王被你打败，你没有攻占越国，才会有今天的下场，今天轮到你了，我们怎么会议和呢？"

夫差听了以后，觉得无颜面见伍子胥，就拔剑自杀了。

勾践得胜回国，开了个庆功大会，大赏功臣。不过此时，春秋行将结束，霸政趋于尾声，勾践已是春秋最后的一个霸主了。

公孙闬巧言祸国

战国时期，成侯邹忌是齐国的相国，田忌是齐国的大将，两人感情不和，长期互相猜忌。

一天，公孙闬给邹忌献计说："阁下何不策动大王，令田忌率兵伐魏。打了胜仗，那是您谋划得好；一旦战败，田忌不死在战场，也会死在军法之下。"

邹忌认为他说得有理，于是劝说齐威王派田忌讨伐魏国。谁料田忌三战皆胜，邹忌赶紧找公孙闬商量对策。

公孙闬想出对策，派人带着10斤黄金招摇过市，找人占卜，自我介绍道："我是田忌将军的臣属，如今将军三战三胜，名震天下，现在欲图大事，麻烦你占卜一下，看看吉凶如何？"

卜卦的人刚走，公孙闬就派人逮捕占卜的人，在齐王面前验证这番话。田忌闻言非常害怕，只好出走避祸。

齐国自从田忌出走后，屡打败仗，直到最后被秦国兼并。

荀子坚信人定胜天

荀子是战国后期的著名思想家，也是儒家重要代表人物之一。在古代思想家中，荀子是主张“人定胜天”的杰出代表。他也以自己的方式，体现了自强不息的民族精神。

荀子从小就非常聪明，10岁已有神童美誉，学问很好。长大后曾北游燕国，但是很可惜，没被燕王赏识。到他50岁时，由于齐襄王招纳贤士，许多学者都前往齐国讲学，加上齐国以藏书丰富出名，所以荀子也被吸引前往齐国。

荀子在齐国待了几年，很受齐王尊敬，被封为“列大夫”，当了齐国的顾问。因为他年纪比较大，学问又好，因此他在53岁至七八十岁间，曾三度被众人推选为“祭酒”，就是飨宴时酹酒祭神的长者。

齐国当时有些气量狭小的人不免眼红，到处说荀子的坏话。齐王听信谗言后，渐渐和荀子疏远。荀子决定离开齐国。

这时，荀子已是81岁的老翁了，心情沉重万分。听说楚国的春申君爱好贤士，决定到楚国去。春申君仰慕荀子美名，决定请他担任“兰陵令”。没想到运气坏得很，有个人向春申君进谗言，春申君考虑之后，终于辞退荀子。

荀子经过秦国，拜见了秦昭王。此时秦昭王正和范雎设计攻伐天下的“远交近攻”阴谋，对荀子讲的大道理提不起一点儿兴趣，荀子只好回到赵国。荀子走后春申君很后悔，派人到赵国四请荀子，并且再三赔不是，最后拗不过春申君的好意，荀子又回到楚国当兰陵令。

后来春申君去世了，荀子也98岁了，就辞了官，写了32篇文章，这就是传留后世的儒家名著《荀子》。

荀子的著作逻辑非常严密和严谨，充满科学精神，表明他是一个具有科学精神的人。他的科学观点是：自然界有自然界的规律，人类社会有人类社会的规律。所以不要用天象说人事。

荀子在《荀子·天论》中说道：

天行有常，不以为存，不为桀亡。

大意是说，自然界有自己的规律，不因为现在执政的是尧舜这样圣明的君主，自然界就可以风调雨顺了。也不会因为现在执政的是夏桀、商纣王这样的昏君，就地震了，发洪水了。

从这种观点出发，荀子批评了当时人们对天的各种迷信。他认为："天不下雨就去求雨，跳着求雨的舞蹈。月亮出现了月食，大家就拿着个脸盆出来敲，说天狗吃月亮，让天狗吐出来，敲不敲都吐出来。但这种仪式只是表达心愿，不可当真。自然界是有自己的规律，它是按照自己的规律，在那儿运动的。"

荀子把"天"直接解释为自然现象，提出自然界的生产发展是天地阴阳变化的结果，这种变化没有意志、没有目的。

"天职"就是自然界自身的职能。人们看不见自然界在工作，但能看见自然界在变化，看见植物的生长，动物的生育。这是什么呢？是自然界本身具有的生机或功能。所以，在荀子这里，天就失去了它的神秘主义的色彩了。

由此，荀子指出，社会的治乱兴亡，个人的贫穷与富贵，也与天无关。荀子把人类自己的力量提升到了前所未有的高度，而人类这种力量与气概，他又把它提到了能与天地参的高度："天有其时，地有其财，人有其治，夫是之谓能参。"

这种与天地参的气概，又是人区别于众多物种之所在。如果说孟子在我国古代思想史上最先树立了伟大的个体人格观念，那么，荀子便在我国古代思想史上最先树立了伟大的人类族类的整体气概。

荀子突出了人的主宰万物而与天地并立，无须任何神意干预的奋斗理想。这种理想不同于孟子先验的内在的道德修养，而是区别人禽族类的外在的社会规范，也不是个体自发的善良本性，而是对个体具有强制性的群体要求。所以，人世的治乱，由人类来解决。

那么，人类又如何做到“制天命”达到与“天地参”呢？那就是学习，要学习礼义。荀子从人性“恶”的观点出发，强调必须用“礼”来约束、规范、节度人的自然欲求。

荀子说，人性都是天生而成的，无论贤愚，或不肖之人，其本性都一样，礼义道德等社会规范，不是与生俱来的，而是受了教育以后才会有的，圣人也是学习而来的。荀子仍像孔子那样突出“礼”，但是他更突出人的自觉实践，这才是与天地参的基础。

在荀子这里还学习到包括接触自然界、正确认识自然界的功用，使其为人类服务。他认为不能指望天，不能指望自然界，只能指望自己。只能靠自己，而且要自强，按照科学的规律来办事情。

荀子认为，人们从自然界能得到气象的报告，知道什么时候会下雨，什么时候会出旱灾，因此人们可以选择一个最合适的时候去播种，去收获。还可以从土地那里知道，什么样的土壤适合种什么样的庄稼。也就是说，人们可以去认识自然，掌握自然规律，顺应自然规律来发展自己的经济，发展自己的生产。这是一种朴素的科学发展观。而且由这种科学发展观，他得出了人应该自强不息的结论。

这不但把孔子“工欲善其事，必先利其器”的经验之谈，提到极为重要的理论高度，而且它也成为荀子整个理论的脊梁骨架。

荀子提出“天人之分”，是为了突出人的实践精神，但并不排斥而是包含着对天与人事如何相适应，相符合的重视和了解，仍然有着“天人合一”的思想。

荀子“人定胜天”思想的提出，与当时的社会背景有着直接的关系。当时社会生产力和科学水平有了提高，人类征服大自然的能力也大大提高了。新兴地主阶级关心生产并充满着改造自然改造旧的社会制度的信心。荀子的思想就是这一时代特点的体现。客观上，他对后世也产生了深远的影响。

荀子刚健奋斗的精神，赋予了“天行健，君子以自强不息”以人的品德色彩，创造性地建构了一个完整的世界观，成为整个儒家最基本和最高的哲学典籍。

荀子刚健奋斗的精神对后世的理想人格的构成有深刻影响。他在强调利用外物的同时，更强调人自身的实践。在他这里的实践则是一种自强不息、锲而不舍的奋斗精神。这种勤劳坚韧、孜孜不倦、愚公移山式的实践行动精神，正是中华民族的优良品德。

荀子提出“人定胜天”的思想，他的这一思想被誉为“辉煌千古的一段名论”。荀子的这一点，则是发展了孔子仁学的实用性，在我国古代哲学史上和我国古代文化心理结构的形成上具有不可低估的作用。

墨子行侠甘洒热血

自强不息精神不仅在儒家一派得到充分肯定和运用，在墨家这里同样被发扬光大。墨家的创始人是墨子，叫墨翟，他以自己的方式，践行了儒家的自强不息精神。

如果说孔子以仁、智、勇“三达德”为核心教育弟子勇毅力行，孟子“善养吾浩然之气”，那么，墨子留给人们的，就是他勇毅力行，行侠仗义，为了苍生甘愿抛洒一腔热血的献身精神。

在孟子生活的春秋末战国初期，鲁国有一个著名的工程师叫鲁班，他不仅是一个工程师，也是一个发明家，发明了很多的机器。有一次鲁班发明了一种进攻性武器叫“云梯”。这个武器开到城墙下，就可以飞快地架到城墙上，可以进攻别人的城市。

鲁班就把这项发明的专利卖给了楚国，楚国获得了这项发明的专利以后，开始大量生产云梯，准备去攻打宋国。墨子听说楚将伐宋国的消息后，大吃一惊。无论战争的结局如何，对楚宋两国的百姓来说，尤其是对宋国的百姓来说都是一场大灾难。

于是，墨子一面安排大弟子禽滑厘带领300名精壮弟子，帮助宋国守城；一面亲自出马前往楚国，甘冒风险，劝阻这场战争。他急急忙忙，日夜兼程，鞋破脚烂，毫不在意，赶了十天十夜的路，终于到达楚的国都郢，去见鲁班，要阻止楚王用鲁班发明的新武器攻打宋国。

到郢都后，墨子先找到了鲁班。打算说服他停止制造攻击宋国的武器，让他引荐自己去见楚王。

鲁班见了墨子，心里有些发慌，就对墨子说："你来我这里有什么事？"

墨子说："我在北方有一个仇人，希望先生能够帮我去杀掉他。"鲁班听了很不高兴，却并不说话。

墨子又说："要不这样，我送你十金怎么样？"

鲁班说："我是讲道义的人，怎么能平白无故杀人呢？"

墨子听了他的话，对他拜了两拜，说："我听说你造了云梯，要拿去攻打宋国。宋国有什么罪呢？你自己刚才还说讲道义，我让你杀一个人你还不高兴，难道杀那么多人就是讲道义了吗？"

鲁班无话可说，只好道："有什么办法呢？我已经和楚王说过了呀！"

墨子就让鲁班带他去见楚王。到了皇宫，墨子对楚王说："有人不肯坐自己华丽的车子，却想去偷邻居的破车子；不穿自己的好衣裳，却想偷邻居的破衣服穿；不吃自己家的美味佳肴，却想偷吃邻居家的老咸菜。您说，这是个什么样的人呢？"

楚王说："那他一定是疯了，得了偷窃病了吧？"

墨子说：“对呀，就是这样！楚国这么大，特产这么丰富，宋国那么小，出产十分贫瘠，楚国与宋国相比，就好像我刚才说的华丽的车子比之于破车子，锦绣衣裳比之于粗布衣服，白米肥肉比之于糟糠。我认为大王攻打宋国，正和这个害偷窃病的人一样。”

楚王说：“你说得很对，即便是这样，但是鲁班给我造好云梯了，我还是要打一下宋国的。”

墨子说：“其实你们攻打宋国，却也不一定会获胜！”于是，墨子解下衣带当作城，用竹片当器械，和鲁班演练攻守战。

鲁班一次又一次地设下攻城的方法，墨子一次又一次地挡住了他。鲁班先后攻了 9 次，墨子守了 9 次，结果都是鲁班失败。

后来，鲁班要求与墨子交换，鲁班守城墨子来攻。结果不出 3 个来回，墨子就攻到了城内。

这下子，鲁班恼羞成怒，就对墨子说：“我还有一种方法对付你，但我不告诉你！”其实鲁班的意思是叫楚王杀了墨子。

墨子听了只是一笑，看着鲁班道：“我知道你想怎么对付我，但我也不告诉你！”

楚王问这是怎么回事，墨子说：“鲁班的意思，只不过是想要你杀死我。以为杀了我，宋国就守不住了。但是我告诉你，我的大弟子禽滑厘已经带着我 300 个学生，拿着我发明的守城的器械，已然守在宋城之上严阵以待了。而且我的全部破敌之法禽滑厘已经烂熟于心，即使杀了我，你去了也是送死。”

楚王与鲁班知道墨子不是空手而来，后方早已布下阵势，准备得相当充分，终于意识到攻打宋国不是那么容易的事。于是楚王说道：“好啦，我们不要攻打宋国了！”

这个故事，就是墨子典型的行侠仗义。为什么说他是行侠仗义呢？因为墨子救宋国不是宋国人请他去救的，甚至宋国压根儿就不知道墨子到楚国去救他们了。

墨子在回国的路上，路过宋国的时候，天上下着大雨，墨子走到城门口，想进去躲躲雨，结果宋国人不让他进去。可见墨子不是为了自己，他是为了天下的和平，为了实现他自己反战的主张，所以说墨子是一腔热血。

这个故事出自《墨子·非攻》，谴责了进攻的战争，也就是反对侵略战争，这是墨子思想的一个重要内容。

春秋战国时期，战争频仍，土地荒芜，死者遍野，民不聊生。墨子看到了战争的残酷性、欺骗性和掠夺性，体察到下层的民情，代表小生产者及广大百姓的利益，提出了“非攻”的主张。

墨子还分析了社会动乱的根源是不相爱，他断言：

> 诸侯之间相爱，就不会发生野战；家族宗主之间相爱，就不会发生掠夺；人与人之间相爱，就不会相互残害；君臣之间相爱，就会相互施惠、效忠；父子之间相爱，就会相互慈爱、孝敬；兄弟之间相爱，就会相互融洽、协调。

墨子提出的“兼爱”的伟大主张，体现了劳动人民质朴、纯真、善良的品性与愿望，是一种弥足珍贵地追求和谐社会的理想，在我国古代思想史上独树一帜。“兼爱”和“非攻”是一个问题的两个方面。“攻战”是“不相爱”最集中、最典型、也是最强烈的表现。

非攻并不等于非战，而是反对侵略战争，很注重自卫战争。自卫是反侵略的一个重要的组成部分，不自卫就会等于不反侵略；兼爱是大到国家之间要兼相爱交相利，小到人与人之间也要兼相爱交相利。而非攻则主要表现在国与国之间。只有兼爱才能做到非攻，也只有非攻才能保证兼爱。

为了避免战争，维护和平，墨子以“兼爱”为根据，提出了一个“七不”准则，即：

> 大不攻小也，强不侮弱也，众不贼寡也，诈不欺愚也，贵不傲贱也，富不骄贫也，壮不夺老也。

这“七不”准则可视为人类历史上最早提出的国与国之间的关系准则，这个准则，表明了墨子伸张人间正义，保障人类权益，主持社会公道，推进世界和平的伟大理想。

总之，墨子以大无畏的精神行侠仗义，甘洒一腔热血，以“赴汤蹈火，死不旋踵”的实际行动，充分地诠释了墨家弟子崇高的人格力量和反对侵略战争的坚强决心和行动。

12岁做上卿的甘罗

甘罗，战国后期秦国人，12岁时被秦王拜为上卿。

甘罗出生在战国后期的秦国，他年轻有为，12岁时即被秦王拜为上卿，成为“一人之下，万人之上”的丞相。

公元前234年，秦王想联合燕国攻打赵国，于是下旨派张唐出使燕国，可是张唐借口有病，不肯前往。

60岁左右的文信侯吕不韦知道此事后，亲自坐车去说服张唐。

张唐推辞说：“我曾多次带兵攻打赵国，赵国人早已对我怀恨在心。这次如果去燕国，一定要经过赵国。所以，想来想去，只有请相国另请高明了。”

吕不韦再三劝说，张唐还是不肯答应。

吕不韦回到府里，独自坐在堂上烦闷。他有一位门客，名叫甘罗是秦国原来的左丞相甘茂的孙子，才12岁。甘罗见吕不韦心中不悦，便走向前问道：

“相国今天有什么心事吗？”

吕不韦正在气头上，便气呼呼地挥手道：“小孩子家懂什么，跑来多嘴！你还得多学着点！”

甘罗不慌不忙地说：“相国平时看重门下之士，就是因为门下之士能为您分忧解愁。现在您有心事却不愿让门下之士知道，门下之士即使想效忠，也使不出气力呀！”

吕不韦见甘罗说得有理，就把事情的经过原原本本地告诉了他。

甘罗听了，微微一笑："派张唐出使燕国，这有何难，相国为什么不早说呢？我可以去说服将军。"

吕不韦听了，又发起火来："走开，走开！我堂堂相国亲自去请，他都推三推四地不肯去，你一个小娃娃，有多大能耐，竟说此大话？"

甘罗不慌不忙地回答道："话不能这么说。当初项橐才7岁，就被孔子尊为老师。我现在已经12岁了，比项橐还大5岁呢。请让我去试一试，如果不能成功，您再斥责我也不迟呀。"吕不韦看到甘罗这样自信，就派他去张府说服张唐。

甘罗到了张府，直截了当地对张唐说："当初秦王派大将军白起去攻打赵国，白起推辞不去，最后被逼而死。今吕相国亲自来请你出使燕国，你推三推四地不肯去，依我看你的死期恐怕也不远了。"

张唐听了，毛骨悚然，面露惧色，马上向甘罗致谢：

"多谢您的提醒！"

张唐一面请甘罗代他向吕不韦谢罪，一面赶紧整理行装准备出使燕国。

张唐快要上路了，甘罗又去叩见吕不韦说："张将军虽然不愿意出使燕国，但途经赵国，的确也还存在障碍。请相国给我5辆马车，让我先到赵国，通报张将军要从赵国经过的事。"

吕不韦见甘罗考虑得如此周到，心里十分高兴，他立即带甘罗面见秦王嬴政。

秦王嬴政听了吕不韦的介绍，试探着问：

"甘罗，见了赵王你怎么说？"

甘罗胸有成竹地回答："这得看赵王是个什么样的人，必须见机行事，随机应变。"

"你这么小的年纪，到了赵国，能不能让赵王把你吓垮了？"秦王又微笑着问。

"我为什么要害怕呢？如果我是赵国的使臣，出使秦国，害怕还有可能，因为秦国比赵国要强大得多。可现在我将作为秦国的使臣，出使赵国，我又怕什么呢？”甘罗神情坦然地回答。

“嗯。”秦王微微点头，心中颇为高兴。

当即决定派甘罗为使者出使赵国。

赵王已经知道了秦、燕两国最近亲近往来的事，正在担心两国合力攻赵，忽然听到秦国使者来了，顿时喜出望外，亲自率领大臣到郊外迎接。

赵王见秦国使者只是一个5尺高的少年，可气度不凡，竟也不敢怠慢。赵王迎下甘罗，与之并肩而行。

甘罗问赵王：“大王听说燕太子丹已经到秦国作人质了吗？”

赵王回答：“听说了。”

“听说张将军要去燕国了吗？”

“也听说了。”

“燕太子丹到秦国作人质，说明燕国不欺骗秦国。燕、秦两国互不相欺，赵国就危险了。”

赵王听了，吓得脸色骤变，赶紧问：“秦国、燕国亲近，到底是什么用意呢？”

甘罗说：“秦国同燕国亲近，是想联合起来攻打赵国，扩大秦国在河间的地盘。与其被夺，大王还不如先割让5座城池给秦国，让秦国达到目的。我可以请求秦王，不派张唐出使燕国，断绝和燕国的关系，而和赵国友好。那样，赵国可以去攻打比自己弱小的燕国，而秦国又不去援助燕国，赵国得到的又何止是5座城池呢？”赵王听了十分高兴，马上把5座城池的地图交给了甘罗，让他带回交给秦王。

秦王决定不派张唐出使燕国，太子丹见形势有变，偷偷逃回燕国。赵国出兵进攻燕国，攻取燕国上谷郡30座城池，拿出11座城池献给了秦国。

秦国不费一兵一卒，先后得到了16座城池。秦王因为甘罗的特殊功勋，便封他为上卿，相当于丞相的官职。

杰出的科学家祖冲之

祖冲之很小的时候，正处于西晋末年这一战乱时期，由于故乡遭到战争的破坏，他家迁至江南。

祖冲之的祖父祖昌，曾在宋朝政府里担任过大匠卿，负责建筑工程，是掌握了一些科学技术知识的；同时，祖家历代对于天文历法都很有研究。因此祖冲之从小就有接触科学技术的机会。

祖冲之对于自然科学和文学、哲学都有广泛的兴趣，特别是对天文、数学和机械制造，更有强烈的爱好和深入的钻研。

祖冲之在青年时期，就有了博学多才的名声，并且被政府派到当时的一个学术研究机构去做研究工作。后来他又担任过一些地方上的官职。

祖冲之晚年的时候，南齐统治集团发生了内乱，政治腐败黑暗，人民生活非常痛苦。北魏乘机发大兵向南齐进攻。对于这种内忧外患重重逼迫的政治局面，祖冲之非常关心。

大约在494年至498年，祖冲之在担任长水校尉的官职时写了一篇《安边论》，建议政府开垦荒地，发展农业，增强国力，安定民生，巩固国防。但是由于连年战争，他的建议始终没有能够实现。过不多久，这位卓越的大科学家在500年的时候去世了。

祖冲之在生活中虽然饱受战乱之苦，但他仍然继续坚持学术研究，并且取得了很大的成就。他研究学术的态度非常严谨。他十分重视古人研究的成果，但又决不迷信，完全听从于古人。

一方面，他对于古代科学家刘歆、张衡、刘徽、刘洪等人的著述都做了深入的研究，充分吸取其中一切有用的东西；另一方面，他又敢于大胆怀疑前人在科学研究方面的结论，并通过实际观察和研究，加以修正补充，从而取得许多极有价值的科学成果。

祖冲之是历史上少有的博学多才的人物。他曾经重新造出了指南车、千里船、水碓磨等巧妙机械多种。此外，他精通音律，擅长下棋，还写有小说《述异记》。

祖冲之最大的贡献在天文和数学方面，是一位杰出的数学家和天文学家。

数学成就：在数学方面，祖冲之写的《缀术》一书，被收入著名的《算经十书》中，作为唐代国子监算学课本，可惜后来失传了。《隋书·律历志》留下一小段关于圆周率（π）的记载，祖冲之算出π的真值在3.1415926和3.1415927之间，相当于精确到小数第七位，简化成3.1415926。“祖率”是当时世界上最先进的成就。祖冲之还给出π的两个分数形式，即约率22/7和密率355/113，其中密率值比欧洲要早1000多年。祖冲之还和儿子祖暅一起圆满地利用“牟合方盖”，解决了球体积的计算问题，得到正确的球体积公式。

天文历法成就：祖冲之在天文历法方面的成就，大都包含在他所编制的《大明历》及为《大明历》所写的驳议中。在祖冲之之前，人们使用的历法是天文学家何承天编制的《元嘉历》。

祖冲之经过多年的观测和推算，发现《元嘉历》存在很大的差误。于是祖冲之着手编制新的历法，在462年，他编制成了《大明历》。而《大明历》在祖冲之生前始终没能采用，直至510年才正式颁布施行。

《大明历》的主要成就在于：区分了回归年和恒星年，首次把岁差引进历法，测得岁差为45年11月差一度；定一个回归年为365.24281481日，直至1199年南宋杨忠辅制统天历以前，它一直是最精确的数据。

采用391年置144闰的新闰周，比以往历法采用的19年置7闰的闰周更加精密；定交点月日数为27.21223日；得出木星每84年超辰一次的结论，即定木星公转周期为11.858年。

给出了更精确的五星会合周期，其中水星和木星的会合周期也接近现代的数值；提出了用圭表测量正午太阳影长以定冬至时刻的方法。

祖冲之在天文历法以及数学等方面的辉煌成就，充分表现了我国古代科学的高度发展水平。他编制的《大明历》标志着我国古代历法科学的一大进步，开辟了历法史的新纪元。

他求得圆周率7位精确小数值，打破以前的历史的纪录，是世界范围内数学领域的里程碑。祖冲之不仅是我国历史上杰出的科学家，而且在世界科学发展史上也有崇高的地位。

知之为知之

子曰："由[①]，诲女[②]知之乎？知之为知之，不知为不知，是知也。"

子张[③]学干禄[④]，子曰："多闻阙[⑤]疑，慎言其余，则寡尤；多见阙殆，慎行其余，则寡悔。言寡尤[⑥]，行寡悔，禄在其中矣。"

【注释】

①由：姓仲名由，字子路。生于公元前542年，孔子的学生，长期追随孔子。

②女：同汝，你。

③子张：姓颛孙名师，字子张，生于公元前503年，比孔子小48岁，孔子的学生。

④干禄：干，求的意思。禄，即古代官吏的俸禄。干禄就是求取官职。

⑤阙：缺。此处意为放置在一旁。

⑥寡尤：寡，少的意思。尤，过错。

【解释】

孔子说："由，我教给你怎样做的话，你明白了吗？知道的就是知道，不知道就是不知道，这就是智慧啊！"

子张要学谋取官职的办法，孔子说："要多听，有怀疑的地方先放在一旁不说，其余有把握的，也要谨慎地说出来，这样就可以少犯错误；要多看，有怀疑的地方先放在一旁不做，其余有把握的，也要谨慎地去做，就能减少后悔。说话少过失，做事少后悔，谋求官职的方法就在这里了。"

【故事】

韩非著书实现改革

战国末年，天命和鬼神思想盛行，诸侯争霸，民不聊生。思想家韩非以“人定胜天”“世异事异”的观点做依据，上书韩王，推行改革。

韩非上书多次，韩王没有采纳。韩非想：只有以最有力的论点，最巧妙的办法把自己的主张宣传出去，理想才会实现。于是，他开始夜以继日地著书立说。

终于，他写出了《五蠹》《孤愤》《显学》《解老》《喻老》《定法》《问田》《难势》《难一》等20卷、55篇、10万言论著，综合了商鞅的“法”治，申不害的“术”治，慎到的“势”治，提出了一套以“法”为中心，“法、术、势”三结合的政治主张。

他的《五蠹》等文章传到秦王嬴政手里，秦王如获至宝。为得到韩非，秦王趁韩王派韩非出使秦国之机将其留下，这样，韩非的改革愿望才得以实现。

杰出的农学家贾思勰

贾思勰出身于地主家庭，与当时一般地主子弟和读书人不同的是，他十分注重生产事业，有着发展生产和富民强国的热切愿望。

贾思勰曾经做过高阳郡太守，郡治在今河北省高阳。在高阳太守任上，他下定决心一定要做一个“好官”。

他说：“圣人不以自己的名位不高为可耻，只是忧虑人民的贫困，奖励生产就可以使人民摆脱穷困。”他关心人民生活，注意发展生产，同情人民的痛苦。除了奖励生产以外，他还亲身参加劳动。

那时候，在黄河流域居住着各族人民，人们在生产中相互学习，在耕种、畜牧、种植树木方面都积累了非常丰富的经验。贾思勰常跟农民谈论生产上的事情，虚心地向农民请教，尤其是注意向老农学习生产上的经验和知识。

他很看重这些经验，下决心要把这些经验总结起来，传播出去，以发展祖国的农业生产。于是，贾思勰就下定决心。最后，他终于写成《齐民要术》这一经典巨著。

贾思勰之所以把这部书叫作《齐民要术》，其实也反映了他忧虑人民贫困和奖励农业生产的一贯思想。“齐民”这个词，用现代语言翻译出来，就是“平民”或“人民”的意思；“要术”就是谋生的主要方法。“齐民要书”4个字合起来的意思，就是“人民群众谋生的主要方法”。

《齐民要术》中的每字每句都不是随便写下来的，而是有来历、有根据，经过实践检验过的。除了当时人的经验，比如西汉农学家氾胜之的《氾胜之书》，就是作为很重要的参考材料。这就是《齐民要术》所以成为我国农业科学发展史上不朽著作的原因。

《齐民要术》的内容十分丰富。全书90篇，分成10卷。不仅总结了当时以及以前汉族人民的生产知识和技术，也记录下了各兄弟民族宝贵的生产经验，以及各族人民间生产经验互相交流的情况。贾思勰在《齐民要术》里总结了我们祖先哪些重要的生产经验呢？

一是不误农时，因地种植。

农作物的栽培和管理，必须按照不同的季节、气候和不同的土壤特点来进行。这是贯穿在《齐民要术》中的一条根本原则。

贾思勰把最适宜的季节叫作“上时”，其次的叫作“中时”，不适宜的季节叫作“下时”，并且告诉大家不要错过适宜的栽培季节“上时”。他又指出，种植各种作物的土壤条件，也各不相同。

在《齐民要术》里，贾思勰还根据实际经验说明，同一种作物不仅在不同的土壤上使用种子的分量不能相同，并且同一农作物在上时、中时、下时下种，用种子的分量也有差别。这些原则都是科学的。

关于土壤条件对农作物的影响，贾思勰在《齐民要术》里有许多很有意义的记载。

他说：“并州没有大蒜，都得向朝歌去取蒜种，但是种了一年以后，原来的大蒜变成了蒜瓣很小很小的蒜。并州芜菁的根，像碗口那么大，就是从别的地方取来种子，种下一年，也会变大。在并州，蒜瓣变小，芜菁的根变大，是土壤条件造成的结果。这说明栽种农作物必须注意自然条件。”

这就是说，植物的本性在不同的环境下是可以改变的。从这里，可见我们祖先早就从生产实践中知道了植物遗传和环境的关系，也知道除了要重视自然条件以外，还可以“驯化”农作物。

二是精耕细作，保墒抢墒。

贾思勰在《齐民要术》里说：“地一定要耕得早，耕得早，一遍抵得上三遍；耕迟了，五遍抵不上一遍。”

他又说：“耕地要深，行道要窄。因为如果行道耕得太宽了，就会耕得不均匀，深一处，浅一处；而且耕牛因为用力太多，也容易疲乏。耕完地以后，就要立即把土锄细和耙平，经过几次锄、耙，才好开始播种。当绿油油的谷苗长出田垅以后，还要反复地锄地。这不是为了把地里的杂草锄去，而是要使土壤松匀，土壤锄得越疏松均匀，农作物就越容易吸取土壤中的养分。”

另外，《齐民要术》里也记载了我们祖先的“冬灌”的经验。这就是把雪紧紧地粑在地里，或把雪积成大堆，推到栽下种子的坑里去，以防止大风把雪刮走，使地里有充足的水分。这样，春天长出来的庄稼就会特别旺盛。

《齐民要术》里还要大家注意抢墒。黄河流域在春末夏初播种的季节里雨量很少，经验告诉我们的祖先，必须趁雨播种。谷物的播种，最好是在下雨之后。如果雨小，不趁地湿下种，苗便得不到充足的水分，就不容易长得健壮。

但是，遇到雨大就不能这样做，因为雨太大，地太湿，杂草就会很快地长起来。同时，谷物也不适宜在过湿的土地上生长。这就要在地发白后再下种。

这样保墒保泽的经验，即使在今天来说，也是很宝贵的。

三是选择种子，浸种催芽。

如果不选种，不但庄稼长不好，种子还容易混杂。种子混杂了，就会给生产带来很多麻烦，不但出苗会迟早不齐，谷物成熟的时期也不一样。关于选种的方法，《齐民要术》里记载，不论是粟、黍，还是秫、粱，都要把长得好的、颜色十分纯洁的割下来，挂在通风干燥的地方。

留种地要耕作得特别精细，要多加肥料，要常常锄地，锄的遍数越多，结的籽粒就越饱满，才不会有空壳。种子收回来后，要先整理，并且要埋藏在地窖里，这才可以防止种子混杂的麻烦。

《齐民要术》里也记载着浸种和催芽的方法。在播种前20天，就应该用水淘洗种子，去掉浮在上面的粃子，晒干后再下种。也有让水稻浸到芽长两分，早稻浸种到芽刚刚吐出时再播种的。

四是合理施肥，轮作套作。

秋天的时候，要是耕种长着茅草的土地，最好让牛羊先去践踏，然后进行深翻。这样，草被踏死了，深翻后埋在地里可以做肥料。在没有茅草的地里，秋耕时也要把地里的杂草埋到地里去，第二年的春天草再长出来时，要再把它埋到地里去。这样，经过耕埋青草的土地，就像施了粪肥的土地一样肥沃，长出的庄稼就会又肥又壮。

另外，用过豆科作物做绿肥的地里，如果种上谷子，每亩可以收获很大的产量。《齐民要术》里也提到用围墙和城墙的土作为肥料的办法。直至现在，这些办法对我国农村的积肥造肥，也还是很有用处的。

《齐民要术》里还讨论了轮作和套种方法。有的农作物连栽不如轮作，麻连栽就容易发生病害，降低麻的品质。接着又讨论了哪一种作物的“底”最好是什么。什么是“底”呢？就是我们所说的“上茬”。

谷物的底最好是豆类，大豆的底最好是谷物，小豆的底最好是麦子，瓜的底最好是小豆，葱的底最好是绿豆。再如，葱里可以套种胡荽，麻里可以套种芜菁等。这种用轮作发挥地力和培养地力的方法，现在仍旧是值得我们重视的。

五是果树栽培，因树施法。

贾思勰说，果树的种类很多，有的耐寒，有的喜润湿，有的在冬天结实，有的要在风和日暖的时候才开花结果。

各种果树的特点既然各不相同，栽培的方法也不能一样，不能以适合一种果树的方法死搬硬套地应用到别的果树上去。例如李树用播种移栽的方法，最好是扦插；梨树则用嫁接的方法最为适宜等。

贾思勰根据农民的经验，提出了不同树种的栽培方法。以桃树为例，他说桃子熟的时候，连果肉一起埋到粪地里，至第二年春天再把它移到种植的地上去，这样的桃树成熟早，3 年便可以结果，因此不必用插条来扦插。

要是不把种子放在粪地里，植株不会茂盛；如果就让桃树留在粪地里生长，果实不会大而且味苦。此外，贾思勰还很细致地总结了果树嫁接的方法，以及怎样注意防止果树遭受霜冻损害的方法。

六是选好种畜，精心饲养。

贾思勰在《齐民要术》里指出，畜养动物首先应该重视选种，要选择最好的母畜来做种畜，不能随随便便让不好的母畜繁殖后代。这说明我们的祖先很早就注意牲畜的遗传性。除此以外，《齐民要术》还很重视牲畜怀胎的环境，以及小牲畜出生后的环境对它们的影响。还告诉我们要注意对肉用牲畜的阉割和掐尾。

在牲畜的饲养法方面，贾思勰在《齐民要术》里总结了很多丰富的经验。以养马为例，贾思勰指出，马饿时可以喂比较坏的饲料，饱时再给好的，这样马可以吃得多，因而也可以肥壮。饲料要铡得细，过粗马吃了不会肥壮。

给马喂水也有一定的规则。早上马饮水要少，中午可以让马多饮一点，到了晚上，因为要过夜，要让它尽量饮水。每次饮水之后，要让马小跑一阵，出汗消水。《齐民要术》里也记载了几十个医治马病的方法。这都是我们祖先由实践中得出有效的方法。

七是农村副业，多种经营。

我们的祖先不仅在农业、林业和畜牧业方面取得了很大的成就，而且在农村副业方面也积累了丰富的经验。《齐民要术》里指出，养蚕的屋子里要温度适宜。屋里太冷蚕长得慢，太热就枯焦干燥。因此，养蚕的房屋，冬天四角都得生火炉，屋子的冷热这样才会均匀。

在喂蚕的时候要把窗户打开，蚕见到阳光吃桑叶就多，也就长得比较快。这时候用柘树叶养蚕也开始了。我们祖先也知道了柘丝质量很好，用其制作胡琴等乐器的弦，比一般的丝还强，发出来的声音非常响亮。

在《齐民要术》里记载的柘蚕取丝的方法，可能是我国关于这方面的最早的文字记载。

此外，《齐民要术》里还记载做染料的方法，使用“皂素”的经验，以及记载了酿酒、造醋、做酱、制豆豉等方法。

上面所介绍的，只是《齐民要术》内容的极少部分，但我们已经初步知道，早在 1400 多年前，我国农业科学已经达到很高的水平。

贾思勰的《齐民要术》是我国在 6 世纪的一部最完整的、最有系统的、内容最丰富的农学著作，也是世界农学史上最早的一部不朽的名著。书中闪烁着我们祖先的智慧的光辉和伟大的创造力，对以后的农业科学的发展有很大影响。

《齐民要术》以后，我国4种规模最大的农学著作，即元朝司农司编《农桑辑要》、王祯的《农书》、明朝徐光启的《农政全书》和清朝“敕修”的《授时通考》，没有一种不拿《齐民要术》作为范本的。就是规模比较小的许多农学著作，如陈敷的《农书》、鲁明善的《农桑衣食撮要》，也都受《齐民要术》的影响。

伟大的地理学家郦道元

郦道元生于仕官家庭，父亲郦范做过刺史、尚书郎、太守等职。郦道元从少年时代起就爱好游览，有志于地理学的研究。他跟随父亲在青州时候，就曾经和友人一起游遍山东。

郦道元喜欢游览祖国山川，尤其喜欢研究各地水文地理、自然风貌。他充分利用在各地做官的机会进行实地考察，足迹遍及今河北、河南、山东、山西、安徽、江苏等广大地区，调查当地的地理、历史和风土人情等，掌握了大量的第一手资料。

每到一个地方，他都要游览名胜古迹、山川河流，悉心勘察水流地势，并访问当地长者，了解古今水道的变迁情况及河流的渊源所在、流经地区等。同时，他还利用业余时间阅读了大量古代地理学著作，积累了丰富的地理学知识，为他的地理学研究和著述打下了基础。

郦道元通过把自己看到的地理现象同古代地理著作进行对照比较，

发现其中很多地理情况随着时间的流逝发生了很大变化。

比如三国时代桑钦所著的地理学著作《水经》，此书虽然对大小河流的来龙去脉缺乏准确记载，但由于时代更替，城邑兴衰，有些河流改道，名称也变了，但书上却未加以补充和说明。而且记载相当简略，缺乏系统性，对水道的来龙去脉及流经地区的地理情况记载不够详细、具体。郦道元认为，如果不及时把地理现象的变迁记录下来，后人就更难以弄明白历史上的地理变化。所以，应该在对现有地理情况的考察的基础上，印证古籍，然后把经常变化的地理面貌尽量详细、准确地记载下来。

在这种思想指导下，郦道元决定利用自己掌握的丰富的第一手资料，在《水经》的基础上，亲自给《水经》作注。

事实上，郦道元一生的著述很多，除了《水经注》外，还有《本志》30 篇及《七聘》等著作，但是，流传下来只有《水经注》。

作为一位杰出的地理学家，郦道元在《水经注》的序言中对前代的著名地理著作进行了许多点评。秦朝以前，我国已有许多地理类书籍，但当时国家不统一，生产力水平不发达，人们对地理的概念还比较模糊，这些作品中普遍存在的问题就是虚构，如《山海经》《穆天子传》《禹贡》等。

郦道元坚决反对“虚构地理学”，他在《水经注》序言中提出了自己的研究和工作方法，那就是重视野外考察的重要性。

《水经注》一书中记载了郦道元在野外考察中取得的大量成果，这表明他为了获得真实的地理信息，到过许多地方考察，足迹踏遍长城以南、秦岭以东的中原大地，积累了大量的实践经验和地理资料。

例如江南会稽郡的诸暨县，有五泄瀑布，景色壮丽，向来不为世人所知。郦道元在《水经注》里面首次记载了五泄飞瀑壮观的气势。从此，世人方知五泄的山水景观。

郦道元在实地调查中原地形的同时，又广泛收集南方的地理著作，进行对比研究，得出自己的结论。

郦道元为了写《水经注》，还阅读有关书籍，查阅了所有地图，研究了大量文物资料。据统计，他引用的文献多达480种，其中属于地理类的就有109种。经过长期艰苦的努力，郦道元终于写成名垂青史的著作《水经注》。

《水经注》名义上是注释《水经》，实际上是在《水经》基础上的再创作，其成果是空前的。全书共40卷，30多万字，记述了1252条河流，比原著增加了河流近千条，增加了文字20多倍。

书中还记述了各条河流的发源地与流向，各流域的自然地理和经济地理状况及火山、温泉、水利工程，还记述了历史遗迹、人物掌故、神话传说等，其内容比《水经》原著要丰富得多。

《水经注》在写作体例上，以水道为纲，详细记述各地的地理概况，开创了古代综合地理著作的一种新形式。

《水经注》涉及的范围十分广泛。从地域上讲，郦道元虽然生活在南北朝对峙时期，但是他并没有把眼光仅限于北魏所统治的一隅，而是抓住河流水道这一自然现象，对全国地理情况作了详细记载。不仅这样，书中还谈到了一些外国河流，说明作者对于国外地理也是注意的。

从内容上讲，书中不仅详述了每条河流的水文情况，而且把每条河流流域内的其他自然现象，如地质、地貌、地壤、气候、物产民俗、城邑兴衰、历史古迹以及神话传说等综合起来，作了全面描述。

《水经注》是6世纪前我国最全面、最系统的第一部完整记录华夏河流山川地貌的地理学巨著，对于研究我国古代历史和地理具有重要的参考价值。

《水经注》不仅是一部具有重大科学价值的地理巨著，而且也是一部颇具特色的山水游记。郦道元以饱满的热情，浑厚的文笔，精美的语言，形象生动地描述了祖国的壮丽山川，表现了他对祖国的热爱和赞美，具有较高的文学价值。

由于《水经注》在我国科学文化发展史上的巨大价值，历代许多学者专门对它进行研究，形成一门“郦学”。

在漫长的中世纪，西方世界正处在基督教会统治的黑暗时代，全欧洲在地理学界都找不出一位杰出的学者。东方的郦道元留下了不朽的地理巨著《水经注》40卷，不仅开创了我国古代“写实地理学”的历史，而且在世界地理学发展史上也占有重要的地位。他不愧为中世纪最伟大的世界级地理学家。

杜甫以诗抒发爱国情

大唐盛世，让时人树立起强烈的民族自豪感和民族自信心，这是一种可贵的爱国情感。盛世爱国应该是很自然的事情，但如果衰世也能爱国，就更加值得歌颂，正所谓“疾风知劲草”。杜甫就是一个坚守节操，经得起考验的爱国诗人，在中华民族爱国思想史上树立了一座永放光芒的人格丰碑。

杜甫所处的时代，是唐帝国由盛而衰的一个急剧转变的时代，“安史之乱”是这一转变的关键。他一生的创作，紧密联系时代，抒发了忧国忧民的伟大情怀。

杜甫祖籍今湖北省襄阳，著名诗人杜审言之孙。也许是良好的遗传因子起了作用，7岁的杜甫竟能写咏凤凰的小诗了。在度过了一段书斋生活后，为了开阔视野，认识人生，交结友朋，增长才识，杜甫于20岁时开始漫游吴越。

杜甫从洛阳出发，来到长江边，过金陵下姑苏，渡浙江，泛剡溪，寻禹穴，赏鉴湖，登天姥，遍览了长江流域的秀丽山川，名胜古迹。

抱有盛唐时期青年诗人所共有的浪漫情怀，读过了千卷书，行了万里路后，24岁的杜甫心气高昂地来到洛阳考进士。孰料，竟落选了，这无异于给了他当头一棒，但是，具有坚强性格的杜甫，经受住了这次挫折。

第二年，杜甫又东游齐赵，过着“裘马轻狂”的生活，并在漫游中结识了李白、高适等大诗人。3 人情趣契合，一起登高怀古，访道寻幽，赋诗论文，结下了深厚的友谊。

杜甫在历时 10 年的漫游中，接触到了灿烂的文化遗产和壮丽的河山，扩大了视野和心胸。写下了“会当凌绝顶，一览众山小”“何当击凡鸟，毛血洒平芜”“短衣匹马随李广，看射猛虎终残年”等豪壮诗句。

杜甫在 35 岁的时候，再次来到长安，满怀希望而参加“制举”考试，却又落选了。不过这次是权相李林甫怕应考者揭露自己的劣迹，玩弄各种手法，使应试人全部落第，还以此标榜“野无遗贤”，遂使考试成为一场骗局，杜甫是这次骗局受害者之一。

这时，杜甫的生活日益穷困潦倒，急于在政治上寻求一条出路，以实现自己“致君尧舜上，再使风俗淳”的政治抱负。于是，他一再直接向皇帝献赋、上表，希望引起最高层的注意。然而，杜甫在当权者的冷遇下，困守长安长达 10 年。

生活磨砺了杜甫，也成全了杜甫，10 年困守的结果，使杜甫变成了一个忧国忧民的诗人。他逐渐打破了对盛世的幻想，“致君时已晚，怀古意空存”，预见到盛世下隐伏的危机。

就在这时，“安史之乱”爆发了。杜甫流亡颠沛，欲投奔唐肃宗皇帝，竟被叛军俘获，后机智地逃离长安，来到唐肃宗所在地凤翔。

“麻鞋见天子，衣袖露两肘。”杜甫的忠诚感动了皇上，因此被授予左拾遗之职。然而，杜甫在权力中心仅仅待了不到两年，便因言事触怒皇上，被放还探亲。

此后，杜甫的诗作更贴近时代。作于“安史之乱”中的诗作《春望》，真切地抒写了动乱给唐王朝造成的巨大破坏，表达了诗人爱国思家的深沉感情：

国破山河在，城春草木深，

感时花溅泪，恨别鸟惊心，

烽火连三月，家书抵万金，

白头搔更短，浑欲不胜簪。

“安史之乱”前后，杜甫像屈原那样将个人的命运与国家、人民的命运联系在一起，继承屈原“发愤以抒情”的创作精神，写出诸如抨击腐败的裙带政治的《丽人行》，描述百姓受兵役之苦的《兵车行》《三吏》《三别》，及反映民生疾苦的《哀江头》《北征》《羌村》等。

杜甫的这些诗，几乎反映了“安史之乱”的社会全貌，体现了一个忧国忧民的爱国诗人高度的社会责任心。这一系列具有高度的人民性和爱国精神的诗篇，使之达到了现实主义的创作高峰。

759年，已经48岁的杜甫，到达长江上游的成都，开始他人生最后10年漂泊西南的生活。到达成都的第二年春天，杜甫在朋友资助下营建了草堂，生活总算暂时安定下来。在环境幽美静谧的新居，他经营药圃，栽种芋栗，与农民朋友为邻，互相往来。

杜甫在锦城定居之后，便拜谒武侯祠，写下一首《蜀相》诗：“丞相祠堂何处寻，锦官城外柏森森，映阶碧草自春色，隔叶黄鹂空好音。三顾频烦天下计，两朝开济老臣心。出师未捷身先死，长使英雄泪满襟。”

杜甫，满怀对诸葛亮的崇敬，向武侯伺堂寻来。诗中“三顾频烦天下计，两朝开济老臣心”两句，概括了诸葛亮的一生，表达了诗人对诸葛亮的钦敬。想到此，诗人不禁老泪纵横了，诗人的一片诗心，全在此处凝结。

杜甫在成都留住了5年，由于生活安定和环境优美，写了许多动人，情致高远，吟咏巴蜀山水的诗。诗人围绕着草堂风光，写了一些精妙的绝句。如“迟日江山丽，春风花草香”、“两个黄鹂鸣翠柳，一行白鹭上青天。窗含西岭千秋雪，门泊东吴万里船”等，表现了诗人对巴蜀大好河山的热爱。

这一时期，杜甫也并没有完全陶醉于山水吟咏之中。战争给人民带来的祸害，特别是精神上的痛苦，使他仍将笔触伸向了社会现实。

杜甫因自己的那间茅草房被秋风吹破，想到天下所有的处在饥寒交迫中的人们，写下了《茅屋为秋风所破歌》，诗作最后写道："安得广厦千万间，大庇天下寒士俱欢颜，风雨不动安如山。呜呼！何时眼前突兀见此屋，吾庐独破受冻死亦足！"

他宁愿"冻死"来换取天下穷苦人民的温暖，这是多么难能可贵的忧民之心！读之令人震撼不已，感喟不已。这正是杜甫伟大之所在，崇高之所在。

杜甫还有一首《登楼》诗，更能表达他爱国伤时的情怀："花近高楼伤客心，万方多难此登临。锦江春色来天地，玉垒浮云变古今。北极朝廷终不改，西山寇盗莫相侵。可怜后主还祠庙，日暮聊为梁甫吟。"

诗写登楼的所见所感，将锦江、玉垒的蜀川江山同古往今来的变迁、忧国忧民的心事熔为一炉，借史发感，充分体现了当时杜诗境界壮阔而又沉郁顿挫的艺术特色。

763年正月，延续7年多的"安史之乱"，至此基本结束。这一振奋人心的消息传来，悲歌了一生的诗人写出了情绪欢快而感人的诗篇《闻官军收河南河北》："剑外忽传收蓟北，初闻涕泪满衣裳。却看妻子愁何在，漫卷诗书喜欲狂。白日放歌须纵酒，青春做伴好还乡。即从巴峡穿巫峡，便下襄阳向洛阳。"

此诗一气贯注，奔流直下。它的每一个音符里，都跳动着喜悦的感情。他欣喜若狂，正准备携全家离开蜀州时，因好友严武重来镇守四川，便打消了出蜀念头。后来严武病故，诗人便带着全家离开成都草堂乘舟东下，在岷江、长江漂泊。沿途都有吟咏长江的诗作。

在渝州至忠州的途中，杜甫写下了寓情于景的名作《旅夜书怀》："细草微风岸，危樯独夜舟。星垂平野阔，月涌大江流。名岂文章著，官应老病休。飘飘何所似？天地一沙鸥。"

风吹岸草，江中孤舟，星垂旷野，月涌江流，如同一幅浓郁的水墨画卷。“飘飘何所似？天地一沙鸥”，这正是诗人暮年漂泊的悲苦境况的真实写照。

途经四川云阳时，杜甫作有五律《长江》二首，其一写道：“众水会涪万，瞿塘争一门。朝宗人共挹，盗贼尔谁尊？孤石隐如马，高萝垂饮猿。归心异波浪，何事即飞翻？”

其二写道：“浩浩终不息，乃知东极临。众流归海意，万国奉君心。色借潇湘阔，声驱滟滪深。未辞添雾雨，接上过衣襟。”

这两首诗极力描写了长江瞿塘峡之险峻和波浪掀天的惊心动魄的场面，以及江流浩荡、百川归海的气势。触景生情，诗人那种爱国忧民和盼望国家统一的情感，也从诗里行间流露出来。

766年，杜甫到达夔州。白帝城和夔门就在这里。此地依山临江，气势雄伟。诗人在夔州朋友的帮助下，安居下来。“他乡阅迟暮，不敢废诗篇”。

他倾力作诗，将长江天府之国的壮丽山川、名胜古迹同自己蹉跎岁月的感慨结合起来，诗笔悠悠，诗作甚丰。

768年，杜甫漂泊至长江、汉水之间的湖北公安，作有《江汉》一诗：“江汉思归客，乾坤一腐儒，片云天共远，永夜月同孤。落日心犹壮，秋风病欲苏。古来存老马，不必取长途。”此诗表现出一种烈士暮年、壮心不已的情怀。

770年，杜甫滞留潭州，以舟为家，于衰病愁苦、孤寂辛酸之中，写下了生平最后一首诗《风疾舟中伏枕书怀三十六韵奉呈湖南亲友》，他仍不忘于时局，其中写道：

公孙仍恃险，侯景未生擒。

书信中原阔，干戈北斗深。

杜甫就是这样一个人，为国家，为人民忧虑了一生，歌唱了一生，直至病倒在湘江中与他数载相依为命的破船上，才永远停止了歌唱，时年59岁。

范仲淹先天下而忧

范仲淹出生于北宋重镇真定府。他不满周岁即遭丧父，少时在山东长山醴泉寺苦读，年轻时赴河南商丘应天书院苦读5年。1015年，27岁的范仲淹考取进士，踏上仕途生涯，开始了他爱国爱民的一生。

1021年，范仲淹任江苏泰州西溪盐仓监官。在西溪，他目睹民不聊生的局面，为解救当地万民不再继续遭受海潮之苦，范仲淹实地勘察调研后制订了修堤治水方案。这事原本同他这个管理盐仓的盐税官不搭界，可他为了国家和人民，甘愿揽事上身，把提案呈报顶头上司张纶。

此事立即招来众多非议。可张纶却是个明智有头脑的人，看了范仲淹的上书和方案，很欣赏这位敢言敢为的下属，力排众议，立即将范仲淹方案立项奏请朝廷，任命范仲淹为灾区中心兴化县令主持整个修堰工程。此项目得到朝廷批准。

1024年秋，范仲淹奉旨率领通、楚、泰、海四州兵夫民工4万余众，打响了浩大的筑堤战役。范仲淹的好友滕宗谅当时也在泰州任官，奉命调任全力协助范仲淹工作。

工程进行至冬季，不幸之事降临，大雨大雪惊涛骇浪，堤垮人散，百余修堤者不幸遇难。

朝廷闻报，派转运使胡令仪实地调查。好在这个调查大员胡令仪也曾在海陵任过职，对海潮之患，百姓之苦深有了解，实地调查后全力支持范仲淹继续修堤，工程终于复工。

海堤工程正有序地行进，不幸之事再次降临，范仲淹母亲不幸病逝。范仲淹不得不按制离任守丧，修堤工程改由张纶继任。

范仲淹离任不离心，特致书张纶再表述修堤利害，念念不忘鼓气，关心工程工作。在张纶的全力支持下，海堤工程于1028年终于告成。

新的防海潮大堤阻止了潮水泛滥，使荒地重变良田。海陵兴化等地 2600 余户逃荒居民纷纷返回，耕种生产，重整家园。灾区老百姓感恩戴德，为范仲淹立了生祠“范仲淹祠”，为张纶立“张侯祠”，还把这条重修的防海潮大堤取名为“范仲淹堤”。

老百姓最为本质直白，爱憎分明，谁最关心爱护他们，他们就为谁树碑立祠，更有兴化之民多有随从范姓，以明感念之心。“范仲淹堤”至今仍惠于民。

1033 年 7 月，范仲淹任国子监。其时江淮、京东遭灾，范仲淹奏请宋仁宗帝派员前往巡行救灾，宋仁宗无复。范仲淹又奏说“宫中半日不食当如何？今数路艰食，安可置而不恤？”

宋仁宗感到惭愧，遂命范仲淹出使安抚江淮。

范仲淹所到之处开仓赈济，免其赋税。他看到灾民在吃一种带苦味的乌味草充饥，就回京时带给宋仁宗，以乌味草请示六宫贵戚，以戒奢侈。又陈言“天之生物有时，而国家用之无度，天下安得不困”。其爱民慈民言之凿凿，心之切切。

1038 年 11 月，范仲淹知越州，到任后不久，越州户曹孙居中病故任上。孙居中位卑禄薄，任职清廉，家贫子幼，家人无力丧事。范仲淹以己俸百缗周济他，又为他雇一艘船，派一名可靠老吏护送孙妻幼子一家老小及灵柩回原籍。

在出发前，范仲淹考虑到一路关卡恐有纠缠盘剥，特地写了一首诗，署了自己的名字交给老吏，以告沿途关照。范仲淹诗意充满了对下级清廉官员的深切关爱和同情。

范仲淹出守陕西边事期间，一天与同僚宴饮楼上，闻有哀哭声，派人探问，方知贫苦之家为安葬死者无力购置棺木收敛之物而号哭，范仲淹即刻罢宴捐出自己俸钱为死者购买安葬之物。廉官吴遵路在西线战事有贡献，病逝在任上，范仲淹为其治丧并周济家人，对其幼子给予关爱。

范仲淹在抗敌西夏期间，面对敌强我弱的形势，反对盲目出击，大战杀伐。朝廷在三川口、好水川、定川寨这三大战役中，每战必损兵折将。面对如此生灵涂炭，范仲淹团结当地少数民族人民，军民共同抗战，采取守战、小战、持久战，并瓦解敌人之策，最终迫使西夏请和，使无数生灵免于战争。

他还曾冒着杀头之罪，致书西夏李元昊申明大义，信中恩威并举，晓之以理，动之以情。

事实证明，范仲淹以爱国爱民之心审时度势所实施的一系列具体作战方略，最终不得不为朝廷及边陲将帅们所钦服。他的保家卫国精神，终使敌国的人民为之倾倒，罢息干戈，促进了民族团结。

范仲淹一面军纪严明，赏罚分明；一面又十分关爱戍边士兵的甘苦，深得拥戴。范仲淹还首改宋兵制，战时守边，平时务农，试行兵农合一。

范仲淹守边抗敌有功，朝廷嘉奖他大量金银财物，范仲淹全部分赠守边将佐、士兵，安抚边境少数民族，馈赠羌酋首领，自己则分文不取。当时边疆军民共同唱颂范仲淹的歌谣。

仗要赢，生命要赢，尊严要赢，人心要赢，这个仗应该怎么打?

从范仲淹身上，让人们看到浑身写满的是“爱国”“爱民”“生命”“正义”“道德”“友好”“和平”。这便是范仲淹爱国爱民的精神。

西北战事，范仲淹堪为中流砥柱。战事稍安，朝廷即任命范仲淹为参知政事。随后，宋仁宗诏命范仲淹起草主持改革大政。于是，北宋历史上轰动一时的庆历新政就在范仲淹的领导下开始了。

范仲淹提出了10项改革主张，它们是：

明黜陟，即严明官吏升降制度；抑侥幸，即限制侥幸做官和升官的途径；精贡举，即严密贡举制度；择长官，即根据政绩奖励或罢免；均公田，即均衡官员的职田收入；厚农桑，即重视农桑等生产事业；修武备，即整治军备；推恩信，即广泛落实朝廷的惠政和信义；重命令，即要严肃对待和慎重发布朝廷号令；减徭役，及采取措施使人民不再为繁重的困扰而忧愁。

范仲淹的改革新政实施了短短几个月间，政治局面已焕然一新。然而，新政改革才行一年，范仲淹就遭到既得利益者的攻击，宋仁宗也产生了动摇。改革告失败后，范仲淹被迫离京，再度戍边。

范仲淹心境坦然，眼下新政受阻，身心受到打击，国家和老百姓不能得到更大的实惠，那么，就尽自己家中所有为故乡的亲友尽一份心吧！范仲淹无论顺境逆境爱国爱民之心始终。

1049年，范仲淹已年过花甲在杭州任职。其时他在杭州的子弟及友人见范仲淹身体日衰，劝他在洛阳治宅第，以为逸老之所。可范仲淹却一口拒绝，他说："一个人如果有道义之乐，可以舍生取义，更不会在乎居室？"

范仲淹非但不治私宅，还倾其全部官俸和奖金，在天平山祖居，扩建筑屋为"义宅"，并亲自命名"岁寒堂""松风阁"。这是古代历史上第一个多功能私家慈善机构，史称"范氏义庄"，简称"范义庄"。

范仲淹亲自制订了义庄制度13条，选取族中"长而贤者"主持管理。义庄制度中包括外姓人氏也在救助之例：乡里、外姻、亲戚凡贫不济者，即可到义庄求得一定的帮助。

范义庄自创立以来，范氏子孙世守，历两宋、元、明、清时期，前后长达900年。为中华历史上延续时间最长，规模最大，管理最周密，影响最广泛的私家慈善机构。

1052年初，范仲淹自青州调任颍州，其时范仲淹身弱多病，力不能支。5月20日，病逝于赴颍州途中的徐州，终年64岁。一代全才范仲淹与世长辞，宋仁宗闻听噩耗，嗟悼久之，辍朝一日，亲书“褒贤之碑”，谥“文正”。

消息传到范仲淹抗敌西夏之边疆，邠、庆两州少数民族同胞虽遇范仲淹恩泽相去已近10个年头，却仍悲痛欲绝。范仲淹爱少数民族人民由此可见一斑。

范仲淹以自己的言和行，塑造了伟大的人格，征服了朝廷的官心，诚服了天下的士心，赢得了四海的民心，这在中华历史上是绝无仅有的。

举直错诸枉

哀公[①]问曰："何为则民服？"孔子对曰[②]："举直错诸枉[③]，则民服；举枉错诸直，则民不服。"

季康子[④]问："使民敬、忠以劝，如之何？"子曰："临之以庄，则敬；孝慈，则忠；举善而教不能，则劝。"

【注释】

①哀公：姓姬名蒋，"哀"是其谥号，鲁国国君。

②对曰：《论语》中记载对国君及在上位者问话的回答都用"对曰"，以表示尊敬。

③举直错诸枉：举，选拔的意思。直，正直公平。错，同措，放置。枉，不正直。

④季康子：姓季孙名肥，"康"是他的谥号，鲁哀公时任正卿，是当时鲁国政治上最有权势的人。

【解释】

鲁哀公问："怎样才能使百姓服从呢？"孔子回答说："把正直无私的人提拔起来，把邪恶不正的人置于一旁，老百姓就会服从了；把邪恶不正的人提拔起来，把正直无私的人置于一旁，老百姓就不会服从统治了。"

季康子问道："要使老百姓对当政的人尊敬、尽忠而努力干活，该怎样去做呢？"

孔子说："你用庄重的态度对待老百姓，他们就会尊敬你；你对父母孝顺、对子弟慈祥，百姓就会尽忠于你；你选用善良的人，教育能力差的人，百姓就会互相勉励，加倍努力了。”

【故事】

刘邦任用贤能治国

汉高祖刘邦，是我国历史上杰出的政治家、战略家、指挥家。

有一天他正在军营中洗脚，军士传报营门外有儒生求见，刘邦不见；这位儒生不经同意，直闯营门，冲着刘邦的面说：“你为什么这样轻视读书人？”

刘邦说：“天下可以马上得之，要读书人干什么？”

这位读书人当即反问他：“天下可以马上得之，天下也能马上治之吗？”刘邦听后，深受触动，立即和颜悦色，向这位读书人施礼道歉，并请他上座。

刘邦胜利之后，有一天问臣子：“你们说，我为什么能打败项羽？”这些臣子只是说些拍马奉承的话。

刘邦听后摇头说：“我所以能打败项羽，主要靠3位人才。出谋划策，我不如张良；制订典章法令，我不如萧何；带兵打仗，我不如韩信。此3人皆为人中豪杰，均能为我所用，这是我战胜项羽的主要原因，而项羽只有一个范增也不用，所以他注定要失败。”

功不可没的天文学家刘焯

刘焯非常聪明，在少年时代，先后跟从多位老师学习《诗经》《左传》《周礼》《仪礼》和《礼记》，就显现出极好的天资。但这些老师们的讲课水平根本不能满足他的求知欲望，每次未等学业结束就离开了。

后来，刘焯帮一位藏书家整理典籍，竟是一下埋头10年。渐渐地，刘焯变成了一个精神上的富人，并因深通儒家学说而远近闻名。

580年，刘焯因有学名，进京参加了编纂国史、议定乐律和历法的工作。这期间，刘焯对《九章算术》《周髀算经》《七曜历书》等10多部涉及日月运行、山川地理的著作悉心研究，后来写出了《稽极》《历书》和《五经述议》天文名著。

当别人读到他的书中那些新颖的观点和独到的见解时，不计其数的儒者和年轻学生纷纷以他为偶像，不远千里前来当面求教。

当时有人评论刘焯说："几百年来，学识渊博、精通儒学的人，没有能够超过他的。"

582年，《三体石经》从洛阳运至京师。《三体石经》建于三国时期，因碑文每字皆用古文、小篆和汉隶3种字体写刻，所以叫《三体石经》。因年代久远，文字多有磨损，难以辨认，朝廷召群儒考证。

论证期间，刘焯以自己的真知灼见，力挫诸儒，令所有人震惊。

谁知官场风云变幻莫测，就在论证《三体石经》后不久，38岁的刘焯却因此而遭遇诽谤，罢官回乡。回到家乡后，刘焯曾再被召用，但又再被罢黜。

经历挫折之后，刘焯不再问政事，专心著述，先后写出《历书》《五经述义》等若干卷，广泛传播，名声大振。

据史书载："名儒后进，博学通儒，无能出其右者。"他的门生弟子很多，成名的也不少，其中衡水县的孔颖达和盖文达，就是他的得意门生，两人后来成为唐初的经学大师。

隋炀帝即位，刘焯被重新启用，任太学博士。刘焯精通天文学，他发现当时的历法多存谬误，多次建议修改。600年，他终于创制出了《皇极历》，在天文学研究领域达到了世界领先水平。

创立了"等间距二次内插法公式"：在《皇极历》中，刘焯首次考虑到太阳视运动的不均性，创立"等间距二次内插法公式"来计算日、月、五星的运行速度。推日行盈缩，黄道月道损益，日月食的多少及出现的地点和时间，这都比以前诸历精密。"定朔法""定气法"也是他的创见。

这些主张，直至1645年才被清朝颁行的《时宪历》采用，从而完成了我国历法上第五次也是最后一次大改革。

力主实测地球子午线：刘焯之所以力主实测地球子午线，源起是我国史书记载说，南北相距500千米的两个点，在夏至的正午分别立一根8尺长的测杆，它的影子相差一寸，即"千里影差一寸"说。

刘焯第一个对此谬论提出异议，但当时没被采取，直至后来，唐代张遂等于724年实现了刘焯的遗愿，并证实了刘焯立论的正确性。

较为精确地计算出岁差：所谓岁差，就是春分点逐渐西移的现象，即假定太阳视运动的出发点是春分点，一年后太阳并不能回到原来的春分点，而是差一小段距离。刘焯计算出了春分点每75年在黄道上西移一度。而此前晋代天文学家虞喜算出的是50年差1度，与实际的71年又8个月差1度相比，这个数值已经相当精确，在此后的唐、宋时期，大都沿用刘焯的数值。

由于刘焯所著历书与当时权威人士太史令张胄玄的天文、历数观点多有不同，因此，呕血而成的《皇极历》被排斥不得施行。

然而该书提供的天文历法在当时是最先进的，历史证实刘焯研究天文学已有相当高的水平。后来唐初的李淳风，依据《皇极历》造出《麟德历》被推为古代名历之一。

刘焯的创见和一些论断虽然在当时未被采纳，却在后世被接受，在他的研究基础上发展、改进。因而他对科学的贡献是不容磨灭的。

唐代杰出天文学家一行

一行少时聪敏，博览经史，尤精于天文、历象、阴阳五行之学。20 岁时，他得到京都一位著名道人赠送的一本由西汉扬雄所著的《太玄经》，一行很快即通达其旨，并写出《太衍玄图》《义诀》各一卷，阐释晦涩难懂的《太玄经》。从此名声大振。

705 年，武则天的侄子武三思听说一行的大名，为赢得“礼贤下士”的美名就有意拉拢他。一行不愿为之所用，又怕因此而遭到迫害，于是在 21 岁时弃俗，逃到河南嵩岳寺剃度出家，取法名为“一行”。武则天退位后，唐王朝多次召他回京，均被拒绝。

712 年，唐玄宗命一行主持修编新历。从此，一行就开始专门从事天文历法的工作。

723 年，为了测定星体位置的需要，一行与人研制成黄道游仪、“水运浑天仪”。

724 年。一行根据修改旧历的需要，又组织领导了我国古代第一次天文大地测量，也是一次史无前例、世界罕见的全国天文大地测量工作。

725 年，善无畏来长安弘教，一行帮助善无畏共同翻译《大日经》7 卷等，并单独著有《大日经疏》20 卷。《大日经疏》对我国密教学的研究产生很大的影响，在我国密教史上起了很大作用。

727 年 9 月，一行卧病不起。10 月 8 日在长安华严寺圆寂。唐玄宗痛悼，叹道：“禅师舍朕！”追赐其谥号为“大慧禅师”，并亲自为大慧禅师撰写碑文。

作为杰出天文学家，一行在历法和天文方面取得了辉煌的成就。

在历法方面，一行编定了很有影响的《大衍历》。《大衍历》以刘焯的《皇极历》为基础，并进一步发展了《皇极历》。《大衍历》共分为7篇，即《步中朔术》《步发敛术》《步日躔术》《步月离术》《步轨漏术》《步交会术》和《步五星术》。

《大衍历》发展了前人岁差的概念，创造性地提出了计算食分的方法，发现了不等间距二次内插法公式、新的二次方程式求和公式，并将古代“齐同术”即通分法则运用于历法计算。

《大衍历》于729年颁布实行，并一直沿用达800年之久。经过验证，《大衍历》比当时已有的其他历法，如祖冲之的《大明历》、刘焯的《皇极历》、李淳风的《麟德历》等要精密、准确得多。

《大衍历》作为当时世界上较为先进的历法，相继传入日本、印度，并在这两国也沿用近百年，极大地影响了这两个国家的历法。

在天文方面，一行取得了很大成就。一行通过长期的天文观测发现了恒星移动的现象，进一步发现和认识了日、月、星辰的运动规律，废弃了沿用长达800多年的二十八宿距度数据，并在历史上第一次提出了月亮比太阳离地球近的科学论断。

一行还制成水运浑天仪、黄道游仪。当时有个率府兵曹参军梁令瓒设计了一个黄道游仪，并已经制成了该仪器的木头模型。在一行的支持和领导下，用铜铸造成此仪器。

这台仪器既可以用来测定每天太阳在天空中的位置，也可以用来测定月亮和星宿的位置。同年，一行和梁令瓒等人在继承张衡“水运浑象”理论的基础上又设计制造了“水运浑天仪”。

水运浑天仪上刻有二十八宿，注水激轮，每天一周，恰恰与天体周日视运动一致。水运浑天仪一半在水柜里，柜的上框。整个水运浑天仪既能演示日、月、星辰的视运动，又能自动报时。这是世界上最早的计时器，比外国自鸣钟的出现早了600多年。一行等人所创造的成就远远超过了张衡。

一行还首次用科学方法实测地球子午线，居世界领先地位。他组织了一批天文工作者利用这两台仪器进行天文观测，取得了一系列关于日、月、星辰运动的第一手资料。

他还组织人力在全国各地测量日影，实际上这就是对地球子午线的测定，这是一行在天文学上最重要的贡献。

一行还主持全国范围内的大规模天文大地测量。这项工作是为了使新历法《大衍历》能普遍适用于全国各地。

一行在全国选择了 12 个观测点，并派人实地观测，自己则在长安总体统筹指挥。其中负责在河南进行观测的南宫说等人所测得的数据最科学和有意义。

一行他们选择了经度相同、地势高低相似的 4 个地方进行设点观测，分别测量了当地的北极星高度，冬至、夏至和春分、秋分四时日影的长度，以及四地间的距离。

最后经一行统一计算，得出了北极高度差 1 度，南北两地相距 351 里 80 步，即现在的 129.2 千米的结论。这虽然与现在 1 度长 111.2 千米的测量值相比有较大误差，但这是世界上第一次用科学方法进行的子午线实测，在科学发展史上具有划时代的意义。

对于一行组织的子午线长度测量，著名科技史专家李约瑟的评价是：“科学史上划时代的创举。”

一行在天文和历法上所取得的卓越成就在人类文明史上占有重要地位，而且他所重视的实际观测的科学方法，极大地促进了天文学的发展。在他之后，实际观测就成了历代天文学家从事学术研究时采用的基本方法，引导着学者们破解了一层层的天文奥秘。

明太祖知恩报乞丐

儒家知恩图报伦理思想经历了漫长的历史发展，传统伦理道德早已根植人心。至元末明初，即使当时正经历着翻天覆地的变化，但中华民族的有恩必报意识依然是那么的强烈。明太祖朱元璋就是一个知恩图报的典型例证。

那是在元代末年一个风雨交加的夜晚，一个秃头和尚跌跌撞撞地闯进了一座破庙，刚推开庙门，就一头栽在地上，晕了过去。庙里住着4个乞丐，正在煮汤喝，见到和尚晕倒过去，连忙将他抬到火堆边，用刚刚熬好的汤喂给他，好让他暖暖身子。

过了一会儿，和尚醒过来，见到旁边有吃的，不管三七二十一抢过汤锅就一顿猛吃，不一会就吃了个精光。

3个小乞丐见状勃然大怒，叫嚷道：“你这和尚太不懂事，我们辛苦要来的食物，你怎么能一个人都吃光？”说完就要揍他。

一个老乞丐连忙劝住大家：“这个人正在生病，多吃点就多吃点吧，何况已经吃光了，即便揍他一顿又有什么用呢！”说完将和尚安顿在破庙的一个角落里休息。

和尚觉得刚才吃得很香，就问老乞丐说：“请问，这是什么东西做的？怎么这么好吃？”

老乞丐笑着说：“都是些剩菜剩饭，不过我们都叫它‘珍珠翡翠白玉汤’。”

和尚心里记住这个名字，并问老乞丐姓名，说以后一定报答他。老乞丐连连摇头，却始终没有告诉和尚他的真实姓名。

第二天清晨，乞丐睡醒后突然发现那个和尚不见了，连带着那个汤锅也不见了踪影。大家都知道是那个和尚干的，纷纷咒骂不停，只有老乞丐不吱声。

许多年过去后，当年的和尚成了大明帝国开国皇帝，他就是明太祖朱元璋。

朱元璋出生于安徽凤阳，当年这里缺水，十年九荒，经济十分落后。在这个艰难的环境下，朱元璋出家做了和尚，后来又到处流浪乞讨。破庙里的故事就是在流浪期间发生的。

朱元璋最后投在郭子兴旗下。郭子兴见朱元璋状貌奇伟，异于常人，遂留置为亲信兵，屡次率兵出征，有攻必克。

1368 年初，朱元璋在应天称帝，他就是明太祖。这一天，明太祖忽然想起了落魄时吃过的那顿汤，就命人四处张贴皇榜，重金寻找会做“珍珠翡翠白玉汤”的人。

皇榜发出之后几个月，那 4 个乞丐偶然听到了这个消息，这才知道当今皇帝竟然是当年的落魄和尚，欢呼雀跃。他们想，当年怎么说也救过皇帝一命，这回要是能进京见到皇帝，一定能得到赏赐。

于是，3个小乞丐就嚷着要进京，但老乞丐不但不想去，还处处阻拦不让他们去，神态渐渐有些疯癫，不是偷他们的铜钱，就是撕破他们的衣服，打破煮饭的锅碗。3个小乞丐气恼不过，狠狠揍了老乞丐一顿后，这才上京觐见皇帝。

明太祖热情地接见了小乞丐们，确认是当年破庙的乞丐后，高兴地赏赐他们每人一份厚礼，并追问老乞丐的下落。

3个小乞丐看着手里的金银，心里却记恨老乞丐阻挡他们获取荣华富贵的恶行，又担心老乞丐得到比他们更多的赏赐，就异口同声地说老乞丐病死了。

明太祖连连惋惜，下旨追封老乞丐为“天下第一义丐”，并要求3个小乞丐为群臣做一次“珍珠翡翠白玉汤”。

3个小乞丐拿出毕生所学，按照这么多年的一贯做法，用白菜帮子、烂菜叶子、馊米饭做成了那道让群臣闻名已久的“珍珠翡翠白玉汤”。

第二天，皇帝大宴群臣，主菜就是那道著名的“珍珠翡翠白玉汤”。谁知，大臣们非但不说好喝，几个侍郎竟然当庭呕吐不止。有的大臣身体原本虚弱，吃了这个汤，连连呕吐，竟然不省人事。

明太祖勃然大怒，痛斥小乞丐们冒名顶替，谋害大臣，最后以欺君之罪将3个小乞丐治了罪。

早已逃离破庙的老乞丐闻知此事，就上京要求面见圣上。几番周折，他终于见到了皇上。

明太祖对老乞丐说：“怪我事务比较繁忙，竟没有早些找到您。现在好了，您可以享享福了！”说完，也请老乞丐做那道“珍珠翡翠白玉汤”。

老乞丐很聪明，他暗想：皇上其实已经对真的“珍珠翡翠白玉汤”不感兴趣，我不妨来个仿制品碰碰运气。因此，他便以鱼龙代珍珠，以红柿子切条代翡，以菠菜代翠，以豆腐加馅代白玉，并浇以鱼骨汤。

老乞丐将此菜献上之后，明太祖和群臣一吃，感觉味道好极了，明太祖更是感觉与当年给他吃的一样美味。

吃过了“珍珠翡翠白玉汤”，朱元璋说：“皇榜上说得清楚，有会做珍珠翡翠白玉汤者，重重有赏。今天您做的‘珍珠翡翠白玉汤’味道鲜美，我和众爱卿一致赞扬。那就赏你白银5000两，回去娶媳妇，买点地，好好过日子吧！”

老乞丐得了赏钱后，便告病回家了，并且把这道当今皇帝喜欢的菜传给了凤阳父老。

明成祖建寺报母恩

明太祖朱元璋不忘大恩报答乞丐，似乎也感染了他的儿子朱棣。朱棣是明代第三位皇帝，即明成祖，是朱元璋的第四子，他不忘母亲养育之恩，建寺纪念母亲。

南京曾经有一座非常雄伟漂亮的大报恩寺，据史料记载，它是由明成祖朱棣建造，建寺的目的是为了纪念他的母亲。

1399年，朱棣登上帝位后，当时南京城内曾经谣言四起，有人说他篡位，也有人说他不是朱元璋的原配夫人马皇后所生，血缘不正统。

为了安定人心，证明自己出身正统，朱棣决定在南京建造大报恩寺以及琉璃塔，以感谢母亲马皇后的“养育之恩”。

然而，奇怪的是，寺庙建好后，其中的一座正殿却一直大门紧闭，里面供奉着什么谁也说不清。直至清军入关，明朝亡后，这座大殿的神秘面纱才被揭开。原来，大殿里供奉的不是马皇后，而是碽妃的牌位。

碽妃是朱元璋的一位妃子。据明代的史料记载，“碽妃，生成祖文皇帝”，意思是说，碽妃才是明成祖朱棣的亲生母亲。

据说，碽妃生下朱棣后不久又再次怀孕，可惜怀胎不足10月便早产了。在现代人看来，早产是很平常的事情，但在当时妇女早产往往被视为不忠。朱元璋怀疑碽妃与他人通奸，于是处死了碽妃。

碽妃为朱元璋生了两个儿子以后便含冤死去。为了报答生母碽妃的生育之恩，朱棣特意修建了大报恩寺，但他在当时名义上说“为了感谢马皇后的养育之恩”，以制止人们的谣言。

工程于1412年开工，直至朱棣去世时还没有完工。工程竣工时，已是朱棣的孙子明宣宗朱瞻基在位时期。整个工程建造的时间长达17年，共耗银248万两。可见朱棣用心之诚。

朱棣为了修建大报恩寺的琉璃宝塔，从全国召集了大批的工匠在南京郊外的窑岗村一带，设立了72座官窑，烧造建塔所需的琉璃构件。

这些琉璃构件以陶土为胎，经过1200度的高温烧制后，在表面涂上金属含量不同的釉，然后再送入800度的低温窑中烧制，才能完成。

正是意识到琉璃烧造的难度，朱棣才下令让工匠每组构件都要烧制两份以上以备替换。琉璃构件均为陶质，上面施有黄、绿、赭等彩釉。因为釉层较厚，看上去流光溢彩，有着非常强烈的玻璃质感。这些光彩夺目的琉璃构件上还装饰着各种图案。

有的上面装饰有龙纹，呈扇形，由两部分拼接而成。上面雕刻的是呈行走状态的四爪龙，它圆目长角，口衔莲花，背部长有鳍，花叶形的龙尾，显得强劲有力。

有的琉璃构件上是一个美丽的飞天造型。飞天，在我国古人眼中是能歌善舞的仙人。琉璃构件上的飞天人首蛇身，脸庞饱满，双手合十，在卷草纹的衬托下，显得庄严而圣洁。

有的琉璃构件上浮雕着一头白象。白象卷鼻长牙，身上背负着莲座，正缓缓前行，它的背后同样衬有卷草纹图案。有的琉璃构件上有一只飞羊，飞羊腹部长着一对翅膀，前蹄跃起，好像要腾空飞翔。这只飞羊是佛教中护法神的仆从和坐骑。

南京大报恩寺建成以后，寺内高近80米的琉璃塔均采用五彩琉璃砖作装饰，非常华丽，是当时南京的标志性建筑。

大报恩寺琉璃塔的塔座为五色莲台，塔体共有9层，外形为八边形，塔的每层、每面都有一个拱门，拱门用赤、橙、绿、白、青五色琉璃贴面，上面还装饰有飞天、雷神、狮子、白象和花卉等图案，造型十分华丽。

琉璃塔顶有黄金制成的宝顶，下面建有相轮和承盘。塔顶和每层飞檐下都悬挂风铃，每当清风袭来，风铃就会发出清脆的铃声。佛塔内还安置有146盏长明灯，这些油灯白天光亮耀日，夜晚如悬挂的火龙，数十里外都能看得见。

大报恩寺建成以后，成为当时江南地区的佛教中心。当时掌管全国佛教事务的机构僧录司就设在寺内。

南京大报恩寺在明清时期佛教界有着很高的地位，吸引着无数的信众前来膜拜。然而令人遗憾的是，1856年，也就是清代咸丰皇帝统治时期，大报恩寺和寺内的五彩琉璃塔毁于战火。

如今，我们只能通过这些精美的琉璃构件，来领略琉璃塔昔日的壮丽景象。但朱棣建寺报母恩的故事，在后世广泛流传。

宋濂一生坚守信义

除了明太祖朱元璋、明成祖朱棣不忘报恩外，明代儒生宋濂的坚守信义，同样值得大书特书。他是元末明初的著名学者，学识渊博，为人处世也非常讲信用。

宋濂从小时候起，就非常喜欢读书学习，钻研学问。但是他家里很贫穷，上不起学，连书都买不起，只好向有书的人借书读。宋濂学习十分刻苦，在学习条件相当困难的情况下，还是阅读了大量书籍。

当他遇到好书的时候，爱不释手。可是书是借别人的，不能不还，于是他就夜以继日地把书抄写下来。

冬天，有时天气特别冷，外面滴水成冰，室内也非常冷，连砚台都结了冰，手指也冻得几乎拿不住笔了，但是他仍然坚持加紧抄书，抄完之后，及时把书还回去，从来没有耽误过还书的日期。

由于宋濂诚实守信用，不少人都信得过他，才肯把书借给他读。那些藏书多的人家，原本就对求学者支持，所以常常把书借给他读。

宋濂成年时，当地能读到的书，他几乎都读遍了。可是求学的要求更加迫切了，就常常到百里以外的地方去寻师求学。他手拿着经书向有道德有学问的前辈求教。

前辈道德高，名望大，门人学生挤满了他的房间，宋濂就站着陪侍在他左右，提出疑难，询问道理，低身侧耳向他请教；有时遭到他的训斥，表情更为恭敬，礼节更为周到，不敢再说一句话；等到他高兴时，就又向他请教。就这样，最终还是得到不少教益。

在求学过程中，有时还要背着行李，赶不回去，就随便找个地方住下来，忍饥挨冻也不灰心。

有一次，宋濂和一位名师约定上门求学，正好碰上下大雪的天气。上路之后，雪越下越大，路上的积雪几尺深，但他为了不失约，顾不得天降大雪，还是步行赶去了。宋濂背着书箱，拖着鞋子，行走在深山大谷之中，严冬寒风凛冽，大雪深达几尺，脚上的皮肤受冻裂开都不知道。到学舍后，四肢冻僵了不能动弹。

先生的仆人很热心，见这个书生为了求学受苦，很受感动，就用热水给他浇洗，用被子围盖在他身上，过了很久才暖和过来。

宋濂在外地学习，有时寄居在客店里，生活很艰苦，为了节省开支费用，一天只吃两顿饭，衣服穿得补了又补，很破旧。但他以求知为快乐，别的什么都不在意。就这样，宋濂数十年如一日地刻苦求学，终于取得了成就，被朝廷重用，就任江南儒学提举。

宋濂曾被明太祖朱元璋誉为“开国文臣之首”，他与高启、刘基并称为“明初诗文三大家”。开私家藏书风气者，首推宋濂。

宋濂庆幸自己得以置身于君子的行列中，承受着天子的恩宠荣耀，追随在公卿之后，每天陪侍着皇上，听候询问。因此，他在官场一直坚守“信义”两字，严于律己，从不说半点假话。

有一次，宋濂曾经与客人饮酒，明太祖暗中派人去侦探察看，以考察他的诚实度。第二天，问宋濂昨天饮酒没有，座中的来客是谁，饭菜是什么，宋濂都以实话回答。

明太祖笑着说：“确实如此，你没有欺骗我。”

宋濂说：“身为臣子，欺骗皇上，就犯了大逆。这绝不是为臣者该做的事情！”

明太祖曾经向宋濂问起大臣们的好坏，宋濂只举出那些好的大臣说说。明太祖问他原因，宋濂回答道：“好的大臣和我交朋友，所以我了解他们；那些不好的，我不和他们交往，所以不会了解他们。”

宋濂的回答，有一说一，有二说二，这让明太祖十分满意。

有一次，主事茹太素上奏章1万多字。因行文太长，明太祖听说以后，便询问朝中的一些臣子。有人指着茹太素的奏章，说有的地方不合法制。

明太祖问宋濂，宋濂回答说：“他只是对陛下尽忠罢了，陛下正广开言路，怎么能够重责他呢？”

不久，明太祖认真看了茹太素的奏章，觉得有值得采纳的内容。于是，又把朝臣都招来，斥责那些妄加评判的人。然后，口呼宋濂的字说：“如果没有宋濂，我几乎错误地怪罪进谏的人。”

宋濂诚实做人做事，尽到了为臣之道，不仅受到明太祖的喜爱，也在同僚中树立了威信，更对明初的务实精神产生了积极的影响。

人而无信

或[①]谓孔子曰："子奚[②]不为政？"子曰："《书》[③]云：'孝乎惟孝，友于兄弟。'施[④]于有政，是亦为政，奚其为为政？"

子曰："人而无信[⑤]，不知其可也。大车无輗[⑥]，小车无軏[⑦]，其何以行之哉？"

【注释】

①或：有人。不定代词。

②奚：疑问词，相当于"为什么"。

③《书》：指《尚书》。

④施：施行。

⑤信：在《论语》书中，信的含义有两种：一是信任，即取得别人的信任，二是对人讲信用。

⑥輗：古代大车车辕前面横木上的木销子。大车指的是牛车。

⑦軏：古代小车车辕前面横木上的木销子。小车指马车。没有和，车就不能走。

【解释】

有人对孔子说："你为什么不从事政治呢？"孔子回答说："《尚书》上说，'孝就是孝敬父母，友爱兄弟。'把这孝悌的道理在家里施行，也就是从事政治，又要怎样才能算是为政呢？"

孔子说："一个人不讲信用，是根本不可以的。就好像大车没有輗、小车没有軏一样，它靠什么行走呢？"

【故事】

锐意进取的秦汉文化

先秦自强不息、奋斗不已的顽强精神，在秦汉时期得以延续，这就是秦汉精神。它发扬光大了“天行健，君子以自强不息”的传统理念，以群体的方式，把自强不息的民族精神发挥到极致。

秦始皇统一天下后，没有贪图安逸享受，他依然雄心勃勃，东奔西跑，不停地出巡各地，以至于后来病死在出巡的途中。

据说，秦始皇出巡的动机很大一部分是因为有人告诉他“东南有天子气”。对于他来说，这就意味着另一个“天子”隐藏在世上，对秦帝国江山构成了威胁，他出巡就是要压住这一带的“天子气”。

当时的占星家说“天子气”盘踞在金陵之野。秦始皇东游至此，便动手整治金陵的地脉山形。他派人翻江倒海，造湖挖山。凡看起来有点气势的山峰统统削平。

有人对他说，一些稀世的美玉珍宝能抵挡王者之气。他就不惜代价去金陵附近埋下了许多珍宝，并将金陵改名为“秣陵”。

据说，后世的人曾经在金陵掘得一个铜匣，长 2.7 尺，匣盖是用琉璃制成的，上面装饰以云母。匣中装着白玉如意。手柄部位刻着螭虎文蝇及蝉等图案。这就是秦始皇当年埋下的东西。

据说秦始皇在出巡时得到这样一个消息，说是大禹的九鼎在泗水出现了。九鼎历来是权力和威望的代名词。这鼎是周显王时沉于江水之中的。秦始皇认为，鼎在此时出现，足以证明自己的德行不亚于三皇五帝。

公元前219年，秦始皇巡游至彭城，斋戒祭祀之后，派数千名潜水的人入泗水寻鼎。但是，找了许久也不见鼎的踪影。

这时有人说，九鼎乃神物，不愿见秦始皇，便藏了起来；还有人说，鼎确实在泗水出现过，并有人看见，有一根绳索将鼎系着，在水波中时隐时现。后来，有一条龙大约知道秦始皇要捞鼎，就咬断了系鼎的绳索，九鼎从此就不再出现了。

秦始皇没捞着鼎很是沮丧，辗转向南，来到了洞庭湖。在渡湘水时，遇上了大风，忽而狂涛汹涌，波浪冲天。秦始皇无法渡水，以为是神灵有意和自己过不去，便问左右道："这里敬的是什么神？"

随从的一位博士答道："听说是尧之女，名娥皇、女英，死于此地，封为湘水之神，今兴风作浪，大约是她们发泄幽怨的缘故吧！"

秦始皇本来就不高兴，不听则已，一听勃然大怒，下令发3000名刑徒来到洞庭湖畔的湘山，遍伐山上树木。又令放火烧山，使湘山不留一草一木。

其实，古往今来，湘神在人们心目中一直是善良忠贞的美好形象。湘神是帝尧的两个女儿，姐妹两人同时嫁给舜帝做妃子。

舜南巡死于苍梧之野，她们千里寻夫不遇，姐妹俩悲恸欲绝，泣泪成血，不久便忧患而死。她们的哭声感动了天地鬼神，泪水洒在竹子上，就留下了永生永世消失不了的斑痕，后世称之为"湘妃竹"。

后来，秦始皇学着做神仙，认定自己已有一定神功，便在君山的石壁上刻了几颗大印以封湘山，试图镇住湘神，使之永世不得兴风作浪。

时至今日，尚有两枚石刻的大印，保留在岳阳市君山面临洞庭湖的绝壁之上，印有篆体阴刻“永封”两字。石印各长 1.2 米，宽 0.8 米，字迹苍劲有力。

秦始皇这种不畏天命、敢于向神灵挑战的精神，正是雄伟的万里长城、阿房宫、十二金铜巨像、力士孟贲像的思想基础，也就是排列齐整、声威雄壮的秦陵俑马所要表现的精神。

秦陵俑马从整体上看，也许远不及后世那样精巧、细腻，而以拙重、粗犷为特色，然而正是这种“客观简朴性”，成了秦汉时期文化精神的象征。

这个雕塑的风格不是偶然的，它正是这一时期中华民族顽强的生命力，强烈的开拓，征服欲望的形象写照。它继承了远古以来，华夏民族所表现出来的注重人力，与自然抗争的崇高精神。

至汉代，汉高祖刘邦“大风起兮云飞扬”的豪迈、苍劲的诗句表明，汉代文化精神就是在秦代激越、高亢的基调里行进的。

汉代初期曾一度流行的所谓“黄老之学”，但这种主柔守雌的思想并非西汉王朝的真意，而是为了适应当时形势的权宜之计，“无为”是策略，为的是大有所为。普遍地尚武，也是积极进取精神的表现之一。

从汉武帝刘彻开始，羽翼丰满，国力强盛，于是便抗击匈奴、交通西域，创立了不朽业绩。秦汉时期的文化精神恰当地表现了征服自然，征服物质世界，开拓空间，占据空间的时代。

事实上，如果沿着秦汉文化精神中的阳刚之气追溯下去，就会发现早在远古神话里，就体现出了我们民族在早期的那种大气磅礴，与自然抗争以求生存的文化精神。如“精卫填海”“女娲补天”“夸父追日”“愚公移山”“后羿射日”，“共工怒触不周山”等就是最好的说明。

总之，秦汉时期的文化精神是积极进取、刚健有为的。这种精神也正是《周易》里“天行健，君子以自强不息”以及《荀子》里“制天命而用之”的思想在现实中的表现。

司马迁身残志坚著史书

秦汉时期以群体方式演绎自强不息的民族精神，不仅包括秦始皇、汉武帝这样的帝王，还包括像司马迁这样的意志坚定者。

司马迁是西汉时期伟大的史学家和文学家。为了完成被鲁迅称为“史家之绝唱，无韵之《离骚》”的《史记》，司马迁承受了常人所不能忍受的痛苦和折磨，而这一切的动力就是他心中的一个信念。

司马迁的少年时代是在家乡度过的，在自然环境里成长，对民间生活有一定体验。10 岁时，他跟随当太史令的父亲司马谈到京都长安，开始诵读古文。

司马迁 20 岁开始漫游，几乎走遍全国各地，访问了一些逸闻旧事，收集了丰富的史料。38 岁时，继承父业，被任为太史令。得尽读宫廷所藏图书、秘籍、档案及各种史料。

在主持历法修改工作的同时，司马迁开始动笔写《太史公书》，即后来所称的《史记》。然而，就在司马迁全身心地投入撰写《史记》的工作之时，却飞来横祸。

公元前 99 年，汉武帝派宠妃李夫人的哥哥、贰师将军李广利领兵讨伐匈奴，另派李广的孙子、别将李陵随从李广利押运辎重。李广带领步卒 5000 人出居延，孤军深入浚稽山，与单于遭遇。

匈奴以 8 万骑兵围攻李陵。经过 8 昼夜的战斗，李陵虽取得一定战果，但由于他得不到主力部队的后援，结果粮草断绝，孤军无援，不幸被俘。

李陵兵败的消息传到长安后，汉武帝本希望他能战死，后听说他却投了降，愤怒万分。满朝文武官员察言观色，趋炎附势，几天前还纷纷称赞李陵的英勇，现在却附和汉武帝，指责李陵的罪过。

汉武帝询问太史令司马迁的看法，司马迁一方面安慰汉武帝；一方面也痛恨那些见风使舵的大臣，尽力为李陵辩护。

他对汉武帝说："李陵只率领5000步兵，深入匈奴，孤军奋战，杀伤了许多敌人，立下了赫赫功劳。在救兵不至、粮草断绝、走投无路的情况下，仍然奋勇杀敌。就是古代名将也不过如此。李陵自己虽陷于失败之中，而他杀伤匈奴之多，也足以显赫于天下了。他之所以不死，而是投降了匈奴，一定是想寻找适当的机会再报答汉室。"

司马迁的意思似乎是李广利没有尽到他的责任。可这些话，不但没能救得了李陵，反而把自己也拖进了矛盾的漩涡。汉武帝认为，司马迁是在为李陵辩护，贬低劳师远征、战败而归的爱妃的哥哥李广利，于是下令将司马迁打入大牢。

司马迁在狱中反复不停地问自己："这是我的罪吗？这是我的罪吗？我一个做臣子的，就不能发表点意见？"因此，被关进监狱以后，面对酷吏，他始终不屈服，也不认罪，最后被汉武帝判了死刑。

据西汉时期的刑法，死刑有两种减免办法：一是拿50万钱赎罪；二是受"腐刑"。腐刑既残酷地摧残人体和精神，也极大地侮辱人格。

司马迁官小家贫，当然拿不出这么多钱赎罪。他当然不愿意忍受这样的刑罚，悲痛欲绝的他甚至想到了自杀。可后来他想到，人总有一死，但死"或重于泰山，或轻于鸿毛"，死的轻重意义是不同的。他想到了孔子、屈原、左丘明和孙膑等人，想到了他们所受的屈辱以及所取得的骄人成果。司马迁顿时觉得自己浑身充满了力气，他毅然选择了腐刑。

司马迁身受腐刑，百代伟人在奇耻大辱中诞生！他在监狱中度过非人的3年。受刑后，司马迁屈辱地活着，就是为了要把各种各样的人都写进《史记》。他把自己的耻辱磨砺成为深刻洞察力，审视历史浮沉，评论人物功过；他把自己非人的痛苦体验提炼成修为，从容于笔端，呈现于字里行间。于是，一部震烁古今的《史记》横空出世。

司马迁躯体残缺，却具有刚健的雄风，散发着强烈而又罕见的自由气息，是中华民族自强不息精神的典范。他用自己的屈辱和坚强，换来的是民族应有的尊严，为中华民族的史学和文学做了巨大贡献。

张骞冒险去西域

司马迁身残志坚著史书令人感动，张骞两次去西域则令人赞叹。张骞去西域，被史家誉为“凿空”，表明这是一次空前绝后的探险。张骞等人历尽千难万险而百折不挠，体现了中华民族勇毅进取的精神。

张骞为什么要去西域，而且还要冒那么大的风险呢？

公元前139年，西汉朝廷为遏制匈奴屡次犯边，拟联合大月氏夹击匈奴，汉武帝派张骞去西域。对于未知的路途与危险，连汉武帝也在怀疑张骞一行人能否回来。

张骞一行人从长安出发，经陇西向西行进，一路日晒雨淋，风吹雪打，环境险恶，困难重重，没有顽强的毅力和坚定的信念的人是无法坚持下来的。

正当张骞一行匆匆穿过河西走廊时，不幸碰上匈奴的骑兵队，全部被抓获。匈奴的右部诸王将立即把张骞等人押送到匈奴王庭，见当时的军臣单于。单于得知张骞要去大月氏后，他是无论如何也不容许汉使通过匈奴人地区，去进行这种活动的。于是，张骞一行被扣留和软禁起来。

匈奴单于为软化、拉拢张骞，打消其去大月氏的念头，进行了种种威逼利诱，还给张骞娶了匈奴的女子为妻，生了孩子。又把一家人分散开去放羊牧马，严加管制。

匈奴单于的计谋均未达到目的。因为张骞始终没有忘记汉武帝所交给自己的神圣使命，没有动摇他去大月氏的意志和决心。张骞等人在匈奴一直留居了10年之久。

公元前129年，匈奴单于的监视渐渐有所松懈。一天，张骞趁匈奴人不备，果断地带领随从，逃出了匈奴王廷。

这种逃亡是十分危险和艰难的。幸运的是，在匈奴的10年留居，使张骞等人详细了解了通往西域的道路，并学会了匈奴人的语言，他们身穿匈奴服装，很难被匈奴人查获。因而他们较顺利地穿过了匈奴人的控制区。

张骞在留居匈奴期间，西域的形势已发生了变化。大月氏的敌人乌孙，在匈奴支持和唆使下，西攻大月氏。大月氏人被迫又从伊犁河流域，继续西迁，进入咸海附近的妫水地区，征服大夏，在新的土地上另建家园。

张骞大概了解到这一情况。他们经车师后没有向西北伊犁河流域进发，而是折向西南，进入焉耆，再溯塔里木河西行，过库车、疏勒等地，翻越葱岭，直达大宛。路上经过了艰难跋涉。

这是一次极为艰苦的行军。大戈壁滩上，飞沙走石，热浪滚滚；

葱岭高如屋脊，冰雪皑皑，寒风刺骨。沿途人烟稀少，水源奇缺。加之匆匆出逃，物资准备又不足。

张骞一行，风餐露宿，备尝艰辛。干粮吃尽了，就靠善射的堂邑父射杀禽兽聊以充饥。不少随从或因饥渴倒毙途中，或葬身黄沙、冰窟，献出了生命。

张骞到大宛后，向大宛王说明了自己去大月氏的使命和沿途种种遭遇，希望大宛能派人相送，并表示今后如能返回长安，一定奏明汉皇，送他很多财物，重重酬谢。

大宛王早就想与朝廷往来，但苦于匈奴的中梗阻碍，未能实现。张骞的一席话，使他动心。于是满口答应了张骞的要求，热情款待后，派了向导和译员，将张骞等人送到康居。康居王又遣人将他们送至大月氏。

不料，这时的大月氏人，由于新的国土十分肥沃，物产丰富，并且距匈奴和乌孙很远，外敌寇扰的危险已大大减少，已经改变了态度。当张骞向他们提出建议时，他们已无意向匈奴复仇了。加之，他们又认为朝廷离大月氏太远，如果联合攻击匈奴，遇到危险恐难以相助。

张骞等人在大月氏逗留了一年多，但始终未能说服大月氏人与朝廷联盟，夹击匈奴。在此期间，张骞曾越过妫水南下，抵达大夏的蓝氏城。公元前128年，动身返国。

在归途中，张骞为避开匈奴控制区，改变了行军路线。计划通过青海羌人地区，以免匈奴人的阻留。于是重越葱岭后，他们不走来时沿塔里木盆地北部的"北道"，而改行沿塔里木盆地南部，循昆仑山北麓的"南道"。从莎车，经于阗、鄯善，进入羌人地区。

出乎意料的是，这时的羌人也已沦为匈奴的附庸，张骞等人再次被匈奴骑兵所俘，又扣留了一年多。

公元前126年初，军臣单于死了，其弟左谷蠡王伊稚斜自立为单于，进攻军臣单于的太子于单。于单失败逃汉王朝。张骞便趁匈奴内乱之机，带着堂邑父回到长安。

这是张骞第一次去西域，从公元前139年出发，至公元前126年归汉，共历13年。出发时是100多人，回来时仅剩下张骞和堂邑父两人。所付出的代价是何等高昂。

张骞第一次去西域，既是一次极为艰险的外交旅行，同时也是一次卓有成效的科学考察。张骞第一次对广阔的西域进行了实地调查研究工作。他不仅亲自访问了位处新疆的各小国和中亚的大宛、康居、大月氏和大夏诸地，而且从这些地方又初步了解到乌孙、奄蔡、安息、条支、身毒等地的许多情况。

回长安后，张骞将其见闻，向汉武帝作了详细报告，对葱岭东西、中亚、西亚，以至安息、印度诸国的位置、特产、人口、城市、兵力等，都作了说明。

这个报告的基本内容为司马迁在《史记·大宛传》中保存下来。这是我国和世界上对于这些地区第一次最翔实可靠的记载，至今仍是世界上研究上述地区和国家的古地理和历史的最珍贵的资料。

汉武帝对张骞这次去西域的成果，非常满意，特封张骞为太中大夫，授堂邑父为奉使君，以表彰他们的功绩。

张骞还向汉武帝报告了另外一个情况。张骞推断，大夏位居西南，距长安1.2万里，身毒在大夏东南数千里，从身毒到长安的距离不会比大夏到长安的距离远。而四川在长安西南，身毒有蜀的产物，这证明身毒离蜀不会太远。

张骞的推断，从大的方位来看是正确的，但距离远近的估计则与实际情况不合。当然，在近2000年前张骞达到这样的认识水平，也是难能可贵的。

张骞根据自己的推断，向汉武帝建议，派人南下，从蜀往西南行，另辟一条直通今四川宜宾和中亚诸国的路线，以避开通过羌人和匈奴地区的危险。

汉武帝基于沟通同大宛、康居、大月氏、印度和安息的直接交往，扩大自己的政治影响，彻底孤立匈奴的目的，欣然采纳了张骞的建议，并命张骞去犍为郡亲自主持其事。

公元前122年，张骞派出4支探索队伍，分别从四川的成都和宜宾出发，向青海南部、西藏东部和云南境内前进。他们最后的目的地都是身毒。

四路使者各行约一两千里，分别受阻于氐、榨和禹、昆明少数民族地区，未能继续前进，先后返回。张骞所领导的由西南探辟新路线的活动，虽没有取得预期的结果，但对西南的开发是有很大贡献的。

张骞派出的人，已深入滇越。汉使们了解到，在此以前，蜀的商人已经常带着货物去滇越贸易。同时还知道住在昆明一带的少数民族“无君长”，“善寇盗”。

由于昆明人的坚决阻挠，使得朝廷的使臣不得不停止前进。至公元前111年，汉王朝正式设置牂柯、越侥、沈黎、汶山、武都等郡，以后又置益州、交趾等郡，基本上完成了对西南地区的开拓。

在张骞第一次到西域返回长安后，朝廷抗击匈奴侵扰的战争已进入了一个新的阶段。探险西南的前一年，张骞曾直接参加了对匈奴的战争。

从公元前127年至公元前119年，汉武帝派名将卫青、霍去病对匈奴进行了3次大规模的战争，收复河西地区，并设武威、酒泉、张掖、敦煌等郡。这些军事行动，保证了张骞第二次去西域。

公元前119年，汉王朝为断“匈奴右臂”联络乌孙抗击匈奴，汉武帝任张骞为中郎将，第二次去西域。张骞带300多人顺利来到乌孙，并派副使查看了康居、大宛、大月氏、大夏、安息、身毒等地。

张骞达到乌孙时，这里正在内乱，加之乌孙朝野素来畏惧匈奴，不敢与朝廷结盟。不过乌孙王答应与朝廷来往，并携带几十匹著名的乌孙马，于公元前115年抵达长安，先后历时4年。

同时，张骞派出的副使都圆满完成任务，和各地人员一同返回长安。朝廷与西域各地方政权的友好往来正式建立了。至公元前60年，朝廷在轮台设西域都护府，领有天山以南的地区，乌孙也归汉王朝管辖。至此，陆上丝绸之路的东段完全打通。

张骞历尽艰辛到达了西域，有利于人类进步和文化交流。以后，中外使者、商人，沿着张骞开通的友好道路，来往络绎不绝。

西域出产的葡萄、核桃、大蒜等传入汉地，汉族的农业生产、打井、炼铁技术传到西域；西域的音乐、舞蹈、绘画、杂技传入汉地，汉族的丝绸等产品走进西域。丰富了各国人民的精神和物质生活。

张骞是我国古代乃至世界历史上杰出的探险家、旅行家和外交家。他两次通西域，长达 17 年，行程万里，沿途历尽艰险，备尝辛劳。

张骞艰险的西域之行，不仅促进了内地与新疆各族的友好关系，达到了孤立匈奴的目的，而且进一步沟通了西北陆上丝绸之路，促进了东西方经济文化的交流。

班超愤然投笔从戎

在张骞西域探险之后，东汉时期著名的军事家和外交家班超也曾到过西域。他投笔从戎后，以“三十六骑平西域”的杰出战绩，演绎了以夷制夷的时代旋律。

班超生于东汉时期扶风平陵，位于现在的陕西咸阳东北。班超从小就很有志向，不拘小节，而且品德很好，在家中每每从事辛勤劳苦的粗活，一点不感到难为情。

公元 62 年，班超的哥哥班固受朝廷征召前往担任校书郎，他便和母亲一起随从哥哥来到洛阳。由于家中贫寒，班超常常受官府所雇以抄书来谋生糊口，天长日久，非常辛苦。

有一次，班超停止工作，将笔扔置一旁叹息道："身为大丈夫，虽没有什么突出的计谋才略，总应该学学在国外建功立业的傅介子和张骞，以封侯晋爵，怎么能够老是干这笔墨营生呢？"

周围的同事们听了这话都笑他。班超便说道："凡夫俗子又怎能理解志士仁人的襟怀呢？"

有一次，汉明帝问起班固："你弟弟现在在哪里？"

班固回答说："在帮官府抄书，以此所得来供养老母。"

于是汉明帝任命班超为兰台令史，后来因犯了过失而被免官。

公元 63 年，奉车都尉窦固带兵去与匈奴作战，任命班超为司马副官，让他率领一支军队去攻打伊吾。双方交战于蒲类海，班超取得了显著战果凯旋。窦固认为他很有才干，便派遣他随幕僚郭恂一起去西域。

班超到了鄯善，鄯善王接待他们礼节非常恭敬周到，但不久突然变得疏忽怠慢起来。

班超对他的随从人员说："你们难道没觉察鄯善王的态度变得淡漠了吗？这一定是北匈奴有使者来到这里，使他犹豫不决，不知道该服从谁好的缘故。头脑清醒的人能够预见到还未发生的事情，何况现在已明摆着呢！"

于是班超找来一个服侍汉使的鄯善人，骗他说："我知道北匈奴的使者来了好些天了，现在住在哪里？"

这侍者慌张害怕，就将实情全都说了。班超便关押了这个侍从，将一起出使的 36 个人全部召集起来，与大家一同喝酒。

等喝到非常痛快的时候，班超顺势用话煽动他们说：“你们诸位与我都身处边地异域，要想通过立功来求得富贵荣华。但现在北匈奴的使者来了才几天，鄯善王对我们便不以礼相待了。如果一旦鄯善王把我们缚送到北匈奴去，我们不都成了豺狼口中的食物了吗？你们看这怎么办呢？”

大家都齐声说道：“我们现在已处于危亡的境地，是生是死，就由你决定吧！”

班超便说：“不入虎穴，焉得虎子。现在的办法，只有趁今晚用火进攻匈奴使者了，他们不知我们究竟有多少人，一定会感到很害怕，我们正好可趁机消灭他们。只要消灭了他们，鄯善王就会吓破肝胆，我们大功就告成了。”

众人提议道：“应当和郭恂商量一下。”

班超激动地说：“是凶是吉，在于今日一举。郭恂是个平庸的文官，他听到这事必定会因为害怕而暴露我们的行动计划，我们便会白白送死而落下不好的名声，这就称不上是壮士了。”大家一致同意。

天一黑，班超就带领兵士奔袭北匈奴使者的住地。当晚正好刮起大风，班超吩咐 10 个人拿了军鼓，隐藏在屋子后面。相约一见大火烧起，就立刻擂鼓呐喊，其余人都带上刀剑弓箭，埋伏在门的两旁。

班超亲自顺风点火，前后左右的人便一起擂鼓呼喊。匈奴人一片惊慌。班超亲手击杀了 3 人，部下也斩得北匈奴使者及随从人员 30 多人，还有 100 多人被消灭。

第二天一早，班超才回去告诉了幕僚郭恂。郭恂一听大惊失色，但一会儿脸色又转变了，班超看透了他的心思，举手对他说：“你虽未一起行动，但我班超又怎么忍心独占这份功劳呢？”郭恂这才高兴起来。

接着，班超就把鄯善王请来，将消灭北匈奴使者的事情给他看，鄯善上下震恐。班超趁势对鄯善王晓之以理，又安抚宽慰了他一番，于是接受鄯善王的儿子作为人质。

班超回去向窦固汇报，窦固十分高兴，上书朝廷详细报告班超的功劳，并请求另行选派人员到西域。

汉明帝很赞赏班超的胆识，就下达指令给窦固："像班超这样得力的大臣，为什么不派遣他，而要另选别人呢？可以提拔班超做军司马，让他继续完成出使的任务。"

班超再次接受了使命，窦固想叫他多带些人马，他说道："我只要带领原来跟从我的30余人就足够了，如果发生意外，人多了反而更增加累赘。"

当时，于阗王广德刚刚打败了莎车，于是声威大震，雄霸南道，而北匈奴又派了人来监护他。

班超西行，首先到达于阗，广德王态度礼节十分冷淡，而且这个国家的风俗很迷信神巫。神巫散布说："天神发怒了，你们为什么想去归顺朝廷？汉使有一匹嘴黑毛黄的好马，你们赶快把它弄来给我祭祀天神！"

于阗王广德听了就差人向班超索取那匹骡马。班超暗中已得知这一阴谋，但仍满口答应献出此马，只不过提出要让神巫亲自来索取才行。

不一会儿神巫来到，班超立即砍下他的脑袋，亲自去送给于阗王广德，并就此事责备他。

广德早就听说班超在鄯善诛灭匈奴使者的事，因而非常不安，便下令攻杀北匈奴使者而归降班超。班超重重赐赏了广德及其臣下，于阗就这样安抚镇定了。

汉明帝去世后，焉耆借东汉国丧机会，攻陷西域都护陈睦的驻地。班超孤立无援，而龟兹、姑墨两地又屡发兵攻打疏勒。班超固守盘橐城，与疏勒王忠互为首尾，但兵少势单，一直坚守了一年多。

汉章帝当时刚刚登基，考虑到陈睦全军覆没，恐怕班超势孤力单，难以立足下去，就下诏召回班超。

班超出发回来时，疏勒上下都感到担心害怕，一个名叫黎弇的都尉说道："你若离开我们，我们必定会再次被龟兹灭亡。我实在不忍心看到你离去。"说罢就拔刀自杀了。

班超回来途中来到于阗，于阗王以下的人全都悲号痛哭说："我们依靠朝廷，就好比小孩依靠父母一样，你们千万不能回去。"而且还紧紧抱住班超坐马的脚，使马无法前行。

班超看到于阗人民坚决不让他回去，又想实现自己最初的壮志，于是改变主意返回疏勒。

疏勒中有两座城池，自从班超离去后又重新投降了龟兹，而与尉头联兵叛汉。班超捕杀了叛降者，又击破尉头，攻杀600余人，疏勒重新安定下来。

后来，班超率领疏勒、康居、于阗和拘弥等四方军队1万多人，攻占了姑墨的石城，杀敌700余人。班超想要就此平定西域各地，于是上奏朝廷，请求派兵。

奏章上达以后，汉章帝觉得这事情可以成功，就商议要派兵支援班超。平陵人徐干一向与班超志同道合，他上书给皇上，自告奋勇前去帮助班超。汉章帝就封徐干为假司马，让他率领减刑的罪犯和自愿出塞的兵士1000人赶赴班超驻地。

开始时，莎车以为汉兵不会到来，便投降了龟兹，而疏勒的都尉番辰也因此反叛，正好这时徐干率军赶到，班超就与他一起先打击番辰，大获全胜后活捉了很多俘虏。

班超攻破番辰之后，想乘胜进攻龟兹，但考虑到乌孙兵力强大，理应借助他的力量，于是又上书朝廷，建议派遣人去招抚慰问，以使乌孙能与朝廷同心协力，攻打龟兹。

汉章帝采纳了这个建议，晋升班超为将兵长使，并破格使用鼓吹幢麾，又晋升徐干为军司马。另外派遣卫侯李邑护送乌孙人回去，携带赠送给大小乌孙王及其部属的许多礼物。随后又派遣假司马和恭等人率领800名兵士前去协助班超。

班超发动疏勒、于阗兵攻打莎车王。莎车王暗地里派人串通疏勒王忠，以重利诱惑他，疏勒王忠便决定反叛，勾结莎车王西逃，固守乌即城。

班超于是另立疏勒王室的府丞成大为疏勒王，将不愿谋反的人全部调动起来攻打反叛王忠。双方相持了半年，因为康居王派精兵援救，班超难以攻取乌即城。

这时，月氏王与康居王联姻不久，关系很亲密，班超就派人赠送很多金银锦帛给月氏王，让他劝止康居王。康居王便撤了兵，还生俘了王忠，把他押回疏勒，乌即城便只好向班超投降。

后来，王忠去游说康居王，向他借兵回家，占领了损中，并暗中与龟兹勾结，派人向班超假投降。班超心里知道他们的阴谋，但表面上假装答应接受投降。王忠一听大喜，马上带领轻骑来见班超。

班超暗中埋伏下军队等候着，设下营帐，奏乐接待。酒过一巡之后，就高声喝令部下将王忠捆起来斩首，并就势击溃王忠的随从，歼敌 700 余人。西域南道就此畅通无阻。随后，班超征发了于阗等地的军队 2.5 万人，再次攻打莎车，但龟兹王派左将军纠合了温宿、姑墨、尉头等地 5 万军队去援救莎车王。

班超召集了将校和于阗王商议道："眼下我们寡不敌众，唯一的办法不如表面上各自散去，于阗军从这里向东而去，我军就从这里向西运动，可以等到昏黑鼓响后分头出发。"

如此安排过后，班超又暗中放松对俘虏的看管，以麻痹他们。龟兹王打探到汉军动向十分高兴，亲自率领 1 万骑兵赶到西边去拦截班超，另叫温宿王带领 8000 骑兵赶到东边去狙击于阗军。

班超得悉两支敌军已经分兵而出，便秘密地把各部兵力召集拢来，在鸡叫时分飞驰奔袭莎车军营。莎车军一片惊乱，四方奔逃，班超追击歼敌多人，缴获了大量的牲畜财物，莎车王于是只有投降。龟兹等地只好各自撤退。从此，班超威震西域。

班超少年时就有投笔从戎之志，后来去西域，用智用勇，以三十六骑创造奇迹，进而运用以夷制夷策略，为平定西域，促进民族融合做出了巨大贡献。

马援的誓言万丈豪气

秦汉时期继承的自强不息的民族精神，催发当时的人们昂扬上进。这在东汉王朝开国功臣马援身上也有鲜明的体现。马援在刘秀天下统一之后，虽已年迈，但其“老当益壮”、“马革裹尸”的气概甚得后人崇敬。

马援生于汉代扶风茂陵，就是现在的陕西兴平市窦马村。他12岁时跟人学习诗文，但其心不在章句上，学不下去。后来，他向长兄马况告辞，要到边郡去种田放牧。长兄很开明，赞同他的意向。

可没等马援动身，长兄去世，马援留在家中，为哥哥守孝一年。一年中，他没有离开过马况的墓地，对守寡的嫂嫂非常敬重，不整肃衣冠，从来不踏进家门。

马援在边郡时，种田放牧，能够因地制宜，多有良法，因而收获颇丰。当时，共有马、牛、羊几千，谷物数万斛。时日一久，不断有人从四方赶来依附他。于是他手下就有了几百户人家，他带着这些人游牧于陇汉之间。

马援过的虽是转徙不定的游牧生活，但胸中之志并未稍减。他常常对宾客们说道：

丈夫立志，穷当益坚，老当益壮。

他把所有的财产都分给兄弟朋友，自己则只穿着羊裘皮裤，过着清贫的生活。

西汉末期，四方兵起，马援投身军旅生涯。光武帝刘秀即位后，马援借送信之机见到光武帝。光武帝赏其胆识，认为他与众不同。不久，光武帝南巡，让马援随行。南巡归来，又任命马援为待诏，日备顾问。

公元 32 年，光武帝自统军讨伐起兵拒汉的西州将军隗嚣，马援献计说：“隗嚣的将领已有分崩离析之势，如果乘机进攻，定获全胜。”

马援命人取些米来，当下在光武帝面前用米堆成山谷沟壑等地形地物，然后指点山川形势，标示各路部队进退往来的道路，其中曲折深隐，无不毕现，对战局的分析也透彻明白。

光武帝特别高兴，说“虏在吾目中矣”。

遂快速进军，直进高平第一城。最后消灭了隗嚣军主力。马援“堆米为山”是此战取胜的重要原因，这在战争史上也是一个创举，具有重要的意义。

公元 33 年，马援被任命为太中大夫，统领诸军驻守长安。由于塞外羌族不断侵扰边境，不少羌族更趁中原混乱之际入居塞内。名将、战略家来歙就此事上书，说陇西屡有侵扰祸害，除马援外，无人能平。公元 35 年夏天，光武帝任命马援为陇西郡郡守。

马援一上任，便整顿兵马，派步骑 3000 人出征。先在临洮击败先零羌，斩首数百人，获马牛羊 1 万多。守塞羌人 8000 多，望风归降。

当时，羌族各个部落还有几万人在浩亹，即今大通河一带占据要隘进行抵抗，马援率兵进击，羌人将其家小和粮草辎重聚集起来在允吾谷阻挡汉军。马援率部暗中抄小路袭击羌人营地，羌人见汉军突如其来，大惊，远远地逃入唐翼谷中。

马援挥师追击，羌人率精兵聚集北山坚守。马援对山摆开阵势佯攻，吸引敌人，另派几百名骑兵绕到羌人背后，乘夜放火，并击鼓呐喊。羌人不知有多少汉军袭来，纷纷溃逃。马援大获全胜，但因为兵少，没有穷追敌人，只把羌人的粮谷和牲畜等财物收为汉军所有。

此战，马援身先士卒，飞箭将其腿肚子都射穿了。光武帝得知后，立即派人前往慰问，并赐给他牛羊数千。马援像往常一样，又把这些都分给了部下。战后，马援建议朝廷把从金城迁来的客民全都放回。

放回的客民一共有3000多人，他们各自都返回了原籍。

马援又奏明朝廷，为他们安排官吏，修治城郭，建造工事，开导水利。鼓励人们发展农牧业生产，郡中百姓从此安居乐业。马援还派羌族豪强杨封说服塞外羌人，让他们与塞内羌族结好，共同开发边疆。

公元37年，参狼羌与塞外各部联合，杀死官吏，发动叛乱。马援率4000人前去征剿。部队行至氐道县境，发现羌人占据了山头。

马援命令部队选择适宜地方驻扎，断绝了羌人的水源，控制了草地，以逸待劳，不许出战。

羌人水草乏绝，陷入困境，首领们带领几十万户逃往塞外，剩下的1万多人也全部投降。从此，陇右清静安宁。

马援在陇西太守任上一共6年。由于他恩威并施，使得陇西兵戈渐稀，人们也逐渐过上了和平安定的生活。

马援治郡，务开恩信，宽以待下。他要求官吏务尽职守，自己从不过多干预，只是顾全大局而已。他家里总是宾客盈门，旧交满座。

马援回到朝廷后，屡次被接见。他须发明丽，眉目如画，善于应对，尤其善于叙述前代故事。在他口中，三辅长者、闾里少年，均有可观可听之处。皇太子、诸王听马援讲故事，从不感到厌倦。马援还善言军事，凡是马援提的建议，光武帝都予采纳。

东汉初年，交趾地区的征侧和征贰起兵反汉。征侧在麓泠自立为王，公开与东汉朝廷决裂。光武帝任命马援为伏波将军，此后，世人皆称马援为“马伏波”。

马援统军沿海开进，遇山开路，长驱直入千余里，到达浪泊，与敌大战，攻破其军。汉军乘胜进击，在禁溪一带数败征侧，敌众四散奔逃。最后诛杀了征侧、征贰，战事胜利结束。朝廷封马援为新息侯，食邑3000户。

马援封侯没有自己庆贺，而是杀牛摆酒，犒赏将士。饮酒中间，他从容地对手下说，此战的胜利，全赖皇上英明，也靠的是将士齐心，个个奋勇。将士听后，敬佩不已，皆欢声雀跃。

接着，马援率大小楼船2000多艘，士兵2万多人，进击征侧余党都羊等，从无功一直打到巨风，平定了峤南。

马援见西于县辖地辽阔，有3.2万多户，边远地方离治所1000多里，管理不便，就上书给皇帝，请求将西于分成封溪、望海两县。皇帝采纳了这一建议。

马援每到一处，都组织人力，为郡县修治城郭，并开渠引水，灌溉田地，便利百姓。马援还参照汉代法律，对越律进行了整理，修正了越律与汉律相互矛盾的地方，并向当地人申明，以便约束。从此之后，当地始终遵行马援所申法律，所谓“奉行马将军故事”。

公元44年秋，马援率部凯旋回京。还没到京师，好多老朋友都去迎接他，慰问他。平陵人孟冀也在其中。孟冀以多智著称，他在席间向马援祝贺。

马援诚恳地对孟冀说道：

> 方今匈奴、乌桓尚扰北边，欲自请击之。男儿要当死于边野，以马革裹尸还葬耳。

孟冀大受教益。这便是“马革裹尸”的来历。

马援回到京城一个多月，正值匈奴、乌桓进犯扶风，马援见三辅地区受到侵掠、皇家陵园不能保全，就自愿请求率兵出征。只有真正为国忘身的人，才能有如此之境界。光武帝因他勉劳国事，刚刚征南回来，又要离京，命令百官都去送行，以示荣宠。

出兵的第二年秋天，马援率领3000骑兵出高柳，先后巡行雁门、代郡、上谷等地。乌桓哨兵发现汉军到来，部众纷纷散去，马援率师而还。

公元48年，南方武陵五溪蛮暴动，武威将军刘尚前去征剿，冒进深入，结果全军覆没。马援时年62岁，请命南征。

光武帝考虑他年事已高，而出征在外，亲冒矢石，军务烦剧，实非易事，没有答应他的请求。

马援便当面向皇帝请战，说：“臣尚能被甲上马。”

光武帝让他试试，马援披甲持兵，飞身上马，手扶马鞍，四方顾盼，一时须发飘飘，神采飞扬，真可谓烈士暮年，壮心不已。

光武帝见马援豪气不除，雄心未已，很受感动，笑道：“矍铄哉是翁也！”于是派马援率领中郎将马武、耿舒、刘匡、孙永等人率4万人远征武陵。出征前，亲友来给马援送行。

马援率部到达临乡，蛮兵来攻，马援迎击，大败蛮兵。蛮兵逃入竹林中。随后，马援率军进驻壶头。

蛮兵据高凭险，紧守关隘。水势湍急，汉军船只难以前进。加上天气酷热难当，好多士兵得了暑疫等传染病而死。马援也身患重病，一时，部队陷入困境。

马援命令靠河岸山边凿成窟室，以避炎热的暑气。虽困难重重，但马援意气自如，壮心不减。每当敌人登上高山、鼓噪示威，马援都拖着重病之躯出来观察瞭望敌情。手下将士深为其精神所感动，不少人热泪横流。

最终，身经百战的马援没能敌过病魔的侵蚀，病死疆场，实现了他“马革裹尸”的英雄落幕。

马援与其他开国功臣不同，他大半生都在安边战事中度过。无论是“老当益壮”，还是“马革裹尸”，他都表现了男儿的血气方刚，实现了“生命不息，奋斗不止”的人生理想。

段秀实不畏权贵执法

唐朝大将郭子仪父子在平定叛乱的战争中屡立战功，被皇上封为左散骑常侍之职。一次，郭子仪的儿子郭晞率军驻扎在邠州，由于军令不严，营中一些将士常常跑出去骚扰百姓，横行街市。当地的节度使白孝德，由于害怕郭子仪父子的权势，也不敢出面查究。

段秀实过去是白孝德属下的判官，现在已升任泾州刺史。当他听到这件事后，十分气愤，立即找到白孝德，要求让他兼任节度使署的都虞侯，来处置这件事。

白孝德同意了段秀实的请求，他便把州里的公务交给长史代理，自己搬到邠州节度使衙门办公。

一天，郭晞的部下又结伙到集市上的酒馆里抢酒。段秀实听到报告，异常气愤，立刻带领役吏把闹事的兵士捉住杀了。郭晞营中的士兵们听说后，拿起武器，准备进攻节度使署。段秀实一个人来到军营拦住士兵陈明利害，并说："你们想杀官造反吗？"

郭晞听了，不禁汗流浃背，他扭头斥责左右："统统解下甲胄，各自归队回营，有再敢喧哗闹事者，斩！"

中国春秋时期一部语录体散文集

论语

（春秋）孔子 著

辽海出版社

肆

目　　录

己欲立而立人……1

忠臣楷模诸葛亮……2

吕蒙博学多识有远见……5

范式诚实守信于约定……5

黄雀衔环报恩传奇……9

学而不厌，诲人不倦……13

孔子教育弟子勇毅力行……14

柳公权戒骄戒躁成名……19

志于道，据于德……20

晏子巧语责齐王……21

管宁16岁割席拒友……21

良相典范房玄龄……23

天下第一谏臣魏徵……25

范仲淹大义创义庄……29

苏轼的慈善仁义之举……32

用之则行，舍之则藏……36

燕昭王谦虚招贤纳士……37

执法如山的包拯……37

满腹经纶的耶律楚材……42

李汰黄金难换腐儒心 …… 46
张员外不发不义之财 …… 49
求仁而得仁 …… 53
赵奢不畏权贵收税 …… 54
曹操割发以明军纪 …… 54
孙权察人律己之德 …… 57
娄师德的宽厚品德 …… 60
刚直清廉的海瑞 …… 63
乐在其中 …… 67
孔子的信行与报恩 …… 68
孟子提倡的诚信思想 …… 72
荀子践行诚信思想 …… 76
司马迁不负父命 …… 80
三人行必有我师 …… 82
徐光启诚恳拜师 …… 83
唐寅求教绘丹青 …… 85
张曜虚心拜妻为师 …… 88
杰出谋士范文程 …… 89
近代第一人臣林则徐 …… 93
中兴名臣曾国藩 …… 97
躬行君子，吾未之有 …… 101
兵学鼻祖孙武 …… 102
兵家用兵神将吴起 …… 105
赫赫杰出战神白起 …… 108
太史慈守信誉赴约 …… 112

廉范无私义薄云天 …………………………………………………………… 113

君子坦荡荡 …………………………………………………………………… 117

千古一帝秦始皇 …………………………………………………………… 118

王戎捉贼识苦李 …………………………………………………………… 120

王羲之水饺师傅 …………………………………………………………… 121

杨翥宽厚睦四邻 …………………………………………………………… 122

吕留良题联自警 …………………………………………………………… 124

人之将死，其言也善 ……………………………………………………… 127

智勇双全战将王翦 ………………………………………………………… 128

德圣武神国栋廉颇 ………………………………………………………… 131

常胜名将大将军李牧 ……………………………………………………… 135

刘德不浮夸虚心学习 ……………………………………………………… 139

李杜友情千古传佳话 ……………………………………………………… 139

柳刘成为生死之交 ………………………………………………………… 143

犯而不校 …………………………………………………………………… 148

中华第一勇士蒙恬 ………………………………………………………… 149

最勇猛的武将项羽 ………………………………………………………… 152

关羽集大义于一身 ………………………………………………………… 154

祖冲之解开圆周之谜 ……………………………………………………… 158

司马光识人善用荐才 ……………………………………………………… 160

笃信好学，守死善道 ……………………………………………………… 161

帝喾以诚信赢万民 ………………………………………………………… 162

尧舜禹的诚信美德 ………………………………………………………… 165

贾逵刻苦读书自学 ………………………………………………………… 169

汉之飞将军李广 …………………………………………………………… 170

无一败绩的卫青 …… 173
克敌远征的霍去病 …… 176
博学而无所成名 …… 179
季札治国不受王位 …… 180
三国第一勇将吕布 …… 180
吕端宰相肚里能撑船 …… 183
欧阳修王安石的友谊 …… 187
陆游与辛弃疾的友情 …… 190
循循然善诱人 …… 194
颛孙师诚实记教诲 …… 195
刘宽对人仁慈宽厚 …… 195
诸葛亮以德服孟获 …… 198
蒋琬豁达宽宏大量 …… 201
勇猛将帅薛仁贵 …… 204
匹夫不可夺志 …… 208
扶苏至死忠君报国 …… 209
李广誓死捍卫边关 …… 214
卜式捐献家财助边防 …… 218
郑玄三年未见过老师 …… 221
骁勇善战的杨业 …… 221
精忠报国的岳飞 …… 224
蒙古第一猛将哲别 …… 227
君子成人之美 …… 230
韩信诚守诺言报大恩 …… 231
诚实善良的乐羊子妻 …… 234

苏章执法诚实守信 …………………………………………………… 237
王缮仁厚急人之难 …………………………………………………… 241
民族英雄戚继光 ……………………………………………………… 241
武臣巨擘岳钟琪 ……………………………………………………… 245
湘军将领左宗棠 ……………………………………………………… 246
益者三友……………………………………………………………… 251
吕岱良师益友徐原 …………………………………………………… 252
诸葛亮以信诚服孟获 ………………………………………………… 252
王勃指瑕《汉书注》………………………………………………… 255
君子有三戒…………………………………………………………… 258
孙权知错认错悔改 …………………………………………………… 259
皇甫绩的守信精神 …………………………………………………… 259
唐太宗的诚信之道 …………………………………………………… 263
唐代张说不作假证 …………………………………………………… 266
阳货欲见孔子………………………………………………………… 270
小宗悫智勇捉盗贼 …………………………………………………… 271
性相近，习相远……………………………………………………… 272
白圭谈大禹治水 ……………………………………………………… 273
李义琰大义无私欲 …………………………………………………… 273
杜暹常怀律己之心 …………………………………………………… 276
君子亦有恶…………………………………………………………… 280
魏万求学千里追李白 ………………………………………………… 281
冼夫人一心为国而操持 ……………………………………………… 281
姚崇无私为民抗蝗灾 ………………………………………………… 284
四体不勤，五谷不分………………………………………………… 287
孔子徒弟认字吃饭 …………………………………………………… 288

隋文帝倡俭施仁政 …………………………………………………… 288
卢怀慎清正廉洁之风 ………………………………………………… 292
狄仁杰历职有德政之风 ……………………………………………… 294
见危致命，见得思义 ………………………………………………… 299
刘备直言批许汜 ……………………………………………………… 300
萧何惜才追韩信 ……………………………………………………… 300
刘秀王霸的君臣情 …………………………………………………… 304
马援的笃实品德 ……………………………………………………… 307
甄宇谦恭能礼让 ……………………………………………………… 310

己欲立而立人

子曰："中庸[①]之为德也，其至矣乎！民鲜久矣。"

子贡曰："如有博施于民，而能济众[②]，何如？可谓仁乎？"

子曰："何事于仁，必也圣乎！尧舜[③]其犹病[④]诸！夫[⑤]仁者，己欲立而立人，己欲达而达人。能近取譬[⑥]，可谓仁之方也已。"

【注释】

①中庸：中庸是孔子的最高道德标准。中，谓之无过无不及。庸，平常。

②众：指众人。

③尧舜：传说中上古时代的两位帝王，也是孔子心目中的"圣人"。

④病：病，担忧。

⑤夫：句首发语词。

⑥能近取譬：能够用自身打比方。

【解释】

孔子说："中庸作为一种道德，该是最高的了吧！人们缺少这种道德已经为时很久了。"

子贡说："假若有一个人，他能给老百姓很多好处又能周济大众，怎么样？可以算是仁人了吗？"

孔子说："岂止是仁人，简直是圣人了！就连尧、舜尚且很难做到呢。至于仁人，就是要想自己站得稳，也要帮助别人一同站得稳；要想自己过得好，也要帮助别人一同过得好。凡事能就近以自己作比，

而推己及人，可以说就是实行仁的方法了。”

【故事】

忠臣楷模诸葛亮

诸葛亮从小就失去了父母，跟随叔父到了襄阳。叔父去世后，诸葛亮和弟弟一起来到隆中卧龙岗，一边种田一边读书。年轻的诸葛亮博览群书，喜欢钻研学问，积累了丰富的知识。

他在隆中结交了不少渊博学者，经常同他们一起游玩、交谈。诸葛亮对自己的能力非常自信，常自比历史上的杰出政治家管仲、乐毅，渴望在当时群雄割据的局面中施展才华。

诸葛亮 27 岁那年，遇到了刘备。诸葛亮向刘备提出了先在荆州立足，再占益州，和孙吴及南方蛮夷结盟，抗拒曹操的战略方针，这就是有名的隆中对。刘备听了诸葛亮的高论，为其才智所折服，便请诸葛亮出山辅佐自己。诸葛亮离开隆中，做了刘备的军师。

208 年，曹操率大军南下，准备统一南方。东吴孙权想联合刘备共同抗击曹操，诸葛亮很高兴，就去了东吴。

东吴阵营中有主战派，也有主降派，诸葛亮当着东吴孙权的面舌战群儒，用激将法，使孙权下决心抗击曹操，结成了孙刘联盟。

在接下来的赤壁之战中，孙刘联军利用火攻大败曹军，这一仗为刘备在南方立足和后来三分天下奠定了基础。

赤壁之战后，诸葛亮帮刘备取得了荆州。后来，他又帮助刘备取得了益州。

221年，刘备在成都称帝，建立了蜀国，诸葛亮做了丞相。每当刘备出兵征伐时，诸葛亮便负责镇守成都，为刘备足食足兵，如汉中之战就替刘备提供了资援。

诸葛亮在汉中休士劝农期间，充分利用了这里优厚的经济条件，因地制宜地采取了一系列发展生产的得力措施，使刘备北伐的军资，基本上就地就得到了解决。

他休士劝农，实行军屯，使汉中重新得到发展，逐步到达人多、粮多的良性循环，使百姓“安其居，乐其业”。

此外，诸葛亮亲自考察后修筑的“山河堰”等水利工程，至今还是汉中地区灌溉面积最大的水利工程。据说山河堰可以灌溉农田4.6万亩。诸葛亮时修筑的一些堰渠经历代使用维修，一直沿用至今。

这些事实说明，汉中盆地古代农田水利设施至今所产生的实际效用和不断改进利用，与诸葛亮当年在汉中休士劝农时，开拓农田、兴修水利、发展生产的丰功伟绩是分不开的。

建蜀初年，蜀国南部少数民族发生叛乱。诸葛亮亲自率兵南征，去平定叛乱。诸葛亮善于用兵，七次擒获叛王孟获，但他每次都放了孟获，最后使孟获心悦诚服，安心归蜀。

诸葛亮不仅军功卓著、治国有方，他的艺术造诣也是很高的。

诸葛亮喜爱书法，在青少年时代就进行过刻苦的训练，能写多种字体，篆书、八分书、草书都写得很出色。即使战事十分紧张频繁，他仍然不忘临池挥毫。他的很多书法作品被北宋皇宫内府所珍藏。

唐朝张彦远在《历代名画记》中写道：

> 诸葛武侯父子皆长于画。

张彦远记述当时一些近代画家，如阎立本、吴道子等人绘画作品的售价：“屏风一片值金两万，次者售一万五千，”“一扇值金一万。”

并说汉魏三国画家的作品，在唐代已是“有国有家之重宝”“为世代之珍”。

从张彦远的记述中，可以大致看到诸葛亮在我国美术史上的历史地位和艺术成就。

诸葛亮精通音律，喜欢操琴吟唱，有很高的音乐修养。他既会吟唱，又善操琴，同时他还进行乐曲和歌词的创作，而且还会制作乐器，如制作七弦琴和石琴。不仅如此，他还写有一部音乐理论专著《琴经》。

诸葛亮的文章也写得非常好，《前出师表》《后出师表》《诫子书》等，千百年来一直广为传颂。

诸葛亮还有很多发明创造，比如木牛流马、孔明灯、诸葛连弩、八阵图、孔明锁、木兽、地雷等，无不展示出他长于巧思的才艺。

诸葛亮一直没有忘记统一天下的愿望。

227年，诸葛亮向刘禅上了《出师表》，安排好内政，出兵北伐。蜀军进军顺利，后来由于派马谡守街亭，导致街亭失守，蜀军被迫撤回。为严明军纪，诸葛亮挥泪斩了马谡，并自贬三级。

234年，诸葛亮开始第六次北伐。

他率领10万大军，占据武功，在五丈原扎营，与魏军在渭水两岸形成对峙局面。由于司马懿采取坚守的方针，在速战不成的情况下，诸葛亮令士兵屯田，准备长期坚持。

8月间，诸葛亮积劳成疾，病逝于五丈原军中，终年54岁。死后安葬在定军山。

诸葛亮临终时还留下退军密计，导演了一场“死诸葛吓退活司马”的好戏，使蜀军安全撤回。

诸葛亮的一生是奋斗的一生，真正做到了他所说的“鞠躬尽瘁，死而后已”！

吕蒙博学多识有远见

吕蒙，字子明，汝南富坡（今安徽阜南东南）人，三国时期吴国著名军事家。受孙权之劝，多读史书、兵书，学识渊博。吕蒙曾经乘名将关羽北伐曹魏、荆州空虚之时，偷袭荆州成功，使东吴国土面积大增。吕蒙历任别部司马、平北都尉、横野中郎将、偏将军、寻阳令、庐江太守、汉昌太守、南郡太守等职，封孱陵侯。建安二十四年去世，享年42岁。

吕蒙年少时，南渡长江，跟随在姐夫邓当身边。当时邓当身为孙策的部将，数次征伐山越。那时的吕蒙年仅十五六岁，也私自随邓当一同作战，且无比勇敢。

孙权继位后，吕蒙更得重用。从破黄祖做先锋，封横野中郎将。从围曹仁于南郡，并于濡须数御曹军，屡献奇计，累功拜庐江太守。

吕蒙在军旅之时，在孙权的劝说下发愤读书，深为孙权、鲁肃所依赖。后进占荆南三郡，计擒郝普，于合肥奋勇抵抗魏军追袭，以功任左护军、虎威将军。

217年，曹操出兵40万来攻打东吴。东吴孙权召集文武百官研究对策，大将吕蒙建议在濡须口修筑船坞。

孙权称赞道："人无远虑，必有近忧，吕蒙有远见。"

于是下令连夜修建船坞。等魏军到时，船坞已修好，魏军在这一战中损失惨重。

范式诚实守信于约定

东汉明帝永平年间，一个明朗的秋天，在汝南郡的一个村子里，青年学者张劭正在自家的庭院中来回踱步，不时侧耳听听院外的动静，

好像在等什么人。他嘴里不住地叨念着："巨卿兄，你怎么还不到呢？"

张劭说的这个巨卿，就是山阳郡人范式，字巨卿，是张劭在太学里的同学，两人多年寒窗相伴，结下了深厚的友情。

两年前，他们同日离开京都洛阳回家，分手的时候，两人依依不舍，洒泪而别。那一天正好是九九重阳节，当时他们约定，两年后的今天，范式来汝南郡探望张劭。

光阴飞逝，两年的时间转眼就过去了。越是临近约定的日期，张劭的心情就越是不能平静。他急切地盼望着与好友重新欢聚，以至于坐卧不宁，寝食不安。

张劭的老母亲见儿子这样，怕他急坏了身子，就劝他道："儿啊，何必如此心焦，朋友之间，总有机会见面的。再说，山阳郡离咱们这里有上千里的路程，又是两年之前随口说的话，到现在人家怕是早都忘记了，你也别太认真了。"

张劭认真地答道："娘，您不了解巨卿，要说巨卿这人，那是当今天下数一数二的诚实君子，他做事情从来没有违反过大义；他说过的话从来没有不兑现过。讲好要来，他是绝不会失约的。"

母亲说："你这孩子啊，真是实心眼！好吧，我就给你准备酒宴招待客人吧！唉，我只是怕你急坏了身子啊！"

张劭说："不会的，巨卿一到，我还会高兴得年轻几岁呢！您就放心地去准备吧！"

重阳节终于到了，张劭一家人早早起来，把酒杀鸡，忙活了半天，备好了一桌丰盛的酒菜。可是，范式还没出现。张邵简直望眼欲穿了，他整好衣装，急步走到村头，立在大树下等候。

看看到了正午，正是两年前他们分手的时刻。就见一辆马车从远处飞奔而来，车到大树下停住，下来一个书生打扮的中年人，向张邵疾步跑来，张邵定睛一看，来人正是范式！

两人跑到一起，各施大礼，然后紧紧拥抱。张劭说："大哥果然不远千里赶来赴约。不过，为何不早到几天，让小弟等得好心焦啊！"

范式说："贤弟，只怪我心里着急，又加上饮食不慎，途中病倒在客栈里。要不是店家好心照看，我几乎要丧命了。"

张劭一看，范式果然是一副病容，身子轻飘飘的，好像还站不稳似的。张劭很有点不过意，说："大哥为了看我，病成这样，小弟真是有罪了。"

范式笑了起来，说道："你我两人还要说这些客套话吗？我要是今天见不到贤弟，那才是会急死呢，快领我去拜见伯母吧，我还带了些薄礼来孝敬她老人家呢！"

范、张两人久别重逢，更觉得难分难舍，他们白天一起谈论学问，夜晚在一张床上安眠。

一天，范式感慨地说："我们两人就像古时候的伯牙和钟子期一样啊，真是生死之交。"

张劭说："我们虽不是同年同月同日生，但是将来谁要是先走一步，另一个一定要在他身边为他送葬。"

范式说："那当然是我这做兄长的先死，你可要为我送葬呀！"

张劭开玩笑说："要是我先走一步了呢？"

范式说："那不管我在何处，一定会驾着白马素车，身披白练，赶来为你送葬的，你可要等我呀！"

说完，两人都大笑起来。

几天之后，范式辞别张劭一家回山阳郡去了。这边张劭继续读书种地，奉养老母。不料，没过一年，张劭忽然得了个暴病，不到几天，张劭就已经奄奄一息了。

临终之际，张劭的同乡老友郅君章、殷子征来看望他。他们拉着张劭的手，流泪说："元伯，你放心去吧，还有什么心事就请对我们

讲吧！”

张劭叹了口气说：“我死而无怨，只是等不及我那生死之交的好友来给我送葬了。”

郅君章、殷子征两人奇怪地问：“难道我们还不能算是你的生死之交吗？”

张劭说：“你们对我友情深重，但你们只是我活着时的朋友，而山阳范巨卿却无论我是死是活，都是我的好友啊！”顿了一下，张劭又说，“有件事情，想托你们办一下。请你们务必派人去山阳郡通知范巨卿，请他尽快赶来，不然，我就等不及了。”

郅君章、殷子征两人答应了张劭的请求，派人骑快马到山阳郡报信去了。

范式回到山阳郡后，当地的郡守听说了他的名声，就请他做了郡府的功曹，掌管全郡的礼仪、文教事情。官虽不大，公务却很繁杂。范式尽心职守，把事情办得井井有条，郡守对他十分赏识，有心要再提拔他。

这一天，范式梦见了张劭，只见张劭头戴黑色王冠，长长的帽带一直垂到脚下，脚上穿的是一双木鞋，好像一位古代的君王。再看张劭脸上一副焦急的样子，好像在呼喊自己，可就是喊不出声音。

范式从梦中惊醒，浑身冷汗。他想，难道贤弟已经作古了吗？这个梦实在不吉利。不行，我要去汝南看看贤弟。

第二天，范式辞别郡守，郡守再三挽留不住，心中十分惋惜。因为，范式这一走，不但提升职务的事吹了，而且连功曹的官职也要丢掉。范式哪里顾得了这许多，他借了匹快马，日夜兼程地向汝南郡赶去。

范式在途中正遇上张劭派来向他报信的人。他一听这消息，当时就口吐鲜血晕了过去。醒来之后，范式买了白马素车和奔丧用的物品，亲自驾车飞奔而来。一路上，人们都看见这辆飞奔的丧车：白色的马，白色的车，车上的人穿着麻衣，身披白练，不断抽打着马儿飞跑。

可是，就在范式赶到的头几天，张劭已经去世了。老母亲记着儿

子的嘱咐，一连等了范式3天，后来实在不能再等，只好把丧事办了。到出殡的这天，当地仰慕张劭名声的人都赶来了，送殡的队伍少说也有上千人。

说来也奇怪，那辆载着张劭灵柩的马车走到村口大树下时，车轮突然陷进一个土坑，任凭众人死命地往外拉，车也是纹丝不动。

张劭的母亲哭倒在灵车上说："儿啊，娘知道你的心愿，可是，山阳郡离这里千里之遥，巨卿实在是赶不到啊！"

正在这时，远处一辆白色马车飞驰而来。张母回首一望，说道："这一定是山阳郡范巨卿来了。"

果然，这正是范式的白马素车。车到近前，范式跳下车来，扑到张劭的灵柩上痛哭起来，边哭边说道："贤弟，哥哥来迟一步，让你等急了啊！"

过了一会，范式止住哭声，说道："贤弟，你该去安息了，哥哥送你下葬。"说着他招呼众人扶住车辕，大家使劲一推。真是怪了，这回灵车一下子就出了土坑，又向墓地移动了。

众人见此场面，又感动又吃惊，都赞叹范、张两人真是生死之交，诚信君子，说是由于他们两人的信义感动了上天，才出现了这样的奇事。

范式安葬张劭后，信守当初的诺言，为好友守墓3年。

范式和张劭生死之交，其信义之风，为后人所敬仰。为纪念这两位信义贤者，范式家乡的人们遂将其村子改名为"鸡黍"，并建立了"二贤祠"，供奉范式、张劭。

黄雀衔环报恩传奇

杨宝是成语"结草衔环"中"衔环"典故的主人公。此事虽属迷信，但后人以此比喻感恩图报。杨宝是东汉弘农郡华阴人。据说杨宝9岁时，在华阴山路上，看到一只被猫头鹰咬伤的黄雀，从天空掉下来，

接着又有无数的蚂蚁爬在黄雀的身上，吸食它的血。杨宝见黄雀痛苦地挣扎，于心不忍，就把这支受伤的黄雀带回家饲养，等到它伤愈之后，又放它飞走了。

有一天晚上，杨宝梦见黄雀飞回来报恩，它自称是西王母娘娘的使者，同时口里衔着4枚白环要献给杨宝，并且说将来杨宝的子孙都会像这白环一样晶莹高贵。

果然，日后杨宝的儿子杨震、孙子杨秉、曾孙杨赐、玄孙杨彪，一个个都飞黄腾达，而且他们的品德操守方面都非常的清白，当时成为传奇。

杨震少年时候，家贫而与母亲独居，靠租种别人家的地养活母亲，乡里人都称赞他孝顺。他在注重品德修行的同时，还特别注意笃学儒家学说，被人称为“关西孔子”，后来成为远近有名的贤良才子。

杨震还善于清廉独处，几经朝廷邀请才出仕做官，先后任过东来和涿郡太守、太尉。任职后，也不忘品德修养，秉公办事，不徇私利。

有一次，杨震的学生王密，拿了10斤黄金深夜来访，谢他栽培之恩。杨震说：“我是看你有才，才荐你做官，你怎么不了解我呢？”

王密说：“夜里无人知晓，收下吧！”

杨震说：“天知、地知，我知，你也知，怎么能说无人知晓呢？做官一任，造福一方，为民当官，以廉为本，如以为人不知晓而受贿，岂不是伤天害理，欺世盗名！”

说得王密十分惭愧，持金而退。

非但如此，杨震还要把清正廉洁家风传给后代。一些亲朋故友见他公而忘私，就劝他为儿孙打算，置办些家产留给儿孙。他说：“让后代成为清官后代，不也是一份很贵重的遗产吗？”

东汉末年，宦官当道，外戚专权。杨震因揭露樊丰、周广等人假传皇令，耗费巨资修宅第受到陷害，太尉印绶被收，罢免官职，朝野都被震动。

杨震满怀悲愤地回到故里，对儿孙家人说："清廉刚直、以诚为民，是做官的本分。怕只怕那些狡猾的奸臣不能杀掉，我有什么面目重新见到日月！我死之后，用杂木做棺，用单被盖上即可，不要设置祭祠。"

杨震说完这话，为表心志，毅然饮鸩而死，以此正气守节教育他的儿子们。

杨震生有5个儿子，都受到家庭熏陶。其中杨秉尤为出类拔萃。杨秉少年时秉承父业，博通书传，在家乡教书。直至40多岁被举荐，拜侍御史，后历任豫州、荆州、徐州刺史。

杨秉不仅继承了父亲的学问、气节，还继承了父亲清廉刚直品格。身为刺史，"计日受禄"，余下俸禄一文不取。

杨秉任官执法如同父亲，秉直刚正，疾恶如仇。

一次，他检举揭发地方贪官昏官50人，上报朝廷严肃处理，"天下莫不肃然"，全国为之震动。

杨秉一生与宦官斗争，有智有谋。晚年他总结说道：

> 我有三个不能被诱惑：酒、色、财。

无欲则刚，所以他能大智大勇、大公无私。杨秉不但承继了好家风，而且有所发展。

杨秉的儿子杨赐，也继承了祖父辈传承下来的正直清廉家风，因"少传家学，笃志博闻"，被推荐为汉灵帝刘宏的讲学老师，后来拜为太尉，经常为国直言上书。

杨赐曾经上书抨击朝政，用人不论德才，善恶同流。汉灵帝不以为然。后来，杨赐因向汉灵帝面谏，请求改弦更张，罢斥奸邪官吏，结果触怒宦官曹节。杨赐只因为对汉灵帝有"师傅之恩"，才免于

死罪。

杨门第四代杨彪为杨赐的儿子，也少传家学，举为孝廉，终生不畏强暴。最初因通晓典章制度，被朝廷征为议郎，与父杨赐同朝为官。

当时的宦官王甫的门生独占官府财物价值70万，杨彪发现之后立即揭发，汉灵帝准奏后，王甫的养子王萌、王吉、太尉段颎同被处死。这件为民除害的事，大快天下，杨彪本人名声也大震。后因阻止奸臣董卓乱权，被董卓罢官。

汉献帝当皇帝后，任杨彪为太尉。为了有利于国家统一，杨彪一直“尽节卫主”，几经被害。曹操“挟天子以令诸侯”时，只因杨彪声望影响很大才免于一死。

曹丕建立魏国自立皇帝后，要杨彪出任太尉，杨彪固辞不受，表现了他对大汉王朝的忠诚。

杨彪的儿子杨修“好学，有俊才”。曹操嫉恨他的才能，借故把他杀了，以解自己杀不了杨彪之恨。

杨修虽没有像他的前辈那样铸成彪炳品德，但也表现了他的为人耿直，也为后人所崇敬。据《汉书·杨震列传》记载：

> 自震至彪，四世太尉，德业相继。能守家风，为世所贵。

这就是杨家公而忘私，忠诚守信，持节不渝的家风。

学而不厌，诲人不倦

子曰：“述而不作[①]，信而好古，窃[②]比于我老彭[③]。”

子曰：“默而识[④]之，学而不厌[⑤]，诲[⑥]人不倦，何有于我哉？”

子曰：“德之不修，学之不讲，闻义不能徙，不善不能改，是吾忧也。”

【注释】

①述而不作：述，传述。作，创造。

②窃：私，私自，私下，谦词。

③老彭：人名，殷商时代一位“好述古事”的“贤大夫”。

④识：记住。

⑤厌：满足。

⑥诲：教诲。

【解释】

孔子说：“只阐述而不创作，相信并且喜好古代的东西，我私下把自己比做老彭。”

孔子说：“把所见到、听到的知识默默地记在心里，努力地学习而不感到满足、厌倦，教导别人而不感到疲倦，这些事情我做到了哪些呢？”

孔子说：“对品德不去修养；学问不进行讲习；听到合乎道义的事不去做；有过错的地方却不能改正，这些正是我所忧虑的啊！”

【故事】

孔子教育弟子勇毅力行

周文王推演而成《周易》后，其中的“天行健，君子以自强不息”的精神被历代发扬光大。最初将这一精神用于实践的，是春秋时期的儒家创始人孔子。

作为一个伟大的教育家，他认为，仁者不忧，智者不惑，勇者不惧。为此，他以仁、智、勇“三达德”为核心教育弟子，要求弟子做到勇毅力行，至死不变。这是孔子思想的基本内容之一，也是儒家文化的重要内容。

“三达德”的养成重在勇毅力行，坚持到底。孔子在教育实践中始终贯彻这一精神要旨。

有一次，孔子和弟子们优游讲学于郊野。听说附近住着一位远近闻名的老农，年已 70 岁，身体健康，勤劳俭朴，遇事礼让，附近百姓遇到大小事都去找他询问，有什么纠纷口角也请他出面调解，只要他说一句话，问题就解决了，便很想前去拜访他。

孔子一行找到了老农的居所。只见房屋虽小，但墙壁用泥抹得平整光亮，屋顶茅苫盖得整齐严实，屋内屋外打扫得干干净净。孔子和弟子进入屋内，只见老人腰背挺直，正在厨房用陶鬲煮饭。见到这些不速之客，老人连忙放下炊具，躬身相迎。

孔子向老人介绍了自己的身份和来意。接着问道：“老人家，你还有什么亲人吗？”

老人答：“有一个儿子和儿媳、孙子。”

孔子又问：“你这么大年纪了，为什么不同他们一起生活呢？”

老人说：“他们孝顺我，好的东西常常先给我享用，孙子也经常来看我，身上的衣服全是儿媳做的。现在我自己还能自理，若和他们生活在一起，就加重了他们的负担，所以就自己独立生活了。”

孔子说："这也算得是父慈子孝了！"

老人随即取来盂，装着饭吃了起来，边吃边说："香啊！甜啊！先生你看这饭是多么香啊！你不嫌弃的话，也请你尝尝。"

孔子高兴地接过老人送上的饭，恭敬地祭天地后，也跟着有滋有味地吃了起来，就像在吃国君分给他的祭肉一样。

老人又为每人盛了一盂，孔子边吃边赞赏地说："好啊，真是又香又甜的美食！"吃完饭后，他们又和老人闲聊了一阵，才起身告辞。

在路上，子路问老师："先生，陶鬲和盂是最粗陋的炊具器皿，用它煮的饭食是最低下的饭食，先生如何吃得这样高兴呢？"

孔子说："一个喜欢劝谏君王的臣子，其必然时时想着的是君王；一个孝顺的儿子，当他拿着美味的佳肴后，必然先想到的是他的父母；一个想为百姓做好事的人，也必然是和百姓想的一样。今天，我不是看他的炊具器皿是否尊贵，而是看他待人的态度，老人虽已年迈，但有那样健康的心态对待他人，享受人生，真的令人如沐春风啊！他的那份热情难道不感染你吗？"

颜回说："从他的盛情就可看出，他是个道德高尚的人啊！"

孔子接着说："知足常乐，心地坦坦荡荡，这种高尚的人寿命将会

很长。这就是仁者不忧啊！”

一天，孔子带着子路、子贡、颜回路过农山。农山险峻高耸，景色秀丽，孔子师徒即登山一游。登上山顶后，孔子望着壮丽山河感叹说：“登高望远，令人心潮澎湃，你们各自来谈谈心中的志向吧！”

子路忙趋前说：“我愿那前面宽旷的平原上，有一大队手执刀、枪、斧、钺的人马，呼啸着朝我杀来，在这样的阵势前面，我一人敢于仗剑杀敌，得地千里。”

孔子说：“仲由，你真是勇士啊！”

子贡接着说：“赐愿出使齐国和鲁国。这两个国家将要大战于广大平原，正当两军对峙之时，我敢站立于两军阵前，凭三寸不烂之舌，消弭战事，解除两国战争带来的痛苦。”

孔子说：“端木赐呀，你的确能言善辩！”

两人听了孔子的评说后，颇感高兴。

而颜回却默然不语。孔子便招呼道：“回啊，过来，你也来谈谈吧！”

颜回回答说：“论文武之事，他们两人都已说过，我在这些方面远不及他们，我还有什么可说的呢？”

孔子说：“他们虽然都说了自己的愿望，但我还是想听你的志向啊！”

颜回说：“回曾听说过那极香的薰草和臭味难闻的莸草是不能同藏于一个器皿之中的，贤君尧和暴君夏桀是不能共同治理一个国家的，这叫物以类聚，人以群分。回只希望得一个圣明的君主，我就去忠诚地辅佐他，并在广大的百姓中，全面施以父义、母慈、兄友、弟恭、子孝的教育，引导他们的行为遵循礼乐，使国家的城郭可以不修而无忧患，沟池不修而无人逾越，把剑、戟、斧、钺等兵器全用来铸造农具，把那些作战用的牛马都放于水草丰富的原野上，使每个家庭再无离散的忧虑，使天下千秋万代免除战争祸根。这样，那仲由也用不着一人陷阵了，赐也不用那样滔滔雄辩了！”

孔子听后高兴地说：“回啊！你的愿望真好，这就是智者不惑啊！”

子路一时不明白孔子的意思，便问："先生，我们都说自己的志向，你认为哪个符合你的心意呢？"

孔子极目远眺，神色肃穆地对着3个弟子说："我的愿望是实现一个人民安居乐业，天下永世太平的大同世界，使'老者安之，朋友信之，少者怀之'，颜回所说的才是我的真正愿望啊！"

孔子一行从农山回到馆舍，大家还在议论不休。孔子今天特别高兴，他看到了颜回的仁德之心，也批评了子路的蛮勇，冷落了子贡的巧辩。

子路对先生今天的告诫没有想通，不太心服，他暗想：先生过去曾说过"勇者不惧"，我也是个勇者不惧的人，为什么今天不赞同我的观点呢？

于是他径直地去找孔子，问道："先生，您不是说勇者不惧么，而且还赞誉勇者有坚忍不拔的精神，勇往直前的力量！然而，先生今天在评论弟子的志向时，似乎与您过去的说法矛盾啊！"

孔子说："仲由呀，我说的'勇者不惧'，是有道德标准的。这个标准就是'义'，要依义而行。否则，就会恃勇逞强，给自己、给别人、给社会带来无穷后患！"

子路又问："一个好勇的人就会出现后患吗？"

孔子说："若是一个人血气方刚而不具有仁德，一旦别人对他怨恨，他就会凭自己的勇猛而激发作乱的。"

子路又问："那有仁德的人不是也崇尚勇吗？"

孔子说："一个有道德的人崇尚勇敢的，但崇尚勇敢时却把正义看作头等要紧的事。"

子路在众弟子中是最好勇又好义的，然而偏于意气用事也是一个缺点。孔子对他这一点非常忧虑，不时予以告诫，今天也是针对子路这个弱点而说的。

孔子见大家再没说话，便笑着说："我的主张如果行不通，只好驾一条独木舟漂流到海外去归隐，到那个时候，恐怕能跟随我的只有子路了！"

子路听到这句话，有点急不可耐的样子。孔子见状指着子路笑着说：“子路的武功、勇气都超过我，但是他的脾气也超过我啊！”

子路又问：“先生，假使您打仗，您带哪一个？您总不能带颜回吧？他营养不良，体力不够，您总应该带上我吧？”

孔子听了子路的话笑了，他对子路说：“你像一只发了疯的老虎一样，站在河边就想跳过去，跳不过也想跳，这样有勇无谋怎么行？像你这种脾气，要打仗绝不带你，要带一定要带能做到‘临事而惧，好谋而成’的人，遇事谨慎小心、深谋远虑的人，才能统帅三军啊！”

众弟子听了先生这番教诲，都受益匪浅。

孔子意犹未尽，他接着说：“有德者必有言，有言者不必有德。仁才必有勇，勇国不必有仁。”

子路今天也深受启发，暗暗反省过去的鲁莽行为，内心愧疚起来。

孔子看出了他的心思，慈爱地对子路说：“仲由呀！你的性格坦诚，敢想敢问，敢于发表自己的见解，先生就是喜欢你这样的人啊！一个道德高尚的人要做到3点，这就是‘仁者不忧，智者不惑，勇者不惧’，可称之为‘三达德’，你要随时用这3条来要求自己啊！”

子路说：“请先生放心，仲由一定这样去做！”

子贡说：“这3条不正是先生品德的自我写照吗！”大家都高兴地笑了起来。

孔子以“仁、智、勇”为“三达德”，并以此来教育弟子，使“三达德”成为儒家传统思想的一部分。其中仁是核心，智所以知仁，勇所以行仁，三者形成智、情、意一体的德性。

儒家一贯推崇勇德。孔子把勇作为践履仁德的条件之一，认为勇必须符合于礼义，并能智勇双全。勇德，作为传统道德的基本规范之一，强调的是勇毅力行，是人类社会带有共同性的传统美德。

在我国传统伦理文化中，表达勇的道德品质的概念还有刚、毅等。其内容主要包括体仁能慈、行义循礼、明智善断、临危不惧、知耻力行等。

直观地解释，“勇毅”就是做事有胆量、有勇气、有毅力；“力行”

就是身体力行。由此可见，人格的完善，社会的进步，重心不在于言，而在于行。

勇毅与怯懦相对立，也与蛮勇、冒险相区别。勇毅只有从一定的原则和目的出发，即同“义”联系起来，才具有道德价值。

总之，“勇毅力行”是中华民族在践履道德方面所具有的德性和德行，或者说是在道德意志方面所体现的美德。

柳公权戒骄戒躁成名

柳公权，字诚悬，京兆华原（即今陕西铜川市）人。唐代著名书法家。柳公权书法以楷书著称，与颜真卿齐名，人称“颜柳”。

他的书法初学王羲之，后来他观遍唐代名家书法，认为颜真卿、欧阳询的字最好，便吸取了他们二人的长处，形成了自己的柳体，以骨力劲健见长，后世有“颜筋柳骨”的美誉。

柳公权从小就显示出在书法方面的过人天赋，他写的字远近闻名，他因此有些骄傲。

有一天，他遇到了一个没有手的老人，发现老人用脚写的字竟然比他用手写得还要好。

自此，他发奋练字，手上磨起了厚厚的茧子，衣袖补了一层又一层，仍然毫不松懈。他学习颜体的清劲丰肥，也学欧体的开朗方润，学习行草体的奔腾豪放，也学宫院体的娟秀妩媚。

他经常看人家剥牛剔羊，研究骨架结构，从中得到启示，于是不断改进字体的结构。他还注意观察天上的大雁、水中的游鱼、奔跑的麋鹿、脱缰的骏马等，把自然界各种优美的形态都熔铸到书法艺术里去。经过勤奋练习，虚心学习，最终成为一代书法大师。

志于道，据于德

子之燕居，申申如也；夭夭[1]如也。

子曰："甚矣吾衰也！久矣吾不复梦见周公[2]。"

子曰："志于道，据于德[3]，依于仁，游于艺[4]。"

子曰："自行束脩[5]以上，吾未尝无诲焉。"

【注释】

①夭夭：行动迟缓、斯文和舒和的样子。

②周公：姓姬名旦，周文王的儿子，鲁国国君的始祖，他是孔子所崇拜的"圣人"之一。

③德：德者，得也。能把道贯彻到自己心中而不失掉就叫德。

④艺：艺指孔子教授学生的礼、乐、射、御、书、数等六艺，都是日常所用。

⑤束脩：干肉，又叫脯。束脩就是十条干肉。孔子要求他的学生，初次见面时要拿十条干肉作为学费。后来，就把学生送给老师的学费叫做"束脩"。

【解释】

孔子闲居在家里的时候，衣冠楚楚，仪态温和舒畅，悠闲自在。

孔子说："我衰老得很厉害了，我好久没有梦见周公了。"

孔子说："以道为志向，以德为根据，以仁为凭借，活动于六艺范围之中。"

孔子说："只要自愿拿着十条干肉来见我的人，我从来没有不给他教诲的。"

【故事】

晏子巧语责齐王

晏子是春秋后期一位重要的政治家、思想家、外交家。他是齐国上大夫晏弱之子，以生活节俭，谦恭下士著称。据说晏婴身材不高，其貌不扬。

齐景公特别喜欢养鸟。有一次，他得到一只非常美丽的鸟，派一个叫烛邹的人，给他养这只鸟。可是，过了几天，那只鸟飞走了。齐景公气得直跺脚，大声喊道："烛邹，我要杀了你！"

站在一旁的晏子说："是不是先让我宣布烛邹的罪状，然后再杀也不迟。"

武士们把烛邹绑来了。晏子绷着脸，严厉地对他说：烛邹，你犯了死罪，罪有三条：

第一条，大王叫你养鸟，你不留心让鸟飞走了；

第二条，你使国君为一只心爱的鸟要动手杀人了；

第三条，就是这件事让别人知道了，都会认为我们国君只看重鸟而轻视百姓的生命，从而看不起齐国。所以国君要杀死你！

齐王明白晏子是在责备自己，他干咳了两声，说："算了，算了，把他放了吧！"

接着，齐王走到晏子面前，拱手说道："若不是您及时开导，我险些犯了大错呀！"

管宁16岁割席拒友

管宁，三国时人，著名学者。少年好学，家境艰难，有读书为国为民的思想。

管宁出生在三国时期，他16岁那年，父亲去世了，家里的日子过得很艰难。他的亲戚们都很关心他，有的送来了衣服，有的送来了粮食，他坚决不收，决心要完全靠自己的劳动养活自己。他为了实现自己的这一意愿，打点行装到外地去寻师访友，学习知识和本领。

管宁在外地一边替人干活，一面寻找老师。他白天一有空闲，便去寻访，终于找到了一位好老师。管宁见这位老师有很多学生，就决心留下来学习本领。

同学们对人和善，见管宁远道而来，都很关心他。其中有个名叫华歆的同学与他特别好。两人情同手足，难分你我。学习的时候，他们坐在一张席子上读书；休息的时候，他们一起翻地种菜，挑水施肥。

有一次，管宁和华歆在后院锄地，忽然从地里刨出一块黄澄澄的金子来。管宁不为钱财所动，装作没看见，依然埋头锄地。华歆看见了黄金，两眼睁得大大的，脸上露出惊喜的神色，马上把那块黄金拾起来，擦去泥痕，往自己的怀里揣。可是，他看见管宁还在专心锄地，感到很惭愧，只得把已经揣进怀里的黄金掏出来，丢到地边去，仍然跟着管宁一起锄地。

还有一次，管宁和华歆正并排坐在一张席子上读书。忽然，门外响起了一阵锣声，原来是一个大官从此经过。华歆一听见锣声，就东张西望，心神不定了。又过了一会儿，他终于经不起诱惑，丢下书，跑出去看热闹了。

那个大官坐着八抬大轿，带着一队威风凛凛的仪仗队。华歆看得眼都红了，直到轿子走远了，他才回来。他看看管宁，依然在席子上用功读书，他觉得不可理解，于是大声说道："刚才那位大官乘坐八抬大轿，前呼后拥，威风凛凛，真有气派……"

他见同学们只顾读书，对他的话没有兴趣，于是提高嗓门，重讲一遍那个大官的排场，然后无限羡慕地说："将来我要是做了官，也一定要坐这样的八抬大轿，仪仗队的人数还要多一些，比他更威风！"

管宁听了华歆的话，望着他洋洋得意的样子，立刻拿起一把小刀，把他们坐的席子割成两半，然后对华歆说："看来，你是为做官发财而

读书，没有一点为国为民的思想。现在我才知道，你我志向不同，成不了好朋友。以后咱们不必坐在一张席子上了，各人读各人的书吧！”

良相典范房玄龄

房玄龄12岁时，在随父亲去京师一行之后，他综合听到、看到的情况，经过多日的思考、分析，认为大隋帝国一定会很快灭亡。

房玄龄12岁时所分析的隋朝大势，10年后得到了证实：农民起义的熊熊烈火，埋葬了隋王朝，暴君隋炀帝死在了扬州。

隋炀帝继位后，滥用民力，挥霍无度，短短几年，隋朝经济凋敝，民不聊生，各种矛盾激化。一些隋朝官吏也拥兵自重，伺机取隋而代之。

617年，太原留守李渊在长子李建成、次子李世民等辅佐下起兵反隋，挥师南下，沿汾水进军关中。在李世民所部进抵渭水以北时，房玄龄从隰城赶来投靠李世民。两人一见，便如平生旧识，马上任其为记室参军。

随后，房玄龄在唐军入据关中、建立唐朝及李世民挥军取河陇、北救晋阳、东定中原、攻取河北等统一战争中，均尽其所能，给秦王李世民出谋划策。

在作战中，唐军每歼灭一部敌军，别人争着寻求珍宝之物，房玄龄则总是先收揽各种人才，安置在幕府之中。发现有谋臣猛将，他便

想方设法与之结交。因此，那些谋臣猛将愿为李世民尽其死力。

在用人问题上，房玄龄还常给李世民出主意。

例如，杜如晦原是秦王政府兵曹参军，不久迁陕州长史。房玄龄认为杜如晦人才当用，便向李世民建议说："杜如晦，王佐人才。大王欲经营四方，非如晦不可。"

李世民接受了这一建议，将杜如晦又调回秦王政府。后来，杜如晦与房玄龄一起，跟从李世民东征西讨，参谋帷幄。"玄龄善谋，如晦能断"，二人配合默契，同心辅佐李世民，为唐朝统一天下立下巨大功勋。

李渊称帝后，分封自己的4个儿子。长子李建成忌妒次子李世民的才华和功绩，欲谋害李世民。

对李世民兄弟之间的尖锐矛盾情况，房玄龄与长孙无忌、杜如晦等一起多次劝李世民杀李建成和李元吉。李世民又征询了其他僚属的意见，终于下定决心于626年夏发动了"玄武门之变"，射杀李建成、李元吉等。

不久以后，李世民接替李渊当上了皇帝，论功行赏，以房玄龄、长孙无忌、杜如晦、尉迟恭、侯君集五人为第一，封房玄龄为邢国公。

房玄龄于628年当上了宰相。

他处理政事尽心竭力，用法宽平，深受李世民信任。因此，李世民诏令他主持制定唐朝律令。

房玄龄研究前朝的律令后认为，旧法中的很多规定不符合情理。因此，他在制定唐朝律令时，努力做到有理有据。

他主持制定的唐律共500条，立刑名20个，其中削烦去害、变重为轻的条目多不胜记。他还主持制定唐令1590条，统一规定了枷、杻、钳、鏁、杖、笞等刑具的长短宽窄。他还删节唐朝建立以来的皇帝诏令，定留700条，颁布执行。

房玄龄崇尚儒学，所以极力推崇孔子。李渊当皇帝时，国学之中的庙堂以周公为先圣，孔子配飨。房玄龄等建议以孔子为先圣，颜回

配飨。李世民诏令执行。在房玄龄等倡导下，唐朝大收天下儒士，根据他们的学识，分别予以录用；还扩大各类学校招生。

李世民多次亲自到国学听博士讲授儒学。四方儒士也纷纷负书而至长安。吐蕃、高昌、高丽、暹罗等少数民族的酋长也派子弟进长安入学。国学之内学生接近万人，前所未有。唐初形成的这种教育兴旺的局面，与房玄龄的积极倡导是分不开的。

唐太宗李世民晚年好大喜功，滥用民力。

643 年，朝鲜半岛上的高句丽和百济联兵进攻亲近唐朝的暹罗。645 年，李世民不听房玄龄劝谏，下诏进攻高句丽，结果损兵折将。

后来，李世民又改用轮番攻扰的办法，试图先疲惫高句丽后大举进攻，结果也没有得到多少好处，反而激起邻国的不满，国内人民怨声载道。

649 年，房玄龄在病榻之中上表，请求太宗以天下苍生为重，罢军止伐高句丽。太宗见表，甚为感动。

临终之际，李世民亲至其病床前握手诀别，当场授予其子房遗爱为右卫中郎将，房遗直则为中散大夫，使其在生时能看见二子显贵。

房玄龄去世以后，太宗为之废朝 3 日，赠太尉，谥曰“文昭”，陪葬昭陵。后来，他又把房玄龄列入“凌烟阁二十四功臣”，并时常前往怀念。

天下第一谏臣魏徵

魏徵的父亲魏长贤精通文史，博学多才，曾做过北齐著作郎，后因直谏朝政，贬为上党屯县令。父亲正直倔强的品质，对青少年时代的魏徵产生了很好的影响。

然而由于父亲去世较早，家业也因此衰落。穷困的生活，并没有磨灭魏徵的意志，他性格坚强，胸怀大志，喜好读书，多所涉览，尤注意于历代兴衰得失之道，这为以后他的从政、治史打下了厚实的

基础。

魏徵备经丧乱，仕途坎坷，阅历丰富，他对社会问题有着敏锐的洞察力，而且为人耿直不阿，遇事无所屈挠，深为精勤于治的唐太宗所器重。

唐太宗屡次引魏徵进入卧室，请教执政得失，魏徵也喜逢知己之主，知无不言，言无不尽，对于朝政得失，频频上谏。

魏徵的谏诤涉及面很广，除了军国大事外，还对唐太宗其他一些不合义理的做法提出善意的批评。很多时候，尽管唐太宗对魏徵的尖锐批评一时难以接受，但他毕竟认识到魏徵是忠心奉国，有利于国家长治久安。

魏徵鉴于隋末人口流亡、经济凋敝、百废待兴的事实，力劝唐太宗偃戈兴文，实行有利于国计民生的休养生息政策。

唐太宗即位之初，曾与群臣谈及教化百姓之事。唐太宗认为，大乱之后，恐怕难以教化。魏徵则认为，长久安定的人民容易自满，自满就难以教化；经历乱世的人民容易愁苦，而愁苦就有利于教化。这就像饥饿的人渴望食物，焦渴的人渴望饮水一样。

唐太宗采纳了魏徵的建议，制定了经国治世的基本国策，对于“贞观之治”有着深远的影响。

魏徵还提出了以静为本的施政方针。

他认为，隋朝虽然府库充实，兵戈强盛，但由于屡动甲兵，徭役繁重，虽然富强，最后失败，其原因就是因为“动”。现在唐朝初定，在大乱之后，人心思治，所以当以安静为本。他以静为本的思想，主张社会有个安定的环境，与民休养生息，以恢复和发展社会经济。

为了防止劳役百姓，魏徵还劝谏唐太宗停止周边诸国的入朝贡献，并停止一些规模较大的活动，以减少国库的开支。

在当时，文武百官都以为封禅为帝王盛事，又天下乂安，屡次请求东封泰山，唯独魏徵不同意。

他认为，尽管唐太宗功高德厚，国泰民安，四夷宾服，但皇上大规模车驾东巡，千乘万骑，其费用实属不该。唐太宗在魏徵的规谏下，又恰遇河南、河北数州闹水灾，就停止了东封活动。

魏徵认识到，帝王修饰宫宇，奢侈无度的结果，必然会疲劳百姓。在与唐太宗谈及此事时，魏徵曾以隋亡为鉴，说隋炀帝大兴土木，劳民伤财，提醒唐太宗切忌奢侈，以防重蹈覆辙。

唐太宗曾让人在益州及北门制造绫锦、金银器，魏徵就上言，劝阻此事。唐太宗东巡洛阳，住在显仁宫，因州县官吏供奉不好，大都受到了谴责。魏徵认为这是渐生奢侈之风的危险信号，于是马上给他敲一下警钟。

有一次，唐太宗问魏徵何谓明君暗君？

魏徵率直地回答说："君之所以明，是因为他兼听；君之所以暗，是因为他偏信。"

他主张君主兼听纳下，听取臣下的正确意见，以克服君主的主观片面性。帝王久居深宫，视听不能及远，再加上自己的特殊身份，很难了解社会实际。可见，兼听纳下，也是魏徵的政治思想之一。

唐太宗在实践中推行了兼听纳下的思想，调整了君臣关系，改变了帝王传统的孤家寡人做法。而臣下也对朝廷施政中的失误之处，积极上书规谏，匡弼时政。如此一来，君臣同舟共济，集思广益，上下同心，从而开创了贞观年间的谏诤成风的开明政治。

在一次奏疏中，魏徵援引了管仲回答齐桓公在用人问题上妨害霸业的5条：一是不能知人；二是知而不能用；三是用而不能任；四是任而不能信；五是既信而又使小人参之。可以说，知、用、任、信、不使小人参之，基本上概括了魏徵的吏治思想。

知人是用人的首要问题。在用人问题上，魏徵特别强调君主的知

人。魏徵指出君主知人，才能任用忠良之士，这是天下致治的先决条件。

魏徵认为识别人臣的善恶是知人的一个重要内容。魏徵认为，在不同的时期，在用人标准上并不是一成不变的。在天下未定时，一般是专取其才，天下太平之时，则非才德兼备者不可任。

他的这一用人思想，是和变化的客观形势相适应的，也是可取的。赏罚分明，不徇私情，也是魏徵的用人思想中的一个内容。此外，他也反对重用宦官。

在这方面，唐太宗很多时候都采纳了魏徵的意见。

魏徵在与唐太宗等人讨论创业与守业之难时认为，要守成帝业，使国家长治久安，最重要的就是居安思危。他认为居安忘危，处治忘乱是由于帝王忘乎所以，无心政治，因而导致了国家的危亡与覆灭。

他以此提醒唐太宗，要小心在意，时刻保持着高度的警觉。魏徵常以亡隋为借鉴，以说明居安思危的迫切性。他总结隋亡的教训，作为唐太宗治理国家的一面镜子，以做到居安思危，警钟长鸣。

639年，魏徵趁唐太宗诏五品以上官员议事之机，全面地、系统地总结了政事不如贞观之初的事实，上奏唐太宗，这就是著名的《十渐不克终疏》。疏中列举了唐太宗搜求珍玩，劳役百姓，昵小人、疏君子，频事游猎，无事兴兵等10条弊端，言辞直白，鞭辟入里，再次提醒唐太宗慎终如始。

唐太宗看完奏疏后，欣然采纳，并对他说："朕今天知道自己的过错了，也愿意改正。如若违背此言，再无面目见到诸位爱卿！"

说完亲手解下佩刀，赐予魏徵，还赐予魏徵黄金10斤、马两匹。魏徵喜逢知己之主，竭尽股肱之力，辅助唐太宗理政，已成为唐太宗的左手右臂，以至于助成"贞观之治"。

魏徵不但是一位杰出的政治家，也是一位著名的史学家。他对历史有深刻的了解，善于将历史经验和现实问题结合起来，以史为鉴，以此论治道，劝唐太宗。

他根据唐太宗的诏令，修撰了《周史》《齐史》《梁史》《陈

史》《隋史》五朝历史。五部史书总监虽是房玄龄，但房玄龄政务繁忙，魏徵是实际的总监。

他还亲自动手，撰写了《隋史》的序和论，还为《梁书》《陈书》《齐史》写了总论。他治史谨严，有“良史”之称。

636年，五朝史书修撰完毕，唐太宗为嘉奖魏徵，加封魏徵为光禄大夫，进封郑国公。

642年，魏徵病重，唐太宗下手诏慰问。

魏徵居室简陋，生活俭朴。唐太宗还特别下令为他建了一个正厅，还赐给屏风等物。

同年秋，唐太宗说：“方今群臣，忠直没有超过魏徵的。”于是，罢去魏徵的宰相职务，拜为太子太师。魏徵去世时，唐太宗亲临魏家哀悼，悲痛异常。他停朝5天，令百官参加葬礼。送葬时还登楼遥望魏徵灵柩，还亲自为魏徵写了碑文。

唐太宗对魏徵的去世，十分悲痛。曾感叹地说：

人以铜为镜，可以正衣冠；以古为镜，可以见兴替；以人为镜，可以知得失。魏徵没，朕亡一镜矣！

他的这段话，可以说是对魏徵的历史性评价。

范仲淹大义创义庄

宋代程朱理学的发展，进一步强化、发展了儒家思想；同时，科举制度的完善，从政治制度上保证了士大夫群体必然是一个精英知识分子阶层。应该说，“士大夫”这一阶层在宋代正式形成了。

宋代绝大多数士大夫都怀有“先天下之忧而忧，后天下之乐而乐”的崇高道德使命感，这是范仲淹流芳千古的名言。这句话不仅概述了宋代士大夫的义利价值取向，也是他自己一生的真实写照。

范仲淹，生于河北真定府，即现在的河北省石家庄正定县。北宋时期著名的政治家、思想家、军事家、文学家和教育家。他“先天下之忧而忧，后天下之乐而乐”的情怀，与儒家“先义而后利者荣，先利而后义者辱”的思想如出一辙。

范仲淹的“忧乐”也就是儒家的“义利”，忧乐的先与后，境界不一样。先忧后乐，即儒家的先义后利，就是光荣的，而颠倒了位置，就是一种耻辱。范仲淹以儒家经义而致时用，在创立义庄一事中得到了充分体现。

范仲淹对设立义庄、资助族人一事已经深思熟虑。1049 年，范仲淹调往杭州做知州。他拿出毕生大部分的积蓄，在苏州吴县捐置良田千亩，让其弟找贤人经营，收入分文不取，成立公积金，目的是对范氏远祖的后代子孙义赠口粮，对婚丧嫁娶也均有资助。第二年设立义庄，开始以田租为资金来源，救济族众。这种善举感动天下，全国范姓族人视范仲淹为圣贤而敬之。

范仲淹为义庄制订管理章程，作为义庄运转依据。建立的米、绢、钱发放的对象、数量、方式、管理、监督等事项，都有具体可操作的规定。

义庄主要是周济宗族的，顾及乡亲和姻亲。宗族发放对象不论贫富，粮食、布匹、奴婢口粮、红白喜事及其他急难事宜，周济范围非常宽泛。周济对象特别照顾无经济收入的妇女，对再婚妇女并无歧视，义庄制订了相关的管理、监督规矩。

义庄的设立使范氏族人受惠颇多，他们每天可领米 1 升，每月可以领粮 3 斗作为果腹之资。每逢数九寒冬，他们可领取棉布一匹，以

抵御寒潮侵袭。

若逢红白喜事，他们也可从义庄得到相应资助，使人生大事得以圆满。义庄还修建许多新房屋，供给族人免费居住。

义庄除注重保障族人的基本生活外，更注重族人文化素质的提高，希望族人们都能饱读诗书，终有一日，金榜题名，光宗耀祖。因此庄内设有义塾，为族人提供免费教育，族人若进城赴考，义庄也将为他们提供盘缠，解除了他们的后顾之忧。

为避免因田租发生争执，有伤族内和气，义庄通常雇佣佃户耕种田地，而族人不得耕种。义田属于宗族的共同财产，若有不法之徒胆敢侵吞，整房亲友都将受到株连，而他本人非但救济资格要被取消，甚至要被拖到官府问罪，许多贪徒因此畏而止步。

义庄管理者通常由德高望重的长者担任，接受族人的监督，报酬与管理绩效挂钩。若是管理得当，族人能按时领取钱米，大家都满意叫好，则报酬优厚；若是管理不当，亏损严重，拖欠族人钱米，引得怨声一片，则报酬较低。因此，管理人在亲情、财富、声望等诸多因素的驱动下，恪职尽守，努力将义庄经营得更好。

义庄鼓励族人捐赠田地，不仅可以使其他族人得到更多帮助，更可以使本人流芳百世，为族子族孙所铭记。因此，但凡族人经商成功、官场得意，为了避免锦衣夜行的尴尬，他们常会大量购买土地捐给义庄，使范氏义庄的规模越来越大，不为时代所淘汰。

义庄的设立使范氏族人生活得到保障，即使在天灾人祸面前也能安居乐业。因此，当地官府对其青睐有加，极力支持，而范仲淹父子本身就是朝廷要员，注重义庄与官府沟通，以求获取更多的庇护。

范仲淹为官清廉，生活极度节俭。据说，范仲淹晚年有一习惯：入睡前在心里合计家中一日的饮食等费用，家庭费用与所做的事情相称才能安心入眠。如此奉己甚严，可以理解范仲淹大量购置义庄的钱财从何而来。

范仲淹逝世后，他的儿子范纯仁、范纯礼又将义田扩充，并根据实际情况，“随事立规”，先后 8 次续订规矩，使义庄管理更趋严密。

范氏后裔多有热心义庄事务、事业者。南宋宁宗庆元、嘉定年间，范仲淹第五世后裔范之柔与兄弟范良器等重新整顿义庄，极力经营，恢复了义庄原来的规模。范之柔将过程与规矩禀明朝廷，皇帝为此下旨颁布施行。

义庄的建立，也使范氏家族极其兴旺，子孙众多，繁衍昌盛，人才辈出。而同时代的许多达官巨宦却常如昙花一现，仅历经数代就陷入凋敝，令人感叹。

范仲淹开启了宋代慈善事业的一个新时代。宋代受范仲淹启发、感召，朝廷的许多高宫达贵效仿学习，在家乡设立义庄。如范仲淹以后的宋神宗时副宰相吴奎、宋徽宗时宰相何执中等，都曾经从事各种慈善事业。

范仲淹的义庄也对后人从事慈善事业有深远影响。历代当地官府也多有积极参与义庄之重整者，监督义庄规矩的贯彻实施。历代朝廷也都特别下诏，免除范氏义庄所应承担的差役和部分赋税。直至清代末期宣统年间，义庄仍然有田产 5300 亩，运作良好。这一切都是范仲淹巨大的人格、道德魅力感染所致。

范仲淹开创的义庄慈善事业，充分显示了他的“先天下之忧而忧，后天下之乐而乐”的儒家情怀。大义之举，必得延续，义庄的生命力之强，前后运作 800 多年，前无古人，后无来者，成为中华民族慈善事业的一大奇观。

苏轼的慈善仁义之举

宋代士大夫普遍以天下大义为重，而在这些人当中，苏轼对于义利有特殊的认识。他提倡义利互为共用，更认为义是人生追求的境界。他的这种认识，是他个人修养的结果。

苏轼，号称“东坡居士”，四川眉山人。北宋时期文学家，豪放派词人的主要代表之一，“唐宋八大家”之一。

苏轼出生在一个富有文学修养的家庭，父苏洵列“唐宋八大家”之一，母亲出身书香门第，知书达理，仁惠贤淑。苏轼幼年时，母亲教导他读的《后汉书·范滂传》中记载，后汉时期，范滂上书弹劾奸党，不幸失败被捕，范滂的母亲深明大义，支持儿子的义举，范滂英勇就义。

年幼的苏轼仔细阅读了范滂的故事，对母亲说：“母亲，我长大之后若做范滂这样的人，您愿不愿意？”

苏母抚摸着苏轼的肩膀，笑着回答说：“你若能做范滂，难道我就不能做范滂的母亲吗？”

苏母的教导，加之父亲的熏陶，已经在苏轼幼小的心灵撒下了道义的种子，日后必将开花结果。苏轼后来进士及第，步入仕途。身居宦海，他因政见不同而一贬再贬，但范滂那样的大义之人已然根植心中，因此即使身在朝堂之外，也不忘“义”字，多有义举，将义作为自己人生追求的最高境界。

1089 年，杭州瘟疫流行，时任杭州知州的苏轼，情急之中带头捐献私帑，引发众商人、乡绅赞助，与官家合办“安乐坊”，是我国最早的民间救济医院。

苏轼在杭州创办“安乐坊”是有因有果的。他身为知州，自知理应关心民瘼，造福一方。当时杭州瘟疫流行，必须安抚病民，及时解决医疗，这是为官之本。再说他自任黄州团练副使时，就寻师访友钻研医道、讲究药理，据传“安乐坊”有一种治瘟疫的特效常用药“圣散子”，就是他和僧医共同研制而临床使用的。

“安乐坊”聘僧医主之，医愈千人，功绩明显，百姓赞扬，社会影响很大。后来由两浙漕臣上报朝廷并得到批准，于是民间救济医院

"安乐坊"改名为官办的慈善医院"安济坊"。而且还下有医愈病人的考核指标，凡完成者，赐紫衣外，还奖祠部牒一道。

祠部牒在当时可以卖，每牒价值 170 贯钱。苏轼为救杭州灾民，就将皇上特赐的 100 道度牒卖得 17000 贯钱，换米赈济灾民。

苏轼为杭州百姓做过的好事是有口皆碑的，除了办"安乐坊"外，他关心民瘼，为民做主，疏湖筑堤，浚六井，以至于他离开杭州，杭州城百姓"家有画像，饮食必祝，又作生祠以报。"

苏轼贬谪惠州时，有职无权，在不得签署公事的情况下，苏轼仍不忘"兼济天下"，处处关怀老百姓。在力所能及的范围内，为惠州人民做了大量的义举善事。

一次，苏轼在陪广南东路提刑程正辅游博罗香积寺的时候，看到寺后的溪流，想到惠州人民生产工具极其落后，便向程正辅提出建造水碓水磨的建议，并嘱县令林圻大力推广。这样一来，惠州老百姓不仅可以用来舂米磨面，还能把檀香木等舂成香屑，远销广州等地。

他还通过博罗等县令，推广新式农具秧马，让农民坐着插秧，省时省力，效果很好。

1095 年正月初一，博罗城发生大火，全城付之一炬。苏轼便去信请求程正辅通令地方衙门，发放粮食救济灾民，并且禁止向灾民摊派，否则"害民又甚于火矣。"

惠州驻军缺少营房，大多散居市井，苏轼又致书程正辅，建议修建营房，解决了军民纠纷的难题。苏轼还为惠州无主的枯葬营葬，以安息亡灵；还建议广州官吏引蒲涧山滴水岩的水入城，解决居民饮水问题。

苏轼目睹岭南缺医少药，百姓又无钱治病，很多人因而病死，便积极施医散药，救死扶伤。如用姜、葱、豉制成汤，浓煮热呷，防治流行疾病，效果果然很好。后人将苏轼和宋代科学家沈括两人历年收集的药方，合编为《苏沈良方》，成为古代重要的医书。

另外，苏轼还常常运用他的影响来为百姓办事。例如，苏轼助施自己腰间的犀带，还带动弟媳捐出皇帝赏赐的数千黄金，在西枝江上，用 40 艘船做成浮桥，起名为"东新桥"。又在丰湖上，先筑进两岸为

堤，然后建桥一座，取名“西新桥”。

1100年，苏轼在最后贬至海南琼州后获赦还北，北返后卜居于常州阳羡。因无居所，拜托友人邵民瞻为他买了一处宅院，以了却其多年租田借屋之苦，也免除了家人流离失所之困境。新屋共需500贯钱，苏轼拿出了所有家当，才偿付了屋款。

新居没住几天，一天夜里，苏轼和邵民瞻月下散步，偶然来到一村落，忽然听到一个妇人悲切的哭声。苏轼的心一紧，心想妇人为何哭得如此伤心，难道是有什么心爱之物难以割舍吗？于是和邵民瞻进屋询问。

原来，老妇人的祖屋被不孝的儿子擅自卖掉，那可是祖上留下的百年家业，一旦卖掉，如何对得起祖宗？苏轼听了也为老妇人难过，问老妇人故居在哪里？才知道竟是他自己刚刚用500贯所买下的房子。

苏轼再三抚慰老妇人，对她说：“您不要难过，你的旧居是我买了，我这就把房子还给你。”于是，立即让人把房契取来，当着老妇人的面把它烧了，叫她母子明天就搬回老屋，却没有让他们返还买房子的钱。

没了房子住的苏轼想再买房已经是不可能了，他回到常州，不再购置宅院，而是借塘桥孙家的居所暂时做休憩之用。没想到，一个月之后，一代文豪苏轼竟病殁于借住之所。

谁都知道，那栋倾囊买下的老屋对苏轼有多么重要。苏轼从海南回到阳羡，他多想就此安居下来，不再漂漂荡荡，不再长途奔走，他要和那些逆旅中的辛酸做个告别，在避风的港湾咀嚼一路走来的悲欢。然而，他还是舍弃了最后安歇的机会。他的心是那般善良，老妇的哭泣，足以让他这位大文豪俯身追问。

这种义薄云天的伟大胸襟，他在自己最后岁月，用行动再次证实给世人。

苏轼无论做官还是做文，首先想到的是做人。人立正了，在这个世界就有了底气。哪怕受到攻击，他始终是恪守做人的道德良心，真诚地表达着他的仁义之心。他以义无反顾的大义之举，诠释了儒家的义德义理，立于天地，光照华夏。

用之则行，舍之则藏

子曰：“不愤[①]不启，不悱[②]不发。举一隅[③]不以三隅反，则不复也。”

子谓颜渊曰：“用之则行，舍之则藏[④]，惟我与尔有是夫！”子路曰：“子行三军[⑤]，则谁与？”子曰：“暴虎[⑥]冯河[⑦]，死而无悔者，吾不与也。必也临事而惧[⑧]，好谋而成者也。”

【注释】

①愤：苦思冥想而仍然领会不了的样子。

②悱：想说又不能明确说出来的样子。

③隅：角落。

④舍之则藏：舍，舍弃，不用。藏，隐藏。

⑤三军：古代大国有左、中、右三军，这里泛指军队。

⑥暴虎：空拳赤手与老虎进行搏斗。

⑦冯河：无船而徒步过河。

⑧临事而惧：遇到事情便格外小心谨慎。

【解释】

孔子说：“教导学生，不到他想弄明白而不得的时候，不去开导他；不到他想出来却说不出来的时候，不去启发他。教给他的东西，他不能举一反三，那就不用再教他了。”

孔子对颜渊说：“用我呢，我就去干；不用我，我就归隐，只有我和你才能做到这样吧！”子路问孔子说：“老师您如果统帅三军，那么您和谁在一起共事呢？”孔子说：“赤手空拳和老虎搏斗，徒步涉水过

河，死了都不会后悔的人，我是不会和他在一起共事的。我要找的，一定要是遇事小心谨慎，善于谋划而能完成任务的人。”

【故事】

燕昭王谦虚招贤纳士

战国时，燕国是中原诸侯国中最北边的国家，燕昭王继任后，决心使燕国强盛起来。有一位名叫郭隗的人，很有见识，隐居深山。燕昭王听说，亲自到深山里去登门求教。

郭隗见燕王有复兴燕国之志，为人又谦虚宽和，礼贤下士，言辞又诚挚恳切，就说：“大王要使国家强盛起来，就要广招人才。要广招人才，就必须让人都知道大王爱惜人才。这样，天下的贤才就会争着来为大王效力了。”

燕昭王说：“怎样才能使人们相信呢？”

郭隗说：“大王不妨从我开始，天下人知道像我这样的人都受到大王的器重，那些比我才高的人定会来。”

燕昭王为了表示对郭隗的尊敬，单独给郭隗筑起一座高台，在台上建筑了华丽的馆舍，还在这高台上放置许多黄金任郭隗花用。这件事很快传遍四方，人们都知道燕昭王是真心实意地敬重人才，礼贤下士。一些有真才实学的人，都聚集到燕国来。经过几十年的共同努力，燕国果然强盛起来。

执法如山的包拯

包拯在28岁时考中了进士，从此踏上仕途。当初考取进士后，担任大理评事，实职为建昌知县。

但包拯考虑到父母年纪大了，不忍心离开，就推辞没有去就职，后来调任和州管收税的官。父母不愿离开家乡，包拯就辞掉官职，日夜侍奉双亲，这样过了10年。

父母相继去世后，包拯还在父母的坟旁建造了一个茅屋守孝。守孝期满后，还在父母坟前徘徊，久久不愿离去，最后经别人劝说，才到吏部报到。

包拯做官期间，每到一个地方都为当地人民做了不少好事。由于他认真处理政事，执法如山，铁面无私，所以很受人民爱戴。

包拯在出任扬州天长知县时，一天，有个农民来告状，说他家的牛昨晚被人割了舌头，请求查清此案为民伸张正义。

包拯询问了一些问题，估计是冤案，但没有证据，就对农民说："你先回去吧！"

那农民不走，说："我的牛流血不止，不能吃东西，怕是活不长了，那该怎么办？"

包拯说："你回家把牛宰了，但不要声张。"

按照当时的法律是不能私自宰杀耕牛的。农民回家后，真的把牛给杀了。

几天后，有人举报说："有人违反官府命令私自宰耕牛。"

包拯盘问："你知道他为什么宰杀耕牛吗？"

那人回答："不清楚，听人说好像是舌头割掉了。"

包拯脸一沉，说："给我拿下！"

那人大吃一惊，"扑通"一声跪倒在地，连忙认罪求饶，一桩奇案

立刻真相大白。从此民间流传有个审判牛舌案的包公。

包拯刚到庐州时，县衙门口告状的人忽然多了起来。包拯感到奇怪，于是亲自到县衙了解实情。原来好多人是告包拯的舅舅抢占民田，欺压百姓。

包拯很生气责问县令："这些案件为何不审理？"

县令说："那些人是诬告，我已命令派人把他们赶跑了。"

包拯听了更生气，厉声问道："你怎知是诬告？身为县令，你本应为民做主，却不体恤民情，反把告状的人赶跑，理应将你查办。姑念你是初犯，暂且放过。你现在要加紧审理！"

县令并不知道包公是什么意思，还以为他与其他的上司一样要贪污包庇，所以不知如何是好。按法律应该逮捕包拯的舅舅，但是他不敢这样做。

因此，他吞吞吐吐地说："包大人，现在公务繁忙，这个案子就先压一下。"

包拯坚决不同意，他亲自派人将舅舅缉拿归案。

包拯夫人董氏劝他手下留情，包拯说："不是我包拯无情无义，是舅舅胡作非为，天怒人怨，我是这里的父母官，理应执法严明，不徇私情，大公无私。舅舅横行乡里，鱼肉百姓，我如果宽恕了他，不依法惩治，我就无法再管理这庐州了。"

包拯的儿媳崔氏也来求情。包拯对儿媳说："舅爷照顾你，我很感激，可这和案子是两回事，他犯了法，我如不执法，告状的百姓会怎么看我，他们还会相信官府吗？"

包拯把平民百姓送来的一份份状子摆在面前，又令衙役找来原告，然后让衙役将舅舅带上大堂。

包拯舅舅发现坐在堂上审他的是自己的外甥，气得浑身发抖。

包拯怒喝道："大胆罪犯，你扰乱乡里，不但不老实认罪，反辱骂本官，有失体统！拉下去，打！"

衙役立刻将舅舅拉下，重打40大板。那些同包拯舅舅一样横行霸道的乡绅都在府衙门外等候，当他们听到"啪啪"的板子声，都大惊

失色，吓得屁滚尿流。从此，这些人再也不敢肆意妄为了。

人们都赞扬包拯为民除害。包拯执法严明，不徇私情，得到了民众的爱戴，同时也震慑住了一批横行不法的乡绅。

有一年发大水，河道阻滞，积水不通，经过调查，是一些地主侵占河道用来修筑花园。包拯下令，清除全部河道上的建筑。地主们不肯拆除，拿出一张地契狡辩说那是他家的产业。包拯经过仔细调查，发现地契是地主自己伪造的，他十分恼火，立即下令地主拆掉花园，并向宋仁宗揭发那些地主的恶行。地主见包拯执法如山，公正廉明，怕事情闹大了对自己不利，便乖乖地拆了花园。

包拯在开封府当府尹时，改变陈规，采取有利于百姓申冤的措施。开封府原来规定百姓到府衙告状，不能直接到公堂向知府递交诉状。

诉状由"牌司"传递，老百姓为了自己的诉状能够递上去，只有花钱贿赂他们，否则诉状就递不上去。包拯于是让老百姓直接到大堂陈述案情，为了方便，甚至连通往大堂的小门都拆了。

包拯在任天章阁待制、知谏院事期间，以唐代的魏徵为榜样，敢于直谏。他多次当面批评皇上朝令夕改，失信于民的行为，并积极向皇上进言要听取和接受合理的意见，明辨是非，爱惜人才，端正刑法。

包拯当监察御史时，有一个叫张尧佐的人，因为他的侄女得到宋仁宗的宠爱而得到三司使的高位，包揽了全国的贡赋和财政事务。他贪婪成性，对老百姓大加搜刮，引起人们的强烈不满。有许多官员向宋仁宗告张尧佐的状都被扣住了。

包拯知道后，亲自去拜见宋仁宗，劝说仁宗"不要爱屋及乌，使没有才德的人身居高位，使天下人失望"。宋仁宗虽不愿意撤张尧佐的官，但还是照办了。改任为地方节度使，包拯认为不妥，又上书苦谏。宋仁宗因怕宠妃生气，不忍革去张尧佐之职，包拯以辞官归隐威胁宋仁宗，宋仁宗只好相让，永远不提升张尧佐的职。

当时有个叫王逵的人，曾任湖南、江西、湖北等地的路转运使，每到一地他都要随意加派苛捐杂税，侵吞公款。包拯屡次上书弹劾。宋仁宗才把王逵贬为徐州知州。

由于王逵关系网十分严密，不久又恢复原职。包拯得知后，第七次上书，直言王逵之恶，指责其“不管到哪里任职，都不讲法理。残酷地对待百姓，民怨极大，恳请罢免其职务，以免天下百姓受累”。

由于包拯据理抗争，宋仁宗罢免了王逵，为民除了一大害。此事在民间广为流传。包拯弹劾官吏不避权贵。郭承佑是宋太宗的孙女婿，并且是宋仁宗皇后郭氏的族人，所以职务升迁很快。包拯在应天府时，因弹劾郭承佑贪污受贿、结党营私而遭到贬黜。

过了不久，宋仁宗又派郭承佑负责代州的边防。代州是防御辽朝的最前线，战略地位极为重要，而郭承佑却不懂军事。包拯从国家利益出发，上书请求罢免郭承佑，另选军事能人。这次，宋仁宗听取了包拯的意见。包拯弹劾官吏完全是根据他本人的实际情况执公进言，绝无个人恩怨，因此，连被弹劾的官员也无话可说。

1041年，包拯调到端州，即今广东省高要县做知州。端州是当时每年进献给皇帝的贡品端砚的产地。

因为有利可图，在包拯来之前的知州，都趁机向老百姓征收大量的端砚，送给朝里的大官们，换取升官发财的机会。

包拯到端州以后，不但没有贪污一块端砚，而且派人查清以前官吏贪污端砚的情况，然后严格规定按每年20块的数量制造端砚，官员贪污的端砚一律交公，百姓制砚的工钱由官府付给，给当地百姓减轻了负担。同时也得罪了其他的有权有势的贪官污吏。但是，包拯一点儿也不害怕。

包拯主持三司期间改变了过去的一些做法。以前，凡是各种封藏于仓库供皇帝用的物品，都从各地摊派，造成百姓困难。包拯特此设立市场，实行公平买卖，此后百姓不再受到侵扰。

泰州、陕州、斜谷一带官府衙门的造船木材，大都是向百姓征来。契丹在关塞附近聚集军队，边境的州郡经常发来警报，朝廷命令包拯到河北征调军用粮草。

包拯上书说：“漳河一带是一片肥沃的土地，然而大多被用来牧马，请把这些土地全部交还百姓，让他们耕作种植。”

解州池盐的专卖法令，加重了百姓负担，包拯到那里筹划，请准一律听凭自由买卖。这些建议都被朝廷采纳。

包拯性格严峻正直，他厌恶官吏盘剥百姓，他不轻易与人相交，不会用伪装的笑脸来讨别人喜欢，当时曾流传着包拯的笑脸和黄河的水变清一样难以看到。平时没有私人请托的书信，旧友、亲戚同乡都断绝往来。

包拯虽然当官了，可是衣服、饮食同当平民时一样，这在宋代官场上是绝无仅有的。

他还经常嘱咐孩子们说："我的后代子孙做了官，若有犯贪污罪的，就不得回老家，死了不许葬在祖坟中。不顺从我的心意，就不是我的子孙。"

包拯在一次处理政务时，突然感到身体不舒服，旋即病逝，终年66岁。由于包拯正直无私，赢得了历代人民的衷心敬仰，他的事迹妇孺皆知，形象被神化，他的英名千古流传。

满腹经纶的耶律楚材

耶律楚材天资聪敏，自幼勤学苦读，博览群书，到青年时期，不仅在天文、地理、律历、术数等方面颇有造诣，并且深谙儒学，精于佛道、医卜之说。17岁时，被征召到尚书省做个副官。

1215年，耶律楚材在成吉思汗平定金国之后绝迹于世，弃俗投佛。而此时的成吉思汗逐渐感到人才的重要，他听说耶律楚材是位难得的人才，便遣人求之，询问治国大计。楚材即应召前往。

耶律楚材学识渊博，很快受到成吉思汗的宠信，成吉思汗亲切地称他"吾图撒合里"，而不叫他的名字。"吾图撒合里"，在蒙古语中的意思是胡子很长的人，表示很有学问。

蒙古军队在对自己的宗主国金国实施了一连串痛击之后，又集中精锐之师攻打西夏。在攻打灵州这个西夏的军事重镇时，破城之后，

蒙军众将士，无不争掠妇女、财物，独有耶律楚材在收集散佚的书籍和大黄等药材。

同僚们对他的行为感到疑惑。不久，兵士们因为长期风餐露宿，疫病大作，幸得耶律楚材用大黄配制的药材救命，所活至万人。

1227年，成吉思汗病逝。依照蒙古国的惯例，成吉思汗的四子拖雷获得其父的直接领地，即斡难河及客鲁连河流域一带蒙古本部地方，并且代理国政。

在此期间，燕京城中社会秩序颇为动荡，有许多凶恶的盗贼天还没黑，他们动不动就拉着牛车闯入富家，拿走财物，不给就杀人。拖雷认为只有耶律楚材可以处理好这件事，于是特遣耶律楚材和中使塔察儿前往整治。

耶律楚材在掌握大量的证据基础上，毫不手软地将触禁者一一缉拿归案，将其中16个罪大恶极、民愤最大的首犯，绑赴刑场处极刑。从此，燕京的巨盗绝迹，百姓们得以安宁。

1229年，拖雷已监国两年，按照成吉思汗的遗命，帝位应传给太祖三子窝阔台。

成吉思汗还有一条特立的法制：凡蒙古大汗，如当新旧交续之时，必须经王族诸将及所属各部酋长，召集公开会议确定之后，方可继登汗位。

这年秋天，成吉思汗本支亲王、亲族齐集在克鲁伦河畔，议定汗位的承继。会议开了40天，拖雷在耶律楚材的力谏下决定让窝阔台即位做大汗，自己继续监国。

登基朝仪是耶律楚材精心拟制的。为了确保朝仪的顺利进行，事先耶律楚材选中了察合台亲王，作为带头执行者。在正式的登基大典

上，察合台率领众皇族和臣僚向窝阔台汗跪拜。

这样，耶律楚材一举除掉了蒙古国众首领不相统属的旧习，制定了尊卑礼节，严肃了皇帝的威仪。盛典进行得很顺利。

这些粗犷成性、散漫惯了的蒙古君臣，在日常的执行过程中，有许多人仍难以适应。为此，窝阔台汗准备惩治那些违制的臣子。

耶律楚材上奏说："陛下刚登帝位不久，对他们以宽恕为宜。"

窝阔台汗采纳了他的意见，果然效果很好。

耶律楚材建议实施的恩威并举，反复整顿的各项措施，有力地维护并逐渐健全了朝廷礼制。

1231年，蒙古国经过休养生息，国力更为强盛，窝阔台汗决定南征灭金，派遣大将速不台率领大军进围汴京。

1232年正月，金国将领崔立发动汴京政变。汴京在蒙古军猛攻下城陷指日可待。这时速不台奏请窝阔台汗，待城破之后屠城，窝阔台汗点头同意。

耶律楚材听到屠城预谋，急忙驰骑赶来入奏，力主不要屠城。窝阔台汗终于动了心，立刻准其所请，下令只把金国皇族完颜氏杀掉，其余一律赦免。自此以后，废了屠城之法。

4月，蒙军入汴京。当时为逃避战乱留居汴京者147万人，皆得保全性命。

1234年正月，蒙、宋合兵攻入蔡州，金国遂告灭亡。河南初平，蒙军俘获甚多。军队返回途中，逃走的俘虏十有七八。

窝阔台汗下令：凡是收留逃民和供给他们衣食的人，一家都处死，同时乡亲邻里也要受到连坐。

由此逃者不敢求舍，沿途不敢留宿，以致饿殍遍野。

耶律楚材念及民心向背，又进谏说："河南既然平定，那里的百姓都是陛下的子民，他们还能走到哪里去呢？何必因为一个俘虏，让数百或几十人一同连坐处死。"

窝阔台汗醒悟，遂撤销此禁令。

金亡之后，西部秦、巩等20余州久未攻下。耶律楚材向窝阔台汗

献计说：“过去我们百姓中的逃犯，可能集中在这些地方，所以他们拼死抵抗，如果准许不杀他们，那么这几个州将会不攻自下的。”

窝阔台汗下诏赦免逃亡旧罪，又宣布废弃杀降之法。诸城果然接连请降。

自窝阔台汗即位后，中原已在蒙古军掌握之中，此时此际，力兴文教，崇奉儒术，已经是当务之急。耶律楚材在进入汴京后，赶忙遣人入城收求孔子后人，找到了孔子第五十一代孙孔元措，奏请袭封为“衍圣公”。并给予孔元措林田庙地，为之修孔庙，建林苑。

耶律楚材还命令招收太常寺因战乱散亡的那些礼乐生，还征召著名的儒生梁陟、王万庆、赵著等人，叫他们把儒家经典译成口头语，讲解给太子听。

耶律楚材亲自带领大臣们的子孙，手捧着经书解释其中意义，使他们领会圣人的学说。耶律楚材在燕京设立编修所，在平阳设置经籍所。正由于这样，文化事业兴旺发达起来了。

蒙古贵族崇尚武功，根本没有税制观念。耶律楚材深知如今的蒙古国已是一个多民族的国家，长治久安之计是推行汉人的做法，大力发展农业，如果保守地强调畜牧是狭隘的，是不合国情的落后政策。

基于这样的认识，耶律楚材对窝阔台汗说：“陛下您将南上征伐，军需物资应该及时供给，如果能合理地制定中原地区的地税、商税及盐、酒、铁冶和山林河泊等项上缴国家的税收，每年可以得到白银50万两、帛绢8万匹和粮食40余万石，足以满足军队的需要，这不远胜于变农为牧吗？”

窝阔台汗经过认真考虑，认为颇有道理，便命耶律楚材全权筹划，实行征税制度。

窝阔台汗灭金之后，蒙古君臣计议编制中原民户，以便征收赋税。经过多次争议，最后按耶律楚材的想法实行。

这样，用老、幼年牵制着青、壮年，使初步编制的户口比较稳定地存在下来。等大臣献上各地户籍时，窝阔台汗一时忘乎所以，竟许诺把部分州县赐给各亲王和功臣。

耶律楚材对此陈述了分封之害："分割土地和人民，容易产生彼此间的猜疑与矛盾，不如多赏赐给他黄金和绢帛。"

可是，窝阔台汗既已许诺，苦于不便食言，楚材便为之想了个变通办法："那就朝廷设置官吏，到各州县去收赋税，每年年终把赋税颁发给诸王功臣，使他们不能擅自科征，这样就行得通了。"

窝阔台汗依计而行，遂确定了财政税收办法及数额。

就这样，元朝的税制初步健全，形成按户、地、丁三者并行科税的制度。

耶律楚材还着手制定了手工业、商业和借贷等项制度，统一度量衡，确立钱钞通行之法等。

在一次蒙古诸亲王的集会上，窝阔台汗亲自给耶律楚材奉觞赐酒，由衷地说："我之所以推心置腹地任用你，这是因为先帝太祖的遗命。没有你，就没有中原的今天。我之所以能够高枕无忧，都是你努力的结果。"

由于这样的知遇之情，也由于耶律楚材的气质和胆略，使他能够在国家政治生活中发挥着极重要的作用。

1241 年，窝阔台汗突然染病不起，稍稍好转，又要骑马负弓。窝阔台汗不听耶律楚材谏阻，连续疯狂驰骋 5 天，结果死于外地行宫。

窝阔台汗一死，汗后乃马真竟然自已临朝称制，耶律楚材一时难以阻挠，只是徐图良策。乃马真后崇信奸邪，朝政紊乱，政事都被搞乱了。耶律楚材终于愤悒成疾，于 1244 年抱恨长逝，卒年 55 岁。

耶律楚材以其智慧与能力，引导元朝统治者看到了汉文明的优越，使蒙古帝国本身没有的礼仪、赋税制度建立起来，使蒙古落后的分封制和部落联盟的管理制式逐渐消失，使蒙古幼稚的法制得以发展成长。他在蒙古部落向元朝过渡的创业中功不可没。

李汰黄金难换腐儒心

与于谦相比，明代李汰遵行儒家重义的道德原则，是一个以清廉

为大义的官员。正如试金石可以试出黄金的成色一样，黄金则试出了李汰作为一个儒者的清白与高洁。

李汰是明代湖北蕲水人，文章颇有功夫，受到朝廷重用。虽身居要职，在钱财面前毫不动心。

明成化年间，一次，李汰受命到福建主持秋闱考试。他到达福建后，许多考生纷纷打听他的住处，希望能打通关节进行贿赂，但都未得其果。

一天夜晚，守门的人忽然进来向李汰报告："大人，外面有个来人说是您的同乡，姓张，想要见您。"

李汰很感诧异，自己的同乡确有张某，但素无来往，已经10多年未见，深夜拜访，不知有何要事。于是示意守门的人让张某进来。

张某进来后，先是叙旧，随后四顾无人，从怀中取出两锭各10两的黄金，捧到李汰面前，直言道："我有一小儿，今年参加秋试，希望你看在同乡面子上，给照应照应。"

李汰听了同乡的话后，便面带微笑诚恳地说："你我同乡，有事拜托我，按理说我不应当推辞，但此事违背了一个主考官的原则，我万万做不到。"

张某坚持要李汰收下，就说："您是主考官，小儿的前程，全在您一句话。区区薄礼，请您收下，算是我的一点心意。"

李汰说："依我看，你还是让贤侄回去好好读书吧，不要尽想着走捷径。将来有了本事，自然会通过考试，有所作为的。"

张某一再要送，李汰坚持不收，并端起了茶杯，示意送客。

我国自古以来就是礼仪之邦，人际交往讲究“礼尚往来”，相互馈赠礼品表达心意非常普遍。有的官员在人情面前，往往心软面慈，难过人情关。而那些来请托办事之人，常常顶着同乡、同学、故知的名号，打的是感情牌，乃是要利用官员手中权力为自己牟取好处。

李汰非常清楚，张某就是打着这种“礼尚往来”的幌子，实际上做的是权钱交易的买卖，他送的是厚金重礼，为的是主考官手中权力所带来的丰厚利益。自己一旦被收买，就会完全失去了考试的公平原则，最终损害的是众多考生的利益和国家的利益。

李汰认为，不该做的事绝对不做，不能让私人感情干扰公务。于是，他让守门人找来一大块木匾，饱蘸笔墨，在上面奋笔写了一首拒贿诗，并署上自己的名字。然后，和守门的人一起，搭上梯子，连夜悬挂在科场的门楣之上。

第二天，人们看见在科场的门上，高悬着一块大匾，上面还有一首题诗，线条刚健有力，笔法气势磅礴。诗写道：

义利源头识颇真，黄金难换腐儒心。

莫言暮夜无知者，须知乾坤有仙神。

这首诗写得正气凛然，旗帜鲜明地表明了主考官李汰本人的态度。表现了一个古代知识分子的铮铮硬骨。人们看后，个个拍手称快，都说主考官是个公正的人。

良心金不换，贪欲鬼神知。那个送礼的张某，本想再找机会贿赂李汰，但看到这块大匾后，真是又气又羞，只好改变主意，揣起黄金回老家去了。

古人拒绝贿赂的方法很多，有的厚谢婉拒，有的题文自勉，有的明牌警告，有的棒打送礼，这些方法都很有效，也一直为后人赞颂和学习。这些拒贿方式，其实关键是自己要树立以义为美，以利为耻的人生态度，才能始终保持一颗洁净之心，做到干净干事，清白做人。

李汰以诗拒贿，并明示于人，表明他在道义和利益面前，仍然保

持着清醒的头脑和明辨是非的能力，没有丢失正气，不被黄金迷住心窍，在公务往来中抱节自守。

李汰虽然在诗中自称“腐儒”，但这种“腐儒”作风与当时有些考官的“机灵”行为形成鲜明的对比，显得尤为珍贵，更值得后人永远敬仰。

张员外不发不义之财

明代商品经济的发展，义利冲突成为商业活动中常见的问题。而明代末年一位不出名的山西商人张员外，能够谨遵儒家“以义取利”的传统，创造了非同一般的人生。

张员外在嘉湖一带经营粮食生意。他虽然不是巨富之人，但在义与利的问题上，却有着自己独特的理解和行为规范。

张员外反对以卑劣的手段骗取钱财，做到了“利信义出，先予后取”。作为一个小小的山西商人，他同样鲜明体现了晋商群体“以义制利”的义利观。

有一年大灾，嘉湖一带农业歉收，城里米价上涨，一些狡猾奸诈的商人看到这个情形，反而把米粮存积起来，待价而沽，不肯出售。于是，很多老百姓都没米吃，引起了很大的恐慌。朝廷官员向朝廷报告这个灾情，却一直没有得到朝廷的及时回复和拨粮。

张员外看了这个情形，很是忧虑。有好几次，在夜深人静之时，他都听到大街上传来孩子喊饿的哭叫声。那一阵阵的哭声，撕扯着张

员外的心，使他彻夜难眠。

为了让人们有米吃，张员外毅然决定：把家里的存米半价出售！

这一天，张氏米店外竖起了一块很大的牌子，上面写着：“为救灾荒之危，本店所存之米，一律半价出售。”还在下面用括号括进“赊现均可，歉赊丰还”8个字。

人们听了这个消息，纷纷拿着大兜小袋，蜂拥来到张氏米店。米店前排起了长长的队伍，张员外吆喝伙计抓紧忙活，有现钱购买的，有赊账开据的，人声鼎沸。伙计们个个忙得满头大汗，不亦乐乎。

凡是来到张氏米店的人，没有一个空手回去的，都装满了手里的兜兜袋袋，个个快乐得不得了，心想这下可以吃上饱饭了，更是打心眼里感激张员外。

张员外又想到了那些极贫苦的人，他们没有钱买米，而且他们自己也没有偿还能力，也就没来赊米，现在仍然在挨饿。于是，张员外又掏钱办了一个粥厂，决定施粥济民。

张员外让粥厂负责人先统计一下贫苦人家的人数，据此制作餐券，然后贴出告示，让他们来领餐券。粥厂根据餐券的发放量，煮米为粥，按券发送，一日三餐，每餐白粥一大碗，咸菜一小碟。

许多贫苦的人空着肚子来，吃得饱饱地回去，大家都称颂张员外是个“活菩萨”。

面对人们的赞誉，张员外却很谦虚地说：“荒年米价比较贵，半价出售和赊米给大家，是为了怕奸商乘机赚钱，害得大家没有米吃。至于施粥的费用也不多，只要大家都有饭吃，我就觉得很安慰了。”

张员外不断地将米半价出售，又持续地施粥给穷人，家里的钱也渐渐用完了。但是，歉收带来的缺粮恐慌不可能马上平复，张员外心里十分焦急。

张员外想：在这样的时候，如果把救济的事儿停止了，一般贫民就会有饿死的可能，那自己当初的救济不就等于白费了吗？想定了主意，张员外就去和夫人商量。

张员外和夫人说：“现在我们还有一部分家产，我应该把这些产业

变卖了，继续救济才是。做善事不能半途中止，救人救到底！”

张员外的夫人生于大户人家，自幼知书达理。她自从和张员外结婚后，两人感情很好。她深知自己的丈夫虽是商人，但心地善良，崇尚节俭，勤奋上进。她深信丈夫的事业会有更大发展，所以深明大义，夫唱妇随。夫妻两人恩恩爱爱，举案齐眉，很是融洽。

贤德的张夫人听了丈夫的话，非常赞成，并且说：“积存产业给子孙，如果不是积德，万一子孙不成才，没出息，就算是金山银山也会用尽；如果积德给子孙，虽然没有留家产给他们，但是将来如果子孙好，还是会富裕起来的！田地房屋，就由你做主变卖，我还有许多珠宝首饰，也一起卖了吧！”

张员外听了，不住嘴地称赞夫人：“夫人，你真是通情达理，真是菩萨心肠啊！”

夫人笑笑说：“快别贫了。其实这些金银首饰我也用不着，都是浮产，放在那里也没什么实际用处。现在，咱就去把值钱的东西找一找，拿出去卖了吧！”

两人找出值钱的东西，拿到当铺换了银两，用这些银两继续做善事，直至饥荒的现象完全消除了，他们才恢复营业。

张员外做出这样的决定，并不是一时冲动，而是认认真真地算过一笔良心账的。

他想：自己这些年全仰仗嘉湖一带的百姓，是这里的衣食父母给自己带来了收益，挣了钱。眼下正当灾荒之年，正是自己回报他们的时候，只有救急赈灾，才能使自己赢得更好的声誉，有利于今后的发展。两者相比，孰重孰轻，不言自明。

张员外放粮施粥，赢得了一方百姓的赞誉和信任，荒年过后，那些到过张氏米店接受救济的人，几乎都成了张员外的主顾，生意自然也日渐兴隆。

张员外的粮食生意越做越大，周围几百里方圆的地方，都有他的业务。随着收入的增加，他又扩大了经营项目，收益更加可观了。

张员外过世后，他的子孙延续了一代又一代，每一代家中也都有

产业。而且由于良好的口碑传颂不断，官府也很重视，他的子孙中有不少人被官府赐予官职，管理地方上的市场。人们都说：“张员外当初救济受灾的人，这些都是他老人家所积的德啊！”

张员外这种“为义让利”的宽阔胸怀，足以让那些短视的商人无地自容。而他这种毫不利己、专门利人，甚至是损己利人的做法，在大灾之年是极为罕见的，也为所有商业经营者树立了榜样。

求仁而得仁

子曰："富而可求也，虽执鞭之士①，吾亦为之；如不可求，从吾所好。"

冉有曰："夫子为②卫君③乎？"子贡曰："诺④，吾将问之。"入，曰："伯夷、叔齐何人也？"曰："古之贤人也。"曰："怨乎？"曰："求仁而得仁，又何怨。"出，曰："夫子不为也。"

【注释】

①执鞭之士：古代为天子、诸侯和官员出入时手执皮鞭开路的人。意思指地位低下的职事。

②为：这里是帮助的意思。

③卫君：卫出公辄，是卫灵公的孙子。公元前 492 年—前 481 年在位。他的父亲因得罪于卫灵公而被卫灵公驱逐出国。灵公死后，辄被立为国君，其父回国与他争位。

④诺：答应的声音。

【解释】

孔子说："如果富贵合乎于道就可以去追求，虽然是给人执鞭的下等差事，我也愿意去做。如果富贵不合于道就不必去追求，那就还是按我的爱好去干事。"

冉有（问子贡）说："老师会帮助卫国的国君吗？"子贡说："嗯，我去问他。"于是就进去问孔子："伯夷、叔齐是什么样的人呢？"（孔子）说："古代的贤人。"（子贡又）问："他们有怨恨吗？"（孔子）说："他们求仁而得到了仁，为什么有怨恨呢？"（子贡）出来（对冉有）说："老师不会帮助卫君。"

【故事】

赵奢不畏权贵收税

战国时，赵国有一个叫赵奢的人，做过田部吏。因为他善于用兵，后来当了赵国的大将。在秦赵交战时，他曾率军大破秦军，因功被封为马服君。

在赵奢当田部吏的时候，有一次征收租税，平原君赵胜家不愿意交租税，赵奢依法杀了在平原君手下为虎作伥的九个打手。平原君大怒，要杀掉赵奢。

赵奢毫不畏惧，他对平原君说："你身为赵国的贵公子，纵容家人抗租不交，这是无视国家法律的行为。国家的法律削弱了，国家就要衰败，国家衰败了，各国诸侯就会出兵攻赵，我们赵国就要灭亡了。到那时，你还能有现在的荣华富贵吗？"

平原君听了赵奢的话，觉得非常有道理。于是平原君就禀报赵王说赵奢是一个很贤明的大臣，赵奢也因此得到了赵王的进一步重用。

曹操割发以明军纪

严于律己是笃实宽厚美德的内涵之一，它的要求是要严格地约束自己的一言一行。三国时期的杰出政治家、军事家和诗人曹操就是这样的人。

曹操，带兵军纪严明，并且以身作则，带头遵守，因此他的军队很有战斗力，很快就消灭了多股强大的军阀割据势力，并统一了北方。

曹操看到中原一带，由于多年战乱，人民四处流散，田地荒芜，就采纳部将的建议，下令让军队的士兵和老百姓实行屯田。很快，荒芜的土地种上了庄稼，收获了大批的粮食。

有了粮食，老百姓安居乐业了，军队也有了充足的军粮，为进一步统一全国打下了物质基础。看到这一切，大家都很高兴。

可是，有些士兵不懂得爱护庄稼，常有人在庄稼地里乱跑，踩坏庄稼。曹操知道后很生气，他想，浩浩荡荡的大军，如果不加约束，肯定会把大片的庄稼损坏。于是下了一道极其严厉的命令：全军将士，一律不得践踏庄稼，违令者斩！

将士们都知道曹操一向军令如山，令出必行，令禁必止，决不姑息宽容。所以此令一下，将士们小心谨慎，唯恐犯了军纪。将士们操练、行军经过庄稼地旁边的时候，总是小心翼翼地通过。有时，将士们看到路旁有倒伏的庄稼，还会过去把它扶起来。

老百姓看见曹操的官兵这样爱护庄稼，没有不称颂的。有的望着官军的背影，还跪在地上拜谢。

有一次，曹操领兵出征，要经过一片麦田。当时正是麦子扬花抽穗的季节，他再次号令三军："士兵不得损坏麦子，违犯命令的处死。"

命令一下，将士们个个小心翼翼。骑兵都下了马，用手扶起麦苗，以帮助马匹便于通过。

就在大军快要走过麦田时，突然"扑啦啦"一阵响，从路旁的草

从里窜出几只野鸡，贴曹操的马头上飞过。曹操的枣红马没有防备，被这突如其来的情况吓惊了。它嘶叫着狂奔起来，跑进了附近的麦子地。等到曹操使劲勒住了惊马，发现地里的麦子已经被跳跃着的马踩倒了一大片。

曹操心里感到很惭愧，立即叫来随行的主簿官，十分认真地对他说："今天，我的马踩坏了麦田，违犯了军纪，请你按照军法给我治罪吧！"

听了曹操的话，主簿官犯了难。按照曹操制订的军纪，踩坏了庄稼，是要治死罪的。可是，曹操是主帅，军纪也是他制订的，怎么能治他的罪呢？想到这，他说道："怎么能给丞相治罪呢？"

曹操说："我亲口说的话都不遵守，还会有谁心甘情愿地遵守呢？一个不守信用的人，怎么能统领成千上万的士兵呢？"随即抽出腰间的佩剑要自刎，众人连忙拦住。

这时，大臣郭嘉走上前说："古书《春秋》上说，'刑不上大夫'。丞相统领大军，重任在身，怎么能自杀呢？"

曹操说："这怎么能行？如果大夫以上的高官都可以不受法令的约束，那法令还有什么用处？何况这糟蹋了庄稼要治死罪的军令是我下的，如果我自己不执行，怎么能让将士们去执行呢？"

主簿官又说道："丞相，您的马是受到惊吓才冲入麦田的，并不是您有意违犯军纪，踩坏庄稼的，我看还是免于处罚吧！"

曹操反驳说："不，你的理不通。军令就是军令，不能分什么有意无意，如果大家违犯了军纪，都去找一些理由来免于处罚，那军令不就成了一纸空文了吗？军纪人人都得遵守，我怎么能例外呢？"

主簿官头上冒出了冷汗，他想了想又说："丞相，您是全军的主帅，如果按军令从事，那谁来指挥打仗呢？再说，朝廷不能没有丞相，老百姓也不能没有您呀！"

众将官见大臣郭嘉和主簿官都这样说，也纷纷上前哀求，请曹操不要处罚自己。

曹操见大家求情，沉思了好久说："既然古书《春秋》上有'刑不

上大夫’的说法，我又肩负着天子交给我的重要任务，那就暂且免去一死吧！但是，我不能说话不算话，我犯了错误也应该受罚。”

说完，曹操就抽出佩剑，挥手割断了自己的头发说：“不治死罪，也要治罪，那就用我的头发来代替我的首级吧！”

曹操又派人传令三军：

> 丞相践踏麦田，本该斩首示众，因为肩负重任，所以割掉头发替罪。

在场的将士们，见了曹操的这一举动，个个都张口咋舌地称赞了一番。不久，曹操统率这支严格训练，严明军纪的2万精兵，一举击败袁绍10万众兵，取得官渡决战的胜利。

剪头发是件很正常的事，可是，古代人认为自己的身体发肤是父母所赐予的，毁伤了它，就是不孝。割下人的头发，在当时还算是一种不轻的刑罚，被称作髡刑。

如果曹操当时置已经长熟的庄稼于不顾，任由军队乱马齐踏，遭殃的自然是辛苦了一季的百姓。以割发自刑，并不是做给旁人看的狡诈行为，主要是反映了他能以身作则的大将风度。

曹操作为封建社会的政治家，能够割发代首，严于律己，实属难能可贵。所以也就被后人传为佳话。

孙权察人律己之德

如果说曹操有严于律己之美，那么孙权更有察人律己之德。三国时期的孙权反对空谈，雅量容人，知错能改，因而能坐镇江东，成就一番事业。同样体现了儒家一贯提倡的笃实宽厚精神。

孙权的父亲与兄长在东汉末年群雄割据中打下江东基业，孙权自19岁执掌政务，后来建立东吴政权。其过人之处不仅在于他文治武功，

英明有为，更有赖于他明察秋毫，明辨是非，而且自己也能够知错必改。

孙权在少年时，在哥哥孙策庇护之下，养成一些纨绔习气，每日呼朋唤友、吃喝玩乐，手头未免吃紧。而孙策虽为江东之主，却对弟弟要求严厉，平时绝少给零花钱。

孙权惧怕哥哥，又想花钱舒服，便去找管钱的吕范通融，意图弄些银两来花。不料吕范非常坚持原则，他正色说："银子不是没有，但必须按程序办事，我得先向主公报告，主公如果同意，我立刻给钱，否则不能擅动，请您包涵。"

这话说得不卑不亢，孙权碰个软钉子，灰溜溜走了。回去后，经手下人一怂恿，孙权放出狠话："待我掌权，一定杀了吕范"。

此话传到了吕范的耳里，吕范倒不害怕，只是微微一笑，之后遇到孙权来要钱，照旧秉公办事，并不买账。

两年之后，孙策让孙权到阳羡做代理县令。孙权有了权力，如鱼得水，时常公款私用。一天，孙策突然安排人对孙权进行"任中审计"，孙权知道在责难逃，吓出一身冷汗。

这时，孙策身边有一个叫周谷的功曹，惯于察言观色、心眼活络，见孙权忧心，以为邀功之机来临，便站出来替孙权连夜制造假账，成功地骗过孙策，使孙权躲过一场责罚。

孙权当时很高兴，拍着周谷肩膀说："日后等我掌权，肯定重用你。"周谷自然满心欢喜。

不久孙策亡故，孙权执掌政务，重新审视周围大臣。这时他才发觉，曾拒绝自己的吕范，为人忠诚可信，而迎合自己的周谷，却毫无操守，难以让人放心。于是，他对吕范委以重任，而将周谷毅然辞退。

成大业者，并非生而伟岸。孙权也曾不肖，但他成为江东首领后迅速完成角色转变，成功转型，不仅明辨是非，知材善用，而且也做到了知错必改，使自己的人格逐渐完善。这便是孙权的过人之处，也是他取得成功的根本。

在孙权重用的人才当中，张昭由于常常直接指出孙权的过错，因而与孙权的关系很有戏剧性。

张昭是东吴两朝老臣，他在孙权面前从来是直言不讳的，因此获得孙权的信任，也因此产生了矛盾。

有一次，远在辽东的公孙渊派人递降表，孙权一看，高兴极了，马上派张弥、许晏两人去授公孙渊为燕王。

张昭听了，马上阻止说："公孙渊背叛了魏国，怕因此受到征讨，所以才远道来求我们援助的，归顺不是他的本意。如果公孙渊改变了主意，打算重新获得魏国的谅解，就会杀人灭口，这两个使臣肯定回不来了。那样的话，不是白白送了他两人的性命而叫天下人耻笑吗？"

孙权说出了自己这样做的想法，但都被张昭一一加以驳斥。这样反复了几次，张昭一次比一次态度坚决，言词非常激烈。

孙权说不过张昭，觉得面子上过不去，就变了脸，拔出宝剑怒气冲冲地说："吴国的士人入宫则拜见我，出宫则拜见您。我对您的倚重也到了无以复加的程度，可是您却多次在大庭广众之下让我难堪，我真担心有一天会因为不能容忍而杀死了您。"

听了这些，张昭既没慌张又没退缩，他非常镇定地说："我之所以明知道您并不按我说的做，还满腔热忱地来规范您，是因为奉诏辅佐您啊！"说完，泣不成声。

孙权见状也感到伤心，把宝剑扔在地下，和张昭相对而泣。但孙权很固执，没有因此采纳张昭的意见，仍旧派张弥和许晏到了辽东。

张昭见孙权不听劝告，非常恼火，回府以后，就称病不理国事。孙权对他这样做很生气，干脆派人用土堵住了他的府门，表示永远不再用他为官。

张昭看孙权把他家门堵了，非常气愤，他也不示弱，索性在院里

用土把里面的门也封住了，表示永远不出门为孙权办事。

张弥、许晏按照孙权的意图，来到辽东，公孙渊果真变了卦，把他们俩给杀了。孙权万万没想到真让张昭言中了，他很惭愧，觉得对不住张昭，就派人运走了堵在张昭门口的土，又几次向张昭赔礼道歉，可张昭不理，后来又派人前去，却都吃了闭门羹。

怎么办呢？孙权灵机一动，派人放火烧张昭府上的大门。他想，大火一着起来，张昭还不往外跑？到那时，自己不就看见他了吗？

孙权觉得自己主意不错。可是，张昭看见孙权放火烧门，索性坐在屋里不动，等着大火把他烧死。

孙权一看这招不灵，大惊失色，真怕火着起来把张昭烧死。于是，赶紧下令灭火。孙权在门口暗暗责备自己，恨自己办错了事，伤了这位股肱之臣的心。

张昭的儿子一看再僵持下去也太不像话了，就连劝带拉，硬逼着父亲去见孙权。孙权一看张昭终于出了门，就诚恳地请他到宫中一叙。

张昭来到宫里，孙权向张昭承认了错误，并表示今后要尊重他的意见，搞好君臣关系。张昭见孙权这样诚心诚意，满肚子的闷气顿时一扫而光，就又竭尽全力地协助孙权治理国家。

娄师德的宽厚品德

中华民族笃实宽厚的传统发展至唐代，已经渗透到社会政治生活和文化生活当中，对人们的气质、性格和精神都产生了巨大影响。唐代大臣、名将娄师德，就是一个将笃实宽厚传统美德发扬光大的人。

娄师德，自幼才思敏捷，20岁便以进士及第授江都县尉。677年，为了抵御来自吐蕃的威胁，娄师德毅然从戎，指挥唐军八战八捷，成为唐代抵抗吐蕃入侵的著名将领，深得武则天的赏识。

娄师德方口厚唇，为人宽厚，深沉有度量，即使冒犯他也不计较。一次他与内史李昭德一同入朝，娄师德因身体肥胖而行动缓慢，李昭

德好几次停下来等他，他还是赶不上。

李昭德生气发怒，说："你这个只配种地的臭家伙。"

娄师德听了也不发火，笑道："我就是个种过地的人，如果我不是种地的人，还有谁是呢？"

娄师德才能非常，得到武则天的赏识，招来很多人的嫉妒，所以他谨慎自律，也要求家人不要张扬，凡事收敛。

娄师德有个弟弟被任命为代州刺史。临上任辞行时，娄师德对弟弟说："我现在得到陛下的赏识，已经有很多人在陛下面前诋毁我了，所以你这次在外做官一定要事事忍让。只要你稍稍有点过分了，人家就会嫉妒我们。"

他的弟弟跪下说："从今以后，即使有人把口水吐到我脸上我也不敢还嘴，把口水擦去就是了。我以此来自勉，绝不让哥哥操心。"

娄师德说："这恰恰是我最担心的。人家拿口水唾你，是人家对你发怒了。如果你把口水擦了，说明你不满。不满而擦掉，人家就更加发怒。所以唾沫不能擦，要让他自己干掉，并以笑来承受，这样才是处世的充盈之道！"

这个"唾面自干"的故事，表明娄师德即使受了侮辱，也善于容忍而不加反抗。这是品德修养达到一定境界的表现。

有一次，娄师德遇到一个无知的街头混混，指名道姓地辱骂他，他就装着没有听到。

有人转告娄师德，娄师德却说："那是骂别人的。"那人又说："他明明喊你的名字在骂！"

娄师德说："天下难道没有同姓同名的人吗？"

这时，又有一个人感到不平，也替娄师德说话。娄师德说："他们

骂我而你向我叙述，就等于再骂我一次。”

娄师德除了上述的优点外，还善于举荐人才。唐代著名政治家狄仁杰当宰相之前，娄师德就曾多次在武则天面前竭力推荐他。

一次，武则天单独召见娄师德，和他谈论政事。谈话中，武则天问娄师德有没有可以担任辅政大政的人才。娄师德听后，未多考虑，极力推荐了狄仁杰。事后，武则天果然采纳了娄师德的意见，将狄仁杰从外地召回京城和娄师德一起同任宰相。

狄仁杰任宰相后并不知道是娄师德举荐的。相反，他认为娄师德不过是个普通武将。时间长了，引起了武则天的注意。

一天，武则天在便殿和狄仁杰闲谈。闲谈中，武则天有意问狄仁杰：“娄师德的品德好不好？”

狄仁杰说：“他带兵守边时，有过战功，至于他的品德好是不好，我不太清楚。”

武则天接着又问：“他能发现和举荐出色的人才吗？”

狄仁杰说：“这方面的事情，我还不曾听说过。”

听到这，武则天哈哈大笑，对狄仁杰说：“你还不知吧？你能当上宰相，正是由于他的举荐呀！”接着又说，“依我看，没有比娄师德做得更好的了。”随即令侍从取来文件箱，拿出10多篇娄师德的奏折给狄仁杰看。

狄仁杰一看惊惧得汗透衣衫，连忙向武则天认错。原来这些奏折都是娄师德力荐朝廷重用狄仁杰的。每折都有语皆真，无情不切。

狄仁杰感到十分惭愧，感叹地说：“娄公的德行真是像高山一样盛大啊！我没想到竟一直被娄大人默默容忍而不自知，反而一直自以为是。娄公却从来没有半点骄矜的表现，我比娄公差远了！”

狄仁杰和武则天闲谈后，回到家里，立即换成轻衣小帽，径直来到娄府，见到娄师德，一躬到地，当面向他赔礼道歉。

娄师德说：“我认为你刚直不阿，所言不偏，能为国安民，因此我推荐你，必能匡复唐室，当时我没有考虑到自己。”

狄仁杰说：“如果不是太后所言，我哪里知道这些啊！”

娄师德也很高兴，吩咐人备酒，款待狄仁杰。

狄仁杰经此一事，对娄师德的胸怀和德品佩服得五体投地。自此之后，狄仁杰主动接近娄师德，很快两人的关系密切起来，共同辅佐武则天管理国务。

不久，北方的契丹国出兵犯境，攻陷了一些州郡。这时狄仁杰和娄师德一同率兵出征，抵御敌兵。他俩互相配合，分路出击，杀退了敌军，收复了失去的州郡，使边境居民重新过上了安居乐业的生活。

娄师德为人严于律己、宽以待人，为官胸怀广阔、以德治世。其厚德载物，海纳百川的胸襟和气度，表明他具有高尚的品德修养，充分彰显了人格的可贵。

刚直清廉的海瑞

海瑞在4岁的时候父亲不幸病逝，他和母亲相依为命，生活异常清苦。母亲很刚强，勤俭持家，教子有方，在她的亲自督导下，海瑞自幼即诵读儒学经典，加上母亲为他所请的良师指点及严格要求，海瑞得到了良好的家教与文化教育，这使海瑞很早就有了报国爱民的思想。

海瑞20多岁考上举人后，先是到南平担任教谕。过了几年，海瑞因为考核成绩优秀，被授予浙江严州府淳安县知县。淳安县经济比较落后，又位于南北交通要道，接待应酬，多如牛毛，百姓不堪其扰。

海瑞上任后，严格按标准接待，对吃拿卡要的官员毫不客气。

在做知县期间，海瑞把淳安县管理得井井有条，他审判的案子也从来没有出过错，一件件都水落石出。从此，“海青天”的称号就在淳安县传开了。

一天上午，海瑞正在县衙里阅批公文，有一篇公文上说总督胡宗宪的公子不日即来淳安。海瑞刚刚看完公文，就有衙役匆匆忙忙地跑进来说：“大人，胡总督公子带一大批随从已到淳安县。”

“将他们安置在官驿，按普通客人招待。”海瑞头也没抬吩咐道。对于胡公子的到来，海瑞不惊不乱。

要是换了另外一个县令，恐怕早就集合全体差役热烈欢迎了。过了一会儿，那个差役又来报信：“大人，大事不好，胡公子在官驿大发脾气，并把驿吏绑起来毒打。”

海瑞听了非常生气，决定要教训这位胡公子，他想出一个绝妙的主意。

海瑞带着差役把胡公子和他的随从抓回县衙，然后立刻升堂。海瑞端坐在堂上一拍惊堂木，大问：“你是何人竟敢假冒胡总督的公子，速速从实招来。”

胡公子被森严的公堂吓得脸色苍白，连话都讲不出来了，原来的骄横劲再也不见了。海瑞又命人从胡公子的行装里搜出了几千两银子，便更加理直气壮，不仅没收银子充公，而且还将胡公子等人立刻赶出淳安县。

百姓无不拍手称快，夸赞海瑞真不愧是个好清官。

与此同时，海瑞所书写的报告已送到了胡宗宪总督衙门，报告称“有一群歹人竟冒充胡公子名号行骗，幸好被抓获，银子没收，并赶出淳安”。

胡宗宪见到哭哭啼啼的儿子回来，知道吃了哑巴亏，也没有办法，他只得告诫儿子以后不要去淳安县惹海瑞。不久，有个叫鄢懋卿的刺史要到浙江巡查，这个刺史是严嵩的干儿子，是个大坏蛋。浙江各郡县忙碌起来，准备金银进献，唯独淳安县没有动静。

其实海瑞早就知道这个消息，但他十分痛恨靠压榨百姓奉承上级

的行为，他告诉差役不要准备，他自有对策。

海瑞很快写了一封信给鄢懋卿，信里说：

> 我知道大人您是个节俭的人，常说不要铺张浪费。但这次您所到之处都是大鱼大肉盛情款待您，这使卑职我非常为难。不热情款待怕怠慢了您，热情款待又怕违反您命令，我真不知道该怎么办才好。

海瑞的信给鄢懋卿出了个大难题，他心里想：海瑞可真难对付！他发作不是，不发作也不是。再加上近来海瑞由于胡公子的事声名很盛，最后他决定还是不要去淳安县碰这块硬骨头的好。于是，他只好绕开淳安县去巡视其他各县了。

通过这件事，海瑞又一次打击了严嵩同党的气焰，在老百姓心中的威望更高了。

后来海瑞做了京官，升为户部主事。但他刚直不阿的性格一点儿也没有改变，更难能可贵的是他那一颗赤诚的忧国忧民之心时刻在跳动着。当他看到皇帝对国家大事置之不闻，深居内宫，迷信道士，荒废国事时，又痛心又气愤。

于是，他在 1566 年 2 月上书给嘉靖皇帝，将他所犯的错误全部数了出来。在此之前，海瑞在棺材铺里买好了棺材，并且将自己的家人托付给了一个朋友。可见他根本就没自己留什么后路。

嘉靖皇帝读了海瑞奏书十分愤怒，把奏书扔在地上，对左右人说：“快把他逮起来，不要让他跑掉。”

宦官黄锦在旁边说：“这个人向来有傻名。听说他上书时，自己知道冒犯该死，买了一个棺材，和妻子诀别，在朝廷听候治罪，奴仆们也四处奔散没有留下来的，是不会逃跑的。”

嘉靖皇帝听了默默无言。过了一会又读海瑞奏书，一天里反复读了多次，总觉得很难容忍海瑞的责备，于是将海瑞逮捕，关进监狱。

两个月后，嘉靖皇帝去世，明穆宗继位，海瑞被释放出狱，官复

原职。不久改任兵部，提拔为尚宝丞，调任大理寺。

明穆宗向来器重海瑞名，屡次要召用海瑞。这时的海瑞已到古稀之年，他给明穆宗上书说：“现在对贪官污吏刑罚太轻，应当用严厉的方法惩治贪污。”

明穆宗想重用海瑞，却被大学士入阁主持国事的官员暗中阻止，于是任命海瑞为南京右都御史。

海瑞到任时，发现诸司向来苟且怠慢，他就身体力行矫正弊端。有的御史偶尔陈列戏乐，海瑞要按明太祖法规给予杖刑。百官恐惧不安，都怕受其苦。提学御史房寰恐怕被举发就先告状，给事中钟宇淳又从中怂恿，房寰再次上书诽谤诬蔑海瑞。海瑞也多次上书请求退休，皇帝下诏安抚挽留。

1587 年，海瑞去世于任上。去世时，南京都察院佥都御史王用汲去照顾海瑞，只见用布制成的帷帐和破烂的竹器，有些是贫寒的文人也不愿使用的，因而禁不住哭起来，凑钱为海瑞办理丧事。海瑞的死讯传出，南京的百姓因此罢市。海瑞的灵柩用船运回家乡时，穿着孝服的人站满了两岸，祭奠哭拜的人百里不绝。

乐在其中

子曰："饭疏食[1]饮水，曲肱[2]而枕之，乐亦在其中矣。不义而富且贵，于我如浮云。"

子曰："加我数年，五十以学《易》，可以无大过矣。"

叶公[3]问孔子于子路，子路不对。

子曰："女奚不曰，其[4]为人也，发愤忘食，乐以忘忧，不知老之将至。云尔！"

【注释】

①饭疏食：饭，这里是吃的意思，疏食即粗粮。

②曲肱：肱，胳膊。曲肱，即弯着胳膊。

③叶公：姓沈，名诸梁，楚国的贤大夫。

④其：他，孔子自指。

【解释】

孔子说："吃粗粮，喝冷水，弯着胳膊当枕头睡觉，其中也自有它的乐趣。干不正当的事而得到的财富与权贵，在我看来就如同浮云。"

孔子说："再给我几年时间，到五十岁学习《易》，我便可以没有大的过错了。"

叶公向子路询问孔子的为人怎么样，子路不回答。

孔子对子路说："你为什么不这样说：他的为人啊，用功就会忘了吃饭，快乐就会忘了忧愁，连自己快要老了都不知道，如此而已。"

【故事】

孔子的信行与报恩

孔子不仅是诚信的倡导者，也是诚信美德的积极实践者，更是一个胸怀仁爱，而且懂得报恩的大贤。

一天，子路向老师孔子汇报工作，谈到这样一件事：有一位老农，年逾古稀，一生以务农为本，勤劳俭朴，遵纪守法，在乡里享有名望。可是他有一个儿子对他不孝顺，每天不让他吃饱饭，而且吃的都是粗粮。

老农听到中都有了父母官，就想打官司告儿子虐待他，但一生忠厚的老农不敢面见官府。正当这时，子路来到了这个村子，在乡邻们引领下，老农找到了子路，诉说了儿子不孝的情形。

子路听了十分生气，就把他儿子找来，教育他要孝顺父母，并限他立即改正，儿子当面答应了子路所提出的要求。但是，事情过后，这个不孝子不但不改正错误，反而变本加厉地虐待父亲，经常不给他饭吃。

老人这次在乡邻的指引下，来到中都向子路投诉。子路答应在3天内一定把这件事办好，并嘱托同来的乡邻照顾好老者。也许是事情太多，子路就把这件事情给忘记了。10多天后，老农来到衙门告状。当时孔子担任中都宰，掌管民事刑事案件。

孔子问道：“老人家，你来有什么事？”

老者把几次见子路的经过和子路的答复一一告知了孔子。孔子对子路处理问题的拖沓作风十分不快。他先亲自扶着老人进入内间，交

代用餐事宜，然后，立即叫人传来了子路。

孔子表情庄重，严肃地对子路说："一个人没有信用，就难以立足。你答应了老农的事又拖着不办，失信于百姓，这怎么行呢？"

子路知道错了，也没有辩护，只诚恳地说："我对这老者是十分同情的！"

孔子说："同情而不解决问题，同情就只能是一句空话。一个有道德的人在处理问题上应该忠诚信实，答应的事情就应该去做完，做好。你叫人去把这个不孝之子给我带来，我亲自来处理。"

子路遵照老师的指示，立即将这个不孝儿子带来了。子路发现，老师看到这个人后，肃穆庄严的面容中，还带有几分怜悯痛惜的神情。子路又一次感受到了老师的仁慈之心。

孔子沉吟片刻，才开口问道："你有儿子吗？"

不孝儿子说："有。"

孔子问："儿子生下来时有多长呀？"

不孝儿子说："不过一尺。"

孔子问："那现在有多高了？"

不孝儿子说："6尺有余。"

孔子问："是谁养他这么高的？"

不孝儿子说："是我和他的母亲。"

孔子问："那你是谁养大的呢？"

不孝儿子说："是我的父母。"

孔子问："你知道是你父母将你养大的，这就好了。"孔子又问，"你现在多大？"

不孝儿子说："32岁。"

孔子说："再过20年，你的年纪将是你父亲今年的年龄。那时你也不能种庄稼了，谁来养活你呀？"

不孝儿子说："靠儿子来养活。"

孔子说："你今天不愿赡养你的父亲，到时，你的儿子也向你学习，以你今天对你父亲的态度来对待你，你有什么办法？"

不孝儿子无言以对。

孔子说:“生你养你的父母你不赡养,应由哪个来养?”

不孝儿子哑口无言。

孔子说:“父母养育之恩,应该尽心尽力报答。羊尚有跪乳之恩,乌鸦有反哺之义,你这不孝之子,连禽兽都不如,何谈有半点人性,你可知罪?”

这时,不孝儿子说:“小人一时糊涂,小人知罪!”

孔子说:“知罪就好。今后你应该如何对待你的父亲?”

不孝儿子说:“我一定赡养他,让他有饭吃。”

孔子又说:“你的所谓孝,只要有饭给他吃,养活他就行了吗?如果不真心孝敬你的父母,这和你饲养的狗、马又有什么区别呢!”

不孝儿子连忙说:“大人饶恕,小人今后一定恭敬诚心地赡养他老人家。”

孔子说:“那就好了。你今天既是父亲又是儿子,做父亲就应该像个做父亲的样子,做儿子就要像个做儿子的样子,这才是美德。今天你有悔改,我就不再追究你的罪过了,快快将你父亲接回去吧!”

不孝儿子说:“大人的教诲,小人终生难忘!”

孔子要子路将老者扶起来,儿子对父亲痛哭流涕,悔愧不已。孔子又将老者送出门外。

孔子处理的这件事,给子路树立了表率,使子路很受教育,知道了诚信的重要,从此以后,实实在在地履行诚信,做到了“无宿诺”,即当天答应的事情不放到第二天就完成。同时,这件事也教育了中都的百姓,人们知道了后,就很少有不孝的事情发生了。

孔子不仅凡事讲诚信,还宽心仁厚,以仁为本去看待事情,并且注重报恩。下面这个典型事件,集中反映了孔子这方面的思想。

公元前 492 年,孔子带领弟子子路、司马牛等人进入宋国边界,见一群军校手持鞭子正在驱赶上百民工搬运石头,为只有 38 岁的宋国大司马修造坟墓。有一位年近 70 岁的老者,因精疲力竭昏厥倒地,军校见了走过去,皮鞭雨点似地落在他身上。

孔子目不忍睹，叫子路前去劝阻。军校举鞭向子路抽来，子路拔剑将他手中的鞭子削成两截。

孔子上前对军校说："老人家已被折磨成这样了，你们就放过他吧！"接着拿出钱打发军校，又令弟子将尚存一息的老者扶上车送去调治。

为了方便拜见国君宋景公，孔子师徒选择了商丘一家较宽敞的石记客店住下来，店主名叫石头。

军校回去把发生的事情报告了大司马。大司马恨得咬牙切齿："务必将那伙人斩尽杀绝！"军校得令，便装寻访，很快在石记客店找到了孔子一行。

军校叮嘱石头："严密监视这伙人，今晚大司马将派兵杀他们！不要走漏风声，否则，灭你九族！"

石头唯唯诺诺等军校一走，立即将消息报告了孔子。孔子大惊，带领弟子就要出逃。石头说："这样易暴露目标，需改扮成商人！"说完，他找来商人服饰叫他们穿上，并做向导带他们出城直至国境。

孔子问石头："你我素昧平生，为何舍命相救？"

石头说："先生在墓场救下的老者，正是我的父亲啊！大恩大德，岂能不报？"

孔子感激万分，怕石头回去惨遭大司马毒手，亲自修书一封，介绍石头到卫国去找朋友蘧伯玉，求他为救命恩人谋个职业。

数年后，孔子又到了卫国。一天，他正给弟子们讲学，弟子司马牛哭着跑来告诉他："那个石头病故了！"

孔子闻言，立即带领弟子前去奔丧。在破旧狭小的茅屋里，孔子见石头衣衫褴褛赤脚躺在木板上，身上盖着一张破席，泣不成声："恩人啊，你为何落到如此地步？"

司马牛说："蘧伯玉在世时，石头生活得很好。伯玉去世后，他连糊口的差事也没有了。"

孔子虔诚跪下："恩人在上，请受孔丘一拜！"孔子行完大礼，马上对颜回说："快将我的马卖掉，我要厚葬恩人！"

颜回为难地说："请老师三思，依礼，大夫不可无车。再者，吾辈将不知奔波何方，路途遥远，您……"

孔子果断摆摆手说："无须多言，如果没有恩人当年冒死相救，我等早成大司马刀下之鬼了，岂能苟活今日？快去！"

孔子卖了坐骑，为救命恩人石头举行了隆重的葬礼。

孔子卖马报恩，给世人做出了表率，被人尊敬。孔子践行的"知恩图报"，也成了中华民族的传统美德。

孟子提倡的诚信思想

自先秦社会以来，诚信就一直备受人们的关注并为人们所大力提倡。继孔子之后，又出现了一位大力提倡诚信的一代思想家孟子。

孟子的母亲仉氏，历来被人们称为"启蒙教育的楷模"。孟母也确实是一位教子有方的贤母，她对孟子性格的培养和思想的形成产生了重要影响。2000多年来，在民间流传下来不少脍炙人口的孟母教子的故事。

孟子小时候，有一天，他的邻居家磨刀霍霍，正准备杀一头大肥猪。孟子当时正在外面玩耍，他见了非常好奇，就跑回家去问母亲："母亲，邻居磨刀干什么？"

孟母告诉他说："那是邻居家准备杀猪。"

孟子接着又问："他们杀猪干什么呀？"

孟母笑了笑随口说道："他们杀猪给你吃呀！"

孟子一听，十分高兴，就老老实实地待在家里等待着吃猪肉。

孟母说完这句话立刻就后悔了。心想：人家邻居本来并不是为了自己的孩子杀的猪，我为什么要欺骗孩子呢？我这样说不是在教他撒谎吗？

为了弥补自己的过失，更为了不失信于儿子，尽管家中十分困难，孟母还是拿钱到东边邻居家买了一块猪肉，“买东家豚肉以食之”，让儿子吃了个痛快。

诚实是培养健康人生的基础。大而言之，不诚实的品格会直接或间接地有害于国家民族；小而言之，说谎足以使孩子的人格败坏。孟母在孟子刚刚懂事时就不欺骗孩子，原因就是不让孩子学会说谎。

孟子吃完了猪肉，时间不长就知道了这件事，心里很受感动。他想，我一定要像母亲那样，做一个诚实守信的人。

孟子约15岁时，受业于孔子嫡孙子思门人，学习儒家经典，对儒家以礼待人的思想有了自己的认识。他20岁时，有一天他的妻子独自一人在屋里，伸开两腿坐着。孟子进屋看见妻子这个样子，就向母亲说：“这个妇人不讲礼仪，请准许我把她休了。”

孟母说：“什么原因？”

孟子说：“她伸开两腿坐着。”

孟母问：“你怎么知道的？”

孟子说：“我亲眼看见的。”

孟母说：“这是你不讲礼仪，不是你媳妇不讲礼仪。《礼经》上不是说，将要进门的时候，必须先问屋中有谁在里面；将要进入厅堂的时候，必须先高声传扬，让里面的人知道；将进屋的时候，必须眼往下看。《礼经》这样讲，为的是不让人没准备，无所防备。现在你到妻子闲居休息的地方去，进屋没有声响，人家不知道，因而让你看到了她两腿伸开坐着的样子。这是你不讲礼仪，而不是你妻子不讲礼仪。”

孟子听了母亲的教导后，诚实地认识到自己错了，再也不敢说休妻的事了。而通过这件事，孟子对儒家之“礼”也有了更深的认识。

孟子在子思门下学成以后，以士的身份游说诸侯，想要推行自己

的政治主张，到过梁国、齐国、宋国、滕国和鲁国等。随着阅历的增加，孟子终于成为当时著名儒学大师。

孟子提倡诚信，认为“诚信”不仅是对人，也是对己。孟子把“有信”上升到“五伦”之一的高度。在“五伦”中，人与人之间的诚信首先必须在知无不言、言无不尽，要真心提出自己的看法。

孟子这样说，也是这样做的。孟子在出游齐国时，曾经在齐国的稷下学宫做客卿，并通过自己的影响力，为齐国提出了很多建议。

稷下学宫位于齐国都城临淄西门，也称“稷门”。据说从齐桓公田午时开始，齐国就在稷门外开设学馆，汇聚天下著名学者于此讲学，故名“稷下学宫”。住馆的学者被誉为稷下先生。孟子的客卿要比一般的稷下先生地位高。

孟子在稷下学宫做客卿时，齐宣王对讲学高度重视，各门派的游学者迅速增至数千人。儒、道、墨、法、阴阳、纵横等各家学派，群贤荟萃，往来稷下者络绎不绝。

由于稷下先生的学术水平、名望资历不尽相同，因此，朝廷将稷下先生分为若干等级，按照级别确定爵禄。譬如号称“稷下之冠”的淳于髡，便赐予上卿之位；孟子、荀子等人则列为客卿。

孟子做了齐宣王的客卿，众人都为他庆贺。孟子也跃跃欲试，想为齐国尽一把力。但他知道齐宣王对人对事有些时候缺少雅量，诚实度不够，就想找机会谏言。

这一天，孟子穿戴整齐，迈着儒雅的步子来见齐宣王。守卫的士兵看见孟子，就赶紧行礼相问，然后向里面通报，不一会就出来请孟子晋见。

齐宣王端坐在富丽堂皇的朝廷中央上方，慈眉善目但又不缺少威严。两边或坐着或站着许多文臣武将，好不神气。

孟子与齐宣王寒暄过后，孟子面带微笑地对齐宣王说：“大王，假如您手底下有个人把自己的妻子、子女托付给他的朋友，而自己却到楚国去玩，回来后发现他的妻子、子女又饥饿又寒冷，对这样的朋友您会怎么样处理？”

齐宣王听了，不假思索地立马回答："这样的人，应该跟他绝交！"

孟子听后点点头，接着继续微笑地问："假如大王手底下有一个官员，不能管好他的下属，怎么办？"

齐宣王快速地回答："罢免他的官位，因为他实在是个无能之辈！"

孟子听了又频频点头。此刻，他眼光里露出一丝不可察觉的神秘微笑。他接着说："假如有个人不能治理好国家，那么怎么对待这个人呢？"

孟子的话刚一出口，齐宣王脸上瞬间显出尴尬。心想：原来这个书生今天是来指责我的，因为怕得罪我，才欲擒故纵。

齐宣王毕竟是个老练的聪明人，为了摆脱尴尬，他瞬间又装作没听见孟子的话的样子，转过头和边上的大臣说着话。

孟子见状，知道齐宣王缺少雅量，暂时听不进他的劝说，决定再找机会来说这事。

在孟子看来，人生下来就具有4种善的萌芽，他称之为"四端"，即"恻隐之心""羞恶之心""辞让之心""是非之心"。这是孟子"性善论"的依据，也是他的其他学说的基础所在。他将诚信扩展到政治领域，提出管理者只有取信于民，才能保民安民。因此，在孟子心里，他是相信齐宣王也有"是非之心"，总能明白刚才说的话意思的。

自古以来，大气的、能够正视自己的不足的君王少之又少；同样，能够像孟子那样坦诚地对君王直言进谏的书生也是少之又少。

这一天，孟子又来见齐宣王，想针对齐宣王轻信奸佞谗言，以及做事没有坚持性等不足，真诚地表达自己的看法。

孟子说："大王也太不明智了，天下虽有生命力很强的生物，可是你把它在阳光下晒了一天，再放在阴寒的地方冻了它十天，它哪里还活得成呢！我跟您在一起的时间是很短的，您即使有了一点从善的决心，可是我一离开您，那些奸臣又来哄骗您，您又会听信他们的话，叫我怎么办呢？"

齐宣王这次没有马上提出反对意见，只是静静地听着。

接着，孟子又打了一个生动的比喻："下棋看起来是件小事，但假

使您不专心致志，也同样学不好，下不赢。弈秋是全国最善下棋的能手，他教了两个徒弟，其中一个专心致志，处处听弈秋的指导；另一个却老是想着有大天鹅飞来，准备用箭射下来。两个徒弟是一个师父教的，一起学的，然而后者的成绩却差得很远。这不是他们的智力有什么区别，而是专心的程度不一样啊！”

齐宣王听了孟子的话，低头不语，他心里很清楚自己在这些方面的不足。从此以后，齐宣王变得不再像以前那样了。

孟子将诚信扩展到政治领域，强调执政者要有同情心。他说：“同情心就是施行仁的开始；羞耻心就是施行义的开始；辞让心就是施行礼的开始；是非心就是智的开始。仁、义、礼、智是初始，人有这四种开端，就像人有四肢一样。”可见，仁、义、礼、智是人本性所固有的善性。

孟子生活在战火纷飞的战国中期，战争使人们丧失理性，变得野蛮，“大道废弛”，失掉了上古时期人际交往的单纯与质朴。孟子针对当时社会诚信缺失的状况，不仅大力呼吁人们讲诚信，而且对诚信思想提出了独到的见解，丰富了我国古代传统诚信道德的内容。他的诚信思想对后世直至当代社会都产生了深刻的影响。

荀子践行诚信思想

荀子生活在战国后期的赵国，他从小就非常聪明，10岁已有神童美誉，学问很好。长大后游学于齐国，因学问博大，“最为老师”，曾3次担任当时齐国稷下学宫的祭酒，可谓“学富五车，名满天下”。

约公元前264年，荀子应秦昭王之聘，西游入秦国。当时的秦国重在武力扩张，荀子批评秦国只注重耕战，没有大儒来宣讲诚信。秦昭王却不以为然，哈哈大笑。

公元前255年，领兵援救赵国的楚国令尹春申君黄歇，得胜之后专程请荀子去楚国。到了楚国，被春申君聘为兰陵令。不久，春申君

因受自己的门客蛊惑，对荀子不够友好。于是，荀子就离开楚国回到了自己的国家。

赵孝成王听说大儒荀子回来了，亲自用自己豪华的御车去旅店接荀子。荀子觉得这有些不恭，连连摆手。

赵孝成王真诚地说：“寡人仅是一国之君，你乃列国儒学之尊，理当如此，请上车吧！”

赵孝成王将荀子接入王宫，两人并坐于丹墀。大臣在下面陪坐。宫人献上茶果，赵孝成王恭敬地问过寒暖之后，说：“荀老夫子，昔日，因寡人错听误国之言，用将不当，致赵军损失严重，元气大伤，国力一时难以恢复，寡人每日甚是忧虑。荀老夫子到来，乃是喜从天降。寡人欲求教荀老夫子用兵之道，请问老夫子，用兵之要术是什么呢？”

荀子一直把诚信当作“化万物”“化万民”的“政事之本”。他认为，当政者带头讲诚信，既是实现社会诚信的关键和前提，也是称霸天下的重要条件，所谓“诚信生神”“信立而霸”就是这个道理。

因此，荀子答道：“用兵攻战之本，在于使人民诚心诚意，心意一致。如果弓与箭不协调，神射手后羿也难射中微小的目标。如果6匹马配合不好，就是再好的驭手也驾不好车。如果百姓与朝廷离心离德，再好的将军也一定不能打胜仗。所以，以诚信和仁义争取百姓者，才是善于用兵者。”

赵孝成王在座的大臣中，有个叫临武君带兵之人，他说：“荀老夫子，此话讲得不当吧！兵家所重视的是形势和条件，所实行的是变化和诡诈，善用兵者，神出鬼没，无诚无信，莫知从何而出。孙武、吴起就以此无敌于天下。”

荀子说：“不然。我所说的是诚信和仁义，是欲称王天下者的意

志。你所重视的是权谋势利，欺诈诡变，这是诸侯国才使用的方法。诚信和仁义之兵不可以欺诈，能受欺诈者只是那些君臣上下离心离德之兵。诚信和仁义之兵上下一心，三军同力，臣民对待君主，下级对待上级，如同子女对待父亲，弟弟对待兄长一样真诚。”

赵孝成王与临武君对于荀子的论述甚为钦佩，两人同时合掌称好。赵孝成王说道：“请问荀老夫子，诚信和仁义之兵该行何道呢？”

荀子说：“一切在于大王，将帅次之。君王贤者其国治，君王不贤者其国乱；注重信义者其国治，轻贱信义者其国乱。请让我说一说王者和诸侯强弱存亡与安危的道理。”

接着，荀子从历史上寻找事实根据来论证“信”的作用。齐桓公、晋文公、楚庄公、吴王阖闾、越王勾践，都是地处偏僻的国家，威力却可以震动天下，强盛可以危及中原，这是什么原因呢？荀子明确回答道，这没有别的原因，就是能大体上讲信用。这就是所谓的诚信树立就能称霸天下。

荀子回头对赵孝成王说：“信义，是治国的最高准则，强国之本，立威之道，建功立业之纲。在一个国家中，诚信是对一定的社会行为规范和法律规章制度的诚信遵守，既然定出了一定的社会行为规范和法律规章制度，以及盟约，就要遵守它，即使后来觉察到这些制度有不足之处，暂时也要遵守，而不能‘朝令夕改’，以自己的意愿首先不遵守。否则，人人都以自己的意愿为标准而破坏这些制度，那么整个管理体系就会混乱，从而也会导致整个社会的混乱。”

接着，荀子又列举殷纣王失信于民，暴政治国，结果周军一到，令不能行下，民不听调遣。这不是殷纣王令不严，刑不繁，而是殷纣王没有遵行信义。

赵孝成王握住荀子的手：“寡人久闻荀老夫子大名，今日聆听教诲，方知老夫子果是难得的治世贤才！”

就在荀子在赵国受到礼遇时，春申君觉得失去荀子这样的天下大贤是一种损失，于是派人到赵国请荀子，结果却请不动荀子。最后，春申君只好亲自驾着马车，悄悄来到赵国，请荀子到楚国去，继续做

兰陵令。并信誓旦旦地说，再也不会发生以前那样的事情了。

荀子看到春申君和楚王有一统天下的态势，就随他而去。刚到兰陵，荀子就看到十字街头的人很多，预感到前面似乎发生了什么事。他让车马远远地停下来，自己向人群走过去。原来，县丞今日监斩3个囚犯，百姓们拥挤观看。

荀子从人群中向前挤。武士厉声喝道："滚开！再往前挤，用皮鞭打你！"

荀子的手下上前握住武士的手："你想干什么？他可是荀县令！"

武士惊呆了："什么？"

荀子被百姓和武士围在中间，一老妪哭叫着："荀老爷，你可回来了！冤枉啊，我儿子冤枉啊！"另一中年女子也喊叫着："荀老爷，你回来了，快救救我的丈夫吧！"

这时，县丞走过来，指着一个满脸横肉的中年汉子说："这第一个人，是个杀人凶犯，他为霸占朋友妻室，竟把朋友用毒药害死。"

荀子说："嗯，杀人者不惩，伤人者不刑，是谓惠暴而宽贼。当斩。"

县丞指着一个青年说："这第二个人是一农夫，他竟然抗税不交。"

荀子问："第三人呢？"

县丞说："第三人乃是一贩马的齐国人，他竟敢偷闯关卡。"

荀子走到青年农夫与中年商贩的面前，注目良久，开口问青年农夫："你为何抗税不交呢？"

青年农夫说："禀老爷，赋税太重，交了赋税，我一家人就没有吃的啦！"

荀况问商贩："你为何偷闯关卡？"

商贩说："老爷，我的马在关卡前已经被困了3个月，马饿瘦了，病死了不少，再也耽误不得了，马是我一家的性命啊！"

荀况稍一思索，对县丞说："把这两个人放掉。"

县丞说："什么？"

荀子又说道："把他们两人放掉！"

县丞说：“大人，我是按照大王的旨意行事的。”

荀子说：“在这里我是县令，放掉！”他的话不容置疑。

县丞无奈，只好挥手让武士将青年农夫与中年贩马人放掉。

老妇赶忙去搀自己的儿子，中年女子去扶自己的丈夫。他们一齐来到荀子面前双膝跪地叩头，连连谢恩。

荀子扶起他们，然后走向了栽有木桩的刑场，站在一个高处，向众人说：“兰陵的百姓听着，我荀况又重归兰陵来了！愿意衣食富足，乃人之本性。缺吃少穿乃是一种祸患。作为一县之长，我愿兰陵百姓人人富足，家家平安。自今日起，兰陵之农夫开荒种田，仅收什一之税，多者不取。集市关卡，畅通有无，赋税一概免征。我一定说到做到，绝不食言！”众百姓闻声欢腾。

荀子接着说：“我兰陵百姓，必须隆礼法贵信义，遵守法度。信义乃立国之本，法律为治国之端，法令行，则风俗美。”荀子指着杀人犯说：“似这等抢夺杀人的奸人，必杀。”众人又是一阵欢腾。

荀子做兰陵令前后18年，他以信取民，隆法尊贤，励精图治，清正廉洁，为当时兰陵经济的发展和汉时的繁盛，打下了坚实的基础，自此以后，兰陵成为历代郡县治所、经济文化中心。

约公元前230年，荀子病逝后葬于兰陵。荀子墓位于现在的山东临沂苍山县兰陵镇东南处，墓前有清代立的石碑，上刻“楚兰陵令荀卿之墓”。

司马迁不负父命

司马迁还只有10岁的时候，就跟随父亲，从青山绿水的家乡走出，来到长安，向伏生、孔安国等大学者学习。他长大了，可以自己一个人外出了，他就选择走遍大江南北，追寻历史遗迹，凭吊古圣先贤。

后来，他父亲病了，临死前拉着他的手哭着说：“你要记住，我一生最大的遗憾，就是没能写一部可靠的历史。”司马迁哭着回答：“我一

定会完成您的心愿！”

于是，他接替了父亲的职位，进入政府，担任“太史令”一职，他意气风发，梦想着完成父亲遗愿的那一天。

可是不久，一个叫李陵的将领，在和匈奴军队对阵时，突然投降了。皇帝要杀他全家，唯独司马迁反对，皇帝一怒将司马迁投入监狱并判处死刑。

这场自天而降的横祸使司马迁悲愤至极，他在牢中凝视着窗外的月光，回想着父亲的遗言：“写一部可靠的历史。”他口中喃喃地说：“父亲，我不会忘记您的遗训，我一定要活下来！”

按照汉代的法律，死刑犯有两个替代办法：一个是拿钱免死，但司马迁拿不出那么多钱。还有一个办法是接受宫刑，这是对人格的极大侮辱。为了继承父亲的大业，司马迁接受了宫刑。

被释放后，司马迁专心著述，每天写到深夜才停笔，最后司马迁终于完成了共130卷、53万字的不朽巨著《史记》。

三人行必有我师

子曰："我非生而知之者，好古，敏以求之者也。"

子不语怪、力、乱、神。

子曰："三人行，必有我师焉。择其善者而从之，其不善者而改之。"子曰："天生德于予，桓魋①其如予何？"

子曰："二三子②以我为隐乎？吾无隐乎尔！吾无行而不与二三子者，是丘也。"子以四教：文、行、忠、信③。

【注释】

①桓魋：魋，音 tuí，宋国司马向魋，宋桓公后代，故又称桓魋。

②二三子：这里指孔子的学生们。

③文、行、忠、信：文，文献、古籍等。行，指躬行，也指社会实践方面的内容。忠，忠诚，对人尽心竭力的意思。信，守信。诚实的意思。

【解释】

孔子说："我不是生来就有知识的人，而是爱好古代的东西，勤奋敏捷地去求得知识的人。"

孔子不谈论怪异、暴力、变乱、鬼神。

孔子说："几个人一起走路，其中必定有人可以做我的老师。我学习他好的品德，看到他不好的地方就作为借鉴，改掉自己的缺点。"

孔子说："上天把德赋予了我，桓魋能把我怎么样？"

孔子说："学生们，你们以为我对你们有什么隐瞒的吗？我是丝毫没有隐瞒的。我没有什么事不是和你们一起干的，这就是我孔丘的

为人。”

孔子以文、行、忠、信四项内容教授给学生。

【故事】

徐光启诚恳拜师

通过宽厚的道德人格来打动别人，达到人我沟通的目的，一直是笃实宽厚美德的一个重要方面。明代末年的徐光启，以自己的人格魅力打动人心，终于让耶稣教会会长利玛窦深受感动。他们的合作，极大地推动了当时的西学东渐，也显示出儒家精神的救世力量。

徐光启，明代末期数学家、农学家、政治家和军事家。是中西文化交流的先驱之一，一生在学术上勤勤恳恳，孜孜以求，尤其在天文、数学和农学上，更是成果卓著。

1596年夏天，徐光启任广西浔州知府赵风宇的家庭教师，随赵家一起来到浔州。在那里，他结识了意大利神父郭静居，他第一次看到了一张《万国全图》。郭静居指着地图给他看中国在哪里，欧罗巴洲在哪里，意大利在哪里。

徐光启看后十分惊异，有生以来第一次知道，除了中国之外还有那么广阔的地域。这使他非常倾慕，当他知道这图是耶稣教会会长利玛窦所绘时，便暗暗下了决心，一定要找到利玛窦拜他为师，跟他学习。

在郭静居的指点下，徐光启几经周折，多次追踪，终于见到了利玛窦。徐光启和利玛窦一见如故，从天文、地理谈到数学，非常投机。利玛窦用欧几里得的《原本》举例，对比中西方教学特点的一番谈论，使徐光启一下子便迷上了《原本》。

徐光启恳请说："先生，可以把你的《原本》一书借给我看看吗？"

利玛窦笑了，他摊开两手说："可惜还没有翻译成中文，先生读不懂。"

一种对科学强烈追求的欲望，使徐光启下了一个更大的决心，一定将《原本》译成中文。徐光启为了学习西方科学，为拜利玛窦为师，1603 年，他全家加入了天主教。第二年他又考中了进士。

在徐光启再三的请求下，利玛窦终于开始向他讲授《原本》和绘制地图的方法。

利玛窦规定每两天向徐光启讲授一次。无论是大雪纷飞，还是黄沙弥漫，徐光启总是按时到达，恭恭敬敬地听利玛窦的讲述。经过一段时间的学习，徐光启终于弄通了欧几里得《原本》。他发现该书着重阐述数学的基础理论，有严密的逻辑推理，确实能弥补我国古代数学的不足。

徐光启建议利玛窦说："这段时间先生不辞辛苦，精心讲授，晚生已基本掌握了《原本》的要旨。请先生继续赐教，与晚生一起把该书译成中文，名字可否定为《几何原本》？"

在徐光启的精神的鼓舞下，利玛窦终于答应试一试。《几何原本》的翻译工作终于开始了。整个冬天他俩都是在灯烛下度过的。

徐光启白天要去办公，只有晚上才能与老师一起译书。一开始就遇到了很多困难，书中专用名词在汉语中没有，只能由两人琢磨决定，经过多次推敲，反复修改，才定下来。

他们常常为了一个名词，想几个晚上，改了 10 多次还不满意。有时一个章节译完了，但因文字艰涩难懂，就推翻了再译，直至文字准确，通俗易懂时为止。

时光荏苒，他们俩从大雪纷飞的季节译到了桃李花开时节，译

完了前三卷。他们没有时间去游春赏花，继续奋战，终于在五月前译完了前六卷。

初稿译完后，徐光启又反复修订了两遍，最后终于定稿了。1607年，《几何原本》印出来了。《几何原本》的装帧十分精细，第一页上都工工整整地印着《几何原本》4个大字，还注明利玛窦口译，徐光启笔录。

徐光启和利玛窦看着他们共同心血的结晶，都流下了激动的泪水，表达了真诚的师生之情谊。

利玛窦神父去世后，他的墓地改建工程于1611年夏天竣工，是年冬举行葬礼，徐公光启先生率领北京的教友们参加，并主持仪式。

主持丧礼的徐光启，更是悲痛万分。他没有顾及自己高官显宦的地位和尊容，任凭悲伤的泪水扑簌簌地落下。对利玛窦离世的忧戚和不舍，使他禁不住伸出双手，和落棺的随从们一起拿起绳索，帮助他恩师兼益友利公的棺椁葬入地下，让他安静地长眠于此。又亲自拿起土铲，为利公覆上黄土。

徐光启亲手埋葬了恩师利玛窦之后，并未按惯例把下棺的绳索一起掩埋掉，而是保留下来收藏，作为对恩师益友利公玛窦神父的敬意和纪念。

唐寅求教绘丹青

谦虚谨慎，礼求教诲的精神，也是笃实宽厚美德的重要内涵。明代文人唐寅是这方面的一个典型。

唐寅，明代著名画家、文学家。自幼喜欢画画，父亲在他13岁时，就让他在店中帮忙干活，不再上学，画出得意的画就贴在店墙上。

据说唐寅绘画的启蒙老师是才子祝允明给介绍的。有一次，才子祝枝山来到酒店喝酒，很喜欢墙上的画。就问老板画是由谁画的。唐寅的父亲回答说是儿子画的。祝枝山很惊讶地要求见见孩子。

祝枝山在得知了唐寅的家境贫寒之后，决定帮助他找一位丹青妙手来教他画画。不久，祝枝山带着画师沈石田来到了酒店。沈石田也很欣赏唐寅的画，但想考考他才气如何，就为他出了一个字谜："去掉左边是树，去掉右边是树，去掉中间是树，去掉两边是树，这是什么字？"

唐寅略一思考就说出了谜底是个"彬"字。沈石田很高兴，就收下了唐寅。

唐寅聪明伶俐，很快掌握了一定的绘画技巧。这个时候，沈石田已经倾囊相授，觉得再教下去，可能会误人子弟，于是就离开了唐家。

唐寅的画画得不错，富豪人家常请他作画，唐寅也渐渐地滋生了自满情绪。有时端详着自己的画，心里说："蛮不错嘛，差不多了。"

唐寅的妈妈看出了他的想法，问他说："你怎么不画了？"

唐寅说："我已经画得挺好了。"

妈妈又问："你看咱们这儿哪座山最高？"

唐寅不假思索地说："南山最高！"

妈妈说："你登上南山去向远望望，比它高的山还很多呢！"

唐寅听了妈妈的话，明白了她的用意，便带上行李和画笔，到外村拜师去了。

唐寅拜周臣为师。周臣在当时极有名望，是书画界的高手，能画山水画，也是花鸟画的丹青妙手。唐寅到了周先生门下，看了他的画真是耳目一新，长了不少的见识。唐寅想，我原以为是绘画第一了，却不过是井底之蛙，以为天空就是那么一小块。

周臣很喜欢唐寅，认认真真地传授技艺，哪里要浓墨重彩，哪里要轻描淡写他都一一指教。时间过得真快，一晃一年过去了。

有一天，唐寅偷偷地把自己的画和先生的画比较一番，觉得自己

和先生差不多了。再说，自己离家一年多了，很想回去看看妈妈。

唐寅的一举一动，先生看在眼里，记在心上，他和妻子研究一番，决定在后花园的一个小屋里为唐寅饯行，这间小屋平时总锁着，唐寅从未进去过。

唐寅被先生请进来，一边吃着饭菜，一边细细打量着室内陈设。他突然发现，这屋子好奇怪，四面墙上都有门，但没有窗子。顺着门往外望去，只见后花园里好一派春景，处处可见柳绿花红，鸟巢蝶影，顽石跌宕，溪水穿行。看到如此美妙仙境，唐寅想，自己来了一年还没到此一游呢！

这时，先生说："唐寅，你想家了吧？"

唐寅点了点头，眼圈都红了。

先生又说："你的画本来画得不错，又在我这儿学了一年，可以出师回乡了。你看怎么样？"

唐寅已经喝得半醉了，说："谢谢先生一年来的教导，我不会忘了老师的。"

先生又指了指门外的景色，说："我这个园子，一向对外人保密的，今天对你可以破例。你到后花园去愉愉快快地玩吧！"

这时，唐寅已经喝得醉醺醺的，走过去就想一步跨出门槛，可是，不料竟被撞了回来，头上还鼓起了大包。这是怎么回事儿？这扇门明明开着，怎么会是死的？他再跨另一扇门，照例被撞回来。3 个门都出不去，他的头上早肿起了大包。

先生和师娘笑得前仰后合。师娘说："唐寅，你喝多了！请仔细看看那是门吗？"

唐寅这才细看，原来，三面墙上的门和门口的景色都是老师画上去的。

唐寅头上碰了这三个大包，心里立时清醒，顿有所悟，明白了先生的用意，马上跪倒在地，连声说："弟子错了，弟子和老师相差甚远就骄傲起来，请先生原谅。我不回家了，请先生再赐教 3 年吧！"

师娘忙把他扶起来，说："知道自己错了就好，以后虚心学习就行

了。你妈妈看你来了，正在前厅等候。”

打这儿以后，唐寅黎明即起，画到深夜，毕恭毕敬，勤勤恳恳地跟先生学习。

3年转眼过去了，冬日将尽。唐寅为感谢先生的教育，亲自动手烧菜，宴请师傅。当他把烧好的鱼端上桌时，一只大狸猫从门外呼呼地跑进来，跳上桌子就想吃。唐寅急了“啪”地就是一掌，那大狸猫“呼”的一声就往窗上跳。

结果，大狸猫跳了一个窗户又一个窗户，就是跳不出去，最后“呜呜”地叫着从门口逃出去了。原来，那窗户是唐寅画在墙上的。

先生见了这情景，哈哈大笑起来：“唐寅呀，你已经4年没有见到你娘的面了，要过年了，快回去吧！”

由于唐寅虚心求教，终于成了一代大家。他才气横溢，与祝允明、文徵明、徐祯卿并称为“江南四大才子”，也称“吴门四才子”；画名更著，与沈周、文徵明、仇英并称“吴门四家”，又称为“明四家”。

唐寅的一生中为后世人贡献了巨大文化财富，他的画作题材广泛，挥笔自然，风格别具，雅俗共赏，深受各个阶层志士仁人乃至庶民百姓的赏析与青睐。

张曜虚心拜妻为师

清代咸丰年间有个武官叫张曜，因征战有功，被提拔为河南布政使。他自幼失学，没有文化，常受朝臣歧视，御史刘毓楠说他“目不识丁”，因此皇上改任他为总兵。

张曜从此立志要好好读书。张曜想到自己的妻子很有文化，回到家要求妻子教他念书。

妻子说：“要教是可以的，不过我要有一个条件，那就是要行拜师之礼，恭恭敬敬地学。”张曜满口应承，马上穿起朝服，让妻子坐在孔

子牌位前，对她行三拜九叩之礼。

从此以后，凡公余时间，都由妻子教他读经史。每当妻子一摆老师的架子，他就躬身肃立听训，不敢稍有不敬。与此同时，他还请人刻了一方“目不识丁”的印章，经常佩在身上自警。

几年之后，张曜终于成为一个很有学问的人。后来，他在山东做巡抚时，又有人参他“目不识丁”。他就上书请皇上面试，面试成绩使皇上和许多大臣都大为惊奇。

张曜在山东任上时，筑河堤，修道路，开厂局，做了不少利国利民的好事。因为他勤奋好学，死后皇帝谥他为“勤果”。

杰出谋士范文程

范文程出身名门，自小喜欢读书，才思敏捷，擅长谋略。努尔哈赤，他自愿投效，但未受重用。皇太极继位后，发现他的才智并委以重任，使之成为其主要谋士之一。从此，范文程开始了他辅佐清朝四代皇帝的谋略生涯。

1629年冬，皇太极亲率大军，由龙井关、洪山口越过长城，直通北京，遭到明宁远巡抚袁崇焕、锦州总兵祖大寿的坚决抵抗，双方激战至北京城郊，相持不下。清军久攻不下，伤亡越来越多，粮秣补给日益困难，一筹莫展。

此刻，范文程向皇太极献反间计。当时后金军俘获两个明朝太监，皇太极先密令部将故意议论与袁崇焕有密约，使被关押的太监得以偷听；然后又令后金军放走一个太监，使其返回明廷报告崇祯皇帝。

一向猜忌而多疑的崇祯帝果真误信了袁崇焕与清军有密约，随将袁崇焕从前方召回并将他逮捕下狱，不久即处死。

祖大寿闻之大为惊骇，顾不上当面清军，慌忙带自己手下兵将逃归锦州。

就这样，范文程的一条反间计，不仅为皇太极除掉了一个战场不能战胜的宿敌，反而使明军自己让开了一条通道，使清军得以从容退出关外。由此，明清的军事对抗，骤间产生了不利于明朝的转化。

1632 年，皇太极率满洲八旗和蒙古各部兵马穿越兴安岭，远征察哈尔。不料，林丹汗得知情报后，采取坚壁清野，驱富民及牲畜，渡过黄河，丢下一座空城。

待皇太极率数万大军疲惫不堪赶到归化，即今内蒙古呼和浩特时，已是人走城空，无吃无喝，一片狼烟。早已人疲马困、粮秣告罄的清军每日都有士卒饥渴而死。数万人马只得靠猎取黄羊为食。

在这种情况下，清军若从原路返回，因沿途地薄民穷，将士无所得，部队无所食，千里兴师，徒劳而返，必将名利俱失。但是，若兵马深入明境，抢劫一番，却又苦于师出无名，不敢贸然行事，真是计无所出。

于是皇太极让范文程等献计。

范文程认为，唯有深入，方为上策，但必须以“议和”来当幌子。他进而解释道：“可先写信与明朝近边地方官员，要求议和，并限住日期，立候结局，谅南朝皇帝，人多嘴多，近边官员也不敢担当，届时便可借为口实，为所欲为。”

皇太极如茅塞顿开，立即采纳了他的计谋。一方面致书明大同、阳和、宣府等地官员，要求议和，并以 10 日为限；另一方面挥师直奔宣府、张家口，沿路纵兵掠民，满载而返。

结果，正如范文程所预料的那样，直至清军劫掠而去，“议和”的协定尚未及回复上报。

1642 年，明朝大将洪承畴在松山战败被俘。皇太极爱才，欲招降为其效力。派诸多人前去劝降，但洪承畴誓死不降，骂不绝口，令众

人无可奈何。

于是，皇太极又派范文程前去试试。

范文程见到洪承畴，一句不提投降之事，只与洪承畴天南海北、谈古道今地闲聊。其间，房梁上有积尘溅落在洪承畴的衣襟上，洪承畴好几次用手轻轻弹掉。

这个下意识的小动作，一般人谁也不会留意的，但范文程敏锐地观察到后，露出了宽慰的自信。他向皇太极献计："洪承畴根本不想死，他对身上穿的破衣服都能爱惜，何况自己的身家性命！"他鼓励皇太极不要灰心，只要耐心地等待和劝说，洪承畴定会被说降的。

果不其然，经过范文程等人耐心而巧妙的游说，一向信誓旦旦，要以死报国的洪承畴终于投降了。

1644年，清王朝拟再度伐明，但对这次出征要达到什么战略目标并不明确，对是否入关也犹豫不决。

正在举棋不定时，范文程提出："明朝覆亡，已是无可挽回的趋势，与秦朝的灭亡一样。现在机会难得，稍纵即逝，要当机立断，果敢地挥军入关，挺进中原抢夺明朝天下。"

以往清军也曾数度入关，但主要是为了掠夺。上至将帅，下至兵卒，烧杀掳掠，无所不为。但对此次入关，范文程特别强调，要一改昔日掳杀传统，必须申严纪律、秋毫勿犯，以使中原地区百姓，向风归顺。

同年，清军进军北京。当得知崇祯皇帝已自缢的消息后，为了迅速稳定政局，安抚民心，范文程建议采取以下政举和措施：

> 宣布为崇祯帝发丧3日；起草檄文，自称为"义师"，打出为大明臣民"复君父仇"的旗号，把矛头转向李自成等农民军，这不仅为清军入京找到了堂皇的借口，又最大限度地减少大明军民的抵抗；各衙门官员俱照录用，在京内阁、六部、都察院等官员同满官一体办事等。

由于范文程采取了恰当的对策，为清政权在北京的建立奠定了基础。同时，也越发显出范文程在政治上和军事上超乎群雄的显赫地位和作用。

俗话说“树大招风”。随着范文程地位的上升，声望过隆，引起了清统治集团内部一些贵族官员的忌妒和不满。一向好独秉大权的多尔衮也在许多政策及用人等问题上与范文程发生分歧。

1645年，多尔衮以国家事务各有专属，范文程素有疾病，不宜过劳等借口，开始限制和削弱他的权力。随后，又因甘肃巡抚黄图安呈请终养问题，范文程被多尔衮以擅自辅政为由，下法司勘问。

虽然这次没有罢他的官，但范文程已深知自己的处境和今后该怎样处理与多尔衮的微妙关系了。他处处小心从事，既不使自己冒尖，更不干出风头、授人以柄之事，免遭不测。

1648年，独断专行的多尔衮由于贵族内部权力争斗的需要，清除了肃亲王豪格。

在此前后，多尔衮曾多次命其亲信大学士刚林、祁充格同范文程一起删改太祖实录。范文程深知此事关系重大，处理不好将殃及安危，但他又不能违命不从。于是便托词养病，闭门不出，采取软拖的办法，以免遗患未来。

1650年，多尔衮病死。翌年初，多尔衮被指控生前有谋逆行为，依附多尔衮的刚林、祁充格等人，被控犯有“妄改太祖实录”之罪而被杀。范文程虽也参与此事，但因既非多尔衮一党，又未留下把柄，仅被处以革职留任，不久又官复原职。

就这样，范文程不仅机智地避开了一场政治争斗，而且又很快地得到新主福临帝的信任和重用。至1652年，范文程官升至议政大臣，这是此前所有汉人从未得到过的宠遇。

1653年，福临为治理好国家，整顿朝纲，特请范文程研究治国安邦之道。范文程坦诚地说：“大凡行善合天者，必君明臣良，交相释回，始克荷天庥而济国事。若人主愎谏自用，谁复进言？”

范文程的这番话，实际上是要福临以过去多尔衮独专朝政而引发

内部派斗为教训，要善纳群言，能听进不同意见，才能使君主的决策能顺乎民心民意，合乎潮流。

在此之后，范文程又提出了兴屯田，招抚流民；举人才，不论满汉新旧，不拘资格大小，不避亲疏恩怨等重要建议，多被采纳并实行。不仅如此，他还对朝中那些敢于直言不苟、秉公不阿的臣僚给以爱护。

1654年，范文程进升少保兼太子太保。但他此时已年老体衰，力不从心，多次上书请求修养。福临不愿失去这样一位杰出谋士和得力助手，命他暂不到任，待病稍愈，立即前来就职。此外，福临还特别加封范文程太傅兼太子太师。

然而，明智而又深谋远虑的范文程，就此谢政隐退，安度晚年。1657年，福临又给范文程加官一级，并将他的画像收藏在皇宫之内。

1666年，范文程去世。后来，康熙帝玄烨亲笔书写的祠堂匾额说他有“元辅高风”。

近代第一人臣林则徐

林则徐自幼勤奋好学。他14岁中秀才，19岁中举人，21岁被聘到厦门任海防同知书记，22岁被聘为福建巡抚张师诚的幕僚。林则徐在27时岁考中进士后，从此步入仕途。

林则徐的仕途很顺畅，在鸦片战争之前，先是任翰林院编修，利用这里藏书丰富，人才荟萃的有利条件，刻苦学习，进一步充实自己。后历任两浙盐运使、江苏巡抚、湖广总督等职。在职内，他一心为民，在兴办河工、治理漕运、兴屯垦田等方面都做了大量工作，很受当地人民群众爱戴。

在1837年至1838年间，鸦片就像洪水一样涌进我国。鸦片是一种有强烈麻醉性的毒品，被当时的英国商人输入我国后，既毒害了我国人，又给清朝的财政造成了很大损失。

林则徐深知鸦片的危害，他在任湖广总督期间，查获了近5000支

烟枪，当众刀劈火烧，收缴了大量鸦片，仅阳县就缴获鸦片一两万千克。

为了帮助吸食者戒烟，林则徐提出了6条禁止鸦片的办法，如配制断瘾丸，强迫吸食者戒绝，大举搜查烟枪、土膏等，使许多吸毒者戒除了烟瘾。

为了禁烟，林则徐还上书道光皇帝主张禁烟。他在奏书中尖锐指出鸦片的危害，无情地揭露了鸦片受贿集团和吸食者的关系。

道光皇帝看了奏章后，他用笔在上面加了圈。他感到问题的严重：军队是坐天下的命根子，军饷是维持统治的基础。如果基础不牢靠，那是不堪设想的事。为了维持自己的统治，道光皇帝同意了林则徐禁烟的主张。

1838年，道光皇帝下令召见林则徐进京商议禁烟对策。同年11月15日，道光皇帝任命林则徐为钦差大臣，节制广东水师，前往广东查禁鸦片。

林则徐深知这次去广州是冒着很大的风险的，但他向自己的师友表示，自己的“祸福死生，早已置之度外”，要尽一切努力，除掉鸦片这一毒患。

林则徐来到广州后，看到街头上，一些骨瘦如柴、脸色黑灰的“大烟鬼”，有气无力地缩身在墙角里，不住地打着哈欠，鼻涕眼泪一齐往外流。那些商贩守着店铺货摊，却无人来买。

身穿便服进行私访的林则徐看到这令人心酸的情形，心里非常激动。他觉得要想彻底禁烟，非得先从内部整顿不可，一定查出并严办那些走私鸦片的汉奸和贪官，让老百姓的精神振奋起来。

于是，林则徐用种种办法，终于查清了走私鸦片的情况，严惩了一些违法官兵和烟贩子。然后，他发出了通告。

其主要内容是：

> 一切外国商人必须在3天内缴出全部鸦片，并写出永远不再贩运鸦片的保证书。今后如再查出鸦片，按犯罪论处，货物没收，犯人处死。

林则徐宣布的3天期限已到，但目中无人的外国烟贩却拒绝交出鸦片。这时，林则徐下令传讯英国的大烟贩颠地，开始和外国侵略者展开了直接的斗争。

英驻华商务监督义律从澳门赶到广州，把颠地藏到商馆保护起来。林则徐闻讯后，立即命令中国军队包围了英国商馆，并下令暂停中英贸易，以示警告。

由于林则徐采取了坚决措施，200多名英国商人终于被迫交出了20283箱鸦片。当时，美国在广州的商人也被迫交出了1540箱鸦片烟。

面对这么多鸦片，林则徐决定在虎门海滩当众销毁。他叫士兵在海滩上挖了两个方形的大池子，都有15丈见方，叫销烟池。池的前边挖有涵洞，后边连水沟。销烟前，先把水从沟里引进池里，再制成卤水。

1839年6月3日，林则徐率领广东各级军政官员，来到虎门海滩边的高岗上，亲自指挥和监督销毁鸦片。这天，天气十分晴朗。成千上万的群众闻讯赶来，海滩周围人山人海。

销烟开始了。

一队队打着赤膊的工人和士兵们把鸦片箱子抬来，用斧头劈开，将鸦片切成碎块投入蓄有卤水的销烟池里。销烟池上搭着木板，站在木板上的工人和士兵，把早已准备好的石灰用铁锹撒入池内，还用力地搅拌着。

不一会儿，池里的卤水和鸦片翻滚起来，烟油上冒，烟渣下沉，

一股浓烟冲天而起，直上云霄，霎时间弥漫了海滩的上空。

虎门海滩销烟连续进行了23天，到6月25日止，林则徐将收缴的230多万斤鸦片全部销毁。面对这一场面，海滩周围万众欢腾，无不称快。

虎门销烟是中国禁烟运动的一个伟大胜利，它打击了外国侵略者的气焰，鼓舞了中国人民的斗志，它向全世界表明了中国人民清除烟毒、反抗外国侵略和维护民族尊严的坚强决心。虎门销烟成为中国人民反帝斗争的伟大起点，林则徐受到中国人民的敬仰。

虎门销烟之后，林则徐估计到禁烟可能会引发英军侵略我国，便积极备战，筹备海防，准备迎敌。

他一面请求朝廷加强海防，各海口派精兵严守；一面亲自察看海口，修筑工事，添置武器，整顿水陆官兵。他倡导由民间自行团练，以保住村庄，又招募水勇，协助水师抗敌，号召民众参战。

与此同时，林则徐冷静分析了中英双方情况，提出了坚守炮台，以守为战；信任群众，利用民力的战术。在林则徐的鼓舞下，广东人民个个摩拳擦掌，随时准备战斗。

1840年6月，英军果然开始发起进攻。当时的英国政府派出48艘军舰，由懿律和义律率领海陆军4000人到了广州的海面上，此时又增加到海陆军1万人。但是他们万万没有想到，还没登陆就遭到中国军民的痛击。

我国军队和渔民趁着潮退，乘着小船搜查到他们，用火箭、火罐和喷筒等武器主动进攻，烧毁了英军不少船只。

从此，英军不敢在海岸附近停留，成天在海面上游弋，得不到淡水，只能用布帆兜接雨水救急，后来连食物来源也发生了困难。

英军在广州附近站不住脚，便沿海岸往北进攻，想寻找一个突破口。

道光皇帝和清朝政府并没有做打仗的准备，当英军攻陷舟山群岛的定海，又北上到达天津的白河口的时候，他们就吓慌了。

本来就反对禁烟的那些大臣趁机向皇帝告林则徐的状，说是他禁

烟失当，得罪了洋人，要让英军撤退，一定要惩办林则徐。

道光皇帝以“误国病民，办理不善”的罪名，于1840年10月将林则徐等人革职查办。

1841年3月初，林则徐前往浙江镇海听候谕旨。广州各界人士怀着极其惋惜的心情，纷纷赶来为林则徐送行。林则徐无限伤感地离开了广州。不久，道光皇帝下旨将林则徐遣戍新疆伊犁。

1841年8月，林则徐挥泪北上伊犁。

1842年12月，林则徐到达伊犁。除夕之夜，人们都在辞旧迎新，而林则徐却心潮起伏，思绪万千，他非常担心祖国的前途。

林则徐在新疆，不忘边防。他行程1.5万多千米，历经8城，倡导开发荒地。兴修水利，实行屯田。

林则徐在新疆推广的坎儿井，当地人称为“林公井”。对开发边疆、改善人民生活发挥了很大作用。

1850年11月，林则徐又被重新起用为钦差大臣，赴广西执行任务。不想在赴广西途中，他病逝于潮州普宁县，终年66岁。

中兴名臣曾国藩

曾国藩出生于清代一个地主家庭，自幼勤奋好学。6岁入塾读书。8岁能读八股文、诵五经。14岁能读《周礼》《史记》文选，同年参加长沙的童子试，成绩列为优等。此后，中进士、入翰林，又历礼部等各部侍郎。

1852年，曾国藩前往江西，主持乡试。但当他南下时，其母逝世，遂获准还乡，丁忧守制。

1853年初，太平军从广西迅速向湖南进军，直逼南京。咸丰帝命令吏部左侍郎曾国藩“帮同办理本省团练乡民搜查土匪诸事务”。从这个时候开始，曾国藩弃文就武。

曾国藩从办团练开始，创立湘军。他依靠师徒、亲戚、好友等复

杂的人际关系，以湖南同乡为主，仿效已经成军的楚勇，建立了一支地方团练，并整合湖南各地武装，称湘军。湘军分陆军、水师两种，士兵则招募以湘乡一带农民为主，薪俸是一般绿营的3倍左右，全军只服从曾国藩一人。

1853年8月，曾国藩获准在衡州练兵，凡是枪炮刀锚的模式，帆樯桨橹的位置，他无不亲自演试，殚思极虑。他还派人赴广东购买西洋火炮，筹建水师。

1854年，曾国藩率师出征，不久在靖港水战中被太平军击败，投水自尽，被部下所救。休整后，重整旗鼓，当年攻占岳州、武昌。咸丰帝大喜过望，令曾国藩署理湖北巡抚。然而，朝廷中有人谗言，说曾国藩在湖南一呼百应，恐非国家之福。咸丰帝收回成命，仅赏曾国藩兵部侍郎头衔。

1864年7月，曾国藩、曾国荃兄弟率湘军破太平天国的天京，即今天的南京。朝廷加曾国藩太子太保、一等侯爵，曾国荃赏太子少保、一等伯爵。同年8月，曾国藩为避免朝廷怀疑，上奏请求裁军，朝廷准裁湘军2.5万人。

1865年5月，曾国藩奉命督办直隶、山东、河南三省军务，镇压捻军。他驻营徐州，先后采取重点设防、凭河筑墙、查办民圩的方略，准备在黄河、淮河之间，运河以西，沙河、贾鲁河以东的区域歼灭捻军。次年冬，清政府改派李鸿章接替，命曾国藩回两江总督本任。

曾国藩编练湘军，镇压了太平天国运动，打击了捻军势力，集中显示了他的军事思想的过人之处。其战略战术，很值得今人借鉴。

对曾国藩来说，有一件事不能回避，这就是他曾经在“天津教案”事件中声誉受损。客观地讲，当时曾国藩也只是秉承清王朝最高统治者的意志行事，接替他处理此事的李鸿章对最后判决比此前并无多大改变。

除了军事功劳和外交上的事务以外，曾国藩在洋务运动中的作用不可忽略。

在军事工业近代化方面，他率先筹设了安庆内军械所，这是我国的第一家近代军事工厂。虽然一开始只是一个手工作坊，但他们造出了我国第一艘轮船“黄鹄号”。

在民族工业近代化方面，曾国藩与学生李鸿章共同创办了江南机器制造局，办起了我国第一家大型使用机器生产的近代工厂，制造出我国的第一艘兵轮和第一台机床，炼制出我国第一磅近代火药和第一炉钢水，造就出我国一大批近代技术工人和一部分工程技术人员。因此，它是我国近代工矿企业的母厂，奠定了我国近代工业的基础。

在海军近代化方面，曾国藩从轮船的制造，到海军的建制，从水兵的招募与训练，到海军经费的筹集和水师章程的制定等，都做了许多的探索，以后海军的发展，基本是按曾国藩制定的蓝图进行的。

例如，江苏巡抚丁日昌当时提出在吴淞、天津和南澳建立三支外海水师的设想，当即就得到曾国藩的赞同和支持。曾国藩对我国海军建设的筹划与支持，促进了我国近代海军的形成和发展，促进了我国海军的近代化。

此外，曾国藩还派幼童到美国留学，揭开了我国向西方派遣留学生的历史。此举推动了我国的对外开放、中西文化交流，促进了我国教育的近代化，以及新式知识分子队伍的形成。

曾国藩的人格修炼堪称无与伦比。

第一是诚，为人表里一致，一切都可以公之于世；第二是敬，敬畏，内心不存邪念，持身端庄严肃有威仪；第三是静，心、气、神、体都要处于安宁放松的状态；第四是谨，不说大话、假话、空话，实实在在，有一是一，有二是二；第五是恒，生活有规律、饮食有节、

起居有常。

曾国藩的人格修炼不仅对他的事业有帮助，也使他身边汇聚了各路才俊，如左宗棠、李鸿章等。他的人格还体现在对家人的关怀和教导上。

众所周知的“曾国藩家书”，已经成为当前的热门话题。曾国藩的人格魅力也对后世的影响也非常之大，以至于使他成为深刻影响数代人的精神偶像。

曾国藩还是个文学家。他承桐城派方苞、姚鼐而自立风格，创立晚清古文的“湘乡派”。

他论古文，讲求声调铿锵，以包蕴不尽为能事。他所做古文，深宏骏迈，能运以汉赋气象，有一种雄奇瑰玮的意境，能一振桐城派枯淡之弊，为后世所赞。

曾国藩宗法桐城，但有所变化、发展，又选编了一部《经史百家杂钞》以作为文的典范，世称“湘乡派”。清末及民初严复、林纾，以至谭嗣同、梁启超等均受他文风影响。

曾国藩著有《求阙斋文集》《诗集》《读书录》《日记》《奏议》《家书》《家训》及《经史百家杂钞》《十八家诗钞》等，不下百数十卷，《曾文正公全集》，传于世。另著有《为学之道》《五箴》等著作。

1872 年 3 月 20 日，曾国藩因病在南京逝世。朝廷赠与太傅，谥号“文正”。

躬行君子，吾未之有

子曰："文，莫①吾犹人也。躬行君子，则吾未之有得。"

子曰："若圣与仁，则吾岂敢？抑②为之③不厌，诲人不倦，则可谓云尔已矣。"公西华曰："正唯弟子不能学也。"

子疾病④，子路请祷⑤。子曰："有诸⑥？"子路对曰："有之。《诔》⑦曰：'祷尔于上下神祇⑧。'"子曰："丘之祷久矣。"

【注释】

①莫：约莫、大概、差不多。

②抑：折的语气词，"只不过是"的意思。

③为之：指圣与仁。

④疾病：疾指有病，病指病情严重。

⑤请祷：向鬼神请求和祷告，即祈祷。

⑥有诸：有这样的事吗。

⑦《诔》：祈祷文。

⑧神祇：古代称天神为神，地神为祇。

【解释】

孔子说："就书本知识来说，大约我和别人差不多，做一个身体力行的君子，那我还没有做到。"

孔子说："如果说到圣与仁，那我怎么敢当！不过努力而不感厌烦地做，教诲别人不感觉疲倦，则可以这样说。"公西华说："这正是我们学不到的。"

孔子病情严重，子路向鬼神祈祷。孔子说："有这回事吗？"子路

说："有的。《诔》文上说：'为你向天地神灵祈祷。'"孔子说："我祈祷很久了。"

【故事】

兵学鼻祖孙武

孙武原来是齐国人，由于避难到了吴国。为了施展生平所学，他拿着自己所著的兵书，去求见吴王阖闾，让自己领兵打仗。阖闾想要伐楚，正需要孙武这样的人才，再加上有伍子胥的推荐，于是就接见了孙武。

阖闾和孙武进行了深入的交流，觉得孙武是个难得的人才，最后正式任命孙武为大将。在孙武的严格训练下，吴军的军事素质有了明显的提高。

公元前512年，吴王阖闾、吴国大夫伍子胥和上任不久的大将孙武，指挥吴军攻克了楚的属国钟吾国、舒国。

这时，阖闾想要攻克楚都郢，孙武认为这样做不妥，便进言道："楚军是一支劲旅，非钟吾国和舒国可比。我军已连灭两国，现在人疲马乏，军资消耗很大，不如收兵，蓄精养锐，再等良机。"

吴王听从了孙武的劝告，下令班师。

伍子胥也完全同意孙武的主张，并向阖闾献策说："人马疲劳，不宜远征。不过，我们也可以设法使楚人疲困。"

于是伍子胥和孙武共同商定了一套扰楚、疲楚的计策，对楚国进行轮番袭击。弄得楚国连年应付吴军，人力物力都被大量耗费，国内十分空虚，属国纷纷叛离。吴国却从轮番进攻中抢掠不少，在与楚国对峙中完全占据上风。

公元前506年，楚国攻打已经归附吴国的蔡国，这便给了吴军伐楚的借口。阖闾和伍子胥、孙武指挥训练有素的3万名精兵，乘坐战船，直趋蔡国与楚国交战。

楚军见吴军来势凶猛，不得不放弃对蔡国的围攻，收缩部队，调集主力，以汭水为界，加紧设防，抗击吴军的进攻。

不料孙武突然改变了沿淮河进军的路线，放弃战船，改从陆路进攻，直插楚国纵深。

伍子胥问道："吴军习水性，善水战，为何改从陆路进军呢？"

孙武告诉他说："用兵作战，最贵神速。应当走别人料想不到的路，以便打它个措手不及。逆水行舟，速度迟缓，楚军必然乘机加强防备，那就很难破敌了。"

就这样，孙武在3万名精兵中选择了强壮敏捷的3500名为前阵，身穿坚甲，手执利器，连连大败楚军，随后攻入楚国的国都郢。

孙武以3万名军队攻击楚国的20万大军，获得全胜，创造了以少胜多的光辉战例。

然而，这时越国乘吴军伐楚之机进攻吴国，秦国又出兵帮助楚国对付吴军，这样，阖闾不得不引兵返吴。此后，吴又继续伐楚，楚为避免亡国被迫迁都。

孙武在帮助阖闾西破强楚的同时，还计划征服越国。只是当时时机未到，正在抓紧准备。

公元前496年，阖闾不听孙武等人的劝告，不等准备工作全部就绪，就仓促出兵想要击败越国。不料，勾践主动迎战，施展巧计，把吴军杀得大败，吴军仓皇败退。

阖闾也被越大夫灵姑浮挥戈斩落了脚趾，身受重伤，在败退途中，死在陉地。后葬苏州虎丘山。

阖闾去世后，由太子夫差继承王位，孙武和伍子胥整顿军备，以辅佐夫差完成报仇雪耻大业。

公元前494年春天，勾践调集军队从水上向吴国进发，夫差率10万名精兵迎战于夫椒。

在孙武、伍子胥的策划下，吴军大败越军。勾践只得向吴屈辱求和，夫差不听伍子胥劝阻，同意了勾践的求和要求。

吴国的争霸活动在南方地区取得胜利后，便向北方中原地区进逼。公元前485年，夫差联合鲁国，大败齐军。

公元前482年，孙武随同夫差又率领着数万名精兵，由水路北上到达黄池，与晋、鲁等诸侯国君会盟。吴王夫差在这次盟会上，以强大的军事力量为后盾，争得霸主的地位。

孙武精心训练军队和制定军事谋略，对夫差建立霸业做出了巨大贡献。

随着吴国霸业的蒸蒸日上，夫差渐渐自以为是，不再像以前那样励精图治，对孙武、伍子胥这些功臣不再那么重视，反而重用奸臣伯嚭。

与此同时，越王勾践为了消沉吴王斗志、迷惑夫差，达到灭吴目的，一方面自己亲侍吴王，卧薪尝胆；一方面选送美女西施入吴。

西施入吴后，夫差大兴土木，建筑姑苏台，日日饮酒，夜夜笙歌，沉醉于酒色之中。

孙武、伍子胥一致认为，勾践被迫求和，一定还会想办法伺机报复，故必须彻底灭掉越国，绝不能姑息养奸，留下后患。但夫差听了奸臣的挑拨，不理睬孙武、伍子胥的苦谏。

由于伍子胥一再进谏，夫差大怒，制造借口逼其自尽。伍子胥自尽后，夫差又命人将他的尸体装在一只皮袋里，扔到江中，不给安葬。

伍子胥的死，给了孙武一个沉重的打击。他的心完全冷了。他意识到吴国已经不可救药。孙武深知“飞鸟尽，良弓藏；狡兔死，走狗烹”的道理，于是便悄然归隐。

隐居吴都郊外的孙武由此更加看清自己的前途，他在隐居之地，

一边灌园耕种，一边写作兵法，终于完成了兵法 13 篇。

孙武死后，他的后世子孙孙膑把孙武的用兵思想广为传播并发扬光大。

兵家用兵神将吴起

吴起是战国时期卫国人，他为了有所建树，曾经在鲁国拜孔子的徒孙曾申为师，后来又去魏国拜“孔门十哲”之一的子夏为师。

吴起在鲁国时，齐国于公元前 412 年进攻鲁国，鲁穆公想用吴起为将，但因为吴起的妻子是齐国人，对他有所怀疑。吴起由于渴望当将领成就功名，杀了自己的妻子，表示不倾向齐国，史称“杀妻求将”。鲁穆公终于任命他为将军。

吴起治军严于己而宽于人，与士卒同甘共苦，因而军士皆能效死从命。

吴起在奉命率军与齐国作战时，他率领军队到达前线后，没有立即同齐军开仗，表示愿与齐军谈判，先向对方示弱，以老弱之卒驻守中军，给对方造成一种弱势和胆怯的假象，用以麻痹齐军将士。

齐军见状，就放松了警惕。没想到，吴起出其不意，以精壮之军突然向齐军发起猛攻。齐军仓促应战，一触即溃，伤亡过半。鲁军大获全胜。

吴起战场胜利，获得了鲁穆公的高度重视，认为吴起的才干非常高。

吴起得势引起鲁国群臣的非议，一时流言四起。

有些人在鲁穆公面前中伤吴起说：“吴起是个残暴无情的人。他小时候，家资尚可，但他想当官，从事游说活动没有成功，以致家庭破产。

“乡邻都耻笑他，吴起就杀了30多个诽谤他的人，逃出卫国而东去。现在，鲁君对他有怀疑，他就杀了自己的妻子以争取做将军。

“鲁国是个小国，一旦有了战胜的名声，就会引起各国都来图谋鲁国了。而且鲁国和卫国是兄弟国家，鲁君用吴起，就是抛弃了卫国。”

鲁穆公听信了谗言，就对吴起产生了疑虑，最后辞退了吴起。

吴起离开鲁国后，听说魏文侯很贤明，想去凭本事游说他。

文侯问大臣李悝说：“吴起为人如何？”

李悝说：“吴起贪图荣名，但他用兵，连司马穰苴也不能超过他。”

魏文侯任命吴起为将军。吴起率军攻打秦国，只一战，就连续攻克秦国五座城邑。

魏文侯因吴起善于用兵，廉洁而公平，能得到士卒的拥护，就任命他为西河一带的守将，抗拒秦国和韩国。

公元前409年，吴起攻取秦河西地区的两座城池并加以维修。次年，攻取秦的西河属地多处，置西河郡，任西河郡守。

这一时期，吴起曾与诸侯大战76次，全胜64次，开拓领地上千里。特别是阴晋之战，使魏国成为战国初期的强大的诸侯国。

吴起镇守西河期间，强调兵不在多而在于“治”。他首创考选士卒之法：凡能身着全副甲胄，执12石之弩，背负矢50个，荷戈带剑，携3天口粮，在半日内跑完百里者，即可入选为“武卒”，免除其全家的徭赋和田宅租税。

选定“武卒”后，吴起又对他们进行严格训练，使之成为魏国的精兵之师。在训练中，他主张严刑明赏、教戒为先，认为若法令不明，赏罚不信，虽有百万之军也无益。

吴起做将军时，和最下层的士卒同衣同食。睡觉时不铺席子，行军时不骑马坐车，亲自背干粮，和士卒共担劳苦。

士卒中有个人生疮，吴起就用嘴为他吸脓。这个士卒的母亲知道这事后大哭起来。

别人说："你儿子是个士卒，而将军亲自为他吸取疮上的脓，你为什么还要哭呢？"

母亲说："往年吴公为他父亲吸过疮上的脓，他父亲作战时就一往无前地拼命，所以就战死了。现在吴公又为我儿子吸疮上的脓，我不知他又将死到那里了，所以我哭。"

魏文侯死后，吴起继续效力于他儿子魏武侯。武侯曾与吴起一起乘船顺西河而下，船到中流，武侯说："这么壮美的山河又能如此险要，这是魏国的宝贝啊！"

吴起对他说："国家最宝贵的是君主的德行，而不在于地形的险要。治理国家在于君主的德行，而不在于地形的险要。如果君主不讲德行，就是一艘船中的人也都会成为敌国的人。"

吴起又说了夏桀、商汤虽固守险地，因不施仁政最后被灭的例子，武侯听后很是赞同。

吴起任西河的守将威信很高，自然引起一些人的嫉妒。以前对吴起畏忌的公叔任相后，便想害吴起。

公叔有个仆人很有鬼点子，他知道公叔想除掉吴起，就说："吴起很容易除掉。"

公叔说："怎么办？"

仆人说："吴起为人有节操，廉洁而重视声誉，你可以先向武侯说：'吴起是个贤明的人，我们魏国属于侯一级的小国，又和强秦接壤，据我看，恐怕吴起不想长期留在魏国。'武侯必然要问：'那怎么办呢？'你就乘机向武侯说：'君侯可以把一位公主许配给吴起，他如果愿意留在魏国就必定欣然接受，如果不愿意留在魏国就必然辞谢。以此就可以探测他的想法了。'

"然后你再亲自把吴起邀到你的府上，使公主故意发怒而轻慢你。吴起看见公主那样轻贱你，他想到自己也会被轻贱，就会辞而不受。"

公叔照计行事，吴起果然看见公主轻慢魏相就辞谢了武侯。武侯因而对吴起有所怀疑了。吴起害怕武侯降罪，于是离开魏国到楚国去了。

楚悼王平素听说吴起很能干，吴起一到楚国就被任为相。吴起严明法令，撤去不急需的官吏，王室家族非直系者也一律停用。节省下来的预算分配给士兵，增加士兵人数。

楚国的军队加强了，吴起就率军四面出击，南面平定了百越；北面兼并了陈国和蔡国，并击退了韩、赵、魏的扩张；向西征伐了秦国。扩大了领地，增强了国力。

楚悼王非常地高兴，把一切政事都交给吴起处理。

吴起实行的改革，打破了皇孙、贵族及一些官吏养尊处优、骄横跋扈的局面，因此他们对吴起恨之入骨。楚悼王却在这时一病不起，很快去世。

公元前381年，那些仇视吴起的人趁机叛乱，杀进宫来。吴起见难以逃命，就趴在楚悼王尸体上不起来。叛军一阵急箭，将吴起活活射死，但也有不少箭射到了楚王身上。

楚悼王的儿子戚即位，这就是楚肃王。他认为射杀父王的尸体是大逆不道的，于是就追究作乱之人的责任，杀了叛乱之人为吴起报了仇。后人都称赞吴起的智慧，认为他死后还能为自己报仇。

吴起在指导战争方面积累了丰富的经验，他把这些经验深化为军事理论。《汉书·艺文志》著录《吴起》48篇，已佚，今本《吴子》6篇包括《图国》《料敌》《治兵》《论将》《变化》《励士》，是后人所托。

《吴子》的主要谋略思想是"内修文德，外治武备"。这些军事思想和战争谋略，对后世产生了深远的影响。

赫赫杰出战神白起

公元前294年，秦昭襄王任命白起为左庶长，率军攻打韩国的新城。第二年，白起升任左更并出任主将。同年，韩、魏两国联军进驻伊阙与秦军对峙。

在抗击韩、魏两国联军的战争中，秦国方面兵力不及韩、魏联军的一半。联军方面韩军势单力薄，希望魏军主动进攻，而魏军倚仗韩军精锐，想让韩军打头阵。

秦军主将白起利用韩、魏两国联军想保存实力、互相推诿、不肯先战的弱点，先设疑兵牵制韩军主力，然后集中兵力出其不意猛攻魏军。

魏军的战败，致使韩军溃败而逃。秦军乘胜追击，取得大胜。

在伊阙之战，秦军共斩首 24 万，占领 5 座城池。魏军主将公孙喜被俘后遭处决。白起因功升任国尉。

稍后，白起趁韩、魏两国在伊阙之战惨败之机，率兵渡过黄河，夺取了安邑至干河的大片土地。

公元前 292 年，白起升任大良造，率军攻打魏国，夺取魏城；攻下垣邑，但没有占领。

公元前 291 年，白起率军攻打韩国，夺取了宛、叶。公元前 289 年，白起率军夺取了蒲阪、皮氏等魏国大小城池 61 座。

公元前 282 年，白起率军攻打赵国，夺取了兹氏和祁。次年，又夺取了蔺和离石。

公元前 280 年，白起再次攻打赵国，夺取了代和光狼城。

这时，白起在分析了秦楚两国形势后，决定采取直接进攻楚国统治中心地区的战略，于公元前 279 年率军沿汉水东下，攻取沿岸重镇。

白起命秦军拆除桥梁，烧毁船只，自断归路，以此表示决一死战的信心，并在沿途寻找食物，补充军粮。而楚军因在本土作战，将士只关心自己的家庭，没有斗志，因而无法抵挡秦军的猛攻，节节败退。

秦军长驱直入，迅速攻取汉水流域要地邓城，直抵楚国别都鄢城。鄢城距离楚国国都郢很近，楚国集结重兵于此，阻止秦军南下。

就在秦军久攻不下之时，白起利用蛮河河水从西山长谷自城西流向城东的有利条件，在鄢城一里处筑堤蓄水，修筑长渠直达鄢城，然后开渠灌城。经河水浸泡的鄢城东北角溃破，城中军民淹死数十万人。

攻克邓、鄢城后，白起又率军攻占西陵。随后不久，白起随秦昭襄王参加了渑池之会。

公元前 278 年，白起再次出兵攻打楚国，攻陷楚国国都郢，烧毁其先王陵墓夷陵，向东进兵至竟陵，楚顷襄王被迫迁都于陈。

此战秦国占领了楚国洞庭湖周围的水泽地带、长江以南以及北到安陆的大片土地，并在此设立南郡。白起因功受封为武安君。

公元前 277 年，秦昭襄王任命白起为主将、蜀郡郡守张若为副将，夺取了楚国的巫郡和黔中郡。在春申君的调解下，秦昭襄王才与楚国结盟休战。

公元前 262 年，秦军向东进攻，赵王派老将廉颇镇守长平。秦军不断挑战，廉颇坚守不出，双方长久相持。秦军散布廉颇要谋反的谣言，目的是让赵王换掉廉颇。赵王果然上当，派赵括来代替廉颇。

赵括只懂得纸上谈兵，没有多少实战的经验，轻敌出击。秦国大将领白起设伏兵包围赵括军队，并截断赵军粮道。秦昭襄王亲至河内，悉发成年男子到长平助战。赵军被围困 46 天，粮草断绝，拼死突围，赵括被射死，白起坑杀赵降兵 40 余万。

这场战争由于秦取得全胜，由其统一的形势已不可逆转，从此急

转直下。长平之役，标志着以列国林立、兼并战争频仍为时代特征的战国一代行将终结，一个史无前例的中央集权大帝国就要来临了。

后来，白起因主张放弃攻打赵国，与秦昭襄王意见相左。秦昭襄王不听从白起的劝告，于公元前258年派兵攻打邯郸。赵国军民奋起反抗，秦军主将阵亡，最后也没有取得什么成果。

此时，秦昭襄王又派人动员白起说："现在赵国士兵死于长平之战的有十分之七八，赵国虚弱，希望您能领兵出战，一定能消灭赵国。您以少敌多，都能大获全胜，更何况现在是以强攻弱，以多攻少呢？"

白起说："秦国在长平大败赵军，不趁赵国恐慌时灭掉它，反而坐失良机，让赵国得到时间休养生息，恢复国力。现在赵国军民上下一心，上下协力。如果攻打赵国，赵国必定拼死坚守；如果向赵军挑战，他们必定不出战；包围其国都邯郸，必然不可能取胜；攻打赵国其他的城邑，必然不可能攻下；掠夺赵国的郊野，必然一无所获。我只看到攻打赵国的危害，没有看到有利之处。"白起从此称病不起。

秦昭襄王听到派去的人回来汇报，极为震怒，说："没有白起我就不能消灭赵国吗？"

于是发兵攻打赵国。结果秦军包围赵都邯郸八九个月，死伤人数很多，也没有攻下。

赵军不断派出轻兵锐卒，袭击秦军的后路，秦军损失很大。这时白起说："秦王不听我的意见，现在怎么样了？"

秦昭襄王得知后大怒，亲自去见白起，强迫他前去赴任。

白起叩头对秦王说："我知道出战不会取得成功，但可以免于获罪；不出战虽然没有罪过，却不免会被处死。希望大王能够接受我的建议，放弃攻打赵国，在国内养精蓄锐等待诸侯内部产生变故后再逐个击破。"

秦昭襄王听后转身而去。

秦昭襄王免去了白起的官爵，将其贬为普通士卒，命其离开咸阳。但白起患病，没有立即动身。过了3个月，前方秦军战败的消息接踵而来，秦昭襄王更加愤怒，于是驱逐白起。

白起走出咸阳西门10里，接到秦昭襄王派使者赐给他的一把剑，命他自尽。

白起仰天长叹道：“我到底有什么过错竟落得这般结果？”

过了一会儿又说，“我本来就该死。长平之战赵国投降的士兵有几十万人，我用欺诈之术把他们全都活埋了，这足够死罪了。”

白起随后自杀。白起被赐死后，秦国人都同情他有功无罪而死，大小城邑都祭祀他并自发在咸阳为其修建祠堂。至秦朝建立后，封其子白仲于太原，白起的后代子孙世代为太原人。

后人总结出白起作战有4个特点：一是不以攻城夺地为唯一目标，而是以歼敌有生力量作为主要目的的歼灭战思想，而且善于野战进攻，战必求歼。这是白起最为突出的特点。

二是为达到歼灭敌人的目的，强调对敌人穷追猛打，较孙武的“穷寇勿追”及商鞅的大战胜利后追残敌不过10里，显然前进一步。

三是重视野战筑垒工事，先诱敌军脱离设垒阵地，再在预期歼敌地区筑垒阻敌，并防其突围。此种以筑垒工事作为进攻辅助手段的作战指导思想，在当时是前所未有的。

四是精确进行战前料算，不论敌我双方军事、政治、国家态势甚至第三方采取的应对手段等皆有精确料算，无一不中，能未战即知胜败。故而司马迁称赞白起为“料敌合变，出奇无穷，声震天下”。

白起是我国历史上战功最辉煌的将军，战国时期最为显赫的大将，征战沙场35年。

《史记·范雎蔡泽列传》中说，因为白起的存在，六国不敢攻秦。一个将领到了这样的一种地步，这在战争史上是很少见的。他为秦国的统一大业立下了举世之功。

太史慈守信誉赴约

东汉时期的孙策，在神亭岭与一敌将太史慈相斗，最后还是双方

兵马上来把二人分别救了回去。

后来，在芜湖山中，孙策用埋伏的计策把太史慈抓获。他十分赞赏太史慈的武艺，就主动给太史慈松绑。太史慈十分感动，表示愿意投降。

太史慈向孙策说："我们那边已是士卒离心，如果四散去了，恐怕不好收复。我想回去把他们都招拢来，投到你的帐下效力，不知道你能不能相信我。"

孙策一听，站起来谢道："我怎么会不相信你呢，咱们以明天午时为期，到时我在辕门外等你就是了。"

不想太史慈一走，众人都担心起来。有人对孙策说："太史慈一去，恐怕不会再回来了。"

孙策摇头道："太史慈是青州名士，一贯重义气，绝不会欺骗我的。"

第二天，孙策带领众将来到辕门外，把一根竹竿立了起来，对众人说："我与太史慈约定是中午相会，你们看着竹竿的日影吧！"

刚好，竹竿的影子指到中午的时刻，太史慈领着兵马来了。众人一见，暗赞太史慈是个言而有信的君子。

廉范无私义薄云天

在儒家义利思想中，家庭和谐与为人民谋幸福是其重要的组成部分。一个人能够为此救危急，赴险厄，当属大义壮实。廉范就是这样的人。

廉范，东汉时期京兆杜陵人，是战国时期赵国将军廉颇的后人。他凡事以大义为重，无愧于先祖。

廉范 15 岁时，其父在巴蜀地区死于战乱。廉范惊闻噩耗，痛不欲生，他小小年纪就告别母亲，只身前往巴蜀去接父亲的灵柩。

蜀郡太守张穆，是廉范的祖父廉丹的老部下，听说了这件事，就

送给廉范许多财物。廉范没有接受父亲故友的赞助，决定背着灵柩徒步回乡。张穆就让自己的门客护送。

在途中，廉范所乘的船碰到礁石沉没，廉范抱着灵柩一起沉到水中。一船的人被廉范的孝心感动，忙用竹竿把他搭救上来，才幸免于死。

张穆听说以后，又派人骑着快马，带着先前送给廉范的财物去追赶，但廉范还是坚决推辞。张穆颇为感慨。

廉范背着父亲的灵柩回到故乡，安葬了父亲，又守孝3年。然后，前往京城拜师博士薛汉，进行学习。在薛汉门下，廉范学业日益精进，掌握了很多知识。当时的京兆、陇西两郡都请他做官，他热衷学业，就没有接受。

汉明帝初期，陇西太守邓融准备了一份厚礼，征聘廉范为功曹，但邓融忽遭上级审查。廉范知道邓融不好解脱，就暗自盘算，打算以自己的能力救他，于是托病离开了邓融。邓融不明缘由心中不免怨恨。

廉范离开邓融后到了洛阳，更名改姓，请求担任廷尉的狱卒。不久，邓融被押解到洛阳关在监狱，廉范于是得以在他身边侍奉，尽心尽力，非常勤劳。

邓融奇怪这个狱卒长得像廉范，于是试探着问道："你长得和我从前的一个部下很像。"

廉范为了掩饰，就故意提高声音斥责道："我看你是因为困窘看花眼了！"从此不再跟他说话。

廉范在邓融因病被押解出去养病时，就一直跟随着探视，找机会近前伺候。后来直至邓融病死，他都没有说明自己的真实身份，并亲自赶车送邓融的灵柩到他的家乡南阳，安葬完毕才离开。

廉范后来被征聘到公府，恰逢京城博士薛汉因为楚王的案子被判死罪，他的故人、门生都不敢探视。这时，廉范义无反顾，前去给自己的老师薛汉收殓尸体，妥为安葬。

这件事被公府官吏告诉了汉显宗皇帝，汉显宗大怒，召廉范入宫，质问并斥责他说："薛汉和楚王一同密谋，惑乱天下，你是朝廷的官员，不和朝廷保持一致，反而替罪犯收殓，为什么？"

廉范叩头说："我愚蠢粗鲁，认为薛汉等人都已认罪被处死，但实在忍不住师生的情谊，罪该万死，请皇上罚我吧！"

汉显宗怒气稍息，又问廉范说："你是廉颇的后代吗？和右将军廉褒、大司马廉丹有没有亲缘关系？"

廉范回答说："廉褒，是我的曾祖父；廉丹，是我的祖父。"

皇帝说："难怪你有胆子敢这么做！"并赏赐他。

不久，廉范被推荐为秀才，几个月后，升任为云中太守。恰逢匈奴大举进兵入关，烽火连天。按照旧例，敌人超过5000人，就应该写信给邻郡求救。部下们打算写信求救，廉范没有采纳，亲自率领士卒抵挡。

当时匈奴的兵力很多，廉范的军队首战不利。于是，廉范调整策略，决定智取。

这天傍晚，廉范让每个士兵各自绑两个火把，举在头上。一时间，军营中无数亮光闪烁，就像繁星。匈奴人远远看到火光很多，以为汉军援兵来了，大为震惊，准备逃跑。

廉范犒劳士兵，抓住战机，在早晨冲杀。匈奴兵自相践踏，损失惨重。从此，匈奴不敢再侵犯云中地区。

廉范后来历任武威、武都两郡的太守。他根据当地风俗，教化训导百姓，很有政绩。汉章帝初期，廉范改任蜀郡太守。蜀郡的人喜欢争论，好互相评论好坏。廉范不接受别人在他耳边说坏话，还常常用纯朴厚实的道德观念训导他们。

在当时，蜀郡很多地方的房屋之间很窄，从前的条令禁止百姓晚上活动，防止火灾，但是百姓偷偷地活动，火灾每天都会发生。于是，

廉范废除原来的法令，但严格要求百姓储存足够的水，以备火灾之用。百姓自由出入，感到比以前方便了很多。

廉范体察民情，治郡有方，老百姓就用《五绔歌》来歌颂他的功绩。歌中唱道："廉叔度，来何暮？不禁火，民安作。昔无襦，今五袴。"后一句的意思是，以前连短衣服都没有，现在连裤子都有五条了。可见人民富足。后来人们用《五绔歌》作为称颂地方官吏施行善政之词。

汉肃宗驾崩时，廉范到敬陵奔丧。当时庐江郡的官员严麟奉命吊丧，和廉范在路上相遇。严麟乘坐马车，路上泥水太深，马被陷死，严麟不能赶路。廉范马上命令跟随他的人下马，把马让给严麟，但没告诉严麟自己的姓名就走了。

严麟奔丧回来，想把马奉还，但不知道马是谁的，就沿路寻访。有人对严麟说："蜀郡太守廉范，喜欢帮助危难贫穷的人。皇帝驾崩，能够不辞劳苦去奔丧的，估计只有他了。"

严麟平时也听说过廉范的名声，听人这样一说，也确定就是廉范帮助了自己。于是牵着马登门拜访，归还马匹并深表感谢。

廉范一生都在边境做官，广泛开垦田地，囤积粮食财物，改善了当地人民的生活。他临终前留下遗嘱，把绝大部分家产送给了宗族和朋友。

廉范秉义而行，不计私利，确为君子之道。不仅在两汉时期树立了权衡义利的样板，博得了很响的义名，后世的人们提起廉范，也都佩服他的仁义精神。

君子坦荡荡

子曰："奢则不孙，俭则固；与其不孙也，宁固。"

子曰："君子坦荡荡①，小人长戚戚②。"

子曰："恭而无礼则劳，慎而无礼则葸③，勇而无礼则乱，直而无礼则绞④。君子笃⑤于亲，则民兴于仁，故旧不遗，则民不偷⑥。"

【注释】

①坦荡荡：心胸宽广、开阔。

②长戚戚：经常忧愁、烦恼的样子。

③葸：xǐ，拘谨，畏惧的样子。

④绞：说话尖刻，出口伤人。

⑤笃：厚待、真诚。

⑥偷：淡薄。

【解释】

孔子说："奢侈了就会越礼，节俭了就会寒酸。与其越礼，宁可寒酸。"

孔子说："君子心胸宽广，小人经常忧愁。"

孔子说："只是恭敬而不以礼来指导，就会劳倦；只是谨慎而不以礼来指导，就会畏缩拘谨；只是勇猛而不以礼来指导，就会说话尖刻。在上位的人如果厚待自己的亲属，老百姓当中就会兴起仁的风气；君子如果不遗弃老朋友，老百姓就不会对人冷漠无情了。"

【故事】

千古一帝秦始皇

公元前247年，秦庄襄王嬴楚去世，13岁的嬴政被立为秦王。在政权更迭之际，身居相位的吕不韦，竟然参与朝廷内部势力的叛乱活动，秦王政果断免去了他的相位，将他逐出封地，最后迫使他饮毒酒自杀。

秦王政是个有远大抱负的人，在做秦王之初，他就广纳人才，并积极听取他们的意见。比如他采纳了李斯“统一六国”的政治主张，又实行了张仪“连横”的外交策略。

由于秦王政采取了英明决策，秦国日渐强大，从此走上了吞并六国，统一天下的道路。

公元前227年，秦王嬴政派秦国战将王翦、辛胜大举进攻燕国，在易水之西打败了燕国代国联军。第二年，嬴政又征调大军支援王翦，打败了燕军，攻陷燕都蓟城，燕王逃向辽东。后被秦将李信追杀。此后，秦王嬴政又先后灭掉了魏国、楚国、齐国、燕国等六国，至公元前221年，秦王嬴政终于完成了统一大业。

秦王嬴政统一天下后，参照秦国以前的制度，在政治、经济、文化等领域实行全面改革。

秦国群臣认为秦王平定天下，功业空前，远超三皇五帝。嬴政也觉得自己功盖三皇五帝，决定从“三皇”“五帝”中各取一个字，取号为“皇帝”，其尊号为“秦皇”，因为他是第一位真正的皇帝，后人就称他为“秦始皇”。

秦始皇又采纳了李斯的意见，把天下划分为36郡，郡以下设县。

他又在中央朝廷里设置丞相、御史大夫、太尉、廷尉、治粟内史等重要的官职协助他治理国家。所有这些官员都归他任免和调动，一概不得世袭。国家政事，不论大小都由他决定。

秦始皇还把原六国的兵器全都收缴到京城咸阳来，回炉熔铸成12个大铜人和许多铜器，并把铜人和铜器立在咸阳宫殿前面的两边，象征着秦始皇灭亡六国统一中原。

秦始皇还以圆形方孔、每个重半两的钱作为全国统一的货币。他下令规定了统一的度量衡，如尺寸、升斗、斤两等。还下令统一文字，规定用一种叫作小篆的字体，作为全国统一使用的标准文字。通过统一文字，各地的文化交流就方便多了。

秦始皇统一天下之后，北方匈奴势力对秦王朝构成了严重威胁。为了保证中原地区的安定，秦始皇派遣大将蒙恬率兵30万，北攻匈奴，攻取了北方许多地方。并在北方设置了34个县。

公元前211年，秦始皇又从中原地区迁移3万多户人家到北方垦荒种植，推动了北方经济的发展，维护了边关的稳定。

接着，秦始皇便开始大范围地修筑长城。他在秦、赵、燕三国长城原有的基础上，加以连接和修补，构筑了西起陇西临洮和东至鸭绿江，长度达万余里的长城。这就是后来举世闻名的万里长城。

秦始皇总认为自己功盖三皇五帝，认为自己应该长生不老。所以，他不断地外出巡游，寻求能长生不老的仙药。

公元前210年，秦始皇开始了他的最后一次巡游。他从咸阳出发，首先来到南方的云梦一带，在九疑山祭祀了虞舜。然后便顺江东下，由丹阳登陆，来到钱塘，绕道120里渡江登上会稽山，在山上祭祀了大禹。

祭罢大禹，秦始皇在会稽山刻石留念，然后下山，经吴中北上。秦始皇一行从江乘渡江，一直沿着海边向北，又来到琅琊。他总想能在海边有所收获，遇见仙人或得到仙药，所以一直靠着海岸走，然而仍一无所获。

秦始皇求仙无望，便决定返回咸阳，在途中病倒了。

于是秦始皇和随从一路疾驰，准备赶回咸阳，不料到了沙丘，秦始皇就病逝了，终年50岁。

秦始皇统一天下，奠定了我国统一多民族中央集权国家的基本格局，对我国疆域的初步奠定和巩固发展国家的统一，以及形成以华夏族为主体的中华民族，起了重要作用。促进了我国历史上第一次民族大融合。第一次形成了真正意义上的中国。

王戎捉贼识苦李

王戎，西晋人，著名学者，是西晋著名的“竹林七贤”之一，曾任宰相。自幼勤奋好学，3岁捉贼，7岁识苦李，被人们称为神童。

王戎3岁那年，元宵节晚上，家人背着王戎去看花灯。大街小巷，到处挂着式样精巧、竞放异彩的灯笼。十字路口更是灯火辉煌，热闹非凡。在熙熙攘攘的人群中，家人背着小王戎看了很久才挤出人群。

小王戎看到家人背着他向一个僻静的小巷里走去，觉得很奇怪，低头一看，呀！背他的竟是一个陌生人！他想起父母说的有拐卖小孩的贼。心想这人定是个贼，趁看灯拥挤，人们不警惕，便把自己弄到他的背上。小王戎心里害怕，可是他没哭也没叫，不声不响地把自己小辫上的红头绳解下来，在贼的帽子上悄悄系好。等穿过小巷，到了另一条人多的街上，王戎就高喊起来：“快捉住他，他是贼！”那个贼吓了一跳，丢下王戎，钻进人群里逃跑了。

正在这时，几个巡夜的官兵来了。他们问王戎那个贼什么样子，王戎说：“我在那个贼的帽子上系了红头绳，快去捉他！”

王戎被送回家时，那个拐卖小孩的贼也被捉住了。

王戎7岁时，有一天，他和几个小伙伴到临沂城外去玩耍。此时正值农历六月，太阳热辣辣的，他们走了一段路，觉得都口干舌燥。突然，走在前面的一个伙伴高喊起来：“看，前面李子树上有李子！”

王戎抬头向前一看，果然在路旁有一株李树，树上结满了红色的李子，沉甸甸的李子把枝条都压弯了。

“快去摘李子吃啊！”伙伴欢呼着向李树奔去。

王戎站着没动。“快去摘李子吃啊！”有个伙伴拉了他一把。

“别高兴，那李子是苦的。”王戎说。

“胡说，你怎么知道的？”伙伴瞪了他一眼。

“因为……”王戎话未出口，那小伙伴也奔到李树下去摘李子了。

最先跑到李树下面的小孩，跳起来摘了一颗李子，忙塞进嘴里嚼起来，可是立刻又皱起眉头，“呸、呸、呸”直往外吐。

小伙伴们看了都觉得奇怪，于是上前问道：“怎么了？”

“又涩又苦，呸！呸！”那个小孩说。

这时，王戎已走到李树下，他说：“我跟你们说李子是苦的，可你们不相信。”

“你没吃，怎知这棵树上的李子是苦的？”一个伙伴奇怪地问。

“你们想一想，这棵李树长在大路旁，每天有那么多人从这里经过，如果李子是甜的，早就摘光了。现在树上还有这么多李子，那一定是苦的了。”

小伙伴们听了王戎的话，都连连点头。纷纷称赞他爱动脑筋分析问题。

王戎不仅天资聪颖，而且勤奋好学，并未因人称自己是神童而沾沾自喜。长大后，成为博学多才的学者，是西晋著名的“竹林七贤”之一。他当官后，因办事公平清廉高效，很快便官至宰相。

王羲之水饺师傅

王羲之是我国历史上数一数二的大书法家，民间有很多关于他的故事。传说，在他17岁时，他的书法就很有名气了，很多人都想请他题字，这让他很是骄傲。

一天，他经过一家饺子铺，来到一矮墙后边，看见一个白发老婆婆独自一人擀饺子皮、包饺子；一批饺子包好了，她看都不看一眼，随手就把一只只饺子抛出墙外的大锅中央。

王羲之惊叹不已，问："老妈妈，您多长时间练成这手功夫的？"

"熟要五十年，深要一辈子。"老婆婆回答。王羲之心想自己学写字不过十几年，就自满起来，真不应该，脸上一阵发热。

他又问老婆婆："贵店的饺子名不虚传，但门口的对联却似乎叫人不敢恭维，为何不找人写得好一点儿呢？"老婆婆一听，生气地说："听说王羲之那种人架子太大，哪里会瞧得起我这个小铺子？"

第二天，他亲自把一副对联送到白发老婆婆手中，诚恳地说："您让我懂得了学无止境的道理，您就是我的'水饺师傅'。"从此以后，王羲之虚心刻苦练习书法，终于成为一代"书圣"。

杨翥宽厚睦四邻

明代继承和发扬了笃实宽厚传统美德，涌现出许多感人的故事。其中杨翥以宽厚的胸怀促进邻里和睦，被传为佳话。

杨翥，字仲举，明朝人。少年时，父母双亡，跟随兄长当戍守兵士，又在学馆当先生，后经杨士奇推荐，任翰林院检讨，升迁为礼部尚书。他为官清正廉明，体恤民意，为人笃实敦厚，宽容忍让，为当时推举，后世称道。

杨翥处处关心他人，顾及别人利益，能设身处地替邻居着想。明景帝朱祁钰未登皇帝大位时，杨翥是太子宫中的官吏。他住在京城，

平时因事外出，却从来不坐轿子，只是骑一头毛驴子。

杨翥的邻居是一位老头，快60岁的时候生了个儿子，老来得子，夫妻自然非常高兴。但这个孩子一听到杨翥的驴子叫就哭个不停，搞得全家人都不得安宁。老人没有办法，只好去向杨翥反映情况，建议杨翥外出还是坐轿子为好。

杨翥问邻居老人："您为什么想要让我坐轿子，而不想让我骑毛驴呢？"

邻居老人说："我家孩子怕您的驴叫，每次听到驴的叫声，他都哭闹不停。孩子出生时间不长，他太小了，我担心孩子被吓坏了。真要这样了，那我也不想活了！"

杨翥的儿子，当时在旁边听见了，不满意地插嘴对邻居老人说："你养你的孩子，我爸骑自己的驴子，原本挨不着的事儿，怎么能限制我们骑毛驴这种事呢？"

杨翥马上阻止儿子别插嘴，然后他和颜悦色地对老人说："好吧，我知道了，我明天就让驴子不叫了，您就放心吧！"

邻居老人走后，杨翥的儿子不服气地问："你能让驴子不叫吗？驴子不叫，它还是驴子吗？"

杨翥笑着说："呵呵，我还真能让驴子不叫。"

到了第二天早晨，杨翥便让仆人把驴子牵到集市上卖掉了，从此外出，均改为步行。

有一年夏天，有一段时间阴雨不停，积水把邻居家的院墙冲坏了，出现了一个洞口，雨水从洞口流到了杨翥家院子里，致使杨翥家如同发水一般，遭受水灾之苦。

杨翥的仆人每天打扫庭院，见大量雨水流了进来，院子没法收拾，就打算同邻居评理。

杨翥说："毕竟还是下雨天少，晴天多，何必引起争吵呢？"

仆人说："现在满院子都是水，几乎连下脚的地方都没有，也根本没法收拾。"

杨翥劝仆人说："先这样吧，毕竟总是下雨的时候少，晴天的时

候多。”

由于杨翥的宽厚忍让，这件事情也就这样慢慢地过去了。

杨翥做修撰的时候，住在京城。他的一个邻居丢失了一只鸡，指骂说是被杨家偷去了。杨翥的仆人气愤不过，把此事告诉了杨翥，想请他去找邻居理论。

杨翥说;“此处又不是我们一家姓杨，怎知是骂的我们？随他骂去吧！”

久而久之，邻居们都被杨翥的宽容忍让所感动，纷纷到他家请罪。有一年，一伙贼人密谋欲抢杨翥家的财产，邻居得知此事后，主动组织起来帮杨家守夜防贼，使杨家免去了这场灾难。

邻里贵在和睦相处，但矛盾总会存在。杨翥不在意邻家雨水之害，也不在意邻居失鸡的点姓叫骂，是假装糊涂和有意忍让。这看似容易，其实很难，正因为如此，才看出杨翥的德行和度量。

杨翥具有宽容和谦让的高尚品质，这是一份难能可贵的人生境界。事实上，杨翥在生活中常常遇到人际矛盾，但他为人处世宽宏大量，气度不凡，不计较小事，表现了他的超人的洒脱。他的宽宏忠厚，受到了世人的广泛赞誉。

吕留良题联自警

严于律己，务实立德，一直是笃实宽厚传统美德的重要内容之一。明末清初著名学者吕留良就是一个典型。

吕留良，明末清初著名思想家，时文评论家和出版家。

吕留良幼时即颖悟绝人，读书3遍就能不忘，8岁能文，10岁时就与士子往来。顺治时应试为诸生，后隐居不出。康熙时期拒应清代朝廷的鸿博之征，后削发为僧。

吕留良有个朋友叫倪鸿宝，两个人都是读书人，在学问上分不出高低，都有点名气。

一天，倪鸿宝来访。在客厅里，吕留良和他一边品着茶，一边纵谈古今，气氛十分热烈。谈着谈着，倪鸿宝眼睛扫到了客厅墙上的一副对联：

囊无半卷书，
唯有虞廷十六字；
目空天下士，
只让尼山一个人。

意思是说：我什么书都不去看，只有虞廷16个字；在读书人里我谁都瞧不起，只有孔丘一人，我让他一筹。

倪鸿宝琢磨着这副对联，在心里笑了笑，脸上露出不以为然的神色。他知道，所谓“虞廷十六字”，指的是《书经·大禹谟》中“人心惟危，道心为微，惟精惟一，允执厥中”。

意思是说，人心危险难安，道理幽微难明，要精纯专一，抓住事物的中心。在处理问题时，公允得当，不偏不倚。这是后来理学家修身养性的十六字诀。尼山，指孔子，孔子名丘字仲尼。

倪鸿宝轻轻地摇了摇头，心里暗想：吕留良以圣贤自居，口气太大，太狂妄了，哪有什么“允执厥中”的味道呢？

倪鸿宝回家里，叹息一番，也针锋相对地写了一联：“孝若曾子参，方足当一字可；才如周公旦，容不得半点骄。”意思是说：一个人孝如曾子参，只不过是做到了为人道德的一个方面；才能如周公，也不应有半点骄傲。

不久，吕留良回访倪鸿宝，一到书房，就看到了这副对联。他知道，曾子参是孔子的学生，以孝顺父母出名；周公旦是周武王的弟弟，有名的贤相。很显然，这副对联是针对自己客厅里那副对联写的，一

时觉得很尴尬，举止言谈都有些失态。

这一切倪鸿宝都看在眼里。为了缓和气氛，倪鸿宝赶忙让座让茶，讲了很多客套话。

吕留良心里不得劲儿，坐了不多久，便借故告辞了。吕留良回到家里，仔细一想，倪鸿宝讲的确实有道理，自己是太骄傲了，实在是不应该的。

于是，立即撕下原来那副对联，重新写了一副客厅联：

效梅傲霜休傲友；

学竹虚心莫虚情。

意思是说：做人应该像梅一样在白雪面前骄傲地绽放自己的美丽，但在亲朋好友面前不要骄傲；要学习竹子的虚心才能历经风霜而不倒，但千万不能虚情假意。

从此以后，吕留良和倪鸿宝的交往就更密切了。

联品可看人品。吕留良和倪鸿宝的两副对联，表现了两人不同的品格和胸襟。而吕留良能够以对联自警，体现了他闻过则改，见贤思齐的儒家风范。

人之将死，其言也善

曾子有疾，孟敬子[①]问[②]之。曾子言曰："鸟之将死，其鸣也哀；人之将死，其言也善。君子所贵乎道者三：动容貌[③]，斯远暴慢[④]矣；正颜色[⑤]，斯近信矣；出辞气[⑥]，斯远鄙倍[⑦]矣。笾豆之事[⑧]，则有司存。"

【注释】

①孟敬子：即鲁国大夫孟孙捷。

②问：探望、探视。

③动容貌：使自己的内心感情表现于面容。

④暴慢：粗暴、放肆。

⑤正颜色：使自己的脸色庄重严肃。

⑥出辞气：出言，说话。指注意说话的言辞和口气。

⑦鄙倍：鄙，粗野。倍同背，背理。

⑧笾豆之事：笾和豆都是古代祭祀和典礼中的用具。

【解释】

曾子有病，孟敬子去看望他。曾子对他说："鸟快死了，它的叫声是悲哀的；人快死了，他说的话是善意的。君子所应当重视的道有三个方面：使自己的容貌庄重严肃，这样可以避免粗暴、放肆；使自己的脸色一本正经，这样就接近于诚信；使自己说话的言辞和语气谨慎小心，这样就可以避免粗野和背理。至于祭祀和礼节仪式，自有主管这些事务的官吏来负责。"

【故事】

智勇双全战将王翦

秦昭襄王时破赵国都城邯郸，秦始皇时以秦国绝大部分兵力消灭楚国。王翦与白起、廉颇、李牧并称“战国四大名将”。

白起自杀后，秦昭襄王拜王翦为将，来统领大军。

在拜将之日，王翦在朝廷上大声地说了自己的意见：“我们不能等，韩魏赵虽然战胜了大秦的军队，但是他们因此也元气耗尽了。他们更需要停战休养生息。虽然我们伟大的秦军也遭受一些挫折，但是我们的元气未损，同时士气不衰反涨。

“更重要的是今年巴蜀谷米大熟，而东方六国正在遭遇蝗虫灾害，他们的国力下降，而我们的国力上升。现在正是我们灭掉六国的最好的时机，时不我待。大王，我们出兵吧！”

秦昭襄王马上应允。于是，就在秦军包围赵都邯郸数月、损兵折将退却后不久，王翦率领30万大军在各州县充足的粮草辎重供应下，只携带了轻便的武器就出关而去。

此时，秦军重装都已经在各地的前沿等候王翦了，等王翦轻骑军一到，人马再和武器结合，就形成了秦军战无不胜的战斗力。

秦军此来，一因秦昭襄王亲征；二因王翦为将，兵势极盛，锐不可当。而王翦又是一个善于斗心的战将，往往秦军军力未到，声势就先一步威慑赵军了。

赵军在强大的秦军面前一触即溃。几乎兵不血刃，九座赵城被取下。面对孤城邯郸，王翦实行了三面的包围。终于在被困341天后，已经饿得面黄肌瘦的赵国都城邯郸人出城门投降了。

公元前238年，秦王政铲除了丞相吕不韦和长信侯嫪毐，开始亲政。他雄心勃勃，决心乘胜追击，吞并六国，实现统一天下的大业。

楚国地处江南，地大物博，兵源丰富，是个强劲的敌手。这次伐楚，秦王政不得不格外谨慎。

那么选谁挂帅出征才能万无一失，一举成功呢？

秦王政经过反复筛选，认为只有两个人可以胜任：一个是年轻有为、血气方刚的李信；一个是身经百战、深谋远虑的老将王翦。权衡利弊，两人各有长短，秦王政一时犹豫不决。各位大臣又各持己见，莫衷一是。

于是秦王政决定亲自和两人当面对策，再作决定。

秦王政坐殿，问李信："攻打楚国，需多少人马？"

李信昂首挺胸，十分自信地回答说："不过20万！"

秦王政又回头问王翦。

王翦沉思片刻，回答说："以臣之见，非60万人马不可。"

秦王政沉思了一会，笑了笑，对王翦说："王将军到底是老了。"

秦王政即刻任命李信为帅，即日出征讨伐楚国。

王翦看着秦王政对刚愎自用的李信深信不疑，必败无疑，本想再谏，又怕弄不好还会引起秦王政的怀疑，招来杀身之祸。就向秦王政请求告老还乡。

秦王政以为王翦年老无用，寒暄几句，也不强留。

李信一路耀武扬威，根本不把楚军放在眼里。

楚军看李信年轻气盛，如此狂妄，不觉心中暗喜。他们有意诱敌深入，佯装溃退。

李信求功心切，轻敌冒进，长驱直入。

楚军避实就虚，迂回运动，突然出击，切断其后路，使秦军首尾不能照应，连斩秦将7员。李信陷入楚军重围，多亏众将拼死相救，

才得逃脱。

秦王政闻讯，十分震惊，这才恍然大悟，深悔自己耳目不明，用错了人，寒了老将军王翦的心。

秦王政亲率人马到王翦的故乡频阳，向王翦赔礼道歉。

王翦借口有病，不见。秦王政在频阳整整等候了3天。秦王政明白王翦有气，再三赔罪，但王翦仍不肯搭理。

秦王政心想，按王翦的为人不该如此，于是说："莫非将军有什么难言之隐？尽管说，朕一概答应就是了。"

王翦这才说："大王如果一定要臣出征，仍非60万人马不可。"

秦王政满口答应。王翦根据已往长期作战经验，知道楚军和赵军都具有坚强的战斗意志，是能战能守的军队。楚军新近击破李信指挥的秦军，锐气旺盛，斗志昂扬，对付这样的敌人，不仅没有胜利的把握，一旦行动不慎，还会影响整个战争前途。

王翦进入楚国后，即令部队在商水、上蔡、平舆一带地区构筑坚垒，进行固守，并令部队不许出战。休整待命，故双方相持数月没有大的交战。

楚对秦军大举东进，也集中全部兵力应战。当时秦已灭三晋，无后顾之忧，有物力的大量支援，能够打持久战。楚则无论军事、政治都远为落后。统帅项燕仍然集中楚军主力于寿春淮河北岸地区等待秦军的进攻。

楚王责怪项燕怯战，派人数度催他主动进攻秦军。项燕军只得向秦军进攻，但既攻不破秦军的营垒，秦军又拒不出战，项燕无奈，引军东去。

王翦立即令全军追击楚军，楚军为涡河所阻，双方交手，楚军被击破东逃。秦军追至蕲南，平定楚属各地。斩杀楚将项燕，王翦率兵直取楚国都城寿春，楚国首都被秦军攻陷，楚王被俘。接着，秦军在王翦指挥下，马不停蹄地渡过长江，占领了吴越之地。

第二年，王翦便平定了楚国的属地，统一了长江流域。秦在楚地设南郡、九江郡和会稽郡。

王翦得胜班师回到秦都咸阳，秦王政为他举行庆功宴会。在庆功宴会上，王翦向秦王政要求告老还乡。此后，王翦便回到家乡，过着农耕生活，终老于家。

德圣武神国栋廉颇

赵惠文王刚执政赵国时，七国之中以齐国最为强盛，齐与秦各为东西方强国。秦国欲东出扩大势力，赵国首当其冲。为扫除障碍，秦王曾多次派兵进攻赵国。廉颇统领赵军屡败秦军。

由于赵国廉颇的抵抗，秦被迫改变策略，于公元前285年与赵相会讲和，以联合韩、燕、魏、赵五国之师共同讨伐齐国，大败齐军。

在这个过程中，廉颇于公元前283年带赵军伐齐时，长驱深入齐境，攻取阳晋，威震诸侯，而赵国也随之跃居六国之首。廉颇班师回朝，拜为上卿。

秦国当时之所以虎视赵国而不敢贸然进攻，正是慑于廉颇的威力。此后，廉颇率军征战，守必固，攻必取，几乎百战百胜，名扬列国。

在廉颇带赵军伐齐时，赵王得到了一块楚国原先丢失的名贵宝玉和氏璧。这件事情让秦王知道了，他愿意用15座城池来换和氏璧。

赵王派蔺相如出使秦国。蔺相如身携和氏璧，充当赵使入秦，并以他的大智大勇完璧归赵，取得了对秦外交的胜利。

这时，秦王欲与赵王在渑池会盟言和，赵王非常害怕，不愿前往。

廉颇和蔺相如商量认为赵王应该前往，以显示赵国的坚强和赵王的果敢。

赵王与蔺相如同往，廉颇相送。廉颇与赵王分别时说：“大王这次行期不过30天，若30天不还，请立太子为王，以断绝秦国要挟赵国的希望。”

廉颇的大将风度与周密安排，为赵王大壮行色。再加上蔺相如渑池会上不卑不亢地与秦王周旋，毫不示弱地回击了秦王施展的种种手段，不仅为赵国挽回了声誉，而且对秦王和群臣产生震慑。

最终，赵王平安归来。渑池之会后，赵王认为蔺相如功大，就拜他为上卿，地位竟在廉颇之上。廉颇对蔺相如封为上卿心怀不满，认为自己作为赵国的大将，有攻城扩疆的大功，而地位低下的蔺相如只动动口舌却位高于自己，叫人不能容忍。他公然扬言要当众羞辱蔺相如。

蔺相如知道后，并不想与廉颇去争高低，而是采取了忍让的态度，这让廉颇深受感动。他选择蔺相如家宾客最多的一天，身背荆条，赤膊露体来到蔺相如家中，请蔺相如治罪。

从此两人结为刎颈之交，生死与共。

“将相和”的故事所体现的情感催人泪下，感人奋发。而廉颇勇于改过、真诚率直的性格，更使人觉得可亲可爱。

公元前276年，廉颇向东攻打齐国，攻陷9城，次年廉颇再攻也取得了不小的战果。正是由于廉、蔺交和，使得赵国内部团结一致，尽心报国，使赵国一度强盛，成为东方诸侯阻挡秦国东进的屏障，秦国以后长时间不敢攻赵。

公元前266年，赵惠文王去世，赵孝成王执政。这时，秦国采取范雎和远方的国家结盟而与相邻的国家为敌的谋略，一边跟齐国、楚国交好，一边攻打临近的小国。

公元前260年，秦国进攻韩地上党。上党的韩国守军孤立无援，太守便将上党献给了赵国。于是，秦赵之间围绕着争夺上党地区发生了战争。

这时，赵国名将赵奢已死，蔺相如病重，执掌军事事务的只有廉颇。于是，赵孝成王命廉颇统帅20万赵军阻秦军于长平。

在当时，秦军已切断了长平南北联系，士气正盛，而赵军长途跋涉而至，不仅兵力处于劣势，态势上也处于被动不利的地位。

面对这一情况，廉颇正确地采取了筑垒固守，疲惫敌军，相机攻敌的作战方针。他命令赵军凭借山险，筑起森严壁垒。尽管秦军数次挑战，廉颇总是严令部众，坚壁不出。

同时，他把上党地区的民众集中起来，一面从事战场运输，一面投入筑垒抗秦的工作。赵军森严壁垒，秦军求战不得，无计可施，锐气渐失。廉颇用兵持重，固垒坚守3年，意在挫败秦军速胜之谋。

秦国看速胜不行，便使反间计，让赵王相信，秦国最担心、最害怕的是用赵括替代廉颇。赵王求胜心切，终于中了反间计，认为廉颇怯战，强行罢廉颇职，用赵括为将。

赵括代替了廉颇的职务后，完全改变了廉颇制定的战略部署，撤换了许多军官。

秦国见使用赵括为将，便暗中启用白起率兵攻赵。结果大败赵括军于长平，射杀了赵括，致使赵国损失近50万精锐部队。

秦在长平之战胜利后，接受了赵割地请和的要求。但赵王对于事后割地决定不履行和约，并积极备战。秦昭王大怒，尽兵攻赵，并于公元前259年秋兵围都城邯郸，邯郸军民誓死抵抗。

公元前258年正月，此时邯郸被围将近4个月，城内兵员损耗和粮食供给已显危机，人心在冬季更显得脆弱。但在廉颇、乐乘诸位良将的率领下，赵军依然士气高昂。

十月，邯郸城处于最危急的时候，粮草早已断绝，赵军依旧不屈地抵抗着。

由此可见，一个国家、一个民族、一个部队所具有的慷慨悲凉的气质、血气尚武的传统、同心志协的风气是多么的重要。

此时，燕国丞相栗腹以给赵王祝寿为名，出使赵国，侦探赵国虚实。

栗腹回国后向燕王建议:“乘此良机攻赵必胜。燕将乐间认为赵国连年同秦作战，百姓熟悉军事，若兴兵攻赵，燕军一定会败，坚决反对出兵。”

燕王喜不听乐间劝告，决意发兵攻赵国。他派栗腹为将，领兵60万兵分两路大举进攻赵国。栗腹令部将卿秦率军20万攻代，自率主力40万攻鄗。

赵孝成王令上卿廉颇、乐乘统兵13万前往抗击。廉颇分析燕军的来势后认为，燕军虽然人多势众，但骄傲轻敌，加之长途跋涉，人马困乏，遂决定采用各个击破的方略。

廉颇令乐乘率军5万兵士坚守代，吸引攻代燕军不能南下援救，自率军8万兵士迎击燕军主力于鄗。赵军同仇敌忾，决心保卫国土，个个奋勇冲杀，大败燕军，斩杀其主将栗腹。

攻代燕军闻听攻鄗军大败，主帅被杀，军心动摇。赵将乐乘率赵军趁机发起攻击，迅速取胜。两路燕军败退。廉颇率军追击500里，直入燕境，进围燕都蓟。

燕王只好割让5座城邑求和，赵军始解围退还。战后，赵王封廉颇为信平君，任相国。

在此战中，赵军在廉颇的指挥下，利用燕军轻敌、疲劳之弊，对来犯之敌予以痛击，最后取得胜利。这是我国历史上以少胜多的著名战例。

这次战斗提升了赵国于七国中地位，锻炼了赵军作战能力，更重要的是恢复了作战的自信，增强了赵国实力和国家安全系数，发现并锻炼了赵国将领。

在此战中，一批新的战将脱颖而出，让赵人看到除了老将廉颇外还有更多优秀的将军，赵国的中兴似乎仍有希望。

公元前245年，赵孝成王去世，其子赵悼襄王继位。赵悼襄王听信了奸臣郭开的谗言，解除了廉颇的军职，派乐乘代替廉颇。廉颇因受排挤而发怒，打击乐乘，乐乘逃走。廉颇也离赵投奔魏国大梁。

廉颇去大梁住了很久，魏王虽然收留了他，却并不信任和重用他。

赵国因为多次被秦军围困，赵王想再任用廉颇，廉颇也想再被赵国任用。赵王派遣使者带着一副名贵的盔甲和4匹快马到大梁去慰问廉颇，看廉颇还是否可用。

廉颇的仇人郭开唯恐廉颇再得势，暗中给了使者很多金钱，让他说廉颇的坏话。赵国使者见到廉颇以后，廉颇在他面前一顿饭吃了一斗米，10斤肉，还披甲上马，表示自己还可有用。

但使者回来向赵王报告说："廉将军虽然老了，但饭量还很好，可是和我坐在一起，不多时就去了3次厕所。"

赵王认为廉颇老了，就没任用他，廉颇也就没再得到为国报效机会了。

楚国听说廉颇在魏国，就暗中派人迎接他入楚。廉颇担任楚将后，没有建立什么功劳。他常常流露出对祖国乡亲的眷恋之情。

但赵国终究未能重新起用他，致使这位为赵国做出过重大贡献的一代名将，抑郁不乐，最终死在楚国的寿春，年约85岁。10多年后，赵国被秦国灭亡。

常胜名将大将军李牧

公元前309年，赵武灵王时期，下令国中推行"胡服骑射"，进行了一系列改革，军事力量逐渐强大，屡败匈奴等北方胡人部落。但到了赵惠文王、赵孝成王时期，匈奴各部落军事力量逐步恢复强大起来，并不断骚扰赵国北部边境，赵惠文王便派李牧带兵独当北部戍边之责。

在抗击匈奴的斗争中，李牧即表现了其杰出的军事才能。

为了有利于战备，李牧首先争取到赵王同意，自己有权根据需要设置官吏。另外，本地的田赋税收也全部归帅府，用作军事开支。

李牧针对赵军和匈奴军的特点，深思熟虑，采取了一系列的军事经济措施。他将边防线的烽火台加以完善，派精兵严加守卫，同时增加情报侦察人员，完善情报网，及早预警。

针对剽悍的匈奴骑兵机动灵活、战斗力强及以掠夺为主要作战目的，军需全靠抢掠的特点，为使窜扰的敌骑兵徒劳无功，他命令坚壁清野，并示弱于敌，以麻痹强敌，伺机歼敌。

为此，严明军纪："匈奴入盗，急入收保，有敢捕虏者斩"，所以每当匈奴入侵边境，烽火台一报警，李牧即下令士兵立即收拾物资退入城堡固守，从不出战，使匈奴无从掳掠。

这样过了几年，李牧没有人员伤亡，也没有损失过物资。

然而，时间一长，匈奴兵将总以为李牧胆小怯战，根本不把他放在心上；就是赵国边兵们也在下面窃窃私语，以为李牧胆小怯战，有的愤愤不平。

李牧一意坚守不主动出击的消息传到赵孝成王那里，赵孝成王派使者责备李牧，要李牧出击。李牧老谋深算，意欲放长线钓大鱼，也不作解释，我行我素，依然如故。

匈奴一来，即深沟高垒，坚守不出。匈奴往往满怀企望而来，却一无所获而归。

赵王听说李牧仍然一味防守，认为他胆怯无能，灭了自己威风，很生气，立即将李牧召回，派另外一员将领来替代。

新将领一到任，每逢匈奴入侵，即下令军队出战，几次都失利，人员伤亡很大，而且边境不安，百姓没有办法耕种和放牧。

赵王只得又派使臣去请李牧复职，李牧闭门不出，坚称有病，不肯就任。

赵王不得已，只得强令李牧出山。

李牧对赵王说："您一定要用臣的话，臣还要和以前一样。您答应这个条件，我就赴任。"

赵王只好答应了他的请求。李牧又来到雁门，坚持按既定方针办，下令坚守。几年内匈奴多次入侵，都一无所获，还是以为李牧胆小避战。

其实，李牧早已经定下诱敌深入，设伏包歼的计谋，对种种屈辱骂名置之不理，而边庭将士因为天天得到犒赏，却没有出力的机会，都希望能在战场上效力。

李牧看条件成熟了，于是经过严格挑选战车1300辆，又挑选出精壮的战马1.3万匹，勇敢善战的士兵5万人，优秀射手10万人。然后把挑选出来的车、马、战士统统严格编队，进行多兵种联合作战演习训练。一切准备就绪之后，李牧设法引诱匈奴入侵。

公元前244年的春天，李牧让百姓漫山遍野去放牧牲畜。不久，情报员来报告:“有小股匈奴到了离边境不远的地方。”

李牧派了一支小部队出战，佯败于匈奴兵，丢弃下几千名百姓和牛羊作为诱饵让匈奴俘虏去。

匈奴单于王听到前方战报，十分高兴，因久无缴获，于是率领大军侵入赵境，准备大肆掳掠。

李牧从烽火台报警和情报员报告中了解了敌情，早在匈奴来路埋伏下奇兵。待匈奴大部队一到，李牧为消耗敌军，先采取守势的协同作战。

战车阵从正面迎战，限制、阻碍和迟滞敌骑行动；步兵集团居中阻击；弓弩兵轮番远程射杀；骑兵及精锐步兵控制于军阵侧后。当匈奴军冲击受挫时，李牧乘势将控制的机动精锐部队由两翼加入战斗，发动钳形攻势，包围匈奴军于战场。

经过几年养精蓄锐训练有素的赵军将士们，早已摩拳擦掌，个个生龙活虎，向敌人扑了过去。仿佛是一架运转严整的机器，两翼包抄的1.3万名赵军骑兵仿佛两把锋利砍刀，轻松地撕开匈奴人看似不可一世的军阵，在转瞬间扼住10万匈奴骑兵命运的咽喉。

一整天的会战很快演变成一场对匈奴的追歼。10万匈奴骑兵全军覆没，匈奴单于仅带了少量亲随仓皇逃窜。

李牧大败匈奴之后，又趁胜利之势收拾了在赵北部的匈奴属国，迫使单于向遥远的北方逃去，进一步清除了北方的忧患。

在这次取得辉煌胜利的战役之后，匈奴兵慑于赵军之威，10多年内不敢入侵赵的边境。李牧也因此成为继廉颇、赵奢之后赵国的最重要的将领。

公元前246年以后，李牧曾因国事需要调回朝中，以相国身份出使秦国，订立盟约，使秦国归还了赵国之质子。

公元前245年，赵孝成王逝世，赵悼襄王继位。公元前244年，廉颇的大将军一职被取代，廉颇一怒之下，带领自己部下，投奔魏国去了。当时，赵奢、蔺相如已死，李牧成为朝中重臣。

公元前232年，秦王政派秦军入侵。秦军兵分两路攻赵，以一部兵力由邺北上，准备渡漳水向邯郸进迫，袭扰赵都邯郸。秦王政亲率主力由上党出井陉，企图将赵拦腰截断，进到番吾。

因李牧率军抗击，邯郸之南有漳水及赵长城为依托，秦军难以迅速突破。

李牧遂决心采取南守北攻，集中兵力各个击破的方针。他部署司马尚在邯郸南据守长城一线，自率主力北进，反击远程来犯的秦军。

两军在番吾附近相遇。李牧督军猛攻，秦军受阻大败。李牧即回师邯郸，与司马尚合军攻击南路秦军。秦南路军知北路军已被击退后，料难获胜，稍一接触，即撤军退走。

这次李牧击退秦军，是秦、赵两国交战中，赵国最后一次取得重大胜利。当时韩、魏已听命于秦，尾随秦军攻赵，李牧为此又向南进军，抵御韩、魏的进攻。

公元前229年，赵国由于连年战争，再加上北部地震，大面积饥荒，国力已相当衰弱。秦王政乘机派大将王翦亲自率主力进围赵都邯郸。赵悼襄王任命李牧为大将军，率全军抵抗入侵秦军。

王翦知道李牧不除，秦军在战场上不能速胜，禀告秦王，再行反间故伎，派奸细入赵国都城邯郸，用重金收买赵悼襄王的近臣，让他们散布流言蜚语，说什么李牧、司马尚勾结秦军，准备背叛赵国。

昏聩的赵悼襄王一听到这些谣言，不加调查证实，立即派人去取代李牧。

李牧为社稷军民计，拒交兵权，继续奋勇抵抗。赵悼襄王便暗中窥探，乘其不备之时，命人加以捕获残杀，并罢黜废免了司马尚。

3个月后，王翦大破赵军，灭掉了赵国。

李牧这位纵横沙场的名将，最终死在了他所誓死保卫的祖国君臣的手中。他的无辜被害，使后人无不扼腕叹息！

刘德不浮夸虚心学习

西汉时期，汉景帝的儿子刘德被封为河间王。他虽然是皇子，却不高傲自大，仍虚心好学。

刘德对先秦文化特别感兴趣，他在民间收集了许多先秦的书籍，把这些书分门别类地整理起来，然后仔细地做起研究。几年后，他对先秦的文化有了很高的造诣。

有一次，刘德到长安看望当了皇帝的哥哥刘彻。刘彻正好和一些学士们，在谈论古代的学术问题。刘德觉得这是一个很好的学习机会，就坐在一旁听起来。

学士中有个人看了不少先秦的书，自认为无人能比，就信口开河，夸夸其谈起来。刘德听出他的话中有许多错误，就加以纠正。

大家见刘德所说的东西有根有据，纷纷向他请教。

对于大家提出的问题，刘德知道的就仔细地向大家讲解；不知道的，就老老实实地说不知道。大家见他虽然身居高位，依然治学严谨，一点没有浮夸的习气，都格外佩服。

李杜友情千古传佳话

唐代文人普遍尚儒，对笃实宽厚传统美德有深刻的理解，在人际

交往上也往往不同常人。唐代最著名的诗人李白和杜甫做到了儒家所强调的“将心比心”“以心换心”，因而他们之间的友情，在我国文学史上成了久久为人传诵的佳话。

李白，唐代浪漫主义诗人，被后人誉为“诗仙”。他的诗歌总体风格清新俊逸，既反映了时代的繁荣景象，也揭露了统治阶级的荒淫和腐败，表现出蔑视权贵，反抗传统束缚，追求自由和理想的积极精神。

杜甫，唐代现实主义诗人。杜甫忧国忧民，人格高尚，他被世人尊为“诗圣”，他的诗被称为“诗史”。

744 年春夏之交，李白与杜甫在洛阳初次相遇，当时李白 44 岁，杜甫 33 岁；李白已经名满天下，杜甫还默默无闻。他们虽然有年龄上的差异和诗坛地位的高低，但一点也没有影响两人之间成为知音。

初次见面，杜甫就被李白的风采吸引住了。李白对杜甫的青年有为也很欣赏。当时，他们俩都对现实不满，因此一见如故。两人的志趣相同，时常在一起吟诗作赋，自得其乐，度过了一段彼此难忘的日子。

那时候，社会上有一种求仙访道的风气。李白与杜甫相约结伴而行去寻找瑶草。两人渡过波涛汹涌的黄河，尽管路途艰险，但他们互助互爱，常常吟诗作句，以苦为乐。

他们一起赴王屋山寻访道士华盖君，欲学长生之道。可是华盖君已经去世了，他们凄凉地望着寥廓的四野，尽管彼此心中有不尽怅然与失望，但他们都互相劝慰对方，最后不得不按原路回去。

这年秋天，李白和杜甫与另一诗人高适遇在一起了。这 3 个朋友经常在洛阳城里的酒楼饮酒赋诗，各叙心中的愤懑，也谈论着当时的

国事，讽刺唐玄宗李隆基的醉心声色。渐渐地，杜甫和李白更加了解对方，他们之间的关系更加密切了。

在这段时间里，两人时常喝酒论文，李白的诗歌造诣对杜甫的诗歌创作产生一定的影响。如杜甫《登兖州城楼》诗中，“浮去连海岱，平野入青徐”与李白诗句“秋波落泗水，海色明徂徕”“青山横北郭，白水绕东城”句式相似，视野比以前更开阔了。两个同样喜爱诗歌创作的人在一起谈诗论文，肯定会互相切磋。

第二年秋天，杜甫和李白又在兖州相遇。他们白天携手同行，寄情于山水之乐。晚上，常常一边饮酒，一边仔细讨论文学上的问题，有时喝得大醉，同床酣睡。

他们两人共同度过一段美好的日子，彼此都从对方身上学到了许多宝贵的东西，诗歌创作上也有了很大的进步。

在兖州相遇不久，李白和杜甫又分别了，怀着恋恋不舍的心情踏上人生的新路。多情的杜甫在这以后一直处于对李白的思念之中，不管流落何地，都写出了刻骨铭心的诗句。李白也在思念，但他步履放达、交游广泛，杜甫的名字很少再在他的诗中出现。

其实，天下的至情并不以平衡为条件。即使李白不再思念，杜甫也做出了单方面的美好承诺。李白对他无所求，他对李白也无所求。

杜甫赠李白及怀念李白的诗，是写得最为动人的，几乎每一篇均堪称名作。“醉眠秋共被，携手日同行”，这是杜甫写两人在一起时亲如兄弟的情形；“剧谈怜野逸，嗜酒见天真”，这是杜甫写李白喝酒时可爱的样子。

杜甫诗中描绘李白的地方更多，在后人心目中李白的形象如此鲜活，一个最直接的来源就是杜甫的诗歌。如《寄李十二白二十韵》中有“笔落惊风雨，诗成泣鬼神”，这是称赞李白的诗气势磅礴，富于感染力。再如《饮中八仙歌》写道：

李白一斗诗百篇，长安市上酒家眠，
天子呼来不上船，自称臣是酒中仙。

杜甫在诗中非常生动地呈现了李白那种天才气的高傲而放诞的性格。

真诚的友谊建立在“知音”的基础上，它不会因为友人遭遇世人的鄙弃而改变。在“安史之乱”中，唐肃宗李亨与他弟弟、永王李璘因权力之争而兵戎相见，李白参与了李璘的军事行动，在李璘失败后成为阶下囚，继而流放夜郎。

在一般人看来，李白此时是一名罪犯，倒霉全是自找的。但杜甫仍然对李白保持着信任，并且充满同情。他在《天末怀李白》诗中写道：

凉风起天末，君子意如何？

鸿雁几时到？江湖秋水多！

文章憎命达，魑魅喜人过。

应共冤魂语，投诗赠汨罗。

这里“文章憎命达”，意思说有才华的人总是命运多舛；“魑魅喜人过”意思说心思恶毒的小人总是喜欢利用别人的过失加以陷害，对李白的遭遇有十分清醒的理解。

李白和杜甫个性不同，艺术风格也有明显的差异。李白狂放不羁，富于幻想，如偶尔飘零于尘世的仙人。杜甫相比于李白则显得淳厚谨重，心思完全在现实生活中。而令人感到格外可贵的是，这完全不妨碍他们彼此理解，相互器重。

李白被称为“诗仙”，杜甫被称为“诗圣”。仙出世，李白一生都在作浪漫的想象飞行；圣入世，杜甫一生都在现实的荆棘与泥水中行走跋涉。

两人都以他们超凡的诗才和博大的襟怀，撑起唐代诗坛一片“高不可及”的瑰丽天空；都以其高贵的人格和真挚的友情，谱出文学史上一段知音的千古佳话。

柳刘成为生死之交

“柳刘”，是指柳宗元和刘禹锡。在群星丽天的中唐文坛，柳宗元和刘禹锡是交相辉映的双子星座。他们一样的才情，共同的理想，相似的运遇，让两人终其一生以道相勉，以情相慰，以心相许，成为生死之交。

793年，20岁的柳宗元和21岁的刘禹锡同登进士第，人生轨迹有了第一次交汇。

出身于河东望族的柳宗元博古通今，精明敏捷，贞元初期即以童子而有奇名。长于江南的刘禹锡也饱读诗书，出入经史，器宇轩昂，广有才名。

柳宗元和刘禹锡这两个当时最年少的才子，在一起走马长安，题名雁塔，宴饮曲江的春风得意的日子里，惺惺相惜，结同年之谊。在此后的10年间，柳刘两人虽聚少离多，但经历惊人地相似：都承受了丧父之痛，都以博学宏辞在朝中做过校刊典籍的官员，也都曾在京畿附近任过县职。

803年，柳宗元从蓝田尉、刘禹锡从渭南主簿任上同时调回朝中，任职监察御史台，成为朝朝相处的僚友。

在雅重诗文的政坛，柳刘两人无疑是最为出色的青年才俊。文名为他们赢得了时誉，也成为他们进身的阶梯。朝廷要人争相揽之于门下，同辈之人也趋之若鹜。

“致君尧舜上，再使风俗淳”，这是千百年来士人的普遍理想，柳刘年轻的心渴望着建功立业，匡扶时弊。而当时的唐王朝在经历了

"安史之乱"后，已是风雨飘摇，百病丛生。

唐德宗李适去世以后，王叔文、王伾等人拥立唐顺宗李诵，并在其的支持下针对积弊大刀阔斧地革新朝政，史称"永贞新政"。新政使得百姓相聚，欢呼大喜。

由于王叔文的力荐，刘禹锡和柳宗元分别从八品御史擢任正六品的屯田员外郎和礼部员外郎。他们出入禁中，参与机要，联络内外，引导舆论，成为改革集团的核心人物，史称"二王、刘、柳"。

当此之时，柳宗元和刘禹锡激情澎湃，踌躇满志，以为天将降大任于斯人也。而对于政治形势的严峻和政治斗争的风险却缺乏认识，或者竟不以为意。

果然，风云突变。就在唐宪宗李纯即位的第三天，一批才高名重的革新派人士被斥出朝，贬为远州司马，史称"二王、八司马"，其中刘禹锡贬朗州，柳宗元贬永州。这一别就是11年。在这些凄风苦雨的日子里，刘禹锡贬和柳宗元书信往还，相互安慰，以自己的心温暖着朋友的心。

时过境迁，气候稍暖，在一些同情他们的大臣的努力下，朝廷发出了召回刘柳等仍然贬谪在外的五司马的诏令。江湘逐客终于等来了北归的春讯。

柳宗元和刘禹锡又见长安，又见故人。抚今思夕，不禁感慨万千。而最令人叹息的是，去时红颜少年，归来鬓已星星。回想逝去的时光，不禁生出一种只争朝夕的紧迫感。

这次归来，他们有云开雾散的感觉，对建功立业也有着许多希冀。心情的愉悦激起了他们的游兴。在倾城看花的日子里，刘禹锡和柳宗元也来到了玄都观。

看到一院桃花，想起春风得意的衮衮诸公，刘禹锡触景生情，写下了那首著名的《元和十年，自朗州承召至京，戏赠看花诸君子》：

紫陌红尘拂面来，无人不道看花回。
玄都观里桃千树，尽是刘郎去后栽。

虽然以桃花花品不高而轻蔑之，是刘禹锡一贯的审美取向，但诗中表现的戏谑、嘲讽之意，也是十分明显的。

事态的发展完全出乎他们意料。只在长安待了一个月，同被召回的五司马又一例出为刺史，这一去更加遥远。柳宗元是柳州，刘禹锡去的则是最为蛮荒险恶的播州，也就是今天的遵义。

惊闻此事，柳宗元悲从中来，泣下如雨，不是为自己，而是为朋友。他深知，跋山涉水，一路颠簸地前往播州，刘禹锡风烛残年的母亲断然是有去无回。而撇下老母无人奉养，刘禹锡也一样难逃不孝的恶名。

柳宗元悲愤于这种积毁销骨的迫害，不忍见朋友穷愁无措，断然决定上疏，请求自往播州，换刘禹锡去柳州，即使因此获罪也在所不惜。多亏重臣裴度从中周旋，柳宗元去了柳州。

挚友相携出了长安，一路南行，来到衡阳。分手在即，经历了几个月来的大喜大悲，重又置身荒烟故道，柳宗元潸然泪下，赋诗《衡阳与梦得分路赠别》，为自己，也为朋友叹息。

十年憔悴到秦京，谁料翻为岭外行。
伏波故道风烟在，翁仲遗墟草树平。
直以慵疏招物议，休将文字占时名。
今朝不用临河别，垂泪千行便濯缨。

本是少年得志，却偏偏仕途偃蹇，功业无成。看大雁北飞，感归程无望。听哀猿悲鸣，觉愁肠寸断。面对同样伤恸的友人，刘禹锡以《再授连州至衡阳酬柳柳州赠别》诗作深情作答："去国十年同赴召，渡湘千里又分歧。重临事异黄丞相，三黜名惭柳士师。归目并随回雁尽，愁肠正遇断猿时。桂江东过连山下，相望长吟有所思。"

友人情深义重的答诗，让柳宗元心潮起伏。他们今日一别，山高水远，前路茫茫，相见何时！如能归隐田园，比邻而居，那将是一种什么样的幸福啊！

柳宗元依依不舍，一气写下了《重别梦得》和《三赠刘员外》：

二十年来万事同，今朝岐路忽西东。
皇恩若许归田去，晚岁当为邻舍翁。

信书成自误，经事渐知非。
今日临歧别，何年待汝归。

朋友的每一句话都像是从自己心底涌出，刘禹锡百感交集，遂有《重答柳柳州》《三答柳柳州》作答：

弱冠同怀长者忧，临岐回想尽悠悠。
耦耕若便遗身老，黄发相看万事休。

年方伯玉早，恨比四愁多。
会待修车骑，相随出罻罗。

柳宗元以安邦之才出刺荒州，尽职尽责，颇有惠政。闲暇时，两人依旧相互关怀，诗文唱和。柳宗元留下的100多首诗中，题赠刘禹锡的就有10多首。

他们出为刺史的第四年，刘禹锡痛失慈母。柳宗元3次派人往连州致祭，致书殷殷相劝，并约定待刘禹锡扶柩归乡至衡阳时亲往吊唁。但就在这时，刘禹锡随后又接到了从柳州来递送讣告的信使。

刘禹锡展读友人辞情哀苦的遗书，痛不欲生。柳宗元书中托以抚孤之事。因此，就在旅途中，刘禹锡含悲忍痛，安排柳宗元的后事。他驰书韩愈，托其为共同的朋友撰写墓志铭，接着又向死者生前友好分送讣告。

刘禹锡一回到洛阳，立即去柳州吊唁，并写下《祭柳员外文》。

8个月后，柳宗元归葬万年先人墓侧，刘禹锡携亡友遗孤前去祭

奠，又写下《重祭柳员外文》。从此，他不负重托，视友人子如同己子，抚养成人，并呕心沥血编辑柳宗元诗文集，传之于世。

此后的20多年，刘禹锡辗转四川、安徽任刺史。虽然最终又回到朝中，出任翰林学士、太子宾客、检校礼部尚书等显职，但他早已是意兴阑珊。对友人的怀念，并未随时光的流逝烟消云散。

柳宗元和刘禹锡之间友、情，体现了儒家“五伦”中所说的友谊，有如夜空中的明月，有如黑暗中的烛光，一直照亮着古代文坛与政坛的一片天空。

犯而不校

曾子曰："以能问于不能；以多问于寡；有若无，实若虚；犯而不校①。昔者吾友②尝从事于斯矣。"

曾子曰："可以托六尺之孤，可以寄百里之命，临大节而不可夺也。君子人与？君子人也。"

曾子曰："士不可以不弘毅③，任重而道远。仁以为己任，不亦重乎？死而后已，不亦远乎？"

子曰："兴于《诗》，立于《礼》，成于《乐》。"

【注释】

①校：同"较"，计较。

②吾友：我的朋友。一般都认为这里指颜渊。

③弘毅：弘，志量弘大。毅，强毅。

【解释】

曾子说："自己有能力却向没有能力的人请教，自己知识丰富却向缺少知识的人请教；有才学就好像没有一样，满腹经纶却像空无一物一样；纵使被欺侮，也不去计较——以前我的一位朋友就这样做过。"

曾子说："可以把年幼的孤儿托付给他，可以把国家的政权托付给他，面临生死存亡的紧急关头而不动摇屈服。这样的人是君子吗？是君子啊！"

曾子说："读书人不可以不刚强而意志坚强，因为他担负着沉重的责任而且路途遥远。以实现仁德于天下为自己的任务，难道还不重大？奋斗终生，至死方休，难道路途不遥远吗？"

孔子说："人的修养开始于学《诗》，自立于学《礼》，完成于学《乐》。"

【故事】

中华第一勇士蒙恬

蒙恬出身于一个世代名将之家。祖父蒙骜为秦国名将，在秦昭王手下，官至上卿。蒙恬成长于武将之家，深受家庭环境的熏陶，自幼胸怀大志，立志冲锋陷阵，报效国家。他天资聪颖，熟读兵书，逐渐培养了较高的军事素养。

公元前221年，蒙恬被封为将军，亲率大军攻破齐都，实现了秦始皇梦寐以求的全国统一。蒙恬也因破齐有功被拜为内史，成为京城的最高行政长官。

正当秦国都城咸阳城里欢庆胜利的时候，秦国北部边境传来匈奴频繁骚扰并大举南侵的消息。匈奴军队杀人放火，抢劫牲畜财物，边疆人民苦不堪言。这时，秦国刚刚统一，人心思定，军民厌战。

蒙恬不顾连年征战的辛劳，接受北逐匈奴的命令，开赴河套一带。

公元前215年，秦始皇以蒙恬为帅，统领30万秦军北击匈奴，日夜兼程赶赴边关。扎下大营后，蒙恬一边派人侦察敌情，一边亲自翻山越岭察看地形。第一次交战，就杀得匈奴人仰马翻，四散溃逃。

公元前214年的春天，蒙恬跟匈奴人在黄河以北，进行了几场战争，匈奴主力受重创。这几场战争最具决定性的意义，匈奴人被彻底打败，向遥远的北边逃窜。蒙恬没有辜负众望，勘定河套，打得匈奴

魂飞魄散。

经过河套之战，当时的秦军再无敌手，蒙恬也一跃成为秦帝国最为出色的将领。蒙恬勇敢作战、出奇制胜、击败匈奴的大战，是他一生征战的最大的一次战绩，人们称赞他是“中华第一勇士”。

在战争这期间，还发生了蒙恬和扶苏的一段友情插曲。

秦始皇统一全国后，为了巩固其政治统治，施行严酷的暴政。一场天下读书人的灾难席卷中华大地。

秦始皇大举焚书坑儒，他的长子扶苏竭力阻止，秦始皇非但不听，反而把他贬到边关，让他监督蒙恬守卫边疆。从此，扶苏和蒙恬就结下了不解之缘。

扶苏初到边关，甚为苦闷，蒙恬劝告他说，既来之则安之，守边也很重要。扶苏感到蒙恬待他诚恳热心，便安下心来协助蒙恬训练军队。两人甚是投机，便成了无话不说的朋友，这为蒙恬的含冤而死埋下了伏笔。

在蒙恬打败匈奴，拒敌千里后，带兵继续坚守边陲。他根据“用险制塞”以城墙来制骑兵的战术，调动几十万军队和百姓筑长城。

把战国时秦、赵、燕三国北边的防护城墙连接起来，建起了西起临洮，东至辽东的长达万里的长城，用来保卫北方农业区域，免遭游牧匈奴骑兵的侵袭。

蒙恬又于公元前211年，发遣3万多名罪犯到兆河、榆中一带垦殖，发展经济，加强军事后备力量。蒙恬又派人马，从秦国都城咸阳至九原，修筑了宽阔的道路，缓解了九原交通闭塞的困境。

蒙恬还沿黄河河套一带设置了44个县，统属九原郡，建立了一套治理边防的行政机构。蒙恬和公子扶苏还曾经多次上书秦始皇请求减免徭役，同时，和扶苏商议如何合理安排人力，来减轻徭役。

蒙恬的这些措施，不但加强了北方各族人民经济、文化的交流和融合，更重要的是对于调动军队，运送粮草等具有重要战略意义。

风风雨雨、烈日寒霜，蒙恬将军驻守九郡10余年，威震匈奴，受到始皇的推崇和信任。然而，英雄背后往往都隐藏着各色的小人，致

使很多英雄经常不是战死在沙场，而是饮恨不能善终。

蒙恬的死可以说是带着悲壮、无奈与叹惋。早在蒙恬被封为将军时，其弟蒙毅也位至上卿。蒙氏兄弟深得秦始皇的尊崇，蒙恬担任外事，蒙毅常为内谋，当时号称“忠信”。其他诸将都不敢与他们争宠。蒙毅法治严明，从不偏护权贵，满朝文武，无人敢与之争锋。

有一次，内侍赵高犯有大罪，蒙毅依法判其死罪，除去他的宦职，但却被秦始皇赦免了。从此时起，蒙氏兄弟便成了赵高的心病。

公元前210年冬，秦始皇嬴政游会稽途中患病，派身边的蒙毅去祭祀山川祈福，不久秦始皇在沙丘病死，死讯被封锁。

此时担任中车府令的赵高想立公子胡亥，于是就同丞相李斯、公子胡亥暗中谋划政变，立胡亥为太子。因早先赵高犯法，蒙毅受命公正执法，引起赵高对蒙氏的怨恨，因此，黑手就首先伸向了蒙氏。

秦始皇死后，赵高担心扶苏继位，蒙恬得到重用，会对自己不利，就扣住遗诏不发，与胡亥密谋篡夺帝位。他又威逼利诱，迫使李斯和他们合谋，假造遗诏。

“遗诏”指责扶苏在外不能立功，反而怨恨父皇，便遣使者以捏造的罪名赐公子扶苏、蒙恬死。

扶苏自杀，蒙恬内心疑虑，请求复诉。使者把蒙恬交给了官吏，派李斯等人来代替蒙恬掌兵，囚禁蒙恬于阳周。

胡亥杀死扶苏后，便想释放蒙恬。但赵高深恐蒙氏再次贵宠用事，对己不利，执意要消灭蒙氏，便散布在立太子问题上，蒙毅曾在始皇面前毁谤胡亥。胡亥于是囚禁并杀死了蒙毅，又派使者前往阳周去杀蒙恬。

使者对蒙恬说：“你罪过太多，况且蒙毅当死，连坐于你。”

蒙恬说：“自我先人直至子孙，为秦国出生入死已有三代。我统领着30万大军，虽然身遭囚禁，我的势力足以背叛。但我知道，我应守义而死。我之所以这样做，是不敢辱没先人的教诲，不敢忘记先主的恩情。”

使者说：“我只是受诏来处死你，不敢把将军的话传报皇上。”

蒙恬长叹道：“我怎么得罪了上天？竟无罪而被处死？”沉默良久又说，“我的罪过本该受死，起临洮，到辽东筑长城，挖沟渠一万余里，这期间不可能没挖断地脉，这便是我的罪过呀！”

于是吞药自杀。

最勇猛的武将项羽

项羽出生在名将世家，他的祖父项燕为战国末年楚国名将，后与秦作战兵败自杀。叔父项梁也极为勇猛，秦统一后，项梁因为杀了人，便带着项羽躲避在吴中。

项羽在青年时代就力能扛鼎，学书、学剑都不成。这使项梁很生气，于是改教他兵法。他略知大意后，即不肯深学。但项羽少怀大志，疾恶如仇，看见秦始皇时，发出了“彼可取而代之”的感叹。

公元前 209 年，陈胜、吴广在大泽乡领导反秦起义，随即建立张楚政权。原六国贵族闻讯后，也纷纷起兵响应。这年秋，项梁与项羽也起兵，带领吴中兵士反秦，当时项羽为裨将，手下有精兵 8000 人。

公元前 208 年，项梁即率所部渡江，途中东阳令史陈婴率义军 2 万名投奔项军。渡过淮河后，秦降将英布等又以兵相随，项军兵力一时达到六七万人，成为当时反秦武装的主力。

这年夏天，项梁召集起义将领计议，自号武信君。之后，项梁率义军分别大破秦军于东阿、定陶。

项羽和在反秦浪潮中造反的刘邦也攻占城阳、雍丘。不久，由于

项梁骄傲轻敌，被秦将章邯乘隙袭破，项梁阵亡。项羽、刘邦退保彭城。

这时，秦将章邯又渡河北上击赵，与秦将王离、涉间合军进围巨鹿，要消灭起义军。楚怀王命宋义为上将军，项羽为次将，率兵救赵。

宋义到安阳后，滞留46天不前进，想坐观成败。于是，项羽以宋义与齐密谋反楚为名，杀死了宋义。

怀王即命项羽为上将军，统率全军救赵。

项羽派2万兵马迅速渡过漳河，以解巨鹿之围；自己亲自率全军渡河，破釜沉舟，进击秦军。双方经9次激战，楚兵大破秦军，王离被俘，涉间自杀。

巨鹿一战，秦朝的主力被消灭殆尽，亡国只是迟早的事了。当楚军救赵时，诸侯军皆作壁上观。

战事结束后，诸侯将领拜见项羽，都跪着向前，看都不敢看他。从此，各路诸侯军都听从项羽指挥。接着，项羽又大破秦军，并利用秦统治集团内部矛盾招降了章邯。

当项羽率军进入关中时，刘邦已先期进据咸阳。由于有约在先，“先入关者为王”，刘邦理应称王。

但项羽入关后，却倚恃手中40万大军，企图消灭刘邦，独霸天下。在鸿门宴上，刘邦在谋士张良的帮助下，卑辞言和，骗取了项羽的信任，双方的紧张关系暂时缓解。

鸿门宴之后，项羽随即引兵咸阳，诛杀秦降王子婴，焚烧秦宫室，掳掠财宝和美女东归，使自己再一次大失民心。

公元前206年，项羽以怀王为义帝，又分封各诸侯为王，自立为西楚霸王，占有梁地、楚地九郡，定都彭城，封刘邦为汉王。不久，田荣、陈余、彭越等相继举兵反楚。

刘邦也以关中为基地，进逼西楚。于是，爆发了历时4年多的楚汉战争。

项羽自称西楚霸王后，号令天下，大失民心。他自己也渐渐骄傲起来，对其他的诸侯放松了警惕，从而逐渐由强盛走下坡路，最后招

致“垓下之围”的悲惨结局。

在垓下，项羽被刘邦的军队重重包围，兵少粮尽，只剩28骑。而追他的汉骑有数千之多。项羽命令骑兵都下马步行，手持短兵器与追兵交战。他自己飞斩敌将，杀死汉军几百人，使令汉军畏而却步。项羽自己也负伤10多处。项羽依然坚决抵抗，即使到了乌江，走投无路时，乌江亭长要渡他到江东去，他也不愿让江东父兄看到他兵败将亡、狼狈不堪的情景。

所以，他拒绝渡江。

后来，项羽终因寡不敌众，四面楚歌，面对着美人虞姬和名马乌骓，流下了伤心的眼泪，以自刎来结束了自己的生命。

项羽自刎前，仍称“此天之亡我，非战之罪也”，而不能认识自己终致失败的原因。后来，刘邦以鲁公礼葬项羽于谷城。

关羽集大义于一身

义是儒家最常用的一个道德概念，成为做人的最高标准，我国传统文化无不把义作为道德的核心内容。三国时期关羽是我国历史上第一忠义之人，是集大义于一身的典范。被后人尊称为“义帝”，是儒家“义德”的完美形象。

关羽，三国时期的名将。他的“义”，是报国安民的为臣之忠义，是交友之道的为友之恩义，是济困扶危的为人之侠义。

在儒家看来，“义”以“忠”为先。儒家认为，“义”是“立德之

本，诸德之发也”、“君臣父子之间之事曰义”。关羽对刘备，对汉室十分忠诚，表现为报国安民的为臣之忠义。

关羽所处的时代战乱频仍，诸侯四起，群雄纷争。他在未投靠刘备之前是一个落难之人，拥有一身武艺。他先准备投靠汉鲁公，之后是幽州太守刘焉，这说明关羽开始就打算投于汉献帝帐下。

关羽对刘备、汉室的忠义主要表现在降曹前后。

在当时，汉献帝名存实亡，而刘备代表了汉室宗族，所以关羽提出“降汉不降曹”，“但知刘皇叔去向，不管千里万里，便当辞去”。他降曹后，尽管曹操为了笼络他，送金银器皿及美女、锦袍、赤兔马等，用尽一切手段，但最终还是不能笼络关羽忠“汉刘”的心。

关羽斩颜良，解“白马之围”后，曹操封其为“寿亭侯”，关公执意不受。后曹操在“寿亭侯”前加一“汉”字，关羽才拜受。

关羽对曹操的厚恩下拜致谢只有一次，那就是曹操赠给他赤兔马，原因只是“此马日行千里，若知兄长下落，可一日而见面矣”，这使“曹操愕然而悔”，使得人们对关羽的忠义更加钦佩。

其实，关羽投靠刘备，也是因为刘备宽仁厚道，不弄奸诈，礼贤下士；志向远大，知人善用；爱民如子，深得民心；与关张又有深厚的友谊，重义气，轻富贵。刘备具备“德”这个条件，就可以做皇帝，因此关羽最后择明主刘备就不足为怪了。

关羽为友之恩义表现为重承诺，轻生死，义不负心。从刘、关、张结义开始，直至刘、张为关羽报仇，出兵伐吴，双双以死殉义，履行了他们 3 人在桃园结义时的誓言。

刘、关、张徐州兵败之后，关羽保护刘备家眷被困土山，张辽来说降时，关羽说“吾今虽处死地，视死如归，汝当速去，吾即下山迎战！”可见他后来降曹非求苟活，而是为了保全大哥刘备的两位夫人及桃园之盟。

关羽降曹之后，曹操为收买其心，三日一小宴，五日一大宴，待如上宾，对关羽恩宠优待有加。但关羽不为所动，他的信念是“君知我报君，友知我报友”，具有极浓的封建报恩色彩。

关羽由于曹操对自己有恩，因此他斩颜良，诛文丑，解“白马之围”来报效。而在华容道上，这个义重如山的大英雄，想起当日曹操的许多恩义，面对曹操的苦苦哀求，不顾触犯军法，把曹操放了。

当然，如果依照当时的政治标准来看，放走曹操是敌我不分，站错了立场，但如果以民间的道德标准来评价，这是义不负心。

千百年来，对于重然诺、轻生死、义不负心的义士，人们交口称誉，反之，对忘恩负义之徒，人们无情谴责。与关羽形成鲜明对比的是同时代的吕布，他先因董卓赠金银珠宝、赤兔马，而杀了义父丁原拜董卓为义父，后又为貂蝉而杀了董卓，在兵败被擒后还试图投降曹操。

吕布被世人视为“忘恩负义”之徒，永远钉在历史的耻辱柱上。

因此，关羽虽然“义释曹操”，看似失节，但是并没有影响他在人们心目的地位，反而更突出了关羽的性格，人们从心里原谅他，认可他。

可以这么说，关羽的重承诺、轻生死、义不负心，已经成了华夏民族的又一道德标准。

“侠”是我国历史文化的特殊产物，具有鲜明的民族特色和深厚的文化底蕴。侠义，在民间被理解为急人危难，舍生忘死的品质；仗义疏财，济困扶危的慷慨行为；疾恶如仇，为天下除害的献身精神；抗击侵略，救亡图存的爱国热情，以及浓厚的大无畏精神。关羽为人的侠义，表现为济困扶危的大无畏精神。

关羽本不姓关，年少时力气最猛，难以约束，他的父母无奈之下把他紧闭在后园的一间空房子里。一天晚上，月明星稀，关羽启窗越出，闲步园中。

这时，关羽忽听墙东有女子啼哭，声音甚是悲苦，兼有老人的哭声。他感到奇怪，就顺着墙脚来到近前询问。

老者向关羽哭诉说：“我的女儿已受聘于人，但本县舅爷看到小女有姿色，要强娶为妾。我向他们告知实情，反受他们的叱骂，因此在这里父女相对而泣。”

关羽闻言大怒，仗剑径直来到县署，杀死县太爷和他的舅舅，然后外逃。关羽这种疾恶如仇的举动，够得上“侠义”两字了。

关羽不为曹操的高官厚禄所收买，终弃曹归刘，用他自己的话说是“受刘将军厚恩”，“誓同生死，不可背之”。

但实际上，关羽追随的刘备始终是在穷愁窘迫不得势的境遇里，这就更显出关羽的侠肝义胆。

当时刘备颠沛流离，仰人鼻息，投在袁绍处。曹操可以给关羽高官厚禄，金银美女，而刘备没有办法给他。即使如此，关羽仍“新恩虽厚，旧情难忘”。一举一动，一思一念，都专注在那存亡未卜，穷愁窘迫的刘备身上，生则“不可背之”，死则“从于地下”。

关羽不管千里万里，冒着生命危险去投奔刘备，表明他义重如山，不趋炎附势的难能可贵。这种济困扶危的侠义精神，体现出人民所喜爱的“患难与共，福祸共之”的光彩性格。侠义精神在另一方面是大无畏精神的体现。最能表现出关羽大无畏精神的是刮骨疗伤。

有一次，关羽攻曹仁之时，为守城乱箭所伤，射中右臂，箭头有药，毒已入骨，右臂青肿，不能运动。

名医华佗前来为关羽治伤，他对关羽说：“当于静处立一标柱，上钉大环，请君侯将臂穿于环中，以绳系之，然后以被蒙其首。吾用尖刀割开皮肉，直至于骨，刮去骨上箭毒，用药敷之，以线缝其口，方可无事。但恐君侯惧耳。”

关羽不同意把自己绑在柱子上，即伸臂给华佗医治，让他刮骨。在手术过程中，“佗用刀刮骨，悉悉有声。帐里帐外见者，皆掩面失色”，而关羽“饮酒食肉，谈笑弈棋，全无痛苦之色”。

由此可见，关羽“无畏”至极，就连“神医”华佗也不由得称赞：“君侯真天神也！”

关羽为臣、为友、为人，忠贯日月，义薄云天，很好地诠释了儒家“义德”的内涵。他自身所具有的和被后世所叠加上的那些道德观念和道德精神，成了中华民族传统道德文化中的一份沉甸甸的遗产。关羽，人们不但热爱他，更尊重他！

祖冲之解开圆周之谜

祖冲之（429~500），中国南北朝时的科学家。他计算出的圆周率数值在3.1415926和3.1415927之间，是当时全世界最精确的圆周率数值。童年不爱读书，喜欢数学和天文。

公元429年，祖冲之出生在范阳（今河北涞水）。祖父祖昌是当朝的大匠卿，主管建筑工程，并且对天文历法及数学有一定的研究。

祖父经常给祖冲之讲一些科学家的故事，其中张衡发明地动仪的故事深深打动了祖冲之幼小的心灵。

祖冲之常随祖父去建筑工地，晚上，在那里他常同农村小孩们一起乘凉、玩耍。

天上星星闪烁，在祖冲之看来，这些星星很杂乱地散布着，而农村孩子们却能叫出星星的名称，如牛郎、织女以及北斗星等，此时，祖冲之觉得自己实在知道得很少。

祖冲之不喜欢读古书。5岁时，父亲教他学《论语》，两个月他也只能背诵十几句。气得父亲又打又骂。可是他喜欢数学和天文。

一天晚上，祖冲之躺在床上想白天老师说的“圆周是直径的3倍”这话似乎不对。

第二天早，他就拿了一段妈妈纳鞋子的绳子，跑到村头的路旁，等待过往的车辆。

一会儿，来了一辆马车，祖冲之叫住马车，对驾车的老人说：“让我用绳子量量您的车轮，行吗？”老人点点头。

祖冲之用绳子把车轮量了一下，又把绳子折成同样大小的3段，再去量车轮的直径。量来量去，他总觉得车轮的直径没有1/3的圆周长。

祖冲之站在路旁，一连量了好几辆马车车轮的直径和周长，得出的结论是一样的。

这究竟是为什么？这个问题一直在他的脑海里萦绕。他决心要解开这个谜。

经过多年的努力学习，祖冲之研究了刘徽的“割圆术”。所谓“割圆术”就是在圆内画个正6边形，其边长正好等于半径，再分12边形，用勾股定理求出每边的长，然后再分24、48边形，一直分下去，所得多边形各边长之和就是圆的周长。

祖冲之非常佩服刘徽这个科学方法，但刘徽的圆周率只得到96边，得出3.14的结果后就没有再算下去，祖冲之决心按刘徽开创的路子继续走下去，一步一步地计算出192边形、384边形……以求得更精确的结果。

当时，数字运算还没利用纸、笔和数码进行演算，而是通过纵横相间地罗列小竹棍，然后按类似珠算的方法进行计算。

祖冲之在房间地板上画了个直径为1丈的大圆，又在里边做了个正6边形，然后摆开他自己做的许多小木棍开始计算起来。

此时，祖冲之的儿子祖暅已13岁了，他也帮着父亲一起工作，两人废寝忘食地计算了十几天才算到96边，结果比刘徽的少0.000002丈。

祖暅对父亲说：“我们计算得很仔细，一定没错，可能是刘徽错了。”

祖冲之却摇摇头说：“要推翻他一定要有科学根据。”

于是，父子俩又花了十几天的时间重新计算了一遍，证明刘徽是对的。

祖冲之为避免再出误差，以后每一步都至少重复计算两遍，直到结果完全相同才罢休。

祖冲之从12288边形，算到24567边形，两者相差仅0.0000001。祖冲之知道从理论上讲，还可以继续算下去，但实际上无法计算了，只好就此停止，从而得出圆周率必然大于3.1415926，而小于3.1415927。

很多朋友知道了祖冲之计算的成绩，纷纷登门向他求教。之后，祖冲之又进一步得出圆周率的密率是355/113，约率是22/7。直到

1000 多年后，德国数学家鄂图才得出相同的结果。

司马光识人善用荐才

北宋时期的宰相司马光是著名的学者、史学家。

司马光当宰相后日理万机，案头文书堆积如山，其中有不少是旧友来函，内容大都是一些叙述个人目前处境如何不好，表示希望能够得到司马光的提携。司马光也并非全然不念旧情，对旧友中那些德行好、有才气的，他是忘不掉的。

一天，国史馆的刘器之来拜望司马光，谈完公事后，司马光问刘器之道："器之，你知道你是怎样进入史馆的？"

他接着说："在我赋闲居家时，你经常去我那里。我当时心境不好，你常常宽慰我，鼓励我。我那时无权无势，能有你这样的朋友，真是幸事！后来我做了官，如今已是宰相，那些过去的泛泛之交，都纷纷给我来信，要官。只有你从不给我来信，依旧读书做学问，对失意人不踩，对得意人不捧，这就是你与其他人的不同处。我就是冲这一点竭力向朝廷推荐你的……"

刘器之听罢，起身对司马光深深一揖："君实兄知我，我由此更知君实兄！"

笃信好学，守死善道

子曰："好勇疾[①]贫，乱也。人而不仁[②]，疾之已甚[③]，乱也。"

子曰："如有周公之才之美，使骄且吝，其余不足观也已。"

子曰："笃信[④]好学，守死善道[⑤]。危邦不入，乱邦不居。天下有道则见[⑥]，无道则隐。邦有道，贫且贱焉，耻也；邦无道，富且贵焉，耻也。"

【注释】

①疾：恨、憎恨。

②不仁：不符合仁德的人或事。

③已甚：已，太。已甚，即太过分。

④笃信：坚信。

⑤善道：此指仁义之道。

⑥见：通"现"，出现，此指出来做客。

【解释】

孔子说："喜好勇敢而又恨自己太穷困，就会犯上作乱。对于不仁的人或事逼迫得太厉害，也会出乱子。"

孔子说："一个在上位的君主即使有周公那样美好的才能，如果骄傲自大而又吝啬小气，那其他方面也就不值得一看了。"

孔子说："坚守信念，努力学习，誓死主持正义；不入险地，不住乱世；国家太平则一展才华，社会黑暗则隐姓埋名。治世中，贫贱就是耻辱；乱世中，富贵也是耻辱。"

【故事】

帝喾以诚信赢万民

中华民族的诚信思想源远流长，早在4000多年前的帝喾时期就有了很强的诚信观。它是一种美德，一种品质，为中华民族历代所信奉。诚信思想体现了原始社会人们的精神风貌，是中华民族“诚信”美德的历史渊源，对后世产生了极其深远的影响。

帝喾，号高辛氏，是黄帝的曾孙，父亲叫蟜极，他的伯父是颛顼。相传帝喾生于穷桑，即西海之滨，他的母亲因踏巨人足迹而生了他。

帝喾少小聪明好学，十二三岁便有盛名，15岁佐颛顼，封有辛这个地方，实住在帝丘。有辛就是后来的河南商丘，帝丘就是后来的濮阳。帝颛顼去世时，30岁的帝喾继颛顼帝位，迁都至亳邑，这里位于现在的河南偃师县西南。

帝喾养性自律，喜好巡游，他东到泰山、东海；东北至辽宁；北到涿鹿、恒山、太原；西北至宁夏、甘肃；西南至四川；南到湖北、湖南至长沙。他几乎游遍五岳，参观了女娲、少昊、黄帝等前人的遗迹。这些传说虽未必真实，但略见当时我国地域之辽阔。

帝喾时期可谓上古时期的太平盛世，这和他的诚信观念有很大关系。他在人民群众中尤以诚信而著称。“嫁女盘瓠犬”的故事历数千年而不衰。

据传说，有一次帝喾出巡大泽，就是现在的湖北洞庭湖一带。当

时这里有一个古族叫犬戎，犬戎首领房王心怀不轨，与手下大将吴将军一起，率军围困帝喾，帝喾一时间不得脱险。

危急关头，帝喾悬出赏格：谁能打败房王和房王的吴将军，除了赏黄金千镒、封居有万家的土地外，还把自己的女儿嫁给他。

帝喾当初离开京城太远，兵力又少。将士们虽然很奋勇努力，也无济于事，房王的军队很多。吴将军想打进去，杀死帝喾。但房王想，那样不好向天下交代。房王想把帝喾围困在那里，让他饿死困死，所以才没有发动进攻。

帝喾出巡时带了他的女儿同行。他的女儿还带着她养的那条叫盘瓠的狗。盘瓠与主人形影不离，时刻都在保护着主人，非常勇敢，每当外出，总是走在主人前面，探查路径好不好走。而且它非常机灵，主人的一个眼神，它都能明白是什么意思。

盘瓠发现主人这几天不开心，似乎觉得主人有了大难。于是，他咬了咬主人的衣角，然后迅速跑出去，左拐右拐，钻进了房王的驻地。

房王和吴将军都认出来了是帝喾女儿的那条叫盘瓠的狗，很喜欢。就对着它自言自语地说："你是不是知道高辛氏要亡，孤家要兴，所以才来投奔我的？"

当时有个说法，认为狗会带来财运，而假如一只狗突然不期而至，那就预示着将有更大的财运到来。

盘瓠摇了摇尾巴，趁他们不注意，突然发起攻击，很短的时间就咬死了房王和吴将军，并把两个人的头给衔了回来。

在帝喾生死存亡之际，是盘瓠解了他们的被围之苦。帝喾言出必行、履行承诺，真的把女儿嫁给了盘瓠。但是，盘瓠却背着帝喾的女儿跑到深山之中，并与其结婚生育子女。多年以后，盘瓠和帝喾的女儿都去世了。

帝喾得知消息后，就把盘瓠的子女们接回了京城。但这些子女在深山老林里待惯了，很少驯良，有一股野性。帝喾不让他们到处走，也不让家人与他们接触交往，害怕他们带坏了别的孩子。

帝喾深思熟虑后，决定分封他们每个人一片土地，让他们各自为生，免得他们闹得京城不安。盘瓠的子女求之不得，拍着巴掌叫好。

后来，盘瓠的子女们有的回到当年他们父母原来住过的山洞，有的到了涂山，自相婚配，子女非常多。有的还渡海东去，得到一片周围300里的地盘，建起一个很大的部落，部落里的人被称为犬封氏。

帝喾的诚信之举，在人们的心目中产生很大影响，所有人都觉得帝喾是一个值得信赖、值得依靠的人。在帝喾的诚信精神带动下，上行下效，人们和睦相处，以不讲诚信为耻，以讲诚信为荣，从而使社会树立起了良好的诚信风尚。

帝喾不仅讲诚信，还以讲究知人善任，以德治国。他继承颛顼治国策略，并有新的突破。他的治国方略是：

> 德莫于博爱于人，政莫高于博利于人。政莫大于信，治莫大于仁。

在当时，人们虽有一年四季的概念，但只是日出而作，日落而息，没有一个科学的时辰顺序，严重制约了农业发展和人们生活质量的提高。

为进一步促进农业发展和人们生活质量的提高，帝喾观北斗四时指向，以定时令；用占卜的方式推算望、晦、朔、迎日，以定周天历变，然后颁告天下。

帝喾治历明时，指导人们按照节令从事农事活动。他的这些活动，极大地促进了当时社会生产力的发展，加快了华夏人民迈入农耕文明新时代的步伐。

帝喾了解民间的疾苦，对天下人都一律平等。他绝不违背自然规律，又恭敬地祭祀天地鬼神，祈求神灵降福万民。由于他德行崇高，因此深受百姓的爱戴。在他的治理下，社会富足，人民安居乐业。

帝喾也能知人善任。大羿的射箭技术天下无双，帝喾选拔他担任射官，赐给他彤弓和矰矢。大羿立下誓言，一定恪尽职守，不负帝喾厚望。当有人发动反叛时，大羿总能凭借高超的射箭技术，最终将其平定。

咸黑长于音乐和制作乐器，帝喾就命他为乐官，终于创作出《九韶》之乐，是当时尽善尽美的乐舞节目。

咸黑不负帝喾重托，还制作出鼙鼓、笭、管、埙、帘等新乐器，使当时的乐曲更加动听了。

帝喾强调以诚信、仁德使天下治，创造了太平盛世。他前承炎黄，后启尧舜，奠定华夏根基，是华夏民族的共同人文始祖。西汉著名史学家司马迁在《史记》中颂扬帝喾说：

> 普施利物，不于其身聪以知远，明以察微，顺天之义，知民之急，仁而威，惠而信，修身而天下服……日月所照，风雨所至，莫不从服。

帝喾作为华夏上古时期一位著名的部落联盟首领，不仅能养性自律，大公无私，而且倡导诚信，明察善恶，为天下人所景仰，为历代帝王所推崇，时至今日，仍有积极意义。

尧舜禹的诚信美德

中华民族的诚信思想源远流长，早在尧舜禹时期就已经形成了比较完整的诚信观。它是一种美德，一种品质，为中华民族历代所信奉。诚信思想体现了原始社会人们的精神风貌，是中华民族“诚信”美德的历史渊源，对后世产生了极其深远的影响。

尧作为原始部落的一位首领，他非常注重自己的德行，恪守诚信。当时国家已经出现了萌芽，尧在治理国家方面，一贯坚持“诚信”原则。

尧首先规定百官的事务，他命令羲氏与和氏，敬慎地遵循天数，推算日月星辰运行的规律，制定出历法，把天时节令告诉人们。

又命令羲仲住在东方的旸谷，恭敬地迎接日出，辨别测定太阳东

升时刻。昼夜长短相等，南方朱雀七宿黄昏时出现在天的正南方，依据这些确定仲春时节。这时，人们分散在田野，鸟兽开始生育繁殖。

又命令羲叔住在南方的交趾，辨别测定太阳往南运行的情况，恭敬地迎接太阳从南回来。白昼时间最长，东方苍龙七宿中的火星黄昏时出现在南方，依据这些确定仲夏时节。这时，人们住在高处，鸟兽的羽毛稀疏。

又命令和仲住在西方的昧谷，恭敬地送别落日，辨别测定太阳西落的时刻，昼夜长短相等。北方玄武七宿中的虚星黄昏时出现在天的正南方，依据这些确定仲秋时节。这时，人们又回到平地上居住，鸟兽换生新毛。

又命令和叔住在北方的幽都，辨别观察太阳往北运行的情况。白昼时间最短，西方白虎七宿中的昴星黄昏时出现在正南方，依据这些确定仲冬时节。这时，人们住在室内，鸟兽长出了柔软的细毛。

在尧的安排和百官的努力下，许多事情就都兴办起来。过了些时候，尧又以诚信为标准来考察百官的政绩。

尧说："善治四时之职的是谁啊？我要提升任用他。"

大臣放齐说："您的儿子丹朱很开明。"

尧说："唉！他说话虚妄，又好争辩。"

尧说："善于处理我们政务的是谁呢？"

三苗首领兜说："共工防救水灾已经具有成效。"

尧说："他花言巧语，阳奉阴违，貌似恭谨，而气焰很高。"

尧说："四方诸侯之长，滔滔的洪水普遍危害人们，水势奔腾包围

了山岭，淹没了丘陵，浩浩荡荡，弥漫连天。臣民百姓都在叹息，有能使洪水得到治理的人吗？”

人们都说：“鲧吧！”

尧说：“他违背人意，不服从命令，危害族人。”

四方诸侯之长说：“起用吧！试试，就用他。”

尧说：“去吧鲧，要谨慎啊！”

过了9年，鲧治水无果，尧就让他的儿子禹继续做这件事。禹表示一定完成这个任务。

后来，尧对四方诸侯之长说：“我在位70年，你们能用我之命，升任我的帝位吧！”

四方诸侯之长说：“我们德行鄙陋，不配升任帝位。”

尧说：“可明察贵戚，也可推举地位低微的人。”

众人提议说：“下面有一个名叫虞舜的人。”

尧说：“我也听说过此人，这个人怎么样呢？”

四方诸侯之长回答说：“他是乐官瞽叟的儿子。他的父亲心术不正，后母说话不诚，弟弟傲慢不友好，而舜能同他们和谐相处。因他的孝心醇厚，治理国务不至于坏吧！”

尧说：“我试试吧，把我的两个女儿嫁给舜，从两个女儿那里观察舜的德行。”

于是尧帝命两个女儿下到妫水湾，嫁给虞舜，派虞舜到各地去同群众一起干活。

虞舜到历山脚下去种地。原来那里的农民经常为了争夺土地而闹得不可开交，虞舜一去，农民们就互相谦让，你帮我，我帮你，把生产搞得很好。

虞舜到雷泽地方去捕鱼。本来那里的渔民经常为了争夺房屋而打得头破血流，虞舜一去，渔民们就互相让房屋，和睦得像一家人。

虞舜到河滨去烧制陶器。原来那时的陶工干活粗制滥造，陶器的质地粗劣，虞舜一去，陶工们就认真工作，制作出来的陶器十分精美。

虞舜每到一个地方，人们都紧紧跟着他。舜时父权制已确立，私

有财产也已产生。舜拥有许多私有财产，有牛羊，仓库里储存许多物品。

虞舜的父亲和弟弟象听说后又起了坏心。有一回，瞽叟叫舜修补粮仓的顶。当舜登梯子爬上仓顶的时候，瞽叟就在下面放起火来，想把舜烧死。舜在仓顶上一见起火，想找梯子，梯子已经不知去向。幸好舜随身带着两顶遮太阳用的笠帽。他双手拿着笠帽，像鸟张开翅膀一样跳下来。笠帽随风飘荡，舜轻轻地落在地上，一点也没受伤。

瞽叟和象并不甘心，他们又叫舜去掏井。舜跳下井后，瞽叟和象就把一块块土石丢下去，把井填没，想把舜活活埋在里面，没想到舜下井后，在井边掘了一个孔道，钻了出来，又安全地回家了。

以后，舜还是像过去一样和和气气地对待他的父母和弟弟，瞽叟和象也不敢再暗害舜了。

唐尧听说虞舜这样宽宏大量，对他更加放心了，就把治理天下的大权交给了他。

虞舜行使治理大权后，不仅本人恭敬诚信，而且他考察百官，以诚为标准来确定功绩。为此，他要求百官生产依时，安抚远近臣民与百姓，并希望他们安抚远方，爱护近邻，尚厚德，信任善类。

舜让禹总揽朝政，嘱咐他做好百揆这件事；又让弃主持农业，教人们播种各种谷物；让契做司徒，谨慎地施行五常教育；让皋陶做狱官之长；让垂做掌管百工的官；让益、朱虎和熊罴担任虞官；让伯夷做掌管祭祀的礼官；让夔主持乐官，教导年轻人；让龙做纳言的官，早晚传达命令。最后嘱咐他们要谨慎，要好好领导天下大事。

舜在派遣皋陶去蛮夷做官时，一再叮嘱他明察案情，处理事情诚信公正。舜在命龙为纳言官时，希望他如实传达下面的意见，诚实守信。在舜的直接垂范下，大臣们无不以讲诚信为荣。

皋陶不仅明确要求自己诚实地履行先王美德，做到决策英明，群臣和谐，还提出用“九德”作为检验人的行为标准。

皋陶提出的“九德”，就是宽宏而坚实，柔顺而卓立，谨慎而恭敬，多才而认真，和顺而刚毅，正直而温和，简易而方正，刚正而充

实，坚强而又合宜。

皋陶强调说："发扬并保持这些美德，就会办事顺利。"

舜帝3年考察一次百官的政绩，考察3次后，根据百姓对百官的诚信程度，罢免昏庸的官员，提拔贤明的官员。由于百官大臣纷纷效仿舜，呈现出相互信任和谐的局面，社会也呈现出一片和乐景象，"百姓昭明，协和万邦"，"盗窃乱贼而不作，故外户而不闭，是谓大同"。

禹是夏王朝的建立者。早在帝尧时，就接替父职治理洪水。为了不失信于尧，禹挑战艰难，开始了治理洪水的工作。

在治水期间，禹翻山越岭，蹚河过川，拿着测量工具，从西向东，一路测度地形的高低，树立标杆，规划水道。他带领治水的民工，走遍各地，根据标杆，逢山开山，遇洼筑堤，以疏通水道，引洪水入海。就这样，禹完成了舜交给他的使命，实现了当初治水成功的诺言。

舜在位33年时，正式把天子之位禅让给了禹。17年以后，舜在南巡中逝世。在诸侯的拥戴下，53岁的禹正式即王位，以安邑为都城，国号夏。又收取天下的铜，铸成了九鼎，作为天下共主的象征。

九鼎是国家最重要的礼器。后人所说的"一言九鼎"，意思就是一句话抵得上九鼎重，比喻人们在说话时，信守承诺的力量起着决定性的作用。

由此我们发现，古代在阶级社会产生以前就已经存在诚信道德，就是在阶级社会里，讲诚信也是开明管理者的道德要求。这种重视诚信的思想，是我国所固有的一种优良传统，也是延续了几千年的一种民族美德，在儒家的思想体系里，是伦理道德内容中的一部分。

贾逵刻苦读书自学

贾逵，字景伯，东汉平陵（今咸阳）人。他历仕曹操、曹丕、曹叡三世，文武兼备。祖父贾习，曾口授贾逵兵法数万言。

贾逵少年时家里贫困，甚至冬天连棉裤也没有，但他却聪慧好学。

5岁那年，有一天姐姐带他到院子里玩，忽然听见附近的私塾里传来一阵阵读书声。小贾逵羡慕极了，情不自禁地跟着老师诵读。姐姐见弟弟如此喜欢读书，就每天抱着他隔篱听课。

暑去寒来，贾逵隔篱偷学了五年，对老师讲授的“五经”与《左传》，竟能全文背诵下来。

10岁那年，父亲贾徽求学回家，发现儿子对经书十分熟悉，能背诵“五经”，非常惊喜。姐姐向父亲述说了贾逵的五年苦学。贾徽听后，赞叹不已。

针对儿子的薄弱环节，贾徽因材施教。在父亲的指导下，贾逵剥下庭中桑树皮作书板，对着教材边诵读边默写。桑树皮用完了，他就趴在门上、墙壁上写字。

贾逵就这样刻苦地自学，而且10年不中断。当他刚满20岁的时候，竟令人惊奇地为《左氏传》和《国语》写了51篇注释。

贾逵的名声传遍乡里，不少好学的青少年纷纷前来求教；大家都把他求书生活称为“舌耕”，以赞扬他的勤奋刻苦精神。

汉之飞将军李广

李广的祖先是秦王政时李信，曾率军击败燕太子丹。李广家族世代接受仆射这一官职。

公元前166年，匈奴大举入侵边关，李广少年从军，抗击匈奴。他作战英勇，杀敌颇众，使汉文帝大为赞赏。因善于用箭，杀死和俘虏了众多敌人，升为汉中郎，以骑士侍卫皇帝。

李广曾经多次跟随汉文帝射猎。

有一次，汉文帝出去狩猎。突然，眼前跳出一只斑斓猛虎。负责侍卫的李广立刻跳出，与猛虎扭打在一起，最后，李广以短剑将老虎刺死。

汉文帝慨叹道："可惜呀，你生在太平时期。如果生在大汉初年的战争年代，以你的武功，做个万户侯也不在话下！"

汉景帝即位后，李广升为武骑郎将。

当时，以被封为吴王的刘濞为中心的7个刘姓宗室诸侯由于不满国家削减他们的权力，所以兴兵叛乱，史称"七国之乱"。叛乱发生后，李广以骁骑都尉官职跟随太尉周亚夫出征平叛，在昌邑城下夺得叛军军旗，立下显赫战功。

平定"七国之乱"后，李广被调往上谷、上郡、陇西、雁门、代郡、云中等西北边陲做太守。他在抗击匈奴入侵的过程中，屡涉险境，战果斐然。

有一次，匈奴进攻上郡，汉景帝派了一名亲随到李广军中。这名亲随带了几十骑卫士出游，路上遭遇3名匈奴骑士，结果，卫士们全被射杀，亲随本人也中箭逃回，并把事件报告给李广。

李广说："这一定是匈奴的射雕手。"说完，他带上100名骑兵前去追赶那几个匈奴人。

那几个匈奴人没有马，徒步前行。刚走了几十里，就被李广追上了。李广命令他的骑兵左右散开，两路包抄。

李广开弓引箭，射杀了其中的两个，活捉了一个。李广一问，果然是匈奴的射雕手。

李广刚把俘虏缚上马，匈奴数千骑兵赶来，见到李广等人，以为是汉军诱敌之兵，连忙抢占了一座高地。

李广所带的100名骑兵士慌忙欲逃。李广大喝道："我们远离大军数十里，逃必死！不逃，匈奴以为是诱敌之计，必不敢攻击我们。"

于是，带领兵士向匈奴骑兵迎去。离匈奴阵前2里处，他令士兵下马解鞍。

匈奴搞不清他们的意图，果然不敢攻击，只派一名将官出阵试探。

李广飞马抢到阵前，将他射落马下，然后从容归队。

至夜半时，匈奴认为一定有汉军埋伏夜袭，就引兵而去。

公元前128年，匈奴又一次兴兵南下，前锋直指上谷。李广任骁骑将军，率1万骑兵出雁门关。在作战中，李广因寡不敌众而受伤。匈奴单于久仰李广威名，命令手下生擒李广。

匈奴骑兵抓住李广后，把受伤的李广放在两匹马中间，让他躺在用绳子结成的网袋里。走了十几里路，李广装死，斜眼瞧见他旁边有个匈奴少年骑着一匹好马，李广突然一跃，跳上匈奴少年的战马，把少年推下马，摘下他的弓箭，策马扬鞭向南奔驰。

匈奴骑兵数百人紧紧追赶。李广边跑边射杀追兵，终于逃脱，收集余部回到了京师。

李广展现出的惊人骑射技术，给匈奴人留下深刻的印象，这正是匈奴称其为“汉之飞将军”的由来。

公元前121年，李广以郎中令身份率4000骑兵从右北平出塞出征匈奴。部队前进了数百里，突然被匈奴左贤王带领的4万名骑兵包围。

李广的士兵们都非常害怕。李广就派自己的儿子李敢先入敌阵探察敌情。

李敢率几十名骑兵，冲入敌阵，突破匈奴的重围，抄出匈奴的两翼而回。回来后向李广报告说：“匈奴兵很容易对付。”

李广的军士听了才安定下来。

李广布成圆形阵势，面向四外抗敌。匈奴猛攻汉军，箭如雨下，汉兵死伤过半，箭也快射光了。李广命令士兵把弓拉满，不要发射，他手持强弩“大黄”射杀匈奴裨将多人，匈奴兵将大为惊恐，渐渐散开。

此时天色已晚，汉官兵都吓得面无人色，但李广却意气自如，更加致力于整饬军队。军中官兵从此都非常佩服李广的勇气。

第二天，他又和敌兵奋战。这时，一支救兵赶到，解了匈奴之围。

公元前119年，大将军卫青与骠骑将军霍去病深入漠北打击匈奴。

李广多次请求随军出征，汉武帝认为他年老未被启用。后来汉武帝终于任命其为前将军，随卫青出征。

在发兵前，卫青得知单于的驻扎地后，决定亲自率部队袭击单于，命前将军李广与右将军赵食其从东路夹击。东路道迂回且远，水草极少，不利于行军。

李广希望作为先锋正面对抗单于。可是汉武帝认为李广年老又命数不好，出征时总是遇到各种状况，就暗地里嘱咐卫青不要让李广与单于正面对阵。

李广拒绝调动，卫青不接受他的请求，命令长史下道文书，让李广赶快到所在部队去，照文书说的办。李广没有向卫青告辞就回到营中，领兵与右将军会合，从东路出发。

但他的部队因无向导或者向导死亡，迷失了道路，落在大将军后面，耽误了约定的军期。

漠北之战，卫青虽然有效击杀匈奴，但单于逃走，卫青只得徒劳而返。在回军的路上，卫青与李广、赵食其会合。

会合后，由于要向武帝汇报此战的经过，卫青派长史拿了干粮酒食送给李广，顺便问起李广等迷路的情况。卫青回来后向天子上报，把走失单于的责任推给右将军赵食其。

李广一身正直，自然不答应，他叹道："我与匈奴交战70余次，如今幸随大将军深入漠北，而大将军又令我率部迂回远行，又迷失道路，这真是天意呀！"言毕，自负的李广拔出佩剑引颈自刎。

李广部下军士大夫一军皆哭。百姓闻李广死讯以后，无论认识与不认识他的，无论老者青年，皆为之流泪。

无一败绩的卫青

卫青从小与母亲在贵族人家做奴隶，获救后任侍中、建章监和太中大夫。公元前129年，他被封为车骑将军，开始了10年的戎马生涯。

公元前128年，匈奴骑兵大举南下。汉武帝派匈奴人敬畏的“飞将军”李广镇守右北平，匈奴兵则避开李广，而从雁门关入塞，进攻汉朝北部边郡。于是，汉武帝又组织了一次塞前近距离出击，共分4个方向，由卫青等4将统帅，各1万骑。

在这次近距离出击中，卫青本人身先士卒，将士们更是奋勇争先，他们袭击了匈奴的圣地龙城，歼敌700余人。而其余三将，或无所得，或损失过半，老将李广也战败被俘，途中抢马驰回本军。这一仗，充分显示了卫青的将才，受封关内侯。

公元前127年，匈奴贵族集结大量兵力，进攻上谷、渔阳。武帝决定发动河南战役，并由卫青统一指挥。这是西汉对匈奴的第一次大战役。

这次远距离的敌侧进军，随时有受到匈奴右贤王侧击的可能，所经大部分是从未到过的沙漠、草原，要从一侧压迫河南匈奴军于河套而歼灭之，更需行动迅速，组织周详。

所以，卫青对如何封锁消息，秘密行动，捕捉匈奴暗哨巡骑，寻找可靠的向导，了解水草位置，以及解决大军粮草供给等，都计划得很周到。

了解了情况之后，卫青率领4万大军从云中出发，采用迂回侧击的战术，西进绕到匈奴军的后方，迅速攻占高阙，切断了驻守河南地的匈奴白羊王、楼烦王同单于王庭的联系。

然后，卫青又率精骑，飞兵南下，进到陇西，形成了对白羊王、楼烦王的包围。匈奴白羊王、楼烦王见势不好，仓皇率兵逃走。

汉军活捉敌兵数千人，夺取牲畜100多万头，完全控制了河套

地区。

因为这一带水草肥美，形势险要，汉武帝在此修筑朔方城，设置朔方郡、五原郡，从内地迁徙10万人到那里定居，还修复了秦时蒙恬所筑的边塞和沿河的防御工事。这样，不但解除了匈奴骑兵对长安的直接威胁，也建立起了进一步反击匈奴的前方基地。卫青立有大功，被封为长平侯。

匈奴贵族不甘心在河南地的失败，一心想把失去的地方重新夺回去，所以在几年内多次出兵，但都被汉军打了回去。

公元前124年春，汉武帝命卫青率3万骑兵从高阙出发；苏建、李沮、公孙贺、李蔡都受卫青的节制，率兵从朔方出发；李息、张次公率兵由右北平出发。这次总兵力有10多万人。

匈奴右贤王认为汉军离得很远，一时不可能来到，就放松了警惕。卫青率大军急行军六七百里，趁着黑夜包围了右贤王的营帐。

这时，右贤王正在帐中拥着美妾，畅饮美酒，已有八九分醉意了。忽听帐外杀声震天，火光遍野，右贤王惊慌失措，忙把美妾抱上马，带了几百名壮骑，突出重围，向北逃去。

汉军大获全胜，高奏凯歌，收兵回朝。汉武帝接到战报，喜出望外，派特使捧着印信，到军中拜卫青为大将军，所有将领归他指挥。汉武帝随后又封赏了随从卫青作战的其他将领。

公元前119年，汉武帝决心在漠北与匈奴主力决战。命卫青率四将军共5万余骑出定襄与左贤王所部决战，又命霍去病率5万精骑，出代郡求单于主力决战，另有步兵数十万掩护辎重在后跟进。这次关键性的漠北决战，卫青把沉着谨慎与大胆猛进和谐地结合起来，表现了很高的指挥艺术。

卫青大军一出沙漠，就遇单于主力严阵以待。卫青沉着应战，首先环车为营，自立于不败之地。

假如匈奴发起冲击，则汉军可依托武刚车阵，发挥强弩的威力，先以防御作战消耗敌人，然后后发制人发动攻击，这就大大削弱了匈奴以逸待劳的有利条件，夺得了战场的主动权，正合乎孙子所说的：

“先为不可胜，以待敌之可胜。”

当大风骤起之时，对双方造成的困难完全相同。取胜的因素主要看双方指挥官的智勇和军队的素质。卫青抢占先机，立即纵大军合围单于主力，充分显示了卫青的胆略。

匈奴主力陷入包围，也不知汉军有多少，战斗意志已完全瓦解。汉军训练有素，赏罚严明，纵然在两军互不相见的情况下，卫青的号令仍能层层下达，坚决执行。

匈奴军则素来善作鸟兽散，此时各级组织已失去指挥，各人自顾逃命，单于本人一走，胜败之局就定了。

公元前106年，卫青病故。汉武帝命人在自己的茂陵东边特地为卫青修建了一座像小山一样高的坟墓，以象征卫青一生的赫赫战功。

克敌远征的霍去病

霍去病自幼精于骑射，虽然年少，却渴望像舅舅卫青那样杀敌立功。在卫青领军对蒙古大沙漠以南的右贤王部和单于主力展开作战时，比卫青小18岁的霍去病跟随卫青出征。汉武帝特地任命霍去病为骠骑校尉，率800骑兵。

在战斗期间，霍去病脱离大军在茫茫大漠里奔驰数百千米奇袭匈奴，打击匈奴的软肋，斩敌2000多人，杀死匈奴单于祖父一个辈分的若侯产和季父，俘虏单于的国相及叔叔。

霍去病的首战，以夺目的战果，横空出世。为表彰霍去病的功绩，汉武帝将他封为“冠军侯”，赞叹他功冠诸军，并割两处封地给霍去病。

公元前121年春，霍去病被任命为骠骑将军，独自率领1万精兵出征匈奴。这就是河西大战。19岁的统帅霍去病不负众望，在千里大漠中闪电奔袭，打了一场漂亮的大迂回战。

6天中他转战匈奴5个部落，一路猛进，并在皋兰山与匈奴卢侯王、折兰王打了一场硬碰硬的生死战。

在此战中，霍去病惨胜，1万精兵仅余3000人。而匈奴更是损失惨重，卢侯王和折兰王都战死，浑邪王子及相国、都尉被俘虏，被斩近9000人。匈奴休屠王用来祭天的金人也成了霍去病的战利品。

同年夏天，汉武帝决定乘胜追击，展开收复河西之战。此战，霍去病和公孙敖出征北地；博望侯张骞和郎中令李广出征右北平，合击匈奴。

在合击过程中，李广所部被匈奴左贤王包围，配合作战的公孙敖在大漠中迷了路，没有起到应有的助攻作用。霍去病遂再次孤军深入，并再次大胜。

就在祁连山，霍去病所部斩敌3万余人，俘虏匈奴王爷5人以及匈奴大小阏氏、匈奴王子59人、相国将军当户都尉共计63人。

经此一役，匈奴不得不退到燕支山北，汉王朝收复了河西平原。从此，汉军军威大振，而19岁的霍去病更成了令匈奴人闻风丧胆的战神。

真正使霍去病有如天神的事情是“河西受降”，发生的时间在秋天。

两场河西大战后，匈奴单于想狠狠地处理一再败阵的浑邪王，消息走漏后浑邪王和休屠王便想要投降汉朝。汉武帝不知匈奴二王投降的真假，遂派霍去病前往黄河边受降。当霍去病率部渡过黄河的时候，果然匈奴降部中发生了哗变。

面对这样的情形，霍去病竟然只带着数名亲兵冲进了匈奴营中，直面浑邪王，下令他诛杀哗变士卒。霍去病的气势不但镇住了浑邪王，同时也镇住了4万多名匈奴人，他们最终没有将哗变继续扩大。

汉王朝的版图上，从此多了武威、张掖、酒泉、敦煌4个郡。河

西走廊正式并入汉王朝。

这是我国历史上第一次面对外虏的受降，不但为饱受匈奴侵扰之苦百年的汉朝人扬眉吐气，更从此使汉朝人有了身为强者的信心。

公元前 119 年，为了彻底消灭匈奴主力，汉武帝发起了规模空前的“漠北大战”。漠北大战时，原定由对外征战的霍去病打匈奴单于，敢深入力战的兵士皆归骠骑将军。

结果由于情报错误，这个对局变成了卫青的，霍去病没能遇上他最渴望的对手，而是对上了左贤王部。然而，这场大战仍可以算霍去病的巅峰之作。

在深入漠北寻找匈奴主力的过程中，霍去病率部奔袭两千多里，以 15000 人的损失数量，歼敌 7 万多人，俘虏匈奴王爷 3 人，将军相国当户都尉 83 人。

霍去病一路追杀，来到蒙古肯特山一带。就在这里，霍去病暂作停顿，率大军进行了祭天地的典礼。祭天封礼在狼居胥山举行，禅礼祭地在姑衍山举行。

封狼居胥之后，霍去病继续率军深入追击匈奴，一直打到瀚海，即今俄罗斯贝加尔湖，方才回兵。

从长安出发，一直奔袭至贝加尔湖，在一个几乎完全陌生的环境里沿路大胜，这是怎样的成就！经此一役，匈奴远遁。霍去病和他的“封狼居胥”，从此成为我国历代兵家人生的最高追求。而这一年的霍去病年仅 22 岁。

公元前 117 年，24 岁的骠骑将军霍去病因病去世了。汉武帝谥封霍去病为“景桓侯”，以彰显其克敌服远、英勇作战、扩充疆土之意。

博学而无所成名

子罕①言利，与②命与仁。

达巷党人③曰："大哉孔子！博学而无所成名。"子闻之，谓门弟子曰："吾何执？执御乎？执射乎？吾执御矣。"

子曰："麻冕④，礼也；今也纯⑤，俭，吾从众。拜下，礼也；今拜乎上，泰⑥也；虽违众，吾从下。"

【注释】

①罕：稀少，很少。

②与：赞同、肯定。

③达巷党人：说达巷党这地方的人。

④麻冕：麻布制成的礼帽。

⑤纯：丝绸，黑色的丝。

⑥泰：这里指骄纵、傲慢。

【解释】

孔子很少谈到利益，却赞成天命和仁德。

达巷党这个地方有人说："孔子真伟大啊！他学问渊博，因而不能以某一方面的专长来称赞他。"孔子听说了，对他的学生说："我要专长于哪个方面呢？驾车呢？还是射箭呢？我还是驾车吧。"

孔子说："用麻布制成的礼帽，符合于礼的规定。现在大家都用黑丝绸制作，这样比过去节省了，我赞成大家的做法。（臣见国君）首先要在堂下跪拜，这也是符合于礼的。现在大家都到堂上跪拜，这是骄纵的表现。虽然与大家的做法不一样，我还是主张先在堂下拜。"

【故事】

季札治国不受王位

季札是吴王寿梦的第四个儿子。他聪明能干，吴王很喜欢他。

公元前561年，吴王得了重病，虽然当时规定王位应该由长子继承，但吴王却想将王位传给季札。

季札对父亲说："礼制的规定是大家公认的，父王怎么能随便废弃呢？而且同是父王的儿子为什么只对我施与私情呢？这是万万不成的。王位还是由大哥来继承吧！"

吴王见季札态度坚决，就让大儿子继位执政，而且兄弟依次相传。在哥哥们执政期间，季札辅助治理国事，十分尽力。

后来他的三哥又要把王位传给季札；可季札觉得自己帮助哥哥治国，多为百姓做好事就很开心了，不一定非要继承王位。

他对哥哥说："做人只要行为正当、品格高尚就好，至于荣华富贵，犹如秋风过耳，天际浮云，我是不关心的。"季札不但没有接受王位，还前往自己的封地延陵隐居起来。

三国第一勇将吕布

吕布从小随母习文作画，聪慧好学，一点就通，过目不忘。他生性好斗，力大过人，喜舞枪弄棒，身高体重超出常人。他青少年时代的许多事情常常被世人提及，五原地区家喻户晓，人人皆知，并引以为自豪。

176年，鲜卑部落军事联盟四处武力扩张，对东汉进行掠夺战争。吕布因其勇武在并州任职，并州刺史丁原担任骑都尉，在河内驻扎，任命吕布为主簿，对他很亲近。

汉灵帝死后，丁原接到何进的征召，率领军队到洛阳，密谋诛杀宦官，被任命为执金吾。吕布擅长骑射，膂力过人，被称为“飞将”。适逢何进为宦官所杀，董卓入京，诱吕布杀丁原，进而吞并丁原的军队，并任命吕布为骑都尉，同他发誓结为父子，对他十分欣赏信任。不久再任他为中郎将，封都亭侯。

关东军起兵讨董卓时，吕布因与董卓的爱妾有染，恐怕事情被董卓发觉，所以心中十分不安。当时，王允等密谋暗杀董卓，于是拉拢吕布，吕布答应，成功刺杀董卓，任职奋武将军，进封温侯，与王允同掌朝政。

董卓死后两个月，其旧部属李傕和郭汜攻入京城。吕布战败，于是仓皇出逃。

吕布先投靠袁术，但因袁术不满他自恃有功而被拒绝，于是吕布改投袁绍。在袁绍处，吕布与他联手大破黑山军，但吕布又恃着功劳，向袁绍请兵，袁绍不应许，吕布将士又多暴横，所以吕布又被袁绍赶走。之后吕布投靠了张杨。

194 年，曹操带兵讨伐陶谦时，张邈与陈宫叛曹迎吕布为兖州牧。当时曹操东征徐州陶谦，听到消息后立即回师，与吕布数次征战，最终，吕布不敌，东投刘备，刘备让他屯兵小沛。

后刘备与袁术相争，吕布乘机夺取了徐州，自称徐州牧。刘备只好投于吕布，吕布反让他屯兵小沛。吕布自称为徐州牧。

196 年，袁术派大将纪灵带领步骑共 3 万多人马征讨刘备，刘备向

吕布求援。吕布在离小沛西南2里许的地方扎下营寨，派卫士去请纪灵等将领。

吕布对纪灵等人说，他生性不爱看别人争斗，只喜欢替别人解除纷争。他命门候在营门中竖起一支戟，说："诸位看我射戟上的小支，如一发射中，诸君当立即停止进攻，离开这里；如射不中，那你们就留下与刘备决一死战。"

吕布引弓向戟射出一箭，正好中了小支。诸将大为震惊，夸赞说："将军您真是有天神般的威力呀！"这就是辕门射戟的由来。

第二天，吕布又与诸将宴饮，然后各自回兵。

袁术想联合吕布，让他为自己所用，于是向吕布提出让他的儿子娶吕布之女为妻，吕布同意了。正巧曹操的使者来到，传天子令，任命吕布为左将军。

吕布大喜，于是派使者带着书信，向天子谢恩。

袁术听说吕布回绝了婚事，便派手下大将张勋、桥蕤等人同韩暹、杨奉合兵，率几万步兵骑兵，分七路进攻吕布。

当时吕布只有3000兵力，400匹马，担心抵挡不住，只有用计策。他写信给韩暹、杨奉说："二位将军有救驾之功，而我亲手杀掉董卓，一道建立功名，将会留名青史。现在袁术反叛，应当一同讨伐他。你们为什么与反贼来这儿攻打我呢？可趁着现在联手打败袁术，为国家除害，为天下建立功业，这个机会不可失去。"又答应打败袁术军队之后，将军中钱粮全部给他们。

韩暹、杨奉大为高兴，就一同在下邳攻打张勋等人，活捉了桥蕤，其余人马溃散逃走，许多人被杀死杀伤，掉在水中淹死，差不多全军覆没。吕布率军追击袁术至江淮，在岸北大笑而还。

刘备此时在小沛招纳旧部，重新纠集了万余人。吕布见刘备势大，担心威胁到自己，再加上他原来就不喜欢刘备，就出兵攻打刘备。刘备大败，前往许都依附曹操。这让吕布更加愤恨。

其后不久，曹操攻打吕布的根据地下邳。因吕布有勇无谋而多猜忌，诸将又各自猜疑，所以每战多败。曹操围攻3个月，决水围城，

吕布军中上下离心，其部下多有反叛。

吕布在白门楼见曹军攻急，大势已去，于是令左右将他的首级交给曹操，左右不忍，他便下城投降。

吕布被捆到曹操面前，他要求松绑。曹操笑说：“捆绑老虎不得不紧。”

吕布又说：“曹公得到我，由我率领骑兵，曹公率领步兵，可以统一天下了。”

曹操颇为心动，但刘备在一旁说：“您看见吕布是如何对待丁原和董卓的吗？”

曹操被刘备这么一说，立时痛下杀心。吕布在死前大骂刘备是大耳贼，绝不可信。他说完这话，就被曹操缢杀了。

吕端宰相肚里能撑船

中华民族笃实宽厚的传统发展至宋代，依然在人格的培养上发挥着巨大作用。北宋时期著名官员吕端，为人宽厚忠恕，颇有气量，被世人誉为“宰相肚里能撑船”；处事坚持原则，被宋太宗赵光义赞为“大事不糊涂”。堪称这一时期的典型。

吕端，是一个很有气量的人。他在相位的时候，曾经遭到奸臣陷害，被削官还乡为民。他得旨后二话没说，便和书童背上行囊，挑上书籍，离开京城上路向家乡走去了。

吕端在路上行走数日，回到自家门口时，见家中正在设宴摆席大办喜事，原来是为老弟结婚设宴，有不少当地官吏和豪绅赴宴。这些

人见吕相爷回来了，又是大礼参拜，又是再上厚礼，只弄得吕端哭笑不得。

吕端见此情景，只好当众言明真相：“我吕端现在已被革职还乡为民了！”

谁曾想到，吕端的实言出口，竟使得那些势利眼的官吏和豪绅们个个脸色突变，有的目瞪口呆，有的斜眼相视，有的甚至拿起所送礼品离座而走了。

正在这个时候，村外传来了马蹄声声，鞭声脆震长空。原来是皇上派御史来给吕端下旨的。御史骑马直至吕端家门口，下马便大声喊道：“吕端接旨！”

吕端急率全家跪在地上静听，大家的心蹦蹦地跳着，有各种各样的猜想。唯有吕端本人心中有数，猜出十之八九。

只听御史宣旨道：“吕端回朝复任宰相，钦此！”

刚刚散去的那些豪绅，闻听吕端又官复原职了，个个面红耳赤，张目结舌，心中着实难堪。只好重新相聚，拉下脸皮，回到吕府重新送礼贺喜，支吾其词，听不清说了何等言语。

吕端对于这些势利眼们的行为，表面上无动于衷，可心中暗自发笑。在这些官吏当中，有本县的七品知县。他坐着轿子走后复返，忙跪在吕端面前，一边像捣蒜锤似的给吕端叩头，一边自己打自己的嘴巴：“相父，我不是人，大人不怪小人过。”

吕端的书童很是生气，上前揪住那知县说：“大胆狗官，竟敢戏弄我家相爷，摘去你的乌纱帽！”

书童此举，吓坏了那个知县，他双手紧捂头上的乌纱帽。吕端这时上前拉住书童道：“不要这样！”

书童很生气地说：“相爷，像他这样的势利眼，不能饶恕！”

吕端对书童说：“此言差矣！他知道自己做错了事，我们就应高兴，不必惩罚他了。我们何必强迫别人做他自己不想做的事情呢？”

吕端的话，感动得那位知县非常的内疚，忙说道：“相爷呀！相爷，你可真是宰相肚里能撑船哪！来，相爷，兄弟的喜事咱们重新操办，

我给新娘抬轿子去。”

吕端闻听此言，心想，我倒看看知县做何游戏。谁知那知县真的让新娘坐上花轿，亲自和三班衙役们抬着轿子，吹吹打打地沿村转了一圈，弄得吕端只是大笑，笑这些势利眼们的所作所为。

从此以后，“宰相肚里能撑船”这句话就传开了，一直传至今天。

吕端“大事不糊涂”，是宋太宗多年体察吕端后对其处事为人的一种无可辩驳的评价，而且也确实反映了吕端的人品和才干的真实情况。

有一年，朝中大臣李惟清被宋太宗从掌管全国军事的枢密使位子上换下来，去当负责监察百官的御史中丞，虽然是平调，但实际权力发生了变化，他认为是吕端在中间使坏，于是就趁吕端有病在家休息，没有上朝的机会告了吕端一个恶状。

事情传到吕端耳中后，吕端不以为然，既没有去对皇帝表白，也没有去找李惟清算账，而是淡淡地说：“我这一辈子行得正、坐得直，没有做什么对不起人的事，又怎么会怕什么风言风语呢？”

对吕端这种不与人计较的坦然心态，当时的很多人认为他“糊涂”。

在吕端刚刚担任参知政事的时候，一个小官由于平时听多了吕端“糊涂”的传闻，对他很不服气。有一次吕端从文武百官前面经过，这个小官以很不屑的口吻说：“这个人竟也当了副宰相了？”

吕端的随行人员觉得很不公平，要问那个人的姓名，看看是干什么的。

吕端制止说：“不要问，你问了他就得说，他说了我也就知道了，而我一知道，对这种公然侮辱我的人便会终生不能忘。着意地去报复对我来说是肯定不会的，但以后如果有什么事涉及他，撞到我手里，想做到公正对待也一定很难。所以，还是不知道的好。”

吕端这种“君子不念恶”的举动，反映他自我修养的高尚境界。但在世人眼中，自然又被看成了“糊涂”。就在众人都认为吕端是个糊涂人时，宋太宗却认为这都是一些小事，吕端只不过是小事上糊涂罢了，遇有“大事不糊涂”。

那还是宋太宗在世的时候，宋太宗的身体有病，就安排了后事，立赵恒为太子，以备将来由他继位，执掌宋朝天下，并且让吕端负责太子的学习和生活起居等项事宜。

宋太宗病情严重的时候，又下诏说：“朝中大事要先交给吕端处理，然后再上报给我。”这一道谕旨，无疑是宋太宗对吕端的更大信任和重用。而吕端也确实没有辜负皇上的重托。

在当时，朝中有一些内侍和大臣，对皇上去世后由谁来继位发生分歧，甚至演变成一场宫廷斗争。

朝中有个内侍叫王继恩，怕太子继位后对他不利，就起了歹心。他联络参知政事李昌龄，殿前都指挥使李继勋、知制诰胡旦等人，谋另立太子，以便让他们认为合适的人继承王位。

宋太宗去世后，皇后命王继恩召见吕端。吕端已经觉察到了可能有什么变故，就叫手下把王继恩锁在自己府中，派人加以看管，不许他出入，然后自己急奔朝廷。

吕端到朝廷后，皇后对他说：“现在皇上不在世了，按说立太子就是为了让他继承王位，这也是合乎情理，顺理成章的事情，看看现在应该怎么办才好呢？”

吕端听罢皇后的话，就毫不犹豫地说：“先帝立太子就是为了今天，现在先帝走了，我们怎么做违背先帝之命的事情呢，对于事关国家前途命运的大事，不能有什么异议。”

皇后听了吕端的话，就让太子赵恒继承了皇位，这就是宋真宗。

宋真宗第一次登殿时，垂帘接见朝臣。当吕端率众臣前来殿中晋见时，众臣宁可站在殿下也不拜。

这时，皇后问吕端：“众臣因何不拜？”

吕端说：“请把帘子卷起来，让太子坐在正位上，让我们看清楚了再拜。”

皇后就让宋真宗照吕端所说，卷了帘子，坐到正位上去了。吕端看清楚了皇位坐的确实是太子无误后，才率群臣跪拜，并且山呼万岁。接着，宋真宗对阴谋另立太子的那几个奸佞，一一做了处置。宋真宗

的地位更加稳固了。

吕端果然是大事不糊涂，在太子继位、新皇帝坐正位等问题上，时刻保持着清醒的头脑。由此，他也赢得了宋真宗的极大信赖，经常采纳他的意见或建议。

吕端一生经历了北宋时期的三代帝王，在40年的宦海生涯中几乎没有受到什么冲击，最后得以善终，这与他“宰相肚里能撑船”的胸襟是分不开的。更重要的是，他在大局、大节问题上毫不糊涂，从来都是心明眼亮。

欧阳修王安石的友谊

欧阳修和王安石都是北宋时期名臣，著名的政治家，而且都属于“唐宋八大家”。共同的政治改革理想和文学追求，使他们结下深厚友谊，成为继承笃实宽厚优良传统的又一个典型。

欧阳修，在北宋时期灿若群星的文学家中年龄较大，出道较早，成就最高，是公认的北宋时期文坛领袖。

王安石，从小喜好读书，天赋极高，记忆力超强，有过目不忘之才。他博览群书，勤于思考，年方弱冠即以天下为己任，立志做一番大事业。

王安石考中进士以后，在扬州任职，此时欧阳修已名满天下，在京城开封任龙图阁学士。

一天，王安石的好朋友曾巩带着他的几篇文稿向欧阳修推荐，欧

阳修读后大为赞叹。

尽管王安石和欧阳修的地位相差非常悬殊，但欧阳修对这位青年的文稿还是非常赏识。他把王安石的文稿收在专门编录佳作的《文林》里向社会推荐。又告诉曾巩多关照王安石，要他的思路再开放一些，不要生造词语，力戒模仿。

1057 年，素以为国举才荐贤为己任的欧阳修以翰林学士资格主持了礼部贡举，负责向国家推荐人才。由于他大力提倡平实朴素之风，反对“西昆派”的“太学体”，因此选拔培养了一大批古文后起之秀，这就是王安石、苏轼、苏辙、苏洵、曾巩等人。

欧阳修认为，在这些人当中，王安石的学问，知名当世，守道不苟，自重其身，议论通明，兼有时才之用，因而举荐他与吕晦叔、司马光 3 人为相辅接班人。这时王安石也向宋仁宗上万言书，建议在政治上改易变革，表现了他对宋代政治改革的伟大抱负。

1069 年，王安石为参知政事。从这时起，这两位朋友才得见面。王安石登门拜访时，欧阳修没有责怪这位青年才俊姗姗来迟，反而倒屣相迎，此后两人诗文赠答，书信不绝。

欧阳修在高兴之余，写了首七律《赠介甫》：

翰林风月三千首，吏部文章二百年。
老去自怜心尚在，后来谁与子争先。
朱门歌舞争新态，绿绮尘埃试拂弦。
常恨闻名不相识，相逢樽酒盍留连。

在诗中，欧阳修将王安石比作唐代李白、韩愈，充分肯定了王安石的才华。同时，说自己虽雄心尚在，但年纪已大，力不从心了，希望王安石刻苦努力，写出超过前人的文章来。

欧阳修作为翰林学士，以一代文宗之尊，竟对当时一名默默无闻的晚辈后生以李白、韩愈期许，实在是难能可贵的。

随后，王安石也写了首《奉酬永叔见赠》的七律诗回赠。诗写道：

欲传道义心犹在，强学文章力已穷。

他日若能窥孟子，终身何敢望韩公。

抠衣最出诸生后，倒屣尝倾广座中。

只恐虚名因此得，嘉篇为贶岂宜蒙。

在诗中，王安石表达了自己的志向，同时也表现了对恩师欧阳修的钦佩与景仰，从中也能看出王安石谦虚谨慎的风度。

从1070年起，王安石两度任同中书门下平章事，位同宰相。对于王安石担任国家要职，欧阳修曾经撰文表示祝贺。

当时的北宋朝廷因用度大奢，赏赐不节，宗室繁多，官职冗滥，军旅不精，每年财政亏空数千万缗。在这巨大财政赤字面前，王安石实行变法，采取了有力措施。

王安石新法在财政方面有均输法、青苗法、市易法、免役法、方田均税法、农田水利法；在军事方面有置将法、保甲法、保马法等。同时，改革科举制度，为推行新法培育人才。这些措施在一定程度上促进了农田水利事业的发展，国家财政状况有所改善，军事力量也得到加强。

王安石执政时推行新法，欧阳修虽然是反对者之一，经常发生激烈的争论，但欧阳修却一直爱护着王安石，王安石一直很尊敬欧阳修。他们两人终生以诗文赠答和书信往来，维持着深厚的个人友谊。

两人的友谊一直持续到晚年，并经受住了政见不一的严峻考验。1072年欧阳修去世，王安石曾撰祭文悼念。高度评价了欧阳修的道德情操、学术文章。

后来有人认为，有关欧阳修的祭文，当以王安石之文为第一。欧阳修立朝大节、坎坷困顿，无不见于其中，表达了对他深切怀念之情，显示出平生知己的深厚感情。

纵观欧阳修与王安石两人交往始末，基本上是义兼师友。讲友谊而不无原则地随和，明是非又不影响情谊，这恰恰源于他们政德和文德理想的可贵品格。

陆游与辛弃疾的友情

陆游与辛弃疾既是南宋抗金派的代表人物，也是南宋时期文坛的两座丰碑。两人的年龄相差15岁，但他们之间有过一段超越年龄的友情佳话。

陆游，南宋大诗人。曾投身军旅生活，其一生笔耕不辍，其9000多首存诗内容极为丰富。

辛弃疾，南宋大诗人。他21岁参加山东抗金义军，创立了名震中原的"飞虎军"，主张抗金复土。

陆游与辛弃疾之所以能够走到一起，还要从南宋时期颇有争议的人物韩侂胄发动北伐说起。

收复中原一直是南宋时期绝大多数人的呼声。宋宁宗赵扩时，韩侂胄借助收复中原这面大旗，有意拉拢主张抗金的人士，借此提高威信。当时许多主战派人士抱着报国宏愿，纷纷出山与韩侂胄合作，在这串人员的名单中，就包括陆游和辛弃疾。

不过，77岁高龄的陆游满怀期冀，却很快就失望了，韩侂胄只是借重陆游的名望，对他并不信任也没有委以重任。陆游开始认识到韩侂胄并不能担当起恢复中原的大任，他的希望又一次落空。他在京城仅仅待了一年，便匆匆返回绍兴老家了。

陆游回家还不到一个月，已过花甲之年的辛弃疾被任命为绍兴知

府兼浙东安抚使。在此次任命之前，他被冷落在江西上饶闲居达 8 年之久，此次之所以能够复出，也与韩侂胄的北伐策略密切相关。

到了绍兴，辛弃疾立即前往拜会诗才出众，影响和名望极高的主战派人物陆游。再加上陆游刚从京城回归不久，辛弃疾想在第一时间将北伐这件事告诉陆游，征询他的意见。

在浙江绍兴山阴一所破旧的草堂边，两位白发苍苍、精神矍铄的老人相遇了，他们的双手紧紧握在一起，久久不肯放开，激动得热泪盈眶。他们虽然相差了整整 15 岁，但这丝毫不影响他们心灵的沟通。交谈之余，他们发现彼此有着太多的共同语言与志趣爱好。

陆游与辛弃疾都有过颠沛流离的早年生活，都具备爱国爱家的赤胆忠心，都有着奔放豪爽的性格，都视恢复中原为己任。陆游有过火热的军旅生涯，辛弃疾更是有着万马丛中取敌将首级的壮举。陆游文采飞扬，是闻名天下的大诗人，辛弃疾才情出众，是南宋豪放派的一代宗师。

在仕途上，他们又都有着被冷落的失意，被排斥的无奈，以及抱负无处施展的苦闷。相同的身世加深了他们彼此的理解与信任，使他们更加心意相投，英雄相惜。在度过了大半个人生之后，此时相见，真正是欲说还休，相见恨晚。

辛弃疾的到来使陆游孤寂的内心变得鲜活起来，也解除了辛弃疾的感伤与寂寞。他们谈诗词、论北伐，生活变得丰富多彩，爱国激情再次被点燃。

当时陆游的生活非常清苦，住在破旧的草堂里，算得上家徒四壁。辛弃疾看在眼里，急在心上，他几次三番提出要为陆游修建住所，都被陆游一一婉拒。

陆游心胸非常豁达，在他看来身居简陋的草堂没有什么不妥，他不愿意浪费人民的财产，也不愿意朋友破费，他觉得那些钱财应该用到更合适的地方。

辛弃疾对陆游甘于清贫的崇高品性更加钦佩，他不便过于勉强，准备先放一放再找时机说服陆游。但他没想到此事一拖，便再也没有

机会。

陆游对辛弃疾此次北去心情矛盾复杂，对未来充满了忧虑。尽管陆游不满韩侂胄的所作所为，一年前自己还被利用了一次，但当韩侂胄再次以北伐为招牌招揽英贤的时候，他还是主张不要介意过去不得志的往事，先国家之急而忘私怨。

在这一点上，辛弃疾与陆游有着相同的认识。此时辛弃疾已年过花甲，与陆游相比，他尚算年轻，但也是白发满头，实现北伐的心愿已没有更多的时间等待。

辛弃疾临行前，陆游赶写了一首长诗为他送行，不吝笔墨全方位地赞扬了辛弃疾，更有信任鼓励的话语。

陆游盛赞他才高过人，好学不倦，著作等身；将他比作管仲萧何一样的人才，相信他一定可以成就伟大功业；希望他积极结连中原的忠义民兵，不久就能大展宏图，施展抗敌复土的抱负；劝他凡事要考虑周全，小心“谗夫”从中作梗；鼓励他把全部精力投入到对敌斗争中去，一雪对金的深仇积愤。

到了京都临安，辛弃疾很快就进入了角色。当时金国内部混乱，北方强敌蒙古对它的威胁也越来越大。辛弃疾提议加强战备，密切关注局势，伺机而动，妥善应对。

韩侂胄派辛弃疾镇守长江下游的京口，那是北伐前进的重要基地。辛弃疾登上北固亭，俯视滚滚长江，感觉离自己所要实现的愿望从来没有这么近过。

没过多久，由于辛弃疾与韩侂胄急于进兵的思路不相吻合，他最终被撤换。这时辛弃疾的情绪降到了冰点，这是他最后一次实现复疆志愿的机会，可是一切都已付诸东流。

陆游和辛弃疾，在他们的晚年各自为北伐空欢喜了一场，经过这次事变，辛弃疾对韩侂胄的本质有了比较清醒的认识，将他看作是欺压皇室、阴谋夺位的奸臣。

事实上，北伐战争拉开序幕不久，当宋金两军主力进行会战之时，准备不足的宋军就溃败不堪。

韩侂胄曾经一度想起了辛弃疾的劝告，想再次任命他为枢密都承旨，期望他能力挽狂澜。可惜的是，这时的辛弃疾在留下了临终绝笔《洞仙歌》之后，已经与世长辞，时间正值 1207 年秋天。

北伐的又一次失败，给英雄暮年的陆游以致命一击。在辛弃疾辞世后不到 3 年，1210 年春天，85 岁的陆游追随他的友人而去，留下了不朽的千古绝唱：

死去原知万事空，
但悲不见九州同。
王师北定中原日，
家祭无忘告乃翁。

陆游与辛弃疾，这两位南宋文坛的杰出代表，他们的忘年交深厚而沉郁，收复失地的共同志向将他们紧紧地联系在一起，而他们对彼此的人格和风范也是极为欣赏。他们痛苦但不绝望，沉郁而不消沉，感伤却又豪迈，感染和激励着一代又一代人前赴后继地报效祖国。

循循然善诱人

太宰[①]问于子贡曰："夫子圣者与？何其多能也？"子贡曰："固天纵之将圣，又多能也。"子闻之，曰："太宰知我乎？吾少也贱，故多能鄙事[②]。君子多乎哉？不多也。"

颜渊喟然叹曰："仰之[③]弥高，钻之弥坚。瞻之在前，忽焉在后。夫子循循然善诱人，博我以文，约我以礼。欲罢不能，既竭吾才，如有所立卓尔，虽欲从之，末由也已。"

【注释】

①太宰：官名，掌握国君宫廷事务。

②鄙事：卑贱的事情。

③之：指孔子之道，也指孔子其人。

【解释】

太宰问子贡说："孔夫子是位圣人吧？为什么这样多才多艺呢？"子贡说："这本是上天让他成为圣人，而且使他多才多艺。"孔子听到后说："太宰怎么会了解我呢？我因为少年时地位低贱，所以会许多卑贱的技艺。真正的君子会有这么多的技艺吗？不会的。"

颜渊叹着气说："老师的学问和道德，抬头仰望，越看越觉得高；努力钻研，越钻研越觉得深。看看他好像在前面，忽然又到后面去了。老师善于有步骤地一步一步诱导我们，用各种文献来丰富我们的知识，用一定的礼节来约束我们的行动，使我们想停止学习也是不可能的。直到我们尽了我们的全力，好像有一个十分高大的形象立在我们前面，虽然我想要追随上去，却没有前进的路径了。"

【故事】

颛孙师诚实记教诲

颛孙师，字子张，是孔子的得意门生之一。他为人稳重、做事细心，学习也很用功，而且在学习期间就有将来要从政的想法，因此向孔子提出了“一个人怎样才能在天下通行无阻”的问题。

孔子说：“如果一个人忠诚信实，说话尊重事实，不夸大、不缩小，而且言行一致，办事认真，为人谦恭敦厚，那么他就是来到不开化的部落里也会畅行无阻；如果一个人言行不一，为人虚伪奸诈，那么就是在他自己的家乡里做事，他也会寸步难行的。”

孔子接着说：“而这个‘忠诚信实’要怎么样才能一刻也不离开你呢？当你站着的时候，你就应当感到这几个字就在您的眼前；而你坐在车上的时候，就如这几个字写在车前的横木上一样。如果能做到这些，天下各地还不任你通行吗？”

颛孙师很受启发，觉得老师的话讲得非常深刻，想要把它记下来，然而身边又没有竹简。

他急中生智，把扎袍子的腰带解下来在地上展平，用篆书在上面工工整整地记下了老师的教导。

刘宽对人仁慈宽厚

仁慈宽厚是一种高尚的道德人格，在生活中，通过宽厚的道德人格来打动别人，最容易达到人我沟通的目的。东汉时期名臣刘宽，就是一个仁慈宽厚的人。刘宽，是一个君子，能用忍抑制愤怒与自己的欲望，因以宽厚待人而闻名。

有一天，刘宽驾着一辆牛车外出游览，牛车慢慢地向前走着。

突然，一个冒冒失失的人跑过来，拉住了刘宽的牛车说："难怪我的牛不见了，到处找都没找到，原来是你把我的牛用来拉车了。"

刘宽对这突如其来的事，感到有些莫名其妙。心想，这么多年来我都是坐这头牛拉的车，这牛怎么是他的呢？任凭刘宽怎么向那人解释，那人只是一口咬定这头牛是他的。刘宽一想，别人丢了牛，又急着要用，与他争也无用，便只好暂时让那人把牛牵走，自己步行回家。

没过多久，那个丢牛人找回了自己的牛，便把刘宽的牛送了回来，并跪下叩头向刘宽道歉说："真对不起，误会了你，随你怎么处罚我都行。"

刘宽不但没有责怪他，反而体谅地说："同一类动物有相似的，有时候难免弄错。现在你很辛苦地把牛给我送回来了，我还要谢谢你呢！"

被人误解而不争辩，让清者自清，平者自平，刘宽的容忍气度之大让人感叹。人们都佩服称赞他这种不与人计较的宽厚德量。

刘宽让牛的故事，被后来南北朝时期的南朝刘宋史学家范晔写进了《后汉书》。汉桓帝刘志时，征召刘宽授官尚书令，又升为南阳太

守，推举掌理三郡。

刘宽办理政事，恪尽职守。政务有了功绩，推让给下属。有时出现了灾异，他就引咎自责。

刘宽宽心仁厚，对人多行宽恕。他认为，假如以刑罚来整治属下和百姓，就会造成他们只求逃避刑罚而没有了羞耻之心。刘宽对有了过错的属下官吏，只用蒲草做的鞭子施刑处罚，只是为表示羞辱，终归不对之施加严刑。

刘宽每次巡视属县，都只是住在乡间客舍中，看见老年人就与他们谈农事和乡土之事，以示关切；对年轻人，则勉励他们孝顺父母，善事兄长，以教诲加以鼓励。由于刘宽施行德政，人们被他的道德和行为所感化，风俗人心一天天地改善。

汉灵帝刘宏时，刘宽升为太尉，成为管理军事的长官。汉灵帝喜欢学艺，每次引见刘宽，经常令其讲经。

刘宽别无嗜好，就爱喝点酒。有一次为汉灵帝讲经时，他醉了趴在桌子上。汉灵帝问他是否酒醉，他抬头应答："臣不敢醉，但任重责大，忧心如醉。"此番言论令汉灵帝颇为感动。

刘宽身为太尉，虽然权力很大，但仍然宽恕为怀，以仁立德。有一次，他家请客，叫仆人到市上买酒。大家坐着等了很久，也没见把酒买回来，连客人们都等得不耐烦了。过了很久，只见仆人喝得酩酊大醉跌跌撞撞地回来了。有个客人忍不住骂道："混账东西，太不像话了。"

仆人十分狼狈地走了。过了一会儿，刘宽不放心仆人，就派人去看他，并对左右的人说："他也是人啊，骂他'混账东西'，太侮辱人了，我怕他受不了寻短见。"

刘宽素来仁慈宽厚，对家里人及其侍女也是如此，即使仓促之中，也从来不曾疾言厉色。有一次，刘宽的夫人故意想惹他发一次脾气，就在他穿好朝服，准备上朝的时候，叫侍女捧一碗鸡汤给他喝，端到他面前时故意失手，把鸡汤倒翻在他的朝服上，泼得他朝服尽是肉汤和油污。

侍女赶快揩擦后，低头站在一旁，准备挨主人的骂。

刘宽神色不改，他不但不生气，反而关切地问道："你的手烫着了吗？"

侍女很受感动。刘宽的夫人在一旁看到了，更敬佩丈夫的涵养。

刘宽温和的性情，宽宏的气度，一直受到人们的尊敬，都称他是"长者"。

诸葛亮以德服孟获

笃实宽厚美德所养育的人格力量是巨大的，它可以使一个冥顽的人因受到感化而改变。三国时期的诸葛亮，就曾经用自己的人格力量感化教育了孟获，最后收到了最佳效果。

诸葛亮，三国时期杰出的政治家、军事理论家。蜀汉丞相。谥号"忠武侯"。

诸葛亮聪明绝顶，神机妙算，打了无数次胜仗，这些成功背后都有一个根本原因，就是他的仁义和诚信。尤其是在对待孟获叛乱的问题上，更是展现出了感人的道德涵养和胸怀气量。

那是在诸葛亮受刘备托孤遗诏，准备北伐兴汉之际，南方边境却又突然传来西南蛮王孟获带兵侵犯的消息。诸葛亮权衡利弊，决定先平定西南。

在当时，云南尚未开发，地形复杂，瘴气和传染病流行。诸葛亮深知这不是一场打赢就算的战役，南蛮如果不服输，蜀军战胜回朝后，可能会变本加厉，将成大患。因此，更需要从长计议。

主意已定，诸葛亮于是率55万大军，从蜀地出发，翻山越岭，来到云南山区。西南蛮王孟获知道诸葛亮来了，马上命三洞元帅带兵与诸葛亮交战。

诸葛亮首战就以智取胜，最后将蛮兵与洞主都绑到了帐前。诸葛亮亲赐酒食、衣服，还叮嘱他们回去后安居乐业，别再造反。

孟获闻知大怒，决定率兵进攻。但是，孟获大军的动向早在诸葛亮掌握之中。孟获中计溃军后，无论逃到哪，都跑不出诸葛亮设好的埋伏圈。最后，孟获被逼到窄径上，弃马而逃，又中了诸葛亮的埋伏被活捉。

孟获被押到诸葛亮帐前，很不服气。诸葛亮看他不服气，便说："你不服气，那我就放你回去吧！"于是就放了他。

蜀汉的将领们很不理解丞相的做法，大家都说："抓到蛮王，南方就平定了，为何又纵虎归山？"

诸葛亮笑着跟大家说："我要抓孟获是轻而易举的事情，但得让他心服口服，南方才能真正安定。"

孟获回去整兵待发。但很多蛮兵蛮将都受过诸葛亮不杀之恩，再加上原来是受孟获所逼，才起兵造反，因此希望停止战乱。于是，他们活捉了孟获，去投靠蜀汉。

孟获第二次被抓到，诸葛亮又问："你上次说，如果再抓到你，你才服气。现在你服不服？"

孟获并没有想到是诸葛亮的仁义收服了人心，只认为是自己的下属背叛。他气呼呼地大叫："这次是我的手下背叛我，并不是你抓到我，要我怎么服气！"

诸葛亮微微一笑，说道："既然这样，那就再把你放了吧！"

孟获回到洞中，他的弟弟孟优给他献了个计谋。半夜时分，孟优带人来到汉营诈降，诸葛亮一眼就识破了他，于是下令赏了大量的美酒给南蛮之兵，使孟优带来的人喝得酩酊大醉。这时，孟获以为弟弟孟优已经取得了蜀军的信任，就按计划前来劫营，却不料自投罗网，又一次被擒获。

这回孟获仍是不甘心，诸葛亮便第三次放了他。

孟获回到大营，立即着手整顿军队，待机而发。一天，忽有探子来报："诸葛亮正独自在阵前察看地形。"

孟获听后大喜，立即带了人赶去捉拿诸葛亮。不料这次他又中了诸葛亮的圈套，第四次成了瓮中之鳖。

诸葛亮知道，孟获这次肯定还是不会服气，就又一次放了他。

孟获带兵回到营中。第二天，他营中一员大将来和孟获喝酒。这员大将以前也跟着孟获数次被擒被放，心里十分感激诸葛亮。为了报诸葛亮之恩，他就将孟获灌醉，然后把他押到汉营。

孟获5次被擒仍是不服，大呼是内贼陷害。诸葛亮便第五次放了他，命他再来战。

这次，孟获回去后不敢大意，他去投奔了一个叫木鹿大王的洞主。木鹿大王的营地极为偏僻，诸葛亮带兵前往，一路历尽艰险，加上蛮兵使用了训练后的野兽入战，使汉兵败下阵来。

在这之后，汉军又碰上了哑泉，人饮其水不能言语，使情况变得更为不妙。诸葛亮根据以前掌握的知识，再加上当地土著的指点，用安乐泉水化解了毒性，最后安全回到大营。

诸葛亮回营后，根据蛮兵训练后的野兽形象画出图纸，命人照着造出了大于真兽几倍的假兽，然后再度发兵攻打木鹿大王。当蜀军再次与木鹿大王交战时，木鹿大王的人马见了假兽，个个胆战心惊，吓得不战自退了。而孟获又被蜀军擒获。

这次孟获心里虽仍有不服，但再没理由开口了，诸葛亮看出他的心思，第六次放了他。

孟获被释后又去投奔了南中附近的乌戈国。乌戈国拥有一支英勇善战的藤甲兵，所装备的藤甲刀枪不入。诸葛亮对此却早有所备，他采用火攻之法，最后大败藤甲兵。孟获第七次被擒。

这一次，诸葛亮命人将孟获带到别的营帐，款待酒食，让他压压惊。孟获闷着头独自喝酒，心里七上八下。没多久，进来一个人告诉他说："我们丞相不好意思再见到你，命我放你回去，再招人马来一决

胜负。”

孟获听了，要求去见诸葛亮。来人一看，果然不出丞相所料，他真的是有悔改之意了，就把他带到诸葛亮那里。孟获见到诸葛亮，流着眼泪说：“七擒七纵，自古以来从未有过。我虽然是个蛮人，也还不到完全没羞耻心。”

诸葛亮见他已心悦诚服，觉得可以利用，于是便委派他掌管南蛮之地。

孟获等听后不禁深受感动，说道：“现在，我对丞相是彻底服气了。我向丞相保证：南人永远不再反叛！”

孟获归附蜀汉，南方之乱平定了。从此以后，诸葛亮不必再为南方边境担心而专心对付魏国去了。

诸葛亮以智慧和宽大的胸怀，七擒七纵，以德服人，收服了南蛮王的心，让孟获输得心服口服，从而平定了蜀汉的边境大患，赢得了长久的和平。

蒋琬豁达宽宏大量

豁达的心胸也是笃实宽厚美德的体现。三国时期蜀国丞相诸葛亮的继承者蒋琬，为人处世豁达大度，待人处事宽厚仁慈，赢得了世人的赞誉。

蒋琬，青年时期才华卓著，在当地便很有名气，以州书佐随刘备入蜀后，提拔为广都县长官。

在当时，蒋琬对县官之职殊感屈才，便众事不理，终日醉酒。一次，刘备出巡广都，发现蒋琬正烂醉如泥，无法前来迎接，便勃然大怒，欲加以严厉处罚。

诸葛亮劝说：“蒋公琰乃社稷之器，非百里才也。他志在安民，不尚修饰，愿主公察之。”

刘备尊重诸葛亮的意见，只给以免职，不再加责。

诸葛亮在刘禅即位后，成立丞相府，受先主刘备之托辅佐。他提拔蒋琬先后任东曹椽、参军、丞相府长史兼抚军将军等职，成为诸葛亮的重要助手。此后，诸葛亮一直与他保持频繁的书信往来，评论当时人才，兼及政局时势。

诸葛亮南征和北伐曹魏，留蒋琬统管丞相府事宜。蒋琬不负所托，坐镇成都，筹集粮食，组织运输，补充兵源，总是足食足兵。诸葛亮常常对人说：

蒋公琰忠心耿耿，雅量宽和，应当是和我共同辅佐帝王大业的人。

后来，诸葛亮病逝在北伐前线五丈原，在生命的最后时刻，秘密上书给后主刘禅："如果我去世了，以后的军国大事可以托付给蒋琬。"

刘禅遵照诸葛亮之嘱，先后任命蒋琬为尚书令、益州刺史、大将军、封安阳亭侯。

诸葛亮去世，蜀国上下一片悲哀。当时外有强敌魏军压境，内有杨仪与魏延不和，朝廷笼罩着惶恐不安的气氛，独蒋琬与众不同。蒋琬面对人心惶惶的危难局面，泰山崩如前而面不改色，镇静自若，从容自如，料理一切。

他既不带荣登台辅的喜色，也没有让哀戚形于面容，言行举止，一如平常，只在心里默默掂量肩上的重担。这种气魄和定力，渐渐消除了蜀汉人民的不安和观望情绪，使蒋琬赢得了众人的敬服。

蒋琬在接任诸葛亮丞相之职后，在与同僚和部属的相处过程中，从不计个人恩怨，不以别人对自己的态度来断是非，表现出难得的自

知之明和知人之明。

蒋琬曾经提拔杨戏为东曹掾，甚为看重。杨戏生性疏略，蒋琬与他谈话，他经常不作回答。于是，有人别有用心地对蒋琬说：“你与杨戏说话，他却不作回答，这样不尊重上司，不是太过分了吗？”

蒋琬对杨戏始终没有一丝一毫的成见，他严肃地回答：“人心不同，各如其面，当面顺从而背后非议，这是古人所不为的。杨戏要称赞我，这又不是他的本意，要反驳我，又会表明我的错误，所以沉默不语。这正是他为人坦诚的表现。”

更为显著的例子是蒋琬不怀成见地对待杨敏。农官杨敏曾经直率地说：“蒋某人做事糊涂，实在不如前人。”这一大胆的言论很快被报告上去，主管官吏要求审讯杨敏，蒋琬表示反对。

蒋琬说：“我确实不如前人，这是实情，不必追究。”

主管官吏说：“就算是不去追究，那也该责问他所指的是哪些糊涂表现。”

蒋琬说：“如果去追究哪些地方不如前人，这本身就做了不合情理的事。做事不合情理，也就是糊涂了，还何必再去追问呢？”

不过，这件事还没有了结。后来杨敏因事入狱，有人担心蒋琬乘机报复，这样一来杨敏必死无疑。但是胸怀磊落的蒋琬并无芥蒂，毫无个人的亲疏恩怨，杨敏得以免除生命之忧。

通过这些事，同僚、部属都十分敬重他，称赞蒋琬豁达大度，不计私怨。因此，他的威望也越来越高。后来，有人赞蒋琬“宰相肚里能撑船”，意思是说他宽宏大量，大人有大量。

从上述事例可以看出，蒋琬确实具有常人所没有的度量。他以静治国，注意选拔人才，用人之长，兼之志存高远，胸襟开阔，不计较眼前的得失、个人的荣辱，因此使蜀汉在失去了诸葛亮之后维持了稳定的政治局面。不失为一个继诸葛亮之后作风稳健的政治家。

勇猛将帅薛仁贵

薛仁贵自幼家贫，但是习文练武，刻苦努力，天生膂力过人。由于生于乱世之中，没有什么发展，只有在家务农。30多岁的时候，他在颇有见识的妻子柳氏的劝告下，应征参军。

刚当小兵不久，薛仁贵就凭借自己的勇猛立功了。

645年，唐太宗李世民于洛阳出发征讨高句丽。在辽东安地战场上，有一次唐朝将领刘君邛被敌军团团围困，无法脱身，无人能救。在此危难时刻，薛仁贵单枪匹马挺身而出，直取高句丽一将领人头，将其头悬挂于马上，敌人观之胆寒，于是退却，刘君邛被救。

于百万军中取上将首级，使薛仁贵名扬军中。回到中原以后，薛仁贵被委以重任，统领宫廷禁卫军，被派驻在玄武门。

做宫廷禁卫军统领虽不是职位特别高的官，但那是守卫皇帝的安全工作，是很重要的职位。薛仁贵农民出身，没有任何家庭背景和人际关系，可以被皇帝这样信任，足可见其忠义与实力，同时也能看出这个职位的意义非凡。

654年闰五月初三夜，天降大雨，山洪暴发。水冲至玄武门，保护皇帝的人大多都已逃命去了。薛仁贵很愤怒，说："天下哪有见到天子有难就逃跑的禁军！"然后，他冒死登上门框，向皇宫大声呼喊，以救唐高宗。

洪水过后，唐高宗李治感谢薛仁贵的救命之恩，对他说："幸亏爱卿高声呼喊，朕才避免被淹死。别人见死不救，你却临危不惧，现在

我才知道这世上有忠臣！”

根据记载，这次山洪附近死了几千人。幸好薛仁贵在。唐高宗非常感谢薛仁贵，以至于日后多次提起这事，这件功劳也许大家认为不是什么开疆扩土的大功，但皇帝认为薛仁贵功劳很大，毕竟是救了自己一命。从此，薛仁贵的人生上了一个新台阶。

唐朝将领多数都是人到中年才允许统领军队。守了10多年玄武门的薛仁贵已经44岁了，终于在658年可以统帅军队了。

也就在这一年，唐高宗命程名振征讨高句丽，以薛仁贵为其副将。从此，开始了他那充满传奇色彩的军事指挥官生涯。

在征讨高句丽的战斗中，薛仁贵立下了赫赫战功。在贵端城之战，薛仁贵在开战不久就击败了高句丽军，斩首3000余级。

在横山之战，薛仁贵和梁建方、契必何力等，合力大战高句丽大将温沙门。当时，薛仁贵手持弓箭，一马当先，冲入敌阵，所射者无不应弦倒地。

在石城之战，开始时高丽军杀唐军10余人，无人敢当。薛仁贵见状大怒，单骑突入，直取敌将。那个敌将慑于薛仁贵勇武，还没来不及放箭，就被薛仁贵生擒了。

在黑山之战，薛仁贵与辛文陵攻击契丹军，擒契丹王阿卜固以下将士。此战后，薛仁贵因功拜左武卫将军，封河东县男。

661年，一向与唐友好的回纥首领婆闰死，继位的比粟转而与唐为敌。唐高宗诏郑仁泰为主将，薛仁贵为副将，领兵赴天山击九姓回纥。

临行前，唐高宗特在内殿赐宴，席间唐高宗让薛仁贵试射铠甲。薛仁贵应命，取弓箭望甲射去，只听弓弦响过，箭已穿五甲而过。唐高宗大吃一惊，当即命人取坚甲赏赐薛仁贵。

郑仁泰、薛仁贵率军赴天山后，回纥九姓拥众10余万相拒，并令骁勇骑士数十人前来挑战。薛仁贵临阵发3箭射死3人，其余骑士慑于薛仁贵神威都下马请降。薛仁贵乘势挥军掩杀，九姓回纥大败，所降全部坑杀。

接着，薛仁贵又越过碛北追击残敌，擒其首领兄弟3人。

薛仁贵收兵后，军中传唱说：“将军三箭定天山，壮士长歌入汉

关。”从此，回纥九姓衰败，不再为边患。

666年，高句丽莫离支渊盖金死，其子于泉男生继位，但为其弟泉男健驱逐，特遣使者向唐求救。唐高宗派庞同善、高品前去慰纳，为泉男健所拒，于是，唐高宗命薛仁贵率军援送庞同善、高品。

行至新城，庞同善为高句丽军袭击。薛仁贵得知后，率军及时赶到，击斩敌首数百级，解救了庞同善。庞同善、高品进至金山，又被高句丽军袭击，薛仁贵闻讯后，率军将高句丽军截为两段奋击，斩首5000余级，并乘胜攻占高句丽南苏、木底、苍岩三城，与泉男生相会。

唐高宗闻之战报，特下诏慰勉薛仁贵。接着，薛仁贵又率军进攻高句丽重镇扶余城。这时，部将都以兵少，劝他不要轻进。

薛仁贵说：“兵在善用而不在多，于是率军出征。”

在扶余城战役中，薛仁贵身先士卒，共杀敌万余人，攻拔扶余城，一时声威大震。扶余川40余城，也纷纷望风降附。

这时，唐朝政府又派李绩为大总管进攻高句丽。薛仁贵也沿海继进，与李绩合兵于平壤城。最后，高句丽降伏。

攻降高句丽以后，唐高宗命薛仁贵与刘仁轨率兵2万人留守平壤，并且授薛仁贵为右威卫大将军，封平阳郡公，兼安东都护。薛仁贵受命以后，便移治平壤新城。

薛仁贵在任安东都护期间，抚爱孤幼，存养老人，惩治盗贼，擢拔贤良，褒扬节义之士，高句丽士民安居乐业。

就在薛仁贵治理平壤新城期间，吐蕃渐趋强盛，击灭了慕容鲜卑建立的吐谷浑，又侵略唐西域地区。为此，唐高宗调任薛仁贵为逻娑道行军大总管，并以阿史那·道真、郭待封为副将，率军10余万人，征讨吐蕃。

薛仁贵奉命西行，军至大金川，即今青海省共和县西南切吉平原。

在是否进军乌海的问题上，薛仁贵对阿史那·道真说：“乌海地势险要，瘴气弥天，是我等远来之军的死地，可谓充满凶险的一条路。但是，假如我们神速进军，就一定能成功，迟疑不决就必然失败。我建议留守一些部队守住大本营。我们现在所处的地势宽阔平坦，可以于险要处设置几个悬笼，笼内装上辎重，留万人把守。我带军日夜兼

程，奇军奔袭吐蕃，必可获胜。”

阿史那·道真同意了薛仁贵的建议。他们让副将郭待封带队留守，临行前，薛仁贵又嘱咐郭待封千万不可轻举妄动，只等前线消息，做好接应工作。薛仁贵安排好后，率部前往乌海。到了河口一带，与吐蕃守军数万人遭遇。薛仁贵率军一阵冲杀，将吐蕃守军斩获殆尽。薛仁贵收其牛羊万余头，浩浩荡荡，向西而去，直逼乌海城。与此同时，他派千余骑兵回大本营接运辎重。然而，不想这时郭待封已被吐蕃击败。薛仁贵因无辎重接济，向大本营方向退军。

吐蕃军闻讯，调集40万大军前来进攻，唐军抵敌不住，大败。但吐蕃并不穷逼，以唐军不深入为条件与唐议和，薛仁贵不得已应允，然后率败军东归。

这是薛仁贵仅有的一次败绩。但此战也使吐蕃认识到，唐军远师奔袭的速度快得惊人，因此不敢再于西域地区任意所为。

681年，东突厥不断侵扰唐北境，已经69岁高龄的薛仁贵带病冒雪率军进击，以安定北边。

在云州，也就是今天的山西省大同一带，薛仁贵和突厥的阿史德元珍作战。

突厥人问唐兵：“唐朝的将军是谁？”

唐兵说：“薛仁贵。”

突厥人不信，说：“我们听说薛仁贵将军已经死了，怎么还能活过来？别骗人了！”

薛仁贵听说后，走上前来脱下头盔，让突厥人看看清楚。

薛仁贵威名太大了，以前曾经打败过九姓突厥，杀过许多人，突厥人提起他都怕，现在看见了活的薛仁贵，立即下马跪拜，把部队撤了回去。

薛仁贵心想，这次来就是为了严惩你们侵扰唐境的，岂能因为受了几拜就退兵！于是，他立即率兵追击。云州之战，薛仁贵又打了一个大胜仗，斩首1万多，俘虏3万多，还缴获了许多牛马。

在此战过后的683年，战功显赫的薛仁贵因病于雁门关去世。云州之战，竟然成了薛仁贵人生最后一场战争。

匹夫不可夺志

子曰："后生可畏，焉知来者之不如今也？四十、五十而无闻[1]焉，斯亦不足畏也已。"

子曰："三军[2]可夺帅[3]也，匹夫[4]不可夺志也。"

子贡问：师与商[5]也孰贤[6]？子曰：师也过，商也不及。曰：然则师愈与？子曰：过犹不及。

【注释】

①闻：名誉、声望。

②三军：春秋时代，诸侯大国多设三军。这里三军泛指全队。

③夺帅：使丧失主帅。

④匹夫：一个人，指平常老百姓、普通人。

⑤师与商：颛孙师与卜商。

⑥贤：有德行，多才能。

【解释】

孔子说："年轻人值得敬畏。怎么知道他们将来不如现在的人呢？40岁、50岁还没什么名望的人，也就不值得去敬畏了。"

孔子说："全军的主帅可以被夺去；但一个男子汉，他的志向是不能被强迫改变的。"

子贡问孔子："颛孙师和卜商哪个能干？"孔子说："颛孙师有点过头了，卜商有点不够。"子贡道："那么是颛孙师强一些吗？"孔子说："过头和不够同样不好。"

【故事】

扶苏至死忠君报国

儒家“报国”伦理思想，在秦代表现为报国与忠君相结合。这种观念在扶苏身上体现得最为典型。

扶苏是秦始皇嬴政的长子，人称“公子扶苏”或“扶苏公子”。据说他的母亲是郑国人，喜欢吟唱《诗经》中的情歌：“山有扶苏，隰有荷华。”意思是说，山上有茂盛的扶苏，池里有美艳的荷花。

“扶苏”是古人对树木枝叶茂盛的形容，香草佳木之意。秦始皇将长子取名“扶苏”，显见对此子寄托着无限的期望。年少时的扶苏机智聪颖，生具一副悲天悯人的慈悲心肠，随着他的成长，在政见上经常与父皇意见相左。

秦始皇横扫六合，意气飞扬，踌躇满志，以为自上古以来未尝有，五帝所不及。于是，在平定天下后，定帝号为“始皇”，以使后世传之二世三世至于万世。

公元前 212 年，有两名儒生私下里议论当今皇帝施政太严，事发后双双逃走。秦始皇听到消息后极为愤怒，下令御史进行追查，并借机处死 460 多名儒生。

对于秦始皇的这种做法，不是秦帝国的政治精英们都看不到，而是他们或无仁心，或苟安于富贵，不敢拂逆龙鳞；即或无仁，或为一己私利而无勇以谏罢了。然而扶苏看到了，而且数次直接劝谏父皇。

身为秦始皇长子的扶苏不同意父亲“焚书坑儒”等举措，多次劝阻秦始皇。他说：“天下初定，远方黔首未集，诸生皆诵法孔子，今上皆重法绳之，臣恐天下不安。”希望父皇明察秋毫，赶快中止这种错误的举动。

扶苏说“天下不安”，不仅仅是指那些儒生。在当时，如何巩固秦帝国政权，这是每一个秦国执政者最为关心的。除了“车同轨，书同文”这样公认的治国措施外，在国家制度上，在法律实行上，秦帝国众多精英都有自己各自的看法，而最终决定权则在秦始皇手中。

扶苏以史为鉴，向父皇表明态度。他认为，应该像周灭殷后那样，施行宽刑简政，与民生息，缓解各方面尖锐重大矛盾。如果动辄重罪，对刚刚建立的统一政权是极为不利的。

扶苏为了天下苍生而请命，可见其仁；宁愿冒着失去父皇信任的巨大威胁，而犯颜直谏，可见其勇；冷静地看到秦帝国表面无比强大底下巨大的危机，可见其智。

事实上，秦始皇心里是基本承认扶苏的仁政国策，但不允许他在自己的有生之年，来推翻自己之前所定的国策。他对扶苏的多次进谏十分震怒，于是，就派他到北方，去协助大将军蒙恬修筑万里长城，抵御北方的匈奴，希望借此磨砺他的性格。

几年的塞外征战，扶苏已经成长得与众不同。他勇猛善战，立下了赫赫战功，敏锐的洞察力与出色的指挥才能，让众多的边防将领自叹不如。他爱民如子、谦逊待人，更是深得广大百姓的爱戴与推崇。

就在扶苏热切期待回到朝堂一展宏图之时，一场大祸从天而降。

公元前210年农历十月，年逾半百的秦始皇在第五次出巡的途中病倒了。虽然他一生都在寻求着长生不老的秘方，但仍然无法抗拒生命的自然运作规律。随着病势一天天加重，秦始皇深知自己的大限已到，当务之急是赶快确定立储之事。

秦始皇将20多个儿子一一进行掂量，最后将权力、责任与希望都交给了扶苏，一个自己不喜欢其直言敢谏，却不得不承认其忠言良策大善的儿子；而且扶苏是长子，无可争议的传位第一继承人。他当下

招来兼管皇帝符玺和发布命令诸事的赵高，让他代拟一道诏书给长子扶苏。

这时扶苏正监军在上郡，这里位于现在的陕西榆林东南，秦始皇在遗诏中命他将军事托付给蒙恬，赶回咸阳主持丧事。这实际上已确认了他继承者的身份。诏书封好后，秦始皇吩咐赵高火速派使者发出，交给自己的大儿子。岂料老奸巨猾的赵高假意允诺，暗中却扣压了遗诏。

原来，赵高在赵秦两国任事多年，早已谙熟了宫廷权力之争的残酷。他明白，一旦扶苏当上了皇帝，自己必定会受到冷落和排挤，所以，这道遗诏对自己是极为不利的。唯有扶立对自己言听计从的胡亥，才有可能保证自己日后的地位。于是，一个恶毒的计划在赵高的脑海中逐步形成了。

秦始皇病后不久，即驾崩于沙丘平台，就是现在的河北广宗西北太平台。丞相李斯鉴于皇上驾崩于皇宫外而太子又未确立，害怕天下人知道真相后大乱起来，也担心秦始皇的诸多儿子纷纷起来争夺皇位，于是封锁了消息，将棺材置于辒辌车内，队伍所经之处，进献食物、百官奏事一切如故。因此当时除了随行的胡亥、赵高和五六名宠幸之臣知晓秦始皇已逝外，其余的人均被蒙在鼓里。

一天傍晚，车队停下住宿。赵高觉得时机已到，便带着扣压的遗诏来见胡亥，劝他取而代之。

胡亥早就梦想有朝一日能够登上皇帝的宝座，只是碍于忠孝仁义而不敢轻举妄动。现听赵高一番贴心之语，蓄蕴已久的野心不禁蠢蠢欲动起来。但他知道，这事没有丞相李斯的支持不行。于是，赵高愿替胡亥去与丞相谋划。

李斯是秦王朝开国元老之一。他跟随着秦始皇多年了，协助秦始皇统一天下，治理国家，因而在朝中享有很高的声望。赵高看出：只有争取到李斯，篡位之事才有可能成功。为此，他决定话语攻心说服李斯。

赵高径直找到李斯，有恃无恐地对他坦言："皇上驾崩一事，外人

无从知道，给大公子扶苏的诏书及符玺也在我那里，定谁为太子，全在丞相与高一句话，丞相看着办吧！”

李斯大惊，听出了他想篡诏改立的意图。当下断然拒绝，义正词严地说：“如此大逆不道的话，你怎么说得出口！斯本来出身低微，幸得皇上提拔，才有今日的显贵。皇上现今将天下存亡安危托付给你我，怎么能够辜负他呢！”

赵高是何等奸猾之人，见正面游说无效，便一转话锋，问道：“丞相，依你之见，在才能、功绩、谋略、取信天下以及扶苏的信任程度这几方面，你与蒙恬将军谁强呢？”

这句话正好触到了李斯的痛处，他沉默半晌，黯然地说：“我不如他。”

赵高装出十分关切的样子，进一步试探道：“丞相是个聪明人，其中的利害关系恐怕比高看得更清楚。大公子一旦即位，丞相之职必定落入蒙恬之手，到时候，你还能得善终吗？胡亥公子慈仁敦厚，实乃立嗣的最佳人选，希望丞相仔细度量度量。”

赵高的说辞，实在无愧于任何一位战国纵横家，以危言耸听直指人心，让对方避无可避，逃无可逃。

李斯此刻已经心乱如麻，经过激烈的思想斗争，他终于向赵高妥协了，他仰天长叹一声，滴下泪来说道：“遭遇乱世，也只能以保身为重了！”

赵高知计已成，欣喜若狂，马上与李斯合谋，假托始皇之命，立胡亥为太子；又另外炮制一份诏书送往上郡，以“不忠不孝”的罪名赐扶苏与蒙恬自裁。

赵高派出的使者抵达上郡，向扶苏和蒙恬宣读伪诏。指责扶苏在边疆和蒙恬屯兵期间，“为人不孝”“士卒多耗，无尺寸之功”“上书直言诽谤”“意欲谋权夺位”，逼其自杀。

扶苏接到诏书后，如晴天霹雳，肝胆俱裂。当即转身回到帐中，就要拔剑自杀。

蒙恬与始皇素日相交甚厚，对这份意外的诏书产生了怀疑，劝阻

道："陛下而今出巡在外，又没有立定太子，诸公子必定都虎视眈眈，暗含窥伺之心。他委任你我监军守边，足见信任之深。今天忽然派使者送来赐死命令，怎知不是有诈？不如提出复请，弄清楚再死不迟。"

那使者早就受了赵高、胡亥等人的指使，只在一旁不断大声催促道："请公子奉诏自裁。"

扶苏一向仁孝，不愿背礼，哪里还去想是真是假，悲伤地对蒙恬说："父赐子死，我不能等待复请！"

蒙恬说："你我手掌重兵，身系国家安危，即使是赐我蒙恬一死，也应当面奉诏，不是惜命怕死，而是为国家计。"

扶苏听后叹惜道："我一日不死，陛下一日不得心安呀。"

其实，扶苏比蒙恬更谙熟政治之中的玄机。他知道在等待"复请"的时候，可以选择逃亡，可以选择反叛，只是他不想做罢了。

因为扶苏清楚地知道，秦帝国的巨大危机之下，再也容不得父子反目，再也容不得兄弟阋墙。为了最高执政集团的团结，为了政治精英集团即关中文臣武将的团结，为了关中这个秦帝国最为重要基地的稳定，为了秦帝国千载万世之传承，他只能牺牲自己，只能成为祭品。

于是，扶苏面向都城咸阳，双膝跪地，泪下如雨，说道："臣今日领命而死，以报陛下。"言毕伏剑自尽，时年31岁。

蒙恬不肯不明不白地就死。使者将他囚禁在阳周，兵权移交给副将王离，又安排李斯的亲信为护军，这才回去复命。

胡亥听说扶苏已死，心中大石落地，紧接着，又派人把蒙毅拘留在代地，随后，将秦始皇死讯公告天下。

葬礼过后，胡亥称帝，是为秦二世。赵高被秦二世封为郎中令，成了胡亥最亲信的决策者。从此以后，貌似强大的秦王朝，分崩离析，步入乱世。

后来的起义军领袖陈胜曾经这样说过："胡亥是秦始皇的小儿子，本不应继位，该继位的是长子扶苏。扶苏贤能，却被二世无故杀害了。"

天地虽大，似再无扶苏存身之地，为了洗刷罪名、查明真相，扶

苏毅然走入了山雨欲来风满楼的秦末乱世，为这个已快穷途末路的秦帝国尽了最后一份力。其忠诚报国之心，日月可鉴，名垂千古。

李广誓死捍卫边关

汉代儒家学者以“仁”为最高道德，而儒家伦理中的“报国”思想，同样被人们视为行为准则，并体现在各阶层之中。汉代军事领域的李广就是典型的一例。

李广是汉代陇西成纪人。他的先祖名李信，是秦时著名将军。他们老家在槐里，后迁徙到成纪，就是现在的甘肃天水秦安。李家世代传习射箭。

李广生活的汉代初年，北方的匈奴屡次进犯大汉边境。公元前166年，匈奴又一次大规模入侵边疆，李广以良家子的身份从军攻打匈奴。因为他精通骑马射箭，消灭和俘虏了很多敌人，因功被选拔出来做汉文帝刘恒的卫兵。

在此期间，李广多次跟随汉文帝射猎。有一次出门打猎时，看见草丛中的一块大石，以为是老虎，李广手持弯弓，舒展长臂，“嗖”的一声，一箭射去。待走到近前，发现石头吞没了箭头，箭杆还在微微震颤着，在场的人既惊且佩。

李广以前住过的郡里曾经有老虎出现，他亲自射杀了它。在右北平住时，李广射过老虎，老虎跳起来伤了李广，李广最终也射杀了它。汉文帝曾慨叹：“可惜李广生不遇时，假如生在汉高祖时，万户侯岂足道哉！”

至汉景帝刘启即位时，派李广做了陇西都尉，后来调做骑郎将。吴楚等七国叛乱的时候，李广担任骑都尉，跟随太尉周亚夫去讨平叛乱。在平叛过程中，李广于昌邑城下冲入敌人军阵，夺得了敌军的帅旗，立了大功，以勇而名扬天下。

七国叛乱平定后，李广任上谷太守。后又在北地、雁门、代郡、云中等地做太守，以打硬仗而闻名。参加过平叛任务的将军公孙昆邪给汉景帝上书时说："李广才气，天下无双。"

有一次，匈奴又大规模地侵入上郡，汉景帝派亲信宦官到李广部下接受军事训练，参加抗击匈奴的战争。

一天，这名宦官带领几十名骑兵去刺探军情，忽然遇见3个匈奴人，就与他们打起来。那几个匈奴人射伤了宦官，把几十名骑兵也全射杀了。这名宦官跑回来告诉李广，李广说："这匈奴人一定是射雕手。"说完立刻带领100多名骑兵追过去。

李广命令手下骑兵散开分两翼包围过去，自己搭弓射箭射死了两个，活捉了一个。一问，果然是匈奴的射雕手。他们刚把这位匈奴射雕猎手捆好，上马准备回军营，远远望见有几千名匈奴骑兵冲过来。

匈奴兵望见汉军这100多名骑兵，以为是汉军派来诱骗他们中计的疑兵，都大吃一惊，立刻上山摆开阵势，准备迎战。

李广手下的骑兵，不少人胆战心惊，想要飞快逃回汉营。李广对他们说："我们离开汉营几十里，现在这100多人马往回跑不远，匈奴兵就会马上追过来。现在我们停下来，匈奴兵一定认为我们是主力部队派来诱骗他们中计的，一定不敢来攻击我们。"

接着，李广向手下骑兵发令说："前进！"一直前进到了离匈奴阵地约有两里路的地方才停了下来。然后又发令一齐下马，把马鞍全卸掉。

这时，骑兵们发急了，说："敌人这么多，而且距离我们这么近，万一情况紧急，又怎么办呢？"

李广说："敌人以为我们会逃走，现在我们下了马，卸了鞍，表示不走，摆出让他们追的架势，他们更加相信我们是疑兵。"

果然，匈奴兵一动也不动地观望着。

匈奴阵地上，有一个骑白马的军官，走出来监护他们的队伍。李广看见了，立刻上马同10多名骑兵飞奔过去，一箭把他射死。然后再回到自己队伍中卸下马鞍，叫士兵们都把马放了，躺下来休息。

这时，恰巧天快黑了，匈奴兵始终捉摸不定，不敢前来攻击。到了半夜，匈奴兵认为汉军就埋伏在附近不敢前进，连夜撤走了。天亮后，李广才带着100多名骑兵安全地撤回汉营。

这次遭遇战中，李广体现了其临危不乱而且善于应变的良好品质。士兵们都传颂李广的冷静、机智。

至汉武帝刘彻即位，众臣认为李广是名勇将，汉武帝于是调任李广任未央宫的卫尉。这时大将程不识任长乐宫卫尉，他俩从前都以边郡太守的身份统领军队，却有截然不同的带兵方法。

程不识以严格治军而闻名，他注重部队的编制、队列和阵式，晚上敲刁斗巡逻，军中事务烦琐。士兵们苦于程不识太严，都喜欢跟随李广作战。

公元前129年，匈奴又一次兴兵南下，前锋直指上谷。汉军四路出击：车骑将军卫青直出上谷；骑将军公孙敖从代郡出兵；轻车将军公孙贺从云中出兵；李广任骁骑将军，率军出雁门关。四路将领各率1万名骑兵。

这一次，由于匈奴兵多势盛，汉军出师不利。李广终因寡不敌众，在受伤的情况下被俘。

匈奴主一直就听说李广本领高，是个人才，命令部下说："捉到李广，一定要活的给我送来。"匈奴兵把李广射成重伤，就让他躺在一张网里，挂在并排的两匹马中间抬着走。

李广一路装死，走了10多里，偷眼看见旁边有个年轻的胡人骑着一匹好马，马上要从身边走过。这时，只见李广纵身一跳，跳到那青年的马上夺了弓箭，把那青年推下马去，快马加鞭，向南飞跑。

匈奴反应过来后，派了几百名骑兵追李广一个人。李广一面忍着伤痛飞跑，一面取出那青年的弓箭，转身射杀快追上来的匈奴兵，最

后终于脱险，收集余部回到了京师。

李广展现出的惊人骑射技术，给匈奴人留下深刻的印象，这正是匈奴称其为“汉之飞将军”的由来。

李广单骑脱险后，匈奴仍然屡屡进犯，这一次他们攻入辽西，击败了屯兵渔阳的韩安国。于是汉武帝召李广，封他为右北平太守。匈奴听说“飞将军”李广在那里驻守，好几年不敢入侵右北平那一带地区。

公元前121年，李广以郎中令身份率4000名骑兵从右北平出塞，与博望侯张骞的部队一起出征匈奴。李广部队前进了数百里，突然被匈奴左贤王带领的4万名骑兵包围。李广的士兵们都非常害怕，李广就派自己的儿子李敢先入敌阵探察敌情。

李广率几十名骑兵，冲入敌阵，直贯匈奴重围，抄出敌人的两翼而回。回来后向李广报告说：“匈奴兵很容易对付。”李广的军士听了才安定下来。

李广布成圆形阵势面向四外抗敌。匈奴猛攻汉军，箭如雨下，汉兵死伤过半，箭也快射光了。李广就命令士兵把弓拉满不要发射，他手持强弩“大黄”射杀匈奴裨将多人，匈奴兵将大为惊恐，渐渐散开。

这时天色已晚，汉官兵都很害怕，但李广却意气自如，更加致力于整饬军队。军中官兵从此都非常佩服李广的勇气。

第二天，李广又和敌兵奋战。正在这时，博望侯张骞的救兵赶到，解除了匈奴之围。

公元前119年，汉武帝命令大将军卫青与骠骑将军霍去病深入漠北打击匈奴，以彻底根除匈奴若干年来的侵扰。这是汉代朝廷对匈奴采取的最大一次军事行动，规模空前。

李广多次请求随军出征，汉武帝认为他年老未被启用。后来汉武帝终于任命其为前将军，随卫青出征，但暗地里嘱咐卫青不要让李广与匈奴单于正面对阵。

汉军出塞后，李广希望作为先锋正面对抗单于，卫青不接受他的请求，命令长史下道文书，让李广赶快到所在部队去，照文书说的办。

李广内心极其恼怒地回到营中，他没有向卫青告辞就领兵与右将军会合从东路出发了。结果部队因无向导而迷失了道路落在大将军后面，耽误了约定的军期。

在这次大规模的漠北之战中，卫青创造性地运用车骑协同的新战术，命令部队以武刚车“自环为营”，以防止匈奴骑兵的突然袭击，而令5000名骑兵出击匈奴。最后取得辉煌战果，从根本上打击了匈奴的军事力量。

部队胜利会师后，由于要向汉武帝汇报此战的经过，卫青派长史拿了干粮酒食送给李广，顺便问起李广等迷路的情况。李广误了军期，要被上报，一时羞愧难当，当着长史的面拔刀自刎。

李广部下从将军到军士、大夫一军皆哭。百姓闻之，无论认识与不认识他的男女老幼，皆为之流泪。

李广爱兵如子，凡事能身先士卒。行军遇到缺水断食之时，见水，见食，士兵不全喝到水，他不近水边；士兵不全吃遍，他不尝饭食。对士兵宽缓不苛，这就使得士兵甘愿为他出死力。

李广为抗击匈奴，英勇杀敌，报效国家，为保卫边疆安全，立下了汗马功劳，而且机智勇敢，与士兵同甘共苦。他几乎一生都奔驰在北国边疆战场上，不愧是一位充满报国热情的名将。

卜式捐献家财助边防

汉代报国思想不仅体现在军事领域的李广身上，普通百姓中也有心怀国家、矢志报国的人。农民卜式就是一例，展示出儒家伦理的巨大感化力量。

卜式是汉武帝时河南人。出身于一个普通的农民家庭，靠种田和放羊为业。父母去世后，卜式把父母辛苦一辈子挣来的绝大部分财产全留给了弟弟，自己只赶着一群羊到山林里谋生。

10多年过去了，卜式辛勤劳动，羊发展到了几千只，于是，他又

买了田地房宅，成为当地的富户。这时候，北方的匈奴人经常来干扰边境人民的生活，汉武帝连年派兵征讨匈奴，花去了不少人力和财力。

卜式知道了这一情况，为了抗击匈奴，维护人民生活的安宁，他给本地的县官写信说，愿意拿出家产的一半，做边疆打仗的费用。县官转报给汉武帝。汉武帝觉得卜式这种行为值得赞扬，连忙派一个使者来了解一下卜式为什么要这样做。

使臣亲自来到卜式居住的山庄，问道："卜式你捐家产给边防，是不是想要当官呀？"

卜式马上回答说："我从小就会放羊，不知道怎么做官，我不愿意当官。"

使臣又问："那么你家里有什么冤枉事吧，想通过这个办法申冤，你想说说吗？"

卜式回答说："我生来不和任何人争吵，我对乡亲们也很好，穷的我主动借给他们钱帮助他们生活，不善良的人我尽量说服他们从善，和我交朋友的人很多，我怎能受到别人的冤枉？另外，我根本没有什么向朝廷要说的事。"

使臣又说："假如真像你说的那样，那么你这样做又有什么要求呢？"

卜式想了想说："国家正在讨伐匈奴，我认为臣民应当为守卫边防尽义务，有钱出钱，有力出力，只有这样才能早日平息匈奴的祸患，我们才能过上平静的日子。除此之外，我没有任何要求。"

使臣听了卜式的话很为感动。回到京城后，使臣建议汉武帝召见卜式，但由于丞相不相信，没有召见，卜式仍然在山里牧羊、种田。

又过了一年多，由于连年征战，边境不得安宁，有大批移民不得不迁移内地，一切费用全都依靠国库支付，结果造成国库空虚，财政

困难。

当时，很多富豪人家都把钱财藏起来不捐献，县官们都感到很为难。

这时，卜式又持钱20万献给河南太守，做移民费用。河南太守把卜式的名字写在记录册上，上报给汉武帝。

汉武帝在记录册上看到了卜式的名字，联想起以前他捐家产给边防的事迹，这才认为卜式是一位爱国爱民的忠厚长者，于是拜卜式为齐王太傅。

又过了一段时间，南方边境有外族侵犯，卜式又给朝廷写信，要求和他儿子一起到南方守卫国家边疆。

汉武帝很佩服卜式的爱国精神，让他做了中郎。又下诏书说：

> 卜式虽然是牧羊种田的农民，但他不自私，在国家有困难的时候，能积极主动为国分忧，不仅为国家捐献余钱，而且父子愿意为国赴难。虽然还没有去前方打仗，但表现出他们的忠义之情。我赐他为爵，赏他黄金40斤，田地10顷。

这一诏书用布告的形式公布于全国，用他的良好品德教育、激励天下人，号召官员们以卜式为榜样，为国分忧。

开始的时候，卜式不愿意做官，汉武帝说："我有羊在林里，希望你去牧它们。"卜式才做了官，穿着布衣草鞋就去牧羊。一年多后，羊都很肥美。

汉武帝探访他牧羊的地方，对这很满意。卜式说："不仅仅是羊，治理人民也是这样。按时起居，凶恶的人赶走，不要让整个群体败坏。"

汉武帝对他的话很惊奇，说他是内心有高尚的品德的人，让他试着治理人民，由中郎转做御史大夫。

国家兴亡，匹夫有责。卜式作为一个普通的农民，能有这样的思想和作为，已经可以流芳千古了。他的爱国、报国的高尚情操，一直

激励着后人。

郑玄三年未见过老师

东汉的时候，有一个很有名的学者叫郑玄。他年轻时，因为家里生活不宽裕，没念几年书，便被迫辍学在家。郑玄渴望读书，有几次，他鼓起勇气向父亲提出要求："请你允许我再去读书吧！"

可郑玄每次提出要求，都遭到父亲的斥责。但他并不灰心，仍千方百计地争取上学。父亲拗不过他，只好把他送到京城的太学里读书。学业结束后，他又到处拜师求学。郑玄曾拜当时有名的学者张恭祖为老师，学到了许多知识。后来听说陕西有个马融很有学问时，他又不远千里地来到陕西拜马融为老师。

马融有400多名学生，平时能够进到马融屋子里去听课的只有50多人，然后再由这些弟子去传授给其他学生。郑玄在马融那里学了快三年，一次也没见到过马融。他的数学成绩很好，但他一点也不骄傲，而是随时把不懂的问题记下来，准备在见到老师时问个明白。有一天，马融和他的学生们遇到了一些数学难题，算了很久也算不好。有人向马融推荐："郑玄的数学很好。"

郑玄等了三年，终于见到了老师。他算出了全部难题，并向马融请教了那些记录下来的疑难问题。马融看到郑玄既虚心又肯动脑筋，称赞道："真是个有志向的人呀！"

骁勇善战的杨业

杨业就是传说中的杨老令公。他从小爱好骑马射箭，学了一身武艺。杨业原为北汉军官，北汉主刘崇赐其姓刘，名继业。

北宋灭北汉后，杨业随其主刘继元降宋，宋太宗命他复姓杨名业。

因他熟悉边事，仍任他为代州刺史，授右领军卫大将军，长驻代州抵抗辽兵。

980年，辽国驸马萧多罗率军10万侵犯代州北面的雁门关。警报传至代州，杨业手下只有几千骑兵，力量相差太远，大家都很担心。

杨业决定出奇制胜，带领几百骑兵，从小路绕到雁门关北面，在敌人背后进行攻击。

辽军正大摇大摆向南进军，不料一声呐喊，宋军从背后杀了出来。辽军大惊，不知道宋军有多少人马，吓得四散逃奔。这一仗，杨业刀斩萧多罗，生擒了辽将领李重海，使辽军闻之丧胆。

杨业以少胜多，打了一个大胜仗。宋太宗非常高兴，特地给杨业升了官。从此，“杨无敌”的威望越来越高了。

杨业立了大功以后，一些大官僚非常妒忌。他们恐怕杨业的声望和地位超过自己，就设法排挤陷害他。但宋太宗不听这些坏话。他把这些奏疏封起来，送给杨业，表示对杨业的信任。那些大官僚的陷害，暂时算是搁下来了。

过了几年，辽景宗耶律贤病死，他的儿子辽圣宗耶律隆绪继位。辽圣宗年仅12岁，由他的母亲萧太后执政。宋太宗见辽国政局发生变动，认为机会来了，决计出兵收复辽国占领的燕云十六州。

986年，宋太宗派出曹彬、田重进、潘美率领三路大军北伐，并且

派杨业做潘美的副将。三路大军分路进攻，旗开得胜。潘美、杨业的一路人马出了雁门关，很快就收复了4个州。

其中曹彬率领的东路军因粮草不济逐渐落后，中路军田重进随后也被打败，宋军败局已定，宋太宗于是命令各路宋军撤退。但潘美率领的西路军却还有另外一个任务，就是掩护4个州的百姓撤退。

潘美、杨业接到命令，就领兵掩护4个州的百姓撤退到狼牙村。那时候，辽军已经占领寰州，来势很猛。杨业建议派兵佯攻，吸引住辽军主力，并且派精兵埋伏在退路的要道，掩护军民撤退。

监军王侁反对杨业的意见，说："我们带了几万精兵，还怕他们？我看我们只管沿着雁门大路，大张旗鼓地行军，也好让敌人见了害怕。"

杨业说："现在的情况是敌强我弱，这样干一定会失败。"

王侁带着嘲笑的口吻说："杨将军不是号称无敌吗？现在在敌人面前畏缩不战，是不是另有打算？"

这一句话把杨业激怒了。他说："我并不是怕死，只是看到现在时机不利，怕让兵士们白白丧命。你们一定要打，我可以打头阵。"杨业带领手下人马出发了。

杨业出发时，对潘美说："这次出兵，一定不利。我本想等待时机，为国杀敌立功，如今有人责难我畏敌不前，我愿意先死在敌人手里。"同时，他又说："你们在陈家谷准备好步兵弓箭，接应我们。否则，军队就回不来了。"

说完，杨业就带领人马，直奔朔州前线。随同前往的，还有他的儿子杨延玉和岳州刺史王贵。

杨业出兵没有多远，果然遭到辽军的伏击。杨业虽然英勇，但是辽兵像潮水一样涌上来。杨业拼杀了一阵，抵挡不住，只好一边打一边后退，把辽军引向陈家峪。

到了陈家峪，正是太阳下山的时候。杨业退到谷口，只见两边静悄悄，连宋军的影儿都没有。

原来杨业走了以后，潘美也曾经把人马带到陈家峪。等了一天，

听不到杨业的消息，王侁认为一定是辽兵退了。他怕让杨业抢了头功，催促潘美把伏兵撤去，离开了陈家峪。等到他们听到杨业兵败，又往另外一条小道逃跑了。

杨业见约定的地点没人接应，只好带领部下转身跟追上来的辽兵展开搏斗，到了后来，杨业身边只有 100 多个兵士。他含着泪，高声向兵士说："你们都有自己的父母家小，不要跟我一起死在这里，赶快突围出去，也好让朝廷得知我们的情况。"

兵士们没有一个愿意离开杨业。最后，兵士都战死了，杨业的儿子杨延玉和部将王贵也牺牲了。

杨业身上受了 10 多处伤，浑身是血，还来回冲杀。此时，辽国名将萧达凛从暗中放出冷箭，射中他的战马，马倒在地下，把他摔了下来。辽兵乘机围了上来，把他俘虏了。

杨业被俘以后，辽将劝他投降。他抬起头叹了口气说："我杨业本来想消灭敌人，报答国家。没想到被奸臣陷害，落得全军覆没。哪还有脸活在世上呢？"他在辽营里，绝食了三天三夜就去世了，享年约 59 岁。

杨业战死的消息传到东京，朝廷上下都为他哀痛叹息。宋太宗丧失了一名勇将，自然也感到难过，杨业死后，宋太宗削潘美三级，把王侁除名流金州。

杨业死后，他的子孙继承其精忠报国的遗志，坚持抗击辽国。其中杨延昭、杨文广最负盛名。

精忠报国的岳飞

岳飞出身农家，少年时性情深沉，不爱说话，但他非常好学，尤其喜欢读《左氏春秋》、孙膑及吴起兵法之类的书籍。在长期的艰苦劳动中，他受到了很好的锻炼。他意志坚强，身体结实，力气很大。十七八岁，他就能拉动 300 斤的强弓。

在那个兵荒马乱的年代，年轻人都愿意抽空练习武艺，以便保家卫国。19 岁时，岳飞应募从军。从此，岳飞开始了他那壮丽的军旅生涯。

1127 年，金灭北宋，掳宋徽宗赵佶、宋钦宗赵桓及皇家宗室北归。5 月，康王赵构于南京继位，史称南宋，这就是宋高宗。在南宋初期，宋高宗主张收复失地，启用了大批主战将领，其中就有岳飞。岳飞坚决反对议和，主张抗战到底，收复失地。宋高宗并未采纳岳飞的建议，并以越职为由将岳飞罢官。

之后岳飞北上，入河北招讨使张所军中。张所很赏识岳飞，很快升岳飞为“从七品武经郎”、任统制。随后，命岳飞入王渊部，北上抗金。岳飞作战有勇有谋，数败金兵，声威大震。

1139 年，岳飞听说宋金和议将达成，立即上书表示反对，申言“金人不可信，和好不可恃”，并直接抨击了相国秦桧出谋划策、用心不良的投降活动，使秦桧心中抱恨。

和议达成后，高宗赵构下令大赦，对文武大臣大加爵赏。可是，诏书下了 3 次，岳飞都加以拒绝，不受封赐。后高宗对他好言相劝，岳飞方受。

1140 年，金国撕毁和议，兀术分四路来攻。由于没有防备，宋军节节败退，城池相继失陷。随后高宗命韩世忠、岳飞等出师迎击。很快，在东、西两线均取得对金大胜，失地相继收回。

岳飞挥兵从长江中游挺进，实施锐不可当的反击，他一直准备着的施展收复中原抱负的时机到来了。岳家军进入中原后，受到中原人民的热烈欢迎。

同年，岳飞亲率一支轻骑驻守河南郾城，和金兀术 1.5 万精骑发生

激战。岳飞亲率将士，向敌阵突击，用“铁浮图”和“拐子马”战术大破金军，把金兀术打得大败。

岳飞部将杨再兴，单骑闯入敌阵，想活捉金兀术，可惜没有找到，误入小商河，被金兵射到几十处箭伤，豪勇无比。

岳家军将士具有“守死无去”的战斗作风，敌人以排山倒海之力，也不能把岳家军阵容摇动。

郾城大捷后，岳飞乘胜向朱仙镇进军，金兀术集合了10万大军抵挡，又被岳飞打得落花流水。

这次北伐中原，岳飞一口气收复了颍昌、蔡州、陈州、郑州、河南府、汝州等10余座州郡，中原之地基本被岳家军所收复，并且消灭了金军有生力量。金军全军军心动摇，金兀术连夜准备从开封撤逃。

岳飞本来可以乘胜北进，收复更多的失地。但宋高宗担心这样会引起金朝统治者的不满，就连下12道金牌，急令岳飞“措置班师”。在要么班师、要么丧师的不利形势下，岳飞明知这是权臣用事的乱命。但为了保存抗金实力，他不得不忍痛班师。

当时的岳飞壮志难酬，百感交集，他叹惜：“靖康耻，犹未雪；臣子恨，何时灭”，表示愿“驾长车，踏破贺兰山阙。壮志饥餐胡虏肉，笑谈渴饮匈奴血。待从头，收拾旧山河，朝天阙。”

一首气壮山河的《满江红·写怀》由此作成。

岳家军班师时，久久渴望王师北定中原的父老兄弟，拦道恸哭。岳飞为了保护老百姓的生命财产，故意扬言明日渡河，吓得金兀术连夜弃城北窜，准备北渡黄河，使岳飞得以从容地组织河南大批人民群众南迁到襄汉一带，才撤离中原。

金兀术知道了岳飞撤军，就又整军回到开封，不费吹灰之力，又占领了中原地区。

对于秦桧的卖国行为，岳飞曾经极力反对过。岳飞一回到临安，陷入秦桧等人布置的罗网。他遭诬告“谋反”，被关进了临安大理寺。监察御史万俟卨亲自刑审、拷打，逼供岳飞。与此同时，宋金政府之间，正加紧策划第二次和议，双方都视抗战派为眼中钉，金兀术甚至凶相毕露地写信给秦桧：“必杀岳飞而后可和。”

在内外两股恶势力夹击下，岳飞正气凛然。从他身上，秦桧一伙找不到任何反叛朝廷的证据。

韩世忠当面质问秦桧，秦桧支吾其词“其事莫须有”。

韩世忠当场驳斥：“‘莫须有’三字，何以服天下？”

1142年，岳飞在杭州大理寺狱中被杀害，时年39岁。临死前，他在供状上写下“天日昭昭，天日昭昭”8个大字。

岳飞被害后，狱卒隗顺冒着生命危险，将岳飞遗体背出杭州城，埋在钱塘门外九曲丛祠旁。隗顺死前，又将此事告诉自己的儿子，并说：“岳帅精忠报国，今后必有给他昭雪冤案的一天！”

1162年，宋孝宗即位，准备北伐，便下诏平反岳飞，谥武穆，改葬在西湖栖霞岭，即杭州西湖畔“宋岳鄂王墓”，并立庙祀于湖北武昌，额名忠烈，修宋史列志传记。岳飞虽然被杀害了，但他的精忠报国的精神和业绩是不可磨灭的！

蒙古第一猛将哲别

1201年，铁木真与札木合所率十一部联军会战于阔亦田地方，哲别射伤了铁木真的白嘴黄马。在这次战役中，铁木真拼死获胜，泰赤乌部势衰，哲别终于投奔铁木真。

哲别的名字是铁木真给他起的，意思是“箭镞”，要他“就像我跟前的‘哲别’似地保护我”。从此，哲别成为铁木真麾下的一员大将。

1202年，铁木真征伐塔塔儿部时先立誓约说：“战胜追击时，不取遗物，待事毕散发。”事后族人按弹、火察儿和答力台背约，铁木真派哲别

和忽必来两人去夺没他们掠获的全部牲畜和财物，分给军中。后铁木真初建怯薛，此时的哲别已是一名重要成员。

1204年，铁木真进伐乃蛮部，遣忽必来与哲别为前锋。当时，哲别与忽必来、者勒蔑、速不台以“四狗”闻名，被形容为具有“铜的额颅、凿子似的嘴、铁的心、锥子似的舌”的凶猛战将。这一仗，铁木真大胜，擒杀乃蛮部首领太阳汗。

1206年，铁木真建立大蒙古国，被尊为成吉思汗。并编组千户，哲别被委任为千户长。

从1211年起，哲别在征伐全国的战事中屡建奇功。是年冬，哲别采用佯败反击的战术攻入居庸关，游骑进至金中都城外。金的外围部队来援，哲别返袭牧群，驱赶着马队返回驻地。

1212年冬，哲别攻金东京，又施退兵回袭之计，连退五十程，而后留下辎重，挑选快马，日夜急驰，突然袭击成功。

1213年，哲别攻取居庸关，成吉思汗遂兵分三路，大举伐金。

1216年，哲别奉成吉思汗之命进击据有西辽国土的乃蛮部的屈出律。针对屈出律强迫伊斯兰教徒改宗的做法，哲别宣布“每个人都可以有自己的信仰，保持自己祖先的宗教规矩”。

于是他赢得了当地居民的支持。后来，屈出律出逃，被哲别追赶歼灭。

1219年，成吉思汗发兵西征，哲别为先锋，后以速不台为援，再后以脱忽察儿为援，兵指花剌子模国。哲别与速不台均遵照成吉思汗命令，行进时先不惊动摩诃末；但脱忽察儿违命掳掠，遂使摩诃末闻风逃逸，其子札兰丁迎战失吉忽秃忽，直逼成吉思汗大营。哲别一行倒杀回来，才使战局改观。

1220年春，成吉思汗兵锋指向撒马耳干，闻知摩诃末南逃，即命哲别、速不台与脱忽察儿率领3万精兵穷追。

哲别挥军渡过阿姆河的主源必阳札卜诃，先进抵巴里黑，即今阿富汗北境的巴尔赫。哲别与速不台分兵追寻，哲别经过木维因、祃椤答而、阿模里和阿思塔剌巴忒等城，对抵抗者均加杀戮，在剌夷城与速不台会合。

摩诃末逃到阿模里答讷牙州的郊区，与随行大臣们商议，感到厄运难免，只得遁入宽田吉思海，即今里海，在一个小岛上栖身，不久忧病而死。

1222年春，蒙古军与谷儿只军队遭遇，哲别带着5000人埋伏在一个隐秘的地方，速不台带着军队冲上去。最初，蒙古人败退，谷儿只人追了上来。哲别从埋伏处冲出来，将他们包围在中间，一下子歼灭了3万谷儿只人。

在大胜谷儿只军后，哲别和速不台进取打耳班，从此凿石开道，越过太和岭，即今高加索山。

北高加索的阿兰人与黑海、里海北边草原的钦察人联合起来抵抗蒙古人。哲别和速不台派人通知钦察人说，我们是同一部落的人，而阿兰人则是我们的异己，我们之间应该互不侵犯。

同时，给钦察人送去许多财物。钦察人信以为真，撤了回去，这样，蒙古人战胜了阿兰人。接着，哲别与速不台又击溃松散下来的钦察人，并且将原已送去的财物夺了回来。

钦察残部向斡罗思，即俄罗斯国逃去乞援。斡罗思伽里奇侯密赤思老会同乞瓦侯小密赤思老等率领一支8万人的大军前来声援。

哲别与速不台又佯作退兵，一连12天，斡罗思与钦察联军进行追击，十分疲惫倦怠。蒙古军队突然转身反击，在阿里吉河畔马里乌波里附近大战获胜，俘杀大小密赤思老。

接着，他们抄掠速答黑城热那亚商人的钱财，而后东向攻打也的里河即今伏尔加河上的不里阿耳国，折向东南降伏乌拉尔地区的康里人，最后经锡尔河北边的草原而与成吉思汗的蒙古大军相会合。

1224年，蒙古军向西越过了第聂伯河，扫荡了“斡罗斯”南部并进入克里米亚半岛。这时传来了大军结束西征东返蒙古老家的消息，于是，哲别和速不台率领大军经钦察草原东归。

在东归途中，哲别因年事已高和长年远征的辛劳病死于军中，没有能够再一次回到大汗的帐前，回到蒙古高原。曾经威震蒙古草原，痛击金国，横扫“花剌子模”，西辽、钦察草原的征服者，成吉思汗的“神箭”陨落了。其卒年没有确切记载。

君子成人之美

子曰："君子成[1]人之美，不成人之恶；小人反是。"

或曰："以德报怨，何如？"

子曰："何以报德？以直报怨，以德报德。"

子曰："人无远虑[2]，必有近[3]忧。"

子贡问曰："有一言而可以终身行之乎？"子曰："其恕乎？己所不欲，勿施于人。"

子曰："有教[4]无类[5]。"

【注释】

①成：帮助促成。

②远：指时间，将来，犹言未来。

③近：眼前，目前，当前。

④教：教育。类：类别。

【解释】

孔子说："君子成全别人的好事，而不助长别人的坏事。小人却与此相反。"

有人问："以恩德回应怨恨，怎样？"

孔子说："这样怎么回应恩德？应该以正直回应怨恨，以恩德报答恩德。"

孔子说："人没有长远的考虑，必定有眼前的忧愁。"

子贡问："有一个字可以终身奉行吗？"

孔子说："那就是'恕'字吧？自己不愿意的，不要强加于人。"

孔子说："人人都有受教育的权利。"

【故事】

韩信诚守诺言报大恩

诚信思想贯穿于汉代社会的政治、经济、文化和生活等各个方面，对当时的人们产生了极大的引导作用。西汉王朝的开国功臣韩信，就是诚守诺言，以德报恩的典范之一。

那是在韩信小的时候，他喜读兵书，积累了不少学识，立下了很大志向，想着有一天能披挂上阵，在战场上建功立业，当个将军。当时的韩信很贫穷，日子过得清苦。他跟着哥哥嫂嫂住在一起，靠吃剩饭剩菜过日子。韩信白天帮哥哥干活，晚上刻苦读书，可是刻薄的嫂嫂非常讨厌他读书。

有一次，韩信的嫂嫂看到韩信又在点灯读书，就呵斥道："你读书有什么用，光是浪费我买的灯油！白天又不好好干活，以后不许再读了！"

可是，韩信还是偷偷地读书。结果又被嫂嫂发现了。她大发雷霆，要把韩信赶出去。他哥哥也不敢阻止，韩信就这样被赶出了家门，什么也不能带，只带走了祖宗传下来的一把旧剑和一本残破的兵书。

韩信从此流落街头。他年纪还小，也没有什么本事，就想帮人做做劳力活，可没什么人愿意雇他。他找不到活干，东乞西讨的，只能

过着衣不蔽体、食不果腹的艰辛生活。

为了糊口，韩信经常到江边去钓鱼，碰上好运气，倒也能换些钱来勉强度日。可是钓鱼也很不容易，每当钓不到鱼的时候，他就要饿肚子了。

有一天，韩信又到江边去钓鱼，眼看着已经过晌午了，可是连一条鱼也没有钓上来。韩信又饿又累，最后晕倒在河边。

这情景刚好被一位在河边洗衣服的老婆婆看到了。老婆婆心地很善良，她看到这孩子瘦成这样，知道他一定是饿坏了，就赶紧从家里端来一碗饭，给韩信吃。饿昏的韩信闻到饭的香味，慢慢醒了过来，他马上狼吞虎咽地吃起来，转眼间就把饭吃完了。

这样一连几十天，老婆婆都端饭给韩信。韩信很受感动，便对老婆婆立下誓言：

总有一天，我一定会好好报答你的！

老婆婆听了韩信这话，说："你是男子汉大丈夫，却不能自己养活自己，我看你可怜才给你饭吃，只希望你有出息，不要再说报答我的话。"

韩信听了很惭愧，立志要做出一番事业来。他想尽办法去找活干来养活自己，即使工钱少得可怜，他也愿意干。因为他要的工钱低，也就有人来找他干活了。就在这样艰难的环境中，韩信逐渐长大了。除了给别人干活，他有空时就仍然翻看那本破得不能再破的兵书，也常温习书上画的剑术套路。

在韩信的家乡淮阴城，有些年轻人看不起韩信。韩信常常受到一些人的白眼，甚至有人欺负他。

有一天，一个少年无赖看到韩信身材高大却常佩带一把剑，认定他是个胆小鬼，便在闹市里拦住韩信，说："你这小子，挂着把剑是吓人的吗？你要是有胆量，就拔剑刺我；如果是懦夫，就从我的裤裆下钻过去！"

围观的人知道这是故意找茬羞辱韩信，都想看看韩信到底会怎么办。

韩信压根儿就对街头打架斗殴很鄙视，他的志向是做大将军，怎么能因为这等区区小事误了远大目标！只见韩信想了一会儿，一言不发，趴在地上，就从那人的裤裆下钻过去了。

当时在场的人哄然大笑，无不认为韩信是胆小怕死、没有勇气的人。这就是后来流传下来的“胯下之辱”的故事。

后来，韩信投入项羽的楚军，没有得到重用；他又改投到刘邦的汉军，依然只是无名小卒。他觉得在军队中没有出头之日，就决定逃走。但刘邦的军师萧何认定他是个将才，于是“月夜追韩信”，将他追了回来，推荐给刘邦。

刘邦听从萧何的建议，拜韩信为大将。果然，韩信胸怀韬略，率领军队常打胜仗，成为一个很著名的将领，立下许多功劳。刘邦建立大汉王朝后，成为汉高祖，封韩信为“楚王”。韩信与萧何、张良并列为“汉初三杰”，成为名载史册的人物。

韩信功成业就后，想起了那位在河边给他饭吃的老婆婆，就说：“我说过一定要报答她老人家的，现在是时候了。”

韩信派人到原先河边那一带去找那个老婆婆，没费多少事就找到了。韩信很高兴，立即带着仆从们赶回家乡淮阴。楚王威风的队伍到了淮阴，轰动了全城。当年让韩信钻过裤裆的那个少年无赖已变成了牛高马大的汉子，被韩信的卫士抓到了楚王的跟前。

那汉子吓得苦胆也破了，跪在地上直哆嗦。韩信对他说：“我还要谢谢你！当年要不是你那样侮辱我，我就不会那样发愤，也就不会有今天！”韩信赏给他一些银子。那汉子感动得直流泪，围观的人无不佩服韩信那大度包容的胸襟。

随后，韩信赶快去见老婆婆，对她说：“老大娘，您可还记得，多年前有一次去河边洗衣服，给一个饿坏了的孩子吃了一碗饭吗？后来又连续几十天给他饭吃？那个孩子就是我呀！那时候我说以后会报答您，现在我来实现我的诺言了！”说完，命人拿来1000两黄金，双手

捧给老婆婆。

老婆婆说："你不要拿这些钱给我，一来我已经老了，活不了几天了，要这么多钱没有什么用了；二来我也没有为你做过什么大不了的事，哪能要你这么多的钱呢？"

韩信恳切地说："当年我饿肚子的时候，您给我吃的虽然是粗茶淡饭，但对我来讲这帮助是很可贵的，更何况您那时是在自己生活也很困难的情况下帮助我的。现在我有能力了，理应报答您老人家！而且当年我也说过等我以后做了大事，一定要好好报答您的！"

他还说："我知道，您当年不是为了要我报答才帮助我的。也正因为如此，我才更感到您是真心对我好。所以，我就更应当好好地感谢您，报答您！"

济困、报恩，都是中华民族的传统美德。韩信在困顿时得到过那位老婆婆的接济，并声称要好好地报答她老人家，这实属常理。

韩信帮助刘邦打下了天下，封了侯后，报答那位老大娘，这是践诺，这是守信。

诚实善良的乐羊子妻

韩信践诺报恩感动了世人，而乐羊子妻的诚实善良，知书达理，同样被载入史册，至今流传。

乐羊子妻是汉代洛阳有名的贤惠女子。她的家境贫寒，她善于自律，也希望自己的丈夫做个谦谦君子，更希望他能够有所建树。

有一次，乐羊子在路上捡到一大块金子，就高高兴兴地拿回家，把金子交给了妻子。

妻子问道："这金子是哪里来的？"

乐羊子说："是在路上捡的。"

妻子说："这是别人的东西，我们不能要。"

乐羊子辩解道："反正也找不到主人了，留下也没关系。"

妻子严肃地说："别人的东西就是别人的，即使是人家不小心丢掉，被你捡来了，也不能就把它当作自己的东西。"

为了让丈夫明白其中的道理，妻子这样说道："我听说，有志气的人连叫'盗泉'的水都不喝，诚实廉洁的人不接受他人傲慢侮辱施舍的食物。依我看，对于这捡来的东西更不应该要。如果你为了贪图小利，把这块金子留下了，就是不诚实的表现。你得到了这块金子，却丢失了诚实守节、廉洁自律的高尚品行。"

乐羊子听了妻子的话，觉得非常惭愧，就把金子扔到野地里去了。

后来乐羊子按照妻子的话收拾好行李出远门去了。一天，妻子正织着布，忽然听见有人敲门。她过去开了门一看，站在面前的竟然是自己日夜想念的丈夫。她高兴极了，忙将丈夫迎进屋坐下。

可是惊喜了没多久，妻子似乎想起了什么，疑惑地问丈夫："才刚刚过了一年，你怎么就回来了，是出了什么事吗？"

乐羊子望着妻子笑答："没什么事，只是离别太久了，实在忍受不了，就回来了。"

妻子听了这话，半晌无语，表情很是难过。她抓起剪刀，快步走到织布机前，"咔嚓咔嚓"地把织了一大半的布都剪断了。

乐羊子吃了一惊，问道："你这是干什么？"

妻子回答说："这些丝织品都是从蚕茧中生出，又在织机上织成。一根丝一根丝地积累起来才达到一寸长，一寸一寸地积累，才能成丈成匹。现在割断这些正在织着的丝织品，那就会丢弃成功的机会，迟延荒废时光。您要积累学问，就应当每天都学到自己不懂的东西，用来成就自己的美德；如果中途就回来了，那同切断这丝织品又有什么

不同呢？”

乐羊子听了这话恍然大悟，意识到自己错了，不由得羞愧不已。他再次离开家去求学，整整过了7年的时间，最终学有成就。

乐羊子在外求学期间，乐羊子妻对乐羊子的妹妹、也就是自己的小姑子很是照顾，常常抢着干家里的活。姑嫂两人原本感情就很好，现在又加深了一步。

有一天，乐羊子妻到地里去干活了，只有小姑子在家。她看见邻居家的一只母鸡跑到自己家的菜地里，于是她就想：嫂子待我像亲妹妹一样，并且为了哥哥的学业整日操劳，一年到头也吃不上几次肉，不如杀了这鸡炖给嫂子吃，让嫂子补补身子。于是，她就把那只母鸡抓住，给嫂子做了一顿可口的肉食。

傍晚，乐羊子妻从田里干活回来，看到碗里的鸡肉，就问：“妹子，咱们家的鸡一只也不少，这是哪来的鸡肉啊？”

小姑子不敢欺瞒嫂子，就如实回答了。

嫂子听了之后说：“咱们家虽然穷，但是无论如何也不能拿别人的东西。想一想，这也是人家辛辛苦苦养的鸡，我们怎么能白吃呢？”说完就把自己家一只最大的鸡，送到邻居家，并向邻居道歉。

小姑子被嫂子的行为品德感动了，不但向嫂子承认错误，还在心里暗暗发誓：以后一定要向嫂子学习，做一个诚实正直的人。

这天乐羊子妻嘱咐小姑子照顾好家，自己拿上砍柴刀去山上砍柴。乐羊子妻走后，快到中午的时候，突然一个盗贼闯入她家抢劫。盗贼见只有一个女孩在家，先是喝问把钱藏在了什么地方，见逼问不出来，又起歹意，想要施暴。

就在这危急时刻，乐羊子妻砍柴回来，刚进院门，就见一个大汉劫持了小姑子。她知道遇见盗贼了，就快速卸掉柴火，毫不犹豫地持刀奔了过来。

盗贼见到又来一个少妇，就淫邪地说：“只要你放下刀依从了我，我就保全你们的性命，如果不从我，我就先杀了她！”

乐羊子妻看着膀大腰圆的盗贼，自知力不能敌，反抗也是徒劳的，

心想只有自己以死抗争，才能震慑盗贼，解救小姑子。想到这里，她毅然举起砍柴刀，刎颈自杀了。盗贼见出了人命，就逃跑了。

洛阳太守知道了这件事后，称赞乐羊子妻是贞节烈妇。太守先抓捕了那盗贼绳之以法。然后赐给乐羊子妻丝绸布帛，为她举行葬礼，赐予“贞义”的称号。

乐羊子学成归来，眼见贤妻为保护自己的妹妹献出了生命，悲痛欲绝。他又从妹妹这里得知了家里发生的其他事情，更加思念自己的妻子。据说他此后一生未娶，直至终老于世。

由于乐羊子妻具有高洁的品德和过人的才识，后来南北朝时期南朝宋的史学家范晔撰写《后汉书·列女传》时，将乐羊子妻的故事写入其中，被后世永远传颂。

苏章执法诚实守信

诚实守信的道德情操在汉代苏章身上也有鲜明体现。苏章是东汉时扶风平陵人，在汉安帝、汉顺帝时先后任地方官。

在苏章被朝廷派到冀州担任刺史刚刚上任时，有一双目失明的老人状告清河郡太守贾明贪赃枉法，欺压百姓。苏章看了状纸以后，不禁打了个冷战，喃喃自语道：“难道是他？”

原来，苏章有一个儿时的好友也叫贾明。在他的印象里贾明和自己一样，从小就立下了报国安民的远大志向。那时候，他们俩形影不离，一起读书写字，一起练功习武，后来又一起出来做官。做官以后，你东我西，便慢慢失去了联系。

正是因为这个缘故，苏章接到这个状子后就一直在想：难道这个贾明真是自己认识的那个贾明吗？一来案情重大，二来案涉“贾明”，苏章决定先微服私访一番。

其实，苏章的担忧并不是多余的，这个贾明真的就是他认识的那个贾明。贾明自从担任清河郡太守以后，有权有势，有闲有钱，便慢

慢开始腐化堕落，贪污受贿，胡作非为。至于小时候和苏章共同立下的所谓的远大志向，他早已忘得一干二净了。

冀州来了一位新任刺史，这事贾明是知道的，但他并不知道这位新任刺史是谁。他听说有人把状告到了刺史那里，也有些手足无措，主要是怕在新任刺史刚一到任时就捅出此事，一来给大人出了难题，二来自己也感到没有面子，觉得难以收场。

于是，贾明就让手下帮他出谋划策。谋策很多，包括先把双目失明的那个老人关起来，把他逐出清河，甚至有人提出把他干掉等，但最后真正能用的没有。后来，比较一致的意见是：给那个双目失明的老人一点钱，再跟他说些好话、软话，让他自己把状子撤回算了。

就在贾明他们商量对策的时候，府衙外忽然传来一阵阵喧闹声。几个衙役拼命地拦着一个乞丐，不让他进府衙。那乞丐声称自己是贾大人的儿时伙伴，一定要进去见上一面。

贾明听到外面吵闹得厉害，就走出来看，发现求见者原来竟是一个乞丐，立即吩咐衙役把他轰走了。

贾明的属下依计而行，试图以金钱和好话买通失明老人，让他自己撤诉，却遭到老人的断然拒绝。软的不行，来硬的。属下对老人大打出手。就在这危急的时刻，那个乞丐又及时赶到，出面劝说，动之以情，晓之以理，救了那位双目失明的老人。

那位乞丐不是别人，正是新任冀州刺史苏章。通过这次微服私访，苏章不但知道了清河郡太守贾明就是自己儿时的伙伴，而且了解到双

目失明的老人所诉之事千真万确。

这天夜里，苏章躺在床上陷入了沉思，他翻来覆去，思前想后，辗转反侧，彻夜难眠。

此时的贾明也得到了令他高兴不已的消息，新任冀州刺史不是别人，就是自己儿时的故交苏章，不禁一块石头落了地：当年苏章家境贫寒，经常受人欺负，有一次差点被人打死，多亏自己及时出手相救呢！

想到这里，贾明也就松了一口气。可是，当贾明把自己的想法告诉属下后，属下则提醒他要小心为妙。于是，贾明最终还是听从了属下的意见，决定备上厚礼，以叙旧为名，贿赂苏章。

苏章微服私访后，已经掌握了贾明的犯罪事实，心里感到十分痛苦，儿时的好友多年不见，如今终于有机会相见了，却怎么也没有想到一见面是这样，朋友犯了法，该怎么处理呢？苏章思来想去，最终决定亲自去劝贾明坦白自首。

就在微服私访后的第二天，苏章带着衙役又来到了清河郡。也就在这一天，贾明准备亲自到冀州府与苏章刺史“叙旧”。

就在贾明上轿准备出门之时，苏章派人来邀请贾明到他下榻之处赴宴。贾明一听，喜上眉梢：果然是多年好友，真是心有灵犀啊！

贾明衣冠楚楚地来到苏刺史下榻的馆舍。酒席上，苏章对贾明非常热情，又是劝酒，又是添菜。两个人你一言我一语，兴致勃勃地谈论着儿时的趣事和友情，谁也看不出他们两个人各自的心事。

酒足饭饱之后，贾明乘着酒兴对苏章说：“苏兄，您我虽非同宗同族，但感情却胜过同胞兄弟，您现在来冀州真是太好了！说实话，现在做官的手脚都不怎么干净。您作为我的顶头上司，如果发现我有什么过错的话，还请多多包涵！”

谁知苏章这时却不动声色地说道：“我们今天在此相聚，这是你我之间的私事，我们只叙朋友情谊，不谈别的；其他的事以后再说吧！”贾明被苏章的话搞得一头雾水。

苏章不紧不慢，继续说道：“从明天开始，我作为冀州刺史，就要

正式办案了！”

贾明听到这里，心里已经有些数了，但他不愿意相信自己的猜测，于是又吞吞吐吐地说：“我……我不明白您的意思。”

苏章见贾明这样，就故意又问了一句：“你真的不明白？”

贾明还是那样吞吞吐吐地说：“我……我……我真的不明白。”

苏章见贾明如此，便单刀直入地说道：“你不要再装糊涂了！我虽然刚刚到任，就已经听说你这些年贪赃枉法，聚敛了很多不义之财。如果你想争取宽大处理，我劝你还是趁早坦白自首为好。”

贾明见苏章已把话挑明，又嗫嚅地说：“难道您就一点不念及我们当年的友情，执意要为难我不成？”

苏章这时则语重心长地说：“不是我不念当年的友情，更不是我执意要为难你。你要知道，我是皇上派来专门惩治贪官污吏的。贪污腐败现象一日不除，百姓就会遭殃，国家就不会安定。我如果袒护了你，且不说我以后无法去处理别人，最起码也违背了我们做人为官的基本准则。”

苏章接着说：“做人也好，为官也好，首要的一点就是诚信。对你的所作所为，如果我装作不知道，也不处理，上不呈报皇上，下不告知百姓，那么，我就是上对皇上不忠，下对百姓不诚，中间对自己不实。如果我们这些为官的都是这样，朝廷将失信于百姓，法律将失信于百姓，我们自己也将失信于百姓。”

“所以，你还是坦白自首为好，这是我的忠告。你也知道，我这个人向来是坚持诚信为本、依法办事的，绝不会为了庇护一个朋友去破坏朝廷的王法，更不会违背自己做人的基本准则。今天我就说这么多，你还是回去好好想一想吧！”

贾明听了苏章的一席话，低头沉思了一会儿，便急匆匆地告辞了。第二天天刚亮，贾明又来到了苏章下榻的馆舍，主动向苏章呈交了坦白认罪书，并全部退出了赃款赃物。

苏章核实了贾明的犯罪事实，如实上报朝廷，使贾明受到了应有的处罚。苏章查贪依法办事，不徇私情，劝友诚恳自首，对后世不无

借鉴意义。

王缮仁厚急人之难

王缮，宋朝潍州（今山东潍县）人，致力于研究三传春秋，曾中进士。后调到沂州（今山东临沂）任录事参军，在这里，他与一位任司户参军的鲁宗道相识，成为好友。

鲁宗道家中人口多，又很贫穷，还经常领不到每月应得的俸禄，所以王缮经常不断地接济他。一次，鲁宗道家中有事急欲用钱，无奈，只好恳求王缮从俸钱中借一些给他。

由于鲁宗道平日里对部下管束极严，因此库吏怀恨在心，向州官告发了他私借俸钱的事，州官要将鲁宗道和王缮一并弹劾。

王缮对鲁宗道说："你就把过错都推到我的身上，你自己不要承担责任。"鲁宗道怎能忍心这样做，但在王缮的坚持下，终于开脱了鲁宗道，而全由王缮独自承担罪责。事后，鲁宗道非常感动，而又惭愧得无地自容。王缮却一如既往，毫无怨言。

王缮到晚年时，被召到吏部述职答对，这时的鲁宗道已经升了官。鲁宗道就将此事原委细细讲给皇帝。仁宗皇帝感叹说：王缮真是位仁厚的长者啊！

民族英雄戚继光

戚继光自幼喜读兵书，勤奋习武，立志效国。21 岁考中武举，次年进京会试，正逢蒙古俺答汗兵围北京城，戚继光临时守卫京城九门，并两次上书陈述守御方略。25 岁，被提升为都指挥佥事，管理登州、文登、即墨三营 25 个卫所，防御山东沿海的倭寇。

1555 年，戚继光被调任浙江都司佥书，次年升任参将，镇守宁波、

绍兴、台州三府。此后，戚继光多次与倭寇作战，先后取得龙山、岑港、桃渚之战的胜利。实战过程中，戚继光认识到明军缺乏训练，作战不力，多次向上司提出练兵建议，最后得到批准。

1556年9月，倭寇800多人打至龙山所。山所在定海县境内，北面濒临大海，是倭船往来必经之道。戚继光这时新任参将不久，听到消息立刻率军前往。

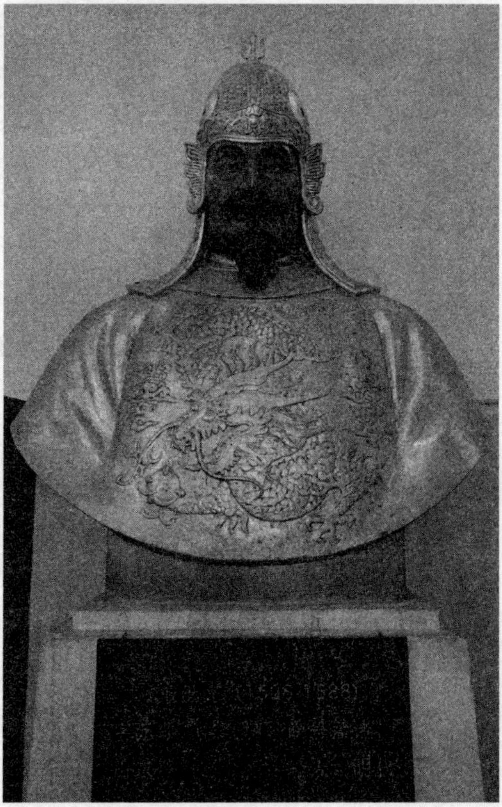

倭寇分成三路猛冲过来，明军纷纷溃退。戚继光见形势危急，连忙跳到一块高石上，一连3箭将3个倭酋射倒，倭寇这才退去。10月，倭寇又在龙山所登陆，戚继光与俞大猷等率军抗击，三战三捷，倭寇乘夜撤退。

抗倭之战，戚继光初露锋芒，同时认识到明军缺乏训练，临阵畏缩，有必要寻求解决办法。

1559年秋，戚继光提出建议，决定到义乌招募农民和矿工，得到上司同意。

到义乌后，戚继光进行了严格的挑选，他制定了“四要四不要”标准。

四不要是：不要城里人；不要在官府里任过职的；不要40岁以上的人和长得白的人；不要胆子特别小的人和胆子特别大的人。四要是：要标准的农民；要黑大粗壮皮肉结实的人；要目光有神的人；要见了官府还得有点怕的人。

戚继光在义乌招募了近4000人，编立队伍，分发武器，进行严格

的训练。稍后，戚继光针对沿海地形多沼泽、倭寇小股分散的特点，创立攻防兼宜的“鸳鸯阵”。

从此，这支军队转战各地，取得了辉煌的战绩，人称“戚家军”。

嘉靖四十年（1561年）四五月间，倭寇大举进犯浙江，船只达数百艘，人数达一两万，骚扰地区达几十处，声势震动远近。

戚继光确立“大创尽歼”的原则，在花街、上峰岭、藤岭、长沙等地大败倭寇，先后13战13捷，共擒斩倭寇1400多人，焚、溺死4000多人，使侵犯台州的倭寇遭到毁灭性的打击。

由于台州大捷，戚继光被提升为都指挥使，“戚家军”也闻名天下。

1562年，戚继光受命入闽剿倭。在此之前，倭寇由于在浙江受到沉重的打击，在福建的活动更加猖獗，一支筑巢于宁德城外海中的横屿，另一支筑巢于福清的牛田，形势非常危急。

横屿是宁德县东北的一个小岛，离岸约有10里，和大陆之间隔着浅滩。涨潮时，海水将岛屿与大陆分开；潮退后，又尽是泥淖。倭寇在岛上扎下大营，修筑防御工事，侵占已达3年之久。

戚继光为了渡过浅滩，命令士兵铺上干草，随着鼓声向前爬行。到达横屿岸边时，倭寇早已布成阵势，士兵们奋勇冲杀，放火焚烧倭巢，倭寇四处逃窜，明军乘胜追击，消灭倭寇400多人。残余倭寇向海上逃命，被淹死600多人。

战斗从开始到结束，不过3个时辰。随后，戚继光进军牛田、林墩，铲除了福建的三大倭巢。铲平福建三大倭寇后，戚继光回浙江补充兵员，倭寇又猖獗起来。

1562年冬，倭寇6000人攻陷兴化府城，烧杀抢劫，无恶不作。次年2月，倭寇退出府城，据莆田东南的平海卫为巢。

1563年，戚继光率领1万多人到达福建。夏天，福建巡抚谭纶命戚家军为中路，刘显为左翼，俞大猷为右翼，向平海卫发动总攻势。

倭寇仓皇应战，戚家军用火器猛烈射击，倭寇战马受惊，乱跑乱窜，左右两翼乘势并进，倭寇大败，逃回许家大巢。

明军进围敌巢，四面放火，倭寇2000多人或被烧死，或被杀死，逃窜者也多坠崖和蹈海而死。

平海卫之战不久，又有大批倭寇陆续登陆。

1563年冬，倭寇约2万人围攻仙游，城内居民昼夜死守，双方伤亡都很严重。谭纶和戚继光统兵来救，驻扎于仙游城外6000米处，这时戚继光的部下只有6000人，敌我力量相差悬殊，不宜立即决战。

1564年，戚继光将换防军队进行周密部署，分道向仙游进军。当时倭寇结为四巢，分别盘踞于东、南、西、北四门，中路军直冲倭寇南巢，其他各路配合作战，倭寇丢盔弃甲，全线崩溃，仙游之围得以解除。戚继光这次以寡敌众，大获全胜，体现了卓越的军事才能。

东南沿海的倭患基本平息，但北边仍然存在鞑靼的威胁。为了加强北边的防务，朝廷决定调戚继光训练边兵。1567年年底，戚继光奉命北上，被指定负责蓟州防务。

戚继光将全部防区划分为12路，上面设东、西协守，分管东西各路军队。他虽然全权负责蓟州一线的防务，但练兵主张却得不到朝廷的积极支持，于是将精力主要用到了防御工事上。

他将旧城墙加高加厚，并修筑了大量空心敌台。敌台修成后，戚继光又设立车营，创立各兵种协同作战的战术。

在此期间，因北方士兵纪律散漫，苟且偷安，戚继光请求调浙兵北上，得到朝廷同意，最后调来兵勇2万人，成为守边的主力。戚继光还根据北方的地理条件，实施了车、骑、步三军配合作战的方略。

在蓟州修筑敌台，建立车营，分别配备重车、轻车、步兵、骑兵、火炮等。通过戚继光的艰苦努力，北边防务有了很大的改观。

戚继光从东南抗倭到北镇蓟州，上司谭纶及执政大臣张居正等人，对他的工作都比较支持。尤其是张居正，常把那些作对的官员调开，甚至免除职务，所以戚继光能久镇北边，发挥所长。张居正病故后，反对派群起攻击，戚继光也受到牵连。

1583年，戚继光被调往广东，两年后被朝廷罢免官职，回到家乡登州。1588年，戚继光突然发病，与世长辞。

戚继光在抗倭作战中，创立攻守兼备的鸳鸯阵，灵活巧妙地打击倭寇。镇守蓟州，修城筑堡，分路设防，有力地抵御蒙古骑兵。所撰《纪效新书》、《练兵实纪》为明代著名兵书，受到兵家重视。

武臣巨擘岳钟琪

岳钟琪自幼熟读经史，博览群书，说剑论兵，天文地理，习武学射，样样精通。他20岁从军，从此开始了戎马倥偬的军事生涯。

1719年，准噶尔部策旺阿拉布坦遣将袭击西藏，康熙令十四皇子胤禵为大将军，噶尔弼为定西将军，岳钟琪为先锋，进行征讨。当时的岳钟琪33岁，英姿勃发，文武兼备，智勇双全，且与士兵同甘共苦，上下一心，士气高涨，锐不可当。

岳钟琪率军，日夜兼行，风餐露宿，刀光剑影。

有一次，他带600人去抚定里塘、巴塘的反叛，但当地长官达哇兰坚持反叛立场，拒不接受安抚。于是，岳钟琪当机立断，将其拘捕并斩于军前，杀散叛乱分子3000余人。此举的威慑效果使得其他反叛各部相继献户籍，请求归降。当地叛乱很快平息。

1720年，这年已经是进军西藏的第二个年头了，定西将军噶尔弼令岳钟琪带4000人为前锋，先行到达昌都待命。

岳钟琪率军到达预定地点后获悉，叛军已调集部队扼守三巴桥，以阻击清军西进。昌都距叛军驻地300千米，中间隔着怒江天险，三巴桥则是进藏第一险，敌若断桥，则守隘难于飞越。

面对新的情况下，岳钟琪果断决定，乘敌未稳先发制之。遂令懂藏语的士兵30余人，穿着藏族服装抄小道持檄昼夜兼程，以迅雷不及掩耳之势抵达叛军首领驻地洛隆，出密檄示地方官，晓以利害，令协助缉捕噶尔等人。

当夜擒5人，斩数人，闻者莫不震惊。于是，借势招抚六部数万户，打通了直达拉里的通路，为进军拉萨铺平了道路。

1723年，37岁的岳钟琪又奉命抚定青海。当时的抚远大将军年羹尧奏请皇上，要求岳钟琪随军参赞军事。

岳钟琪率6000名精兵，经过了雪域行军，克服了高原严重缺氧的不适应，一路西行，抚定上寺东策卜、下寺东策卜等诸番部。

第二年，岳钟琪以"奋威将军"之职，继续进军青海，出师15天，收复了被叛军占领的青海地区六七十万平方千米的领土。

青海事平，雍正帝授岳钟琪三等公，赐黄带及御制五言律诗两首，又赐金扇一柄，上书御制诗一首。至此岳钟琪以38岁的年龄占尽了人间风华。

除上述平西藏、定青海的军事行动外，岳钟琪尚有进击准噶尔、讨平郭罗克三部、平羊峒、平乌蒙和镇雄土司平雷波土司的叛乱等军事行动。10多年间，他兵不解甲、人不离鞍，成为无愧于维护国家统一、稳定西部、开拓西部的先驱。

1754年，岳钟琪抱重病出征镇压陈琨的时候，不幸病卒于四川资中，时年68岁。

湘军将领左宗棠

左宗棠出生于书香之家，他1832年中举，以后3次参加礼部的考试均没有考取，于是他断绝了在仕途上发展的打算，而专心致志地研究地理与兵法。

广西太平天国起义爆发后，当时担任湖南巡抚的张亮基听说了左

宗棠后，聘请他为幕僚，做了长沙县知县。

由于守卫长沙有功，左宗棠从知县提拔为直隶州同知。之后，他悉心辅佐张亮基，不但湖南使军政形势转危为安，而且还把其他各项工作也做得很好。为此，出色的左宗棠受到了朝廷很多官员的关注。

1867年，左宗棠奉命为钦差大臣，督办陕甘军务，率军入陕西围剿西捻军和西北反清回民军。

在此期间，左宗棠开始从事洋务，创办兰州制造局即甘肃制造局、甘肃织呢总局，即兰州机器织呢局，后者为我国第一个机器纺织厂。

19世纪70年代，中亚古国浩罕国为沙俄所消灭，浩罕国流亡军官阿古柏，纠集一些亡命之徒窜入我国新疆，占据新疆喀什噶尔，后来逐渐占领了南部的8个城池，又攻败盘踞在乌鲁木齐的回族人妥明。

妥明本是西宁的回人，当初以传播新教而来回于关外。同治初年，乘陕西、甘肃汉人、回民间有发生战事之机举兵发难，占据了乌鲁木齐，并兼并了北边的伊犁等城，收取那里的赋税。

妥明不久被驱逐，在路上死了，但是另一个头目白彦虎逃到乌鲁木齐，他派使者同英、俄勾结，购买军械器具装备自己。而英国人又暗中帮助他，想让他另立一个国家，以挟制俄国。

就在这时，俄国以回民多次扰乱其边境为由，突然发兵驱逐回民，占领了伊犁，并扬言要攻取乌鲁木齐。

1875年，左宗棠平定陕甘回民起义后，遵照清政府的命令，正准备率军出关，平定阿古柏的侵略。正在此时清廷发生了海疆防守的

争议。

朝廷大多数大臣认为自清高宗乾隆平定新疆以来，每年要花费银两数百万，就像是一个无底的漏斗。现在竭尽天下的财力赡养西北官军，没有剩余力量来预防东部海疆的不测之需。

他们认为，应该遵照英国人的建议，准许阿古柏自立为国。作为大清藩国，停止西征，专力于海防。当时军机大臣李鸿章更是力主应该如此。

然而左宗棠却不同意这种观点。最后，清朝朝廷通过决策，让左宗棠继续出塞，并授左宗棠为钦差大臣，统督军事。

1876 年 3 月，左宗棠举兵驻扎肃州。

5 月，湘军统领刘锦棠向北翻过天山，会合清伊犁将军金顺部队先攻打乌鲁木齐，乌城攻克后，白彦虎逃走到托克逊。

9 月，清军攻克玛纳斯南城，北路平息，于是谋划南路。

1877 年 3 月，刘锦棠攻克达坂城，把白彦虎所擒获的回民全部释放，让他们回家。第二天，清军即收复托克逊城。

刘锦棠的两个部下徐占彪和孙金彪两支部队也接连攻破各个城隘，会合另一清军将领罗长祜等部队收复了吐鲁番，收降回民达 1 万余人。阿古柏最后走投无路服毒自杀，他的儿子伯克胡里杀害了自己的弟弟，逃往喀什噶尔。

白彦虎逃到开都河，左宗棠想一鼓作气擒获他，奏章还没上，恰遇内蒙古库伦大臣上书声言本部边境现在正议定疆界。其时朝中大臣也认为西域征战费用巨大，乌鲁木齐、吐鲁番既然已经收复，可以休兵了。这令左宗棠很不理解。此时，俄国正与土耳其开战，金顺请求袭击伊犁。左宗棠说得不到朝廷同意，不可轻易出兵。

同年 8 月，金顺与刘锦棠在曲会会师。由大道向开都河进发，正面部队清军另一将领余虎恩等从库尔勒出奇兵以助。

白彦虎逃到库国，又到阿克苏，遭到刘锦棠的拦击，白彦虎只好转而窜逃喀什噶尔。

左宗棠大军不久收复了南疆东部 4 座城池，守备军何步云献喀什

汉城向清军投降。伯克胡里接纳白彦虎后，就合力攻打汉城。清军大部队人马赶到，他们又逃往俄国。

南疆西部4座城池相继攻下，左宗棠向朝廷报捷，皇上下诏晋升左宗棠为二等侯。至此在新疆的布鲁特蒙古十四部争相归附清朝。

1878年年初，左宗棠上疏奏叙有关在新疆建行省的事宜，同时请求派员和俄国谈判有关归还伊犁和交换战俘这两件事。

朝廷派遣全权大臣崇厚出使俄国。俄国用通商、划分国界和索要赔款相要挟。崇厚轻率地签订了条约，这不禁引起了朝廷有识之士的纷纷反对，议论好久都没有决定下来。

左宗棠上书说："这种条约是万万不可以签的……"

光绪皇帝认为左宗棠的话大长了朝廷志气，命令把崇厚逮捕治罪，朝廷命原湘军统帅曾国藩之子曾纪泽出使俄国，更改前面的和约。

这时左宗棠请求亲自出兵驻防哈密，策划收复伊犁。他命令金顺即率军出发，作为东路；部下张曜率部沿特克斯河进兵作为中路；刘锦棠经布鲁特游牧地区作为西路。又分别派遣将领谭上连等各带兵驻守喀什噶尔、阿克苏、哈密等地作为后路声援。

这几路部队总共有马兵、步兵4万多人，声势浩大，士气高昂，他们决心与俄军决一死战，务必收复伊犁。1880年4月，左宗棠坚决表示自己收复伊犁的决心，命人抬着棺材从肃州出发，5月抵达哈密。

俄国人听说清军大兵出动，就增兵守卫伊犁、纳林河，另外派兵舰在海上巡弋，以震撼京师。此时天津、奉天等地也同时告警。

7月，朝廷下诏让左宗棠回京城任顾问，让刘锦棠代替他。俄国人也害怕清军的威武，担心事态发展后会引起决裂而挑起战端。

1881年年初，中国在赔款上又做出让步后，清与沙俄终于达成了《中俄归还伊犁条约》，中国收复了伊犁的绝大部分地区。

新疆平定后，朝廷升调左宗棠为军机大臣。入朝觐见后，皇上赏赐左宗棠可以在紫禁城内骑马，可由内侍两人搀扶着上金銮殿。

左宗棠在军机处，因他长年在外征战并不熟悉朝中的礼节、掌故，因而屡屡受窘。他性格耿直，难免得罪人，因此就有许多同僚多厌烦

埋怨他。

左宗棠本人也不乐意居住在京城之地，于是进京不久，便称病乞求引退。9 月清廷命他出任两江总督、南洋通商大臣。

1883 年 9 月，法国人攻打越南，左宗棠这时已 70 岁有余，而且身体多病，已致仕在家。但当他听知此消息时马上请求到云南指挥军队，并下令让旧部王德榜在永州招募军队，号称“恪靖定边军”。

1884 年，中法战争爆发，云南、越南官军溃败，左宗棠被召入京，再次任职军机处。

不久法军大举向中国内地进犯，光绪皇帝诏令左宗棠到福建视察部队，左宗棠命官员王鑫之子王诗正暗中率军渡海到台湾，号称“恪靖援台军”。

王诗正到台南，受到法兵阻击，他与台湾军民一道最终击败法军。而王德榜会合其他部队在谅山取得大捷。

中法和议达成，左宗棠称疾请求告退，但尚未获准，7 月在福州病逝，时年 73 岁，赠太傅，谥“文襄”。将其灵位入祀于京师昭忠词、贤良祠，并在湖南以及立有战功的各省建立专祠祭祀。

益者三友

孔子曰："益者三友[①]，损者三友。友直、友谅、友多闻，益矣；友便辟、友善柔、友便佞[②]，损矣。"

孔子曰："益者三乐，损者三乐。乐节礼乐[③]、乐道人之善、乐多贤友，益矣；乐骄乐[④]、乐佚[⑤]游、乐宴乐[⑥]，损矣。"

【注释】

①益者三友：有益的朋友有三种。友直，友谅，友多闻，益矣。友直是指正直的朋友，友谅是指宽容、快乐的朋友，友多闻是指见多识广的朋友。

②便佞：惯于花言巧语。

③节礼乐：孔子主张用礼乐来节制人。

④骄乐：骄纵不知节制的乐。

⑤佚：同"逸"。

⑥宴乐：沉溺于宴饮取乐。

【解释】

孔子说："有益的朋友有三种，有害的朋友有三种。与正直的人交朋友，与诚实的人交朋友，与见多识广的人交朋友，有益处；与走邪门歪道的人交朋友，与谗媚奉迎的人交朋友，与花言巧语的人交朋友，有害处。"

孔子说："有益的爱好有三种，有害的爱好有三种：爱好礼乐，爱好称赞别人的优点，爱好广结善友，有益处；爱好放荡，爱好闲逛，爱好大吃大喝，有害处。"

【故事】

吕岱良师益友徐原

吕岱，字定公，三国时孙吴的将领。他一生屡立战功，80 岁时还统兵作战，吕岱不仅以年高领兵出名，更以诚选益友著称。

吕岱的益友是徐原，他们很早就认识了，后来经过不断地接触，两人便成了朋友。吕岱知道徐原家境贫寒，就带衣物去看望。吕岱认为徐原可成大器，就经常同他促膝谈心，激励他尽忠报国。

在吕岱推荐下，徐原做了官。因为主持正义、又有才能，很快就提拔为监察政务的侍御史。

徐原为人心忠胆壮，有话直说。对吕岱更是毫不客气。只要吕岱做事不妥，他就前去劝阻，毫不讲情面。他语言刻薄，不管你能否接受得了。吕岱呢，认为这是“良药苦口利于病，忠言逆耳利于行”。他把徐原看成是一面不可多得的镜子。他从这面镜子里看到了自己的形象，知道了哪是、哪非，避免了很多大的过失。

有人对吕岱说：“徐原对您太不留情了，他忘了是您推荐了他！”

吕岱感叹地说：“这正是我尊重徐原的缘故啊！”

徐原去世了，吕岱哭得十分伤心。吕岱对劝他的人说：“徐原真正是我吕岱的益友啊！他死了，我还能从哪里听到自己的过失呢？”

诸葛亮以信诚服孟获

刘备去世后，诸葛亮受先主之托扶助刘禅继了帝位。就在这时，南中地区几个郡闹起来了。当地一个少数民族首领孟获，联络西南一些部族起来反抗蜀汉。

在当时，蜀汉刚遭到猇亭大败和先主死亡，顾不上出兵。诸葛亮

一面派人和东吴重新讲和，稳住了这一头；一面奖励生产，兴修水利，积蓄粮食，训练兵马。过了两年局面稳定了，诸葛亮决定发兵南征。

225 年，诸葛亮率领大军出发。参军马谡送诸葛亮出城，一直送了几十里地。临别的时候，诸葛亮握住马谡的手，诚恳地说："我们相处好几年了，今天临别，您有什么好主意告诉我吗？"

马谡说："南中的人依仗地形险要，离开都城又远，早就不服管了。即使我们用大军把他们征服了，以后还是要闹事的。我听说用兵的办法，主要在于攻心，攻城是次要的。丞相这次南征，一定要叫南人心服，才能够一劳永逸呢！"

其实，马谡说的话诸葛亮早就想到了。诸葛亮点头说："谢谢您的帮助，我一定这样办。"

诸葛亮率领蜀军向南进军节节胜利。大军很快平定了几个郡的叛乱。但南中酋长孟获收集了败郡的散兵继续反抗蜀兵。

诸葛亮一打听，知道孟获不但打仗骁勇，而且在南中地区各族群众中很有威望。于是，他决心把孟获争取过来。他下了一道命令，只许活捉孟获万万不可伤害他。

蜀军和孟获军队交锋的时候蜀军故意败退下来。孟获仗着人多一

股劲儿追了过去，很快就中了蜀兵的埋伏。南兵被打得四处逃散，孟获本人就被活捉了。

孟获被押到大营，心里想，这回一定没有活路了。没想到进了大营，诸葛亮立刻叫人给他松了绑，好言好语劝说他归降。但是孟获不服气，说："我自己不小心，中了你的计，怎么能叫人心服？"

诸葛亮也不勉强他，陪着他一起骑着马在大营外兜了一圈，看看蜀军的营垒和阵容。然后又问孟获："您看我们的人马怎么样？"

孟获傲慢地说："以前我没弄清楚你们的虚实，所以败了。今天承蒙您给我看了你们的阵势，我看也不过如此。像这样的阵势，要打赢你们也不难。"

诸葛亮爽朗地笑了起来，说："既然这样，您就回去好好准备一下再打吧！"

孟获被释放以后逃回自己部落，重整旗鼓又一次进攻蜀军。但他本是一个有勇无谋的人，哪里是诸葛亮的对手，第二次又乖乖地被活捉了。

诸葛亮劝他，见孟获还是不服，又放了他。

就这样又放又捉，一次又一次，一直把孟获捉了 7 次。至孟获第 7 次被捉的时候，诸葛亮还要再放。孟获却不愿意走了。孟获流着眼泪说："丞相七擒七纵，待我可说是仁至义尽了，我打心底里敬服，从今以后，不敢再反了。"

孟获回去以后，还说服各部落全部投降，南中地区就重新归蜀汉控制。

诸葛亮平定南中后，命令孟获和各部落的首领照旧管理他们原来的地区。有人对诸葛亮说："我们好不容易征服了南中，为什么不派官吏来，反倒仍旧让这些头领管呢？"

诸葛亮说："我们派官吏来没有好处，只有不方便。因为派官吏就得留兵。留下大批兵士粮食接济不上，叫他们吃什么？再说，刚刚打过仗难免死伤了一些人，如果我们留下官吏管理一定会发生祸患。现在我们不派官吏，既不要留军队，又不需要运军粮，让各部落自己管

理，汉人和各部落相安无事岂不更好？”

大家听了诸葛亮这番话，都钦佩他想得周到。

诸葛亮率领大军回到成都。后主刘禅和朝廷大臣都到郊外迎接，大家都为平定南中而感到高兴。

诸葛亮七擒七纵孟获，最根本的是诸葛亮用诚信化解了人心，赢得了人心。值得一提的是，诸葛亮在完全征服了孟获之后，一反过去胜利者的惯例，一不留士卒，二不留官吏，所夺之地，尽皆退还，再次体现了攻心为上，不欺不瞒，信守承诺的诚信精神。

王勃指瑕《汉书注》

王勃（649～676），唐代的大文学家，初唐四杰中的佼佼者。作品以《滕王阁序》最为著名。675年，王勃去交趾省父，渡海遇险，溺水而死，年仅26岁。自幼遍读诗书，6岁时能写诗文，9岁时作《汉书注指瑕》，16岁已蜚声文坛。

唐朝高宗永徽年间，王勃出生在绛州龙门之地的书香之家——王家。王勃是户主王福畤6子中的第三子，从小酷爱读书。

一日王勃与两位哥哥正在谈诗论文。父亲王福畤和当地名望较高的两位文人走了进来。

王福畤对三人说：“别高谈阔论了，快快拜见杜大人、范大人。”

三人作揖后，杜大人说：“常来常往，无须多礼。你们王家以诗书传家，一代胜过一代。王勃，你过来。你经、史、子、集、诗、赋、骈文，无所不读，涉猎广泛，知识渊博。所写诗文，我已览阅，构思精巧，文采四溢。”

范大人表示赞同，并说：“王勃，你告诉我，你6岁就写诗文，你这写诗作文的灵感从何而来？”

王勃上前一步，作了个揖，谦虚地说：“大人过奖了。王勃只不过是凭一时兴起，随手写来而已，哪里谈得上什么灵感？但说真的，书

读得多了，脑子也就灵了。我的目标是对前人的诗文学习借鉴，努力开创自己的风格，希望能够独树一帜。大人请勿见笑啊。”

杜大人听后，连连点头，又说：“当朝中专门研究训诂之学的大人物中书侍郎颜师古在为《汉书》作注。听说你读了他的《汉书注》之后，竟发现了其中不少的错误，还写了10卷《汉书注指瑕》，可有此事？”

王勃坦诚地说：“确有其事。我认为，给古书作注乃是一门极其严肃的学问，不能有丝毫疏误，不然就会贻误后人。我在读《汉书注》时，发现了其中有不少错处，于是就记录下来，指出其错误所在，并予以改正。这些只不过是我个人的见解，不一定成熟。”

范大人想见识一下，便说：“可以拿出来让我们拜读拜读吗？”

王勃颇感高兴，便说：“正想请二位大人指教呢。”

于是，王勃去书房，取出《汉书注指瑕》10卷，递与二位大人，说：“王勃献丑。”

杜、范二人翻阅《指瑕》，不断惊呼：“此处有错，是呀！”“不错！这样说较为妥当！”等语。杜、范二人看完，拍案叫绝：“9岁儒生竟能指出大学问家的差错，堪为奇迹！此童禀赋超常，将来必大有作为！王大人，你这书香门第又出高人啦！”

王勃并未因二位大人的夸奖而骄傲自满，仍刻苦学习，作文练笔。

一日，家中有客人来拜访，父亲王福畴在客厅中招待客人，客厅旁边即是王勃的书房，在书房中，只见王勃端来一杯水，倒一些在一块大砚台中，拿起一块墨，不停地研了起来。研好之后，王勃洗了洗手，揩了一把汗，掀开蚊帐，蒙头就睡。

客厅中，客人对王勃的举动难以理解，就问王福畴：“你家公子研好墨，不作文章而上床睡觉，这是何种学习之法啊？”

王福畴笑答道：“这是小儿的一个习惯，他往往是研好墨，上床蒙头构思，然后开始写作，一气呵成。”

客人听后，思考片刻，频频点头，并说：“此乃打腹稿！贵公子有他的独到之处啊！”

王福畴陪客人闲聊，不多时，只见王勃翻身下床，走到桌前，铺好纸，拿起笔，一首五言绝句顷刻而就。

客人好奇地凑近桌前，王勃谦虚地说："请伯伯指点。"

客人一看，这首五言绝句立意新颖，合仄押韵，而且一字不易，惊叹不已，连声称赞"贤侄奇才"。

公元664年，太常伯刘祥道巡行至关内，年仅14岁的王勃便上书刘祥道，提出了自己对治理国家的一些见解。

刘祥道览阅王勃的《上刘右相书》后，拍案惊呼："14岁的孩童能提出如此精辟的治国方略，实为难得，此乃神童也。"遂吩咐左右去请王勃，对王勃的学识，赞叹不已。

不久后，刘祥道上奏唐高宗，将王勃9岁写《汉书注指瑕》十卷等事一一陈述，并称此童才华横溢，才思敏捷，最后向唐高宗举荐王勃为官，唐高宗随即封王勃为朝昔文郎。王勃在职期间，作有大量诗文。16岁已蜚声文坛。20岁出任虢州参军，后被革职。26岁时，写下名扬天下的《滕王阁序》，文采洋溢，辞真意切，流芳千古，历来为后人作文的范文。

公元675年，年仅26岁的王勃去交趾省父，途中不幸渡海遇险，溺水而亡。王勃是初唐四杰中的佼佼者，他以独特的诗文创作拉开了唐代文学的序幕，使光辉灿烂的唐代文学得以发扬光大。

君子有三戒

子曰：“侍于君子[1]有三愆[2]：言未及之而言谓之躁，言及之而不言谓之隐，未见颜色而言谓之瞽[3]。”

孔子曰：“君子有三戒：少之时，血气未定，戒之在色；及其壮也，血气方刚，戒之在斗；及其老也，血气既衰，戒之在得。”

孔子曰：“君子有三畏：畏天命，畏大人，畏圣人之言。小人不知天命而不畏也，狎大人，侮圣人之言。”

【注释】

①侍于君子：是指部下对长官或上司，后辈对前辈，臣子对皇帝，还可以包括朋友之间或同辈对同辈。

②愆：罪过，过失。

③瞽：盲人，瞎子。

【解释】

孔子说：“侍奉在君子旁边陪他说话时，要注意避免犯三种过失：还没有问到你的时候就说话，这是急躁；已经问到你的时候你却不说，这叫隐瞒；不看君子的脸色而贸然说话，这是瞎子。”

孔子说：“君子有三种戒忌：年少的时候，血气尚未稳定，要戒女色；到了壮年，血气旺盛刚烈，要戒争斗；到了老年，血气已经衰弱，要戒贪得无厌。”

孔子说：“君子有三件敬畏的事情：敬畏天命，敬畏地位高贵的人，敬畏圣人的话。小人不懂得天命，因而也不敬畏，不尊重地位高贵的人，轻侮圣人之言。”

【故事】

孙权知错认错悔改

三国时吴国的张昭，是个经历了两朝的老臣，他在孙权面前从来是直言不讳的，因此获得孙权的信任，也因此产生了矛盾。

有一次，远在辽东的公孙渊派人递降表，孙权一看，高兴极了，马上派张弥、许晏两人去拜公孙渊为燕王。张昭听了，马上阻止，并陈明利害。孙权说不过张昭，觉得面子上过不去，就变了脸，张昭见孙权不听劝告，非常恼火，回府以后，就称病不理国事。孙权对他这样做很生气，干脆派人用土堵住了他的府门，表示永远不再用他为官。张昭看孙权把他家门堵了，非常气愤，他也不示弱，索性在院里用土封住了门，表示永远不出门为孙权办事。

张弥、许晏按照孙权的意图，来到辽东，公孙渊把他俩给杀了。

孙权万万没想到真让张昭言中了，他很惭愧，觉得对不住张昭，派人运走了堵在张昭门口的土，几次向他赔礼道歉，可张昭不理。派人前去，都吃了闭门羹。

孙权暗暗责备自己，恨自己办错了事，伤了这位股肱之臣的心。张昭的儿子则连劝带拉硬逼着父亲去见孙权。孙权一看张昭终于出了门，就诚恳地请他到宫中一叙。张昭来到宫里，孙权向张昭承认了错误，并表示今后要尊重他的意见，搞好君臣关系。张昭见孙权这样诚心诚意，满肚子的闷气顿时一扫而光，就又竭尽全力地协助孙权治理国家。

皇甫绩的守信精神

隋代儒学的发展繁盛一时，隋文帝杨坚和隋炀帝杨广都比较重视

儒家思想的教化、规束作用。在帝王重儒家思想的推动下，社会上涌现出不少诚实守信的人，皇甫绩就是幼年时接受了良好的诚信教育，后来在仕途赢得了广泛声誉。

皇甫绩是隋代安定郡朝那县人，就是现在的甘肃平凉县西境。他3岁的时候父亲就去世了，母亲一个人难以维持家里的生活，就带着他回到娘家住。皇甫绩的外公韦孝宽见他聪明伶俐，又没了父亲，怪可怜的，因此格外疼爱他。

韦家是当地有名的大户人家，家里很富裕。由于家里上学的孩子多，外公就请了个教书先生，办了个自家学堂，当时叫私塾。皇甫绩就和表兄弟们都在自家的学堂里上学。

外公是个很严厉的老人，尤其是对他的孙辈们，更是严加管教。私塾开学的时候，就立下规矩，谁要是无故不完成作业，就按照家法重打20大板。

皇甫绩很聪明，读书、写文章，他的表哥表弟都不如他，常常受

到外祖父的表扬。皇甫绩喜欢下象棋，但下不过表哥，他不服输，私下里反复琢磨。

有一天，皇甫绩要和表哥比下棋，表哥看看天，太阳已经偏西了，说："该上课了，以后再下吧！"

表弟也说："耽误学习，爷爷会不高兴的。"

但皇甫绩苦苦哀求，表哥有些过意不去，心想：皇甫绩从小丧父，跟姑妈回来，爸爸和爷爷都说，凡事要让着他，不要惹他生气。想到这里，就说："好吧！咱们快点下完棋就去上课，别让老师等咱们。"

于是，他们三人开始下棋。结果一贪玩，不知不觉就到了下午上课的时间，大家都忘记了做教师上午留的作业。

第二天，这件事被外公知道了，他把几个孙子叫到书房里，狠狠地训斥了一顿。然后按照规矩，每人打了20大板。外公看皇甫绩年龄最小，平时又很乖巧，再加上没有爸爸，不忍心打他。

于是，就把他叫到一边，慈祥地对他说："你还小，这次我就不罚你了。不过，以后不能再犯这样的错误。不做功课，不学好本领，将来怎么能成大事？"

表兄们看到小皇甫绩没有被罚，心里都很高兴。可是，小皇甫绩心里很难过，他想：我和哥哥们犯了一样的错误，耽误了功课，外公没有责罚我，这是心疼我。可是我自己不能放纵自己，应该也按照私塾的规矩，被重打20大板。

皇甫绩深感内疚，但又不知该怎么办好。他向母亲认了错。母亲对他说："你知错就好，做人一定要诚实，有错勇于认错，勇于改错，才是一个好孩子。"

第二天，皇甫绩去找表哥道歉，并请求表哥代替外公打他20大板。表哥听后，哈哈大笑起来，说："事情已经过去了，以后不要再犯就是了，挨打的滋味是不好受的。"

皇甫绩急了，说："表哥，如果你希望我长大成为一个有用的人，你就给我一个改错的机会吧！这次下棋明明是我的错，我欺骗了自己，而挨打的却是你。我现在知错，要改错，而你又不愿意我改，这样下

去，会造成今后的大错的，请表哥三思！”

表哥觉得皇甫绩的话有道理，就顺手拿起树枝轻轻地在皇甫绩身上打了几下。

皇甫绩说：“表哥，这样不疼不痒等于没打，也让我下不了改的决心。外公怎样打你，你就怎样打我！”说完，皇甫绩一本正经地趴在凳子上，接着说：“这是私塾里的规矩，我们都向外公保证过触犯规矩甘愿受罚，不然的话就不遵守诺言。你们都按规矩受罚了，我也不能例外。”

表兄们都被皇甫绩这种信守学堂规矩，诚心改过的精神感动了。于是，就拿出戒尺打了皇甫绩20大板。打完后，皇甫绩爬起来说：“这才是我的好表哥，有罪同受嘛！”

外公听说此事，对皇甫绩的母亲说：“这孩子真诚实，将来会有出息的。”

经过了这件事，皇甫绩从此专心读书学习，阅读了大量的经史书籍，渐渐以博学闻名天下。后来，皇甫绩在朝廷里做了大官。由于这种从小养成的信守诺言、勇于承认错误的品德一直没有丢，这使得他在文武百官中享有很高的声望。

隋文帝建立隋政权后，皇甫绩相继任豫州刺史、尚书，后又出任晋州、苏州刺史。在皇甫绩出任苏州刺史时，当时隋代政权刚刚建立，南方社会秩序混乱。590年，南方士族高智慧在越州发动叛乱，苏州人顾子元响应围攻苏州城。皇甫绩忠于职守，在此苦守80余日。

后来，隋将杨素率大军前来支援，击败了叛军，皇甫绩得以解除险境。由于皇甫绩守约坚守苏州80多日，为隋军统一江南赢得了时间。南北统一后，朝廷嘉其功，擢为信州总管，指挥十二州军事。

不久，皇甫绩因病请求退休，有诏调他回京，赐他御药。宫中的使者去看望他络绎不绝，相望于道。最后他在家中去世，时年52岁。

唐太宗的诚信之道

唐代诚信在古代思想史上占有重要地位。唐代社会对诚信的践诺，是社会稳定、政治清明的重要因素之一，也是唐代经济迅速恢复和发展，并走向强盛的保证。唐代诚信思想与君主的个人素质都有着密切关系，唐太宗李世民就是打造唐代诚信特质的一代帝王。

唐太宗经常跟大臣们在一起谈论诚信，向他们说明要治理好国家必须要讲诚信，要求他们将诚信作为立身和处事的准则。

643 年的一天，唐太宗又跟身边的大臣讨论诚信问题。他先讲了孔子的一段话，说的是孔子的学生子贡问孔子如何治理国家，孔子回答说，要做到粮食充足，军备充足，取信于民，而在这三者之中，孔子首先看重诚信。接着，唐太宗结合历史经验教训，阐发了孔子所说的“民无信不立”的观点。

宰相房玄龄谈了他的体会：仁、义、礼、智、信，这是 5 条行为规范，违反哪一条都不行。能经常实行，大有好处。商纣王违反这 5 条，政权为周武王所夺得。项羽不讲诚信，终为刘邦所败。

唐太宗自己在诚信方面不仅很注意以身作则，还能接受大臣们的监督。只要大臣向他提意见，他听了不但不觉得丢面子，还会表扬提意见的大臣。

唐太宗在即位之初，曾花大力气整顿吏治，下决心要在官场根治贪污受贿的不治之症。为了侦查那些受贿和将来有可能受贿的贪官污吏，他令亲信暗中向各部官员行贿，结果还真查处了几个贪官。

唐太宗在得意之余把他的谋略告诉一位大臣，没想到这位大臣当场泼了他一瓢冷水，他说：“陛下平时总告诫臣民要诚信待人，可陛下自己却先行欺诈之术，上梁不正下梁歪，臣民会一样用欺诈的手段报答你。”

唐太宗不但没发怒，反而认为大臣的话有很深的智慧，便欣然接受了这句逆耳的忠言。他还通过这件事，加深了自己的认识。

又有一次，有个大臣给唐太宗出主意：“陛下可以用诈的办法试出忠奸，比如陛下可以佯装发怒以试群臣。如果直言进谏，不怕冒犯圣上，则是正直之人。如果阿谀逢迎，则是佞人。”

唐太宗对他说：“我要在普天之下实行诚信，不想以诈道教化臣民。你的话我不想采纳。”

唐太宗为何不采纳用诈道清除佞臣的建议呢？他对大臣封德彝说出了原因：“流水是清是浊，取决于源头。国君是政治的源头，臣下好比流水。国君自己行诈术，而要臣下行直道，就好比源头混浊，而望流水清澈，是根本不可能的。我常常因为魏武帝曹操多诡诈，深鄙其为人。像他这样做，政令怎能贯彻呢？”

对犯有过错的大臣，唐太宗总是批评教育，给予改过自新的机会，不一棍子打死。有一次宫中宴会，发生了纠纷。时任同州刺史的功臣尉迟敬德生气地对坐在他上首的人说：“你有何功劳，坐在我上首！”

坐在尉迟敬德下首的任城王李道宗劝说尉迟，哪知尉迟对李道宗报以老拳，几乎将其眼睛打瞎。

唐太宗一气之下，宣布中止宴会。他对尉迟敬德说：“我见汉高祖刘邦诛灭功臣，常常有责怪他的意思。我想与你们这些功臣共保富贵，想不到你屡次犯法。我才知道韩信、彭越这些功臣被杀，并非汉高祖的罪过。国家的纲纪，就靠赏与罚维持。好自为之，不要后悔莫及。”

遭到唐太宗训斥之后，尉迟敬德改变了许多。

魏徵去世后，唐太宗说过一句很有名的话：

> 人以铜为镜，可以正衣冠；以古为镜，可以知兴替；以

人为镜，可以知得失。

说明他是一位很清醒的君主，接受了强大、富庶的隋帝国一朝覆亡的深刻教训，愿意正视自己的缺点错误，以及施政中的过失，能够自觉地听取臣下的批评意见。

唐太宗听取大臣们的批评意见是很恳切的。他经常要求大臣们对他的过失“明言之”。有一次，唐太宗要群臣向他提意见，群臣这样说道：“皇上已经没有过失了。”

唐太宗听了这话，就批评他们说：“我有过错，你们应该帮我指出来，好让我改掉这些错误，更好地治理国家。可你们却对我阿谀奉承。我想当面列举你们各位的长处和短处，让你们改掉说奉承话的毛病。”接着唐太宗说出了在场的每一位大臣的优缺点。大臣们听了，更加佩服皇上了。

唐太宗能比较自觉地以国家法律约束自己，一旦发觉自己的做法违背了法律还能认真进行检讨。有一次，有个叫党仁弘的大将，做广州都督时，贪污了上百万的钱财。这件事被人告发后，主管司法工作的大理寺，将他依法判成死刑。

唐太宗很器重党仁弘，认为他是个非常难得的人才，舍不得杀他。于是便下了一道圣旨，否决了大理寺的判决，改成撤销职务流放边疆的处分。

处理之后，唐太宗心里很不安，感到自己出于个人感情置国家法律于不顾，做得很不应该。于是他把大臣召到一起，心情沉痛地向大家检讨说：“法律是皇帝按照上天的旨意批准制定的，皇帝应该带头执行，而不能因为私念，不守法律，失信于民。我因私念袒护党仁弘，赦免了他的死罪，实在是以私心乱国法啊！”

有些大臣正想宽慰唐太宗几句，但唐太宗说完以后却当场宣布，为了这件事，他将亲自到京城的南郊去，住草房，吃素食，向上天谢罪 3 日。

这一下，满朝的大臣都吃惊了，感到唐太宗为这点事，竟然要这

样做，太过分了，于是便纷纷跪下劝阻。房玄龄对唐太宗说："皇帝是一国之主，生杀大权是皇帝掌握的，陛下何必把这件事看得这样重，内疚自贬到这种程度呢？"

唐太宗并没有因为大家的劝说、宽慰而原谅自己。他自责地说："正因为皇帝是掌握生杀大权的，才更应该慎重认真，严格地按照国家法律办事呀！而我却没有听从大理寺依法判决的正确意见，反而不顾法律，一意孤行，这怎么能原谅自己呢？"

天快黑了，唐太宗见大家一直跪在地上阻拦，硬是不让他去郊外，便感慨万分地说："你们不要跪在地上了，快起来吧！我决定暂时不到郊外向上天谢罪了。但是，一定要下诏书，把自己的罪过公布于天下！"说着就毅然拿起笔来，写了一道"罪己诏"。

唐太宗在"罪己诏"中检查说道：

我在处理党仁弘之事上，有三大过错，一是知人不明，错用了党仁弘；二是以私乱法，包庇了党仁弘；三是赏罚不明，处理得不公正。

唐太宗向大臣们宣读之后，立即下令，将他的"罪己诏"向全国的臣民公布。

唐代张说不作假证

唐代政治家提倡诚信为国之本，国家强大也在于有信有礼，这些都发展了唐代政治诚信理念。唐代著名政治家、文学家和诗人张说就做到了对自己自信和对他人讲诚信。

张说是宰相魏元忠的部下。魏元忠曾经为贞观之治向开元盛世的顺利过渡起了一定的积极作用。张说为人正直，不畏权势，不替权奸作伪证陷害忠良的行为，表现出高尚的品格。

张说不作伪这件事，还要从武则天当政时说起。

在690年，武则天即位，她最宠幸的"两张"即张昌宗和张易之，这两个人十分奸佞，权势很大，满朝文武都怕他们三分。可是宰相魏

元忠却不把他们放在眼里。

魏元忠还在洛州当刺史的时候，张易之的一个仆人仗势欺人残害百姓，洛阳官员因他是张易之的人，谁也不敢处置他。魏元忠知道了此事就把他抓起来，作了重处。张易之从此怀恨在心伺机报复。

魏元忠当了宰相以后，武则天想把张易之的弟弟张昌期任命为长史。一些大臣为了迎合武则天都称赞张昌期能干，魏元忠却说张昌期不适合当此重任，武则天因此就没有提拔张昌期。

经过这件事，张昌宗、张易之更把魏元忠视为眼中钉，千方百计想把他除掉。他们就在武则天面前诬告魏元忠，说魏元忠曾经在背后说："太后老了，不如跟太子靠得住。"

武则天一听大怒，把魏元忠给抓起来打进了监牢，还要亲自审讯，并要张昌宗、张易之当面对证。

张昌宗怕此事败露，又想出一个毒计，想找一个假证人陷害魏元忠。他们想来想去，最后物色到魏元忠的部下张说。他派人把张说找来，逼迫他答应此事，并答应他事成之后，不仅重赏，还要提拔他。

张说明知魏元忠冤枉，但是又害怕张昌宗等人的权势。思想斗争得很厉害，他知道这将关系到他个人的生死存亡。

第二天，武则天上朝，召集文武官员、太子和宰相，要张昌宗和魏元忠当面对质。魏元忠原本没有此事，自然坚决不承认。魏元忠就同张昌宗争论起来，半天没有结果。

这时，张昌宗就对武则天说："魏元忠部下的张说就听到过这些话，可以把他找来作证。"

武则天立刻传令让张说进宫。其实官员们都知道发生了什么事，

知道张说受到了胁迫，听说张说要上朝作证，大家都非常担忧。

这时，右丞相宋璟见到张说，对他说："此事关系甚大，千万不要附和奸臣，陷害好人啊！一定要说真话，即使得罪了皇上，被流放脸上也光彩。一个人的名誉是最可贵的。"

史官刘知幾也提醒张说道："不要玷污你的清白，不要连累后代子孙啊！"

张说心里早就拿定了主意，他不慌不忙地上了朝堂。

武则天两眼盯住张说，问道："你听到魏元忠诽谤朝廷的话了吗？"

魏元忠一见张说，就说："张说你要分辨是非，千万别跟张昌宗一起陷害我。"

张昌宗在旁边威胁催促张说说："你别去理他，不要害怕，赶快大胆作证！"

张说一见这种情景，就势向武则天说道："陛下请看，在陛下您面前，张昌宗还敢这样胁迫我，可以想见他在宫外是怎样霸道了。我不能不说实话了，我确实没有听到魏元忠说过反对陛下的话，是张昌宗逼迫我来做假证人的。"

张昌宗一见张说变了卦，气急败坏地叫了起来："好你个张说，你是魏元忠的同谋犯！"

武则天是个聪明的人，听了张说的话，明知魏元忠的确冤枉，但她又不愿让张昌宗他们下不了台，就斥责张说说："你真是反复无常的小人。"并下令把张说也抓起来。

事后，武则天又多次派人审讯张说，可是张说已经横下一条心，坚决不作伪证。耿直的张说保住了魏元忠。武则天虽然没有抓住魏元忠谋反的证据，但她还是偏心，撤了张说的职务，又把张说判了流放罪。

不久，唐玄宗当政。宰相张柬之和一些官员把张昌宗和张易之等都抓了起来。由于张说以诚为本，尊重事实，不作假证，在朝廷大臣中获得了很高的声誉。

张说在流放期间，精心构思了一组诗，题名为《五君咏》，咏赞初

唐名臣魏元忠、苏瑰、李峤、郭立振、赵彦昭五人。其中的一首《魏齐公元忠》写道：

齐公生人表，迥天闻鹤唳。
清论早揣摩，玄心晚超诣。
入相廊庙静，出军沙漠霁。
见深吕禄忧，举后陈平计。
甘心除君恶，足以报先帝。

张说找到同事的儿子苏颋，请他把《五君咏》转交给当今皇上唐玄宗李隆基，以明心志。苏颋看后，当堂呜咽流涕，悲不自胜。等上朝时，他就在唐玄宗面前盛赞张说。最后，沦落荒蛮之地的大臣张说再次回到朝中。

阳货欲见孔子

阳货[①]欲见孔子，孔子不见，归孔子豚[②]。孔子时其亡[③]也而往拜之，遇诸涂[④]。谓孔子曰："来！予与尔言。"曰："怀其宝而迷其邦[⑤]，可谓仁乎？曰：不可。好从事而亟[⑥]失时，可谓智乎？曰：不可。日月逝矣，岁不我与[⑦]！"孔子曰："诺，吾将仕矣。"

【注释】

①阳货：又叫阳虎，季氏的家臣。

②归孔子豚：归，通"馈"赠送。豚，小猪。赠给孔子一只熟小猪。

③时其亡：等他外出的时候。

④遇诸涂：涂，通"途"，道路。在路上遇到了他。

⑤迷其邦：听任国家迷乱。

⑥亟：屡次。

⑦与：在一起，等待的意思。

【解释】

阳货想见孔子，孔子不见，他便赠送给孔子一只熟小猪，想要孔子去拜见他。孔子打听到阳货不在家时，往阳货家拜谢，却在半路上遇见了。

阳货对孔子说："来，我有话要跟你说。"阳货说："把自己的本领藏起来而听任国家迷乱，这可以叫做仁吗？不可以。喜欢参与政事而又屡次错过机会，这可以说是智吗？不可以。时间一天天过去了，年岁是不等人的。"孔子说："好吧，我将要去做官了。"

【故事】

小宗悫智勇捉盗贼

宗悫是南北朝时的一名刚强少年。他哥结婚那天，家里宾客盈门，有十几个盗贼也乘机冒充客人，混了进来。

正当前面客厅里人来人往、喝酒贺喜之际，这伙盗贼却已潜入宗家的库房里偷窃起来。有个家仆去库房拿东西，发现了盗贼，大声惊叫着奔进客厅。

霎时，客厅里的人惊得目瞪口呆，不知如何是好。只见宗悫镇定自若，拿起剑，直奔库房。盗贼一见来了人，挥舞着刀枪威吓宗悫，不许他靠前。宗悫面无惧色，举剑直刺盗贼，家人也呐喊助威。盗贼见大事不妙，丢下财物，夺路而逃。

后来，当林邑王范阳迈侵扰边境，皇帝派胶州刺史檀和之前往讨伐时，宗悫自告奋勇地请求参战。

宗悫为宋国打了无数次胜仗，立下许多战功，被皇上封为洮阳侯，实现了他少年时“乘风破浪”的远大志向。

性相近，习相远

子曰：“性相近也，习相远也。”

子曰：“唯上知与下愚不移。”

子曰：“古者民有三疾，今也或是之亡也。古之狂也肆[①]，今之狂也荡[②]；古之矜也廉，今之矜也忿戾[③]；古之愚也直，今之愚也诈而已矣。”

子曰：“色厉而内荏[④]，譬诸小人，其犹穿窬[⑤]之盗也与？”

【注释】

①肆：放肆，不拘小节。荡：放荡，不守礼。

②廉：不可触犯品行方正而有威仪。本谓棱角，借喻品行端方。

③戾：火气太大，蛮横不讲理。

④色厉而内荏：厉，威严，荏，虚弱。外表严厉而内心虚弱。

⑤窬：墙洞。指盗窃行为。

【解释】

孔子说：“人的本性是相近的，由于习染不同才相互有了差别。”孔子说：“只有上等的智者与下等的愚者是改变不了的。”

孔子说：“古代人有三种毛病，现在恐怕连这三种毛病也不是原来的样子了。古代的狂者不过是愿望太高，而现在的狂妄者却是骄纵放荡；古代骄傲的人不过是难以接近，现在那些骄傲的人却是凶恶蛮横；古代愚笨的人不过是直率一些，现在的愚笨者却是欺诈啊！”

孔子说：“外表严厉而内心虚弱，以小人做比喻，就像是挖墙洞的小偷吧？”

【故事】

白圭谈大禹治水

战国时候，有个叫白丹的人，名丹，字圭。在魏惠王属下为大臣，善于修筑堤坝，兴修水利。

有一次他跟孟子谈起大禹治水的事情时，夸口说：“如果让我来治水，一定能比禹做得更好。只要我把河道疏通，让洪水流到邻近的国家去就行了，那不是省事得多吗？”

孟子很不客气地对他说：“你错了！你把邻国作为放水的地方，结果将使洪水倒流回来，造成更大的灾害。有仁德的人，是不会这样做的。”

白圭谈治水只为自己着想，不为别人着想，这种“已所不欲，欲施于人”的错误思想，是难免要害人害己的。

大禹治水是把洪水引入大海，虽然费工费力，但这样做既消除了本部落人民的灾害，又消除了邻近部落人民的灾害。这种推己及人的精神，值得我们钦佩和效法。

这则故事告诉今人这样一个道理：一个小家，在处理灾难的时候，既要有利于自己，又不要危害邻居。己所厌恶，勿施于人，这才叫有仁爱之心，有君子气度。一个国家，在处理祸患的时候，既要有利于自己的国家，又不要危害邻国，这才叫有仁爱之心，有大国风范。

李义琰大义无私欲

随着唐代社会经济的发展，人们的言利思想日见抬头，在这样的形势下，唐代一批士大夫，进一步强化、发展了儒家义利思想，表现出以天下为己任的大义情怀。李义琰就是其中之一。

李义琰是唐代的魏州昌乐人，就是后来的河北大名。他的先辈是陇西一带的名门望族。622年，唐代首届科举考试科考，他位列第三，是古代科举史上第一位探花。中进士后，任太原尉。

当时的太原都督叫李勣，他手下属僚官吏都惧怕他的威势，唯命是听，不敢多言半句。而李义琰认为，做人应该真诚，对上对下都应该仗义执言，因而常常当庭与他争辩是非曲直。李勣反而对他的正直敢言的气节很是赞赏。

唐高宗李治麟德年间，李义琰升为白水县令，多有政绩，有“能吏”之名，朝廷于是提拔他为司刑员外郎。

李义琰博学多识。唐高宗每有事要征求意见，李义琰都畅所欲言，所言有智谋有见识，常常切中要害。循例升为中书郎，后来晋升为同中书门下三品，兼任太子右庶子。

唐高宗第六子李贤，在胞兄李弘去世后继立为皇太子。李贤不仅容止端雅，而且才思敏捷，但自立储君后与母后关系紧张，后来以谋逆罪被废为庶人，流放巴州，再后被逼自尽，谥以“章怀”。那些怀恨李贤的人手舞足蹈，弹冠相庆，然而李义琰却不以为然。

李义琰认为，自己身兼太子右庶子，属于太子宫官，有教导太子之责。对于李贤之死，他独自把过失归于自己，常常难过得暗自落泪。

王公大臣们见李义琰总是为这件事自责、难过，都说他心地善良，胸怀道义，是个有忠义之心的人。唐高宗见李义琰既有才能又有义德，就让他做了宰相。

李义琰当宰相的时候，唐高宗因为患头风病，朝廷上的日常事务基本都由武则天处理。也正因为此，武则天的野心开始逐渐膨胀，有不少大臣也开始倒向她这一边，想让武则天执政。

耿直敢言的李义琰似乎并不买武则天的账。有一次，高宗想正式下诏叫武则天管理朝政，李义琰据理力争，高宗才放弃了这个打算。

后来武则天以太后身份为唐中宗李哲摄政，684年，又因中宗不顺从而将其废黜，改立另一亲子唐睿宗。唐睿宗垂拱年间，朝廷想召回李义琰任怀州刺史。但李义琰自知先前曾阻止武后摄政，已得罪武后，

就没有应召。

李义琰虽身居高位，但平素生活过得十分节俭，穿的是一般布衣，吃的是粗茶淡饭，住的房子也是又旧又简陋，连一般官员的住房都不如。

李义琰的弟弟、岐州司功参军李义琎见哥哥身为一朝宰相，日子却过得如此寒酸，心中实在有些不忍，于是劝他重建一所新宅。可是不管怎么劝，他就是不同意。过了些日子，李义琎又去劝他，他还是不答应。

李义琎见哥哥如此固执，就决定自己来替哥哥操办此事，于是他拿出自己的钱，背着哥哥买了建房的木料，选好了地点，准备大兴土木扩建相府。

李义琰知道此事以后，连忙出来阻止，对弟弟说："我侥幸担任了宰相，已是感到十分惭愧，常常觉得自己不太称职。如若再兴建豪华的宅第，贪图舒适安逸这个小利，这不是有很好的道德，只会招来灾祸，到头来是适得其反。"

李义琎不以为然，说道："如今从朝中大臣到地方官员，哪家没有高楼大院？你身为堂堂宰相，却住着如此低矮狭窄之房，岂不是不合情理。"

李义琰听了，仍心平气和地说道：“人生在世，生活不可能都尽人意，合不合情理关键是一个‘义’字。为人应该以义为先，在品格上追求完美。我为一朝宰相，身为百官之首，倘若迷恋享受，贪图安逸，岂不失去了为官应该遵守的大义，丢掉了做人的美好品德吗？”

李义琎见哥哥如此坚决，又言之有理，劝其建房之事，也就只好作罢了。后来，建房用的那木材年久腐朽，就被丢弃了。

李义琰后来因有足疾，请求退隐，唐高宗批准了，并授以银青光禄大夫荣衔。李义琰即将在东都洛阳附近退隐，很多官员在城门外设宴为他饯行，时人称场面堪比当年汉朝疏广、疏受叔侄的欢送会。

李义琰晚年病故于一丈方园的小屋里。唐高宗闻听此事，叹息不已，下诏书建造殿堂，用以安放其灵位。

李义琰一生秉持为官、做人的大义，敢于直言，胸襟坦荡，心地善良，清廉俭省，不营家业，在当时人们的心目中树立了完美的形象，在中华民族的历史长河中名垂史册。

杜暹常怀律己之心

除了李义琰外，唐代还有杜暹这样心存国家和人民这个大义，保持着廉洁正直的官员。

杜暹是唐代濮州濮阳人，以至孝擢明经第，唐玄宗李隆基时迁监察御史，后拜宰相，擢户部尚书。杜暹初入仕途，任婺州参军，秩满离任赴郑县时，同僚们凑份子为他饯行，送他 1 万张纸。

当时的纸张很贵，人们常以存多少张纸来表示富有，而且官员迎送时的馈赠属于惯例，不算贪污受贿。可杜暹不为利益所动，只取 100 张，表示情谊领了，其余全部退还。同僚们都非常赞叹他的廉洁。

唐代的郑县，也就是今天的陕西华县，归华州府管辖。杜暹巧拒馈赠的故事，也被扩散到了华州府。华州司马杨孚听说后颇为好奇，就留心考察杜暹，结果发现杜暹确实清节，遂引为楷模。

不久杨孚升任大理正，主管司法，杜暹因公事获罪，交由法司断罪。杨孚身为大法官，又对杜暹知根知底，就对人说："如果这个县尉获罪，那么公正清廉之士靠什么来勉励呢？"

不久，杨孚又把杜暹推荐给了宰相姚崇。姚崇罢相后，宋璟继之，杜暹则调任监察御史。杜暹担任监察御史时，负责官员监察工作。

有一次，新疆西北的安西都护府的副都护与西突厥可汗发生矛盾，双方均奏报朝廷指责对方。为了弄清事实真相，朝廷下令杜暹前去处理。杜暹日夜兼程，到达安西。他首先到西突厥可汗那里了解情况。

西突厥可汗按他们的民族礼节，设宴隆重地款待杜暹。在席间，西突厥可汗拿出很多金子作为见面礼赠给杜暹，说："大人不辞辛苦，远道而来，为我们主持公道，特备薄礼敬上，以表我们的心意。"

杜暹连忙站起身来，推辞说："不可！本官是受朝廷之命前来看望各位，并希望你们和汉族官员能重修前好，和睦相处，共同效命于国家。"

西突厥可汗一片诚心，杜暹仍然推辞再三，以至于双方出现了很

尴尬的局面。见此情景，杜暹的随从人员悄悄走到杜暹面前说："大人，您来到这样边远地区，又担负着调解矛盾的责任，可不要冷落了他们。"

杜暹不得已，只好暂时收下了这些赠金。

夜深了，西突厥可汗带着当地的官员们都各自散去。这时，杜暹叫人悄悄地把这些金子埋在自己所住的帐幕下面。

安西的调查工作完毕后，杜暹离开安西。在返程途中，当走到很远的时候，杜暹才写了一封信，派人送回给西突厥可汗。

杜暹在信上说：

> 此次出使，受到贵国热情招待，不胜感激。然天朝使者与金无缘，已将所赠之金埋在所住帐篷下面。

并告之那些金子埋在了帐幕下，请他取出收回。

西突厥可汗看罢，很是吃惊。一面派人把金子挖出，一面携厚礼，越过沙漠，去追赶杜暹。追赶的人一直深入到茫茫的沙漠中也没有赶上，只得遗憾而归。

杜暹"埋金不受"这件事，给当地的少数民族和汉族官员留下了深刻的印象。

杜暹调查返京后，安西方面，副都护郭虔瓘后来病故于任中，接替他的张孝嵩也任满迁为太原尹。杜暹因上次出使安西退还赠金的事，在当地突厥与其他各族人民的心中留下了至深难忘的印象，他们对杜暹的清廉非常敬慕，所以希望杜暹到安西任职。于是，张孝嵩把当地人民这种心情奏明朝廷。

朝廷见此，特任命杜暹为安西副都护。此后，杜暹在安西任职4年，他安抚将士，不怕劳苦，很得少数民族和汉人的拥戴。西域各国，纷纷与唐王朝建立友好往来关系，大唐国威远播。

正所谓"鱼贪饵，容易上钩；人贪利，终落陷阱"。历史从来就不缺贪小失大的例子。如果杜暹接受了同僚送的纸，杨孚焉能推荐

他？如果杜暹接受了西突厥可汗的礼金，又怎能做到秉公调查双方的争执？

732 年，杜暹任户部尚书。皇上将要巡幸东都，诏令杜暹为京城留守。杜暹因此抽调轮流值勤的卫士，修缮三宫，加高城墙，他亲自巡查从不懈怠。

皇上听说后称赞他说："卿一向清廉正直，而且又勤劳能干。自从担任留守，事事都能尽职，治政使官吏整肃，恩惠能施及百姓。朕心中十分欣慰。"

740 年，杜暹在病重弥留之际，对儿子说："我死后，不要收受别人赠送的财物。"

杜暹去世后，唐玄宗下诏封他为尚书右丞相，又派人到他家去帮助办理丧事，并特赐给家属绢 300 匹。此外，尚书省也送去了很多礼物。但他儿子遵照他的遗嘱全都谢绝不受。

杜暹不但早就立下了廉洁为官的誓言，并一辈子践诺了这个誓言。他常怀律己之心，常思贪欲之害，拒绝馈赠，践诺誓言，这种不断地加强自我思想净化，提高拒贪的意识和保廉的意志力，给世人树立了学习的榜样。难怪史家称他"清风肃然"。

君子亦有恶

子贡曰："君子亦有恶①乎？"

子曰："有恶。恶称人之恶者，恶居下流②而讪③上者，恶勇而无礼者，恶果敢而窒④者。"

曰："赐也亦有恶乎？""恶徼⑤以为知⑥者，恶不孙⑦以为勇者，恶讦⑧以为直者。"

【注释】

①恶：厌恶。

②下流：下等的，在下的。

③讪：诽谤。

④窒：阻塞，不通事理，顽固不化。

⑤徼：窃取，抄袭。

⑥知：同"智"。

⑦孙：同"逊"。

⑧讦：攻击、揭发别人。

【解释】

子贡说："君子也有厌恶的事吗？"孔子说："有厌恶的事。厌恶宣扬别人坏处的人；厌恶身居下位而诽谤在上者的人；厌恶勇敢而不懂礼节的人；厌恶固执而又不通事理的人。"

孔子又说："赐，你也有厌恶的事吗？"子贡说："厌恶抄袭别人的成绩而作为自己的知识的人；厌恶把不谦虚当做勇敢的人；厌恶揭发别人的隐私而自以为直率的人。"

【故事】

魏万求学千里追李白

魏万，改名炎，后名颢，曾隐居王屋山，故号王屋山人。年轻时魏万非常崇拜“诗仙”李白，在744年，他决定并立即出发，开始了他对李白疯狂的追寻。

他从王屋山出发，日间行走，夜里则焚香沐手，抄录李白诗卷。并在住宿、吃饭、喝茶时都故意议论李白，希望能够打听到李白的行踪。只要魏万听说李白在哪儿，他就会急忙赶过去。可是魏万刚到，人家告诉他李白已经走了，真可谓是“一个后脚到，一个前脚走”。

就这样，从黄河流域经几千里地，来到江南。又寻踪转会稽、下明州、奔天台、往永嘉、入缙云，还是追不上李白。

但是，魏万没有泄气，在畅游仙都后，又北上金华……从江南又追寻回江北。直至745年春，他才与李白相遇于广陵。魏万见到李白，一身风尘、泪流满面、扑倒在地，双手捧上自己花了一年时间写成的四十八韵的《金陵酬李翰林谪仙子》，请李白指正。接着头也没抬，就叙述了一年多来追赶李白的艰辛以及沿途所见的风光。

李白被魏万数千里相访所感动，结合自己与魏万的共同游历，一气呵成写就了一百二十韵长诗——《送王屋山人魏万还王屋》以赠别。

李白见魏万诚挚忠厚，年轻有为，把自己的全部诗稿交给魏万，让他编成集子。后来魏万中了进士，不负李白重托，编出了《李翰林集》，还饱含热情地为诗集作序。

冼夫人一心为国而操持

儒家治国精神发展到隋代，在爱国精神的感召下，出现了冼夫人

这样一心为国事的杰出女性，她是“克己奉公”的又一种典型范例。

冼夫人出生于广东高凉一个姓冼的大族中。她的祖先历代都是南越首领，辖地千里，统属部落十余万家。夫人在童年时就练就了一身过硬本领。她熟习经文，知诗识礼，软硬武器，样样精通。因此，夫人于少年时代就能指挥部队行军作战，南越各部落对她都非常敬佩。

她为人正义、乐于助人，常常规劝自己家人及亲友，要讲究礼义，取信于民，为乡里群众多做善事。俚人喜欢打斗，常常互相攻击。夫人的哥哥冼挺，当年担任南梁州刺史官职，常常发兵侵掠附近州郡的部落，弄得岭南一带不得安宁，群众叫苦连天。

夫人对哥哥冼挺进行反复劝阻，最终使冼挺转变态度，平息了争端，消除了各部落之间的怨恨情绪。从此，岭南各族和睦相处。夫人的威望也更高了，她的影响也越来越大。不久，她便从冼氏家庭中接替了俚族大首领的职位。

535 年，罗州刺史冯融，闻说高凉俚洞冼氏部落出了一位年青的女首领，文武双全，品貌兼优，便亲自上门拜访。冯融在俚洞首领府内，只见冼首领仪表大方，态度从容。他与冼首领谈及时政及军事等诸问题时，冼首领对答如流，而且言辞精辟，智辩纵横。冯融十分钦佩，赞叹不已。他即托媒说亲，要给自己时任高凉太守的儿子冯宝娶媳妇。

冼首领由于自幼熟习经文，初步领略了汉族文化，也想借助王朝的行政法规，改革俚人社会陋习，提高俚族威望，发展自己的地方势力。因此，这位年青的冼氏俚族大首领，冲破民族偏见，毅然接受了冯融的聘礼，与其子高凉太守冯宝缔结婚姻。

常言道：家有贤妻，夫无横祸。若将这句话用在冯宝与冼夫人夫妇身上，是再贴切不过了。因为这个联姻是非常成功的。

冼夫人在婚后不久，就开始约束部众，学习汉族礼法，每与冯宝一同听决诉讼，不论是谁，哪怕是首领，哪怕是亲戚，只要犯法，决不宽贷。从此，“政令有序，人莫敢违”。从此，冼夫人从土族首领，踏着婚姻的跳板，成了当地半官方的政治领袖。

南梁末年，长江下游陷入了“侯景之乱”的战火之中，高州刺史李迁仕，想借混乱之机割据称雄，独霸一方，举兵谋反。

为了拉拢冯宝和冼夫人一起叛乱，李迁仕请冯宝去议事。冼夫人明知其中有诈，又不能不去，她命令士兵把兵器暗藏于礼品担子中，假装前去会见。

李迁仕听说冯宝夫妻两人手无寸铁带队前来送礼，高兴极了，一点戒备也没有。冼夫人兵临城下，突然人人从担子里抽出武器，杀进城来，一举击破了李迁仕的叛乱阴谋。在关键时刻，冼夫人为反对分裂，维护梁朝的统一做出了重要贡献。

此后，在陈替梁、隋灭陈的朝代变迁过程中，冼夫人多次挺身而出，稳定了岭南的动荡局面，以至于威信越来越高。

冯宝去世后，岭南又出现了不稳定的局面。有一年，陈朝广州刺史欧阳纥起兵反对陈朝朝廷。为了逼迫冼夫人支持动乱，欧阳纥把冼夫人的儿子冯朴扣在广州作为人质。

冼夫人断然拒绝起兵反陈朝，她说：“我一向忠贞保国，到目前已经两代了，不能因儿子的性命而辜负了国家的统一！”

冼夫人一面派兵保卫高凉边境，一面发兵协助陈朝大军平息叛乱，终于从监牢中救出了爱子冯朴。

在维护国家统一事业中，冼夫人不徇私情、一心为国，表现了高尚的品格。陈朝为此封她为中郎将，成为南朝时少数民族中的第一个女将军。

590年，冼夫人迎隋军进入岭南。不久，番禺人王仲宣起兵抗隋军，岭南眼看面临战乱之中。为现实全国统一，年事已高的冼夫人命孙子冯暄派兵援救隋军。不料，冯暄与王仲宣的一个部将是好朋友，出于私情，冯暄迟迟不出兵。

冼夫人得知缘由，勃然大怒，派人找回冯暄，押进大牢，另派孙

子冯盎去助隋军攻打王仲宣。冼夫人自己不顾年迈，亲自披挂上阵，帮助隋军治理岭南。岭南局势再次稳定下来。

事后，隋文帝杨坚册封冼夫人为“谯国夫人”。隋文帝的皇后还赠送她许多首饰与服装。冼夫人的儿孙们在她教育下，始终能够以国事为己任，致力于维护统一。

隋炀帝杨广时，国家政局动荡。当时，冼夫人的孙子冯盎凭借她的威望，控制了五岭20多州，占据着广州、梧州、海南岛一带，势力范围很大。有人劝冯盎也割据称霸，自立为南越王。冯盎牢记祖母教导，最终归附了新兴的唐王朝。

冼夫人一生顺应了民族团结、祖国统一的历史潮流，一心一意，忠心为国，保持岭南地区局面的稳定，客观上减轻了老百姓的苦难，功绩是突出的。这种一心为国、赤诚爱民的崇高精神，世代为我国各族人民所敬仰。

姚崇无私为民抗蝗灾

在唐代克己奉公的为政典范中，姚崇是不能不提及的一个重要人物。他是唐代著名政治家，历任武则天、唐睿宗、唐玄宗三朝宰相，是历史上的著名宰相，有“救时宰相”的称号。

在唐玄宗李隆基刚即位的时候，他继续任用姚崇为宰相，整顿朝政，一心想恢复唐太宗时的昌盛局面，把唐中宗时期的混乱局面扭转过来。

就在唐玄宗励精图治，致力于兴盛唐王朝的时候，河南、河北一带发生了一次特大的蝗灾。中原的广阔土地上，到处出现成群的飞蝗。蝗群飞过时黑压压一片，连太阳都被遮没了。蝗群落到哪里，哪个地方的庄稼都被啃得精光。

那时候，人们没有科学知识，认为蝗灾是天降给人们的灾难。再加上有些人有意搞迷信宣传，于是，各地为了消灾求福，都烧香求神。眼看庄稼被蝗虫糟蹋得这样惨，人们拿它一点办法也没有。

灾情越来越严重，受灾的地区也越来越扩大。地方官吏不得不向朝廷告急。由于当时人们缺少科学知识，又有“天命论”的思想，所以有一些大臣认为：这是天降灾祸，人是无法抗拒的。

为了百姓的生活，为了朝廷的大业，姚崇不顾某些大臣的反对，向唐玄宗上了一道奏章，认为蝗虫不过是一种害虫，没有不能治的。只要各地官民齐心协力驱蝗，蝗灾是可以扑灭的。

唐玄宗见姚崇一心为公，正直无私，秉公陈言，十分感动，就立刻批准了姚崇的奏章。

姚崇下了一道命令，要百姓一到夜里就在田头点起火堆。等飞蝗看到火光飞下来，就集中扑杀；同时在田边掘个大坑，边打边烧。

这个命令一下去，汴州刺史倪若水拒不执行。他也写了一道奏章，强词夺理，说蝗虫是天灾，人力是没法抗拒的，还说“除天灾者当以德”，意思是要消除蝗灾，只有积德修行。

姚崇看到倪若水的奏章，十分恼火，专门发了一封信责备倪若水，正言指出：“看着蝗虫肆虐，吃掉百姓辛辛苦苦种出的禾苗而不心痛，可恨！今后百姓因无粮而食，流离失所，逃难四方，这又是更悲惨的灾难，这难道就是为官者应该做的事情吗？”

姚崇在信中开导倪若水：“身为朝廷大臣，就要替百姓着想，百姓的生活有了保障，大唐江山才会稳固。”同时还严厉警告他说，如果眼看蝗灾流行，不采取救灾灭蝗措施，将来造成饥荒，要他负责。

在姚崇的劝导下，倪若水终于组织百姓除蝗了。很快蝗灾被控制住了，蝗虫被扑杀了许多，大约有40万担。百姓的不安情绪很快也被消除了。

倪若水在事实面前信服了姚崇，佩服这位宰相。可是在长安朝廷

里还有一批官员，认为姚崇灭蝗的办法，过去从来也没人做过，现在这样冒冒失失推行，只怕闯出什么乱子来。唐玄宗听到反对的人很多，也有点动摇起来。他又找姚崇来问询。

姚崇从容不迫地回答说：“做事只要合乎道理，就不能讲老规矩。北魏、后秦时期也有过蝗灾，当时人们也不敢扑杀，结果就饿死了许多百姓。现在河南、河北积存的粮食不多，如果今年因为蝗灾而没收获，将来百姓没粮吃，流离失所，国家就危险了。”

唐玄宗一听蝗灾不除，要威胁国家安全，也害怕起来，说：“依你说，该怎么办才好？”

姚崇说：“现在，江山社稷处在灾祸之中，我们不应只想着自己，不然我们会失掉百姓的信任的。大臣们说我的办法不好，陛下也有顾虑。我看这事陛下且别管，由我来处理。”

为了打消皇上的顾虑，姚崇斩钉截铁地说：“蝗虫是灾祸，一定要扑杀，老天也帮不了我们。对于可能出现的祸乱，我来承担责任，愿意受革职处分！只要是为公、为民，我死不足惜！”

姚崇感人肺腑的语言，不但深深地感动了唐玄宗，也感动了满朝大臣们，大家被他的一心为公的精神，深深地打动了。

姚崇出宫的时候，有一个好心的朋友劝阻姚崇，让他三思，以免丢掉官职。

姚崇则坦然地说：“过去没人做的，并不说明我们不能做，至于我的官职，这算不了什么，如果没有百姓的信服，没有他们的安定、富庶的生活，我这个官职还有什么存在的意义呢？如果我们大唐江山都没有了，那我这个官职，难道还会有吗？”

唐玄宗把姚崇当作自己的心腹大臣，也更加信任他了。唐玄宗亲自拟旨委姚崇以重任，并让他全权负责灭蝗的事务。

由于姚崇考虑到国家的安全、百姓的生活，顶住许多人反对，不顾个人得失，坚决灭蝗，各地的蝗灾终于平息下来。从此，人们更加敬佩这位一心为公，替百姓办事的宰相姚崇了，而他的“救时宰相”的美称也传扬得更广、更远了。

四体不勤，五谷不分

子路从而后，遇丈人，以杖荷蓧[①]。子路问曰："子见夫子乎？"丈人曰："四体不勤，五谷不分，孰为夫子？"植其杖而芸。子路拱而立。止子路宿，杀鸡为黍[②]而食之，见其二子焉。明日，子路行以告。子曰："隐者也。"使子路反见之。至，则行矣。子路曰："不仕无义。长幼之节，不可废也；君臣之义，如之何其废之？欲洁其身，而乱大伦。君子之仕也，行其义也。道之不行，已知之矣。"

【注释】

①蓧：古代耘田所用的竹器。

②黍：小米。

【解释】

子路跟随孔子出行，落在了后面，遇到一个老丈，用拐杖挑着除草的工具。子路问道："你看到我的老师吗？"老丈说："四体不勤，五谷不分，谁是夫子？"说完，便扶着拐杖去除草。子路拱着手恭敬地站在一旁。老丈留子路到他家住宿，杀了鸡，做了小米饭给他吃，又叫两个儿子出来与子路见面。

第二天，子路赶上孔子，把这件事向他做了报告。孔子说："这是个隐士啊。"叫子路回去再看看他。子路到了那里，老丈已经走出门了。

子路说："不做官是不对的。长幼间的关系是不可能废弃的；君臣间的关系怎么能废弃呢？想要自身清白，却破坏了根本的君臣伦理关系。君子做官，只是为了实行君臣之义的。至于道不被人遵行，我早

就知道了。”

【故事】

孔子徒弟认字吃饭

一天，孔子师徒三人来到郑国，此时已饥肠辘辘，可是身上一点钱也没有。这时他们看见路旁有家饭店。孔子便让子路和颜回前去请求店主能否给些施舍。

子路和颜回走进饭店，说明来意。店主说：“我请你们帮我认个字，认得出就请你们饭吃，认不出，就走人。”说着便写出了个“真”字，二人一看，张嘴答道：“是认真的‘真’字。”店主一听，抬手赶走了他们。

孔子听了二人的叙述，说：我带你们去，来到饭店，孔子同样说明来意，店主照旧又写了个“真”请他认。孔子说：“这个字念‘直八’。”

店主听后连忙倒地跪拜，说：“先生果然是圣人。”于是，命厨师、伙计好好款待，酒足饭饱之后，店主又以银两相赠，孔子三人上路。

子路和颜回不得其解，向孔子请教。

孔子说：“一个简单的‘真’字，就连小孩也认得，他叫你们认，是在和你们做文字游戏，考考读书人。你们说是认真的‘真’字，那么，既然你们讲认真，就不该白吃人家的饭；店主讲认真，没钱就别吃饭，当然要轰你们。”

隋文帝倡俭施仁政

隋文帝杨坚实现了南北统一后，他认真总结前人廉政的经验，认

识到节俭和施仁政是治国最重要的有效途径，于是身体力行，以身作则，大力提倡节俭，广施仁政治国。

隋王朝是在魏晋南北朝长期战乱之后建立起来的。魏晋时期以来，由于战争和分裂，奢侈腐化现象严重。针对这一情况，隋文帝注意以身作则，克勤克俭。隋文帝每天一早，便上朝理政，直至过午还不知疲倦；乘车外出途中，遇到有人上书，便亲自停下来过问。

在生活上，隋文帝规定从帝王到后宫，服饰器用，务求节俭。妃嫔们的衣服，只要能穿，就不换新的；宫人们的衣服脏了，都要洗过再穿；车舆上的东西破了，补补之后再用。隋文帝自己的衣服和用物，也是用坏了随时送去修补，补好再用。

有一天，隋文帝见到太子杨勇的铠甲曾精心地装饰过很不高兴，便把太子叫到跟前，很严厉地告诫他说："自古帝王没有好奢侈而能长久的。你当太子，应该把俭约放在首位，将来才能继承好皇位。"

为了让杨勇时时警诫自己不要奢靡，隋文帝还命人取出一些自己穿过的衣服留在杨勇那里，让他经常观看，以便时刻提醒自己不要奢侈。

有一次，隋文帝身患痢疾，需配些止痢药，要用一两重的胡椒粉，可是，找遍了宫中上下都找不到。

又有一次，隋文帝到灾区视察，他拿着老百姓吃的糠给群臣看，痛苦地责备自己无德，表示今后膳食从简，不吃酒肉。

隋王朝之初，大臣苏威见宫中用银做帐幔的钩子，觉得是过分浪费，于是劝隋文帝注意节俭。隋文帝随即下令：将宫中从北周时期沿用下来的雕饰旧物全部废除。

为了提倡节俭，形成风气，隋文帝还从法律上规定，对挥霍无度

者严惩不贷。他痛恨官吏的贪污行为，甚至秘密派人给官吏送贿，一旦接受立即严惩。

隋文帝的儿子杨俊，生活奢侈，被发现，勒令禁闭。大臣杨素认为罚得太重，隋文帝说：“皇上和百姓只有一个法律，任何人犯法都要按法律办事。照你说来，为什么不另造皇子律？”

由于隋文帝能厉行勤俭，使当时社会上也出现了俭朴之风。一般士人平日多穿布帛，装饰品也只用铜、铁、骨、角制造，不用金玉，为国家节省了大量的金钱和物资。同时，政治较为清明，阶级矛盾相对缓和，人民的负担比南北朝时期显著减轻。

隋文帝还广施仁政，采取了许多养民的措施，以此来巩固政权，发展生产，安定社会。隋文帝规定，在特殊情况下，国家的赋役可以免除或缩减。如 589 年诏令：

故陈之境内，给复十年，余州免其年租赋。

凡是百姓应交的赋税，都根据新政策，每年预先算好数字，造成花名册，按数征收，使官吏无法随意增减。

隋文帝为了与民休息，下令缩短农民服兵役和徭役的年龄。原来是 18 岁成丁，他改为 21 岁。还规定过了 50 岁可以交纳绢帛免役。以前丁男每年服役 30 天，隋文帝把它减少为 20 天，上交国家的绸绢也由每年 4 丈减少为 2 丈。

此外，为了让百姓能够享用山川河湖之利，隋文帝下令不得再封山禁泽。从此，百姓和官府可以共同享有盐池和盐井。凡遭灾荒的地区，还及时赈济。

由于天灾人祸无法预见，需要有长久之策，这就是建立粮仓制。早在 585 年，隋文帝就接受了长孙平的建议，建立义仓。这种丰年积粮，凶年用粮，由群众自理的义仓制是隋文帝的功绩之一。

隋文帝施仁政，还体现为对官员赏罚分明。他认为，为政者赏罚分明，方可谈治国安邦。他很注意对有功绩的官员进行奖励。

开国之初，岐州刺史梁彦光有惠政。隋文帝奖励他小米 500 石和御伞一把，以资鼓励，并诏令全国官吏要以他为榜样。齐州别驾赵轨为官清廉，在州 4 年，考绩连年第一。隋文帝予以奖励，并征召入朝。后续升迁，官至寿州总管长史。

大理寺少卿赵绰，忠于职守，执法一心，多次冒杀身之祸，不奉隋文帝非法杀人之诏，维护了法律的尊严。隋文帝认为赵绰有诚直之心，因此予以奖赏，前后赏赐数以万计。

隋文帝对官吏的要求很严格，他经常派人侦查百官行为，甚至秘密派人给官吏送贿赂，接受贿赂者，不论官职多高，受贿多少，一律查办。

隋文帝还严惩结党营私、离间诬告者。尚书左仆射高颖有文武大略，明达世务，为官竭诚尽节。有人诬告高颖想造反，隋文帝就严厉制裁诬告者。他说："君臣道合，不是爱说别人坏话的人所能离间的。"

隋文帝的仁政还包括对机构的改革。在朝廷，确定了朝廷官制为三省六部制，改变了北周时期仿照《周礼》所实行的六官制。使朝廷发布的政令能够在一定程度上做到比较稳妥，有利于廉政措施的贯彻和执行。

在地方，隋文帝本着"存要去闲，并小为大"的原则，把州、郡、县三级制改为州县二级制，取消了郡一级机构，合并了不少州县。隋文帝又规定：凡是九品以上的地方官，一律由朝廷任免，并每年由吏部进行考核，以便赏罚陟黜。

这样一来，精简了机构，裁减了一批官员，革除了官多民少、机构重叠的弊病，节省了开支，提高了行政效率。

隋文帝还于 598 年诏令废除九品中正制，设立州县学，创立科举制。这虽不是精简机构，不能明显节约开支，但便利于选拔真正的人才，有利于建设一支比较廉洁的官僚队伍。

总之，隋文帝通过节俭与施仁政，使隋王朝的廉政建设大大加强了。不仅促进了社会政治、经济的发展，也将古代勤俭廉政思想推向了一个新的历史阶段，产生了深远的影响。

卢怀慎清正廉洁之风

历史上的盛世一般出现在开朝初期，执政者为了稳定新生政权，大力推行廉政建设，恢复国力，休养生息。唐代的开元盛世，就是由于廉吏们的执政精神，才带来了百业昌盛。开元年间的卢怀慎，也和狄仁杰一样，在我国廉政思想史上留下了重重的一笔。

卢怀慎，经历唐中宗、唐睿宗、唐玄宗三朝，一向注重官德，受到了时人的称赞。

卢怀慎清廉谨慎，生活节俭朴素从不经营资产。他虽然贵为卿相，常常将所得的俸禄和赏赐随手周济亲朋好友。而他的妻子儿女的生活则难免饥寒，他们住的房子因年久失修而不蔽风雨，便拿着帘子遮挡。每天吃饭，不过蒸豆两碗、蔬菜数盘而已。

713 年，卢怀慎奉命去东都洛阳主持选才授官，随身用具只有一个布袋。不认识他的人，根本看不出他是一个大官。

卢怀慎在担任黄门监兼吏部尚书期间，薛王李业的舅舅王仙童侵害百姓，御史台调查掌握了他的罪行，已经申报立案，这时李业出面为之请求赦免，于是诏命紫徽省、黄门省进一步核实。

薛王舅舅王仙童暴虐百姓，卢怀慎与姚崇上奏说："王仙童罪状十分明白，如果御史都可以怀疑，那么其他人怎么还能够相信呢？"于是结案。

这件事影响很大，对全国上下那些违法乱纪的人起到了极大的震慑和教育作用，尤其使一些嚣张的贵戚收敛了许多。

卢怀慎在黄门监任上，曾经病了很长时间。他躺在一张薄薄的破竹席上，门上连个门帘也没有，遇到刮风下雨，只好用席子遮挡。

宋璟和卢从愿经常去探望他。卢怀慎平素很器重宋璟和卢从愿，看到他们俩来了，心里非常高兴，留他们待了很长时间，并叫家里人准备饭菜。结果端上来的只有两瓦盆蒸豆和几根青菜，此外什么也没有。

卢怀慎握着宋璟和卢从愿两个人的手说："你们两个人一定会当官治理国家，皇帝寻求人才和治理国家的策略很急迫。但是管理国家的时间长了，皇帝身边的大臣就会有所懈怠，这时就会有小人乘机接近讨好皇帝，你们两个人一定要记住。"

宋璟和卢从愿走后，卢怀慎又抱病写了一个报告，向皇帝推荐了宋璟、卢从愿、李杰和李朝隐几个优秀人才，希望皇帝重用他们。后来，这几个人都在为官过程中发挥了一定的积极作用。

卢怀慎去世，家人在安葬他的时候，因为他平时没有积蓄，所以只好叫一个老仆人做了一锅粥给帮助办理丧事的人吃。

四门博士张星看到这种情况，就上书给唐玄宗李隆基说："卢怀慎忠诚清廉，始终以正直之道处世，对他不给予优厚的赏赐，就不能劝人从善。"

唐玄宗当时将要前往东都洛阳，看了张星的报告，很受感动，立即颁发诏书，予以褒扬。

诏书中说：

> 已故检校黄门监卢怀慎乃国家之宝，朝廷的济世之才，善于出谋划策，学问德行堪称楷模。和公孙弘辅佐汉室齐等，与季文子弼相鲁国相同。节操与古人相傍，勤俭诚实可以作为榜样。他冰清玉洁，家里没有金银宝物，清贫度日。
>
> 我顾念以往岁月，更感深切哀悼。应该像抚恤凌统的遗孤一样抚恤他的遗孤，像表扬晏婴的德行一样表扬他的德行。应该赏赐物品一百段，粮食二百石。

唐玄宗回京师后，有一次打猎，来到一片破旧的房舍之间，发现有一户人家简陋的院子里，似乎正在举行什么仪式，便派人骑马前去询问。

派去人回来报告说："那里在举行卢怀慎的周年祭礼，正在吃斋饭。"

唐玄宗决定赏赐给卢家细绢帛，并因此停止了打猎。在回来的路上经过卢怀慎的墓时，石碑尚未树立，唐玄宗停马注视，潸然泪下。

唐玄宗回到皇宫，看了卢怀慎在病中写给他的报告，对他更加惋惜。诏命中书舍人苏颋为其撰碑文，并在碑上御笔亲书。不久，又追赠卢怀慎为荆州大都督，谥号为"文成"。

卢怀慎以清正廉洁精神自律，由此带来的唐代百业昌盛、文化繁荣，开元盛世的大唐成为屹立于世界的中华强国就不足为怪了。

狄仁杰历职有德政之风

唐代是封建社会一个昌盛的王朝，其之所以在历史上独领风骚，是和各级官员执政为民分不开的。唐代官员的执政思想与实践，为廉政文化的思想宝库增添了精神财富。在他们之中，唐代武周时期杰出的政治家狄仁杰就是其中之一。

狄仁杰，唐代重要官员。他为官廉洁，刚直不阿，敢于惩恶扬善，历任官职，皆有德政。

狄仁杰以明经出身，初在汴州、并州等地任州郡属官，后由

大理寺丞一直做到了同凤阁鸾台平章事。其间也曾数度出任外州刺史、都督。无论何时何地，狄仁杰都能做到廉洁奉公、清俭恤民，因此受到广大人民的崇敬。

唐高宗李治在位的时候，有两位将军不小心误砍了唐太宗李世民陵墓上的一棵柏树。唐高宗闻知后大怒，下诏处死他们。

百官们虽然都知道两位将军罪不当死，但是皇上盛怒之下，都不敢开口说话。只有狄仁杰站了出来，力谏两人罪不当死。

唐高宗十分生气，说道："他们砍了太宗陵墓上的柏树，让我背上不孝之名，我非杀了他们不可！"

狄仁杰答道："汉朝曾有人偷盗皇庙中的玉环，汉文帝盛怒之下，欲灭盗贼九族。有大臣谏道：'如果有人取了皇陵上的一抔土，又当如何处置？'于是汉文帝打消了灭九族的念头，并且依照当时的法律对之进行了合理的惩处。可见国有国法，凡事应当按照国家的法律来量刑。如果陛下今天因为两位将军误伐一棵柏树便要将他们置于死地，那么后人将如何看待陛下？"

这番话说得有理有据，唐高宗怒气全消，不但免了两位将军的死罪，还将狄仁杰升任大理寺丞，负责管理刑狱。

狄仁杰上任之前，大理寺的官员办事效率很低，积压了大批陈年旧案。而且由于一些办案官员的昏庸贪黩，致使冤枉者甚众。百姓们为了打官司，耗费了大量财力，政府也因此增加了巨额开支。

狄仁杰上任后，为了解除积弊，免去百姓的痛苦，殚精竭虑，夜以继日，在短短的一年之中，就决断积压旧案数起，涉及1.7万人，平均每天判案5例，效率之高，令人震惊，而且判决公正，没有诉冤者。

当时唐高宗有个宠臣叫王本立，被封为左司郎中，常常自恃有皇帝相护，飞扬跋扈，无法无天。许多人虽然对他恨得咬牙切齿，但碍于皇上，谁都让他三分。偏偏狄仁杰不信治不了他。

狄仁杰收集了王本立干坏事的罪证，并一条一条清楚地写奏本上奏皇帝。唐高宗起初想纵容王本立，但是狄仁杰谏道："朝廷虽然缺乏

人才，但并不是缺少像王本立这样的败类。如果陛下一定要赦免他，就请降罪于我，以为群臣之戒。”

唐高宗毕竟理亏，也就只好听任狄仁杰处罚了王本立。一时之间，朝廷气象为之一新，再也没人敢胡作非为了。

高宗听从了狄仁杰的劝谏，并让史官把这个案例记录下来，以便流传后世。这不仅是表彰狄仁杰敢于依法直言，给大臣们树立一个榜样，也是唐高宗有意标榜一下自己，给后人树立一个善于纳谏的形象。

狄仁杰清正廉明、善于断案的名声广为传颂。后人还将其办案的故事敷衍成话本《狄公案》，流传至今，并被译成外文，传到西方。

后来，狄仁杰出任宁州刺史。宁州是胡汉杂居区，民情复杂。官府和百姓之间的关系也很紧张。狄仁杰到任后，大力整肃吏治，并以身作则，倡行廉政。同时妥善处理各族关系，深得人心。百姓因此为之立碑颂德。

武则天称帝之后，当时天下承平日久，各级官吏之中，腐败之风渐长，因此武则天常派人巡视各地，严惩贪官污吏。御史郭翰奉命巡察陇右，一路上查处了许多贪赃枉法的官员。

宁州百姓听说此事，生恐郭翰不问青红皂白，伤害狄仁杰，于是纷纷涌上街头等候郭翰一行。等郭翰一入宁州境内，都赞誉狄仁杰的美德，直至郭翰表态，州人方散。狄仁杰之清正廉明，受人爱戴，于此可见一斑。

狄仁杰还多次为民请命，坚持反对权贵们乃至皇帝的贪污腐化的行为。

他在任豫州刺史时，宰相张光辅率大军平息了越王李贞在汝南发动的叛乱。张光辅及其部下恃功自傲，向各地勒索大量财物，百姓深受其苦。狄仁杰坚决不给。

张光辅大怒：“你一个州将，难道敢轻视元帅吗？”

狄仁杰毫无惧色，怒斥张光弼杀戮降卒，以邀战功。他的一番话义正词严，掷地有声，张光辅无言以对。豫州百姓因此而免除了许多无理摊派。

有一次，武则天为了造大佛像，不惜花费数百万两银子。当时因朝廷财力不够，又命天下僧尼每天每人出一钱助力。于是僧尼乘机广为化缘，加重了人民负担。

狄仁杰反对这种耗费资财而又扰民的无谓之举，上书劝谏道：

工不役鬼，必在役人；物不天降，终由地出。不损百姓，且将何求？

意思说：造像工程不役使神鬼，肯定会役使民力；造像物品不会从天而降，终究要靠地产出。如果不损害百姓，又能从哪里求得呢？

狄仁杰恳切地指出，百姓接连遭受自然灾害，尚未恢复，给民以时，发展生产才是当务之急，此时服役，有损民力；而且边境又不得安宁，应当省不急之费，万一边境有难，官财既费，人力又尽，真正无以可救，将危及政权稳固。

狄仁杰分析利弊，慷慨陈词，武则天看后，有所感悟，最后终于打消了造大佛像的想法。

武则天晚年，曾听信谗言，助长了专横跋扈、阿谀奉承之风。狄仁杰看在眼里，恨在心中，只想借机煞煞这股邪风。

武则天曾经改国号为“周”，还用自造的“则天文字”“曌”取名武曌。字与音合起来的意思是：武则天如同日月当空照。

一天，几个文人跪拜赞颂道：“女皇称尊，旷古未有。故而，国家之‘国’字也应改成新字，方才有别于前世呀。”

武则天听后降旨道：“你等所言极是，那就命你们3天之内把‘国’字改好。”

几个文人接旨后，连夜商议，费尽了心机。第二天上朝，三呼万岁之后，一个胖文人出班递上奏本。

武则天一看，见是“武”字，就听胖文人解释道：“奏明我主万岁，臣等把‘武’字写入‘口’内，寓意是：武家坐镇江山，天下永属武家。”

武则天喜上眉梢，正想嘉奖，忽然见狄仁杰出班，他奏道：“启奏陛下，微臣觉得‘囚犯’的‘囚’字，是把‘人’圈在‘口’内，成为囚犯；若把‘武’字圈在‘口’内，岂不是想要把陛下变成囚犯？”

武则天听罢，若有所悟，说：“狄卿所言极是。这样改‘国’，不是图谋不轨吗！”于是，降旨不用胖文人的建议，又让另一个瘦文人改“国”。

瘦文人战战兢兢地跪在地上，说道：“启奏皇上，武皇威震天下，理应统治八方，故应把‘八方’放在‘口’内。”

武则天听了，用手指书空，划着‘圀’字。之后，喜笑颜开，说：“这个‘圀’字，正合朕意！一定好好奖赏你。”

狄仁杰说：“陛下，如此改法，更加不妥，把‘八方’放在‘口’内，岂不是要引八方豺狼入室，意味着国家空虚，八方侵入中原吗！”

武则天一听，怒不可遏，大声喝道：“狄卿所言甚是！他们两人妄断圣意，实在大胆，应该处罚。”

胖瘦两个文人吓得面如土色，“扑通”一声，一齐跪在地上说：“吾等实在不该如此改‘国’，求皇上饶命！”

武则天余怒未消，下令革去他们的职务，摘去乌纱，将他们流放岭南，不准生还。

狄仁杰以大义凛然的气节，智煞谄媚风，勇树正义风，对当时树立良好的社会风尚起了积极作用。

由于狄仁杰在武则天一朝和以前一样，一直秉承公正之心，做人清廉，为官廉政，武则天曾高度赞扬他说：“狄仁杰无论是出去当地方官，还是做宰相都干得非常出色。狄仁杰是想让自己成为管仲乐毅那样的名臣，他辅佐君主，想让君主成为尧舜那样的明君。”

狄仁杰一生，称得上是历职皆有德政。因此，千百年来人们一直传颂着他的事迹，把他看作是古代清官的一个代表。

见危致命，见得思义

子张曰：“士见危致命[①]，见得思[②]义，祭思敬，丧思哀，其可已矣[③]”

子张曰：“执德不弘[④]，信道不笃，焉能为有？焉能为亡[⑤]？”

子贡曰：“君子之过也，如日月之食[⑥]焉。过也人皆见之，更[⑦]也人皆仰之。”

【注释】

①致命：授命，舍弃生命。

②思：反省，考虑。

③其可已矣：“见危致命，见得思义，祭思敬，丧思哀”这四方面是立身之大节。作为士，如能做到这些，就算可以了。

④弘：弘扬，发扬光大。

⑤亡：同“无”。

⑥食：同“蚀”。

⑦更：变更，更改。

【解释】

子张说：“士遇见危险时能献出自己的生命，看见有利可得时能考虑是否符合义的要求；祭祀时能想到是否严肃恭敬；居丧的时候想到自己是否哀伤，这样就可以了。”

子张说：“实行德而不能发扬光大，信仰道而不忠实坚定，这样的人有他不多，没他不少，无足轻重。”

子贡说：“君子的过错，如同日蚀月蚀。他犯了过错，人们都看得

见；他改正了错误，人们都仰望着他。”

【故事】

刘备直言批许汜

许汜，襄阳人。东汉末年名士，有国士之名，吕布帐下谋士。兴平元年（公元 194 年）他为兖州从事中郎，与张超、陈宫等背曹操而迎吕布为兖州牧。吕布败亡之后，许汜前往荆州投靠刘表。

刘备和许汜两人推心置腹，无话不谈。有一天，刘备和荆州刺史刘表闲谈，评论当世著名的人物，许汜也在座。当谈到徐州的陈登时，许汜插话说：“陈登的文化教养太低了，总也脱不掉一股粗人习气。”

“你有根据吗？”刘备诧异地问。

“当然有。”许汜说：“头几年，他在吕布那做事，我去拜访他，他不但不搭理人，晚上自己睡大床，却让我睡在小床上。”

刘备笑着说：“他这样做是对的。”

许汜站起来正要分辩，刘备双手搭在他的肩上，诚恳地说：“你在外面的名气大，人们对你的要求也就高了。现在兵荒马乱，老百姓够苦的了。你不关心这些，只打听谁家买肥田，谁家买好屋，尽想捞便宜。陈登最看不起这种人。”

刘表大笑说：“许汜，你快改掉这毛病吧！”

许汜感到刘备是真诚帮助自己，感激刘备批评人不留情面，并表示要改正自己的缺点。

萧何惜才追韩信

西汉初年虽然实行道家的无为政治，但儒家思想也在汉代初期政

治中发挥了不可或缺的辅助作用。而儒家的笃实宽厚美德，在汉代初期体现为崇尚实干，反对空谈的务实精神和实践精神。萧何惜才追韩信的故事，最能说明当时的务实精神。

萧何，西汉王朝开国丞相。他胸怀大汉事业，慧眼识人，重视人才，尤其是在对待韩信的去留的问题上，表现了顾全大局、礼贤下士的胸襟。

那是在刘邦被项羽封为汉王时，刘邦带着人马来到封地南郑，然后拜萧何为丞相，曹参、樊哙、周勃等为将军，养精蓄锐，准备和项羽争夺天下。因为南郑偏处北方，再加上刘邦当时的实力处于劣势，所以部队官兵开始出现了思乡情绪，兵士们都想回老家，差不多每天都有人开小差逃走，急得刘邦连饭也吃不下。

有一天，忽然有人来报告，说萧丞相逃走了。刘邦一听，真像突然被人斩掉了左右手一样难过。没想到一夜过后，萧何却突然回来了，刘邦又气又高兴。

他问萧何为什么也要逃跑，萧何说是去追回了逃走的韩信，刘邦疑惑不解。

萧何所说的韩信，本是淮阴人。淮阴就是现在的江苏淮安。秦代末期著名起义军首领项梁率兵路过淮阴时，韩信去投奔他，在军营里当个小兵。项梁去世后，他便跟随项梁的侄子项羽，项羽见他比一般兵士强，就让他当了个小军官。

韩信好几次向项羽献计，项羽都没有采用。韩信十分失望。后了听说刘邦率部到了南郑，就投奔了刘邦。在这里，刘邦也只给他当个小官。

有一次，韩信犯法被抓了起来，要被砍头。这时，刘邦的一个将军夏侯婴经过，韩信高声喊道：“汉王难道不想打出汉中，重建天下吗？为什么要斩壮士？”

夏侯婴闻言大惊。当时刘邦被项羽赶到汉中，就烧掉了入秦栈道，以示自己再无争夺天下之意，这是以退为进的高明战略。这个战略除刘邦集团少数高层了解实情外，极少有人知道，而这个面临死罪的小

吏，却一语道出了刘邦之志！

夏侯婴看韩信不比一般人，就命人把他给放了，他还向刘邦推荐。于是，刘邦就派韩信做了个管粮食的小官。

后来，萧何见到了韩信，跟他谈了几次话，认为韩信胸中韬略，实在非比寻常，是个难得的人才，就很器重他，两个人的感情也越来越深。萧何几次三番劝刘邦重用韩信，但刘邦总是不听。韩信知道刘邦不肯重用他，就趁将士纷纷开小差的时候，也找个机会走掉了。

韩信背长剑驰快马，一路东行，到了第二天夜里，还是没能走出汉中。继续往前走却被一条雨后新涨的河流挡住了去路。他驻马河边，心绪难平，想到自己空学兵书战策，却无用武之地，虽然萧何几番力荐，但刘邦不予重用，实在命运多舛！

韩信正在河边徘徊，忽然听见一个声音在他身后响起："韩公慢走！"

韩信回头，发现竟是萧何，一时间心里五味杂陈，脱口喊了一声："丞相！"

"可追着你了！"萧何喜极而泣，转而一脸怒容地说："韩公为何如此绝情？你我相处数月，竟于一夕离我而去，你于心何忍啊！"

韩信无语，感觉一下子无从说起。良久，他终于叹了口气，道："唉，丞相又何必在意我这么一个无用之人！"

萧何大步上前，双手抓住韩信的胳膊，诚恳地说："公乃天下大才，汉王不听我言，这是我萧何之愧。公且请暂息雷霆之怒，随我回去，我以全家性命力保于你。汉王若再不用，我便与公一同走。公千不念、万不念，只念你我当初一见如故，念我萧何不顾山高水深路险途远，心似火燎，披星戴月，苦寻于公！"

韩信终于忍不住，泪水"哗哗"地流了下来。什么叫作知己，这就叫作知己啊！我韩信再不识相，那还是个人吗？于是说道："丞相真乃大汉忠纯笃实之臣。古人云：'士为知己者死'，丞相既为我生平知己，信敢不倾心从命？从此以后，愿为门下贤士！"

萧何是真正懂得欣赏韩信才能的知己。而就在这一刻，韩信已决定将自己所有的成败与生死托付给萧何，这是他做人的准则。他开心地说："好，你我趁此一轮明月，速速赶回，免得汉王挂念。我急急忙忙地来追你，也没有向汉王禀报，汉王一定是急坏了！"

韩信欣然拨马，向前望去，但见朗朗月华，已明晃晃地照亮了前面的路。

萧何追回韩信，就马上来见刘邦汇报情况。刘邦听说萧何追的是韩信，说道："逃走的将军有10多个，没听说你追过谁，偏偏去追韩信，为什么？"

萧何说："一般的将军有的是，像韩信那样的人才，简直是举世无双。您要是准备在汉中待一辈子，那就用不着韩信；要是准备打天下，就非用他不可，您到底准备怎么样？"

刘邦说："我当然要打出汉中！"

萧何说："您如果要怎么做，就赶快重用韩信吧！不重用，韩信这样的大才早晚还是要走的！"

刘邦说："那好吧，我就依你的意思，让他做个将军。"

萧何说："您叫他做将军，还是留不住他。"

刘邦说："那就拜他为大将军吧。"

萧何很高兴地说："您这样才是英明的！"

刘邦叫萧何把韩信找来，想马上拜他为大将。萧何说："拜将是件大事，不能像小孩子闹着玩似地叫他来就来。您决心拜他为大将，要选个好日子，还得隆重地举行拜将仪式才好。"刘邦点头称是。

刘邦要拜将的消息传出后，跟随刘邦多年的将军个个兴奋得睡不着觉，认为这次自己一定能当上大将了。等到拜大将的日子，大家知道拜的大将竟是平日被他们瞧不起的韩信，一下子都愣了。

就在大家震惊之际，韩信已经自信满满地登上了拜将高坛，从刘邦手中接过代表大将军权力的虎符、玉节、金印、宝剑、铁钺等，双方行君臣之礼，祝告天地，剖符结誓。

经过一番庄重的仪式之后，韩信终于正式成为大汉的三军统帅。这一年，韩信年仅 23 岁，比项羽成为楚国上将军还要小两岁。

拜将结束后，韩信向刘邦详详细细分析了楚汉双方的形势，认为刘邦发兵东征，一定能战胜项羽。刘邦越听越高兴，只后悔没早点发现这个人才。

韩信拜帅后，征战天下，屡建奇功，最后在垓下围住项羽并将其彻底击败，为刘邦建立大汉基业，立下了不世之功。萧何惜才爱才，以礼待之，在月夜之中不辞劳苦，长途跋涉，终于追回韩信，成了贤臣识人、用人、惜人、团结人的千古佳话。

刘秀王霸的君臣情

自西汉武帝时实行"独尊儒术"的文化政策，儒学即与政治结合，并加速在社会中的传播。至东汉时期，东汉诸帝大多都有较好的儒学修养，他们推动了朝廷对儒学的提倡。

东汉王朝开国皇帝刘秀，是历史上著名的政治家和军事家，被誉为"中兴之主"。他身为一介布衣最后能够君临天下，不仅由于他本人具有雄才大略，更因为他能够以宽厚待人的儒学修养，得到一批文臣

武将的辅佐。

在刘秀的辅臣中，王霸曾经几次出生入死，全力帮助刘秀兴复汉室，他们之间也由此建立了深厚的君臣之谊。

那是在西汉末年，外戚王莽篡权称帝，搞得民不聊生，各地纷纷举旗造反。公元22年，汉宗室刘秀在宛县起兵响应绿林起义军。

当刘秀率领起义军路过颍阳时，当地人王霸带门客见刘秀，说："将军起义兵，我不自量力，仰慕您的威信品德，愿意在您军中当兵。"

刘秀说："我做梦都在想与有才能有德性的人，一起建立功业呢！"于是热情地接纳了他们。随后转战各地。

刘秀足智多谋，英雄了得，屡战屡胜。王霸随军参战，英勇杀敌，立下了战功。不久，王霸因父亲老弱多病，便辞别刘秀，回家侍奉父亲。临别时，刘秀送与王霸许多金银，并嘱咐他安心在家侍奉父亲，又亲自送王霸很长一段路程，两人洒泪而别。

后来，刘秀带领大军开赴洛阳，中途路过颍阳，便亲自去看望王霸。

王霸深受感动，并请求父亲让他跟随刘秀离家出征。他父亲说："既然刘将军如此仁义重情，如此器重你，你就应知恩图报，你就去吧，参与国家大事，好好地辅佐刘将军，不要半途而废！"

那时候，刘秀还不是最高统帅，被起义军拥为更始皇帝的刘玄，对足智多谋、能征善战的刘秀十分猜疑。刘秀为了躲过杀身之祸，保存实力，便请求刘玄让他到河北去招抚各州郡的义军，刘玄答应了。于是王霸随刘秀而去。

风云变幻，前途险恶。那时，更始皇帝的权力还没布达到河北。刘秀此去，凶吉未卜，成败难测，并且长途跋涉，人困马乏，十分劳苦疲惫。但这些都没有动摇王霸的意志，他依然忠心耿耿地保护刘秀。

这时，仅有的几个随从人员，担心刘秀成不了大事，而且受不了艰苦，就纷纷在半路上离开刘秀，不告而别。走掉的人越来越多，人马逐渐稀少。渡过黄河以后，刘秀环顾四周，见身边只剩下王霸和少数几个亲兵，寥寥几人而已。

刘秀良久地凝望着滔滔不息的黄河水，凝望着连绵不断的远山，思绪万千，万分感慨。过了许久才转过身来，拍着王霸的肩头，深沉地说："从颍川出来跟随我的人，只剩你一个了，真是疾风知劲草啊！"云天寥廓，秋风萧瑟，刘秀随口吟道，"风萧萧兮易水寒，壮士一去兮不复还。"

这句话是当年燕太子丹在易水河边送别荆轲去刺秦王时伴乐所歌，表达了无比悲愤慷慨的心情。

王霸忙说："将军，您还有希望。我们不能气馁，只要将军坚持下去，兴复汉室指日可待！"在王霸的劝说激励下，刘秀信心大增，便催马加鞭向前赶去。

刘秀到达蓟县，还没有站稳脚跟，一天，听说盘踞在邯郸的王郎派兵捉拿他，军兵已到了附近。刘秀只好连夜仓促南逃。在南逃路上，王霸尽心竭力地卫护刘秀左右，终于帮助刘秀脱离了险境。

刘秀对王霸说："让我们安心并得以渡河，是你王霸的功劳。"

王霸推辞说："这是您的恩德，神灵的保佑，即使是周武王的白鱼之兆，也不比这强。"

刘秀对部下说："王霸之功成就了我们安全渡河，大概是上天的吉祥之兆。"众人皆以为是。刘秀任用王霸为军正，封关内侯。后来，王霸又亲自带领部队讨平了王郎，缴获王郎的官印。刘秀封王霸为王乡侯。

经过几年征战拼搏，刘秀做了皇帝，成了东汉的开国君主。但他仍然不忘王霸的忠心和才智，更加信任他了，就拜任他为偏将军。后

来又改封他为富波侯，向侯，淮陵侯。

王霸始终不忘刘秀对他的知遇之恩和友爱之情，在任何岗位都倍加努力，孜孜不倦，恪尽职守。他亲自同士兵们垒土堆石，治隘口，筑亭障。并且冲锋陷阵，身经百战，为巩固和保卫东汉王朝做出了卓越的贡献。

刘秀是一个聪达多识，仁智明恕，乐施爱人的人，其才能和品德，无愧于一代“中兴之主”的盛誉。在历史上，像他这样知人善任、实现儒家“治国平天下”的君主，是永远值得人们称道的。

马援的笃实品德

由于儒学在东汉时期的传播，儒家笃实宽厚的传统美德得到了进一步继承和发扬，以“实”为标准的笃实品格，被时人看作是行为处世的准则。东汉初期名将、“伏波将军”马援就是一个典型。

马援，他虽然南征北战，屡建战功，但居功不傲，谦虚谨慎，孝悌传家，其高尚的笃实品德修养，被传为佳话。

有一次，马援又打了大胜仗，率军凯旋，将要进都城洛阳，就有许多老朋友前来欢迎慰劳他。在欢迎的人群中，有一位素以谋略才能而名闻朝野的人，名叫孟冀，与马援是很要好的朋友。

马援见到孟冀也和别人一样在祝贺自己，心里感到很不是滋味，于是便对孟冀说：“你是一个很富有谋略的名臣，我本期望听听您的金玉良言，指出我的努力方向，您怎么反而像普通人那样说起客套话来呢？”

孟翼听了很窘，一时不知如何应对才好。

马援见他不说话，继续说道："从前，汉武帝时的伏波将军路博德设置7个郡，才加封了几百户。现在我功劳微薄，却享受3000户赋税的领地，实在深感惭愧。这样功小赏大，我真担心用什么行动来报偿！您该用什么谋略来帮助我呢？"

孟冀摇了摇头，说："我还没考虑到呢！"

马援见此情景，接着说："如今匈奴、乌桓还在扰乱北方，我打算主动请求出征。大丈夫应战死沙场，用马草裹着尸体回来埋葬罢了，怎么能安然地在家里等着寿终正寝呢？"

孟冀钦佩地说："你心系边患，豪情不减，确实是一个胸怀壮志的大丈夫，应当像你说的那样啊！"

马援批评孟冀与人同祝，体现了马援处世谨慎、谦逊的优秀品格。马援不说空话，在洛阳仅待了一个多月，匈奴和乌桓又发起侵袭，他主动请求出征，前往北方迎战。这时的马援已经是62岁高龄了。

汉光武帝考虑马援年纪大了，不放心他出征。马援见没有下文，直接找到汉光武帝说："我还能披甲骑马，请皇上让我带兵去吧！"说罢，当场向汉光武帝表演了娴熟的骑术。

汉光武帝见他精神矍铄，矫健的动作不减当年，便批准了他的请求。

马援率兵征战在沙场上，但由于他长期辛劳，患了重病，在军中病故。他以自己的实际行动，实现了自己马革裹尸、不死床箦的志愿。

孟冀闻听马援噩耗，悲痛万分，更加钦佩他的高尚情怀，由衷地赞叹道："马援忠勤国事，马革裹尸，令人钦佩，真是一个一心建功立业的男子汉！"

马援不仅严于律己，也严于告诫自己的亲属，积极向上，凡事不可懈怠。他秉承孝悌传家的精神，将兄子视同己出，严加教诲。

马援哥哥的两个儿子马严和马敦，常喜欢在别人背后议论人家的过失，他很生气，立即写信告诫他们。这封信就是流传至今的《诫兄子严敦书》。

马援写《诫兄子严敦书》的时间，是在他率军远征交趾的时候。在戎马倥偬，军务缠身的非常时刻，他还惦记着子侄的教育。忙中寻暇，万里传书，殷切之情，流于言表，肃严之意，沁人肺腑。

马援在信中说：

> 我希望你听到人家的过失，能像听到你们父母的名字那样严肃对待。耳朵可以去听，但嘴巴不可以去乱说。好议论别人的长短，拨弄是非，是最可恶的行为，我很讨厌它。
>
> 我宁愿去死，也不愿听到子孙有这种可恶的行为。我之所以这样叮嘱你们，就像母亲叮嘱一个将要出嫁的闺女一样，目的是希望你们不要忘记我的告诫。

马援在这封信中，还介绍了自己的两个好朋友，一个叫龙伯高，一个叫杜季良。

龙伯高为人敦厚谨慎，出言皆善，谦和节俭，清廉无私。杜季良为人豪侠好义，忧人之忧，乐人之乐，各色人等皆有交往，他的父亲去世，数郡都有朋友来吊唁。

在马援眼中，龙伯高和杜季良两人都是高尚的人，但马援希望两个侄子向龙伯高学习，而不能像杜季良那样陷入轻薄。这是阅历丰富的马援对晚辈成长过程中的最大观照。

马援认为，学龙伯高则还不失为一个老实谨慎的君子，所谓“刻鹄不成尚类鹜”。因为他笃实周慎，谨严敏行，稳重谦逊，廉洁勤俭，完全符合马援为人的标准。

马援对杜季良的评价则一分为二，杜季良虽然能忧人之忧，乐人之乐，行侠仗义，但结交朋友，其人品不分清浊，这不符合士大夫的保家全身的长久之策。所以马援明确规劝侄儿们务为诚厚谨慎，切勿华而不实，陷于轻薄。所谓“画虎不成反类犬”。

后来，马援的两个侄子果然没有辜负叔父的告诫，改正了自己的缺点，成为被人们称赞的好后生。这说明马援身教言教、孝悌传家

的实践是正确的。

马援不爱权势声名，不屑毁誉，老当益壮，马革裹尸，公忠为国，孝悌传家，身教言教，这些精神品质，是我们中华民族的优良传统。马援的精神，滋养着一代又一代中华儿女。

甄宇谦恭能礼让

一个人能够谦恭礼让，也是笃实宽厚的体现，说明他严于律己，并且宽宏大量，以宽厚为美。东汉时期的甄宇就是这样的一个人。

甄宇，东汉初年太学博士。他学识渊博，为人憨厚，谦恭礼让，太学里的学生都很尊敬他。

甄宇从小就特别喜欢读书，对于儒家的经典无所不读。年龄渐长以后，就专门研究孔子编著的《春秋》，在学问上有自己独到的见解，在思想上完全尊奉孔子，在行动上也遵照儒家提倡的道德要求去做，因而在乡里有很好的名声。

汉光武帝刘秀建武年间，朝廷听说甄宇很有学问，又待人宽厚，就把他征召到京城洛阳，任命他为博士。博士是教授官，在当时最高学府太学里任职，为太学生讲授儒家经典。

古时候，每年农历十二月初八为腊日节，是祭祀百神的日子。每至腊日，汉光武帝都要向太学颁诏，表示慰问，并赏赐每个博士一只羊，以资鼓励。

这一年，又到了腊日节，汉光武帝派大臣到太学里去慰问。大臣宣读诏书说："博士们讲学兢兢业业，焚膏继晷，十分辛苦。现在每位博士赐羊一只，带回家中，与家人团聚，欢度节日。"

诏书宣读完毕，博士们叩谢圣恩。随后，使臣命随从把羊群赶进了太学院中，点过数目，交给太学的长官祭酒，祭酒和博士们高兴地把使臣送出大门外。

祭酒一回到院中，心中就犯了难。原来，皇帝赐的羊大小不等，

肥瘦不一。这怎么往下分发呢？分到肥羊的，当然会高兴，而分到瘦羊的，难免会说分配不公，待人有亲有疏。

祭酒想来想去，也没有想出个万全的办法来。最后，只好把博士们都召集来，让大家商量，想一个众人都满意的方法。

有一个博士说："羊本来就有肥有瘦，如果每人领一只，怎么也不会平均。依我看，不如把羊全都宰了，大家分肉，每人一份，肥瘦搭配，就不存在不合理的事了。"对这个主意，有的人赞同，但多数人不同意，认为血淋淋的肉不好往家拿。

有人主张用投钩的办法来分，也就是抓阄，把大小肥瘦的羊编上号，就凭个人运气来撞。这个主张又引起大家的议论，有人认为这种方法可行，也有人认为不妥。

大家七嘴八舌地吵嚷了老半天，仍然没有商量出一个好办法。这

时，站在一边没吱声的甄宇忽然对大家说：“大家不必争吵了，我看还是大家各牵走一只吧，我先牵一只去。”说着，他走向了羊群。

甄宇的话引起了大家的注意，一齐望了过去，大家都一齐用好奇而又怀疑的目光注视着甄宇，想看看他到底牵什么样的羊。有的人在心里说：要是这样先下手去挑，把大的挑走了，剩下的给谁呀！

此刻的甄宇心里想的是：为人处世，只有不怕吃亏，敢于吃亏，宁可自己吃点亏去照顾大家情面，才能与人和谐相处，并赢取别人的信任，这样才会使自己处处受欢迎。想到这些，甄宇走到羊群跟前，左挑右选，仔细观看，最后竟把羊群里最瘦最小的一只羊牵走了。

看到甄宇的所作所为，一些存有私心的博士羞红了脸，深深地感到自己不如甄宇品德高尚。人们不再争执了，大家纷纷来到羊群处，你谦我让，各自牵上一只羊，高高兴兴地回家去了。

这件事很快传了出去，京师洛阳城里的人，纷纷赞扬甄宇，还有人给他起了个绰号，叫做“瘦羊博士”。从此，这个带有敬意的绰号就在京师传扬开来，人们都这样称呼他了。后来，这件事被汉光武帝知道了，认为甄宇宁愿自己吃亏，也要让同事高兴，保住大家都不伤面子，实为君子之所为，这样的人是最能让人信赖的。于是，就对甄宇进行嘉奖。

甄宇在利益面前做到了克己让人，这既是做人的一种素质，也是一种智慧，更是做人的一块金字招牌，赢得了世人的赞誉。后来，人们就用“瘦羊博士”这个典故，来形容那些谦恭有礼的人。

论语

中国春秋时期一部语录体散文集

（春秋）孔子 著

辽海出版社

叁

目　录

事父母几谏 1
杜环古道侠肠代人养母 2
谢定住三番打虎救母 5
陈世恩感化弟弟走正道 8
沈云英忠孝彪炳千秋 12
古者言之不出 17
汉景帝刘启勤俭治国 18
华歆机智讲信用 21
张衡精通天文地理 22
子谓公冶长 24
晏子崇尚大义与节俭 25
子罕大德高义不贪财 29
范蠡经商义中取利 32
白圭经商的义与利 36
冯谖大义之举显义德 39
雍也仁而不佞 45
汉武帝刘彻 46
陆象先宽厚为人为政 48
张居正以天下为己任 49
于成龙享誉清官第一 53
刘统勋的文正廉洁 57
束带立于朝 61
子路拜孔子为师 62
晏子维护国家的尊严 63
隋文帝杨坚开皇之治 67

朽木不可雕……70
孔子批判朽木不可雕……71
蔡邕倒屣而迎王粲……72
孔融让梨的谦让之礼……76
陶谦三让徐州给刘备……79
刘备礼贤而三顾茅庐……83
吾亦欲无加诸人……87
孔子的廉政思想形态……88
老子以水喻廉政的说法……91
墨子的廉洁施政主张……95
戴逵幕后取智铸佛像……99
唐高祖李渊奠定霸业……100
敏而好学，不耻下问……103
周公树立为公的典范……104
孔子总结天下为公思想……106
墨子秉承大公无私精神……110
华佗乔装打扮学医术……114
唐太宗李世民贞观之治……115
三已之，无愠色……118
管鲍之交流芳千古……119
信陵君尊贤救难……122
蔺相如顾全大局……127
大圣皇后武则天……130
朱元璋向秀才赔礼……132
三思而后行……133
孔子弟子曾参自省……134
曾彦执法依律休妻……134
奢香夫人履行诺言……136
唐玄宗李隆基开元盛世……139
伯夷叔齐不念旧恶……142
伯夷叔齐刚正耿直……143
文治武略赵匡胤……143
赵匡胤以俭行廉政……147

包拯除弊铁面无私 …………………………………………………… 150
司马光一贯廉洁自守 …………………………………………………… 153
各言尔志………………………………………………………………… 157
孔子学琴感同身受 …………………………………………………… 158
召信臣一心为民兴利 …………………………………………………… 158
诸葛亮坚持勤俭廉政 …………………………………………………… 161
胡质做官追求清廉 …………………………………………………… 164
成吉思汗一代天骄 …………………………………………………… 166
居敬而行简……………………………………………………………… 170
朱元璋称帝不忘节俭 …………………………………………………… 171
王翱当官一身廉洁奉公 …………………………………………………… 175
戚继光治军不徇私情 …………………………………………………… 178
戚继光牢记父训不虚荣 …………………………………………………… 182
不迁怒，不贰过………………………………………………………… 183
汉武帝执法不徇私情 …………………………………………………… 184
霍去病拒受御赐豪宅 …………………………………………………… 186
第五伦为官克己奉公 …………………………………………………… 189
霍光一心为公勤辅政 …………………………………………………… 192
万斯同闭门思过苦读 …………………………………………………… 195
三月不违仁……………………………………………………………… 196
亘古第一忠臣比干 …………………………………………………… 197
于谦甩袖管两袖清风 …………………………………………………… 200
姜诗夫妇孝行感天动地 …………………………………………………… 200
赵孝兄弟的手足之情 …………………………………………………… 204
王祥孝悌德行义薄云天 …………………………………………………… 208
善为我辞………………………………………………………………… 213
辅助两代周王的周公 …………………………………………………… 214
子罕拒宝品德高尚 …………………………………………………… 217
孝庄文皇后公而忘私 …………………………………………………… 218
王鼎一心为民排忧解难 …………………………………………………… 221
左宗棠为国身先士卒 …………………………………………………… 223
一箪食，一瓢饮………………………………………………………… 226
统军治国能手姜子牙 …………………………………………………… 227

孔子学生颜回好学 …… 230
朱元璋以礼求访人才 …… 231
杨士奇处世谦恭礼让 …… 234
柳敬亭谦恭尊师言 …… 238
为君子儒，无为小人儒 …… 242
春秋第一相管仲 …… 243
齐景公虚心纳谏 …… 246
6岁称象的神童曹冲 …… 246
张英让墙三尺传美名 …… 249
杨露禅千里拜恩师 …… 251
出不由户 …… 255
治国经商干才范蠡 …… 256
宰相的典范子产 …… 258
文彦博识人辨人品 …… 260
弘扬儒学的大师朱熹 …… 261
陆九渊的自我道德修养 …… 266
质胜文则野 …… 270
孔子师徒要马 …… 271
诚实为官的李固言 …… 272
李沆行事光明磊落 …… 274
晏殊的诚实与正直 …… 277
知者乐水，仁者乐山 …… 280
千古一相李斯 …… 281
变法革新的商鞅 …… 284
西门豹做邺县令治恶 …… 286
18岁做《铜雀台赋》 …… 287
胡光墉经商先义后利 …… 288
游福明以信义立天地 …… 292
博学于文，约之以礼 …… 296
济世救人贤相萧何 …… 297
轻徭薄赋的霍光 …… 301
宋代理学之祖周敦颐 …… 303
司马光阐述的齐家思想 …… 310

事父母几谏

子曰："事父母，几[①]谏。见志不从，又敬不违，劳[②]而不怨。"

子曰："父母在，不远游[③]。游必有方[④]。"

子曰："父母之年，不可不知也。一则以喜[⑤]，一则以惧[⑥]。"

【注释】

①几：轻微、婉转的意思。

②劳：忧愁、烦劳的意思。

③游：指游学、经商等外出活动。"父母在，不远游"是先秦儒家关于"孝"字道德的具体内容之一。

④方：一定的地方，含安顿父母之意。

⑤喜：高兴，为什么而高兴。

⑥惧：害怕、恐惧，为什么而害怕。

【解释】

孔子说："侍奉父母，如果他们有不对的地方，应婉转地劝说他们。看到自己的意见没有听从，也依然恭敬而不冒犯他们，虽然忧愁但不埋怨。"

孔子说："父母在世，不远离家乡；如果不得已要出远门，也必须要有一定的去处。"

孔子说："父母的年龄，不可以不知道。一方面为他们的长寿而高兴，一方面又为他们的衰老而担忧。"

【故事】

杜环古道侠肠代人养母

平民出身的朱元璋建立大明王朝后，无论是出于农民阶级朴素的亲亲情感，还是出于永保万世一统大明江山的政治需要，他都毫不犹豫地选择了儒家“孝悌之道”作为维系社会稳定、促进家族和谐的道德力量。

开国帝王强调“孝悌之道”，有皇帝号召于上，就必有臣工响应于下。于是，在明代初期官吏中涌现了像杜环这样代人养母的古道热肠之人。

那是杜环在任太常丞时，有一天，他正在家中陪着客人，突然有一个年纪很大，衣衫褴褛的老妇人来到家中。杜环看老人家这个样子，非常惊讶。一打听，老太太便把遭遇哭着告诉他。杜环听着也流下了眼泪。

原来，杜环的父亲杜一元有位朋友常允恭，是兵部主事。常允恭

在九江去世后家境衰败。常允恭的母亲张氏已经60多岁了，在九江城下伤心地痛哭，哀叹自己无人奉养。

三九寒冬，朔风凛冽，严寒透骨。孤苦伶仃的张氏常常拖着病体来到井边打水，她吃力地摇着辘轳，没有力气去提水桶，辘轳反转，将水桶栽到井里。有好几次摔倒在井台旁，但又艰难地爬起来。

有认识常允恭的人可怜张氏年老，告诉她说："现在的安庆太守谭敬先是你儿子允恭的朋友，你应该前去投奔，他念及与你儿子旧存的交情，一定会照管你的。"

张氏遵从这个人的指点，坐船到了谭敬先处。可是谭敬先婉言谢绝不肯容纳。

张氏处境非常窘迫，想到儿子曾在金陵做过官，亲戚好友或许还有存在的，也许能有点希望。可是到了金陵，她一个也没有访到。

张氏以前听儿子说杜一元是朋友，就又打听杜家在什么地方。知道情况的人告诉说："杜一元已经去世很久了，只有他的儿子杜环还在。"并告诉杜家位于鹭州坊间，门口有两棵枯树可以辨认。

张氏穿着破旧衣服，走投无路，只好投奔杜环家。杜环面对白发苍苍的常大娘，大动恻隐之情。他双手扶着老人坐下，对老人行了晚辈之礼，又呼唤妻子和孩子来行礼。杜环的妻子马氏换下常母的湿衣服，又脱下自己的衣服给常母穿。然后，捧着热粥让常母吃，抱来厚被子铺在床上，让常母歇息。

常母问起平素较为亲近的、情谊深厚的老朋友。杜环知道常允恭的老朋友没有存在的了。常母又问起她的小儿子常伯章的下落，可杜环也不知常伯章的确切消息。常母唉声叹气，非常失望。

杜环只好婉转地对常母说："天正下雨，等雨停了，我替您老人家打听一下他们的近况。"

杜环为了打消老人的顾虑，又安慰老人说："假若没有人侍奉您，我家即使再贫穷，也能奉养您老人家。况且我父亲和常老伯亲如兄弟，现在您老人家贫困窘迫，不到别人家去，投奔到我家来，这也是两位老人在天之灵把您老人家引导来的啊，希望您老人家就别见外了。"

当时正值战后，年成不好，一般人家亲生骨肉都难以保全。杜环的妻子发愁地告诉丈夫说："夫君，我知道你是好心人，可是咱们家也不富裕，添人进口，日子不更拮据了吗？"

杜环告诉妻子会有办法的。杜环妻子也是个热心肠的人，见夫君很有信心，眉头舒展开来。

常母见杜家也不富足，雨停后坚持要再找找其他朋友。杜环只好派一个女佣跟着同行。常母找到了天黑，再找不到熟人，只好又返回杜家，住了下来。

杜环的妻子从箱底翻出当初陪嫁的布料，比量着常母旧衣服尺寸，给常母缝制了新的衣服和被褥。常母感激地对杜环妻子说："这真是大娘修来的福分哪，真要多亏你们两口子呀！这辈子，真是无法报答你们了！"说着，掩面哭泣。

杜环妻子赶紧说："大娘，您别哭。谁没个为难的时候呀，您就放心地在这里住吧！"

杜环一家人，都像对待母亲一样地侍奉她。杜环儿子一口一个"奶奶"地叫着，围绕在她的身旁。常母由于以前处境艰难，个性变得很急躁，只要稍稍不顺她的心意，往往就发怒骂人。杜环私底下告诫家里人，尽量顺从常母，不可以因为她贫穷困顿，就对她轻视、傲慢，和她计较。

常母患老年疾病，杜环亲自替她煎烹药材，还一匙一匙地喂她喝。因为常母的缘故，杜环家人都不敢大声说话。

就这样过了10年，杜环做了太常寺的赞礼郎，奉皇帝的诏令到会稽举行祭祀。在返回时路过嘉兴，正遇到常母的小儿子常伯章。

杜环告诉他说："你的母亲在我家，日夜想念你都想病了，你要早点去见她！"

常伯章不以为然，只说："我已知道这情况，只是因道远没能去罢了。"

杜环回到家，又过半年多，常伯章才来。这一天，正是杜环的生日。常母看到自己的小儿子，放声大哭。杜环家里的人要制止她，说

这不吉利。

杜环说：“这是人之常情，有什么不吉利的？”

过些日子，常伯章看到母亲年老，不能远走，竟然谎称办其他事情辞别而去，再也没有回来看望老母。杜环侍奉常母更加慎重小心。然而，常母越来越思念小儿子常伯章竟是一病不起，情况越来越严重，眼看着风烛残年，已是油尽灯枯，郎中也回天乏术了。

在临终之时，常母颤抖着双手，指着杜环说道：“是我拖累你了，拖累你了！你比我的亲儿子还要亲！愿你的子孙都像你这样忠厚善良啊！”

常母去世时，杜环披麻戴孝，完全按照杜家祖母的礼仪办事，替她准备了棺木，举行了入殓安葬的礼仪，在城南钟家山买块地给她安葬，家里摆放了老人的灵位。每年清明扫墓、祭祀，从不间断。

杜环悉心照料常母 10 多年，直至养老送终。大家都称赞他的孝行，称之为“高义之士”。杜环是仁爱的典型，在朋友亡故后，能够奉养他的亲人，这个“高义之士”的称号，实在名副其实。

谢定住三番打虎救母

明代开国皇帝朱元璋倡行孝道，到明成祖朱棣时，孝悌正统教育一直在发挥着作用，以至于当时的年少之人也深受孝悌思想的熏陶。明代永乐年间的少年谢定住就是一个例子。

在当时，河北广昌住着一户人家，夫妻两人抚养着几个年幼的小孩。老大名叫谢定住，13 岁那年，他的父亲为了生计，到外面做工去了，家里只有母亲带着他和弟弟。可是，父亲走后不久，从太行山下来了一只凶猛的老虎，从此，村里就不得安宁了。

起初，老虎只是晚上偷偷地跑下山来，溜进村子，偷袭家禽牲畜，后来，大白天也经常窜至村里袭击单独行走的村民。一时间，人心惶惶。为防不测，人们下田干活都成群结队，还得带上棍棒之类的防身

武器。日子一久，好多人家厌烦了这种提心吊胆的日子，干脆搬到城里去住了。

但是，谢家不想搬，因为好心的邻居纷纷前来劝说，谢母总是说："我只是个妇道人家，还带着两个孩子，除了种地，还能干什么呢？我们在这里好几亩田，今年庄稼长得不赖，盼望有个好收成，要是搬迁了谁来伺候庄稼呢！"

"可是，这只老虎很厉害呀！如果遇上它，那就太危险了！"人们好言相劝。

没想到，谢定住这时却大声回答道："要是真遇上了老虎，我们会想办法对付，不把它打死，也要把它赶走！"

众人啧啧称赞谢定住小小年纪就有这样的胆量。谢母也为自己有这样的儿子而感到骄傲。

一天过午，定住把小牛牵到不远的山坡上吃草，然后回来帮母亲干活。太阳快落山了，谢定住想起小牛来，就急匆匆地跑到山坡。到这一看，小牛不见了。这下子他可傻了眼，急得两眼直冒火星。这时，母亲因不放心也抱着弟弟来了。发现小牛不见了，焦急万分，那可是谢家的命根子啊！娘俩一商量，决定到山上去找。

母亲抱着弟弟走在前头，定住拖着一根棍子跟在母亲身后。越走

山越险，草越茂，娘俩心越急，天色越来越暗。他们刚走近一棵大树附近，一只猛虎从树后纵身跳出，张开血盆大口，把谢母扑倒在地。

谢母猝不及防趴在地上，用身子紧紧护着孩子。就在这危急关头，谢定住抡起手中的粗木棒，用尽全身力气，朝老虎狠命砸了下去。老虎受到突然打击，大吼一声逃走了。谢定住赶忙扶起母亲，抱起弟弟。

谢母惊魂未定，再也无心找牛了，拉着谢定住往家里跑。不料，那老虎没有逃远，它见后面没有动静，又转过身往回走，躲在大树后边。

谢母带着孩子没走几步路，只觉得身后卷来一股凉风。谢定住赶紧回头，却见老虎的前爪已搭在母亲肩上，他连忙放下弟弟，抡起手中的粗木棒，对准老虎的天灵盖，狠狠一棒。

这一棒子打得很准，老虎的前眼和鼻子被打得出了血，痛得"吼——吼——"地叫了几声，往林中逃去。

这时，谢母吓得双腿直哆嗦："定住啊，我们恐怕逃不掉了。这只老虎这样紧追不舍，看样子是只饿虎，我已经走不动了。"

谢定住从地上抱起弟弟，扶着母亲，显得非常镇定，还安慰母亲说："娘，不要怕，我不是已经打跑了它两次吗？它要再来，我非把它打死不可！"

听了儿子这番话，母亲也渐渐镇定下来了。谢定住一手抱着弟弟，一手搀着母亲，三步并作两步往家里赶。

岂料，那老虎似乎不达目的不罢休，乘人不备，又紧紧跟了上来。

谢定住偶一回头，见老虎就在身后不远处，心里不免有点惊慌，但他还是压低了声音，镇定地对母亲说："快走，老虎又来了！"

话音刚落，老虎扑了上来。一口咬住谢母的腿，拼命往后拖。谢母大叫起来。目睹这情景，谢定住既惊慌又焦急，但他很快镇定下来，放下弟弟，大声吆喝。此刻他心里只有一个信念，一定要把母亲从虎口夺下来。

老虎大概被吆喝声镇住了，松口放下谢母，竟一动不动站在原地，惊恐地东张西望。就在这一霎间，谢定住运足力气，搬起一块石头，

猛砸过去。这一下不偏不倚，正好砸在老虎的眼睛上。顿时，老虎血流满面，疼痛难忍，连连摇头摆尾。

就在谢定住绕到树后再要搬起石头时，老虎却转身带伤朝远处逃去。老虎被打跑了，母子3人终于化险为夷。

走进家门一看，小牛正趴在槽下倒嚼呢！原来它跑到了人家的庄稼地里，被邻家给赶回来了。

第二天，谢定住勇斗老虎的事在村里传开了，村民们无不钦佩他的胆量和勇气。有的说："定住，你真了不起，3次打跑了老虎。"还有的问："定住，当时你就不怕吗？"

对别人的称赞和发问，定住总是腼腆地说："我只想打跑老虎！救下母亲。"

谢定住打虎救母的事迹从此传开了。1415年，明成祖召见了谢定住，大加赞扬，又给他家送了一块"打虎救母"的匾。还特地命人建了一座"孝勇"牌坊，以表彰谢定住的孝心和斗虎勇气。

陈世恩感化弟弟走正道

在明神宗一朝，出现了一个注重同胞友爱的人，这个人就是陈世恩。

陈世恩是万历年间的进士。他有兄弟3人，长兄是一个学问道德都很好的人，孝顺廉洁，得到乡里的敬重。

陈世恩在家里排行第二，当时还没有成就。但是德行也如兄长一样为众人所称许，尤其是他那种谦逊有礼、平易近人的态度，更让人敬佩。

最小的三弟由于与他们相隔的岁数比较大，父母对这个儿子不免有些宠爱，因此长大了之后，就整日无所事事，东游西逛，结交了一帮不好的朋友。他每天到处游荡，经常是一大早就不见了人影，深更半夜才回来。

俗话说“长兄如父”。三弟的年少轻狂，大哥看在眼里，急在心头。假如三弟不成器，自己该如何向高堂老父母交代，又如何对得起列祖列宗呢？

于是，只要有机会，大哥就把三弟叫到一边，苦口婆心地劝他：“三弟呀，不要再在外面游荡了，要早点回家，免得让家人担心啊！”

三弟正是年轻气盛的时候，大哥劝一两次还罢，次数多了，他不但听不进去，还开始对大哥反感起来。以后他见到大哥就躲，实在躲不过就勉强听着，也是左耳进、右耳出，只要有机会就溜出去。一见到那帮朋友，觉得比自己的哥哥亲多了。

俗话说“逸则淫，淫则忘善”，三弟因为放荡自己，不免越发离不开这帮一起吃喝玩乐的朋友，心里还怪大哥多管闲事。大哥看到三弟不仅不听自己的规劝，依然我行我素，并且比以前有过之而无不及，心里十分痛苦、烦闷。

陈世恩见此情景，就和大哥促膝长谈。大哥想到自己的好心却不被弟弟所接受，不禁有些激动，说：“我如此煞费苦心地劝告三弟，他却愈发变本加厉。公然以不良的行为对我，难道是我哪里做错了吗？”

陈世恩把手按在哥哥的手上，对他说：“大哥，你的心是为弟弟好，这个没错，我对弟弟的行为也很担忧。但是你对弟弟讲话的时候，语气太直接了，年轻人恐怕面子上挂不住，并且还会伤到他的自尊心，对他来讲一点益处都没有。”

大哥听了这话，很是纠结。陈世恩说：“这样吧，你给我一段时

间，由我来劝他，你暂时先放下这件事。”陈世恩和大哥就这样说定了。

当天晚上，陈世恩手里拿着院子大门的钥匙，站在门外等弟弟回来。

此时，月朗星稀，月光下，有一条路通向村外，路旁长着茂密的桑树和梓树。陈世恩不禁回想起弟弟小时候天真可爱的模样。唉，时间过得真快，哥哥已年过半百，自己也到了不惑之年，弟弟也一眨眼就长成了大小伙子了，手足之情，弥足珍贵啊！

一阵清凉的风吹来，陈世恩感觉身上有些发冷。弟弟还是没有回来，他想到弟弟一大早出去，也不知衣服穿够了没有？再说，在外面闲逛，都是一帮不经世事的年轻人，怎么照顾得好自己？饿一顿，饱一顿，唉，弟弟的脸色好像是比以前差很多了。

夜深人静了，家家户户都已歇息，人们都已进入了香甜的梦乡，陈世恩还在门外徘徊，耐心地等待着弟弟的归来。

突然，在月光下，陈世恩发现对面走来一个瘦长的身影，根据身形判定是弟弟。他高兴地说：“是三弟吗？”

“啊？是二哥呀！”弟弟没有料到是二哥在等他，意外之下显得有点不知所措。

“赶快进来吧，外面冷。”陈世恩看着弟弟走进院子，就亲自把院门关起来，并且把锁锁上。

弟弟以为二哥开始要教训他了，没想到耳朵边却传来二哥亲切的问候：“你吃晚饭了没有？冷不冷？”

“噢……吃了，不冷。”弟弟说完，就匆匆忙忙地回到自己房间去了。

第二天一大早，弟弟又溜出去了，仍然是一整天也没有回来。这天晚上天气很糟糕，刮着大风，下着大雪，但陈世恩和前一天一样，晚上仍在院子门口等弟弟。

弟弟没想到这样的天气二哥还在等他，不免有些心虚，站在院子外不好意思进来。

陈世恩笑着说："自己家门都不进了吗？外面好大的风雪，赶紧进来吧，我来锁门。"

弟弟进门后，陈世恩照旧把院门锁好，他闻到弟弟身上有一股酒气，关切地说："喝酒了，难受吗？我刚好泡了一杯浓茶，你喝了可以解解酒。"

说罢，陈世恩就把弟弟带到自己房间，看他喝了茶，漱了口，嘱咐他早点歇息。

这一次，弟弟可有些睡不着了。假如二哥也像大哥那样骂自己几句，自己倒觉得无所谓，但是二哥却半点也没责怪自己。

弟弟回想起自己在外面花天酒地的情形，觉得脸上有些发烧。又想到自己从小到大，两位哥哥对自己疼爱有加。尤其是二哥从来都是无微不至地照顾自己，想到这些他心里觉得特别亲。

此后连续几天，弟弟在外面开始待不住了，眼前尽是哥哥深夜翘首企盼自己归家的身影。他对朋友们提出要先告辞，朋友们嘲笑他说："急什么？难道怕家里的大棒槌吗？"弟弟只好又和他们玩到天黑。

弟弟赶回家一看，二哥又是一脸关切地抚着弟弟的肩头，问他有没有哪儿不舒服的地方。手足间真切担忧关怀的神情溢于言表。

弟弟不觉羞惭交加，感到太对不起哥哥和家里人了。他鼻子一酸，"哇"地一下哭出声来，跪下去对二哥说："我错了，请二哥责罚！"

陈世恩也激动不已，他高兴地说："好，好，回来就好，哥哥知道你会自己醒悟的。"

从此以后，弟弟像换了个人一样，再也不和那帮朋友一起混了。在两位哥哥的精心教导下，弟弟认真学习，发奋图强，后来成了一位德才兼备的人。

陈世恩发达时他的兄长已经去世了。有一次，他嫂子的弟弟来看姐姐，陈世恩见他衣服破烂，就关切地问候他。

陈世恩的弟弟就问："你为什么能对嫂子的弟弟这么好？"

陈世恩就说："嫂子没有子女，年轻时就为哥哥守节，所以也要敬重嫂子以及她的家人。"

弟弟听了这话，再一次被深深地感动了。

陈世恩有两个儿子，陈陞和陈陛，他们在父亲的影响下，刻苦用功，后来均考中进士，在朝为官。这是一个普普通通，充满了人情味的故事，脍炙人口，广为流传。毕竟，家才是一个人最温暖的港湾，兄弟之间相互扶持才能风雨同舟。

沈云英忠孝彪炳千秋

明初提倡的“孝悌之道”在明代被贯彻始终，明代末年又出现了一个堪称既忠且孝的女英雄，她就是沈云英。

当时，在浙江萧山的一个叫作长巷村的地方，有一个女婴出生了。这个女孩刚一出世，就满面英气，秀丽端庄。女婴的父亲沈至绪十分喜爱，给她起了一个好听的名字：沈云英。她是独生女儿，又是沈家的掌上明珠，沈家没有儿子，就把沈云英当作男孩子来养。

沈至绪从小就教沈云英读书识字，沈云英聪明伶俐，什么东西一学就会，七八岁的时候，就已经能写出一手锦绣文章来了。但是她最爱读的，是一本叫《春秋胡氏传》的书，而且能够倒背如流，让左右的邻居都十分羡慕。

沈云英不仅喜爱读书写字，还热爱刀枪棍棒。她的父亲沈至绪从小习武，是远近闻名的武术高手。在父亲的影响下，沈云英也偷偷地练习起了武艺。

可是，女人习武这种事，在古时候那是不被允许的，属于离经叛道。有一次，母亲发现了沈云英在练武，就教训她说：“你一个女孩子家，不好好地做些针线女红，拿着刀呀棍的干什么，也不怕被人家笑话！”

可是沈云英却笑着说：“娘，天下人都看不起女人，以为女人只能煮饭洗衣，可是咱们女人什么时候不如男人了？我就是要给天下的女人争一口气。”

这件事被沈至绪知道了，通情达理的父亲不仅没有教训女儿，反而为女儿的话而感到高兴，认为她言谈不俗，是个有出息的孩子，所以正大光明地指点起女儿的武艺来。

明王朝是个看重文臣、轻视武将的朝代，但是到了明代末期，天下多事，四方盗贼蜂拥而起，于是皇帝渐渐偏重于武将的选拔，每3年都会举行一次武举考试，为朝廷招揽人才。

沈至绪听说这个消息后，兴奋异常，决定到京师去参加武举，而此时的沈云英已经13岁了，嚷嚷着也要跟随父亲前去。于是，父女两人带好路上的旅费，结伴去了京城。

京城的繁华，让沈云英看花了眼，威武雄壮的都城，使她长了不少见识。而父亲沈至绪也不虚此行，不仅取得了好成绩，还被朝廷留在京城担任武官。

从此，沈云英就随着父亲定居下来，母亲也被接了过来。在京城的几年里，沈云英没有放弃读书识字和习武，她认为自己的一身本领，总有一天会用得上。而且，她一直以古代的花木兰为榜样，期待着有一天，能够帮助父亲建功立业。

一晃又过了4年，沈云英已经长成了亭亭玉立的少女。而此时的

天下却越来越乱，父亲沈至绪这时候接到了朝廷的任命，让他到湖北省的道州城担任守备。

来到道州，沈至绪受到了湖北地方长官的热烈欢迎，在欢迎宴上，有一双热切的目光悄悄地盯住了美丽动人的沈云英，这人是湖北的一位都指挥使，名字叫贾万策，还没有娶妻。

贾万策仪表堂堂，为人朴实谦和，所以沈至绪也对他十分看重。没过多久，沈云英就和贾万策结成了夫妻。贾万策的驻地在荆州，沈云英嫁人之后，不得不和丈夫两地居住。

1643 年，有一天，沈云英正在家里看书，有消息传来，有一支庞大的流寇队伍已经进入到湖北省境内，并且正分兵向道州杀来。担任守备的沈至绪，急忙集合队伍，准备到城外抵御强敌。临出发前，沈云英骑马来到父亲跟前，说什么也要随父前去。

沈至绪知道此去的凶险，一口回绝了女儿的请求。但是经不住沈云英的软磨硬泡，只好嘱咐守城的兵将，一切听从女儿的指挥。沈至绪告诉女儿，坚守城池同样非常重要，沈云英只好委屈地答应了。

父亲走后，沈云英焦急地奔到城头去等候消息，足足等了一天，终于看到明军归来的队伍。可惜的是，里面却没有父亲。

原来，沈至绪率军出征之后，在道州不远处的麻滩驿与敌军相遇。沈至绪率军猛烈进攻，把敌军打得落花流水。但是，在追击敌军的过程中，他不幸被炮火击中，负伤落在马下，随后被敌军杀害。

听到父亲阵亡的消息，沈云英没有像其他女孩子那样，立刻号啕大哭，而是咬紧牙关，强忍住悲痛的泪水。

此时，敌军已经来到道州城下，开始猛烈攻城。沈云英不畏强敌，沉着指挥，守城的将士看到一个女孩子都这么坚强，立刻信心百倍，英勇地给予敌人以沉重的打击。

敌人看见强攻没有奏效，于是一边在道州城外安营扎寨，准备长久围困，一边把沈至绪的尸体抬了出来，在两军阵前百般凌辱，想用这样的方法，瓦解城内的士气。这一招果然奏效，城内的百姓和守军看到沈将军已经阵亡，立刻人心惶惶，士气涣散，道州城危在旦夕。

沈云英心如刀割，但她知道此时应该以大局为重。为了稳定军心，她登上高台，大声说道：“大家不要慌乱，沈将军是为国牺牲，我是他的女儿，自然要继承他的遗志。敌兵虽多，但是不要害怕，我虽是女孩子，愿意第一个冲进敌营，为道州流尽最后一滴鲜血。”

说完，她穿好盔甲战袍，挑选了 10 多名勇敢的士兵，勇敢地冲出城去。挑衅的敌军没有想到城内的守军居然敢冲杀出来，而且只有这么几个人，一时间没有准备，立刻大乱起来。

沈云英骑马冲进敌人队列之中，一杆长枪左挑右刺，数十名敌军死在了她的枪下。

敌军丢下沈至绪的尸体，开始抱头鼠窜。等到他们回过神儿来的时候，沈云英已经带人抢回了父亲的尸体，回到了道州城内。

沈云英的英勇无畏，激励了道州城内的所有百姓，大家纷纷拿起武器，自发地来到城头打击敌人。没过多久，敌人彻底败退了，道州城转危为安。

沈至绪去世以后，道州城内没有守备，大家都自发的听从沈云英的命令。湖广巡抚听说了这件事情，急忙把沈云英的功劳上报给了朝廷，并说沈云英的勇猛善战，一般的男子汉都比不上。

没过多久，朝廷就传来了诏旨，除了为沈至绪赠官和建立祠堂之外，还封沈云英为游击将军，继续带领兵民守卫道州。

沈云英忍痛接旨，她成为明代开国以来，绝无仅有女游击将军。但是，沈云英刚刚担任游击将军的职务，前方又传来一个噩耗，她的丈夫贾万策在战斗中不幸牺牲了。短短的时间之内连续失去了两位亲人。听到这个消息，她当场晕了过去。

丈夫的尸体很快运到了道州，坚强的沈云英终于忍耐不住，痛哭了整整一天。

按照明代朝廷的规定，官员的父母亲人死去后，都要守孝 3 年。沈云英虽然是女人，但是她熟读史书，深明大义，所以给朝廷写了一封奏折，请求回乡。

朝廷很快就答应了。于是，年轻的沈云英，带着父亲和丈夫的遗

体回到了家乡萧山县长巷村。可是，天下的形势出现了变动，明王朝很快灭亡了，而关外的清兵进入了关内，并且打到了浙江省境内。

沈云英满腔悲愤，准备投水自尽以死报国，最终被年迈的母亲劝止。于是她在家乡办起了私学，并且亲自带领族中子弟学文习武，以求培养有用的人才。

沈云英在明代灭亡后一直郁郁寡欢，终于在39岁那年，怀着报国无门的悲愤，溘然逝去。沈云英去世后葬于衙前境内水搬山上。

她的故里长巷有“云英将军讲学处”，长巷沈氏宗祠内留存“将军讲学处”石匾，这通石匾永久留存于长巷村沈氏祠内。

沈云英虽然长眠在家乡，但是她的高风亮节、豪侠风范和传奇故事，却成为一面鲜亮的旗帜，光耀后世，在古代的巾帼史册上添写了浓墨重彩的一笔。后人有诗赞道：

异军攻城围义兵，娥眉汗马解道城。

父仇国难两湔雪，千古流芳忠孝名。

古者言之不出

子曰："古者言之不出，耻①躬之不逮②也。"

子曰："以约失之者鲜矣。"

子曰："君子欲讷③于言而敏于行。"

子曰："德不孤④，必有邻。"

子游曰："事君数⑤，斯辱矣；朋友数，斯疏矣。"

【注释】

①耻：以……为耻。

②逮：及，赶上。

③讷：迟钝。这里指说话要谨慎。

④孤：孤单、孤立。

⑤数：屡次、多次，引申为烦琐的意思。

【解释】

孔子说："古代人不轻易把话说出口，因为他们以自己做不到为可耻啊！"

孔子说："用礼来约束自己还是要犯错误的人，很少。"

孔子说："君子说话要谨慎，而行动要敏捷。"

孔子说："有道德的人是不会孤立的，一定会有人来与他亲近。"

子游说："侍奉君主太过烦琐了，就会受到侮辱；对待朋友太烦琐了，就会被疏远。"

孔子一贯主张谨言慎行，不轻易许诺，不轻易表态，如果做不到，就会失信于人，你的威信也就降低了。所以孔子说，古人就不轻易说

话，更不说随心所欲的话，因为他们以不能兑现许诺而感到耻辱。

【故事】

汉景帝刘启勤俭治国

公元前157年，汉文帝崩，皇太子刘启即位，这就是汉景帝。但在即位不久，就爆发了以吴王刘濞为首的7个诸侯的叛乱，史称“吴楚之乱”，或“七国之乱”。

汉景帝刘启面临着一次重大考验。刘濞是刘邦的侄子，曾被刘邦立为吴王。此后吴王刘濞开设铜矿，铸“半两”钱，煮海盐，设官市，免赋税，于是吴国经济迅速发展，他的政治野心也逐渐膨胀。

刘启即位后不久，刘濞诛杀了汉景帝为“削藩”派下来的官员。随即率20万大军西渡淮水，联合楚军，杀汉军数万人，颇见军威。然而，刘濞的叛乱在汉景帝的迎击下，联军很快瓦解，最后彻底失败。

汉景帝平定吴楚之乱后，迅速抓住这一有利时机，大刀阔斧实施改革。

在加强中央集权方面，汉景帝采取 3 项措施：

一是调整诸侯王国的设置。汉景帝对参加叛乱的七国，除保存楚国另立楚王外，其余六国皆被废掉。

二是继续大力推行削藩。汉景帝把诸侯王国领郡由高祖时的 42 郡减为 26 郡，而中央直辖郡由高祖时的 15 郡增加至 44 郡，使汉郡总数大大超过诸侯王国郡数。这一变化，对于国家统一，加强中央集权，意义十分重大。

三是抑贬诸侯王的地位。汉景帝剥夺和削弱诸侯国的权力，收回王国的官吏任免权，并且收夺盐铁铜等利源及有关租税。此后，诸侯王已经不再具有同中央政府对抗的物质条件。

汉景帝经过改革，汉初推行的诸侯王国制，至此发生了明显的变化，诸侯王在名义上是封君，实际上“唯得衣食租税”而已，但诸侯王势力并未彻底剪除，以致后来汉武帝不得不继续采取相应的措施。

在军事上，汉景帝为了有效遏制匈奴的进犯，维护国家安全，采取了如下方针和措施：

一是张弛有度，也战也和。汉景帝时期，强大的匈奴骑兵南下进击汉地，到处烧杀抢掠，严重威胁西汉王朝统治。而此时汉朝社会经济有了恢复和发展，但是要战胜匈奴，条件仍不成熟。

在这种情况下，汉景帝采取有战有和，和多战少，以和为主的策略。比如坚持和亲，在一定程度上缓和了军事冲突，为经济发展赢得了时间，为以后汉武帝反击匈奴做了准备。

但也不失时机地反击匈奴，在战斗中涌现了李广等一批卓越的将领。匈奴人一听李广的名字，就感到害怕，以致他们称李广为“飞将军”。

二是鼓励养马，强化马政。汉景帝下令扩大设在西边、北边的马苑，而且鼓励各郡国及民间饲养马匹。由于汉景帝时期养马业的大发展，军马生产颇具规模，属于官府的马匹发展到了 40 万匹，民间的尚

且未计。

三是兵农混一，屯垦戍边。汉景帝将大批徙民充实于边地，使之成为一支兵农混一的垦戍队伍。戍边措施不但减轻了内地百姓的徭役，而且争取到一个安定的社会环境。

在政治上，汉景帝继续执行黄老无为政治，具体体现在以下方面：

一是重农抑商，促进生产。汉景帝推行重农抑商的国策，多次下令郡国官员以劝勉农桑为首要政务。允许居住在土壤贫瘠地方的农民迁徙到土地肥沃、水源丰富的地方从事垦殖，并租田给无地少地的农民。

同时，还多次颁诏，以法律手段，打击那些擅用民力的官吏，从而保证了正常的农业生产。汉景帝曾两次下令禁止用谷物酿酒，还禁止内郡以粟喂马。

二是轻徭薄赋，约法省禁。汉景帝时期，对农民的赋役剥削和法律压迫，较以前有所减轻。所谓约法省禁，就是法令要西汉帛书简约，刑网要宽疏。

汉景帝在即位伊始就颁布了诏令，收取文帝时十五税一之半，即三十税一。从此，这一新的田租税率成为西汉定制。

在降低田租的第二年，汉景帝又下令推迟男子开始服徭役的年龄三年，缩短服役的时间。这一规定一直沿用至西汉昭帝时代。此外，汉景帝在法律上实行轻刑慎罚的政策，强调用法谨慎，增强司法过程中的公平，还对特殊罪犯给予某些照顾。

三是发展教育，打击豪强。汉景帝时期，由于社会经济的恢复及发展已达到相当的程度，所以统治阶级上自汉景帝，下至郡县官都逐渐重视文教事业的发展。首创了郡国官学，对文化的传播起了重要作用。

汉景帝一面弘扬文教礼仪，一面又打击豪强。为了保证上令下达，汉景帝果断地采取了多项措施。比如在修建阳陵时，效法汉高祖迁徙豪强以实关中的做法，把部分豪强迁至阳陵邑，使他们宗族亲党相互分离，削弱他们的势力，以达到强干弱枝的目的。

再如任用酷吏镇压那些横行郡国、作奸犯科者，收到了杀一儆百的功效，使那些不法豪强、官僚、外戚等人十分恐慌，其不法行为大大收敛，这便局部地调整了阶级关系，有利于社会的发展。

由于推行了上述措施，进一步促进了社会经济的稳定和发展。人口翻番，国内殷富，府库充实。据说，汉景帝统治后期，国库里的钱堆积如山，串钱的绳子都烂断了；粮仓满了，粮食堆在露天，有的霉腐了。

公元前141年初，汉景帝患病，病势越来越重。不久，汉景帝病死于长安未央宫，享年48岁。葬于阳陵。

华歆机智讲信用

华歆、王朗同是三国时代的人。一次战乱中，他们两人被追兵撵到长江边。慌乱中，他们找到一条船。正要开船，岸上又跑来了一个人呼喊求救，也要搭乘这条船逃往对岸。

华歆看到这个情景，为难起来，在一边沉默不语。那人见他犹豫不决，也不好开口。这时追兵越来越近。王朗着急了，忙对华歆说："就让他搭船吧！正好船上还有地方，为啥不帮他一把呢？"

就这样，那人也与华歆、王朗同乘一条船往对岸逃跑。船行到江中心，追兵已经赶到岸边。他们看见华歆、王朗的船，便纷纷下水泅渡追赶。泅水的士兵离行船越来越近。划船的艄公累得筋疲力尽，船的速度越来越慢。

王朗见此情景，开始着慌了，便打算赶一同逃难的那人下船。华歆连忙阻止王朗说："我当初所以迟疑，不答应，正是怕出现这样的情况。我们既然已经答应人家同船逃难，怎么能中途丢弃人家呢？"

王朗被说得无言以对，只好照华歆的话办。追兵泅到江心渐渐累了，泅水速度便慢了下来，与华歆他们的船距离又逐渐拉大了。

就这样，行船胜利地划到对岸，华歆、王朗及那人摆脱了追兵，

顺利地逃出虎口。这件事传开后，人们都赞扬华歆办事讲信用，说话算话，在任何情况下也不变卦。

张衡精通天文地理

张衡（78 ~ 139），东汉时期发明家、科学家、文学家。创造出了世界上最早利用水力转动的浑天仪和测定地震的地动仪。第一次证明了月食的成因。从小聪慧过人，对日月星辰特别感兴趣。10岁时，能够熟读《诗经》，并能背诵并理解文中意思。

东汉章帝建初三年，即公元78年，由于自然灾害的影响，田野荒芜，粮食奇缺，百姓们靠挖野菜、剥树皮过日子，沿街乞讨、卖女卖儿的惨景随处可见。

在荆州南阳郡西鄂县（现河南南阳市）一个破落的地主家庭里，一位伟大的天文学家诞生了。父亲为他取名张衡，字子平。一家人看着这个刚刚出世的孩子，悲喜交加。

张衡从小聪慧过人，对日月星辰特别感兴趣，瞬息万变的大自然奥秘，更使小张衡着迷，脑子里装满了提不完的问题，小小年纪提的问题有时连父母和奶奶都无法解答。

有一次，张衡跟着妈妈去挖野菜，太阳刚从东方升起，小张衡发现自己的影子比自己长，可到了中午自己的影子却缩成了一团。

从此以后，当他看见自己的影子缩成一团时，就催促妈妈赶快做午饭。

张衡少年时家境十分贫穷，但父母还是想方设法送他去书馆读书。

张衡不仅天资聪明，而且读书非常用功。并对其中的天文、历法背得很熟，而且通过阅读大量其他书籍，理解了文中的意思。

有一次，先生给学生讲《诗经·豳·七月》中的诗句："七月流火，九月授衣，"先生解释"流火"是指"落下的、一晃而过的大火星。"

学生好奇地问："'大火星'是天上哪一颗星星？"

先生含糊不清地回答道："就是我们常看到的流星。"

张衡却站起来说出了与先生截然不同的解释。他井井有条地说："先生，那'流星'是28宿中的萤惑星（即火星），'流'不是落下的意思，而是萤惑星偏西向下的意思。"

接着，他又根据自己所读过的《史记·天宫书》《淮南子·天文训》等天文书籍，滔滔不绝地说起了星宿与北斗星的区别。

他一边用手在空中比画一边说：

"'北斗星'是由天枢、天璇、天玑、天权、玉衡、开阳、摇光七星组成的，随着季节的变化，'斗身'和'斗柄'的朝向不同。"

张衡的精彩解说使他的同学听得入了迷，令先生对他刮目相看。

子谓公冶长

子谓公冶长[①]："可妻也，虽在缧绁[②]之中，非其罪也！"以其子[③]妻之。

子谓南容[④]："邦有道[⑤]不废[⑥]，邦无道免于刑戮[⑦]。"以其兄之子妻之。

子谓子贱[⑧]，君子哉若人，鲁无君子者，斯焉取斯。

【注释】

①公冶长：姓公冶名长，齐国人，孔子的弟子。

②缧绁：捆绑犯人用的绳索，这里指牢狱。

③子：古时无论儿、女均称子。

④南容：姓南宫名适，字子容。孔子的学生。

⑤道：孔子这里所讲的道，是说国家的政治符合最高的和最好的原则。

⑥废：废置，不任用。

⑦刑戮：刑罚。

⑧子贱：姓宓名不齐，字子贱，比孔子小 49 岁。

【解释】

孔子评论公冶长说："可以把女儿嫁给他，他虽然被关在牢狱里，但这并不是他的罪过呀。"于是，孔子就把自己的女儿嫁给了他。

孔子评论南容说："国家有道时，他有官做；国家无道时，他也可以免去刑罚。"于是把自己的侄女嫁给了他。

孔子评论子贱说："这个人真是个君子呀。如果鲁国没有君子的

话，他是从哪里学到这种品德的呢？”

【故事】

晏子崇尚大义与节俭

先秦诸子对“义”和“利”这一时代命题的普遍关注，促使当时的人们在社会实践活动中，注重权衡和摆正两者的关系，其中的很多人大义高标，为当时社会树立了高义在胸的形象。晏子就是其中之一。

晏子，春秋时齐国人，曾任齐景公的相邦，是春秋后期一位重要的政治家、思想家和外交家。他尚义节俭，在诸侯和百姓中享有极高的声誉。

晏子倡导“利不可强，思义为愈”的欲望和义利观。他认为，对待人的欲望与对财富的追求，要倡导“德义，利之本”的道德规范，对财富的追求不能贪得无厌。在义利关系上，他要求对利加以限制。

晏子的义利思想，在他自己的实践和生活中得到了非常鲜明的

体现。

有一天，晏子正在家里吃饭，齐景公派使臣来找他商量国事。晏子听说使臣还没吃饭，就把自己的饭分一半给他吃，结果使者没有吃饱，晏子也没有吃饱。

使者回去之后就把这事告诉了齐景公。齐景公吃惊地说："没想到晏子的家，竟是这样的贫穷，寡人不知道，这实在是寡人的过错呀！"

齐景公知道齐国的复兴是晏子的谋划，就打算多多地奖励晏子。于是就派专人送去了1000金，并从国库拨一部分商业税，作为晏子招待宾客的专用费。

晏子坚决不要，齐景公派人送去了三次，晏子最终还是没要。他对齐景公说："我的家里不贫。以您的惠爱，可以泽润我的三族，旁及友好，还能施与百姓，君王您对我的赏赐已经很厚了，我的家里一点也不贫穷。"

晏子还劝谏齐景公说："我听说，把君王所给的厚赏再赏给百姓，这是臣下取代国君讨好于民的行为，忠臣不会这样去做。如果把君王所给的厚赏不施与百姓，那就成了一个人的筐箧之藏，仁者也不会那样去做。

"进从国君那里索取，退而得罪天下之士，身死则财产归于他人，那不过是个主管藏东西的人，智者也不会那样去做。对一个人来说，有一块粗布为衣，有一罐粮食可吃，也就可以满足了。"

这时候，齐景公又对晏子说："我听说先君齐桓公曾经把500个书社封给管仲，管仲没有推辞就接受了。可你为什么要推辞呢？"

晏子回答说："我听说智者千虑，必有一失；愚人千虑，必有一得。那这大概就是管仲的一失，而我的一得吧？所以我再次表示感谢，但我不能接受。"

晏子本是齐国的国相，身处一人之下，万人之上，可是他却宁愿过那样的俭朴生活，齐景公给他赏赐也坚辞不受，这种品格的确是值得称道的。其实，晏子也深知富贵享乐的好处。但是晏子之所以尚俭，是因为他时时想到齐国的百姓和人民这个"大义"。他不愿意在人民还

不富裕的情况下自己独自享受，更不愿意把自己的享受建立在百姓的苦难之上。

有一次，齐景公要把平阴和橐邑这两个地方赏给晏子，作为他收取俸禄之地。

晏子又推辞说："现在您好修治宫室，民力已经疲惫了；您好游猎、玩赏、财货，百姓的财力已经枯竭了；您好兴师，老百姓对您已生怨恨。我不能因为个人享受，增加百姓对您的怨恨，所以不敢接受您的赏赐。"

齐景公说："你说得对。但是你不想富贵吗？"

晏子说："我听说做人臣的，先考虑君主，然后再考虑自身；国定然后家定，尊君然后身安，为什么我不想富贵呢？只是现在我们的国家还没有这样的条件。"

齐景公说："话虽然是如此，但是我用什么做你的俸禄呢？我总要给你俸禄吧？"

晏子说："君王的商业渔盐，在关市上只管稽查而不征用；耕者只收十分之一的税；减轻刑罚，该死罪的去服刑，该服刑的处罚，该处罚的则免去。您如果做到了这三点，就等于给了我俸禄，也会使君王获利了。"

齐景公说："这三件事不太容易了吗？我就按照你的话去做！"

齐景公果然做到了这三点，就派人到大国去询问。大国的国君说："齐国这下安定了。"派人到小国去问，小国的国君说："齐国再也不欺负我们了。"

晏子所住的房屋却又矮又旧。齐景公心里觉得有些不安，想给他建造一所宽敞的房屋。

一天，齐景公对晏子说："相国，你的房子又矮又破旧，而且离闹市太近，整日不得安静，这样长此下去怎么行呢？还是给你建个宽敞高大些的住宅吧！"

晏子感激地说："感谢国君的关心，我住在那儿很好。我现在住的房子虽然破旧些，却是我祖辈一直居住的地方。我对国家亦无大功，

住着先人留下来的房子心里还觉得不配呢，怎么还能换更好的房子呢？”

齐景公再三劝说，晏子始终不肯搬迁。齐景公为此很伤脑筋。

有位大臣对齐景公说：“我倒有个办法，国君不妨试试。”

齐景公迫不及待地问：“你有什么妙计，请快快讲来！”

大臣说：“相国为人十分刚直，靠劝说让他搬迁是不可能的。国君要想了却此愿，只有等他不在家的时候，派人把他的旧房舍拆掉，然后再为他盖好新的房子，待相国回来，那时，生米已做成熟饭，他再反对也没有办法了。”

齐景公听罢，非常高兴，连声说：“好！好！好！”

不久，晏子出使晋国。齐景公照计行事，立即派人给晏子盖了一座华丽宽敞的新住宅。

晏子出使归来，刚到城里，就有人告诉他说，国君为他修建了新宅，原来的旧房子拆掉了，还拆了邻居的房子。

听到这一消息，晏子深感不安，沉思良久，对身边的随从官员说：“烦你去宫中禀告国君，感谢他的一番好意。但为了我能住上好房子，把左邻右舍都撵走了，我于心实在不忍。让我住在这样的宅院里，我一天也难安宁。请国君恩准重新恢复原来的住宅，让邻居回来居住，否则，我哪再有脸面回家呀！”

随从把晏子的这番话转告了齐景公。齐景公十分生气，怒冲冲地嚷道：“寡人尽心尽力为着他好，他却如此不识抬举！”

朝中大臣们也七嘴八舌地嚷开了：“相国的做法，也着实有些不近人情。”“真是好人做不得啊！”“其实相国也有难处啊，他是百官之首，宫里宫外，上上下下，大小官员都看着他，他若身不正，影子就跟着歪了。”

齐景公听了大家的议论，考虑再三，对那随从官挥了挥手：“好啦，随他去吧！”

晏子回到家中，立即叫人将新宅拆掉，重新恢复了原来的住宅，又将迁走的邻居全部一一请了回来。邻居们对他的行为都十分感动。

晏子的尚俭品格，集中反映了他的义利思想，丰富了我国古代义利观的内涵，对以后历代社会人们的立身处世、人生价值观都产生了积极而深远的影响。

子罕大德高义不贪财

子罕也以自己的实际行动，树立了大义在胸的典范。

子罕，名叫乐喜，子罕是他的字，春秋时期宋国人。曾经担任司城，主管建筑工程，位列六卿。

子罕虽身为京城中的官员，却从不恃权营私，贪恋钱财。不管是亲朋好友，还是素不相识的陌生人，凡别人送来礼物，他都一概拒收。

有一天，子罕正在府中处理政务，忽然差役进来禀报说，门外有个人求见。子罕急忙放下手中的事务，示意有请。

不一会儿，差役把那人请了进来。只见那人身着峨冠博带，衣冠楚楚。进得门后，一边向子罕施礼作揖，一边口若悬河地说开了："久闻大人英名，如雷贯耳，怎奈宋齐两国路途遥遥，无缘相见，今日得见大人尊容，实属三生有幸。"

子罕十分谦和地回答说："客人来访，理当会见，请不必多礼。"

接着，子罕想询问来人的情况和来意。然而那人却只管一面欣赏厅里的摆设，一面不断地奉承子罕。见此情形，子罕虽耐着性子，浑身却像针扎一样难受。出于礼貌，子罕不便发火，只好敷衍着和他胡乱谈了一会话。

坐了好半天，也不见那人说明来意。子罕因身有公事，心里很着急，只得委婉地说：“足下一路风尘仆仆，鞍马劳顿，是否先到客舍休息休息？”

那人说：“大人既是公务在身，小人不敢打扰，今日至此，只有一事相商。”说着，抬眼望了望子罕的左右。

子罕会意，转身向身边的差役们挥了挥手，让他们退下。

那人见厅内别无他人，走到子罕跟前，低声地说：“小人仰慕大人已久，今日得以相见，我这里有一块刚得到的宝玉，要是雕琢好了，它是无价之宝啊！现在我奉献给你，请大人笑纳。”说着，从袖中把那块玉取了出来，双手递给了子罕。

子罕接过那玉细看，确实是一块绿色宝玉。他放在手上翻来覆去看了几遍，然后，把那玉又递还给了那人。

那人一看，急了，他以为子罕怀疑那玉不是真宝，忙说：“小人已请玉匠鉴定过了，的确是块价值连城的宝玉啊！你看这纹理多么华美，这色泽多么斑斓，这形态多么优雅！”

子罕见那人如此百般殷切，笑着解释说：“我并非怀疑它不是宝，我不收是因为它是你的宝，而不是我的宝。对你来说它是无价之宝，而它对我来说就不是宝。你把碧玉作为宝，我把不贪作为宝。如果我收了你的宝，岂不是你也丢了宝，我也丢了宝。我看还是我们各自守住自己的宝好啊！”

听了子罕的这一番话，那人只得收起那块玉，灰溜溜地走了。

宋国一些年高德劭的人知道了这件事，他们评论道：“子罕并非没有宝物，只是他所珍视的与常人不同罢了。如果我们用一百两黄金和美食去给小孩子，小孩子必定会选择美食；如果以和氏璧与100两黄金给乡下人，乡下人必定会选择100两黄金；但如果用和氏璧与道德至言让圣贤的人挑选，那么，圣贤之人就又会选择后者。智慧越高深的人，他的选择越精明；智慧越是低下的人，其取求也就越低劣。子罕明白这个道理，所以才会领悟道德这个无价之宝！”

子罕不仅拒收厚礼，体现出高尚的品德，还拿出自己的钱财救济

百姓，表明他具有崇高的使命感和责任感。

公元前544年，郑国发生饥荒，而当年的麦子还未收割，老百姓困苦不堪。担任上卿的罕氏家族中的子皮根据父亲子展的遗命，给百姓分发粮食，每户都有，郑国人没有挨饿。子皮也得到了郑国百姓的极大拥护。

子罕听说这一情况后，说："多做善事，这是百姓所希望的。"

宋国也在这一年发生了饥荒，子罕便请示宋平公，要求拿出公室的粮食借给百姓，让大夫们也都把粮食借出来。子罕把自己家族的粮食借给别人，但他不让写借据，意思是不要别人归还了。不仅如此，他还以那些缺乏粮食的大夫的名义，借出了这些粮食。

由于子罕的义举，一方面，宋国虽然闹灾荒，老百姓却都没有挨饿；另一方面，百姓们认为官员们个个体恤民艰，献粮救灾，因而使得朝廷形象焕然一新。

子罕仗义疏财的做法传遍了诸侯。晋国著名贤臣、政治家叔向听说这些情况后，感慨地说："郑国的罕氏家族、宋国的乐氏家族，肯定都会长盛不衰，他们应该都能够执掌国家的政权，这是因为民心都已归向他们了。"

叔向还认为，子罕以其他大夫名义献粮的这一义举，不只是考虑树立自己的德望名声，在这一点上，子罕显得比罕氏家族中的子皮更胜一筹！

其实，一个人不能改变世界，但却能改变自己，而改变了自己，就促成改变世界。子罕助人义举，被人们广泛赞誉，使人们感受到了大德高义的魅力。

子罕不贪钱财、慷慨助人的义举，充分反映了他的义利思想，代表了他的人格高度。是古代社会的道德楷模。

范蠡经商义中取利

春秋战国时期的义利话题，在商业领域具有普遍意义，或者可以说更具有实际效应。在这方面，范蠡的经商活动，当属正确把握义利关系的典范。

范蠡，春秋末楚国宛邑三户人。历史上杰出的政治家、军事家、思想家和商业理论家。他经商注重义中取利，曾三散家财，是我国儒商的鼻祖。

义利观是商业活动的价值论，是商业活动的指导思想和根本原则。经商赚钱“见利思义”则成功，“见利忘义”则失败。在这一方面，范蠡可以堪称是“商人的楷模”。

范蠡致富不忘百姓，慷慨散财济民，传授致富经验，表现了一代儒商兼济天下的高尚情怀。

范蠡帮助勾践兴越灭吴，功成名就之后，急流勇退，变官服为一袭白衣，化名姓为鸱夷子皮，泛一叶扁舟于五湖之中，遨游于七十二峰之间，随后来到齐国。在齐国，范蠡父子治产，戮力垦荒耕作，兼营副业并经商，时间不长，就创造了巨大财富，致产数十万。

齐王闻听了范蠡的贤名，将范蠡请进了国都，拜其为相国。范蠡居官 3 年，认为自己“居家则致千金，居官则至卿相，此布衣之极”，终觉“久受尊名，不祥”。

于是，范蠡再次急流勇退，归还相印，将所有财产分于知友乡党，悄悄地离开了齐国。一身布衣的范蠡迁徙定居在陶邑。

范蠡到了陶邑后，自称“陶朱公”，按照好友计然的经商之策，父子治产，种田地、养牲畜、做生意，辛勤劳作，没有几年，果然又“资累巨万”，富甲天下，成为历史上最成功的商人，人们说起富有的人，没有不说“陶朱公”的。

范蠡居陶经商19年，在此期间，他富而行德，3次致富，又3次散财，将财富分散给当地的朋友和百姓。被时人誉为“富好行其德者”。

范蠡靠自己的经商实践聚集了大量的财富，但他思想开放，绝不保守，想方设法把致富经验传授于人。他认为，“授人以鱼，不如授人以渔”，为帮助百姓发家致富，他毫无保留地传授生财之道。

鲁国有个人叫猗顿，“耕则常饥，桑则常寒”，靠贩盐为生。他听说“陶朱公”致富有术，便来求教致富的方法。

范蠡教他说：“你要想致富，我建议你发展畜牧业，渐渐繁衍壮大，日久即可致富。”猗顿按照范蠡的指点大畜牛羊，后成富翁，与范蠡并称“陶朱猗顿”，驰名天下。

范蠡在陶邑时，发现这里低洼多水，便教百姓凿池养鱼。他告诉百姓，“致富之法五，养鱼第一”。定陶县城内现仍存有一大池塘，传说是范蠡当年教民养鱼的地方。

后来，范蠡在总结民间养鱼经验的基础上，结合自己的养鱼实践，写出《养鱼经》一书，对传播养鱼技术、帮助百姓致富起到了积极的作用。

经商致富靠的是无损于民的商业道德，不搞损人利己的经营技巧。范蠡秉持这一经商大“义”，童叟无欺，公平交易。范蠡在陶邑经商时，当时市场上很多货物的交易都是估计分量，很难做到公平交易。于是，他便设想制造一种能测定货物重量的工具。

一天，范蠡用桔槔从井中吸水时受到启发，急忙回家模仿桔槔做起实验来。他用一根细直的木杆，一头拴上吊盘，用以盛装货物，一头系一斧头作为砣，再用木桩把木杆支撑起来。

范蠡在实验中发现，吊盘的货物越多，斧头就要移得离支点越远，

才能保持木杆平衡。他把货物的多少与斧头移动的距离一一做了记录，而且在木杆上刻出标记。

为使用方便，范蠡把一只斧头的重量定为一个“斤”的单位。但是，比斧头轻的东西怎样称量呢？范蠡苦苦思索了很长时间，仍没有好的解决办法。

一天夜里，范蠡夜观天象，天空星宿的排列又给他带来灵感。于是，他便将秤杆上一斤的距离平分为13份，用南斗六星和北斗七星做标记，一颗星代表一两重，13颗星代表一斤。为表现它的公平，他就给它起名叫“秤”。从此，市场上便有了这种计量货物重量的工具。

范蠡刚开始发明的这种秤必须把木桩固定在地上使用，对于坐商还可以，而对于行贾使用起来就很不方便。于是他又对秤进行了一番改造，在秤杆支点上钻个小孔，小孔穿上麻绳，用手来提。这样一来，秤的使用和携带就方便多了。

但是，时间一长，范蠡又发现，一些心术不正的商人卖东西时会缺斤少两，克扣百姓。他又决定把秤再做改进，警告奸商用秤要公平心正。

范蠡改秤杆白木刻黑星为红木嵌金属星形，并在南斗六星和北斗七星之外，再加上福、禄、寿三星，以16两为一斤。

范蠡告诫商人，经商必须光明正大，不能去赚黑心钱。他说：“经商者若欺人一两，则会失去福气；欺人二两，则后人永远得不了俸禄；欺人三两，则会折损阳寿！”这样一来，即使是唯利是图的奸商，卖东西时也不敢缺斤短两了。

就这样，秤这种计量工具便一代一代地流传下来，一直沿袭了2000多年，直至今天。

在经商过程中，范蠡将“义”与“利”两者的关系看得很透，能够因时、因地、因人、因势制宜，做到了义中取利，利人利己。

范蠡之所以选择在陶邑定居经商，其实就像他当初选择越国成就霸业一样，在这里又一次显现出一个政治家、军事家的战略眼光。他认为陶邑是“天下之中，诸侯四通，货物所交易”的业商中心，是可

以致富的好地方。

在当时，由于工商业的空前发展，商品交易十分活跃。陶邑处于中原腹地，再加上水陆兼备、四通八达的交通条件，自然成为全国各地商品交换的必经之地。

在陆路交通方面，陶邑为午道之所在。所谓“午道”，就是纵横交错的十字路口，是经商活动的黄金地段。

当时促进陶邑繁荣的交通道路，不仅有陆上的，更有水上的。公元前484年，吴王夫差为争霸中原，开凿了沟通济水与泗水的运河，即菏水。菏水的开凿使当时的江、淮、河、济得以互相联系起来，使黄河、长江中下游地区的水道交通联结成网。而陶邑处于菏水和济水会合的地方，也就正处在这个水道交通网的枢纽。

陶邑便利的交通，促进了商品交易，当时北方的畜产品，南方的羽毛、象牙、颜料，西方的皮革、毛织物、牦牛尾，东方的丝织品、鱼、盐等，都可以在这里买到，陶邑很快发展成为“天下之中”的经济都会。当时成为一方经济中心的经济都会有很多，唯独陶邑被称“天下之中”，可见陶邑的繁荣程度。

所谓“天下之中”，不仅是区域经济中心，更是包括当时诸侯各国在内的经济中心，即全国性的经济都会。

可以说，是陶邑的繁荣成就了范蠡的事业，而范蠡选择陶邑经商也使“定陶”更加扬名。由此可以看出，范蠡定居陶邑的经商战略和措施，最终结果是利国，利人，利己，获得了多方共赢。

范蠡思想开放，知进退，识大体，看得透事物本质。他放得下高官厚禄，能伸能缩，能上能下，自强不息；他重义轻利，行善积德，屡散家财，周济贫困，开创了道德经商的我国儒商传统。无怪后来的汉代史学家司马迁称：

范蠡三迁皆有荣名。

白圭经商的义与利

商业经营理念中最主要的是如何处理好义与利相互间的关系。如果说是范蠡开创了古代道德经商的儒商传统，那么，白圭则以天才般的理财思想，开辟了“智、勇、仁、强”的经营之道。

白圭，战国时期商人。曾在魏国为相，施展治水才能，后来游历了中山国和齐国后弃政从商。

白圭的出生地洛阳，洛阳人善为商贾，致力于商业和手工业。出生于此的白圭有极高的经商天分，很快成为战国时期首屈一指的大商人。

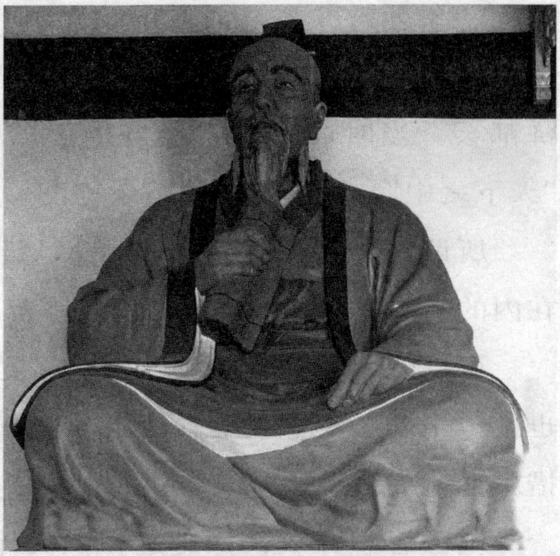

白圭始终认为，个人的商业活动，应该和国家的经济富强，百姓的安居乐业结合起来，也就是说，以商富国，以商安民，为国理财。这是商业活动中的“义”之所在。因此，他常从大处着眼，通观全局，在经营上从不嫌弃小惠小利，更从不靠诡计进行欺诈。

当时商人的队伍非常庞大，有的公平买卖，正当经营；可是也有很多商人囤积居奇，垄断市场，很多大商人还兼放高利贷，牟取暴利。于是，当时人们将商人分为两类，一类称为“诚贾”“廉商”“良商”；另一类称为“奸贾”“贪贾”“佞商”，而白圭正是战国时期良商的典型代表。

当时的商人大都喜欢经营珠宝生意，经营珠宝可以获利百倍。但白圭却没有选择这一当时最赚钱的行业，而是另辟蹊径，开辟了农副产品贸易这一新行业。

白圭独具慧眼，通观全局，他看到当时农业生产迅速发展，敏感地意识到农副产品的经营将会成为利润丰厚的行业，提出“取下谷”的经营策略。下谷就是农产品等生活必需品。

白圭认为，“下谷”等生活必需品，虽然利润较低，但是消费弹性小，成交量大，以多取胜，一样可以获取大利，而更为重要的是，经营“下谷”，利国利民。于是，他毅然选择了农产品、农村手工业原料和产品的大宗贸易为主要经营方向。

白圭有自己的一套独到的经商术，他把自己的经营原则总结为八个字“人弃我取，人取我与”。

其具体的做法是：在收获季节或丰年，农民大量出售谷物时，适时购进谷物，再将丝绸、漆器等生活必需品卖给这时比较宽裕的农民；而在年景不好或是青黄不接时，适时出售粮食，同时购进滞销的手工业原料和产品。

白圭所说的“与”，是予人实惠，当某些商品积压滞销时，一些奸商坐待价格贬得更低再大量购进，而白圭却用比别家高的价格来收购；等市场粮食匮乏时，奸商们又囤积居奇，白圭却以比别家低廉的价格及时销售，满足人民的需求。

白圭的这种经营方法，既保证自己能够取得经营的主动权，获得丰厚的利润，又在客观上调节商品的供求和价格，在一定程度上保护农民、个体手工业者以及一般消费者的利益。无怪乎白圭自诩为“仁术”。

白圭为常从大处着眼，将货物流通与发展生产联系起来，既能使经营生财，又使生产有利其发展。他认为，只有以足补缺，以丰收补歉收，使全国各地物资互相支援，才能辅民安民。

其具体做法是：

如果一个地方盛产蚕茧，就购进这些产品，而用谷物等其他当地缺少的东西去换；如果一个地方粮食丰产，就去购进他们的粮食，然后用丝、漆等类必需品去和他们交换。

这样，就使全国货物得到流通，既利于人民生活，又能从中赚取利润，可谓一举两得。

白圭选择的“下谷”等生活必需品的经营，面对的是广大平民百姓，因此白圭奉行了薄利多销的经营原则，不提高商品的价格，而是通过加快商品流通、扩大销售的方法来获取更多的利润。

白圭还很注重扶植农民的生产，以保证和扩大自己的商品来源。白圭曾经向农民供应优良的谷物种子，既为自己获取了利润，又帮助农民增加了产量，使自己掌握了更充足的货源。

农副产品的经营受农业收成的制约很大，因此，把握时机，尤其是掌握年景丰歉变化的规律具有极其重要的意义。

白圭善于把握天时，他根据古代的岁星纪年法和五行的思想，运用天文学、气象学的知识，总结出一套农业收成丰歉的规律，并遵循这个规律进行交易，丰年粮价低廉收购粮食，到歉年粮价上涨时出售，从丰年和歉年的价格差中可以获得成倍的利润。

白圭的这套商情预测的理论，其实就是一种农业经济的循环论，这表现出了白圭自身极高的知识水平和高远的眼光。

白圭在当时还很擅长观察天气变化，注意提前储备粮食物资来救灾救荒，辅民安邦。在丰收之年就趁粮价低时大量买进，等灾荒发生时就以低于市场的价格低价卖出，帮助人民度过灾荒。这样在辅民为民的同时，财富也成倍地增加。

白圭还有一个重要的经商思想：如果为了省钱而买谷物自己吃，就买差一些的谷物，如果是为了做种子来年丰收，那就请买上等的种子。他不但为对方着想，还计划得合情合理，既要节俭，又要丰产，可谓将思想工作做到了家。

白圭创造性地继承、应用了前人的智慧，形成了自己的一套商业理论和经营策略。他曾经极为自负地说，他治理生产，经营买卖，就像古代的伊尹、吕尚运用谋略治理国家，孙子、吴起用兵，商鞅行法一样。白圭运筹帷幄、稳操胜券的经营，也证明了他是完全有资格如此自负的。

白圭是商业这个行业最早收授门徒的人，他通过严格的挑选，收了一些学生。白圭招生的标准是很高的，他认为一个优秀的商人，要具备以下条件：要通权变，能够权衡利弊，把握时机，出奇制胜；要勇敢果断，当机立断；要有仁爱之心，能够明白取予的道理，遵守“人弃我取，人取我与”的经营原则；还要有耐心，有毅力，能够固守等待，不轻举妄动。

虽然商人在古代“士、农、工、商”的行业划分中位居最后一位，在历史上的地位一直比较低，但是，白圭却将“义”的儒家道德规范作为商人的基本素质要求，可见白圭所要求的商人是一个具有很高的文化程度和高尚的道德品质的人，这和他义中取利的经营理念是相合的。

白圭正确对待义与利，形成了自己的经商思想体系，不但显示了古人的智慧、仁义的道德，更为后世商人效法和借鉴。他的“人弃我取”和“知进知守”的理财思想对现代人理财也有指导意义。

冯谖大义之举显义德

春秋战国时期，权贵多养门客，以壮大自己的实力，而门客受人之惠，大多心存感恩之义，希望回报。冯谖就是一个有大义之举，彰显义德的义气汉子。

冯谖是“战国四公子”之一的孟尝君的一个门客。他为孟尝君做了许多工作，既给孟尝君赢得了“义”名，自己也成了一个人人称颂的著名义士。

冯谖在穷困潦倒，无以维持生计时，曾经托人请求孟尝君，表示愿意在他的门下寄居为食客。孟尝君问他有什么爱好，他回答说没有什么爱好；又问他有什么才能，回答说也没有什么才能。孟尝君听后笑了笑，但还是接受了他。

旁边的人因看到冯谖这样，就供给他粗劣的饭菜。按照孟尝君的

待客惯例，门客按能力分为 3 等：上客吃饭有鱼，外出乘车；中客吃饭有鱼，外出无车；下客饭菜粗劣，外出自便。

冯谖为了试探孟尝君的胸怀和眼光，曾经三番五次地向孟尝君提出近乎苛刻的要求。冯谖做门客不久，有一天，他倚着柱子弹着自己的剑，唱道："宝剑啊，我们还是回家去吧，吃饭的时候没有鱼啊！"显然是要求改善待遇。

左右的人把这事告诉了孟尝君。孟尝君说："给他鱼吃吧！"

又过了一段时间，冯谖又弹着他的剑，唱道："宝剑啊，我们还是回家去吧，出门的时候没有车啊！"

左右的人都取笑他，又把这件事告诉给孟尝君。孟尝君说："给他车坐吧！"

冯谖于是乘坐他的车，高举着他的剑，去拜访他的朋友，十分高兴地说："孟尝君待我如客。"

此后不久，冯谖又弹着他的剑，唱道："宝剑啊，我们还是回家去吧，没有地方可以安家！"

此时，左右都开始厌恶冯谖，认为他贪得无厌。孟尝君听说此事后发现，原来是冯谖有个老母亲。于是，就给冯谖的母亲以食用。这一次，冯谖深受感动，他从此不再考验孟尝君，决定一心一意地为孟尝君效力。

孟尝君是齐国的相国，在薛地被封万户食邑。由于他门下养有 3000 多食客，封邑的收入不够供应食客，因此曾经放债给封地百姓，一则以此济民，二则自己也增加些进项。但放债一年多了，还没收回息钱，眼下资金周转不开，就打算派人到薛地收回一些，以补不足。

孟尝君准备在门客中挑选一位能为他收账的人，冯谖主动报了名。孟尝君爽快地答应了。冯谖整理行装，备好车辆，装置着借据，准备

去薛邑收账。

冯谖在辞别时问孟尝君："钱收回之后，需要买什么回来呢？"

孟尝君随口说："你看我缺什么就带什么吧！"

冯谖心里早有了打算。他驱车到了薛地，召集那些向孟尝君贷款的人，收回了10万利息钱。然后，他用这些钱买了许多好酒，还有肥大的牛，再告诉那些贷款的人说："能偿还利息的都来，不能偿还利息的也来，都拿着借据来核对。"

大家聚会时，冯谖命人宰了牛，摆上好酒，请大家吃喝。

正喝得酒酣耳热的时候，冯谖拿出借据到大家前面核对，凡是能够偿还利息的，给他们还债的期限；没能力付利息的，要回借据，把它烧掉。

接着，冯谖向大家宣布："孟尝君贷款的原因，是为了给没有钱的人经营事业；向大家要利息的原因，是因为不够奉养宾客了。现在，有钱的人订了偿还的期限，借给穷人的钱孟尝君说赐给你们了，所以也就把借据烧掉了。有孟尝君这样的一位主人，大家尽量喝得痛快吧！"

在座的人一听，都站了起来，一拜再拜，高呼万岁。

冯谖的做法，在当地百姓中埋下了感恩孟尝君的种子，为他换得民心，赢得了义名，可谓功德无量的义举。冯谖办完事后，立即赶了回去。

孟尝君听说冯谖烧掉借据，就责备说："听说您收了债以后，就买了很多的牛和酒，还烧掉了许多借据，这是怎么回事？"

冯谖答道："是有这一回事。不多备酒肉，就不能把大家聚在一起，也就没法了解哪些人是有钱的，哪些人是贫穷的。有钱的人，订了还债的期限；贫穷的人，虽然等着他跟他讨债10年也要不到，利息越来越多，再逼他们的话，就会逃走。如果他们困难到无法还债，对上则说您好利不爱百姓，对下则有百姓赖债的坏名声。"

孟尝君听了，沉默不语。

冯谖说："烧掉无用借据，主动放弃不可得的空账，是为了让百姓

亲近您，从而彰扬您美好的声誉，这就是我为您买的义呀！”

孟尝君听后，虽然心里不快，嘴上还是说：“谢谢您为我买义，先生去休息吧！”

又过了一年，孟尝君因受谗言而被齐湣王罢相，贬回封地。在离地百里的时候，只见当地百姓都上前相迎。

孟尝君不禁感叹：“先生替我买的义，真是重于利百倍啊！以此可见义的价值之大。”

齐湣王罢掉了孟尝君的相位，一般食客眼看孟尝君被免职失去了依靠，也都远走高飞去了。只有冯谖坚持留在了孟尝君身边。

冯谖出于孟尝君政治地位的考虑，对孟尝君进言说：“要是您借给我一辆车，让我赶到秦国的话，一定会让您的名望再显现于齐国，封邑更加广大。您觉得行吗？”

孟尝君二话没说，立刻装束车辆，准备好送给秦王的礼物，速派冯谖到秦国去。

冯谖直奔秦国，见了秦王，对他说：“天下的辩论之士驾车奔向您而来的，没有一个不想使秦国强盛而使齐国衰弱的。然而，那些驾车奔向东方齐国去的，也都想让齐国强大而使秦国衰弱。秦、齐两国势不两立，能称雄的就可以得到天下！”

秦王一听，急切地长跪请教，说：“您有何妙计才使秦国得到天下呢？”

冯谖说：“大王想必知道齐王已经废除了孟尝君相位这事吧？”

秦王说：“我听说了。”

冯谖说：“让齐国威望显著天下的，其实就是孟尝君这个人，他的能力非常大。现在齐王妄信谣言，把他给废除了，他内心非常怨怼，一定会背叛齐王的。如果他背叛齐王到秦国来，那么，就一定会把齐国的内情和盘托出，如此，您就可取得齐国！”

秦王说：“这样当然最好，那我该怎么办呢？”

冯谖说：“您现在赶紧派遣使者，备份厚礼，秘密地把孟尝君迎接过来，不要错过这难逢的机会！倘若齐王悔悟的话，那么谁得天下就

很难说了。”

秦王听完，很是兴奋，就派10部车辆，准备黄金2400两，派遣使者去迎接孟尝君。

冯谖说服了秦王，马上告辞，又一路赶回齐国，对齐闵王说：“天下的辩论之士驾车奔向您而来，无非想让齐国强盛而使秦国衰弱。但是，那些驾车奔向秦国去的，也都想让秦国强盛而使齐国衰弱呀！秦、齐两国势不两立，要让秦国强盛的话，那齐国就危险了。臣下听说，秦王派遣10部车辆，准备黄金2400两，去迎接孟尝君。

“孟尝君不到秦国则已，要是到了秦国，天下的人心就可能归向秦国了。一旦这样，齐国就危急了。大王何不趁秦国使者还没赶到以前，恢复孟尝君的职位，增加他的封邑，向他表示歉意。这样，孟尝君一定会很高兴地接受。秦国虽是强国，但怎能聘请别国的宰相呢？只要破坏了秦国的阴谋，就可破坏他强盛称霸的策略。”

齐湣王听后，大声说：“你说得好！”于是派人到边境窥探秦国的使者。

秦国的车队刚驰入齐国边境，齐闵王的人发现后连忙赶回报告。这下子验证了冯谖的话是不错的。

齐湣王立即派人召回了孟尝君，恢复他宰相职位，除了保持旧有的封邑外，又增加了千户人家给他。秦国使者听到孟尝君已被齐闵王召回，而且恢复了齐国宰相职位的消息，只好放弃了接人的计划。

自从齐湣王罢免了孟尝君的相位，门下食客多离他而去。孟尝君恢复相位后，冯谖策马前去迎接，其他门客都未到。

孟尝君感慨地对冯谖说：“我一生好客，对待客人从来不敢有所闪失，而他们见我罢官，却都离我而去了。今仰赖先生得以恢复相位，门客还有什么脸面再见我呢？我如果再见到他们，必唾其面而大辱之！”

冯谖听了忙下马向孟尝君叩头。孟尝君急忙下马制止，问他是否是替他的门客谢罪。冯谖说：“不是的，我是因为您的失言。”

孟尝君有些疑惑，问道：“此话怎讲？”

冯谖说："任何事物发展都有自身的规律，富贵多士，贫贱寡友，就是一种规律。您失去相位，宾客自然都离去了，您不应该因此埋怨他们，希望您能够待客如故。"

孟尝君非常感激冯谖的提醒，于是再次拜谢并接受了冯谖的建议。孟尝君这次为相时间很长，在冯谖的辅佐下，再无意外之祸。

冯谖堪称一位高瞻远瞩、颇具深远眼光的战略家。他抱着对孟尝君高度负责的态度，出谋划策，为孟尝君赢得了"义"名，又使孟尝君避免一场政治波折。而他的义士之心，大义之举，更赢得了最大的"利"，被后人永远传颂。

雍也仁而不佞

或曰："雍[①]也仁而不佞[②]。"子曰："焉用佞？御人以口给[③]，屡憎于人，不知其仁[④]。焉用佞？"

子使漆雕开[⑤]仕，对曰："吾斯之未能信。"子说[⑥]。

子曰："道不行，乘桴浮于海，从我者，其由与！"子路闻之喜。

子曰："由也好勇过我，无所取材。"

【注释】

①雍：姓冉名雍，字仲弓，孔子的学生。

②佞：能言善辩，口才好。

③口给：言语便捷、嘴快话多。

④不知其仁：指冉雍有仁与否不可知。

⑤漆雕开：姓漆雕名开，字子开，生于公元前540年，孔子的门徒。

⑥说：同"悦"。

【解释】

有人说："冉雍这个人有仁德但不善辩。"孔子说："何必要能言善辩呢？靠伶牙俐齿和人辩论，常常招致别人的讨厌，这样的人我不知道他是不是做到了仁，但何必要能言善辩呢？"

孔子让漆雕开去做官。漆雕开回答说："我对做官这件事还没有信心。"孔子听了很高兴。

孔子说："如果我的主张行不通，我就乘上木筏子到海外去。能跟从我的大概只有仲由吧！"子路听到这话很高兴。孔子说："仲由啊，

好勇超过了我，可惜咱们没有好的木材啊。”

【故事】

汉武帝刘彻

汉武帝在登基之初，继续父亲生前推行的养生息民政策，采取政治策略，努力开疆拓土，进行文化建设。

为了加强中央集权，汉武帝接受主父偃的建议，允许诸王将自己的土地分给子弟，建立较小的诸侯国，即“推恩令”。这样，就使原来独立的地方王国自动地将权力上交给了国家。

此后，地方的王与侯仅仅享受物质上的特权，即享用自己封地的租税，没有了以前的政治特权。他还一次性削去了当时一半的侯国，从而奠定了大一统的政治格局。

汉武帝为了打通和加强同西域的贸易往来，他任命张骞为中郎将，率领300多随员，携带大批金币丝帛以及牛羊向西域进发，到达乌孙。张骞回来后，乌孙派使者几十人随同张骞一起到了长安。此后，汉武帝又派出使者联通西域。“丝绸之路”的开通，开辟了连接东到长安，西到罗马帝国，最远至埃及亚历山大的贸易通道。

汉武帝听取董仲舒的建议，“罢黜百家，表彰六经”，即把儒家学

说作为封建正统思想，持法家、道家等各家学说的读书人，均受排斥。汉武帝还大力推行儒学教育，在长安举办太学，创建乡学，设立举贤制度，形成了我国独特的文官制度。

为贯彻自己的命令，汉武帝设立中朝，削弱丞相的权力，让众多的儒生代替元老们掌握国家政权。为了进一步加强君主权力，汉武帝用派御史的方式，对地方的豪强、官吏进行监督。他将全国分成了13个监察区，每个区叫做部，每部派出一名刺史，中央的刺史叫作司隶校尉，其他12个州都叫刺史。

公元前127年，匈奴贵族以2万骑入侵上谷和渔阳。汉武帝派青年将领卫青率3万骑出云中，西至陇西，收复河套地区，扫除匈奴进犯的军事据点。

卫青采取迂回进攻的方法，从后路包抄，一举赶走匈奴的楼烦王和白羊王，解除了长安的威胁。

公元前124年，卫青率骑兵赶走了匈奴的右贤王，生擒匈奴王子10余人凯旋。汉武帝破格提升卫青为大将军，成为全军的统帅。

第二年，在和匈奴的战斗中又涌现出一位18岁的将领霍去病。他是卫青的外甥。

公元前121年，汉武帝派霍去病出陇西，越过焉支山西进，入匈奴境千余里，和匈奴军短兵肉搏，大获全胜。公元前119年，汉武帝派卫青、霍去病率几十万兵，在漠北共击匈奴首领单于。

汉武帝取得抗击匈奴的胜利，使国家更加统一，长城内外尽在掌控之内，为经济文化的发展创造了极为有利的条件。

汉武帝还通过远征大宛、击败姑师、攻破楼兰、征战龟兹和莎车等战役，开拓了西域疆土，进一步恢复和加强了西汉在西域的统治。

汉武帝还派兵消灭了盘踞在朝鲜半岛北部的卫氏朝鲜政权，在那里划分地方行政区域，设置了乐浪郡、玄菟郡、真番郡、临屯郡；史称“汉四郡”。四郡的设置，说明将朝鲜半岛北部纳入汉帝国的统治范围。

汉武帝还统一了闽越和西南各部。从公元前135年至公元前111年，汉武帝先后攻克南越、闽越、东越等地，基本上将西南地区纳入

其统治范围。

汉武帝不仅是一位政治家，军事家，也是一位爱好文学、提倡辞赋的诗人。他能诗善赋，不遗余力地开展文化建设。他下令在全国范围内征集图书，广开献书之路。又建藏书之所，置写书之官，各类图书，皆在数十年间广充秘府，史称“书积如丘山”。

晚年的汉武帝穷兵黩武，后来以实际行动自责悔过，下罪己诏，将注意力转向“富民”。

公元前87年，汉武帝驾崩于五柞宫。葬于茂陵。

陆象先宽厚为人为政

陆象先是唐朝一个很有气量的人。当时，太平公主专权，宰相萧至忠、岑羲等大臣都投靠她，只有陆象先洁身自好，从来不去巴结太平公主。先天二年，太平公主事发被杀，陆象先在暗中周旋，救了许多人，但那些人事后还蒙在鼓里，都不知道。

先天三年，陆象先出任剑南道按察使，临行之前，有一个司马劝陆象先说：“希望您采取一些杖罚来树立威信。要不然，恐怕没人会听我们的。”陆象先听了之后，微微一笑说：“当政的人讲道理就可以了，何必要讲严酷的刑法呢？这不是宽厚之人所为！”

先天六年，陆象先又出任蒲州刺史。当地的百姓有罪了，他大多是开导教育一番，就放了。手下对陆象先说：“您不鞭打他们，哪里有威风！”

陆象先说：“呵呵，人情都差不多的，难道他们不明白我的话？如果要用刑法，我看应该先从你开始才对！”手下听了陆象先的话，惭愧地退了下去。

这位陆象先经常说：“天下本来无事，都是人自己给自己找麻烦，才将事情越弄越糟，其实都是庸人自扰。如果在一开始就能清醒这一点，事情就简单多了！”

张居正以天下为己任

明代嘉靖、万历年间，明王朝危机四伏，出现了以天下为己任的为官者，张居正就是肩负“举废饬弛，肩劳任怨”历史使命的代表性人物。

张居正，自幼聪明过人，15岁考中秀才，26岁中进士，46岁进入内阁，48岁至58岁任内阁首辅。张居正是明代著名政治家和改革家。他从政治、经济、文化、军事等方面进行了一系列改革。其中，他的治吏张法、爱国利民的业绩，至今仍为国人所称颂。

明代中期，吏治腐败。张居正以国家大业和人民安定为本，针对混乱不堪的时弊，制定并推行了对各级官吏进行考核和管理的“立限考成法”，这是对明代吏治的重大改革。

张居正认为：

> 天下之事，不难于立法，而难于法之必行；不难于听言，而难于言之必效。

张居正主张不仅要对各级官员进行定期考察，而且对其所办的每件事都要规定完成期限，进行考成，即所谓“立限考事”“以事责人”。这就是张居正“立限考成法”的基本思想。

张居正根据“立限考成法”，对从朝廷至地方的各级官员进行严格

控制。

1574年，张居正责令吏部尚书张翰和兵部尚书谭纶，把全国知县以上文武官员的姓名、籍贯、出身、资历等自然情况登记造册，由六部和都察院按簿登记，要求对所属官员承办的每件事，逐月进行检查，完成一件，注销一件，如不按时完成，必须如实审报，否则，以违制罪论处。这样，层层检查，层层负责，使办事效率得以提高。

张居正在考核地方官时强调，要把那些秉公办事、实心为民的官员列为上考；对那些花言巧语、欺上瞒下的官员列为下考。

在考核中，张居正还善于将整顿吏治和为民做好事结合起来。既稳定了社会秩序，又提高了行政工作效率，形成了朝廷命令朝下疾如迅风的良好政治局面。

张居正认为，要使国家长治久安、减轻人民负担，首先必须从官员做起。他说，每个官员必须明确职守，对那些只吃皇粮不管事的冗官，要进行裁减，并宣布，各地不得擅自添设机构和人员。

1580年，张居正亲自下令撤除苏松地区私自添设管粮参政人员，并立即则成吏部认真核实上报各省擅自添设官员人数。张居正对不谋其政多余官员，坚决地进行裁减。1581年一次就裁革冗官达169名。在他当政期间所裁革的冗官，约占官吏总数十分之二三。

张居正一边裁革冗官，一边又广罗人才，把那些拥护改革、政绩卓著的官员，提拔重用。

一次，明神宗朱翊钧审阅关于山东昌邑知县孙凤鸣贪赃枉法的案卷，随即问张居正："孙凤鸣身为进士，为何这样放肆？"

张居正回答说："孙凤鸣就是凭借他的资历才敢这样妄为；以后用人，要先视其才，不必求资历。"

明神宗非常赞同张居正的意见。如此一来，张居正就以圣旨为令箭，大胆地起用人才。实践证明，凡被他启用的人才，都成为改革中的骨干。

张居正在整顿吏治的过程中，对各级官员凭借职权滥用驿站行为，也进行了整顿。当时驿站的使用日益混乱不堪，不仅官员滥用，而且

常出现将勘合转借他人使用的现象。一些不法权贵，手持勘合到驿站，随意索求，享用奢靡，残害百姓，人民极为愤慨。

张居正为整顿一些官员借用职权之便大肆挥霍国家之财的享乐行为，对凡违反制度使用驿站的官员，一律严惩不贷。

据《明实录》和《国榷》记载，1580 年，张居正处罚违制使用驿站人员达 30 人之多。其中革职 7 人，降级的 22 人，降职的 1 人。

张居正在执法上一视同仁。一次，张居正弟弟由京返乡，保定巡抚无原则地发给他一张勘合使用驿站。张居正得知此事，立即责令其弟将勘合上缴，同时对滥发签证的保定巡抚进行了严厉的批评。

经过整顿，从根本上改变了滥用驿站的状态，保证了国家军事要务的畅通，为国家节省了大量资金，减轻了人民负担。

在整治中，张居正强调把执法和尊君结合起来，以此严肃法纪，彰显国威。张居正把破坏法纪的权贵，视为祸国殃民的大患，予以坚决打击，从不手软。

当时横行在江陵一带的辽王朱宪，是张居正少年时代的好友。此人无恶不作，民愤极大，地方官和朝廷派去查办的人员都不敢惩治。张居正得知后，毅然决定审理此案。

张居正根据朱宪犯罪事实，秉公执法，毫不留情地把他废为庶民。同时对关于此事隐情不报和失职的官员，也给予了应有的惩处。这些严格执法、惩治恶官的行动，抑制了强豪的猖狂，顺应了人民的心愿，实为张法利国之创举。

在推行考成法，整顿吏治，国家财政开始好转之后，张居正又开始清丈全国土地。

当时的赋役制度不能适应封建商品经济渐趋活跃的新变化，造成了民不聊生的政治经济危机。对此，张居正认为，只有使人民“足食”，才能做到“国富兵强”；只有改革赋税负担，才能使人民“足食”。而要改革赋役负担，减轻民生疾苦，必须从清丈土地开始。

1578 年，张居正下令对全国各种类型的土地进行清丈。限 3 年完成。并规定凡是破坏清丈者，要“下诏切责”。清丈的结果是，把地主

豪强隐漏的土地清查出来一部分。同时核实了贵族豪绅的税款，减轻了农民的负担。

在清丈土地的基础上，张居正又实行赋税制度的改革，于1518年在全国推行“一条鞭法”。

“一条鞭法”的基本内容：

赋役合并，摊丁入亩，按亩征收，计亩征银，按照土地实际占有情况向国家交纳赋税。

“一条鞭法”虽然不可能彻底执行，但因为它减轻了无地农民的负担，简化了赋役名目和征收手续，使官吏不易与豪强地主通同作弊扰民，从而缓和了阶级矛盾，增强了国家经济实力，对于挽救社会危机起到了一定的积极作用。

1575年，黄河、淮河相继决口，水患严重、修治不力，张居正不忍坐视人民流离失所，决定治理黄河，为国造福，为民解忧。

张居正知道自己不是水利专家，缺乏治河的实际经验，便推荐水利专家潘季驯总理治河工程和漕运。潘季驯以科学推算为根据，一反传统方法，提出“以堤束水，以水攻沙”的治河方针。由于张居正的支持，潘季驯的方案得以实施并取得成功。

于是，被淹没的土地田庐皆尽已出，数十年弃地转为农桑；而且畅通了运河，便利了漕运。通过治河，既减少了人民由于水患所遭受的损失和痛苦，也对当时国家的财政好转及经济发展，起到了一定的促进作用。

张居正能顺应民心，锐意改革，于国于民有利，因而受到了后人的称赞与肯定。作为一代名相，张居正以天下为己任，爱国为民、任劳任怨、举废饬驰、造福社稷的功绩将永存。

于成龙享誉清官第一

清代康熙皇帝自即位以来，励精图治，是一个有作为的皇帝，除了军事和经济措施外，廉政建设也是他稳定和巩固政权的重要一环。对于像于成龙这样的清官自然大加褒奖。

于成龙，居官20多年，以其政绩和廉洁蜚声朝野，康熙皇帝褒奖他“清官第一”。于成龙自幼过着耕读生活，受到较正规的儒家教育。他在1639年曾经参加过乡试并中副榜贡生，但因为父亲年迈需要照顾而没有出去做官。

1661年，年已44岁的于成龙，接受清代朝廷委任，到遥远边荒之地广西罗城为县令。当时罗城，由于长年战乱，环境和条件极差。于成龙上任前，亲朋好友都来相劝，让他不要到那“蛮烟瘴雨”之地去吃苦。

于成龙不为所动，变卖了部分家产，凑足路费百两，怀着“此行

绝不以温饱为志，誓勿昧天理良心”的抱负，毅然登程。于成龙来到广西罗城后发现，县衙院内荒草丛生，中堂仅有3间草房，内宅的茅屋内没有墙壁，破陋不堪，有时大白天竟有野兽出没。

于成龙面对这些困难，没有退却，他用石块垒起“案几”，在堂前支锅做饭，夜里睡觉头枕刀枪。用茅草搭建官署房屋，用棘条树枝编屋门。室内设置也非常俭朴，桌子是用泥土堆的，床上铺的是几捆干草，而且办公、生活全在这一间茅草屋内。

在整治边荒的过程中，为了节省开销，于成龙出外考察时从不坐轿子，而是头戴斗笠，脚穿草鞋，有时冒着酷暑，有时踏着泥泞的道路，到乡间巡视。

为改变罗城面貌，于成龙努力招抚流亡，发展农业生产。他经常到田间察看，并与农夫农妇亲切攀谈，宣传耕作的道理，并采取一些有效的措施，诱导、鼓励人们发展生产。

百姓们见于成龙实心任事，却如此清苦，心中十分不忍。

一次，百姓见于成龙身体不好，就凑了些钱送去，他们跪在地上恳求于成龙收下：“我们知道您辛苦，请收下这点盐米钱吧！”

于成龙说：“我一个人在这里，要钱干什么？你们拿回去奉养父母，也就等于给我了。”

百姓们只好将钱拿回。

有一次，于成龙的大儿子从家乡来看他，他很高兴。可是在儿子临走时，他既没给钱，也没有给他带什么特产。当时厨房中正有一只咸鸭子，于成龙觉得这已经很丰厚了，于是就割了半只给了儿子。

百姓得知此事，感动得流下了热泪。有人编了这样一句民谣：

于公豆腐量太狭，
公子临行割半鸭。

于成龙在罗城奋斗几年后，使罗城县面貌大为改观，百姓的生活很是富足。

1667年，于成龙升任四川合州知州。罗城百姓听到于成龙离去的消息，呼号："大人离去，我们没有主心骨了！"赴任之日，百姓们依依不舍，送出三四百里。

于成龙一到合州，首先免除官员的随从之费，自己仅有一匹病马，以家仆自随。当时的合州，地方的官员以土产馈赠上司的习惯几乎成了风气。

一次，知府下帖，让合州送鱼。于成龙不但不送鱼，反而向上呈文，备陈合州百姓困苦之状。知府自知理亏，不但没怪罪他，反而裁革了10余件对合州不合理的摊派。

1678年，于成龙因政绩显著，升福建按察使。赴闽之前他特意嘱咐手下人买了200斤萝卜放在船上。他的一位属下听到后十分奇怪，问道："大人为何买这么多萝卜？萝卜又不是什么值钱的东西。"

于成龙解释说："我们这一去，路上要走好几天水路，萝卜便宜，可当菜吃，不是水和菜都有了吗？"

属下听后感慨地对别人说："于大人太节俭了。要是为官的都能像于大人那样，很多事就好办了。"

于成龙船载萝卜上任，是对"一任清知府，十万雪花银"、"千里为官只为财"的颠覆，成为后世从政为官者的一面镜子。

于成龙到福建上任后，仍以清苦自励，不改初衷。过了一段时间，人们发现官署后院的槐树叶子一天比一天少。开始人们没有在意。后来，人们发现于成龙的仆人每日去摘树叶，便好奇地向他询问。

仆人说："于大人非常喜欢喝茶，只是苦于当时茶价昂贵，不舍得花太多的钱去买茶叶，就想了这个主意。"

同僚们知道了这事后，有的笑于成龙"太会过"，也有人说他是"小气鬼"。可于成龙听到这些后，却认真地说："现在百姓生活相当艰苦，我们这些当官的，还真得学着'会过'，学着'小气'些！"

在当时，外国商人前来福建做贸易，有的人经常给当地官府送礼。对此，于成龙一概谢绝，真正做到了两袖清风，一尘不染。

由于于成龙的清廉名扬天下，受到了康熙皇帝的褒奖，1682年，

提升他为两江总督。

这个消息传出后，两江总督所管辖的大小官吏们便为迎接新总督忙开了。他们有的借机广收本地名产、特产，想等新官上任先奉上丰厚的见面礼，以此来博得新上司的好感；有的则忙着为新总督挑选豪华的府邸，想以此使自己和新总督的关系更亲近。

就在这些官吏们准备在新总督面前讨好争宠的时候，一天，突然有人报告：新任的总督于成龙已经到了总督府。

原来，在赴任之前，于成龙先请假回家葬母，然后雇了一辆驴车，与幼子同行，各怀钱数十文，沿途住小店不入公馆，悄无声息地到达江宁任所。于成龙做官从不带家属随任，这时因年已65岁，而且身体多病，所以，才带小儿子在身边侍奉。

新任总督一路没有前呼后拥的仪仗，也没有随从，只带着儿子，雇了一辆小毛驴车就上任。这一切，使那些整日花天酒地的贪官污吏们大为震惊。

于成龙上任后，第一件事是把所管辖范围的下属官吏传来，严肃地说："为官的，一定要带头奉公守法，勤恳办事，绝对不允许铺张浪费，追求奢靡。"他还告诫大家：如有违背上述规定的，一定认真追查，严惩不贷。

于成龙身为两江总督，以身作则，他的内室陈设十分的简陋，除了破旧的案几，一个装朝服的竹箱，两个饭锅之外，其余的都是他的文卷书册。

于成龙自奉简陋，每天粗茶淡饭，所食只青菜一把。他身居高位，却要求自己以粗茶淡饭度日。在封建社会，总督一级的官员，一年到头丝毫不沾美味佳肴，实属难得。加上他府中有一幅《青菜图》，因此，江南人送给他一个外号"于青菜"。

在于成龙的影响下，江南民俗有很大改变，过去人们喜欢穿着艳丽，后来，上行下效摒弃了绸缎，都以穿布衣为荣。就连士大夫家里都不再攀比奢华，自动减少了车马家奴，府邸不那么辉煌了，婚嫁也不再吹吹打打了。

1684年，年近70岁的于成龙病故在两江总督任上。人们在整理于成龙的遗物时，发现他的私人财产少得令人难以置信。他的所有遗物是：床头旧竹箱一个，里面仅有一套粗丝衣服，一双靴子；床头上有盥洗用具一套；另外还有一只旧缸，缸中有少许粗米，少许盐；除此之外便只有书籍了。

人们见于成龙生活如此清苦，忍不住哭出声来。就连平时心惮于成龙的人，也都感动流涕。于成龙去世的消息一传出，江南百姓悲痛万分，商人罢市聚哭，家家绘像奠祭。

康熙皇帝闻知，十分感慨，提笔称他是“天下第一廉吏”，还追赐他一个“清端”的谥号。

于成龙为官清廉自守，多行善政，其节操至死不变，不仅受到了时人的爱戴和敬仰，也给为官者树立了廉吏的榜样。

刘统勋的文正廉洁

清代乾隆皇帝也是一代有为之君，他发展的“康乾盛世”局面，当然少不了刘统勋这样有古大臣之风的优秀臣工。

刘统勋，为官数十载，自奉节俭，尽职尽责，清乾隆皇帝说他颇“有古大臣风”。“古大臣风”指的是具备德高才能，达能廉济天下、穷则独善其身的人。有这种“风”的“古大臣”，是集忠臣、贤臣、能臣、廉臣于一身之臣。乾隆此说，源于刘统勋做人为官之所为。

刘统勋于1724年进士，选庶吉士，从此步入仕途。后来累官至刑部尚书，工部尚书，吏部尚书，尚书房总师傅，内阁大学士，翰林院掌院学士及军机大臣。

刘统勋自任官之日起，都是在朝廷内任职。但他却从不以此炫耀，更不与他人在荣华富贵上去攀比。即使身居要职也自奉极俭。刘统勋为官清廉，不仅表现在自奉俭节，而且还能在任何场合拒绝贿赂，真正做到了“立朝侃然”。

一次，刘统勋的一位老友之子出任湖北巡抚，为寻求刘统勋对其子在日后给予关照，特派仆人登门馈送黄金千两。

面对世交故友送来的黄金，刘统勋心中十分清楚：这是有求于我。按说他可以一口拒绝，但为了给老朋友留个面子，他思索再三，最后唤其仆人来见。

刘统勋对老友的仆人说："你家主人不忘世谊，前来问候，我很感激。你回去告诉你家主人，让他把这份厚礼赠送给故交中贫穷的人吧！"

仆人听后，深为感动，代主人表示谢意，携金而回。

又一次，一位带有厚礼的人深夜来访。门人告知刘统勋后，刘统勋深知其中之奥妙，因而拒不会客。

第二天早，刘统勋来到政事堂，传人让昨夜来访者入见，并以责怪的口气对他说："昏夜叩门，这不是贤者所为。你有何事禀告，可在众人面前说出来，即使是我的过失，也可让我受益于你的劝诫规谏。"

来者听罢支支吾吾，后只好面带愧色退了出去。

刘统勋自我要求非常严格，要求他人也理直气壮。他在任都察院左都御史时，对那些贪赃枉法者从不宽容。

据史载，云贵总督恒文、云南巡抚郭一裕、山西布政使蒋洲、西安将军都赉、归化将军保德、江苏布政使苏崇阿、江西巡抚阿思哈等人贪污、受贿案，都是经刘统勋外出审查处理的，而且结论公允，让人不能不服。

刘统勋多年察看黄河、运河的河工，对河工症结非常清楚。与一般官吏多注重治工方略不同，他认为河工中的财物管理是治河成败的关键因素。对于河工侵吞国库专拨的工程款这一痼疾，刘统勋有相当深刻的认识，并提出了对治方法。

1753 年，江南邵伯湖的减水闸及高邮的车逻坝决口，乾隆帝派刘统勋等前往检查决口的原因。

南河工程的总负责人就是大学士两江总督高斌，他在雍正一朝就是江南河道总督，同时也是乾隆帝慧贤皇贵妃的父亲。此时这位治河

能臣已是年逾古稀的老人。

高斌虽然本人清廉不贪，但是其属员却放肆地侵吞治河专款、偷工减料、贻误工期，以至于酿成了决口的重大事故。

刘统勋经过深入调查了解真相，将情况如实向乾隆帝做了汇报。乾隆帝遂将高斌及其副手张师载以失察罪名革职。这件事对其他河工中饱私囊是个严正警示。

1756年，刘统勋取代被革职的富勒赫被派往治河工地勘测，主持完成加高堤坝的工程。一年后，他又前往徐州督修近城石坝。此时刘统勋已年近花甲。

在徐州，刘统勋事必躬亲，亲临治河工地，风餐露宿，保障了堤坝的质量与按时完工。

有一次刘统勋去杨桥工地视察，发现那里加固堤坝的工程已经逾期一个多月，仍然久拖未完。他询问误期的原因，有关人员解释说是由于柴火供应不上。

刘统勋听后，知道其中必有弊端，便微服私访，结果发现几百辆装满柴火的车辆就停在路边。忽然，刘统勋听到赶车人群里传来哭泣声，就马上前来询问。

赶车人愁眉不展，唉声叹气地说："河员必须收取钱财才接受柴火，我们因没钱行贿，柴火即使运到工地也不能卸车。"

刘统勋立即回到工地，对有关河员进行严惩，并积极协调柴火车辆马上进场卸车，然后迅速发放。杨桥堤坝很快就完工了。

刘统勋在朝数十年，一直以清廉著称。乾隆皇帝也深知其人。然而，真正使乾隆皇帝感动，并真正了解刘统勋，却是在刘统勋病逝之后。

1773年11月的一天，刘统勋于黎明时坐轿入朝。行至东华门外，抬轿的人突然感觉轿子一侧偏重，很不对劲，就连忙掀起轿帘查看。一看之下，大吃一惊，只见刘统勋歪身轿内，已经去世了。

乾隆皇帝闻讯，急派尚书福隆安送药急救，但已不及。朝廷重臣死在上朝的途中，满朝大为震惊。乾隆皇帝十分悲痛，哭着对诸臣说：

“朕失一股肱！”并决定亲自去刘统勋家里吊唁。

刘统勋的家在礼士胡同。乾隆皇帝来到礼士胡同刘统勋家门外，但刘家门庭矮小，轿子抬不进去，只好将轿子顶盖拆下才抬进院子。待入室之后，又发现室内极其俭素，心中不免为之大恸。

回朝之后，乾隆皇帝对左右近臣说：“刘统勋不愧真宰相，汝等宜法效之。”他让在朝的官员们向刘统勋学习。并追赠刘统勋为太傅，祀贤良祠，又赐予“文正”谥号。

清代礼制尤重“文”字和“正”字，唯有翰林出身或官至大学士者，方得谥“文”，而“正”字尤为难得。“文正”两字联璧，更非臣下所敢擅拟，非皇上特恩不得用。

清代，芸芸众生，衮衮诸公，得谥“文正”两字者，不过汤斌、刘统勋、朱珪、曹振镛、杜受田、曾国藩、李鸿藻、孙家鼐八人而已。可见“文正”两字旨在彰显名臣风范。

刘统勋一生为官，清正廉洁，秉公无私，在当时的官场之中可谓清风独标，实不枉“文正”二字。正所谓计天下利者，必得万世名。

束带立于朝

孟武伯问子路仁乎？子曰："不知也。"又问。子曰："由也，千乘之国，可使治其赋①也，不知其仁也。""求也何如？"

子曰："求也，千室之邑②，百乘之家③，可使为之宰④也，不知其仁也。""赤⑤也何如？"子曰："赤也，束带立于朝⑥，可使与宾客⑦言也，不知其仁也。"

【注释】

①赋：兵赋，向居民征收的军事费用。

②千室之邑：邑是古代居民的聚居点，大致相当于后来城镇。有一千户人家的大邑。

③百乘之家：指卿大夫的采地，当时大夫有车百乘，是采地中的较大者。

④宰：家臣、总管。

⑤赤：姓公西名赤，字子华，孔子的学生。

⑥束带立于朝：指穿着礼服立于朝廷。

⑦宾客：指一般客人和来宾。

【解释】

孟武伯问孔子："子路做到仁了吧？"孔子说："我不知道。"孟武伯又问。孔子说："仲由嘛，在拥有1000辆兵车的国家里，可以让他管理军事，但我不知道他是不是做到了仁。"孟武伯又问："冉求这个人怎么样？"

孔子说："冉求这个人，可以让他在一个有千户人家的公邑或有一

百辆兵车的采邑里当总管，但我也不知道他是不是做到了仁。”孟武伯又问：“公西赤又怎么样呢？”

孔子说：“公西赤嘛，可以让他穿着礼服，站在朝廷上，接待贵宾，我也不知道他是不是做到了仁。”

【故事】

子路拜孔子为师

有一天，孔子与弟子们驾车在鲁国国都外郊游，一身武士装束的大汉挡住去路，孔子手捋胡须问道：“你是哪里的人氏？”

子路回头看见孔子一副文质彬彬的样子，回答说：“我是泗水人，姓仲名由，字子路。我在这里行走，与你何干？”

孔子又问子路：“你喜欢什么？”

子路说道：“在下喜欢舞刀弄剑。”孔子见子路虽然粗野，但也率直，便引导他说：“我问的不是这个。以你的能力，加上一定的学问，努力学习，定能有一番作为。”子路不以为然地说道：“学习果真有好处吗？南山上成片的竹子，无人照管照样长得笔直，砍下来做弓箭，一样能射穿犀牛皮。我没听说竹子在哪里学习过。”

孔子说：“如果砍下竹子把它刮光，装上羽毛，再装上锋利的箭头，那不是射得更准更深吗？”

子路听孔子说的果然道理深刻，于是双膝跪倒在地，诚恳地说：“在下是粗野之人，冒犯先生，请先生恕罪。先生学识渊博，子路愿意跟随先生，请先生收我为徒。”

自此，子路跟随孔子左右，勤奋好学，日后成为孔子门下的高徒。

晏子维护国家的尊严

春秋时期，正经历着我国历史上的第一次重大变革，不仅出现了孔子那样的思想大家，也有像晏子这样维护国家尊严的政治家和外交家。

晏子，是春秋时期齐国的相国。当时的齐国早已不是管仲为相时的齐桓公时代，中原霸主的地位早已易位，国势日渐衰微。在这种情况下，齐国外交就显得更加艰难，也变得更为重要了。

晏子不仅德行出众，而且头脑机敏，能言善辩。作为国王的主要助手，他曾经多次的出使他国，在外交过程中，有理有节，进退有度，每次都出色地完成了使命，充分表现出了维护国家尊严的忠诚与能力。

有一次，晏子奉命出使楚国，楚王听说后，就对左右人说："晏子是齐国最能言善道之人，现在他要来，寡人欲羞辱他一番，该如何做呢？"

于是，左右之人献计种种。

待到晏子如期出使楚国，到了城门口时，楚人想要嘲笑他身材矮小，因此故意不开正门，而是在正门旁开了个小门来迎接他。

在古时，家居院落等建筑会在正门旁的墙根开个小门或留一小洞，方便狗儿出入。

晏子若从小门进的话，正中楚人之奸计，无疑是受辱；若从城门进，必须找到一个理由，否则便显得无能，也是受辱。楚人就是这样给晏子出了一个两难之题。晏子一眼就看出了楚人的意图，毅然拒绝

从小门入。并机智地抛出了这样一个推论，一下就解开了两难之题。

晏子对着迎接的官员说道：“只有出使狗国者，才从狗门而入；而今我晏子出使楚国，不当由此门而入。”

晏子这一推论明确告诉楚人：从小门入，我晏子一人受辱，可楚人你则要付出整个楚国受侮辱的代价；你楚人不愿付出受辱的代价，则我晏子就当从城门入。你楚人就看着办吧！

迎宾官员一听，脸色发红，却无言以对，只得打开城门，请晏子从大门堂堂正正进入。在第一个回合中，晏子取得了胜利。

晏子进入朝门，楚国几十员大臣等候着。楚国治理城郊的郊尹斗成然首先发话：“听说齐国在姜公封国时，强于秦、楚，货通鲁、卫，而自从桓公之后，屡遭宋、晋侵犯，朝晋暮楚，齐君臣四处奔波臣服于诸侯。但凭景公之志、晏子之贤，并不比桓公、管仲差呀，这是为什么？”

晏子说：“兴败强衰，乃国之规律，自楚庄王后，楚国不是也屡次遭到晋、吴两国的打击吗？我们的国君识时务，与诸侯平等交往，怎么是臣服呢。你的父辈作为楚国的名臣，不也是这么做的吗，难道你不是他们的后代？”斗成然羞愧而退。

楚大臣阳丐上前一步说：“听说你很善于随机应变、左右逢源，然而，齐国遭遇崔庆之难，齐多少忠臣志士为讨伐两人而献出生命，你作为老臣，既不能讨贼，又不能退位，更不能以死相拼，你留在朝廷还有何用？”

晏子说：“抱大志者，不拘小节；庄公之死有他自身的错误。我之所以留身于朝中，是要扶助新君立国、强国之志，而非贪图个人的性命。如果老臣们都死了，谁来辅佐君王呢？”

阳丐自知无趣退下。

楚右尹郑丹上前逼问：“你说得太夸耀，崔庆之难的重大事件，你只是隔岸观火，并不见你有什么奇谋？”

晏子答：“你只知其一，不知其二，崔庆结盟，我未干预；四族之难，我正在保全君王，这正是宜柔宜刚，怎么说是旁观呢？”郑无话

可答。

楚太宰启疆闪出发问："你贵为相国，理当美服饰、盛车马，以彰显齐国的荣盛。你怎么骑着瘦弱的马、穿着破旧来呢，还听说你这件狐裘，已经穿了30年了，你是不是太吝啬了。"

晏子笑答："你太见小了，我自从居相位来，父辈有衣裘、母辈有肉食、妻族无饥荒，同时，依靠我救助的还有70多家。我个人虽然节俭，而富于三族、解除群士之难，这不是更显示出君王的德正吗？"

启疆叹服。

楚王车右囊瓦指问："我听说君王将相，都是魁梧俊美之相，因而能立功当代、留名后人。而你身不满5尺，力不能胜一鸡，你不觉得羞愧？"

晏子坦然自若地回答："秤砣虽小，能压千斤；舟桨空长，终为水役。侨如长身而被鲁国所杀，南宫万绝力却死于宋国，你自以为高大，还不是只能为楚王御马吗？我虽然不才，但能独当一面，忠心为国效犬马之力。"

囊瓦羞愧难当。

楚大夫伍举见大家难当晏子，忙解围说："晏子天下奇才，你们怎么能跟他较劲呢？算了算了，楚王等着召见呢！"

晏子觐见楚王后，却又面临着"话难听"这一关。楚王为之设宴赐酒。坐定后，楚王故意问晏子："难道齐国没有人了吗？怎么派你当使者呢？"

楚王仗着"势"大气粗，完全不把晏子放在眼里，更不把晏子当人看。明明活生生的人一个出现在楚王面前，可楚王他口出难言"齐国没有人了"，简直是目中无"晏子"！

晏子作礼答道："齐国的临淄城有750百户，人人张袖可成荫，挥汗可成雨，行人来往川流不息，站立时必须并肩接踵，怎么会没有人呢？"

晏子有意误解楚王之意，而楚王仍不善罢甘休，又再次质问晏子："那为什么要派你出使呢？"意欲置晏子于难堪之中而后快。

面对质问，晏子机智地予以了反击。他答道：“齐国派遣使者，各有所出使的对象，贤者出使于贤君，不贤者出使于不贤之君。晏子最为不肖，故最适合出使楚国。”

晏子假因溯果，先说齐王选派使臣的原则是各有所用，人尽其才。齐王的这一原则显然是出自晏子的机智假设。然后，他再说自己是最不肖者，有意贬低自己，说不肖的晏子我就只配出使到最不肖的君王的楚国了。

晏子的这番回答，其实是接连套用了这样的逻辑：大前提是，凡是无才无能之人，就只配出使无才能的君王的国家；小前提是，我晏子是最不肖的人，故只配出使到最无才能的君王的国家；结论是，既然我晏子出使的是楚国，那楚国的君王就是最无才能的君王了。

晏子就是这样轻而易举地把楚王贬折了一番，使得楚王哑巴吃黄连，有苦说不出，只好无言以对。于是笑着赐晏子酒。

这时，楚王还不善罢甘休，他还有另外的计策。待饮酒尽兴时，恰好有两个小臣绑一人从殿前经过，经过楚王面前，楚王问道：“绑住的人怎么了？所犯何罪？”

臣子答道：“是齐国人，所犯是盗窃之罪。”

楚王又看着晏子，说道：“难道齐人生性喜欢偷窃的吗？”

晏子离席而起回答楚王：“晏子听说，橘子生在淮南为橘，其味甜美，若生长在淮北就变成枳，酸小涩苦，其叶虽似，但果实味道却不相同。为何会如此呢？实是水土不同的缘故啊。如今人民生活在齐国不偷窃，来到楚国却偷窃，这难道是楚国的水土使他发生了变化吗？”

楚王见无论如何都羞辱不到晏子，反让自己感到羞愧，于是笑着说道：“圣人真是不可加以戏弄的啊，寡人欲让您受辱，反而自取其辱了。”

楚王依据事先的谋划，与“两个小臣”同唱双簧戏，暗中将晏子推入他们预计的陷阱中。殊不知，晏子灵机闪现，一个犀利的橘、枳类比，反将楚王推进了他们自设的陷阱中。楚王又一次聪明反被聪明误的自取受辱，落得自我难堪的境地。

晏子出使楚国，楚王却想借机羞辱晏子，面对这种种困境，晏子竟能游刃有余，不仅自身不受辱，也保护了齐国的国威，还巧妙地使对方自感羞愧，有力地维护了国家的尊严，真可谓是不辱使命。

晏子就是这样聪明机智，既不辱使命，楚国和齐国的百姓、大臣、诸侯、君王都敬重他的人品和才华。

隋文帝杨坚开皇之治

581年初，以丞相身份控制了北周朝政的杨坚，接受北周静帝宇文阐的禅让即皇帝位，这就是隋文帝。他定国号为大隋，改元开皇。

为了巩固政权，隋文帝在即位之初，就开始了北击突厥的计划。

突厥后来成为北方唯一的强大国家。北周曾每年给突厥的沙钵略送礼物，沙钵略更加骄横。

隋文帝即位，不再给突厥礼物，沙钵略怨恨，起兵大肆侵扰。隋文帝的谋士长孙晟认为，应该用远交近攻、离间强部、扶助弱部的方法。

隋文帝完全采纳长孙晟的献策，派遣使人到西面联络达头和阿波，使沙钵略分兵防西，又到东面联络其他部落，使沙钵略分兵防东。结果，突厥内乱，攻战不息，各可汗都遣使向隋文帝请和求援，隋文帝一概不许，让他们继续互斗。

最后，突厥各部或臣服或被灭，取得边境安宁。

隋文帝的北击突厥，打击了外来势力的嚣张气焰，同时稳定了东亚局势。为隋朝发展乃至中国后世安稳发展奠定了牢固基础。

隋文帝在北击突厥的同时，于587年征战后梁皇帝萧琮，最后灭掉梁国。

588年秋，隋文帝在寿春设淮南行台省，以次子杨广为尚书令，全面负责灭陈的战役。

第二年年初，隋军顺利南下渡过长江，很快攻下建康。长江上游的陈军知大势已去，也都解甲投降。

至此，陈朝灭亡。

隋文帝在统一全国后，为了长治久安，立刻进行了一系列的政治和经济改革。

一是确立三省六部制。中央设尚书、门下、内史三省，以尚书令、纳言、内史令为长官，行使宰相职能，辅助皇帝处理全国事务。内史省负责起草并宣行皇帝的制诏；门下省负责审查内史省起草的制诏和尚书省拟制的奏抄；尚书省是国家最高行政机关。

在三省之下，又设置吏部、礼部、兵部、都官、度支、工部六部。每部设尚书为长官。

尚书令下有尚书左、右仆射各一，左仆射判吏、礼、兵三部事，右仆射判度支、都官、工部三部事。尚书令与左、右仆射及六部尚书合称“八座”。583年，改度支为民部；都官为刑部。

二是简化地方官制。隋文帝在确立了三省六部制的中央机构后，又对地方机构进行了改革。沿北齐、北周制设州、郡、县三级地方机构。后废郡，改为州、县二级制。州设刺史，县设县令。

三是修订“开皇律”。隋文帝对前代81条死罪、105条流罪、1000余条酷刑以及灭族等都一概废止。同时，又减轻了许多法律的内容，对犯人处置采取审慎态度，而不是草菅人命，有效地防止了冤案的发生。

四是颁布均田令。隋文帝在北齐、北周均田制的基础上，颁布均田令。均田令规定：丁男、中男受露田80亩，永业田20亩，妇女受露田40亩。奴婢5人者给1亩。永远耕种，不需归还，可以在受田者死后归还。对一般农民，采取轻徭薄赋鼓励农桑的政策，对于豪强贵族

兼并土地的行为则给予打击，以保证农民的正常生产。

五是设置粮仓。隋文帝时所设的粮仓分两种，即官仓和义仓。官仓的粮储，用以供养军公人员。设置官仓的目的，即是在增加关东漕运的效率。也就是把原来关东各州对京师个别直接的输粮办法，改为集中和分段运输的办法。

据唐人的估计，至隋文帝临终时，天下仓库的积储可供全国五六十年正常使用。这对人民的生活来说，自是一项有力的保障。

六是改革货币。隋文帝统一了币制，废除其他比较混乱的古币以及私人铸造的钱币，改铸五铢钱，世称“隋五铢”。除此之外，度量衡也在隋文帝时重新统一。

七是建大兴城。隋朝开国之初，都城仍在长安旧城，因久经战乱，残破不堪，不能适应新建的统一国家都城的需要。隋文帝放弃龙首原以北的故长安城，于龙首原以南汉长安城东南选择新址。

582年初，命宇文恺负责设计建造大兴城，翌年3月竣工。大兴城的设计和布局思想，对后世都市建设及日本、朝鲜都市建设都有深刻的影响。

八是开凿广通渠。隋文帝于584年命宇文恺率众开漕渠。自大兴城西北引渭水，循汉代漕渠故道而东，至潼关入黄河，全长有150多千米，名广通渠。这是修建大运河的开始。

604年，隋文帝因无精力处理朝政，不得不把大权移交给皇太子杨广。这年4月，文帝在大宝殿去世。葬于太陵。

朽木不可雕

子谓子贡曰："女与回也孰愈[①]？"对曰："赐也何敢望回？回也闻一以知十[②]，赐也闻一以知二。"子曰："弗如也。吾与[③]女弗如也。"

宰予[④]昼寝[⑤]，子曰："朽木不可雕也，粪土之墙不可杇[⑥]也；于予与何诛？"子曰："始吾于人也，听其言而信其行；今吾于人也，听其言而观其行。于予与改是。"

【注释】

①愈：胜过、超过。

②十：指数的全体。

③与：赞同、同意。

④宰予：字子我，孔子的学生。

⑤昼寝：白天睡觉。

⑥杇：泥工抹墙的工具，指把墙面抹平。

【解释】

孔子对子贡说："你和颜回两个相比，谁更好一些？"子贡回答说："我怎么敢和颜回相比呢？颜回他听到一件事就可以推知十件事；我呢，知道一件事，只能推知两件事。"孔子说："是不如他呀，我和你都不如他。"

宰予在白天睡觉，孔子说："腐烂的木头是不能雕刻的，粪土垒的烂墙也不能粉刷；对于宰予啊！不值得我去责备他了。"

孔子说："最初，我对于他人，听到别人的话，就相信他的行为；现在，我对他人，听到别人的话，却还要考察他的行为了。从宰予这

件事以后，我改变了观察人的方法。”

【故事】

孔子批判朽木不可雕

宰予，字子我，也称宰我，春秋时鲁国人，孔子的学生。宰予小孔子 29 岁，能言善辩，被孔子称为其“言语”科的高才生，排名在子贡前面。

宰予言辞美好，能说会道，就这一点给孔子留下的印象不错。可是不久，宰予暴露出一些毛病：既无仁德又十分懒惰。

一次，鲁国的国君问宰予用什么木料可以做宗庙祭祠的木料，宰予大胆地说；“夏代用松木，殷代用柏木，周代用栗木，用栗木的意思是使人民战栗。”

孔子知道后，觉得宰予对鲁哀公有教唆的嫌疑，而且对周代的解释也有失公正，所以就批评了他。

一次，宰予向孔子提出要把三年之丧的传统礼制改为一年，如此非礼的问题，受到了孔子毫不客气的批评。

一天，孔子给弟子们讲课，宰予却在房里睡大觉。孔子听了，十分生气。

孔子骂他是“朽木不可雕也”。

孔子说：“腐烂的木头是雕刻不得的，粪土似的墙壁是粉刷不得的。宰予是一个言行不一的学生，从他那里我得到了教训，要改变一下态度，再听别人的话的时候，我要考察他的实际行为，绝不能再以言取人了。”

蔡邕倒屣而迎王粲

汉代重礼，不仅帝王谦和好礼，更有著名学人以礼待人，成为流传后世的佳话。在这之中，东汉时期著名的文学家和书法家蔡邕“倒屣而迎”王粲的故事，显示出他对待朋友的极大热情和一片诚意。

那是在190年，汉献帝迁都长安，蔡邕也一起到了长安。蔡邕当时已经59岁了，担任汉献帝的左中郎将，进出常是前呼后拥，真可谓才学显赫，贵重朝廷了。

当时，在现在的山东高平有个叫王粲的人，他出身名门，曾祖王龚、祖父王畅都曾位列三公，父亲王谦为大将军何进的长史。

王粲幼年时特别喜好读书，精通古代文学以及秦汉以后的诗文，并且练就了写作基本功。据说王粲记忆超群，可以过目不忘。

有一次，他与朋友一起走路，看见路旁有一通石碑，两个人站在那里把碑文看了一遍。

朋友开玩笑问他：“王兄，你能把碑文背下来吗？”王粲竟然转过身去，一字不差地背了下来。

还有一次，王粲看别人下围棋，下棋的人一不小心掀翻了棋盘，弄乱了棋局。对弈的两人正在懊恼时，王粲说：“别慌，我能恢复棋局。”下棋人认为王粲在吹牛说：“这棋盘上有两三百个棋子，看一眼就能记住，除非你是神仙！”

王粲凭着自己的记忆，很快摆出了原来的棋局。

下棋的人还是不相信他能摆对，就用手帕把棋盘盖住，另换一个

棋盘让他摆。王粲很快就摆好。下棋人一看，两个棋局一模一样，没有一个棋子错位，这才真服了。

王粲不光是记忆力惊人，创作能力也很惊人，长篇大论，提笔便成，几乎不用改，因此常有人认为他作文前已经拟好文字了。其实别人即使精心深思的文章，也不能超过他。

王粲为了生计，曾经在街头设案代笔，为人们写家信，很受老百姓的欢迎。当时有很多百姓家里的人在外面跑，有做生意未归的，有在边关服役未满期限的，还有打听亲朋旧友下落的，或者商量两家儿女婚姻期限的，都来请王粲代笔写信。

王粲的信写得十分出色，很擅长模拟发信人的口吻，将事情原委讲得清楚明白，读信人见信如面，亲昵之情跃然纸上。

有一位弃妻出走的丈夫，在外地收到妻子的信，不禁失声痛哭，深深被妻子的痴情所感动，终于归来，与妻子破镜重圆，和和美美地过日子。

还有一位青年和尚收到老母的家信后，信中尽述母亲度日之艰难，晚景之凄凉，顿生愧疚之心，毅然退出佛门，重返尘世，极尽孝子之心。

这一消息不胫而走，人们纷纷传说京城出了个“王铁笔”。

有一天，这事终于传入了高门大户，被蔡邕知道了。他听说王粲的一纸书信竟能使和尚还俗感到诧异，便对仆人说：“快去请那位‘王铁笔’来，我想看看他到底有没有真本事！”

因为蔡邕身任要职，事务繁多，所以这一天下朝回到家中后，倦意袭了上来，连午饭也没吃，本想靠在竹榻上歇一会儿，不知不觉就睡着了。这时，老仆人匆匆地走了过来，见主人正在午睡，一时欲进不进的样子。

蔡邕女儿蔡文姬忙问有什么事，仆人回答：“小姐，门外来了一个叫王粲的人，说要求见老爷。”

蔡文姬当时只有10多岁。她自小耳濡目染，既博学能文，又善诗赋，后来成为大诗人，是历史上著名的才女和文学家。

蔡文姬听了老仆人的禀报，她想起，由于父亲的才学著称于世，又被朝廷器重，平日来访的车马挤满闾巷，家中常是宾客满座的。

但父亲素来就很尊重人才，从不摆架子，从不傲慢，很善于与人交往，好朋友很多。父亲还多次交代过她：只要有客人前来拜访，一定要礼貌接待；假如他不在家，就必须让客人留下名帖以便日后回访。

现在王粲来访，父亲早就多次念叨过此人的名字，肯定是很想见他的。想到这里，她轻轻地摇醒了父亲。蔡邕猛地惊醒，睁开惺忪的睡眼问："又该上朝了吗？"

蔡文姬忍不住"扑哧"一声笑了，说："爹，现在是午后，哪是上朝的时间呢？"

蔡邕打了个呵欠，再问："有什么事吗？"

蔡文姬说："王粲先生来拜访到了门口。"

"快请他进来！"蔡邕立刻吩咐道。

仆人把王粲领进来，59岁的左中郎蔡邕看着王粲，笑着说："哎呀，没想到你竟是一位少年，我还以为是一位年过花甲的老先生哩，快快请坐！"

王粲自觉地位低下，不敢入座。

蔡邕说："我今天以文会友，何必客气呢！"

王粲连连称谢。

主人一边吩咐给客人看茶，一边谈起了文章之道。

王粲见蔡邕这样一个大名鼎鼎的前辈，如此谦恭对待自己这样一个后辈，十分感动。

在交谈中，蔡邕发现，这位少年对答如流，显露出惊人的文学才华，蔡邕非常高兴，不禁对他更为器重了。双方谈得很投机。蔡文姬在一旁听着，也受益匪浅。

当问及王粲的家世的时候，蔡邕眉头一紧，缓缓地说："我想请你答应两件事，不知可否？"

王粲说："大人请说吧！"

蔡邕说："第一件事，请你今后常来，我们可以多多切磋、商讨；

第二件嘛，请你给我这个花厅写一首诗吧！”

王粲思索了一下，挥笔写下了一首诗，连连说：“我这是班门弄斧，献丑了。”

蔡邕看也没看，便命仆人取20两银子，作为酬谢。其实，蔡邕这是变着法子周济王粲呢！从这以后，蔡邕和王粲成了忘年交。

有一次，蔡邕设宴请客，门外车马喧闹，室内高朋满座，都是一些有头有脸的社会名流。不一会儿，仆人凑近蔡邕的耳朵，低声说：“门外王粲也来了，他想见您。”

古时候，人们在家里有个脱鞋席地而坐的习惯。蔡邕一听，急急忙忙趿拉上鞋子，跑出门外去迎接，很有礼貌地把王粲接进屋里，连声说：“尊客请坐！请茶！”说话间，脚下一绊，差点摔了一跤。王粲连忙扶住他。旁边的蔡文姬忽然指着蔡邕的脚，失声说：“爹！您穿错鞋子了！”

蔡邕低头一看，自己也不禁失笑：原来刚才他出门太慌忙了，左脚趿着右脚的鞋子，右脚趿着左脚的鞋子，而且两只鞋都倒穿着。

在场众人见主人如此慌慌张张的样子，以为必是有什么社会名流驾到，大家纷纷起立，不料来的人却是一个布衣少年。

蔡邕看到大家的眼神，赶紧解释：“这是司空王畅的孙子，才高八斗，连我也不如他。我家的书籍文章，都应该送给他，才算物归其主。”

从此，蔡邕礼待布衣，“倒屣迎宾”的故事便流传开来。王粲后来成为东汉“建安七子”之一，是个著名的文学家。

在那个时候，人与人之间的身份、地位、尊卑是分得非常清楚的。众人看到蔡邕能够放下大学者、大官的身份，如此敬重一个貌不惊人的年轻人，都感到很吃惊；而蔡邕唯才是重，对年轻的王粲谦逊礼待的举动，又不能不令人敬佩。

蔡邕倒屣而迎王粲的故事，真可谓：肝胆两相照，道义耀古今。

孔融让梨的谦让之礼

汉代对道德教育非常重视，很多家庭都非常注重道德常识的传授。因此，孩子们懂得凡事应该谦让的礼仪。其中孔融让梨就是著名的一例。

孔融家学渊源，是孔子的第二十世孙，泰山都尉孔宙之子。家父好学，治严氏《春秋》，举孝廉，授郎中，迁元城令。

孔融小时候就聪明好学，4岁时，已能背诵许多诗赋，并且懂得礼节，父母亲非常喜爱他。孔融有五个哥哥，一个小弟弟，兄弟七人相处得十分融洽。孔融小时，他家的院子里有一棵梨树，秋天时节，大白梨挂满枝头。小哥儿几个常在树下玩耍。

孔融是个非常懂事的孩子，每当有人从他家门前走过，孔融都要打声招呼，该叫什么就叫什么，最后总忘不了说声“再见”，邻居都夸他是个懂礼貌的好孩子。

这一天，是一年一度的中秋节，孔融的父亲从外面买了一些瓜果。此时正是大白梨成熟的季节，就打发仆人去院里摘梨，让果品更丰盛些。小哥儿几个一听，兴致盎然，纷纷跟着仆人来到了院子。

仆人搬来梯子，正准备上树摘梨，孔融见仆人年纪大了，担心他摔着，就跟三哥孔褒说了。孔褒自告奋勇，要上树摘梨。仆人千叮万嘱，让他一定小心，然后把筐子递给已经上树的孔褒。

孔褒摘了满满一筐梨，仆人正要拿到屋里，这时，孔夫人见孩子

们半天没回屋，怕有闪失，就出来查看。她发现孔褒在树上，就问仆人："这么高的树，孩子上去多危险呀！"言语间有几分责怪之意。

孔融赶紧说："母亲，是三哥怕他年纪大摔着，就主动要求上去摘的。"

仆人在一旁也说："是，是！"心里感激孔融为自己解释。

这时，孔夫人又发现除了孔融外，几个孩子的衣服下面鼓鼓的，马上明白了是怎么回事，就故意问道："你们几个的衣服下面是怎么回事呀？"

孔融又马上站出来说："母亲，他们是在玩用梨下蛋的游戏呢！"

孔融的弟弟问已经下树的三哥："我们没玩梨下蛋的游戏呀？"

孔褒赶紧说："你别说话！他这是在帮我们呢！"

小弟吐了吐舌头。

孔夫人自然明白孔融的意思，但不说破。她知道孔融这样说，是为了既不让自己生气，也巧妙地化解那几个淘气鬼的尴尬，心下甚是欣慰。

仆人放好方桌，摆上梨子。在方桌对面的墙上，挂着一幅孔圣人的画像。画像下面的案台上，摆放着丰盛的祭品。

父亲带着大家先祭祀先祖孔子，然后，一家人围在桌旁。母亲特地挑了一个最大的梨子给孔融。她其实是在奖赏孔融方才的举动。

孔融却将梨送到三哥面前，双手捧给他，说："哥哥，这个大的应该你吃。"

三哥孔褒说："你吃吧，这是母亲给你的。"

孔融说："书上说，弟弟敬重哥哥，这叫'悌'，这是应该照着做的。"

父亲看见了，心里很高兴。别看这孩子才4岁，还真懂事哩！就故意问孔融："这么多的梨，你为什么把大的给了哥哥？"

孔融回答说："我年纪小，应该把大的给哥哥吃。"

父亲又问他："你还有个弟弟哩，弟弟不是比你还要小吗？"

孔融说："我比弟弟大，我是哥哥，我应该把大的留给弟弟吃。"

他父亲听了，哈哈大笑说：“好孩子，好孩子，真是一个好孩子。”

孔融4岁，知道让梨，上敬哥哥，下让弟弟，大家都很称赞他。在一旁的仆人也连连夸赞说：“公子真是懂事呀！大人，孔家又出了个大孝子呀！”

孔融让梨的故事，很快传遍了曲阜，并且一直流传下来，成了许多父母教育子女的好例子。

孔融小时候，不仅品学兼优，而且善于思考。他才思敏捷，巧言妙答，大家都夸他是“奇童”。

孔融10岁那年，有一次父亲外出拜客，他随父亲到达京城洛阳。当时著名的士大夫李膺也在京城，如果不是名士或他的亲戚，守门的人一般是不通报的。孔融想看看李膺是个什么样的人，就登门拜访。

李膺时任青州太守，他家的守门人见来了一个10岁的孩子，忙把他拉住，问道：“你是谁家小孩，到一边去玩吧！”

孔融严肃地回答说：“请你进去通报，说山东孔融来访。”

守门人见他一本正经，也不知是什么来头，就笑着问：“小公子，可有红帖？”红帖就是红色请柬。

孔融说：“我家和你家主人世代交往，又有师生之谊，无须红帖，你只管去通报吧！”

守门人怕慢待贵客，只好进去通报。

这时李膺正和许多文人雅士交谈，听了通报，一时想不起这位孔融和自己家庭是什么关系，只好说：“请进！”

小孔融兴冲冲地走进大厅，一边向主人问候，一边拱手招呼各位来宾，态度不亢不卑。

李膺一边让座，一边打量着这位俊才少年，心里好生奇怪，于是问道：“小公子，你说我们两家世代交情，我怎么想不起来啊？”

孔融微笑着说：“500年前，孔子曾经问礼于老子，孔子姓孔，老子姓李，说明孔、李两家500年就有师生之谊。今你姓李，我姓孔，也是师生关系，我们两家不是累世通家吗！”孔融语出惊人，在座客人无不暗暗称奇。

李膺不禁哈哈大笑起来："小公子真神童也。"

后来中大夫陈韪来到李膺府第，宾客把方才这件事情告诉他，他却不以为然地说："小时候聪明的人，长大后未必有作为。"

面对挑战，孔融笑着说："这样说来，先生小时候一定很聪明。"

这一巧妙对答，弄得陈韪面红耳赤无言回对，暗暗坐在一旁生气。孔融则目不斜视，装着大人模样，一本正经地喝着茶，引得众人哈哈大笑。

李膺大笑，说："你这么聪明，将来肯定能成大器。"

后来，孔融果然成为东汉末年的著名文学家。他和王粲等七人被合称"建安七子"。而在"建安七子"中，孔融辈分最高，是"建安七子"之首。

孔融是继蔡邕之后的文章宗师，也擅诗歌。他的文章内容大抵为伸张教化，宣扬仁政，荐贤举能，评论人物，多针对时政直抒己见，颇露锋芒，个性鲜明。

自汉代以来，孔融的文学才能和他的品格一直被广泛流传。

陶谦三让徐州给刘备

汉代礼仪文化的感召力，对地方军事领袖也产生了巨大影响。陶谦和刘备在管理徐州这件事上相互谦恭礼让，算得上是一个典型的例子了。

那是在东汉末年，军阀纷争，战乱不已。当时的徐州刺史陶谦宽厚容让，廉洁贤明，深得官民的拥护和爱戴。陶谦感到自己年事已高，应当选一个有才能的人，早日接替自己，为徐州百姓造福。他有两个儿子，但都不成器，没有能力，又不宽容。他认为让他们接任，会给徐州百姓带来灾难。

有一年，陶谦的部将张闿因见钱起歹念，杀死曹操的父亲曹嵩，夺去财宝逃走了。曹操就亲率大军攻打陶谦，扬言血洗徐州。

刘备和孔融应陶谦的请求，带兵前去救援他。刘备英勇善战，舍生忘死，打退曹军后，首先进入了徐州城。

陶谦早就听说过刘备礼贤下士，宽宏大度，今日一见，更觉得他胸怀大志，出语不凡，决定把徐州让给他管辖。就命人把徐州刺史的官印取来，双手递给刘备。

刘备愕然，慌忙地起身离开座位，连连摇手，说："您这是什么意思？"

陶谦诚挚地说："现在天下大乱，生灵涂炭。玄德您是汉室宗亲，而且才能卓越，年富力强，正是为国为民尽忠出力的时候。我已年迈，又缺少能力，情愿将徐州相让。请你接受我的委托，收下印信。我马上写表，申奏朝廷，希望你不要推辞。"

刘备听后，坚决地说："我功微德薄，现在担任平原相还担心不称职，怎么敢接受徐州之任。我本为解救徐州而来，现在让我得到徐州，是陷我于不仁不义之地。您莫非怀疑我有吞并徐州之心吗？万万不能从命！"

陶谦的这一次出让徐州，倒不是故意试探刘备，而是真心实意的。因为他面对曹操的重兵围攻，早已心力交瘁。

在乱世中，割据一方土地是何等的重要和显赫，怎么可能拱手相让给一个素不相识的人呢？刘备当时就是因为没有自己的地盘，只能寄人篱下，没法更快发展。所以，刘备的第一反应就是认为陶谦怀疑他有别的意思，是假借救援之名，要行吞并之实。

刘备为了表明自己确实是出于道义，绝没有非分之想，只好对天发誓。

陶谦坚称自己确实是真心诚意，要把徐州交给刘备。陶谦再三相

让，刘备坚辞不受。这时，谋士们说："现在兵临城下，还是商议退敌之策要紧。等形势稳定下来，再相让不迟。"

陶谦只好暂时放下。这是陶谦第一次让徐州。

随后，刘备写信给曹操，说明张闿杀曹父之事，确实和陶谦无关，请求曹操退兵。事实上，此时的刘备根本没资本和曹操开战，曹操本来也不想给刘备面子，但吕布在这个时候借机出兵，来袭曹操的后路，曹操担心腹背受敌，不得不退兵，于是，就假装给了刘备一个顺水人情。由此，刘备的这封书信也就成了保全徐州的一大功绩。

曹操退兵后，徐州城里摆宴庆祝。酒至数巡，陶谦再次提出了相让徐州。

陶谦这一次的理由除了先前表达过自己年老体衰，精力匮乏之外，还增加了新的理由。他说："我已风烛残年，两个儿子缺少才能，担任不了国家重任。玄德德高才广，又是汉朝王室的后代，我认为由他担任徐州刺史，最合适不过了。我情愿拱手相让，闲居养病。"

刘备这时已知道陶谦确实是发自内心的相让，但还是不敢接受。刘备的想法是："我前来救援，本是出于道义。如果就此占了徐州，别人一定会以不义的名声来责备我。"因此还是坚辞不受。

陶谦的别驾从事糜竺也来帮腔说服刘备："现今天下混乱，正是英雄豪杰建功立业的大好时机。徐州殷富，户口百万，使君千万不要推辞！"

糜竺的分析是极有道理的，对于刘备来说，如果能拥有徐州这块富庶的地盘，对于他实现胸中抱负绝对是一个良好的开端。

陶谦的典农校尉陈登也劝说刘备道："陶府君体衰多病，无法署理大事，使君您一定不要推辞。"

糜竺、陈登两人本是陶谦的下属，这时也帮着陶谦来说服刘备，说明陶谦的十足诚意。但刘备还是不敢受，他思前想后，想出了一个替代性的办法来为自己解围。他说："袁术四世三公，名望极高，又近在寿春，为什么不把徐州让给他呢？"

但陶谦等人根本看不上袁术，不可能平白无故将一个富庶之州让

给袁术。他抱着刘备，流着泪说：“你若不答应，离我而去，我是死不瞑目啊！”

大家都劝刘备接任。刘备手下名将张飞快言快语地说：“你又不是强要他的州郡，是陶刺史好心相让，何必苦苦推辞。”

刘备被逼得急了，眼看无法推脱，只好拔出宝剑说：“如果你们一定要陷我于不义，那我只能一死了之了。”

最后，陶谦只好说：“玄德一定不肯答应，那就暂时放下这件事。不过，在这附近有座小城叫小沛，请你暂在那里驻军，帮我保卫徐州，不要再回平原了。”

刘备勉强答应了这个请求。

陶谦的第二次相让徐州，结果还是以失败告终。

不久，陶谦忽然患病，而且一天比一天沉重。他知道将不久于人世，决定第三次向刘备提出让徐州，就以商议军务的名义，派人从小沛把刘备请进府中。

刘备赶到时，陶谦已经奄奄一息，他紧紧握住刘备的手说：“请玄德来，就是让你接受徐州印信，你还要以国家为重。由你来治理徐州，我死也瞑目。”

刘备说：“您有两个儿子，为什么不传给他们？”

陶谦说：“他们缺乏治理政事的才能和能力。我死后还希望玄德好好教导他们，但万不可传位于他们。”刘备还要推托，但见陶谦手指胸口，慢慢地咽了气。这个时候，刘备就是想推让，也没有适宜的理由了。只好勉强接受了徐州太守的印信。

徐州官民遵照陶谦的遗言，一致拜请刘备接受官印。刘备推辞不了，只好答应暂时管理徐州。

陶谦为了徐州百姓，真心让城，不传给儿子；刘备决心匡扶汉室，但不夺人之美。在当时的历史条件下，他们两人可算是遵行谦恭礼让的两面镜子。

刘备礼贤而三顾茅庐

刘备不仅在领管徐州时不夺人之美，而且他无论对什么身份的人都给予礼遇，不是刻意为之，而是一种做人原则。他三顾茅庐礼求诸葛亮，更是他诚意待人的典型例证。

刘备屯兵新野时，更加渴望建功立业，因此决心寻求有远见卓识的人辅佐自己，以便尽早摆脱势单力孤的困境，扩充自己的实力。

一天，当地的名士司马徽对刘备说："能看清天下大势的，是那些有真才实学的英雄俊杰。我们这里的'卧龙'和'凤雏'就是这样的俊杰。"

刘备忙问："他们都是谁？"

司马徽说："这两人是诸葛亮和庞统。您得到两人当中的一个，就可以成就一番事业了。"

当时诸葛亮就在距离新野所在地区毗邻的隆中。善于网罗人才的

刘备闻知，高兴地说："我急需这样的人才！"并表示哪怕山高路远，行走不便，也非亲自去请他不可。

207年深冬的一天，刘备带着二弟关羽、三弟张飞，到隆中邀请诸葛亮。谁知诸葛亮恰好外出不在家，刘备只好扫兴而归。

当时，27岁的诸葛亮正在襄阳以西的隆中隐居。这位有政治抱负的青年，常把自己比作管仲和乐毅，是难得的一位将才、谋士，自称"卧龙"，立志要干出一番事业来。他虽然躬耕隆中，但却苦读经史，熟知天下兴衰的道理，还潜心钻研兵法，兼备将才。同时，他也时刻注视着现实政治斗争的形势。

刘备回到新野，不断派人到隆中打听诸葛亮何时在家。当打听到诸葛亮外出已经回到家时，刘备当即决定二请诸葛。

这个时候，张飞不以为然地说："一个平民百姓，派个武士把他叫来就得了，犯不着让大哥你一再去请。"

刘备说："诸葛亮是当代大贤，怎么能随便派个人去叫他呢？你还是痛痛快快地跟我去吧！"刘备说服了张飞，叫上关羽，3人骑马直奔隆中而去。

这一天，北风呼啸，大雪纷飞，冷得实在令人难以忍受。张飞对着刘备大嚷："我等何苦找此罪受！不如等天晴再说。"

刘备却说："贤弟，咱们冒此大风雪，不怕山高路远，去请诸葛亮，不正表明了我们的一片诚意吗？"

3人继续往前赶路。不料，这一次刘备又未见到诸葛亮，只好写了一封信托诸葛亮的弟弟转交，说明来意，并表示择日再访。

二请诸葛亮未果，转年的春天，刘备更衣备马，决定第三次去拜访诸葛亮。但关羽、张飞竭力劝阻。

关羽说："我们两次相请，都未见到他，想必他徒有虚名，不敢前来相见。"

张飞更是带着轻蔑的口吻说："我们已仁至义尽，这次只需我一人前往，他如若不来，我就将他绑来见你。"

刘备连忙说道："三弟不得无礼！如果没有诚意，哪能请到贤人

呢？”刘备3人飞马直奔隆中，来到诸葛亮的草庐前。此时诸葛亮正在午睡。刘备唯恐打扰诸葛亮，不顾路途疲劳，屏声敛气地站在门外静候，直至诸葛亮醒来，童子入内禀报，刘备才敢求见。

刘备见了诸葛亮，说道：“久慕先生大名，3次拜访，今日如愿，实是平生之大幸！”

诸葛亮说：“蒙将军不弃，三顾茅庐，真叫我过意不去。亮年幼不才，恐怕让将军失望。”

在当时，刘备先是叫旁边的人退下，然后才对诸葛亮说：“现在汉室瓦解，群雄混乱，奸臣专权，主上蒙尘。我不度德量才，想伸张大义于天下，完成统一大业，振兴汉室。由于智术短浅，屡遭失败，至今一无所成。不过，我的壮志并未因此减退，仍然想干一番事业。望先生多多指教。”

刘备谦虚的态度，诚恳的情意，使诸葛亮很受感动。于是，诸葛亮便将天下形势向刘备做了一番精辟的分析，为刘备筹划了实现统一的战略和策略，勾画了“三足鼎立”的蓝图。这就是名垂千古的《隆中对》。

诸葛亮在论述了目前形势后认为，荆州北靠汉水、沔水，直至南海的物资都能得到，东面和吴郡、会稽郡相连，西边和巴郡、蜀郡相通，这是大家都很想争夺的地方。他还分析了益州的形势，认为益州地势险要，有广阔肥沃的土地，自然条件优越，物产丰富，汉高祖刘邦就是凭借益州建立了帝业。

接着，诸葛亮提出自己的看法：“将军既是皇室的后代，而且声望很高，名闻天下，广泛地罗致英雄，思慕贤才，如饥似渴，如果能占据荆、益两州，守住险要的地方，和西边的各个民族和好，又安抚南边的少数民族，对外联合孙权，对内革新政治。

“一旦天下形势发生了变化，就派一员上将率领荆州的军队直指中原一带，将军您亲自率领益州的军队到秦川出击，老百姓谁敢不用竹篮盛着饭食，用壶装着酒来欢迎将军您呢？如果真能这样做，那么称霸的事业就可以成功，汉室天下就可以复兴了。”

刘备说:“好!”从此，刘备与诸葛亮的关系一天天亲密起来。用刘备自己的话说，“我有了孔明，就像鱼得到水一样。”

为了完成“兴复汉室，还于旧都”统一天下的大业，诸葛亮怀着统一全国的政治抱负，离开了隆中茅庐，出任刘备的军师。他忠心耿耿地辅佐刘备，为“三国鼎立”局面的确立做出了巨大贡献。

刘备认为诸葛亮是他所寻找的最理想的辅弼人才，就恳切地请他出来帮助自己。诸葛亮为他诚挚的态度所打动，决心辅佐刘备创建大业，实现安国济民之志，就毅然随刘备来到新野，共商军机大事。

刘备为求贤才诸葛亮，三次亲顾茅庐，求得大贤，成就大事。“三顾茅庐”也成为千古佳话。

吾亦欲无加诸人

子曰："吾未见刚者。"或对曰："申枨[①]。"子曰："枨也欲，焉得刚？"

子贡曰："我不欲人之加诸[②]我也，吾亦欲无加诸人。"子曰："赐也，非尔所及也。"

子贡曰："夫子之文章[③]，可得而闻也；夫子之言性[④]与天道[⑤]，不可得而闻也。"

【注释】

①申枨：姓申名枨，字周，孔子的学生。

②诸：之于。

③文章：这里指孔子传授的书礼乐等。

④性：人性。

⑤天道：天命。

【解释】

孔子说："我没有见过刚强的人。"有人回答说："申枨就是刚强的人。"孔子说："申枨这个人欲望太多，怎么能说是刚强呢？"

子贡说："我不愿别人强加在我身上的事情，我也不愿意强加于别人。"孔子说："赐啊！这不是你所能做到的了。"

子贡说："老师讲授的礼、乐、诗、书的知识，我们听得到；老师讲授的人性和天道的理论，我们就难得听到了。"

【故事】

孔子的廉政思想形态

廉政思想是孔子治国思想的另一个重要方面。孔子的廉政思想包括了“仁政”“以身作则”“身体力行”“知过必改”。此外，他还提出来“举贤才”的施政措施。这些思想都已经成为后世为政之大端。

儒家政治学说的核心是实行“仁政”。孔子是儒家学派的创始人，他提出的“爱人”二字，是以“仁政”治天下廉政思想的高度浓缩。“仁者爱人”“为政以德”，直接把“仁”与“爱”结合，反映了孔子要求执政者从自身做起的思想。

孔子在周游列国时，一次走到泰山脚下，见一老妇人在坟前痛哭，问起原因，她说自己的公公、丈夫、儿子为了躲避官府的苛政来到山中，结果都被老虎吃了。孔子听后感慨地说：“苛政猛于虎也！”

在孔子生活的那个时代，无论是旧的奴隶主贵族还是新兴的地主贵族，无一不在盘剥百姓，以致出现了“苛政猛于虎”的残酷现实。

孔子对于不顾民众死活，只顾个人利益而疯狂盘剥民众的残暴行径，是十分反感的。他主张“为政以德”，要“节财”“利民”“富民”“使民以时”。他要通过施行“仁政”“德治”实现理想社会。

有一次，4个学生坐在孔子身旁，孔子让他们各言自己的志向。子

路说到用武力治国，冉求说到用经济治国，公西赤说到用外交治国，孔子都不甚满意。

后来曾点说："暮春三月，在和煦的暖风里，我陪同五六个成年人，六七个小孩，在沂水旁边洗洗澡，在舞雩台上吹吹风，一路唱着歌走回来。"

孔子对曾点的理想表示十分赞赏。他认为，一个国家强盛了，富裕了，还要进行道德教育和文化熏陶。只有这样，才能真正天下太平，达到"老者安之，朋友信之，少者怀之"的境地。

孔子在周游列国后回到鲁国，当时的鲁国丞相季康子对孔子非常敬重，他很想和孔子长谈一次，请教一些治国的道理。

一天，季康子主动上门拜访，宾主见面后各依礼而坐。

孔子说："丞相以重礼迎丘归国，使丘结束流浪生活，得以落叶归根，恩重如山，实当厚报，然丘不敢越礼，故先拜谢国君，后谢丞相，还望丞相恕罪！"

季康子笑着说："先生何出此言，为人臣者，理当如此！望先生不必客气。我今来此，是向先生请教何谓政治？"

孔子回答说："政者，正也。丞相率先行正路，百姓谁敢肆行偏邪呢？"

正说着，孔子的弟子、正在担任季康子宰臣的冉求来报告，说又抓住一些盗贼，不知做何处置。

季康子见国内盗贼为患，苦于无法管束，感叹地对孔子道："盗贼四起，抓不胜抓，这么多的盗贼从何而来？"

孔子坦诚相告："这事在上而不在下，如果为官者自己都不贪图财货，即使你奖励偷盗，他们也不会去偷。"

季康子听了孔子这番话，心中有些不悦，便命令冉求说："把抓来的那些盗贼统统给我杀掉！"

孔子说："丞相治理政事为什么一定要用杀人的办法呢？正民先正官，吏治好了，民风自然就会好。君子之德是风，百姓之德是草，风从草上吹过，草必定随着风倒，这个浅显的道理，难道丞相还不晓

得吗？”

季康子反问：“先生的‘仁政’‘德治’，莫非是不要刑罚吗？”

孔子从容镇定地回答说：“丘倡导以仁化民，以德治天下，并非废除刑罚。治国，当宽猛相济。政宽，则百姓慢，慢则当摄以猛；政猛，则百姓苦，苦则施以宽。宽以济猛，猛以济宽，宽猛相济，则政和而民服。”

孔子反对杀人，主张“仁政”和“德治”。在上位的人只要善理政事，百姓就不会犯上作乱。这里讲的“仁政”，是有仁德者的所为。否则，必然会引起百姓的反对。

在廉政方面，孔子除了强调“仁政”和正人先正己外，他还是第一个提出“举贤才”思想，并把它作为改革政治的措施加以论述。

孔子认为，选拔人才与治理国家二者之间的关系十分密切，他认为，舜得到5位贤才为臣，才将天下治理得井井有条，英明的周武王也是有10位贤才的辅佐。因此，他主张为政者应当赦小过，举贤才，将正直的人提拔起来，使其地位居于邪恶人之上，这样便能使邪恶之人效仿学习，也可能变得正直。

如何选拔使用人才，孔子提出了自己的一系列主张和观点。

在选人标准方面，孔子主张选拔德才兼优的人委任职务。像管仲、子产、微子、箕子、比干、澹台灭明、史鱼都是德才卓异、纯正耿直的人，应予以任用。举用这样的人，有了一批精明干练的文臣武将，即使国君昏庸无能，也不至于导致国家败亡。

在选人的办法方面，孔子提出了许多建议。比如：“听其言而观其行”“视其所以，观其所由，察其所安”“众恶之，必察焉；众好之，必察焉”，只有“乡人之善者好之，其不善者恶之”的人可以免察。简单地说，就是要重事实，不轻信言语，要看本质和主流。

在因能任职方面，孔子认为，必须根据所选人员的才能委任职务，才能大的任要职，才能小的任卑职。委任职务时，还要考虑到个人的专长和性格特点。

孔子谈到他的几个学生时认为，像子路其人，有胆有勇，性格率

直，可以治理一个国家兵赋；冉求谦虚，多才多艺，可以管理一个大县邑的政事；公西赤通达礼节，可以做个外交官员。

孔子的因能任职的看法，是很有见地的，他认为用这个原则去使用人才，定能做到才尽其用。

孔子还认为，执政者能否将政事做好，就在于能否团结人。执政者应该严于律己，宽以待人。他强调说，各级官吏要以道义相交，不能以私利相处，应庄重矜持，团结亲善，而不能尔虞我诈、争权夺利、结帮拉派。只有这样，管理阶层内部才能团结一致，政事才能做好，政权才能巩固，国家大治才有希望。

孔子还认为，随着形势的发展和国事的需要，各级官员的职位自然会有变动，作为真正忠于国事的为政者，就应能上能下，提升官职不喜，降职或免职也不怒。

总之，孔子的廉政思想是非常丰富的。他面对当时的政治现实，在总结历史的经验和教训的基础上提出的廉政思想，在古代历史上是有着深远的影响的。

老子以水喻廉政的说法

在先秦时期思想家中，老子的廉政思想，旨在提出了为人、为官、为政的原则和规范，这是他辩证思想的一个组成部分。

老子，春秋末期思想家、道家创始人。老子与孔子、墨子等人一起，将尧舜禹的“公仆意识”理论化，从而构建了古代廉政思想的文化长廊。

老子自幼聪慧，静思好学，常缠着家人要听国家兴衰、战争成败、祭祀占卜、观星测象之事。父母望子成龙，就请精通殷商礼乐的商容老先生教授。商容通天文地理，博古今礼仪，深受老聃一家敬重。

老子在商容的教育下，天文、地理、人伦，无所不学，《诗》《书》《易》《历》《礼》《乐》无所不览，文物、典章、史书无所不习，3年

而大有长进。后来，商容生病了，老子就去看老师。他见老师病情严重，就说："先生的病已经很重了，难道您没有什么话要留给弟子们的吗？"

商容听到老子问起，便说："你就是不问我，我也会要告诉你一些话的。"

老子一听，便挺直腰板，说："愿先生教我。"

商容说："我先问你，经过故乡要下车步行，你知道这里面的道理吗？"

老子回答说："我知道。经过故乡要下车步行，意思是说不要忘记过去。"

商容听到老子回答，嘻嘻一笑，说："你回答得对。我再问你，经过乔木的下面要快步走，知道这里面的道理吗？"

老子回答说："经过乔木的下面要快步走，意思是说要敬重年长。"

商容又嘻嘻一笑，说："你又回答对了。"说着，他将口张开，指着口腔，向老子说道，"你看，我的舌头还在吗？"

老子回答说："舌头还在。"

商容又问："我的牙齿还在吗？"

老子回答说："您的牙齿都掉光了，没有了。"

商容便对老子说："你知道其中的道理吗？"

老子突然明白了师父要讲什么，便恭恭敬敬地回答说："我明白了，您要说的就是舌头还在，因为它是柔软的，牙齿没有了，因为它刚强的缘故。这就是说，柔弱胜刚强。"

商容见老子领悟得如此迅速，非常高兴，他“嘿嘿”一笑，对老子说道：“你讲得非常对。天下的事理都在这里面了，我再也没有什么可以告诉你的了。”

这是一个很典型的故事。在这个故事中，商容说路过故乡的时候应该下车，老子马上领会到这是教育他不要忘本。

所谓“一方水土养一方人”，所谓“饮水思源”，都与这段问答有关。古人在自己有所成就之后，都要感父母的恩，感乡亲的恩，感故乡的恩，或者回馈故乡，或者铺路修桥，或者出资办学，其中体现的就是这段问答的精神。

商容说见到高大的树应该快步向前表示敬意，老子马上领会到这是教育他要敬老。

看到老人家、看到长者，为什么要向他们致以敬意呢？因为他们有丰富的知识，丰富的人生阅历，丰富的经验，因而能够形成“春风化雨”般的感染力，无须多言，光是跟随身旁，就有许多受用。

商容用舌头与牙齿的存亡做比喻，暗指柔能克刚，老子又一次领会了这是教育他处世之道。

纵观老子为后世留下的《五千言》，我们很能看到治国理政、为人处世等方面的论述，体现了他对“以柔克刚”的深刻理解。遇到这样有悟性的学生，还有什么遗憾呢？难怪商容高兴地说自己没有什么可以教他了。

公元前538年的一天，鲁国的孔子和弟子南宫敬叔前往洛阳，拜访老子。老子见孔丘千里迢迢而来，非常高兴，教授孔子礼乐之源，道德之要。又在临别之际，在黄河之滨给孔子讲水德，说“上善若水”，使孔子大受教益，深得为政、做人之妙道。

大约在老子70多岁的时候，天下大乱，诸侯之间争夺地盘和权位的战争经常发生。老子预料到，将来会发生更大的战乱，所以就辞官不做，骑着一头青牛离开了洛阳向西走去，打算远走高飞了。

老子离开洛阳向西必须要经过函谷关。函谷关两山对峙，中间一条小路，因为路在山谷中，又深又险要，好像在函子里一样，所以取

名为“函谷关”。守关的长官是尹喜，称“关令尹喜”，是一个修养与学识极其高深的人。

一天清晨，善观天象的关令尹喜突然看到东方紫气氤氲，便出关相迎。果然见到一位气质非凡、仙风道骨的人，骑着一头青牛慢慢向关口行来。竟然是老子！尹喜早知其名，一见之下，惊喜万分。

尹喜知道他要远走高飞了，就一定要让这位当代最著名的思想家留下他的智慧来，于是缠着他，要他写一点著作作为放他出关的条件。

老子当然是不太愿意的，但是如果不答应关令尹喜，他是不会放自己过关的。老子没办法，于是只得答应条件。

另外，老子答应他还有一个原因。尹喜能看天象，看星宿，看云气，看到一团紫气飘来便知是圣人来了，因此也佩服这位智者，知道这个人非同一般，更有一种得遇知音的感觉，于是就为他著书了。

那时老子沉思默想，将他的智慧一个字一个字地写在了简牍上，先写了上篇，又接着写了下篇，据说写了几天，共写了5000字左右。这样，一部《五千言》的惊天动地的伟大著作诞生了！

后来人们把老子的这篇文章分成81章，印刷成书，取书名就叫《道德经》，又叫《老子》。其上篇叫《道经》，下篇叫《德经》。

据说，尹喜读到这样美妙的著作，深深地陶醉了，被吸引了。他对老子说：“读了您的著作啊，我再也不想当这个边境官了，我要跟您一起走，恳请您答应我吧！”

老子莞尔一笑，同意了。据说，当时关令尹喜真地跟着老子出走了，据说后来还有人看到他们两人一起在西域流沙河那儿出现过，而且都活了好长好长的岁数。

老子一生济世渡人，教化众生，让人们懂得宇宙万物之道的真理。他的思想都留在了《道德经》中，其中也包括政廉思想。在《道德经》中，老子以水为喻，论述了他的做人、政廉的思想：

上善若水。水善利万物而不争，处众人之所恶，故几于道。居善地，心善渊，与善仁，言善信，正善治，事善能，

动善时。夫唯不争，故无尤。

意思是说：最高的善行像水那样。水善于帮助万物而不与万物相争，它停留在众人所不喜欢的地方，所以接近于道。向善的人居住要像水那样安于卑下，存心要像水那样深沉广博，交友要像水那样宅心仁厚，说话要像水那样诚信，为政要像水那样有条有理，办事要像水那样尽自己所能，行为要像水那样适时适度。正因为像水那样与万物无争，所以才没有烦恼。

其实，老子最高尚的、最伟大的品格就是像水一样。做人也好，执政也罢，要做到廉洁如水。这是老子倡导的为人处世、无为而治的根基。

总之，老子的思想博大精深，其为政廉洁、抵制贪欲、清心养廉、为德以廉、无为而治等思想，是廉政文化建设不可或缺的思想资源。2000 多年过去了，这些思想仍然闪耀着威严的光芒，直透人心，观照社会。

墨子的廉洁施政主张

墨子，战国时期著名的思想家、教育家、科学家、军事家，墨家学派的创始人及主要代表人物。墨子对传统的公仆意识的阐发，体现为以兼爱为核心，提出了节俭、尚贤、廉政的施政主张。

“兼爱”是墨子最著名的思想。墨子认为社会上出现强执弱、富侮贫、贵傲贱的现象，是因天下人不相爱所致，因此主张平等与博爱。

墨子把兼爱思想也运用到了政治上，形成了节俭、尚贤、廉政几大节点，这是墨子提出的施政主张。墨子继承和发扬夏禹不怕艰苦，无私奉献的精神，并以夏禹为榜样，提倡节俭。

夏禹为了治水，水里来泥里去，吃不好睡不好，搞得腿肚子无肉，小腿上无毛，为利天下，极为辛苦。后来的墨者，都崇尚大禹精神，

以羊皮粗布做衣，穿着木屐草鞋，日夜不息，以自苦为原则，不这样就不称为墨者。在这种思想的指导下，墨子节俭精神体现在其各种主张和行为之中。

墨子认为，圣王之所以能称王天下，其关键就在于他们爱民利民，谨忠谨厚。这是夏禹的精神，也是节俭的出发点，只有如此，才能忠信相连，真正做到节俭。

墨子的节俭思想观念，是出于对社会的腐败糜烂的忧患，浪费无度的痛惜。他认为，圣王治理国家和天下，都是“用财不费，民德不劳，其兴利多”。衣裘、宫室、甲盾、舟车求其实用，而不要豪华。

当时有一个叫曾国的小国，它的国君非常浪费奢侈，每次吃饭的时候都要上几百道菜，这些菜有的甚至连尝都没尝过就被倒掉了。他的一顿饭足够一个穷人吃几个月了，可他每次不是嫌菜太少，就是嫌味道不好，经常骂仆人：“就这么点儿菜，让我怎么吃饭，你们是不是想饿死我呀？”

墨子知道了这件事以后，就对人说：“曾国就要灭亡了！”

有人问墨子“你凭什么说曾国要灭亡了？难道你听说有哪个大国要攻打它吗？”

墨子坚定地说：“我是从它的国君吃饭的习惯中知道的。他这么浪费，大臣们也一定会受他的影响，不知节俭。”

墨子进一步阐述道：“君臣不知百姓劳作的辛苦，只知一味地剥削百姓，满足自己奢侈浪费的生活，这样只会导致百姓生活越来越困苦，一个个挨饿受冻，最终逼得百姓人人都想造反。如果一旦有别国来攻打，百姓没有反抗能力，或者有反抗能力的也不想反抗，这样的国家

能不灭亡吗？”

果然，没过多久，正像墨子预言的一样，曾国很快就被别的国家灭掉了。

墨子要求其他国家为了防止像曾国那样灭亡，同样可以得出这样的结论：奢侈浪费有时会关系到国家的生死存亡。显然，奢侈浪费是与大禹精神完全违背的。

为了提倡节俭，墨子和他的学生们，过着十分俭朴的生活，身上穿的是粗布短衣，脚上穿的是麻鞋木屐，吃最简单的饭菜，住最简陋的房子。

墨子极力主张节俭，反对浪费。他曾经对自己的学生说过：“我们这个社会差不多有一半的财富被浪费掉了。如果这一半节约下来，那社会不就等于多了一倍的财富吗？”

墨子不但自己非常节俭，当他听到有人浪费时，也总是毫不客气地指责批评。

在当时，奴隶主、王公贵族们去世后，要劳动人民为他们营建坟墓。棺材外面用很大的木椁，还捆3层牛皮。逝者穿着非常讲究的衣服，一起埋葬的有玉器、丝织品、饮食用具等数不清的珍贵的东西，

地下要修巨大的墓穴来埋葬这些东西。

为了减轻人民的负担，墨子反对奴隶主、王公贵族奢侈浪费的寄生生活，提出“节用”、“节葬”的主张。他说：“人们穿衣服是为了御寒，夏天防暑热和雨水；制造车船是为了便利交通。”因此，他坚决反对在衣、食、住、行方面的任何浪费。

关于埋葬逝者，墨子说：“一个人去世了，有3寸厚的木板做棺材就可以了；只要有几件衣服，不让死人赤身裸体就够了；至于坟墓，只要能掩埋住棺材，止住尸体的味道就行了，又何必坑挖得很深，土堆埋得像小山那么高呢？”

此外，墨子一生不但节俭，而且勤劳。墨子是一位精通机械制造的人，他特别擅长制造防御战争中使用的器械。他曾亲手制造了许多对人民的生活和生产有用的东西。

墨子的“尚贤”是指尊重有才德的人，这是墨子的一个重要主张，常与“兼爱”并称。它包括选举贤者为官吏，选举贤者为天子国君。

墨子自己在培养和选拔人才上是很有讲究的。耕柱是墨子的得意门生，不过，他老是挨墨子的责骂。有一次，墨子又责备了耕柱，耕柱觉得自己真是非常委屈，因为在许多门生之中，自己是被公认的最优秀的人，但又偏偏常遭到墨子指责，让他感觉很没面子。

一天，耕柱愤愤不平地问墨子：“老师，难道在这么多学生当中，我竟是如此的差劲，以至于要时常遭您老人家责骂吗？”

墨子听了后反问他道：“假设我现在要上太行山，依你看，我应该要用良马来拉车，还是用老牛来拖车呢？”

耕柱回答说道：“再笨的人也知道当然要用良马来拉车。”

墨子又问：“那么，为什么不用老牛呢？”

耕柱回答说：“理由非常简单，因为良马足以担负重任，值得驱遣。”

墨子说：“你答得一点也没有错。我之所以时常责骂你，也只因为你能够担负重任，值得我一再地教导与匡正你。”

为了把耕柱培养成贤者，墨子可以说是煞费苦心。

墨子要求君上能尚贤使能，即任用贤者而废抑不肖者。他认为，国君必须选举国中的贤者，而百姓理应在公共行政上对国君有所服从。墨子要求上面了解下情，因为只有这样才能赏善罚暴。

作为一个平民思想家，墨子把“尚贤”看得很重，以为是政事之本。他特别反对君主用骨肉之亲，对于贤者则不拘出身，提出“官无常贵，民无终贱”的主张。反映了当时平民阶层希望打破宗法制度，争取自身政治权利的心声。

墨子的廉政思想体现为是否利国利民，并为执政者制定了相关的标准。他认为：兴利除弊、造福黎民，是廉政建设的根本宗旨；义利统一、义在利先，是廉政建设的价值选择；尚贤立本、公平公正，是廉政建设的可靠依托；节俭节葬、恤民惠民，是廉政建设的题中要义；营造氛围、高层垂范，是廉政建设的关键所在。

这些标准反映和代表了劳苦大众的利益诉求，在一定程度上体现了以人民为价值主体和评价主体的思想。这在墨子生活的时代，无疑具有强烈的针对性和先进性。

戴逵幕后取智铸佛像

戴逵，字安道，谯郡铚县（即今安徽宿县）人，东晋学者、雕塑家和画家。戴逵淡泊名利，一生隐居不愿出来为官，而他哥哥则想着建立领兵拒敌的功业。太傅谢安对他哥哥说：“你们兄弟俩人的志向和事业为什么相差那么远呢？”他哥哥说：“因为我忍受不了那份清苦，而家弟也改变不了他的乐趣。”

戴逵曾为会稽山阴灵宝寺作木雕无量寿佛及胁侍菩萨。这尊6尺高的无量寿佛木像，是戴逵精心制作的成功作品，但他还不满足，为了吸取众人智慧，使作品在艺术上达到炉火纯青的佳境，他邀请了许多人欣赏木像，并让他们随意品头品足。

可是事与愿违，欣赏木像的人们当着戴逵的面尽说些悦耳的话，

提意见轻描淡写。这怎么能行呢？戴逵灵机一动便藏在木像后面的帏幔里偷听。凡是欣赏木像的人对木像提出的缺点，戴逵都一一记下来，等人们散去，就进行修改。

如此3年，直到欣赏木像的人提不出意见了，他才将木像送到灵宝寺。

由于这尊木像集众人智慧反复修改完成，因此，其雕刻水平达到了无与伦比的地步。

唐高祖李渊奠定霸业

李渊出生在关陇贵族家庭，7岁时就被当时的北周朝廷袭封唐国公。隋文帝杨坚建立隋朝后，李渊跟随杨坚，成为隋朝的重臣。

但他受到后来皇帝隋炀帝的猜忌，便暗中发展自己的势力。617年，李渊在儿子李建成和李世民等人的支持下，在晋阳即今太原公开打出了反隋的旗号。

李渊自晋阳起兵后，以四子李元吉留守晋阳，以长子李建成和次子李世民分率左、右三军，出兵关中，攻取长安。途中击败了隋军的连续阻击，直逼河东，进而对长安形成包围之势。不久，隋都长安被李渊攻陷。

618年，李渊在长安称帝，建立唐朝。

李渊称帝后，许多隋将割据称雄，农民起义军也称霸一方，全国处在四分五裂状态。于是，李渊开始了统一全国的战争。

李渊首先消灭的是对关中构成威胁的薛举、薛仁杲父子，将陇西并入唐朝境内。随后，他派人卧底擒杀凉王李轨，将河西五郡并入唐朝境内。

这时对李渊统治的核心地区构成威胁的，就只剩下刘武周的割据政权了。刘武周于619年勾结突厥，南侵并州，唐并州总管、齐王李元吉抵挡不住，太原危急。

接着，刘武周攻陷平遥、介州，李渊派裴寂抵御，结果大败，几乎全军覆没。刘武周乘胜进逼太原，李元吉弃太原逃归长安。

在这紧要关头，李世民请求率军讨伐刘武周，在龙门将刘武周击溃，部将尉迟敬德投降。刘武周后被突厥杀死，并州归入唐朝的版图。

620年夏，李渊派李世民率军攻打洛阳。窦建德出于自保，引兵10万人进军成皋。李世民率军阻击，俘虏窦建德。王世充见大势已去，于是投降。河北诸县也相继归唐朝。李渊的势力基本上控制了黄河流域。此外，李渊还派兵收服了占据长江中游地区的地方势力，长江中下游地区为唐所有。

李渊兼并了割地称雄的地主武装后，便把矛头指向窦建德旧部刘黑闼的部队，最后控制了河北、山东地区。随后，李渊的大军又直指江淮，将江南、淮南纳入唐朝版图。至此，李渊父子基本上统一了全国。

李渊称帝后，一边进行统一战争，一边加强政权建设。唐朝前期的政治、经济、军事制度，在李渊时期基本上初具规模。

在军事制度方面，李渊在均田制之上实行了府兵制。这是一种兵农合一的制度，即兵士平时在家生产，农闲时由兵府加以训练，若遇到战争发生，则出征打仗。

在官僚制度上，李渊继续实行隋朝的三省六部制，但对各自的职责有了更明确的划分。

在法律上，李渊废弃了隋炀帝的许多苛政，修订了唐朝法律。

在科举方面，李渊继承了隋朝的科举制并在其基础上加以完备，但同时也恢复了隋朝废除的中正官，以本州高门士人充任，不过大都只是名誉职务，用人权仍在吏部，而吏部用人的主要途径还是科举。

在农业方面，李渊颁布均田制，将田地平等地分配给农民，并对捐税做了调节，减轻了受田农民的负担。李渊的这些措施，为后来唐太宗李世民时期的“贞观之治”打下了坚实的基础。

然而，李渊因统一了全国而产生了骄傲自满的情绪，也不再关心政事，整天与嫔妃在后宫玩乐。

此时，以李世民为首的“军功党”和以李建成为首的“太子党”为争夺皇位继承权明争暗斗，展开了你死我活的斗争。

626年夏，李世民率心腹尉迟敬德等人在玄武门杀掉李建成和李元吉，史称“玄武门之变”。尉迟敬德将李建成和李元吉被杀死的消息告诉李渊，李渊听后惊得目瞪口呆。

随后，在大臣的建议下，李渊将大权完全交给了李世民，并立李世民为太子。两个月后，李渊不得不退位，开始了太上皇的生活。

635年，李渊因病去世。葬在献陵。

敏而好学，不耻下问

子路有闻，未之能行，唯恐有闻。

子贡问曰："孔文子①何以谓之'文'也？"子曰："敏②而好学，不耻下问，是以谓之文也。"

子谓："子产③有君子之道四焉：其行己也恭，其事上也敬，其养民也惠，其使民也义。"

子曰："晏平仲④善与人交，久而敬之⑤。"

【注释】

①孔文子：原名孔圉，卫国大夫，"文"是谥号，"子"是尊称。

②敏：敏捷、勤勉。

③子产：春秋末期杰出的政治家和外交家。

④晏平仲：齐国的贤大夫，名婴。

⑤久而敬之："之"在这里指代晏平仲。

【解释】

子路在听到一条道理但没有亲自实行的时候，唯恐又听到新的道理。

子贡问道："为什么给孔文子一个'文'的谥号呢？"

孔子说："他聪敏，爱好学问，又谦虚，不以向不如自己的人请教为耻，因此用'文'字来作为他的谥号。"

孔子评论子产说："他有君子的四种道德：行为庄重；侍奉君主恭敬认真；教养人民有恩惠；役使百姓有法度。"

孔子说："晏平仲善于与人交朋友，相识久了，别人越发尊敬他。"

【故事】

周公树立为公的典范

尧舜禹的"天下为公"精神，在周王朝时期得到了继承和发扬。周公以亲身实践，使"天下为公"成为让社会普遍接受的社会文明，这在世界人类文明发展史上实属仅见。

周公，姓姬名旦，是周文王姬昌第四子，周武王姬发的弟弟。因其采邑在周，爵为上公，故称"周公"。

在周文王时，周公就很孝顺，仁爱，深得周文王的器重。后来，周公辅佐周武王伐纣，取得了胜利，被封于鲁。周公没有到封国去享受个人安逸，而是派长子伯禽去管理鲁地，他自己留在王朝，辅佐周武王，为周安定社会，建立制度。

在当时，新建立的周王朝面临着严重的困难，商朝旧贵族们准备复辟，而周公辅政，又有违于王位世袭制中父死子继的原则，引起周室集团内部的矛盾，商纣王子武庚与"三监"管叔、蔡叔等人发动叛乱，严重威胁着周王朝的稳定。

为了维护新生政权，周公曾经奉命3次东征，最后平定了"三监之乱"，又归降50国，终于奠定东南。胜利凯旋后，周公又选址洛邑建设新都。

洛邑位于伊水和洛水流经的伊洛盆地中心，地势平坦，土壤肥沃，南望龙门山，北倚邙山，群山环抱，地势险要。伊、洛、瀍、涧四水汇流其间。据东西交通的咽喉要道。顺大河而下，可

达殷人故地。顺洛水，可达齐、鲁。南有汝、颍两水，可达徐夷、淮夷。确实是定都的好地方。

公元前 1019 年左右，东都洛邑建成。周公在这里又召集天下诸侯举行盛大庆典。在这里正式册封天下诸侯，并且宣布各种典章制度，也就是所谓“制礼作乐”。为了巩固周的政权，周公先后发布了各种文告，从这里可以窥见周公总结夏殷的统治经验制订的各种政策。

为了招揽人才，周公唯恐失去天下贤人。即使是在洗头时，如有贤士来访，也要握着尚未梳理的头发，赶紧出来迎接；在吃饭时来了贤士，也要吐出口中的食物，迫不及待地去接待。这就是成语“握发吐哺”的典故。

握发吐哺体现了周公求贤若渴，以天下为己任的高尚情怀，千百年来，不知让多少人为之感动。

周公无微不至地关怀年幼的周成王姬诵。有一次，周成王病得厉害，周公很焦急，就剪了自己的指甲送到大河里，对河神祈祷说：“今成王还不懂事，有什么错都是我的。如果要死，就让我死吧！”一代良臣的拳拳之心，更是天地可鉴。

后来，有人在周成王面前进周公谗言，周公为了使新朝安定团结，不引起内乱，就忍辱负重，不计个人得失，躲避到了楚地。不久，周成王翻阅库府中收藏的文书，发现在自己生病时周公的祷辞，为周公忠心为国的品质感动得流下眼泪，立即派人将周公迎回来。周公回周王朝以后，仍忠心为王朝操劳。

周公摄政 7 年后，周成王已经长大成人，于是周公归政于周成王，自己回到大臣的位子。

周公在国家危难的时候，不避艰辛挺身而出，担当起王的重任；当国家转危为安，走上顺利发展之路的时候，毅然让出了王位，这种大公无私的精神，始终被后代称颂。他为周王朝的发展呕心沥血，忠心耿耿，直至逝世，终天下大治。

周公临终时要求把他葬在成周，以表明守护周成王的忠心。周成王心怀谦让，把他葬在毕邑，在周文王墓的旁边，以示对周公的无比

尊重。

周公的种种天下为公之举，成了后世为政者的典范。后来孔子的儒家学派，把周公的人格作为最高典范。

孔子总结天下为公思想

尧舜禹及周公开创的“天下为公”政治局面，是儒家所推崇的社会理想。至春秋时期，儒家创始人孔子面对“大道废弛”的现实，致力于恢复周王朝的典章制度，并提出了自己的见解。

有一次，孔于参加鲁国的腊祭。祭祀结束后，他出来在宗庙门外的楼台上游览，想到鲁国当时的现状，不禁感慨长叹。

站在孔子身边的弟子言偃不解地问道：“老师，您为什么叹息？”

孔子回答说：“尧舜禹及夏、商、周三代英明君王当政时，那是大道实行的时代，可惜我孔丘都没有赶上，我对那样的时代心向往之。”

言偃问道：“老师所说的大道是什么呢？”

孔子阐述说：“大道实行的时代，天下为天下人所共有。选举有德行的人和有才能的人来治理天下，人们之间讲究信用，和睦相处。所以人们不只把自己的亲人当亲人，不只把自己的儿女当作儿女，这样使老年人能够安享天年，使壮年人有贡献才力的地方，使年幼的人能

得到良好的教育，使年老无偶、年幼无父、年老无子和残废的人都能得到供养。男子各尽自己的职分，女子各有自己的夫家。

“人们不愿让财物委弃于无用之地，因而不一定要把财物藏在自己家里，而要使它有用处。人们担心有力使不上，因而不一定是为了自己也要积极出力。因此，阴谋诡计被抑制而无法实现，劫夺偷盗杀人越货的坏事不会出现，所以连住宅外的大门也可以不关。这样的社会就叫做大同世界。”

孔子接着说道：“如今大道已经消逝了，天下成了一家一姓的财产。人们各把自己的亲人当作亲人，把自己的儿女当作儿女，财物和劳力都为私人拥有。诸侯天子们的权力变成了世袭的，并成为名正言顺的礼制，修建城郭沟池作为坚固的防守。制订礼仪作为纲纪，用来确定君臣关系，使父子关系淳厚，使兄弟关系和睦，使夫妻关系和谐，使各种制度得以确立，划分田地和住宅，尊重有勇有智的人，为自己建功立业。所以阴谋诡计因此兴起，战争也由此产生了。”

“夏禹、商汤、周文王、周武王、周成王和周公旦，由此成为三代中的杰出人物。这6位君子，没有哪个不谨慎奉行礼制。他们彰昌礼制的内涵，用它来考察人们的信用，揭露过错，树立讲求礼让的典范，为百姓昭示礼法的仪轨。这种社会就叫‘小康’。”

孔子一生致力于恢复周礼，努力实现尧舜禹所开创的和周公所实践的社会理想。为了实现这一理想，他在鲁国中都任司寇期间，做了许多卓有成效的工作，使中都的社会面貌焕然一新。对此，鲁定公对孔子自任司寇以来所表现的德才很敬佩。

有一天，鲁定公召见孔子时，对他说：“中都邑在你主政时，治理得很好，老百姓都在念着你，寡人想再派一个能干的人主政，你就推荐一个合适的人选吧！”

孔子想了想说：“我有一个弟子叫冉伯牛，可担此任。”

鲁定公笑着说：“先生，你推荐了宓子贱做了单父的县官，推荐冉求、子路做了季氏的家臣，如今又推荐你的弟子冉伯牛去做县官，不怕人家说你只重用自己的亲信弟子吗？”

孔子回答道："主公不是说要求推荐一个合适的人选吗？至于亲信不亲信，未去这样考虑，我只考虑了冉伯牛是个道德修养很高的人！"

鲁定公同意了孔子的推荐，他决定让冉伯牛担任中都宰。不料，冉伯牛还未去中都上任，就害了一场恶病，孔子亲自去看望过他，叹息地说："这样有德行的人为什么生这样的病！"不久，冉伯牛病逝。孔子将冉伯牛病故的情况报告了鲁定公。

鲁定公说："那就请你再推荐一个合适的人去继任吧！"

孔子回答："公敛阳堪当此任。"

鲁定公感到惊诧，说道："公敛阳当初在成邑，拒绝堕三都，你是知道的。先生不记前仇倒也罢了，却推荐他去担任要职，这是为何？"

孔子回答说："主公是要我推荐一个适合做中都宰的人选，我个人与他有无仇怨，我没有考虑，只考虑了公敛阳符合主公提出的条件。"

鲁定公说："先生举贤既不避亲，也不记仇恶，真是一位君子！"

孔子认为，为官者能否选贤任能对于治理好国家是十分重要。上述史实说明，孔子对人才的重视和选拔，与周公"握发吐哺"如出一辙，也可以看出孔子对理想社会的向往。

孔子对公而忘私的人，一向是钦佩和赞赏的。当时的晋国一个叫南阳的地方缺个县令，晋平公就去问当时大夫祁黄羊说："南阳县缺个县令，你看，应该派谁去当这个官比较合适呢？"

祁黄羊毫不迟疑地回答说："叫解狐去，他为人公正，做那里的县令最合适，他一定能够胜任的！"

晋平公惊奇地问他："解狐不是你的仇人吗？你为什么还要推荐他呢！"

祁黄羊笑着说："您只问我什么人能够胜任南阳的县令，谁最合适当南阳的县令，您并没有问我解狐是不是我的仇人呀！我和他只是私人的恩怨，并不能掩盖他的才华。"

晋平公觉得他的话很有道理，也觉得解狐这个人确实不错，就派解狐到南阳县去上任了。

解狐到任后，果然很有治理的才能，为那里的人办了不少好事，

大家都称颂他。

过了一段时间，晋平公又问祁黄羊说：“现在朝廷里缺少一个法官，你看，谁能胜任这个职位呢？”

祁黄羊毫不犹豫地说：“祁午能担任此职。”

晋平公又奇怪起来了，问道：“祁午不是你的儿子吗？你怎么推荐你的儿子，不怕别人讲闲话吗？”

祁黄羊说：“可是您只问我谁可以胜任法官这个职位，所以我推荐了他；您并没问我祁午是不是我的儿子呀！”

晋平公很满意祁黄羊的回答，于是就派了祁午去做法官。祁午当上了法官，果然能公正执法，替人们办了许多好事，很受人们的欢迎与爱戴。

孔子听说这两个故事后，十分称赞祁黄羊。他说：“祁黄羊说得太好了！他推荐人才，完全是拿才能作为标准，不因为他是自己的仇人，存心偏见，便不推荐他；也不因为他是自己的儿子，怕人议论，便不推荐他。像祁黄羊这样的人，才够得上说‘公而忘私’啊！”

面对春秋时期“大道废弛”的现实，孔子提出克己复礼，并把“克己复礼”称为“仁”。

“克己”就是一个人能够克制自己，战胜自己，不为外物所诱，而不可以任性，为所欲为。“复礼”就是要恢复到周时的合理化。“克己复礼”是孔门传授的“切要之言”，是一种紧要、切实的修养方法。

“克己复礼”是孔子学说的一个重要概念，来源于《论语》中孔子和弟子颜回的对话。

有一次，孔子的弟子颜回请教如何才能达到仁的境界，孔子回答说：“努力约束自己，使自己的行为符合礼的要求。如果能够真正做到这一点，就可以达到理想的境界了，这是要靠自己去努力的。”

颜回又问：“那么，具体应当如何去做呢？”

孔子答道：“不符合礼的事，就不要去看，不要去听，不要去说，不要去做。”

颜回听后向老师说：“我虽然不够聪明，但决心按照先生的话

去做。”

“克己”的真正含义就是战胜自我的私欲。为了战胜私欲，孔子主张以“仁”和“礼”来治理国家，做到天下为公，克己奉公。

孔子认为，从政者必须先端正其身，所谓身正不怕影子斜，自身一正，老百姓看在眼里，自然敬在心里，以此从政，当然困难不致太大；反之，自身不正，老百姓看在眼里，自然恨在心里，以此从政，谁也不会听你的领导。一句话，以身作则，做好人君的表率作用。

孔子论政，还非常重视有才能的人上台，因为这关系到一个国家的生死存亡。有才能的人重视用仁、义、礼、智、信来教化老百姓，经过一段时间的教化，老百姓的素质和觉悟就会得到提高。

孔子认为为官当政的，要有孝心，只要为官者能够把孝敬爹娘，友爱兄弟之心波及天下老百姓身上，那他将是一个忠于人民，爱护人民和人民同呼吸共命运的好官。孝敬爹娘，友爱兄弟，本属于家庭中事，但孔子却高瞻远瞩地把这种精神风气，引申到治理国家和政治中去，这也是孔子之所以成为一个伟人的重要侧面。

孔子是改革的先行者，他认为每个人都应把自己岗位上的事情做得出类拔萃，让国家满意，让群众放心。鲜明地反映出孔子通过克己奉公，现实富国强民的思想。

总之，孔子面对当时“大道废弛”的现实，以亲身实践和深刻论述，从历史和现实生活体验中总结教训，要求执政者“克己复礼”，实施“仁治”和“礼治”。这是孔子治国思想核心的部分，成为为政者克己奉公行为的准则，对后世的治国思想产生着广泛而深刻的影响。

墨子秉承大公无私精神

墨子是继孔子之后的又一个思想家。墨子思想体现为一个“公”字，其基本精神就是大公无私。在周王朝进入战国时期后，战争频仍，人民群众渴望休养生息。墨子生当乱世，不满于混乱残酷的现实，他

的行迹东至齐、鲁，北至郑、卫，南至楚、越，“摩顶放踵利天下”，即从头顶到脚跟都磨伤，也不辞劳苦，舍己为人。

有一次，鲁阳文君将要攻打郑国，墨子听到了就阻止他，对鲁阳文君说：“上天兼有天下，也就像您具有鲁四境之内一样。现在您举兵将要攻打郑国，上天的诛伐难道就不会到来吗？”

鲁阳文君说：“先生为什么阻止我进攻郑国呢？我进攻郑国，是顺应了上天的意志。郑国人数代残杀他们的君主，上天降给他们惩罚，使三年不顺利。我将要帮助上天加以诛伐。”

墨子说：“郑国人数代残杀他们的君主，上天已经给了惩罚，使它三年不顺利，上天的诛伐已经够了！现在您又举兵将要攻打郑国，说‘我进攻郑国，是顺应上天的意志’，就好比这里有一个人，他的儿子凶暴、强横，不成器，所以他父亲鞭打他。邻居家的父亲，也举起木棒击打他，说‘我打他，是顺应了他父亲的意志’，这难道还不荒谬吗！”

鲁阳文君说：“对。我用您的言论观察，那么天下人所说的可以的事，就不一定正确了。”

墨子晚年时，越王邀请他做官，并许给他以500里的封地。墨子

以“听吾言，用我道”作为前往条件，而不计较封地与爵禄。

墨子除了身体力行，践行大公无私，还主张尚贤，即任人唯贤。墨子反对任人唯亲的宗法血缘用人制度。只有上下一致尚贤，才能实现国家的大治。

墨子认为，无论是乡正、里长，还是国家的高层甚至首脑，都应由大家推举产生的贤能之人担任。墨子经常挂在嘴边的贤能楷模就是尧舜禹汤文武。最著名的就是舜通过尧好几道严格考验才被指定为继承人的，而大禹更是因为治水艰苦卓绝且富有成效才得到拥护的。

对于贤士，《墨子·尚贤上》曾提出过三条具体标准：

> 厚乎德行，辩乎言谈，博乎道术。

即道德的要求、思维论辩的要求和知识技能的要求。

知识技能的要求是为了使贤士们有兴利除害的实际能力，思维论辩的要求是为了“上说下教”，去向社会推行其“兼爱”主张。

在墨子看来，教育目的是为国家培养大量的贤士，以利于国家的统治与稳定。如何使贤良之士增多呢？那只有通过良好的教育来培养了。

墨子从自身做起，对其弟子施以严格的组织纪律教育，培养高尚的情操和优秀的道德品质，授予各种专门的知识和各种生产劳动的技能技巧，使他们在分工合作的原则下，各从事其所能，把他们培养成真正履行墨家道义，实现“兴天下之利，除天下之害”的目的而行义的贤良之士。

据《墨子·耕柱》记载，墨子曾经推荐贤士耕柱子到楚国做官，后来又让几个弟子去探访他。耕柱子请墨子派来的人吃饭，每餐仅3升米，仅够吃饱，招待不优厚。

这几个学生回来告诉墨子：“耕柱子在楚没有什么益处，您应该把他召回来。”

墨子不相信耕柱子没有政绩。果然，时过不久，耕柱子让人送回

10镒黄金，并转告墨子："弟子不敢贪图财利，节省下的10镒黄金，请您安排使用。"

耕柱子的事迹，表明墨家弟子大公无私的精神。同时也反映出墨子重视人才，只有大公无私的人，才能给一个组织带来好的命运。

墨家门徒在墨子的言传身教下，都自觉养成良好的服从集体、自觉守纪的风尚，能牢记、坚守墨家法规，与团体保持着密切联系，定期向墨子汇报工作，自觉接受组织的考查。

墨子教育弟子要正确认识个人与集体之间的关系，个人要绝对服从墨家团体，要忠诚地为团体服务，自觉形成集体主义观念和情感，树立"大公无私"的理想，防止个人主义及自私自利思想的产生和影响，处处关心集体、热爱集体，树立集体荣誉感和责任感。

墨家严明的组织纪律观更是令世人称道。墨家团体改变"刑不上大夫"的传统观念，内部成员上自巨子，下至一般弟子都要遵守墨家法规。

《吕氏春秋·去私篇》记载，墨家巨子腹䵍，住在秦国。有一天，腹䵍的儿子因事误杀了人，官吏当时就把他的儿子抓了起来，关进了监狱里。按法律应判杀头之罪。

这件事惊动了国君秦惠公，秦惠公想，腹䵍已经有了很大年纪了，就一个儿子，连个女儿也没有，虽然他的儿子犯了罪，但腹䵍为朝廷作过贡献，准备从轻处理他的儿子。便叫人找来了腹䵍，对他说："你的年龄很大了，就这么一个儿子，我已经命令主管的官吏，不要把你的儿子处死刑了。这样处理你会满意的吧？"

腹䵍听了秦惠公的话，很受感动，但是他想，绝不能因私而废法，于是回答说："墨家的信条是，杀了人的人就该去偿命，判死刑；伤了人的人，就该按情节去判刑，定他的罪。如果没有这样的法律规定，人们的生命安全就得不到保证。禁止杀人、伤人，这是天下的大义啊！您虽然给我的儿子恩赐，不让官吏杀他了，但是，我怎么可以不执行墨家的信条呢？"

最后，腹䵍没有听从秦惠王的劝说，坚持将自己的儿子绳之以法。

这种秉公执法、严于律己、任侠尚义的执法气概，堪称“大义灭亲的典范”，在当时确是鲜见的。为此，后来的秦国政治家吕不韦赞扬说：“割舍自己所偏爱的而遵循大义，腹𬳶可以说很公正了。”

墨子大公无私的精神，在历史上具有重要地位，并产生了深远的影响，培育了历朝历代无数爱国爱民、为民族为社会舍小家而顾大家的杰出人物。

华佗乔装打扮学医术

华佗是我国东汉末年著名的医学家、养生家，是他首次将麻醉剂应用于外科手术。

一次，一个得了怪病的人来请华佗看病。可华佗觉得这个人已经没救了。没过多久，华佗在路上又碰见那个病人。他见那个病人根本不像是有病的样子，忙问是怎么回事儿。

病人告诉华佗，是城西的一个老先生用一个偏方治好了自己的病。华佗听了很佩服那位先生，决心到他那儿学医。可是他知道，如果老先生知道他是有名的华佗，一定不肯收他为徒。于是，华佗隐姓埋名装成了一名普通人，做了老先生的徒弟。

一天，老先生外出了，华佗正在和师弟制药，屋里来了一位病人。华佗给他诊了脉后，让病人服用一小包砒霜。不一会儿，病人就好多了。

这时，老先生回来了，他知道事情的经过后，心想，这种以毒攻毒的方法，除了我之外，只有华佗知道呀！

莫非他就是名医华佗？他连忙问：“你就是华佗吧？”

华佗承认了自己的身份，并说出了求学的理由。

老先生握着华佗的手说：“你这样的名医，为了学医竟然肯给我当徒弟，天天干学徒的活儿，真是了不起啊！”

老先生被华佗的求学精神感动了，马上把那个治怪病的偏方告诉了他。

唐太宗李世民贞观之治

626 年 7 月，李世民被李渊立为皇太子。两个月后，李渊退位做太上皇，李世民登基。这就是唐太宗。

唐太宗即位之时，即着手整顿父亲在位时的宰相班子，以知人善任的原则，逐步建立起了以自己为核心的最高决策集团。随后，又对中央机构进行了一系列的改革，改造了三省六部制。

通过对领导班子的改革，唐太宗不仅牢牢地巩固了自己的地位，而且也为进一步励精图治、开创“贞观之治”的新局面奠定了基础。

唐太宗有一句话叫“内举不避亲，外举不避仇”，可以说是对他用人方针的生动概括。由于采取了求贤纳才、知人善任的用人政策，使得唐太宗统治时期人才济济，群贤荟萃。

643 年，唐太宗曾将其中的 24 位佼佼者画在凌烟阁内，史称“凌

烟阁二十四功臣”，长孙无忌、房玄龄、杜如晦和魏徵等位列其中。这些谋臣猛将、文人学士都为唐太宗大治天下的政策出谋划策，谏言建议，为后人所称颂的“贞观之治”贡献了自己的才干和智勇。

在大力选拔人才的同时，唐太宗还进行了法制的改革和建设。他将赏功罚过作为法制改革的标准，任命房玄龄、长孙无忌在参考《武德律》的基础上制订了封建社会最完备的法典《贞观律》。

后来长孙无忌又在唐太宗的支持下，组织了19名法学专家为《唐律》作注释，完成了《唐律疏议》。五代以后的各朝法律大都以此作为蓝本相应增删。

唐太宗又亲自选拔一批正直无私、断狱公平的人担任法官，并亲自检查法官对案件的处理情况，以保证律、令、格、式的贯彻执行。

唐太宗还特别重视农业生产和农民生活。积极地推行轻徭薄赋，与民休养生息的政策，使农民得以逐步恢复生产，重建家园。

他全面推行、推广均田制，招抚失去土地逃亡的农民，给他们土地，鼓励他们从事农业生产。为解决耕地不足的问题，他一再缩减苑囿占地面积，以增加农民耕地。

他还下令减免租赋，同时大力倡导兴修水利，以增强抵抗自然灾害的能力。此外，为了增加人口，他下令将男女结婚的年龄提前，这就迅速增加了全国户数，为农业生产提供了大量的劳动力。

随着国内政治经济形势迅速好转，国力逐渐增强，唐太宗为建立强盛的多民族的大唐帝国，开始了统一边疆地区的战争。

唐太宗首先征服的是当时对唐朝威胁最大的东突厥。唐太宗扶持东突厥颉利可汗的反对势力，牵制颉利可汗。同时，又利用东突厥贵族的内部矛盾，拉拢和颉利可汗有矛盾的突利可汗，使之为唐太宗提供有利战机。

629年，唐将李靖夜袭阴山，大败东突厥，俘虏颉利可汗，灭掉东突厥。当地各少数民族势力纷纷归附，从而统一了北方边境。

唐太宗又相继派兵收复了吐谷浑、高昌、焉耆、龟兹等地区，并在龟兹设立了安西都护府，重新恢复了对西域地区的统治。

唐朝的西部和北部边境重新得到了巩固和扩大，也使闻名于世的丝绸之路恢复畅通，加强了中原地区与西域和中亚地区的经济文化交流。唐太宗还通过和亲政策，加强少数民族同唐朝的联系和团结。

640年，文成公主入藏，将农耕、纺织、建筑、造纸、制笔、酿酒、冶金以及农具制造等技术带入西藏，对西藏的政治、经济、文化的发展，起了极大的促进作用，同时也加强了西藏与唐朝的联系。

唐朝和世界其他国家的政治、经济和文化交往也越来越频繁。亚洲、非洲地区许多国家不断有人来唐朝访问，当时的长安是世界上最大的城市之一。那时和唐朝交往的国家达到70多个。

唐玄宗时的高僧玄奘到天竺带回了大量的佛教经典，并将其译成汉文，玄奘取经的故事后来还成为《西游记》的素材。其他宗教如景教、回教、摩尼教等也在此时传入我国。

唐太宗不仅是一位杰出的军事家和政治家，而且还是一位多才多艺的君主，是个诗人、文学家和书法家。他所写的诗文，被编入《全唐文》和《全唐诗》的就有文7卷、赋5篇、诗1卷69首。

唐太宗非常喜欢晋代著名书法家王羲之的书法，最为擅长的是飞白书法。唐太宗还十分重视对书法的钻研，他写的《笔法论》《指法论》《笔意论》等，对书法也有指导作用。

不可否认，唐太宗是我国历史上众多皇帝中少有的明君。但在贞观后期，他滋长了骄傲和自满情绪，思想和行为逐渐发生了变化。到了晚年，他乞求长生不老，迷恋方士炼制的金石丹药。结果因服食金石丹药过多，中毒暴亡，享年52岁。葬于唐昭陵。

三已之，无愠色

子张问曰："令尹子文[1]三仕为令尹，无喜色；三已之，无愠色。旧令尹之政，必以告新令尹。何如？"

子曰："忠矣。"曰："仁矣乎？"曰："未知。焉得仁？""崔子弑齐君，陈文子[2]有马十乘，弃而违之，至于他邦，则曰：'犹吾大夫崔子也。'违之。之一邦，则又曰：'犹吾大夫崔子也。'违之，何如？"

子曰："清矣。"曰："仁矣乎？"曰："未知，焉得仁？"

【注释】

①令尹子文：令尹，楚国的官名，相当于宰相。子文是楚国的著名宰相。

②陈文子：陈国的大夫，名须无。

【解释】

子张问孔子说："令尹子文几次做楚国宰相，没有显出高兴的样子，几次被免职，也没有显出怨恨的样了。（他每一次被免职）一定把自己的一切政事都告诉了新宰相。你看这个人怎么样？"

孔子说："可算得上忠了。"子张问："算得上仁了吗？"孔子说："不知道。这怎么能算得仁呢？""崔杼杀了他的君主齐庄公，陈文子家有四十匹马，都舍弃不要了，离开了齐国，到了另一个国家，他说，这里的执政者也和我们齐国的大夫崔子差不多，就离开了。到了另一个国家，又说，这里的执政者也和我们的大夫崔子差不多，又离开了。这个人你看怎么样？"

孔子说："可算得上清高了。"子张说："可说是仁了吗？"孔子说：

"不知道。这怎么能算得仁呢？"

【**故事**】

管鲍之交流芳千古

管仲是春秋时齐国政治家，早年经营商业，后从事政治活动。鲍叔牙是春秋时齐国大夫，以知人著称。

管鲍两人自幼贫贱结交，相互间非常了解，非常知心。管仲少时家里很穷，又要奉养母亲。鲍叔牙知道了，就找管仲一起投资做生意。他们在一起做生意的时候，因为管仲没有钱，所以本钱几乎都是鲍叔牙拿出来投资的。可是，当赚了钱以后，管仲却拿的比鲍叔牙还多。

鲍叔牙的仆人看了说："这个管仲真奇怪，本钱拿的比我们主人少，分钱的时候却拿的比我们主人还多，显然他是个十分贪财的人。如果我是管仲的话，我一定不会厚着脸皮接受这些钱的。"

鲍叔牙对仆人说："不可以这么说。你没发现管仲的家里十分困难吗？他比我更需要钱，我和他合伙做生意就是想帮帮他，我情愿这样做。以后不要再提此事。"

后来管仲和鲍叔牙一起充军，两人更是相依为命。有一次齐国和邻国开战，双方军队展开了一场大厮杀。冲锋的时候管仲总是躲在最后，跑得很慢，而退兵的时候，管仲却跟飞一样地奔跑。当兵的都耻笑他，说他贪生怕死，领兵的想杀一儆百，拿管仲的头吓唬那些贪生

怕死的士兵。

这时的鲍叔牙已当上了军官，关键时刻又站了出来替管仲辩护，他道：“管仲的为人我最了解了，他家有 80 多岁的老母亲无人照顾，他不能不忍辱含羞地活着以尽孝道。”

管仲知道了鲍叔牙为自己所做的一切，感动得流下了热泪。

过了两年多，管仲的老母病逝，他心中没了牵挂，这才放下心来为齐国效命，果然是比谁都作战英勇，很快就得到了提拔重用。

齐襄公的弟弟公子纠发现管仲是个人才，便要他当自己的谋士。鲍叔牙则被齐襄公的另一个弟弟公子小白看中，拜其为军师。两个好朋友各自辅助一个公子，都很尽心尽力。

可是好景不长，由于齐襄公总是疑心他两个同父异母的弟弟要篡夺他的王位，就让手下的人找机会干掉公子纠和公子小白。两个公子听到了风声，公子纠就带着管仲跑到了鲁国避难，公子小白也带着鲍叔牙跑到莒国避难去了。

公元前 686 年的冬天，齐襄公被手下的将士杀死，他的一个弟弟公孙无知做了齐国君王，但不久也被手下大臣给杀掉了，齐国当时一片混乱。流亡在莒国的公子小白和寄居在鲁国的公子纠得到消息后，都觉得自己继承王位的机会来了，急忙打点行装，要回国争夺王位。

管仲为了让公子纠能顺利当上国王，就打算除掉公子小白，可惜管仲在袭击公子小白的时候，把箭射到了公子小白的腰带上，公子小白没死。

后来，鲍叔牙和公子小白还是比管仲和公子纠提前回到齐国，公子小白就当上了齐国的国王，称为齐桓公。

齐桓公当上了国王以后，决定封鲍叔牙为宰相。没想到鲍叔牙死活不肯接受，他说：“以前我帮君王做了些事情，那全是凭我对您的忠心而竭尽全力的，现在您要把国相这么重要的职务交给我，这绝不是仅凭忠心就可以做好的，您应该找个比我更有才能的人才行。”

齐桓公说：“在我手下的大臣中，还没发现比你更出众的人才呢！”

鲍叔牙说：“不如让我举荐一人，保证能够帮您成就一番霸业。”

齐桓公急忙问他："这个人是谁呢？"

鲍叔牙笑着说："此人就是我的老友管仲，我把他从鲁国要来，就是要他帮您的。"

齐桓公一听，拍案而起，他说："管仲拿箭射过我，这一箭之仇我还没报呢，你反而让我来重用他？我不把他杀了就不错了！"

鲍叔牙恳切地说："管仲不顾一切地用箭来射杀您，这不正好说明他对公子纠讲忠义吗？各为其主是起码的做人准则。他当时那样做没什么不对的，现在要治国了，若论才华，他远远超过我鲍叔牙。您要成就霸业，非得到管仲的辅左不成。您现在不计前嫌地重用他，他必定心存感激，全力效劳的！"

齐桓公是个很有肚量的人，为了齐国的利益，他还是听了鲍叔牙的劝说，断然捐弃前嫌，拜管仲为国相。管仲很感激好友鲍叔牙，更为齐桓公的大度和睿智所折服，决心鞠躬尽瘁、竭尽全力报效齐桓公。

管仲积极改革内政，发展经济，重新给农民划分土地，由于他从小经商，也很重视和其他国家通商和发展手工业。他还对国家常设的军队实行严格的训练和管理，使之成为战斗力很强的一支军队。

由于管仲实行了改革，齐国在几年内就兴盛起来，最后获得了"九合诸侯，一匡天下"的地位，成就了齐桓公的霸业，成为"春秋五霸"之首。

管仲常说："我当初贫穷时，曾和鲍叔牙一起做生意，分钱财说我拿得多，鲍叔牙不认为我贪财，他知道我贫穷啊！我曾经多次参战，多次逃跑，鲍叔牙不认为我胆怯，他知道我家里有老母亲。

"我曾经替鲍叔牙办事，结果使他处境更难了，鲍叔牙不认为我愚蠢，他知道时运有利有不利。我曾经多次做官，多次被国君辞退，鲍叔牙不认为我没有才能，他知道我没有遇到时机。公子纠失败了，鲍叔牙不认为我不懂羞耻，他知道我不以小节为羞，而是以功名没有显露于天下为耻。生我的是父母，最了解我的是鲍叔牙啊！"

鲍叔牙推荐管仲以后，自己甘愿做他的下属。鲍叔牙和管仲共同辅佐齐桓公长达40余年，为齐国建立了不朽的功业。

管仲病重的时候，齐桓公考虑他将不久于人世，问他是否可以让鲍叔牙接替他为相。管仲说：“鲍叔牙善恶过于分明，以善待善尚可，以恶对恶谁能忍受得了？他是位君子，但不可以委以国政。”

有人将管仲这些话告诉了奸臣易牙，易牙以为这正是离间管仲与鲍叔牙的好机会，就到鲍叔牙面前传话，以挑拨两人的关系。鲍叔牙听了易牙话，对他说：“这正是我推荐管仲为相的原因。管仲忠于国家，没有私心。若让我为相，哪里还有你们这些小人容身的地方？”

一番话说得易牙面红耳赤，连忙狼狈而退。

鲍叔牙对管仲的知遇和推崇，最终让“管鲍之交”成为代代流传的佳话。后来的人们常常用“管鲍之交”，来形容自己与好朋友之间亲密无间、彼此信任的关系。

孔子说：“君子和而不同，小人同而不和。”这句话的含义是，君子可以与他周围的人保持和谐融洽的关系，但在对具体问题的看法上却不必苟同于对方；小人习惯于在对问题的看法上迎合别人的心理，但在内心深处却并不抱有一种和谐友善的态度。

“管鲍之交”之所以永久地被人称道，就在于他们之间的理解和宽容，这样志同道合的人才算得上是朋友。

信陵君尊贤救难

笃实宽厚美德的核心意义，就是通过宽厚的道德人格来打动别人。战国时期的信陵君，就是一个具有道德人格的人，他通过尊贤救难的实践活动，赢得了世人的广泛赞誉。

信陵君，名叫魏无忌，是魏安釐王的异母弟弟，是战国时期魏国著名的军事家和政治家，因被封于信陵而被称为信陵君。他与当时齐国的孟尝君田文、赵国的平原君赵胜、楚国的春申君黄歇都是著名的贵族，被称为“战国四公子”。

信陵君礼贤下士，急人之困，知过即改，其仁厚爱人的道德修养，

为世人所称道。信陵君有一句座右铭：

愿天下俊贤皆为我坐上宾客。

他四处招纳贤士，交结五湖四海的朋友，天下闻名。

在当时，魏国有个隐士名叫侯嬴，70岁了，家境贫寒，是国都大梁东门的守门人。信陵君听说这个人，前往邀请，想送他厚礼。

侯嬴不肯接受，他说："我几十年重视操守品行，终究不应因做守门人贫困而接受公子的钱财。"

于是，信陵君摆上酒席，大宴宾客。大家就座之后，信陵君带着车马，空出左边的上位，亲自去迎接东门的侯嬴。

侯嬴撩起破旧的衣服，径直登上车，坐在左边的上位，并不谦让，想用这一举动来观察信陵君的情态。信陵君手执马缰，表情谦卑而恭敬。

侯嬴对信陵君说："我有个朋友叫朱亥，在街市的肉铺里，希望委屈您驾车马顺路拜访他。"

信陵君便驾着车马进入街市，侯嬴下车拜见他的朋友朱亥，斜着眼睛偷看信陵君，故意久久地站着与朋友闲谈，暗中观察信陵君的表情。见信陵君的脸色更加温和。

这时，魏国的将相、宗室等宾客坐满了厅堂，等待信陵君开宴。而此时街市上的人们都观看信陵君手握着马缰在大街上等人。随从的人都偷偷地骂侯嬴。

侯嬴观察信陵君的脸色始终没有变化，才慢腾腾地辞别朋友上了车。到了信陵君家中，信陵君引侯嬴坐在上座，把宾客一个个介绍给

他，宾客们都很惊讶。酒兴正浓的时候，信陵君又起身，亲自到侯嬴面前给他祝酒。

侯嬴对信陵君说："我本是一个守门人，您却亲身委屈驾着车马去迎接我。在大庭广众之下，我本不应该提访友的事，您却同我一起去了。我故意使您在街市里久等，借访问朋友来观察您，但您的态度却越加恭敬。街市的人都以为我是个小人，而以为您是个宽厚的人，能谦恭地对待士人。我这样做，是为了成就您的名声啊！"

信陵君听罢，万分感激，当着众人的面，宣布让侯嬴做自己的上等宾客。

宴会结束后，侯嬴对信陵君说："我访问的屠者朱亥，是个贤能的人，世人不了解他，所以才隐居在屠市之中。"

信陵君听了侯嬴的话，立即去拜访朱亥。但多次请他，朱亥故意不回拜。

有一天，朱亥笑着和信陵君说："我不过是市场上挥刀杀牲的屠夫，可是您竟多次登门问候我，我之所以不回答报酬您，是因为我觉得小礼小节无甚大用。从今往后，如您有了急难，就是我为您杀身效命的时候！"

朱亥终于成为信陵君忠实的门客。他手使一把特别重的铁锤，勇猛无比，后来在信陵君的军事行动中发挥了重要作用。

由于信陵君为人仁爱，尊重士人，无论那些士人才能高还是低，都谦逊而礼貌地结交他们，不敢以自己的尊贵身份稍有怠慢，所以，几千里内的士人都争着归附于他，最多时门下曾有3000人，以至于各个诸侯10多年不敢兴兵谋取魏国。

公元前257年，秦国的军队包围了赵国的都城邯郸，赵国的形势非常危急。赵国丞相平原君的妻子是信陵君的姐姐，平原君多次向魏安釐王和信陵君送信，请求魏国援赵。

魏安釐王勉强同意，就派出大将晋鄙领兵10万前去救援，但行进半途即按兵不动，只是观望。

信陵君认为，魏赵互为唇齿，赵国灭亡，必然威胁到魏国，于是

再三请求魏安釐王下令进兵击秦，但魏安釐王不听。在万般无奈下，他窃得了魏安釐王调动军队的兵符，决定亲自去前线调动晋鄙进兵。

信陵君让勇士朱亥随从自己，带上兵符，假托魏安釐王的命令，让晋鄙出兵。但晋鄙心有怀疑，朱亥挥起铁锤将其击毙。信陵君接管了晋鄙的军队，然后开始整顿军队，最后击退了秦军，为赵国解了围，也解除了秦国对魏国的威胁。

信陵君救了赵国后，知道自己得罪了兄长魏安釐王，所以就让部将们带领军队回魏国，他自己和门客则留在了赵国。

赵孝成王十分感激信陵君保全了赵国，于是，私下里和平原君商议，要把五座城邑封赏给信陵君。信陵君得知此事，内心十分得意，显露出一副沾沾自喜、自以为有功的样子。

信陵君有一位门客向他进言说："事情有不能忘记的，也有不能不忘记的。人家对您有恩德，您就不应该忘记；您对人家有恩德，希望您要忘了它。况且假传魏王命令，夺取晋鄙军队来救赵国，对于赵国来说，您是有功的，而对于魏国来说您可算不上忠臣。您这样自傲地把救赵看作是一种功劳，我以为您这样是很不应该的。"

信陵君听了门客的这一番话，当即责备自己，惭愧得无地自容。

一天，赵孝成王吩咐人洒扫了庭院，宴请信陵君。他陪信陵君喝酒直至接近黄昏，嘴里始终不好意思说出奉献五城的话，因为信陵君太谦虚了。

信陵君留在赵国后，仍广交朋友。当他听说赵国的处士毛公、薛公素有贤才，胸有谋略，颇有远见，便派人去召请。但毛公、薛公有意躲避，不肯来见信陵君。

信陵君托人四处查寻，听说毛公藏身于赌徒之中，便一个人秘密地到赌徒中去察访，终于结识了毛公。又打听到薛公藏身于卖酒人家，于是又独自悄悄地到卖酒人家去寻访，终于也结识了薛公。

信陵君每日与毛公、薛公促膝交谈，论及天下得失之事。毛公、薛公侃侃而谈，识见高远，睿智启人，信陵君颇得教益，遂引为知己。

赵国的平原君得知信陵君不顾自己身份经常出入赌徒之中和卖酒

人家，便对自己的夫人说："以前听说你弟弟信陵君为人出类拔萃，天下无双，今天看来，是徒有虚名，实际上是个行为荒唐的人！"

平原君夫人把丈夫的一番话转告信陵君，信陵君听后不禁一笑，道："看人识士，不能仅仅看出身门第。我在魏国时，就听说了毛公、薛公的贤名英才，十分的仰慕；来赵后，便一直渴望拜识。为了实现这个心中愿望，才不顾及身份出入那些地方。既然平原君耻笑我，我也该知趣离开这儿了！"

平原君听说信陵君要走，知道自己说错了话，便亲自登门谢罪，盛赞信陵君知人交友的美德，并再三挽留信陵君。信陵君仍留赵国，他的名望更大了，许多贤人学士纷纷投到他的名下。

信陵君久留赵国，这时，恢复了元气的秦国乘着信陵君在赵国，日夜不停地进攻魏国，魏安釐王为此焦虑不安，就派使者去请信陵君回国。

信陵君仍担忧魏安釐王恼怒自己。这时，毛公、薛公去见信陵君说："您之所以在赵国备受敬重，名扬诸侯，只是因为有魏国的存在。如今秦国进攻魏国，魏国危急而您毫不顾念，假使秦国攻破大梁而把您先祖的宗庙夷平，您还有什么脸面活在世上呢？"

话还没说完，信陵君脸色立即变了，嘱咐车夫赶快套车回去救魏国。信陵君和哥哥魏安釐王 10 多年未见，兄弟重逢，不禁相对落泪。魏安釐王任命信陵君为上将军，让他做魏国军队的最高统帅。

公元前 247 年，信陵君派使者向各诸侯国求援，各国得知信陵君担任了上将军，都纷纷派兵救魏。信陵君率领 5 个诸侯国的联军在黄河以南大败秦军，使秦国将领蒙骜战败而逃，紧闭关门，不敢再出关。这次合纵攻秦的胜利，使信陵君的声威震动了天下。

信陵君明智而忠信，宽厚而爱人，尊贤而重士，是完美的道德楷模。他不仅是当时那个时代的道德偶像，也是后世无数人的榜样，这在古代历史上是极其罕有的。

蔺相如顾全大局

宽厚品德体现为以老实诚实的态度，反对虚伪虚妄，做到顾全大局，宽以待人。在这方面，战国时期的蔺相如堪称楷模。

蔺相如，战国时期赵国上卿，著名的政治家、外交家。他因为将和氏璧完好地从秦国带回赵国，立下大功，被赵王提升任命为上大夫。

事隔几年后，秦国出兵侵略赵国，攻下石城，后又接连进攻，赵军损失惨重。在这种形势下，秦王派人通知赵王，提出要在西河外渑池这个地方和赵王见面会谈。

赵王害怕秦国想要推辞不去，于是召集大臣们商议。蔺相如和大将军廉颇商议后认为，大王不去显得我们赵国太怯弱，还是以去为好。

赵王最后决定动身，让蔺相如随行。同时，由廉颇带着军队送到边界上，做好了抵御秦兵的准备。赵王到渑池与秦王会见。宴席间，

秦王突然对赵王说："我听说你喜欢弹瑟，就请弹一曲给我听听吧！"

赵王弹了一曲。秦王命史官记录下来："某年某月某日，秦王与赵王会饮，命令赵王弹瑟。"以此来羞辱赵国。

蔺相如见此情景，心中十分气愤。他走到秦王面前，说："赵王听说秦王擅长秦国的打击乐缶。现在我奉献瓦盆一只，请大王敲敲缶助兴吧！"

秦王大怒，不肯答应。蔺相如捧着瓦盆再要求，秦王还是不肯敲。蔺相如说："现在我和大王的距离不到5步，大王要是不答应我的要求，我就要把颈上的血溅到大王身上了！"

秦王的侍卫人员立刻抽出刀来要杀蔺相如，蔺相如毫不示弱，瞪起眼睛，大声呵斥他们，把这些人吓得直往后退。

秦王只好不情愿地在瓦盆上敲了一下。蔺相如也叫史官记了下来，说在渑池会上，秦王给赵王敲缶助兴。在整个渑池大会过程中，秦王到最后也未能占赵国的上风。赵国又大量陈兵边境以防备秦国入侵，秦军也不敢轻举妄动。

蔺相如在渑池会又立了大功。赵王封他为上卿，职位一下子比廉颇还高。

廉颇非常地生气，他说："我廉颇是大将，攻无不克，战无不胜，出生入死，为赵国立下了汗马功劳。蔺相如有什么能耐？他就凭着一张嘴，一下子爬到我的头上？哼，我路上碰到他非给他个难堪不可！"

这话传到了蔺相如的耳朵里，他想：强横的秦国为什么不敢侵略赵国？这是因为文的有我，武的有廉颇。如果我和廉颇闹起来，两虎相争，必有一伤，那时秦国就会乘机打进来。还是国家要紧，个人受点委屈算什么呢？

这样想来，蔺相如就装病不上朝，以避免和廉颇撞见，引发不必要的争斗。

一天，蔺相如带着随从外出，老远看见廉颇的车马过来，他赶紧叫车夫退到小巷里去躲一躲，让廉颇的车马先过去。

蔺相如的门客对主人回车避见廉颇的做法实在看不下去了，就找到他说："我们离开亲戚朋友，到您这里办事，是羡慕您智勇双全，道义高尚。如今您的地位在廉颇之上，他说您的坏话，您不回击；您见到了他，像老鼠见了猫，又是躲又是藏，一般老百姓也受不了这个窝囊气！您身为上卿，却一点也不感到羞耻，我们可忍不下去，请让我们走吧！"

蔺相如笑了，说："你们说，廉将军的威风与秦王的威风相比，谁大呢？"

门客说："当然是秦王！"

蔺相如点点头说："是啊！秦王那么厉害，我敢在大庭广众之下痛斥他，侮辱他的左右大臣。我虽然很愚笨，难道独独怕一个廉将军吗？我们两人好比是两只老虎，两只老虎要是打起架来，不免有一只要受伤，甚至死掉，这就给秦国造成了进攻赵国的绝好机会。"

随后，蔺相如就把他自己为了国家利益，应当宽厚、忍让、团结对敌的想法告诉他们。

门客感叹地说："看来是我们短见了，相国的气量真大呀！"

蔺相如的话，很快传到廉颇的耳朵里。他坐立不安，越想越受感动，内心十分惭愧。于是他脱掉上衣，光着膀子，背上荆条，跑到蔺相如家里，跪在蔺相如面前，真诚地说："我心胸狭窄，为个人名位斗气。没想到上卿品质这么高尚，以国为重，宽以待我。我实在对不起你，特来向您请罪。"

蔺相如赶忙双手把他扶起，十分感动地说："老将军请起。您是为赵国出了大力的大功臣，这是谁都知道的。您这样体谅我，我已经万分感激了，'请罪'两字我就担当不起了！"

两个人都激动得流下了热泪。从此以后，两个人变成了同生死，共患难的好朋友。他们将相团结，为国效力，共同抗秦，使秦国不敢轻举妄动攻打赵国。

正所谓"海纳百川，有容乃大"。蔺相如智勇双全的品质和宽厚待人、顾全大局的风格，以及廉颇勇于改错的优秀品质，成为世人学习

的榜样。人们根据这件事总结出“负荆请罪”这个成语，表示诚心向人认错赔罪。

大圣皇后武则天

武则天出身于山西文水的一个木材商家庭，她的父亲曾因帮助唐高祖李渊夺取天下有功，后被封为工部尚书、荆州都督等官职。武则天在12岁那年父亲去世，就和母亲杨氏在一起生活。

637年，14岁的武则天入宫成为唐太宗的才人，赐名“武媚”。武则天做了12年的才人，地位始终没有得到提升。在唐太宗病重期间，武则天和唐太宗的儿子后来的高宗李治建立了感情。

唐太宗去世后，太子李治登基做了皇帝，就是历史上的唐高宗。按照惯例，皇帝去世后，皇帝的一般妃嫔都要打发出宫的，而武则天也没有生过孩子，就被送到感业寺做了尼姑。

唐高宗即位后，对王皇后并不喜欢，而宠爱着萧淑妃。还经常暗中到感业寺和武则天幽会。终于有一天，这事被王皇后知道了，她将计就计，劝皇上把武则天公开接回宫中，想借此打击情敌萧淑妃。

武则天被接回宫后，被高宗封为昭仪。她利用各种机会讨皇上和皇后的欢心，并对周围的下人也极尽笼络的手段。她凭着自己的机灵，很快在宫中收买了一部分下人。

王皇后当初本想通过武则天来击败情敌萧淑妃，却无形中又添了一个更强的对手。后来，王皇后被高宗废掉了，武则天被立为皇后。

武则天当上皇后之后，趁机重用支持过自己的许敬宗、李义府等人，接着唆使他们陷害反对自己的褚遂良、长孙无忌等老臣。渐渐地，大臣们都倒向了她的一边，大权也逐渐落在武则天手里。

683 年，唐高宗病死。李显即位，这便是唐中宗。但不久，李显也因惹恼母亲被废掉，接着李旦又做了皇帝，这便是唐睿宗。但武则天还是不称意，终于把李旦也废掉了，自己做了皇帝。

690 年，武则天改国号为周，自称“圣神皇帝”，当时 66 岁。

武则天时期，政局比较稳定，人才也都得到了合理的利用。人口增加了，由唐高宗初年的 380 万户进一步增加至 615 万户，平均每年增长 9.1%。这在中古时代，是一个很高的增长率，也是反映武则天时期唐代经济发展的客观数据。

武则天执政以后，边疆并不太平。西方西突厥攻占了安西四镇，吐蕃也不断在青海一带对唐展开进攻。北边一度臣服的东突厥和东北的契丹一直打到河北中部。

武则天一方面组织反攻，恢复了安西四镇，打退了突厥、契丹的进攻。同时，她以温和的民族政策，接纳多元文化的发展。

在边地设立军镇，常驻军队，并把高宗末年在青海屯田的做法推广到现甘肃张掖、武威、内蒙古五原和新疆吉木萨尔一带。

武则天时期的文化事业也有了长足发展。她重视科举，大开志科。

有一次策试制科举人时，她亲临考场，主持考试。武则天用人不看门第，不问出身，只看政治才能，因此特别注意从科举出身者中间选拔高级官吏。正是文化的普及，推动了文化的全面发展。

武则天在文字上大胆改革，增减前人笔画，曾经创造了 19 个汉字，被天下广泛用之。如她为自己取名为“曌”，意为明月当空，名君当世，字义一看即明。

虽然武则天所造汉字都是为了她的政治目的服务的，但通过这些汉字，我们却能看到她的才气和非凡的智慧。

705 年，宰相张柬之等人发动政变，逼迫武则天退位。武则天被迫将皇位让给儿子中宗李显，复唐国号。同年 12 月，武则天病逝于洛阳

上阳宫。

次年，唐中宗复辟唐朝，还都长安，将她和高宗合葬于乾陵。

朱元璋向秀才赔礼

明太祖朱元璋的太子不好好读书，朱元璋给他请的三位老师都先后告辞了。后来，丞相刘伯温向他推荐一位老秀才做太子老师。

一日，老秀才要太子背诵一段《论语》，太子背了开头两句就取开书来偷看。突然，老秀才起身抓住太子的耳朵要他跪下。

朱元璋刚好经过，见了这一情景便走到老秀才面前求情："看在朕的面上，饶他一次吧！"

老秀才沉着脸说："子不教，父之过；教不严，师之惰。陛下应该知道这个道理。"

朱元璋见老秀才不仅不领情，反而当着太子的面来教训自己，不禁勃然大怒，喊道："来人！把这老家伙关起来。"

事情传到马皇后那里，她觉得皇上为儿子护短，居然惩罚起老师来，太不讲道理，决定去劝皇上认错。

朱元璋听了马皇后的劝说懊悔起来，表示要向老秀才赔礼道歉。

第二天，朱元璋、马皇后和太子来见老秀才。朱元璋说："您老人家不必再生气了，朕特地向您赔礼来了！"

朱元璋请老秀才坐下，再命太子向老师跪下叩首认错。从此太子跟着老师好好学习，朱元璋也不为他求情了。

三思而后行

季文子[1]三思而后行，子闻之曰："再斯可矣。"

子曰："宁武子[2]，邦有道则知，邦无道则愚[3]。其知可及也，其愚不可及也。"

子在陈[4]曰："归与！归与！吾党之小子狂简[5]，斐然[6]成章，不知所以裁[7]之。"

【注释】

①季文子：即季孙行父。春秋时期鲁国的正卿，姬姓，季氏，谥文，史称"季文子"。

②宁武子：姓宁名俞，卫国大夫，"武"是他的谥号。

③愚：这里是装傻的意思。

④陈：古国名，大约在今河南东部和安徽北部一带。

⑤狂简：志向远大但行为粗率简单。

⑥斐然：有文采的样子。

⑦裁：裁剪，节制。

【解释】

季文子每做一件事都要考虑多次。孔子听到了，说："考虑两次也就行了。"

孔子说："宁武子这个人，当国家有道时，他就显得聪明，当国家无道时，他就装傻。他的那种聪明别人可以做得到，他的那种装傻别人就做不到了。"

孔子在陈国说："回去吧！回去吧！家乡的学生有远大志向，文采

斐然，真不知道该怎么指导他们。”

【故事】

孔子弟子曾参自省

曾参，字子舆，春秋时鲁国南武城（今山东省平邑县）人，儒家主要代表人物之一，孔子的弟子，世称“曾子”，有“宗圣”之称，相传他著述有《大学》《孝经》等儒家经典。在山东省济宁市嘉祥县南建有曾子庙、曾子墓。

曾参16岁拜孔子为师，他勤奋好学，颇得孔子真传。曾参积极推行儒家主张，是孔子学说的主要继承人和传播者。

曾参对自己的要求非常严格。可是他发现，不管自己怎么努力，总是会做错事，他想让自己少犯错误。于是，他想了个办法，每天晚上睡觉前，对自己的所作所为进行反思：我今天做了什么有意义的事情吗？有没有什么不对的地方？该学的东西都掌握了吗？

曾参不但每天自己反省，还留心观察别人做事，处处总结经验教训。有人见他那么刻苦，就劝他说：“曾参，何必那么认真呢？人没有十全十美的，是人就会犯错误嘛！”

曾参说：“可能我没法达到完美，可努力总会让自己不断进步呀！”勤勉、努力的曾参最后终于成为一个知识渊博、品德高尚的人。

曾彦执法依律休妻

明代信义之士能与宋濂媲美的还有曾彦。他以自己的方式，演绎了以诚处世的高风亮节。曾彦是明代泰和县沙村南坑人，他看到当时缺少一部完备的法律，许多事情处理起来非常难办，于是就想编著一

部完备的法典。

曾彦为了尽快编出一部法律，就在荒郊野外搭起了一座茅房，整天在那里写呀，写呀，连家也不回，无论冬夏，一日三餐都由妻子送来。

这一天，曾彦的妻子又来给丈夫送午餐。曾彦望着日渐消瘦的妻子，心疼地说："为了让我写好这本书，你受了不少苦。现在好了，我的书就要写完了，很快就可以回家了。"

妻子一听很高兴，温柔地说："那太好了，可是你一定饿了，还是先吃完饭再说吧！"

曾彦掀开盖着的饭篮的布，忽然发现3个水灵灵的大桃子放在篮子里，就问妻子道："我们家这么穷，你怎么还有钱给我买桃子吃？"

妻子笑着说："不是买的，刚才我给你送饭正好路过李家的桃园，就顺手摘了几个，想让你尝个鲜，也好补补身子。"

曾彦愣了一下，问道："李家的人在场吗？"

妻子说："不在，可能是回家吃饭去了。"

曾彦突然大声说道："你偷人家的桃子！"

妻子不以为然地说："你说话怎么这么难听，都是熟人，摘几个桃子怎么能叫偷呢？"

曾彦说："不经别人允许拿别人的东西就是偷。按照我编的法律，女人偷东西应该被休。"

曾彦拿起笔就写了一封休书，两眼含着泪水递给妻子，说："虽然我也舍不得你走，可是法律是我编的，我必须诚实地遵守。你就回到娘家，另嫁一个好人家吧！"于是把休书交给他妻子。

妻子原以为丈夫是和她开玩笑，也没抬头看，只顾着给丈夫补衣

服。后来发现丈夫的声音不对，抬头一看，他已经流下两行眼泪，这才知道丈夫是认真的。

妻子知道丈夫向来很讲诚信，没有特殊情况说出去的话是不会更改的。于是，她就拿着休书找到婆婆，哭着向婆婆讲事情的经过。

婆婆听了很生气，当时就领着儿媳妇去找儿子，见到儿子就大声训斥："你这个没心肝的畜生，你整天躲在这里又写又画的，哪一件事情不是你媳妇操心，可是她却从无怨言。这么勤快贤惠的媳妇，你打着灯笼也难找，可是现在，你竟然还要休她。"

曾彦红着双眼，对母亲说："我也知道她好。可是，做人一定要讲诚信，孩儿制定的法律，孩儿自己首先应该遵守。"

曾母生气地说："你以为你是皇帝呀，可以颁布法律，真是不知道天高地厚！"

聪明的儿媳妇听婆婆这么说，受到了启发，理直气壮地说："只有皇帝才有权颁布法律，你写的法典在没有被皇帝批准之前，只是一张废纸，现在，你根本就没有权力休了我！"

曾彦听妻子这么一说，顿时哑口无言。事实上，他自己原本也不想休掉跟随他多年的妻子，那么休妻的事就算了。但是他让妻子必须向桃园的主人道歉，他不想让妻子做一个不诚信的人。

后来，曾彦在明代成化年间中了状元，任翰林院修撰、侍讲学士等职。他把自己编的法典呈给皇上，皇上很高兴，还专门让他带领一批人重新修订法律。曾彦退休回乡后，在居所的楼门上亲笔书写一副对联表明了他甘于淡泊的心迹：

尚诗书琴瑟之清素，远钟鼓纨绔之哗喧。

奢香夫人履行诺言

如果说宋濂和曾彦是明代信义之士，那么奢香夫人遵守诚信的方

式更有特点。她在险恶的政治环境中履行诺言，更显示出了“巾帼不让须眉”的忠肝义胆。

奢香是明代四川永宁宣抚司人，即现在的四川叙永、古蔺一带，黔西黔部土官霭翠之妻，彝族。她履行诺言，在促进民族团结方面曾做出了卓越的贡献。

1381年，霭翠去世，奢香因为其子年幼，代贵州宣慰使职务。奢香摄政后，正值明王朝揭开消灭故元梁王政权统一云南之战的帷幕。

盘踞在云南的元代残余割据势力，视云、贵、川三省交界处的黔西北为军事重地，暗中与这一带的土酋相勾结，企图屯兵固守，阻止明军征讨。

奢香审时度势，以国家统一为重，坚持不卷入使西南分裂割据的漩涡，积极让明军在水西境内安营扎寨，主动贡马、献粮、通道，支持明军经贵州进伐云南。

奢香还凭借水西与西南彝族各部的宗族姻亲关系，亲自出访乌撒，即今威宁、芒部，以及云南镇雄等地，向诸土酋宣以大义，晓以利害，进行劝说开导，从而使割据势力失去支持。

在当时，明王朝派驻贵州的都指挥使马烨，执文化偏见，视奢香为“鬼方蛮女”，对其摄贵州宣慰使职政绩卓著忌恨不满；又好事贪功，对“改土归流”急于求成，不顾当地民情，企图以打击彝族各部头领为突破口，一举消灭贵州少数民族地方势力，达到邀功朝廷，专横贵州的目的。因水西奢香力量最强，就把矛头对准奢香。

为此，马烨做了充分的武装准备等待机会。这时，有人污蔑奢香，马烨即借机将奢香抓到贵阳，用彝族最忌讳的侮辱人格的手段，命手下壮士扒光其衣服进行鞭笞。

马烨之举，严重激化了民族矛盾，引起广大彝族人民的不满，人们骂他为“活阎王”。彝族各部愿死力助奢香反抗。一场轰轰烈烈的武装起义即将爆发。

当此千钧一发之际，贵州宣慰同知宋钦的妻子刘淑贞认为不可动用干戈，她一方面劝告奢香暂不发兵，一方面偕其子上京师控告马烨的罪恶阴谋，并建议皇帝召见奢香，亲自处理这个案件。明太祖朱元璋欣然采纳了刘淑贞的意见。

1383 年，奢香率土酋 15 人随刘淑贞到达金陵，面见明太祖，揭发了马烨激变诸罗欲反的情况。朱元璋召回马烨，历数其罪，并处以死刑。同时，为奢香平反，并赐奢香以锦衣、珠翠、如意冠、金环、袭衣等物。

奢香为了报答明太祖，答应回贵州后一定很好地向彝族人民解释，世世代代搞好民族团结，并愿修从四川到贵州的交通路线，以加强贵州同内地的政治、经济、文化联系。

重义轻利的奢香返回贵州后，忠实地履行了自己的诺言。她首先把彝族首领和人民安定下来，接着，以偏桥即今施秉县为中心，开筑了两条驿道：一条向西，经水东，过乌撒即今威宁，到乌蒙即今云南昭通；一条向北，经草塘即今瓮安县东北草塘区，到容山即今湄潭县，全程 200 余千米。

与此同时，还在水西境内建立了龙场等 9 条官驿大道。其中，自龙场驿即今修文县，至陆广驿即今修文县陆广区约 25 千米，再至谷里驿即今黔西县谷里区约 40 千米，再至四水驿即今黔西县城侧约 30 千米，再至奢香驿即今大方县西溪地区约 25 千米，再至金鸡驿即今大方县里归化区约 25 千米，再至阁鸦驿即今大方县阁鸦地区约 25 千米，再至归化驿即今大方县归化地区约 15 千米，再至毕节驿即今毕节县城约 15 千米。

这 9 条官驿大道，纵横贵州，接连湘、川、滇三省，为加强贵州同中原地区的密切联系，逐步改变云贵少数民族地区的闭塞状态，发展当地的政治、经济、文化，起了很大的作用。“龙场九驿”成为奢

香为国为民建树辉煌业绩中的一座丰碑。

奢香多次到金陵，通过朝觐、禀呈政务、输赋、进贡地方物产和马匹等活动，使贵州和明王朝中央政权的关系更加密切起来。

通过广泛地接触汉族地区文化，奢香开阔了眼界，深感贵州远在边陲，贫困落后，决心亲倡文明。在摄政期间，她多方结识中原内地的才人学士，聘迎汉儒到贵州宣慰司兴办学校传播汉文化；招来能工巧匠传授先进的耕织技术，开置农田发展生产；倡导彝汉融和安居乐业。

1390年，奢香将长大成人的独子阿期陇派到金陵，进入京师太学读书，明太祖特下诏谕国子监官，“善为训教，庶不负远人慕学之心”。阿期陇两年后学成欲归之际，明太祖赐予三品朝服并袭衣、金带等，并钦赐姓“安”。

1392年，奢香派遣子媳奢助及把事头目允则陇，带上被朱元璋赐名“飞越峰”的水西名马60匹入朝献恩。经过奢香的勤政治理，苦心经营，使莽莽黔山彝岭的水西地区，社会安定，民族和睦相处，经济发展，文明气象日昌。

1396年，奢香积劳成疾而与世长辞。明太祖遣专使祭之，诰封奢香为“大明顺德夫人”，钦差择地葬于大方城北云龙山下。

奢香意笃忠贞，志坚如金石，名垂于竹帛。她那种顾全大局、爱国爱乡的情结，以及履行承诺，绝不食言的精神，即使再过若干世纪，也是值得我们推崇的。

唐玄宗李隆基开元盛世

712年，李隆基即皇帝位，这就是唐玄宗。唐玄宗在位的前半期，致力于文治武功。他在政治、经济和军事上，采取了一系列强有力的措施，所取得的成就赫然可纪。

唐玄宗亲政时，吏治腐败，官吏泛滥，中央政权的力量被削弱。

因此，他开始大力整顿吏治。

唐玄宗注意任人唯贤和人才的培养。比如武则天和唐睿宗两朝宰相姚崇、名宦之后宋璟、有远见的政治家张九龄，先后成为他的宰相，这些人为“开元之治”做出了突出贡献。

他不但注意任用贤相，还重视对地方官员素质的培养。他把新上任的县令200多人召集到大殿，亲自出题考试。将不及格者革职，让他们重新学习。他还建立了对地方官员的考核制，对他们的工作定期进行考察。对于不正当谋官的现象，更是坚决杜绝。

唐玄宗除了整顿吏治，还注重发展社会经济。在他即位之前，由于政府的勒索和大豪族的土地兼并，使均田农民的负担越来越重，常常无力维持其自身的生存和简单的再生产，从而出现了天下户口逃亡过半的严重危机。

开元初期，黄河南北连年发生蝗灾。蝗虫飞来如云遮日，所落之处庄稼都被吃光了。先朝也曾遇到蝗灾，由于捕杀不力，往往造成赤地千里，横尸遍野的惨景，以致物价飞涨，政局动荡。

姚崇对此十分关注，力主唐玄宗诏令郡县及时捕杀，并由官府奖励治蝗。结果蝗灾被有效地制止了，尽管蝗灾连年，灾区也未发生大的饥荒，民心稳定。

唐玄宗在位时，边区问题是异常复杂的。

他即位以前，边防危机十分严重。西域的碎叶、庭州、北方的云州以北以及辽西12州，都已被突厥、契丹奴隶主贵族占领，陇右及河北人民经常惨遭劫掠和屠杀。唐朝统一的局面被破坏了。为彻底解决边区问题，巩固唐政权，维护统一，他采取了一系列措施。

首先对府兵制进行了改革，以提高军队的战斗力。府兵制在均田

制崩溃的形势下，农民不断逃亡，兵源困难。府兵多不按时更换，教习废弛，尚武风气逐渐消失。士兵逃跑躲避，致使军府空虚。

723年，唐玄宗采取大臣建议雇佣募兵，从关内招募军士达12万人，补充作为卫士，从而代替有唐以来的府兵轮番宿卫制度，各地民丁再无轮番戍边之苦。这是当时军制由兵募到雇佣的重大改革。

雇佣兵既可吸收社会上的失业人口，缓和社会矛盾，又可常驻各地，加强训练，对改善军队的质量、提高战斗力有很大作用。

唐玄宗还通过各种措施整顿军旅。他颁布《练兵诏》，令西北军镇增加兵员，加强军事训练，不得供其他役使。还派人去检查执行的情况，代他处理有关事情。唐玄宗还注重马政工作，使军马到725年增至43万余匹，牛羊数也相应增加了。为了解决军粮问题，他又诏令扩大屯田区。这样唐朝就是兵精粮足了。

经过以上准备后，唐军出兵把沦陷的地方全部收复，维护了国家的统治地位，从而促进了对外经济文化的交流。

开元年间，唐玄宗以文治武功，创成了比较清明的社会局面，出现了“开元之治”的盛况。歌舞升平的太平景象，逐渐使唐玄宗陶醉了，锐意进取的治国精神丧失殆尽。而在唐玄宗执政后期爆发的“安史之乱”，更是成为唐朝由盛而衰的转折点。

在逆境中，唐玄宗郁郁寡欢，连饭也吃不进了，弄得憔悴不堪。762年，玄宗去世于太极宫神龙殿。葬于泰陵。

伯夷叔齐不念旧恶

子曰："伯夷、叔齐①不念旧恶，怨是用希。"

子曰："孰谓微生高②直？或乞醯③焉，乞诸其邻而与之。"

子曰："巧言令色足恭④，左丘明耻之，丘亦耻之。匿怨而友其人，左丘明耻之，丘亦耻之。"

【注释】

①伯夷、叔齐：殷朝末年孤竹君的两个儿子。父亲死后，二人互相让位来到周文王那里。周武王起兵伐纣，他们认为是不忠不孝的行为。周灭商后，他们以吃周朝的粮食为耻，后饿死在首阳山中。

②微生高：姓微生名高，鲁国人。

③醯：xī，醋。

④足恭：过分恭敬讨好人。

【解释】

孔子说："伯夷、叔齐两个人不记过去的仇恨，心中的怨恨因此也就少了。"

孔子说："谁说微生高这个人直率？有人向他讨点醋，他到他邻居家里讨了点给人家。"

孔子说："花言巧语、装出好看的脸色、低三下四地逢迎他人，这样的态度左丘明认为是可耻的，我也认为是可耻的。内心隐藏着怨恨而表面上却要和他结交朋友，这样的人左丘明认为是可耻的，我也认为是可耻的。"

【故事】

伯夷叔齐刚正耿直

伯夷、叔齐是商朝末年孤竹国国君的长子和三子。孤竹国国君在世时，立叔齐为王位继承人。他死后叔齐要把王位让给长兄伯夷。伯夷说："你当国君是父亲的遗命，怎么可以随便改动呢？"于是伯夷逃走了。叔齐仍不肯当国君，也逃走了。百姓就推孤竹国君的二儿子继承了王位。

伯夷、叔齐兄弟之所以让国，是因为他们对商纣王当时的暴政不满，不愿与之合作。他们隐居渤海之滨，等待清平之世的到来。后来听说周族在西方强盛起来，周文王是位有道德的人，兄弟两人便长途跋涉来到周的都邑丰邑（今陕西西安市长安区西沣河西）。此时，周文王已死，武王即位。武王听说有二位贤人到来，派周公姬旦迎接在西周居住。

不久，周武王用车载着周文王的灵牌，进军讨伐无道的商纣。伯夷、叔齐兄弟听说后，跑来拦住武王的马头进谏说："父亲死了不埋葬，却发动起战争，这叫做孝吗？身为商的臣子却要弑杀君主，这叫做仁吗？"周围的人要杀伯夷、叔齐，被统军大臣姜尚制止了。

周武王灭商后，伯夷、叔齐以自己归顺西周而感到羞耻。为了表示气节，他们不再吃西周的粮食，并隐居到首阳山（今河北迁安市南），以山上的野菜为食。后来，有人告诉他们说野菜也是周朝的，他们就连野菜也不吃了。到了第七天，他们双双饿死在首阳山脚下。

文治武略赵匡胤

赵匡胤出生在一个军人家庭，父亲先后为后唐、后晋和后汉的军

官。赵匡胤18岁时娶了妻子，20岁时，就毅然别离发妻，浪迹天涯去闯荡世界。

950年，赵匡胤在闯荡中来到河北邺都，投靠在后汉枢密使郭威的手下，做了一名士兵。后来郭威起兵反汉，攻入开封，灭掉后汉，建立后周。赵匡胤在拥立郭威的闹剧中展露身手，遂被提升为禁军的一个小头目。

时隔不久，北汉和契丹联军合力进攻后周，赵匡胤以高平之战的出色表现受到了周世宗的进一步赏识。战后，他不但被破格提拔为殿前都虞侯，成为后周禁军的高级将领，而且还被委以整顿禁军的重任。

在这次整顿禁军的过程中，赵匡胤开始在军队中形成了自己的势力。他利用主持整顿的机会，将罗彦环、郭廷斌、田重进、潘美、米信、张琼、王彦升等自己麾下的"心腹"之人，安排在殿前司诸军任中基层将领。

同时，赵匡胤又以自己高级将领的身份，主动与其他中高级将领交结，并同其中的石守信、王审琦、韩重斌、李继勋、刘庆义、刘守忠、刘廷让、王政忠、杨光义结拜为兄弟，形成一个以赵匡胤为核心的势力圈子。

959年，后周王朝政局动荡，各地将领都暗自积蓄力量等待机会以防变故。赵匡胤立即率领禁军出发，开到开封东北的陈桥驿，在那里宿营。

赵匡胤的弟弟赵光义和军师赵普派人到军中鼓动兵变，拥立赵匡胤当皇帝，带着人向赵匡胤高呼"万岁"。

960年，赵匡胤宣布定国号为"宋"。至此，赵匡胤成了宋王朝的第一位皇帝。这就是后来所称的宋太祖。

为了稳定京城，宋太祖对后周皇族采取了优抚政策，对后周旧臣全部录用，官位依旧，甚至连宰相也仍由王溥、范质、魏仁浦三位旧相继任。又成功地平息了后周的皇族的反抗。至此，宋王朝与后周旧臣之间的矛盾可以说基本上得到了解决。

宋太祖深知，历史上篡位弑主易如反掌，很可能威胁皇权。为了确保统治的稳固，宋太祖采取了更为积极的措施，巧妙地以“杯酒释兵权”，使君臣之间的矛盾得到了较为合理的解决，上下相安无事。

随后，宋太祖决定，禁军中的殿前都点检、副都点检，侍卫马步军正副都指挥使等职务不再设置了，只剩下了侍卫马军都指挥使、侍卫步军都指挥使和殿前都指挥使这 3 个不能相互统属的职务。

刚刚立国不久的宋王朝周围，存在着几个由外族所建立的敌对国家和许多由汉族所建立的割据政权。在这种情况下，宋太祖制订了“先南后北”的统一方针后，开始了武力统一全国的进程。

963 年，宋太祖任命慕容延钊出征荆湖。慕容延钊等依计而行，出兵湖南途中攻破江陵，高继冲归降。一个月后，湖南也被平定。

964 年，宋太祖派大将王全斌、曹彬分兵两路，仅用 66 天的时间就灭亡了后蜀，取得了 46 个州 240 个县的广大领土。

970 年秋，宋太祖决定攻取南汉，继续实施“先南后北”的统一方针。潘美等接到宋太祖灭亡南汉的命令后，马上就攻陷了贺州，随之攻克昭、桂、连、韶 4 个州，大败南汉军 10 余万于莲花峰下。

至次年年初，即攻克广州，南汉灭亡。宋王朝又取得了 60 个州 214 个县的领土。

灭亡南汉之后，宋军主力跨过长江天险，大败南唐水陆兵 10 余万于秦淮，直逼金陵城下。与此同时，另一支宋军率兵攻克了常州、江阴、润州，形成了对金陵的外线包围，金陵成了一座孤城。不久即攻入金陵，俘虏了南唐后主李煜。

灭南唐是宋太祖统一南方的最后一仗，也是当时最大的一次江河作战。这次战争中的“围城打援”，是宋太祖战略部署中的经典之作，也是古代战争史上创举。

宋太祖在南北用兵，统一全国的同时，采取了一系列措施，巩固和加强中央集权。

首先就是削弱地方势力。

963 年，宋太祖做出废除荆湖地区等各个支郡的规定，并最终形成了宋代的以文臣任知州的制度，使位尊权重、声势煊赫的节度使的权力受到极大削弱。

其次是收归各地的财政大权。

964 年，宋太祖发布了一道重要的诏令，要求各州除留有必要的经费外，其余财赋中属于货币的部分应全部奉送到京城，不得无故占留。地方丧失了财权，自然也就无法屯兵自重了。

宋太祖为收地方精兵创立了兵分禁、厢的制度，为后代一直沿袭下来，成为两宋兵制中的一大特色。

宋太祖为了扩大统治基础，改革和推进了隋唐以来的科举考试制度。他极力放宽科举考试的范围，不管是家庭贫富，还是门第高低，只要具有一定文化的人，都可以前往应举。同时严格考试制度，以防权贵豪门徇私。

与此同时，又着力改变重武轻文的旧风气。随着文教的振兴和开科取士的增多，大批文人进入统治集团，切实发挥了他们的作用。

宋太祖还一直推行广施恩德、与民休息的方针，实行轻徭薄赋、奖励农桑、兴修水利、发展工商贸易，大得民心，极大地保护和调动了人民群众的生产积极性，使宋朝各地的生产得到迅速的发展。

宋代是我国古代史上经济空前发展繁荣的时期。中华民族的四大发明中就有火药、指南针、活字印刷术三项大发明出在宋代。

976 年，宋太祖亲率大军对北汉发起了第三次攻势。10 月。正在激战之时，这位胸怀统一大志、正值壮年的杰出君王在刀光剑影中不幸暴病身亡，年仅 50 岁。葬于永昌陵。

赵匡胤以俭行廉政

北宋时期，儒家思想中的“廉”被封建士大夫奉为立身处世的根本，官员的为政思想道德追求也以“廉”为行为准则。当时之所以形成这样的道德风尚，是和开国皇帝赵匡胤的个人言行分不开的。

宋太祖赵匡胤不仅是大宋王朝的一代开国明君，还是一个倡导节俭并以身作则的皇帝。可以说，节俭成为他廉政建设中的重要内容。

赵匡胤当上皇帝后，并没有因此而奢侈起来，而是深感廉政的重要。因此，他时刻以自身的节俭言行，来带动廉政建设向前发展，防微杜渐，力避腐败危及大宋王朝的基业。

每年七夕节时，开封城里非常热闹。在这个时候，赵匡胤常常是送给自己的母亲和妻子几贯钱作为节日礼物，别的什么也没有。其实赵匡胤并不缺钱，当时开封的32个国库里装满了财物，但赵匡胤一点也不挥霍，生活一直很朴素。

赵匡胤平时穿的衣服都是很寻常之衣，上朝穿的衣服也是用普通绸布制作的皇袍，冠戴没有珠宝玉饰。

有一次，赵匡胤把一件用麻做的衣服展示给身边的人看，说：“这是我以前穿过的衣服。”

这时，赵匡胤的弟弟赵光义说：“您的生活也太过于俭朴！”

赵匡胤严肃地说：“你难道忘记了以前的艰苦生活了吗？”

赵光义很好地延续了赵匡胤俭朴的生活作风，他即位后，成为宋

太宗，但仍然崇尚节俭的作风。

赵匡胤的御轿已经修理过好几次了，而且无装饰。皇后问他："陛下既已做了天子，怎么不乘坐一个好的轿子，并用金银装饰一下呢？"

赵匡胤严肃地说："我以四海之富而富我，别说轿子，我管的金银就是装饰宫殿也用不完。但是天下的子民若都用金银装饰，则不能装饰一个纽扣。国家之财是天下百姓之财，我不能随便用。天子要以有余来奉天下，以后你不要再说这种话了。"

此后，赵匡胤还是照样乘坐那顶修补过无数次的旧轿子。

赵匡胤不仅自己过布衣蔬食的俭朴生活，就是对他的子女也提倡节俭。赵匡胤的三女儿永庆公主喜欢穿漂亮的衣服。赵匡胤就对她说："你生长在富贵之家，现在的地位和生活已经够优越了，你应当珍惜这种幸福生活，不能身在福中不知福。怎么能带头铺张浪费呢？"

公主听了惭愧万分，忙跪拜称谢。

永庆公主出嫁后，经常出入宫中来看望父母。她的衣着比较讲究，穿一身昂贵的贴绣铺翠的短衣。像这样的服饰在当时对于一位皇家公主来说，并不算过分。赵匡胤看到了，便对女儿说："自今以后，你不要穿这种衣服了。"

永庆公主辩解说："这能用多少翠羽呢？"

赵匡胤说："你穿这种衣服，浪费是一方面，皇亲国戚等贵族一定争相仿效。这样一来，京城中的翠羽便要涨价，小民为了逐利，辗转贸易，岂不使许多人舍本逐末吗？"

听了这番道理，永庆公主只能眼见这件属于自己的礼服成为祸国殃民的东西，只好把它扔进了仓库。

有一次，永庆公主来到宫中，看到皇帝的轿子一点都不华贵，就劝赵匡胤用黄金装饰一下。

赵匡胤不但没有接受，反而非常生气地说："我拥有四海之富，宫殿可以用金银作装饰，这些随时可以办到。但我是为天下守财，岂可妄用？古称以一人治天下，不以天下奉一人。况且用来奉养自己，倒是快乐了，那么，使天下人怎么看呢？"

永庆公主又一次受到了节俭教育，此后的衣着打扮就朴素起来。赵匡胤看在眼里，心里很欣慰。

赵匡胤做了皇帝后，打了很多胜仗，却从未搞过一次大庆。从建隆元年至乾德和开宝年间，3次更改年号，从未搞过一次庆典。虽然当时的大宋国泰民安，社会和谐，赵匡胤却从未自诩过天下太平，他始终励精图治，开拓进取。

北宋平定了后蜀之后，后蜀的亡国之君孟昶到了开封，进献给赵匡胤一个精美绝伦的尿壶，上面装饰着七彩珠宝，名贵无比。

赵匡胤看到这个精美的尿壶后，把它摔到地上，让侍卫把它砸碎，并声色俱厉地对孟昶说："一个尿壶竟然如此奢华，那你用什么东西来贮藏食物？你如此骄奢淫逸，怎能不亡国？"

赵匡胤对两旁的大臣说："人人都应记取这个教训，千万不要有奢靡的行为。"这件事，让满朝文武深受教育。

江南的吴越王来开封朝拜赵匡胤，献上一条罕见的超级犀角腰带。赵匡胤婉言拒绝了，并说："朕已有了3条宝带了，这条还是你留着用吧！"

吴越王提出想看看这3条宝带，赵匡胤说："这3条宝带，一条是汴河，一条是惠民河，一条是五丈河。"

赵匡胤的节俭言行，有力地推动了廉政建设，流风所及，使朝廷大臣很受感动。宋代初期大臣中也有不少生活俭朴的典范，如宰相范质遵循规矩，慎重名器，保守清廉节操，成为节俭的典型。

皇帝、宰相都如此简朴，对当时的社会产生了极大影响，很多人自然也不敢过于奢侈了。当时的州县官去上任，大多穿着草鞋拄杖而行，骑驴已经算是奢侈的事情了。整个社会形成了崇尚节俭的良好风气。

赵匡胤居安思危、崇尚节俭，他以自身的行动，树立了廉政建设的典型，奠定了大宋基业，也使他成为一个以身作则、倡导节俭的好皇帝。

包拯除弊铁面无私

宋太祖赵匡胤以自己的亲身实践，开启了北宋时期勤俭廉政之风。而这种执政精神，被宋仁宗赵祯时的包拯发扬光大了。

包拯，北宋时期政治家。他不畏权贵，不徇私情，清正廉洁，成为宋仁宗一朝著名的清官，而且历史上赫赫有名。

包拯家道贫寒，少有大志，读书勤勉，28 岁考取进士，任大理寺评事，开始走上仕途。包拯为官时，正是北宋王朝“积贫积弱”、危机重重的时代。面对每况愈下的形势，包拯极力主张举贤任能，澄清吏治。

包拯上书宋仁宗：“明听纳，辨朋党，惜人才，不主先人之说。”他还主张罢斥“持禄取容、妒忌贤能”的庸才，甚至启用被贬的“窜逐之臣”，使其“自奋图报”。这些主张大多为宋仁宗所采纳。

包拯还多次弹劾贪官污吏，身居宰相高位而碌碌无为的宋庠、搜刮百姓的诸道转运使加按察使王逵、鱼肉百姓的宋仁宗爱妃的伯父张尧佐，都被包拯连连参本，据理抗争，该罢职的罢职，该处罚的处罚。

包拯一直念念不忘改善国家的财政，他认为关键在于精简官僚机构，减少“冗吏”“冗兵”，才能节约开支。为此，他建议宋仁宗停止不急需的工程建筑，废除额外征收的苛捐杂税。主张训练义勇，减少戍兵。这样既减少了开支，又充实了边防。

宋仁宗曾经实行食盐官营专卖制度，出现了很多的弊端。包拯为此专门实地考察民情，并及时上奏朝廷，请求废止官营专卖制度，让

商贩们自由经营，朝廷可以收税增加收入，这样就可以双方获利，百姓也方便。

1045年，包拯奉命出使辽国，在途中，他发现负责迎送外交使者的三番官员常借机在沿途勒索百姓和地方的官员，边界的人民不堪重负，叫苦不迭。

包拯赶忙上奏皇帝，请求缩短三番官员在边界停留时间，严禁吃请送礼。宋仁宗采纳了包拯建议，下诏实行，很快，边界人民的负担便减轻了很多。

包拯面对北宋危机四伏的形势，凭着一颗为民的心时刻留心民间疾苦，体现了他为国为民的高尚情怀。在1048年，包拯担任三司户部副使时，常常不辞辛劳，深入下层体察民情救民于水火之中。

他在给宋仁宗的奏议中有这样一段话：

江、淮、两浙、京东、河北累年以来，旱涝相继，物价涌贵，民食艰阻，两浙一路灾疫尤甚。

若不速令救济，必致流亡，强壮者起为盗贼，老弱者转死沟壑。因此生事，为患不细。

奏议出自对王室一片忠心，但也可见他体恤百姓之良苦用心。

江南地区有一次发生了旱灾，百姓们饥饿得难以生活。包拯了解到情况后，立即下令开仓放粮救济，以解燃眉之急。

按照当时的惯例，开仓放粮是件大事，必须事先请示皇帝等批准以后才能打开粮仓救济百姓。但当将文书送到京城再等批下来，要等上几个月的时间，到时百姓不知要饿死多少人。包拯一边派人急奏朝廷，一边就果断地开始放粮了，终于使很多百姓免于灾难。

还有一次，江淮大地的人民大范围受灾，百姓已缺粮断炊，而地方的官吏们为了虚报政绩、讨好上级，以利升迁，便隐瞒了灾情，置人民生命于不顾。不仅如此，还反过来逼迫百姓们交粮卖米。

包拯了解灾情后，就给皇帝上疏，要求立即纠正不法官员误国害民的行为，并予严惩。皇帝采纳了他的建议。从此，包拯被江淮人民称为“再生父母”。

包拯在巡视山西时，发现漳河两岸的邢、洛、赵三州万顷肥沃农田却被当成军马牧场使用，不准种粮食。但是，军粮却从外地远道运来，费时费力又耗费国财。

包拯立即上书请求归还耕地，宋仁宗很快也下了诏书。结果，粮食、马料都得到了解决。

包拯在边境上“置场和市”，设立了收税的贸易市场，发展边境少数民族的贸易。他把人民看作立国之本，并与国家安危联系起来，确实是颇有见地的。

由于包拯政功卓著，宋仁宗调任包拯为开封府尹。包拯作为首都开封府的最高长官，一如既往地为民谋福去害，从来不因为权贵当道而后退半步。

开封是达官显贵聚居之京都，社会情况十分复杂，仗势欺人、倚权犯命、践踏法制、为非作歹者屡见不鲜。包拯任开封府尹狠抓社会治安，雷厉风行。

包拯敢于碰硬，纵然是朝廷显贵也违法必究。黄河的支流惠民河从开封城中穿过，很多权贵便在河的两岸占地营造宅院，营建园林，致使河道阻塞，雨季水患多发，给京城的百姓带来了灾难。

包拯经过实地调查后，立即调集人力，全部拆除了非法建筑。对于伪造地契、弄虚作假、拒不拆除的立即严惩，并上报朝廷，撤其官职。包拯铁面无私，雷厉风行，在很短的时间里，便从根本上清除了这一人为造成的水患。

包拯还进一步改革了开封府的官衙旧习气，为民谋福。按照北宋法律，到衙门里告状的人不能直接到官吏面前递交诉状，要由下属门牌司来转达，这使许多百姓受到刁难勒索，敢怒而不敢言。

包拯到任之后，马上撤去了门牌司，让人将衙门的大门敞开，允许百姓直接到公案前陈述递状，这就从根本上杜绝了官府小吏们对百姓的盘剥。

当时连妇女和小孩都知道包拯的名字，人们亲切地称他为“包待制”，还送给他一个绰号“阎王爷”，以示敬重。

包拯虽为高官，从不为自己办寿辰。可是，当他到了花甲之年，文武百官却破例要为他庆寿，黎民百姓也一定要为他办生日。包拯吩咐儿子包贵在他 60 岁寿辰那天，候在衙门口接待来客，一律以白开水相待，寿礼一概拒收。

包拯为官 30 余年，一世清贫，衣食简单朴素，始终“如布衣时”。生前，他告诫子孙：

后世有做官的，若贪赃枉法，不准放回老家，死后不准葬于祖坟，不听从我的告诫，就不是我的子孙。希望把我的训示刻在碑上，竖于堂屋东壁，以昭后世。

包拯去世后，宋仁宗亲自率领百官吊唁，还派专使护送灵柩回到合肥，安葬在合肥城东的大兴集。现在的包公祠有一副对联：“理冤狱，关节不通，自是阎罗气象；赈灾黎，慈善无量，依然菩萨心肠。”总结了包拯无私爱民的品格。

司马光一贯廉洁自守

北宋时期人才辈出，为民执政的廉吏不乏其人。除了铁面无私、革除时弊的包拯外，还有司马光这样清正为官、廉洁自守的人。

司马光，北宋史学家和文学家。历仕宋仁宗、宋英宗、宋神宗、宋哲宗四朝。他除了编写巨著《资治通鉴》外，还有许多情操高尚、清正为官的故事，鲜为

人知。

司马光的父亲司马池为官清廉，勤政爱民，生活十分朴素。他家一贯粗茶淡饭，绝不奢华。即使招待上等官员，也只是用当地的山果、土产的蔬菜，而且也只限于三五道菜。父亲的俭朴影响了司马光的一生。

1038年，司马光考中了进士，朝廷要他在礼部任职。对于这个很有前途的晋升之阶，司马光并不感兴趣，而是请求出任苏州通判。

在宋代，通判是朝廷派遣的一种临时职务，并非地方正式官员，更无什么实权，一般人都不愿意去做。司马光却认为，能不能当一个好官，关键并不在于职位的高低。即使当朝一品，要是昏庸无道，素餐尸位，倒还不如做个兢兢业业、踏踏实实的七品县令。

司马光到了苏州，在黄场桥头附近，找了一座极普通的宅第住了下来。在那里，他看到周围的农民，住破屋，吃秕糠，穿烂衣，十分同情，准备一展身手，为人民谋福利。

正当司马光怀着远大的抱负，准备大展宏图之时，他的母亲不幸病逝了。按照封建礼教，他必须辞官回家服丧3年。

在此期间，北方党项族人李元昊称帝，建立了西夏国，并同宋王朝发生了战争。宋仁宗为了加强军事防御力量，要求两浙添置弓手，增设指挥使等官职。司马光认为这样做，并没有什么好处。于是草拟《论两浙不宜添置弓手状》，从各方面阐述添置弓手增设武官的弊端。

司马光服丧结束后，签书武成军判官，不久又改宣德郎、将作监主簿，权知丰城县事。在短短的时间里，就取得“政声赫然，民称之”的政绩。

后来，司马光又调任国子学直讲，任馆阁校勘，同知太常礼院，龙图阁直学士等职。

随着司马光职位的升迁，有不少人想通过他捞些个人好处。为避免此类“人情”，司马迁在自家客厅内贴了一张告示，以示造访者。

告示写道：

凡来者若发现我本人有什么过失，想给予批评和规劝，请用信件交给我的书童转我，我一定仔细阅读，认真反思，坚决改正；

若为升官、发财、谋肥缺，或打算减轻罪名、处罚，请一律将状子交到衙门，我可以和朝廷及中书省众官员公议后告知；

若属一般来访，请在晤谈中，休提以上事宜。

司马光有一位老友从河北到了当时的京城开封，以父母无钱安葬，弟妹嫂侄需要抚恤为由，开口就向司马光要万钱。

对此司马光回信一封说："我司马光一贯小心谨慎，简朴为官，一分一毫也不敢妄取于人，食不敢常有肉，衣不敢纯衣帛，视地而后敢行，顿足然后敢立，连亲属故旧都拿不出钱来帮助，哪来的钱给您啊！"

司马光同礼部尚书张存三之女结婚后，常常不进卧室，独身在书房里过夜，而且头枕木枕。夫人十分不解。

司马光说："我怕自己只图享受，忘了国家的忧患；只图当官，忘了百姓的疾苦。便让木匠用圆木给我做了枕头，它一滚动，我就会醒来。然后静坐，想想当天哪些事情没有办好，以便第二天补救。"

夫人听了十分感动，说："既然夫君为国分忧，我情愿守一辈子空房！"

这就是后来《宋史》上有名的司马光"头悬警枕，忧国忧民"的故事。

司马光做官几十年，只在洛阳有田三顷。司马光的夫人张氏伴随他46年，夫人去世后，家里没钱办丧事，儿子司马康和亲戚主张借些钱，把丧事办得排场一点。

可是司马光不同意，并且教训儿子处世立身应以节俭为可贵，不能动不动就借贷。最后，他还是把自己这块地典当出去，才草草办了丧事。

在司马光看来，节俭不仅是一种生活态度，更是一种美德，奢侈也不只是陋习，更是一项罪恶。做人当以俭为本、以俭为美、以俭为上；为官要正世风、政风、民风，当先正家风。

司马光曾给儿子写信说："我们家本来就是清寒的，清白的家风代代相传。至于我本人，从来不喜欢豪华奢侈。小时候，大人给一件华美的服装，就不愿意穿；考中进士后，别人戴花，自己也不愿意戴；只是出于对皇上的尊崇，才不得不勉强插戴一枝。我认为，平时穿的能够御寒、吃的能够饱腹，也就行了。但是，许多人却嘲笑我寒酸。对此，我从未后悔过。"

司马光居官多年，却清正自守、克己奉公，其对物质生活的态度，令人感叹。他曾经在一篇文章中这样写道："由俭入奢易，由奢入俭难。"司马光一生正是按此来要求自己的。

各言尔志

颜渊、季路侍[①]，子曰："盍[②]各言尔志？"

子路曰："愿车马、衣轻裘，与朋友共，敝之而无憾。"颜渊曰："愿无伐[③]善、无施劳[④]。"

子路曰："愿闻子之志。"子曰："老者安之，朋友信之，少者怀之[⑤]。"

【注释】

①侍：服侍，站在旁边陪着尊贵者叫侍。

②盍：何不。

③伐：夸耀。

④施劳：施，表白。劳，功劳。

⑤少者怀之：让少者怀念我。

【解释】

颜渊、季路两个人侍立在孔子身边。孔子说："何不各自说说你们自己的志向？"

子路说："我愿意把我的车、马和衣服与朋友共同使用，即使用破旧了，我也不抱怨。"颜渊说："我不夸耀自己的优点和才干，不张扬自己的功劳和业绩。"

子路对孔子说："很想听听老师您的志向。"

孔子说："我的志向是让年老的安心，让朋友们信任我，让年轻的弟子们怀念我。"

【故事】

孔子学琴感同身受

孔子酷爱音乐，很喜欢弹琴，他曾向当时很有名的乐师师襄学习弹琴。开始学琴时，一连十几天总是反复弹拨同一支琴曲。师襄见他弹得已经十分娴熟了，就对他说："你可以换一支曲子进一步练习了。"

孔子却回答说："我只学会了乐曲的表面形式，对节奏内容还不了解。"于是又继续练习了。又过些天，师襄倾听琴音，感到孔子已经领会了乐曲的意境。可以学习更复杂一些的乐曲了。

孔子微微摇摇头说："我虽然体会了乐曲的意境，但作曲的是个什么样的人，还没体会出来。"又弹了一些时间，孔子轻轻地放下琴，站起来望着窗外若有所思。

师襄问他有什么体会，孔子说："我倾听着琴音，我似乎看到了一位个子高高的，目光远大，慈爱安详的长者。这不是周文王又是谁呢？"师襄深为敬佩，离开座席连行两次拜礼，赞叹地说，对对对，我听我的老师说过，此曲就叫《文王操》。

召信臣一心为民兴利

西汉时期由于实行与民休息的基本国策，因此能否为百姓谋福利，被认为是判定一个官员是否合格的重要标志之一。召信臣继承勤俭廉政传统，为官励精图治，为民兴利，堪称一个合格的父母官，赢得了时人和后世的赞誉。

召信臣，因明经甲科出身任职郎中，补授谷阳长。后因官吏的考绩优等，升迁为上蔡长。他为官视民如子，所到之处都为民众称颂。后越级提拔为零陵太守，又因才调任南阳太守。

召信臣任南阳太守时，正是西汉王朝由极盛开始衰败的时期。南阳与其他地方一样，旧的风俗盛行，腐败的社会风气使南阳社会秩序混乱，盗贼横行，百姓苦不堪言。

在当时，南阳民间遇到红白喜事都要大操大办，破费巨大，弄得百姓叫苦不迭。许多人家因嫁女娶媳生老病终而花费大量钱财，从而数年不得翻身。有的只图一时好看而忍痛借高利贷，最终家庭破败。

召信臣深知陋俗的危害，下决心改变这股恶习。他一面大力倡导勤俭节约、量力而行，一面下令禁止婚丧嫁娶时铺张浪费。从此以后，南阳风俗大变。

南阳地区地主势力很大，攀比之风更盛，豪富们与府县官吏、游手好闲的纨绔子弟相互勾结，依仗权势，推波助澜，鱼肉乡里。

召信臣对南阳的地主势力非常反感，曾对他们多有规劝，晓以利害，并根据实际情况采取不同的处置办法。对游手好闲的责令痛改前非，对已经当官的罢黜不用，对违法乱纪的则绳之以法，严厉打击了地方恶势力。一时间，南阳社会安定，盗贼狱讼之事罕见，郡中之人莫不努力耕稼农田。

召信臣为人勤奋努力，有办法有谋略，喜欢替老百姓兴办有益的

事，一心要使他们富足。他亲自鼓励百姓从事农业生产，在田间小路出入。停留和住宿都不在乡里的亭台馆舍中。很少有安闲地休息的时候。

他巡视郡中的水流泉源，开通沟渠，修筑水闸和防水的堤坝总共几十处。先后修成六门堰、钳卢陂等著名水利工程，溉田多至20万公顷，南阳遂成为与关中郑国渠、成都都江堰齐名的全国三大灌区。百姓得到了水利工程带来的好处，有了多余的粮食来贮藏。

他为百姓制定了均衡分配水源的规定，刻在石碑上竖立在田边，以防止争斗。

府县官吏家中子弟喜欢闲游，不把耕田劳作当重要的事看待，他就斥责罢免他们，严重的还要追究他们，用行为不法的罪名处治他们，用这种做法显示他崇尚劳动厌弃懒惰。

召信臣管治的地方教化得以广泛推行，郡中的人没有谁不尽力从事农业生产，百姓归依他，住户人口成倍增长，盗贼和诉讼案件减少以至于停息。

召信臣千方百计除奢靡之风，倡导勤劳节俭，深受百姓欢迎，百姓都称他为“召父”。为纪念这位“召父”，南阳吏民为他立祠造庙，世世祭祀不绝。

当时南阳郡归属荆州刺史部，荆州刺史曾经上报召信臣替百姓做好事，他管辖的郡因此充实富足。皇帝赏赐召信臣黄金40斤，又迁召信臣为河南太守。召信臣一如既往，治行考核常常都是第一等。

汉元帝最后一年，召信臣升任少府。他坚持勤俭治国节约开支。任职不久，奏请压缩土木工程，一些皇帝很少光顾的宫馆，停止修葺和铺张陈设。又奏请取消由宦官组成的皇家乐队，提议将供给宫馆卫队的物品削减一半。这样，在一定程度上限制了腐化风气的发展。

召信臣任少府以前，太官园中就已经种植冬天生长的葱、韭等蔬菜。这些植物种在暖房中，白天夜晚都要燃烧没有光焰的火，植物也要等达到一定的温度时才能生长。这样的温室耗资可想而知。

召信臣任少府后，认为这些设施劳民伤财，应该取消。于是，他

提出这些都是不合季节的东西，对人体有害，不适合用来供奉给皇上，就奏请皇帝免除这一切。仅这一项，每年节约开支数千万钱。

《汉书》中，两次将召信臣列为西汉“治民”的名臣之一，可见在当时召信臣也已声名卓著。后世人认为，召信臣对南阳的贡献，足以和修都江堰的李冰对四川、开“漳河十二渠”的西门豹对邺县的贡献相媲美。

诸葛亮坚持勤俭廉政

诸葛亮的形象在世人眼中，除了神机妙算的军事才能外，洁身自好，忠君、爱国、为民等这些中华民族优秀的品质，在他身上都能找到许多事例。他一生勤于政事，爱护百姓，廉洁奉公。其精髓就是勤俭廉政，令世人感怀至深。

诸葛亮，三国时期的蜀汉丞相，是杰出的政治家和军事家。青少年时期历经忧患苦难，亲身参加农业劳动，这就使他具有平民的特质。后来登上相位，仍然自称是“东方下士”“一介布衣”，在他身上没有什么特权思想。

诸葛亮十分赞赏春秋时期楚国廉吏孙叔敖的节俭作风，特地发布“教令”，以孙叔敖事迹律己励人，既以身作则，也号召部属向孙叔敖学习，养成节俭之风。

诸葛亮在平定南中诸郡的叛乱中，为了减轻人民的负担，节约朝廷的开支，他两天只吃一天的饭，“深入不毛，并日而食”，其艰苦程度可想而知。诸葛亮从不贪污受贿，这是古今所公认的。

他的家里没有存款，妻子黄氏连像样的换洗衣服也没有，其清贫可见一斑。

诸葛亮在《自表后主》一文中曾经自报家产说道：

> 今成都有桑八百株，薄田十五顷，子弟衣食，自有余饶。至于臣在外任，无别调度，随身衣食，悉仰于官，不别治生，以长尺寸。若臣死之日，不使内有余帛，外有盈财，以负陛下。

这是诸葛亮的一份家庭财产申报单。

“桑八百株，薄田十五顷”，按照汉代和三国时期的官俸制度，15顷薄地，这在当时地广人稀的四川，实在不算多；“子弟衣食，自有余饶”，当指诸葛亮的家人在妻子黄氏带领下从事种植和蚕桑等农事活动，可保温饱无虞。至于自己的衣食起居，自然靠官俸维持；“不别治生，以长尺寸”，这显然指俸禄之外，没有别的生计，不搞经营，也不依靠别的收入发财致富。

尽管诸葛亮的合法收入在当时本该是很高的，但他“内无余帛，外无盈财”。这是诸葛亮毕生追求和实践的清正廉洁的理想境界。

诸葛亮廉洁自律，在蜀国官吏中起到了积极作用。史载他任用的官员，大多勤于政事，廉洁自律。

例如，大将军录尚书事费神祎“家不识财，儿子毕布衣素食，出入无从骑，无异凡人”；名将姜维“据上将之重，外群臣之右”“宅舍弊薄，资财无余”；邓芝生活俭朴，家无私产，连妻子也“不免饥寒”，死时也“家无余财”。

诸葛亮治家也以节俭为宗旨。他在《诫子书》中告诫儿子，“静以修身，俭以养德”，淡泊明志，宁静致远，学以广才，励精治性，珍惜光阴，务求“接世”。严格的家教，使得诸葛一家，上至夫人，下及子孙，满门英烈，世代忠良。

诸葛亮深知，倡行勤俭廉政，如果没有法律制度的严格监督，则

贪污渎职，“作奸犯科”之人将难以受到制裁，而廉洁奉公勤恳负责之人，反而会湮没不彰，甚至受到排挤打击。因此，必须厉行法制赏功罚过，以树立严明公正的政风。为此，诸葛亮主张加强教化，实行以法治国。

诸葛亮十分重视教化，注重宣传教化的风气，有悖于法令的话不说，触犯法制的事不做。同时，要求各级执法官吏必须以身作则，然后才能“正己教人”。

为了搞好勤俭廉政，诸葛亮对各级官员提出了严格的要求，做“八务、七戒、六恐、五惧，皆有条章，以训厉臣子”。

所谓“八务”，即要求各级官吏在做好本职工作时必须完成的 8 项任务；至于“七戒”“六恐”“五惧”，显然是对足以引起人们应戒、应恐、应惧的各种情况提出警告，以免违法乱纪。

当教化无效时，诸葛亮就认为必须无党无偏，依法究办，特别坚持“刑不择贵”、“诛罚不避亲戚”的原则，通过法制本身的严肃性、公正性，来教育广大臣民。

诸葛亮以“法不阿近”影响军内外。他在一出祁山时，因马谡失掉街亭而挥泪斩之，并写了《街亭自贬疏》。这就是一个鲜明的例子。

诸葛亮的勤俭廉政思想，其主旨是以“安民”为根本，以勤劳任职、廉洁爱民为要务，以法令为制衡，从而达到民富国强的目的。

诸葛亮病危时，要求把他的遗体安葬在汉中定军山，丧葬力求节俭，依山造坟。他在遗嘱中说：“冢足容棺，殓以时服，不须器物。”意思是墓穴切不可求大，只要能容纳下一口棺木即可；入殓时，只穿平时便服，不放任何陪葬品。

这简短的 3 句话，是诸葛亮廉洁自律、高风亮节的具体体现，其至真至诚，惊世骇俗，感人寰，泣鬼神，成为千古之典范。

诸葛亮的智慧、作为、人品、治国方略、理民之干和军事才华，构成了那个时代伟人的真身。他以实际行动验证了自己“鞠躬尽瘁，死而后已”的诺言，在当时就受到了敌我友各方的肯定。如他的老对手司马懿曾赞叹说：“天下奇才也！”

诸葛亮勤俭廉政，励精图治，他的风范被当作民族精神而一代一代传承，历朝历代都把诸葛亮作为智慧的化身、精神的楷模。

胡质做官追求清廉

胡质，曹魏时期官员。他为人正直善良，执政廉洁清白，为世人所称道。

胡质年轻时就在江淮之间闻名，在州郡任职。后来被举荐给曹操，曹操于是任胡质为河南濮阳顿丘令。后来历任丞相东曹令史，扬州治中。胡质任扬州治中时，将军张辽与其护军武周有矛盾，就请胡质出任幕僚，胡质以病推托。

张辽对胡质说："我有心任你做官，你为什么辜负我的厚意呢？"

胡质说："古人相交，看他索取很多，但仍相信不贪；看他临阵脱逃而仍相信他不怯，听说流言而不为所动，这样交情才可以长久啊！武周身为雅洁之士，以前您对他赞不绝口，而今只为一点小事，就酿成矛盾。何况我胡质才能浅薄，怎么能始终得到您的信任呢？因此我不愿意就职。"

张辽很受感动，与武周重归于好。

曹操听说了这件事，认为胡质为人正直善良，就召任他为丞相长史。

黄初年间，胡质转任吏部郎、常山太守，后迁任东莞太守。在东莞期间，他秉公办案，明察暗访，曾使东莞士人卢显被杀一案水落石出，人们交口称赞，说他是个清官。

胡质每得到赏赐，都分给众人，从不收藏家中。在东莞郡任职9

年，吏民安居乐业，将士恭敬从命。胡质任荆州刺史时，他的儿子胡威从京都来看望他。由于家境清贫，没有车马和童仆，胡威只得独自赶着毛驴前来探望父亲。

胡质父子在荆州相聚了10余天后，儿子胡威要返回京都了。临别时胡质拿出一匹细绢，送给儿子以作为归途中的盘缠。

胡威见到这匹细绢，竟然大吃一惊，忙向父亲跪下，不解地问道："父亲大人，您一向廉洁清白，不知是从哪儿得到这匹细绢？"

胡质深知儿子的心意，高兴而又坦然地笑着对儿子说："孩子有所不知，这不是赃物贿品，而是我从薪俸中节省下来的，所以用来给你做路上的盘缠。"

胡威听父亲这么一说，才伸手接过细绢，告辞了父亲。胡威独自赶着毛驴踏上了归途。一路上，他每到客栈，都是自己放驴、劈柴煮饭，从不雇用别人。同住客栈的人得知他是荆州刺史胡质之子后，无不惊讶，又无不钦佩。

3天后，一位自称去往京都的人，提出与胡威同行。此人谈笑风生，为人慷慨大方，自和胡威同行之后，百般殷勤地照料着胡威。他不仅处处帮着胡威筹划出主意，有时还请胡威吃喝。

这样一连几天，胡威心中暗暗地纳闷了。心想，此人看来心眼并不坏，但他与我素不相识，为什么对我一见如故，又如此百般殷勤呢？胡威对他的行为产生了怀疑。

原来，此人是胡质属下的一个都督，早就有意想巴结讨好胡质，但听说胡质为人正派清廉，最不喜欢溜须拍马的人，所以一直没找到合适的理由和时机。这次，他听说胡质的儿子要独自回京都，自认为是个献殷勤的大好机会，于是他探听得胡威启程的日子，就提前以请假回家为理由，提前做好了准备，暗中带着衣食之物，在百里外的地方等着胡威，以便同他结伴而行。所以，他等到胡威后，才有这一番表现。

胡威在多次与那人的私下谈心中，终于得知了真情。于是，胡威立即从自己的行包中取出了父亲送给他的那匹细绢，递给这位都督，

以此偿还他一路花销的费用和情意。这位都督拒绝不收。

胡威说："我父亲的为人，你应该是知道的。他为人正直，执政廉洁，从不接受别人馈赠，我做儿子的如果仗着他的权势占别人的便宜，就等于在这匹白绢上面泼上了污水，岂不大错特错了吗？"

那都督看到胡威态度如此坚决，只好十分尴尬地拿着那匹白绢和胡威道别了。后来有人把这件事详细地告诉了胡质，胡质责打都督 100 杖，除去了他的吏名。

胡质后来升迁为征东将军，奉令统督青州、徐州军事。他在任上广开农田积蓄粮谷，有多年的储备，还设置东征台，一边耕作一边守备，又在各郡中修通渠道，以便舟船通行，严加设防以对付敌人来犯。沿海地区因此没有战事。

胡质性情深沉，心中对事情明察秋毫，不以表面现象判断事物，能够深加思索，从不以自己的标准去衡量他人，因此得到他人的爱戴。他去世时，家里没有什么财产，只有皇帝所赐衣物和书橱。

胡质手下的人把这些情况报告给了朝廷，朝廷追封胡质为"阳陵亭侯"，食邑百户，谥号"贞侯"。并由其子胡威继承爵位。再后来，朝廷再次下诏书大加赞扬胡质清正节俭的行为，赐给他们家钱财和粮食。

胡质的品行和事迹被载入史册。《三国志》说他是"国之良臣"，《晋书》说他"以忠清著称"，《馆陶县志》说他"性沉实内察，然不苟求群下，故为所在称誉"。

成吉思汗一代天骄

1162 年，蒙古乞颜部酋长也速该的帐篷里生下一个男孩，也速该以"铁木真"的名字赐给这个头生子。铁木真在蒙语里是"精钢"的意思，也速该用这个名字来表明对儿子的厚望。

在铁木真 9 岁那年，也速该被塔塔尔人下毒药毒死。铁木真的弟

弟妹妹年龄很小，他们家既缺乏牲畜，也缺少劳动力，生活十分艰苦。幸亏他的母亲很能干，勉强维持生活。

泰赤乌的首领担心铁木真长大后东山再起，于是，他们对铁木真家的住地进行了一次突然袭击。捉去铁木真，套上木枷到处示众。铁木真逃走后，为了防止再遭袭击，他把全家迁到肯特山去居住。

几年后，铁木真和孛儿帖结了婚，以便取得翁吉剌部的支持。可是婚后不久，蔑儿乞惕部落突然袭击了铁木真的营帐。在战乱中，铁木真虽然逃了出来，但他的妻子孛儿帖却被蔑儿乞惕部落的人掳走。

艰辛的生活，接连的打击，不仅没使铁木真灰心丧志，反而更增强了他的复仇决心。铁木真的父亲也速该生前和克烈部的首领王罕脱斡里勒汗是结义兄弟。为了争取王罕支持，铁木真忍痛把妻子孛儿帖当初带来的嫁妆黑貂裘献给王罕，并称他为义父。孛儿帖遭俘后，铁木真请求王罕出兵，王罕欣然同意。

铁木真召集过去属于自己家族的部众，又约了自己的“安答”，蒙古札答剌氏族首领札木合，三方联军，突袭蔑儿乞惕部。蔑儿乞惕部大败，铁木真夺回了孛儿帖，壮大了自己的力量。

没有多久，札木合的弟弟由于抢掠铁木真的马群被蒙古部人杀了，札木合以此为借口，纠集他所属的13部共3万人向铁木真发起进攻。铁木真也把自己的3万士兵分成13翼迎战札木合。

双方在克鲁伦河畔的答兰巴勒主惕展开了一场大战。这就是蒙古族历史上著名的“十三翼之战”。铁木真在这场战役中失败了。

1201年，铁木真和王罕联合，击败了札木合部。第二年，铁木真又全歼了残余的塔塔尔人，此外，弘吉拉等部又前来归顺。这样，蒙古草原东部的各部都已统一归并于铁木真的麾下。

铁木真的势力不断扩大，使王罕脱斡里勒感到威胁，王罕和铁木

真的关系开始恶化。王罕纠结札木合联合向铁木真发动突然袭击。铁木真失利，他退到班朱泥河沼泽地停了下来。后来，铁木真派兵暗暗包围了王罕的驻地，然后突然发起进攻。经过三天三夜激战，占领了王罕的金帐，完全消灭了克烈部，王罕逃到鄂尔浑河畔，后被乃蛮人杀死。

强大的克烈部被消灭以后，蒙古草原上唯一还有力量与铁木真抗衡的，是西边的乃蛮部。1204 年夏天，铁木真灭掉了乃蛮部，蒙古草原上再也没有可与他争锋较量敌手，铁木真威名震动了蒙古草原。后来，蔑儿乞人的首领逃走了；汪古部主动前来归附；札木合也被他的部下绑了送交铁木真，最后被铁木真处死。

这样，铁木真完成了统一蒙古的大业。

1206 年，全蒙古的贵族和功臣们在鄂嫩河畔举行忽里勒台，也就是大聚会，大家一致推举铁木真为全蒙古的大汗，并且上尊号为“成吉思汗”。成吉思汗，是蒙古语“强大”的意思。

这一年，铁木真 44 岁。

成吉思汗成为蒙古的大汗，标志着蒙古族的历史进入了一个新阶段。在东起呼伦贝尔草原，西至阿尔泰山的辽阔地域内，操着不同语言和具有不同文化水平的各个部落，逐步形成了勤劳勇敢的蒙古民族。

成吉思汗统一蒙古以后，建立了第一个蒙古国政权。他在军队建设、军事行动，以及文化和文法方面，采取了强有力的措施。

成吉思汗对于军队建设，可谓不遗余力。他在原“千户军”基础上整编蒙古军，把全体蒙古牧民编为十户、百户、千户和万户，任命大大小小奴隶主为“十户长”“百户长”“千户长”和“万户长”。

成吉思汗还扩充了一支由他亲自指挥的 1 万人的护卫军，这支军队从人员的挑选、武器的配备到战术的训练等各方面都是非常严格的。

成吉思汗在 1205 年至 1209 年间 3 次洗劫西夏，迫使对方请和，并答应每年向蒙古纳贡。

1219 年秋，成吉思汗亲自率领 20 万军队进攻花剌子模。在后来的

1235 年和 1252 年，成吉思汗的子孙又发动了第二次和第三次西征，横跨欧亚，建立了“大蒙帝国”。

成吉思汗还颁布了文法。在蒙古社会中，大汗、合罕是最高统治者，享有至高无上的权威，大汗的言论、命令就是法律，成吉思汗颁布的“大札撒”记录的就是成吉思汗的命令。成吉思汗的“训言”，也被称为“大法令”。

1206 年成吉思汗建国时，命令失吉忽秃忽着手制订青册，这是蒙古族正式颁布成文法的开端。

1227 年，成吉思汗在远征西夏的途中，在清水县西江去世，终年 66 岁。

成吉思汗死后实行了“密葬”，所以真正的成吉思汗陵究竟在何处始终是个谜。坐落在鄂尔多斯市伊金霍洛旗甘德利草原上的成吉思汗陵是一座衣冠冢。

居敬而行简

子曰："十室之邑，必有忠信如丘者焉，不如丘之好学也。"

子曰："雍[1]也可使南面。"

仲弓问子桑伯子[2]。子曰："可也，简[3]。"仲弓曰："居敬[4]而行简[5]，以临[6]其民，不亦可乎？居简而行简，无乃[7]大[8]简乎？"子曰："雍之言然。"

【注释】

①雍：孔子的学生，名冉雍，字仲了。

②子桑伯子：人名。

③简：简要，不烦琐。

④居敬：做事心存恭敬。

⑤行简：指推行政事简而不繁。

⑥临：面临、面对。此处有"治理"的意思。

⑦无乃：岂不是。

⑧大：同"太"。

【解释】

孔子说："假如只有十户人家的小村子，也一定有像我一样讲忠信的人，只是不如我那样好学罢了。"

孔子说："冉雍这个人，可以让他去做官。"

仲弓问孔子：子桑伯子这个人怎么样。孔子说："此人还可以，办事简要而不烦琐。"仲弓说："居心恭敬严肃而行事简要，像这样来治理百姓，不是也可以吗？自己马马虎虎，又以简要的方法办事，这岂

不是太简单了吗？”孔子说：“冉雍，这话你说得对。”

【故事】

朱元璋称帝不忘节俭

克己奉公思想发展至明代，明代初期朝廷逐渐具有了先进的执政理念，将节俭作为“克己”的行为准则。而大明王朝的建立者朱元璋与一般封建帝王不同之处，就在于他讲究节俭。

朱元璋出身于农家，放过牛，种过田，做过和尚，要过饭。在民间渡过24年颠沛流离、饥寒交迫的生活。投奔红巾军后，凭着自己的战功，从小亲兵一步步上升为控制半壁江山的吴王，在战场上度过了16年出生入死的戎马生涯，最后建立了明王朝。曲折艰难的经历，使他更加懂得节俭的重要。

朱元璋不喜欢饮酒，大明王朝建立后，他多次发布限制酿酒的命令。他更不爱奢华，在营造宫殿时，工程设计者送来图样，他把雕琢考究的部分都去掉。

朱元璋曾经对中书省官员们说：“宫殿只要坚固就行了，何必过分华丽。当初尧住的是十分简陋的茅屋土阶，却是历史上有名的好帝王。后世竞相奢侈，宫殿里有无穷无尽的享乐，欲心一纵，就不可遏止，于是祸乱就产生了。假使做皇帝的能节俭，下面的臣子就不会奢侈。要知珠玉不是宝，真正的宝是节俭。今后一切建筑都要朴素，不准浪

费民力。”

他命令太监们在皇宫的墙边种菜，不要建造亭台楼阁。

有一次，司天监把元顺帝亲手制作的水晶自动宫漏献给朱元璋，却被朱元璋严厉地训斥了一顿。有人给朱元璋送来镂金床，同样遭到他的严厉训斥。

为了让儿子得到锻炼，朱元璋规定诸子出城稍远，除了骑马外，要有近一半的路程靠步行。

朱元璋还带着太子朱标到农民家去，并告诫太子说：“农民勤四体，务五谷，身不离田亩，手不离耒耜，终年勤劳。住的是茅屋，穿的是布衣，吃的是粗粮，国家经费还要从他们身上出。”

朱元璋的俭朴生活影响了很多人，朝廷内外许多官员都很俭朴，乃至天下养成勤俭风气，化民成俗。

如济宁府知府方克勤在工作中的谨慎和生活上的俭朴，是明代初期廉吏的典型。他官职不低，月俸20石，但自奉简素，不服纨绔，一身布袍10年不换。家中房屋坏了，属吏请为之修缮，他说：“不要因为我的私事而劳民，自己买苇席障之，蔽风雨而已。”

朱元璋不仅自己以身率先、勤政俭朴，还立法定制，要使富者得以保其富，贫者得以全其生。对贪得无厌，横行不法的豪强地主，采取严刑重法加以打击。使当时的社会经济得以恢复和发展。

朱元璋是历史上的一位出众皇帝，在历史的前台演出了一幕幕惊人的话剧，令人难忘。然而在后台，还有一位不应被遗忘的人，她就是朱元璋的妻子马皇后。她和朱元璋同甘共苦，终身相伴，一生节俭，给朱元璋的称王事业以很大辅助和影响。

安徽凤阳是朱元璋发迹的地方，至今还流传着歌谣和民间故事，说道：

说凤阳、道凤阳，凤阳是个好地方，不仅出了个朱洪武，

还有一个贤德的马皇娘。

1368年，朱元璋在封功授爵的典礼上称赞马皇后说："皇后出身布衣，和我同甘共苦，创业天下，她的内助之功非常大。"

马皇后早年丧母，被郭子兴夫妇收养为义女。郭子兴只有两个儿子，没有女儿，因此十分疼爱这个义女并教她读书识字。马氏长大后不但出落得端庄美丽，而且知书达理。郭子兴做农民起义军元帅时，马氏嫁给了英勇善战的朱元璋。在朱元璋平定天下、创建帝业的岁月里，马皇后和他患难与共。

作为皇后，马氏一心一意关心、辅助丈夫治理这个新诞生的政权，同时又勤劳地治理内宫和教育子女。

马皇后每日起早贪黑，亲自带领、督促宫妃们治女红，从不懈怠。她常告诫内宫妻妾、王妃公主说："无功受禄，是造物主所憎恶的事。我们这些后妃妻妾，受用着山珍海味，锦绣衣裳，却终日悠闲无所作为，这岂不违背了造物主的意志吗？因此，我们应该勤劳治女红，来报答造物主的恩宠！"

马皇后每见织工纺织时的零头、断线，她总是让人收集起来，然后织成布匹，制成衣服，赐给各王妃、公主。她告诫后宫的人们："生长在富贵中，应当知道农妇种桑养蚕的艰难不易。"

马皇后严格地教育自己生的5个儿子，希望他们将来一个个都成为正直有为的人，经常督促他们学习为人和治国的道理。

她常对王子们说："你们的父亲出身穷人，能成为万民之主，治理国家，为人民求太平，也是勤学的结果。你们后辈小子，更应当勤奋好学，不要辱没了你们的尊贵的出身！"

她还教诲王子们为人要仁爱忠厚，同情贫苦的人民。她经常把农民种庄稼的辛苦和下层人民生活的艰难告诉王子们，要求王子们关心人民疾苦，戒除自己的骄纵。

马皇后严格地教育子女，特别对皇太子朱标的教育很重视，让朱元璋遴选宋濂等名儒教读。

她还时常地训诫朱标说："你生长富贵之家，不知贫民疾苦。现在从师受读，要以仁德为怀，不可好逸恶劳，心存骄奢。须知这些都是

自取败亡的原因，你要永远铭记才好。”

马皇后最小儿子周王朱棣，少时放荡不羁，当他成年后至藩地开封，马皇后派江贵妃随同一起去。她交给江贵妃一件自己常穿的破旧衣服和一根木杖，嘱咐道：“倘若周王有过错，你就穿上我的衣服，代我责他。如他倔强不听话，就派人飞马送报京都，不要轻易饶恕！”

每逢各地有灾荒，马皇后就率领宫人们食野菜。这时，朱元璋就宽慰她说：“已发送粮食去救济那里的灾民，皇后不必过于忧心。”

在平日里，马皇后经常问朱元璋：“百姓们是否安居乐业？”她还说：“皇帝是天下之父，我作为皇后，便是天下之母了。百姓们若是不能安生，我们做父母的，又如何能够心安理得在这里享受呢？”

由于明太祖朱元璋注重休养生息，国力逐渐恢复。宫廷内外，崇尚奢侈的习气风行起来。马皇后力挽颓风，卓尔不群，仍以俭示天下。

马皇后还严禁宫女们衣着特殊，并以身作则，做出表率，“食不求甘美”，常身穿裙子也不加花边。在她的影响下，“左右旁人皆无香薰之饰”。每月的初一和十五两天，众宫妃前往请安，看到她穿着与众不同的粗疏袍衣，却以为是绮丽的新式样。

有一次，宫妃们特意走到马皇后面前细看，看清是极粗劣的衣服之后，都忍不住笑了。马皇后严肃地说：“这种布特别适宜染色，穿旧了，还可以染旧如新。因此我穿着它。”

马皇后平时居家，总穿一身粗布衣服，虽已破旧也舍不得换。每次制作衣服的零布，她都收集起来，做成被褥。她常说：“身处富贵，应为国家爱惜财物，随便丢弃，毁坏东西，是古人深以为戒的！”

有一次，一个宫女对马皇后说：“皇后，您身为天下至富至贵，又何必舍不得这些小东西呢？”

马皇后严肃地说：“我听说古代后妃，都是富而节俭，贵而勤劳才被史籍称誉的。做人最不应该忘记的是勤俭，不应仗恃的是富贵。勤俭之心一动摇，灾难就随之而来了。我每想到这些，就不敢忽视这些生活小节。”

宫女们听了，无不叹服；嫔妃们听了，都十分感动，纷纷颂扬马

皇后的美德。

1382年，52岁的马皇后病逝。临终嘱咐朱元璋“求贤纳谏，慎终如始”，并愿“子孙皆贤，臣民得所”。朱元璋常将马皇后的贤德与长孙皇后相提并论，她们的确可以先后媲美。

史书上还说，马皇后出殡那天，南京百姓几乎倾城而出，自发为她送葬。时值盛夏，史载那天忽然电闪雷鸣，下了一场瓢泼大雨，那扶老携幼的万千百姓在大雨中恸哭，竟然没有一个回家躲雨的。

马氏作为一个平凡女子，在艰难逆境中帮助朱元璋成就大业。在大富大贵时，不奢不骄，始终不忘民间疾苦，不改勤俭本色，并用自己的言行来规劝、影响皇帝朱元璋，做出极不平凡的业绩。她对后世影响极大，明、清诸后乃至命妇民妇皆以其为楷模，争相仿效。

王翱当官一身廉洁奉公

朱元璋崇尚节俭，促成了明代初期良好的执政风尚，而明代后来的几代帝王也多以节俭为荣。帝王垂范，下必效之，明英宗时的王翱，就是一个廉洁奉公的臣工。

王翱出生在今河北孟村县王帽圈村，曾任明代吏部尚书、太子太保等职。他居官不图私利，廉洁奉公，人们都十分敬重他。

王翱在辽东监督军务的时候，和一个监军太监荣公交谊甚好。后来，王翱升任吏部尚书，回京就任，便设法寻找过去在辽东时的同事荣公的后代。

王翱找到了荣公的两个侄子，便请他们到府内，对他们说：“你们

叔父荣公为官清廉，给你们遗留的财产不多，你们的日子可能不富裕。如果有什么困难，可到我这里来领取。”

两人心想，这不过是说句客气话罢了，就随便说了声：“好吧！”

后来，王翱一见到荣公的两个侄子总是问他们：“日子难不难？是否需用银两？”

这样一连几次，两人好生奇怪，就商量说：“既然王天官经常问，必定真心实意，咱写一张买房契据，看他怎样。”于是，两人写了一张假房契，列价500两银子，便带着来到了吏部尚书府上。

见面寒暄以后，王翱又问起是否困难。两人见问，双手呈上房契说：“刚刚买了一所房子，准备开个小店，只是眼下无钱还房债。”

王翱看过房契，微微一笑，从柜子里拿出一件皮袄，“哧啦”一声将袄撕开，取出一个红包来，然后笑嘻嘻地将红包递给他俩。

两人接到手里一看，上写有两行蝇头小字，是叔父荣公的笔迹，写的是：“赠王都察院惠存，荣顿首拜。”红包封固完好。

两人纳闷，问道：“这是什么呢？”

王翱示意拆封。拆开一看，只见亮晶晶、光闪闪、明晃晃的两对宝珠，耀人眼目，两人都惊呆了。两人心发热，眼发酸，“扑通”一声给王翱跪下了，含着满眼泪水说：“王大人，这宝珠是叔父给您老人家的，小侄万万不敢收。”

王翱闻听，哈哈大笑，扶起他们，说：“俗话讲，物归原主。在辽东时，我与荣公志同道合，共抗外侮，结成莫逆之交。我在离别时，荣公非赠给我先皇所赐宝珠不可。盛情难却，我便收下了。现在你们困难，就拿去置点产业吧！”

两人听罢，感动得热泪涟涟。心里说：王大人真是清官，名不虚传啊！

王翱身为朝廷命官，始终不忘“守身如玉当慎初”这句古训，真正做到了两袖清风，依旧过着和百姓一样的生活。

有一次，王翱念及年幼时受到过许多父老乡亲的帮助，想请众乡亲过来聚一聚，聊聊家常。

乡亲们像过年一样，换上干净衣服来到王翱家做客。

大家都说："王翱有良心，当官不忘穷乡亲。今儿个总算借王翱的光，开开胃口了。"

王翱让仆人端上来一桌子北京西山的"一兜蜜"大红柿子。大家很少吃到这样的柿子，都很高兴。

其中有个叫王二古的人，只想等着吃下面的山珍海味，就只吃了一个柿子。可是大家把柿子吃完了，天都快黑了，却连一个冒着热气的菜也没等来，更别说什么山珍海味、珍贵名酒了。

王二古只吃了一个柿子，心里不甘，就发牢骚说："甭看他对大伙这样，他自己还不知吃什么山珍海味、燕窝鱼翅呢。我倒要看看，你家到底吃什么饭！"

第二天早饭的时候，王二古装着串门的样子来到了王翱家。刚一进门，就听见"哧"的一声，衣裳挂在了破损的门板上，扯了一大块。接着进屋，又是"梆"的一下，额头又碰在低矮的门框上，疼得直咧嘴。

这时，王二古看见王翱正在吃饭，桌上放着高粱米面的窝头和玉米粥，旁边有几棵大葱、酱和腌咸菜。他心想，这不还是庄稼饭吗？再看王翱，正吃得津津有味。

王二古觉得胡乱猜疑对不住王翱，坐在那里有些不自在。没想到稍一动弹，就听"啪嚓"一声，身下的凳子面掉落在地上。原来，椅子有两条腿是圆木棍顶着的，另外两条腿的位置靠着墙，下面有一长摞砖支撑着。

王二古心里很不是滋味，后悔自己冤枉了王翱。这件事很快被其他老乡知道了，人们都说："王翱和咱老百姓一样，他真是个清官啊！"

王翱持家严谨，对自己家属管束很严。在原则面前，他对家人简直达到了寸步不让的地步，有时甚至让人无法接受。王翱有个女儿，嫁给了在京郊做官的贾杰。王夫人非常疼爱女儿，常常接女儿回娘家来。

每次去接，女婿都跟妻子说："你父亲是吏部尚书，掌握着官吏的

命运。只要岳丈尊口一开，我就可以像摇树叶一样被摇到京都。那时，你们母女就可以常相陪伴了！”女儿只得把这话告诉了母亲。

这天晚上，王夫人特意做了好吃的款待丈夫。趁酒意正浓时，夫人跪地说：“我为女儿、女婿求个情，求求你把女婿调到京城里来吧！”

王翱听后，火冒三丈，怒斥道：“亏你说得出口，想叫我借用手中的权力徇私情吗？如果官吏们都提出如此要求该怎么办！”他越说越气，竟抄起桌上的餐具，冲着夫人摔了出去。

夫人头破血流，泣不成声。王翱却回到朝房，一连住了10多天。从此，调转的事没人再敢提了。

王翱的孙子王辉，在太学读书。他乖巧伶俐，很讨爷爷喜欢。一天，王翱正在书房看书，王辉推门进来，高兴地说：“爷爷，我要参加秋试。”说着，拿出盖着官印的秋试证给王翱看。

王翱一看秋试证，就皱起了眉头，心想：阿辉没念几天书，根本没资格参加秋试，显然是在利用自己的官名作弊！

想到这里，他严肃地说：“阿辉，你如果确有真才实学，我怎么能埋没你的才学？可你的书底儿我还不知道吗，若遇到糊涂主考官，你考取了，却误了另一个穷秀才的前程。你吃得好穿得暖，何必强所不能呢？还是别考了。”说着将秋试证给烧了。

望着腾起的火焰，当爷爷的还不忘唠叨几句：“堂堂正正，诚实正直，才是七尺男儿的本色！”

王辉听着爷爷的话，很有感触，最后照办了。

王翱不图私利，廉洁奉公的品格，在封建时代是非常难能可贵的。他一生历仕明代七朝，辅佐六帝，去世后谥号“忠肃”，人称“忠肃公”。

戚继光治军不徇私情

儒家的“克己”，就是克制、约束自己的私心；儒家的“奉公”，

就是以公事为重。克己是奉公的前提。克己的标志之一就是不徇私情，明代抗倭名将戚继光在治军过程中不徇私情，是明代克己奉公的又一个典型。

戚继光是明代山东登州人，17岁时承袭了父祖历任的登州卫指挥佥事之职，25岁时被提升为署都指挥佥事，担负起山东沿海防守海疆、抵抗倭寇的重任。

那时候，我国东南沿海地区倭寇为患，达到了猖獗的程度。素有威名的戚继光被调任到倭患最为严重的浙江任都司佥事，主持这一地区的抗倭斗争。

倭寇的不断侵扰，激起戚继光歼敌卫国的义愤，曾写下“封侯非我意，但愿海波平”的诗句。体现出不图私利，一心为国的高尚境界。

为了夺取抗倭斗争的胜利，戚继光到前线后，开始组建部队，并三令五申要求严守纪律。但有的将士散漫惯了，时常违犯军纪。戚继光秉公执法，坚决按军法从事，狠狠惩办了几个严重违犯军纪的将士。

戚继光有个舅舅，在戚继光的队伍里当小官。他觉得自己是戚继光的长辈，别人害怕戚继光威严，他却满不在乎，甚至故意公开违犯

军纪。这样一来，上上下下议论起来，都拭目以待，要看看戚继光如何处置违犯军纪的舅舅。

这件事确实使戚继光面临一场严峻考验。如不一视同仁，秉公执法，就不能折服众将士，更关系到能否训练出一支纪律严明，勇敢善战的军队，完成御倭重任的大事。

戚继光大公无私，从国家和民族利益的大局出发，毅然按照军法鞭打了自己的舅舅。

当天晚上，戚继光把深感委屈的舅舅请来，恳切地说："按辈分说，我应该尊重您，可是在军队里，您和我则是上下级关系，所以又不能不处罚你。军队要保家卫国，要抗倭，不能没军纪。如果我从私情出发，袒护舅舅，那怎么能使别人心服？因此，请您老人家从大局着想，谅解外甥。"

他的舅舅听了外甥深明大义的话，惭愧而激动地说："我违犯军纪，受军法处置是完全应该的。你整顿军纪，执法无私也是完全正确的。今后我一定带头服从命令，遵守军纪。你就放心吧！"

戚继光公事公办，严肃处理舅舅违法的事，很快就传开了。从此，全军上下，人人遵守纪律，严守训练规则，绝少发生违纪抗令之事。

经过一段时间的整训，一支军纪严明，英勇善战的"戚家军"终于训练出来了。戚继光规定：擂鼓需进，就是前面有水有火，也要奋勇前进；鸣锣需退，就是前面有金有银，也要坚决退回。

这支军队，在抗倭斗争中，令行禁止，步调一致，攻无不克，战无不胜，而且对百姓秋毫不犯。倭寇一听"戚家军"来了，就闻风丧胆，狼狈逃窜。

有一次，戚继光率领军队在台州府围剿一股倭寇，倭寇与戚家军接战之后，很快大败，有一股残敌想绕道城北的大石退守仙居。

为了彻底消灭这股倭寇，戚继光立即命自己的儿子戚印为先锋，率领军队抄近路在白水洋常风岭一带进行伏击。

临行前，戚继光一再交代戚印，与倭寇接战之后，不要急于求胜，要佯装失败，将敌人诱至仙居城外再予以反击，以迫使城中的倭寇出

援，一举歼灭。他最后强调说：“违反军令者，要按军法处置。”

戚印率军到达常风岭之后，将军队埋伏在山道两旁的树丛中。此时，倭寇的队伍也沿着这条山道开了过来，前面还押着一些抢掠来的妇女和牛羊等。

小将军戚印一见之下，怒火中烧，再也沉不住气，马上下令军队展开总攻。一时间，矢石齐飞，刀枪猛舞，喊声震天。戚印只顾奋勇杀敌，早已忘记了父亲临行前“只许败不许胜”的交代。霎时间，就将敌人全歼在山道之上。

伏击全胜，将士们个个欢欣鼓舞，大家都说：“戚印作战勇敢，杀敌有功，一定会受到主帅的表扬和奖赏。”

戚印带领部队，高奏凯歌，得胜回营。然后，兴冲冲地前往父帅营帐，向父亲报捷。戚继光听完儿子戚印的禀报，勃然大怒道：“我让你诱敌，你却伏击，私自出兵，坏我法纪。你违反军令，擅作主张，打乱了我的全盘计划，还说自己有功，真是岂有此理，应该以军法处置！”说完，便命将校将其绑出辕门外正法。

诸将虽然苦苦求情，说戚印虽然是触犯了军令，但其大败倭寇，也是有功之臣，可将功抵罪。

戚继光不答应，说：“我是一军主帅，如果我的儿子犯了军令可以不杀，以后还怎么带兵？军中的命令还有谁去执行？”于是，就在白水洋上街水井口这个地方，戚继光忍痛斩了儿子。

后来，当地百姓为了纪念这位打了胜仗又被斩首的戚小将军，就在水井口用小石子铺起了花样石子街，又在花冠岩山下修建了太尉殿。据说戚小将军死后被朝廷封为“太尉”，让人们永远记住这位古代小将的抗倭功绩，也永远记住戚继光铁面无私、从严治军的精神。

据说，后来在一次战斗间隙，戚继光登上连江吼虎山，想起爱子被斩，不禁伤心下泪。后人就在他曾立足思念爱子的地方建起一座六角凉亭，取名为“思儿亭”。

紧接着，戚继光重新做了部署。仅仅在1561年一年之内，戚家军在台州抗倭，就九战九捷，迅速荡平浙江的倭寇。

随后，戚继光又率领戚家军开赴福建、广东，和另一位将领俞大猷共同抗倭。至1565年，东南沿海的倭寇基本肃清，安定了边防。

戚继光从严治军，不徇私情的故事载入史册，流传至今，被人称颂。戚家军的纪律严明闻名天下，但凡出征时有扰民行为的一律斩首示众，所以戚家军无论在哪里作战都能够获得当地百姓的支持，就连少数民族都愿意为之誓死效命，这样的军队是之前无论哪个王朝都没有的。

戚继光牢记父训不虚荣

戚继光出生于世代将门之家，父亲戚景通晚年得子，对继光十分钟爱，但教子极严。

戚继光12岁时，家里修理厅堂。他听一个工匠对他说："你家世代做官，戚将军功名不小，照例该造一间十二扇雕花窗的大花厅，现在你父亲只修一间四扇窗的厅，未免太节省了。"

戚继光听后对父亲说："工匠说父亲官职不小，为什么不修造一间雕花窗的大厅呢？"

父亲摇了摇头说："你小小年纪就贪慕虚荣，将来我这份产业到你手里怕保不住呀。你想想，工匠的话对不对？"

戚继光从小聪明，一下子就明白了父亲话里的意思，回答说："孩儿听从父亲教诲，实在不该听工匠的话。"

第二年，家中要给戚继光定亲。女方家中送来一双非常昂贵的绣鞋，他穿上了绣鞋走到父亲书房，高兴地问："父亲，你看这双鞋漂亮吗？"父亲一见，严肃地说："我上次为修大厅的事就对你说过，不要贪图享乐，你现在又犯了。一双鞋虽小，但如果你爱慕虚荣，享受之心不改，将来当了将军，不爱财不贪污才怪呢？"

戚继光听了红着脸，把绣鞋脱掉说："孩儿知错，这双鞋我绝不再穿。"几年后，戚继光成为一名文武双全的青年军官。

不迁怒，不贰过

哀公问：“弟子孰为好学？”

孔子对曰：“有颜回者好学，不迁怒[①]，不贰过[②]，不幸短命[③]死矣。今也则亡，未闻好学者也。”

子华[④]使于齐，冉子[⑤]为其母请粟，子曰：“与之釜。”请益，曰：“与之庾。”冉子与之粟五秉。子曰：“赤之适齐也，乘肥马，衣轻裘。吾闻之也，君子周急不继富。”

【注释】

①迁怒：把怒气移到别的人身上去。

②贰过：重犯同样的错误。

③短命：颜回死时年仅31岁。

④子华：姓公西名赤，字子华，孔子的学生，比孔子小42岁。

⑤冉子：冉有。

【解释】

鲁哀公问：“你的学生中哪个最好学呢？”

孔子回答说：“有一个叫颜回的学生好学，不把学习的怒气发泄到别人身上，也不会重复犯同样的错误，他不幸短命死了，现在就再也没有听说好学的人了。”

子华出使齐国，冉求替他的母亲向孔子请求补助一些谷米。孔子说：“给他六斗四升。”冉求请求再增加一些。

孔子说：“再给他二斗四升。”冉求却给他八十斛。

孔子说：“公西赤到齐国去，乘坐着肥马驾的车子，穿着又暖和

又轻便的皮袍。我听说，君子只是周济急需救济的人，而不是周济富人。”

【故事】

汉武帝执法不徇私情

汉代执政者和思想家在前人的基础上，通过对历史与现实的深入思考，认为民为立国之本，执政者应重视人民的利益甘苦和为人民谋福利。民本思想是“天下为公”思想的一个重要表现，而汉武帝刘彻就是“天下为公”思想的继承者和表率，成为我国历史上一个很有作为的皇帝。

汉武帝遇事有决断，而且执法严厉，毫不容情，真正做到了执政为民，克己奉公。事情还要从汉武帝的妹妹隆虑公主说起。

隆虑公主有个儿子，叫昭平君，也就是汉武帝的外甥。昭平君依仗自己的舅舅是皇帝，母亲是公主，常常仗势欺人，干了许多坏事。隆虑公主对这个宝贝儿子疼爱得很，但也清楚地知道，如果任其下去，早晚有一天会闯下大祸。

后来，隆虑公主得了重病，久治不愈。作为母亲，隆虑公主对于顽劣的儿子昭平君深感忧虑，实在是让她放心不下。

隆虑公主临终之前，把哥哥汉武帝找到跟前，给了他黄金千斤，钱一万缗。伤心地说：“我只有这么一个儿子，我真担心他以后会犯国法，被判死罪。现在我把这些钱财交给你，只求你将来能念兄妹之情

免掉他的死罪，这样我死后就能闭上眼睛。”

这种事没有先例，但汉武帝见妹妹病得很重，为了让妹妹宽心，就轻声慢语地安慰了妹妹一番，并当场答应了妹妹的请求。

隆虑公主去世后，昭平君更加无法无天，整天胡作非为。有一天他喝醉了酒，竟然平白无故地把一个年老的官员杀死了。朝廷的有关部门只好把他抓起来关在监狱里。但由于他的皇亲贵子的特殊身份，谁也不敢给他判刑。

汉武帝知道了这件事，感到很为难，叹息道：“我妹妹很晚才生这个儿子，死前把他托付给了我，现在要判他死罪，我实在不忍心呀！”

左右的大臣们都说：“公主对朝廷是有功的，现在已经驾鹤西游，算是替儿子赎了罪，陛下就赦免她的儿子一次吧！”

汉武帝自然不会忘记，妹妹当年曾经为朝廷做过许多有益的事情，甚至可以说是巾帼功臣。想当年，汉景帝刘启将她许配给长公主的儿子隆虑侯陈蛴，封她为隆虑公主。隆虑就是现在的河南林县。

隆虑公主虽出身帝王之家，但却喜欢田野的清新，有到民间创一番事业的壮志。所以，她催促丈夫早点到封国来，要亲自领略一下封邑的绮丽风光。从长安出发，她沿途访察民情，实地调查，决心要在封邑有一番作为。

隆虑公主依照其祖父汉文帝刘恒和其父汉景帝的决策，辅佐丈夫陈蛴治理隆虑，使饱经战乱的隆虑人口数倍增加，经济迅速发展。

此外，隆虑公主一生勤俭，在临终之前，将田地和钱财给了仆人婢女和鳏寡孤独，还将黄金千斤和钱千万上交给了国家。

对于妹妹隆虑公主的功绩，汉武帝自然是心中有数的。而对于妹妹的儿子昭平君杀人这件事，汉武帝很清楚，自己的行动将要给整个国家带来影响。如果自己置法律于不顾，今后还怎么去治理国家？杀人要偿命，应该判昭平君死刑！

于是，汉武帝对左右的大臣们说：“法令是先帝制订的必须遵守。如果因为我妹妹的缘故，而破坏了法令，我还有何面目入高庙，而且也辜负了天下的老百姓，这岂不失信于民？”最后，汉武帝下达了将昭

平君斩首的命令。

依法处死了昭平君，汉武帝心里也很难过。但是，太中大夫东方朔却向汉武帝祝酒说："赏功不避仇敌，罚罪不考虑骨肉，陛下，这两点您都做到了！四海之内的百姓就会更加钦佩您的开明。"

汉武帝创造了国家的兴盛，给人民带来了前所未有的尊严，这之中包含着的三个因素，这就是创新、先秦儒家思想的思维开放性和法家思想的余风。在这三者之中，法家思想贯彻得是非常好的。

虽然汉武帝时的大儒董仲舒提出"罢黜百家，独尊儒术"，但汉武帝时的儒家思想还具有先秦时期百家争鸣的影子。所以，在整个汉代，尤其在汉武帝时，重用了许多法家的不徇私情的才干之人。

汉武帝自己就是一个执法严厉的君主，他严肃处理违法乱纪的外甥就是一例，集中体现了先秦法家思想的余风。

特权阶级的人犯了法，往往可以逃脱法律的惩罚。汉武帝作为一位明君，坚持天下为公，秉公执法，在两汉时期产生了极大影响，不仅受到了人们的称赞和爱戴，更起到了极为重要的表率作用。

霍去病拒受御赐豪宅

汉武帝的无私精神，也影响到了他的臣民。霍去病就是其中之一。霍去病出身贫寒，少年时期曾在贵族家中做过奴仆。后来，他的姨母卫子夫做了汉武帝的皇后，霍去病才进入朝廷做了侍中。

虽然地位变了，但霍去病仍然廉洁自俭，绝不像一些贵族子弟那样花天酒地地生活，而是从此立下大志，愿为大汉王朝和天下百姓做些有益的事情。为此，他专心读书习武，希望将来一展报国之志。

霍去病每天苦读兵书，勤奋习武，常常忘了宫中开饭的时间。每逢这时，他就找些剩饭吃，从不叫苦。汉武帝看到他如此俭朴刻苦，就对人说："霍去病，将来一定是一个栋梁之材！"

公元前 123 年，年仅 18 岁的霍去病随主帅卫青击匈奴于漠南。他

奉命率800名骑兵，负责寻找匈奴的主力部队。霍去病带领小分队一直深入到几百里的大漠深处，终于发现了匈奴主力部队的大营。这时，他本应该向主帅卫青汇报，但勇敢的霍去病斗志昂扬，决定抓住战机，果断地对匈奴主力发动偷袭。

在霍去病的精心部署下，小分队找准时机和目标，对匈奴贵族首领的大帐发动猛冲。800骑兵如旋风般席卷而至，扬起的烟尘遮天蔽日。将士们往来冲杀，如入无人之境。

战至最后，800多人的小分队竟然消灭匈奴2000多人，其中包括相国、当户的官员，还有单于的祖父辈籍若侯产，并且俘虏了单于的叔父罗姑比。霍去病由此勇冠全军。

霍去病初次带兵，就善于捕捉战机并大获全胜。消息传到了长安，汉武帝非常高兴，为了表彰他的战功，破格赐封他为“冠军侯”。

霍去病虽然年轻，但是他在卫青等将领带领和抗击匈奴精神的鼓舞下，充分运用前辈的经验的同时，发挥自己的聪明才智和谋略，运筹帷幄地指挥军队，多次取得胜利。

汉武帝曾经命霍去病为主帅，率兵对河西地区的匈奴进行扫荡。霍去病对军队进行精心的部署，决定自己亲自率领大军长途跋涉，绕到匈奴主力的后方。

霍去病率领军队转战2000多里，在地形极为复杂的河西走廊，孤军切断了匈奴军队的退路，并且在没有援军的情况下，给匈奴军队以沉重的打击。

在这次战役中，霍去病以损失最小的代价一举歼灭匈奴在河西地区的主力，并且俘获2000多人，其中包括匈奴贵族50多人，将军相国等各级军官60多人。

河西战役的胜利，充分地显示了霍去病这位年轻的将军，英勇善战谋略过人的指挥才能。

鉴于霍去病连年征战，立下了汗马功劳，汉武帝一再委以重任，最后提升他为大司马。

霍去病虽然官位很高，但住宅非常一般，汉武帝为了奖励他，特意派人在长安为他修造一座豪华的住宅。住宅修好后，汉武帝十分高兴。他特意带霍去病与他一起去参观这所新住宅。

他们来到了宅院门前，负责营造宅院的大臣介绍说："一切都是按皇上的旨意修建的。主楼中有豪华舒适的寝室，有宽敞明亮的会客厅，有环境幽雅的书房。出了主楼，就是美如仙境的小花园。亭台楼阁，奇花异草，应有尽有。"

他们参观完了这座豪华的宅院，汉武帝兴致勃勃地说："大司马，你可知这宅第是为谁修的？"

霍去病心中虽猜到几分，但还是说："不知，皇上未曾告知下臣。"

汉武帝哈哈大笑起来，说："爱卿，现在我要告诉你，这所漂亮的宅院是专为你修造的！"

霍去病听罢，脸上并未流露出什么喜悦。

汉武帝有些奇怪，问："怎么，你不喜欢？"

霍去病恳切地说："皇上，您对我的恩赐我心领了！但是，这所豪华的住宅，却不能接受。这是因为，我仅是暂时击退了敌人，尚未完全消灭敌人。匈奴未灭，何以家为？"

汉武帝望着霍去病，心中百感交集，一时不知如何说才好。

霍去病又一再拜谢皇恩，汉武帝终于被感动了，自言自语地说："好，好！国家多么需要像你这样的将领啊！"

此后，霍去病又参加了规模空前的"漠北大战"。在深入漠北寻找匈奴主力的过程中，霍去病率部奔袭2000多里，歼敌7万多人，俘虏匈奴王爷3人，将军相国当户都尉83人，匈奴休屠祭天金人也成了汉军的战利品。

霍去病一路追杀，来到了今蒙古肯特山一带。就是在这里，霍去

病暂作停顿，率大军进行了祭天地的典礼，在狼居胥山举行了祭天封礼，在姑衍山举行祭地禅礼。

封狼居胥之后，霍去病继续率军深入追击匈奴，一直打到翰海，方才回兵。经此一役，“匈奴远遁，漠南无王庭”。

霍去病和他的“封狼居胥”，从此成为我国历代兵家人生的最高追求。而这一年的霍去病年仅22岁。

霍去病去世后，汉武帝十分悲痛，为他举行了隆重的葬礼，并且为他修建一座仿造祁连山模样的宏伟坟墓，来纪念这位为大汉边疆的稳定而立下赫赫战功的将军。“汉膘骑将军大司马冠军侯霍公去病墓”巨大的墓碑，至今还矗立于陕西兴平茂陵墓地。

“匈奴未灭，何以家为？”这短短的8个字，因为出自霍去病之口而言之有物、震撼人心。表明他把国家利益放在首位，不顾及个人利益的英雄气概。

从此以后，这句话为人们树立了良好的学习榜样，刻在历朝历代保家卫国将士们的心里，这种精神值得后人传诵和继承。

第五伦为官克己奉公

第五伦也是东汉时期克己奉公的典范。他生性正直，同情百姓，无论在哪儿做官，都能以“克己奉公”要求自己，以为民解忧为己任。他曾担任过许多官职。在担任京兆尹主簿时，具体负责长安城内的市场交易。他认真校正秤、斗、尺等度量衡器具，严格市场管理，很少发生缺斤缺两的事。即使买卖双方有时出现争执，只要他一出面，都能得到公平合理的解决。

在担任会稽太守时，第五伦发现当地素有迷信鬼神的风俗。每逢过节，民间都大量杀牛祭神，从而影响了农业生产。于是，他明令禁止，违者惩处。如此一来，流行多年的歪风很快杜绝，劳苦大众无不由衷地感激。

有一年，朝廷发给他2000石俸禄。他领到俸禄后，看到百姓中有些人家生活艰难，于是，留下自家食用外，其余全部分赠给穷困百姓。

第五伦在蜀郡太守职位上，刚开始时，郡府中的属吏从官皆多豪富，有的钱财竟达上千万。他们上下班都乘着华丽的车子，骑着高大肥壮的骏马，耀武扬威，神气十足。在他们的影响下，其他人也都竞相摆阔气，讲排场，致使百姓叫苦连天。

面对这种情况，第五伦毅然采取措施，将富户出身的官吏全部裁汰，另选清贫正直之士替代，并大张旗鼓地进行反腐倡廉。从此，当地不正之风渐渐消停，吏治得到明显改善。

与此同时，他还认真考核每一个属吏，向上举荐了很多德才兼备者，不少人后来都受到朝廷重用。

汉章帝刘炟即位后，第五伦调入朝内任司空，成为朝廷重要官员。汉章帝时，外戚当权，不少仕宦之人犹如墙头草，随风摇来摆去，毫无个人主见。第五伦却出淤泥而不染，始终保持着一身清白。他认为，戚族过盛，应防止他们骄奢擅权，危及朝政。便屡屡上书，抨击时弊，要求抑制外戚势力。

他还明确提出，“对外戚可封侯以富之”，但不能“职事以任之”。结果，得罪了不少有权势的人。这些人同流合污，常常在汉章帝面前进谗言，致使他一度受到皇帝冷落。但他依旧刚正不阿，不入俗流。为此，时人将他同西汉时期的贡禹相媲美。

第五伦虽然身居官位，不但尽职尽责，奉公做事，而且注重克己，从不骄奢淫逸，生活十分节俭。第五伦在担任太守时，就常常自己动

手割草喂马，妻子亲自下厨烧火做饭。每次领到俸粮，除留下自己一家食用之需，全部赠送或以最低价格卖给百姓中较为贫困的人。

有一天，他的下属部门调来了一位新官。晚上，这位年轻的官员特意前来拜见上司。

年轻人走进第五伦家中，看到一位衣着简朴的妇人，说："请禀告你家主人，有客人来访。"说罢坐了下来等待那妇人去禀报。

妇人听了年轻人的话，没有立刻离开屋子，而是上下打量了一下客人，然后和气地问："官人一定是新来的吧？"说着，倒来一杯茶，放在桌上，然后坐在年轻人的对面。

年轻官员见眼前妇人不去禀报，心中十分不悦。他重复说："你回去禀报你家主人，说有客人来。"

妇人刚要说话，恰巧第五伦的小儿子跑了进来。喊道："娘，来客人了？"

这时，年轻官员才明白，这妇人是第五伦的夫人。他十分尴尬，但第五伦的妻子却不在意，仍然和气地说："太守不在家，他吃罢饭，随仆人一起上山割草去了。"

年轻官员惊讶地问："割草？太守去割草？"

第五伦的小儿子说："是割草，爹爹割了草好喂马啊！"

第五伦升为司空后，按说应该有很多积蓄，但实际上并没有。他把大部分钱财都用于救济别人了。

在做司空期间，第五伦对家人要求极严，不许子女穿丝绸制衣，就连他的妻子，平时也只穿粗布衣裙。别的有钱人家，妻妾奴仆成群，第五伦家却粗茶淡饭，家中仅有一两个干重活的仆人。

有一次，第五伦的一个远亲从外地来到他家。远亲心想，第五伦长年做官，现在已经是司空了，官位显赫，家中一定是亭台楼阁，富丽堂皇。

不料，远亲走进第五伦家中一看，完全与他所想的相反，宅院狭小，摆设简朴，许多家具已很破旧。他还看到司空夫人忙里忙外，洗衣做饭，真是让人难以相信。

在吃饭时，这位远亲说：“没听说过，大官司空的夫人还要下厨做饭，这不是和下等人一样了吗！”

第五伦听了，不以为然地笑笑说：“平常人家的妇人，不仅烧饭，还要干粗活，我们已经比别人强多了。持家要勤俭，否则若养成奢侈浪费习惯，人就会变懒变馋。那样，家风就败坏了，家风不好，那才丢面子呢！”

那位远亲想了想，说：“也许你说得是对的，不过，像你这样的大官少见啊！”比起一般人来，第五伦还有一个独到之处，那就是勇于自我剖析和自我批评。有一次，有人问第五伦：“你一向尽心公事，难道就没有私心杂念了吗？”

第五伦诚恳地回答道：“有。”并且举例说，“以前，有人送我一匹千里马，我虽然没有接受，但每逢‘三公’选拔人才，我心里总不能忘记那个人。尽管那人最终并没有被录用，却说明我仍然有私心。再就是我的侄子生病时，我一夜曾去看他 10 多次；我的儿子生病时，有一次没能去看他，竟落得彻夜未眠。若是其他人的孩子生了病，我就可能不会这样。这不说明我还有私心吗？”

事实上，越是私心重的人，反而总是炫耀自己大公无私，以进一步保护他的自私行为。而像第五伦这样私心不重的人，倒是敢于承认自己有私，其目的就是尽量克服私心，做到克己奉公。

第五伦为人诚实，不会花言巧语。他奉公守节，廉洁清白，勇于主持正义，从不看风使舵，哪怕在皇帝面前说话，也直来直去，决不阿谀奉承。因此，他成了有名的无私之人。

霍光一心为公勤辅政

在汉武帝刘彻之子汉昭帝刘弗陵一朝，也不乏一心为公的人。其中重要的人物当属辅政大臣霍光。

霍光是汉昭帝一朝赫赫有名的贤臣。他辅政的时候，汉昭帝年纪

尚小，不懂得如何治理国家，霍光就不厌其烦地向小皇帝进谏，告诉年幼的皇帝要尽可能地照顾老百姓，减轻赋税，减少官差，遇到灾荒年要借给百姓种子和粮食等。

由于霍光敢于直谏，使得在汉昭帝时，朝政比较清廉。老百姓也感动地说："孝文皇帝和孝景皇帝的日子，现在又快回来了。"

正是因为霍光不讲情面，一心为公，致使朝廷中的几个大臣不能为所欲为，就把霍光看作眼中钉，肉中刺，非把他拔去不可。

左将军上官桀和他的儿子上官安首先反对霍光。上官安是霍光的女婿，他有一个女儿，只有6岁，却要把她嫁给汉昭帝，将来好立她为皇后。

上官安请父亲上官桀先去跟霍光疏通。霍光说："您的孙女才6岁，现在就送进宫里去，实在不合适。"这话本是一句好话，可是上官桀和上官安觉得霍光阻碍了荣华富贵的道路，从此开始痛恨霍光。

上官安不死心，他找到了汉昭帝的大姐盖长公主的朋友丁外人，请他去请求盖长公主。丁外人花言巧语地向盖长公主一说，盖长公主就答应下来了。

原来汉昭帝从小死了母亲，是姐姐盖长公主将他带大的，一向把大姐盖长公主看成母亲一样，盖长公主怎么说，他就怎么做。就这样，上官安6岁的女儿进了宫，没有多少日子就立为皇后。

上官安做了国丈，还做了车骑将军，他非常感激丁外人，就在霍光面前说丁外人如何的好，意思是让霍光封他为侯。

霍光对于6岁的小姑娘进宫这件事本来很反感，只是因为当时盖长公主主张这么办，也就不便过于固执。可是现在要封丁外人为侯，

便表示坚决反对。上官安为此嘴皮子几乎都说出血来，霍光还是不依。

上官安央告他父亲上官桀再去跟霍光商量。霍光说："无功不得封侯，这是高祖立下的制度。"

上官桀降低了要求，就说："拜他为光禄大夫，难道也不行吗？"

霍光断然地说："那也不行！丁外人无功无德，什么官爵都不能给，请别再提啦。"

霍光因此更加得罪了上官桀他们爷儿俩，也让盖长公主和丁外人他们很是不快。

这时，上官桀又去勾结汉昭帝的异母哥哥、燕王刘旦，打算先想办法消灭霍光，然后废去汉昭帝，立燕王刘旦为皇帝。

这样一来，朝廷里有左将军上官桀，车骑将军上官安，还有别的大臣，外边有燕王刘旦，宫里有盖长公主和丁外人，他们联合起来布置了天罗地网，就能将霍光置于死地。

上官桀这伙丧心病狂的家伙，借口霍光把一个校尉调到大将军府里来，就诬陷霍光不尊重皇上，滥用职权，企图借汉昭帝之手除掉霍光。汉昭帝还算圣明，他明察秋毫，及时戳穿了上官桀等人的阴谋诡计，使霍光得以幸免。

霍光十分感激汉昭帝明辨忠奸，更加坚定了自己恪尽职守，一心为公的信心和勇气。

上官桀等人的阴谋被揭穿之后，就干脆赤膊上阵，准备发动武装政变。他们准备杀了霍光之后，再把燕王刘旦刺死，上官桀自己即位做皇帝。

上官安高兴得像躺在云端里一样：父亲做了皇帝，自己就是太子了！他心里一高兴，就向自己的心腹说了此事。上官安的心腹也有正义之士，就把他们的秘密告诉了霍光。

霍光掌握了上官桀等人的武装政变计划后，为了国家的社稷安危，为了普天下的黎民百姓着想，制订了周密的计划。在这一政变未发动之前，就先发制人，将上官桀等主谋政变的大臣统统逮捕，最后一网打尽了乱党。

平定乱党以后，霍光为了百姓能安居乐业，就建议汉昭帝对少数民族采取安抚政策、减少人头税，提倡节俭，裁撤冗员等，使得当时出现了政治清明，经济发展的景象。

霍光辅政期间，尽职尽责，勇斗恶势力，促成了吏治清明，天下太平的局面。霍光为汉室的安定和中兴建立了功勋，成为西汉历史发展中的重要政治人物，在历史上具有一定影响。

万斯同闭门思过苦读

万斯同是明末清初的著名学者、史学家，是大思想家黄宗羲的学生。

万斯同生而异敏，读书过目不忘。8岁时，在客人面前能背诵《扬子法言》，终篇不错一个字，到十四五岁读遍了家藏书籍，以后专攻二十一史，并受业于浙东著名学者、大思想家黄宗羲，后又博览天一阁藏书，学识锐进，博通诸史，尤熟明代掌故。

但万斯同小的时候也是一个顽皮的孩子。一次，万斯同由于贪玩，在宾客们面前丢了面子，从而遭到宾客们的批评。

万斯同恼怒之下，就掀翻了宾客们的桌子。他因这一举动被父亲关到了书屋里。万斯同从生气、厌恶读书，到闭门思过，并从《茶经》中受到启发，开始用心读书。转眼一年多过去了，万斯同在书屋中读了很多书，父亲原谅了儿子，而万斯同也明白了父亲的良苦用心。

万斯同经过长期的勤学苦读，终于成为一位通晓历史、遍览群书的著名学者，并参与了《明史》的编修工作。

三月不违仁

原思[①]为之宰，与之粟九百，辞。子曰："毋，以与尔邻里乡党[②]乎！"

子谓仲弓，曰："犁牛为之骍且角[③]。虽欲勿用，山川其舍诸[④]？"

子曰："回也其心三月不违仁，其余则日月至焉而已矣。"

【注释】

①原思：姓原名宪，字子思，鲁国人。孔子的学生，孔子在鲁国任司法官的时候，原思曾做他家的总管。

②邻里乡党：相传古代以5家为邻，25家为里，12500家为乡，500家为党。此处指原思的同乡，或家乡周围的百姓。

③骍且角：祭祀用的牛，毛色为红，角长得端正。

④其舍诸：其，有"怎么会"的意思。舍，舍弃。诸，"之于"二字的合音。

【解释】

原思给孔子家当总管，孔子给他俸米九百，原思推辞不要。孔子说："不要推辞，你不吃也可分给你的乡亲们吧。"

孔子在评论仲弓的时候说："耕牛产下的牛犊长着红色的毛，角也长得整齐端正，人们虽不想用它做祭品，但山川之神难道会舍弃它吗？"

孔子说："颜回这个人，他的心可以长时间内不离开仁德，其余的学生则只能在短时间内做到仁而已。"

在《论语》中孔子对冉雍评价很高，以为他虽然出身贫贱，但才

堪大用。

【故事】

亘古第一忠臣比干

比干（前 1125 年 ~ 前 1063 年），生于商代沬邑，即今河南省卫辉市北。他是商纣王的叔父，是商纣时代丞相。他竭力反对商纣王暴虐荒淫，横征暴敛，结果被商纣王帝辛残杀。

比干是商代以死谏君的忠臣，也是历史上有名的敢于进谏、又不惜以死抗争的忠臣。因为他是历史上第一个以死谏君的忠臣，因此被誉为“亘古第一忠臣”。

比干幼年聪慧，勤奋好学，20 岁就以太师高位辅佐帝乙，又受托孤重辅后来的商纣王帝辛。

比干从政 40 多年，主张减轻赋税徭役，鼓励发展农牧业生产，提倡冶炼铸造，富国强兵。

商纣王刚即位的时候，每次在战场上都表现得异常勇猛。他亲军东征徐夷时，多次亲自带兵往来冲杀，骁勇无比，最后迫使徐夷酋长反绑着双手，口衔国宝玉璧，穿着孝服、拉着棺材向商纣王投降。

商纣王率领军队，一直打到了长江的下游地区，东夷部落纷纷臣服。

当商纣王凯旋之时，比干带着文武大臣，步行几十千米前往迎接。

当时的民谣甚至这样唱道："商纣王江山，铁桶一般……"

然而，商纣王很快就腐化堕落了。他大兴土木，强迫奴隶为他修建宫殿，还建造了一座高高的摘星楼，整天在上面与美女、美酒相伴，朝廷笙歌，夜夜曼舞。从此，商朝的国都就改名为"朝歌"。

商纣王的种种劣迹，完全可以使人忽视他曾经的功劳，而且每一桩都少不了坏女人妲己。

商纣王有一次正和妲己饮酒，远远望见一老一少正在渡河，小的走在前面，已经过河而去；老的落在后面犹豫不前。

商纣王说："小孩骨髓旺，不怕冷；老人骨髓空，怕冷。"

妲己不信，商纣王就命士兵把两人抓来，用斧子砸开他们的腿骨让妲己看。

这条河从此被叫做"折胫河"。

比干看到商纣王的所作所为，就坦率地直谏，并带着他去太庙祭祀祖宗，给他讲历代先王的故事：先祖盘庚用茅草盖屋，武丁和奴隶一起砍柴锄地，祖甲约束自己，喝酒从来不过3杯，唯恐过量误国等。商纣王表面点头称是，但并不真正改过，而且越加荒淫暴虐。

商纣王不但在王宫里"流酒为池，悬肉为林"，而且还表演"真人秀"，令男女裸体而相逐其间，以此为乐。

妲己喜欢看人受虐的情景，有一种叫做"炮烙"的刑具，就是她发明的。

炮烙是用铜做成空心的柱子，在行刑的时候，先把犯人脱光衣服绑在柱子上，然后再把烧红的炭火放进铜柱子。

妲己说她有辨认腹中胎儿是男是女的本领。商纣王就抓来100个孕妇试验。

妲己让孕妇先坐下再站起来，然后对商纣王说："先抬左腿者是男，先抬右腿者是女。"

商纣王不信，妲己就命人当场剖腹检验。

比干看到商纣王和妲己害人取乐的场面，气得浑身发抖。他说："我是皇伯，强谏于王！"说完疾步走到了商纣王面前，直言他的错误，

并且请求将妲己斩首，全门赐死！商纣王愤愤地坐在那里，一句话也不说。

比干继续说道："当年天下大灾，饿殍塞途，汤王下车抚尸而哭，自责无德。便立即开仓济贫，饥者得食，寒者得衣，天下称颂。你今天的作为与先王的仁政简直是背道而驰，若不改悔，天下就要危险啦！"

商纣王听完气得拂袖而去。

比干回到家中，请来箕子和微子商议，让他们向商纣王进谏。

第二天，箕子去劝商纣王，商纣王却将箕子的头发剪掉，把他囚禁起来。

后来，微子进谏，商纣王依然不听，微子只好抱着祖先的祭器远走他乡，到朝鲜半岛建立了自己的国家。

大臣辛甲进谏了75次，商纣王丝毫不改，于是投奔了周文王。

许多大臣看到商纣王已经无可救药，便纷纷弃商投周。商纣王已经落到了众叛亲离的地步。而此时，周武王率军东征已经打到了孟津，大小诸侯背叛商朝来和周会盟的有800多个，商王朝已是风中残烛了。

比干觉得为人臣子不能像微子那样说走就走，就是杀头挖心也得据理力争。他冒着灭族的危险，连续3天进宫抨击商纣王的过错。

商纣王被比干批评得无言以对，恼羞成怒地喝问："你为什么这样坚持？"

比干说："君有诤臣，父有诤子，士有诤友。下官身为大臣，进退自有尚尽之大义！"

商纣王又问："何为大义？"

比干答："夏桀不行仁政，失了天下，我王也学此无道之君，难道不怕丢失了天下吗？我今日进谏，正是大义所在！"

商纣王听到这里后勃然大怒，于是他说："吾闻圣人之心有七窍，信有诸？"说罢，命人剖胸取心。

比干毫无惧色，慷慨就戮。比干忠于朝廷、冒死苦谏的精神为后世所敬仰。

后来周武王为比干封墓，赐比干的子孙为林姓。

此后，历朝历代都在立碑、建庙及封谥上大力宣扬比干，民间都把比干尊为“文财神”。

于谦甩袖管两袖清风

于谦是明朝著名的民族英雄和诗人。他24岁中进士，不久就担任监察御史。他为官清廉，为人耿直，明宣宗很赏识他的才能，先后破格提拔他为河南、山西巡抚。

明宣宗去世以后，9岁的太子朱祁镇继位，就是明英宗。因皇帝年少，宦官王振专权。王振勾结内外官僚作威作福，于谦看不惯他独揽朝政，从不逢迎他。为此，王振对于谦非常忌恨。

当时外省官员进京朝见皇帝或办事，都要贿赂朝中权贵，否则寸步难行。于谦在担任巡抚从外地回京时，他的幕僚建议他买些麻菇、绢帕、线香之类的土特产孝敬权贵。于谦从来不这样做，他甩了甩两只宽大的袖管，说：“我就带两袖清风！”回到家里，他还写了一首题为《入京》的七绝诗表明自己的为官态度。他在诗中写道：

绢帕麻菇与线香，本资民用反为殃。

清风两袖朝天去，免得闾阎话短长。

姜诗夫妇孝行感天动地

汉代是对孝悌非常重视的时期，东汉时期朝廷将孝廉作为选才用人的重要途径，每年或每两三年必发布“举孝廉”的功令。姜诗被推举做孝廉就是一例。

东汉时期，在广汉雒县汎乡，就是今天四川省德阳市孝泉古镇，那里住着一户人家，户主名叫姜诗。在他还小的时候父亲便去世了，

只与母亲相依为命。

平日里，姜诗格外孝顺，尽心侍奉，从未让母亲忧心生过气。邻里乡亲看在眼里，都对他竖起大拇指，啧啧称赞不已。于是，姜诗侍母的孝名就在乡里传开了。

雒县有位名士叫庞盛，有一个聪明贤惠的女儿，从小教以诗书礼仪，织布裁衣，对父母也是百般孝顺。转眼也到了该出嫁的年龄，尽管上门提亲的人是络绎不绝，却都被一一拒之门外。

原来，女儿曾经对父亲立下了这样的心愿："爹爹，《孝经》说道：爱其亲而且爱他人者，谓之孝悌之德。您得为女儿找个孝顺父母的好夫君啊！"

一天，庞盛听闻了姜诗的孝名，于是，便派人去打听姜诗的为人。发现姜诗名不虚传，而且为人正直，终于捋着胡须，长长地舒了口气，放下了心中的石头。

几经周折，姜诗和庞女结为夫妇。夫妻俩恩爱相处，过起了男耕女织的生活。过后一年，又生了一个胖小子，虽然生活苦了点，却过得是有滋有味。夫妻俩都对母亲孝顺备至，庞氏尤其精心照顾，给婆婆打洗脚水，捶背揉肩，自己也乐在其中。

转眼几年过去了，儿子渐渐长大，姜母却日渐衰老，不承想又犯了眼疾。因为生活的不便，姜母脾气暴戾起来，对媳妇就有了不满之心，加上邻里有人嫉妒，趁庞氏不在家的时候搬弄是非，姜母越发对庞氏没有好脸色。

姜诗夫妇诚惶诚恐，侍奉母亲更加小心在意，生怕惹得母亲生气。

有一天晚上，姜母梦到离家六七里的江水可以医治自己的眼疾，便对儿子媳妇说起这件事。姜诗信以为真，叮嘱妻子去江中取水，不能有丝毫怠慢。

庞氏自然理解婆婆的心情，也想尽自己的一份孝心，就毫不犹豫地挑起水桶去江边担水。山边的道路艰难行走，她走了一个小时，终于来到江边，立即装满两桶水，挑回家中。她把水煮沸，晾好温度后端给婆婆。

婆婆喝了江水，觉得味道甜美，好像病也减轻了一半。于是，庞氏每天都挑着水桶，到江边去取水。虽然辛苦劳碌，但她心中十分高兴，因为婆婆的病已经慢慢痊愈，身体也比以前好了许多。

秋冬季节，天气干燥，这天姜母口渴，思饮江水，庞氏便一大早便去江中取水，而天公偏不作美，刮起了大风。风卷秋叶漫天飞舞，窗外“呼呼”作响，如虎啸猿啼，庞氏行路艰难。

庞氏迟迟未归，姜母在家口渴难耐，内心烦闷，坐卧不安，一时怒起，便对姜诗哭诉：“儿啊，你看看你这个媳妇，也不体恤你老娘，看我口渴命将休矣，也慢慢腾腾地不回来，做这等忤逆不孝事的媳妇，你娶来做甚啊！今天你非得给我休了她！”

姜诗见母发怒，心里极其难受，只得好言劝慰。就在此时，庞氏正好取水回来，姜母见之便闹将起来，非要儿子将媳妇休去才肯罢休。姜诗心里虽然不舍，却不敢违了母亲心意，无奈之下将妻子逐出了家门。

庞氏性格一向温顺，然而因天气的原因遭此大变，心里自是异常委屈。只身离开家门，在街头孤独徘徊。

在这段日子里，庞氏常常回忆起点点滴滴幸福的往事，丈夫平日里的体贴与关爱，儿子的调皮与可爱，温情像闪电一样击中她的身心。然而幸福美满的家庭刹那间化为乌有，却如何割舍得了呢！

庞氏自小受到良好的教养，多年来她已经习惯于“行有不得，反求诸己”。她经过细细思量，觉得自己也有没做好的地方，才致使婆婆口渴难耐，一向孝顺的她反而生起愧疚之心。于是，她悄悄地住在了

邻居大妈家中。

庞氏借用邻居家的织布机日夜纺纱织布，将布匹卖去赚得了一些钱财。然后去街市买回好吃的，让邻居大妈送回家中给婆婆食用，并且叮嘱邻居大妈说是大妈自己的。邻居大妈每天都给姜母送去好吃的，日子一久，姜母便感奇怪，追问究竟，大妈终于道出了实情。

姜母得知真相后，心中颇感惭愧，懊悔之心油然而生，便嘱托儿子将媳妇接回家。

这一天，阳光明媚，风和日丽。庞氏打扮得整整齐齐，姜诗将其迎归家中。婆婆喜笑颜开，孩子更是蹦蹦跳跳，煞是欢喜。邻里乡亲看在眼里，真是羡慕万分。打这以后，姜诗夫妇孝顺母亲更加尽心，又恢复了往日的幸福安乐。

因为家事繁忙，有时孩子便也替母亲去江中取水。哪知“天有不测风云，人有旦夕祸福”，儿子在一次取水的时候，江里突发大水，溺水身亡。

姜诗夫妇心如刀割，悲痛万分。然而面对白发苍苍的老母却又强颜欢笑，不敢提起此事，生怕老母承受不起。姜母问起孙儿，便说外出求学，暂时不能回家，庞氏外出取水如故。

日子一天天过去，姜母忧心岁月无多，常常思念吃鱼，虽然家中贫寒，但姜诗夫妇更加辛勤劳作，将所有积蓄用来买鱼，又切成细细的肉丝，烹调好后供养孝敬姜母。庞氏惦念邻居大妈，于是夫妇两人常请大妈一起过来吃鱼，好让母亲开心。

一天夜里，狂风大作，雷电交加，下了一夜的雨。第二天，庞氏起来经过院子，突然惊奇地发现地上有一个桶大的窟窿，正汩汩地往外涌着泉水，顺着墙角流出了院外。庞氏尝了尝泉水，跟六七里外的江水一个味。在泉眼旁边。又发现两条活蹦乱跳的鲤鱼，不禁喜出望外。夫妻两人对着水泉，高兴得手舞足蹈。

邻人们听到了他们的欢呼也一拥而来，对着那奇异景象，赞羡不止。年长的人说，一定是姜诗夫妇的孝心感动了天地。于是，乡邻们纷纷拿出香烛，摆设祭品，一同向天地磕头感恩。

姜诗夫妇对天拜谢："谢谢老天！我们怎么也谢不完老天的大恩哪！老天对我们太慈悲了。我们没做什么好事，怎么得到这么大的慈悯啊！"

从那时开始，每天早上都会从泉眼里跃出两条肥大的鲤鱼，供给姜诗夫妇做成佳肴来孝养母亲。庞氏也不必冒着寒暑到山边去取水了。不久，姜母的眼疾也康复如初了。

后来，社会发生动乱，农民起义也频频发生。据说赤眉军路过孝泉时，首领听说这是孝子姜诗故里，立即翻身下马，传令三军："大家别乱来，惊动了大孝之人，必然触怒老天爷，那就不吉利了！"说完，还将随身携带的米面粮食，悄悄放在姜诗家门口。姜诗夫妇认为这是不义之财，就将其掩埋了。

在东汉末年社会动乱的形势下，时有强盗出没，但孝泉因有姜诗的孝名，没有受到战乱的骚扰。

在当时，社会推行举孝廉的选官制度，姜诗就被推举做了孝廉。姜诗夫妇的孝行又传到了汉明帝那里，皇帝也深深为之感动，便颁布诏书，封姜诗做了郎中。后来，姜诗调到江阳做县令，将这个地方治理得井井有条，人民安居乐业。

姜诗夫妇的孝行，充分体现了以"忠孝"为核心的伦理道德和社会规范。姜诗去世之后，汉明帝刘庄下诏在他们的故里建祠予以表彰。凡是经过这里的达官贵人，武官下马，文官下轿，逐渐成为传统。在今天的四川孝泉，依然屹立着"三孝祠"，几经兴废，仍保存着许多历史古迹。

在姜诗夫妇的故里，世世代代受到当地老百姓的敬仰和祭祀。他们的孝行感召了一代又一代华夏子孙。

赵孝兄弟的手足之情

儒家所讲的"孝悌"，不单单是指子女对父母的孝顺供养，也包含

有兄弟手足之爱。注重兄弟情是做人的根本之一。东汉时期的赵家兄弟面对危难，甘愿替死，就突出地显示出兄弟手足间至亲至爱的感情。

那是在东汉末年，有一个叫赵孝的人，是沛国蕲人，就是现在的湖北蕲春。他的父母早逝，父亲是赵普，时任王莽时的田禾将军，举孝廉为郎。

赵孝有一个弟弟叫赵礼，兄弟两个人相处得十分友爱。赵孝很照顾弟弟，家里的重活累活如砍柴、劈柴及田地里的农活等，他都是抢着干，从不让弟弟伸手。弟弟赵礼见哥哥干活累了，就拿来毛巾为哥哥擦汗，然后端水给哥哥喝。还常常劝哥哥不要累坏了身体。

赵孝知道，弟弟还小，正是长身体的时候。家里粮食不多，所以每次吃饭时，他都把干饭给弟弟吃，自己只吃些稀饭或锅巴。

有一年，由于收成不好，粮食减产歉收，饥荒严重，社会治安也很混乱。这一天，空中乌云密布，天色显得十分昏暗。一阵狂风过后，人们的心头仿佛都有一种不祥之兆。

果然，一伙强盗突然占据了宜秋山，开始四处抢掠，百姓们都慌忙逃命。在严重的饥荒灾区，饥饿已经使强盗们完全失去了理性，甚至连吃人的事情也有所耳闻。

强盗们在老百姓的家中大肆搜寻一阵，见找不出多少粮食和值钱的东西，一怒之下，他们就只好抓人。村里的人们为了躲避强盗，纷纷逃往山里。赵孝、赵礼兄弟俩也被慌乱的人群冲散了。

强盗横冲直撞，他们碰到落单的赵礼，就向他要粮食。赵礼根本拿不出粮食，于是强盗就把他捉走了。赵礼虽然身体瘦弱，但是穷凶极恶的强盗们也不肯放过他，将他五花大绑捆起来后，绑在一棵树上，然后在旁边架起炉灶生起火来，开始烧水，准备拿赵礼来充饥。

哥哥赵孝虽然幸运地躲过了这一劫，却找不到了弟弟。他心急如焚，四处打听，后来才得知有人亲眼看见赵礼被强盗抓走了。

弟弟被掠走的消息让赵孝心如刀割。他想起父母临终前嘱咐，让他好好照顾弟弟，焦急万分，心想："我该怎么办？要是弟弟有个三长两短，可怎么对得起父母啊！我这个做哥哥的又怎么能再苟活在这个世上？弟弟是同胞骨肉，哪怕赔上自己的性命，我也要救出他。"

想到这里，赵孝就下定了决心要找到弟弟。乡亲们听说后替他担忧，有的说："强盗杀人不眨眼，你不能去呀！"有的说："现在强盗跑得无影无踪，你去哪里找呀？"

赵孝说："乡亲们不必为我担心，我一定会把弟弟救回来的！"说完，他循着强盗撤离的方向奔了过去。

赵孝救弟弟心切，很快就赶到了强盗那里，见到了被捆绑的弟弟，同时也看到旁边有一锅正呼呼冒着热气的开水。

弟弟赵礼见哥哥来了，先是一阵惊喜，随后马上就哀叹起来，埋怨哥哥说："哥哥呀！您怎么可以到这个地方来呀！这不是白白送死来了吗？"

此时赵孝也顾不上与弟弟搭话，就冲到强盗的面前，对强盗说："我弟弟是一个有病的人，而且身体也很瘦弱，他的肉一定不好吃，请你们放了他吧！"

强盗们一听大怒，气势汹汹地对赵孝说："放了他，我们吃什么？"

赵孝听强盗这样一问，就赶紧说："要你们放了赵礼，我愿意用自己的身体给你们吃，况且我的身体很好，没有病，还很胖。"

强盗们听了赵孝的这番话，一下子都愣住了。他们没有想到天下还有这样甘愿送死的人，相互震惊地对视着，一时都被这感人的场面弄得不知所措。

这时，就听见赵礼在旁边大声地喊："不行！不可以那样做的！"

一个强盗向赵礼吼道："为什么又不行了？"

赵礼哭着说："被捉来的是我，被你们吃掉，这是我自己命里注定的，和哥哥有什么关系呀？怎么可以让他去死呢？"

听罢此言，赵孝连忙扑到弟弟面前，兄弟相拥在一起，互劝对方要让自己去死，情急之下已是泣不成声。

这些无恶不作的强盗们，听着兄弟互相争死的话语，望着手足之间舍身相救的场面，被深深震慑住了。他们那冰封已久的恻隐之心，被这人间真情真义的感人场面唤醒了，也都不禁淌下了热泪。最后，强盗们自动地让开一条路，目送着兄弟两人渐渐远去。

乡亲们钦佩赵孝、赵礼的兄弟情谊，交口赞扬。附近州郡征召官员，也要求向赵氏兄弟学习，上下团结，合力当差。

后来，这件事辗转传到了皇帝那里。皇帝是一个深明仁义道德之君，他了解了赵氏兄弟的义举，又知道他们的父亲赵普曾经做田禾将军，于是下诏书封了兄弟两人官职，征召赵孝为太尉府谏议大夫，后升至侍中、长乐卫尉，又征召赵礼为御史中丞。

皇帝还把他们以德感化强盗的善行，昭示于天下，让全国百姓效仿学习。

俗话说："兄弟如手足。"面对险境，赵氏兄弟能够首先顾及对方的安危，丝毫不顾个人的凶险，足见他们的心中已深深明白，自己的身体与弟兄的身体都是父母身体的一部分，同气连枝，同体相生。

兄弟情被我国人称为手足情。手和脚一起劳碌，一同苦乐。把兄弟定位于肢体关系，是我国宗法伦理的一大贡献。赵孝兄弟面对危难，甘愿争死，是兄友弟恭的优良典范，它所体现的精神特质，是构成中华民族宗法伦理的重要因素。

王祥孝悌德行义薄云天

王祥是琅琊临沂人，一生经历了东汉末年、曹魏、晋初3个历史阶段，官至太尉、太保。他以孝著称，凭着“卧冰求鲤”的动人之举而被选入《二十四孝图》。

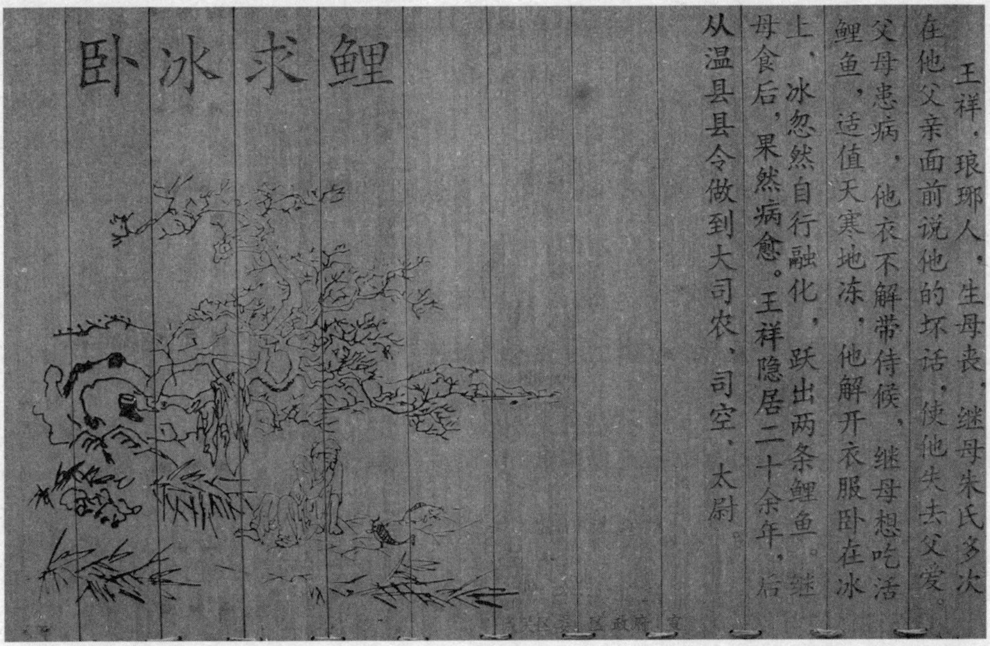

王祥很小年纪时就失去了母亲，父亲继娶朱氏为妻。自从后母进门后，王祥经历了极其坎坷的历程。后母凶悍跋扈，常在父亲跟前造谣生事，嫁祸于他，让他的父亲误解他、不爱他。而只要王祥表现不顺母意时，一定换来后母的毒打与责备，甚至提出无理要求，目的是逼他于死地。

这种日子对一个小孩而言，情何以堪。然而一切的苦，王祥不仅默默承受，而且并没有因此而顶撞父母，或怀恨后母，只是希望能有那么一天后母能接纳他。

王祥娶以了妻子后，后母仍旧不放过他，还会照常打骂他，甚至他的妻子也一并受罚。

王祥和弟弟王览的感情特别好。王览是王祥的同父异母兄弟，他非常敬爱王祥，多次暗中掩护照顾哥哥。这对王祥来说，自然是莫大的安慰。

王览才几岁时，看到哥哥被后母鞭打，就会跑过来跪在母亲跟前，哀求母亲打他或争着代哥哥罚罪。长大以后，王览时常劝母亲不要虐待哥哥。后母对王祥有不合理的要求，王览也自愿跟着王祥一起吃苦。

王祥经常干家里的脏活累活，每天起早贪黑操持家务。寒冬时节北风呼啸，滴水成冰，王祥在这样的天气也要到山里砍柴。这一天，王祥背着一大捆干柴，顶着北风，好不容易从山里打柴走回家里。刚一到家，他就觉得头疼发热，全身无力，异常难受，就躺下了。

没想到刚刚躺下，后母大步走进房内喊道："祥子，快起来，快去给我和你父亲把炕烧热！"还没有等王祥说话，后母又大喊起来，"懒猪，还不快点起来干活！"

王祥只好强打着精神起了床，按后母说的去做。这时，父亲回来了。后母立刻在王祥父亲面前诬陷道："夫君，祥子今天不知怎么回事，异常懒惰。方才我发现他没有烧炕就睡大觉了，真是岂有此理！"

父亲一听，大发雷霆。他立即叫来了王祥，不问青红皂白就训斥道："祥子，今天你不干完活就睡懒觉，到底为什么？"

"我……"王祥有口难言。平时，自己受再大的委屈，也从不顶撞父亲。

"以后再这样，看我不揍你！"父亲喝道。

王祥委屈地退了出去。

不久，后母感到心口忧闷，很不舒服。父亲叫来了郎中给后母号了脉。郎中开了药方，声称要治好这种病，只能喝鲤鱼汤才有会见效。

时值冬日，市场上根本就没有卖鲤鱼的。怎么办？大家为此都在发愁。这时，王祥二话没说，起身向村外的一条河走去。

"祥子，你到哪儿去？"父亲问道。

"我去村外那河上。"

"大冬天那里封冰，你去那里干什么？"

“父亲，您别管了！”

后母说：“祥子肯定又是去那里玩了。你看看，要这孩子有啥用？这么多年，我看是白养了。我如今重病在身，他竟然跑出去玩，真是不孝之子！”

王祥来到河上，只见河面结了一层厚厚的冰。怎么才能弄出鱼呢？想了片刻，王祥突然脱掉了上衣，躺在冰上。王祥硬是用自己的体温融化了一块冰。他敲开变薄了的冰层，只见冰下有好多鲤鱼。他不顾天气的寒冷，伸手就抓到了两条鲤鱼。

王祥一路小跑，高兴地把鱼带回了家，刚进院子就喊道：“父亲，有鱼了，有鱼了！”

“你哪来的鱼？”父亲感到莫名其妙。

王祥告诉父亲得到鱼的过程，父亲颇受感动。

王祥的孝心可以融化坚冰，却不能融化后母比坚冰还硬的心。后母又想吃黄雀肉，王祥就去张罗捕捉，据说黄雀竟纷纷自投罗网。

王家有一片李树林，到了夏天果实累累。一天夜里风雨大作，后母令王祥去守住李树，不让果实被风雨打落下来。王祥哪有这本事啊，他就抱着李树向天哭泣哀求，结果还真灵，果实硬是没有掉下一个来。王祥的孝举，在十里八村传为佳话。人们都称赞王祥是人间少有的孝子。有人写诗称赞：

继母人间有，王祥天下无；
至今河水上，一片卧冰模。

王祥的孝行也感动了朝廷，于是被推举为孝廉。此后不久，王祥的父亲去世了，这个世界上最亲的人永远地离他而去。

在王祥悲苦万分的时候，弟弟王览常来安慰他，使他感到了仅有的温暖。这时候的后母，对王祥是羡慕嫉妒恨，她想用毒酒毒死王祥。就在千钧一发间，王览发觉了，他夺过毒酒，要自己喝下去，他的母亲打掉了那杯毒酒。

一计不成，又施一计。有一天夜里，后母提刀走进王祥独睡的小屋，来暗杀王祥。结果王祥命大，正好起床上厕所，后母只是刺穿了被子。王祥从厕所回来，发现后母持刀怒视自己的被子，知道后母行刺失败，就跪在后母面前请死。

后母朱氏这时良心发现，她联想过往的一切：她想到自己一直袒护亲生儿子王览，无所不用其极地想加害王祥，儿子却又这么善良地愿意代兄死，差点将自己骨肉毒死；她想到王览、王祥的手足情，两人共患难共死生的点点滴滴；想到王祥为了给自己治病，在大冬天赤身卧冰求鱼等。

这一幕幕人间的温暖，怎能不叫她震撼，叫她悔恨呢！原本铁石心肠的后母，此刻深感羞愧，蹲下身抱住王祥大声痛哭起来。哭声惊动了王览，他走过来一看什么都明白了。于是，三人紧紧地抱在了一起。

从此以后，一家的阴霾化去了，后母待王祥百般呵护。王祥如沐春风，对后母百依百顺。王祥、王览两兄弟的感情也更加深厚了。

王祥侍奉后母时，正值东汉末年天下大乱。他曾扶母携弟避乱于庐江郡，就是现在的安徽潜山县一带，长达20余年。在此期间，有州郡邀他去做官，他都以有母在堂为由予以推辞。

20多年后，应该是已经进入曹魏时期了。后母去世，人们看见王祥居丧，哀痛欲绝，面色憔悴，形容枯槁，必须要拄根拐杖才能立起身来。

后母既逝，孝心已尽，说到出山，王祥应该再也没有理由挡驾了。徐州刺史吕虔早知王祥孝悌之德，赶忙写来一封信，叫他去当别驾从事。但王祥却说是年老耳背，胜任不了这样重要的工作。其实他是舍不得弟弟。

王览见了，一再劝说，还亲自为哥哥备好车马。直至这时，王祥才应召上路。

吕虔对王祥特别信任，几乎把州中大小事务全部委任给他来处理。当时，徐州境内盗贼蜂起，王祥上任的第一件事就是打击这些盗贼，

经过一番密集的打击，境内的盗贼全部被肃清。史书用“州界清静，政化大行”来形容王祥所取得的政绩。

当地老百姓更是用歌谣来称颂王祥：

海沂之康，实赖王祥。

邦国不空，别驾之功。

海沂，即徐州，徐州境内有一条沂河流过，故有此名。歌谣的意思是，徐州的安宁和仓廪充实，都有赖于王祥的功劳。

254 年，继司马懿之后掌权的司马师废掉了曹魏的第三任皇帝曹芳，立年仅 14 岁的高贵乡公曹髦为皇帝。不久，司马师暴死，其弟司马昭继续独掌大权。

这时，王祥已经迁太常之职，封万岁亭侯。王祥是当时社会的道德偶像，曹髦需要的是这个偶像的力量，于是任命王祥为三老，专掌教化。凭着资历、声誉和祖父般的年纪，王祥成为帝王师，可以随时训导曹髦。

王祥初任官时，一位权位极高的朝廷老臣非常肯定王祥的德范，赠送一把追随多年的镇家宝剑送给他，告诉他这把宝剑将带来一家无比的吉祥与兴旺，并深深地期勉王祥。

王祥知道此剑是无价之宝、吉祥宝剑，他并没有自己珍藏，而是赶紧转送给弟弟王览，并将老者的期许转告了弟弟。

王祥的弟弟王览也当了官，两人在朝中各有建树。两人一生当中一路走来，患难与共，相互扶持、相互照顾、相互安慰、相互提携；而且两兄弟都非常长寿，都活到八九十岁，这大概就是兄弟相亲的缘故吧。

兄弟俩的后裔子孙也非常贤能有德，几代兴盛不衰，而且皆为朝廷栋梁。真的是应验了“积善之家，必有余庆”的古训。

善为我辞

季康子[1]问："仲由可使从政也与？"子曰："由也果，于从政乎何有？"曰："赐也可使从政也与？"曰："赐也达，于从政乎何有？"

曰："求也可使从政也与？"曰："求也艺，于从政乎何有？"

季氏使闵子骞[2]为费[3]宰，闵子骞曰："善为我辞焉！如有复我者，则吾必在汶上矣。"

【注释】

①季康子：春秋时期鲁国的正卿。

②闵子骞：姓闵名损，字子骞，鲁国人，孔子的学生。

③费：季氏的封邑，在今山东费县西北一带。

【解释】

季康子问孔子："仲由这个人，可以让他管理国家政事吗？"孔子说："仲由做事果断，对于管理国家政事有什么困难呢？"

季康子又问："端木赐这个人，可以让他管理国家政事吗？"孔子说："端木赐通达事理，对于管理政事有什么困难呢？"

又问："冉求这个人，可以让他管理国家政事吗？"孔子说："冉求有才能，对于管理国家政事有什么困难呢？"

季氏派人请闵子骞去做费邑的长官，闵子骞说："请你好好替我推辞吧！如果再来召我，那我一定跑到汶水那边去了。"

【故事】

辅助两代周王的周公

周公，姓姬名旦，又称周公旦，也称叔旦，谥“文公”。他是周代周文王的儿子，是西周初期杰出的政治家、军事家和思想家。他曾先后辅助周武王灭商、周成王治国。他制定和完善宗法、分封等各种制度，使西周奴隶制获得进一步的巩固。

周公是我国古代史上一位伟大的政治家，同时又是我国古代教育开创时期的杰出代表，他对我国古代教育的发展曾经起过巨大的作用。

周公自幼为人诚实忠厚，孝敬父母，多才多艺。在周文王之时，周族在岐山附近已经获得了很大发展。周文王去世后，周武王继承父位，继续进行消灭商汤的事业。

周族与商朝军队经过“牧野之战”，最终推翻了商朝的统治。周武王褒封了一些功臣，使天下逐渐得以稳固。

在周武王灭商的过程中和灭商之后，周公一直是周武王的得力助手。由于他过度劳累，周武王在消灭商朝后的第二年便生了病。

有一次，周武王忧虑天下尚未安定，结果一夜没有睡。周公得知后，急忙赶到周武王那里。周武王觉得自己已经不久于人世了，便托付后事，将一些想法告诉了周公。

周朝当时还未完成统一，周武王想让自己的子嗣完成统一大业，

但是他的儿子姬诵还很年少，不能担负起这个重任。所以在两人交谈时，周武王希望让周公在自己去世后继承王位。

周公听说要让自己继承王位，他非常惊恐，就哭着作揖，既感激又害怕，连忙说自己不能这么做。

周公认为，周朝刚创下基业，政局还不稳定，姬诵年幼无知，还没有治理国家能力，如果想要巩固新生的政权，就需要经验丰富的君主。所以周公只想暂时代替姬诵打理国事，等姬诵长大再主动交出权位。

就这样，周武王的儿子姬诵被立为太子，由周公负责培养和教育。在周武王去世的当年秋天，周公为年仅 13 岁的姬诵举行了加冠礼，以示姬诵已经长大成人，让他登基，被称为周成王。

此时周公领导百官，担负起了安定天下和巩固周朝统治的重任。周公辅佐周成王，处理政事，这在当时这种混乱的局势下，对于稳定人心有着极为重要的意义。

然而，尽管周公兢兢业业地辅佐周成王，却有人怀疑周公的动机不纯。周公的弟弟管叔和蔡叔等人制造谣言，说周公将对成王不利。

时隔不久，管叔和蔡叔与商纣王的儿子武庚勾结起来发动叛乱，阴谋夺取政权。周成王便命周公率兵镇压叛乱。周公领兵很快就讨伐平定了管叔、蔡叔和武庚发动的反叛。

周成王迁都洛邑后，周公就召集天下诸侯举行盛大的庆典，在这里正式册封天下诸侯，并且宣布各种典章制度，也就是著名的“制礼作乐”。

为了巩固周朝的统治，周公先后发布了各种文告，从其中可以看出周公全面总结了夏朝和商朝的统治经验，才详细制定了适合周朝的各种政策。周公曾先后发布了《康诰》《酒诰》《梓材》文告。

《康诰》的目的是安定原商朝的人民，其内容主要是“明德慎罚”。周文王因为“明德慎罚，不敢侮鳏寡”才有了天下。

“明德”的具体内容之一就是“保殷民”。“慎罚”就是依法行事，这其中还包括商朝法制的合理成分。

《康诰》规定，刑罚不可滥用，有的案情要考虑五六天，或者10多天才能够判定。至于杀人越货或“不孝不友”的要“刑兹无赦”。

文告中反复强调“康民”“保民”“裕民”和“庶民”等。文告反复告诫为官者要勤勉从事，不可贪图安逸。并说“天命”不是固定不变的，能“明德慎罚”才有天命。

还说“明德慎罚”也不是一切照旧，而是参酌商法，推行周法，使原商朝的人“做新民”。

《酒诰》是针对原商朝人们饮酒成风而发布的。酿酒要用去大量粮食，这种饮酒风习在以农业为主的周朝看来简直无法容忍。

周公并非完全禁酒，他规定在有祭祀庆典的时候还是可以喝一点的。但是群饮是不行的，不可放过，要全部捉来“以归于周”，或“予其杀”。

“予其杀”是将要被杀，但是未必杀；“归于周”是指不要给原商朝人们有滥杀的印象。这其实同“保民”或“安民”是一致的。

文告强调要引导原商朝人民去多种庄稼，也可以从事养殖或经商。

《梓材》规定人们之间不要相互残害或相互虐待，要关爱鳏寡孤独，社会自然就会出现安定的局面。这种局面的形成不是轻易可以得到的，要像农民那样勤除草和勤整地，贵在坚持。总之，勤用明德和保民，才能“万年为王”。

三篇文告贯穿一个基本思想，那就是安定原商朝的人民，不给他们滥杀或虐待的形象。同时反复强调处罚要慎重，要依法从事。至于改造酗酒陋习，也要求一是限制；二是引导；三是区别对待。

为了周王朝的长治久安，周公还制定了礼乐制度。主要有“畿服”制、“爵谥”制、“法”制、“嫡长子继承”制和“乐”制等。其中最重要的是嫡长子继承制和贵贱等级制等。

在商朝的时候，君位的继承多半是兄终弟及，传位很不固定。周公确立的嫡长子继承制，就是以血缘为纽带，规定周天子的王位由长子继承。同时把其他庶子分封为诸侯卿大夫。他们与天子的关系是地方与中央、小宗与大宗的关系。

周公还制定了一系列严格的君臣、父子、兄弟、亲疏、尊卑、贵贱的礼仪制度，以调整中央和地方、王侯与臣民的关系，以加强中央政权的统治，这就是著名的“礼乐制度”。

周公制礼作乐具有十分重大的意义，它标志着周朝的统治完全走向了正轨，而且对周朝社会的稳定和繁荣起到了重要的作用。

周公的“敬天保民”“明德慎罚”和“勤政尚贤”等思想，成了后来儒家思想的直接来源，影响了我国几千年的社会制度。

周公辅政7年后，周王朝的统治已经稳固下来。此时，周成王已经长大成人，完全可以独立处理政务了。周公担心成王年轻气盛，治国时难免犯错误，于是写文章以劝谏成王。

后来，周公在恰当的时候还政于成王了。周成王继位第七年，也就是周公归政之年的岁末，周成王在洛邑举行了分封周公后代的仪式，将周公的儿子伯禽封到泰山旁边，建立了鲁国，周公也就成了鲁国的开国君主。

周公归政成王后，依然极受尊敬，周成王经常去泰山看望周公。

周公大约60岁时在封地去世。在周公病危时，他希望自己死后葬在周朝的都城，以表示不愿离开成王。周公去世后，周成王很伤心，特许鲁国在祭祀周公时演奏周朝的“天子礼乐”，以示对周公的最大尊敬。

周公不仅敬德保民、制礼作乐、建立典章制度，此外对《易经》创作也有巨大贡献。他还受后来春秋时期著名思想家孔子的推崇，被儒家尊为圣人。周公思想对后来儒家的形成起到了奠基的作用，后世儒家将周公与孔子并称。

子罕拒宝品德高尚

春秋时，宋国有个小官叫乐喜，字子罕，他一向坚守道义，廉洁奉公，深受当地百姓的爱戴。

有一天，一个衣着朴素的人从怀中掏出一块璞玉，放在子罕面前说："大人为官清正，百姓受惠多多。小人在山上采石，发现这块璞玉，玉石工说它是价值千金的宝贝，所以献给您，以表敬意。"

子罕婉言谢道："我不需要它，你得之不易还是带回去吧！"说完把璞玉推到那人面前。

子罕接着说："我一向把不贪当做宝物，你把玉石当做宝物，如果把它给了我，岂不是你我都丢掉了自己的宝物吗？"

献玉人见子罕有如此高尚的品德，他深深地施了一个礼，说出了自己献玉的原因："小人是个普通百姓，偶然得到了这样的宝玉，如放在家中，反会遭强盗杀害，因此把它献给大人，望大人收下！"

子罕明白了那人的苦衷，就让玉石工把玉拿去打磨，然后把这块玉卖了一大笔钱。

子罕把钱全部给了献玉人，并且告诉他乡里的里正会保证他的安全。

献玉人看到子罕替自己考虑得如此周到，感动得热泪盈眶，连连叩头致谢，拿着钱回家去了。

孝庄文皇后公而忘私

在古代社会里，有许多身居高位、品德高尚的皇太后。清代的孝庄文皇后，就是其中的一位。孝庄文皇后，姓博尔济吉特氏，名叫布木布泰，也叫本布泰，是蒙古科尔沁部贝勒寨桑的次女。

孝庄 13 岁时嫁给努尔哈赤第八子皇太极为妻，后来皇太极在沈阳突然病故，她痛不欲生，想以身相殉。由于诸王贝勒以子女年幼，需要抚育教养为由多方劝阻而止。

皇太极生前没有立继承人，他去世后，诸兄弟为了皇位相争为乱，睿亲王多尔衮和皇太极长子肃亲王豪格之间的相争尤为激烈。

为了避免相争给国家和人民带来灾难，布木布泰最后采取折中的

方案，由皇太极第九子、时年6岁的福临继位，即顺治皇帝，由多尔衮和济尔哈朗辅政。

顺治继位后，尊布木布泰为皇太后。而此时的多尔衮，其夺取皇位的野心并未消失，相反随着权势的不断扩大和加强，其当皇帝的欲望越加强烈，从而给顺治的皇位带来了越来越大的威胁。

皇太后为了维护顺治的皇位，处处以国家利益为重，一心为公，甚至付出了自己一生幸福的代价。她按着当时满族父死则妻其后母，兄死则妻其嫂的习俗，下嫁给多尔衮。以此来笼络和控制多尔衮，巩固福临的地位。

为了顺治帝位的稳定，皇太后百般笼络一批有实力的汉族上层势力，设法使已归顺清王朝的孔有德、吴三桂、耿精忠等效忠大清，为他们封王晋爵。

她还将平南王孔有德的女儿孔四贞，召到宫中施以教育，并招为义女，以郡主视之。又把皇太极的女儿和硕公主嫁给平西王吴三桂之子吴应熊，以联姻结亲手段进行拉拢控制。

由于清代初期的长期战乱，社会生产遭到严重破坏，大量灾民流离失所，社会极不安定。为此，皇太后在宫中一再提倡节俭，并多次将宫中节余银钱赈济灾民。这既有利于缓和社会矛盾，维护社会安定，也有利于稳固顺治的皇帝地位。她所倡导的节俭家风，影响了后来的康熙、雍正两朝。

顺治去世后，由其子玄烨继位，这就是康熙帝，他尊皇太后布木布泰为太皇太后。由于布木布泰是清太宗皇太极的妃子，谥号“孝庄”，又因她的儿子和孙子都做了皇帝，故史称“孝庄文皇后”。

孝庄文皇后全力辅佐康熙帝玄烨主政。康熙皇帝10岁丧母由她教养，她们祖孙两人之间感情十分深厚。康熙继位后，几乎每天上朝之前或下朝之后，都要到孝庄文皇后那里去问安。

康熙执政之初，4位辅政大臣鳌拜、苏克萨哈、遏必隆、索尼矛盾重重，各有野心。孝庄文皇后对他们分化、利用，最终擒了称雄一时的鳌拜，巩固了皇权。

此后没多久，“三藩”开始作乱。孝庄文皇后不但支持康熙力排众议，撤三藩，平吴三桂、耿精忠、尚之信，而且多次拿自己的份银犒赏出征的将士，深得人心。

在蒙古察哈尔部布尔尼起兵反清的紧急时刻，孝庄文皇后果断推荐已被免职的大学士图海为将，从而平定了北方，稳定了大局。

孝庄文皇后一心为公的高尚品德，对她的子孙和身边的大臣影响极深，从而也博得了子孙和大臣对她的尊敬和爱戴。康熙亲政后数年，凡重大事件，都请示孝庄文皇后而后才施行。

康熙帝非常尊重孝庄文皇后，他常说：“趋承祖母膝下30余年，鞠养教诲，以致有成。”“若无祖母太皇太后，断不能有今日成立。”这个评价之高，无人能及。

1687年底，孝庄太皇太后离世，享年75岁。

这位为大清王朝披肝沥胆的巾帼至尊，去世后并未按惯例全国举哀。康熙遵照她生前的遗嘱，把灵柩暂时停放在河北遵化的“暂安殿”内，一停就是40年。直至雍正一朝，才正式安葬在东陵地宫。因地宫在沈阳清太宗皇太极的昭陵之西，故有“昭西陵”之称。

孝庄文皇后是从内蒙古科尔沁草原走出，在清代皇宫长达60多年，为清王朝奉献一生的蒙古族女政治家。她历经四帝，躬助三朝，两扶幼主，对调和清宫内部矛盾和斗争，稳定清初社会秩序，促进国家的统一做出了重大贡献，被誉为“大清国母”。

孝庄文皇后以天下为公，不计私利，处处为国家利益着想的精神，是值得后人学习的。

王鼎一心为民排忧解难

清代克己奉公的典范人物，除了孝庄文皇后，还有一个叫王鼎的人。他一生一心为公，忧国忧民，为民解困，做了不少好事。

王鼎是清代陕西蒲城人。历任翰林院庶吉士、侍读学士、礼部户部吏部等部侍郎、户部尚书、河南巡抚、直隶总督、军机大臣、东阁大学士等职。

王鼎为整饬吏治，刚正不阿，不徇私情。他在刑部任职，先后深入九省，审理过30余起重大疑案，使贪赃枉法者均被惩处，冤假错案得以平反。即使封疆大吏直接插手，相互勾结的人为错案，也照查不误。

浙江德清徐仉氏与前房儿子通奸，为灭口杀死儿媳徐蔡氏一案即为典型。仉氏奸刁，买通各级官吏、仵作狱吏，造成各级官员互相包庇，虽3次开棺验尸，皆无结果，直拖延3年之久不能结案。

王鼎复审此案，经过艰苦访查，弄清了受贿网，涉及巡抚一人、知府4人、同知两人、知县4人以及许多县吏、仵作等，案情真相大白于天下，“浙人颂为神明”。他铲除时弊，执法如山，显示了铮铮铁骨。

王鼎本人从不依人上爬，堪为自律表率。同乡同族王杰时任宰相，他从未让王杰助己升迁。

王鼎要求子女族人甚严。他的儿子回陕西参加考试，他唯恐利用权势不法行事，叮嘱儿子考前不许“见客”“见长官”。跟随家人“勿上街”，力杜嫌疑，以正自身，要凭真才实学考取功名。

王鼎关心国计民生，理财有方，被誉为嘉庆、道光时期的理财能手。

1827年，新疆张格尔在英国殖民主义支持下，发动叛乱，攻城略地，割据一方。清代朝廷发兵讨伐。王鼎均衡度支，保证了军需，卓有贡献。平叛后得到赏戴花翎，绘像紫光阁的殊荣。

王鼎在整顿天津长芦盐务，两淮盐政上，采取一系列有效措施，促进了盐商经营，扭转了盐课拖久危局，保证了朝廷财政收入。

王鼎对教育、社会公益异常关心。他一生视学江西，主持乡试、会试多次，所得多奇杰士。任江西学政，常入基层督查，垂刻《朱子小学近思录》、《六事箴言》等，充实教学内容。他还曾为蒲城尧山书院捐款，以供经费。他为倡办义仓、义田，对地方多有捐助，诚心感人。

王鼎克己奉公，怜恤民苦。在治黄工程中，以74岁高龄，亲临工地指挥。在当时，黄河从河南开封附近的祥符决口，祸水横流，奔腾不羁。一些昏庸的官吏，置人民死活而不顾，主张迁省城以避水祸。

王鼎听说以后，非常气愤。他慷慨陈词，力排众议，并积极采取措施，保守危城。此时，开封城下，四面皆水，危在旦夕。74岁的王鼎抖擞精神，亲率官吏，日夜巡护城池。

堵河工程开始后，王鼎又不畏艰辛，驻扎在工地，和民役一道露饮星宿。他晚上操劳，经常通宵达旦，白天疲倦时，就躺在轿子中休息片刻。治河6个月之久，多次返回省城可是没有在行馆就寝。在王鼎的督察指挥下，黄河堵河工程终于按期竣工，终保危城开封无恙。

鸦片战争爆发时，抗战派报国无门，投降派畏缩不前。王鼎对此目不忍睹，气愤至极，在道光皇帝面前怒斥穆彰阿等卖国行为，并建议道光皇帝起用林则徐禁烟。

由于道光皇帝没有及时采取对策，王鼎报国无门，积愤难消，决心以死打动道光皇帝。他关门自草遗疏，再度苦谏道光皇帝起用林则徐抗敌保国，谴责穆彰阿误国害民。遗书疾呼：

条约不可轻许，恶例不可轻开，穆不可任，林不可弃也！

王鼎书毕，置遗疏于夹衣衫中，怀着满腔悲愤，在圆明园寓邸中自缢尸谏。王鼎去世后，林则徐在戍途中惊悉噩耗，痛失知音，写下“伤心知己千行泪，洒向平沙大漠风”的诗句。

王鼎的去世，也激起了陕西蒲城的绅士、乡亲们的崇敬之情，人们报陕西巡抚奏请道光皇帝，将他埋在故里。时至今日，蒲城的人们还在相传颂着王鼎一心为公的事迹。

左宗棠为国身先士卒

清代克己奉公的典范不能不提到左宗棠。他在带兵征战中，身为军中将帅，事事严于律己，身先士卒，与士兵同甘共苦，就是儒家爱国爱民思想的体现，应该受到后人的称颂。

左宗棠是清代时湖南湘阴人，曾任闽浙、陕甘总督和协办大学士、军机大臣等职。他的一生中，大半生是在戎马倥偬中度过的。

左宗棠出身于农家，平日过惯了寒素生活。做官时，他常亲自灌园种菜，不喜玉食，治军时，常到军中走动，与士兵一起劳作。

有一次，左宗棠督师到甘肃安定县。兰州道台蒋凝学见他已是 61 岁高龄，就劝他迁住省城兰州总督府居住。然而他却想到正在前线浴血奋战的广大官兵比他更为艰苦，硬是谢绝了其部属的一番好意，坚持与士兵同甘共苦，住进军中帐篷。

左宗棠不仅自己身先士卒，与将士同享甘苦，而且平时还不断要求他的部将，要他们爱兵犹如爱子，告诫他们带兵时要有如带子弟的心肠那样去带他们。

左宗棠在亲自制订的《禁军管制》中，专门写了体恤兵勇的条文。每当在打仗时，因奋勇而阵亡，或伤重而身故的兵丁，家境贫寒者，他除了要求官府给予抚恤外，他自己还掏腰包，补贴他们的遗属，以示慰问。

1875年，清政府任命左宗棠为钦差大臣，前往新疆督办抗击沙俄的军务。在挥师西征途中，一路上他只住营帐，从不住公馆。

他常穿着一身布衣长袍，守着一张白木板桌办公。在恶劣的气候条件下，帐外或沙土飞扬，或雨雪交加，他仍是伏在灰暗的灯烛下，不辞辛劳地处理繁重的军务。实在劳累极了，就踱出帐外，和军士闲聊，丝毫不摆长官的架子。

左宗棠坐镇于酒泉，运筹于帷幄，繁重的军务终于累得他病倒了。但是，为了早日从沙俄手中收复新疆失地，实现他的“与西事相始终”的誓言，他不顾自己“衰病日臻”的病体，继续率军西征。

左宗棠带领的军队在向哈密行进的途中，正遇上漫天风沙，冰雪交加的恶劣天气。沿途地方官吏，为照顾左宗棠的病体，多次力劝他住进公馆，左宗棠都执意不从，依旧是住在营帐之中，坚持着和将士们在一起。

左宗棠认为，此去一遭，恐怕已不能“生入玉门关”了。为了向全军将士表示誓与沙俄侵略军决一死战的决心，在行军中，他还特意命令其部属抬着棺材随军前进，随时准备为国捐躯。

手下人自然有疑，左宗棠便借此说出了一句掷地有声的话：

> 丈夫身临战阵，有进无退，死到沙场，便是终考。况吾后事具备，不犹胜于马革裹尸乎！

左宗棠这件事情，体现的是一个中国人印在骨子里的魂：想抢占中国人的土地，我们和你拿命拼。左宗棠的这个举动，不只在明志，还在鼓励军心，他都这把年纪了，尚且还要拼死收复国土，将士们怎么敢不用命。

左宗棠的这种誓不生还、效命疆场的悲壮之举，极大地激励和鼓舞了将士们讨伐侵略者的决心。

因此，在出征和追剿阿古柏匪帮的战斗中，全军上下万众一心，奋勇杀敌。

左宗棠在历史上是受数千年儒家思想润泽的一代豪杰，他毕生致力于增进对儒学的理解，他无私奉献的对象是忠君爱国的理念。他生活在一个充满危机的时代，能够在儒家学说的鼓舞和指导下，与士兵同甘共苦。

一箪食，一瓢饮

伯牛[①]有疾，子问之，自牖[②]执其手，曰："亡之[③]，命矣夫[④]！斯人也而有斯疾也！斯人也而有斯疾也！"

子曰："贤哉回也！一箪[⑤]食、一瓢饮，在陋巷，人不堪[⑥]其忧，回也不改其乐。贤哉，回也！"

【注释】

①伯牛：姓冉名耕，字伯牛，鲁国人，孔子的学生。孔子认为他的"德行"较好。

②牖：yǒu，窗户。

③亡之：作死亡解。

④夫：语气词，相当于"吧"。

⑤箪：古代盛饭的圆形竹器。

⑥不堪：不可以忍受。

【解释】

伯牛病了，孔子前去探望他，从窗户外面握着他的手说："活不久了，这是命里注定的吧！这样的人竟会得这样的病啊，这样的人竟会得这样的病啊！"

孔子说："颜回的品质是多么高尚啊！一箪饭食，一瓢水，住在简陋的小巷子中，别人忍受不了那穷困的忧愁，而他却不改变他自己乐观的态度。颜回的品质是多么高尚啊！"

【故事】

统军治国能手姜子牙

姜子牙（前 1156 年 ~ 前 1017 年），也称吕尚、姜尚，名望，字子牙或牙。他先后辅佐了六位周王，因是齐国始祖而称“太公望”，俗称姜太公。他生于商周时期东海海滨，即今安徽省临泉县一带。

姜子牙是一位满腹韬略的贤臣和非凡的政治家、军事家，一直受历代统治者崇尚。是我国商周时期政治家、军事家和谋略家。他的统军和治国方面的才能，被千古传颂。

在商朝末年，在商都朝歌的西面兴起了一个名叫周的强国。周的历史悠久，据说他们的远祖后稷在尧的时候是担任农师，以后世世代代承袭这个职务，管理农业方面的事情。周族领袖姬昌继位，就是有名的周文王。

因为祖先做过农师，周文王也十分重视农业。他待人宽厚，所以老百姓都很拥护他。周文王特别敬重有本领的人，请他们帮助治理国家，许多人纷纷来投奔他，因此他手下文臣武将众多。

姜子牙就是周文王请来的最有才能的人。

商纣王看到周的势力越来越强，十分害怕，就找个理由把周文王找来，囚禁在羑里。

周文王的臣子为了搭救周文王，搜罗了美女、宝马和珍宝献给商纣王，并买通商朝的大臣，请他在商纣王面前求情。

商纣王很是贪财，又喜欢美女。他得了礼物，听了大臣的话，把周文王释放了。

周文王获得自由以后，决心治理好自己的国家，以便寻找机会，报仇雪耻。他看到自己手下虽然有了不少文臣武将，可是还缺少一个文武双全且谋略超众的人，以帮他筹划灭商大计。

因此他常留心寻访这样的大贤人。

一天，周文王来到渭水边，他看到一位须发斑白的七八十岁的老人，坐在在水边钓鱼。老人钓鱼的鱼钩离水面有三四尺高，并且是直的，上面也没有钓饵。周文王看了很纳闷，就过去和老人攀谈起来。

经过交谈周文王才知道，这老人姓姜，名尚，又名子牙，是远古时代炎帝的后代。到渭水边上来钓鱼，目的就是在等待贤明的君主来寻访。

周文王和姜尚经过一番交谈，发现姜尚是一个谈吐不凡、有雄才大略的人。他上通天文，下知地理，对政治、军事各方面都很有研究，特别是对于当时的形势，分析得头头是道。

他认为商朝的天下不会很长久了，应当由贤明的领袖来推翻它，建立一个新的朝廷，让老百姓能过上舒服的日子。

姜尚的话句句都说到了周文王心里，周文王终于找到了姜尚这样的治国能手。

周文王虔诚地对姜尚说："请您帮助我们治理国家吧！"

说完，就叫手下人架车过来，邀请姜尚和自己一同上车，回到都城里去。

姜尚到了周文王那里，就被拜为太师，总管全国政治和军事。

姜太公果然不负厚望，他做了周文王的国相，帮助周文王整顿政治和军事。他对内发展生产，使人民安居乐业；对外征服各部族，开拓疆土，简直削弱商朝的力量。

周文王在姜尚的辅佐下，先后打败了犬戎、密须等部族及一些小国家，吞并了从属于商朝的崇国，在崇国的地盘上营建了一个丰城，把都城迁到了丰城。

周文王晚年的时候，周的疆土面积扩充了不少。当时周朝的疆域东北拓展到现在山西的黎城附近，东边到现在河南沁阳一带，靠近商朝的都城朝歌，南边到了长江、汉水、汝水流域。

据说周文王已经控制了当时天下的三分之二，为灭商奠定了可靠的基础。

周文王病逝以后，他的儿子姬发即位，这就是周武王。姜太公帮助周武王建立了周朝，成为有名的军事家和治国贤臣。

前1043年，商王朝统治集团核心发生内讧，良臣比干被杀，箕子被囚为奴，微子启惧祸出逃，太师疵、少师强投降周武王。

周武王问姜子牙现在是否可伐商朝，姜子牙支持现在伐纣。

于是，周武王决意举兵，并以“吊民伐罪”为号召，联合诸侯各国部队，以战车4000乘陈师牧野，与商纣王的17万大军展开决战。

周武王在牧野举行了庄严的誓师大会，这便是历史上有名的“牧誓”，誓词历数商纣王听信宠姬谗言，招诱四方罪人和逃亡奴隶，暴虐地残害百姓等罪行，说明伐纣的目的乃代天行罚，宣布战法和纪律要求，激励战士勇猛果敢作战。

周武王以姜子牙为主帅，统领兵车300乘，猛士3000名，甲士4.5万人，向商军发起挑战。

姜子牙首先以兵车、猛士从正面展开突击，尔后以甲士展开猛烈冲杀，一举打乱了商军的阵势。纣师虽众，一看阵脚被打乱，顿时斗志皆无。这时，商军前面的士卒调转枪头指向商军，给姜子牙开路。

周武王见此情景，指挥全军奋勇冲杀，结果，商纣王的10多万大军，当天就土崩瓦解。商纣王见大势已去，在鹿台投火自焚，至此，商王朝宣告灭亡。

周朝建国之后，姜子牙因灭商有功，被封于齐，都城营丘。姜子牙在治理齐国时，强调立功做事，重用有功之人，大力发展经济。他顺应当地的习俗，简便周朝的繁文缛节，大力发展商业，让百姓享受鱼盐之利。

齐国的地理位置靠着沿海，但当时齐国人都是用鱼钩钓鱼，这样

费时间，钓的鱼也少。姜子牙便教给他们用渔网打鱼，发展渔业。同时又教给他们晒盐、卖盐，从邻国换取所需要的粮食。此外，他还大力发展手工业、冶铁等。

当其他诸侯国还在费尽心思发展农业时，姜子牙却带领着齐国人从商。

经过一段时间的治理，姜子牙将齐国建设成为一个实力雄厚的商业国家，百姓富足，国家安定，出现百姓安居乐业的景象，使之成为后来的春秋五霸和战国七雄之一。

据说姜子牙活了100多岁。历代典籍都公认他的历史地位，儒、道、法、兵、纵横诸家都追他为本家人物。因此，姜子牙被尊为“百家宗师”。

孔子学生颜回好学

在孔子的众多弟子中，有个叫颜回的。颜回29岁时，头发就全部白了，后来又很早就去世。孔子非常悲痛，说道：“自从我有了颜回这个弟子，我和学生们就更加亲近了。”

鲁哀公曾经问孔子：“你的弟子中谁最好学？”孔子回答说：“有个叫颜回的学生最喜欢学习，他从不对别人发脾气，不重复犯一个错误。不幸命短而死了，现在也就没了。我从此就再也没有听说有人喜欢读书了。”

一次，颜回问孔子：“获得新知识的主要途径是什么？”孔子回答说：“向老师学习，向书本学习，在交往、生活中自学等。”

颜回又问：“还有别的途径吗？”孔子回答：“温故而知新，也就是说，温习已经学习过的东西，可以由此获得新的认识和体会。我之所以提出‘温故而知新’，是因为新知识的获得与原有的知识是有关系的，温习旧知识有助于获得新知识。”颜回高兴地说：“弟子明白了，我一定按照老师的说法去做。”

朱元璋以礼求访人才

明代初期朝廷对百姓的礼仪教化倾注了极大的热情，这在朱元璋身上表现是十分突出的。作为一个开国皇帝，朱元璋从一开始就以礼对待人才，以利于社会的和谐和睦，使大明王朝立于更加稳固的基础之上。

明太祖朱元璋智谋超群，善于发现人才、使用人才和控制人才，这是他作为领袖人物的特殊本领，也是他建立基业的基础。

朱元璋在起兵之初非常注意搜集吸引人才，一再强调贤才是国家的宝贵财富，认为“贤才不备，不足以为治”。朱元璋军队所到之处都贴出招贤榜，声明“贤人君子，又相从立功者，吾礼用之”。

朱元璋率领义军打下徽州时，他手下的大将邓愈便向他推荐说：“大帅您不是一向求访贤士吗？我听说，在徽州一带有一个非常有名的人，叫朱升，他住在休宁这个地方。此人饱览经书，非常有才气。大

帅何不访求他一次呢？”

朱元璋听后非常高兴，立刻就带着邓愈等人前去探访朱升。通过邓愈的带路，一行人很快就来到了朱升的住处。

朱元璋下马亲自去轻叩柴门，不久，一位老人走了出来。朱元璋马上抱拳恭敬地问道：“请问，先生莫不是休宁名士朱升？”

老人打量了朱元璋一番，见他气度不凡，戎装佩剑，身边还有兵士，料定他可能是红巾军的将领，便回答道：“老朽正是朱升，不知将军尊姓大名？”

邓愈在一旁说：“这是攻克徽州的红巾军主帅朱元璋。”

朱元璋马上接道：“我本来是个平民，可是当权者欺压百姓，这才举起义旗的。听说先生是有名的学士，今日特来拜访，并叩问大计。”

朱升听说站在前面的竟然是赫赫有名的朱元璋，不禁大为感动，连忙把朱元璋一行引进屋内。

通过从衣食住行、风土人情和国家大事的谈话中，朱元璋发现朱升谈吐不凡，对问题的分析入木三分，而朱升也觉得朱元璋平易近人，胸有大志，颇有将帅气度，不由得感到相见恨晚。

朱元璋问道：“以朱老先生之见，当今天下之势，我该如何行事才好？”

通过谈话，朱升已经揣度出来，朱元璋有平定天下的雄心壮志，便沉思片刻答道：“以老朽之见，大帅想成大业，要遵循三句话，这就是‘高筑墙，广积粮，缓称王’。记此3条，元帅可成大业。”朱升的意思是说，第一要巩固后方扎好根基；第二要发展生产增强财力；第三要缩小目标等待时机。

朱元璋听了，连声赞谢说：“先生立言警策，重如泰山！操练兵马，积蓄实力，奖励农耕，积有食粮，讳露锋芒，勿早树敌！先生见识宏远！”

朱元璋回去之后，把“高筑墙，广积粮，缓称王”这三句话作为建立基业的基本方略。他推行屯田，奖励垦荒、兴修水利，振兴农业；清丈土地，建“鱼鳞图册”，防止豪强兼并，建立起坚实的政治基础和

经济实力，获得了民心民意。

后来朱元璋做了明王朝的开国皇帝，他不忘朱升的功劳，请他去朝中做臣。因为朱升年老，朱元璋还免去了朱升每天上朝的跪拜礼节，对他关怀备至。

朱元璋在登基之前，还听说浙江有刘基、宋濂、章溢、叶琛4位名士，于是，立时派人带着金银财礼和聘书去请。刘基等4人到建康后，朱元璋亲自赐座召见说“我为天下屈四先生”，十分谦恭诚挚。

朱元璋发现这4个人确实才识过人，当即重用：刘基留在身边谋划，宋濂任命为江西一带儒学提举司的提举，章溢、叶琛为营田司佥事，4人各显所长，成为明代的开国元勋。

朱元璋广招人才，不但许多名士被招到身边，而且“由布衣登大僚者不可胜数”。因为他本人也是“崛起布衣”，搜罗人才很有成效，武有徐达、常遇春，文有胡惟庸、刘基、宋濂。

为了得到人才，朱元璋宽大为怀，盘算过元代内部的有用人才，千方百计收为己用，宣布“不以前过为过”的政策，大力招纳前朝人士，对为元代朝廷效过力的人概不追查，量才使用。

张昶在元代是重臣，精于典章制度，朱元璋招来任命为行中书省都事，他向人得意地说：“元代送一大批贤人与我，你们可以和他们讨论。”

郭云是元代的武将，忠于元王朝，曾经力抗朱元璋。徐达率领军队扫荡中原时，其他州县望风瓦解，唯有郭云不降。徐达后来抓住郭云，郭云破口斥骂，但求一死。徐达把郭云押到南京，朱元璋赞扬郭云的骨气，立即放了他。

因为郭云是武将，朱元璋觉得让他马上反戈会伤他感情，便命他为溧水知县，不久即提升他为南阳卫之会佥事，仍任武职。

秦从龙是元代江南行台侍御史，很有名声，战乱时弃官隐居镇江。朱元璋早留心此人，在徐达率军进攻镇江前就交代说：“镇江有一个叫秦从龙的，才气老成，入城应该替我寻访他。”

徐达访到后，朱元璋立即派侄子朱文正带金子火速聘请，朱元璋

亲自出门迎接，称呼先生而不称呼名字，表示了极大的尊敬。

杨士奇处世谦恭礼让

朱元璋以一代帝王至尊，以礼待人树立了典范。榜样的力量是无穷的。朱元璋的处世风格也深深地影响了明代的许多臣子。在这之中，杨士奇就是最为典型的一例。

杨士奇是明代时历任五代王朝的大臣。他没有经过科举考试取得功名，而是通过自学成才，由一个贫苦的寒儒做到了宰相一级。他寒士拜相与他早年的经历和谦恭礼让的处世风格密切相关。

杨士奇年幼时，家庭贫寒，父亲早逝，5岁时随母亲改嫁到罗家。他知道自己的家世后，常常潸然泪下，私下里用土砖作为神主，每日独自焚香跪拜，祭祀先祖。后来继父从户外窥见他的行动，很受感动，恢复他姓杨。

杨士奇9岁时，继父去世，便与母亲回到老家泰和。当时家庭生活虽然十分贫困，但杨士奇一边劳动，一边刻苦读书，勤勉奋进，立志成才。

幼年的杨士奇不懂得悲伤，也没有时间悲伤，因为他还要跟着母亲继续为了生存而奔走。上天还是公平的，他虽然没有给杨士奇幸福的童年，却给了他一个好母亲。

杨士奇的母亲是一个十分有远见的人，即使在四处漂流的时候，她也不忘记做一件事，就是教杨士奇读书。在那遍地烽火的岁月中，

她丢弃了很多行李，但始终带着一本《大学》。杨母慈爱善良，知书达理，常常以他的家世和亲朋邻里的传统美德对其进行教育。

母亲的一言一行，杨士奇都一一记录，汇编成一本《慈训》。

杨士奇学习的时候，专心致志，旁若无人，同学逗他玩耍他毫无所动。放学回家的时候，常常挟书独行，思考问题。师长和亲友都称赞他的学习精神。

杨士奇的外祖父博学多才，看杨士奇是个有心计的孩子，十分器重，悉心培养，从严教导，使他小小年纪对《四书》《五经》《左氏传》等著作就能过目成诵，凡属对应句随手拈来。外祖父曾经把江西乡试的题目拿来考他，他对答如流。

有一次，杨士奇和表哥陈孟洁去往沙村拜访刘东方老师。时值冬天，大雪漫天，饮酒正酣，刘东方老师以《雪雾诗》为题，叫他俩赋诗言志。

陈孟洁的诗是："十年勤苦事鸡窗，有志青云白玉堂；会待香风杨柳陌，红楼争看绿衣郎。"

杨士奇的诗是：

飞雪初停酒未消，溪山深处踏琼瑶；
不嫌寒气侵入骨，贪看梅花过野桥。

老师批评陈孟洁的诗低俗，境界不高，十年寒窗，只博得"红楼争看绿衣郎"。而赞扬杨士奇的诗志趣高远，表现了在苦寒中锻炼成长的美好情怀。

在师友亲朋的勉励下，杨士奇更是发奋读书，学业大进。由于他学识渊博，品行和才干出类拔萃，15岁时就应乡里之聘，开馆授徒。此后，他客居武昌等地，游学教书，并著书立说，受到文人方士的赞誉和赏识，汉阳守令王叔英称他为"佐才也"。

杨士奇平日总是宽厚待人，清廉律己。16岁时，向他拜师求学的学生特别多。当时有一个贫穷的读书人，家有老母而无法奉养，但他

没有别的谋生之道，家里还有老人要养，实在过不下去了。

杨士奇主动找到他，问他有没有读过“四书”，这个人虽然穷点，学问还是有的，便回答说读过。

杨士奇当即表示，自己可以把教的学生分一半给他，并将教书的报酬也分一半给他。

他的这位朋友十分感动，因为他知道，杨士奇也有母亲要养，家境也很贫穷，在如此的情况下，竟然还能这样仗义，实在太不简单。

少了一半收入的杨士奇回家将这件事情告诉了母亲，他本以为母亲会不高兴，毕竟本来已经很穷困的家也实在经不起这样的折腾，但出乎他意料的是，母亲却十分高兴地对他说：“你能够这样做，不枉我养育你成人啊！”

杨士奇 17 岁时，姑母全家患疫疾，亲戚邻居不敢接近，而杨士奇每日都去照料，洒扫庭除，煮汤熬药，精心护理，直至全家康复。

杨士奇 21 岁在章贡琴江书院教书时，与当地县令邵子镜友谊甚笃。有一个商人路过琴江，关吏搜到携带的伪钞，邵子镜怀疑是商人一手伪造，要对其施刑，商人不服。

杨士奇知道这事后，觉得证据不确凿，建议免刑，邵子镜采纳了他的建议。商人感谢不已，以 50 两银子相送，杨士奇拒不收受。

杨士奇进入官场后，更是对人待物豁达大度，以大局为重，不记私怨。同僚中谁有过错，常常为之掩盖。

明永乐帝继位后，杨士奇真正得到了重用，他与解缙等人一起被任命为明代首任内阁成员之一，自此之后，他成为朱棣的重臣。

当时的广东布政使徐奇把岭南的土特产送给朝廷各大臣，唯独杨士奇没有。永乐帝也为他抱不平，而杨士奇毫不介意，并为徐奇辩解：“究竟接受了没有，我现在记不清楚，况且些许土产，定然没有其他的用意。”

自明惠帝以来，杨士奇担任少傅、大学士多年，他在政治、经济上的待遇都已是很可观了。明仁宗即位之后，让杨士奇兼任礼部尚书，不久改兼兵部尚书。

兵部尚书是掌管全国武官选用和兵籍、军械、军令等事务的大官。对此，杨士奇心中却很是不安，向明仁宗要求辞谢，他说："我现任少傅、大学士等职务，已是到了限度了，再任尚书一职，确实有点名不符实，更怕群臣要背后指责。"

明仁宗劝解说："黄淮、金幼孜等人都是身兼三职，并未受人指责。别人是不会指责你的，你就不要推辞了！"

杨士奇见君命难违不能再推，就诚心实意地请求辞掉兵部尚书俸薪。但他又说："兵部尚书的职务可以担任，工作也可以做，但丰厚俸薪不能再接受。"

明仁宗说："你在朝廷任职20余年，我因此特地奖赏你才给予你这种经济待遇的，你就不必推了。"

杨士奇再三解释说："尚书每日的俸薪可供养60名壮士，我现在已经获得两份俸薪都已觉得过分了，怎么能再加呢？"

这时，身旁的另一名大臣顺势插话劝解说："你应该辞掉大学士的那份最低的俸薪嘛！"

杨士奇说："要有心辞掉俸薪，就应该挑最丰厚的相辞，何必图虚名呢？"

明仁宗皇帝见他态度这样坚决，又确实出于真心，终于答应了他的请求。

杨士奇平生乐简静，闲暇时闭门读书。居官奉职甚谨，在家里绝不谈公事，朝廷的事就是至亲的人也不让他们知道。

杨士奇在京城为相几十年，妻子却在家乡躬勤家业，以耕作为务。妻子去世后，他十分悲痛，因公务在身未能回去亲自为亡妻举葬，只买一块石板刻上碑文寄回。他61岁时，明仁宗皇帝准备派人去他家乡盖造公宅，并要赐田200亩，杨士奇都婉言谢绝了。

在朝廷中，还有一位同杨士奇一样受到历代皇帝喜爱的大臣叫杨荣。杨荣处事果敢，驻守边防曾屡建功勋，对于守边的将领的才德也了如指掌。守边的将领们每年都选用好马馈送于他，当时已经即位的明宣宗对此也心中有数。

有一次，明宣宗故意向杨士奇问及杨荣的为人，杨士奇不假思索地直说：“杨荣通晓守边军务，我不如他。他虽然接受一点边将的馈赠，这只是白玉之瑕，希望皇上不必介意。”

明宣宗说：“杨荣曾经在背后数落你的缺点，你怎么反倒为他的过失辩解呢？”

杨士奇说：“人人都有不足之处，看人要看正面，不能存有偏见。所以，我希望皇上要像容忍我的过失那样去宽容杨荣。”

明宣宗听后，频频点头，深感杨士奇胸怀之宽广。这件事，后来被杨荣知道了，他深受感动，对于杨士奇的坦荡为人更为敬佩。

宣德六年（1431年）七月十五晚上，明宣宗亲临杨士奇住所，看他的居室很破旧，说要为他修理，杨士奇也推辞掉了。随后，明宣宗把东华门外的一座庭院赐予他，他却分出一半与别人同住。

杨士奇之所以能历任明五代王朝的大臣，诀窍只有一个，那就是他为人谦恭礼让，不贪不占，该放弃的坚决放弃，这在封建官场中是难能可贵的。

柳敬亭谦恭尊师言

古代数千年来所教化倡导的礼仪之风，也在市井百姓中多有体现。比如明清时期的柳敬亭，尊师重师，把恩师之言当作自己行动的指南，足可见古朴世风的感化作用。

柳敬亭是明末清初的说书艺人，他原来叫曹永昌，家住江苏泰州曹家庄。由于他好打抱不平，得罪了地方上的恶势力，流浪到外乡。

有一天，他睡在一棵大柳树下，醒来后抓着拂在身上的垂柳枝条，联想到自己的不幸遭遇，就改为姓柳了。他又默然地背诵起南齐谢朓《游敬亭山》的诗，觉得“敬亭”两字可取，便以“敬亭”为名了。

有一次，柳敬亭流浪在江南水乡一个小镇上，看到茶馆酒楼上经常有人说书，便经常去听书，听了后便记在心里。加上自己从小读了

不少历史小说，听了不少民间故事，所以也想靠说书来维持生活。

由于不知道说书的方法和技巧，也找不到合适的老师可以求教，柳敬亭只能自己摸索着瞎练一通，效果很不理想，为此也很苦恼。

柳敬亭在流浪过程中，偶然听到一位高水平的艺人说书，听后佩服得五体投地。这位说书艺人叫莫后光，柳敬亭诚恳地要求拜他为师。莫后光看到这个青年人诚实可爱，说书也有一定的基础，就举行了拜师礼，做了柳敬亭的师傅。

莫后光首先把说书艺术的基本原理和方法讲给柳敬亭，他说："说书虽然是一种小技艺，也同学习其他技艺一样，非下苦功夫不行。首先要熟悉各阶层的生活和各地的方言、风俗、习惯，然后把观察和收集到的材料，经过反复分析，找到它们的因果关系、发展过程。还要学会对掌握的材料加以剪裁取舍，能够把有用的材料组织得恰到好处。"

柳敬亭听了老师的教导后，牢牢地记在心头，决心按照老师要求去做。他白天到处游街串巷，仔细地观察社会上各种现象，对方言俚语特别注意。晚上回家以后，闭上眼睛细细琢磨白天看到的事情，并把它加工、提炼，融化到故事中去，并认真地记在纸上。

柳敬亭这样学习了几个月后，有些关键点还是不能很好地把握，

便去找老师莫后光指点。莫后光让柳敬亭说了一段书后，然后指出："现在你虽然能讲出故事，但还没能引人入胜。重要的是时时刻刻要想到怎样把故事说得好，说得动听。"

接着，莫后光告诉柳敬亭说："有时，故事中的情节要从从容容直叙，一路走来，直达胜境；有时，要简洁明快开门见山，一目了然；有时，要增加一些伏笔或悬念，让听众想听个究竟，舍不得离去。总起来，在故事的轻重缓急之间，安排得贴切妥当，件件事交代要有头有尾，扣人心弦。"

柳敬亭听了以后，继续苦心钻研。他经常深入到人们中去和各种人交朋友。在交往中他发现，有许多上了年纪的人说起话来很吸引人，而声音又随故事情节跌宕起伏而抑扬顿挫，感染力很强，尤其是说话时那种胸有成竹的神态，很值得学习。他每天都细心观察、模仿，颇有收益。

过了几个月，柳敬亭又去请教老师。老师听了他说的一段书后，说："你现在进步已经不小了，听的人能聚精会神，但还要精益求精。"老师接着说："说书的人要和故事中的人物打成一片，这样才能在动作、语言、神态上无不惟妙惟肖，活灵活现，使自己成了故事中的人物；才能吸引听众进入故事所表现的境界，连他们也忘了自己，忘了是在听书。这才是说书艺术最理想的境界。"

柳敬亭听了老师这番话，信心更足了，学习也更刻苦了。于是他进一步深入生活，熟悉人们的感情、爱好。他还常常说书给人们听让大家评论，晚上再重新练习一遍，把大家的意见尽量采纳进去。

这样又过了几个月，柳敬亭又去找老师。老师这次听了他说的书后，高兴得连翘大拇指说："你现在已学到家了。还没张口，你已制造了故事中的气氛，等说起来时，听众的情绪就能够不由自主地跟着故事中的人物共鸣起来了。"老师拍着他的肩膀说，"你进步真快啊！真快啊！"

1662年，柳敬亭从淮南随清漕运总督蔡士英北上至北京，演出于各王府之间，和官僚政客接触频繁，而且有了相当的影响。

柳敬亭说的书目，虽取之于现成的小说话本，但并不照本宣科，而是在表演时对原文有很大发挥，形成自己的特色。同时，他以说表细腻见长，改原作内容，从说书艺术的特点出发有增有删。

在语言运用上，柳敬亭不满足于平铺直叙，而是以轻重缓急制造气氛，以形象化的手法描人状物。他还善于在书词中补充社会生活，把自己的经历、见闻、爱憎融于书中。柳敬亭在说书中形成的这些特点，一直为后世评话艺人所仿效。

柳敬亭走遍了大江南北，到处受到人们的热烈欢迎。在豪华大厅的盛大集会之上，在悠闲亭榭的独坐之中，人们争着请柳敬亭表演他的技艺，没有不从内心感到满足的。

柳敬亭虚心求教，谨遵师言，勤于总结，努力实践，终于成为一个有名的评话艺术家。

为君子儒，无为小人儒

冉求曰：“非不说[1]子之道，力不足也。”子曰：“力不足者，中道而废。今女画[2]。”

子谓子夏曰：“女为君子儒，无为小人儒。”

子游为武城[3]宰，子曰：“女得人焉尔乎[4]？”曰：“有澹台灭明[5]者，行不由径[6]，非公事，未尝至于偃[7]之室也。”

【注释】

①说：同“悦”。

②画：划定界限，停止前进。

③武城：鲁国的小城邑，在今山东费县境内。

④焉尔乎：焉尔，意即于此。

⑤澹台灭明：姓澹台名灭明，字子羽，武城人，孔子弟子。

⑥径：小路，引申为邪路。

⑦偃：言偃，即子游，这是他的自称。

【解释】

冉求说：“我不是不喜欢老师您所讲的道，而是我的能力不够呀。”孔子说：“能力不够是到半路才停下来，现在你是自己给自己划定了界限不想前进。”

孔子对子夏说：“你要做君子儒，不要做小人儒。”

子游做了武城的长官。孔子说：“你在那里得到人才没有？”

子游回答说：“有一个叫澹台灭明的人，从来不走邪路，没有公事从不到我屋子里来。”

孔子极为重视发现人才、使用人才。他问子游的这段话，反映出他对贤才的重视。

【故事】

春秋第一相管仲

管仲（前723年或前716年~前645年），名夷吾，史称管子。生于春秋时期的颍上，即今安徽省西北部，淮河北岸。周穆王之后代，谥号“敬仲”，故又称管敬仲。管仲博通坟典，淹贯古今。有经天纬地之才，济世匡时之略。

管仲十分发展注重经济，他反对空谈主义，主张改革以富国强兵。他凭借自己的才能，辅佐齐桓公成为春秋第一霸主。被誉为“法家先驱”“圣人之师”“华夏文明的保护者”“华夏第一相”“春秋第一相”之誉，对后来具有巨大影响。

齐襄公在位期间，政治混乱，人民生活困苦，国内矛盾非常尖锐。对此，管仲预感到齐国将发生变乱。于是，他和他的好朋友鲍叔牙拥戴公子小白登上了国君之位。这就是齐桓公。

齐桓公做了国君后，任用管仲为相，并经常向管仲请教国家大事。管仲决心辅助齐桓公成就霸业。齐桓公向管仲请教富国、足民、强兵的策略。

管仲回答说：“要使国家安定富强，必须先得民心。要得民心，应当先从爱惜百姓做起。国君能够爱惜百姓，百姓就自然愿为国家

出力。”

齐桓公于是问道：“百姓富足了，但是兵甲不足怎么办？”

管仲说：“兵在精不在多。士兵的战斗力强，就能以一当十。”

桓公又问：“兵强了，财力不足怎么办？”

管仲说：“开发盐业、发展渔业、发展商业以此增加财源，从中收税。这样，军队的费用就也可以解决了。”

桓公听了非常兴奋，又问：“兵强、民足、国富，是否就可以争霸天下了？”

管仲严肃地说：“还不可以。争霸天下是大事，要制定具体的计划。目前是让百姓休养，让国家富强安定，否则难以实现称霸目的。”

齐桓公对管仲的一套富国强兵、治国称霸的道理十分欣赏。

管仲改革的目的是“富国强兵”，他改革的重点在经济方面。首先调整分配关系，以调动农民的生产积极性。为此，他提出按照土地的肥瘠、产量的多寡征税。这种办法使赋税征收很合理，农民也易于接受，也扩大了税源，增加了财政收入。

管仲还主张在发展农业的基础上，积极发展工商业，使两者并举。他利用齐国处在东海之滨的便利条件，发展渔业、盐业，开发山川、林泽，鼓励老百姓放手生产。这些措施使齐国经济繁荣起来。

经过管仲的大力改革，齐国的国力日益强盛，出现了民足、国富，社会繁荣安定的局面，为齐桓公称霸诸侯奠定了坚实的基础。

就在齐国国力增强的时候，当时的周王室日益衰微，周兵在中原与各诸侯混战，周朝的北方边境也遭到外族袭扰，原本安定的环境遭到破坏，经济发展受到严重阻碍。

管仲和齐桓公根据这一形势，一是决定打出尊周王室为天下共主这面旗帜，以号召其他诸侯国；二是主张抵御周朝边境的夷狄入侵，阻止周边各少数民族对中原华夏族的进攻，以博得中原各国的拥护。这两项措施，使得齐国动用武力出师征讨，有了名正言顺的理由。

前684年冬，齐国首先灭掉西邻的小国郯。其后不久，在管仲建议下，齐国又与宋、陈、蔡、邾等国在北杏会盟，商讨平定宋国的内

乱。齐国的武力征讨和会盟大见成效。其他各个诸侯国看到齐国逐渐强大，纷纷表示承认齐国的霸主地位，向齐国屈服。

前667年冬，齐桓公又召集鲁、宋、陈、卫、郑、许、滑、滕等国国君在宋国的豳地会盟，几乎全部中原国家都参加进了这次会盟。周天子也派代表召伯参加，并赐齐桓公以侯爵。至此，齐桓公成为名副其实的霸主。

此后，齐桓公在管仲的辅助下，又多次大会诸侯。据史料记载，齐桓公前后会盟诸侯达11次之多，人们常说“九合诸侯”，只不过是说会盟次数多。由此可见齐国在当时是多么强大。

管仲辅佐齐桓公使中原华夏族免于南蛮、北狄的侵扰，表现出杰出的政治家才能。

前645年，为齐桓公霸业立下不朽功勋的管仲病重，齐桓公问以后事：“众臣中谁可以任丞相呢？”

管仲说：“了解大臣的没有人能比得上国君。”

桓公问：“易牙怎么样？”

管仲说：“易牙杀了自己的儿子去迎合国君，不可以任相职。”

桓公问：“开方怎么样？”

管仲说：“开方背叛自己的亲人迎合国君，难以亲近。”

桓公又问：“竖刁怎么样？”

管仲说：“竖刁阉割自己迎合国君，难以亲信。”

但在管仲死后，齐桓公把管仲的忠告置于脑后，最终重用了这几个人。果然就像管仲说的那样，这三人总揽齐国大权，相互勾结，两年后齐桓公也被他们害死。齐桓公和管仲一死，齐国的霸业也就骤然衰落了。

管仲不仅是一位杰出的政治家，而且他又是一位影响巨大的思想家，他的思想也给后人留下了一笔宝贵的财富。

今天留传于世的《管子》，就是后人根据管仲的思想、言论总结出来的。他的以法治国的思想，对后世有深远的影响，有些至今仍有一定的借鉴意义。

齐景公虚心纳谏

齐景公爱喝酒，连喝七天七夜不停止。大臣弦章上谏说："您已经连喝七天七夜了，请您以国事为重，赶快戒酒，否则就请先赐我死了。"

另一个大臣晏子后来觐见齐景公，齐景公向他诉苦说："弦章劝我戒酒，要不然就赐死他。我如果听他的话，以后恐怕就享受不到喝酒的乐趣了。不听的话，他又不想活，这可怎么办才好？"

晏子听了便说："弦章遇到您这样宽厚的国君，真是幸运啊！如果遇到夏桀、殷纣王，不是早就没命了吗？"于是齐景公果真戒酒了。

还有一次齐景公心爱的小狗死了。他十分伤心，打算做一副上等的棺木厚葬爱犬，还决定让大臣们给狗举行隆重的葬礼。

晏子阻拦他。齐王不耐烦地说："这件小事，您就不必管了。这是我想出来的办法，给大家取笑，耍着玩的。"

晏子郑重其事地说："大王，您错了。现在有多少百姓冻死、饿死，死后无人埋葬，您不去管，反倒有心思和周围的人取乐。这明摆着是轻视百姓，只顾自己吗？百姓听了这件事，必定对您心生怨言，各国诸侯听说了，必定看不起齐国。内有百姓不满，外被诸侯小看，再加上大臣们跟你学开心取乐，齐国灭亡不远了，这难道是小事吗？"

齐景公吓出了一身冷汗，说："对呀！多亏您提醒了我。狗还是送厨房，炖了吃肉吧！"

6 岁称象的神童曹冲

曹冲，三国时魏国人，曹操的儿子，公元 208 年，因病夭折，年仅 13 岁。自幼聪慧异常。善于动脑。6 岁称象，展露超人的智慧。

曹冲是三国时期魏武帝曹操的儿子，小时聪慧异常，善于动脑筋，而且他心地善良，深得曹操的疼爱，常常把他带在身边。

曹冲6岁那年，东吴孙权送给曹操一头大象，曹操很高兴。大象运到的那天，曹操带领文武百官前去观看，曹冲也在其中。

大象是南方的一种动物，北方人很少见到，都感到新奇。

曹操看到这个庞然大物，很想知道它究竟有多重，就问身边的文武官员："你们说，用什么办法可以称出大象的重量？"

刚才还振振有词的众官员，一下子变得哑口无言了，四周一片寂静，都感到象的体积太大了，想不出办法来。

过了好一会儿，一个文官说："做一杆大秤，用房梁那么粗的大树当秤杆，或许能称出大象的重量来。"

于是人们纷纷议论说："这个方法不行，有了大秤也不行，谁有那么大的力气把秤杆连大象一起抬起来呢？"

这时，曹操帐下的猛将许褚走上前来，大吼道："有办法了，我把大象用刀砍了，一块一块地称，不就知道象的重量了吗？"

许褚的话一说完，大家"轰"的一声笑了，有人挖苦说："你这个办法很高明，但是这头珍贵的大象却不见了。"显然人们都不同意他这个办法。

曹冲一言不发默默地站在一旁，紧锁双眉，认真地思索着称象的办法。突然，他走到曹操面前，胸有成竹地道："父亲，孩儿想出办法来了，能称出大象的重量。"

曹操见是自己的儿子曹冲，笑着说：

"冲儿，大人都想不出办法，你有什么好办法，快说说看。"

曹冲叫人把大象牵到河边，对着一条大船说："我们可以把象牵到这条大船上，船一定会下沉，等船稳定下来，让人在船舷边用刀子在齐水面的地方刻上记号。然后，牵下大象，再往船里装石头，等装的石头重量达到吃水的记号时，再称出船里石头的重量，不就是大象的重量吗？"

人们照曹冲的方法，很快称出了大象的重量，曹操异常高兴，称

赞曹冲说："冲儿的办法好极了！"在场的官员们无不投来敬佩的目光，夸奖他有超人的智慧。

曹冲不仅聪明，而且心地善良。一天，他跑到马厩来看马。平时常把他放在马背上玩的马倌正低着头伤心地哭。曹冲不知道出了什么事，就忙上前问道："你怎么了，哭什么呢？"

马倌惊惧地说："可恶的老鼠把丞相的马鞍咬坏了。"

曹冲一听，大吃一惊。他知道父亲制定的制度非常严格，对损坏武器装备和马匹的人都要处以严厉的惩罚，甚至被处死。今天损坏的不是别的，而是他自己那副华丽无比、五光十色的锦绣马鞍，看来马倌的性命有危险了。

曹冲很可怜这个马倌，知道他尽到了责任，他为了保管好这副马鞍，把它高高挂在军器库的柱子上，可还是被老鼠咬了，这怎能光怨他呢？"别怕，我去见父亲，听到我的咳嗽声，你再进去禀报马鞍被咬的事。"

说完，曹冲回到自己的房间，用剪刀在自己的衣服上捅了几个小洞，然后走到曹操跟前，哭丧着脸说："父亲，我向您谢罪来了。"

"冲儿，你一个小孩子家，何罪之有？"曹操不解地问。

"您给我的好衣服，被老鼠咬了好多洞，您惩罚孩儿吧！"

曹操一听哈哈大笑起来："是老鼠咬的，怎能怨人呢？"

曹冲咳嗽了两声，跪下说："谢谢父亲。"

正在这时，马倌抱着马鞍走进来，跪在曹操面前，一五一十地把马鞍被老鼠咬破的事说了一遍。

机灵的曹冲适时重复着刚才父亲那句话："是老鼠咬的，怎能怨人呢？"

曹操听说自己心爱的马鞍被老鼠咬了，心疼极了，但又一想，这不跟冲儿的衣服一样吗？是老鼠咬的，光怨人有何用？于是，笑着说："快起来，治什么罪啊，回去吧。"随即派人去灭鼠。

马倌得救了，他从心里感激曹冲，更佩服他的机智。

公元 208 年，年仅 13 岁的曹冲不幸因病夭折了，但他的故事却永

远在民间广泛流传着。

张英让墙三尺传美名

我国传统礼仪发展至清代，对于社会生活的各个方面，无不做出详尽的规定，而且礼仪中处处体现着尊卑差别。但就是在这种尊卑差别的大背景下，朝廷重臣张英却能不持尊大，以宽容的胸襟处理家中的邻里之争，足见儒家道德文化的伟大力量。

那是在清代初年，在安徽桐城有一条小巷，巷子里居住着两户相邻的人家。一家姓张，家主张英是文华殿大学士、礼部尚书；另一家姓吴，家主为地方权贵，人称“吴大老爷”。

这两户人家，虽相邻多年，但并不来往。他们是左邻右舍，各走各的门，各用各的灶，井水不犯河水，倒也相安无事。

谁知这一年，张、吴两家同时大兴土木，翻建房屋，大有彰显荣贵之意。其实这本是各家自己的事，但问题是，这两户人家在翻建房屋时，都要将各自的山墙向外延伸，以扩大房基，结果引发了争吵。你不允我不依，一时间吵得天昏地暗，直吵到县衙老爷那里。

张、吴两家都是有权有势的人家，县衙老爷乃七品芝麻小官，岂敢轻易判决，以致官司迟迟没有结果。

张家因家主官大，见此小小官司竟迟迟无果，不免气愤难忍，没

奈何只好给北京当大官的张英写信，并派管家持书星夜赶往京城，禀报在京的张英，希求张英出面干预，以振族威，出掉这口怨气。

远在京城的张英接到家书后，起初确也很气恼，好在他的妻子是一个知书达理的人，知道情况后淡淡一笑，劝丈夫道："相邻相争，只为一墙，何至于如此呢！你是朝廷要臣，官居高位，对此区区小事，应该大度才是，让人几尺何妨？"

妻子接着说："俗话讲'金厝边、银乡邻，亲帮亲、邻帮邻'，难得邻居，理应互帮互让，何必为蝇头小利争得面红耳赤，打得头破血流，弄个两败俱伤呢？让一点风平浪静，让人三尺，并不是怯懦，而是舍利取福。"

张大人听了妻子的话，也觉得言之有理，顿时息怒，随即付书一封，交管家带回。

张家人接到张英来书，喜不自禁，以为张英一定有一个强硬的办法，或者有一条锦囊妙计。急急地拆开一看，却见书中仅有一首诗。这首诗写道：

千里来信只为墙，让他三尺又何妨？
万里长城今犹在，不见当年秦始皇。

这首《让墙诗》使张家人息怒默语，后来一合计，确实也只有"让"唯一的办法。于是悄悄地将与吴家相邻的山墙拆除，退后3尺。

张家这一举动，使吴家很受震动，心中赞叹张英和他家人的旷达态度。吴家愧疚之余，也主动地将山墙退建3尺。

这样一来，使得张、吴两家宅居间形成了一条6尺宽的巷道。被称为"六尺巷"。

张家自张英以来，家族更是人才辈出，家族6代共出进士13人，其中入翰林者12人。张英长子张廷瓒1679年进士，入翰林，官至詹事府少詹事；次子张廷玉1700年进士，入翰林，官至保和殿大学士，雍正时期设立军机处，最初典章皆出其手，与鄂尔泰等同为军机大臣，

而且恩遇最隆。

张英虽居高位，但能弘扬仁义，宣导谦让，主张宽容处世，大度待人，在处理邻里纠纷问题上，选择了以忍谋和、以让求睦，使得张、吴两家化干戈为玉帛。此巷虽宽了6尺，而在他的心胸中又宽了万丈，正所谓“心底无私天地宽”。

“六尺巷”故事已经远去，但这件事远远超出其本意：包容忍让，平等待人，作为中华民族的一种美德，从古至今，源远流长。

杨露禅千里拜恩师

清代礼仪涉及的范围广，尊卑差别大，但在尊师这一点上，则是与历史一脉相承。在古人心目中，尊师等同于孝道，有“一日为师，终身为父”之说。在清代武林中，太极大师杨露禅就非常讲究尊师敬师之道。

杨露禅是清代末期武术家，他小时候家世贫寒，酷爱武术，稍大以后，就以卖水、卖土为生。由于天天推车练就了惊人的膂力。

杨露禅在有些功夫之后喜欢同人比试拳脚。

有一次，他给永年城太和堂药店运货，听说店伙计们都练绵拳。绵拳运好气之后不但能借人之力打人，而且能拨动千斤之物。由于他怀疑绵拳威力，便向人家提出比试，药店掌柜出场了。

杨露禅攥紧双拳，一个箭步，扑向掌柜。掌柜双手一迎，身子一闪，便躲过了。杨露禅要打第三拳时，忽觉身子右侧遭受到一种无法抗拒的力量，站立不住，向左倒去。杨露禅从来没被人三拳两拳击倒过，知道遇到了出奇高手，于是慌忙跪下赔礼讨教。

掌柜见他爽直诚恳，便向他讲出来历。原来，这太和堂是河南温县陈家沟陈德瑚进士开的。陈德瑚是绵拳创始人陈玉廷的后代，家有继承先祖拳业的兄长陈长兴。药店掌柜正是陈长兴的弟子。

杨露禅听后，立即再拜，要拜其为师。由于立有祖训，被掌柜拒

绝。杨露禅并没有就此灰心。他立即回家，凑足路费，背上行李，星夜奔赴陈家沟。

从永年到温县有近千里路程，由于求师心切，杨露禅只用了半个月，到了陈家沟，在村子中间打听到了陈德瑚的家。

陈家门前堆放着许多柁檩砖石，一些人正往来搬运木料。杨露禅高兴极了，一路劳累一扫而光。可是他想：人家在修建房屋，怎好意思提起拜师学艺的事呢？还是先帮人家多干点活，待日后再想法求见师父吧！

这时只听有人大喊："上梁喽！"杨露禅立刻跑上前去，扛起一架大柁登上石阶，走到墙基边，稳稳当当地把大梁放下。

众人见了，齐声喝彩。陈德瑚闻声赶来，仔细端详了杨露禅，然后让人把他叫到账房，收留他当了小工。

陈德瑚把杨露禅只身扛大柁的事告诉了陈长兴。陈长兴怕是武林高手登门闹事，便急忙来到现场，只见杨露禅浓眉大眼，膀宽腰圆，虽年龄不大，却能毫不费力地将几百斤重的大柁搬到肩上，断定他定有功底。于是说了声："好！"接着说，"这位朋友，你能扛动大柁，我能试试吗？"

杨露禅见此人高不到5尺，消瘦干瘪，年近花甲，便说："大柁长有两丈，重有八百，我不费吹灰之力；您年高体瘦，哪能同俺这莽夫相比！"

陈长兴哈哈大笑，说："那咱们就比一比吧！我站在柁头，你如果拉我下来，我就认输！"

杨露禅想：不用说一个瘦老头，就是铜铁罗汉，俺也把他拉下来！于是说："拉不下来，俺就拜您为师。"

陈长兴把绳子系在腰间，另一头扔给杨露禅，一个箭步跳上大柁，说："朋友，拉吧！"

杨露禅用力一拉，没拉动，再一拉，又没拉动。他急了，于是使出了全身力气，身子都要贴到地面了，可是，陈长兴悠然自若，稳如泰山，却眼见着那大柁一点点下陷。杨露禅摇摇摆摆，汗水淋漓。

站在一旁的陈德瑚，担心兄长年老有失，连喊："停，停！"

杨露禅放下绳子，扑倒便拜："敢问大师尊姓大名！"

陈德瑚说："这就是兄长陈长兴！"

杨露禅听了后，激动得落下泪水来，立刻连连叩头说道："弟子久闻师父大名，不惜跋山涉水登门求艺，万望师父收下弟子吧！"

陈长兴默不作声。陈德瑚说："兄长，他千里寻师，可见心诚，你就收下他吧！"

众人也七嘴八舌地帮腔，陈长兴却扬长而去。

杨露禅心想：师父收徒弟理应有个考验。我今天能见到师父就已心满意足。只要能让我在这干活，不愁实现不了求艺愿望。从此，陈家里里外外的脏活累活都被杨露禅包了。

一天，杨露禅听人说陈长兴天天深夜在花园里练功，就半夜起床，藏在花园的大槐树上。果然，见到陈长兴来到花园。只见他一招又一招地练了一遍又一遍。练完后，又回到屋睡觉去了。

杨露禅爬下树来，一边打扫庭院，一边琢磨陈长兴的招数。天亮了，众弟子都来跟师父练武，杨露禅也夹在中间。就这样，明学暗练，苦心琢磨不知过了多少天，受了多少累。

转眼到了腊月，长工们结账回家过年。可杨露禅既不结账，也不回家。陈德瑚知道了，觉得奇怪，就问："露禅，你为什么不回家？"

杨露禅说："东家待我实在是好，可有一样，我出来已经一年，连师父都没拜成，哪有脸面回家！"

陈德瑚被他的志气感动，就向兄长替他说出心事。陈长兴听了哈哈大笑道："实不相瞒，我早破例将他收下了！"

杨露禅知道了，立刻跑到上房，喊了一声："师父！"随即"扑通"一声跪在地下。

陈长兴正要扶起，陈德瑚一摆手，说："慢着，往日兄长收徒弟，要先练拳，后推手，再磕头。今天怎么啦？"

陈长兴说："他每天三练功，早已掌握了内家拳的奥妙，成为自己人了！"

陈德瑚说："那就叫他显显身手吧！"

杨露禅知道偷艺的事已被师父识破，只得说："那就请东家和师父指教吧！"他凝神走身，练了一趟太极架子。陈长兴感慨地说："他三更看，四更练，五更扫庭院，亮天以后又一遍。别看只学8个月，功勤胜3年！"

除夕，杨露禅在新落成的客厅里正式向陈长兴行了拜师大礼。陈长兴坐上座，杨露禅行三叩首之礼。

接着，师父陈长兴训话，教育徒弟杨露禅遵祖守规，勉励他做人要清白，学艺要刻苦等。陈氏家族相传14代的绝技，从此第一次传给了"外人"。

后来，杨露禅将陈氏拳的招式进行了修改：缩减了高难动作，增加了简易招数。并且创新了器械，创立了太极刀、太极锤、太极枪等，使太极拳得以在各地普及开来。

1872年，73岁的杨露禅逝世。人们对他无比怀念、敬仰，称他为"太极大师"。

出不由户

子曰："孟之反[1]不伐[2]，奔[3]而殿[4]，将入门，策其马，曰：非敢后也，马不进也。"

子曰："不有祝鮀[5]之佞，而[6]有宋朝[7]之美，难乎免于今之世矣。"

子曰："谁能出不由户，何莫由斯道也？"

【注释】

①孟之反：名侧，鲁国大夫。

②伐：夸耀。

③奔：败走。

④殿：殿后，在全军最后作掩护。

⑤祝鮀：字子鱼，卫国大夫，有口才，以能言善辩受到卫灵公重用。

⑥而：这里是"与"的意思。

⑦宋朝：宋国的公子朝，《左传》中曾记载他因美丽而惹乱子的事情。

【解释】

孔子说："孟之反不喜欢夸耀自己。败退的时候，他留在最后掩护全军。快进城门的时候，他鞭打着自己的马说：'不是我敢于殿后，是马跑得不快。'"

孔子说："如果没有祝那样的口才，只有宋朝的美貌，那在今天的社会上恐怕不容易避开祸难。"

孔子说："谁能不经过屋门而走出去呢？为什么没有人走我这条道

路呢？”

孔子这里所说的，其实仅是一个比喻。他所宣扬的“德治”“礼制”，在当时有许多人不予重视，他内心感到很不理解，所以，他发出了这样的疑问。

【故事】

治国经商干才范蠡

范蠡（前536年～前448年），字少伯，又叫范少伯、陶朱公、鸱夷子皮。生于春秋时期的宛地，即今河南省南阳市。著名的政治家和实业家。

他的一生，从楚到越，由越到齐，大起大落。由布衣客到上将军，由流亡者到大富翁，范蠡以其坚韧不拔的毅力和宏远的谋略辅佐勾践兴复濒于灭亡的越国，灭亡称霸诸侯的吴国，创造了扶危定倾的奇迹，以“勇而善谋”、“能屈能伸”著称于世。

前496年，吴国和越国发生了战争，吴王阖闾阵亡，因此两国结怨，连年战乱不休。阖闾之子夫差为报父仇与越国在夫椒决战，越王勾践大败。

范蠡就是在勾践穷途末路之际投奔越国的。

范蠡向勾践陈述“越必兴、吴必败”的断言，建议勾践要放下尊严，亲自为吴王服务，以便慢慢图谋转机。范蠡被勾践拜为上大夫后，

他陪同勾践夫妇在吴国为奴3年。3年后归国，范蠡开始拟定兴越灭吴的计划。

为了实施灭吴战略，范蠡首先决定以美女麻痹吴王。他亲自跋山涉水，访到巾帼奇女西施，把她献给吴王，从而完成了灭吴战略的第一步。

范蠡灭吴战略的第二步，是加强越国的军队建设。他的军事宗旨是：

> 强则戒骄逸，处安有备；弱则暗图强，待机而动；用兵善乘虚蹈隙，出奇制胜。

范蠡辅佐越王勾践20余年，苦身戮力，终于灭吴，成就了越王霸业。当上了霸主的越王勾践，拜灭吴功臣范蠡为上将军。

范蠡很了解勾践，知道勾践是一个可共患难而不能共富贵的人。经过深思熟虑，范蠡还是决定离开。

于是，他给另一个灭吴功臣文种写了一封信说：

> 高鸟已散，良弓将藏；狡兔已尽，良犬就烹。夫越王为人，长颈鸟喙，鹰视狼步，可与共患难而不可与其处乐，子若不去，将害于子。

留下这封信后，范蠡离开了越国。文种不信范蠡的话，最后终成勾践的剑下之鬼。当然这是题外话。

范蠡离开越国后到了齐国，他更名改姓，耕于海畔，没有几年就积产数十万。齐国人仰慕他的贤能，请他做宰相。范蠡却归还了宰相印，将家财分给他的乡邻，再次隐去。

范蠡来到陶地，看到此地为贸易的要道，可以据此致富。于是，他自称陶朱公，留在此地，根据时机进行物品贸易，时间不长，就累积千万。

范蠡发了大财，却把金钱看得很淡薄。

有一次，他的次子因杀人被楚国囚禁，他就派长子带上一牛车的黄金前去探视。

尽管他后来得知次子已经被杀，但还是告诉长子把整车黄金分给楚国百姓。他还把钱财都分散给陶地的穷人和朋友。范蠡能发家致富，又能散财，在人们心目中是难得的活财神。

范蠡作为杰出的政治家和实业家，他在实践当中总结了许多宝贵的经验。他认为：

谷物价格太贱则损害农民利益，农民受损害不努力生产，农田就会荒废。

谷物价格太高则会损害工商业者的利益，工商业受损害无人从事工商业，就会使经济发生困难。

谷价如果低至20就会损害农民，谷价如高至90就会损害工商业。如果把谷价限制在不低于30，不高于80的幅度内，就会对农业和工商业都有利。

如能这样平抑物价，关卡、市场都不匮乏，这是治理国家的办法。

范蠡的理财思想既可以促进农业发展，又有利于工商业的发展，使国民经济各部门能够协调发展。范蠡试图通过调整价格促进生产和流通，这都是通过经济手段而不是通过行政命令。范蠡不愧是我国古代治国理财的杰出人物。

宰相的典范子产

子产（？~前522年），名姬侨，字子产，又字子美，世称公孙侨、郑子产。生于春秋后期的郑国，即今河南省新郑市。著名的政治家和

思想家。

他的政治主张在当时的郑国，发挥了极其重要的作用，在我国的历史上也影响深远。后世对其评价甚高，将他视为我国历史上宰相的典范。子产没有著述传世，他的言行事迹，主要载于《左传》《史记》等书籍。

子产在公元前 554 年被郑简公立为卿，执掌郑国国政，是当时最负盛名的政治家。

子产的治国功绩主要体现在法律上，他做了两项重要的工作，一是公布成文法；二是提出“宽猛相济”的策略。

前 536 年，子产把自己所制定的成文法铸在鼎器上，开创了古代公布成文法的先例。成文法是子产根据法定程序制定发布的具体系统的法律文件。

子产在历史上第一次公布了成文法，让普通百姓也能了解到法律的具体条款，这实际上就否定了法律的神秘性，其意义是显而易见的。

“宽猛相济”是子产提出的法律实施策略。“宽”强调道德教化和怀柔；“猛”强调严刑峻法和暴力镇压。

后来，儒家主要继承和发展了“宽”的思想，法家主要继承和发展了“猛”的思想。由此可见其影响。子产的宽政在郑国收到了很好的效果。

在当时，郑国人到乡校议论执政者施政措施的好坏，对于这种情况，郑国大夫对子产说把乡校毁了。

但子产说：“人们早晚干完活儿回来到这里聚一下，议论一下施政措施的好坏。他们喜欢的，我们就推行；他们讨厌的，我们就改正。

这是我们的老师，所以不同意毁掉它。”

子产主张借助乡校让老百姓无所顾忌、畅所欲言地议论统治者。当时郑国大夫对子产的见解很是佩服。就连同时代的孔子知道了子产的这番话，也佩服子产的气魄和胸襟。

子产也注重“猛”的一面。他曾经对子太叔阐述自己的观点：只有道德高尚的人能够用宽厚的政策使民众服从，其次的政策没有比严厉更有效的了。

比如火势猛烈，人们望见它就害怕，所以很少有人死于火。水性柔弱，民众亲近并和它嬉戏玩弄，所以死于水的人就很多，因此宽厚的政策，实施的难度要大。

子太叔开始时不忍采用严厉的政策，结果郑国出现了很多盗寇。他后悔没听子产的话，于是改变策略，盗贼活动才得以平息。

据说，子产病故后，因他一贯廉洁奉公，家中没有积蓄为他办丧事，他的儿子和家人只得用筐子背土在新郑西南陉山顶上埋葬他的尸体。

消息传到郑国的臣民耳中，大家纷纷捐献珠宝玉器，帮助他的家人办理丧事。子产的儿子不肯接受，老百姓只好把捐献的大量财物，抛到子产封邑的这条河水中，悼念这位值得敬仰的人。

珠宝在碧绿的河水中放射出绚丽的色彩，泛起金色的波澜，从此这条河被称为“金水河”，这就是现在郑州市的金水河。

文彦博识人辨人品

文彦博，字宽夫，北宋时期政治家、书法家，世人尊称为“贤相”。长安的石才叔家里，收藏有唐代书法名家褚遂良亲笔写的《大唐三藏圣教序》。文彦博在长安做官时，向石才叔借来一字一字地看，越看越喜欢。于是，他叫家里的后生临摹了一本。

一天，文彦博设宴招待幕僚、部下和客人。他把石才叔也请来了。

在席间，文彦博把两本《大唐三藏圣教序》拿来，说：“这两本都是《大唐三藏圣教序》，一本是真本，另一本是临摹抄本。现在请你们辨认一下，哪一本是真的，哪一本是临摹的。”

听说是褚遂良的字，在座的人都围观起来。众人中能够鉴别出真伪的不在少数，却都说文彦博叫人临摹的是真品。反而说石才叔那本是手抄的。

文彦博把疑问的目光投向石才叔。石才叔没有对此作一句辩白，只是笑着对文彦博说：“今天我才知道自己地位的低下。”

文彦博哈哈大笑：“我这本才是临摹手抄的呀！”

那些拍马奉承、口是心非的人，一个个羞红了脸。

弘扬儒学的大师朱熹

程颢、程颐的三传弟子李侗的学生朱熹，是南宋时期著名的理学家、思想家、哲学家、教育家、诗人，闽学派的代表人物，世称“朱子”，是孔子、孟子以来最杰出的弘扬儒学的大师。

朱熹承北宋周敦颐与“二程”学说，创立宋代研究哲理的学风，称为“程朱理学”。

朱熹受教于父，从小聪慧过人。刚能够说话时，父亲指着天告诉他说：“这就是天。”

朱熹则问：“天的上方有什么？”父亲觉得十分惊奇。

他勤于思考，学习长进，8岁便能读懂《孝经》。入学跟从老师读书，老师教他读《孝经》，他看过一遍，就在书上写道：“不能像这样

去做，就不能算作一个人！”可见他立志做个尊孝道的人。

他曾经和一群小孩子在沙上玩耍，独自一人端端正正坐着用手指在沙地上画，别人一看，原来是一幅八卦图形。

朱熹10岁时父亲去世，其父好友刘子、刘勉子、胡宪3人皆是道学家。当时的道学家一部分排佛，一部分醉心学佛，他们皆属后者。因此朱熹既热衷于道学，同时对佛学也有浓厚兴趣。

1147年，18岁的朱熹参加乡贡，据说就是以佛学禅宗的学说被录取的。主考官蔡兹还对人说：“吾取一后生，三策皆欲为朝廷措置大事，他日必非常人。”第二年考中进士，被派任泉州同安县主簿，从此开始仕途生涯。

朱熹在赴任途中拜见了著名的“南剑三先生”程颐再传弟子李侗。后来朱熹向李侗求学，为表诚意，他步行几百里从崇安走到延平。李侗非常欣赏这个学生，替他取字“元晦”。从此，朱熹开始建立理学这一套客观唯心主义体系。

在宋金关系紧张之际，宋孝宗在广大军民要求的压力下，起用了抗战派张浚，平反了岳飞的冤案，贬退了秦桧党人。这时，朱熹上奏皇上，提了3项建议：一是讲求格物致知之学；二是罢黜和议；三是任用贤能。

在奏章中鲜明表达了他的反和主张。这一奏章使朱熹得幸被召。

宋金关系暂时缓和后，朱熹便一头钻进理学中去了。他在故里修起“寒泉精舍”，住此10余年，编写了大量的道学书籍，并从事讲学活动，生徒盈门。这一期间他对朝廷屡诏不应。

1178年朱熹东山再起，出任“知南康军”。赴任后，兴利除弊，正值当地一年不下雨，他十分重视赈济灾荒的措施，很多百姓得以保全性命。

事情结束后，朱熹上表请求按照规定的标准奖赏献粮救灾的人。他还经常到州郡的学校去，召集学生给他们讲学。当时浙东发生大饥荒，宰相王淮上书请求改任朱熹为提举浙东常平茶盐公事，要求他当天轻车前往就任。

朱熹就任后，立刻给其他州郡写信，召集米商，免除他们的商税。等他到达浙东，外地商船运来的粮食已经聚集了很多。

朱熹每日察访民情，到州县巡行考察，单车独行，不带随从，所到之地，人们都不知道他的身份。一些郡县的官吏害怕他的严峻作风，有的甚至弃官离去，辖区之内，秩序肃然。所有丁钱、役法这类规定条款，如对百姓不利，他全部整理出来加以革除。

朱熹在赈济灾荒之余，还按照实际进行规划，一定为百姓做长远的打算。皇上对朱熹的工作大为赞赏，说他的政绩“大有可观”。

朱熹尽管重新入仕，却未忘自己的学者身份。在庐山的唐代诗人李渤隐居旧址，建立“白鹿洞书院”进行讲学，并制定一整套学规。

朱熹制定的学规是：“父子有亲、君臣有义、夫妇有别、长幼有序、朋友有信”的“五教之目”；“博学之，审问之，谨思之，明辨之，笃行之”的“为学之序”；“言忠信，行笃敬，惩忿窒欲，迁善改过”的“修身之要”；“政权其义不谋其利，明其道不计其功”的“处事之要”；“己所不欲，勿施于人，行有不得，反求诸己”的“接物之要”。

这个“白鹿洞书院”后来成为我国著名的四大书院之一，而其“学规”则成为各书院的楷模，对后世产生了巨大影响。

1181年秋浙东饥荒，朱熹由宰相王淮推荐任提举两浙东路常平茶盐公事。到职后，他微服下访，调查时弊和贪官污吏的劣迹，弹劾了一批贪官以及大户豪右。他不徇私情，牵连攻击了王淮等人。于是，王淮指使人上书抨击理学。

另外，朱熹以道德文章名震朝野，也引起有些人的忌妒，这些人乘机群起攻击，诬朱熹理学为“伪学”，以至于朱熹被罢职回乡。

朱熹在回乡途中，路过一个叫山下村的地方。那天骄阳当空，盛暑难当，朱熹也走得口干舌燥，双脚发软，瞥见路口开一片茶馆，忙走进茶馆坐在板凳上，“呼哧呼哧”直喘气。

这茶馆旁边一棵大榕树，枝干苍虬，绿叶如盖，清风飒然，令人神清气爽，是纳凉的好地方。朱熹口啜香茗，开襟纳凉，浑身舒坦，连日的困顿疲劳消除了大半。

茶馆的主人是个年近半百的妇女，膝下仅有一个八九岁的男孩，是她在下山的路上生的，因而取名“下山”。

这下山自幼好学，终日手不释卷。朱熹是一个大儒，自然喜爱读书郎。他沉吟一会儿，从身上摸出一枚铜钱，笑着吩咐道：“替我办九种下酒菜来。”

女主人接铜钱在手，心里有些忐忑：不办吧，得罪了客官；办吧，区区一枚铜钱如何端出九样菜？怔怔地愣在那里，脚像生了根似的提不起来。

下山见母亲受窘，抓起铜钱说：“娘，我有办法！”说完如飞一般出了茶馆。不一会儿，只见他攥着一大把韭菜，喜眉笑眼地站在朱熹面前。

朱熹见状，忙把下山搂在怀里，抖动着花白胡须，高兴得流出泪水。

原来，韭菜的“韭”与“九”同音，朱熹醉翁之意不在酒，在于验证下山的才学，不料聪慧的下山即刻猜中了哑谜，怎不使朱熹兴奋激动呢！

朱熹在茶馆住了一夜，第二天带走了下山，悉心教授。下山悟性极高，不负师教，后来高中进士，官拜两浙提刑官。

下山官高爵显，举家北迁临安，他为感激朱熹提携教诲之恩，于是，在茶馆原地修起一座“朱子祠”，奉供朱熹牌位。春秋两季，乡人顶礼膜拜，遗迹至今尚存。

朱熹解职后，在武夷山修建“武夷精舍”，广召门徒，传播理学。为了帮助人们学习儒家经典，朱熹从儒家经典中精心节选出《大学》《中庸》《论语》《孟子》“四书”，并刻印发行。这是教育史上的一件大事。“四书”影响深远，后来成为封建教育的教科书，使儒家思想成为全面控制中国封建社会的思想。

朱熹后来受当时南宋宰相赵汝愚推荐，当上焕章阁待制兼侍讲，即皇帝的顾问和教师。朱熹为刚即位不久的南宋宁宗进讲《大学》，每逢双日早晚进讲。

朱熹注重自己的一言一行符合礼仪规范，即使在日常生活中也中规中矩。朱熹平日家居的时候，每天天色还没有亮，就起来了，穿好衣裳相连的制服，戴了幞头，穿上方头鞋子，到家庙里和先圣神位前去跪拜。行了礼以后，退回到书房里，几案必定摆得很正，一切书籍器用，必定也是整整齐齐的。有时候疲倦了休息，就闭着眼睛端端正正地坐着，休息完了起来，就迈开脚步慢慢地走。

朱熹的威仪和容貌举止的法则，从少年时直至老始终没有放弃。

朱熹的一生志在树立理学。1200年农历三月初九，朱熹在建阳家里去世，享年71岁。临终前还在修改《大学诚意章》，可见他是如何矢志于树立自己的理学。

朱熹做学问，主张深入探究事物的原理，掌握其内在规律，并自我检束，将理论运用到实践中去。他曾说过，古代圣贤思想学说流散在典籍之中，由于圣贤经书的宗旨没有阐明，圣贤思想学说的传授也就含混隐晦。于是，他殚精竭虑，深入探究圣贤的思想准则。

朱熹在从事教育期间，对于经学、史学、文学、佛学、道教以及自然科学，都有所涉猎，而且著作广博宏富。他所写的书在世上广泛流传。

朱熹去世后，朝廷把他为《大学》《论语》《孟子》《中庸》作注的书作为学校的教材。

作为宋代新儒学代表人物，朱熹继承了孔孟儒家的修身思想，并在新的历史时期加以发展。在重视和提倡修身的同时，亦强调把修身落实到笃行上，主张修身之要在于实际去做，而非空谈心性修养。

朱熹的修身思想把穷理与修身相结合，使儒家修身思想具有了新时期的时代内涵。同时，更把修身与穷理并列为世间根本之法。他说："世间万事须臾变灭，皆不足置胸中，唯有穷理、修身为究竟法耳。"表明他对修身的重视。

朱熹穷理修身的思想通过注解儒家经典主要是"四书"体现出来，这与当时的经学转型相关。他对"四书"十分重视，以"四书"义理之学取代"六经"训诂之学在经学史上的地位。他的理论建树，为我

国古代儒学思想增添了新鲜的内容，丰富了修身的内涵。

陆九渊的自我道德修养

紧随朱熹之后，陆九渊开启了宋明两代主观唯心主义“心学”之先河。他与朱熹齐名，被史界称为“朱陆”，被后人称为“陆子”。

陆九渊，书斋名“存”，世人称“存斋先生”，因其曾在贵溪龙虎山建茅舍聚徒讲学，因其山形如象，自号象山翁，世称“象山先生”“陆象山”。他在“金溪三陆”中最负盛名，是我国著名的理学家和教育家。

陆九渊认为，孜孜于自我之道德修养，然后治理好家庭与家族，这正是所以能立国平天下之基础。他曾经说：

> 明父子君臣夫妇昆弟朋友之节，知正心修身齐家治国平天下之道。以事父母，以和兄弟，以睦族党，以交朋友，以接邻里，使不得罪于尊卑上下之际。

在此基础上，人们才可以进一步去读史书，去知晓治国之方略。

陆九渊是这样说的，也是这样做的。他自幼秉承良好家教，一生致力于创立学派，从事传道授业活动，勤于政务，造福一方，履行了一代大儒修身治国的誓言。他出身于一个九世同居、阖门百口的封建大家庭。陆氏家风，笃实严谨。陆门治家严格执行宗法伦理，同时，也靠家庭成员发挥各自的积极性、主动性，各尽其能，各供其职。

生在这样的家庭氛围中，从小耳濡目染，长大成人后亲自管家，这样的生活经历对于陆九渊形成对社会国家的参与意识会有很大影响。而这就是他的学问起点。

陆九渊出生时，其父陆贺因儿子多，打算让乡人收养，长兄陆九思的妻子刚好生有儿子陆焕之，陆九思即令妻乳陆九渊，而将自己的儿子让别人奶喂。陆九渊后来对兄嫂如事父母。

陆九渊自幼好学，他的好学不在于博览，而表现在善于思考上。三四岁时，他曾向父亲发问："天地为什么没有边际呢？"

父笑而不答，他竟为这个问题费尽思索而至废寝忘食。

陆九渊13岁时，曾经对自己少儿时思考的问题忽有所悟。有一天，他读古书读到"宇宙"两字，书中说"四方上下曰宇，往古来今曰宙"，于是他忽然省悟，原来"无穷"便是如此啊，人与天地万物都在无穷之中。他提笔写下："宇宙内事乃己分内事，己分内事乃宇宙内事。"就是说他从"宇宙"两字，悟得了人生之道。

陆九渊立志要做儒家的圣人，而他以为，做圣人的道理不用别寻他索，其实就在自己心中。对宇宙无穷与对圣人之心广大的顿悟，使陆九渊进入了一种新的人生境界。

陆九渊34岁中进士，先任隆兴建安县主簿，后改建安崇宁县。大约十年后，他被荐为国子正，不久，又迁敕令所删定官。后来他被差管台州崇道观，因这只是个管理道观的闲职，于是他便归江西故里讲学，汇集了四方学者。

多年的探索及教学积累的经验，使陆九渊形成了自己的"心学"思想，并积极与当时很多著名的思想家进行讨论。

1145年，陆九渊与朱熹在江西上饶的鹅湖寺会晤，研讨治学方式与态度。朱熹持客观唯心主义观点，主张通过博览群书和对外物的观察来启发内心的知识；陆九渊持主观唯心主义观点，认为应"先发明人之本心然后使之博览"，所谓"心即是理"，无须在读书穷理方面过多地费工夫。

双方赋诗论辩。陆指责朱"支离"，朱讥讽陆"禅学"，两派学术

见解争持不下。这就是史学家所说的“鹅湖之会”、“鹅湖大辩论”。

鹅湖之会是我国古代思想史上的第一次名的哲学辩论会。朱、陆双方辩论的“为学之方”，表现出朱熹与陆九渊在哲学上的基本分歧点，曾对明清两代思想的发展产生了一定的影响。

1190 年，50 岁的陆九渊被任命为荆湖北路荆门知军。次年农历九月初三，陆九渊千里迢迢从江西到荆门上任。

陆九渊走马上任的第一件大事就是整饬边防，严肃军纪，加强抵御金兵犯境的能力，修筑了著名的荆州城墙。这种心理素质，这种献身的精神，这种大义凛然，为国分忧的气概，实在是儒学思想家的典范。

陆九渊上任后另一件带有根本性的大事，就是兴建军学、贡院、客馆、官舍，改善军政建设，树立政府形象，使荆门地方官员精神面貌有了重大的改变。

在此之前，荆门官员惰性成习，人人都以办公差为耻，官吏只是喜欢装扮面子。为了改变官吏好逸恶劳的坏习惯，陆九渊躬身劝督，以身作则，把哲学思想贯彻到具体的政务之中，采取思想启迪的办法，自上而下，打造朴实厚道的民风。

在行政管理上，陆九渊不仅仅是经验丰富，所有军政大事有缓有急，有条不紊，次第展开。其中成功的原因，就在于他始终将军务政事都涵盖在他的哲学思想的理论框架之中。

陆九渊根据当时的社会历史环境和行政管理体系，认为只有从官员抓起，“任贤，使能，赏功，罚罪”，把官员的精神面貌振作起来，全社会的“人心”才有“正”的可能。“政者，正也”，这是先秦时期儒家孔子的祖训，陆九渊可谓深得其中精神。

陆九渊认为自己“生于末世”。而“末世”的最大特点就在于士大夫的志向以文取仕，以至于一些士大夫苟且偷安。由于陆九渊出生、成长于一个钟鸣鼎食的大家族里，各种家务、商务活动使他精通事物，因而能够将儒家传世经典的要义从亲身实践中体现出来，通过“料理得人”，取得了“正人心”的最好效果。

1193年初，陆九渊在荆门病逝，棺殓时官员百姓痛哭祭奠，满街满巷充塞着吊唁的人群。出殡时，送葬者多达数千人。他去世后，谥为“文安”。陆九渊以“心即理”为核心，创立“心学”，强调“自作主宰”，宣扬精神的能动性作用，其“修其本心、存心去欲”的思想学说独树一帜。

后人对这一思想学说进行了充实、发挥，明代王阳明发展其学说，在知与行的关系上提出了“知行合一并进”的观点，成为我国哲学史上著名的“陆王学派”，对我国理学产生深远影响。

质胜文则野

子曰："质[①]胜文则野[②]，文胜质则史。文质彬彬[③]，然后君子。"

子曰："人之生也直，罔[④]之生也幸而免。"

子曰："知之者不如好之者，好之者不如乐之者。"

子曰："中人以上，可以语上也；中人以下，不可以语上也。"

【注释】

①质：朴实、自然，无修饰的。

②野：此处指粗鲁、鄙野，缺乏文采。

③彬彬：指文与质的配合很恰当。

④罔：诬罔不直的人。

【解释】

孔子说："质朴多于文采，就像个乡下人，流于粗俗：文采多于质朴，就流于虚伪、浮夸。只有质朴和文采配合恰当，才是个君子。"

孔子说："一个人的生存是由于正直，而不正直的人也能生存，那只是他侥幸避免了灾祸。"

孔子说："懂得它的人，不如爱好它的人；爱好它的人，又不如以它为乐的人。"

孔子说："具有中等以上才智的人，可以给他讲授高深的学问，在中等水平以下的人，不可以给他讲高深的学问。"

【故事】

孔子师徒要马

传说孔子在周游列国的时候，有一天，天将近中午的时候，孔子和他的弟子们又困又乏，就在路边的树荫下休息。孔子和弟子们又开始谈诗论道，谁也没有注意到他们的马饿急了，挣脱缰绳，跑到旁边的田地里啃起了庄稼。

等到孔子他们要启程时才发现马没有了。这时，马已经啃倒了一大片庄稼。农夫发现后，便将马牵走了。

子路自告奋勇前去要马。他用手一指，大声喝道："小子，你凭什么把我们的马牵过去？快还给我们。"说话间，子路瞪眼握拳，农夫挥起锄头，两个人就要打架。

子贡见了，便急忙跑去，向农夫作了个揖，不停地道歉，长篇大论地和农夫讲道理，可是农夫根本就不听。

这时孔子让跟车的马夫去。马夫走过去说："大哥，我的马拉车至此，快要饿死了，你的地是如此宽广，我的马怎么能不吃你的庄稼呢？"那个农夫听了高兴地解开缰绳，把马交给了马夫。

孔子含笑登车，对垂头丧气的子贡说："你虽然口才出众，辩才过人，但你那都是应酬王公贵族的，对于粗野质朴的农夫，你就是外行了。"

诚实为官的李固言

唐代儒生以文化和思想的传承与创新为己任，继承和发展了先秦时期对诚信之德的阐释。他们不仅自觉地将诚信视为士大夫必备的道德操守，并将其作为为人处世的基本准则。唐代儒生以诚交友、诚信为官现象比较普遍。唐代中期的儒生李固言就是其中之一。

李固言出身低微，自幼勤奋好学。他为人又忠厚老实，有一年去参加京试住在表亲柳家。柳家的表兄弟们和他闹着玩，偷着写了“此处有屋出租”的字条贴在李固言的头巾上。李固言自己一点不知道被兄弟们贴了纸条，他出门时，看见的人都偷着笑。

在当时，来京城考试的举子为求登科，有“行卷”之说，即将自己的佳作呈教于达官贵人，求他们赏识，提高声誉，以便中第。李固言想拿自己的文章去求教人，就跟柳氏兄弟商量。柳氏兄弟就带他到一个地位比较低的官员许孟容的住地，让李固言进去求见。

许孟容说：“我是个闲官，没能力帮你。但是，你的心意，我记在心里。”许孟容又看到李固言头巾上的纸条，知道他忠厚，是被同龄人取笑了。

后来，许孟容升了官，当了科举考试的主考官，李固言参加考试。许孟容原来就知道李固言忠厚，现在又见他的文章不但文笔流畅，而且见解独到，就把李固言选为科举考试的状元。

李固言任华州刺史时，严惩奸吏，打击地方豪强。他处事认真不谋私利，不为亲友谋官。为政不计亲疏，主张任人唯贤。任河中节度使期间，也积极革除弊政。

李固言有口吃的毛病，平常不善言辞，然而每每议事论政则头头是道，很有条理。

唐文宗李昂执政时期李固言在朝廷做官。当时身处牛李两党争斗之中，他既要明哲保身，又要与邪恶势力争夺实属不易。

牛党头面人物李宗闵、牛僧孺等大都是科举正途出身，对新进士

特别重视，而李固言又是赵郡李姓的世家子弟，与李党代表人物李德裕同宗。因此，他既是牛党拉拢的对象，又是李党乐于接纳的对象。

李固言身在朝廷仍然保持自己诚实耿直的本性，不像其他官员处事那么圆滑。他心里怎么想的就怎么说，从不做不诚实的事情。有一次，唐文宗让李固言颁布诏书，内容是让降职的官员王堪去做太子的宾客，辅佐太子。可是李固言手捧诏书，站立不动。

皇帝觉得很奇怪，就问他："爱卿，你还有什么事吗？"

李固言思虑说："陛下，臣以为此事有些不妥。"

唐文宗很不高兴地说："有何不妥！事情已经决定了，你宣读诏书就是了。"

李固言仍然没有宣读诏书，他想如实地对皇帝说出自己的想法，但本来就有些口吃，一着急，不知怎样表达自己的意见才好。

唐文宗看李固言仍不肯宣读诏书，就自己生气地离开了朝堂。

李固言回去后，写了一份奏折给皇上，意思说，太子是未来的接班人，应该由有贤德的大臣陪伴，被降职的大臣不适合做太子宾客。

皇上看了，觉得很有道理，就把王堪改任了。

还有一次，群臣议事，唐文宗皇帝突然问文武百官："朕听说有些州县官员不称职，这事是真的吗？"

众大臣不知皇上心里想的是什么，又怕得罪人。虽然知道确实有些州县员不称职，但是没人敢说。有的说没有，有的说这是谣传，有的则低头不说话。这时，李固言站出来说："启禀圣上，臣得知确有此事，而且邓州刺史李堪，随州刺史郑襄尤其不称职。"

李堪是朝中大臣郑覃举荐的，郑覃怕李堪的失职对自己不利，就马上站出来辩解："微臣了解李堪的为人。再说管理那么多事情，有些疏忽是难免的。"

李固言还想说话，但是唐文宗把话题引开了，谈起别的事来。

其实，唐文宗知道李固言是个诚实人，不会胡说，是郑覃怕受责备才巧言狡辩。可是他怕朝臣之间闹矛盾，不利于国家，就没再追问下去。李固言的诚实却记在了唐文宗的脑子里，不久就提拔了李固言，让他做尚书右丞。

诚实的李固言靠自己的功绩连连高升，后为太子少师、东都留守、太子太傅。他出将入相，历任四朝，去世后被追赠为太尉。

李沆行事光明磊落

古代诚信知报思想发展至宋代，随着北宋理学的开创，促进了儒家诚信知报伦理道德的新发展，在社会生活的方方面面产生了极大影响。而北宋真宗时的李沆，在做人之道和为政之道方面光明磊落，说真话，做实事，不虚伪，体现了真实不欺的美德，堪称这一时期的典型人物。

李沆是宋真宗赵恒最早的宰相之一。他在宋太宗赵匡义时就得到了重视，宋太宗称“李沆风度端凝，真贵人也”。

李沆是很受宋真宗信任的一位大臣，常常有机会单独和皇帝讨论国家大事，但是他从来没有向皇帝报告过其他人的隐私。他在皇帝面前怎么说，在朝廷上照样也怎么说，从没做过当面一套，背后一套的事情。

有一回，李沆和另一位大臣发生了意见分歧，起因是对一位官员的处罚问题。这个官员在宋朝与西夏国的战争中，未能将粮草及时运到军中，按军令该斩。李沆听说后，对事情做了一番调查，认为应该免这人的死罪。

李沆在朝廷上据理力争，他说：“此人失职的真正原因是有人故意延误发粮时间嫁祸于他。就算他有一定的责任也不该判死罪，何况此人很有才干，而且一向勤勉谨慎，功大于过，杀了他是国家的一大损失。”

另一位大臣却认为："无论责任大小都应该斩首，这样才能严明法纪，警示他人。"

李沆和这位大臣各抒己见，争得面红耳赤，谁也没能说服谁，只好把此事送交刑部再去研究。

同李沆争论的这位大臣平时就对李沆不满。经过这次争论之后，他更是怀恨在心，认为李沆是故意和自己过不去。

这位大臣为了报复，就派人四处散布说："李沆和犯罪的官员有交情，所以徇私枉法，包庇坏人。"他还暗地里向宋真宗告了一状，说李沆不仅目无朝廷法纪，而且一向独断专行，连皇上的话也不怎么听。

与此同时，李沆忙于公务，早把争论的事忘记了。所以，尽管朝中议论纷纷，他却根本不知道。后来，有人提醒他防备暗算。他听后笑了笑说："我诚实办事，诚实对人。既然问心无愧，怕什么暗算！"

再说宋真宗，他对李沆的人品还是比较了解和信任的。听了那位大臣的密报之后，他半信半疑，很想听听李沆这一方面的意见。这天下朝之后，他吩咐太监把李沆叫到偏殿。

李沆来到以后，宋真宗身着便装，神态安闲地叫李沆坐下，还叫太监上茶。李沆知道皇上又要单独和他谈论政事，心情也轻松下来。果然，宋真宗同他谈起近来边防上的战事。说着说着，宋真宗话锋一转，突然问起对那个官员的处罚来。

李沆没有准备，愣了一下，说道："此事臣已经有详细的奏报送上来。陛下还没有看过吗？"

宋真宗不动声色地说："朕只是想亲自听听你的陈述。"

李沆把自己的意见讲了一遍，然后又强调了这人的才干，说眼下正是国家用人之际，应该给他一个将功补过的机会。李沆陈述完，见宋真宗似乎还想听下去，便问道："陛下还有什么想了解的吗？"

这一问倒把宋真宗问得愣了一下，他说："你的意见都讲完了吗？是否还有什么不便说的，尽管说吧！"

李沆答道："臣的想法都说了，此事就请陛下裁断吧！"

宋真宗沉吟了一下，说道："你看某某这人怎么样？"宋真宗指的

就是那个告李沆状的大臣。

李沆认真地答道："此公有宰相之才，唯有一点缺憾，就是气量狭窄。但还算是一位称职的大臣。"

宋真宗说："好吧，那你先回去吧，那件事待朕再斟酌一下。"

李沆刚起身要走，宋真宗忽然又问了一句："其他大臣都曾向朕密奏过事情，你为何从没有过密奏呢？"

李沆答道："臣以为我身为朝廷大臣，所做的都是朝廷上的公事。既然是公事为何不能公开在朝堂上讲而要密奏呢？凡是需要密奏的事情，我看除了为国家除掉谋反的奸臣之外，大都有不可告人的动机。臣一向反对这样的行为，怎么敢学着去做呢？"

宋真宗听后没说什么，挥挥手让李沆退下。

李沆走后，宋真宗站在那里，沉思一会。他想：像李沆这样一个诚实正派的人，是决不会徇私枉法的。看来，我对那些打秘密报告的人倒是要警惕一下呢！

在封建时代，皇帝周围的大臣在奏报公事之外，往往还要私下里向皇帝秘密报告一些事情。从皇帝方面来说，是想通过这些秘密报告掌握宫内外的一切动态，监视大臣们平时的言行和人品；从大臣们的方面来说，这样做除了可以打击自己的政敌，达到自己的政治目的以外，还能够以此来赢得皇帝的信任和宠幸。

这些秘密报告的内容一般都是别人私下里的言谈举动。它们有时能够起到揭露阴谋、打击权贵的正面作用，但在更多的情况下，却成了陷害他人，抬高自己的一种手段。

李沆从不做密奏这件事，而且能够以诚实之心，光明正大，泰然处之。宋真宗更加信任和依靠他了。

李沆秉性亮直，内行修谨。由于他器度宏远，能识大体，被时人称为"圣相"。

晏殊的诚实与正直

北宋时期对诚信思想的发展，除了在宰相李沆身上有很好的体现外，另一位宰相晏殊也是这一时期的典型。晏殊是北宋时期抚州临川文港乡人，素以诚实著称。

晏殊小时候就诚实、正直，并且聪明过人，7岁能作文。14岁时，被江南安抚使张知白当作“神童”推荐给宋真宗赵恒。1005年，晏殊来到京城，与来自全国各地的3100多名举人同时入殿参加考试。晏殊本可以直接由皇上面试，但他执意要参加科举会考。他认为只有会考所反映出的成绩，才算是自己的真实才学。

主考官同意了晏殊的要求，决定让他同其他举人一起会考。在考场上，晏殊非常地沉着冷静，卷子答得又快又好，受到了宋真宗的赞许，赏他“同进士出身”的称号。

第二天又复试，题目是《诗赋论》。晏殊看见题目，发现考题是自己曾经练习写过的。于是，他毫不犹豫地向主考官说明实情：“考官大

人，这个题目我曾经练习写过，请另外出一个题目给我做吧！”

主考官不以为然，以为晏殊多事，就说：“做过的题目也不要紧，你写出来，如果做得好，也可录取。再说，另外换个题目，万一做不好，就要落第，你要三思而行。”

晏殊似乎已经深思熟虑了，他说：“不换题目，即使考中了，也不是我的真才实学；换了做不好，说明我学问还不够，我不会有一句怨言的。”

考官听了，同意给晏殊另外再出一个题目。

晏殊拿到新题目以后，反复看了看，思考了一会儿，就拿起笔来一气呵成。考官惊呆了，觉得此人文思敏捷，真乃奇才。晏殊要求重新出题的诚实行为，而且真真实实地“考”出了自己的水平，受到人们的敬重，不仅在考生中传开，也传到了宋真宗那里。

宋真宗马上召见了晏殊，称赞说：“你不仅有真才实学，更重要的是，具有诚实不欺的好品质！”

晏殊遇上自己熟悉的考题，原本可以轻松答出，在 3000 多举人中一举成名，却请求另给题目，是晏殊傻吗？不，因为他诚实，更因为他相信自己的真才实学。宋真宗也正是因为如此，所以就特别喜欢他，并破格任用为翰林。

晏殊初出茅庐当职时，正值天下太平，京城的大小官员便经常到郊外游玩，或在城内的酒楼茶馆举行各种宴会。晏殊家贫，无钱出去吃喝玩乐，只好在家里和兄弟们读写文章。

有一天，宋真宗要为太子挑选老师，但不叫大臣推荐，自己直接点名要晏殊担任。大臣们很惊讶。宋真宗说：“我听说晏殊常闭门读书不参加各种宴会，这是一个忠厚谨慎的人，放在太子身边最合适。”

晏殊拜见皇帝谢恩时解释说：“我不是不愿游玩，不愿参加宴会，因为我家贫穷办不到。我要是有钱，也是会去的。”宋真宗见晏殊如此肯讲实话，对他特别赞赏，更加信任他，眷宠日深。

晏殊以难能可贵的坦率诚实品格，在皇帝和群臣面前树立了信誉。宋仁宗赵祯登位后，晏殊得以大用，官至宰相。晏殊做了宰相，也没有矫揉造作，很得百姓拥戴。

晏殊虽多年身居要位，却平易近人。他唯贤是举，范仲淹、孔道辅、王安石等均出自其门下；韩琦、富弼、欧阳修等皆经他栽培、荐引，都得到重用。晏殊诚恳地对待每一位学子。

有一次，晏殊路过扬州，在城里走累了，就与随从进大明寺休息。晏殊进了庙里，看见墙上写了好些题诗。他挺感兴趣，就找把椅子坐下。然后，让随从给他念墙上的诗，可不许念出题诗人的名字和身份。

晏殊听了会儿，觉得有一首诗写得挺不错，就问："哪位写的？"随从说叫王琪。晏殊就叫人去找这个王琪。

王琪被找来了，拜见了晏殊。晏殊跟他一聊，挺谈得来，就高兴地请他吃饭。俩人吃完饭，一起到后花园去散步。这会儿正是晚春时候，满地都是落花。一阵小风吹过，花瓣一团团地随风飘舞，好看极了。

晏殊看了，猛地触动了自己的心事，不由得对王琪说："王先生，我每想出个好句子，就写在墙上，再琢磨下句。可有个句子，我想了好几年，也没琢磨出个好下句。"

王琪连忙问："请大人说说是个什么句子？"

晏殊就念了一句："无可奈何花落去。"

王琪听了，马上就说："您干吗不对'似曾相识燕归来？'"这句的意思是说，天气转暖，燕子从南方飞回来，这些燕子好像去年见过面。晏殊一听，拍手叫好，连声说："妙，妙，太妙了！"

晏殊对这两句非常喜欢，他写过一首词《浣溪沙》，里边就用上了这副联语：

一曲新词酒一杯，去年天气旧亭台。

夕阳西下几时回，无可奈何花落去。

似曾相识燕归来，小园香径独徘徊。

晏殊对王琪很赞赏，回到京都后向宋仁宗推荐，得到宋仁宗认可，就调王琪入京城。王琪先任馆阁校勘，后又担任许多其他重要职务。晏殊在北宋文坛赫赫有名，这和他的诚实和才气有密切关系。

知者乐水，仁者乐山

樊迟问知，子曰："务民之义，敬鬼神而远之，可谓知矣。"问仁，曰："仁者先难而后获，可谓仁矣。"

子曰："知者乐水，仁者乐山①。知者动，仁者静。知者乐，仁者寿。"

子曰："齐一变，至于鲁；鲁一变，至于道。"

子曰："觚②不觚，觚哉！觚哉！"

【注释】

①知者乐水，仁者乐山：知同"智"；乐，喜爱的意思。

②觚：古代盛酒的器具，上圆下方，有棱，容量约有二升。后来觚被改变了，所以孔子认为觚不像觚。

【解释】

樊迟问孔子怎样才算是智，孔子说："专心致力于让百姓遵从'义'的要求，尊敬鬼神但要远离它，就可以说是智了。"樊迟又问怎样才是仁，孔子说："仁人对难做的事，做在人前面，有收获的结果，他要在人后，这可以说是仁了。"

孔子说："聪明人喜爱水，有仁德者喜爱山。聪明人活动，仁德者沉静。聪明人快乐，有仁德者长寿。"

孔子说："齐国一改变，可以达到鲁国这个样子，鲁国一改变，就可以达到先王之道了。"孔子说："觚不像觚了，这也算是觚吗？这也算是觚吗？"

【故事】

千古一相李斯

李斯年轻时曾在楚国做过郡掌管文书的小吏，后来离开楚国，到当时学术气氛最浓的齐国投拜荀子为师，学习“帝王之术”。由于他读书认真，钻研精神很强，学业优良，成绩突出，所以很得老师荀子的赏识。

李斯学成之后，先投在秦国吕不韦的门下做舍人，后来为秦王政所赏识，提拔他做长史。

李斯为秦王政出谋划策，建议秦王政派人持金玉珍宝出使各国，以便游说、收买、贿赂、离间六国的君臣，达到各个击破，逐一吞并的目的。秦王政采纳并实施了李斯的策略，收到了很好的效果。

于是，秦王政重用李斯，提拔他为客卿。

正当李斯在仕途上一帆风顺，积极为秦消灭六国，统一天下，出谋献策，施展才华之际，六国中的一些有识之士也并不示弱，他们纷纷给自己的国王献计献策，或以武力对抗，或派出间谍到秦国，采取各种方法削弱秦的力量。

李斯中了反间计，秦王政就下了一道逐客令，准备撵走身边的一些谋士。李斯也在被逐之列。

李斯有抱负，有智慧，也敢作敢为。

他不怕犯颜获罪，直接给秦王政写了一封信，劝秦王政不要逐客，这就是著名的《谏逐客书》。

《谏逐客书》实际上是李斯贡献给秦王政的一份广招贤才强国，进而消灭六国统一天下的政见谋略书。

秦王政是个有雄才大略的人，他看了李斯的《谏逐客书》后，明辨是非，果断地采纳了李斯的建议，立即取消了逐客令，再次重用李斯，提拔他为廷尉。

同时，秦王政招揽了一大批贤将良才。如史书上著名的王崎、茅焦、尉缭、王翦、王贲、李信、王离、蒙恬等都是来自别国的客卿，他们在秦统一天下的事业中发挥了重要的作用。

李斯为秦王政消灭六国、统一天下出谋献策，做出了很大贡献。秦朝统一天下后，秦王政做了始皇帝，称为秦始皇。李斯对统一后的秦帝国，如何巩固和加强中央集权统治，为秦始皇做了大量卓有成效的工作。

一是实行郡县制。

秦国统一六国后，李斯提出实行郡县制，由中央集权，加强统一，这样才能天下安宁。秦始皇于是发布诏令，把全国分为36个郡，郡下设县。

郡县制的确立，加强了统一的封建国家的中央集权，推进了历史的发展。

二是统一文字。

前221年，秦始皇接受李斯“书同文字”的建议，命令全国禁用各诸侯国留下的古文字，命李斯制作标准字样，即小篆。紧接着，为了推广新制的文字小篆，李斯亲做《仓颉篇》7章，每4字为句，作为学习课本，供人临摹。

不久，李斯又采用秦代创造的一种书体，打破了篆书曲屈回环的形体结构，形成了隶书这一新的书体。从此，隶书便作为秦代官方正式书体。

三是统一度量衡。

李斯把度制以寸、尺、丈引为单位，采用十进制计数；量制则以合、升、斗、桶为单位，也采用十进制计算；衡制则以铢、两、斤、钧、石为单位，24铢为1两，16两为1斤，30斤为1钧，4钧为1石固定下来。

为了有效地统一制式、划一器具，李斯又从制度上和法律上采取措施，以保证度量衡的精确实施。

四是修驰道、车同轨。

李斯以京师咸阳为中心，陆续修建了两条驰道，一条向东通到过去的燕、齐地区，一条向南，直达吴楚旧地。这种驰道路基坚固，宽50步，道旁每隔三丈种青松一棵。

后又修筑“直道”，由九原郡直达咸阳，全长900千米。又在今云南、贵州地区修筑“五尺道”，以便利中原和西南地区的交通。在湖南、江西一带，修筑攀越五岭的“新道”，便利通向两个地区的交通。

就这样，一个以咸阳为中心的四通八达的交通网把全国各地联系在一起。同时，为与道路配套，李斯还规定车轨的统一宽度为6尺，以此保证车辆的畅行无阻。

五是统一货币。

在李斯的主持下，货币规定了以黄金为上币，以镒为单位，每镒重24两，以铜半两钱为下币，1万铜钱折合1镒黄金。并严令珠玉、龟、贝、银、锡之类作为装饰品和宝藏，不得当作货币流通。

同时，规定货币的铸造权归国家所有，私人不得铸币，违者定罪等。李斯此举被后人认为是经济史上的一个创举。“秦半两”因其造型设计合理，使用携带方便，一直使用至清朝末年。

至此，李斯在他辅佐秦始皇匡扶天下的过程当中，完成了他最后一个使命。

前208年，李斯因为在秦始皇驾崩后与宦官赵高合谋立少子胡亥为二世皇帝，后为赵高所忌，被腰斩于市。

纵观李斯在秦统一天下前后的作为，几乎每干一件大事都能产生影响千年的效果，并影响后代。我国几千年的历史当中，名相重臣比比皆是，但大多不过功在当朝，时过则境迁，相比之下，李斯可以说是建立了累世之功。

变法革新的商鞅

商鞅是卫国王室中人，他年轻时就喜欢钻研以法治国的学问，但因为是庶出身份，一直未得到重用。

后来，秦国的新君秦孝公即位后，宣布了一道命令：不论是秦国人或者外来的客人，谁要是能想办法使秦国富强起来的，就封他做大官。

秦孝公这样一号召，果然吸引了不少有才干的人。商鞅在卫国得不到重用，就到了秦国，并受到秦孝公的接见。

商鞅对秦孝公说："一个国家要富强，必须注意农业，奖励将士。要打算把国家治好，必须有赏有罚。有赏有罚，朝廷有了威信，一切改革也就容易进行了。"

秦孝公完全同意商鞅的主张，就拜商鞅为左庶长。秦孝公还说："从今天起，改革制度的事，就全由左庶长来决定。"

前356年，商鞅实行了第一次变法。这次变法包括以下内容：

一是颁布法律，制定连坐法。

商鞅把李悝制定的《法经》带到了秦国，加以公布实行。并把"法"改为"律"，增加了连坐法，从而把秦献公的时候实行的什伍制变成相互监督纠发的连坐制。

二是奖励军功。

商鞅规定国家的爵位按将士在战场上斩获敌人首级的多少来计算。

斩得敌人甲士首级一颗的，赏给爵一级。如升至第十级“五大夫”时，赏赐给300户人家的税地。爵位在五大夫以上，除享有600户人家的租税供他食用外，还有权收养宾客。

同时规定，没有军功不能获得爵位，即不能靠出身就获得爵位，享受特权。这就严重打击了旧贵族的势力。

三是发展农业生产。

商鞅规定：凡是一家有两个以上的成年男子，必须分家，各立户头，否则就要出加倍的赋税和劳役，以巩固和发展封建生产关系。把大家庭分割成小家庭，成为户头的成年男子就不能再在大家庭的掩护下，游手好闲。

另外，商鞅招徕地少人多的韩、赵、魏三国百姓来秦国垦荒，为此他制定优待“徕民”的政策。

四是建立郡县制。

由国君直接派官吏治理，以加强中央集权。商鞅的第一次变法，使秦国的农业生产增加了，军事力量也强大了。由于第一次变法的成功，商鞅由左庶长升为大良造。

前350年，商鞅实行了第二次改革。这次变法包括以下内容：

一是废井田，开阡陌。

秦国把这些宽阔的阡陌铲平，也种上庄稼，还把以前作为划分疆界用的土堆、荒地、树林、沟地等，也开垦起来。谁开垦荒地，就归谁所有。土地可以买卖。

二是建立县的组织。

把市镇和乡村合并起来，组织成县，由国家派官吏直接管理。这样，中央政权的权力更集中了。

三是迁都咸阳。

为了便于向东发展，把国都从原来的雍城迁移到渭河北面的咸阳。

秦国通过商鞅的两次变法，变得越来越富强了。周天子打发使者送祭肉来给秦孝公，封他为方伯，中原的诸侯国也纷纷向秦国道贺。

商鞅不仅有突出的政治才干，还在军事上进行变法。实行军功爵制度，严肃军纪，实行什伍制度，废除了世卿世禄制，提高了军队战斗力。

商鞅变法对秦国产生了巨大的响应。通过变法，不仅培养了一支有战斗力的军队，为国家实力提供了保证，还用法律的形式从根本上确立了封建土地私有制，提高了人民的生产积极性。这些变法措施，对后来秦的统一和秦始皇的政策影响深远。

西门豹做邺县令治恶

魏文侯的时候，西门豹做邺县令。他了解到邺地的三老、豪绅常年向百姓征收赋税，一部分说为“河神”娶媳妇，剩下的再同庙祝、巫婆一同瓜分。而贫苦人家的女儿，被迫放到河中漂流沉没。

又到了为“河神”娶媳妇的那天，西门豹到河边见三老、官吏、豪绅、巫婆以及乡间的父老们都到了。

西门豹说：“叫‘河神’的媳妇过来，看看美不美。”巫婆们就将新娘从帐子里扶出。西门豹看了看说：“这个女孩不美，烦劳大巫婆到河中报告‘河神’，需要换一个漂亮的，后天送她来。”就让士兵抱起大巫婆投进河里。

过了一会儿，西门豹说：“大巫婆怎么还不回来呢？徒弟去催促她一下。”就这样总共投进河里3个徒弟。接着又把三老投进河里。

等了好长时间，西门豹说：“巫婆、三老不回来，怎么办？”这时豪绅们都跪在地上磕头，把头都磕破了。西门豹说：“起来吧。看情景‘河神’留客太久了，你们都离开这里回家吧。”邺县的官吏，从此以后，不敢再说替河神娶媳妇了。

后来西门豹开凿渠道，浇灌农田，农田都得到灌溉，百姓因此富

裕起来。所以西门豹做邺县令，名闻天下，恩德流传后世。

18岁做《铜雀台赋》

曹植，字子建，生于东汉末年，是三国时代魏国诗人，在古代文学史上非常著名。天资聪颖，10多岁能够写辞赋。

曹植天资聪颖，刚过10岁就已读了几十万字的诗赋文章，能够大段大段地背诵出来。再长大一些，就陆续写出了十几万字的辞赋，不但情真意切，而且词采华茂，受到当时文人学士的盛赞，认为这位早慧的小才子的文学才华已经超过了比他大5岁的哥哥曹丕（曹丕也是有名的文学家）。

他的父亲曹操，不但是政治家、军事家，也是著名诗人。听别人在他面前夸奖曹植，就命儿子把平日写的诗文拿几篇来看一看。

曹植立刻选了一些诗文送给父亲，曹操看后大为惊奇，觉得别人说儿子文思敏捷、出口成章以至许多赞美的话，都不是信口开河，更不是为了当面讨好他才说的场面话。

可是，儿子年龄还小，能写出这样好的诗文吗？曹操有些怀疑，把曹植叫来，问他这些诗文的作者到底是谁，是否确是自己所写。曹植坦然地说："儿子写诗作文，从来是抒自己所感，写个人所思。别人的思想感情，跟儿子有什么关系呢？儿子决不会把别人的诗文当作自己的，请父王放心！"

曹植见父亲还没有完全消除怀疑，便诚恳地说：

"如果父王不信，不妨面度！"

曹操听罢，笑了一笑，不置可否。

后来，曹操命人建造的铜雀台落成了。这个铜雀台，是曹操用来作为文人聚会、饮酒赋诗的场所。曹操这时想趁机考一下曹植，而且想同时考考几个儿子的文才。在举行落成典礼那一天，他率领文武官员登台观赏，要儿子们也全部到场。

曹操对儿子们说："今日铜雀台落成，你们每人各作一篇赋，庆贺一番如何？"

当几个兄弟还在苦苦思索时，曹植很快就写出一篇《铜雀台赋》呈给父亲，使兄弟们都自愧不如。曹操读了这篇新作，进一步证实曹植才思敏捷，从此就另眼看待了。

虽然，铜雀台面试是曹植18岁时的事，但如果他不是童年早慧，打下良好的基础，怎么能比过兄弟们呢？

胡光墉经商先义后利

在清代，随着社会经济的进一步发展，商业活动越来越频繁，人们不再像以往一样单纯地轻"利"，甚至认为"义"也是"利"，而且是一种长远的、更大的利。这种宏阔视野下的清醒认识，在清代晚期著名徽商胡光墉身上体现得最为鲜明。

胡光墉，徽州绩溪人。因为他拥有一颗大义之心，做到了"先义后利"，所以在我国历史上被称为"一代商圣"。

胡光墉首先以国家大义为先，他认为，作为一个商人，如果只想着为自己赚几个钱是成就不了大事业的。只有国家安定，商人才可能做生意。因此，他利用自己的财富帮助左宗棠为国家和民族做了很多好事。

胡光墉向左宗棠提出买洋枪洋炮的建议，左宗棠听后开始并不认同。但胡光墉确信，自己的建议是对国家有利的，是能够帮助左宗棠的；而且他认定左宗棠是一个为国家尽忠效力的大将，自己帮助左宗

棠做事，就是在给国家效力。因此，胡光墉坚持了这个建议。左宗棠后来让胡光墉负责采运。

凭借办洋务的精明，胡光墉来往于这些洋行之间，精心选择，讨价还价，大批军火得以转运西北，仅1875年在兰州就存有从上海运来的来复枪“万数千枝”。这些洋枪洋炮，在左宗棠后来收复新疆的过程中，发挥了重要作用，“得力于枪炮者居多”。

左宗棠对于胡光墉在上海的采运给予了充分肯定。他在一份奏折中，竭力主张对胡光墉进行叙功奖赏，要求破例给胡光墉赏穿黄马褂以示恩宠。清代朝廷经过一番议叙，批准了左宗棠的请求。

胡光墉还替左宗棠筹措军饷。在当时，清代朝廷国库不宽裕，打仗要花很多钱，很多时候，都是胡光墉支援。胡光墉还替左宗棠买粮食，买马料，而且他很早就已经介入药业，但不是为了做生意，而是为了保证左宗棠效力国家。

在当时，胡光墉发现左宗棠的部队一出征，士兵就水土不服，发生疾病，于是主动跟左宗棠讲，自己要开个药厂，就叫“雪记”，因为他的字叫雪岩，专做部队所需的药，而且是白送给部队，不要一分钱。

左宗棠很感动，但也很不明白，就问道：“这样一来，你不是亏了吗？”

胡光墉说：“亏就亏了，有亏才有赚，有赚才有亏。”

胡光墉不是说白话，而是说到做到。他不但长期给左宗棠的部队供应药品，而且还施给老百姓，因此，他的名声就很好。后来雪记药厂演变成为胡庆余堂，并使得胡光墉一生留名。

胡光墉最了不起的大义之举，就是帮助左宗棠平定了疆乱。当时在外国势力的操纵下，一个叫阿古柏的酋长起兵叛变，要把新疆独立出去，左宗棠力主出兵平定叛乱，收复新疆。

当时国库空虚，无力打仗，慈禧太后同意左宗棠出兵新疆，但军费要先自己解决。在这种情况下，胡光墉以自己的钱庄做担保，再次向外国银行贷了一笔巨款，全力帮助左宗棠，最后终于收复了新疆。

左宗棠由于胡光墉的帮助，成功收复新疆，再次上奏清代朝廷给

胡光墉请功。清代朝廷封胡光墉布政使衔，从二品文官顶戴用珊瑚，赏穿黄马褂。人称“红顶商人”。

胡光墉通过帮助左宗棠来替国家做事，而在帮助左宗棠的同时，也发展了自己的事业。这就是说，他成功的关键是先想到义，然后才想到利。

胡光墉不仅以国家大义为先，也将诚信视为商人的必须坚守的义德。他经商讲究诚信，能够从朋友的角度出发，“上半夜想想自己，下半夜想想别人”，绝不做损人利己之事。

有一次，一个人神气活现地来到了胡光墉的当铺，对着伙计喊道：“哎，叫你们老板出来，我有最好的东西要寄在你们这里，我这是商代的古董，可能连你们老板都没见过。”

伙计拿过去一看，真的是很少见，看来看去就觉得真的是商代的古董，于是就问当多少钱。那人一口咬定300两，否则他就去别的当铺去当。伙计赶紧给了他300两银子。

那人临走还说：“今天是因为急用，才当这么少，否则1000两我也不当！”

事后，伙计越想越不对，于是就请了很多人来看，人们看了都说是假的。这个伙计就向胡光墉报告自己的过错。

胡光墉说：“没有关系，人总会出错，错就错了，没什么大不了。”他停顿了一会说，“这样吧，你给我开10桌，把我们这里的名流士绅，有钱人都请来吃饭，告诉他们我们有一个商代的很珍贵的古董要给他们欣赏。”

伙计忍不住问：“我们上当了，还要别人上当吗？”意思就是我们被骗了，还要骗别人吗？要讲良心。

胡光墉板起脸来，说道：“你跟我这么久，还不知道我的为人。”伙计不敢再说，只好照办。

宴请的那天，大家都来了，兴致很高，边吃边等着看古董。只见一个职员小心翼翼地从二楼捧了一个古董下来，走到一半，失足摔了一跤，那个珍贵的古董当场就打破了。

所有的人都叹息："好可惜啊，这么珍贵的古董，为了给我们看，居然摔破了。"

胡光墉说："没有关系，这是我们不对，让大家没的可看，大家吃完好走，回去休息。"

这个消息很快就传了出去，传到了那个当东西的人耳朵里，他就拿了300两银子，找上门来说："我现在还你钱，你把东西给我。你要是拿不出，今天没有1000两，不要想能够了结。"

胡光墉二话不说，先让人验收了银子，然后吩咐人把那个古董拿了出来，交给了那人。那个人整个脸都变色了，一直说"怎么会这样！？"

胡光墉告诉他："我摔破的那个比你的还假。"

那个人马上灰溜溜地跑掉了。

还有一次，胡庆余堂的紧俏药"虎骨追风膏"断货了，于是，经理余修初就找到专管药材的邹文昌问清原因。

邹文昌说："'虎骨追风膏'的主要原材料是虎骨，而虎骨现在又断货，所以，我建议用豹骨代替虎骨。"

余修初一听，坚决反对，他说："这怎么行呢？你这不是想砸了胡庆余堂这块招牌吗？"

邹文昌说："做生意嘛，要懂得变通，我们用豹骨代替，先满足一下市场等虎骨一到，马上就换用虎骨。"接着，拿出胡庆余堂的信誉来威胁余修初说，"不然别人会把咱们胡庆余堂看扁的。"

见余修初的思想有一点儿动摇了，邹文昌趁热打铁道："豹骨的药效也差不到哪里去，一般人是看不出来的，只有你知我知，别人绝对不知道。"

听他这么一说，余修初也动摇了，于是邹文昌趁机生产出了假的"虎骨追风膏"。

胡光墉知道此事后，非常气愤，认为邹文昌伤害到了胡庆余堂的声誉，决定严肃处理。胡光墉把店里的所有人都叫到大厅，当众辞退了邹文昌。并当场写下了"戒欺"堂训，还在店里挂了一些条幅，诸

如“药业关系性命，尤为万不可欺”、“采办务真，修制务精”等。因为“戒欺”的堂训，胡庆余堂的伙计以后再也不敢有一点点的欺骗行为了。

后来，胡光墉还将自己在胡庆余堂的办公室取名为“耕心草堂”。其用意十分明显：田要耕，地要耕，心田更要耕，只有常耕心田，邪念、欺骗这些杂草才不会滋生，才能做一个堂堂正正的商人。

经过多年的发展，胡庆余堂成了名闻天下的老字号药店。民间一直有“北有同仁堂、南有胡庆余堂”之说，它与北京的百年老字号“同仁堂”南北交相辉映，深受广大顾客的信赖。胡光墉本人也因此赢得了“江南药王”的美誉。

时至今日，胡光墉所制订的这些经营规则，仍被胡庆余堂的后继经营者们认真遵守。而胡庆余堂“戒欺”的堂训，还被现今的国药界誉为药业座右铭。

胡光墉以义取利，重视长远之利，既体现了他对我国传统伦理原则的恪守，又反映出他对“义”“利”辩证关系的深刻领悟和具体把握，从而赢得了广阔的市场和弥久不衰的声名。

游福明以信义立天地

清代江西南昌县人游福明，同样是一个重义之人。他见富者不羡慕，只知安贫乐道，坚守信义规矩，最后获得了巨大成功。

游福明的父亲叫游昌，母亲吴氏，上无兄姊，下无弟妹。他们家境清苦，但是，一家三口从不怨天尤人。父亲在离家不远的李家庄给李员外做长工。游福明也很勤劳，上山捡拾树枝回家当作燃料，艰辛勉强可以平安度日。

清代道光年间，游福明10岁那年，母亲因染风寒，竟是一病难支。游福明立刻前往李家庄告知父亲，并向李员外借贷白银5两，回来后替母亲找大夫医治。

哪知全部银两花光，母亲未见起色，最后病入膏肓，离开了人世。

游昌见老伴病故，内心悲痛不已。为了安葬故人，父子两人决定再向李员外借贷。但是李员外顾忌他们无力偿还，就只取出10两纹银。

游福明见区区银两不足葬母，就“扑通”一声跪在地上，叩求李员外能大发慈悲，援手相助，并且说：“我可到员外家为奴，补偿还债。”

李员外见游福明孝子诚心，最后答应借钱。父子两人带着银两，急忙赶回办理后事。

游福明跪在亡母陵墓前，焚香祭告：“不孝儿游福明须要依约到李员外家为奴，所以不能在母陵前守孝，乞求母亲见谅，因有约在先，不能无信，当须履行，否则有愧于心，祈请母亲免虑。不孝儿日后一定常来看望母亲。”

游福明与父亲双双进入李家庄为奴，抵偿债务，对10多岁的游福明实在是一件苦差事。李员外见状，心中同情，就让游福明专事看管庭院中之花草树木。

游福明哪敢稍有怠慢，每天辛勤照顾花木，而且细心研究如何能将庭中的名花异草培植得欣欣向荣。上天不负苦心人，在游福明专心照料之下，果然不负李员外之托，庭中百花齐放，万草碧绿，好像是一世外桃源。

李员外对游福明大加赞赏，常和人说："游福明小小年纪竟能如此用心，把分内之工作做得井然有序，而且又很勤奋，将来必定能成为有用之才，也必定能出人头地。"

由于对游福明非常信任，李员外就将李家庄账房之事托付在游福明一个人的身上，同时，也升游昌为李家庄的总管。

游福明此时已经 16 岁。李员外的信任，让他更加不敢怠慢，处理账目有条不紊，清清楚楚，绝不含糊，更不需李员外操心。有时受员外之命，到外收租，也从来不出差错，使得李家庄上下老少都对他刮目相看，也使得游福明因处事光明正大，身价抬高起来。

游福明接手账房事务不久，李员外身染重疾，卧病在床。虽延医诊治，服用名药，却难挽回性命，三个月后撒手人寰，与世长辞。

李家庄料理后事，完全由李夫人承担。此后每个人职位未变，各负其责。游福明掌管财物，从不因员外不在而有半点差错，同时更加兢兢业业地处理账目，每日晚间必定将当日进出账目，一五一十地向李夫人报告。

李夫人因丧夫悲痛，不久也随着李员外离世。游福明视之同自己的母亲，重礼葬之，为李夫人守孝 3 年，以为报答之恩。

此后，游福明更加谨慎处理李家所遗留下来的产业。

游家父子将李氏的产业处理得比李员外在世时更好，将开支后的所有结余，以李家庄的名义一直在从事慈善活动，以至于当地的县民只知有李善人，而不晓替人行善的游家父子。

游福明心想，受人之恩，不报者无以为人。因此，他为李善人建立一座祠堂，供乡里民众膜拜。

游福明自从替李员外多行善德，更处心积虑地筹谋地方慈善公益，不遗余力。其父也与游福明合力兴善，延寿至 93 岁方离人世。

父亲去世时，游福明已经60多岁了。他心想：李员外遗大片产业，自己今已年迈，应该设法将它做一件长远而且有意义的事业，方不至于辜负李员外的恩德。

游福明决定建一座寺院。他即刻召集庄内所有人员，到李家祠堂共商大计。

游福明把心中的构想提出来共议：将李员外所有财产分成5份，用5年时间建造寺院，拟不留任何产业，全部投资寺院。寺院建成后，庄内所有人员可以自愿在此清修，直至终老。他将建寺的蓝图布置于堂上，然后一一加以说明。众人一听，交口称赞，一切商议妥当。

这年春天动工兴建，寺院共分三落，前庭约百坪地，寺院建地的约3顷，并定名该寺为“天赦寺”。

天赦寺5年后竣工，游福明择日安座神佛，举办七七四十九天之圆满法会，同时延请当地悟尘法师为住持，主持事务。

游福明了却了凡间的一切杂务，专心悟道。他清修30余年后，96岁那年去世。人们在天赦寺厢房，供立游昌、游福明父子二位的永久禄座。

儒家主张处世应该心存“仁、义、礼、智、信”大要。人无信不立。游福明为葬母，卖与李员外为奴，能坚守信诺，自始至终，永不背义，得世人效仿，也因坚信而流芳千古。

同时，父子能同守信义，实是难得。更何况李员外死后，父子更本初衷，不变其节，守诺到底，更为世人所效法。

博学于文，约之以礼

宰我问曰："仁者虽告之曰井有仁[①]焉，其从之也？"子曰："何为其然也？君子可逝[②]也，不可陷[③]也；可欺也，不可罔也。"

子曰："君子博学于文，约[④]之以礼，亦可以弗畔[⑤]矣夫！"

子见南子[⑥]，子路不说。夫子矢[⑦]之曰："予所否[⑧]者，天厌之！天厌之！"

【注释】

①仁：指人，是"人"的借字。

②逝：往。这里指到井边去看并设法救之。

③陷：陷入。

④约：解释为约束。

⑤畔：同"叛"。

⑥南子：卫国灵公的夫人。

⑦矢：同"誓"，此处讲发誓。

⑧否：不对，不是，指做了不正当的事。

【解释】

宰我问道："对于有仁德的人，别人告诉他井里掉下去一位人啦，他会跟着下去吗？"孔子说："为什么要这样做呢？君子可以到井边去救，却不可以陷害他入井；君子可能被欺骗，但不可以被愚弄。"

孔子说："君子广泛地学习古代的文化典籍，又以礼来约束自己，也就可以不至于离经叛道了。"

孔子去见南子，子路不高兴。孔子发誓说："如果我做什么不正当

的事，让上天谴责我吧！让上天谴责我吧！”

【故事】

济世救人贤相萧何

萧何（前257年～前193年），生于西汉泗水郡丰邑县中阳里，即后来的江苏省丰县。汉朝初年丞相，政治家。谥号“文终侯”。他采摭秦六法，重新制定律令制度，作为《九章律》。在法律思想上，主张无为，喜好黄老之术。

他辅助汉高祖刘邦建立了汉政权，其后又根据秦律制定了汉律，即《九章律》，为东汉政权的建立与巩固立下了不朽功勋。

与张良、韩信并称为“汉初三杰”，萧何位居其首。

萧何年轻时在秦时的沛县做县里的狱吏。他性格随和，很善于识人，结交了许多好朋友。尤其是和其中的秦泗水亭长刘邦，感情更不一般。

刘邦做沛县亭长的时候，为县里押送一批农民去骊山修陵，结果途中大部分人都逃走了。刘邦自己度量，即使到了骊山也会按罪被杀。于是就躲了起来，藏到荒凉的芒砀山的深山老林中。

前209年7月，陈胜、吴广在大泽乡举起反秦的大旗，各地豪杰云集响应。此时做狱吏的萧何与曹参、樊哙等人时常聚会，密切注视着局势的发展。萧何设法让樊哙去芒砀山找回刘邦，打算共同起义。

刘邦从樊哙这里得知萧何意图后，立即率众奔沛县而来。来到沛县城下，刘邦在帛上写了一封告沛县父老书，用箭射入城内。

沛县百姓看了刘邦的信，就聚集起来攻入县衙，杀了县令，打开城门迎接刘邦。在萧何等人的力举下，刘邦做了沛县的县令。于是，他们便在县衙大堂举行了仪式，誓师起事，并按楚国旧制，称刘邦为“沛公”。

刘邦才深知萧何真心拥戴自己，内心十分感激。从此，萧何紧随刘邦南征北战立下了盖世的功勋。

前208年秋，项梁叔侄杀了会稽郡守殷通，举起义旗。不久，便召集了20余万兵马，并与刘邦所部会于薛城。

众将约定：项羽从北路向西攻秦，刘邦从南路西进向关中进发，两路人马在击败秦军后，谁先入秦都咸阳谁当关中王。

刘邦率军勇往直前，凭靠张良等人的谋划，避实就虚，剿抚并用，一路夺关斩将，直抵关中。萧何身为丞督，则坐镇地方，督办军队的后勤供应。

前206年秋，刘邦率大军兵临咸阳城。秦王子婴设计杀了奸相赵高，献出玉玺，向刘邦投降。于是，起义大军开进了咸阳城。

将士们见秦都宫殿巍峨，街市繁华，顿时忘乎所以，纷纷乘乱抢掠金银财物。

萧何进入咸阳后，一不贪恋金银财物，二不迷恋美女，而是急如星火地赶往秦丞相御史府，并派士兵迅速包围丞相御史府，不准任何人出入。然后，他让忠实可靠的人将秦朝有关国家户籍、地形、法令等图书档案一一进行清查，分门别类，登记造册，统统收藏起来，留待日后查用。

萧何做官多年，他知道，依据秦朝的典制，丞相辅佐天子，处理国家大事；御史大夫对外监督各郡御史，对内接受公卿奏事。除了军权外，丞相和御史大夫几乎总揽一切朝政。

萧何收藏的这些秦朝的律令图书档案，使刘邦对天下的关塞险要、户口多寡、强弱形势、风俗民情等了如指掌。

对萧何的做法，刘邦很是佩服，遂拜丞相萧何为相国，加封5000户，并派兵卒500人为萧何贴身侍卫。

刘邦率先攻入咸阳后不久，项羽也率军入关，并自封为西楚霸王，占有梁楚东部9个郡，建都彭城，即现在的江苏徐州。并背弃原来的约定，改立刘邦为汉王，辖治荒远偏僻的巴、蜀、汉中之地，建都南郑。

为了阻止刘邦东进，项羽又把关中地区一分为三，分封给了3个秦朝降将。

刘邦看出了项羽的险恶用心，憋了一肚子气，有心与项羽决一死战，怎奈势单力薄，实难取胜。只好采纳萧何、张良等人的建议，隐忍入蜀，休兵养士，广招人才，待机再与项羽争个高低。

刘邦按张良的计谋，偃旗息鼓，人不解甲，马不停蹄，急匆匆地向巴蜀进发。一路上，许多来自其他诸侯王军中的兵士自愿投到刘邦的旗下。

韩信就是在这个时候从楚营中逃出，投奔刘邦的。韩信在楚汉战争中，率汉军渡陈仓，战荥阳，破魏平赵，收燕伐齐，连战连胜，在垓下设十面埋伏，一举将项羽全军歼灭，为刘邦平定了天下。

前206年，刘邦采纳张良、韩信所献的“明修栈道，暗度陈仓”之计，挥师东进，留下萧何负责征收巴蜀之税，供给军粮。

汉军将士人蜀后，思念家乡，东归之心甚切，一旦东归，个个如猛虎下山，奋勇争先，直杀得雍王章邯的兵马丢盔卸甲，落荒而逃。汉军一路势如破竹，不到一个月便占据了三秦之地。

刘邦令萧何坐镇关中，安抚百姓，同时负责兵员和粮饷的筹措与补给，自已则率大队人马浩浩荡荡地向彭城进发。

由于几经战事，这时的关中已是满目疮痍，残破不堪，秦都咸阳被项羽放火烧了3个月，已成一片瓦砾。萧何留守关中后，马上安抚百姓，恢复生产，全力收拾关中的残破局面。

萧何一方面重新建立已经散乱的统治秩序；另一方面对百姓施以恩惠，以定民心。他不仅颁布实施新法，重新建立汉的统治秩序和统

治机构，修建宫廷、县城等。另外又开放了原来秦朝的皇家苑囿园地，让百姓耕种，赐给百姓爵位，减免租税等。

他还让百姓自行推举年龄在50岁以上、有德行、能做表率的人，任命他们为“三老”，每乡一人；再选各乡里的三老为县三老，辅佐县令，教化民众，同时免去他们的徭役，并在每年的年末赐给他们酒肉。

由于萧何办事精明，施政有方，颁布利民法令，关中的农业生产迅速得到恢复，建立了稳固的后方，保障了前线的需要。

前203年，项羽由于连年战争，陷入了兵尽粮绝的困境。而此时，萧何坐镇关中，征发兵卒，运送粮草，供应汉军，补足汉军缺额。刘邦也因此得以重新振作，多次转危为安，并逐渐形成了兵强粮多的好形势。后来，刘邦越战越强，终于逼得项羽兵败垓下，自刎乌江。

消灭项羽、平定楚地后，诸侯联名上《劝进表》给刘邦，推举他为皇帝。刘邦论功行赏，最后定萧何为首功，封他的食邑也最多。

很多功臣因此愤愤不平，说他们都身经百战，而萧何只不过发发议论，做做文字工作而已，毫无战功，为什么他的食邑反而比我们多？

于是，刘邦问大臣们：“你们知道猎狗吗？打猎的时候，追杀野兽的是猎狗，用来指示行踪，放狗追兽的是人。如今诸位只是能猎获野兽，相当于猎狗的功劳。至于萧何，他能放出猎狗，指示追逐目标，那相当于猎人的功劳。况且你们只是一个人追随我，多的也不过带两三个家里人，而萧何却是全族好几十人跟随我，这些功劳怎么能抹杀呢？”

大家都无言可答。

行赏分封诸侯后，定都的问题又迫在眉睫。经过商议，最后决定定都咸阳。于是，刘邦暂居栎阳，命丞相萧何营建咸阳。

前199年，咸阳皇宫——未央宫竣工，萧何请御驾从栎阳到了咸阳。至此，西汉建都长安，历时200余年，萧何成为该城的最早规划和设计者。

前195年，汉高祖刘邦病逝于长乐宫，享年62岁。同年，太子刘

盈即位，这就是汉惠帝。萧何继任丞相。

不过这时，萧何年事已高。这期间，萧何参照秦法，摘取其中合乎当时社会情况的内容，制定了律法共9章。这是汉朝制作律令的开端。《汉律九章》删除了秦法的苛繁、严酷，使法令更为明简。

前193年，年迈的相国萧何，由于常年为汉室操劳，终于卧病不起。病危之际，再一次向汉惠帝献计献策，举荐曹参为相。曹参继任丞相后，遵照萧何制定好的法规治理国家，使西汉政治稳定、经济发展，人民生活日渐提高。

轻徭薄赋的霍光

霍光是西汉著名将领霍去病的同父异母之弟。前119年，霍去病以骠骑将军之职率兵出击匈奴，得胜还京时，将霍光带至京都长安，将其安置在了自己的帐下。

两年后，霍去病去世，霍光做了汉武帝的奉车都尉，享受光禄大夫待遇，负责保卫汉武帝的安全。

公元前87年春，汉武帝去世，临终前立刘弗陵为太子。霍光正式接受汉武帝的遗诏，被封为大司马大将军，成为汉昭帝刘弗陵的辅命大臣，与御史大夫等人共同辅佐朝政。从此，霍光掌握了汉朝政府的最高权力。

当年汉武帝时实施的盐铁官营、酒榷均输等经济政策，是在反击匈奴、财政空虚的情况下实行的。但这一政策的实行，使一部分财富集中于大官僚、大地主及大商人手中，使得中小地主和一般百姓的生活日趋贫困。

为了减轻徭役，减少赋税，霍光在汉昭帝即位之初，就围绕是否改变盐铁官营、酒榷均输等经济政策，展开了不懈的工作。

公元前86年，霍光派遣当时的廷尉王平等5人出行郡国，察举贤良，访问民间疾苦、冤案难以及失去职业的人，为召开盐铁会议做准备。

公元前81年，霍光将郡国所举的贤良人等接入京城，正式召开盐铁会议。会议围绕坚持还是罢废盐铁官营、酒榷均输问题展开的辩论，涉及各个方面，包括对待匈奴、国内的治理等重大问题，实际上是对汉武帝时期政治、经济的总评价，也是汉昭帝实施新的政策前的一次大讨论。

经过这场讨论，由汉昭帝下令，在这年的秋天，废除了盐铁官营、酒榷均输等政策。这就从根本上抑制了大地主、大商人的利益，在一定程度上缓和了社会矛盾，调整了阶级关系，从而使汉朝的经济走上了恢复发展的道路。

霍光实施的新政，极大地减轻了人民的负担，调动了生产积极性，为汉朝的巩固，为社会的安定和发展奠定了基础。后来汉昭帝去世时，汉朝的政局曾一度发生混乱，但由于它的政治基础比较稳固，政局在短暂的混乱之后很快就平静下来。

汉昭帝21岁时得病去世，他没有子嗣。霍光听了别人的意见，把汉武帝的一个孙子、昌邑王刘贺立为皇帝。

刘贺原是个浪荡子，跟随他的200多个亲信，天天陪着他吃喝玩乐，即位才27天，就做了很多不该做的事，把皇宫闹得乌烟瘴气。

霍光和大臣们一商量，联名上书，请皇太后下诏，把刘贺废了，另立汉武帝的曾孙刘询，就是汉宣帝。事实证明，霍光选择了汉宣帝，才使得汉朝保持了兴旺的局面。

汉宣帝即位后，霍光继续辅佐朝政。他更加注意自身的政治修养，注意以儒学经术约束自己。他的一举一动，都有一定规矩，都要合于礼法。

他重视贤良的作用，从思想意识上来说，也是受到了儒家思想的

影响的。

前68年，霍光去世了。汉宣帝及皇太后亲自到霍光的灵前祭奠。大夫任宣与侍御史等人奉命来为霍光护丧。朝中凡是俸禄在2000石以上的官员，也都奉命到霍光家中去祭拜。

朝廷又赐给霍光大批的金钱、锦缎、葬器，其中还包括规格甚高的玉衣、梓宫、便房和“黄肠题凑”等。汉宣帝以极为奢华的方式安葬了霍光，并追谥他为宣成侯。后来，又将他列入“麒麟阁十一功臣”，排名第一。

宋代理学之祖周敦颐

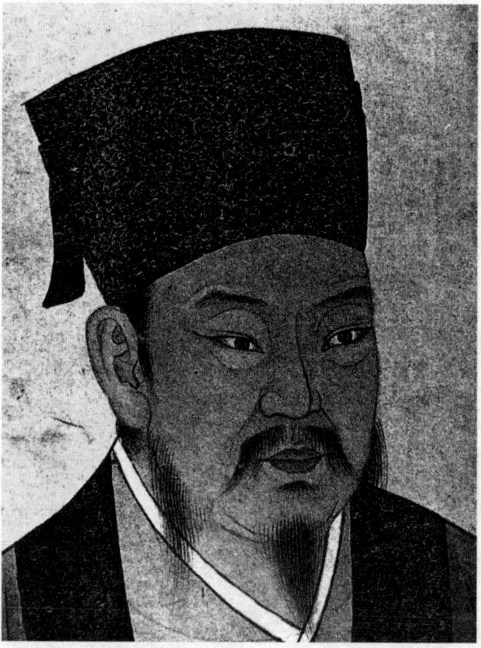

儒学在汉代被确立为正统地位后，经历了魏、晋、南北朝时期和隋、唐代的演变。在这个过程中，由于玄学的兴起、佛教的输入、道教的勃兴及波斯、希腊文化的掺入，儒学正统地位受到严重挑战。

北宋时期结束分裂割据，重建一统。这时的儒学以儒家纲常伦理为核心内容，以精巧的哲学学说为理论基础，吸取佛老思想营养，建立起了理学唯心主义。而北宋时期理学开山鼻祖，就是当时的著名哲学家周敦颐。

周敦颐从小喜爱读书，在家乡道州营道地方颇有名气，人们都说他“志趣高远，博学力行，有古人之风”。

周敦颐少年时，和母亲一同到京城，投奔舅父郑向，舅父是当时宋仁宗朝中的龙图阁大学士。这位舅父对周敦颐母子十分眷顾。当周

敦颐 24 岁时，舅父向皇帝保奏，为他谋到一个职位，做了分宁县的主簿。

周敦颐到任后，发现有一件案子拖了好久不能判决，只审讯一次就立即弄清楚了。县里的人吃惊地说："周公断案，连老狱吏也比不上啊！"

周敦颐以明察秋毫，坚持原则、不媚权贵、明断狱案而闻名朝野，初出仕途就显示了他的才能。

1044 年，周敦颐调任南安军司理参军。第二年，南安有个囚犯，根据法律不应当判处死刑，而当时的转运使王逵却决定严加处理。众官虽觉不当，但他们慑于王逵的权势，不敢出面争辩。

这时，周敦颐站了出来，坚持应当依律决狱。王逵不听，周敦颐愤怒地扔下手中记事的笏板，准备弃官以示抗争，并且气愤地说："难道可以这样做官吗？用杀不该处死的人的办法取悦上级的事情，不是我该做的。"

在周敦颐的据理力争下，王逵终于省悟，放弃了原来的意图，囚犯才幸免于死刑。

周敦颐调任南昌知县的时候，南昌人都说："这就是那个能弄清分宁县那件疑案的人，我们有机会申诉了，他可是当代大清官啊！"

那些富豪大族，狡黠的衙门小吏和恶少都惶恐不安，不仅担忧被县令判为有罪，而且又以玷污清廉的政绩为耻辱。

在南昌期间，有一次，周敦颐得了一场大病。他的朋友潘兴嗣去探望他，一进门便吃了一惊。原来周敦颐的家中空空如洗，日常生活用品全都盛在一个已经破旧得不像样的柜子里，所有的钱财加起来不足百。

潘兴嗣知道，周敦颐任知县已经几年，俸禄并不低，但他领到俸禄后，总是或以济贫，或分送同宗族的亲戚，或用来招待客人和朋友，只要别人向周敦颐说一声自己有什么困难，他总是会毫不犹豫地慷慨解囊，所以才会现在自己生病了，而自己连看病的钱都拿不出来的窘况。

这时，周敦颐的妻子哭着对潘兴嗣说："钱财散尽之后，全家便总是以粥度日，生活过得清贫而寒酸。"

后来，周敦颐的朋友们想出钱为他新建一所住宅。周敦颐知道后连忙婉言拒绝："我节衣缩食，是为了给黎民百姓做表率，以防奢华浪费之风盛行。如果我们为官的都讲究穿漂亮衣服，骑良马，追求奢靡享乐。老百姓也就会仿效，其结果会导致品行不端，社会风气败坏。到那时再纠正就难了，所以我不能接受你们的恩惠。"

朋友听后都点头称是。

周敦颐自己虽然生活过得十分清淡，可他自己则自得其乐，性情旷达，从来不把清苦放在心上。周敦颐在一首写给家乡族人的诗中表达出这种奉公行为、廉洁爱民的动机：

老子生来骨性寒，宦情不改旧儒酸。
停杯厌饮香醪味，举箸常餐淡菜盘。
事冗不知筋力倦，官清赢得梦魂安。
故人欲问吾何况，为道舂陵只一般。

他在这首诗中所表现出来的一心为公，不图私利，爱护他人的精神，深得时人赞许，在后代学者中，也留下了深刻的印象。

周敦颐严格要求自己，同时对自己的下属也是严格要求，监督着他们的一言一行。有一次，周敦颐的一名手下把领到的俸禄米，拿到自己家里。这名手下的妻子顺手把米斗量了一下，发现多出了3石，手下和妻子都不作声。

后来，这事恰好被周敦颐听见了，于是问了自己的手下。手下红着脸说："以前惯例给自己量米时，是不把冒尖的部分去平的，所以自然多了些。"

周敦颐又问："那么照理多出来的米应该付多少钱呢？"

他的手下说："这是不用给钱的。"

周敦颐听了以后，非常生气，硬是要手下把前几次多拿的米钱一

并拿了出来。随后，周敦颐将管米的仓官问罪，并要求依规定办理。后来，当地其他官员知道周敦颐严办手下这件事后，都感到非常惭愧。

周敦颐担任合州通判的时候，狱门里大大小小的事情，不经他的审定，下面的人都不敢做决定，即使交下去办，老百姓也不愿意。

在当时，周敦颐的上司赵抃被一些毁谤周敦颐的话所迷惑，对周敦颐的态度很严厉，但周敦颐却处之泰然。

周敦颐当了虔州通判时，赵抃做虔州知州。赵抃仔细观察了周敦颐的所作所为，才恍然大悟，握着他的手说："我差点失去你这样的人才，从今以后算是了解你了。"

后来由于赵抃的推荐，周敦颐做了广东转运判官，提点刑狱。周敦颐以昭雪蒙冤、泽及万民为己任。巡视所管辖的地区不怕劳苦，即使是有瘴气和险峻遥远之地，也不慌不忙地视察。

周敦颐做官为民，注重个人修养，对此，北宋时期政治家、著名学者黄庭坚评价周敦颐道：

人品很高，胸怀洒脱，像雨后日出时的风，万里晴空中的月，不贪图获取名声而锐意实现理想，淡于追求福禄而重视得到民心，自奉微薄而让孤寡获得安乐，不善于迎合世俗而重视与古人为友！

1056年，皇帝御笔钦点，任命周敦颐为合州通判。

有一次，他从合州乘舟而上，前往南部拜访推官蒲宗孟。在途中，周敦颐对慕名而来的求学者谈到莲花，他说："我最爱莲花，你看它处于淤泥而不被污染，濯于清涟而不显妖媚。莲花端庄正直，清高不凡，具有君子风范，生活在世俗而不为世俗所污。"

说到周敦颐爱莲，不由让人记起千古名篇《爱莲说》里优美的词句来：

予独爱莲之出淤泥而不染，濯清涟而不妖，中通外直，

不蔓不枝，香远益清，亭亭净植……

《爱莲说》可贵之处与核心价值，是通过对“独爱”之莲的深情赞美，塑造了一位寄予了作者价值目标与人格理想、包含着儒释道丰厚意蕴、体现着民族传统美德与浩然正气的“君子”形象。

儒家视野中之“君子”，乃品德高尚者之谓也。它是人们对理想人格的化身，是圣贤的同义语。其核心要素是“内圣外王”或“修齐治平”。

所谓“内圣”，就是通过克己修身而实现人格的完善，达到包括仁、义、礼、智、信、廉等品德要素在内的圣贤境界。在周敦颐看来，这种圣贤境界还包括正心诚意，在精神层面上能够寻求到超越于人生物欲之上与生活境遇之外的“孔颜之乐”。

所谓“外王”，就是积极入世、关怀社会、心忧天下，为社会和谐、国家富强、天下安泰而建功立业的价值取向和积极向上的人生态度。周敦颐《爱莲说》对菊、莲、牡丹的定位，反映出他的审美价值取向，使人可以强烈地感受到“君子”优秀品德元素中的丰富信息。

这些美德虽然从理论源流上出自儒家，但它体现了中华民族的共性，因而具有普遍的和永恒的价值。佛家视野中理想人格的核心要素是慈悲为怀和纯净不染。莲性是佛旨的象征。毫无疑问，《爱莲说》的创意和佛学有着内在的密不可分的联系。

“出淤泥而不染”之句，是佛家所阐发的莲的象征意义与周敦颐毕生“以名节相砥砺”，清白做人、廉洁为官的高尚人品天然契合的产物，这是周敦颐对莲花情有独钟的真正原因。

与“出淤泥而不染”相呼应的是“濯清涟而不妖”，它进一步延伸和强化了莲花的优秀品质。无论环境好与坏，无论是顺境还是逆境，都应当保持做人的纯洁和正直。

周敦颐在从政期间，尽心竭力，深得民心。在生活中，也不忘加强个人修养，加上早年大量广泛的阅读，接触到许多不同种类的思想。后来，终于写出了他的重要著作《太极图说》和《通书》等，提出了

理学体系，成为一代开山祖师。

周敦颐将治国者的修养目标划分为几个不同层次，即“士希贤”、“贤希圣”和“圣希天”。

士希贤，即士的修养以贤为榜样。士，可以是任事之称，也可以是修立之名，可以是封建社会最底层的特称，也可以是读书人的泛指。周敦颐明确规定士以贤为修养目标，因此他所说的士是指学习道艺的士。

那什么是贤呢？贤是指修养成就已经很高的人。周敦颐列举了三类贤者：一类是以伊尹为代表的任事型贤人；一类是以颜渊为代表的洁身型贤人；一类是以子路为代表的改过型贤人。

伊尹是商代初期大臣。他帮助攻灭夏桀，建立起商王朝。伊尹一生对我国古代的政治、军事、文化、教育等多方面都做出过卓越贡献，是杰出的思想家、政治家、军事家，是我国历史上第一个贤能相国、帝王之师。

周敦颐将伊尹作为任事型贤人的代表，并提出“志伊尹之所志”，就是要弘扬伊尹的精神，能够以天下国家为己任，敢于上以匡君，下以救民。

颜渊是孔子称赞的最有修养、最能吃苦、最善于学习的弟子，他终生贫困，但毫不在意，以读书学习为乐。由于颜渊的突出表现，他位居孔子弟子七十二贤人之首，后世称为“亚圣”。

周敦颐将颜渊推为洁身型贤人，并提出“学颜子之所学”，就是提倡对“圣人之道”要有坚定的信念，在各种环境与场合中，自觉坚持仁义忠信的原则。即使在箪食瓢饮、身居陋巷的极端贫困中，也能不改其乐，做到“心泰而无不足”。

子路是一个有修养、有缺点而又为孔子所器重的著名弟子。孔子对子路的开导也最多、最具体、最切中要害。他是孔门七十二贤人之一。周敦颐推崇子路这样的贤人，主要在于他能够闻过，喜人规过，勇于改过，是一位能闻过、改过的贤人。

周敦颐将伊尹、颜渊、子路作为士的修养目标，这是很有见地的。

他认为，任事型贤人勇于担当起改造社会的责任，洁身型贤人能够不断提高自己的修养水平。而改过型贤人则更具普遍意义。在复杂的社会政治生活中，每个人不可能无过，不可能没有这样那样的弱点、缺点甚至错误。有过能改，知错能改，善莫大焉。

周敦颐提出的任事、洁身、改过3种类型，实际上是一种完整人格的3个方面。周敦颐认为，无论哪种类型的“士”，只要潜心修养，都可以成为贤人，甚至成为圣人。即使不能成为贤人和圣人，也对提高自己的道德水平有所裨益。

贤希圣，即贤人的修养以圣人为目标。周敦颐说的圣人必须具备3个条件，即诚、神、几。那么，何谓诚、神、几？

“诚”是修养的最高境界。“诚”在周敦颐的理论体系中是一个至关重要的范畴。周敦颐认为，人的心境在平时保持一种与宇宙本体相一致的静虚状态，什么也不思索，什么也不存在。这样才能不被外物干扰，才能不存私念，才能保持心态的高度平衡。这种心态就“诚”。而要成为圣人，就必须做到“寂然不动”。

“神”是周敦颐对人的思想反应异常敏锐的描写。周敦颐说“感而遂通”为神，极言反应迅速。而要做到这一点，就必须在平时能够“寂然不动”。这样，一事当前，才能立即感知它，立即了解它，从而迅速做出反应。

“几”是人的深层次思维活动，是决定人的行为。周敦颐主张从对具体事物的态度上分善恶，认为任何人表现的善恶，都有一个最初心理活动的过程，一个思想酝酿的过程。这个过程就是区分善恶的“几”，能正确把握自己思想活动过程的这个“闪念”之间。

周敦颐所说的“诚、神、几为圣人”，就是说一个人要由贤到圣，就必须在诚、神、几3个方面狠下功夫。

圣希天，是道德修养最高目标。圣人不是天生的而是由不断修养而成的。修养是一个不断完善自我的永无止境的过程。即使已经成为圣人，仍然需要进一步修养。与天地合其德，就是与天地同德。

对于治国理政之道，周敦颐提出了“政事法天”“纯心用贤”

“端本善则”“礼先乐后”“天下在于势”等思想。周敦颐以自己的实际行动，成就了一代大儒的风范。他的人品和思想，千百年来一直为人们敬仰。

司马光阐述的齐家思想

周敦颐创立的北宋时期理学，是以儒家纲常伦理为核心而构建的。纲常即“三纲”和“五常”，是儒家伦理文化的主体，在“修身、齐家、治国、平天下”儒家古训中占有重要地位。在宋代涌现的一批实践儒家古训的志士仁人中，与周敦颐同时代的司马光，是其中的一个典范。

司马光是北宋时期史学家和文学家。历宋仁宗、宋英宗、宋神宗、宋哲宗四朝，卒赠太师、温国公，谥号“文正”。他为人温良谦恭、刚正不阿，做事用功刻苦、勤奋，其人格堪称儒学教化下的典范，历来受人景仰。

司马光为了“齐家”，除了自己以身作则外，还将历史上记载的这方面的人和事写进《家范》4卷中，让家人以此为榜样共同治家。

“家范”，顾名思义就是家庭成员的规章和典范。《家范》以《序》、《治家》为开头，论述了治家的重要性和家庭各成员应该遵循的道德准则。家庭从《祖》开始，依次论述了《父》《母》《子》《女》《孙》《伯叔父》《侄》《兄》《弟》《姨姐妹》《夫》《妻》《舅》《舅姑》《妇》《妾》《乳母》18个家庭角色。

在这之中，司马光用大量篇幅讲述的是《治家》《祖》《父》《母》《子》《女》《兄》《弟》《夫》《妻》这些家庭角色。

在《治家》一章中，司马光讲述了这样一个故事：少数民族首领吐谷浑阿豺临死时，让20个儿子中的19人各折断一根箭，然后用绳子捆在一起，再让另一个去折这19支箭，结果折不断。

司马光用这件事告诫子孙：只要大家齐心协力，就会有力量，就会克服困难和战胜外侮。这说明治家不能只顾自己一人，如果那样将是一件很可怕的事情。

司马光还提出当家人要治好家，必须对家人无厚薄之分。为此，他用孔子的话作证："均无贫、和无寡、安无倾。善为家者，尽其所有而均之，虽粝食不饱，敝衣不完，人无怨矣。夫怨之所生，生于自私，及有厚薄也。"

意思是说：家里的财产分配均匀，就没有人贫穷；家里的人能够和睦相处，大家就会团结在一起；家人相安无事，家庭就不会有祸害。善于治家的人，将所有财产都平均分配，即使是每天吃粗茶淡饭、穿破旧衣服，甚至吃不饱穿不暖，人们也不会有怨恨产生。怨恨之所以产生，是因为家长自私自利而且对待别人不公平。

在《祖》一章里，司马光讲述了两个故事，一个故事说，北宋时期一位名臣的祖先不教子孙礼仪和德操，只留下丰厚的财产，结果自己卧病在床，儿孙们偷去钥匙争抢财产；另一个故事说的是春秋战国时期的楚国令尹孙叔敖，他教育儿子不与别人争封地，结果封地世袭10多代。

司马光用这两个故事告诫家人：做祖辈的应从长远考虑，做真正有利于子孙的事，这样才能弘扬正气，家族兴旺。

在《父》一章里，司马光用春秋战国时期卫国大夫石蜡谏卫庄公的话说明做父亲的应该如何教育子女和疼爱子女。石蜡的谏言是："臣听说过疼爱孩子要用义德规行去教育他，使他在人生路上不走邪路。过分宠爱会使他产生骄傲、奢侈、淫荡、放纵，这四者会使他走上邪路。教育孩子应该从小抓起，不要认为孩子小、不懂事而放纵他。"

在这一章里，司马光还用曾子妻子哄孩子不哭时说过回来杀猪给孩子吃，后来曾子真的杀了猪的事，告诫做父亲的不能对孩子说假话。此外，司马光还用陈亢的事说明教育孩子一定要多读书、懂礼仪，这样才会使他们有出息。

在《母》一章里，司马光说："做母亲的不用担心她不疼爱孩子，担心的是只知爱孩子而不知教育孩子的道理。"他认为做母亲的对孩子的教育非常重要。司马光在这一章中讲述了很多故事：作为母亲应该像周文王的母亲那样，从怀孕起就进行胎教；像孟母那样择邻而居。

他还引用了唐代侍御史赵孟武不读书，去打猎，用猎物孝敬母亲，遭到母亲训斥，儿子听后发愤读书，考中进士，当上廉官。唐代天平节度使柳仲郢的母亲为了让孩子发愤读书，用苦参、黄连碾成粉末，与熊胆和在一起，每晚让孩子口含读书，免得打瞌睡。

他还讲了春秋战国时期齐国丞相田稷子用下属贿赂的金银送给母亲，母亲没有要，反而说："这种事只有不孝顺的儿子才会干，你不是我儿子。"

田稷子感到羞愧不已，把金银退回给下属后又到齐王那里去请罪。齐宣王表扬了他母亲，看在他母亲的面上没有给他定罪，而且官复原职，另赐金银给他的母亲。

他还讲了汉代京兆尹隽不疑每天审判囚犯后回家，母亲必问："今天有没有冤枉好人？"如果听到有人喊冤时，她就吃不下饭。所以隽不疑做官严明不残忍，无冤案。

司马光还引用东晋陶侃借管理鱼池之便，腌鱼送给母亲，均遭到母亲的训斥等。告诫天下做母亲的都要教育孩子走正路，当官就要当清官。

在《子》一章里，司马光用大量篇幅讲述了历代做儿子的如何孝敬父母的事例。

说的是父母活着的时候，尽其所有让父母吃好穿好，不生气；父母有病时，儿子应该千方百计，哪怕是变卖所有家产也要给父母治病，有的甚至亲自去尝粪便帮助医生用药；父母死后要安葬好并在逢年过

节时祭奠。所举例子中有汉文帝、北齐孝昭帝、孔子、孟子及历代大臣显贵等孝敬父母的事例，也有因为尽孝而在民间被奉为楷模的普通百姓。

在《子》这一章的最后，用《礼记》中《内则》里的一段话告诫天下做儿子的要真正孝敬父母，必须在父母生前死后都要做好事，不做一件坏事，给父母带来好名声。如果做一件坏事，给父母带来恶名，那就是大不孝。如果能使父母荣耀显赫，那才是孝道的最终目标。

他认为，做儿子的要做到：处上位不骄傲；处下位不作乱；在众人面前不争高低。如果做不到这3点，即使每天给父母煮牛羊肉吃，也算不上是孝子。

在《女》一章里，司马光告诫做女儿的一定要做个贤女，嫁出去也要恪守孝道。做贤女必须读《论语》《诗经》《礼》等经典著作。

司马光说："古代贤女没有不喜欢读书学习的。"并用汉代几个贤后妃的例子加以说明。特别强调独女和没有兄弟的女儿们，更应该恪尽孝道，赡养父母，让父母享受到儿女的孝心。

在《夫》一章里，司马光先用《易经》的话说明夫妇之道是天地间的大义，是风俗教化的本原，不可不重视。

司马光推崇汉代梁鸿娶妻不看外表容貌，注重女子的高尚志趣，结果夫妻两人一辈子相敬如宾，妻子始终与他举案齐眉；还有汉代鲍宣娶富户家闺女，退回女子陪送的丰厚嫁妆，让妻子跟他过贫贱生活，靠自己的双手劳动度日。

司马光对历史上庄周死妻击鼓而歌，汉代山阳太守薛勤死妻不哭，还庆幸何不早夭，对他们这种悖于礼仪的行为进行抨击。相反地，对汉代太尉妻死和儿子一起穿丧服哀悼表示赞扬。

司马光认为，大丈夫应志在四方，不能因为妻子拖后腿而丧志。更不能一味听从骄悍之妻的唆使。不能像晋惠帝、唐肃宗那样因皇后骄悍不能保全宗室杨太后、太子，更谈不上治理国家了。

在《妻》一章里，司马光用的篇幅较长。开头用他自己的话说："夏代的兴起是因为涂山女的功劳；而桀的被放逐是因为妺喜的不贤；

殷商的兴起是因为有诚氏的贡献；而商纣的灭亡被杀是由于宠幸妲己；周朝的建立是由于姜嫄、大任的帮佐；而周幽王的被擒是宠信褒姒的结果。”用一正一反的几个例子说明做妻子的要贤德。

司马光用古代贤内助的例子提出，当官的妻子一定要让丈夫清正廉洁。

他举例说，春秋战国时期的乐羊子在路上拾到一块金子回来交给妻子，妻子说：“我听说有志者不喝名叫盗泉的水，廉洁的人不接受施舍的食物，你在路上捡金子回来，这不是有污品行吗？”

乐羊子非常羞愧，将金子放回原地等待失主。后来出去求学，一年后又回来了，妻子问他为什么回来，乐羊子说想妻子了。妻子听后剪断织布机上的丝线教育丈夫，半途而废就像剪断的丝一样一事无成。乐羊子第二天又去求学，7年后功成名就。

在其他章节里，司马光主要是用历史名人的例子，提倡应该树立互相帮助，尊老爱幼的家庭成员的典范。

司马光的《家范》是他家教的一部重要著作，被后世称为“四范”之一。不仅丰富了儒家“修身、齐家、治国、平天下”的思想，也对北宋理学的建立和发展产生了重要的推动作用。

司马光在《家范》中提倡的家庭伦理、道德观念，对后世产生了深远的影响，至今仍有教育意义。

中国春秋时期一部语录体散文集

论语

（春秋）孔子著

辽海出版社

贰

目　　录

见义不为……………………………………………………… 1
孔子志向远大老有所养 ………………………………………… 2
法显艰苦跋涉取经学道 ………………………………………… 2
玄奘历尽艰险取佛经 …………………………………………… 8
鉴真百折不挠东渡日本 ………………………………………… 13
苦难成就的诗圣杜甫 …………………………………………… 18
苏轼超然物外的追求 …………………………………………… 23
八佾舞于庭……………………………………………………… 28
李密牛角挂书志向大 …………………………………………… 29
徐光启融汇中西文化 …………………………………………… 29
徐霞客志在远游探险 …………………………………………… 34
康熙推动西学东渐 ……………………………………………… 38
容闳赤心报国而求学 …………………………………………… 43
人而不仁………………………………………………………… 48
吴起以身作则关爱士兵 ………………………………………… 49
唐宋时期的仁爱孝悌 …………………………………………… 49
贺若弼成就父志平南陈 ………………………………………… 54
孙思邈学医最先孝双亲 ………………………………………… 57
欧阳修不忘母亲教诲 …………………………………………… 62
朱寿昌弃官千里寻母 …………………………………………… 66
君子无所争……………………………………………………… 72
陈寅恪和梁启超的恩怨 ………………………………………… 73

萧何为官居安思危 …… 74
黄霸为政外宽内明 …… 78
召信臣一心为民兴利 …… 82
济世救人的药王孙思邈 …… 84
我国科学史上之翘楚沈括 …… 88
宋代数学家秦九韶 …… 94
绘事后素 …… 96
晏子开明机智救人 …… 97
诸葛亮坚持勤俭廉政 …… 97
胡质做官追求清廉 …… 101
修订最先进历法的郭守敬 …… 104
平民数学家朱世杰 …… 108
以农为本的农学家王祯 …… 110
海瑞刚正不阿做清官 …… 113
知其说者之于天下 …… 120
孟子盖世辩才治国 …… 121
精忠岳飞精忠报国 …… 122
陆游的爱国壮志雄心 …… 126
辛弃疾的爱国情结 …… 130
文天祥正气以死报国 …… 133
其媚于奥，宁媚于灶 …… 138
孔子听乐曲讲治国之道 …… 139
郭子仪公而忘私的奉献 …… 139
刘晏克勤克俭只为公 …… 142
陆贽以天下之事为己任 …… 144
刘温叟为官厚重方正 …… 147
每事问 …… 150
刘邦每事问成就伟业 …… 151
袁崇焕保国战沙场 …… 151

戚继光挺身驱逐倭寇 …………………………………………… 154
史可法凛然血染扬州 …………………………………………… 156
林则徐虎门销烟壮举 …………………………………………… 160
关天培以死保卫虎门 …………………………………………… 163
成事不说，遂事不谏………………………………………………… 166
舜帝以宽厚待人 ………………………………………………… 167
孔子宽仁厚道之德 ……………………………………………… 170
伯牙和钟子期之谊 ……………………………………………… 176
诸葛亮鞠躬尽瘁 ………………………………………………… 180
管仲之器小哉………………………………………………………… 181
管仲智过鬼泣谷救燕 …………………………………………… 182
范仲淹教子勤俭持家 …………………………………………… 182
司马光严于克己自律 …………………………………………… 186
王安石不讲吃穿只为公 ………………………………………… 190
苏轼的节俭自律作风 …………………………………………… 192
子语鲁大师乐………………………………………………………… 197
周公创制礼乐制度 ……………………………………………… 198
孔母教子礼仪音律 ……………………………………………… 202
孔子践行以礼问礼 ……………………………………………… 203
孔子行动遵循礼仪 ……………………………………………… 209
孔子与弟子论礼 ………………………………………………… 213
荀子践行礼学思想 ……………………………………………… 218
里仁为美……………………………………………………………… 225
汉代礼学体系形成 ……………………………………………… 226
刘邦以礼相待郦食其 …………………………………………… 229
张良大礼跪拜黄石公 …………………………………………… 233
明山宾忠厚讲信用 ……………………………………………… 236

唯仁者能好人……………………………………………………………237
廉政思想的萌芽状态 ……………………………………………………238
召公首先成为廉洁官吏 …………………………………………………241
孔子节俭开支的理念 ……………………………………………………244
子路知错认错识大体 ……………………………………………………249
好仁恶不仁………………………………………………………………250
季文子的廉洁勤俭作风 …………………………………………………251
孙叔敖的循吏之功 ………………………………………………………255
晏婴身为元老能尚俭 ……………………………………………………259
西门豹除恶俗兴水利 ……………………………………………………262
晋平公向贤师请教 ………………………………………………………267
士志于道…………………………………………………………………268
大禹的爱国爱民精神 ……………………………………………………269
伊尹的济难报国之志 ……………………………………………………272
孔子爱国思想的实践 ……………………………………………………275
寇母遗训寇準知错 ………………………………………………………280
小司马迁玑珠满腹 ………………………………………………………281
不患无位…………………………………………………………………284
孔子首倡重义轻利 ………………………………………………………285
孟子提倡舍生取义 ………………………………………………………288
墨子坚持苦行为义 ………………………………………………………292
韩非坚持国家大义 ………………………………………………………295
范仲淹划粥割齑 …………………………………………………………298
君子喻于义………………………………………………………………300
毛遂自荐做说客抗秦 ……………………………………………………301
柳公权尊礼而传美名 ……………………………………………………301
欧阳修待人讲究尊重 ……………………………………………………305
杨时恭立雪地敬恩师 ……………………………………………………308
范仲淹处处以礼为重 ……………………………………………………311

见义不为

子张问：“十世[①]可知也？”子曰：“殷因于夏礼，所损益可知也；周因[②]于殷礼，所损益[③]可知也。其或继周者，虽百世，可知也。”

子曰：“非其鬼[④]而祭之，谄[⑤]也。见义[⑥]不为，无勇[⑦]也。”

【注释】

①世：古时称30年为一世。也有的把“世”解释为朝代。

②因：因袭：沿用、继承。

③损益：减少和增加。

④鬼：这里泛指鬼神。

⑤谄：谄媚、阿谀。

⑥义：人应该做的事就是义。

⑦勇：就是果敢，勇敢。

【解释】

子张问孔子：“十世以后（的礼仪制度）可以预先知道吗？”孔子回答说：“商朝继承了夏朝的礼仪制度，所减少和所增加的内容是可以知道的；周朝又继承商朝的礼仪制度，所废除的和所增加的内容也是可以知道的。将来有继承周朝的，就是一百世以后的情况，也是可以预先知道的。”

孔子说：“不是你应该祭的鬼神，你却去祭它，这就是谄媚。见到应该挺身而出的事情，却袖手旁观，就是怯懦。”

【故事】

孔子志向远大老有所养

有一天，颜回和子路陪在孔子身边闲谈，孔子说：“你们何不谈谈自己的志向？”

子路是一个非常有豪侠之气的人，胸襟非常开阔，他豪迈地说：“我希望把自己的好东西都和朋友分享，就是用坏了也没有关系。”

颜回的性格比较温和且谨慎，他舒缓地说：“我希望有好的道德行为和成就，对于社会有善行和贡献，但我愿意不夸耀自己的长处，不表白自己的功劳。”

子路和颜回的回答是一文一武，志向不同。他们说完了，孔子听了以后，还没有说话，子路忍不住了，转而问孔子道：“老师，我们愿意也听听老师您的志向。”

孔子说：“我的志向是，让老人有所养而得到安逸，让朋友得到信任，让青年人得到关怀。”

法显艰苦跋涉取经学道

先秦时期形成的自强不息的民族精神，经过秦汉时期的发扬光大，激励着后世一代又一代有志之士。比如东晋时期的法显大师，他在人类还缺乏地理知识、交通条件又极为落后的情况下，为了取经，穿行亚洲大陆和南洋海路，充分体现了中华民族坚忍不拔的优秀品格。法显，姓龚，出生在一个虔诚的佛教家庭。他有3个哥哥都在童年夭亡，他的父母担心他也夭折，就在他才3岁的时候，就送他到佛寺当了小沙弥。

法显10岁时，父亲去世。他的叔父考虑到他的母亲寡居难以生

活，便要他还俗。法显这时对佛教的信仰已非常虔诚，他对叔父说：“我本来不是因为有父亲而出家的，正是要远尘离俗才入了道。”

他的叔父也没有勉强他。不久，他的母亲也去世了，他回去办理完丧事仍即还寺。

法显20岁时受大戒，这是出家佛教徒成年后为防止身心过失而履行的一种仪式。从此，他对佛教信仰之心更加坚定，行为更加严谨，时有“志行明敏，仪轨整肃”之称誉。

法显受戒后，更加苦心研究佛经。随着学习的深入，他常慨叹律藏残缺，立下了前往天竺即现在印度求取佛法的志愿。

399年，65岁的法显不顾年老力衰，决定前往天竺取经求法和参访佛迹。因为他觉得自己已经年逾花甲，如果再不完成夙愿，恐怕永远没有机会了。他就把自己的想法告诉了4位同修：慧景、道整、慧应、慧嵬，4人非常支持这个大胆的决定，并且表示愿意跟法显同行。法显大喜过望，稍做准备之后，5人就一起从长安出发，踏上了向西苦行的路途。

法显等一行5人离开长安，日夜西行，翻越了六盘山的南段陇山，来到了西秦地界。此时正是初夏时节，按照佛教徒的习俗，要停留下来坐雨安居。

雨安居结束后，法显等人继续赶路，经过南凉国，翻山越岭，于第二年暮春进入北凉王段业治下的张掖。法显在这里又遇到了佛教徒智严、慧简、僧韶、宝云、僧景、慧达。这6个人听说了西行求法的

事，也很欢喜，表示想一同前去。

队伍又壮大了，法显非常开心。不过此时又到了夏季，于是 11 个人一起坐雨安居。坐完夏之后，法显的 11 人僧团离开张掖，经过酒泉来到敦煌。宝云等 6 人还想在敦煌停留些日子，去鸣沙山看凿石窟，于是 11 个和尚分成两拨，法显领着 4 个人先走了。

临行前，敦煌太守李暠给了他们充足的水和干粮，并对法显说："去西天的路艰险异常，这里向西不远，就有 800 里沙河，那里不但有恶鬼食人，还有热风吹人昏迷，明明看见有水草，人畜却被活活渴死，你此去可要多加小心，如果不能前行，就回敦煌来吧！"

法显道了谢，说道："我在长安已经立下了宏愿，不到西天求得戒律决不回头。希望我们回来的时候再见吧！"

法显等人离开敦煌，走了近半个月，终于看见了渺茫可畏的沙河。这里流沙漫漫，极目苍黄，天上没有飞鸟，地上也没有走兽，没有水源，连一棵草木也不生长。法显没有皱眉头，几位僧人结伴向前走去。

走进沙河，才真正体会到旅途的艰苦。行人的两脚经常陷进沙里，走得很慢；沙河里的风时常卷着沙砾迎面打来，让人睁不开眼睛。随身携带的水和干粮吃完了，前面的黄沙还是漫无边际。

僧人们又干又渴，找不到水草，四顾茫茫，不辨方向。只有路上零星可见的古往今来堆积起的人畜骸骨，触目惊心地指示前进的路途。

法显一行跋涉了 17 天，才走出沙河，来到鄯善国。这里人原来住在楼兰古城，因为罗布泊干涸没水，这才被迫南迁，到了现今这个道路崎岖、土地贫瘠的地方定居。法显等人在这里停留了一个月，跟僧侣们交流学习了天竺语文。

离开鄯善，他们向西北方向走了 15 天，来到焉耆。法显等人川资路费已经花费罄尽，要留留不下，要走走不得，十分尴尬。于是智严、慧简、慧嵬自告奋勇，要前往东北方的高昌国化求盘费。

法显等两人在焉耆待了两个月，没等到智严，却等来了宝云等 6 人，大家重逢十分欢喜。又等了些时日，还是不见智严等回来。他们只好先行上路了。一行人，离开焉耆往西南方向行进。经过龟兹后，

进入塔克拉玛干大沙漠腹地。

塔克拉玛干沙漠今天是世界上最大的流动性沙漠之一。这里气候干燥恶劣，寸草不生，沙漠里的风推动着200米高的沙丘缓慢移动，使旅途倍加艰难。就是年轻小伙子，遇到这般千里渺无人烟的景象也不免心惊，在里面走上一天也会叫苦不迭，可是年近古稀的法显，却硬是带着僧人小队，咬着牙横穿大沙漠，历时35天。

走出沙漠之后，法显一行来到于阗。都城在今天新疆维吾尔自治区和田一带。于阗是当时西域佛教的一大中心，法显他们在这里观看了佛教“行像”仪式，住了3个月。

法显一行在于阗收获颇丰。随后继续西行，准备翻过葱岭。葱岭又叫“雪山”，今天被叫作“帕米尔高原”。葱岭海拔超过4000米，冬夏有雪，气候恶劣，地势险峻，亘古难行，而且经常发生雪崩。

法显的僧人小队不怕艰险，花了整整一个月的时间，才翻过葱岭，来到北天竺境内的陀历。

法显等人从陀历向西南方向行进，沿途是崇山峻岭，道路崎岖。山上除了石头寸草不生，往下望一望是万丈悬崖，令人心惊目眩。印度河在崖下奔流而过，水声雄浑，气势宏大。

从这里过河无舟无桥，只能沿着前人凿出来的700级狭窄的石阶，小心翼翼地贴着山崖前进。

走完梯级，就看到一根悬索通到80步外的河对岸，要想过河，只有抓住绳索攀缘过去。7个人一鼓作气，抓着晃晃悠悠的悬索，从波涛汹涌的印度河上凌空而过。

法显对和尚们说：“释迦涅槃后300年，就有僧人背着经律从这里渡河而东，东方自此有了佛法。如今又过了400年，我们从这里渡河西去求取经律，这也是一种因缘啊！”

法显的7人小僧团渡过印度河，来到乌苌国境内。这时候已经是402年的春夏之交，也是法显远行的第四年了。法显准备在乌苌国坐雨安居，而慧景、道整、慧达听说西南方的那竭国有一处胜迹佛影窟，里面留有释迦牟尼的影子，心里向往不已，马上就想去看。于是这3

个和尚再一次组成了先遣队，往那竭国先走了。

法显等4人在乌苌国雨安居结束后，准备继续南行。这时候，先到那竭国去的慧达返回弗楼沙。慧达、宝云、僧景也表了态，打算供养佛钵之后就回国去。慧应又得了急病，没过几天就不幸去世。

法显觉得很伤感，这是他西行以来感到最落寞无助的时候。但他又没法放弃，慧景和道整在前方等着他。他默默收拾好行装，深吸一口气，一个人孤零零地朝那竭国进发了。

法显独自向西来到了那竭国的醯罗城。这里以供养着释迦牟尼佛的头顶骨而著称。法显在这里与慧景、道整会合。开春以后，3个人启程南下，走到了小雪山。

小雪山冬夏积雪，寒冷异常。他们爬到山的北阴，突然遇到寒风骤起，慧景受不住寒流的袭击被冻死了，法显抚摸着慧景的尸体，无限感慨地哭着说："取经的愿望未实现，你却早死了，命也奈何！"

当初颇具规模的11人小队，死的死，回的回，离队的离队，如今只剩下法显和道整两人。两人互相帮扶着，经历了常人不能想象的艰难，翻过了雪山，到达罗夷国。又经跋那国，再渡新头河，到达毗荼国。接着走过了摩头罗国，渡过了蒲那河，进入中天竺境。

404年，法显二人来到了佛教的发祥地拘萨罗国舍卫城的祇洹精舍，在这里看到佛陀的遗迹。

法显一方面感动赞叹，另一方面又想到自己一行11名僧人，历经千辛万苦，游历诸国，有的远走他乡，有的半途折返，还有的无常坐化，再也不能亲眼看到此番庄严胜景，不由心生悲恸，默默垂泪。

法显和道整从舍卫国继续东行，先后游历了佛陀的祖国迦毗罗卫城以及佛教的圣迹。

后来进入天竺，遍历中天竺，参观了鹿野苑后，辗转来到巴连弗城，此时两人已跋涉近两万里，游走近6年。

法显在巴连弗停留了3年，专心学习梵文梵语，抄写律论经典。3年过去了，法显准备启程回国。

这时候，道整对法显说："此地法度齐备，僧众仪范可观，相比之

下，汉土戒律残缺，僧徒修持难得要领。我已下了决心留在此处，从今往后直至证道，我愿生生世世不再生在法外边远之地！”

法显说：“我又何尝不想留在天竺，证道成佛呢？但是我们当初离开故乡来到这里，就是为了取得戒律回国，让僧戒流传汉土，让佛法发扬光大。你留在这里也好，我就一个人回国去吧！”

法显准备好行装，带好抄得的典籍，告别了道整和巴连弗的僧人，独自踏上了回国的行程。

法显顺着恒河东下，经过瞻波国，又向南来到多摩梨帝国。这里佛法也很兴盛，法显在这里写经画像，住了两年。之后，他搭乘商船，在南亚初冬由东北向西南的信风吹送下，经 14 昼夜来到狮子国。

法显在狮子国停留了两年。有一次，法显在无畏山精舍看到商人用一把祖国产的白绢团扇供佛，他捧着扇子老泪纵横：他已经离开故国 12 年，当初跟他同行的伙伴们或死或分，如今剩了他一个；所见的山川草木跟故乡完全不同，他已经很久没有讲汉语了。

法显那么想念祖国，那么想念长安，想念吕梁山，想念汾河，想念宽面，想念滩枣，想念无数次出现在梦里的故乡人。他决定动身回国。

411 年农历八月，法显完成了取经求法的任务，坐上商人的大船，循海东归。船行不久，即遇暴风，船破水入。幸遇一岛，补好漏处又前行。

就这样，在危难中漂泊了 100 多天，到达了耶婆提国，即现在的印度尼西亚的苏门答腊岛，一说爪哇岛。法显在这里住了 5 个月，又转乘另一艘商船向广州进发。

不料行程中又遇大风，船失方向，随风漂流。正在船上粮水将尽之时，忽然到了岸边。法显上岸询问猎人，方知这里是青州长广郡的崂山。时为 412 年的夏季。

法显 65 岁出游，前后共走了 30 余国，历经 13 年，回到祖国时已经 78 岁了。在这 13 年中，他跋山涉水，经历了人们难以想象的艰辛。正如他后来所说的：

顾寻所经，不觉心动汗流！

他在临终前的7年多时间里，一直紧张艰苦地进行着翻译经典的工作，共译出了经典6部63卷。他翻译的《摩诃僧祇律》，也叫“大众律”，为五大佛教戒律之一，对后来的我国佛教界产生了深远的影响。

法显还将自己西行取经的见闻写成了一部不朽的世界名著《佛国记》，在世界学术史上占据着重要的地位，是研究当时西域和印度历史的极为重要的史料。

法显以年过花甲的高龄，完成了穿行亚洲大陆又经南洋海路归国的远途陆海旅行的惊人壮举，他留下的杰作《佛国记》，不仅在佛教界受到称誉，而且也得到了中外学者的高度评价。

玄奘历尽艰险取佛经

随着唐宋时期三教思想的进一步融合，促使人们向往真理，追求真知。唐代高僧玄奘为求佛法从京都长安出发，历经艰难抵达天竺，游学于天竺各地。成为一位勇敢的中外文化交流的使者。

玄奘，俗名陈祎，唐代洛州缑氏人，即现在的河南偃师缑氏镇。他的家族本是儒学世家。为东汉时期名臣陈寔的后代，曾祖陈钦曾任东魏上党太守，祖父陈康为北齐国子博士，父亲陈惠在隋代初期曾任江陵县令，大业末年辞官隐居，此后潜心儒学修养。

玄奘幼年即受家教的影响，当时他的家境十分贫寒，11岁就出家当了和尚，熟读《妙法莲华经》《维摩诘经》。13岁时洛阳度僧，被破格入选。其后听景法师讲《涅槃》，从严法师学《摄论》，升座复述，分析详尽，博得大众的钦敬。

玄奘32岁的时候到长安大慈恩寺度僧，被破格入选，拜名僧为师，深入钻研佛教各派经典。

有一天，天竺国一位高僧来到长安讲经，介绍天竺的那烂陀寺有

位戒贤法师很有学问，对佛教各派学说都有精深研究。玄奘决心去天竺向戒贤法师学习。

玄奘34岁的时候，只身一人离开长安，踏上了去天竺的路。当时的交通很不方便，到天竺的路途又非常遥远，艰难险阻数不胜数。

玄奘离开长安，到了瓜州，先是被李昌捉住，后因李昌是信佛之人，所以把玄奘放了。

玄奘被放之后，去一座庙里求佛。在这里他偶然遇到一名胡人，名叫石磐陀，希望请高僧为他受戒，让他成为居士，于是就请玄奘帮他受戒。当他得知玄奘要远赴印度求法，心中十分敬仰，发誓要帮助玄奘，随师父前往印度。

但经过几天的日夜兼程，石磐陀担心玄奘在途中被山贼抓去而把他供出来，担心惹来杀身之祸，由此他竟产生了杀师叛逃的恶念。

这天夜晚，玄奘刚躺下睡觉，发觉有人正向他走来，定睛一看，正是石磐陀。石磐陀抽出刀，向他逼近，走过来，又返回，又走过来，又返回。

玄奘知道他已经动了杀机。此刻，不论是厉声斥责，还是乞求饶命，都会激起石磐陀的杀心。于是玄奘静静地坐着，闭目不视。见此情景，石磐陀竟不敢下手，徘徊良久，终于还刀入鞘。

至第二天早晨，石磐陀终于向玄奘承认了错误。于是玄奘送石磐陀一匹骏马，自己带着一匹瘦老的马继续西行。

玄奘在西行的路上，路过龟兹，被当地盛情招待。事后，玄奘去拜见当地地位最高的法师木叉麴多。由于木叉麴多有点看不起玄奘，所以处处轻蔑，还说玄奘的西行取经是多此一举。于是，在木叉麴多的神奇庙里举行了一次辩经。

由于木叉麴多处处狂妄自大，最后惨败给玄奘。经过这件事后，木叉麴多再见到玄奘不敢再坐着，都是站着和玄奘说话，以表示尊重。

在西行途中，有一天玄奘走进了大沙漠。这里一片茫茫，上不见飞鸟，下不见走兽，有时一阵旋风，卷起满天沙土，像暴雨一样落下来。走了一天，他感到十分疲劳，就下马歇息，取下挂在马鞍上的皮

囊想喝口水。不料，一时不小心，皮囊掉到了地上。

仅有的一皮囊水全洒在了沙漠里，他十分懊悔。于是，决定回去取水，拨转马头，向东走了10多里路。这时，他想起出发前立下誓言：不到天竺决不向东后退一步！现在怎能因水而东退呢？他又立即调转马头，继续向西北行进。

玄奘在沙漠里接连走了四夜五天，没有一点水喝，口渴得像火烧一样，终于支持不住昏倒在沙漠上。至第五天半夜，天边起了凉风，把玄奘吹得清醒过来。他站起来，牵着马又走了10多里，发现一片草地和一个池塘。

有了水草，人和马才摆脱绝境。又走了两天，终于走出大沙漠。经过伊吾，到了高昌。高昌王麴文泰遣使迎候，高昌王由侍人陪同，亲自迎接玄奘入后院，住一重阁宝帐之中，王妃与数十名侍女皆来膜拜。

麴文泰又命年逾80岁的国统王法师规劝玄奘留住，但玄奘没有同意，说道：

> 我来到此地是为西行求法，今天受到你的阻碍，大王只可留下我的尸骨，我求法的意志和决心，大王是留不住的。

以后便绝食3天以示抗议。

麴文泰被玄奘西行求法的决心所感动，只好放他西行。麴文泰还要求玄奘从印返国路过高昌国时，留住3年，受王供养。还要求现在讲《仁王经》一个月，玄奘一一答应。

玄奘离开使他备受敬重的高昌，又踏上了万里征途，历经艰辛，踏过20多个国家的国土，经过一年的时间，终于到达了北印的滥波国。

玄奘用了4年时间，行程5万里，沿途拜访了16个国家的名僧求法。终于到了北天竺摩揭陀国的那烂陀寺。

那烂陀寺有僧众1万多人。其中通晓经论20部的只有1000多人，

通晓30部经论的只有500人，通晓50部的连玄奘在内只有10人。全部通晓的只有著名的佛学大师戒贤法师一人。

玄奘拜印度戒贤法师为师，学习《瑜伽师地论》。戒贤法师虽然年事已高，多年不讲经了，可是却特地为玄奘开讲，一连讲了15个月。玄奘起早贪黑，刻苦钻研了5年，终于通晓了全部经论，掌握了天竺佛学的要义，成了很有学问的佛学大师。

玄奘并没有就此满足。他又到印度的其他一些国家继续学习，学识更加渊博。

天竺是佛教的发源地，有很多佛教古迹。玄奘在天竺游历各地，朝拜圣迹，向高僧学经。

有一次，他在乘船渡恒河的时候，碰到一群强盗。他们迷信妖神，每年秋天都要杀个人祭神。船中的强盗看中玄奘，要把他杀了祭神，玄奘再三向他们解释也没有用，只好闭着眼睛念起经来。

说也凑巧，这时正好起了一阵狂风，河里浊浪汹涌，差一点打翻了船。强盗害怕起来，赶快跪下忏悔，把玄奘放了。这件事很快传开了，当地的人都还认为玄奘真有什么佛法保护呢！

经过6年的学习后，玄奘又回到了那烂陀寺。戒贤法师叫玄奘主持讲席，给全寺僧众讲经。摩揭陀国的戒日王是个笃信佛教的国王，听到玄奘的名声，很是钦佩。

642年12月，戒日王在他的国都曲女城举行了5年一度的无遮大会。参加会议的有印度18个国家的国王，熟悉佛教教义的3000多僧人，那烂陀寺的1000多僧人，还有很多其他方面人士。这是印度文化史上一次有名的盛会。

一天，有个婆罗门教徒，写了40条经文，挂在那烂陀寺门口，高傲地宣称："如果有人能破我一条，我甘愿把头砍下来认输。"几天过去了，没有一个人敢和他辩论。

这时，戒日王请求玄奘出来驳斥那个异教徒。玄奘叫人把寺院门口所挂的40条经文取下来，请戒贤法师等做见证人，把那个婆罗门教徒驳得哑口无言，只好低头认输，请求履行前言。

玄奘笑着说："佛门弟子是不杀人的。你就留在我身边做杂务吧！"这个婆罗门教徒高兴地顺从了玄奘。

经过这件事，大家一致推举玄奘为论主，即主讲人。玄奘在大会上宣讲了他的佛学论文，并由人抄写一本，悬挂在会场门口，供大家讨论。会议开了18天，无一人提出疑问。对玄奘都很佩服，公认他是第一流的佛学学者、大师，并被大乘尊为"大乘天"，被小乘尊为"解脱天"。

散会那天，按照印度的传统，戒日王请玄奘骑上装饰华丽的大象游行一周，表示对他的尊敬。从此，唐僧玄奘的名声传遍了印度。

玄奘在会后准备归国。消息传开以后，戒日王千方百计地挽留他。迦摩缕波国的鸠摩罗王也表示，只要他留在印度，要为他造100座寺院，这些优厚待遇没有动摇他回国的决心。

645年，50岁的玄奘带着600多部佛经，回到了阔别10多年的长安，人们欢迎他的归来。史载当时"道俗奔迎，倾都罢市"。

不久，唐太宗接见并劝其还俗出仕，玄奘婉言辞谢。尔后留长安弘福寺译经，由朝廷供给所需，并召各地名僧20余人助译，分任证义、缀文、正字、证梵等职，组成了完备的译场。

此后，玄奘译出多卷佛经，其中包括他自己口述、由弟子辩机笔受完成《大唐西域记》。在这本书里，他把亲自到过的100多个国家和听到过的28个国家的地理情况、风俗习惯记载下来，成为重要的历史和地理著作。玄奘一生共译佛教经论75部1335卷，无论是翻译数量，

还是质量，都是空前的。

玄奘回国后，和印度名僧一直保持着联系，中印度摩珂菩提寺的智光、慧天等曾经致信玄奘，称他为“摩珂支那国于无量经律论妙尽精微木叉阿遮利耶”，间谓“善解诸经律论的中国大师”。

由于玄奘取经这件事本身带有传奇色彩，后来，在民间流传了许多关于唐僧取经的神话，说他取经路上，遇到许多妖魔精怪，这当然是虚构出来的。比如明代小说家吴承恩的神话小说《西游记》里面的故事，跟真正的玄奘取经事迹已经离得很远了。

千百年来，玄奘历尽千辛万苦，舍身求法的精神，孜孜不倦为中外文化交流献身的精神，一直受到人们的崇敬和传颂。

鉴真百折不挠东渡日本

唐代域外求经的佛教人物除了玄奘外，鉴真法师数次东渡日本，其所体现的既定目标，坚定信仰，一往无前，百折不挠，视死如归的伟大精神，同样诠释了中华民族的道德理想。

鉴真，俗姓淳于，唐代扬州人。鉴真14岁时，有一次他随父亲到大云寺拜佛，为佛像庄重、慈祥的造型所感动，随即向父亲提出要求出家为僧。

父亲见他心诚志坚，在征得智满禅师的同意后，鉴真在大云寺出了家，从著名僧人道岸禅师受戒。从此鉴真成了他的法名。

鉴真刚刚遁入空门时，寺里的住持让他做个谁都不愿做的行脚僧。每天他都很勤奋地做着住持交给他的工作，已经两年了他每天如此，

从来没有一次让住持对他的工作觉得不满意。

但鉴真一直想不明白，认为自己很委屈，觉得住持分配得一点都不公平。

有一天，已日上三竿了，鉴真依旧大睡不起。住持很奇怪，推开鉴真的房门，只见床边堆了一大堆破破烂烂的瓦鞋。住持很奇怪，于是叫醒鉴真问："你今天不外出化缘，堆这么一堆破瓦鞋干什么？"

鉴真打了个哈欠说："别人一年都穿不破一双瓦鞋，我刚剃度一年多，就穿烂了这么多的鞋子。"

住持一听就明白了，微微一笑说："昨天夜里刚落了一场雨，你随我到寺前的路上走走吧！"

寺前是一座黄土坡，由于刚下过雨，路面泥泞不堪。住持拍着鉴真的肩膀说："你是愿意做一天和尚撞一天钟，还是想做一个能光大佛法的名僧？"

鉴真回答说："当然想做光大佛法的名僧。"

住持捻须一笑接着问："你昨天是否在这条路上走过？"

鉴真说："当然。"

住持问："你能找到自己的脚印吗？"

鉴真十分不解地说："我每天走的路都是又干又硬，哪里能找到自己的脚印？"

住持又笑笑说："今天再在这路上走一趟，你能找到你的脚印吗？"

鉴真说："当然能了。"

住持笑着没有再说话，只是看着鉴真。鉴真愣了一下，然后马上明白了住持的教诲，开悟了。

经过两年的刻苦学习后，鉴真随道岸禅师来到佛教最盛的洛阳、长安游学。22岁时，在长安名刹实际寺从高僧弘景，顺利地通过了具足戒。

鉴真在文纲、道岸、弘景等律宗传人的影响下，对戒律的研究逐渐精熟并开始讲佛布道。他以青年人特有的热情，巡游佛迹，苦读《四分律行事钞》、《四分律疏》等经典，并先后从西京禅定寺义威、西

明寺远智、东京授记寺金修、慧策、西京观音寺大亮听讲《律钞》等。

由于鉴真聪明好学，矢志不移，很快成为文纲、道岸、弘景之后律宗的后起之秀。在西京学习时，鉴真不仅融合佛教各家如法相、天台等宗所长，形成了自己的独立见解，而且对其他方面的知识也广泛涉猎和研究。

713 年，26 岁的鉴真回到扬州，为大明寺的大师。他从事佛事活动，由于学识和道德高尚，声名与日俱增，以至于成为这一地区的佛教"宗首"。

鉴真不仅讲佛写经、剃度僧尼、修寺造佛，而且还从事救济贫病、教养三宝等活动。当他 45 岁时，由他传戒的门徒达 4 万多人，成为江北淮南地区"独秀无伦，道俗归心"的著名高僧，江淮间尊为"受戒大师"。

在当时，日本佛教戒律不完备，僧人不能按照律仪受戒。733 年，日本僧人普照等人随遣唐使入唐代朝廷，邀请高僧去传授戒律。他们访求 10 年，决定邀请鉴真。

742 年，鉴真毅然应请，决心东渡。鉴真及弟子 21 人，连同 4 名日本僧人，到扬州附近的东河既济寺造船，准备东渡。当时日本僧人中持有宰相的公函，因此地方官也加以援助。

不料有人诬告鉴真一行造船是与海盗勾结，准备攻打扬州。当时海盗猖獗，淮南采访使班景倩闻讯大惊，派人拘禁了所有僧众，虽然很快放出，但是勒令日本僧人立刻回国，第一次东渡就此夭折。

744 年 1 月，鉴真做了周密筹备后，带了共 100 余人再次出发。结果尚未出海，便在长江口的狼沟浦遇风浪沉船。船修好后刚一出海，又遭大风，飘至舟山群岛一小岛，5 天后众人方被救，转送明州阿育王寺安顿。

开春之后，越州、杭州、湖州、宣州各地寺院皆邀请鉴真前去讲法，第二次东渡遂结束。

结束了巡回讲法之后，鉴真回到了阿育王寺，准备再次东渡。此事为越州僧人得知，为挽留鉴真，他们向官府控告日本僧人潜藏中国，

目的是让鉴真去日本。第三次东渡就此作罢。

江浙一带既然不便出海，鉴真于是决定从福州买船出海，率30余人从阿育王寺出发。但刚走到温州，便被截住。原来鉴真留在大明寺的弟子灵佑担心师父安危，苦求扬州官府阻拦，淮南采访使遂派人将鉴真一行截回扬州。第四次东渡不了了之。

前4次的失败，并没有改变鉴真的初衷。他在扬州继续准备东渡物资。748年6月27日，东渡日本的队伍又出发了。由于逆风，船在海岸附近停留了近3个月，大家都急坏了，老天爷怎么对传法如此磨难！

一天，鉴真对大家说："昨夜，我梦见3个官人模样的人，一个穿红，两个穿绿，站在岸上向咱们作揖告别，这定是国神。想来这次渡海该成功啦！"

过了一会，果然刮起了顺风。船上的僧众齐齐跪下来，面朝西方，泪水纵横，因为不知道什么时候才能回到故乡了。

船离岸越来越远了。傍晚时分，突然刮起大风，大海顿时像开了锅一般，白沫乱滚，风声夹着涛声，仿佛水底有千百个水怪在咆哮，海水黑得如同墨汁。船一会儿被抛上浪尖，一会儿被摔入浪谷。船上的人慌得晕头转向，僧人们断断续续念起《观音经》来。

"船要沉啦，快把货物扔下海！"船夫忽然大声喊道。

有些僧人死死抱紧箱笼，说："这都是法器，比性命还重要！"

"现在还有什么比命更紧要的！快扔！"船夫急了。几个水手抱起栈香笼就要往海里扔。

正在这时，空中传来一个声音："莫抛！莫抛！"这声音一时压过了风浪声。船夫吃了一惊，马上把栈香笼放下来。

鉴真喊道："大家不必惊慌，菩萨一定会帮助咱们渡过险境！"

第二天，风浪平静了许多，船又继续航行。第三天，船飘到了蛇海。几尺长的海蛇，或青色，或红色，在船四周闪电般地游动，十分骇人。过了蛇海，又进了飞鱼海。成尺长的鱼时不时成群跃出海面，在天空中闪烁着银光，让僧人们看得眼花缭乱。不久又到了飞鸟海，

一群群巨鸟在海面上飞翔，鸟群倒不怕人，时时落到船上歇脚，几乎把船压沉。

隔了两天，风又大起来了。全船的僧人个个吐得翻肠倒肚，昏昏沉沉，躺在舱板上。只有普照还能走动，每天给大家发些生米充饥。但船上的淡水用光了，海水苦涩，根本不能下肚。大家嚼着生米，痛苦不堪，因为咽喉干涸，米咽不下，也吐不出来。

鉴真也躺在舱板上，鼓励道："好事多磨，大家要坚持啊！"然后努力地咽着生米粒。这时候，海里不知哪里游来4条金灿灿的大鱼，围着船转圈。大家正在惊讶，风就停息了，天空显得格外明净，鱼也不见了。

第二天，船靠上一个海岛，船上的人都拥到岛上找水，结果发现了一个水潭，众人敞开肚皮喝了个饱，又把所有能盛水的东西盛满水带回船上。

这时，已经是冬天了，可这岛上却一片葱茏，满树花果，气候宛如夏天。原来，鉴真他们辛苦了半年，并未去到日本，而是飘到了海南岛，离日本更加遥远了。

虽然当地的地方官是个佛徒，极力挽留鉴真，但鉴真仍不放弃东渡的念头，地方官只好派人护送他回大陆。第五次东渡结束。

由于鉴真的游历遍于半个中国，因此声名大噪。753年，日本遣唐使藤原清河、吉备真备、晁衡等人来到扬州，再次恳请鉴真同他们一道东渡。

当时唐玄宗崇信道教，意欲派道士去日本，为日本拒绝，因此不许鉴真出海。鉴真就秘密乘船至苏州黄泗浦，转搭遣唐使大船。随行人24人，其中僧尼17人。11月16日，船队扬帆出海，此时，普照也从余姚赶来。

753年11月21日，鉴真所乘舟与晁衡乘舟失散，12月6日剩余两舟一舟触礁，12月20日，抵达日本萨摩。第六次东渡终于成功。

鉴真一行前后历时12年，6次启行，5次失败，航海3次，几经绝境。先后有36人死于海难和伤病，200余人退出东渡行列。只有鉴

真笃志不移，百折不挠，终于实现了毕生的宏愿。

鉴真来到日本的消息，引起了日本朝野的极大震动。鉴真受到日本朝野的盛大欢迎。他被圣武天皇委任为大僧纲，掌握传律的大权，成为日本律宗的开山祖师。

鉴真除讲授佛经，还详细介绍我国的医药、建筑、雕塑、文学、书法、绘画等技术知识，对中日经济文化交流做出了杰出贡献。

鉴真大师东渡是一座历史丰碑。他不仅被他那种为把大唐文化传播到日本，不畏艰辛精神所折服，而且为宣扬佛法永不放弃的信念所震撼，终成为一代家喻户晓的宗师受万人敬仰。

苦难成就的诗圣杜甫

唐宋时期的文化重构，在文学领域的反映或许最为鲜明。比如像杜甫这样的人，面对惨淡的人生，不逃不避，敢于直面，这是他最大的精神力量，并用这种力量来写他的作品，使得他的诗歌具有令人警醒的艺术魅力。

杜甫出身于一个具有悠久传统的官僚世家，家庭给予杜甫正统的儒家文化教养，树立了务必要在仕途上有所作为的雄心。

杜甫早慧，据称7岁便能写诗，十四五岁时便“出游翰墨场”，与文士们交游酬唱。20岁以后的10余年中，杜甫过着漫游的生活。这既是为了增长阅历，也是为了交结名流、张扬声名，为日后的仕途做准备。

杜甫先到了吴越一带，江南景物和文化给他留下很深刻的印象。

24 岁时，杜甫赴洛阳考试，未能及第，又浪游齐、赵，度过一段狂放的生活。

杜甫 35 岁左右来到长安求取官职。开始他满怀信心，但滞留 10 年却一再碰壁。这可能是因为他的家庭背景已不够有力，而把持权柄的李林甫等人，又对引进人才采取阻碍的态度。

由于杜甫在到长安不久之后，父亲就去世了，因此他的生活变得艰难起来。为了生存，为了求官做，杜甫不得不奔走于权贵门下，作诗投赠，希望得到他们的引荐。

此外，他还多次向唐玄宗献赋，指望唐玄宗对他的文才投以青睐。种种努力的结果，是到“安史之乱”的前夕才获得右卫率府胄曹参军这样一个卑微的官职。

“安史之乱”爆发后，杜甫一度被困于叛军占据下的长安。后来只身逃出，投奔驻在凤翔的唐肃宗，被任为左拾遗。左拾遗是一个从八品的谏官，地位虽不高，却是杜甫仅有的一次在朝廷任职的经历。但不久就因上疏申救房琯的罢相而触怒唐肃宗，后于乾元初被贬斥为华州司功参军。

由于战乱和饥荒，杜甫无法养活他的家庭，加之对仕途的失望，在 759 年丢弃了官职，进入在当时尚为安定富足的蜀中。从“安史之乱”爆发到杜甫入川的 4 年，整个国家处在剧烈的震荡中，王朝倾危，人民大量死亡，杜甫本人的生活也充满危险和困苦。

杜甫的诗歌创作，因了血与泪的滋养，达到了巅峰状态。如《月夜》、《兵车行》以及《三吏》《三别》等大量传世名篇，从诗人浸满忧患的笔下不绝涌出。杜甫自幼接受儒家正统文化的熏陶，把贵德行、重名节、循礼法视为基本的人生准则。但他也并不是完全变成了另外一个人，变成了纯粹的恂恂君子。

杜甫滞留长安及漂泊西南时期，常常不得不寄人篱下，仰仗权势者的济助，成为一名失业者、乞食者，怎么能不深感痛苦呢？

事实上，杜诗中那种对于国家和社会的关切，固然是出于真情，但也未免没有在自觉的忙忙碌碌、于世无益中，存在精神上的自我提

升、自我拯救的挣扎。对人生信仰、政治理想的执着，是杜甫个性的一大特征。

后代有人说杜甫是“村夫子”，杜甫诗中也自称“乾坤一腐儒”，都是就这一种执着态度而言。所谓“致君尧舜”，所谓“忧民爱物”，这些儒家的政治观念，在很多人只是一种空谈、一种标榜，杜甫却是真心地相信和实行它。

儒者本该有“穷则独善其身，达则兼济天下”的进退之路，而杜甫却不愿如此，他是不管穷富，都要以天下为念。甚至，越是社会崩溃昏乱，他越是要宣扬自己的政治理想。杜甫的这种执着态度，在当年实际的政治生活中未必有什么用处，对于诗人来说却是重要的。

杜甫早期作品留存数量很少。这些诗篇和时代的风气相一致，充满自信，带有英雄主义的倾向。随着杜甫渐渐深入到苦难的现实，他的诗也变得沉重起来。但早期诗歌那种气势壮阔的特点，仍然保留着。

《兵车行》的创作标志着杜甫诗歌的转变，由此形成并基本上贯穿了杜甫此后一生诗歌创作。其在思想内容方面的主要特征有4点：严肃的写实精神；在忠诚于唐王朝和君主的前提下，对腐朽现象给予严厉批判；对民生疾苦的深厚同情；对国家与民族命运的深沉忧念。

《兵车行》的开头是一幅悲惨的图景：

车辚辚，马萧萧，
行人弓箭各在腰。
耶娘妻子走相送，
尘埃不见咸阳桥。
牵衣顿足拦道哭，
哭声直上干云霄。

接着把批判的锋芒指向好大喜功的执政者：

边庭流血成海水，

武皇开边意未已！

诗中继续写到战争导致国内生产力的衰减："君不闻汉家山东二百州，千村万落生荆杞，纵有健妇把锄犁，禾生陇亩无东西。"最后借想象为那些无辜的死者发出悲愤的哭喊："君不见青海头，古来白骨无人收。新鬼烦冤旧鬼哭，天阴雨湿声啾啾！"

在唐诗中，如此严肃地正视现实、具有深刻的批判精神的作品，以前还没有过。在杜甫的思想中，合理的政治应当表现为当政者与人民之间的和谐：君主应当爱护人民，使之安居乐业，而人民则理所当然地应该忠诚和拥戴君主。

杜甫作为一个诚实的诗人，在严肃地面对现实时，不能不为此感到困苦。他的名篇《三吏》《三别》就是很好的例子。

759年6月，杜甫被贬为华州司功参军。同年冬，从华州赴洛阳探亲。次年离开洛阳，回华州任所，途经新安、潼关、石壕等地，目睹战争给百姓造成的巨大灾难，特别是征丁抓夫的惨状，写了《新安吏》《潼关吏》《石壕吏》《新婚别》《垂老别》《无家别》这6首诗。

杜甫"忧国"，不回避眼见的事实；"忧民"，不背弃唐王朝的根本利益，因此只能在尖锐的矛盾中寻找折中的途径。而这种折中又是很勉强的，这使诗中表现出的情绪显得非常痛苦。

其实，作为封建时代的诗人，能够如此严肃地正视现实，关怀人民，已是难能可贵。《兵车行》和《三吏》《三别》那样细致描述的作品已经很少再有了，但以高度概括的诗歌语言所揭示的事实，却别有一种震撼人心的力量。

在长期的封建社会中，杜甫之所以能够获得"诗圣"这样一个带有浓厚道德意味的尊称，也是有其深刻的原因的。

时代的苦难被杜甫以焦虑和愤怒的心情一一记录在诗中。但他对现实只能苦苦地告诫那些做官的朋友廉洁、爱民，期盼皇帝的贤明能减征赋，务农息战。这些无奈的、固执的哀告，说出了受尽苦难的广

大民众的心愿。

杜甫不只是一个时代的观察者、记录者，他本身的遭遇是同时代的苦难纠结在一起的。人们从他的诗篇中，可以清楚地看到这位诚实的、富于正义感和同情心的诗人，如何辗转挣扎于漂泊的旅途，历经饥寒困危，备尝忧患。对于生活在动乱时代的人们，这一类诗格外具有感染力。

如《月夜》，是杜甫在“安史之乱”爆发后困居长安时所作，抒发了诗人对被战火阻隔的妻子的怀念：“今夜鄜州月，闺中只独看。遥怜小儿女，未解忆长安。香雾云鬟湿，清辉玉臂寒。何时倚虚幌，双照泪痕干！”

当他逃至凤翔后，有了机会去鄜州探家时，又写出他的名篇《羌村三首》，其中的第一首说：

峥嵘赤云西，日脚下平地。
柴门鸟雀噪，归客千里至。
妻孥怪我在，惊定还拭泪。
世乱遭飘荡，生还偶然遂。
邻人满墙头，感叹亦歔欷。
夜阑更秉烛，相对如梦寐。

诗中呈现一幅戏剧性的异常感人的场面。在那一场突发的大战乱中，家破人亡是寻常事情，骨肉重聚反而似乎是不可思议的了。

杜甫以准确生动的语言，把他们一家人重新相见时，彼此如在梦中、亦惊亦悲亦喜的复杂心情清晰地呈现出来，可谓感人至深。千百年来，它不知引发了多少人内心的共鸣。

正是因为个人的命运同时代的苦难纠结在一起，富于同情心和社会责任感的杜甫，常常从自身的遭遇联想到更多的人、更普遍的社会问题。这种宽广的胸怀，是值得后人钦佩的。

杜甫的诗歌自古以来就有“诗史”的美誉，但杜甫其实并非有意

于史。他的那些具有历史纪实性的诗篇以及那些记述自身经历而折射出历史面目的诗篇，乃是他的生命与历史相随而饱经忧患的结晶，是浸透着他个人的辛酸血泪的。

杜甫具有强健的人格筋骨，经得起炎凉的摔打，受得了家国破碎的痛击，以悲痛为华章，写长歌以当哭，赢得了千秋万代的美名，无人能望其项背，无人不赞其坚韧，堪称忧国忧民和直面苦难的人格理想的典范。

苏轼超然物外的追求

苏轼在历史文化长廊中是一个丰碑级的人物，他一生辗转大半个中国，屡遭贬谪，却能“达则兼济天下，穷则独善其身”，可谓“一蓑烟雨任平生”。

苏轼胸襟开阔，既能超然物外，又能自强不息，其高尚的品德，极具感召力，令人叹为观止。

苏轼是北宋眉山人，就是现在的四川眉山。苏轼的父亲苏洵，就是《三字经》里提到的“二十七，始发奋”的“苏老泉”。苏洵发奋虽晚，但用功甚勤。苏轼少年时代，就深受其父儒家思想的濡染，怀有经世济民，致君尧舜的抱负和积极入世的精神。

苏轼怀有儒家“奋厉有当世志”，同时也接受了道、佛思想的熏染。其父苏洵和云门宗圆通居讷关系密切，苏轼少年在蜀中时就同成都大雅大师惟度、宝月大师惟简郊游。

正是基于胸怀天下、兼收并蓄的可贵之处，加之勤奋好学、扎实严谨，苏轼的各方面才能日渐累积。

功夫不负有心人。1056 年，21 岁的苏轼跟随父亲披坚执锐、夺关斩将，在吏部考试中以 600 字的《刑赏忠厚之至论》赢得第二。随后又顺利通过所有考试，进士及第。当时文坛领袖欧阳修赞誉说：

此人可谓善读书、善用书，他日文章必独步天下。

苏轼 30 岁时还京，差判登闻鼓院，又授直史馆。当时正值王安石变法，苏轼也有志于改变北宋时期积贫积弱的现状，但反对“求知过急”，结果引起革新派的排挤。为远身避祸，苏轼要求外任。

他先后出任杭州通判，密州、徐州、湖州知州。八九年间，苏轼虽辗转迁徙，但每到一处都兴修水利，赈济灾民，减免租税，体察民间疾苦，可谓勤政爱民，尽心职守。

在这期间，苏轼的作品无论在内容上，还是在艺术方面都有了进一步的提升。他笔下的西湖多姿多彩，波光粼粼的晴天那么美妙，就是蒙蒙雨雾中的西湖都那么动人：“水光潋滟晴方好，山色空蒙雨亦奇。欲把西湖比西子，淡妆浓抹总相宜。”

苏轼在密州写的最著名的作品莫过于《江城子·密州出猎》《水调歌头·丙辰中秋》等。

《江城子·密州出猎》写道：

老夫聊发少年狂，左牵黄，
右擎苍，锦帽貂裘，千骑卷平冈。
为报倾城随太守，亲射虎，看孙郎。
酒酣胸胆尚开张。鬓微霜，又何妨！
持节云中，何日遣冯唐？

会挽雕弓如满月，西北望，射天狼。

此作是千古传诵的苏轼“豪放派”代表词作之一。词中写出猎之行，抒兴国安邦之志，拓展了词境，提高了词品，扩大了词的题材范围，为词的创作开创了崭新的道路。

作品融叙事、言志、用典为一体，调动各种艺术手段形成豪放风格，多角度、多层次地从行动和心理上表现了作者宝刀未老、志在千里的英风与豪气。

同时，这首词既表现了诗人跃马扬鞭、叱咤风云的英雄气概，也抒发了他要报效祖国、建功立业的志向，爱国激情，慷慨激昂。

《水调歌头·丙辰中秋》写道：“明月几时有？把酒问青天。不知天上宫阙，今夕是何年。我欲乘风归去，又恐琼楼玉宇，高处不胜寒。起舞弄清影，何似在人间？

“转朱阁，低绮户，照无眠。不应有恨，何事长向别时圆？人有悲欢离合，月有阴晴圆缺，此事古难全。但愿人长久，千里共婵娟。”

此篇构思奇拔，蹊径独辟，情韵兼胜，境界壮美，极富浪漫主义色彩，是历来公认的中秋词中的绝唱。此词全篇皆是佳句，典型地体现出苏轼词作清雄旷达的风格。

诗词文赋造就了苏轼的伟大，也带来了灾祸。1079年，苏轼刚调任湖州不久就因“乌台诗案”再次被贬黄州。

在当时，苏轼因为反对新法，并在自己的诗文中表露了对新政的不满。由于他当时是文坛的领袖，可以任由诗词在社会上传播，这对新政的推行很不利。所以在宋神宗的默许下，苏轼被抓进乌台，每天被逼要交代他以前写的诗的由来和词句中典故的出处。而苏轼对大部分指控并不掩饰，都坦白承认在诗中批评新政。

由于北宋时期当时有不杀士大夫的惯例，所以苏轼免于一死，但被贬为黄州团练副使。面对新的打击，如何平衡儒家思想和佛老思想在他世界观中的矛盾呢？苏轼开始以超然的态度重新审视现实和自己。

苏轼虽然在政治上屡受挫折，但却始终没有走向消极颓废。在困顿的黄州期间，他不仅没有忘记承担人生的责任和义务，而且适时地

调整了生活方式，成功地实现了人生价值，人生追求的蜕变。

在黄州期间，刚开始时由于政治上的失意，苏轼的心灵受到极大创伤，对官场产生了厌倦情绪。他感到苦闷，失意，找不到出路，他开始逃避现实。这种心态流露在他的许多诗文当中。

他在《初到黄州》中写道：

自笑平生为口忙，老来事业转荒唐。
长江绕郭知鱼美，好竹连山觉笋香。
逐客不妨员外置，诗人例作水曹郎。
只惭无补丝毫事，尚费官家压酒囊。

在这首诗中，诗人自嘲之意溢于言表，他因自己的获罪而对仕途失去了信心，进而产生了归隐之念。深受《庄子》影响，而且喜好和僧道来往的苏轼，开始全身心的投入禅道。

苏轼在与僧道友人的交往中，思想得到了清静。在贬谪后的相当长的一段时间内，他借佛门清静地来排遣自己政治上的苦闷，修养性情。苏轼所追求的正是老庄所提倡的随缘自足，超然物外。

佛老思想在一定程度上修复了他心灵上的创伤，使他以更充沛的精力，更深刻的思索来认识人生的意义。

与此同时，苏轼少年时所受的教育，儒家深厚的思想修养，仍然使他在贬谪之地心系国家。尽管他想获得解脱，但由于他所受到的深厚的儒家思想教育，他无法弃国家民族于不顾，他心心念念的依然是为国尽忠、为国效力。

苏轼一贬再贬，他的精神始终没有颓废，更与他开阔的胸襟，深厚的修养分不开。特别是在黄州与下层人民亲密接触以后，他更多地了解了民生疾苦，对人民的苦痛有切肤的感受。

苏轼曾经在《前赤壁赋》中这样写道：“清风徐来，水波不兴。举酒属客，诵明月之诗，歌窈窕之章。少焉，月出于东山之上，徘徊于斗牛之间。白露横江，水光接天。纵一苇之所如，凌万顷之茫然。浩浩乎如冯虚御风，而不知其所止；飘飘乎如遗世独立，羽化而登仙……”

虽然“飘飘乎如遗世独立，羽化而登仙”，心旷神怡，然而，苏轼毕竟是苏轼，他怎能忘却人世的苦恼，怎能忽略曹孟德当年“破荆州，下江陵，舳舻千里，旌旗蔽空”“固一世之雄”的威风？这是一颗炽热的心，在为国家、为人民，也为自己的雄心壮志而流泪和滴血。正是在这样的思想的支配下，苏轼以超乎寻常的热情去关注社会问题。

如当他听说黄鄂间农民因贫穷而溺婴的消息后，“闻之酸辛，为食不下”，连忙写信给朱寿昌太守要求革除陋习；当地瘟疫流行，他又向巢谷苦求圣散子药方，“合此药散之，所活不可胜数”，他以自己的宽厚、仁爱，博得了黄州人民永久的怀念。

这一时期，佛老思想和儒家的勤政爱民主张在苏轼身上得到了集中体现。这种思想的矛盾可以从他的多部作品中找到痕迹。

比如在《念奴娇·赤壁怀古》中写道：“大江东去，浪淘尽，千古风流人物。故垒西边，人道是，三国周郎赤壁。乱石穿空，惊涛拍岸，卷起千堆雪。江山如画，一时多少豪杰。

“遥想公瑾当年，小乔初嫁了，雄姿英发。羽扇纶巾，谈笑间，樯橹灰飞烟灭。故国神游，多情应笑我，早生华发。人生如梦，一尊还酹江月。”

词中既有对历史人物的怀念，又抒发了自己的报国之志，同时流露出功业难成的惆怅。全词即景抒情，怀古伤今，咏史写人，苍凉悲壮、气势磅礴，卓然成为开“豪放”一派词风的“千古绝唱”。

黄州谪居时期，是苏轼的人生观、价值观发生重大转变时期。他的人生追求得到了实现，不仅创作到了辉煌时期，人格精神也得到了升华，形成了自己独特的人生追求，既超然物外而又自强不息。

苏轼人生追求的实现，源于他在不断克服人生坎坷与磨难中形成的自强不息的品质，以及宁愿忍受苦难，甘当黄州贬官而不忘忠君爱国忧民的厚德载物的胸怀。

苏轼曾经在《晁错论》中说过，“古人立大事者，不唯有超世之才，亦必有坚忍不拔之志。”读懂了苏轼，就读懂了“天行健，君子以自强不息；地势坤，君子以厚德载物”。

八佾舞于庭

孔子谓季氏①："八佾②舞于庭，是可忍③也，孰不可忍也？"

三家④者以《雍》⑤彻，子曰："'相维辟公，天子穆穆⑥'，奚取于三家之堂？"

【注释】

①季氏：鲁国正卿季孙氏，即季平子。

②八佾：古代奏乐舞蹈行列的意思。古时一佾八人，八佾就是六十四人，据《周礼》规定，只有周天子才可以使用八佾，诸侯为六佾，卿大夫为四佾，士用二佾。季氏是正卿，只能用四佾。

③可忍：可以容忍。

④三家：鲁国当政的三家：孟孙氏、叔孙氏、季孙氏。他们都是鲁桓公的后代，称"三桓"。

⑤《雍》:《经·周颂》中的一篇。古代天子祭宗庙完毕撤去祭品时唱的诗。

⑥相维辟公，天子穆穆:《雍》诗中的两句。相，助祭者。维，语助词，无意义。辟公，指诸侯。穆穆，庄严肃穆。

【解释】

孔子谈到季氏，说："他用六十四人在自己的庭院中奏乐起舞，这样的事都可以容忍，还有什么事不可以容忍的呢？"

孟孙氏、叔孙氏、季孙氏三家在祭祖完毕撤去祭品时，也命乐工唱《雍》这篇诗。孔子说："《雍》诗里说：'助祭的是诸侯，天子严肃静穆地在那里主祭。'这样的礼仪，怎么能用在你三家的庙堂里呢？"

【故事】

李密牛角挂书志向大

李密少年时候，曾被派在隋炀帝的宫廷里当侍卫。后来隋炀帝认为他不大老实，就免了他的差使。李密并不懊丧，回家以后，发愤读书，决定做个有学问的人。

有一回，李密骑了一条牛，出门看朋友。在路上，他把《汉书》挂在牛角上，抓紧时间读书。正好当时宰相杨素坐着马车在后面赶上来，看到前面有个少年在牛背上读书，暗暗奇怪。

杨素在车上招呼说："哪个书生，这么用功啊？"

李密回过头来一看，认出是宰相，赶忙跳下牛背，向杨素作了一个揖，报了自己的名字。

杨素问他说："你在看什么？"

李密回答说："我在读项羽的传记。"

杨素跟李密亲切地谈了一阵，觉得这个少年人很有抱负。回家以后，杨素跟他儿子杨玄感说："我看李密这孩子的学识、才能，比你们几个兄弟强得多。将来你们有什么紧要的事，可以找他商量。"

打那以后，杨玄感就跟李密交上了朋友。

徐光启融汇中西文化

明代不仅出现了资本主义的萌芽，西方先进科技也开始传入我国，这在历史上被称为"西学东渐"。在这个过程中，我国学者苦苦求索，致力于研究和介绍西学，推动了中西文化的融汇与交流。在这些人当中，明代科学家徐光启，可以说是一个最具代表性的人物。

徐光启将中西文化交流确定为自己的人生道路，在科学的险径上

艰难攀登，殚精竭虑，鞠躬尽瘁，是一位献身科学的伟人。

徐光启幼年时，由于家境贫困，他的祖母、母亲无论寒冬酷暑，日夜纺织不辍，以维持生计。连他的父亲也不得不下田耕作，以图自给。

那时，读书人都是走的科举的路子，徐光启也不例外。1581 年，20 岁的徐光启考取了金山卫的秀才。32 岁那年，他应他人之邀远行广东韶州教授家馆，开始了“经行万里”的旅程。

徐光启南行之际，西方传教士已经叩开我国的大门，在我国的南方进行宣扬基督教的活动，因此他同西方传教士有了初步的接触。

利玛窦是最早深入我国内地传教并取得成功的耶稣会士。他于 1582 年抵达澳门，第二年到端州。在此地利玛窦潜心学习汉语，钻研《六经子史》等书。后行迹遍至肇庆、韶州、南昌、南京等地。徐光启在韶州教书期间，一次偶然到城西的教堂，没有见到已经北上的利玛窦，却与接替利玛窦主持堂务的郭居静谈得很融洽。

这是徐光启与西方传教士的第一次直接接触，萌生了对传教士和西学的好感，由此开启了与传教士长期合作共事的先河。

1597 年春天，徐光启远上北京，参加顺天府的乡试。这次他不但考中了，而且还被取了头名解元，名声大震。中举之后，徐光启留在京师等候会试，但未能考中，于是离京返乡。

徐光启回到家乡继续以教书为业，同时更加刻苦地读书学习。因为事先看到了利玛窦在肇庆绘制的《山海舆地图》，对上面提供的经纬度、赤道、五带等地球知识饶有兴趣，又仰慕利玛窦的学识和为人，

便于1600年到南京拜访了利玛窦，聆听他的议论，对他的博学多识留下深刻的印象。

1603年的秋天，徐光启再往南京访利玛窦，因后者居留北京不遇，遂与主持南京教堂的郭居静、罗如望两人晤谈。此后，他读了利玛窦著的《天学实义》《天主教要》等传教著作，听罗如望讲了《十诫》等天主教的基本教义，观看了宗教仪式，决意受洗入教，并取了教名“保禄”。

西方传教士传授的科学知识对历来学主实用的徐光启也产生了极大的吸引力，他觉得入教或许对学习和掌握西方科学技术知识能有所裨益。徐光启入教以后，开始了与传教士合作翻译西书，把西学介绍到我国的事业。

1604年春，徐光启再度赴京参加会试，终于考中进士，并被考选为翰林院庶吉士，进入翰林院学习，成为朝廷着意培养的高级人才。

就读翰林院期间，徐光启为了集中精力攻读实用之学，放弃了对诗词书法的爱好，专心致志地研习天文、兵法、农事、水利、工艺、数学等自然科学。

徐光启仍然继续与客居北京的利玛窦交往甚密。他时常布衣徒步，前往利玛窦邸舍问学。在徐光启的请求下，从1605年至1606年间开始，两人便开始合译西方数学的经典著作，即欧几里得的《几何原本》。

之所以首选《几何原本》进行翻译，徐光启认为，《几何原本》又是数学的本原。其中的公理虽不以直接以具体事物为对象，但它所蕴含的道理却是一切科学技术必须遵循的。

徐光启为翻译《几何原本》付出了艰巨的劳动。他每天下午三四点钟就要前往利玛窦的寓所，由利玛窦口授，他负责笔录。翻译中反复推敲，务求译文准确，文通字顺。

经过前后3次修订，终于译成了《几何原本》前6卷。即使按今天的标准看，这次翻译也是非常成功的。徐光启在译书过程中创立的一套几何术语，如点、线、面、直角、四边形、平行线、相似、外切等，

一直被沿用下来。

《几何原本》译毕，徐光启又与利玛窦用同样的方式译出了《测量法义》初稿。徐光启历来重视水利，这时也向利玛窦询问西方水利设施和器械的情况，并从中受到启发。

1607 年 4 月，徐光启结束了翰林院为期 3 年的学习，授官翰林院检讨，掌修国史。5 月，其父病逝，徐光启按惯例归籍守制，回到上海。

守制期间，徐光启仍致力于科学研究和农学试验，他把已经译成的《测量法义》加以整理，删削定稿。随后，又相继撰成《测量异同》和《勾股义》。这 3 部书，都是对《几何原本》的发挥和应用。

在这几种书里，徐光启运用西方几何学的原理，对传统数学的经典著作《周髀算经》《九章算术》进行整理，初步揭示了传统数学作为经验型科学的本质特征，并由此萌生了创立“有理、有义、有法、有数”的科学体系的强烈愿望。

在此前后，徐光启还帮助李之藻把根据克拉维《实用算术纲要》翻译的《同文算指》整理成书。这些西方科学的成果，在生产实践中可以发挥作用，产生效能。

1610 年 10 月，徐光启守制期满回到北京，恢复翰林院检讨原职。此前，徐光启曾经计划与利玛窦共译《泰西水法》，但当他回到北京时，利玛窦已于当年 4 月去世，因而改请传教士熊三拔口授。

这次翻译没有采取照本直译的做法，而是结合我国已有的水利工具，只选译其中比较实用和确实先进的部分，一边译书一边试验，把制器和试验的方法与结果都记录下来。此书具有极强的实用性和可操作性，对发展农田水利事业很有指导意义。

以徐光启翻译《几何原本》为发端，在明代晚期的学术界翻译西方科学书籍成为一时盛事。较有代表性的还有焦勖译《火攻挈要》王征译《远西奇器图说》等书。此外，当时还译介了一批欧洲宗教、哲学、逻辑学、语言学等方面的书籍。

自唐代大规模翻译佛经以来，这是中外文化交流史上的第二次译

书高潮，而此次译书涉及的领域之广，科学意义之大，又是第一次译书高潮无法比拟的。它在较高的层次上实现了我国和欧洲两大文化体系的融汇与交流，使我国文化初步纳入了世界文化发展的体系，为我国科学文化的发展注入新的活力与生机。

徐光启运用西方科技解释农业生产，把传统农学理论进一步系统化，有相当高的水平。如他的《农政全书》，就是他收集积累了大量第一手材料，总结了许多珍贵经验编纂而成的。他对这部鸿篇巨制倾注了大量的心血，集中反映了他对农业和农学的巨大贡献，代表了我国古代农业科学发展的最高水平。

此外，徐光启还领导了修改历法的工作。他很早便潜心学习和研究天文学，这也是他贯通中西文化的重要方面。他不但对西方天文仪器的构造、原理、用途有了充分的知识，甚至对西方测天的方法和理论，也进行了深入的研究。在礼部奏请开设历局，修改明代初期开始推行的《大统历》。

徐光启把翻译西方天文学著作当作修历的第一个必需的步骤。那时传到我国的西方天文学著作虽然卷帙浩繁，他有针对性地提出，要有选择地组织翻译，要区别轻重缓急，首先选译那些最基本的东西，循序渐进。在内容上要包括欧洲天文学的理论、计算和测算方法、测量仪器、数学基础知识以及天文表、辅助用表等的介绍、编算等。

徐光启本人也积极投入了翻译工作，他参与编译的著作就有《测天约说》《大测》《元史揆日订讹》《通率立成表》《散表》《历指》《测量全义》《比例规解》《日躔表》等。

作为修历的组织者和领导者，徐光启的眼光并没有停留在译成一批西方天文学著作上。他的心愿是编成一部融汇中西历法优点，达到当时最高科学水准的历书。为了实现这个理想，徐光启对历书的结构做了精心的策划，创造性地提出整部历书要分为节次六目和基本五目。

节次六目是《日躔历》《恒星历》《月离历》《日月交食历》《五纬星历》《五星交会历》。这6种书由易到难，前后呼应，研讨天体运动的规律，介绍测算天体运动的方法。

基本五日包括“法原”“法数”“法算”“法器”和“会通”，是整部历书的五大纲目。法原是天文学的基本理论，包括球面天文学原理。前述节次六日即属于法原的范围。法数是天文表。法算是三角学和几何学等天文学计算中必需的数学知识。法器是天文仪器。会通是旧法和西法的度量单位换算表。

基本五日包容了有关天文历算的全部重要知识。在他主持下，《崇祯历书》46种，134卷已基本完稿（后经李天经定稿，有所增删，计45种，137卷）。可以说，没有徐光启的全力支撑，历局工作顺利进展将是不可想象的。

徐光启生活的时代，正是我国封建社会的末世。他清白自守，淡于名利，把全部聪明才智倾注于科学研究事业，贯通中西方科学上，对祖国科学发展做出了杰出的贡献。

徐霞客志在远游探险

在明末清初科技发展过程中，杰出的地理学家、旅行家和探险家徐霞客，以自己的方式诠释了儒家自强不息精神的巨大力量。他一生志在四方，不避风雨虎狼，与长风云雾为伴，以野果充饥，以清泉解渴，出生入死。他的探险精神深深地影响了后世。被称为“千古奇人”。

徐霞客，名徐弘祖，霞客是他的别号，江苏江阴人。他从小就爱读历史、地理一类书籍和图册。在私塾读书的时候，老师督促他读儒家经书，他往往背着老师，把书放在经书下面偷看，看到出神的时候，禁不住眉飞色舞。

徐霞客10多岁时父亲去世了，他决心亲自到名山大川去游历考察一番。但是他想到母亲年纪老了，家里没人照顾，没敢提这件事。

他的心事毕竟被母亲觉察到了。当母亲了解到他有这样的愿望，跟他说：“男儿志在四方，哪能为了我留在家里，做篱笆下的小鸡、马

圈里的小马呢！”母亲为他准备行装，还给他缝制了一顶远游冠。有了母亲的热情支持，徐霞客远游的决心更坚定了。

徐霞客在他22岁那年，开始离家外出游历。临行前，他头戴母亲为他做的远游冠，肩挑简单的行李，就离开了家乡。他先后游历了太湖、洞庭山、天台山、雁荡山、泰山、武夷山和北方的五台山、恒山等名山。

每次游历回家，他跟亲友谈起各地的奇风异俗和游历中的惊险情景，别人都吓得说不出话来，他母亲却听得津津有味。

徐霞客的身体很好，了解他的人都称他“身健似牛，轻捷如猿”。

正因如此，每逢登山，即使没有通向山顶的路径，他也能毫不费力地攀缘上去；每逢渡河，即使不由津口，他也能从容不迫地泳渡到彼岸；每逢探迹洞穴，即使坎坷曲折，他也能像轻猿系挂高枝、长蛇贴附岩壁那样深入洞内，查清各个洞的出口。他日行百里以后，还能在夜间把当天观察所得记录下来。

在探索大自然的奥秘过程中，他经历了无数次艰辛。在最初远游的日子里，他曾失足落水而差点丧了性命。登峭壁悬崖，苔滑、多险，多次陷于绝境。

徐霞客28岁那年，来到温州攀登雁荡山。他想起古书上说的雁荡山顶有个大湖，就决定爬到山顶去看看。当他艰难地爬到山顶时，只见山脊笔直，简直无处下脚，怎么能有湖呢？可是，徐霞客仍不肯罢休，继续前行到一个大悬崖，路没有了。

他仔细观察悬崖，发现下面有个小小的平台，就用一条长长的布带子系在悬崖顶上的一块岩石上，然后抓住布带子悬空而下，到了小平台上才发现下面斗深百丈，无法下去。

他只好抓住布带，脚蹬悬崖，吃力地往上爬，准备爬回崖顶。爬着爬着，带子断了，幸好他机敏地抓住了一块突出的岩石，不然就会掉下深渊，粉身碎骨。他把断了的带子接起来，又费力地向上攀登，终于爬上了崖顶。

还有一次，他去黄山考察，途中遇到大雪。当地人告诉他有些地

方积雪有齐腰深，看不到登山的路，无法上去。徐霞客没有被吓住，他拄了一根铁杖探路，上到半山腰，山势越来越陡。

山坡背阴的地方最难攀登，路上结成坚冰，又陡又滑，脚踩上去，就滑下来。徐霞客就用铁杖在冰上凿坑，脚踩着坑一步一步地缓慢攀登，终于爬了上去。

山上的僧人看到他都十分惊奇，因为他们被大雪困在山上已经好几个月了。

他还走过福建武夷山的3条险径：大王峰的百丈危梯，白云岩的千仞绝壁和接笋峰的“鸡胸”“龙脊”。在他登上大王峰时，已是日头将落，下山寻路不得，他就用手抓住攀悬的荆棘，“乱坠而下”。

他在中岳嵩山时，从太室绝顶上也是顺着山峡往下悬溜下来的。徐霞客在腾越经过一座高耸的山峰，发现悬崖上有一个岩洞，根本没路可通。他冒着生命危险，像猿猴一样爬上了悬崖，终于到达了洞口。

他游潇水发源处的三分石，岭地峻峭，没有落脚的地方，他便两手攀着丛竹，悬空前进，这样攀行很长一段路，直至天黑时才到达一个较平坦的地段。由于无水，晚饭也做不成，只有烧柴围火休息。后来风雨交加，连火也熄灭了，通宵就这样在旷野的风雨和黑暗中度过。

到了贵州、云南的多雨地区，他常淋着雨跋涉在高山深谷之中，夜晚借宿，有时就睡在牲畜的旁边。

在云南腾冲时，为了采集悬崖上的一种藤本植物，在无计可施的情况下，回到寓所，然后和挑夫一道，拿起斧子和绳索造了一架临时梯子后前往，终于得到了这种未曾见过的植物。

他在湖南茶陵，听说当地有个麻叶洞，洞里有神龙或者精怪，没

有法术的人，都不敢进洞。徐霞客不信神怪，他出了高价雇个当地人当向导，进洞考察。

正要进洞的时候，向导问他是什么人，当他知道徐霞客是个普通读书人的时候，向导吓得直往后退，说："我以为您是什么法师，才敢跟您一起进洞，原来是个读书人，我才不冒这个险呢！"

徐霞客并不罢休，带着他的仆人举起火把进洞。村里的百姓听到有人进洞，都拥到洞口来看热闹。徐霞客在洞里考察了很久，直至火把快用完才出来。

围在洞口的百姓看他们安全出洞，都十分惊奇地说："等了好久，以为你俩一定给妖精吃了呢！"

徐霞客在游历考察过程中，曾经 3 次遭遇强盗，4 次绝粮。湘江遇盗，跳水脱险的事，发生在 1636 年他 51 岁时的第四次出游中。

这次出游，他计划考察湖南、湖北、广西、贵州、云南等地。出游不久，就在湘江遇到强盗，他的一个同伴受伤，行李、旅费被洗劫一空，人也险些丧命。

在当时，有人劝徐霞客不如回去，并要资助他回乡的路费，但他却坚定地说道：

我带着一把铁锹来，什么地方不可以埋我的尸骨呀！

徐霞客继续顽强地向前走去。没有粮食了，他就用身上带的绸巾去换几竹筒米；没有旅费了，就用身上穿的夹衣、袜子、裤子去换几个钱。重重的困难被踩在脚下，他终于达到了自己的目的。

在远游四方的数十年中，他不避艰险，步行数万里，到过 16 个省、3 个市。所到之处，对地貌、地形、地质、水文、气候、植物都做了深入细致的调查。他登山一定要登最高峰，下海一定要到海底，钻洞一定要钻到最深处，找水一定要找到源头。

徐霞客在野外考察生活中，每天不管多么劳累，都要把当天的经历和观察记录下来。如对长江源头的考察，纠正了"岷江导江"的说

法。他北历三秦，南及五岭，西出石门、金沙江，终于弄清了长江的上游不是岷江，而是金沙江。他曾考察过 101 个岩洞。如对七星岩的考察，做出了详细的记录，其记录和今人对七星岩实测的结果完全一致。

有时跋涉百余里，晚上寄居在荒村野寺之中，或露宿在残垣老树之下，他也要点起油灯，燃起篝火，坚持写游历日记，为后人留下了珍贵的地理考察记录。

可惜的是，日记大部分已经散失，现存的《徐霞客游记》，仅是其中的一小部分。但这仅存的 40 万字的《徐霞客游记》，仍然向后人展现了他广阔范围的考察纪实，特别是边远地区的地理风貌。

《徐霞客游记》是徐霞客在人类科学史上的贡献，是宝贵的文化财富。人们称这本游记是“世界真文字、大文字、奇文字”。

徐霞客的一生大都是在远游中度过的，直至 56 岁，他积劳成疾，双脚不能走路，才被人用轿从云南送回家乡。

究竟是什么力量驱使他不辞劳苦，不顾生命安危地旅行、考察、采标本、写日记呢？这力量来自于他内心对名山大川真实面貌了解的渴望。他在生命的最后一刻，还在不停地研究放在病榻前的矿石标本。

徐霞客给后人留下的不仅仅是一部游记，他为探索大自然奥秘而舍安逸、忘生死、求索攻坚的精神，永远激励着后人。

康熙推动西学东渐

明清两代的“西学东渐”之风，不仅激励了科学工作者上下求索，积极实践，也让康熙帝这样的一代帝王热衷于科研。在古代众多的帝王中，康熙帝是一位认真学习过西方科学的皇帝。

康熙帝是清代第四位皇帝、清定都北京后第二位皇帝。作为一个少数民族政权的帝王，他能够学习西方先进科技，不仅对当时西方科学在我国的传播起到了巨大的推动作用；从另一个意义上讲，也是少数

民族融入中原汉文化的一个绝好例证。其实，这也从一个侧面证明了儒家自强不息精神的伟力。

1668 年 7 月 25 日，山东莒县、郯城间发生 8.5 级特大地震，声若轰雷，河水横溢，城垣民房倒塌一空。当时的最有影响的来华传教士南怀仁预测到了这次地震，他抓住这次机会，将验证结果报告给了当时尚未亲政的少年皇帝康熙手上。

此时的康熙帝才 15 岁，接了这个案子以后，也不知道谁对谁错。为了明断是非，康熙帝特地下令南怀仁到午门广场，当着文武百官的面，用自己的测算方法，测算正午时间日晷表上所显示出日影的长度。结果南怀仁的计算准确无误。

从这件事情上，康熙帝感受到了西洋科学的合理性，并毅然打破国籍的限制，任命南怀仁为钦天监监副，全权主管钦天监，把掌管天文历法方面的大权完全交给了这个知识丰富的外国人手里。

天文数学的精确与神奇，激发了康熙帝的好奇心，促使他对自然科学产生了浓厚的兴趣。一有余暇，就学习自然科学知识，力求把握其中的原理。

康熙帝早就对我国历史、文学有相当的鉴赏能力，又喜欢美术，推崇程朱理学。在天文、历史、数学方面也有比较好的基础。因此，当他接触西方科学的时候，态度是积极的，而且自己也渴望学习这些知识。

康熙学习勤奋，对于政务也丝毫不懈怠，没有一天误了上朝。他并不只认死理，总是把所学的知识付之于实践，学习得很开心。例如，给他讲固体的成分时，他就会拿起一个球，精确地称出它的重量，测

出它的直径。然后，他又算出同样材料，直径不同的另一个球的重量，或者算出另一个比较大的或比较小的球的直径该是多少。

有时候打算用几何方法测量距离、山的高度、河流和池塘的宽度。他自已定位，调整各种形式的仪器，精确地计算。然后他再让别人测量距离，当他看到他计算的结果和别人测量的数据相符合，他就十分高兴。

法国传教士白晋在他所著的《康熙大帝》一书中这样写道：

> 在五六个月的时间里，康熙已经掌握了几何学，能够随时说出他所画的几何图形的定理及其证明过程。他对我们说，《几何原本》他至少读了20遍。

法国传教士洪若翰致拉雪兹神父的信中有这样一段描述："康熙帝在将近5年的学习过程中，始终十分勤奋，而且对于政务也没一丝的耽误。他一直注意学用结合。例如在给他讲固体的成分时，他就会拿起一个球体，精确地称出它的重量，测出它的直径。"

康熙帝早年从南怀仁学习欧几里得几何学，每天听讲，孜孜不倦。后来又学习测量、天文、物理和医学。在宫中设置了研究化学和药学的实验室。

南怀仁去世后，康熙帝又请耶稣会传教士白晋和张诚在内廷讲学。在讲授之前，先令他们学好满文和汉文，而康熙帝自己却不学外文。

传教士讲授的学科有测量、数学、天文、解剖学和哲学等。张诚在到北京的第三年将几何、三角和天文方面的书籍译成汉文和满文印出，作为教科书和供皇帝阅读之用。这时康熙皇帝已经30多岁了，但学习的劲头依然很高。

康熙帝早年经常到京城的观象台观测天象，并准确地计算出某日某时日晷表上所显示的日影的位置，指出钦天监在天文推算中的错误。

康熙帝的数学水平，已经达到了对当时的学术成就进行准确评判的程度。1689年，清代初期大数学家梅文鼎写了《历算疑问》一书，呈

送到宫中。经过一番仔细研究，康熙帝对这本数学专著得出了“所呈书甚细心，且议论亦公平，此人用力深矣”的结论，他认为书写得很细心，观点也公平。

康熙帝对西方地理学也很关注。明代末期意大利传教士利玛窦为中国绘制的世界地图，艾儒略写的《坤舆图论》《职方外纪》等书，都曾是康熙学习世界地理的教材。后来南怀仁又撰写了《坤舆外纪》，对西方地理及地理学做了进一步的介绍。

康熙帝离开北京，前往黄河三门峡、内蒙古乌梁素海等地，每到一处，都留心学习地理方面的知识，努力做到理论和实际有机地结合起来。在黄河、淮河、运河交口的大堤上，他总是指着东流的河水，耐心地向当地负责管理水利的官员讲解如何计算水的流量。

他说：“你可以先量水闸口的宽度，计算出一秒钟的流量，然后再乘上一昼夜的时间长度，河水的流量就算出来了。”

西方医学也是康熙帝非常感兴趣的一个科目。1693 年，康熙帝患疟疾，传教士张诚、白晋等献上从法国带来的奎宁，使他很快恢复了健康。从这时候起，康熙对西方医学的兴趣就更加浓厚了。

他令法国传教士巴多明把法国皮理著的《人体解剖学》翻译成满文。传教士罗怀忠精通外科，康熙帝任命他为内廷行走，可以在内宫自由出入。另外，他还任命罗得先、安泰为随从医生。

康熙帝受到欧洲传教士的影响，为了培养自己的高级人才，在京西的畅春园，设立了蒙养斋算学馆。康熙帝让大臣们从全国各地推荐年轻的科技人才，到蒙养斋学习深造。他还经常提出要以欧洲的、其中包括巴黎制造的各种艺术作品为样品，鼓励工匠与他们竞赛。

康熙帝创建的蒙养斋算学馆是 18 世纪我国诞生杰出数学家的摇篮。大数学家梅珏成、明安图等都是蒙养斋算学馆培养出来的。

康熙帝聘请传教士任算学馆教师，要求他们讲授当时已传入中国的西方数学，并要他们翻译编辑了《欧几里得几何原本》《比例规解》等 10 多部满汉文数学书籍。这些书籍都收录在康熙钦定的《古今图书集成》。

代数在当时被称作“借根方算法”，又称“阿尔热巴拉”，康熙帝作为历史上最早接受西方代数学的帝王，曾多次向大臣们谈及“阿尔热巴拉”，而且还亲自到蒙养斋授课。

经过多年的人才培养和科技实践的经验积累，康熙帝终于在晚年组织了两项重大的全国性科技工程。

康熙帝曾经见到一幅亚洲地图，图中关于清朝满洲地区的地理知识相当缺乏，便有开展测绘工作的打算。后来他从广州购入仪器，每到东北和江南各地巡视的时候，就命随行的外国传教士先测定经纬度。他命耶稣会传教士先测京师附近地图，由他亲自校勘，认为远胜旧图，才下令由中、西两方人员组成测绘队进行全国地图的测绘。

全国地图的正式测绘是从1708开始的，由法国传教士白晋、雷孝思和杜德美等人率领。先从长城测起，然后测北直隶，再测满洲地区。

为了加快速度，康熙帝于1711年命增添人员，分两队进行。因此关内10余省，包括西南、西北广大地区，约用5年时间先后完成。

1718年，一份具有相当水平的《皇舆全图》终于绘成了。这是一件了不起的大事。当时欧洲各国的大地测量，有的尚未开始，有的虽已开始，也未完成，而我国在18世纪初期完成了全国性的三角测量，走在了世界各国的前列。

康熙帝亲自领导的全国大地测量，有两件事是非常有意义的：

第一，是尺度的规定。康熙为了统一在测量中所使用的长度单位，规定以200里合地球经线1度，每里1800尺，因此每尺的长度就等于经线的1%秒。这种以地球的形体来定尺度的方法是世界最早的，法国在18世纪末才以赤道之长来定米制的长度。

第二，是发现经线1度的长距不等。1702年实测过中经线上由霸州到交河的直线长度，以后在1710年又在北方边境地区实测北纬41度至47度间的每度直线距离。

这些测量都可以得出纬度越高，每度经线的直线距离越长的结论。如北纬47度比41度处测得的每度经线的长度大258尺。这是过去的测量中从未得到的结果。

这是世界科学史上一件值得纪念的大事，所取得的成就，在当时世界上可以说是第一流的。英国著名科学家李约瑟博士认为：

它不但是亚洲当时所有的地图中最好的一幅，而且比当时的西欧各国所有地图都更好，更精确。

康熙帝不仅是我国统一的多民族国家的捍卫者，开创出康乾盛世的大局面，他学习西洋科学的这段历史，更向我们展示了我国科技史与中西交流史上明丽的一页。由此体现的中华民族自强不息精神，更反映了儒家文化的伟大的感召力。

容闳赤心报国而求学

在明清时期资本主义萌芽和“西学东渐”等进步思潮的影响下，一批有识之士从长远发展的角度出发，把国内优秀青年派往国外留学，学习他人之长，增中华国力，表现出超凡的战略眼光。被誉为“中国留学生之父”的容闳就是这样的人。显而易见，这是儒家刚健有为、自强不息精神的又一体现。

容闳是近代早期改良主义者，他所倡导的留学教育影响了一代又一代的青年，而这一代代青年又深深地影响了我国历史的进程。

容闳的家乡在今广东省珠海市的南屏镇，即现在的珠海市南屏镇，和澳门仅一水之隔。年仅 7 岁的容闳被送到了澳门一家由澳门英人古特拉富夫人主持的教会小学念书，后又在美国人塞缪尔·布朗办的马礼逊学堂读书。

1847 年，容闳因为家境困难，为了求生，他志愿随布朗夫妇到美国，进入马萨诸塞州的孟松学校学习。两年后，他考取了著名的耶鲁大学，成为该校第一个中国学生。

容闳在耶鲁大学读书时，刻苦钻研，经常攻读到深夜。经过努力，

他的成绩优异，多次夺得英文论文的首奖，蜚声于校园内外。

容闳的兴趣广泛，选修了多门学科，学识的增长，使他看到西方的先进科学技术和资产阶级民主精神，也看清了当时祖国的落后，忧国忧民之心与日俱增。

1854 年，容闳以优异成绩毕业于耶鲁大学。美方不止一次地用优厚的待遇诱劝他留下来，但丝毫动摇不了他的爱国之心，他要把知识献给祖国，要“以西方之学术，灌输于祖国，使中国日趋于文明富强之境”。

然而，回到祖国的容闳，并未受清代朝廷的重用。为了生计容闳只好到处奔波，寻找工作。他在海关当过翻译，在洋行里当过书记员。他虽然得到了温饱，但总感到自己报国无门。

在这期间，他曾拜会太平天国的干王洪仁玕，向干王提出关于建设军队、政府、银行、学校等建议，这是容闳首次提出的为我国谋富强的大计。干王虽然知道这些建议十分重要，但战事频繁，无法实行，把这些建议搁了下来。容闳也离开了太平军。

自己能为祖国干些什么？容闳想起在同外商交往中，我国由于缺专门人才而多次失利，许多应由我国人掌管的要塞、军舰、海关等重要职务，都任用外国人，甚至与西方国家谈判时，我国的首席代表竟是外国人。

想到这里，容闳为祖国缺少新式教育感到不安。他想如果每年能有一批祖国青年到美国留学，就能造就许多通晓西学的人才。1868 年，容闳正式向清代朝廷提出了他的选派留学生计划，他几经周折，再三努力，两年后清代朝廷批准了他的计划。

1871 年夏，容闳在上海开始招生，被选入的幼童先在预备学校补习英文。从 1872 年至 1875 年，我国每年派遣 30 人，完成了 4 年留学 120 人的计划。

清代朝廷派出的监督，对学生们接受西方新鲜事物和思想非常不满，对支持学生的副监督容闳更是怀恨在心，多次向朝廷告密，说容闳纵容学生，说这些留学生即使学成回国，也不能为朝廷效力，要求

撤回留学生。

朝廷竟然同意了监督的请求，1881 年，赴美留学生全部撤回。容闳留学生计划半途而废。

1873 年，容闳从美国回到天津，向清政府奏请从西方购买武器一事。直隶总督让他就关于招募华工赴秘鲁的签约问题与秘鲁特使谈判。

秘鲁特使声称华工将会受到优厚的待遇。事实上，容闳以前在澳门就亲眼见过许多华工，以辫相连，结成一串，被人贩子们像牛马似地牵往船舱，听说过受骗华工被人贩子在市场上拍卖，不少华工因反抗被杀或跳海自杀。

容闳义正词严地怒斥了秘鲁特使，并向直隶总督汇报了所见所闻。他欣然接受直隶总督的派遣，到秘鲁去调查华工的情况。经过 3 个月的调查，了解到了华工遭受的折磨和奴隶主的罪恶，并把华工身上被笞、被烙的斑斑伤痕拍成照片，作为奴隶主残暴虐待华工的罪证。

容闳的秘鲁之行，使华工受虐待的真相大白。朝廷宣布禁止华工出洋。秘鲁特使虽竭力抵赖，但在容闳拍摄的一幅幅照片面前，无言以对。

1894年，日本发动了甲午中日战争。容闳在美国得知消息，忧愤交加，立即写信给南洋大臣张之洞的幕僚，建议向英国借款购买军舰并雇用外兵，抄袭日本的后路，使其腹背受敌。

张之洞请容闳去伦敦借款，但这时，清代朝廷已对日本求和，借款计划也告中止。

甲午战争后，容闳从伦敦回到祖国。他建议实行新政，创立国家银行，发展资本主义，但都因受到阻挠而失败。后来，他又组织修建从天津到镇江的铁路，不料，德国有山东筑路权，不许铁路从山东通过，容闳不得不放弃筑路计划。

屡遭挫折，容闳开始倾向革命。他结识了维新变法的领袖康有为、梁启超，经常与他们讨论救亡图存的方略，容闳的资产阶级进步思想对他们产生了一定影响。戊戌变法失败后，容闳参加发动“自立军”起义。在上海张园的“国会”上，他被公推为会长，并起草了《对外宣言》。

可是，宣言还未正式发表，容闳被列为通缉的首犯，他不得不潜往香港。两年后到美国避难。

在斗争中，容闳认识到孙中山“宽广诚明有大志”，并号召各界进步人士要支持孙中山，使资产阶级革命成功。1909年，他写信给他在美国物色的军事专家荷马李和财界人士布司，让他们支持孙中山。

经容闳介绍，孙中山与荷马李、布司建立联系，举行会谈，制订起义计划。并以孙中山名义，委任布司为同盟会驻国外全权财务代办，向纽约财团贷款，筹组临时政府等。

1910年5月，82岁的容闳病倒了。当武昌起义成功的消息传到美国，容闳非常高兴，并致函：

> 你们代表了四亿五千万人民——那些近三百年来深受压制的人们——高呼着共和国，为解除人民的痛苦去赢得自由和独立。

他的信，使资产阶级革命派深受鼓舞。

孙中山高度评价容闳的爱国精神和革命业绩，称他为“建伟大事业、以还吾人自由平等幸福”的老同志，并致函，希望他回国参加建设。可是，容闳接到孙中山来函时，已卧床不起。

1912 年 4 月 21 日，容闳在美国逝世，终年 84 岁。他在临终遗书中让他两个生长在美国的儿子回国服务，写道：

吾费如许金钱，养成汝辈人才，原冀回报祖国。

老人金子般的语言，激励着两个儿子。他们回国后，两人都为社会建设做出了贡献。

人而不仁

子曰："人而不仁，如礼何？人而不仁，如乐何？"

林放[①]问礼之本[②]。子曰："大哉问！礼，与其奢也，宁俭。丧，与其易[③]也，宁戚[④]。"

子曰："夷狄[⑤]之有君，不如诸夏[⑥]之亡[⑦]也。"

【注释】

①林放：鲁国人，字子丘。

②本：根本、本质。

③易：周全，指把事情办理得很妥善。

④戚：悲伤、悲痛。

⑤夷狄：古代中原地区的人对周边地区的贬称。

⑥诸夏：古代中原地区华夏族的自称。

⑦亡：同"无"。古书中的"无"字多写作"亡"。

【解释】

孔子说："一个人没有仁德，他怎么能实行礼呢？一个人没有仁德，他怎么能运用乐呢？"

林放问孔子礼的本质。孔子回答说："这个问题意义重大啊！礼，与其办得铺张浪费，不如朴素节俭。丧礼，与其办得事事周全，不如内心真正哀伤。"

孔子说："文化落后的夷狄虽然有君主，还不如中原诸国没有君主呢。"

【故事】

吴起以身作则关爱士兵

吴起是战国初期著名的政治改革家，卓越的军事家、统帅，兵家代表人物。吴起喜好用兵，一心想成就大名。

吴起做将军时，和最下层的士卒同衣同食。睡觉时不铺席子，行军时不骑马坐车，亲自背干粮，和士卒共担劳苦。

士卒中有人生疮，吴起就用嘴为他吸脓。这个士卒的母亲知道这事后大哭起来。别人说："你儿子是个士卒，而将军亲自为他吸取疮上的脓，你为什么还要哭呢？"

母亲说："不是这样。往年吴公为他父亲吸过疮上的脓，他父亲作战时就一往无前地拼命，所以就战死了。现在吴公又为我儿子吸疮上的脓，我不知他又将死到哪里了，所以我哭。"

在一次行军途中，传令兵要向他传达国王的命令。当来到将军的战车前时，战车上却没有吴起。旁边的士兵告诉传令兵："大将军行军从不坐车，你到前边去找他吧！"

传令兵打马向前，好不容易才找到吴起。只见他一身士兵打扮，和士兵一样背着干粮袋子在徒步行军。吴起之所以能够成为一个百战百胜的将军，除了他的军事谋略高人一筹外，他以身作则、爱护士卒也是很重要的原因。

唐宋时期的仁爱孝悌

唐宋之际，经过长期的多政权并立和民族杂糅后，中原民族的"纲常"遭到一定程度的破坏。面对这种情况，唐宋时期儒者坚持理想，表现出独立的人格和赤诚的仁爱孝悌精神。同时，官方不断强化

社会教化措施，直接导致了孝悌行为不同以往，从而展现出鲜明的时代色彩。

韩愈是唐代的大文学家，他在潮州做刺史时，听说韩江里的鳄鱼吃掉过江百姓的事情，心想鳄害不除后患无穷，便命令宰猪杀羊，决定到城北江边设坛祭鳄。

韩愈在渡口旁边的一个土墩上摆了祭品，点上香烛，对着大江严厉地宣布道："鳄鱼！鳄鱼！韩某到这里来做刺史，为的是保土庇民。你们却在此祸害百姓。如今姑念你们无知，不加惩处，只限你们在3天之内，带同族类出海，3天不走就5天走，5天不走就7天走。7天不走，便要严处！"

事有凑巧，据说打那以后，江里的鳄鱼真地没有再出现过。当地的百姓认为朝廷派来的大官给鳄鱼下的驱逐令见了效，都安心生产了。

现在，人们把韩愈祭鳄鱼的地方叫做"韩埔"，渡口叫"韩渡"，又作"鳄渡"，还把大江叫作"韩江"，江对面的山叫作"韩山"。

韩愈本来连佛都不信，怎么会信鳄鱼有灵呢？这当然是他为政措施中"仁爱"思想的体现。

一直以来，韩愈都在大力维护儒家伦理思想的正宗地位，赋予儒家"仁爱"思想以新的含义，对儒家"仁爱"思想的发展做出了贡献。

韩愈在《原道》中从"博爱"的角度重新阐述了秦汉时期以来儒家的"仁爱"思想，认为儒墨有相通之处。"孔子必用墨子，墨子必用孔子。不相用不足为孔、墨。"

这种将儒家的"仁爱"思想扩展为对夷狄禽兽之爱的新解释。儒家的核心思想就是"仁"。博爱是韩愈用来解释儒家的仁爱的，他说"博爱之谓仁"。这个说法在宋代以后产生极大影响，成为儒家仁学中有代表性的阐释。

作为“北宋五子”之一的张载，也致力于弘扬儒家仁爱思想。他认为人和天地万物一样，都来自同一个本源，认为“性者，万物之一源”。

仁爱是儒家有独特含义的爱，仁是指以血缘为基础的自然而然的爱，父母对子女的爱，子女对父母的爱，因为基于血缘，所以我们有这样的爱心。张载把这个思想进一步扩大，逐步阐发仁爱，将心比心，推及于人。

孔子和孟子认为“四海之内皆兄弟也”，四海是指东南西北四方的异民族，把他们当作有血缘关系的兄弟一样来对待，就是把仁的思想向外推。张载把这样的思想进一步推广，不仅推之于人，也要推之于万物。把万物都纳入到仁这样一个具有血缘关系中来。这是张载看待事物的方式。

经过唐宋时期韩愈、张载等人的努力，传统儒学被赋予了新的含义，而官方也在不断强化社会教化措施，促使民众的思想与行为发生变化。在这一过程中，由官方旌表孝悌而引起的官民孝悌行为，成为唐宋两代儒家“仁爱”思想发展的一个新气象。

旌表孝悌一直是封建社会德行教化的重要方面，但唐宋时期对孝悌的认识却并非一成不变。唐代认为孝悌是个人得以区别于禽兽，得以“立身扬名”的重要因素。

唐代的博陵有一个崔姓的节度使，他的曾祖母长孙夫人年纪很大，嘴里的牙齿已经完全脱落了。崔大人的祖母唐夫人，每天先梳好头、洗好了手，就到堂前拜见婆婆，再上堂来给婆婆吃着自己的奶。所以长孙夫人虽然没有牙齿，吃饭困难，但还是很康健。

有一天，长孙夫人忽然生起病来，全家老少都到她房里去探望她。她对大家说:“我没有东西可以报答媳妇的恩情，但愿子孙的媳妇，个个像我媳妇那样孝敬，我就心满意足了!”

由于崔家极重孝道，后来，博陵这地方姓崔的人做尚书、做州郡官的，就多达好几十位。论起天下做官的人家来，总要推崔家是首屈一指。

唐代朝廷的旌表赏赐行为在民间的影响还十分有限，孝悌行为还只是民众的个人行为，仍然没有被纳入礼法教化的社会行为之中。与之不同的是，在宋代更多则是民众被感化的事例。

宋人的认识则超出了唐人认知的局限，清醒地认识到旌表孝悌，实现由孝而忠的政治功效的重要意义。

对旌表孝悌的主观认识的发展引起了其教化措施的变化，对唐宋社会的孝悌行为的影响是不可估量的。反映在民间的孝悌行为上，则表现为孝悌行为中礼法教化色彩的日渐浓郁。

宋代的刘月娥7岁时就被后母暗地卖到金尚书的家中。后母骗刘月娥的父亲说："我们的女儿不知道到什么地方去了。"

父亲听到女儿失踪的消息，哭得双眼都快瞎了。

过了几年，刘月娥的父亲恰巧在金家里碰见女儿，父女两个人抱着痛哭一场。于是刘月娥便辞别主人，跟着父亲回家。

父亲要把后母赶出去，刘月娥说："如果母亲不这么做，我便不能跨进富贵人家的家中，这样说来，她已经对我有大恩德了，又何必怨恨呢？况且我一回来，母亲就走了，我怎么会安心呢？"

父亲听刘月娥这么说，只好作罢。

后来，父亲年纪老了，没有儿子，家境又更加穷困。父亲逝世后，刘月娥侍奉后母非常孝顺。后母不能行动，刘月娥背着她行走。等到后母去世后，刘月娥才又回到富人的家里做工。

刘月娥为人帮佣时，谆谆勉励女仆们要尽责和勤劳，如果对方不采纳或加以辱骂，她便立刻道歉而且不再计较。遇到辛劳烦苦的事情，她总是以身作则。

别人送她钱财、剪刀或衣服，她必一再推辞，不得已才接受。纵使一小块布料或木材，她都不敢随便丢弃。对于年幼的女仆，她常为她们梳头、化妆或缝纫，并且把她们当作自己亲生的女儿那样看待。她的德行被当时的人们所称赞。

民众为孝悌事迹感而化之，不仅在于孝悌行为的感人，更在于宋代朝廷的旌表已经在社会中发生了作用。以礼法为基础的社会舆论导

向，已经在宋代社会中建立起来，并开始在影响个人的社会行为方面产生功效。

唐宋两代的孝悌不仅表现在个人的孝亲行为，还表现在大家族中家庭关系的维系状态，并且出现了法制规定向礼制教化让步的一种趋势。

在唐代，大家族的家庭关系是以“敦睦”“友爱”为其表象的。即使在大家庭日渐瓦解的时候，维系其艰难存在的纽带依然是那割舍不断的亲情，尽管这种亲情的维系作用的影响力已经开始日渐削弱。

当亲情无法继续维系大家庭的存在的时候，就需要为得以继续存在的大家族的家庭关系以及家庭人员的行为重新订立规范，而家法就是在这样的前提下逐步发展起来的。

在严格尊卑等级的家法束缚下，“肃”开始成为宋代大家族内部的主要特征。宋代大家族的维系在很大程度上，已经成为一种受外在影响的有意识行为。

宋代曾发生了这样的事例：樊景温、荣恕旻兄弟分居多年。后来樊景温家的樗树五枝并为一，荣恕旻家的榆树两木自合，兄弟两人感其异状就商议聚居一起，乡亲们无不称赞其和睦。

樊景温、荣恕旻两家族分居多年，依然要恢复同居状态，其主要原因既在于以官方旌表为表象的礼法外在影响，也在于他们期望获得朝廷认可与赞许。由此观之，这些有感于自然祥瑞的举动，并非完全缘于亲情，而是官方的礼法导向以及以社会伦理舆论影响的结果。

宋代社会中还形成了制定家礼的风尚出现了为众推崇的家礼模式与版本。这种家庭关系的出现，对我国古代社会后期的政治、文化、社会的深刻影响，是简单的教化问题所无法包纳的。但仅就孝悌观念而言，由这种礼法关系所引起的变化却是有目共睹的。

总之，唐宋儒者丰富了儒家“仁爱”的内涵，在新的“仁爱”思想的影响下，官方的旌表与提倡，引起了孝悌行为的变化。这在当时不仅促动了孝悌感化行为的不断出现，也对古代后期的社会发展以及文化心理的发展产生了深远影响。

贺若弼成就父志平南陈

唐宋时期的社会转型和文化重构，并非一个突发的现象，而是在此前的隋代乃至更早就在孕育之中了。唐代所提倡的仁爱孝悌，在此前的隋代就有相关的人和事，比如贺若弼就是一个典型。

贺若弼是隋代著名将领，其父贺若敦临终遗愿平定南陈。他誓尽人子之责，激励自己，发誓建功，不平南陈则"葬江鱼腹"。最后终于成就了父亲的遗愿，也为隋王朝的建立立下了赫赫战功。

贺若弼出生在将门之家，他的父亲贺若敦，是南北朝时期北周很有名气的将领。当时长江以北，北周与北齐以洛阳为界互相对峙。长江以南则是陈朝，北以北齐为邻，西与北周对峙。

560 年，贺若敦奉命率兵渡过长江，占领了南陈所辖的湘州，即现在的长沙。因为孤军深入，粮饷不继，一年后，他又被迫撤回江北。

当时掌握北周大权的宇文护以失地无功为名，罢了贺若敦的官。贺若敦觉得自己本来有功，不仅没有得到奖赏，反而受到惩罚，心里很不服气。心里有怨气，就到处说，因此激怒了宇文护，令其自尽。

贺若敦临终时，把贺若弼叫到跟前，嘱咐说："我曾下决心平定江南，然而这一愿望没有得到实现，你应当完成我的遗志。我因为爱说而致死，你千万不可忘记这个教训啊！"说罢，就用锥子把自己的舌头刺出血来，作为对儿子的告诫。这时，贺若弼已是 22 岁的青年人了。

贺若弼早在少年时，就胸有大志，为人慷慨，刻苦练武，勇敢不凡。同时又博览群书，在当时的贵族子弟中很有名望。后来，贺若弼被齐王宇文宪所赏识，让他到齐王府做管理文书的工作。不久被封为当亭县公，官至小内史，成为皇帝亲近的一名官员，参与一些机要大事的处理。

577 年，北周武帝灭掉了北齐。后来，周宣帝以大将韦孝宽为元帅率军伐陈，贺若弼跟随出征。在这次战斗中，贺若弼立了大功，史称

这次战斗的胜利，多出于贺若弼的谋划。

战争结束后，周宣帝提升贺若弼为寿州刺史，改封襄邑郡公，镇守淮南。这为贺若弼实现父亲的遗志创造了条件。

周宣帝去世后，大权落到丞相、外戚杨坚手中。杨坚于581年废掉宣帝的儿子周静帝自立为皇帝，改国号为隋，称“隋文帝”。同时着手准备伐南陈统一全国的准备工作。

这时，宰相高颎向隋文帝推荐贺若弼，建议加以重用。高颎认为：“朝臣之内，论文武才干，没有人能比得上贺若弼。”

隋文帝采纳高颎建议，任命贺若弼为平陈军事行动的行军总管，率军出广陵，云集在长江北岸。

广陵和寿州、庐州是隋代渡江伐陈的根据地，贺若弼喜出望外，因为实现父亲的遗志完成国家的统一，施展自己雄才大略的千载难逢的机会终于到来了。

到达广陵后，贺若弼抑制不住内心的兴奋之情，写了一首诗，赠给寿州总管源雄。诗中写道：

交河骠骑幕，合浦伏波营；

勿使麒麟上，无我二人名。

意思是说，你我统率水陆大军镇守大江之北，肩负伐陈重任，一定要在伐陈战争中取得功名。诗中的“麒麟”，是指汉武帝在长安未央宫内所建的麒麟阁，西汉宣帝时曾在阁里画了霍光等11名功臣像，以表其功。贺若弼引用这个典故与源雄互勉，充分反映了他以伐陈为己任的雄心壮志和必胜信心。

贺若弼军提前发起进攻，出广陵南渡。将要渡江时，贺若弼酹酒发誓，要远振国威，伐罪吊民，“如事有乖违，得葬江鱼腹中，死且不恨”。誓毕，挥军渡过长江。

陈军猝不及防，慌溃而逃。贺若弼军乘势攻占重镇京口，即现在的江苏省镇江市，擒其刺史黄恪，俘获敌众6000余人，均优待释放。

贺若弼严明军令，将士秋毫无犯，有军士拿民间一物者，立斩不赦。对俘众却给予优待，发给资粮，尽皆释放。所以所向披靡，降者甚众。

随后，贺若弼以一部进屯曲阿，即现在的江苏丹阳，以防江苏太湖以东、以南和浙江绍兴等地的陈军增援，自率主力西进，从左翼攻南陈首都建康。

此时，隋军另一路韩擒虎军也攻占姑孰，沿江东进，南陈散骑常侍皋文奏军败退建康。贺若弼、韩擒虎两军自北、南两路并进，钳击建康，沿江诸戍，望风尽走。隋军已对建康形成包围态势。

贺若弼军进据钟山，即现在的南京紫金山，屯于山南白土冈东。在当时，南陈在建康附近尚有甲士10余万。南陈后主陈叔宝不懂军事，面对隋军压境，拒绝了骠骑将军萧摩诃、镇东大将军任忠的建议，贸然命陈军出战，以至于南陈军队首尾进退互不相知。

贺若弼率轻骑登山侦察敌阵，遂与所部8000甲士列阵以待。南陈将领田瑞首先率部进击，被贺若弼军击退。在交战不利时，贺若弼迅速摆脱被动，乘敌骄惰懈怠之机，猛攻敌之薄弱部，大败敌军主力。

此战对攻占建康具有重要意义。

贺若弼挥军乘胜推进，到达乐游苑。但陈的守军苦战不息，直至日薄西山，才解甲就擒。贺若弼遂从北掖门入城。

此时西路军总管韩擒虎已率500骑兵于朱雀门先期入城，并俘获陈后主，占据了府库。贺若弼令将陈后主带来一视，只见陈后主惶恐流汗，股栗再拜。

隋文帝闻贺若弼、韩擒虎两人有功，下诏励志。将贺若弼进位上柱国，再拜右领军大将军、右武侯大将军。韩擒虎也受到同样待遇。

灭陈以后，贺若弼位望名隆，其兄贺若隆为武都郡公，弟贺若东为万荣郡公。

贺若弼不忘父志，终于为隋代的统一，攻占陈首都建康，立了首功，而留名于青史。

孙思邈学医最先孝双亲

在唐代，人们以儒家的道德观和伦理精神一以贯之，而在门户之内，最重要的事务就是孝悌之道，主要表现为对父母履行孝道。著名道士、医药学家孙思邈，就是将儒家教义与日常生活完美结合的典型。

孙思邈出生于唐代京兆华原一个贫苦家里，京兆华原就是现在的陕西铜川耀州。他的父亲是一名木工，母亲是普通的家庭主妇。

孙思邈的家乡水土不好，得病的人很多。他父亲得了雀目症，就是现在所说的夜盲症，一到天黑就看不见东西；母亲也有“大脖子病”，就是现在所说的甲状腺肿大症，经常吃药。孙思邈见了非常着急。

一天，父亲边做木工活边问孙思邈：“你长大了，难道也打算干木工活吗？”

孙思邈毫不犹豫地回答：“我长大了要当医生，把您的雀目病治好，把母亲的粗脖子病也治好。”

父亲听了儿子一片孝敬父母之言，十分感动，沉思片刻说：“好孩子，你要当医生，就不能像爸爸这样，斗大的字认识不了一筐。咱家虽说很穷，但我就是累弯了腰，也要供你念书。明天你就上学去！”

在父母的支持下，孙思邈在村西的一孔土窑洞里读书，从此开始了他的求知生涯。

孙思邈在 7 岁的时候，能认识 1000 多个字。这 1000 多个字，都是他会写的。

孙思邈 12 岁时，父亲带他到药农张七伯家，准备给张七伯做装药的柜子。孙思邈见张家院内到处是草药，心想：“这下父母的病可有治了！”于是，他求得父亲同意，拜张七伯为师。

张七伯素闻孙思邈是个很乖的孩子，又很孝顺，就高兴地答应下来，说帮孙家带一带这个孩子。

孙思邈在张七伯的家里当了学徒 3 年，经常向师父问这问那，常常使师父十分为难。后来他才知道，师父识不了多少字，只会用一些土方治病，根本不懂药性医理。

张七伯也懂得徒弟的心思，同时也发现孙思邈是个极聪明的孩子，自己不能耽误人家的前程，就诚恳地对孙思邈说：“从这往北走 40

里，是铜官县，我舅舅是那里有名的医生，这本《黄帝内经》就是他送给我的，我读不懂，你拿回去好好读读，等长大些，去找我舅舅学医吧！”

17岁的孙思邈，为双亲治病心切，不畏人生路远，终于来到铜官县找到那位名医。可这位医生不会治雀目病和甲状腺肿病，这使孙思邈十分失望。

尽管如此，孙思邈还是不死心，决意拜师。他在这里学习了一年，在这期间继续研究《黄帝内经》，医学知识长进了不少。

第二年，18岁的孙思邈回到家乡，开始给乡亲们治病。在行医时他不贪财物，对病人同情爱护，渐渐地在家乡有了点名声。

一次，一位腿疼的病人前来就诊，孙思邈便给他针灸。他按照传统的疗法，扎了几针都未能止疼。他想，难道除了《黄帝内经》中说的365个穴位之外，再没有别的穴位了吗？

他认真仔细地寻找新的穴位，一面用大拇指轻轻按掐，一面问病人按掐的部位是不是疼？

病人一直都摇头。当孙思邈手指按掐住一个新的部位时，病人立即感到腿疼的症状减轻了好多。孙思邈就在这一点扎了一针，病人的腿立刻不疼了。

这种随疼点而定的穴位，叫作“阿是穴”，又名“天应穴”或“不定穴”。这是孙思邈对针灸学的一大贡献。

病人的痼疾被孙思邈治好了，他感激地对孙思邈说：“孙先生年纪不大，可医术超群，真是复生的扁鹊，再世的华佗啊！”

孙思邈听了忙说：“哪里哪里！我连父亲的雀目病，母亲的粗脖子病都治不好，哪敢与‘神医’扁鹊相比呀！”

病人见孙思邈将双亲的病挂在心头很受感动，想了想说：“我家住在秦岭里面，那儿粗脖子病人很多，我表妹就患了这种病，被秦岭之巅太白山脚下的一位先生治好了。”

孙思邈听了，欣喜若狂，赶紧问道：“这位先生叫什么名字？”

病人说：“叫陈元，是江南人。”

孙思邈一心想治好双亲的病，第二天就动身赶往太白山。铜官县到秦岭的太白山有200千米旱路，交通不便，其旅途艰难是可想而知的。但是，为了给双亲治病，孙思邈以惊人的毅力战胜了旅途上重重困难，用了半个月的时间，终于来到了美丽的太白山脚下，几经周折，找到了陈元。

陈元见孙思邈一番孝诚之心就收他为徒。陈元是个很诚实的人，他告诉孙思邈自己并不是医生，他治粗脖病的方法，是从他的父亲那里学来的，而且效果不太明显。

孙思邈还是满怀信心地住下来，一边行医，一边同陈元采药闲聊，一起探求治雀目病的方法。

一天，陈元边采药边说："我的父亲曾经说过，不知啥原因，雀目病待人不公平，专欺侮穷人，富人就不患这种病。"

孙思邈听了心里一动：看来穷人一定是缺少某种东西才患这种病的。如果让穷人也吃上富人吃的东西，说不定能治好雀目病。想到这里，孙思邈就叫一位患有大脖子病的人接连吃了几斤猪肉，可仍不见好。

孙思邈又翻阅一些药书，见有"肝开窍于目"一条，他想：如果给雀目病人吃肝，一定会奏效的。于是他就给一位患者买了几斤牛羊肝吃。几天后，病人大有好转，又吃了一些，病人奇迹般痊愈了。

孙思邈由此受到启发，进一步探讨粗脖子病因。几经调查研究，发现这种病同长期喝一种水有关，如何治疗，还需进一步研究。

有一次，一位猎人射死一只鹿，请孙思邈去吃鹿肉，他吃着吃着，想起人们常说的一句话"吃心补心，吃肝补肝"，那么，吃鹿靥能不能治粗脖子病呢？后经实验，果然有效，而且羊靥也行。

孙思邈终于找到了治疗双亲病的有效方法。他马上收拾东西回家，用所学到的方法给父母治病。经过孙思邈的治疗，父亲的眼睛很快能在夜间看见东西了，母亲的脖子也恢复了正常。多年的心愿终于实现了，他欣慰无比。

从此以后，孙思邈更加刻苦地钻研医药知识。他曾经上峨眉山、

终南山、下江州，边行医，边采集中药，边临床试验。经过多年努力，他终于著成《千金要方》一书，成为药王。

在行医过程中，孙思邈越发感觉到，一个好的医生，必须德才兼备。如只有良好的医德素养，而无过硬的医疗技术，那也只不过是一席空谈，遇到病人也爱莫能助。

孙思邈同时还认为，国君和双亲生病，不能为他们治疗就是不忠不孝的表现。因此，对王公大臣中的病人，只要他们找到自己，他都本着"医者仁心"的宗旨，积极予以治疗。

有一次，唐太宗患病，太医们束手无策，太宗便传旨召孙思邈进宫。孙思邈为唐太宗诊脉后开了处方，一剂下去，不见起色，又服一剂，仍不见效。

唐太宗也没有责怪他，让他先回家。孙思邈心里很不痛快，路过一座山，向山民讨口水喝。

这户人家只有姐妹俩，以卖药材为生。姐姐用黄色花冲了一碗金花茶，妹妹用白色花冲了一碗银花茶。孙思邈每样茶喝一口，觉得味甘清淡，止渴清热，对两姐妹说："这两种花都可以入药。"

姐姐解释说："这两种花是一种药，刚开时为白色，盛开色变黄，叫金银花。莫说你，就是孙思邈也不认识假药呢。我们进城卖药，那些太监把我们的药全部拿走，只给一点点钱。我们气不过，就用假药骗他们，为此，连孙思邈也治不好万岁爷的病。"

孙思邈这才恍然大悟，他立即表明身份，拜两位山姑为师，跟她们学习采药、制药。后来，孙思邈亲自采药进宫，一剂药就治好了唐太宗的病。唐太宗接受了他的忠告，责令太监上市买卖公平。

孙思邈对古典医学有深刻的研究，对民间验方十分重视，对内、外、妇、儿、五官、针灸各科都很精通，有24项成果开创了我国医药学史上的先河。他是继东汉医学家张仲景之后我国历史上第一个全面系统研究中医药的先驱者。

孙思邈对医德的建树，是不可磨灭的。他为治疗双亲而立下的最初志向，堪称行孝楷模，千百年来为人们所传颂。

欧阳修不忘母亲教诲

在宋代，随着经济的发展和文化的发达，孝悌文化也进入历史的最盛状态。北宋时期的欧阳修幼承家教，待成年后，积极将儒家的仁爱孝悌思想贯彻于自己的实践活动中，有力地促进了宋代民间社会讲孝行孝的孝文化的发展。

欧阳修于1007年生于北宋吉州永丰，就是现在的江西吉安永丰。他出身于封建仕宦家庭，其父欧阳观是一个小吏。在欧阳修出生后的第四年，父亲就离开了人世，于是家中生活的重担全部落在欧阳修的母亲郑氏身上。

为了生计，母亲不得不带着刚4岁的欧阳修来到随州，以便孤儿寡妇能得到在随州的欧阳修叔父的照顾。欧阳修的母亲郑氏出生于一个贫苦的家庭，只读过几天书，但却是一位有毅力、有见识、又肯吃苦的母亲。

欧母不断给年幼的欧阳修讲如何做人的故事，每次讲完故事，她都把故事作一个总结，让欧阳修明白做人的很多道理。欧母教导欧阳修最多的，就是做人不可随声附和，不要随波逐流。这对欧阳修以后在官场如何做人做事，影响非常之大。

欧阳修稍大些以后，欧母想方设法教他认字写字，先是教他读唐代诗人周朴、郑谷及当时的九僧诗。尽管欧阳修对这些诗一知半解，却增强了读书的兴趣。

眼看欧阳修就到上学的年龄了，欧母一心想让儿子读书，可是家

里穷，买不起纸笔。有一次她看到屋前的池塘边长着荻草，突发奇想，用这些荻草秆在地上写字不是也很好吗？她就用荻草秆当笔，铺沙当纸，开始教欧阳修练字。

欧阳修按照母亲的教导，在地上一笔一画地练习写字，反反复复地练，错了再写，直至写对写工整为止，一丝不苟。这就是后人传为佳话的“画荻教子”的故事。

幼小的欧阳修在母亲的教育下，智力得到了很好的开发。他不但很快就爱上了诗书，而且每天还都练习写字，积累越来越多，年纪不大的时候就已能过目成诵了。

欧阳修由于家里穷，常常去借书看，在随州城南的李家是一个藏书家。欧阳修不断地到这里与李家的孩子一起玩，时间久了，就将李家的书借回家看，无论严寒的隆冬，还是赤日炎炎的盛夏，从不间断，从不松懈。每见到书上一些好的内容，他都赶快把它抄下来。

一天，欧阳修从李家旧纸筐里，发现一本《韩昌黎文集》，经主人允许，带回家里。打开一看，大开眼界，便废寝忘食、夜以继日地阅读起来。

北宋初年，社会上多流行华丽浮躁、内容空洞的文风，而韩愈的文风与之完全不一样。欧阳修被韩愈清新自然的文章所打动。他高兴地对母亲说：“世上竟有这么好的文章啊！”

母亲告诉他说：“世上的好文章，都是先做好人，然后才写出来的。古语说‘文如其人’，什么样的文章，就代表着什么样的人品。”

欧阳修牢牢记住母亲的话，下定决心做个像韩愈那样的好人。无形之中，韩愈已经成了他心中的偶像。尽管欧阳修年纪尚小，对韩愈文学思想未必能全部吃透，但却为他以后革除华而不实的文风打下了基础。而正是在这种思想启迪下，一个学习韩愈、革除当时文坛上坏风气的念头，在他的脑海里油然升起。

欧阳修长大以后，到东京参加进士考试，连考3场，都得到第一名。当欧阳修20岁的时候，已是当时文学界大名鼎鼎的人物了。欧母为儿子的出众才学而高兴，但她希望儿子不仅文学成就出众，为人做

事也要对得起自己的良心。

欧阳修的父亲生前曾在道州、泰州做过管理行政事务和司法的小官。他关心民间疾苦，正直廉洁，为百姓所爱戴。欧阳修长大做了官以后，母亲还经常不断地将他父亲为官的事迹讲给他听。

欧母对儿子说：“你父亲做司法官的时候，常在夜间处理案件，对于涉及平民百姓的案宗他都十分慎重，翻来覆去地看。凡是能够从轻的，都从轻判处；而对于那些实在不能从轻的，往往深表同情，叹息不止。”

她还说：“你父亲做官，廉洁奉公，不谋私利，而且经常以财物接济别人，喜欢交结宾朋。他的官俸虽然不多，却常常不让有剩余。他常常说不要把金钱变成累赘。所以他去世后，没有留下一间房，没有留下一垄地。”

她告诫儿子：“对于父母的奉养不一定要十分丰盛，重要的是要有一个孝心。自己的财物虽然不能布施到穷人身上，但一定是心存仁义。我没有能力教导你，只要你能记住你父亲的教诲，我就放心了。”

母亲的这些语重心长的话，深深地印在了欧阳修的脑海里。他还把母亲说的话记在一个本子上，放在贴身的衣袋里，经常带在身边随时翻阅。

“孝”是儿女对父母应尽的职责，是一种无私的、不计报酬的善行，而从“孝道”出发，推及社会，则能培养仁爱之心和清正廉明的品格。这种精神，在欧阳修身上有鲜明的体现。

欧阳修虽然官职不高，但是十分关心朝政，正直敢谏。当范仲淹的改革受阻，最后被贬谪到南方去的时候，欧阳修十分气愤，写信责备反对改革的人不知道人间有羞耻二字。为了支持范仲淹新政，欧阳修被一些权贵强加罪名，结果也被宋仁宗贬谪到滁州。

滁州就是现在的安徽滁县，这里四面环山，风景优美。欧阳修到滁州后，在处理政事之余，常常在山水间寄托幽情。

当地有个和尚在滁州琅琊山上造了一座亭子供游人休息。欧阳修登山游览的时候，常在这座亭上喝酒。他自称“醉翁”，给亭子起个名

字叫醉翁亭。他著名的作品《醉翁亭记》，就是这个时候写成的。文章表达了“与民同乐”的思想情怀。

正如唐代大诗人李白所说的那句话：“天生我材必有用”，身怀八斗之才的欧阳修当了10多年地方官后，终于被当朝皇帝宋仁宗想起。宋仁宗为欧阳修的才气所打动，把他调回了京城，担任翰林学士。

上任伊始，欧阳修便积极提倡改革文风。有一年，京城举行进士考试，恰好由他担任主考官。他认为这正是他选拔人才、改革文风的好机会，便要求阅卷者以一种全新的眼光来审视考生，如发现故弄玄虚、华而不实的文章，一概不录取。

欧阳修的录榜标准，开了一代文风，招纳了大批人才，自然也得罪了那些华而不实的考生。颁榜的那天，有不少考生见自己落选了，对欧阳修十分不满，吵吵嚷嚷地辱骂他。有些人甚至把骑马出门的欧阳修拦住，向他讨说法。

经过这场风波，欧阳修虽然受到了一些压力，但是考场的文风从此发生了变化，大家开始摒弃那些不痛不痒、哗众取宠的文章，继而形成了朴素而自由、严谨而高雅的文风。

欧阳修不但大力改革文风，还十分注意发现和提拔人才。许多原来并不那么出名的人才，经过他的赏识和提拔推荐，一个个都成了名家。

当时最出名的文学家是曾巩、王安石、苏洵和他的两个儿子苏轼和苏辙。在文学史上，人们把欧阳修等6个人和唐代的韩愈、柳宗元合起来，称为“唐宋八大家”。

欧阳修为官秉正，但也不忘孝敬为自己备尝艰辛的母亲。他在朝廷时，有一年母亲得病，他托好友梅尧臣访求名医，为母亲治病。他移官颍州任知州时，常为颍州僻小，治疗母病缺医少药而感叹。

他在应天即今河南商丘任知府时，老母卧病，他既忙于求医问药，又时常侍奉汤药。为了让母亲早日康复，想求一僻静之地而不可得，常常思绪不佳。

1053年，欧阳修的母亲以73岁的高龄病逝于南京，欧阳修亲自将

母亲遗体运送故乡，入土安葬。欧阳修在守制期间，常常怀念母亲，母亲慈祥的面容，劳碌奔波的身影，时时浮现在眼前。他深知，是母亲的谆谆教导，激励了自己成就一生的功业。

为了追悼母亲，欧阳修写下《先妣事略》，字里行间无不透出母子的绵绵深情：悲伤母亲短暂而艰辛的一生，歌颂母亲朴实而崇高的品德。他拾取母亲生前的一些日常生活琐事，娓娓道来，刻画了一位勤劳、俭朴、待人厚道、严以教子的母亲形象，寓歌颂赞美于叙事之中。

祖坟是祖先长眠的地方，照管和祭奠祖坟，追思祖先功德，无疑是行孝道的表现。欧阳修长期在外地为官，多次写信嘱托居住在庐陵的堂弟欧阳焕照管祖坟。

欧阳修的母亲一身正气，她的言传身教影响了欧阳修的一生，使欧阳修一生光明磊落，敢说敢为，受到后人的尊敬。

朱寿昌弃官千里寻母

欧阳修行孝尽孝，给当时的人们树立了榜样，而比欧阳修只小几岁的朱寿昌，更是演绎出辞官寻母的感人一幕。

朱寿昌于1014年出生于北宋时期扬州天长同仁乡秦栏，就是现在的安徽天长秦栏镇。他为了寻找生身母亲，毅然在安徽广德府任上挂冠而走，历尽艰辛，终于找到隔绝50多年的母亲。

那是在朱寿昌7岁的时候，他的生母刘氏因为被后母嫉妒，被赶出家门另嫁他人。从此朱寿昌就和生母分离了。

朱寿昌从小就失去了母爱。他看到别的小朋友都有母亲在身边，天天嘘寒问暖，疼爱有加，非常地思念自己的母亲。

每到初冬，别的小朋友的母亲早早地为自己的孩子做好了棉衣，可是朱寿昌的生母却不在；当别的小朋友心中有了委屈，可以依偎在母亲怀里撒娇时，可是朱寿昌却不能。没有母亲的孩子，是多么盼望能像别的孩子一样，可以经常依偎在母亲的怀抱里。

朱寿昌就在这样的环境中长大，他一直努力读书。后来，朱寿昌的父亲去世，他袭父功名而为官，仕途颇为顺利。但他时时不忘生母，每天都计算着与母亲分开的日子。他在心里暗暗发誓，一定要把母亲接回来。

几十年间，朱寿昌几乎日夜思念，惦记着自己的母亲，思念之苦常常令他每每言及就泣不成声。他多次写信给在各地做官的同僚，请求代为寻觅。然而，几十年过去，音讯杳无。

朱寿昌信奉佛教，潜心求助神灵。为了向菩萨表示诚意，不食酒肉，戒除嗜好，甚至浮屠法灼背烧顶，刺血书佛经。如此虔诚，仍无结果。

1068年，朱寿昌再升官职。到任后叹息道："我年已50岁，尚未得见生母一面，如何为人？古人说得好'求忠臣于孝子之门'。我孝且未尽，怎好言忠！罢，罢！我宁舍一官，再往寻母，好歹总要得个确信。万一我母西归，即使阎罗殿上也要探个究竟。"

他认为，连自己的生身母亲都找不见，如何能解民于倒悬，如何为百姓树立忠孝的典范。于是，他就断然辞去官职，要亲自外出去寻找自己的母亲。

因为朱寿昌此时的年纪也大了，家里人也不放心他，都来劝阻。可是朱寿昌坚决地对家人说："如果见不到母亲，就永远都不回来！"随即背着行囊，飘然而去。

朱寿昌行走了一年多，风餐露宿，跋山涉水，忍饥挨饿，走州过县。他一人在外，人生地不熟，遇到很多险阻，非常艰辛。可是，困

难丝毫没有动摇他寻母的念头。相反，他想到和母亲分别50多年都不能团聚，就更加深了寻母的信念。

朱寿昌走到哪里打听到哪里，天天祈祷。他抱定必死的决心，一定要寻找到他的母亲，与自己共享天年。

这一天，朱寿昌来到了同州，身上的盘缠已用的所剩无几。朱寿昌找了一天又累又饿，正当他准备去找间破庙休息时，从山路上跳出来一个黑衣人，拦住了他的去路。

朱寿昌见黑衣人手持大刀，知道自己遇见强盗了。黑衣人走上前来，用刀架在朱寿昌的脖子上，抢过他的包袱。黑衣人把包袱打开一看，里面只有一点碎银，几件衣服、一点干粮和一个护身符。

黑衣人见了，眉头皱起好高说道:“这么穷也出来游玩？浪费老子的时间！”说完便要扔掉朱寿昌的包袱。

朱寿昌见了忙走过去把包袱里的那个护身符抢了过来。黑衣人见了很是奇怪，用刀架在朱寿昌的脖子上问道:“那护身符里有什么东西？快说！”

朱寿昌看着护身符，流出了眼泪，良久才说道:“这护身符是我幼小生病的时候我母亲到庙里为我求的。可我却是个不孝子，50年来，不能为母亲尽一点孝。现在连母亲身在何方都不知道？”

“你是来寻母的？”黑衣人问道。

朱寿昌点了点头。黑衣人又问:“你母亲叫什么？”朱寿昌把母亲的名字告诉了黑衣人。黑衣人听后，拉起朱寿昌就往附近的村里跑去。朱寿昌不知道黑衣人为什么要这么做。

跑了不久，黑衣人把朱寿昌带到村子的一户人家的院里。黑衣人叫朱寿昌待在院里不要动，要过朱寿昌手中的护身符，急匆匆往屋里走去。

黑衣人来到厨房，只见一个白发苍苍的老妇人正在烧火。老妇人见黑衣人进来后拿起手中的柴火边打黑衣人边骂道:“你这个逆子还回来干什么？”

黑衣人立马跪了下去哭着忏悔道:“娘，我知道错了，我以后一定

改过从新，不做强盗了，好好做人！娘，您别打了，您看这是什么？”黑衣人说着把那个护身符递给了老妇人。

老妇人接过护身符后，脑袋如雷击般“嗡”的一声，手中的柴火掉在了地上，直看着护身符发呆。良久，老妇人才开口问道：“你这护身符是哪里来的？”

“是一个50多岁的人的，他说他来找自己的母亲。他现在就在外面。”黑衣人指着门外说。

老妇人听后，眼泪“哗哗”地流了下来。过了一会，她对黑衣人说道：“你叫他走吧，说他的母亲不在这里。”

黑衣人走到院里，把护身符还给了朱寿昌，说道：“你走吧，你的母亲不在这里。”

朱寿昌一听，便断定自己的母亲在这里，连忙跪下后，冲着院内哭道：“母亲，昌儿知道您在里面，如果母亲大人不肯见昌儿，那昌儿便长跪不起。”

黑衣人见朱寿昌这个样子，赶也赶不走，自己就进屋去了。

老妇人听见屋外朱寿昌的话，眼泪又“哗哗”地流了下来，口中小声地直念道：“昌儿，昌儿……”

“轰隆隆……轰隆隆……”外面电闪雷鸣，很快便下起了瓢泼大雨。朱寿昌本来是又饿又累，现在又跪在雨中，很快便晕倒在地。

老妇人见外面下起了大雨，本是不想出来的，可一想到朱寿昌还跪拜在雨中，就再也忍不住了，打着雨伞来到院中。黑衣人也来到院中。此时的朱寿昌已经晕倒在地了。老妇人叫黑衣人把朱寿昌抱进屋里。

老妇人一摸朱寿昌的额头，烫得吓人，忙对黑衣人说道：“快去叫郎中来！”

黑衣人不顾外面的大雨跑了出去。老妇人则在床头边用热布帮朱寿昌擦拭额头，边用颤抖的声音轻声地呼唤道：“昌儿，昌儿……”

郎中给朱寿昌吃下药后，又开了药方，叫其天亮后去药铺按方抓药便可。天刚一亮，外面还下着小雨。老妇人便叫黑衣人去药铺抓药。

当黑衣人从药铺抓药回来后，朱寿昌已经醒来。黑衣人见老妇人不在屋中，忙问朱寿昌道："我母亲呢？我母亲去哪里了？"

朱寿昌被问得丈二的和尚摸不着头脑，黑衣人见状大急，忙说道："我母亲，也是你母亲！"说完，丢下手中的药，便朝屋外跑去找老妇人。

朱寿昌听完后，如梦方醒，从床上站起来后自语道："我知道母亲去哪里了！"说完后便朝村中的破庙跑去。

朱寿昌来到破庙前，只见老妇人跪在草棚里中的佛像前祈求道："菩萨，您保佑我的昌儿早点好起来，只要我的昌儿无事，我愿意折我自己的阳寿来补偿。"

朱寿昌在在草棚外听得真切，心如刀绞，"扑通"一声跪下，大哭道："母亲，昌儿不孝，昌儿不孝！"

老妇人听见后转过头来喝道："我没有你这样的儿子！"

"母亲！"朱寿昌撕心裂肺地呼喊。

老妇人说："世上做母亲的都希望自己的儿子能有出息，可你却为了寻母，丢下百姓于不顾，世上哪有我这样的母亲？"

朱寿昌连忙解释："母亲，孩儿在任期间和百姓一起抗洪救灾，孩儿也知道丢下百姓不顾是孩儿的错，可这50年来，孩儿无时无刻都思念着母亲，想早点找到母亲尽自己的一份孝心。母亲！"

老妇人听到这里，再也忍不住了，急急地走到草棚外，母子两人抱在一起，泣不成声。一旁的黑衣人也奔了过来，张开双臂抱住了母亲和朱寿昌。

刘氏改嫁后的丈夫早已故去。朱寿昌便把他的母亲，连同同母异父的黑衣人，悉数接回了原籍供养、照顾。

宋代朝廷崇尚"以孝治天下"，朱寿昌的孝行被朝廷知道以后，得到了充分肯定，先是"诏还就官"，后被提拔"通判河中府"。当朝皇帝宋神宗赵顼还颁发圣旨，号召全天下臣民向他学习。

当时的著名人物王安石和苏轼等人听说了他的事情，都遵命或自发地写了歌颂孝子朱寿昌的文章。从此，朱寿昌弃官千里寻母之事遍

传天下，孝子之名播扬遐迩。

朱寿昌再不想和母亲分开了，但母亲年纪大了，受不住车马颠簸。为了能赡养母亲，朱寿昌就要求在当地做官。上司听说了这件事，也很感动，就同意了。

几年后，母亲去世了。朱寿昌痛不欲生，几乎哭瞎眼睛。母亲去世后，朱寿昌照顾同母异父的弟弟更加周到。这时的弟弟也就是当初的那个黑衣人，早已改邪归正，在街面上做小生意，凭借自己的双手生活。

民间传说，朱寿昌母亲活着的时候怕雷声，朱寿昌害怕母亲的亡灵受到雷声惊吓，每到春夏季，只要响雷，朱寿昌就伏在母亲坟墓上，不分昼夜护着母亲，狂风暴雨也不离开。

除了孝顺之外，朱寿昌其实还是一个非常称职的官员。朱寿昌在岳州当知州的时候，岳州湖多，湖连着湖，水上强盗多。为了缉捕水盗，朱寿昌登记民船，将民船刻上姓名，规定民船出入必须报告去向。什么地方发现强盗，检查民船的去向很快就能够找到线索抓住强盗了。水盗因此大大减少。

朱寿昌十分关心百姓疾苦。富弼、韩琦为相，派人四出巡视，宽恤民力，朱寿昌出使湖南，有人说邵州有金矿，可以开采。朝廷下诏书，同意开采。

朱寿昌上书朝廷，认为开采金矿，弊大于利，既毁坏良田，也会招来强盗抢夺，造成边境不安定。朝廷采纳了朱寿昌的建议。可见，朱寿昌的确是一个爱做好事的好官。

君子无所争

季氏旅[1]于泰山，子谓冉有[2]曰："女[3]弗能救[4]与？"对曰："不能。"

子曰："呜呼！曾谓泰山不如林放乎？"

子曰："君子无所争，必也射[5]乎！揖[6]让而升，下而饮，其争也君子。"

【注释】

①旅：祭名。祭祀山川为旅。当时，只有天子和诸侯才有祭祀名山大川的资格。

②冉有：姓冉名求，字子有，孔子的弟子，比孔子小 29 岁。

③女：同汝，你。

④救：挽求、劝阻的意思。

⑤射：原意为射箭，此处指古代的射礼。

⑥揖：拱手行礼，表示尊敬。

【解释】

季孙氏去祭祀泰山。孔子对冉有说："你难道不能劝阻他吗？"冉有说："不能。"

孔子说："唉！难道说泰山神还不如林放知礼吗？"

孔子说："君子没有什么可与别人争的事情。如果有的话，那就是射箭比赛了。比赛时，先相互作揖谦让，然后上场。射完后，又相互作揖再退下来，然后登堂喝酒。这样的争，也是君子之争。"

【故事】

陈寅恪和梁启超的恩怨

陈寅恪（1890 年 7 月 3 日—1969 年 10 月 7 日），字鹤寿，江西修水人。中国现代集历史学家、古典文学研究家、语言学家、诗人于一身的百年难见的人物，与叶企孙、潘光旦、梅贻琦一起被列为清华大学百年历史上四大哲人，与吕思勉、陈垣、钱穆并称为“前辈史学四大家”。先后任职任教于清华大学、西南联大、广西大学、燕京大学、中山大学等。

梁启超（1873 年 2 月 23 日—1929 年 1 月 19 日），字卓如，一字任甫，号任公，又号饮冰室主人、饮冰子、哀时客、中国之新民、自由斋主人。清朝光绪年间举人，中国近代思想家、政治家、教育家、史学家、文学家。戊戌变法（百日维新）领袖之一、中国近代维新派、新法家代表人物。

最早发现并引荐陈寅恪这匹“千里马”的，是梁启超。20 世纪 20 年代，清华国学院刚刚成立，梁启超向校长曹云祥力荐陈寅恪。曹问：“陈寅恪是哪国博士？”梁答：“他不是学士，也不是博士。”曹又问：“他有没有著作？”梁答：“也没有。”曹拒绝：“既不是博士，又没有著作，这就难了！”梁大怒：“我梁某算是著作等身了，但总共还不如陈先生寥寥数百字有价值！”曹一听，十分震惊，这才同意聘请陈寅恪。

陈寅恪在国外陆续留学二十余载，潜心读书和研究，不仅学贯中西，而且通晓三十多种文字。由于他始终对博士、硕士之类的学位淡然处之，所以连大学文凭也没拿过。幸亏梁启超慧眼识珠，才使得这位旷世奇才没有“遗于野”，也才成就了这位日后清华园里大名鼎鼎的“教授中的教授”。按理说，陈寅恪对梁启超不说感恩戴德，至少也应该礼让三分。但是，因为一个古人陶渊明，他们之间的恩怨一度被传得沸沸扬扬。

陶渊明出生在东晋末期，是我国古代著名诗人，也是有名的隐士。东晋灭亡后，陶坚决归隐，誓不与新政权合作。他的举动，关系到所谓的“名节”问题，也引发了后世的长期争论。作为史学大家的梁启

超，自然也有自己的一家之言，他认为渊明弃官归隐最主要的动机，是当时士大夫廉耻扫地，他纵然没有力量移风易俗，起码也不肯同流合污，把自己的人格丧掉。陈寅恪提出了针锋相对的意见，认为陶渊明“耻事二姓”才是可信的。同时，针对梁启超本人“无论从政还是从教，都不在乎在清朝还是在民国”的做派，陈寅恪批评他“取自身之思想经历，以解释古人之志尚行动”。

应该说，陈寅恪的批评不仅力道十足，而且尖酸刻薄。有好友劝他：“梁公对你有知遇之恩，你这样做，就不怕别人说你忘恩负义？”陈寅恪笑答：“错了，我这样做才是对梁公最大的尊重，也才没有辜负他对我的赏识和抬举。”那么，梁启超又是怎么想的呢？

“饮冰室主人”生性洒脱不羁，当有人嘲笑他“引狼入室”时，他回敬了一句耐人寻味的话：“无论是批评陈寅恪还是讥讽我的人，都把我们看得太小了。”

陈寅恪得知此事后，对梁启超的人品更加钦佩了。梁启超和陈寅恪尽管常常为了一下学术分歧唇枪舌剑、互不相让，但在工作和生活中仍互相提携，相互尊重和信任，从不听信他人调版。他们在学术上是“死敌”，但在生活中是挚友，这样的君子之交及争与不争的境界无法不令人敬佩。

毋庸置疑，梁启超和陈寅恪都是大师，二人虽因一位古人结下“恩怨”，但与“名节”无关，而梁先生一个“小”字所折射出的却正是大师的“大”字！如今的学术界争斗更多，然而大师却不见了，为何？有一点是明确的，不以学术为先，凡事从所谓的“名节”入手，争斗均因派系而起，再加上论文造假、“院仕”之风渐盛，那是绝对产生不了大师的。

萧何为官居安思危

汉代初期管理者吸取秦代灭亡教训，居安思危，采取了与民休息的政策，轻徭薄赋，奖励农耕，以巩固新生政权。这一基本国策，不

仅使先秦时期的“公仆意识”有了新的内涵，也促使了西汉初年第一个有忧患意识的清廉官吏的出现，他就是萧何。

萧何，早年任秦沛县狱吏，秦代末期辅佐刘邦起义，后任刘邦的丞相，位列众卿之首。

萧何对刘邦战胜项羽，建立汉王朝起了重要作用。但在无上的尊崇面前，他没有居功自傲，因为他一直相信“祸福相依”。而后来的历史，也证明了他的处世态度的正确性。

那是在刘邦登上帝位后不久，刘邦对跟随自己打天下的人论功行赏。刘邦认为萧何功劳最大，封他为酂侯，食邑最多，被称为“开国第一侯”。

萧何身居要职，依然殚精竭虑，继续对刘邦的大汉王朝的稳定和兴盛勤勉工作。在行赏分封诸侯后，定都的问题又迫在眉睫。起初打算定都洛阳，后来考虑到关中的险要形势，决定定都咸阳，刘邦暂居栎阳。于是命丞相萧何营建咸阳。

萧何在营建咸阳时，完成了“两宫一库一仓两阁”的工程建设。两宫指长乐宫，未央宫；一库指武库；一仓指太仓；两阁指大禄阁与石渠阁。

长乐宫是汉代开国时朝廷所在地，未央宫是君臣朝会的地方。武库用于藏兵器，其用意非常明确。太仓是国家的贮备粮库，关系着千百万人的生命。天禄阁是藏典籍之所，石渠阁是藏国家档案的地方，相当重要。两阁作为国家档案馆和国家图书馆的建立，对保护文献资源，发扬传统文化做出了重大的贡献。

公元前199年，皇宫竣工，萧何奏请刘邦从栎阳迁都咸阳。刘邦指着未央宫的四周，对萧何道：“此处可以添筑城垣，作为京邑，就叫长安吧！”从此，咸阳便更名为长安了。西汉定都于长安，历时200余年，萧何成为该城

的最早的规划者和设计者。

建都关中，经营长安，是萧何在汉王朝正式建立之初做出的第一业绩，它起到了稳定汉政权的重大作用。此后，萧何转入了制定律法、健全制度和“无为而治”的全面建设汉王朝的工作之中。

公元前195年秋，黥布起兵反叛，刘邦御驾亲征。萧何因为多有功劳，刘邦曾经对他恩宠有加。但刘邦身在军中，对萧何有些不放心，就多次遣使者问相国萧何在做什么。

萧何的身边有一名都尉率领500名兵士做护卫，因为他圣眷日隆，众宾客纷纷道贺，喜气盈庭。萧何也非常高兴。

这天，萧何在府中摆酒席庆贺，喜气洋洋。突然有一个名叫召平的门客，却身着素衣白履，昂然进来吊丧。萧何见状大怒道：“你喝醉了吗？”

这位名叫召平的人，原是秦王朝的东陵侯。秦国灭亡后隐居家中种瓜，味极甘美，时人称之东陵瓜。萧何入关，闻知贤名，招至幕下，每有行事，便找他计议，获益匪浅。今天，他见萧何仍未领会他的意思，便说：“您不要再这样喜乐了，否则后患无穷！”

萧何不解，问道：“我进位丞相，是皇帝对我的宠眷，而且我遇事小心谨慎，不敢稍有疏虞，君何出此言？”

召平说道：“主上现在南征北伐，亲冒矢石。而您安居都中，不与战阵，反得加封食邑，我揣度主上之意，恐在怀疑您。您不见淮阴侯韩信的下场吗？”

萧何一听，猛然惊出一身冷汗。

召平接着说：“您位极人臣，富贵之至，百姓们都亲附您。皇上之所以屡次派人来问您的情况，是怕您利用自己的威望图谋不轨。如今您何不买些民间田宅，败坏一下自己的名声，皇上对您就放心了。”

萧何恍然大悟，马上先是强买民间田宅，自污名节，然后低价卖了自己的封邑，并拿出许多家财，拨入国库，作为军需。

刘邦身在前方，每次萧何派人输送军粮到前方时，刘邦都要问：“萧相国在长安做什么？”

使者回答，萧相国爱民如子，除办军需以外，无非是做些安抚、体恤百姓的事。

刘邦凯旋时，百姓们拦路上书，控告相国贱买、强买民间田宅，价值数千万之多。

刘邦回到宫中，萧何去拜见，刘邦笑着说："当相国的竟然侵夺百姓的财产，为自己谋利啊！"然后把控告信全部交给他，说，"你自己去向百姓谢罪吧！"

萧何觉得对不起百姓，乘机请求说："长安一带地方狭窄，而上林苑中空地很多白白荒废，希望您下令让百姓进去耕种，他们收了庄稼，留下禾秸作为苑中禽兽的食料。"

刘邦一听大怒，说："你一定收了很多商人的财物，替他们来算计我的上林苑！"下令交给廷尉法办，还给他上了刑具。

过了几天，刘邦手下一个姓王的卫尉问刘邦："相国犯了什么大罪，陛下怎么突然把他关起来了？"

刘邦说："我听说李斯做秦始皇的宰相时，办了好事都归功于君主，有了过失则自己承担。现在相国却收了商人们许多财物，替他们求取我的上林苑，想以此讨好百姓，所以把他关起来治罪。"

王卫尉说："在自己职责范围内，事情只要有利于民，就为他们向君主请求，这真是宰相应做的事，陛下怎么怀疑相国是接受了商人的贿赂呢？况且，当初陛下在外征战多年，那时相国留守关中，如存异心，只要稍有举动，函谷关以西就不属陛下所有了。

"相国不在那时为自己谋利，现在难道会贪图商人的金钱吗？再说秦始皇就是因为不知己过而失天下，李斯为主担过的做法，又有什么值得效法的呢？陛下怎能如此浅见地怀疑相国。"

刘邦听了，心中虽不愉快，但还是当天就遣使赦免了萧何。

萧何当时已是60多岁的老人了，见刘邦开恩释放了自己，更是诚惶诚恐，谨慎恭敬。虽然因为全身带上刑具，害得他手足麻木，连路都快走不动了，而且蓬头赤足，污秽不堪，但立即回府沐浴，然后上朝谢拜天子之恩。

刘邦见萧何如此狼狈，也觉得有些过意不去，便安抚萧何道："相国不必多礼。这次的事，原是相国为民请愿，我不允许。我不过是夏桀、商纣那样的无道天子罢了，而你却是个贤德的丞相。我之所以关

押相国，就是要让百姓知道你的贤能和我的过失啊！”

刘邦的这段话虽然言不由衷，但对萧何的廉政为民，终于还是默认了。从此以后，萧何对刘邦更是诚惶诚恐，恭谨有加了。刘邦也照例以礼相待。

萧何虽然常驻富贵乡里，内心却一直有种忧虑，不只对生前，也对身后。他初封侯时，食邑8000户，后来又加封了2000户，而他的父子兄弟共10余人全都有食邑。这样的待遇算得上是全国的首富了，但他依然勤俭持家。

《史记》记载：萧何购置土地房屋，必定选择穷乡僻壤的地方，营造宅第也从来不修建围墙。

萧何曾经说过这样的话：“后世贤，师吾俭；不贤，毋为势家所夺。”意思是说：后代子孙如果贤德，可以从中学我的俭朴；如果不贤无能，这种房屋也不会被有势力的人家所侵夺。

萧何的这种思想，比那些贪心不足、欲为子孙谋百世计的官吏，其实高明多了。而他身居要职，不居功自傲，能够居安思危，做人做官克勤克俭的精神，更是很值得发扬光大。

黄霸为政外宽内明

汉代初期推行教化治国，因而教化大行其道。在以教化为己任的官员中，黄霸可算是一位佼佼者。

黄霸，是西汉时期著名大臣。他性情温良懂得谦让，为政外宽内明，力劝耕桑，推行教化，治为当时第一。

黄霸自幼学习法律之学，有大志，喜欢做官，年轻时就成为乡里豪杰。汉武帝末年，他因纳钱以待

诏的身份被赏官职，管理郡国钱粮的出入之数。后因为官廉正，又精明能干，足智多谋，富有领导才能，升任河南郡太守丞，成为辅助郡守的主要官吏。

黄霸善于观察，思维敏捷，又通晓法律，温和善良又能谦让，足智多谋，善于驾驭众人。他担任太守丞时，处事及议论都符合法律，适合人心，太守非常信任他，吏民都爱戴尊敬他。

汉宣帝即位时，听说黄霸执法公平，便征召黄霸担任廷尉正，多次决断疑难官司，众廷尉都称赞黄霸公平。不久，又下诏以德行最优命其担任颍川太守。

在当时，颍川郡管辖20多个县，有好几个县的居民聚集围攻县府，郡太守逃往京城向汉宣帝求救，要求派武将镇压“刁民”。黄霸就是在这种情况下走马上任的。

黄霸不坐轿，不骑马，不鸣锣开道，而是微服私访，骑着骡子带一个管家进入了颍川地界。一路上，他看到逃荒要饭的百姓一拨又一拨，就和这些百姓聊起来，问他们为何要背井离乡。

逃荒者说他们的土地被豪强恶霸掠夺去了，无田可种，不逃荒就得饿死。黄霸问为何不去县衙告状，逃荒者哭诉：进衙门告状，未开口先挨打，谁还敢去啊！

黄霸明白了，不是颍川“刁民”难弄，而是豪强恶霸作祟。于是他向汉宣帝写了一份奏章，火速发往京城，恳请皇上恩准在颍川开仓放粮，把颍川郡几万流亡农民安置好，这样皇上的新政新法令就能在颍川实行，颍川的“刁民”也就治理好了。

汉宣帝答应了这个合情合理的要求。所以，黄霸到颍川第一件事就是出安民告示，教化百姓，学习法令。并还派人到邻县和官道上贴告示，号召流亡农民回乡，凡回家开荒种田者发放粮食，发放种子，免税免劳役。

为了赢得百姓的信任，黄霸带头脱掉官服官靴，下地拉犁耕地。他的做法一传十，十传百，外出逃荒的流亡农民纷纷回来了。

为了让流亡农民安心，不再外逃，黄霸责令各县县令安置逃荒者，违者重罚，不听者革职，到各县暗自察访，检查督促。

他训令各县：

流亡农民不想造反，也不想背井离乡去逃荒。各县应该明白，这些逃荒流亡农民既是劳动力，又是社会不稳定的因素，把这些流亡农民安置好了，也是你们尽心尽职的政绩了。

黄霸到颍川上任，不光安抚平民百姓，还着力对官员进行教化，让他们心服口服。他把颍川郡20多个县令叫到大堂来，让他们一个个背诵汉宣帝的新政新法令“六条问事”，会背诵的就放走，不会背诵的就留下来读。他说连皇上的新政新法都不懂，如何去治理百姓？这一招比打20板子还疼。

有一个县令读“六条问事”读得浑身发抖跪在地上，磕头如捣蒜地说：“大人，我认罪，我错了，请大人赏我一个全尸。”因为他的所作所为与“六条问事”条条沾上了边，如按法惩办，必死无疑。

黄霸认为，考察的目的应在防患于未然，而不是事发后的追究与处理。所以，那个县令和其他20多个县令个个心悦诚服。

所谓“六条问事”是考察地方官员的标准，内容包括不许“田宅逾制”“背公向私”“侵渔百姓”“聚签货赂”等。黄霸到任后将这“六条问事”法令在大街小巷到处张贴，大张旗鼓地宣传，老百姓个个知道了，人人感恩皇上，让官吏自觉遵守。

为了培养和稳定官员，黄霸大力推行教化，让他们在职位上长期工作，并尽职尽责，从不轻易替代，以避免损伤长吏。

有一个姓许的县丞，年老体衰，患有耳病，督邮将此事告诉太守黄霸，并建议赶走他。

黄霸说：“许县丞是廉洁的官吏，虽然年纪老，还能做接待迎送的工作，只是稍微耳聋，有什么妨碍呢？姑且好好帮助他，不要伤了贤者的心啊！”

有人问这么做的缘故，黄霸认为，频繁地更换长吏，送别旧人和迎接新人的费用，以及有的奸诈官吏在交接之际藏匿簿书，盗窃公家的财务，致使耗费非常大，而这些耗费都是从百姓那里取得的。况且

所更换的新官吏又不一定贤良，有的还不如旧官吏，只是相互增加制造乱子。

他说：“大凡治理之道，不能太过苛求。”因此，坚持以教化的方式对待职官。

黄霸安抚了平民百姓，教化了官员，待经济上打下了一定基础后，又开始打击豪强地主、恶霸、地痞。凡证据确凿，便狠狠地打击，让他们补足拖欠朝廷的税款，返还强占百姓的土地、粮食、牲畜、房屋。

当然，黄霸也不忘教化他们，给他们出路，让其全家老小开荒种田，自食其力。其他豪强地主害怕了，便老老实实上缴税收，偷偷地返还强占来的土地，黄霸也就不再追究。

黄霸又鼓励农民种树、养猪、养鸡鸭、养蚕桑，并下令禁止用粮食喂马，把汉宣帝的休养生息政策逐一贯彻，使百姓安居乐业而感恩皇上。

这一方法也使那些顽固不化的豪强地主不敢轻举妄动，因为他们害怕戴上反抗朝廷的罪名。

黄霸颍川大刀阔斧、布施恩德，经过几年的精心治理，颍川出现了“田者让畔、道不拾遗”的太平景象，实现了汉宣帝倡导的国家安治。而黄霸也因为他的外表宽厚而内心清明，得到了官吏和百姓的爱戴。

汉宣帝认为黄霸是良吏中政绩保存时间最长的优秀者，于是下诏称赞他：

> 颍川太守黄霸，宣布诏令，百姓向往教化，子孝、弟悌、妇贞、孙顺一天比一天增多，耕作者相让于田界，道不拾遗，看顾鳏寡之人，供养贫穷之人，有的监狱八年没有犯大罪的囚犯，吏民向往教化，品行道义兴起，可称得上是贤人君子了。

汉宣帝认为黄霸贤能，封爵关内侯，赐黄金100斤，俸禄2000石。黄霸却把100斤黄金捐献给颍川郡治理河道，自己分文不留。此后不久，汉宣帝征召黄霸担任太子太傅，后迁升为御史大夫。

黄霸的才能在于擅长管理百姓，东汉史学家班固评论说：“自从汉

朝建立以来，要讲治理百姓的官吏还是数黄霸第一。”

召信臣一心为民兴利

西汉时期由于实行与民休息的基本国策，因此能否为百姓谋福利，被认为是判定一个官员是否合格的重要标志之一。召信臣继承勤俭廉政传统，为官励精图治，为民兴利，堪称一个合格的父母官，赢得了时人和后世的赞誉。

召信臣，因明经甲科出身任职郎中，补授谷阳长。后因官吏的考绩优等，升迁为上蔡长。他为官视民如子，所到之处都为民众称颂。后越级提拔为零陵太守，又因才调任南阳太守。

召信臣任南阳太守时，正是西汉王朝由极盛开始衰败的时期。南阳与其他地方一样，旧的风俗盛行，腐败的社会风气使南阳社会秩序混乱，盗贼横行，百姓苦不堪言。

在当时，南阳民间遇到红白喜事都要大操大办，破费巨大，弄得百姓叫苦不迭。许多人家因嫁女娶媳生老病终而花费大量钱财，从而数年不得翻身。有的只图一时好看而忍痛借高利贷，最终家庭破败。

召信臣深知陋俗的危害，下决心改变这股恶习。他一面大力倡导勤俭节约、量力而行，一面下令禁止婚丧嫁娶时铺张浪费。从此以后，南阳风俗大变。

南阳地区地主势力很大，攀比之风更盛，豪富们与府县官吏、游手好闲的纨绔子弟相互勾结，依仗权势，推波助澜，鱼肉乡里。

召信臣对南阳的地主势力非常反感，曾对他们多有规劝，晓以利害，并根据实际情况采取不同的处置办

法。对游手好闲的责令痛改前非，对已经当官的罢黜不用，对违法乱纪的则绳之以法，严厉打击了地方恶势力。一时间，南阳社会安定，盗贼狱讼之事罕见，郡中之人莫不努力耕稼农田。

召信臣为人勤奋努力，有办法有谋略，喜欢替老百姓兴办有益的事，一心要使他们富裕。他亲自鼓励百姓从事农业生产，在田间小路出入，停留和住宿都不在乡里的亭台馆舍中，很少有安闲地休息的时候。

他巡视郡中的水流泉源，开通沟渠，修筑水闸和防水的堤坝总共几十处。先后修成六门堰、钳卢陂等著名水利工程，溉田多至20万公顷，南阳遂成为与关中郑国渠、成都都江堰齐名的全国三大灌区。百姓得到了水利工程带来的好处，有了多余的粮食来贮藏。

他为百姓制定了均衡分配水源的规定，刻在石碑上竖立在田边，以防止争斗。

府县官吏家中子弟喜欢闲游，不把耕田劳作当重要的事看待，他就斥责罢免他们，严重的还要追究他们，用行为不法的罪名处治他们，以此表明他崇尚劳动厌弃懒惰。

召信臣管治的地方教化得以广泛推行，郡中的人没有谁不尽力从事农业生产，百姓归依他，住户人口成倍增长，盗贼和诉讼案件减少以至于杜绝。

召信臣千方百计除奢靡之风，倡导勤劳节俭，深受百姓欢迎，百姓都称他为“召父”。为纪念这位“召父”，南阳吏民为他立祠造庙，世世祭祀不绝。

当时南阳郡归属荆州刺史部，荆州刺史曾经上报召信臣替百姓做好事，他管辖的郡因此充实富足。皇帝赏赐召信臣黄金40斤，又迁召信臣为河南太守。召信臣一如既往，治行考核常常都是第一等。

汉元帝最后一年，召信臣升任少府。他坚持勤俭治国节约开支。任职不久，奏请压缩土木工程，一些皇帝很少光顾的宫馆，停止修葺和铺张陈设。又奏请取消由宦官组成的皇家乐队，提议将供给宫馆卫队的物品削减一半。这样，在一定程度上限制了腐化风气的发展。

召信臣任少府以前，太官园中就已经种植冬天生长的葱、韭菜等蔬菜。这些植物种在暖房中，白天夜晚都要燃烧没有光焰的火，植物

也要等达到一定的温度时才能生长。这样的温室耗资可想而知。

召信臣任少府后，认为这些设施劳民伤财，应该取消。于是，他提出这些都是不合季节的东西，对人体有害，不适合用来供奉给皇上，就奏请皇帝免除这一切。仅这一项，每年节约开支数千万钱。

《汉书》中，两次将召信臣列为西汉“治民”的名臣之一，可见在当时召信臣也已声名卓著。后世人认为，召信臣对南阳的贡献，足以和修都江堰的李冰对四川、开“漳河十二渠”的西门豹对邺县的贡献相媲美。

济世救人的药王孙思邈

孙思邈 7 岁时读书，就能“日诵千言”，每天能背诵上千字的文章。西魏大将独孤信赞其为“圣童”。但是，孙思邈幼年体弱多病，汤药之资罄尽家产。由于幼年多病，他 18 岁立志学医，20 岁即为乡邻治病。

孙思邈对古代医学有深刻的研究，对民间验方十分重视，一生致力于医学临床研究，对内、外、妇、儿、五官、针灸各科都很精通，有多项成果开创了我国医药学史上的先河。特别是在论述医德思想，倡导妇科、儿科、针灸穴位等方面，都前无古人。

孙思邈是继张仲景之后我国第一个全面系统研究中医药的先驱者，为祖国的中医发展建树了不可磨灭的功德。

孙思邈治疗过很多病人，并把各个病人的病状和在医疗过程中的情况，详细记录下来。他在总结自己行医经验，参考大量古今资料的前提下，创作了《千金要方》和《千金翼方》等重要著作。从孙思邈的医学著作里我们可以看出，他既有实事求是的科学精神，又有卓越的创造才能。

在治疗疑难杂症方面，孙思邈有独到的见解和方法。他善于总结经验，并且根据自己长期的临床实践，创造性地提出了很多治疗疾病的有效方法。

在当时，山区的人很容易患粗脖子病，这就是现代医学所说的因缺碘导致的单纯性甲状腺肿大。孙思邈当时虽然不知道什么叫作碘质，但他已经知道这种病是由于久居山区而引起的，并且用昆布、海藻等含碘丰富的动、植物，完全可以治疗这种病。

对于医治夜盲症和脚气病的方法，孙思邈说，牛肝明目，肝补肝，明目。他用动物肝脏给患夜盲症的人当药服用，而动物的肝脏正是含有大量维生素 A。

对于医治脚气病，孙思邈则用杏仁、防风、吴茱萸、蜀椒等含维生素 B 很多的药品来治疗。他还说，用谷皮煮汤和粥吃，可以防止脚气病，而谷皮也是含有一定的维生素 B。

在药物研究方面，孙思邈除了研究治疗营养缺乏病的药物以外，对一般药物也很有研究。例如他用白头翁、苦参子、黄连治疗痢疾，用常山、蜀漆治疗疟疾，用槟榔治绦虫，用朱砂、雄黄来消毒等，都收到了很好的效果。

他在著作中列举了 600 多种药材，其中有 200 多种都详细地说明了什么时候可以采集花、茎、叶，什么时候适宜于采集根和果。

孙思邈还曾经用疯犬的脑浆来治疯犬病。这就是所谓“以毒攻

毒”，用毒物和病菌来增强人的抗病力量。这与后来用种牛痘来预防天花，接种卡介苗防止肺结核，以及用其他种种疫苗来预防疫病是同一个道理。

孙思邈还提出妇儿分科的主张，特别注意妇女和小儿疾病的医治。他在自己的著作中阐释了相关的治疗指导思想：没有小儿就没有大人，如何把小儿抚育好，是很重要的问题。他的著作首先讲妇女和小孩的疾病，然后再讲成年和老年的疾病。

孙思邈特别指出，妇女的病和男子的病不同，小儿的病和成年人的病不同，所以在治疗时应该特别注意。

孙思邈主张小儿病和妇女病都应该另立一科，后来妇科、小儿科医学理论和医疗技术的发展，证明孙思邈这一主张的正确。

孙思邈在他的著作中，对于如何处理难产，如何治疗产前产后的并发症，有详细的说明。

孙思邈说：“孕妇不能受惊，临产的时候精神要安静，不能紧张，接生的人和家里的人都不能惊慌，或者流露出忧愁或不愉快的情绪。”他认为这些都容易引起难产或产妇的其他病症。

另外，孙思邈对于胎儿和小儿的发育程序的记载，也是很正确的。婴儿生下来以后，要立刻擦去小嘴里的污物，以免窒息或者吃下去引起疾病。婴儿生下来如果不哭，就要用葱白轻轻敲打，或者对小嘴吹气，或者用温水给婴儿沐浴，直至婴儿能哭出声来为止。这一切都是合乎科学的。

关于抚育小儿，孙思邈主张衣服要软，但不能太厚、太暖。要把小儿时常抱到室外去晒晒太阳，呼吸新鲜空气，否则小儿会像长在阴暗地方的花草，身体一定软弱。小儿吃东西也不能过饱。他还对选择乳母的条件，哺乳的时间、次数和分量，以及其他种种护理方法，也都做了说明。

他的这些见解，到今天都还有一定的实践意义。

孙思邈还提供了预防疾病的方法。讲求卫生、预防疾病，在孙思邈的医学思想上占着重要的地位。

孙思邈在《千金方》里，曾经介绍用苍术、白芷、丹砂等来消毒的方法，防止病菌的传播。他告诫人们不要随地吐痰，注重公共卫生。

孙思邈特别提醒人们，要注意节制身心活动，不要过分疲劳。

他说：“人一定要劳动，但不要过分疲劳。”他还强调合理饮食。他说：“吃东西要嚼烂、缓咽，不要吃得过饱，饮酒不能过量，肉要煮烂再吃。”

此外，他还劝大家饭后漱口，睡眠时不要张着口，不要把头蒙在被子里睡，不要在炉边或露天睡眠等。上述这些建议都是值得被采纳的有效措施。孙思邈能够活到100多岁，这同他注意卫生、预防疾病有很大的关系。

孙思邈在针灸方面有突出的贡献。他绘制了《明堂针灸图》，对针灸的腧穴加以统一。他强调针、药应该并用，他说：“针而不灸和灸而不针，不是好医生；针灸而不药，或药而不针灸，也不是好医生。针药并用，才是良医。”

这种用综合治疗方法来提高医疗效果的思想，扁鹊和华佗都很重视，孙思邈则特别加以提倡。这种思想，今天已得到了很大的发展。

孙思邈提出“大医精诚”的宏论，至今仍对临床医生具有广泛的教育意义。

他要求医生对技术要精，对病人要诚。他认为医生在临症时应安神定志，精力集中，认真负责。不得问其贵贱贫富，长幼美丑，怨亲善友，本族外族，聪明愚昧，应该要一样看待。在治疗中，医生要不避危险、昼夜、寒暑、饥渴与疲劳，全心赴救病人，不得自炫其能，贪图名利。

事实上，这也正是孙思邈身体力行，躬身实践的写照。

孙思邈在医药医疗上还创造了很多个“第一”：第一个完整论述医德；第一个治疗麻风病；第一个发明手指比量取穴法；第一个创立“阿是穴”；第一个提出用草药喂牛，而使用其牛奶治病的人；第一个提出并试验成功野生药物变家种；第一个发明导尿术等。

孙思邈一生以济世活人为己任，他的高尚医德和高超医术足为百

世师范!

我国科学史上之翘楚沈括

沈括生于一个官僚家庭。他的祖父、父亲、外公、舅舅都做过官,母亲许氏,又是一个有文化教养的妇女。在良好的家庭环境中,沈括14岁就读完了家中的藏书。

后来他跟随父亲到过福建、江苏、四川和京城开封等地,有机会接触社会,对当时人民的生活和生产情况有所了解,增长了不少见闻,也显示出了超人的才智。

1063年,沈括考中进士,此后,他参与王安石变法运动,赴两浙考察水利,出使辽国,任翰林学士,整顿陕西盐政等。他文武双全,不仅在科学上取得了辉煌的成绩,而且为保卫北宋的疆土也做出过重要贡献。

北宋时期,阶级矛盾和民族矛盾都十分尖锐。辽和西夏贵族统治者经常侵扰中原地区,掳掠人口牲畜,给社会经济带来很大破坏。

沈括坚定地站在主战派一边,在1074年担任河北西路察访使和军器监长官期间,他攻读兵书,精心研究城防、阵法、兵车、兵器、战略战术等军事问题,编成《修城法式条约》和《边州阵法》等军事著作,把一些先进的科学技术成功地应用在军事科学上。

沈括还对弓弩甲胄和刀枪等武器的制造进行过深入研究,为提高

兵器和装备的质量做出了一定贡献。

沈括辛勤努力，刻苦钻研，终于获得了辉煌的科学成就。这些成就集中体现在他晚年于镇江梦溪园写成的《梦溪笔谈》一书中。

《梦溪笔谈》不仅为我们介绍了我国古代劳动人民在科学技术方面的成就，保存了丰富的极有价值的资料；同时也使我们了解到这位杰出的学者在科学上的贡献和认真不苟的研究态度。

《梦溪笔谈》共26卷，另有《补笔谈》3卷，《续笔谈》1卷，共609条。涉及的方面非常广泛，内容极其丰富。下面分别就天文、历法、数学、物理、化学、地学、医药和生物、历史与考古、艺术等主要内容略加介绍。

在天文方面，据《梦溪笔谈》记载，沈括曾连续用了3个月的时间，每天夜间用天文测量用的“窥管”观测北极星的位置。他把初夜、中夜和后夜所看到的北极星的方位分别画在图上，一共画了200多幅图。经过精心研究，最后他得出了当时北极星同北极的距离为3度多的科学结论。

在历法方面，沈括主张实行阳历，就是不以月亮的朔望定月，而是根据节气定月，取消闰月，也就是把一年分为12个月，大月31天，小月30天。实行这种历法，就可以避免计算和安排闰月的麻烦，同时节气也会更准确。

这是一种科学、进步的历法，当时如能采用，对农业生产是有很大便利的。但是由于保守派的反对，他的新历法没有被采用。

沈括的新历法当时虽然没有实行，但是在他的援引和帮助之下，当时一位平民出身的历算家卫朴得以进入司天监，担任改革旧历法的工作。经过5年的努力，卫朴完成了一部比前代历法更为精密准确的《奉元历》。这部《奉元历》曾在宋朝颁行了18年。

沈括在数学方面也有精湛的研究。他从实际计算需要出发，创立了“隙积术”和“会圆术”。沈括通过对酒店里堆起来的酒坛和垒起来的棋子等有空隙的堆体积的研究，提出了求它们的总数的正确方法，这就是“隙积术”，也就是二阶等差级数的求和方法。

沈括的研究，发展了自《九章算术》以来的等差级数问题，在我国古代数学史上开辟了高阶等差级数研究的方向。

此外，沈括还从计算田亩出发，考察了圆弓形中弧、弦和矢之间的关系，提出了我国数学史上第一个由弦和矢的长度求弧长的比较简单实用的近似公式，这就是“会圆术”。

“会圆术”的创立，不仅促进了平面几何学的发展，而且在天文计算中也起了重要的作用，并为我国球面三角学的发展做出了重要贡献。

在物理方面，沈括发现了地磁偏角。《梦溪笔谈》记载了一些有关磁学的知识。

沈括除了用磁石磨制钢针，制成了人造磁性指南针之外，还在《梦溪笔谈》中介绍了自己所发明的支挂指南针的4种不同的方法：第一种是浮在水面上；第二种是搁在指甲上；第三种搁置在碗边上；第四种用丝悬挂着。

4种方法以悬丝法最为完善，最适宜于在动荡不定的海船上使用。沈括发现指南针所指的方向不是正南而稍微偏东的现象，这就是现代物理学所称的“磁偏角”。

在光学方面，沈括也有重要发现。当他看见凹面镜映入的物体呈现倒影现象后，便进行反复试验：用手指对准镜面，镜面上映出的是正像；但当他把手指向后移到焦点上时，镜面上的影像就看不见了。然后他再把手指离开焦点逐渐向外移开，镜面上便出现了倒像。他还用凹面镜做过向日取火的实验。沈括通过这些实验最后得出光线通过小孔同焦点形成“光束”的光学原理。

在化学方面，沈括也取得了一定的成就。他在任职延州时曾经考察研究延州境内的石油矿藏和用途。他利用石油不容易完全燃烧而生成炭黑的特点，首先创造了用石油炭黑代替松木炭黑制造烟墨的工艺。

他已经注意到石油资源丰富，还预测到“此物后必大行于世”，这一远见已为今天所验证。另外，“石油”这个名称也是沈括首先使用的，比以前的石漆、石脂水、猛火油、火油、石脑油、石烛等名称都贴切得多。

在《梦溪笔谈》中有关“太阴玄精”的记载里，沈括根据物质形状、潮解、解理和加热失水等性能的不同，区分出几种晶体，指出它们虽然同名，却并不是一种东西。他还讲到了金属转化的实例，如用硫酸铜溶液把铁变成铜的物理现象。

他记述的这些鉴定物质的手段，说明当时人们对物质的研究已经突破单纯表面现象的观察，而开始向物质的内部结构探索进军了。

沈括在地学方面也有许多卓越的论断，反映了我国当时地学已经达到了先进水平。他正确论述了华北平原的形成原因：根据河北太行山山崖间有螺蚌壳和卵形砾石的带状分布，推断出这一带是远古时代的海滨；而华北平原是由黄河、漳水、滹沱河、桑乾河等河流所携带的泥沙沉积而形成的。

当他察访浙东的时候，观察了雁荡山诸峰的地貌特点，分析了它们的成因，明确地指出这是由于水流侵蚀作用的结果。他还联系西北黄土地区的地貌特点，作了类似的解释。

他还观察研究了从地下发掘出来的类似竹笋以及桃核、芦根、松树、鱼蟹等各样化石，明确指出它们是古代动物和植物遗迹，并根据化石推论了古代自然环境。这些都表现了沈括可贵的唯物主义思想。

沈括视察河北边防的时候，曾经把所考察的山川、道路和地形，在木板上制成立体地理模型。这个做法很快便被推广到边疆各州。

1076年，沈括奉旨编绘《天下州县图》。他查阅了大量档案文件和图书，经过近20年坚持不懈的努力，终于完成了我国制图史上《守令图》这部巨某著。

这是一套大型地图集，共计20幅，其中有大图1幅，长1.2丈，宽1丈；小图1幅；按当时行政区划，全国分作18路，据此制作各路图18幅。图幅之大，内容之详，都是以前少见的。

在制图方法上，沈括提出分率、准望、互融、傍验、高下、方斜、迂直等9个方法。他还把四面八方细分成24个方位，使图的精度有了进一步提高，为我国古代地图学做出了重要贡献。

沈括还应用比例尺的办法来表明地图上的实际距离。他在地图上

把 50 千米缩成 2 寸，绘成一部“天下郡县图”，同时又把全国郡县的位置用文字详细准确地记录下来。这样，即使地图遗失了，还可以根据记录重新绘制。

沈括所用的这种绘图方法是很科学的。我们现在用的一般地图，除了测量地形用的仪器比以前更精确和利用经纬线以外，基本原理和沈括所用的并没有什么不同。

沈括对医药学和生物学也很精通。他在青年时期就对医学有浓厚兴趣，并且致力于医药研究，收集了很多验方，治愈过不少危重病人。同时他的药用植物学知识也十分广博，并且能够从实际出发，辨别真伪，纠正古书上的错误。曾经提出“五难”新理论。

沈括的医学著作有《沈存中良方》等。现存的《苏沈良方》是后人把苏轼的医药杂说附入《良方》之内合编而成的，现有多种版本行世。《梦溪笔谈》及《补笔谈》中，都有涉猎医学，如提及秋石之制备，论及 44 种药物之形态、配伍、药理、制剂、采集、生长环境等。

在历史与考古方面，《梦溪笔谈》中保存了许多有价值的科学史资料。最主要的是关于活字板印刷术、水利和建筑方面的记述。

《梦溪笔谈》中关于活字板印刷术的记载，是我们今天对于毕昇的活字板印刷术的设备和使用情况所能得到的唯一详尽的资料。我们今天还能够这样清楚地了解到 1000 多年前这一伟大发明的情形和具体操作方法，这不能不归功于沈括。

《梦溪笔谈》中记录了一些重要历史事件的真实情况，特别是对于 993 年四川王小波、李顺所领导的农民起义有一段比较详细的记述。

他在这一段记载中以生动、凝练的文字记下了起义军的进步政策和严明的纪律。从中我们可以看出，沈括本身虽然是封建统治阶级中的人物，但是他对于农民起义的记载还是比较真实的，敢于揭露历史的真相。

此外，沈括在《梦溪笔谈》中对于许多出土文物的时代、形状、文字、花纹及古代的服装、度量衡制度等，都加以详细的考证。他在这方面所做出的劳绩，对于宋朝新兴起来的考古学的发展，起了很大

的推动作用。

在艺术方面,《梦溪笔谈》这部书不但叙事明确,逻辑性很强,而且文字生动、简练、优美,富有文学色彩,让我们可以从中看出他在文学方面造诣之深。

沈括对于音乐和美术都有很深的爱好。《梦溪笔谈》卷5专论音乐,卷17专论书画。他对古代音乐理论、乐器的制作和使用方法以及少数民族的音乐都有精心的研究,而且还会作曲。他曾写过《乐论》《乐器论》《三乐谱》《乐律》4部著作,可惜这些著作也都失传了。

关于美术,沈括曾指出,当时有一派画家所画的山上亭馆、楼塔、屋檐等,看起来好像都是以从下向上仰视的角度所画出来的形象,从整个画面来说,这种角度是不对的。

因为观画的人并不是置身在画境之中而是站在画面之外,不是仰视而是平视,有如观看盆景中的假山一样。沈括认为如果从下而上仰视的角度来看,只会看见一重山或一幢房屋。因此,前面说的那种画法显然是不对的。

以上所举的一些例子,只不过是《梦溪笔谈》一书的简单轮廓。《梦溪笔谈》广泛地包罗了各方面的知识,但最主要的是关于自然科学方面的研究成果的记录。

《梦溪笔谈》不仅是沈括个人一生辛勤研究的结晶,也是我国劳动人民千百年来积累下来的科学经验的总结。它无疑是祖国文化宝库中的一颗明珠,至今还闪烁着灿烂的光辉。有人把《梦溪笔谈》这部书称作我国科学史上的"坐标",把沈括称为"中国科学史上最卓越的人物",确是实至名归。

当然,由于时代的限制,这部书也同古代其他许多笔记一类的书籍一样,用了相当的篇幅记载了许多迷信荒诞的故事。不过与《梦溪笔谈》的巨大成就相比较,它的缺点还是瑕不掩瑜的。

宋代数学家秦九韶

秦九韶从小聪敏勤学，1231 年，考中进士，先后在湖北、安徽、江苏、浙江等地担任县尉、通判、参议官、州守等职。

据史书记载，他“性及机巧，星象、音律、算术以至营造无不精究”，还尝从李梅亭学诗词。他在政务之余，以数学为主线进行潜心钻研，而且应用范围至为广泛：天文历法、水利水文、建筑、测绘、农耕、军事、商业金融等方面。

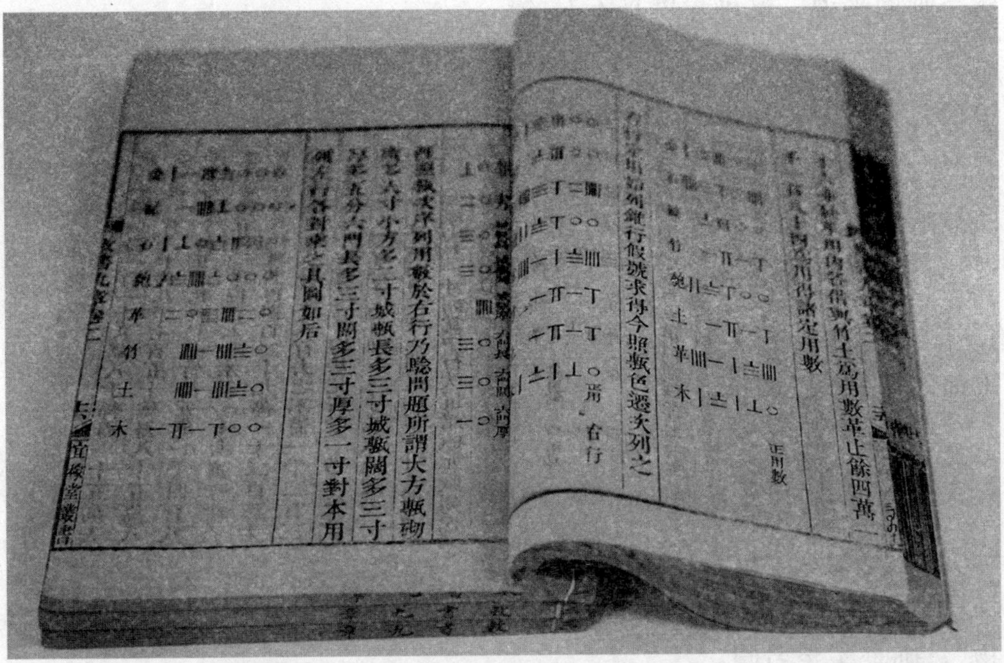

1244 年至 1247 年，秦九韶在湖州为母亲守孝，3 年期间，他把长期积累的数学知识和研究所得加以编辑，写成了举世闻名的数学巨著《数书九章》。书成后，并未出版。

原稿几乎流失，书名也不确切。后历经宋、元至明代，此书无人问津，直至明永乐年间，在明朝学者解缙主编《永乐大典》时，才被记书名为《数学九章》。又经过 100 多年，经王应麟抄录后，由王修改

为《数书九章》。

此书不但在数量上取胜，重要的是在质量上也是拔尖的。从历史上来看，秦九韶的《数书九章》可与《九章算术》相媲美；从世界范围来看，秦九韶的《数书九章》也不愧为世界上的数学名著。

他在《数书九章》序言中说：

> 数学大则可以通神明，顺性命；小则可以经世务，类万物。

所谓“通神明”，即往来于变化莫测的事物之间，明察其中的奥秘；“顺性命”，即顺应事物本性及其发展规律。在秦九韶看来，数学不仅是解决实际问题的工具，而且应该达到“通神明，顺性命”的崇高境界。

《数书九章》全书共9章9类，18卷，每类9题共计81个算题。

该书著述方式，大多由“问曰”“答曰”“术曰”“草曰”四部分组成：“问曰”，是从实际生活中提出问题；“答曰”，是给出答案；“术曰”，是阐述解题原理与步骤；“草曰”，是给出详细的解题过程。另外，每类下还有颂词，词简意赅，用来记述本类算题的主要内容、与国计民生的关系及其解题思路等。

此书概括了宋元时期中国传统数学的主要成就，尤其是系统总结和发展了高次方程的数值解法与一次同余问题的解法，提出了相当完备的“正负开方术”和“大衍求一术”。对数学发展产生了影响。

绘事后素

子夏问曰："'巧笑倩兮，美目盼兮，素以为绚兮'何谓也？"子曰："绘事后素[①]。"曰："礼后乎？"子曰："起予者商也[②]，始可与言'诗'已矣。"

子曰："夏礼吾能言之，杞[③]不足徵[④]也；殷礼吾能言之，宋[⑤]不足徵也。文献[⑥]不足故也。足，则吾能徵之矣。"

【注释】

①绘事后素：绘，画。素，白色。

②起予者商也：起，启发。予，我，孔子自指。商，子夏名商。

③杞：春秋时国名，是夏禹的后裔，在今河南杞县一带。

④徵：证明。

⑤宋：春秋时国名，是商汤的后裔，在今河南商丘一带。

⑥文献：文，指历史典籍；献，指贤人。

【解释】

子夏问孔子："'笑得真好看啊，美丽的眼睛真明亮啊，用素粉来打扮啊。'这几句话是什么意思呢？"孔子说："这是说先有白底然后画画。"子夏又问："那么，是不是说礼乐也是在仁义之后呢？"孔子说："商，你真是能启发我的人，现在可以同你讨论《诗经》了。"

孔子说："夏朝的礼，我能说出来，但是它的后代杞国不足以证明我的话；殷朝的礼，我能说出来，但它的后代宋国不足以证明我的话。这都是由于文字资料和熟悉夏礼和殷礼的人不足的缘故。如果足够的话，我就可以得到证明了。"

【故事】

晏子开明机智救人

一天，齐景公亲自到山上捉鸟。他看见一只漂亮的鸟，刚要射箭，忽然传来一阵砍柴声，把鸟惊飞了。齐景公立刻喊道："把那个砍柴的抓起来，带回去收拾他！"

这时，一个随从跑过来告诉齐王："那边有一个鸟窝，里面有响声。"

齐王走过去一看，鸟窝里有一只刚出生不会飞的小鸟，不停地叫，齐王觉得小鸟怪可怜的，就把它送回窝里了。

等齐王回宫，晏子问："大王今天捉了几只鸟？"

"捉到一只，我看它不会飞怪可怜的，又放回窝里了。"

晏子听完，转身向北拜了几拜，然后高声说："我们大王今天做了圣人做的事啊！"

齐景公不以为然地说："这跟圣人有什么关系呢？"

晏子说："这件事虽小，可我看得出，您对鸟兽都有仁爱之心，我想，今后您一定会更加关心百姓，所以，我说您是做了一件圣人做的事啊！"

齐景公听了这话，想起押回来的那位砍柴人，忙说："快放了那个砍柴人吧，我要做一个好国君。"

诸葛亮坚持勤俭廉政

诸葛亮的形象在世人眼中，除了神机妙算的军事才能外，洁身自好，忠君、爱国、为民等这些中华民族优秀的品质，在他身上都能找到许多事例。他一生勤于政事，爱护百姓，廉洁奉公。其精髓就是勤

俭廉政，令世人感怀至深。

诸葛亮，三国时期的蜀汉丞相，是杰出的政治家和军事家。青少年时期历经忧患苦难，亲身参加农业劳动，这就使他具有平民的特质。后来登上相位，仍然自称是“东方下士”“一介布衣”，在他身上没有什么特权思想。

诸葛亮十分赞赏春秋时期楚国廉吏孙叔敖的节俭作风，特地发布“教令”，以孙叔敖事迹律己励人，既以身作则，也号召部属向孙叔敖学习，养成节俭之风。

诸葛亮在平定南中诸郡的叛乱中，为了减轻人民的负担，节约朝廷的开支，他两天只吃一天的饭，“深入不毛，并日而食”，其艰苦程度可想而知。诸葛亮从不贪污受贿，这是古今所公认的。

他的家里没有存款，妻子黄氏连像样的换洗衣服也没有，其清贫可见一斑。

诸葛亮在《自表后主》一文中曾经自报家产说道：

> 今成都有桑八百株，薄田十五顷，子弟衣食，自有余饶。至于臣在外任，无别调度，随身衣食，悉仰于官，不别治生，以长尺寸。若臣死之日，不使内有余帛，外有盈财，以负陛下。

这是诸葛亮的一份家庭财产申报单。

“桑八百株，薄田十五顷”，按照汉代和三国时期的官俸制度，15顷薄地，这在当时地广人稀的四川，实在不算多；“子弟衣食，自有余饶”，当指诸葛亮的家人在妻子黄氏带领下从事种植和蚕桑等农事活动，可保温饱无虞。至于自己的衣食起居，自然靠官俸维持；“不别治生，以长尺寸”，这显然指俸禄之外，没有别的生计，不搞经营，也不依靠别的收入发财致富。

尽管诸葛亮的合法收入在当时本该是很高的，但他“内无余帛，外无盈财”。这是诸葛亮毕生追求和实践的清正廉洁的理想境界。

诸葛亮廉洁自律，在蜀国官吏中起到了积极作用。史载他任用的官员，大多勤于政事，廉洁自律。

例如，大将军录尚书事费神祎“家不识财，儿子毕布衣素食，出入无从骑，无异凡人”；名将姜维“据上将之重，外群臣之右”“宅舍弊薄，资财无余”；邓芝生活俭朴，家无私产，连妻子也“不免饥寒”，死时也“家无余财”。

诸葛亮治家也以节俭为宗旨。他在《诫子书》中告诫儿子，“静以修身，俭以养德”，淡泊明志，宁静致远，学以广才，励精冶性，珍惜光阴，务求“接世”。严格的家教，使得诸葛一家，上至夫人，下及子孙，满门英烈，世代忠良。

诸葛亮深知，倡行勤俭廉政，如果没有法律制度的严格监督，则贪污渎职，“作奸犯科”之人将难以受到制裁，而廉洁奉公勤恳负责之人，反而会湮没不彰，甚至受到排挤打击。因此，必须厉行法制赏功罚过，以树立严明公正的政风。为此，诸葛亮主张加强教化，实行以法治国。

诸葛亮十分重视教化，注重宣传教化的风气，有悖于法令的话不

说，触犯法制的事不做。同时，要求各级执法官吏必须以身作则，然后才能“正己教人”。

为了搞好勤俭廉政，诸葛亮对各级官员提出了严格的要求，做“八务、七戒、六恐、五惧，皆有条章，以训厉臣子”。

所谓“八务”，即要求各级官吏在做好本职工作时必须完成的8项任务；至于“七戒”“六恐”“五惧”，显然是对足以引起人们应戒、应恐、应惧的各种情况提出警告，以免违法乱纪。

当教化无效时，诸葛亮就认为必须无党无偏，依法究办，特别坚持“刑不择贵”、“诛罚不避亲戚”的原则，通过法制本身的严肃性、公正性，来教育广大臣民。

诸葛亮以“法不阿近”影响军内外。他在一出祁山时，因马谡失掉街亭而挥泪斩之，并写了《街亭自贬疏》。这就是一个鲜明的例子。

诸葛亮的勤俭廉政思想，其主旨是以“安民”为根本，以勤劳任职、廉洁爱民为要务，以法令为制衡，从而达到民富国强的目的。

诸葛亮病危时，要求把他的遗体安葬在汉中定军山，丧葬力求节俭，依山造坟。他在遗嘱中说：“冢足容棺，殓以时服，不须器物。”意思是墓穴切不可求大，只要能容纳下一口棺木即可；入殓时，只穿平时便服，不放任何陪葬品。

这简短的3句话，是诸葛亮廉洁自律、高风亮节的具体体现，其至真至诚，惊世骇俗，感人寰，泣鬼神，成为千古之典范。

诸葛亮的智慧、作为、人品、治国方略、理民之干和军事才华，构成了那个时代伟人的真身。他以实际行动验证了自己“鞠躬尽瘁，死而后已”的诺言，在当时就受到了敌我友各方的肯定。如他的老对手司马懿曾赞叹说：“天下奇才也！”

诸葛亮勤俭廉政，励精图治，他的风范被当作民族精神而一代一代传承，历朝历代都把诸葛亮作为智慧的化身、精神的楷模。

胡质做官追求清廉

胡质，曹魏时期官员。他为人正直善良，执政廉洁清白，为世人所称道。

胡质年轻时就在江淮之间闻名，在州郡任职。后来被举荐给曹操，曹操于是任胡质为河南濮阳顿丘令。后来历任丞相东曹令史，扬州治中。胡质任扬州治中时，将军张辽与其护军武周有矛盾，就请胡质出任幕僚，胡质以病推托。

张辽对胡质说："我有心任你做官，你为什么辜负我的厚意呢？"

胡质说："古人相交，看他索取很多，但仍相信不贪；看他临阵脱逃而仍相信他不怯，听说流言而不为所动，这样交情才可以长久啊！武周身为雅洁之士，以前您对他赞不绝口，而今只为一点小事，就酿成矛盾。何况我胡质才能浅薄，怎么能始终得到您的信任呢？因此我

不愿意就职。”

张辽很受感动，与武周重归于好。

曹操听说了这件事，认为胡质为人正直善良，就召任他为丞相长史。

黄初年间，胡质转任吏部郎、常山太守，后迁任东莞太守。在东莞期间，他秉公办案，明察暗访，曾使东莞士人卢显被杀一案水落石出，人们交口称赞，说他是个清官。

胡质每得到赏赐，都分给众人，从不收藏家中。在东莞郡任职9年，吏民安居乐业，将士恭敬从命。胡质任荆州刺史时，他的儿子胡威从京都来看望他。由于家境清贫，没有车马和童仆，胡威只得独自赶着毛驴前来探望父亲。

胡质父子在荆州相聚了10余天后，儿子胡威要返回京都了。临别时胡质拿出一匹细绢，送给儿子以作为归途中的盘缠。

胡威见到这匹细绢，竟然大吃一惊，忙向父亲跪下，不解地问道：“父亲大人，您一向廉洁清白，不知是从哪儿得到这匹细绢？”

胡质深知儿子的心意，高兴而又坦然地笑着对儿子说：“孩子有所不知，这不是赃物贿品，而是我从薪俸中节省下来的，所以用来给你做路上的盘缠。”

胡威听父亲这么一说，才伸手接过细绢，告辞了父亲。胡威独自赶着毛驴踏上了归途。一路上，他每到客栈，都是自己放驴、劈柴煮饭，从不雇用别人。同住客栈的人得知他是荆州刺史胡质之子后，无不惊讶，又无不钦佩。

3天后，一位自称去往京都的人，提出与胡威同行。此人谈笑风生，为人慷慨大方，自和胡威同行之后，百般殷勤地照料着胡威。他不仅处处帮着胡威筹划出主意，有时还请胡威吃喝。

这样一连几天，胡威心中暗暗地纳闷了。心想，此人看来心眼并不坏，但他与我素不相识，为什么对我一见如故，又如此百般殷勤呢？胡威对他的行为产生了怀疑。

原来，此人是胡质属下的一个都督，早就有意想巴结讨好胡质，

但听说胡质为人正派清廉，最不喜欢溜须拍马的人，所以一直没找到合适的理由和时机。这次，他听说胡质的儿子要独自回京都，自认为是个献殷勤的大好机会，于是他探听得胡威启程的日子，就提前以请假回家为理由，提前做好了准备，暗中带着衣食之物，在百里外的地方等着胡威，以便同他结伴而行。所以，他等到胡威后，才有这一番表现。

胡威在多次与那人进行的谈心中，终于得知了真情。于是，胡威立即从自己的行包中取出了父亲送给他的那匹细绢，递给这位都督，以此偿还他一路花销的费用和情意。这位都督拒绝不收。

胡威说："我父亲的为人，你应该是知道的。他为人正直，执政廉洁，从不接受别人馈赠，我做儿子的如果仗着他的权势占别人的便宜，就等于在这匹白绢上面泼上了污水，岂不大错特错了吗？"

那都督看到胡威态度如此坚决，只好十分尴尬地拿着那匹白绢和胡威道别了。后来有人把这件事详细地告诉了胡质，胡质责打都督100杖，除去了他的吏名。

胡质后来升迁为征东将军，奉令统督青州、徐州军事。他在任上广开农田积蓄粮谷，有多年的储备，还设置东征台，一边耕作一边守备，又在各郡中修通渠道，以便舟船通行，严加设防以对付敌人来犯。沿海地区因此没有战事。

胡质性情深沉，心中对事情明察秋毫，不以表面现象判断事物，能够深加思索，从不以自己的标准去衡量他人，因此得到他人的爱戴。他去世时，家里没有什么财产，只有皇帝所赐衣物和书橱。

胡质手下的人把这些情况报告给了朝廷，朝廷追封胡质为"阳陵亭侯"，食邑百户，谥号"贞侯"。并由其子胡威继承爵位。再后来，朝廷再次下诏书大加赞扬胡质清正节俭的行为，赐给他们家钱财和粮食。

胡质的品行和事迹被载入史册。《三国志》说他是"国之良臣"，《晋书》说他"以忠清著称"，《馆陶县志》说他"性沉实内察，然不苟求群下，故为所在称誉"。

修订最先进历法的郭守敬

郭守敬父亲的名字无从可考，他的祖父叫郭荣，精通五经，熟知天文、算学，擅长水利技术，是金元之际一位颇有名望的学者。

郭守敬幼承祖父郭荣家学，在十五六岁的时候就显露出了科学才能。那时他得到了一幅“莲花漏图”。他对图样作了精细的研究，居然摸清了莲花漏的制造方法和原理，试做了一套正规的莲花漏铸铜器，后来元朝政府里的天文台也采用了这种器具。

年纪才十五六岁的郭守敬居然有这样的作为，这就足以证明他确是一个能够刻苦钻研的少年。

郭荣为了让他孙儿开阔眼界，得到深造，就把郭守敬送到自己的同乡老友刘秉忠门下去学习。刘秉忠精通经学和天文学。

在这里，郭守敬大开视野，还结识了一位好朋友王恂，他们后来在天文历法工作中亲密合作，做出了卓越的贡献。

不久，刘秉忠被元世祖忽必烈召进京城。临行前，刘秉忠把郭守敬介绍给了自己的老同学张文谦。郭守敬跟着张文谦到各处勘测地形，筹划水利方案，并帮助做些实际工作。

几年之间，郭守敬的科学知识和技术经验更丰富了。张文谦看到郭守敬已经渐趋成熟，就在1262年，把他推荐给元世祖忽必烈，说他熟悉水利，聪明过人。

郭守敬初见元世祖，就当面提出了6条水利建议。第一条建议修

复从当时的中都到通州的漕运河道；第二第三条是关于他自己家乡地方用水和灌溉渠道的建议；第四条是关于磁州、邯郸一带的修水利建议的意见；第五第六条是关于中原地带沁河河水的合理利用和黄河北岸渠道建设的建议。

这6条都是经过仔细查勘后提出来的切实的计划，对于经由路线、受益面积等项都说得清清楚楚。

元世祖认为郭守敬的建议很有道理，就命他掌管各地河渠的整修和管理等工作。

1264年，张文谦被派往西夏去巡察，他带了擅长水利的郭守敬同行。郭守敬到了那里，立即着手疏通旧渠，开辟新渠，又重新修建起许多水闸、水坝。由于大家动手，这些工程竟然在几个月之内就完工了。

1265年，郭守敬回到了上都，被任命为都水少监，协助都水监掌管河渠、堤防、桥梁、闸坝等的修治工程。1271年升任都水监。1276年都水监并入工部，他被任为工部郎中。

1276年，元军攻下了南宋首都临安，全国统一已成定局。元世祖决定改订旧历，颁行元朝自己的历法。这件工作名义上以张文谦为首脑，但实际负责历局事务和具体编算工作的是精通天文、数学的王恂。

在当时，王恂就想到了老同学郭守敬。虽然郭守敬担任的官职一直是在水利部门，但他擅长制器和通晓天文。因此，郭守敬就由王恂的推荐，参加修历，奉命制造仪器，进行实际观测。

从此，郭守敬的科学活动又揭开了新的一章，他在天文学领域里发挥了高超的才能。

大都天文台的仪器和装备杂乱不堪，有的已经老化。天文台所用的圭表因年深日久而变得歪斜不正，郭守敬立即着手修理，把它扶置到准确的位置。这些仪器终究是太古老了，虽经修整，但在天文观测必须日益精密的要求面前，仍然显得不相适应。郭守敬不得不改进和创制一套更精密的仪器。

这些仪器装备中的浑仪还是北宋时代的东西。郭守敬只保留了浑

仪中最主要最必需的两个圆环系统，并且把其中的一组圆环系统分出来，改成另一个独立的仪器，把其他系统的圆环完全取消。这样就根本改变了浑仪的结构。

再把原来罩在外面作为固定支架用的那些圆环全都撤除，用一对弯拱形的柱子和另外4根柱子承托着留在这个仪器上的一套主要圆环系统。这样，圆环就四面凌空，一无遮拦了。

这种结构，比起原来的浑仪来，真是又实用，又简单，所以取名“简仪”。简仪的这种结构，同现代称为“天图式望远镜”的构造基本上是一致的。在欧洲，像这种结构的测天仪器，直到18世纪以后才开始从英国流传开来。

郭守敬用这架简仪作了两项精密的观测，一项是黄道和赤道的交角的测定；另一项观测是二十八宿距度的测定。这两项观测，对后来新历的编算具有重大的意义。

郭守敬还独创了一件仪器。这件仪器是一个铜制的中空的半球面，形状像一口仰天放着的锅，名叫“仰仪”。

仰仪是采用直接投影方法的观测仪器，非常直观、方便。例如，当太阳光透过中心小孔时，在仰仪的内部球面上就会投影出太阳的映像，观测者便可以从网格中直接读出太阳的位置了。

尤其在日全食时，它能测定日食发生的时刻，利用仰仪能清楚地观看日食的全过程，连同每一个时刻、日食的方位角、食分多少和日面亏损的位置、大小都能比较准确地测量出来。

这架仪器甚至还能观测月球的位置和月食情况，被称为“日食观测工具的鼻祖”。

仰仪流传到朝鲜和日本以后，那里便取消了璇玑板，改成尖顶的晷针，从而成为纯粹的日晷，被称为仰釜日晷。

郭守敬改进的简仪和独创的仰仪，在编订新历时提供了不少精确的数据，这确是新历得以成功的一个重要原因。

天文台的仪器装备已经基本完备，于是，王恂、郭守敬等同一位尼泊尔的建筑师阿尼哥合作，在大都兴建了一座新的天文台，台上就

安置着郭守敬所创制的那些天文仪器。它是当时世界上设备最完善的天文台之一。

由于郭守敬的建议，1279年，元世祖派了14位天文学家，到当时大都以外的国内26个地点，进行几项重要的天文观测。在其中的6个地点，特别测定了夏至日的表影长度和昼、夜的时间长度。

这些观测的结果，都为编制全国适用的历法提供了科学的数据。这一次天文观测的规模之大，在世界天文学史上也是少见的。

这是一次意义深远的“四海测验”。值得敬佩的是，郭守敬奉旨进行“四海测验”，在南海的测量点就在我国黄岩岛。

经过王恂、郭守敬等人的集体努力，至1280年春天，一部新的历法宣告完成。按照“敬授民时”的古语，取名“授时历”。同年冬天，正式颁发了根据《授时历》推算出来的下一年的日历。

《授时历》颁行不久，几个主要的参加编历工作的人，退休的退休，死的死了，王恂也病逝了。但有关这部新历的许多算草、数表等都还是一堆草稿。于是，最后的整理定稿工作全部落到郭守敬的肩上。

郭守敬又花了两年多的时间，把数据、算表等整理清楚，写出《推步》7卷、《立成》2卷、《历议拟稿》3卷、《转神选择》2卷、《上中下注释》12卷留传后世。其中的一部分就是《元史·历志》中的《授时历经》。

《授时历》反映了当时我国天文历法的新水平。在这部历法里，有许多革新创造的成绩。例如，废除了过去许多不合理、不必要的计算方法，例如避免用很复杂的分数来表示一个天文数据的尾数部分，改用十进小数等；定一回归年为365.2425日，比地球绕太阳公转一周的实际时间，仅差26秒，和现代世界通用的公历完全相同；创立了“三差内插公式”和“球面三角公式”，是具有世界意义的杰出成就。

《授时历》经受住了时间考验。它在我国沿用了300多年，产生了重大影响。现行公历是意大利天文学家利里奥在1582年提出的，比《授时历》晚了整整300年。朝鲜、越南都曾采用过《授时历》。

此后不久，郭守敬升为太史令。在以后的几年间，他又继续进行

天文观测，并且陆续地把自己制造天文仪器、观测天象的经验和结果等极宝贵的知识编写成书。

他写的天文学著作共有百余卷之多。可惜封建帝王元世祖不愿让真正的科学知识流传到民间去，把郭守敬的天文著作统统锁在深宫秘府之中。

除此之外，郭守敬还开通了大都的通惠河。大都是元朝的首都，城内每年消费的粮食达几百万斤。这些粮食绝大部分是从南方产粮地区征运来的。然而，陆运耗费的巨大，始终在促使着人们去寻求一条合适的水道。

这个任务，到郭守敬的时候才得以完成。郭守敬提出的第一个方案就是他在 1262 年初见元世祖时所提出来的 6 条修水利建议中的第一条，即修复从当时的中都到通州的漕运河道。

组织开通了通惠河之后，郭守敬一直兼任天文和水利两方面的领导工作。1294 年，他升知太史院事。但是关于水利方面的工作，当时政府仍经常要征询他的意见。

1303 年，元成宗下诏，说凡是年满 70 岁的官员都可以退休，独有郭守敬，因为朝廷还有许多工作都要依靠他，不准他退休。然而，由于元成宗之后政权迅速腐朽，把元世祖时代鼓励农桑的这点积极因素抛弃净尽了。

在这种情况下，郭守敬的创造活动自然也受到极大的限制。同他当时不断提高的名望相对照，他晚年的创造活动不免太沉寂了。除了在 1298 年建造了一架天文仪器灵台水浑以外，就再没有别的重大创制和显著表现了。可以设想，如果他晚年能够有较好的社会政治条件，可能还有更大的贡献。

平民数学家朱世杰

据说，我国在两汉时期就能解一次方程，古时称为“方程术”。

至宋元时期又出现了具有世界意义的成就——天元术。那么，当未知数不止一个的时候，如何列出高次联立方程组求解呢？

有这样一道古代数学题：

> 直田积 864 步，只云长阔共 60 步，问阔及长各几步？
>
> 答曰：阔 24 步，长 36 步。

这就是说，长方形田地的面积等于 864 平方步，长与宽的和是 60 步，长与宽各多少步？此题列成方程式即是：$xy = 864$，$x+y=60$，其中 x、y 分别表示田的长和宽，这是一个二元二次方程组问题，此题选自我国南宋数学家杨辉所著《田亩比类乘除算法》一书。

这充分说明，我国宋代数学家就已结合生产实践对多元高次方程组有了研究。那么，有没有三元三次方程组，四元四次方程组呢？当然有。早在宋、元时期，我国数学家就圆满地解决了这个问题。这个人便是朱世杰。

在宋元时期，我国数学鼎盛时期中杰出的数学家有“秦、李、杨、

朱四大家”，朱世杰是其中之一。他是平民数学家和数学教育家，平生勤力研习《九章算术》，旁通其他各种算法，成为元代著名数学家。

在与他同时代的数学家秦九韶、李冶所创立的一元高次方程的数值解法和天元术的基础上，朱世杰进一步发展了“四元术”，创造了用消元法解二、三、四元高次方程组的方法。

朱世杰这一重大发明，都记录在他的杰作《四元玉鉴》一书中。

所谓四元术，就是用天元 x、地元 y、人元 z、物元 u 等四元表示四元高次方程组。朱世杰不仅提出了多元高次联立方程组的算筹摆置记述方法，而且把《九章算术》等书中四元一次联立方程解法推广到四元高次联立方程组。

四元术用四元消法解题，把四元四式消去一元变成三元三式，再消去一元变成二元二式，再消去一元，得到一个只含一元的天元开方式，然后用增乘开方法求正根。这和现代求解方程组方法基本一致。

在西方，在 16 世纪以前，人们长期把不同的未知数用同一个符号来表示，以至含混不清。直至 1559 年，法国数学家彪特才开始用不同的字母 A、B、C……来表示不同的未知数。

而我国，朱世杰早在 1303 年就巧妙地解决了这个问题，他用天、地、人、物这四元来表示 4 个未知数，即相当于现在的 x、y、z、u。

而关于四元高次联立方程的求解，欧洲直至 1775 年，法国数学家别朱在他的《代数方程的一般理论》一书中才得以系统的解决。但这已比朱世杰晚了四五百年。四元术是我国数学家的又一辉煌成就。它达到了当时世界数学发展的高峰。

以农为本的农学家王祯

王祯的家乡东平在元代初期就已是封建文人荟萃的地方。当时的统治者忽必烈非常重视总结农业知识，并普及农业技术，曾在东平让许多名士先后设帐授徒。元朝也先后产生了《农桑辑要》和《农桑衣

食撮要》这样的农业科学著作。王祯受其影响也开始接触农学。

王祯在1295年任宣州旌德县县尹和在1300年担任信州永丰县县尹时，继承了传统的“农本”思想，认为国家从中央到地方政府的首要政事就是抓农业生产。为此，他在任期间恪尽职守，公正无私，勤勉务实，为民办事。

王祯留心农事，处处观察，积累了丰富的农业知识。为了总结农事经验，王祯在旌德县尹期间，就开始着手编写《农书》，也叫《王祯农书》，直至调任永丰县尹后才完成。1313年，王祯又为这本书写了一篇自序，正式刻版发行。

《王祯农书》共37卷，现存36卷，另有编著22卷的版本，内容相同。该书规模宏大，范围广博，大约13万字，插图300多幅。

其中包括《农桑通诀》《百谷谱》和《农器图谱》三大部分。最后所附《杂录》中有和农业生产关系不大的“造活字印书法”。全书既有总论，又有分论，图文并茂，系统分明，体例完整。

《农桑通诀》可以说是“农业总论”。共6卷，19篇，是王祯对农业综合性的总结，贯穿了以农为本的观念和天时、地利、人和共同决定农业的思想。

《农桑通诀》论述了农业、牛耕和桑业的起源；农业与天时、地利

及人力三者之间的关系，接着按照农业生产春耕、夏耘、秋收、冬藏的基本顺序，记载了大田作物生产过程中每个环节应采取的共同的基本措施；最后是“种植”“畜养”和“蚕缫”3篇，记载有关林木种植包括桑树、禽畜饲养以及蚕茧加工等方面的技术。

《农桑通诀》以“授时”和“地利”两篇探讨了农业生产客观环境的复杂性和规律性，强调了农业生产中“时宜”和“地宜”的重要性。《农桑通诀》还分列了“种植”“畜养”“蚕缫”等专篇，阐述林、牧、副、渔等广义农业各个方面的内容，并宣扬了官府的重农思想和劝农措施。这部分内容，使人们对广义农业的内容和范围以及农业生产中客观规律性和主观能动性的各个方面，都能有清晰明了的认识。

《百谷谱》共4卷11篇，是农作物栽培各论，阐述的是各种农作物的品种、特性、栽培、种植、收获、贮藏、利用等技术知识，所介绍的农作物共有80多种。谷谱包括谷属2卷、蓏属1卷、蔬属2卷、果属3卷、竹木1卷、杂类1卷，初步具备了对农作物实行分类学的萌芽。

《农器图谱》是全书重点，共有12卷，篇幅占全书的五分之四，也是最能展现王祯科技思想精华之所在。

具体分为田制、耙扒、蓑笠、杵臼、仓廪、鼎釜、舟车、灌溉、利用、蚕桑、织纴、扩絮、麻苎12门，详尽介绍了当时和古代以及他所创制的农具、农业机械和农家生活用具等257种。共绘有图谱306幅，每幅图都有文字说明，介绍各种器具的构造、发展演变过程、使用方法和功效。

关于土地翻治农具，《农器图谱》介绍了犁、犁刀、耙耢等。重点介绍的是耧车。耧车汉已有，元代有创新，增加了一个肥料箱，使播种与施肥同时进行；增加了砘车装置，播种后能马上掩土。

对于灌溉器械，王祯一方面把传统的龙骨水车创新为用水力推动，成为“自动化”机械，还创制了高转筒车灌溉机械，能够把水提高至33米高的地面进行灌溉，两部筒车相接，就可以把水提高66米。

收获农具有粟鉴、辕、推镰等。王祯把麦钐、麦绰、麦笼等配合起来做成的快速收麦器，是效率极高的收割农具。

在农产品加工机械方面，最著名的创新发明是水轮三事。在传统的普通水力磨上对机械装置改进之后，可以同时具有磨面、砻稻、碾米功能。

水转连磨则是利用水力发动的机械，用一个立式的大水轮，再通过一系列的齿轮传动装置，能同时使 9 个磨盘旋转工作。王祯在“利用门”一节中介绍的水力农机达 14 种之多，还不包括水力灌溉机械。

从整个《农器图谱》的机械与图谱中，可以明显看到王祯既是卓越的农学家，更是杰出的机械制造家。他对于绳轮、齿轮、曲柄、连杆等传动装置的运用已驾驭自如，得心应手。在许多机械部件与整体机械原理上，也同样显示出其过人的研究与极高的造诣。

《农器图谱》中多达 300 多幅的插图，也是以前的农书中所绝无仅有的。正是靠着这些图谱，我国古代的许多农业机械器具才得以保存。可以说,《农器图谱》是王祯在古农书中的一大创造，是古代我国农器图谱的公认“鼻祖”。

《王祯农书》是我国第一部力图从全国范围对整个农业作系统全面论述的著作，所涉及的地域包括南北方的 17 个省区，这也是以前任何一部古农书所不及的。堪称我国古代一部农业百科全书。

海瑞刚正不阿做清官

明代中期以后，阶级矛盾和民族矛盾日益激化，至嘉靖、万历年间，明王朝基业危机四伏。这时候，出现了一些刚正不阿的封建士大夫官僚，海瑞就是其中的一位代表。

海瑞，是明代著名的清官，一生刚正不阿，不避权贵，犯颜直谏，两袖清风，人称“海青天”。海瑞从小丧父，家境贫寒，直至 36 岁才得以参加乡试，成为举人。其后任南平县教谕，主持教育工作。

有一天，延平府的督学官到南平县视察工作，海瑞和另外两名教官前去迎见。在当时的官场上，下级迎接上级，一般都是要跪拜的。因此，随行的两位教官都跪地相迎，可海瑞却站着，只行抱拳之礼，3人的姿势俨然一个笔架。

这位督学官大为震怒，训斥海瑞不懂礼节。海瑞不卑不亢地说："按大明律法，我堂堂学官，为人师表，对您不能行跪拜大礼。"这位督学官虽然怒发冲冠，却拿海瑞没办法。从此，海瑞落下一个"笔架博士"的雅号。

过了几年，海瑞因为考核成绩优秀，被授予浙江严州府淳安县知县。这时他已经43岁了。

海瑞上任时，一不坐轿，二不乘船，只穿了一件普普通通的秀才衣，骑着一头骡子，带着书童海安，悄悄地进了淳安县界，沿着一条小路向前走去。

有一天，海瑞刚刚从街上回到县衙，管钱粮的李老夫子就笑呵呵地进来，把很厚的一叠礼单送上来，说道："请大人过目，这是全县乡绅听说大人的生日到了，送来的贺礼。"

海瑞一愣，但随即就明白了，这是那些乡绅向他行贿的一个借口，是想让他对多占的土地网开一面。他让家人把礼物全部接下，然后叫李老夫子传下话去，把所有乡绅都请到大堂前说话。

送礼的乡绅见海瑞收下了银子，要请大家喝酒，都高兴地来了。

海瑞见人都到齐了，便从后堂出来，向大家抱拳一揖，笑着说道："海某来到淳安，深蒙各位厚爱，愧不敢当！不过，不仅我的生日不是明天，就是到了过生日的时候，也绝不接受一文贺礼。各位送来的银子，今天一一当面奉还。至于清丈土地的事情，本县言出必行。如果

有不逞之徒从中作梗，敢于作弊，本县言出法随，一定严惩不贷。”

海瑞说完，让家人当面点名，叫乡绅们一一上前领回了银子。众乡绅见海瑞当面退银，都瞠目结舌，半晌说不出话来，谁也不敢出面反对清丈土地。

第二天，海瑞亲自下乡，领人丈量土地，成为全国第一个查实土地数目，解决赋税合理负担的县令。贫苦百姓解除了额外负担，家家户户欢喜不尽。

海瑞清丈田亩之后，又着手整顿吏治，实行均徭，革除陋规。他整顿吏治，首先从自己的身上开刀。在当时，作为一个地方官员的收入，一笔是国家的薪俸，另外一笔是“常规”收入。

按照“常规”，地方官员到北京朝觐，所需的车马食宿费用和向京都大员讨好行贿的金钱，都要由本地的百姓摊掏。地方官员向出巡和路过的大官赠送财礼、车船支应及招待费用，也要向百姓们摊派。这笔钱花多少就可以摊多少，地方官员自然可以从中渔利，大发其财。

海瑞大胆地革除了这种“常规”，把每人每年要负担的这几项银子从平均5两减至2两。明确宣布自己不要这种“常规”银子，也不向过往官员赠送这种“常规”银子。海瑞在淳安任上曾经两次进京，只用了路费银48两，其他一概裁革。

丈量土地，削减“常规”银，这两项改革，不仅削掉了他自己的特权利益，而且损害了上级官员的利益。

当时有朋友劝告海瑞：“你把这些都革掉了，就大祸临头了！”

海瑞说：“充军流放，下狱杀头，都甘心忍受。无论如何，也不去做这种用刀在百姓身上剜肉的事情！”

由此可见海瑞为官清正，革除特权，不畏权贵，具有大公无私的品格和公正廉明的工作作风。

当时浙江总督胡宗宪的儿子仗势欺人、作威作福，到处敲诈勒索。一天路过淳安，认为驿吏怠慢，对他招待不周，便借机发作，指使手下人把驿吏倒挂着殴打。

此事报到海瑞那儿，海瑞故意揣摩片刻，便高声吼叫道：“胡总督

早就宣布，家眷经过的地方不许铺张，这个人随身带了许多珍宝，肯定是个冒牌货。”喝令衙役把他的东西没收充库，并火速驰报胡总督。

胡宗宪闻报，也只好顺水推舟，不与海瑞为难。

鄢懋卿是权倾朝野内阁首辅严嵩的心腹，持有先斩后奏“尚方宝剑”的都御史。他奉帝命出都巡视，所到之处地方官无不恭迎。有一次鄢懋卿路过淳安，大家深为忧虑，有人劝海瑞通融一下，以免大祸临头。但海瑞置个人生死于度外，硬是不肯屈服，不愿拿老百姓的血汗钱去讨好上司。

海瑞采取“以子之矛攻子之盾”的办法，派人给鄢懋卿送上一封信。信上的大意是：听说都御史吩咐沿途招待要简朴，我很高兴；又听说沿途接待十分奢侈，与您的吩咐完全不一样，令人忧虑。照你的吩咐办，怕怠慢您；铺张浪费招待您，肯定要花很多钱，淳安县小民穷，实在拿不出，您看怎么办？

言事不卑不亢，软中带硬，把难题交给鄢懋卿自己去解答。鄢懋卿知道海瑞刚正廉洁，一时也抓不住他把柄，怕到淳安自讨没趣，只好强按怒火改道而去。

海瑞常说：“人应正直节俭。正直的人必会节俭，因为正直的人明事理。不节俭就很难正直，奢侈浪费与贪污腐化是很接近的。”

海瑞在生活上也十分俭朴，反对奢侈浪费。他没有额外的收入，只靠薪俸过着很节俭的日子。每天粗茶淡饭，十分清苦。他还自己种菜，让家人上山打柴，樵薪自给。

海瑞对家人说：“我的薪俸不高，家中人口又多，一定不可浪费。饭食清淡一些，不要经常买肉。”

有一天，因为海瑞的母亲过生日，他家仆人才破例一次买了2斤肉。连总督胡宗宪听到后，也大为惊奇。他对不花钱的酒席饭菜，一口不动；一芥之物，不入私囊；一厘之钱，不送官长。

海瑞在淳安任职4年，他关心百姓疾苦，减免赋税，救济钱粮，平反冤狱，做了不少好事，把一个贫穷的小县治理得秩序井然，淳安父老纷纷称他为“海青天”。

1569年，海瑞就任应天府巡抚。这个职务权力很大，地位显赫，每次出巡，按朝廷规定，前有鼓乐引导，后有护卫，左右有旌旗官牌，三班六役，前呼后拥，十分威风。

海瑞看不惯这一套劳民伤财的做法，很想废除它。于是，就职当日就颁布“督抚条约”，详细规定应天府政治生活的方方面面。其要点是：巡抚出巡禁止各地迎送、禁止装修招待房舍；规定各级官员见巡抚应穿的衣服；禁止大吃大喝、制定饮食标准；禁止非礼之费，禁请托、禁给过往官员送礼；禁假公济私；禁苛派差役。

不久，海瑞出巡的第一个县，就是他十分熟悉的淳安。到了县界果然没有人迎接，住进驿馆，一切也都如旧时一样，没有添置新设备。海瑞对此感到很高兴。

知县送海瑞来到驿馆正厅。海瑞曾多次来过这里。他习惯地站在堂前打量一下全室，然后坐在椅子上休息。陪同的人也都一一入座。

海瑞刚要让县令汇报情况，突然，他觉得椅子有些不对劲。他伸手摸了摸椅子坐垫，心里明白了。他站起身，走到卧室去看一看，卧室里的被褥，还有那椅子的椅垫都换成了崭新的绸缎。

海瑞很生气地质问知县：“三令五申，你怎么明知故犯。我明明记得那旧的绸面并不破旧，为何更换？”

县令面带愧色。海瑞呵斥说：“想让我住得舒服？想让我高兴？对不？我不需要！我看到这些并不高兴！”

县令受到申斥，他并不委屈，只感到海瑞清廉刚正名不虚传。他忙说：“我立即让人们换下，仍恢复原貌。下官一定记住大人的叮嘱。”

海瑞经常微服察访，了解民情、乡情，解决实际问题，让当地百姓难以忘怀。

吴淞江本是太湖水入海的主要通道，白卯河一段因长年失修，河道淤塞，堤岸也有毁坏，影响湖水入海，致使江南过半的麦田泡在水里，灾民纷纷外逃，社会秩序混乱。海瑞在视察灾区之后，提出了“以工代赈”的计划。

根据这个计划，招募大量灾民参加白卯河的疏浚，动员绅士为赈

灾捐钱献粮，朝廷把救济粮以工钱的形式发给治水的民工。计划公布后，灾民踊跃参加治水大军，逃荒在外的也返回故里，连应天府之外的农民也赶来了。

海瑞亲临工地，督促大小官员恪尽职守，并严厉惩处了贪污钱粮的官吏。几十万民工干劲十足，仅用56天就完成了吴淞江白卯河疏浚工程。“要治吴淞江，需请海龙王”，这是江南人民对海瑞的赞誉。

明中后期，江南的土地兼并情况日益严重，大地主侵占农民的土地，却把赋税、徭役转嫁给农民，百姓苦不堪言。海瑞决心为国为民治一治侵田的歪风。

退田是棘手的，要扩大影响必须拿最大的地主开刀以打开缺口。江南最大的地主要算松江华亭的退职宰相徐阶，此人家有良田40万亩，多数是从农民手中夺来的。目标选中，海瑞却为难了，因为徐阶是他的救命恩人。

当初，海瑞因给明嘉靖帝上《治安疏》，指责皇帝不理政事而被打入死牢，如果没有徐阶在皇帝面前苦口婆心为他说话，海瑞早已身首异处。为此，他翻来覆去几宿没有睡好，经过激烈的思想斗争，决定从个人恩怨中解脱出来，秉公执法。

海瑞写了《督抚条约》，叫人抄写后送交各府县张贴，既是打招呼，也表明了他对退田的决心。接着，又以私人的名义给徐阶写了一封信，申明“退田”之大义，要阁老好自为之。

徐阶退出了几千亩地，并把为非作歹占民田的儿子关在家里。海瑞自然不肯就此了结，再次写信给徐阶，严肃指出“必须再加清理”，占田的儿子应受惩罚。面对铁面无私的海瑞，徐阶招架不住了。于是，他的两个违法的儿子也给海瑞法办了。

经此一事，江南占田的地主接二连三地把田退了，兼并土地之风得到平抑。

海瑞去世前3天，兵部送来柴火银子，一算多了7两银子，他还让退回去。去世后，南京都察院佥都御史王用汲去处理海瑞后事，只见用布制成的帏帐和破烂的竹器，有些是贫寒的文人也不愿使用的，因而禁

不住哭起来，凑钱为海瑞办理丧事。

海瑞的死讯传出，南京的百姓因此罢市。海瑞的灵柩用船运回家乡时，穿着孝服的人站满了两岸，白衣白帽者望不到尽头，祭奠哭拜的人百里不绝。

海瑞一生大公无私，励精图治，不畏权贵，为国为民，他的刚直不阿的精神，廉洁奉公的高尚品质，受到后人们的怀念、崇敬、爱戴和拥护。几百年来，海瑞的事迹，构成了一个典型的清官形象被广泛传颂。

知其说者之于天下

子曰："禘[1]自既灌[2]而往者，吾不欲观之矣[3]。"

或问禘之说[4]，子曰："不知也。知其说者之于天下也，其如示诸斯[5]乎！"指其掌。

祭如在，祭神如神在。子曰："吾不与祭，如不祭。"

【注释】

①禘：古代只有天子才可以举行的祭祀祖先的非常隆重的典礼。

②灌：禘礼中第一次献酒。

③吾不欲观之矣：我不愿意看了。

④禘之说：说，理论、道理、规定。禘之说，意为关于禘祭的规定。

⑤示诸斯：斯指后面的"掌"字。

【解释】

孔子说："对于行禘礼的仪式，从第一次献酒以后，我就不愿意看了。"

有人问孔子关于举行禘祭的规定，孔子说："我不知道。知道这种规定的人，对治理天下的事，就会像把东西摆在这里一样（容易）吧！"（一面说一面）指着他的手掌。

祭祀祖先就像祖先真在面前，祭神就像神真在面前。孔子说："我如果不亲自参加祭祀，那就和没有祭祀一样。"

孔子认为，在鲁国的禘祭中，名分颠倒，不值得一看。所以有人问他关于禘祭的规定时，他故意说不知道。但紧接着又说，谁能懂得

禘祭的道理，治天下就容易了。这就是说，谁懂得禘祭的规定，谁就可以归复紊乱的“礼”了。

【故事】

孟子盖世辩才治国

孟子来到齐国，齐宣王问他：“齐桓公、晋文公在春秋时代称霸的事迹，您可以讲给我听听吗？”

孟子说：“孔子的弟子不谈论他们事迹，因此我没有听说过。就让我讲一讲用德统一天下的王道吧！”

孟子先说齐宣王的不忍看见杀牛而作为祭品的这种仁爱之心就可以在天下称王，还说：“君子对于飞禽走兽，看见它们活着，便不忍心再看到它们死；听到它们悲鸣，便不忍心再吃它们的肉。”

齐宣王听罢，很高兴地问：“我这种心情与王道相合，又是什么道理呢？”

孟子反问齐宣王说：“假定有个人向大王您报告，说我的力气能够举起3000斤重物，却拿不起一根羽毛；眼睛能够看清鸟身上的羽毛，却看不见一车木柴。您肯相信这话吗？”

齐宣王说：“不。”

孟子接着说：“一根羽毛都拿不起，那是不愿用力的缘故；一车木柴都看不见，那是不肯用眼睛的缘故；百姓得不到安定的生活，那是君王不肯施恩于民的缘故。所以，大王不用仁政去统一天下，是不肯去做啊！”

齐宣王微笑着，什么话也说不出来了。

精忠岳飞精忠报国

岳飞是宋代相州汤阴县永和乡孝悌里人，即现在的河南安阳汤阴程岗村，出身于农民家庭。他少年时就爱读《春秋左传》和《孙子兵法》，稍后拜名师学习弓箭和枪法。由于他虚心求教，勤学苦练，练得一身好武艺，十八九岁，就能拉开300斤的硬弓了。

这时候，北方金国兴起，金国四太子金兀术率领大兵南侵。国难当头，为了保家卫国，岳飞毅然应募，经过选拔，被任命为“敢战士”中的一名分队长。20岁的岳飞自此开始了他的军戎生活。从军后的岳飞英勇善战，立了许多战功。

岳飞从军不久，他的父亲岳和病故，岳飞辞别军队，赶回汤阴为父亲守孝。随后，又到河东路平定军投戎，被擢为偏校。靖康元年（1126年）底，北宋朝廷抗敌不力，被金兵占了都城汴梁，皇帝宋钦宗、太上皇宋徽宗及大臣等3000多人也被俘虏了。

北宋都城汴梁被金兵侵占后，宋室南迁，康王赵构在金陵继位，

史称“南宋”，康王就是宋高宗。南宋朝廷传下圣旨，聘召岳飞进京受职，率兵讨贼，图复中兴，报仇雪恨。

岳飞接了圣旨，准备投身抗金前线。临行前，岳飞的母亲让岳飞去中堂摆下香案，端正香烛，随后带媳妇一同出来，焚香点烛，拜过天地祖宗。又叫岳飞跪在地上，媳妇研墨。

岳母郑重地说道：“孩儿，做娘的见你应募参军，保家卫国，真是极好。但恐我死之后，你做出些不忠之事，岂不把半世芳名丧于一旦？所以我今日祝告天地祖宗，要在你背上刺下‘尽忠报国’4个字，愿你做个忠臣，尽忠报国，流芳百世，我就含笑于九泉了！”

岳飞听罢，说道：“母亲说得有理。孩儿生是大宋人，死是大宋鬼，绝不会做不忠不义之事！您就与孩儿刺字罢。”说吧，将上衣脱下，袒露后背，让母亲刻字。

岳母取过笔来，先在岳飞背上写了“尽忠报国”4个字，然后将绣花针拿在手中，在他背上一刺。看到儿子的后背颤抖了一下，心疼地问：“我儿痛吗？”

岳飞道：“母亲刚才轻轻地刺了一下，怎么问孩儿痛不痛？”

岳母流泪道：“孩儿，你怕娘的手软，故说不痛。”说罢，咬着牙根刺起来。

“尽忠报国”4个字刺在肉上，每一个笔画都滴着血，染红了岳母手中的绣花针和毛巾。岳飞的妻子在旁边看了，百感交集，被丈夫的坚强意志震撼了。

岳母刺完，将醋墨涂在字上，使它永远不褪色。岳飞站起来，叩谢母亲训教之恩。

从此以后，“尽忠报国”不仅刻在他的身上，也刻在了他的心中，时刻激励着他保卫大宋江山。“尽忠报国”被后世概括为“精忠报国”，以至于成为中华民族报国精神的精髓。

南宋政权建立后，岳飞以下级军官身份，上书反对宋高宗南迁，要求北伐。不料触怒了主和派，他们以“越职言事”的罪名，革掉了他的军职。但是，岳飞毫不气馁。他所记挂的不是个人的进退荣辱，

而是国家的命运和民族的存亡。他在抗金名臣宗泽手下，带领队伍转战黄河南北，深入到太行山下，屡建战功。

由于南宋朝廷坚持妥协投降的政策，金兵乘机南进，跨过黄河，打到了江南。时局的混乱，使岳飞的军队和朝廷失去联系，成为孤军。岳飞不畏艰险，主动出击，在广德六战六胜，打得金兵闻风丧胆。又在常州四战四捷，金兵死伤惨重。

岳飞相继收复了建康和襄阳六郡，使“岳家军”声威大震。宋高宗赵构特赐岳飞一面军旗，上面绣着4个赫赫大字“精忠岳飞”。

靖康耻，犹未雪；臣子恨，何时灭！

这是岳飞著名诗篇《满江红·写怀》中的诗句，岳飞念念不忘抗金收复失地的大业。1140年，岳飞率军挥师北上，“岳家军”以锐不可当之势，连克数城，“精忠岳飞”的战旗所向披靡。

这年7月，岳飞亲自率领一支轻骑进驻郾城。金将兀术则纠集了1.5万名精兵进逼郾城，并拿出了他的王牌军铁浮图军，企图一下子吃掉“岳家军”。

岳飞观察了形势后，深知这将是一场前所未遇的恶战、以寡敌众的硬仗，也坚信自己的将士能够承受严酷的考验。岳飞首先命令儿子岳云率领背嵬军和游奕军骑兵精锐，出城迎击。他神色严毅地对岳云说：“必胜而后返，如不用命，吾先斩汝矣！”

当天下午，岳云舞动铁锥枪，率精骑直贯敌阵。双方的骑兵展开了激烈的鏖战。金兵的后续部队源源不绝地拥来。岳云率领的马军打败敌骑的一次冲锋后，又招致更多的敌骑进行第二次冲锋，如此激战几十回合，形势逐步发展到与金兀术“全军接战”的地步，10余万金军后续军队也陆续开进战场。

岳家军猛将杨再兴扬言要活捉金兀术，单骑冲入敌阵，杀金军将士近百人，他自己也身中数十枪，遍体创伤，仍然战斗不止。在战斗最激烈的时刻，黄尘蔽天，杀声动地。岳飞亲率40名骑兵突进到阵

前。这时一个副将急忙上前挽住战马，说："将军为国家重臣，安危所系，不可亲战！"

岳飞喝道："身为将军，理当身先士卒！"说罢跃马驰突于敌阵之前，左右开弓，箭无虚发。将士看到统帅亲自出马，顿时士气倍增。金兀术眼见骑兵会战不能取胜，焦躁万分，于是下令将披挂重铠全装的铁浮图军投入战斗。

铁浮图军每3匹马用皮索相连，他们护甲厚重、攻坚能力强，"堵墙而进"，主要用于正面冲击。金军一反以左、右翼拐子马迂回侧击的惯技，改用重装骑兵铁浮图军来进行正面冲击，企图以严整密集的重装骑兵编队来击溃对方较为散乱的骑兵。

岳飞当即命令早已准备好的步兵出动。"岳家军"步兵将士手持麻扎刀、提刀、大斧等以步击骑的利器，专劈马足。只要一匹马扑地，另外两匹马就无法奔驰。步兵与敌骑"手拽厮劈"，铁浮图军顿时乱作一团。

"岳家军"骑兵则专门对付马上的金兵，他们先用长枪挑去金兵的头盔，再用大斧砍掉金兵的脑袋。马上马下紧密配合，把金兵打得人仰马翻。

天色渐渐昏黑，金军重装骑兵铁浮图军损失惨重，一败涂地、狼狈溃逃。金兀术说："自起兵南进以来，铁浮屠军所向披靡，今天算是彻底完了！"

郾城一战金军惨败，1.5万名精兵被岳飞消灭三分之一。岳家军大获全胜。这就是有名的"郾城大捷"。郾城之战后，岳飞乘胜追击，在朱仙镇，又把金兀术剩下的10万大军打得作鸟兽散，狼狈逃窜。

面对英勇善战的岳飞，金兀术再次感叹地说："撼山易，撼岳家军难！"

喜人的抗金形势，使人民欢欣鼓舞，岳飞也非常兴奋，他充满信心地对部将说："直捣黄龙府，与诸君痛饮尔！"可是，正在这时，朝廷在一天内连下12道金牌，要岳飞"立即退兵"。

原来，金国在无力攻灭南宋的情况下，准备重新与南宋议和。宋

朝廷乘机开始打压手握重兵的将领，尤其是坚决主张抗金的岳飞。宋高宗和秦桧害怕岳飞继续前进，会阻碍他们的议和计划，也害怕胜利后更加强大的“岳家军”会威胁他们的地位。因此，就以“孤军不可久留”为借口，下令岳飞退兵。

岳飞望着抗金义士用生命和鲜血换来的中原沃土，泪流满面，他愤愤地说：“十年之功，废于一旦！所得诸郡，一朝全休！”

奸臣当道，忠良遭殃！1142 年，秦桧以“莫须有”的罪名杀害了岳飞。

岳飞虽然被奸臣害死，但是，他“精忠报国”的爱国主义精神并没有死，岳飞的名字已深深刻在世代人们的心中，而秦桧等人却被铸成铁像反剪双手，长跪于英雄的墓前，千秋万世受到人们的唾骂。这正表达了我们民族鲜明的忠奸是非观念和爱憎之情。

陆游的爱国壮志雄心

陆游是南宋越州山阴人，越州山阴即现在的浙江绍兴。他自幼好学不倦，12 岁即能诗文，有“小李白”之称。17 岁便有诗名。

陆游的父亲是具有爱国思想的正直士大夫，所结交的也多为爱国之士。父亲经常与朋友在家中聚会，谈论国事，每当说到金人入侵，他们无不咬牙切齿，痛哭流涕，意欲收复中原。

父辈们的爱国思想和高尚情操，对陆游耳濡目染，熏陶默化，忧国忧民的思想感情在陆游心里生了根，使他从小就决心献身抗金事业，立下了“上马击狂胡，下马草军书”的爱国壮志。

为了实现这一壮志，陆游不仅习文，而且学武。他曾研读兵书，还花了很长时间从师学习剑术。剑术的学习，培养了他英勇豪爽的气概，锻炼了他刚健强壮的体魄。

1153 年，陆游赴临安应试进士，取为第一，而秦桧的孙子秦埙居其次，秦桧大怒，欲降罪主考。第二年陆游参加礼部考试，主考官再

次将陆游排在秦埙之前，竟被秦桧除名。

奸臣秦桧死后，陆游出任福州宁德县主簿。1163年宋孝宗即位后，以陆游善辞章，熟悉典故，赐其进士出身。历任枢密院编修官兼编类圣政所检讨官、通判、安抚使、参议官、知州等职。

陆游在做官期间，做了许多爱国、爱民之事，如在大灾之年，开官仓赈济饥民；也曾为收复失地、统一国家积极出谋划策。

1161年，陆游因抗金名将王炎之请，千里迢迢从家乡山阴来到南郑“干办公事”，亲着戎装戍守在大散关头。无论是诗人的人生理想的实现还是诗歌成就的取得，南郑岁月都是一个划时代的里程碑。

陆游当时身着戎装，率领将士戍守在大散关头，在风雪之夜布置骑兵突袭敌营，活捉俘虏，以摸清敌情，他还参加过渭水的强渡和大散关的遭遇战。

大散关一带，山高林密，当时又是抗金前线，居民稀少，所以时有猛虎出没伤人。为了为民除害，陆游曾在深山密林中手刺猛虎。他在《闻虏乱有感》中记述此事：

前年从军南山南，夜出驰猎常半酣。

玄熊苍兕积如阜，赤手曳虎毛毵毵。

陆游还考察了大散关一带“地近函秦气俗豪”的山川形势和民情习俗，在此基础上形成了他“却用关中作根本”的战略思想。他积极向王炎陈进取之策，以为“经略中原必自长安始，取长安必自陇右始。当积粟练兵，有衅则攻，无则守”。

陆游的进取方略虽得到王炎的赞同，却不见朝廷接受。随着王炎被朝廷召回，幕府解散，陆游在大散关所呈的收复中原主张终成泡影。

大散关一带的雄关沃野，铁马秋风的军营生活，北方民众的自发抗金、驰寄密报的忠义之举，不但进一步激发陆游的爱国热情，影响着陆游的思想性格，也使他的诗歌创作从思想深度到创作风格都发生了前所未有的变化。

诗人后来回顾这种创作思想和风格变化时，曾写了一首有名的《九月一日夜读诗稿有感走笔作歌》，诗中写道：“我昔学诗未有得，残余未免从人乞。力孱气馁心自知，妄取虚名有惭色。”

在南郑经历了一段紧张丰富的军中生活后，陆游诗作的主调仍是抗金之志、报国之情。如在《山南行》中，他思考的则是经略中原的用兵主张：“国家四纪失中原，师出江淮未易吞。会看金鼓从天下，却用关中作本根。”

在《和高子长参议道中二绝》一诗中，表白的则是收复失地的美好前景：“莫作世间儿女态，明年万里驻安西”；甚至看到瀑布，也从中感激到报国之情，如在《蟠龙瀑布》中说：“意气忽感激，邂逅成功名。”

陆游离开南郑后的30多年间，不断有诗作回忆这段难忘的军中生活，前后共有300多篇，其中包括几乎人人能诵的《书愤》中的“楼船夜雪瓜洲渡，铁马秋风大散关”，《诉衷情》中的“当年万里觅封侯，匹马戍梁州”等。

大散关一带的军旅生活，是陆游一生唯一的一次亲临抗金前线，也是诗人力图实现自己爱国之志唯一的一次军事实践。

因为陆游始终坚持抗金救国的主张，多次遭到了投降派的陷害、打击和排挤，但他对自己的理想始终坚信不疑。直至晚年病重时，报国信念和爱国热情仍然不减当年。

1210 年春，这位 85 岁高龄的爱国老诗人病在床上已经有 100 多天了，吃药也不见效，病情越来越严重。他的亲朋好友知道他将不久于人世，都纷纷前来探望。

在最后几天里，陆游已茶饭不进，不能说话了。全家人围在他身边，满含热泪，悲痛万分。这一天，陆游忽然示意家人要坐起来，家人只好扶着他坐好。他又让家人把窗户打开。大家怕他受风，承受不了，不肯开。陆游显出十分急躁痛苦的样子，家里人只好给他开了窗户。

此时，陆游透过窗口，翘首北望，眼含热泪，思绪难平。他生活在民族矛盾最尖锐的时期，亲眼看到金兵蹂躏中原人民，曾多次表示要挥戈跃马收复失地，统一国家，但都被南宋朝廷拒绝了。

国仇未报，他的一腔爱国热情也只好倾注笔下。他的强烈的爱国热情，有增无已，“一闻战鼓意气生，犹能为国平燕赵”；他的报国壮志，老益弥坚，“壮心未与年俱老，死去犹能做鬼雄”；他的收复中原的信念，至死不渝，“僵卧孤村不自哀，尚思为国戍轮台”。

几十年过去了，山河依然破碎，百姓仍遭涂炭，自己壮志未酬，所有这些，怎能不叫他“悲歌仰天泪如雨”？

诗人明白自己就要离开人世了，他又看了一会儿窗外，忽然指指书案，家里人明白，他要写诗。儿子端来了笔砚，跪在他身边。

陆游那颤抖的手拿起笔刚刚写了“示儿”两个字，便喘成一团。但他不肯作罢，用尽最后的力气，哆哆嗦嗦地写道：

死去原知万事空，但悲不见九州同。
王师北定中原日，家祭无忘告乃翁。

意思是说：个人生死原是没有什么值得留恋的，可悲的是不能再

看到国家山河的统一；等到有一天朝廷的军队收复了中原失地，家里举行祭祀时，千万不要忘了把好消息告诉你们的父亲啊！

陆游，这位伟大而杰出的爱国诗人，直至临终，心里念念不忘的，仍然是国家领土的完整，国家的统一。这种至死不渝的报国信念，这种炽热的爱国激情，多少年来同他那不朽的诗作一样被人们传诵，直至今天还在激发国人的爱国热情。

辛弃疾的爱国情结

南宋词人辛弃疾与陆游有许多相似之处：他们始终把洗雪国耻、收复失地作为自己的毕生事业，并在自己的文学创作中写出了时代的期望和失望、民族的热情与愤慨。

辛弃疾是南宋时期历城人，就是现在的山东济南。他成长于金人的统治之下，金代统治者推行的一系列种族歧视政策给广大人民带来的深重苦难，深深刺痛了他的心，使他从小就对这种野蛮的民族掠夺痛恨已极。

辛弃疾的祖父辛赞经常对辛弃疾进行爱国主义教育，所以，辛弃疾很早就立下了恢复中原，统一国家的壮志。为此，他勤奋读书，刻苦锻炼体魄，20多岁便文才出众。

辛弃疾22岁那年，金主完颜亮带领大军，南下侵宋，金军后方空虚，中原地区的英雄豪杰趁机“屯聚纷起”，进行反抗。辛弃疾也毅然投笔从戎，组织起2000多人的队伍，参加了耿京领导的农民起义军，并以其文才当上了起义军的“掌书记”，掌管起义军的大印和书檄文件。

为了扩大力量，辛弃疾说服了一个叫义端的和尚，带了1000多人马来投耿京。不料义端不怀好意，竟然在一天晚上偷了起义军大印，逃奔济南去投降金人。辛弃疾得知消息后，怒火从心而起，立即骑上耿京的乌龙马去追义端。在郓州通往金朝军营的山路上，义端骑着马

在前面飞跑，辛弃疾在后面策马紧追，只见两团黄尘滚滚向前。

辛弃疾终于追上了义端。义端慌了手脚，满脸堆笑地对辛弃疾说：“兄貌似青兕，勇猛过人，还望看在往日情分，饶我一回。”

辛弃疾毫不理会，怒睁双目，挥剑将和尚斩于马下，终于夺回了印信。辛弃疾以自己的正义行动，在义军中赢得了威望。

义军在发展，但辛弃疾却忧虑地看到，义军人数虽有20多万，但由于是孤军作战，又缺少训练，一旦与金军铁骑进行大战，势必难以取胜。因此辛弃疾劝导耿京南归宋朝，和官军共同抗金。

耿京采纳了这一建议，并派辛弃疾代表义军去和宋朝廷联系。辛弃疾顺利地完成了任务，然后立刻策马北归，急于把这一好消息向耿京传述。

不料，行至海州，即现在的江苏东海附近，一个惊人的消息传来：在敌人的诱降政策挑动下，义军中发生了哗变。叛徒张国安杀了耿京，劫持义军投降了金人，并被封为济州的州官。

听到这一消息，辛弃疾怒火中烧，他决心除掉叛贼，为耿京报仇。他带了50名勇士，快马加鞭直奔济州张国安的营帐。看见张国安正同金将正在宴席上喝酒作乐，气得他眼睛都红了。

辛弃疾趁其不备，带领勇士一拥而上，以迅雷不及掩耳的动作杀了金将，把张国安捆绑在马上，同时向其部下声言，朝廷10万大军随后即到。张国安的部下不少是义军旧部，所以当场就有上万人起来反正。

辛弃疾押着张国安，率领这上万人马，迅即掉头南下，一路上战胜了金兵的围追堵截，终于回到了南宋。

辛弃疾惊人的英勇爱国行为，使南宋朝廷大为震惊。宋高宗便任命辛弃疾为江阴签判，从此开始了他在南宋的仕宦生涯。而这时的辛弃疾才 25 岁。辛弃疾抱着抗金的理想南归，但南归后却是那样地不如意。他非但不能跃马横刀于疆场，运筹策划于帷幄，反而不断受到投降派的打击、排挤，最后竟被罢官。

有心报国，却报国无门，辛弃疾茫然，痛苦，无限悲愤。所谓“愤怒出诗人”，慷慨激越的辛词，正是这种愤怒的艺术结晶。

辛弃疾的词充满深厚的爱国热情和挽救国家危亡的雄心壮志，“要挽银河仙浪，西北洗胡沙”“平戎万里，整顿乾坤”。

辛弃疾的词也表露了他壮志未酬的忧愤之情。

长安故人问我，道寻常、泥酒只依然。
目断秋霄落雁，醉来时响空弦。

追往事，叹今吾，春风不染白髭须，
却将万字平戎策，换得东家种树书。

辛弃疾的爱国辞章，慷慨悲壮，不仅真挚动人，而且热情澎湃，具有强烈的感染力。

他的《议练民兵守淮疏》，表达了他强烈的爱国主义感情，对战争形势的鞭辟入里的深刻分析和鲜明而又具体的对策。表达了他慷慨激昂的爱国感情，反映出忧国忧民“道男儿、到死心如铁。看试手，补天裂”的壮志豪情和以身报国的高尚理想。

再如他的《美芹十论》，这是一部很好的军事论著。其中《察情》一篇论道：“两敌相持，无以得其情则疑，疑故易骇，骇而应之必不能详；有以得其情则定，定故不可惑，不可惑而听彼之自扰，则权常在我而敌实受其弊矣。”

此说可谓得兵家虚实理论之精华。古代的空城计、空营计之所以得行险而稳成，其妙处也不过在此而已。但直陈此妙、直捣关键枢要之处，辛弃疾可谓第一人。

自从辛弃疾的《美芹十论》献给朝廷之后，人们就把“美芹”和“悲黍”共同作为忧国忧民，悲国家之颠覆的代名词了。

一支熊熊的火炬，燃烧到了尽头，1207 年，辛弃疾终于怀着忧愤的心情与世长辞。临终前，还连呼数声“杀贼”，显示出爱国词人的心始终没有离开抗金的战场。

文天祥正气以死报国

文天祥是南宋吉州庐陵人，即现在的江西吉安。他从小就喜欢读书，尤其爱读忠臣烈士的传记，这些传记给他很大的教育。

有一天，文天祥来到吉州的学宫瞻仰先贤遗像。他看到吉州的欧阳修、杨邦乂、胡铨的遗像肃穆地陈列其中，十分钦佩和敬慕。这些忠烈之士都是本乡本土的人，他们能做到的，他觉得自己也要做到。

1256 年，文天祥赴京师临安参加科举考试。考官把他的卷子列为第七名，宋理宗亲临集英殿阅读考生的卷子，亲定名次，把文天祥取为一甲第一名，时年文天祥 21 岁。

文天祥所处的时代，正是蒙古统治者向南方不断进犯的时代。面对强悍的蒙古铁骑，文天祥力主抗元。他知道自己人微言轻，而且多言招祸，可面对社稷人民，他选择毫不犹豫地挺身而出，向皇帝上书，指出迁都之议是小人误国之言，应以斩首。还建议改革政治、扩充兵

力、抗元救国。可惜宋理宗没有采纳他的建议。

1260 年，文天祥被任命为建昌军仙都观的主管。由于皇帝不纳谏，重用奸臣，文天祥愤而辞职，后被朝廷贬到地方上任职，治理今江西高安市，当时称为“瑞州”。

瑞州曾遭蒙古人蹂躏。文天祥履任后实行宽惠政策，尽力安抚百姓，筹集资金建立“便民库”，供借贷和救济之用，使地方秩序重新恢复起来。他还修复了一些古迹如“碧落堂”、“三贤堂”等，新建“野人庐”、“松风亭”等，以发扬先贤的民族正气，鼓舞人民的爱国精神。瑞州在文天祥治理下，百废俱兴。

1273 年，朝廷起用文天祥为湖南提刑，掌管狱讼，他推辞不了，唯有启程上任。随后被委任为赣州知州。在赣州期间，他办事分外勤谨，主张对人民少用刑罚，多用义理，所属 10 个县的人民对他非常爱戴，加以这年风调雨顺，稻谷丰收，出现了短暂的安乐景象。

在赣州不到一年蒙古军大举南侵，南宋到了最危险的时刻，文天祥结束了 15 年的宦海浮沉，踏上戎马征途。

1275 年年初，文天祥接到朝廷专旨，命他疾速起发勤王义士，前赴行在。文天祥立即发布榜文，征募义勇之士，同时筹集粮饷。他捐出全部家财做军费，把母亲和家人送到弟弟处赡养，以示毁家纾难。

在文天祥的感召下，一支以农民为主、知识分子为辅的爱国义军在极短时间内组成，总数达 3 万人以上。起兵勤王在文天祥的生活中揭开了新的一页。

文天祥起兵后，积极要求奔赴前线阻击元军以扭转战局。但遭到朝廷中主和派权臣阻挠。文天祥愤而上书抗辩，社会舆论普遍支持他，连太学生也上书抨击投降派。在各方面舆论压力下，朝廷终于颁旨召文天祥领兵入京。

1275 年，文天祥率部到达临安，一路秋毫无犯，声望大振。不久常州告急，朝廷命文天祥率军保卫平江。

文天祥从大局出发，派义军重要将领尹玉、朱华、麻士龙率 3000 人归张全节制，增援常州兵力。这时，蒙古铁骑攻破常州、平江后，临安危急。主和、主战两派意见分歧各行其是。文天祥和江万载、张

世杰主战，三人联名奏请朝廷背城一战。但他们的救国方略得不到朝廷支持。

1276年，蒙古铁骑三路兵马围困临安。朝廷命文天祥为右丞相兼枢密使，出使元军大营，以便一窥虚实。文天祥以浩然的正气与蒙古交涉，却被蒙古统帅伯颜扣留。

文天祥虽然被拘禁，但不甘心失败，又不肯归顺。伯颜没有办法，决定把他送往元大都。在途中，文天祥逃去，辗转回到南宋管辖的地方。

文天祥计划在闽、广重举义旗，团结各方义兵，统一部署，复兴南宋。他在南剑州开督府，福建、广东、江西的许多文臣武将、地方名士、勤王军旧部纷纷前来投效，很快组成了一支督府军，规模、声势比勤王军大得多。

在文天祥的领导下，江西的抗元军事行动进行得如火如荼。各方义军配合督府军作战，分别夺回会昌、雩都、兴国，分宁、武宁、建昌等地。临川、洪州、袁州、瑞州的义兵都来请求督府节制。文天祥统一部署，挥师席卷赣南，收复了大片失地。

蒙古铁骑发起大规模的进攻。文天祥被朝廷外派南剑州开督府，由于文天祥督府军没有作战经验和严格训练，战斗力不强，在元军铁骑猛烈地冲击下，文臣武将或死或降，文天祥一家只剩下老少三人。

虽然文天祥受着国破家亡和妻离子散的巨大打击，但没有动摇其抗元意志。他带兵入粤，在潮州、惠州一带继续抗元。

1278年，文天祥不幸在五坡岭被一支偷袭的蒙古铁骑俘获。他吞下两粒龙脑毒药自杀守节，但药力失效，未能殉国。

元将张弘范看见文天祥，连忙上前相迎，文天祥却转过身体，以脊背相对。张弘范恬不知耻地说："文丞相，你的为人我一向敬佩。古人说，识时务者为俊杰，只要你写一封信给张世杰叫他投降，那么，你还可以当丞相。"

张弘范原是南宋将领，后来为了个人富贵，投降了元军。文天祥怒斥他道："无耻之尤！"

张弘范说："文丞相，刚者易折啊！"

文天祥断然说道："宁折不弯！"

张弘范"嗖"地抽出寒光逼人的宝剑说："你硬还是我的剑硬？"

文天祥神色坦然，大步向剑尖撞去。

张弘范顿时吓得连连退步，祈求地说："文丞相，何必轻生呢？你给张世杰写封信吧！"

文天祥站住，说道："拿纸笔来！"张弘范以为劝降成功，喜形于色，赶紧递过纸笔，只见文天祥挥笔疾书：

辛苦遭逢起一经，干戈寥落四周星。
山河破碎风抛絮，身世飘摇雨打萍。
惶恐滩头说惶恐，零丁洋里叹零丁。
人生自古谁无死，留取丹心照汗青。

写完，文天祥冷笑一声说："你拿去吧。我兵败被俘，再不能捍卫父母之邦，已深感无地自容。怎能写信去叫别人背叛国家呢？只有你这样的软骨头，才甘心做元军的奴才！"

张弘范又向文天祥劝降说："现在宋朝已亡，你的责任尽到了，如果你投降元朝，仍然可以做宰相。"

元朝廷看到劝说无用，就把文天祥上了刑具，关在一间阴暗潮湿的监牢里。就在这样的牢房里，文天祥被关了4年，受尽了各种各样的苦难和折磨，但丝毫没有动摇他一死报国的决心。

在这里，他写了许多诗篇，《正气歌》就是其中最著名的一篇。它表达了文天祥反抗元军的思想感情，同时歌颂了春秋战国时期许多忠君爱国的勇士，他决心要向他们学习，保持自己的浩然正气，决不贪生怕死，屈膝投降。

文天祥的妻子欧阳夫人和两个女儿柳娘、环娘被元军俘虏后送到大都，元朝廷想利用骨肉亲情软化文天祥。文天祥一共育有两子六女，当时在世的只剩此两女，年龄都是14岁。

文天祥接到女儿的信，虽然痛断肝肠，但仍然坚定地说："人谁无妻儿骨肉之情，但今日事已如此，于义当死，乃是命也。奈何！奈

何！”又写诗道：“痴儿莫问今生计，还种来生未了因。”表示国既破，家也不能全，因为骨肉团聚就意味着变节投降。

元朝廷看到文天祥不肯投降，还是不死心。最后，元世祖皇帝忽必烈决定亲自劝降。忽必烈见到文天祥时，文天祥不肯下跪，忽必烈的左右强行要他下跪，文天祥坚立不动，从容地说：“我大宋已经灭亡了，我应当赶快死！”

忽必烈劝诱说：“你只要用对待大宋的心来对待我，我就封你做宰相。”文天祥仍不理睬。忽必烈又说：“你如果不愿做宰相，就请你做别的官，怎么样？”

文天祥斩钉截铁地说：“我只求一死就够了！”

1283年，文天祥被押赴刑场。这一天，兵马司监狱内外，布满了全副武装的卫兵，戒备森严。上万市民听到文天祥就义的消息，就聚集在街道两旁。从监狱到刑场，文天祥走得神态自若，举止安详。

临刑前，朝廷官员问他说：“你有什么话说，告诉皇帝，还可以免死。”

他回答：“死就死，还有什么话可说！”他没有忘记南方的国家，向南方下拜说：“我能够报国的机会，也已经完了。”说完，从容就义，年仅47岁。文天祥遇害后，文夫人在收殓他的遗体时，发现他的衣袋里写着下面一段赞词：

孔曰成仁，孟曰取义，
惟其义尽，所以仁至。
读圣贤书，所学何事，
而今而后，庶几无愧！

文夫人向文天祥的遗体致哀，含着眼泪默念：“夫君，你的死，重于泰山；我一定把你的遗言传给子子孙孙。”

在国运衰颓的危急时刻，文天祥为挽救国家危亡，以“留取丹心照汗青”的气概，进行了百折不挠的苦斗。他以死卫国的精神，已经成为中华民族精忠报国世代相传的典范。

其媚于奥，宁媚于灶

王孙贾[1]问曰："与其媚[2]于奥[3]，宁媚于灶[4]，何谓也？"

子曰："不然。获罪于天[5]，无所祷也。"

子曰："周监[6]于二代[7]，郁郁乎文哉，吾从周。"

【注释】

①王孙贾：卫灵公的大臣，时任大夫。

②媚：谄媚、巴结、奉承。

③奥：这里指屋内位居西南角的神。

④灶：这里指灶旁管烹饪做饭的神。

⑤天：以天喻君，一说天即理。

⑥监：同鉴，借鉴的意思。

⑦二代：这里指夏代和周代。

【解释】

王孙贾问道："与其奉承奥神，不如奉承灶神。这话是什么意思？"孔子说："不是这样的。如果得罪了天，在哪里祷告也没有用。"

孔子说："周朝的礼仪制度借鉴于夏、商二代，是多么丰富多彩啊。我遵从周朝的制度。"

孔子对夏商周的礼仪制度等有深入研究，他认为，历史是不能割断的，后一个王朝对前一个王朝必然有承继，有沿袭。遵从周礼，这是孔子的基本态度。但这不是绝对的。

【故事】

孔子听乐曲讲治国之道

孔子是一位多才多艺的人，他自幼喜爱音乐，尤其是对传统性的音乐特别喜欢。他好学不倦，不耻下问，因此掌握了多方面的音乐技巧。他会击磬、鼓瑟、弹琴、唱歌、作曲等。孔子曾问礼于老聃，学乐于苌叔，学琴于师襄等人。

孔子 35 岁那年，鲁国国内发生动乱，孔子怕遭到灾祸，带着几个弟子逃到齐国。一天，齐国的乐人专门为孔子演奏《韶》的乐曲。孔子听得非常高兴。不久，齐国的乐人又为孔子演奏了《武》的乐曲。孔子听了，也觉得音调很动听，只是表达的意思还不够完整。

有人问孔子说："先生，《韶》和《武》您都欣赏过了，请您讲讲看法！"

孔子说："当然是《韶》乐好呀！它的曲调美极了，而且表达的意思也极好。至于《武》乐嘛！它的曲调也美极了，只是意思还不够好。"

孔子为什么作这样的评价？原来，《韶》乐是虞舜时代的乐曲，孔子向往那个时代，所以极力赞美它；而《武》乐是周武王时代的乐曲，周武王的天下是由讨伐商纣才得来的，孔子喜欢文治而不喜欢武治。因此他就说《韶》乐好，《武》乐比不上《韶》乐。

郭子仪公而忘私的奉献

唐代克己奉公的为政典范，还有大名鼎鼎的唐代中期名将郭子仪。他的奉献精神，一直为世人所称道。

郭子仪与李光弼同为安思顺的麾下将领时，两人不融洽。后来，

安禄山造反，皇帝命郭子仪做朔方节度使，李光弼成为他的部下。当时的节度使是战区司令长官兼行政长官，权力极大。

郭子仪当节度使后，李光弼惶惶不可终日。此时朝廷让郭子仪保举一人去平定河北。郭子仪秉公荐才，认为李光弼能担此任，于是就推荐了他。皇帝当即命令李光弼领一部分郭子仪的兵东征。

李光弼误以为郭子仪想借刀杀人，故意把他送到危险的地方去送死。但君命难违，临行前专门拜会郭子仪，对郭子仪下跪请罪说："我甘愿一死，只希望你放过我的妻子和儿子。"

郭子仪知道李光弼误会了自己，就走下堂来，握住李光弼的手，流着泪说："如今国家动乱，主人受人侮辱，您堪当此任，我郭子仪又怎能心怀私怨呢！"

郭子仪对李光弼用忠义之道加以勉励，并让他立即去担任河北、河东节度使。郭子仪分兵给李光弼。两人相别时握手流泪，相勉报国，一起攻破乱贼。从此以后，两人之间没有丝毫猜忌了。

郭子仪、李光弼两人亲密合作，使唐王朝免于亡国危机，以至于后来唐肃宗李亨对郭子仪说："这虽是我的家国，但实由卿再造！"

郭子仪由于战功卓著，功勋太高，经常横遭一些小人的嫉妒。但他能忍常人所不能忍，容常人所不能容，总是以德报怨。

当郭子仪在前线泾阳为国浴血奋战时，却有人在后方挖了郭家的祖坟。郭子仪知道这件伤天害理的事是当朝宦官鱼朝恩干的。鱼朝恩一向嫉妒郭子仪，多次进谗言诬陷郭子仪。

郭子仪从泾阳返回朝中，满朝文武都以为郭子仪将与鱼朝恩大动干戈。然而郭子仪在皇上面前却绝口不提此事。

直至皇上问起此事时，郭子仪才边哭边说："臣一直在外面带兵打仗，却不能禁止手下的士兵挖别人的祖坟。如今有人挖了臣的祖坟，这是臣的过错招致上天的责罚，这是老天的报应，并不是有谁故意和我过不去。"一场随时可能发生的血腥争斗，就这样由郭子仪的忍让而得以化解。

不久，鱼朝恩派人请郭子仪到自己家中赴宴。很多人都认为鱼朝恩不怀好意，设的是鸿门宴，劝郭子仪不要理睬，但郭子仪却执意要去。眼看拗不过郭子仪，他的许多部下就决定带兵器随行保护，可是郭子仪也不同意，最后只带了几个仆人前去赴宴。

鱼朝恩见郭子仪如此坦然，心中十分惭愧，对郭子仪说："你真是长者，对我毫无疑心啊！"此后，鱼朝恩渐渐改变了对郭子仪的态度，在许多朝政上尽量给郭子仪提供方便。

郭子仪位高权重，但却从不居功自傲、盛气凌人。他对待部下不打骂，不训斥，如同亲人一般。他领兵打仗，特别注意保护老百姓，于民秋毫不犯。

当时的唐王朝，由于发生"安史之乱"，社会经济遭到极大的破坏，百姓生活负担很重。郭子仪为了尽量不损害百姓的利益，多年坚持亲自耕种，他手下的军队军屯也开展得很好。

"安史之乱"时，叛军方面有一员叛将叫田承嗣，带兵占据了魏州，在当地十分蛮横，飞扬跋扈。郭子仪以礼相待，派使者去劝诫。

田承嗣听说是郭子仪派来的人，十分恭敬，并跪倒在地，向郭子仪所在的方向遥拜，并对使者说："我已经很久不向别人下跪了，但是郭公值得我下跪。"

郭子仪忠君爱国，从无非分之想。他生有八子七女，儿子和女婿全部都在朝廷担任要职，其中六子郭暧与皇帝的女儿升平公主结婚。

781年，郭子仪寿终正寝，享年85岁。唐德宗李适十分悲痛，下诏停朝5日，君臣依次到府第吊唁，皇帝还到安福门临哭送行。

按唐代律令，一品官坟墓高6米。唐德宗专门下诏，特许郭子仪

陪葬唐肃宗陵，坟比同等官职的人加高一丈，用以表彰郭子仪的巨大功绩。生前死后，哀荣始终。

郭子仪为了公事而不考虑私事，为了集体利益而不考虑个人得失。这种公而忘私精神，是一种奉献精神，为自己所从事的职业尽职尽责，无私奉献。这也是中华民族的传统美德，值得每个人去学习。

刘晏克勤克俭只为公

如果把唐代克己奉公的为官理政者列个名单，可以填上去很多人的名字，这之中除了魏徵、姚崇、郭子仪外，还有两袖清风的理财能手刘晏。

刘晏，唐代曹州南华人，就是现在的山东东明县。他自幼天资颖悟，少年时期十分勤学，才华横溢，号称"神童"，名噪京师。

刘晏8岁时，唐玄宗李隆基封泰山，刘晏因献作品《颂》而得到了皇帝召见。唐玄宗对他大加赞赏，让他到秘书省任职。从此刘晏勤奋苦读，博览群书，四处求教，这对他后来的施政改革，产生了重大影响。

刘晏为官多年，历任吏部尚书同平章事、度支使、铸钱使、盐铁使等，实施了一系列的财政改革措施。因善于管理经济，官至左仆射，负责全国财政。

刘晏手中虽然掌管着全国亿万钱财，而自己的生活却十分俭朴。他的马车是旧的，穿的衣服也很平常，几乎与普通百姓一样。

这一年冬天，有一次刘晏办完公务准备去上早朝，正赶上天下起

了鹅毛大雪。刘晏使劲地搓着几乎冻僵的双手，对车夫说："我们找一家店铺，买一些早点充饥，然后再去上早朝吧！"

车夫答应着，将马车停在一家店铺前。刘晏走下车子，步入食杂店。他一看价格，比别的店贵，二话不说，转身就退出店外。

刘晏与车夫继续往前走，在一家价格便宜的烧饼铺前停了下来。他对车夫说："你去买些烧饼，够我们两人吃的就可以了。"

车夫买来了热气腾腾的烧饼，刘晏急忙摘下帽子，将烧饼放在里面，然后，就和车夫一起站在雪地里吃了起来。

就在这时，有几个也要上早朝的官员看到刘晏站在雪地里啃烧饼的样子，小声讥讽，有的说："刘晏身为国家财政大臣，这样太寒酸了。"还有的说："嘿，他怎么跟乡下佬似的！"

刘晏听到了，毫不在意说："这烧饼真好吃！"

刘晏的家位于闹市，居住人口杂乱。他的宅院无高楼亭阁，也无奇花异草。因此，朋友们劝他换个地方重新修座庭院，也好风光风光，而刘晏却笑而不答，仍然住在原处。

刘晏赶上了"安史之乱"的特殊时期。为挽国家之倾危，解人民于倒悬，他身体力行，呕心沥血，几十年如一日，孜孜不倦，上朝时骑在马上，心里还在筹算账目，退朝之后，就在官署批阅文卷，常常是秉烛夜分。

刘晏理财以养民为先。他把赋税的增加建立在户口增加的基础上。他的增加赋税收入的办法，不是单纯依靠增税，而是通过实行有利于人民休息的政策，以促进人口的增加和生产的发展，使税源得以扩大。

刘晏在任转运使时，改革转运制度，采取雇佣劳动的办法，这是一项有利于人民休养生息的措施。在刘晏任转运使的初期，全国户口只有200万，后来增加到300余万，而且增加的都在刘晏所管辖的地区。"养民为先"的政策确实取得了一定的效果。

在赈济贫民问题上，刘晏有独特的主张，他不赞成进行无偿的赈给。在发生灾荒时，他除了及时进行减免赋税和必要的贷放外，主要是利用常平法，"丰则贵取，饥则贱与"，在灾区出卖粮食，收购其他

杂货，运往别处出卖或留给官府自用。他认为这样做既不会造成国用的不足，又能使“下户力农”得到实际好处。

由于刘晏的理财方针、措施和办法适应了唐王朝经济残破的局面和当时社会的需要，所以使唐王朝的经济得到了恢复和发展，人民也得以养息。

刘晏饮食简素，室无婢妾，去世时只留下两车书籍和几斗米麦。在当时的情况下，一个理财大臣，能够如此两袖清风，是非常值得称道的。无怪乎人们经常把他与管仲、萧何相提并论，可谓青史留名。

陆贽以天下之事为己任

陆贽也是唐代克己奉公的典范。他为国为民，献计献策，是以天下为己任的济世治国之才。陆贽在少年时就才智超群，志向非凡。18 岁考中进士，从此，走上了济世治国的道路。

784 年，发生了泾原兵变，30 岁的陆贽随唐德宗皇帝出征。在此期间，他日理万机，并上书皇帝，请皇帝下罪己诏书，以此激励将士，报国平叛。唐德宗虽不情愿，但仍采纳了陆贽的建议。

陆贽为唐德宗起草的诏书《奉天改元大赦制》，情词恳切，深自痛责。颁行天下后，前线将士为之感动，有的叛乱者听到后痛哭，上表谢罪。

这年冬天，一些大臣为讨好唐德宗，请唐德宗加尊号“圣神文武”，以显帝威。

陆贽上书唐德宗，恳切地指出：“现在是动乱之时，人心向背之秋，皇帝应注意收揽人心，检讨自己，不应只注重增加美名。”

陆贽认为，“与其增美称而失天下，不如废旧号而尊天戒”，极力劝皇帝不要重名而失德于天下，应该放弃加号这一不合时宜之举。

由于陆贽善于预见，措施得宜，力挽危局，唐王朝摇摇欲坠的局面得以转危为安。鉴于陆贽的功绩，788 年 4 月，唐德宗任命陆贽为中书侍郎，成为中书省固定编制的宰相。身居高位，他决心“以天下为己任，全心报国”。

陆贽主政期间，公忠体国，励精图治，具有远见卓识。在当时社会矛盾深化，唐王朝面临崩溃的不利形势下，他指陈时弊，筹划大计，为朝廷出了许多善策。他总结历代兴衰的经验，吸取贾谊《治安策》中所阐发的加强中央集权思想，认为只有加强中央实力，削弱藩镇势力，居重以驭轻，才能安定。

他继承《论语》中“百姓足，君孰与不足？百姓不足，君孰与足”的思想，强调民富才能国富，民为邦之本，财为民之心。

他上疏提出：“均节赋税恤百姓六条”，系统地阐述了恢复和发展封建经济进行改良的思想。并提出“养人资国”的主张，认为只有“养人”，充分使农民的个体经济得到发展，发挥他们在生产力方面的作用，才能尽可能创造更多的物质财富，使民富国强。

他认为能否正确使用人才，是关系到国家存亡的大问题。要想使大唐有所振作，不整顿吏治、广开才路是不会取得什么成效的。他向唐德宗提出了“求才贵广，考课贵精”的重要原则。

“求才贵广”就是要求广泛地选拔人才；“考课贵精”就是依据一定的标准进行考核，加强吏治的管理，以便高标准地培养地主阶级的官吏。

他建议军队加强训练，严明纪律，又要抚以恩惠，安排好家属，安乐其居，使之思想稳定，才能发挥战斗力。同时，建议不重要的节度使进行合并，使将帅专一，人心不分，号令一致，无往而不胜。

他认为，治理军队，必须要奖惩分明。又主张根据士卒劳役的

轻重，贡献的大小，所处安危的情况，制订衣粮供给的等级，合理分配给养。他还注重军粮的贮积、供给和运输

陆贽为有唐一代的政论家，其思想主张为后世的管理者和儒学家所尊崇。《新唐书》的论赞中说他的思想“可为后世法”。他的学养才能和品德风范，深得当时和后代称赞。

陆贽秉性贞刚，在主政时矫正人君的过失，揭露奸佞误国的罪恶。尤其是对朋党，他采取了坚决的措施。朋党是唐德宗继位以来，一些弄权重臣，网罗羽翼，结党营私形成的集团。他们排挤善良，危害国家，是一股很强的恶势力。

陆贽不畏权贵，先断其结党之路，取消了过去的选官办法，广求贤才，严格考试制度。之后，他又向当权者发起进攻。

户部侍郎裴延龄为人奸诈，天下人都恨他，但由于他是唐德宗的宠臣，人们敢怒而不敢言。只有陆贽仗义执言，不仅当面指责他，而且多次上书皇帝，弹劾裴延龄的罪行。

伴君如伴虎，由于陆贽多次犯颜直谏，触怒朋党，结果他受到诬陷，险些被杀，最后被贬为忠州别驾，当了一个地方上的小官。忠州就是现在的重庆忠县。

陆贽身在朝廷之外，仍矢志不移，为民做事。当时，忠州地区疾病流行，陆贽遍访民间，抄录药方，写成《陆氏集验方》，以此济世救民。

陆贽生前深受忠州人民的爱戴，客死他乡后，便葬在了忠州翠屏山。从此，陆贽墓便成为忠州的一个胜地，一道风景，千百年来，一直受到人们的崇敬。

陆贽一生洁身自好，位高不受礼，官小不行贿，以天下为己任，献计献策，一心为民，终成一位千古流芳，万世敬仰的名臣。

刘温叟为官厚重方正

宋太祖赵匡胤建立宋王朝，为社会进步，经济发展，文化的繁荣创造了良好的条件。大宋基业初开，尤其需要勤政爱民，遵循礼法，节俭自律，以身作则的官员。当时的朝中要员刘温叟就是这样的人。

刘温叟，河南洛阳人。他为人厚重方正，举动遵循礼法，生活节俭自律，产生了改变五代以来奢靡风气的示范效应。

有一次，刘温叟在夜晚经过明德门西门前，给他驾车的人发现宋太祖赵匡胤正和几个太监登上门楼，就告诉刘温叟。

古代皇帝登楼，表示有重大事件。刘温叟见皇帝夜登城楼，不合礼法，就让驾车人和往常一样通过。

第二天，宋太祖询问刘温叟昨晚的事情，刘温叟说："陛下不在应该登楼的时候登楼，那么近侍都希望得到赏赐恩典，首都卫戍军队也希望得到赏赐。我昨天夜晚之所以直接经过，没有参拜陛下，就是为了让所有人知道陛下并不在楼上。"

宋太祖理解了刘温叟昨晚的举动，并对他现在的解释，表示非常满意。

宋太祖时期，按照御史府旧例，每月赏给公用茶，御史中丞得钱1万，公用不足就以罚款补充。刘温叟时任御史中丞，他厌恶罚款之名，所以从不取用。刘温叟任御史中丞12年，多次求人自代。宋太祖难找合适人选，不允许别人替代，可见对他的信赖。

刘温叟身为朝中要员，却为官清廉，从不接受别人馈赠的礼物。刘温叟有一个学生，总想通过“靠山”达到荣华富贵的目的，但目的一直没实现。正在他愁眉不展时，听说老师刘温叟在朝中做大官，他一下子茅塞顿开。心想：这不正是自己将升官发财需要找的“靠山”吗？但就这么去找他，他不一定帮忙。于是决定先给他送礼，套套近乎，再找他也好说话。

一天，这名学生东打听，西问问，终于摸到了刘温叟的家门。他与刘温叟寒暄了一阵后，就说自己备了一车粮草，送给老师，聊表自己的感恩之情。

刘温叟一听连忙说：“你的心意我领了，但东西我是不能收的。”

那个学生说：“老师不收，就是看不起我。”

两人就这样推来让去，刘温叟毕竟拗不过年轻人，只好把东西先留下了。

刘温叟心想：我绝不能白要人家的东西。如果我白拿了人家的东西，将来他找我帮他干些不义之事，我怎好回绝。如果就这么把东西送回去，他肯定会骂我绝情。

刘温叟想来想去，终于想出了个两全齐美的办法。于是，就叫来家里人，要他们把自己新做的那套好衣服拿出来，送到那个学生家里去。

这套衣服很华贵，价值相当于那车粮草的几倍。学生一看老师给学生送这么厚的礼，一时面红耳赤，觉得很不好意思。从此，他不再有找老师做“靠山”的念头。

刘温叟加倍还礼的事，当时传开后，许多人称赞刘温叟清正廉洁。个别想要通过行贿拉拢刘温叟的人，感到他太认真了，不好收买，于是，一个个都取消了拉拢他的想法。

赵光义任晋王时，了解到刘温叟一向清廉，在同僚之中相比，他并不富裕，于是，特意派人给他送去了500千钱。这既有奖赏之意，也有关怀之情。

刘温叟见是晋王的赏赐，却于情面，只好收下。然后，他把这些

钱原封不动地存放在厅西的一间屋子里，并当场把钱和门都封上了，送走了送钱的人。

第二年端午节，赵光义又派人给刘温叟送来一些粽子，还有精美的执扇，以表示对他的器重和关怀。

派来的人恰好还是去年送钱的那个人。他到刘温叟家中一看，去年送来的钱仍然放在那间屋子里，原封未动。事后，派来的人回去把所见情形如实地向赵光义作了禀报。

赵光义听说后，心中万分感慨，说道："连我送去的钱都不用，何况别人的了。看来，过去他之所以收下了我的钱，只是不想拒绝我的情面呵！这钱整整过了一年还未启封，可见他的廉洁情操是多么的高尚。"命令官吏把所送物品载回。

这年秋天，赵光义在后苑侍奉宋太祖用宴，在谈论当世有名的清节之士时，详细讲述了刘温叟以前的事情。宋太祖听后，再三叹赏。

刘温叟遵循礼法，践行了一个臣子应有的礼仪，而他拒收别人的礼物，保存了自己的名节。他的所作所为，令人肃然起敬，也给人们以深刻的启迪。

每事问

子入太庙[1]，每事问。或曰："孰谓鄹[2]人之子知礼乎？入太庙，每事问。"子闻之，曰："是礼也。"

子曰："射不主皮[3]，为力不同科[4]，古之道也。"

子贡欲去告朔[5]之饩羊[6]。子曰："赐也！尔爱[7]其羊，我爱其礼。"

【注释】

①太庙：君主的祖庙。鲁国太庙，即周公旦的庙，供鲁国祭祀周公。

②鄹：zōu，春秋时鲁国地名，在今山东曲阜附近。

③皮：箭靶子。

④科：等级。

⑤告朔：朔，农历每月初一为朔日。告朔，古代制度，天子每年秋冬之际，把第二年的历书颁发给诸侯，告知每个月的初一日。

⑥饩羊：祭祀用的活羊。

⑦爱：爱惜的意思。

【解释】

孔子到太庙，每件事情都要问。有人说："谁说孔子懂得礼？他进了太庙，每件事都要问别人。"孔子听了这话，说："这正是礼啊！"

孔子说："比赛射箭，不在于穿透靶子，因为各人的力气大小不同。自古以来就是这样。"

子贡提出免去每月初一日告祭祖庙用的活羊。孔子说："赐，你爱惜那只羊，我却爱惜那种礼。"

【故事】

刘邦每事问成就伟业

汉高祖刘邦，汉朝开国皇帝，我国历史上杰出的政治家、战略家、指挥家。

公元前206年，刘邦首先进入关中要地，秦朝灭亡，楚汉之争后，他统一中国，建立了汉朝。

“每事问”用得最好的当属刘邦。刘邦是“每事问”的高手。他的口头禅就是“为之奈何？”

论学问、论武艺，刘邦都远远不及项羽，然而项羽最终败给了刘邦，固然有很多原因，重要的一个原因就在于“为之奈何”上，刘邦会问，而项羽不会问。

刘邦每每遇事都要来句“为之奈何？”广泛征求其他人的建议，然后综合考虑，做出正确的决策。

这正是刘邦成就伟业的原因之一。正因为善纳言、善学习、善调动部属的积极性，才吸引了一大批人才，为其所用。

袁崇焕保国战沙场

袁崇焕是明末人，在他14岁时随祖父袁世祥，父袁子鹏迁至广西藤县，35岁中进士，授福建邵武知县。在邵武任知县期间，袁崇焕救民水火，处理冤狱，关心军事，招纳军人，做了许多于国于民有益的事情。

这段时间，女真族领袖努尔哈赤建立了后金，随即以“七大恨”誓师告天，兴兵反明，仅用了几年时间，东北全境陷于完全失落的危急之中，明王朝的安全受到极大的威胁。

消息传到北京后，朝野震恐，文武大臣议论纷纷，但都拿不出一个主意。这时，刚从福建调来兵部的袁崇焕站了出来，充满信心地说："只要给我兵马和钱粮，我就可以把关外的防御责任担当起来！"

其实，袁崇焕当时只是兵部的一名小官，对此关系国家存亡的大事，他既无责任，也可以不冒风险。但他有一颗忧国忧民之心，他想到国家的安危，想到人民生活的安定，自己作为一朝武将怎能袖手旁观，无动于衷。

袁崇焕自愿戍边的请求，受到了君臣的称赞，于是皇帝提拔他为佥事，到山海关外监督军事。袁崇焕一到关外，便立刻与将士商议守备计划，安抚无家可归的百姓，修筑军事要冲宁远的城墙，以巩固边防。

正当宁远城墙告成的时候，袁崇焕的父亲去世了。按当时的制度，官员丧父要卸任回家守孝 3 年。但此时袁崇焕早已把全部身心都投入到东北的边防上，他怎能为了家事而放弃国事呢？袁崇焕眼含热泪，朝南三拜，表示对父亲的悼念之情。

1626 年，努尔哈赤率 13 万大军，西渡辽河，兵临宁远城下。这时在宁远城中，只有 1 万多兵马，面对如此悬殊的敌我力量，人心惶惶。

为鼓舞大家的斗志，袁崇焕集合全城将士，当众刺破手指写下血书，誓与宁远城共存亡。

战斗打响了，后金军顶着盾牌，冒着明军的弓箭和石头，蜂拥而上，企图掘开城墙攻进城去。袁崇焕沉着应战，他用西洋大炮对准敌兵密集的地方频频开火，使敌军无法前进。

战斗进行了两天，后金军发动了无数次进攻，但在袁崇焕的指挥下，宁远城岿然不动，而后金军却死伤无数，4 位将领阵亡，努尔哈赤本人也负了伤。后金兵见大势既去，纷纷逃窜。

宁远大捷后，后金军胆战心惊，身经百战的努尔哈赤忍着炮伤叹息道："我从 25 岁开始带兵作战以来，战无不胜，攻无不克，没有想到这个宁远城却打不下来！"

努尔哈赤去世后，其子皇太极又率兵攻打锦州和兴城，但都被袁崇焕的部队所击败。于是，皇太极改变战略，于 1629 年，亲率军几十万，绕过袁崇焕的防区，突破长城，攻入关内，进逼北京。

袁崇焕得到警报，立即挥师入关，在北京城下，与后金军展开了激战。袁崇焕身披铠甲，亲自上阵督战杀敌。在他的带领下，明军士气高涨。将士奋勇杀敌，从中午血战到晚上，终于打退了后金军。

皇太极感叹地对部下说："我打了 15 年的仗，从来没遇到过这样厉害的对手！"

袁崇焕横戈戍边战沙场，为保国安民立下了汗马功劳。他为官清廉，刚直不阿，深受广大将士和百姓的爱戴，这也遭到了朝中奸党的迫害打击。

由于朝中奸党攻讦袁崇焕戍边不利，致使皇太极兵临北京城下，奸党便以"谋叛欺君"的罪名将其杀害了。

袁崇焕的一生，不为名，不为利，不为权，在中华民族的历史上，写下了保家卫国的辉煌篇章。

戚继光挺身驱逐倭寇

在明代保家卫国英雄的名单中，著名抗倭将领、军事家戚继光是非常醒目的一位。他率军于浙、闽、粤沿海诸地抗击来犯倭寇，终于扫平倭寇之患，被现代国人誉为“民族英雄”。

戚继光是明代山东蓬莱人，出生在一个世代担任武职的将门之家。由于家教的影响，他从小就接受了抵御外侮的爱国思想。

在明世宗的时候，日本的一些封建诸侯纠集武士、商人和海盗经常在我国东南沿海一带骚扰，杀人放火，抢劫财物，闹得人民不得安宁。沿海居民非常痛恨，称他们为倭寇。

戚继光 17 岁那年，担任了登州卫指挥佥事，开始了他的戎马生涯。这个具有爱国思想的年轻人，看到沿海不平静，曾慷慨赋诗说：“封侯非我意，但愿海波平。”表达了他保卫国家海疆的志向。

1555 年，戚继光调到浙江，担任参将。他到任不久，就在温州、台州一连几次大败倭寇，成了远近闻名的勇将。

在军事实践中，戚继光深感当时军队素质太差，缺乏训练，战斗力弱，军纪又坏，无法战胜倭寇。于是他编练了以农民和矿工为主的3000名新军，并根据南方地形特点，创造了“鸳鸯阵”的新阵法。

这种阵法可攻可守，作战灵活，特别便于近距离作战，大大增强了战斗力。他还招募渔民，组成一支水军，从海陆两方打击倭寇。

戚继光非常重视部队的军纪。一方面，他经常给战士们讲述杀敌卫国，保护家乡，爱护人民的道理，使战士齐心合力，刻苦练兵；另一方面，他制订了严格的军纪，赏罚严明。他规定，擂鼓该进，就是前面有水火，也要奋勇前进；鸣锣该退，就是前面有金银，也要坚决后退。

经过戚继光的训练，一支作战勇敢，纪律良好的军队形成了，被人们称之为“戚家军”。

“戚家军”刚练成，倭寇大举侵犯浙江台州的消息就传来了。戚继光率军进剿。敌人一闯进戚继光摆的“鸳鸯阵”，刀、枪、藤牌就像一阵暴风骤雨，密密层层向他们压了过去。

倭寇一部分被当场杀死，一部分被赶到灵江里淹死了。“戚家军”大获全胜，从倭寇手里，救回了被掳去的百姓5000多人。

时隔几天，戚继光又在处州上峰岭布下天罗地网，以少胜多，歼敌2000多人，充分显示了他出奇制胜的指挥艺术。接着“戚家军”又在台州地区与倭寇进行了10余次战斗，连战皆胜，把倭寇全部赶出了浙江。

“戚家军”打出了军威，名震天下，老幼皆知。大军凯旋时，台州百姓官吏出城相迎。

倭寇慑于戚继光的威名，又把骚扰的矛头指向了福建沿海。戚继光又奉命出师福建。在极端困难的情况下，戚继光巧施妙计，“戚家军”奋勇杀敌，在宁德、牛田、林墩接连打了3个胜仗，杀敌数千，捣毁敌人的大小巢穴数十座。当地百姓出城远迎，慰劳品塞满街道。

戚继光婉言拒绝了对他个人的祝贺，他想到牺牲的士兵，难过地说：“士卒伤亡，我何忍受贺。”他带着深切的感情下营帐看望伤兵，

亲自抚恤阵亡将士的家属，穿上素服，声泪俱下地哭祭阵亡士兵。戚继光爱兵如子的将风，深深感动了全军将士，杀敌逐倭的士气越来越高昂。

“一年三百六十日，多是横戈马上行”。经过戚继光等将领10余年来统率沿海军民，浴血疆场，英勇战斗，东南沿海的倭寇被彻底肃清了，人民又开始了安居乐业的生活。

戚继光平定倭寇，保卫海疆，在中华民族反抗外来侵略的历史上，写下了光辉的一页。他的爱国思想和丰功伟绩，人民永远不会忘记。直至今天，浙江、福建一带还流传着“戚家军”英勇杀敌的故事，保存着大量戚继光和“戚家军”的遗迹。

史可法凛然血染扬州

在明代保家卫国英雄的名单中，还有一个人的名字同样夺人眼目，这就是明代末期政治家，军事统帅史可法。他因抗清被俘，不屈而死，是著名的将领。

史可法是明代末期祥符人，祥符即现在的河南开封。1628年进士，最初授西安府推官，1643年拜南京兵部尚书，参赞机务。就在史可法到南方的第二年，清军多尔衮大举南进，于1644年初占领了北京。

消息传到了江南，明陪都南京的官员，此时大致分为两派，一派是以南京兵部尚书史可法为代表的爱国大臣；另一派则是以凤阳总督马士英为代表的卖国官僚。马士英为了便于自己弄权，拥立福王朱由崧即皇帝位，建立了历史上称为“弘光王朝”的南明政权。

1645年，清军大举南进，于四月十七日对扬州采取了包围的攻势。正直有为、忠贞爱国的大臣史可法，被投降派马士英之流从南京排挤到扬州督师。当清军进逼扬州时，史可法立即发出紧急命令，要各镇派兵救援扬州。

但是，那些不顾国家安危的将官只谋私利，不顾大局，竟没有一个听命令而来的。史可法只能率领本城军民，构筑工事做迎战准备。

四月十七日，扬州陷入了被清军层层包围的孤立无援的态势。南下清军的统帅是摄政王多尔衮的兄弟定国大将军豫王多铎。他为了不战而成大功，进而利用史可法的威望收服江南，就叫明降将李遇春，拿着招降书去劝诱史可法投降。

李遇春来到城下，见史可法威风凛凛地站在敌楼上，怒目向着自己，先就气馁了三分。他不敢下马，双脚踩着马镫，拱手作揖道："史督师在上，恕末将甲胄在身，不能全礼！"

史可法嘲问道："我是大明朝的督师，请问，你又是那一朝的'末将'？"

李遇春臊红了面皮，定了定神说："督师忠义大名闻于华夏，都得不到朝廷信任，死又何益？还不如协助大清朝取天下？"

"无耻！"史可法大怒，从腰间摘下宝雕弓，抽出狼牙箭，搭上弦，拉弓欲射。

李遇春大惊失色，把马缰一提，抱头鼠窜而去。

多铎见劝降不济事，又强迫当地乡民拿着劝降书，进城去见史可法。史可法拆都不拆，弃之护城河里。

多铎不死心，又接二连三地写劝降书，史可法仍是连看也不看，连着3次把劝降书扔进护城河。

扬州城中有一个总兵官和一个监军，在清军诱降下发生了动摇。第二天夜里跑到史可法住处，惴惴地说："明朝大势已去，我们不如投降清军吧！"

史可法微微冷笑，严声厉色地说："我早已准备好死在扬州，要我投降休想！"那总兵和监军连夜溜出城门，投降了清军。

史可法对投降变节分子，十分鄙视，自己早已做好了一死的决心，并给母亲、妻子写好了遗书。

总兵和监军投降后，扬州城中军心发生动摇，史可法传令全体官兵，向大家讲话："这几天军情紧急，扬州是江北的重镇，如有差失南京很难保住。我切望将士们一致努力，不分昼夜，严密防守。倘有人造谣生事，惑乱人心，一定按军法治罪！"

史可法心中又急又难过。想到军心涣散，扬州难守，南京势急，国家危亡，不禁热泪夺眶而出，放声痛哭。

听着史可法痛切的哭声，将士们无不受感动，再也不能沉默，不约而同地喊道："我们一定尽力守城！"

史可法拭去眼泪，向大家行礼致敬，当众下令，把军队分成3部分，一部分迎战，一部分守城，一部分巡查。接着，史可法宣布了临阵军令："上阵如不利，退守城防；守城不利，展开巷战；巷战如不利，短兵相接；短接如不利，为国自尽！"

在史可法的指挥鼓舞下，壮烈的扬州保卫战开始了。

四月二十二日，清军开始攻城。明军出城交战失利，退守城内。清军用大炮轰射，把城墙上部打开了好些缺口。史可法命人用大沙袋堵住缺口，继续战斗。鏖战一整天，清军死伤了几千人。

清军自从一年前入关以来，所到之处，很少遇有像扬州军民这么坚强抵抗的，更没有一个封疆大吏和城池共存亡过。多铎对扬州军民

和史可法恨到极点，连续3天攻城不克，于四月二十五日对扬州发动了疯狂的总攻击。

扬州各处城门，以西城受到的攻击最厉害，史可法就亲自在这里防守。清军集中大炮向城墙的西北角轰击，终于打开了一个大缺口。大队清军士兵，就从这个缺口洪水一般涌进了扬州城。

史可法见扬州城已被攻破，悲愤不已，拔出宝剑朝脖子上抹去。在他身边的史德威等人，连忙抱住他的身子，夺下手中宝剑。

史可法已为剑刃所伤，战袍溅满了鲜血。他严厉地对史德威说："我命令你把我杀死！"

史德威知道，史可法不愿被俘受辱，决心以死殉国，所以这么下命令。但他又怎忍心杀死敬爱的督师呢？他和几十个士兵一起，簇拥着史可法走下城墙，打算从东门逃出，再图后举。

这时，清军已进扬州中心，明军将士和百姓正同清军展开巷战，许多人在短兵相接的格斗中牺牲。史可法等还没走到东门，就有一队清兵迎头挡住了他们的去路。

既然到了清兵面前，他挺身而出，大声疾呼："史可法在此！"清兵越拥越多，最后捉住了他，送到多铎那里。

多铎见了史可法，不敢怠慢，恭敬地说："前些天我曾3次致书给先生，都没得到回答，如今先生为明朝尽到了忠义，我想请先生替大清朝收拾江南。先生如能俯允，必当授以重任！"

史可法听了大怒，义正词严地斥道："我是大明朝臣子，岂可苟且偷生，做万世罪人！我头可断，志不可屈，愿速速就死！"

多铎已知徒费口舌，终于露出了狰狞的嘴脸，却又假惺惺地对史可法说："你既然是忠臣，我就杀了你，成全你的名节吧！"

史可法道："与扬州共存亡，是我早已决定的志愿，纵然劈尸万断，我也在所不惜。但是扬州百万生灵，你们不可杀戮！"

就是在生命最后一刻，这位爱国先辈还拳拳怀念着国家，深切眷恋着人民！

扬州城被攻破时，都督刘肇基带领残部400多人和全城人民一起

与清军巷战，直至矢尽力绝，没有一个投降的。

史可法就义后，有人企图寻找他的遗体，但由于扬州经过巷战，加上天气蒸热，尸体已腐烂不可辨认。第二年清明节，人们把史可法生前穿的衣袍，葬在扬州门外梅花岭，这就是现在还时时有人去那儿凭吊忠魂的史可法衣冠冢。

林则徐虎门销烟壮举

清代报国思想更强调国家利益高于一切，因此在国家和民族利益遭到侵害之时，仁人志士便以奋力报国的雄心壮志，赶赴危难，捍卫国家利益，维护民族尊严。清代后期政治家、思想家林则徐就是这样的人。

林则徐出生于清代福建福州一个较贫寒的家庭。他26岁考中进士后，先后在北京和外省担任官吏。他体察民情，惩办贪官污吏，治理江河，兴修水利，一时贤名满天下。

林则徐主张学习西方的先进技术，派人去澳门了解西方国家的动态，购买西方的书报，组织人力进行翻译，编译出《四洲志》等书籍。因而被称为近代史上"第一个睁眼看世界的人"，致使他成为鸦片战争中的风云人物。

在林则徐生活的时代，正值欧洲第二次工业革命。在利益驱动下，英国殖民者为了获得高额利润，向我国大量倾销鸦片，以此来打开我国市场的大门。仅1838年，就向我国贩运鸦片4万多箱。

鸦片又叫"大烟"，可以作为药材少量使用，又是一种极容易上瘾的毒品。长期吸食就会使人精神萎靡，骨瘦如柴。鸦片的泛滥，无情地毒害人们的肌体，使大量的白银外流，在当时已成为一个威胁民族生存的严重问题。中华民族处在危难之中。

目睹烟毒泛滥，林则徐忧心如焚。他在给道光皇帝的奏章中，痛陈鸦片危害的严重性：

若犹泄泄视之，是使数十年后，中原几无可以御敌之兵，且无可以充饷之银。

林则徐应召到京后，向道光皇帝申述了自己的禁烟主张和准备采取的措施。道光皇帝采纳了他的主张，任命他为钦差大臣，去广东查禁鸦片。

1839 年 3 月，林则徐到达广州后，立即和邓廷桢、关天培商定加强防务；号召揭发烟犯的贩毒情况；下令查封广州所有的烟馆；逮捕 61 名勾结洋人的重要烟贩；勒令外国商人 3 天内全部缴出所存鸦片，并写下“永不敢夹带鸦片，如有带来，一经查出，货尽没官，人即正法”的书面保证。

林则徐毅然表示：“若鸦片一日不绝，本大臣一日不回，誓与此事相始终，断无中止之理。”

在英国驻我国商务监督查理·义律的指使下，英国烟贩用搪塞手段敷衍，只肯交出 1000 多箱鸦片，并虚伪地表示不再进行鸦片交易，妄图蒙混过关。

林则徐没有被英国侵略者这种狡猾的伎俩所欺骗，他已查出停泊在伶仃洋面上22艘英国鸦片趸船，每艘囤积的鸦片都在1000箱以上。

林则徐下令传讯拒不缴烟，还阻挠别人缴烟的英国大鸦片贩子颠地。颠地在查理·义律的庇护下，连夜惊慌逃跑，在中途被愤怒的群众抓回来。

义律见蒙混不成，竟以武力相威胁，命令伶仃洋面的鸦片趸船开走，摆出战争的姿态。

林则徐无所畏惧，果断地命令水师炮舰游弋沿海，截住了英国的鸦片趸船；派兵封锁洋人商馆，撤退商馆中受外商雇用的全部我国人员，断绝对外商的一切贸易和供应。

外国商人蜷缩在商馆里，连饮水和食品都发生了困难。3天之后，义律终于低下了头，无可奈何地缴出所有鸦片。连同美国商人缴出的鸦片，共计2万箱加上2000多袋，重230多万斤，价值800多万两白银。

1839年6月3日，晴空万里，虎门海滩庄严热闹。林则徐登上虎门海滩的礼台，亲自主持销烟。在礼台不远的地方，人们向两座50米见方的大池里，先后倒入海盐和鸦片，鸦片被盐卤泡透后，再抛下石灰。顿时，池水沸腾，烟雾翻卷。

不久，通海的涵闸被打开，满池子被销毁的鸦片渣沫泻进了茫茫大海。成千上万围观的人群里，迸发出一阵又一阵欢呼声，声浪远胜过虎门的海涛。

虎门销烟，历时23天，震惊中外，揭开了我国人民近百年来反侵略斗争的帷幕。

1840年6月，恼羞成怒的英国侵略者出动军舰、运输船40多艘，士兵4000多人，陆续开到广州附近海面，悍然发动了鸦片战争。

林则徐立即组织广州军民奋勇抵抗，他号召："如英夷兵船一进内河，许以人人持刀痛杀。"

水勇出其不意地烧毁敌舰、群众在外岛水源投放毒药，英军只能困守海上，不敢进犯内河，企图侵占广州的计划终于成为泡影。英国

侵略军见无隙可乘，便沿海北上，于1842年攻破吴淞，闯进长江，直逼南京。腐败无能的清朝统治者苟且偷安，屈膝求和，同英国签订不平等的《南京条约》。

鸦片战争失败后，清王朝竟归罪于林则徐，将他撤职查办，又充军到新疆。3年后才被赦回，并委以陕西巡抚，云贵总督等职。1850年，林则徐因病逝世，终年65岁。

林则徐虎门销烟，书写下近代反侵略斗争的壮丽篇章，它庄严地向世界宣布：中国人民是不可侮的！

关天培以死保卫虎门

林则徐虎门销烟之后，西方列强不甘心失败，悍然发动侵华的鸦片战争。在外敌入侵的形势下，中华民族的爱国报国热忱再次被激发出来，涌现了可歌可泣的英雄人物。鸦片战争中的抗英名将关天培就是其中之一。

关天培是江苏淮安府山阳县人，即现在的江苏省淮安市。他出生于一个行伍家庭，年轻时喜欢阅读历史书和故事，钦佩为国捐躯的英雄。又见我国国防薄弱，于是，决心弃文习武、投笔从戎。他骑马射箭，练就一身好本领，还苦读《孙子兵法》，研究军火制造。

关天培23岁那年考取了当时军事学校的庠生。后因他办事认真，懂军事，多次被提升，1834年晋升为广东水师提督。

在当时，广东沿海防务松懈，炮台年久失修，英国军舰公然闯入内河，直抵广州黄埔。关天培到任后，立即亲自到广州的天然屏障珠江口的虎门，检查防务，采取各种措施增强防守能力。

关天培亲自在虎门测量海口的宽窄，水位的深浅，并试了大炮的射程，以确定炮位；添铸七八千斤的重炮40门，分配到各炮台使用；在通向内河的江面上设置一道道木排、暗桩和每条长约1000多米的大铁链8条，以防止敌舰闯入内河；整顿水师，增添了巡洋兵船和兵丁，

亲自督促水师操练。

在关天培的努力下，虎门的防务力量增强了，为后来林则徐的禁烟运动提供了坚强的军事后盾。

1839 年初，林则徐作为钦差大臣来广东主持查禁鸦片走私。关天培成了林则徐的得力助手。虎门销烟后不久，英国侵略军就多次出动兵船，在广东沿海进行武装挑衅。

这年 11 月 3 日，关天培率水师船在穿鼻洋面巡视，遭到两艘英国兵船的袭击，不幸受伤，但他仍持腰刀挺立桅前，率领水师英勇还击。交战两小时，敌船被打得帆斜旗落，狼狈逃走。

1840 年 6 月，鸦片战争正式开始。英舰 40 艘在广东海面集结，封锁珠江口。英国侵略军多次企图从这里攻入，但壁垒森严的虎门，使它胆战心惊，望而却步。

英国侵略者在广东不能得手，便沿海向北进犯。同年 8 月，英国兵舰开到天津，向清朝廷递交照会，进行威胁。

清朝廷被英国的船坚炮利所吓倒，把战争起因归罪于禁烟。道光皇帝撤职查办了林则徐，任命投降派琦善为钦差大臣。

琦善到广州后，下令拆除了木排铁链和暗桩，裁减兵船三分之二，

全部遣散了招募来的水勇，还允许英国人察看地形，探测内河，关天培多年经营的防御设施遭到了严重破坏。为了求得侵略者退兵，琦善一一承诺了英方提出的条件，助长了侵略者的嚣张气焰。

1841 年 1 月，英军 20 余艘军舰乘虚向虎门发动突然进攻。虎门外的沙角、大角两炮台只有守军 600 多人，在敌众我寡的形势下，奋起抵抗，最后全部牺牲。

2 月，英军又乘机进攻虎门。驻守虎门只有 400 将士，形势十分危急。关天培向琦善多次告急，请求派兵援助。琦善虽握有数万大军，却坐视不救，导致关天培孤军奋战。

关天培冒着炮火，登上靖远炮台，大声激励将士，众官兵斗志昂扬，奋力炮击英军。15 门大炮排列在炮台上，装足火药。当敌船靠近时，关天培一声令下，顿时，海水沸扬，敌舰有的被击沉，有的被击伤。登岸的敌人也纷纷被歼，尸体遍布滩头。

26 日下午 14 时，南风大作，英军乘风开炮猛攻靖远炮台，弹片四溅，沙石乱飞，守军死伤大半。关天培负伤多处，仍镇定指挥，还代替牺牲的炮手，亲自燃放大炮。残余的守军齐心合力，沉着应战。但突然大雨倾盆，大炮火门透水、失去作用。战斗坚持到傍晚，炮台被围。英军在炮火掩护下攻上炮台。

关天培身负重伤，血透衣甲。他挥舞佩刀，把冲上炮台的敌人劈了下去。忽然从背后飞来一发炮弹，弹片穿过了他的胸膛，因伤重力竭，壮烈牺牲。镇守虎门的 400 名将士也全部壮烈牺牲。

爱国将领关天培，为了守好国家的南大门虎门要塞，顽强地同英国侵略军奋力拼杀，用生命谱写出一曲爱国主义的悲歌。

成事不说，遂事不谏

定公①问："君使臣，臣事君，如之何？"

孔子对曰："君使臣以礼，臣事君以忠。"

哀公问社②于宰我，宰我③对曰："夏后氏以松，殷人以柏，周人以栗，曰：使民战栗④。"

子闻之，曰："成事不说，遂事不谏，既往不咎。"

【注释】

①定公：鲁国国君，姓姬名宋，定是谥号。公元前509—公元前495年在位。

②社：土地神，祭祀土神的庙也称社。

③宰我：名予，字子我，孔子的学生。

④战栗：恐惧，发抖。

【解释】

鲁定公问孔子："君主怎样使唤臣下，臣子怎样侍奉君主呢？"

孔子回答说："君主应该按照礼的要求去使唤臣子，臣子应该以忠来侍奉君主。"

鲁哀公问宰我，土地神的神主应该用什么树木，宰我回答："夏朝用松树，商朝用柏树，周朝用栗子树。用栗子树的意思是说：使老百姓战栗。"

孔子听到后说："已经做过的事不用提了，已经完成的事不用再去劝阻了，已经过去的事也不必再追究了。"

【故事】

舜帝以宽厚待人

中华民族的笃实宽厚的道德实践，从尧舜禹时代就开始了。在这三位圣贤人物中，舜帝以宽厚之德赢得了世人的赞誉，在中华民族德育思想史上产生了深远影响。

舜，是上古时期三皇五帝中的五帝之一。他待人接物一向以宽厚为美，严于律己，宽以待人，通过宽厚的道德人格力量来感化他人，体现了笃实宽厚的美好品德。

在传说中的黄帝之后，华夏大地又先后出了3个很出名的部落联盟首领，他们是尧、舜和禹。他们原来都是一个部落的首领，后来被推选为部落联盟的首领。

在当时，做部落联盟首领的，有什么大事都要找各部落首领一起商量。第一任部落联盟首领尧年纪大了的时候，想找一个继承他职位的人。有一次，他召集四方部落首领来商议。尧说出他的打算后，大臣放齐说："您的儿子丹朱是个开明的人，继承您的位子很合适。"

尧严肃地说："不行，丹朱品德不好，专爱跟人争吵。"

这时，有一个叫兜的人说："管水利的共工，工作倒做得挺不错。"

尧摇摇头说："共工能说会道，表面恭谨，心里另是一套。用这号人，我不放心。"

这次讨论没有结果，尧继续物色他的继承人。

这一天，尧又把四方部落首领找来商量，要大家推荐。有人推荐了一个部落的首领，他的名字叫舜。尧点点头说："嗯！我也听说这个

人挺好，是个有德行的人啊！”

尧决定先考察一下舜，就把自己两个女儿娥皇、女英嫁给舜，看看舜能不能领导好她们，处理好家庭关系。

舜的家庭关系比较复杂。他的父亲瞽叟是个瞎子，人也糊涂。舜的母亲很早就去世了，父亲给他娶了一个后母，并生了同父异母的弟弟叫象。可想而知，在这样的家庭里，做个好儿媳是很有挑战性的。

舜是一个很明事理的人，不想引起家庭矛盾。他告诫娥皇、女英，应该努力与全家和睦相处，不要因出身高贵而使性子、添乱子，凡事多多礼让，多多照料家人。

娥皇和女英用智慧和宽容，把一本难念的“家经”念得顺畅，不但极大地成全了舜的名声，而且巧妙地化解了家庭危机。这一切，都表明舜已经妥善地处理好了复杂的家庭关系。

舜在其他方面也都表现出高尚的人格力量和卓越的才干。只要是他劳作过的地方，便会兴起礼让的风尚，他到了哪里，人们都愿意追随。舜领导的部落所居之地，一年成村，两年成邑，三年成为有一定规模的城。

尧得知了这些情况，心里非常高兴，赐予舜细葛布做的衣和一把五弦琴，又赐予他牛羊，还为他修筑了大粮仓。

舜的后母和弟弟象见了，又是羡慕，又是妒忌，就和瞽叟一起用计，几次暗害舜。

有一次，瞽叟叫舜去修补粮仓的顶。等到舜爬上仓顶后，象就把梯子搬走了，然后在仓下点火想把舜烧死。

舜在仓顶上一见起火想找梯子，梯子已经不知去向。幸好他随身带着两顶遮太阳用的笠帽。他双手拿着笠帽，像鸟张翅膀一样跳了下来。笠帽随风飘荡，舜轻轻地落在地上，一点也没受伤。

瞽叟和象并不甘心，他们又叫舜去淘井。舜跳到井里后，瞽叟和象就在地面上把一块块土石丢下去，把井填没，想把舜活活埋在里面。

舜在井里发现从井口落进来大块土石，就赶紧在井的内壁上掘了

一个孔道钻了出来，快速跑回家去。象不知道舜早已脱险，得意扬扬地回到家里，跟瞽叟说："这一回哥哥准死了，这个妙计是我想出来的。现在我们可以把哥哥的财产分一分了。"说完，他向舜住的屋子走去，准备占有舜的房子和那把漂亮的琴。

象刚进舜的屋子，突然发现舜正坐在床边弹琴呢！象心里暗暗吃惊，很不好意思地说："哎，我很想念您，特来看望您了。"

舜装作若无其事的样子，说道："弟弟来得正好，我的事情多，正需要你帮助我来料理呢！"

以后，舜还是像过去一样，和和气气地对待他的父母和弟弟，孝顺父母，友爱兄弟，而且比以前更加诚恳，更加谨慎。

瞽叟和象见舜躲过了数劫，再加上娥皇和女英对他们细心地照料，也就不敢再暗害舜了。尧发现舜理顺了家庭关系，又让舜参与政事，经受各种磨炼。舜将政事处理得井井有条。

有一天，舜坐着牛车巡游到盐池边视察，恰好众民久盼的南风就在此时刮起来。本来在盐池边呆坐的人们顿时活跃起来，高兴地挎上柳条筐去采集盐块了。舜被眼前的这样一幅民乐图感染，喜欢弹琴的他拿出五弦琴弹唱起来：

南风之薰兮，可以解吾民之愠兮；

南风之时兮，可以阜吾民之财兮。

意思是说：温暖的南风你可来了，我的百姓就用不着发愁了；温暖的南风你来得正是时候啊，我的百姓可是要发财致富了。

刮南风为何就让人高兴呢？因为当时人们吃的盐还都是盐池水日照挥发后生成的自然盐。如果无风，水蒸气就浮在池面上形成一个蒸汽隔离层，影响池水继续受热蒸发。再有，当风吹拂盐滩时，还会促使水面波动；波动的水比静止的水承受阳光曝晒的面积要大，这也会加快蒸发促成盐的结晶。

舜那时仅是凭经验知道南风的重要性，科学道理还没有掌握。但

是这不影响他看着百姓乐业的舒畅心情。百姓们见舜为他们弹唱，受到鼓舞，采集盐块更有干劲了，个个装了满满一柳条筐。

舜不但心系百姓，鼓励人们发展生产，还在用人方面多有建树。对先进者大力提拔，让他们有更好的发展，对后进者本着宽大为怀的精神，能不处罚的尽量不处罚，主要以教化为主，使其进步。

尧通过对舜长时间的考察，最后确认他是个品德高尚又很有能力的人，就把首领的位子让给了舜。这种让位，历史上称为“禅让”。其实，在氏族公社时期，部落首领老了，用选举的办法推选新的首领，并不是什么稀罕事儿。

舜的道德修养越来越高了。他接位后，也是又勤劳，又俭朴，跟老百姓一样劳动，受到大家的信任。

舜的心里其实一直想着尧的儿子丹朱。尧去世的时候，宅心仁厚的舜准备把部落联盟首领的位子让给丹朱，可是大家都不赞成。在这种情况下，舜才正式当上了首领。

舜正式当上首领后，不计前嫌，去看望父亲，仍然恭恭敬敬。同时，他也没有记恨象当初对自己百般陷害，封象为诸侯。

舜一直崇拜尧，也要像尧那样，做一个禅位让贤的君子。舜在年老的时候，认为自己的儿子商均不争气，就确定了威望最高的治水能手禹为继任者，并由禹来摄行政事。

舜与尧一样，同是先秦时期儒、墨两家推崇的古昔圣王。而舜对于儒家，又有特别的意义。儒家的学说重视以仁德之心宽厚待人，尤重孝道，舜的传说恰恰是以宽厚著称，所以他的人格形象就成为儒家伦理学说的典范。

由于儒家的宣传，有关舜的传说事迹在我国传统文化中留下极深刻的影响，可谓千古流芳。

孔子宽仁厚道之德

舜以宽厚之德赢得了当时和后世人们的广泛赞誉，更是孔子推崇

的古代圣贤之一。孔子继承和发扬了舜的宽厚美德，用自己的亲身实践，体现了他宽仁厚道的道德修养。

孔子名丘，古代教育家、思想家、政治家，儒家学派的创始人。孔子所处的时代，正值古代社会发生重大变革，各诸侯、卿大夫僭用王室礼乐的现象十分普遍，东周时期的典章制度逐渐被废弃。用孔子的话说就是“礼崩乐坏”。

在这种形势下，孔子指点万象，框范天下，创立了以“仁”为核心的道德学说，把宽仁厚道当作做人的一种美德，希望在道德层面给人们以指引。

孔子为了推行他所创立的道德学说，身体力行，与人为善，学而不厌、诲人不倦，安贫乐道，直道而行，谨言慎行，改过迁善，为当时社会的人们树立了一座人格坐标。

孔子主张与人为善，首先他自己就是一个很善良的人，富有同情心，乐于助人，待人真诚、宽厚。

有一次，孔子的弟子仲弓问孔子：“如何处世才能合乎仁道？”

孔子回答道：“出门与同仁行礼如见贵客一般，对民如大祭一样凝重。这样就不会招谁怨，在家中私下的交往也不招谁恨。”

仲弓感谢道说：“我虽迟钝，但一定要牢记先生的话。”

在孔子看来，君子的最高德行就是与人为善。如舜、禹等都是如此。所以，他的这个回答，其实就是告诫仲弓包括其他人，做人要以礼待人，吸取别人的优点、长处，自己来实行善事。

还有一次，孔子的弟子子贡问孔子：“有一句可以概括规范自己一生行为的话吗？”

孔子说：“己所不欲，勿施于人。”

意思是说：自己不想做的事，切勿强加给别人。

孔子注重一个人有宽厚的德行，注重心灵上的包容。他的这句话，常常被后来的儒家人士引以为豪，认为这是一句盖世的格言。

孔子的与人为善，还体现为“君子成人之美，不成人之恶”。意思是说，君子成全人家的好事，不帮助别人做坏事。他认为每个人都有

美恶，都有可能办好事和办坏事。因此，他号召成全人的有德之举，不助他人的无德之事。

孔子以好学著称，对于各种知识都表现出浓厚的兴趣，因此他多才多艺，知识渊博，被当成一个无所不知的圣人。

孔子在学习方面很虚心，而且刻苦。有一次，孔子随师襄子学鼓琴。师襄子教了他一首曲子后，他每日弹奏，丝毫没有厌倦的样子，手法从生疏渐至熟练。

过了 10 天，师襄子对他说："这首曲子你已经弹得很不错了，可以再学一首新曲子了！"

孔子站起身来，恭恭敬敬地说："我虽然学会了曲谱，可是还没有学会弹奏的技巧啊！"

又过了许多天，师襄子认为孔子的手法已经很熟练了，乐曲也弹奏得更加和谐悦耳了，就对孔子说："你已经掌握了弹奏技巧，可以再学一首新曲子了！"

孔子说："我虽然掌握了弹奏技巧，可是还没有领会这首曲子的思想情感！"

又过了许多天，师襄子来到孔子家里，听他弹琴，被他精妙的弹奏迷住了。一曲终了师襄子长长吁了一口气说："你已经领会了这首曲子的思想情感，可以再学一首新曲子了！"

孔子还是说："我虽然弹得有点像样子了，可我还没有体会出作曲者是一位怎样的人啊！"

又过了很多天，孔子请师襄子来听自己弹琴。一曲既罢，师襄子感慨地问："你已经知道作曲者是谁了吧？"

孔子兴奋地说："是的！此人魁梧的身躯，黝黑的脸庞，两眼仰望天空，一心要感化四方。他莫非是周文王吗？"

师襄子既惊讶又敬佩，激动地说："你说得很对！我的老师曾告诉我，这首曲子就叫作《文王操》。你百学不厌，才能达到如此高的境界啊！"

子贡认为孔子无所不精，就由衷地对孔子说："先生已经是一个圣

人了。”

孔子不同意这个说法，他说：“我不能算是圣人，我只是在学习上不感到厌倦，在教育上不觉得疲惫而已。”

子贡却不这么认为，他说：“先生学而不厌，智慧已经够了；诲人不倦，仁德也够了。既有智慧又有仁德，完全达到圣人标准了，凭什么不是圣人？”

孔子的弟子都认为孔子是圣人，但孔子不认可，其实这是孔子谦虚。不过孔子对自己“学不厌、教不倦”是不避讳的，甚至以此为荣。表达了一个古代知识分子注重学习、为人师表的高尚情怀。

孔子学无常师，谁有知识，谁那里有他所不知道的东西，他就拜谁为师。

孔子说：“三人行，必有我师焉，择其善者而从之，其不善者而改之。”意思是说：三个人同行，其中必定有我的老师。我选择他善的方面向他学习，看到他不善的方面就对照自己改正自己的缺点。

孔子的“三人行，必有我师焉”，表现了他虚心向别人学习的可贵精神，但更可贵的是，他不仅要以善者为师，而且以不善者为师，这其中包含有深刻的哲理。

“三人行，必有我师焉”，受到后代知识分子的极力赞赏，被当作是处事待人、修身养性、增长知识的首要途径。孔子安贫乐道，他说：“不义而富且贵，于我如浮云。”可见在孔子心目中，行义是人生的最高价值，在贫富与道义发生矛盾时，他宁可受穷也不会放弃道义。

孔子所说的“安贫乐道”中的“贫”，不是真正意义上的“贫穷”。也就是说，对于富贵不是不可求。

孔子曾说：“富而可求也，虽执鞭之士，吾亦为之。如不可求，从吾所好。”意思是说：如能致富，哪怕是赶车，我也干；如不能，则随我所好。

作为儒家思想的创始人，孔子是主张入世的。既然入世，就要直面富贵。但对于财富，孔子自然也有自己的明确认识。

孔子说：“富与贵，是人之所欲也；不以其道得之，不处也。贫与

贱，是人之所恶也；不以其道得之，不去也。”意思是说：富裕和显贵是人人都想要得到的，但不用正当的方法得到它，就不会去享受的；贫穷与低贱是人人都厌恶的，但不用正当的方法去摆脱它，就不会摆脱的。

孔子生性正直，又主张直道而行。他曾经说自己不轻易诋毁或赞美他人，凡是赞誉的人，必定是经受了考验的人，必定是行走在人间正道上的人。

孔子 30 多岁时，有一次到周去学礼，见到了老子。告辞的时候，老子对孔子说：“聪明深察而近于死者，好议人者也。博辩广大危其身者，发人之恶者也。为人子者毋以有己，为人臣者毋以有己。”

意思是说：聪明深察的人常常受到死亡的威胁，那是因为他喜欢议论别人的缘故；博学善辩见识广大的人常遭困厄危及自身，那是因为他好揭发别人罪恶的缘故。做子女的要忘掉自己而心想父母，做臣下的要忘掉自己而心存君主。

这是老子对孔子善意的提醒，也指出了孔子生性正直的毛病，就是看问题太深刻，讲话太尖锐，伤害了一些有地位的人，会给自己带

来很大危险。

儒家重“礼”，也要求以质朴、务实为基础。孔子认为，语言是一种自我表达的方法，但假如话非本心，只是致力于巧妙的言语，钻研说话的技巧，博得别人的欢喜，则是错误的。

孔子说“巧言令色，鲜矣仁”，就是说假如花言巧语，一副讨好人的脸色，这样的人是很少有仁德的。直至今天，人们仍然牢记孔子的这句话，时时警惕那些花言巧语，一脸假笑的伪君子。

孔子要求君子“讷于言而敏于行”，也就是谨慎说话，勤奋做事。他同时还强调，“耻其言之过其行”，即君子应该以夸夸其谈为耻，要力求在行动上做得更好。

孔子是人杰君子，谨言慎行是他修身的内容之一。有一次，孔子到周观光，在瞻仰周的太祖后稷的祠宇时，发现一处刻有铭文，铭文告诫人们说话要谨慎，否则会引起祸患，认为多嘴多舌是致祸的门径。

孔子读完了这篇铭文，回头对弟子们说：“你们年轻人要记住啊！这些说得很具体而又很中肯，说得合乎情理而又很有说服力。《诗经》中说‘恐惧戒慎，好像下临无底深渊，生怕跌了下去一样；好像踩在薄薄的冰块上，生怕陷了进去一样。’这样去要求自己，难道还怕嘴巴会招来祸害吗？”

孔子对改过迁善有精辟的见地，他要求人正视自己的过失，有改过迁善的勇气。他说，有过就不要怕改，过而不改才是真正的过错。

不仅如此，孔子还教人正确接受别人的批评。他说，义正词严的正确意见就应该认真倾听，并落实到行动中，从而使自己改过迁善。

品德高尚的孔子的道德修养与实践，不仅对当时的社会产生了巨大的影响，而且延续数千年，逐渐发展成为我们中华民族“笃实宽厚”的传统美德，影响着后世道德精神的构建，并且产生了极为深远的积极的影响。

伯牙和钟子期之谊

友情，是笃实宽厚美德中所包含的一项重要内容，它要求人们以欣赏和包容之心对待他人，注重彼此友情，达到心灵交汇。比如在人际交往中，应该做到“将心比心”、“以心换心”。战国时期的伯牙与钟子期之间的友情，就彰显了交友知音之道，成为后世人们崇尚的交友楷模。

伯牙，是战国时期楚国郢都人，郢都即现在的湖北荆州。他虽为楚人，却任职晋国上大夫，而且精通琴艺。

钟子期，战国时期楚国的一个樵夫，就是打柴的人。也许是久闻自然之声的缘故，他对音律有着非常敏锐的感觉。

伯牙和钟子期之间高山流水遇知音的友情故事，还要从一次偶然的相遇说起。

那是在某一年的农历八月十五这一天，晋国上大夫伯牙奉晋王之命出使楚国。他乘船来到了汉阳江口的长江边，因遇大雨无法继续前

进，只好停泊在一座高山下。

这天晚上，风浪渐渐平息了下来，云开月出，景色十分迷人。伯牙望着空中的一轮明月，琴兴大发，拿出随身带来的琴，专心致志地弹了起来。

伯牙从小就酷爱音乐，他的老师成连曾带着他到东海的蓬莱山，领略大自然的壮美神奇，使他从中悟出了音乐的真谛。他弹的琴声优美动听，虽然许多人赞美他的琴艺，但他认为一直没有遇到真正能听懂他琴声的人。

伯牙出使之旅，羁绊于途，唯有临江对月，抚琴抒怀。此时此刻，江风低唱，明月高悬，他多么渴望有知音出现，与他一起分享琴曲的意韵。

伯牙弹了一曲又一曲，正当他完全沉醉在优美的琴声之中的时候，猛然看到一个人在不远处一动不动地站着。伯牙吃了一惊，手下力道稍偏，“啪”的一声，琴弦被拨断了一根。

伯牙很是疑惑，就叫童子去问船夫，这儿是什么地方。

船夫答道：“刚才躲避风雨，停泊在山脚下，这里没有人家。”

伯牙更加疑惑，心想没有人家，怎么会有听琴的人呢？或许，是强盗要拦路抢劫吧？想到这里，不由得有些紧张。

这时，只听岸上的人用平静的口气向伯牙喊道：“船上的先生，我是樵夫。今天打柴回来晚了，遇到暴风雨，就在这岩石下避雨，正听到船上有人弹琴，觉得琴声绝妙，不由得站在这里听了起来。很抱歉，在下打扰了您的雅兴。”

伯牙借着月光仔细一看，只见那人头戴斗笠，身披蓑衣，后背冲担，手拿板斧，身旁还放着一担柴。果然是个打柴的樵夫。

伯牙心想，一个樵夫怎么会听懂我的琴呢？于是就问：“你既然懂得琴声，那就请你说说看，我弹的是一首什么曲子？”

听了伯牙的问话，那打柴的人笑着回答：“先生，您刚才弹的是孔子赞叹弟子颜回的曲谱。歌词是：‘可惜颜回命早亡，叫人思想鬓如霜；只因陋巷箪瓢乐’，你弹到这里，琴弦断了，没再弹下去，我记得第四句是‘留得贤名万古扬！’”

打柴人的回答一点不错，伯牙不禁大喜，邀请他上船，请那人在自己对面坐下，又叫书童端上茶来。

那打柴人看到伯牙弹的琴，说道："这把瑶琴，确为非凡之物。"接着他把这瑶琴的来历说了出来，"此琴本为伏羲氏创制。据说有一次伏羲看到凤凰来仪，飞坠在一株梧桐树上。那梧桐高三丈三尺，按三十三天之数。伏羲氏按天、地、人三才，将梧桐截为三段，取中间一段放在长流水中，浸润七十二日，按七十二候之数，选良时吉日，制成此琴。"

听了打柴人的这番讲述，伯牙心中不由得暗暗佩服。他想，这个樵夫到底能懂多少音乐呢？我来试试他。

伯牙问道："从前孔子在房间里弹琴，颜回听到琴声中低音幽沉，就问孔子是否有什么不高兴的事。孔子说：'我弹琴时，看见一只猫在捉老鼠，我希望它能捉到，又担心到嘴的食物跑掉，这为猫担心的心情，不知不觉地在琴声中流露出来了。'这个故事说明，同一支曲子，弹奏时的心情不同，效果也会不同。如果我弹琴的时候，心里在想什么，你能听出来吗？"

樵夫说："那先生你先弹一曲，我试着听听，若猜得不对，请不要见怪。"

伯牙重新装上琴弦，调好音准，看到不远处高山的雄伟姿态，开始弹奏起来。

樵夫凝神听着，脸上现出愉快的表情，仿佛整个身心都沉浸在庄严优美的旋律中。一曲完了，他赞叹地说："这琴声，表达了高山的雄伟气势。"

伯牙听了不动声色，他沉思片刻，看着附近浩浩荡荡的长江水，又继续弹奏了一曲。

琴声刚停，樵夫便高兴地站起来，连声称赞道："好极了！这琴声，表达的是无尽的流水。"

伯牙万万想不到，自己的心意竟完全被樵夫猜到了。他惊喜万分，赶忙站起身，紧紧握住樵夫那粗壮的大手，激动地说："美玉原来是藏

在石头中的啊！我怎能凭地位、衣着来看人呢？真是太不应该！多少年来，我一直梦想着会有一个能真正听懂我的琴，了解我的志趣的人，今天我找到了！这个知音就是你呀！”

伯牙问明打柴人名叫钟子期，接着和他喝起酒来。俩人越谈越投机，相见恨晚，就结拜为兄弟。

第二天，伯牙和钟子期洒泪而别，两人约定：明年的中秋之日，还在这里相会。

光阴似箭，日月如梭，转眼到了第二年农历八月十五这一天，伯牙如约来到了汉阳江口的那座高山下。他等啊，等啊，怎么也不见钟子期来赴约，于是他便弹起琴来召唤这位知音，可是又过了好久，还是不见人来。

伯牙等了整整一天，傍晚时分，发现一位鹤发童颜的老者，赶紧上前揖礼，向他打听钟子期的消息。

老者告诉他，钟子期已不幸染病去世了。临终前，他留下遗言，要把坟墓修在江边，到八月十五这一天，要听好友伯牙的琴声。

听了老人的话，伯牙万分悲痛，他来到钟子期的坟前，凄楚地弹了一曲《高山流水》。弹罢，他挑断了琴弦，长叹了一声，把心爱的瑶琴在青石上摔了个粉碎。他悲伤地说：“我唯一的知音已不在人世了，这琴还弹给谁听呢？”

朋友易寻，知音难求。钟子期死了，伯牙的心也死了，所有对生活的希望也都随钟子期而去了。从此以后，伯牙终生不再弹琴。

两位“知音”的友谊被传为千古佳话，更感动了后人，人们在他们相遇的地方，筑起了一座古琴台。直至今天，人们还常用“《高山流水》觅知音”这样一句话来形容朋友之间的情谊。

伯牙和钟子期的相遇、相知、相惜、相念，体现了儒家以“仁爱”之心待人，建立友情和珍惜友谊的思想。

儒家创始人孔子曾说：“有朋自远方来，不亦乐乎？”这句话集中体现了儒家对友道的重视，是古代交友之道中最早、影响最深远的一句名言。

诸葛亮鞠躬尽瘁

东汉末年，天下大乱。刘备在荆州寄居在刘表那里，当他知道诸葛亮是个了不起的人才后，就到隆中卧龙岗去请诸葛亮来帮助自己。恰巧诸葛亮这天出去了，刘备只得失望而回。

不久，刘备又和关羽、张飞冒着风雪第二次去请，不料诸葛亮又出外闲游去了。刘备只得留下一封信，表达自己对诸葛亮的敬佩并请他出来帮助自己挽救国家危难局面的意思。

当刘备又和关羽、张飞第三次造访诸葛亮时，诸葛亮正在睡觉，刘备就一直等到诸葛亮自己醒来，才彼此坐下谈话。诸葛亮被刘备的诚意感动，决定出来帮助刘备干一番事业。

在诸葛亮的帮助下，刘备建立了蜀汉。东征孙权失败后，刘备病重，便把诸葛亮从成都召到永安，嘱托后事。他对诸葛亮说："您的才能一定能把国家治理好。小儿刘禅，您认为可以辅助，就辅助他；如果不行，您就自己来做一国之主吧。"诸葛亮哽咽着说："我怎敢不尽心竭力，报答陛下，一直到死！"刘备把儿子叫到身边，叮嘱他说："我死之后，你要像对待父亲一样尊敬丞相。"

刘备死后，诸葛亮回到成都，扶助刘禅即帝位。

管仲之器小哉

子曰："管仲①之器小哉！"或曰："管仲俭乎？"曰："管氏有三归②，官事不摄③，焉得俭？"

"然则管仲知礼乎？"曰："邦君树塞门，管氏亦树塞门④；邦君为两君之好有反坫，管氏亦有反坫⑤。管氏而知礼，孰不知礼？"

【注释】

①管仲：姓管名夷吾，齐国人，齐桓公的宰相，辅助齐桓公成为诸侯的霸主。

②三归：相传是三处藏钱币的府库。

③摄：兼任。

④树塞门：树，树立。塞门，在大门口筑的一道短墙，以别内外，相当于屏风、照壁等。

⑤反坫：古代君主招待别国国君时，放置献过酒的空杯子的土台。

【解释】

孔子说："管仲这个人的器量真是狭小呀！"有人说："管仲节俭吗？"孔子说："他有三处豪华的藏金府库，他家里的管事也是一人一职而不兼任，怎么谈得上节俭呢？"

那人又问："那么管仲知礼吗？"孔子回答："国君大门口设立照壁，管仲在大门口也设立照壁。国君同别国国君举行会见时，在堂上有放空酒杯的土台，管仲也有这样的土台。如果说管仲知礼，那么还有谁不知礼呢？"

【故事】

管仲智过鬼泣谷救燕

管仲是齐国的相国，春秋时著名的政治家。一次，山戎民族出兵攻打燕国，燕国君主亲率两万将士出战，在一个叫鬼泣谷的地方中了埋伏，只逃出千余人。燕国急派使者向齐国求援，齐桓公统率五万大军开向燕国，眼看着就杀到了燕国两万大军葬身的鬼泣谷。

管仲在路上早就想出了过鬼泣谷的计谋，第二天天刚亮，一辆辆战车向鬼泣谷驶去。这时，山戎令支国首领密卢举着“令”字小黄旗，站在鬼泣谷的山头，一见齐军，就一挥小黄旗，猛然间，箭、石齐下，有的击中齐军将士，有的砸向战车。

密卢挥动狼牙棒，率兵从山上冲下来，举起狼牙棒对着齐将的头部狠击一棒。“咚”一声，把齐将的头盔打掉了。定睛一看，原来被打掉头盔的却是披着衣甲的树桩。密卢知道中计，大惊失色。

此刻，鼓声大作，只见齐国骁将王子成父和赵川率兵直扑过来，战车后数十枚箭齐发。密卢惨叫倒地。他手下一员大将冲进重围，把负伤的密卢抢了回去，往山戎的另一部落孤竹国逃去。就这样，管仲智过鬼泣谷，解了燕国之围。

范仲淹教子勤俭持家

勤俭廉政是克己奉公的具体体现之一。北宋时期著名的政治家、军事家、思想家和文学家范仲淹的勤俭廉政思想，不仅在于“忧乐观”是他的价值核心，更以教子勤俭持家垂范后世。

范仲淹，苏州吴县人。他小的时候，家境非常贫苦，10多岁才上学，读书很专心。年轻时就有远大的志向，常常把治理国家作为自己

应尽的责任。他发奋苦读，有时晚上疲倦了，就用冷水洗脸。为了节省开支，他常常自己煮些粥，等它凝成冻子以后，用刀划成4块，早上吃两块，晚上吃两块，这就是一天的主食。

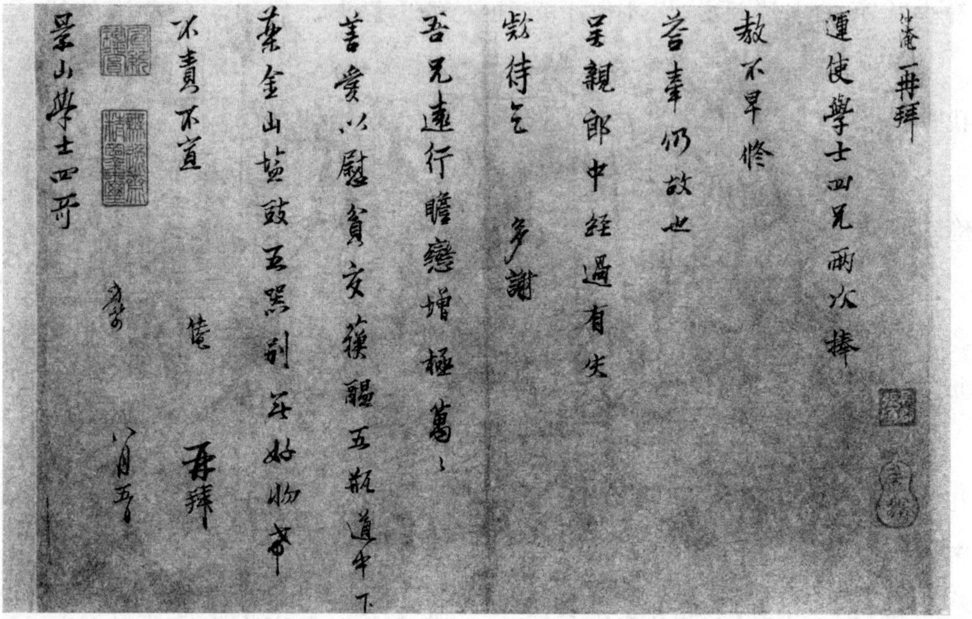

范仲淹后来到应天府南都学舍求学，同窗好友看他生活很清苦，就从家拿来许多好吃的东西，几天后好友发现这些好吃的他一点也没动，就非常生气。范仲淹却说：“我多年吃粥成了习惯，如果骤然吃起这么好的美味佳肴来，恐怕以后就再也不想喝粥了。”

就这样，范仲淹历经艰苦，刻苦学习，最后官至参知政事，但在他的生活中始终保持勤俭的作风。

范仲淹身为朝廷要员，却不忘家教，对孩子们要求得非常严格。

八月中秋的一个晚上，范仲淹的小儿子范纯粹问：“爹，今天过节，咱们家怎么不吃好的呀！”

范纯仁对弟弟小声说：“弟弟，爹爹有规矩，咱家不来重要客人，是不吃好东西的。”

范仲淹看着刚满5岁的小儿子范纯粹，感慨地说：“哎，我小时候，你们的奶奶领着我逃难到了山东。后来上学，因为家里穷，每天只能喝两顿稀粥。刚开始做官的年月里，我的俸禄少，尽管我和你们

的母亲省吃俭用，也没让你奶奶吃过什么好东西。后来我的俸禄多了，你们的奶奶又早早地离开了人间。你们的奶奶真是苦了一辈子呀！”

说到这里，范仲淹的心里很难过。他看着孩子们，除了范纯粹仰着小脸听父亲说话，范纯仁、范纯礼都低着头，显出十分悲痛的样子。

范仲淹接着说：“可是，你们兄弟几个，从小就没有吃过苦。现在我最担心的是，你们会不会丢掉咱们范家勤俭的家风。”

几个孩子听了这话，都低头思索，默默无语。也许就在此刻，“勤俭家风”的概念已经铭记在他们的脑海。

范纯仁娶妻时，心想，结婚是大事，况且父亲又是个大官，会有多少人要来贺喜。但如果大操大办，父亲能同意吗？于是，他把打算购买的许多贵重物品，列了一张清单，请求父亲批准。

范仲淹拿着清单，越看眉头皱得越紧，他摇了摇头，生气地对儿子说：“太过分了！哪能为婚事这么浪费？你这个清单，我得划去多半！”

范纯仁听了，就像被兜头泼了一盆冷水，心里很不是滋味。

范仲淹走到儿子身边，语重心长地说：“孩子呀，不是爹舍不得为你花钱，如果你过惯了荣华富贵的日子，就吃不了一点儿苦了。”

经过爹爹的教诲，范纯仁终于冷静下来了，让爹爹为他修改了清单，最后办了一个很简单的婚礼。

范纯仁结婚后，他的妻子用罗绮做一个大大的幔帐，甚是华美。范仲淹听到这件事，把范纯仁、范纯礼叫来，对他们说：“我们家向来清俭，用罗绮为幔，岂不是乱了我们的家法？如果你们继续这样做，我一定要在院子里把它烧掉。”

范纯仁和范纯礼想起爹爹平时的教诲，急忙说：“爹爹，请您不要担心，我们一定会保持住咱们的家风。”

范仲淹说：“这很好！这样我死以后也就瞑目了。”

范仲淹为子女能保持勤俭的家风而感到欣慰。同时他又感到自己年纪大了，而且身体也越来越差，但多年节俭而积蓄的那些俸禄又怎么使用呢？范仲淹坐在那里，反复地思考着。

这一天，范仲淹把范纯仁、范纯礼叫来说："我年纪大了，不过这些年来我还积存了不少钱财，你们看应该怎么办呢？"

范纯仁和范纯礼低头思想，没有表态，其实他们是想听听父亲的意见。

"怎么，留给你们几个分掉？"范仲淹问两个儿子。

"不！不！我们不要。"两个儿子异口同声地说。

范纯仁脑子里一转，出主意说："爹爹，你在边防时曾把钱财送给了穷苦的兵士；在应州和邠州时，又善施给了那里的百姓。如果你还像过去那样，把积存的俸禄用来周济他人，不是很好吗？"

范仲淹听了范纯仁的话，心中暗暗高兴。他说："是啊！我就是想这么做。我做官几十年，虽然泛爱乐善，广施于人，但对咱们老家的族人还没有办过什么事情。我想把这些剩余的俸禄在吴县买上千亩良田，作为义庄，养济族人，使范姓之民日有食，岁有衣，嫁娶凶葬都有些补贴。你们看怎么样？"

两个儿子说："爹爹说得极是，我们完全赞同。"

范仲淹又说："这件事我已考虑了很久，还准备在族人中收一名义子，代我管理义庄。"

范仲淹停了一会儿，又告诫孩子："将来你们做了官，要保持好咱们的家风，千万不能只顾自己享乐，要先忧天下人，要为国家和百姓多做些事情。"

到了晚年，范仲淹和当时的隐士林逋多有来往，很多人猜测他似有退隐之意。

这时，有人劝范仲淹的二儿子范纯仁给老人家安排一个栖身之地。范纯仁就找到范纯礼，商量要在河南府给父亲建造一处宅第和花园，一来可以作为父亲晚年欢愉之所；二来也算做儿子的一片孝心。

范仲淹听了摇着头说："不成！不成！"

范纯礼说："爹爹，河南府建了那么多，我们怎么就不能建？"

范仲淹语重心长地说："孩子，一个人假若有了道义上的快乐，即使是赤身露体地躺在漫天野地里，心里也是高兴的，何况我还有房子

住。我早就说过：士当先天下之忧而忧，后天下之乐而乐。我怎么能无忧无虑地一个人去享清福呢？我现在担忧的是那些身居高位的人不愿从高位上退下来，不担心自己退下来以后没有好的居住条件。关于建造宅第的事，你们永远不要再提了。”

1052年春，范仲淹又调往颍州，就是现在的安徽阜阳。在往颍州上任的途中病逝，终年64岁。当时人们无不为这个尽国爱民的清官而悲哀，都赞叹范仲淹的高尚情操。

范仲淹一生非常俭朴，为后人所称颂。他的千古绝句更叫人荡气回肠。

先天下之忧而忧，后天下之乐而乐。

其实，这千古名句正是范仲淹一生为人做官的真实写照。

司马光严于克己自律

司马光是北宋时期杰出的政治家、思想家，同时又是古代伟大的历史学家。他严于克己、节俭自律的风范，同样体现出儒家“克己奉公”思想的精髓。

司马光是北宋陕州夏县涑水乡人，陕州就是现在的山西。他为官近40年，大部分时间是在中央任职，而且官职不低。后来他离开京都，身居洛阳，潜心著书，完成了光辉著作《资治通鉴》。

洛阳为北宋时期西京，这里住着很多王公大族，因此到处可以见到深宅大院、亭台楼阁。有的园宅建得富丽堂皇，气势恢宏，飞檐斗兽，华丽无比。

司马光性情淡泊，不喜奢华。他住在洛阳西北数十里处的一个陋巷中，只有几间避风雨的茅檐草舍。一到三九寒天，北风呼啸，茅檐多被风卷去，室内冷气袭人；盛夏，又酷热难熬。一年冬天，大雪纷

飞，天寒地冻，北风狂吼，一般有钱人家都得生火取暖，而司马光家竟连一盆炭火也没有，屋里寒气逼人。

有一天，一位东京来的客人慕名拜访司马光，在“客厅”里，宾主落座，热情交谈。谈了一会儿，因室内寒冷，冻得客人瑟瑟发抖。司马光很抱歉，只好吩咐熬碗栗子姜汤给客人驱寒。

客人喝了姜汤，身体暖和了一些，但叙谈一阵，姜汤失去了作用，寒气再次袭来，只好起身告辞。

后来，这位客人又去拜访学者范镇。在范镇家中，不仅有炭火取暖，而且摆上丰盛的酒菜，宾主频频交杯，消寒去冷。

前后对比，这位客人便和范镇提起了拜访司马光的事，感到司马

光对人冷淡。

范镇听了，认真地说："不，你不了解他。他一向崇尚俭朴，不喜欢奢华。他并不是对你冷淡，我到他家也一样。平日，他自己连一杯栗子姜汤也舍不得喝呢！"客人听了十分感动。

司马光为了御寒，就想办法解决了房屋"夏不避暑，冬不避寒"的问题。他在房中挖地砌砖，修了个地下室。这件事传出去后，当时的西京人流传这样一句话：

王家钻天，司马入地。

司马光本来官高势显，积万贯家财，富甲天下，是完全可以办到的，然而，他却如此清贫自守，不能不令时人赞叹。

司马光为官正派，一生忧国忧民，他看到北宋人民卖儿卖女，无以为生，宗亲贵臣之家却花天酒地，挥霍无度，十分憎恶。他认为，"府库之财，民之膏血"，必须节用开支，以舒民力。

有一次，宋仁宗赵祯向大臣们赏赐财物，金银珠宝，丝绸绢帛，光彩夺目。大臣们个个乐不可支。

司马光见此情景，十分反感，于是上疏皇上，指出，国家正处多事之秋，民穷国困，中外窘迫，表示不接受赏赐，他把所得珠宝交给谏院作为办公费。

司马光为人心地善良，经常把俸禄周济穷困的亲戚朋友。司马光曾经遇到有一个叫庞籍的人，他死后遗下孤儿寡母，生活无着落，非常可怜。司马光便将孤儿寡母接到家中，待他们如同自己的父母兄弟，使周围的人深受感动。

司马光周济穷困之人，却在妻子故去时，连安葬妻子的钱也拿不出，只好把仅有的3顷薄地卖掉，安葬了妻子，尽了丈夫的责任。这就是人们传颂的司马光"典地葬妻"的故事。

司马光不仅自己一生节俭，他还特别重视教育子女勤俭，他写一篇《训俭示康》一文教育儿子司马康，必须养成俭朴习惯。他说："衣

服能以蔽寒，吃的能够充饥就可以了。许多人以奢侈豪华为荣，我独以俭朴为美德。”

司马光还引鲁国的大夫御孙的话说：“俭是一切美德的基础，奢侈是万恶的根源”。

他引申解释说：“凡是俭朴的人私欲就少，有地位的人私欲少，就不会被五光十色的物质所诱惑，就能走光明正大的道路，一般的人私欲少，就能够自身谨慎，节俭花费，避免犯罪，发家致富。”

“所以说，俭是一切美德的基础；奢侈，就私欲多，有地位的人私欲多，就会贪图富贵，离开正道招来祸患；一般的人私欲多，就会多取滥用，败家丧身。因此当官必然受贿，当平民必然偷盗。所以说，奢侈是万恶的大根源啊！”

司马光以其高尚道德赢得了崇高的威信，被誉为“真宰相”。田夫野老，妇人孺子，都知道有个司马相公。

宋哲宗赵煦继位以后，司马光被召回京师。人们听说司马相公要从洛阳回来了，几乎倾城出动，都要亲眼看一看这位“大人”。

史书记载当时的情景是：

都人叠足聚观，致马不能行。有登楼骑屋者，瓦为之碎，树枝为之折。

人们都以亲眼目睹司马光尊容为一生荣幸。

司马光晚年，年老体弱，他的好友刘贤良要用50万钱买个女婢供他使唤，司马光当即复信谢绝，说：“吾几十年来，食不敢常有肉，衣不敢有纯帛，多穿麻葛粗布，何敢以50万市一婢乎？”

司马光的俭朴德行对后辈影响很大，他的儿子司马康做官以后，也像父亲一样节俭朴素，被称为“为人清廉，口不言财”的一代廉士。

1086年9月，在山西闻喜县南旧夏县涑水乡竖起了一通高大的墓碑，上面刻着“忠清粹德”4个大字。墓碑后面，静静长眠的就是当朝宰相、大史学家司马光。

司马光以“日力不足，继之以夜”的自律意识，克己做人，克己教子，克己治学，克己奉公。他的人格堪称儒学教化下的典范，他的美德被人们万古传颂。

王安石不讲吃穿只为公

王安石是北宋时期临川盐阜岭人，就是现在的江西抚州临川区邓家巷。杰出的政治家、思想家、文学家、改革家，“唐宋八大家”之一。他一生致力于变法事业和文学创作，对于吃穿打扮这类事情，从来都不放在心上。

在平日里，王安石的朋友们看见他总是穿着一件旧衣服，有个朋友说：“安石准是有了怪毛病，一定是不喜欢穿新衣服。”为了验证这一猜想，有一天，他趁王安石洗澡的时候，偷偷地把王安石的旧衣服拿走了，又放上了一套华丽的新衣服。

过了一会儿，王安石洗完澡，拿起那套新衣服，连看都没看，穿上就走。他根本没发现自己的衣服已经被人换过了。

这时，朋友们才明白，王安石确确实实专心干事业，对平时穿什么衣服根本不注意。

王安石对饭菜也从来不挑拣，家里做什么，他就吃什么，只要能吃饱就行了。而且他在吃饭时，哪个菜离得近，就随便吃哪个菜，从不伸长了筷子去夹稍远一些的美味。

王安石做丞相时，家人们私下传说他爱吃獐脯。这话传进王安石夫人的耳朵里，心想：相公平日吃东西从来不挑拣，难道他做了丞相，

口味就跟着变了吗？王夫人好生疑惑，就唤来家人问道：“你们怎么知道相公爱吃獐脯呢？”

家人答道：“我们亲眼看到相公不吃别的，只吃獐脯。”

王夫人想了想，又问道：“吃饭时，獐脯放在什么地方？”

家人说：“就放在相公跟前。”

王夫人心中一动，吩咐说：“明天吃饭时，你们把獐脯放到离他远的地方去，把别的菜放在相公面前，看看相公怎样？”

第二天，家人来报告说：“我们照夫人的吩咐做了，今天相公只吃了眼前的菜，那盘獐脯离相公较远，相公就连动也没动。”

王夫人终于验证了自己的判断。原来，家人说王安石爱吃獐脯，是因为他把獐脯放在了离王安石很近的位置了。

王安石身为丞相，虽官高禄厚，但自己不讲穿、不讲究吃，而且在招待来客时，也不失节俭之风。

有一次，王安石儿媳娘家的一个萧姓公子，趁着来汴京游玩的机会，特地华衣锦服，来拜相府。这位萧公子在家娇生惯养，吃惯了美味佳肴。这次来相府，满以为会有什么珍馐美味大饱口福，于是，就在一上午的时间禁食节茶，一心等待丰盛的午宴。

时近中午，仆人来唤萧公子就餐，萧公子跟随仆人来至餐厅。然而，出乎萧公子意料的是，桌上只有几盘家常便菜，几杯薄酒。他很有些失望。转念一想：丞相府上焉能如此寒酸！

酒过数巡，王安石说了声：“进汤饭来。”随后，仆人便把一盆汤和两盘薄饼放在桌上。

见到这最后的一道汤饭，萧公子彻底失望了，只好拿起一张饼，剥掉了饼边和外皮，勉勉强强地吃了饼心，便撂筷了。

这萧公子哪里知道，这便饭还是王安石的待客饭，而他自己平日里只有一菜一汤。

王安石看了看桌上的残饼，心中感慨：百姓多有食草根、树皮、观音土者，年轻人竟如此不知节俭，怎能兴国立业！于是，对萧公子说：“公子，你读过唐代李绅的悯农诗《锄禾》吗？”

萧公子答道："读过。"接着，背了起来，"'锄禾日当午，汗滴禾下土；谁知盘中餐，粒粒皆辛苦'。"

王安石捋着胡子说："背得很好！公子，你一定知道这首诗的含义吧？"

这时，王安石的小儿子王雱抢着说："我知道，是说农夫顶着晌午的烈日去锄禾，汗滴洒在禾苗下面的土里，谁能知道盘子里的饭，一粒粒都是辛苦劳动换来的。"

萧公子听了，心下有些惭愧。

这时，就听王安石说："说得好！既然这盘中餐，粒粒皆辛苦，我们把这残饼吃了吧！"说完，从桌上拾起几块饼渣，吃了起来。

萧公子一看，顿觉汗颜，赶快俯身攒起饼渣，把它吃下去了。这顿饭，他算是上了一堂道德教育课，也确实受益匪浅。

王安石倡节俭食残饼的事，一时被传为佳话。

苏轼的节俭自律作风

苏轼是宋代著名的文学家。他21岁中进士，做了40年官，有得意之时，也有被贬的不幸遭遇。不管是处于逆境还是顺境，他都节俭自律，极力反对奢侈。

苏轼认为，人的欲望是无穷尽的，注意节约，"每天吃三白饭"，对身体和事业都有好处。

一天，苏轼和史学家刘贡父一起闲聊，聊到了医药卫生和保健养生。刘贡父问苏轼什么东西最好吃，苏东坡毫不犹豫地说："我和弟弟在京城学习经义对策、准备应试时，每天吃三白饭，吃得津津有味，不相信人间会有更好吃的美味。"

刘贡父问："什么三白饭？我怎么从来没有听说过啊？"

苏轼笑了笑，答道："其实平常得很，只不过你可能没有尝过。"

刘贡父说："不会的。好吃的鸡鸭鱼肉、海参鱿鱼，家常的白米、

高粱、玉米面，我什么没吃过？可就是没尝过什么三白饭四白菜。”

苏轼说：“就是一撮白盐，一碟白萝卜，一碗白米饭，这不就是‘三白’饭吗？”

刘贡父听了哈哈大笑，然后说：“原来就是这玩意儿啊！”

“是啊！”苏轼有些感慨，就在知心朋友面前，讲起当时吃三白饭的情形，“我们兄弟父子三人进京考试，时间不短，耗费很大。当时家境不甚宽裕，所带银两不是很多，不敢大手大脚花钱。第一次参考，考中考不中，心中没数。要是考不中，留在京城继续攻读，消费是个无底洞，就是回家读书，下次再来考试，开支也不是个小数目。在这样的情况下，我们不敢像那些富家子弟那样讲究，只能省吃俭用。”

刘贡父宽慰苏轼说：“不过，这样也好。穷则思变，尝过穷日子的滋味，更能发奋学习。你看你们父子 3 人今天不都脱颖而出，成了名人了吗？”

这次聚会过了很久，有一天，刘贡父写请帖给苏轼，邀他到家里吃“皛饭”。

苏轼对人说：“刘贡父读书很多，他的这个‘皛饭’，一定是有来由的。”

等苏轼到了刘贡父家吃饭时，发现桌上只有盐、萝卜和米饭，这才恍然大悟，知道这是刘贡父用3个“白”字开的玩笑，不禁微微一笑，便大吃起来。

吃完饭，苏轼告辞出来，临上马时对刘贡父说：“明天到我家，我准备用‘毳饭’款待你。”

刘贡父担心被苏轼戏弄，但又想知道“毳饭”到底是什么，第二天便如约前往。

两人谈了很久，早过了吃饭时间，刘贡父肚子饿得“咕咕”叫，便问苏轼为啥还不开饭。苏轼说：“再等一会儿。”像这样好几次，苏东坡的回答老是这句话。

最后，刘贡父说：“饿得受不了啦！再不开饭，我可要走了。”

苏轼这才慢吞吞地说：“盐也毛，萝卜也毛，饭也毛，岂不是‘毳’饭？”

刘贡父捧腹大笑，说：“本来我就知道你一定会报昨天的一箭之仇，但万万没想到这一点！”

玩笑过后，苏轼传话摆饭，果然也是白盐、白萝卜、白米饭。两人一直吃到傍晚，刘贡父才回家。由此可见，文人之间的戏谑有时是很有趣的，但其中往往体现了他们真实的内心意愿。

由于苏轼多年养成了节俭的好习惯，所以当他被贬官降职来到偏远的黄州时，也没有被穷困窘迫所吓倒。

贬官没有足够的钱，当然就没有足够的口粮，怎么办？苏轼的决定同样潇洒：脱下文人的长袍，穿上农夫的短打，自己动手，开荒种地。经过多方申请，当地衙门批给苏轼一块3.3公顷亩的废弃坡地。

这块3.3公顷亩的贫地正好位于黄州城东门外，于是苏轼干脆给这块地取名“东坡”，并自称“东坡居士”。苏东坡这个名号就是这么来的，它在民间的影响可要比苏轼这个名字大多了！

在一般文人看来，开荒种地本来就不是什么体面事，一块废弃的地，偏偏称作什么“东坡”！一介犯官，被贬偏僻之地，穷困潦倒，却还要自称什么“居士”！其实，这恰恰就是苏东坡的与众不同之处。

谁说文人不能种地？谁说种地的人就不能自称居士？没有饭吃，就得种地，收割庄稼，就有饭吃，就是这么简单的道理，多少所谓的文人却不明白，也不愿意明白。

“居士”的本意是指在家修行的佛教徒，但“东坡居士”这个称谓显然超越了本意的内涵，拥有更丰富的魅力。

黄州的苏东坡，是个平凡的养家糊口的劳动者，是个善于在劳动中寻找审美趣味的文人，也是个勇于在苦难中摆脱心灵枷锁的哲人。黄州的苏东坡，在后代的眼中雅俗共赏，赢得了农夫与士大夫的共同赞许，而“东坡”也成为他在黄州的第一个重要象征。

为了度过困境，苏东坡将已经降低的薪俸精打细算，计划开支。这个办法是：将收入分为12份，每月用一份，每份又分成30小份，每日用一小份。又把分好的这些钱装在口袋里挂在房梁上，以后每日清晨取下一包。取下这包钱再计划一下，先买急需的，能省就省。一天下来决不超支。每日剩下的钱他又装入另备的一只竹筒里，以备紧急事件时再用。

苏轼在身居高官的时候，也不忘节约俭朴。他给自己规定：每顿饭只能是一饭一菜。若来了客人，也只许加两个菜。如果亲朋请他去做客，他也事先告知对方，不要铺张，不然他就拒绝入席。

有一次，苏轼的一位好友从远地来看他，多年不见，分外亲热。好友请他去叙旧，苏轼推辞不过，再三叮嘱好友按老规矩，不可铺张。友人连连答应。

第二天，苏轼按约赴宴。当他来到友人家中一看，大吃一惊。原来，友人觉得多年不见，今日宴请苏轼，理应丰盛一些，而在苏轼看来，却是过于奢华排场了。

苏轼皱皱眉头，说：“我们有约在先，现在怎么还这样铺张。”

友人一再解释说：“按我原意，比这还要丰盛，已经按兄长之意减去了一半。”

苏轼摇摇头，说：“你还是不了解我呀，我不是仅嘴上说说而已，而是从心眼儿里反对浪费的。请你撤去多余菜饭，够我两人食用即可，

不然，我就要告辞了。”

友人点点头，心里顿时升起敬佩之情，说：“好吧，就按你的意思办。”

仆人撤去了一大半，仅剩下4个盘子一壶酒。

苏轼笑着说：“这不是很好嘛！”然后和友人举起酒杯，热情地叙谈起来。

苏轼走后，他的朋友感慨地说：“当年他遭难时，生活很节俭。没想到他如今身居高位后，还这样节俭。”

节俭的意义是当用则用，当省则省。换句话说，就是省用得当。在这一点上，苏轼，“东坡居士”，给世人树立了一个好的榜样。

子语鲁大师乐

子语[①]鲁大师[②]乐曰："乐其可知也：始作，翕[③]如也；从之，纯如也，皦[④]如也，绎[⑤]如也，以成。"

仪封人[⑥]请见，曰："君子之至于斯也，吾未尝不得见也。"从者见之。出曰："二三子何患于丧乎？天下之无道也久矣，天将以夫子为木铎。"

【注释】

①语：告诉，动词用法。

②大师：乐官名。

③翕：xī，意为合、聚、协调。

④皦：jiǎo，音节分明。

⑤绎：连续不断。

⑥仪封人：仪为地名，在今河南兰考县境内。封人，系镇守边疆的官。

【解释】

孔子对鲁国乐官谈论演奏音乐的道理说："奏乐的道理是可以知道的：开始演奏，各种乐器合奏，声音繁美；继续展开下去，悠扬悦耳，音节分明，连续不断，最后完成。"

仪这个地方的长官请求见孔子，他说："凡是君子到这里来，我从没有见不到的。"孔子的随从学生引他去见了孔子。他出来后（对孔子的学生们）说："你们几位何必为没有官位而发愁呢？天下无道已经很久了，上天将以孔夫子为圣人来传道于天下。"

【故事】

周公创制礼乐制度

中华之“礼”发端于周公，是周公通过制定周王朝典章制度，开启了中华民族以礼为人处世的先河。

那是在周武王灭商朝建周朝之后，为了加强对国家的管理，实行了“封诸侯，建同姓”的政策，把周王室贵族分封到各地，建立西周王朝的属国。周武王去世后，年幼的周成王继位，周武王的弟弟周公辅政。

这时，周公的兄弟管叔、蔡叔和霍叔等人勾结商纣子武庚和徐、奄等东方夷族反叛。周公毅然出师，3 年后平定叛乱，并将国家势力扩展至东海。

为了控制东征后新占领的东部地区，周成王封周公的儿子伯禽为鲁国的国君，建立鲁国，管理徐、奄之民和从殷都迁来的移民，担负稳定东部地区局势，充当周王朝政权藩屏的任务。

临行前，周公告诫伯禽说：“你不要因为当了国君就骄傲起来而怠慢了士人。我在国家中地位是不低的，但是我还是谦虚待人，总担心因为自己工作做得不好，而失去天下的士人。你到鲁国去，绝对不要因为是国君就看不起人。”

伯禽又问周公：“请问如何治鲁？采用什么方法有效？”

周公说：“品德高尚而能恭恭敬敬者必定会发达兴旺；属地广大富庶而能节俭者必定会安宁；官高位显而待人谦逊者必定会越受人尊敬；兵多将强而不轻敌者必能取胜；聪明智慧而又自以为愚者必能不断进步；学识渊博而又自以为浅薄，虚心学习者，必定能日益增长见识。这六者都是谦虚的表现。所以《易经》中说，有一种品德，大足以守天下，中足以守国家，小足以守身，这就是谦虚啊！”

伯禽到了鲁国以后，遵照父亲的教导来对待臣民，治理国家。当时鲁国君臣团结，社会风气也很好。鲁国被人称为“礼仪之邦”。

周公是一位德才兼备并且忠心耿耿的臣子，他还在周成王以后，营建东都洛邑，就是现在的洛阳，并在洛邑开始了制定各种典章制度的工作。

周公在“分邦建国”的基础上总结、继承和完善，系统地建立了一整套有关“礼”“乐”的完善制度。这就是后世所谓的“周公制礼作乐”。

周公所制的礼，集中体现在“五经”之一的《周礼》中。《周礼》，又称《周官》，有时也称《周官礼》，是一部通过官制来表达治国方案的著作。

它涉及的内容极为丰富。大至天下九州，天文历象；小至沟洫道路，草木虫鱼。凡邦国建制，政法文教，礼乐兵刑，赋税度支，膳食衣饰，寝庙车马，农商医卜，工艺制作，各种名物、典章、制度，无所不包。堪称“上古文化史之宝库”。

西周时期的礼法相传是相关政治准则、道德规范和各项典章制度的总称。周公规定了国都地点的选择、王畿和九畿的分布、地方居民组织，体现了古代阴阳五行思想，显示了相当成熟的政治思想和高超的运筹智慧。

周公规定贵族饮宴列鼎的数量和肉食种类：王九鼎包括牛、羊、乳猪、干鱼、干肉、牲肚、猪肉、鲜鱼、鲜肉干；诸侯七鼎包括牛、羊、乳猪、干鱼、干肉、牲肚、猪肉；卿大夫五鼎包括羊、乳猪、干鱼、干肉、牲肚；士三鼎包括乳猪、干鱼、干肉。

乐舞数量也有差异。这些制度自制定后，任何人都不能修改。周王有权惩罚违礼的贵族。周公的礼乐制度还包括“爵谥”制、“法”制、“嫡长子继承”制和“乐”制等。其中最重要的是嫡长子继承制和贵贱等级制。

周公对夏殷历史是了如指掌的，当时没有严密的继承制，所以他不能不考虑商代灭亡的经验教训。

殷的传弟和传子的并存，曾导致了“九世之乱”。传弟终究还要传子，这本来是生物的规律。

传子和传弟有传长、传幼和传贤的矛盾。传弟更有个传弟之子和传兄之子的矛盾。这些矛盾的存在，往往导致王室纷争，王室纷争又会导致王权衰落。

周公确立的嫡长子继承制，即以血缘为纽带，规定周天子的王位由嫡长子继承。同时把其他庶子分封为诸侯卿大夫。他们与天子的关系是地方与朝廷、小宗与大宗的关系。

自周公以后，周成王、周康王、周昭王、周穆王、周共王、周懿王，除去周孝王外直至周幽王都是传子的，这不是偶然的，这种制度即嫡长子继承制的确立应归功于周公。

嫡长子继承制确立以后，只有嫡长子有继承权，这样就经法律上免除了嫡子以外的旁支兄弟争夺王位，起到稳定和巩固管理秩序的作用。嫡长子继承制是宗法制的核心内容。

周公还制定了一系列严格的君臣、父子、兄弟、亲疏、尊卑、贵

贱的礼仪制度，以调整朝廷和地方、王侯与臣民的关系，加强朝廷政权的管理。

周公所制定的“礼”，是维护管理者等级制度的政治准则、道德规范和各项典章制度的总称，后来发展为区分贵贱尊卑的等级教条。“乐”则是配合各贵族进行礼仪活动而制作的舞乐。舞乐的规模，必须同享受的级别保持一致。

“礼”强调的是“别”，即所谓“尊尊”；而“乐”的作用是“和”，即所谓“亲亲”。有别有和，是巩固内部团结的两方面。“礼”所要解决的中心问题是尊卑贵贱的区分，即宗法制，进一步讲是继承制的确立。

周公把宗法制和政治制度结合起来，创立了一套完备的服务于奴隶制的上层建筑。

周天子是天下大宗，而姬姓诸侯对周天子来说是小宗。这些诸侯在自己封国内是大宗，同姓卿大夫又是小宗，这样组成一个宝塔形结构，它的顶端是周天子。周代大封同姓诸侯，目的之一是要组成这个以血缘纽带结合起来的政权结构，比殷代的联盟形式前进了一大步。

周代同姓不婚，周天子对异姓诸侯则视为甥舅关系。血缘婚姻关系组成了周代人的管理系统。这在当时的具体条件下，形成一种以华夏族为主体的层次分明的政权机构，一种远比殷人的管理更为进步的机构。

由宗法制必然推演出维护父尊子卑、兄尊弟卑、天子尊诸侯卑的等级森严的礼法。这种礼法是隶属关系的外在化。反过来它又起到巩固宗法制的作用，其目的是维护父权制，维护周天子的权力，谁要是违反了礼仪、居室、服饰、用具等的具体规定，便视为非礼、僭越，就要受到惩罚。

周天子能授民授疆土，则必以土地国有为前提。正所谓“普天之下，莫非王土；率土之滨，莫非王臣”，在周公文治武功盛极一时的时代，这并非虚构。由此引申出来的“田里不鬻”，土地不许买卖等，出自周公之手。

西周时期盛行一种明堂制度。所谓明堂，是周天子祭祀上帝、文

王及举行各种大典时使用的建筑物。西周明堂一般建于国都的近郊，有9室12堂，以茅草覆盖屋顶，上圆下方，以水环绕于四周。明堂制在秦代时废除不用，两汉时期再度兴起，并被后来的历代沿袭。

西周时期沿袭了商代的祭祀传统，但其中包括的神秘色彩已非常淡薄。西周时期的祭祀对象分天神、地祇、人鬼3类。天神主要有天帝、日月星辰、司命、风师、雨师等；地祇有五岳、山林川泽、四方百物等；人鬼专指祖先而言。

西周时期的礼法在服饰方面也有体现。西周时期沿用商代的上衣下裳之制，但材料和手工比商代时更精细讲究，不同等级之间的差异也更显著。周代人也有将上衣与下裳连为一体的称为“深衣”。周代人衣服上常佩戴各种饰物。

据记载，西周时期贵族的衣服以毛、丝、帛、裘等为原料制成，配以各种玉饰，舒适而美观。平民的衣服则往往以麻、葛、粗毛等制成，式样短小，便于劳作。周王和贵族的头顶戴冕，士人戴冠，则平民只准戴巾。

总之，周公制礼作乐涉及当时社会的方方面面，一方面是在总结前人经验的基础上加以系统化；另一方面也是周代人具体实践的总结。西周的礼乐制度，形成了西周时期特色的礼乐文化与礼乐文明，对后来历代文化都产生巨大而深远的影响。

孔母教子礼仪音律

颜徵在，是孔子的母亲。她重视对孩子进行早期教育，培育出“孔圣人”，故世人称她为“圣母”。

孔母，非常重视孩子的早期教育。她认为：一棵树，幼小时易调直扶正。若长成歪树后，再修剪就不易了。对孩子也应如此，要进行早教。

在孔子还是个不懂事的孩童时，孔母就为他买了很多乐器。有时自

己为孩子吹弹，有时请人为孔子演奏，有时让孩子自己任意玩弄。

邻里不解，问:“叫孩子玩乐器为何?”孔母答:“无规矩不成方圆。做人、办事要讲规矩。无章法，演奏不出动听的乐曲，让孩子懂些礼仪音律，对他日后成长大有益处。”

孔子在母亲的教育下，很小就会吹拉弹唱，懂得礼仪规矩。透过学习演奏乐器，孔子渐渐懂得了音与音之间的规律，悟出了人与人之间的关系。

在礼仪的启示下，孔子逐渐形成了以“仁”为核心的儒家思想，规范了君臣、臣民、父子、夫妻各种关系。孔子成了儒家思想的创始人。

孔子践行以礼问礼

自从周公制礼作乐以来，礼乐文化的一切重要方面都发生了质的变化，从而被打上了文明社会的印记。这种新的文明模式，不仅是对夏商时期文化的改造，而且对整个华夏文明的发展都产生了极为深远的影响。

至春秋战国时期，古代社会经历了第一次社会转型和文化重构。由于社会的巨大变革，周公制定的典章制度被破坏，当时的社会现实是“礼崩乐坏”。在这样一种历史条件下，似乎更需要另一个大贤的出现。于是，一个影响了我国历史数千年的圣人诞生了。这个圣人就是孔子。

自古圣人多磨难。孔子3岁丧父，17岁丧母。他在15岁时就立下

“志于学”的宏愿，学无常师，勤学好问。

孔子 10 多岁时，一有机会就进入鲁国太庙，悉心研究太庙收藏的典籍和礼器。

这一天，孔子又早早起床，洗漱正冠，虔心静举，来到太庙。古代开国之君称“太祖”，太祖之庙称为“太庙”。鲁国是周公封地，鲁国太庙就是周公之庙。

孔子一生敬仰周公，对周公辅佐周文王、周武王立国的事已经非常熟悉了。进入庄严高大的鲁国太庙，面对周公塑像，他也跟着大人们那样，行三跪九拜之礼。孔子在太庙看到各种各样的祭器，如鼎、鬲、爵、觚、壶等，一一询问用途。

大祭仪式开始，鼓乐齐鸣，人头攒动，太庙里香烟缭绕，一会儿上猪牛羊，一会儿献爵，一会儿奠帛，一会儿读祝，一会儿叩拜。人们做一件，孔子就问一件。

鲁城的人对祭祀大礼都熟悉，有人问孔子为何要处处问个详尽，年幼的孔子这样回答说：“勤于求教，不耻下问，这本身就是知礼，我这是以礼问礼！”

公元前 535 年，孔子 17 岁，这一年孔母颜徵在去世。在孔子守孝期间，鲁国公族大夫孟鳌子病重，不到一天就去世了。他的儿子孟懿子遵照父亲的遗愿，去找孔子学礼，还邀请南宫适同行。南宫适是孟懿子兄长，因为贤德，孟鳌子赐他南宫之姓，名适，一名韬，字子容，后谥敬叔。

南宫适与孔子志同道合，交往甚密，见孟懿子相邀自然高兴，只是顾虑孔子在服孝期间拜师恐怕不合礼仪，心里有些犹豫。

孟懿子说：“礼在任何时候都是通行的，如果不合礼仪，孔子自然会告诉我们，我们去和他见见面也是好的。”

于是两人来到防山。

孔子见到他们后，以丧礼迎接，让入墓庐中，三人坐定。

南宫适说：“令堂仙逝数月，我等前来看望你，希望节哀顺变！”

孔子说：“谢谢两位！”

孟懿子说:“我们这次前来,不知是否合乎礼仪?”

孔子说:“人情尚在,当合礼仪。”

南宫适说:“此次前来,一来看望你,二来遵家父遗训,向先生请教礼仪,望不吝赐教。”

孟懿子接着又说道:“你我都在服丧期间,我来学礼,不知是否合礼?”

孔子回答说:“守孝,本身就是尊礼,议论礼也是尊礼,没有关系的。”

孟懿子于是向孔子请教:“何谓礼?”

孔子回答:“所谓礼,就是把人的情和义充分展示出来。情,就是喜、怒、哀、惧、爱、恶、欲;义,就是父慈、子孝、兄良、弟悌、夫义、妇柔、长惠、幼顺、君仁、臣忠。讲信修睦,就是情义,这些离开了礼都不能实现。”

孟懿子又问:“礼,具体体现在哪些方面呢?”

孔子说:“在人的生活中无不体现着礼。所谓的六礼,七教,八政,都是礼。六礼,即冠礼,婚礼,丧礼,祭礼,乡饮酒礼,士相见礼;七教,包括父子,兄弟,夫妇,君臣,长幼,朋友,宾客的人际关系;八政,包括饮食习惯,衣服制度,技艺标准,器具品类,度,量,数目,规格等。”

春秋时期礼的形式很烦琐,对于礼的内容与精神,孔子最后总结道:“礼有大,有小,有明显,有隐微。所以大礼有三百,小礼有三千,但有一个基本的目的就是合乎人情。发乎情,止乎礼,就像进入房屋没有不从门口进入的一样。”

三人谈礼,不知不觉已过数日。在那样荒凉孤苦的日子里,与良朋灯下夜话,孔子的思亲之痛,暂时得到了缓解。南宫适在这里拜孔子为师。孔子见他品德高尚,洁身自好,就把侄女嫁给了他。后来成为“孔门七十二贤”之一。

公元前523年的一天,孔子准备去周的京都洛邑寻访老子,并让南宫适同行。洛邑就是现在的洛阳。鲁昭公听说后欣然同意,并赐孔

子车一乘，马两匹。经过5天的行程，两人来到周都洛邑。

老子，姓李，名耳，字伯阳，去世后谥号为聃，世称“老聃”。老子通晓上下古今之事，晚年躬耕授徒，讲道论德。他先任周王朝管理藏书的官员，后来又做了柱下史，也就是后来所说的御史。

老子对孔子带弟子来访，非常高兴，忙令童子将道路打扫干净，亲自迎接孔子。

孔子见到老子，恭敬地行见面礼，双手捧着大雁献给老子，以表示对老子的敬意。孔子说：“丘久慕先生博古通今，专程和子容前来求教。敢问先生，为何今日礼仪不及古代礼仪呢？”

老子叹息地说：“这是和周朝王室政治衰微，诸侯各国相互争霸分不开的，各诸侯国为了称雄，不惜僭越礼制，已把周礼弄得不成样子了！”

孔子再问：“请问周朝古礼的源流在哪里呢？”

老子说：“讲到周朝古礼，那是周公旦辅佐周武王和周成王时制定的。在西周极盛时期，各种礼制也很完备，上下遵守，谁也不敢僭越。但是，自东周以来，王道日渐衰微，古礼也就渐渐泯灭了！”

孔子又说道：“请教先生，周朝古礼有哪些主要方面？”

老子说：“两位要知古礼，我看耳闻不如目睹，若两位愿意的话，我当领两位去看一看。”

老子引路走在前面，就近先看明堂。

孔子在明堂前举目四顾，只见四面大门上，画着尧、舜、桀、纣的像。尧、舜的相貌和善魁梧，带着兴旺的神气；桀、纣的相貌凶恶尖削，带着颓废的神情。还有周公像，成王图，还有鼎铭盘铭，多得一时目不暇接。

退出明堂后，老子又引导他们去太庙，参观各式祭器。太庙的祭器大大小小约有数十种，老子将各种祭器的名称和用途都做了说明。

孔子走到右边的石阶前，看见一个制作大小与真人相同的金人，口上粘着三道封锁，背上刻着很长的铭文。孔子将铭文从头至尾详读了一遍，对南宫适说：“今天见了这三缄其口的金人，才知道做人不要

多言，多言必败；不要多事，多事多烦恼。”说完又随着老子退出。

时已午后，老子相邀回家并盛情款待。进餐完毕大家又谈到礼仪上来了。孔子说：“丘对于各种礼制，因为没有名师指导，不能贯通，敢请先生明示！”

老子说：“国家的礼正，治国就有了准绳。夏禹、商汤，周文王、周武王、周成王和周公，都是凭着正直的礼制在位，所以治国之道就兴盛；而周幽王、周厉王不凭正直的礼制在位，所以他们招致祸殃。由此就可以看出，礼制关系到国家的治理兴衰，因此不可等闲视之。要知道古代圣王是凭着天道来治理人情的，为了用敬奉鬼来教化百姓，便制定了郊社、馈奠、射飨等礼制。”

孔子听到这里插言问道：“曾经听到郯子说，居家有礼则长幼分，闺门有礼则三族和，朝廷有礼则官爵尊，田猎有礼则戎事闲，军旅有礼则武功成。如果这五者都无礼，其后果又是怎样呢？”

老子回答说：“这五者如果失去礼的约束，就好像瞎子行路，失去了搀扶的人，又好像夜晚一个人坐在漆黑的室内，眼睛什么都看不见，手足没地方放，进退都很难。一旦失礼，就会居家长幼不分，闺门亲族不和，官爵失去次序，政事无法施行，动静失宜，其遗祸就真地不可收拾啊！”

大家都很高兴，兴致亦浓，不觉天近黄昏。南宫适提议明天再学习，孔子等告别老子回到馆舍。

在周国待了数天，孔子向老子辞行。老子送孔子到当时的宾馆之外，就说：“我没有什么好送你的，就送你几句话吧，不要讥人之非，扬人之恶，不要自以为了不起。”老子的意思是礼待他人，礼待天下。

孔子顿首道：“弟子一定谨记在心！”

到了黄河的岸边，看见河水滔滔，浊浪翻滚，势如万马奔腾，声如虎吼雷鸣。孔子伫立岸边，不觉叹道：“一去不复返的时光就像这河水一样啊！日夜不停。黄河之水奔腾不息，人之年华流逝不止，河水不知何处去，人生不知何处归？”

老子闻孔子此语，说道：“人生天地之间，是与天地一体。天地是

自然之物，人生也是自然之物。人有幼、少、壮、老之变化，犹如天地有春、夏、秋、冬之交替，有什么值得悲叹的呢？生于自然，死于自然，任其自然，则本性不乱；不任自然，功名存于心，则焦虑之情生；利欲留于心，则烦恼之情增。”

孔子解释道：“我是忧虑大道不行，仁义不施，战乱不止，国乱不治，人生短暂，不能有功于世，不能有为于民，所以才有感叹啊！”

老子说：“人之所以生，之所以无，之所以荣，之所以辱，皆有自然之理、自然之道。顺自然之理而趋，遵自然之道而行，国则自治，人则自正。”

稍停片刻，老子手指浩浩黄河，对孔子说：“你何不学这水之大德呢？”

孔子说：“水有何德？”

老子说：“人的最高境界的善行就像水的品性一样，泽被万物而不争名利。世界上最柔的东西莫过于水。水随方就圆，随遇而安，这就是它的柔德。人要如水，不能太硬，硬如利器伤人，不易化物。柔则处处感德，再无众恶的喧闹了。”

孔子闻言，恍然大悟道：“先生此言，使我顿开茅塞：众人处上，水独处下；众人处易，水独处险；众人处洁，水独处秽。所处尽人之所恶，又有谁能与之相争呢？这就是您所说的‘上善’。”

老子大加赞赏，点头说：“汝可教也！你要切记：与世无争，则天下无人能与之争，这就是效法水德。”

老子的水德其实涵盖了谦德，即谦虚之礼。老子的观点是人要表现柔弱，不要刚强；人要表现愚鲁，不要聪明；应该无为、无和、为欲、清虚、自然等。总之，刚强的就容易折断，柔弱的能够保全。

孔子说：“先生之言，出自肺腑而入弟子之心脾，弟子受益匪浅，终生难忘。弟子将遵奉不怠，以谢先生之恩。”说完，依依不舍地告别老子，与南宫敬叔上车，驶向归程。

回到鲁国，众弟子问道：“先生此去拜访老子，您见到了吗？”

孔子说：“见到了！”

弟子问："老子是什么样？"

孔子说："鸟，我知道它能飞；鱼，我知道它能游；兽，我知道它能跑。会跑的可以织网捕获它，会游的可制成丝线去钓它，会飞的可以用箭去射它。至于龙，我就不知道该怎么办了，它是驾着风而飞腾升天的。我今天见到的老子，大概就是龙吧。他是我的老师啊！"

孔子从老子那里大彻大悟，返回鲁国后，从此更加身体力行，遵行周礼，宣扬周礼。他的学识更加渊博了，来投门下的学生也越来越多了。

孔子行动遵循礼仪

孔子数次到太庙学习周礼，也几次跟老子学礼学道，认为周礼是最能拯救世人的制度。于是，他在自己的实践活动中，处处遵循周礼，力图把自己打造成一个人格完善的人。

孔子曾教导自己的儿子孔鲤要好好学礼。有一天，孔子看见儿子孔鲤从院子里走过，就问他："你学过礼仪了吗？"

孔鲤回答说现在还没有学呢！

孔子就说道："如果不学好礼仪，在社会上就无法立足。"

孔子的这句话，可以看作是他所理解的"礼"的根本。他认为，只有广泛地学习文献知识，又用礼来约束自己，就不至于离经叛道了。

他曾经说道：

> 诗歌让我振奋，礼法使我立身，音乐陶冶使我修身养性，成就高尚人格。

孔子是这样说的，也是这样做的。在《论语》、《吕氏春秋》等先秦史籍里，记述了许多有关孔子依照礼行事的细节。

据《论语》记载，国君赐给熟食，孔子一定摆正座席，先品尝；

国君赐给生肉，一定要煮熟敬奉祖先；国君赐给活物，一定豢养着；陪国君进食，国君饭前祭祀神灵，孔子先替国君品尝。

《吕氏春秋·孝行览》记载，周文王很喜欢吃菖蒲腌的菜，成了一种嗜好。孔子听说周文王有个这样的嗜好也就吃它。尽管它的味道不好吃，以至于孔子在吃时连鼻梁都缩起来。这样坚持了3年，后来终于习惯了。

其实，吃饭对于孔子而言，意义绝不仅仅是单纯吃饭。吃饭成为他维护礼法的工作现场。为了弘扬礼法，纠正种种不合礼法的行为，孔子利用吃饭做了许多工作。吃饭成了他对学生进行教育的课堂。

《吕氏春秋·审分览》记载，在孔子周游列国困于陈蔡之间的日子里，有一天孔子昼寝，颜回去讨米，讨回来后煮饭。饭快要熟，孔子远远地看见颜回用手抓锅里的饭吃，就装作没看见。不久，饭熟了，颜回请老师吃饭。孔子说："刚才梦见我的父亲，我要用饭来祭祀他。"

颜回说："不行啊！刚才房上有灰尘掉进锅里面，那些米我舍不得扔掉被我吃过了。这饭不能再用来祭祀了。"

原来如此！孔子不得不为他的诚实所感动。当时礼法规定，用来祭祀的饭菜，所有人都不能先动一筷子，必须等到祭祀结束人才能吃。

孔子说要进行祭祀，不过是想考验一下颜回是否能坦率承认自己已经吃过了锅里的饭。如果颜回说“您要祭，我就给您把饭盛来让您祭祀”，那么，孔子就会把颜回当作反面教材。

但是，颜回很诚实地说明自己吃过了，并且说明了自己为什么吃的原因。因此，这堂课实际上使师生双方都受到一次深刻的教育。

《韩非子·外储说左下》记载，鲁哀公赏赐孔子吃桃子，事先把黍子发给他，让他用来擦桃子皮上的细毛。可是孔子却先把黍子吃下去了，然后再吃桃子。旁边的侍从看了都发笑。

鲁哀公不得不告诉他，说：“黍不是用来吃的，而是用来擦桃子的。”

孔子回答说：“我知道。可是黍是五谷之尊，祭祀的时候用它来做粢盛，桃子是瓜果中的下品，祭祀的时候根本轮不上。用五谷之尊来擦瓜果中的下品，上下错位，有损于义，我怎么能这样做呢？”

《礼记·玉藻》记载，孔子在季氏家里吃饭，既不行推辞之礼，也不按照次序吃，还没有吃肉就吃水泡饭。

当时礼法规定，客人在吃饭前必须先行推辞之礼，即首先起身表示推辞，然后才可以坐下吃饭；开始吃饭时，则应当首先吃肉块，然后依次顺序吃其他食物，直至吃饱。吃饱之后，再行“飧礼”，即吃上三口水泡饭，表示用餐结束。孔子这样做，实际上是在用行动批评季氏进食失礼。

《论语·乡党》记载：“疾，君视之。东首，加朝服，拖绅。”意思是说，孔子患了病，躺在床上，国君来探视他，他无法起身穿朝服，这似乎对国君不尊重，有违于礼，于是孔子就把朝服盖在身上。这件事反映出孔子即使在病榻上，也不会失礼于国君。

《论语·乡党》记载，孔子主张吃饭的时候不说话，睡觉的时候也不说话。虽然是吃粗米饭蔬菜汤，也一定先要祭一祭，一定要像斋戒时那样恭敬严肃。席子摆放不端正，不要坐。

在举行乡饮酒礼后，要等老年人先走出去，自己才出去。本乡的人们举行迎神赛会驱疫逐鬼仪式时，孔子总是穿着朝服站立在东面的

台阶上。孔子托别人代为问候在其他诸侯国的朋友时，要躬身下拜，拜两次，送走所托的人。

孔子认为，“礼”是至高无上的，是神圣不可侵犯的，那么，日常行为必须依照礼的原则。这一方面是孔子个人修养的具体反映，一方面也是他向学生们传授知识和仁德时所身体力行的。

孔子不仅自己践行礼制，同时也提倡大家要学礼，并且把是否懂得礼仪作为选人用人的一个标准。他说道：

先学习礼乐，然后做官的，是庶民百姓；先当官，然后再学习礼乐的，是世袭的贵族子弟。要是我选用人，我主张选用先学习礼乐的人。

曾子是孔子的弟子，有一次他在孔子身边侍坐，孔子就问他：“以前的圣贤之王有至高无上的德行，精要奥妙的理论，用来教导天下之人，人们就能和睦相处，君王和臣下之间也没有不满，你知道它们是什么吗？”

曾子听了，明白老师孔子是要指点他最深刻的道理，于是立刻从坐着的席子上站起来，走到席子外面，恭恭敬敬地回答道：“我不够聪明，哪里能知道，还请老师把这些道理教给我。”

在这里，曾子从席子上站起来是一种非常礼貌的行为，当曾子听到老师要向他传授时，他站起身来，走到席子外向老师请教，是为了表示他对老师的尊重。曾子懂礼貌的故事被后人传诵，很多人都向他学习。

孔子不仅要求弟子尊礼，对一国之君的礼仪活动也有深刻的认识。比如当时的鲁定公曾经问孔子君臣之间相处如何做才好。

孔子回答说：“君使臣以礼，臣事君以忠。”意思是说，君主依照礼使用臣下，臣子尽忠侍奉君主。

孔子认为，居于上位的国君不能宽宏大量，礼仪活动不能恭敬严肃，参加丧礼不悲痛哀戚，这样的情形我哪里能看得下去呢？因此，

礼是须臾不能离的。如果能够用礼仪谦让来治理国家的话，那还会有什么困难呢？要是不能够用礼仪谦让来治理国家，那礼又有什么意义呢？在上位的人依礼行事，老百姓就容易使唤了。

孔子认为，君王对礼的运用，以和合为可贵。先王治国之道的好处正是在这里。小事大事都按这个原则去做。但也有不能这样做的情况。只知道要均衡而一味地求和合，不依礼来节制，也是不可行的。

君王尊礼重礼的结果是使人的言行规范，社会和谐稳定。那么，不遵守礼的后果是什么呢？换言之，不重视礼的结果会怎么样？孔子用一段话给予了明确的阐述。

他说："恭敬而不循礼就会劳苦，谨慎而不循礼就会懦弱，勇敢而不循礼就会作乱，直率而不循礼就会尖刻伤人。因此，大家都要重视礼，依礼为人处世。"

总之，孔子时时处处以君子的标准要求自己，让自己的行不逾礼。这完全是一组关于人在社会中交流时所需的素质教育的课程。

孔子与弟子论礼

孔子不仅自己身体力行，强调"克己复礼"，随着学生越来越多，更在教学实践中，注重宣传礼的主张，将礼的各种知识教给弟子，使弟子大为受益。

有一天，孔子和弟子子张、子贡、子游谈论礼。孔子说："你们三人坐下吧，我给你们讲讲礼，使你们能够把礼周到地运用在任何地方，无所不至。"

子贡首先站起来离席，躬身作揖问孔子说："请问先生，礼应该是什么样的呢？"

子贡复姓端木，名赐，春秋末期卫国黎人，黎就是现在的河南鹤壁浚县。他是孔子的得意门生。是"孔门七十二贤"之一，"孔门十哲"之一。他利口巧辞，善于雄辩，而且办事通达。他还善于经商之

道，曾经经商于曹、鲁两国之间，富致千金，为孔子弟子中的首富。

孔子说："虔敬而不合乎礼，叫作土气；谦恭而不合乎礼，叫作巴结；勇敢而不合乎礼，叫作乖逆。"孔子又说，"巴结混淆了慈悲和仁爱。"

子贡说："请问怎么做才能做到合乎礼呢？"

孔子说："礼吗？礼，就是用来节制行为使之适中的。"

子贡退下来，子游上前说："请问，所谓礼是不是为了治理恶劣习性而保全良好品行的呢？"

子游姓言，名偃，字子游，春秋末期吴国人，与子夏、子张齐名，孔子的著名弟子，"孔门十哲"之一。子游身通受业为孔门高弟，其儒学思想曾为历代人们所推崇。

孔子说："是的。"

子游问："那该怎么做呢？"

孔子说："祭天祭地之礼，是用以致仁爱于鬼神的；秋尝夏禘之礼，是用以致仁爱于祖先的；馈食祭奠之礼，是用以致仁爱于死者的；乡射礼、饮酒礼，是用以致仁爱于乡亲邻里的；宴会饮酒的礼仪，是用以致仁爱于宾客的。明白了祭天祭地的礼仪，秋尝夏禘的礼仪，那

么治理国家就像在指着自己的手掌给别人看那样容易。”

孔子进一步阐释尊礼的作用，他说：“用这些礼仪，居家处事有礼，长幼就分辨清楚了；家族内部有礼，一家三代就和睦了；在朝廷上有礼，官职爵位就井然有序了；田猎时有礼，军事演习就熟练了；军队里有礼，就能建立战功了。

“因为有了礼，宫室得以有了制度，祭器有了样式，各种器物符合时节，音乐符合节拍，车辆有了定式，鬼神得到了该有的祭享，丧葬有了适度的悲哀，辩说得以拥有支持的人，百官得以恪守其职分，政事得以顺利施行。加在每人身上的，摆在面前的，人们的种种行为举动都能够适宜得当。”

子游退下去后，子张上前就问道：“请问什么是礼呢？”

子张即颛孙师，孔门弟子之一。春秋末期陈国阳城人，即现在的河南登封。出身微贱，而且犯过罪行，经孔子教育成为“显士”。孔子去世后，独立招收弟子，宣扬儒家学说，是“子张之儒”的创始人。子张之儒列儒家八派之首。

孔子说：“所谓礼，就是对事物的治理。君子有什么事务，必有相应的治理手段。治理国家假如没有礼，就好像盲人没有扶助的人，茫然不知该往哪走。又如整夜在暗室中找东西，没有烛光怎么能看得见呢？所以说没有礼就会手足无措，耳目也不知该听什么该看什么，进退、作揖、谦让都失去了尺度。”

孔子进一步阐释失礼的害处，他说：“如果失去了礼，居家处事就会长幼无别，家族之内祖孙三辈就失去了和睦；朝廷上官爵就失去了秩序，田猎练武就失去了策略，军队攻守就失去了控制，宫室建造就失去了制度，祭器就失去了式样，各种事物就失去了合适的时间，音乐就失去了节制，车辆就失去了定式，鬼神就失去了祭享，丧事就失去了合度的哀伤，辩说就失去了支持的人，百官就会失职，政事就不能施行。凡加在每个人身上的，摆在面前的，人们的种种行为举动都失其所宜。这样，就无法协调民众一致行动了。”

孔子告诫弟子们说：“仔细听着，你们3人！我告诉你们，礼还有

9件事，其中4件是大飨礼所特有的。如果知道了这些，哪怕是个种田人，只要依礼而行，他也是圣人了。”

孔子解释说：“两位国君相见，互相作揖谦让后进入大门，入门后钟鼓等乐器齐奏，两人又互相作揖谦让后登上大堂，登上大堂之后乐声就停止了。这时在堂下又用管乐奏起《象》的乐曲，接着执籥的人又跳起《大夏》之舞和各种舞蹈。摆设笾豆与牲俎，按序安排礼乐，备齐各种执事人员。这样，来访的国君就感受到了主人的盛情厚意。

“在这里，人们来往走动都符合规定，周旋时步子都合乎规矩，车子的铃声也合着《采荠》乐曲的节拍。客人出去时，堂下奏起《雍》的乐章；撤去席上食具时，奏起《振羽》的乐章。所以，君子的行动没有一件事不在礼节之中。”

“客人进门时钟声响起，是表示欢迎之情；登堂时演奏《清庙》诗章，表示赞美其功德；堂下吹奏《象》的舞曲，表示崇敬祖先的功业。所以，古代的大人君子相见，不必互相说话，只凭礼乐就可以传达情意了。”

孔子总结说：“礼，就是理；乐，就是节。没有道理的事不做，没有节制的事不为。”

孔子进一步强调说，“如果不懂得赋《诗》言志，礼节上就会出差错；如果不能用音乐来配合，礼节就显得单调枯燥；道德浅薄，礼就会显得虚假。”

这时，子贡站起来问道：“照先生这么说，夔对礼精通吗？”

孔子说：“夔不是帝尧、帝舜时乐官吗？他是上古时代的人啊！精通礼而不精通乐，叫作质朴；精通乐而不精通礼，叫作偏颇。夔大概只精通乐而不精通礼，所传下精通音乐的名声。古代的人，各项制度都存在于礼中，制度也靠礼来修饰，实行起来大概还是靠人吧！”

3个弟子听了孔子这番话，眼前豁然一亮，好像拨开了天空迷雾，见到朗朗乾坤，心中无比喜悦。

孔子以“复礼”为旨归，创立了儒家学派，建构了以礼为底蕴的儒学体系。

春秋时期，礼崩乐坏，社会混乱。孔子与弟子所论之“礼”，对于人们在当时的社会现实面前，如何规范自己言行，具有4个方面的功用，这就是在道德修养方面的功用，在社会交往方面的功用，在治理人民、处理国家大事方面的功用，还体现为“孝悌”方面的功用。

在道德修养方面，孔子认为，一个人要真正成为有学问、有道德修养的人，学习和运用“礼”是一个根本条件。没有“礼”则在社会上无法立足，也不能适应社会环境。有学问的人若只在学习上下功夫，而不在礼仪方面加强自身修养，同样不能达到完美的人生境界。

“礼”不仅是自立的基础，在通往理想人格的道路上，“克己复礼为仁。一日克己复礼，天下归仁焉。”通过“克己”而回归到“礼”所规定的范围中去，这是个人道德修养时所应该首先做到的，只有在这些“礼”的方面取得了独立，才能在更高层次上体现“仁”的境界，个体人格的塑造与升华才能取得理想的效果。

在社会交往方面，孔子强调人们应该以“礼”来对待他人。以恭敬的态度施行“礼”，营造一种宽松的社会人文环境，这样才能达到共同进步、共同发展的目的。

孔子认为“礼”作为社会交往的原则十分重要，他说：“礼之用，和为贵。”这里的“和”是和谐之意，中和人与人之间不和谐的地方，使人们能够和睦相处，均衡发展。

孔子主张通过“己立立人，己达达人”；“己所不欲，勿施于人”来调适自我与他人、社会的关系。“礼”的精神是调整和规范人与人之间的矛盾分歧，加强外在约束，使社会生活能够有序地进行。这种以“和为贵”的准则，正是孔子所梦寐以求的。

在治理人民、处理国家大事方面，礼同样具有重大意义。自周公创设“周礼”以来，“礼”的主要目的之一便是为社会和谐稳定服务。孔子继承了这一思想，认为以“礼”来教化引导民众是最有效的方式之一。

孔子认为，用刑法等法治手段来惩罚不道德的人或事，人们虽犯法而受到惩罚，可心里却没有悔改之意；但是，如果施行德政，通过

有仁德的政治措施或政绩，以“礼”的精神来教化引导民众，那么，人人都不敢做坏事、错事，心里时时有畏惧之感，要是这样，社会也就可以达到稳定了。

孔子认为法治并不能完全消除人们心理上思想上道德上的邪恶，而礼治却能以柔和缓进，以理服人的方式使人们懂得何者当为，何者不当为，道德的力量促使他们走上正道而耻于做坏事。这种精神在孔子思想中是占主导地位的。

孔子还认为，“天下有道，则礼乐征伐自天子出。天下无道，则礼乐征伐自诸侯出”，这一论述表明“礼乐”是管理国家工具的体现，也表明了孔子对“礼乐”在政治生活中作用的重视程度。可见“礼乐”在孔子心目中已经成为君主权威的象征。

在孔子看来，以“礼”治天下还体现为“孝悌”原则。孔子认为，“礼”的精神渗透在社会生活的各个方面，在这之中，孝敬父母，兄弟友善，是一个人道德修为的重要部分，也是一个人的起码要求。

孝顺父母，这是为人子女的本分，孝顺是报答父母养育之恩。往大了说，可以是对国家尽忠，这也是大“孝”。悌敬是兄弟姊妹之间相互友爱，相互帮助。扩而充之，对待朋友也要有兄弟姊妹之情，这样人和人之间才能消除矛盾，相互谦让。孝悌之礼已经成为中华民族的优秀传统。

作为孔子思想体系的重要组成部分，孔子之礼是在继承周礼价值精髓的基础上形成的，同时对周礼进行革新，进一步扩大了礼的价值内涵、社会功用和普及范围，最终使礼成为与仁相承互用的封建伦理道德的核心价值观念。

荀子践行礼学思想

孔子强调“克己复礼”，用“仁”的学说改造了周礼，奠定了儒家的礼学思想。荀子承继孔子，深入地探讨了礼的起源，从多方面完善

了孔子礼学思想，丰富和发展了孔子的儒家礼学。如果说孔子是儒家礼学的奠基者，那么，荀子则是使儒家礼学理论更加系统化、完善化。

荀子从小就非常聪明，10岁已有神童美誉，学问很好。长大后曾北游燕国，但是很可惜，没被燕王赏识。到他50岁时，由于齐襄王招纳贤士，许多学者都前往齐国讲学，加上齐国以藏书丰富出名，所以荀子也被吸引前往齐国。

荀子注重“礼”，认为礼是“人之为人”的根本，是人脱离、超越自然状态的标志，同时，礼也是自然秩序的体现。同时，先王制定礼义，既适当满足人的欲望，又把它限制在一定的范围内。因此他在齐国的几年里，就为齐国的存亡提出过许多关于以礼治国的谏言。

那是在齐襄王的父亲齐闵王时。荀子看到齐闵王虽以“好士”自居，却不听学士的谏言，热心于对外扩张。南攻楚国，西困秦国，北战燕国，使得民憔悴，士兵疲。于是，就向齐国的丞相田文诚恳地提出批评。

荀子指出，齐王不崇尚礼义，不讲求忠诚信用，方圆数百里的国家，还要用欺诈、侵犯去争夺土地，图谋有商汤和周武王的功名，而不知自己处在楚国、赵国、燕国、魏国的威胁之中。如果有一国来进

攻齐国，其余三国必定乘机兴兵。如果这样，那么齐国就必然四分五裂，被天下人耻笑。

荀子的忠告未被齐闵王所采纳。荀子离开齐国到楚国去了。不久，齐国的前途不幸被荀子所言中。公元前284年，燕上将军乐毅率燕、赵、韩、魏、秦五国之兵，攻下齐国70余城。齐国都城临淄陷落，齐闵王逃亡到莒地，被楚将淖齿所杀。公元前283年，齐襄王即位，齐将田单率兵击败乐毅，才使齐国得以复国。

荀子的这段未被采纳的谏言，在齐国王室中被认为是很深刻的教训，他们悔不当初。同时，也从内心对荀子佩服得五体投地，奉之若圣人。齐襄王尊荀子“最为老师”，表示对荀子最为敬佩。

齐襄王之后，齐王建即位，荀子被封为大夫，当了齐国顾问。还被众人推选为稷下学宫的祭酒，负责飨宴时酹酒祭神。祭酒之职正和荀子对于“礼”的认识。因此，他在任祭酒之初，更注重对礼仪的把握。

这一天，齐王身穿上朝礼服，容光焕发，在宫人的簇拥下，乘着御用八鸾豪华轻车出了禁宫，来到稷下学宫看望稷下先生们，并准备在稷下学宫设宴，祝贺荀子做了祭酒。

荀子此前得知齐王驾临，命稷下学宫的先生们站立在稷门大道两侧等候。见齐王的御车来了，荀子快步迎了过去，向刚从车上下来的齐王施礼道：“荀况拜见大王陛下！”

这时，乐工已经按照荀子事先的安排吹竽鼓瑟，歌伎也随之舞姿翩翩，把个鲜花盛开的暖春季节，喧闹得更为温馨热烈。稷门外人声沸腾，是多少年来少有的热闹盛况。

在这隆重热烈的场面中，荀子随着齐王建走向学宫正厅，并谦逊地大声说道：“荀况乃区区学子，怎敢劳动大王亲自前来！”

齐王建彬彬有礼地说：“您如今已是大儒了。在列国中名望甚高，在稷下学宫很受众家学士的尊敬。先王在世就尊称您是‘最为老师’。如今荀老夫子重归稷下并担任要职，实属我齐国之幸！”

荀子谦虚地说：“荀况愧不敢当。”

按照齐王建的吩咐，祝贺荀子的喜筵设在学宫的大殿里。只见油漆得明亮照人的几案整齐地排在大殿两边，几案上丰盛的果品散发着清香，一盏盏高大明亮的银灯，照得整个大殿金碧辉煌。

来到学宫大殿，齐王建向荀子施了一礼，问道："荀老夫子，寡人年幼，初继先王基业，愿请问先生，如何才能做好一国之君呢？"

荀子答道："按照礼去行事，做到不偏不离。礼乃治国之准绳，强国之根本，成功之来源，功名之总纲。"

齐王建接着问："如何才能使礼义施于国中呢？"

荀子答道："先王制礼的根据，一是源于天地。天地是人类生存环境，人类依天地而生存绵延，所以人应尊奉天地。二是源于祖先。祖先乃血缘之始，有血缘才有人类绵延，所以人应尊奉祖先。三是天子。天子为政治教化之本源，社会的安宁，人民安居乐业，要靠君师之教育感化，所以人应尊奉天子。

"基于这 3 点，君王首先修养其身。君王好比树立木桩，臣民好比木桩的影子，木正则影正。君王若想称王于天下，成一统之大业，务必彰明礼义，任用贤能。礼义兴则国安宁，贤臣用则大业成。"

荀子的这段论述，把礼比作"正国"的权衡、绳墨、规矩。在荀子看来，礼和法在治理国家、维护社会秩序方面都是不可或缺的，两者相互配合才能使天下臻于治道。

齐王建心悦诚服，连连称好："老夫子之言，言简意赅，使寡人茅塞顿开。寡人今日与老夫子相约，从今以后，每隔 10 日朕要问计一次，每次朕将登门求教。"

齐王建谦逊诚恳使荀子甚为感动。对这位年轻的国君增添了几分信赖和爱戴，他所希冀和寻觅的正是善纳良言，以礼治天下的国君。

齐王建让宫人将一双玉璧和千镒黄金抬到荀子面前，以表示祝贺荀子首讲成功。众学士一同站起身热烈鼓掌，欢喜散去。

荀子受到如此隆重的礼遇，甚为感动，决心尽自己的力量，将"礼"的精神在齐国贯彻。

荀子做祭酒时，稷下学宫曾经云集多人，许多著名先师都已经相

继去世了，荀子成了最为年长的一个。齐王建的父亲齐襄王在世的时候，就尊荀子“最为老师”。齐王建自然要遵从先王遗训，对荀子更加宠信。

齐王建为荀子在稷下学宫安排了一处很幽雅的宅院，位在学宫深处，距离王宫最近，四周有灌木作为围墙，从王城脚下流过的溪水经宅院的门前，流入东边的学士湖中。荀子居住的卧室宽敞明亮，坐北向南，阳光充足。

由于荀子格外受到齐王的礼遇，当时有些气量狭小的人不免眼红，到处说荀子的坏话。齐王听信谗言后，渐渐和荀子疏远。荀子决定离开齐国。这时，他已是81岁的老翁了，不知往哪儿去，心情沉重万分。

荀子听说楚国春申君爱好贤士，决定到楚国去。春申君仰慕荀子美名，决定请他担任兰陵令。没想到运气坏得很，春申君有位门客进谗言，春申君考虑之下，终于辞退荀子。

荀子经过秦国，拜见了秦昭王。此时秦昭王正和范雎设计“远交近攻”的阴谋攻伐天下，对荀子讲的大道理提不起一点兴趣，荀子只好回到赵国。

荀子走后春申君很后悔，派人到赵国三四次请荀子。后来决定自己亲自去请。

为了不引起赵国人的敌视，不惊动更多的人，春申君脱去令尹的官服，改换成商人的模样。这时有人说：“令尹爷，为了一个老头子，值得你千里迢迢亲自去吗？”

春申君道：“无知枉言。而今七国争雄，弱肉强食，得贤士者得天下。我身为楚国令尹，为楚国为助大王成就霸业，决不可没有荀况。”

春申君乘坐一辆没什么装饰的高轮车，一路顺畅到了邯郸，来到荀子府邸。

庭院中荀子正在练剑，侍者走来，待荀子收了剑上前说：“禀荀老夫子，门外有一个人求见。”

说话间，春申君已经随着侍者进了大门。春申君望见荀子在庭院

中，紧走几步，向荀子长揖施礼道："荀老夫子！"

荀子一惊，随即立刻明白了是怎么回事，然后上前扶起，说道："令尹，快起来，起来！你千里迢迢而来，已是感激不尽，我的家眷在楚国全靠你的照料，反让你在门外等了半日，该当荀况向你赔罪呀！"

寒暄过后，荀子和春申君一同进入客厅。坐定后，荀子问："令尹，你为何这般装束呀！"

春申君诙谐地说："为了老夫子你呀！"

荀子不解地道："为我？"

春申君说："是呀！几年前我曾率领楚国之兵解救邯郸，也算是对赵国有功。如今我来到赵国，赵国的君臣定然会大礼相迎，设宴款待。不过，如果他们知道我要把你请回楚国去，岂不要视我为仇敌？因此我只得改扮作商人模样，无声无息悄悄来到邯郸城池。"

荀子对于春申君，为请他返回楚国，装扮作商人不远千里而来，甚为感动。

"荀老夫子，看在你我往日的情分，返回楚国去吧！"春申君近于乞求地说。

此刻，荀子不免想起了兰陵旧事。他不能不想，倘若重回楚国，会不会重蹈覆辙？会不会再生出些别的什么事端来？犹豫不决，难以回答。

春申君知道荀子依然对兰陵旧事心存愤慨，他恳切地说道："荀老夫子，往日之事，是我偏听不实之词，自问有愧，向老夫子赔罪！"说罢起身欲施礼跪拜，荀子忙阻拦。

春申君进一步申述道："荀老夫子，咱们是君子之交，赤诚相见。记得你曾讲过，信乃做人之德，信乃治国之术，信乃为政之本。人，不可无信。你此次回到楚国去，假如有哪里待你不周，你还可以离开楚国，再回赵国。或去齐国，去秦国，我绝不阻拦。"

春申君将话说到这种地步，荀子实难回绝。最后拗不过春申君的好意，荀子又回到楚国当兰陵令。

后来春申君去世了，荀子也98岁了，就辞了官，写了32篇文章，

这就是传留后世的儒家名著《荀子》。

荀子是孔子、孟子以后的儒学大师，他继承孔子儒家以礼治国的思想，批判总结先秦诸子思想又多有融合，构筑了新的儒家礼学思想体系，他的性恶论、群分说、正名论都具有独创性和很高的理论价值。他的群分说、礼法观等是汉代以后一些封建王朝的指导思想。

总之，荀子的礼论继承和发展了孔子礼学，奠定了中华文化的主体结构，构成了中华民族特有的文化模式。

2000多年来，礼学作为儒学的核心内容，一直被孔子之后的儒家学者所尊崇和发展。孟子、荀子、两汉经学、宋明理学，以及当代新儒学，均对孔子的礼学思想进行了阐释、批判以及发挥和改造。这些学说丰富和发展了儒学体系，也为现代人讲究文明礼貌，尊礼守礼提供了一个广阔的天地。

里仁为美

子曰："居上不宽，为礼不敬，临丧不哀，吾何以观之哉？"

子曰："里①仁②为美。择不处③仁，焉得知④？"

子曰："不仁者，不可以久处约⑤，不可以长处乐。仁者安⑥仁，知者利⑦仁。"

【注释】

①里：居住。

②仁：仁德。

③处：住处。

④知：同"智"。

⑤约：本义为绳索，这里是形容词：穷困、贫困。

⑥安：这里做动词，安于、习惯于。

⑦利：使有利、有利于。

【解释】

孔子说："居于执政地位的人，不能宽厚待人，行礼的时候不严肃，参加丧礼时也不悲哀，这种情况我怎么能看得下去呢？"

孔子说："跟有仁德的人住在一起，才是好的。如果你选择的住处，不是跟有仁德的人在一起，怎么能说你是明智的呢？"

孔子说："没有仁德的人不能长久地处在贫困中，也不能长久地处在安乐中。有仁德的人是安于仁道的，有智慧的人则是知道仁对自己有利才去行仁的。"

孔子认为，没有仁德的人不可能长久地处在贫困或安乐之中，否

则，他们就会为非作乱或者骄奢淫逸，只有仁者安于仁，智者也会行仁。

【故事】

汉代礼学体系形成

经过西周时期近800年的理论探索和社会实践，至汉代，经过了西汉时期叔孙通制礼、高堂生传习《仪礼》、戴胜著述《礼记》，以及东汉时期经学家郑玄注“三礼”，古代礼学形成了比较成熟的理论体系。

叔孙通是西汉初期儒家学者。汉高祖刘邦刚做皇帝时，就把制定宫廷礼仪的工作，交给了叔孙通。叔孙通向汉高祖建议，应该制定出符合大汉特色的礼仪来。在汉高祖的首肯下，叔孙通回到鲁地，召集当地有学问，有名望的儒生30多人，来做他的顾问和助手。

当时有些儒生对叔孙通的行动态度持不同意见。当叔孙通在山东征召儒生为汉高祖制礼作乐时，有两位儒生不愿同行，指责叔孙通在天下初定时便制礼作乐，行为不合古义。

叔孙通取笑他们不通世务，他说：“你们眼光太短浅了，不能认清历史形势！”

回到长安后，叔孙通带着30多位儒生，和他的100多位学生，在郊外开始了朝仪的演练。因为是在朝廷正式的场合使用这种礼节，所以简称为“朝仪”。

公元前200年，长乐宫落成，汉高祖首次使用叔孙通制定的宫廷礼仪进行新年朝会。

司马迁在《史记》中记载了这次朝会：天亮时，由谒者掌礼，来访者依次进入殿门。宫中设有车骑、步卒守卫，以及兵器、旗帜等。殿上传言起驾，殿下郎中跟随皇帝，数百人入殿。功臣、列侯、将军及其他军官在西列队，向东而立；文官自丞相以下在东列队，向西而立。

接待宾客的官吏大行依爵位高低宣示来宾上殿。于是皇帝乘辇出房，百官手执帜而传警，引诸侯王以下至领600石薪金的吏员依次奉贺。这时，自诸侯王以下，人人无不肃然起敬。

礼成后开始酒会，宫内侍从坐在殿上，全部伏下，以来宾尊卑依次敬酒。九觞酒后，谒者宣布罢酒。御史在场内执法，见到不依礼仪的人便立刻把他带走。整个酒会过程中都没有人敢喧哗失礼。

叔孙通制定的汉王朝的典礼制度实施之后，汉高祖非常高兴，认为自己终于知道做皇帝的尊贵之处。于是委任叔孙通为太常，并赏赐黄金250千克。随叔孙通入京的儒生获汉高祖封为郎，叔孙通把赏赐所得全数分赠随行的儒生。

叔孙通的另一个贡献就是劝汉高祖不要费长立幼。公元前195年，汉高祖打算让赵王刘如意代替太子。后经叔孙通进谏规劝，汉高祖再没有更换太子的想法了。

从当时的政治生态看，如果改立太子，刘如意在朝廷中根本没有自己的根基。儒家历来提倡“穷则独善其身”，可是更讲究“进而兼济天下”。叔孙通不仅仅是“独善其身”，而且是兼济天下之人。

后来，汉代的儒生都称赞叔孙通是个圣人。司马迁则在《史记》中称赞叔孙通为“汉家儒宗”。

高堂生也是西汉初期儒家学者，他所传习的《仪礼》，在“三礼”中成书最早，而且首先取得经的地位，是礼的本经。

公元前136年，汉武帝初置五经博士，《仪礼》即居其一。据《史记》记载，西汉初最早传授《仪礼》的是高堂生。《汉书·儒林传》记

载："汉兴……诸学多言礼，而高堂生最本。"

一般认为，高堂生把《仪礼》传给萧奋，萧奋传给孟卿，孟卿传给后苍，后苍传给戴德、戴圣、庆普，这就是汉代的礼学的所谓"五传弟子"。

关于《仪礼》一书的作者及其年代，自古以来就存在分歧。古文经学家认为是周公所作，今文经学家认为是孔子所作。孔子慨叹周室衰微，礼崩乐坏，一般认为以孔子作《仪礼》说比较合理。

《仪礼》作为一部上古的经典，具有很高的学术价值。此书涉及面广，从冠婚飨射到朝聘丧葬，无所不备，犹如一幅古代社会生活的长卷，是研究古代社会生活的重要史料之一。书中记载的古代宫室、车旗、服饰、饮食、丧葬之制，以及各种礼乐器的形制、组合方式等尤其详尽，考古学家在研究上古遗址及出土器物时，每每要质正于《仪礼》。

《仪礼》是儒家安邦治国的经典之一，对我国文化影响非常深远。从唐代的开元礼至宋代的《政和五礼新仪》《大明集礼》，乃至《大清会典》，皇室主要成员的冠礼、婚礼、丧礼、祭礼，以及聘礼、觐礼等，都是以《仪礼》作为蓝本，加以损益而成的。

《礼记》是古代一部重要的典章制度书籍，儒家经典之一。该书编定是西汉礼学家戴德和他的侄子戴圣。戴德选编的85篇本叫《大戴礼记》，在后来的流传过程中若断若续，至唐代只剩下了39篇；戴圣选编的49篇本叫《小戴礼记》，即我们今天见到的《礼记》。这两种书各有侧重和取舍，各有特色。

《礼记》的内容主要是记载和论述先秦的礼制、礼仪，解释仪礼，记录孔子和弟子等的问答，记述修身做人的准则。内容涉及政治、法律、道德、哲学、历史、祭祀、文艺、日常生活、历法、地理等诸多方面，几乎包罗万象，集中体现了先秦时期儒家的政治、哲学和伦理思想，是研究先秦时期社会的重要资料。

《礼记》不仅是一部描写规章制度的书，也是一部关于仁义道德的教科书。其中最有名篇章，有《大学》《中庸》《礼运》等。

《礼记》与《仪礼》《周礼》合称“三礼”，对我国文化产生过深远的影响，各个时代的人都从中寻找思想资源。因而，历代为《礼记》作注释的书很多。

自汉武帝“罢黜百家，独尊儒术”，立五经博士以倡经学之后，在政治和学术上都可以说是进入到了一个经学化的时代。两汉经学的发展在历经了长久的积累之后，至东汉末年出现了一位集大成式的人物，他就是郑玄。

由于建立各种礼仪制度的实际需要，在两汉经学之中，礼学的发展可以说是首当其冲的。从某种意义上来说，两汉官方经学的整合在很大程度上就是以礼学为基础的礼仪制度的整合，而两汉礼学的传承和发展的集大成的结果，又是以郑玄《三礼注》的出现为标志的。

郑玄通过以经解经、以史解经，以百家之说解经，为《周礼》《仪礼》和《礼记》作注，在仪规之礼、制度之礼和观念之礼方面进行了诠释和解说。

流传至今的郑玄的《三礼注》，是郑学中最具代表性的传世经注，既贴近于本经，又可以满足后世对经典的认识和理解。对我国后世政治制度、社会思想、文化传统、伦理观念影响很大。

总之，经过汉代儒生的努力，汉代礼学已成体系，不仅帮助了当时人们对礼仪的理解，指导了人们如何以谦和之礼为人处世，同时，儒学之礼的立言立行之德，更是影响后世。

刘邦以礼相待郦食其

汉代礼学之所以大有建树，与汉高祖刘邦有一定关系。事实上，刘邦的为人处世风格，对汉代礼仪文化建设产生了很大影响。

刘邦出身农民家庭，年轻时游手好闲，文化底子薄不可否认。但到了晚年，他反躬自省，“追思昔所行，多不是”，于是谆谆告诫儿子们好好读书。在这个思想转变的过程中，不但有叔孙通为刘邦制定宫

廷礼仪，在实用层面上转变了他对儒学的看法，也有在此之前的秦代末期风云际会之时，“高阳酒徒”郦食其的一份功劳。

那是在秦代末年，刘邦和项羽兵分两路进军关中，楚怀王事先与他们约定，先进入咸阳者为关中王。刘邦率领大军直捣秦国国都的门户函谷关。他途经位于现在的河南杞县西边的高阳，准备消灭驻扎在那里的秦军。

当时高阳有一个名叫郦食其的人，60多岁，酒量惊人。他天生喜好读书，为人狂傲，放荡不羁，家境贫寒，不得已在县中谋了一个低贱的门吏。县中很多人看不惯他，送他一个“狂生”的绰号。

以前项梁率兵经过，郦食其听说项梁他们喜好烦琐的礼节，而且又各怀私心，听不进气度恢宏的访谈，故而闭门拒见。这次他听说有雄才大略的刘邦经过，于是就让在刘邦帐下当骑兵的一个乡亲引见，想见刘邦，愿为他效劳。

刘邦问来人什么样？卫兵通报，来人身穿长衫，头戴冠帽，像个读书人。

刘邦一听是个读书人，就告诉卫兵说：“你去回绝他，就说我正在

忙于天下大事，没时间见儒生。”

郦食其听了，双目圆睁，手按剑柄，大声吼道：“你回去告诉沛公，我不是儒生，我乃高阳酒徒。”

郦食其声如炸雷，卫兵一惊，手中的兵器都吓掉了，忙回去告诉刘邦：“此人是天下的壮士，他大声一吼，把我手中的兵器都吓掉了。”

刘邦听了，就让郦食其进来。

郦食其进到屋里，看见刘邦正坐在床边，让两个女子给他洗脚。郦食其见状，故意慢慢腾腾地走到刘邦面前，只是作揖，并不下拜。

刘邦看见来人是个60多岁的儒生，心里很失望，仍旧坐在床边纹丝不动，好像根本没看见有人给他作揖。

郦食其看到刘邦这样傲慢无礼很生气，高声问道：“足下带兵到此，不知是帮助秦国攻打起事的诸侯呢？还是帮助各诸侯讨伐暴秦？”

刘邦听他说话这样随便，明知故问，也不下拜，举止故作斯文，于是大动肝火，喝道：“你真是一个不识时务的书呆子！天下人谁没有尝过暴秦的苦头？天下的豪杰都讨伐秦，我怎么会去助秦？”

郦食其不紧不慢地说：“足下如果真心讨伐暴秦，为什么见到年长的人这样无礼？你想一想，行军打仗不能蛮干，要有好的谋略，如果您对待贤人这样傲慢，那么谁还为您献计献策呢？”

刘邦听了郦食其说话的口气，心中不免一惊，忙擦干双脚，理正衣襟，请郦食其就上座。接下来两人攀谈起来。

郦食其滔滔不绝地畅言六国合纵连横的历史，他说：“从前，商汤伐夏桀，封夏的后人于杞国；周武王伐商纣，封商的后人于宋国。如今秦做出的最丧德事，就是灭了诸侯国家，让六国的后人无立锥之地。你要以恢复六国为政治纲领，授六国的后人以王印，天下人都会对你感恩戴德。你德行天下，自然就称霸了，连项羽也会乖乖地来朝拜你。”

刘邦一听大喜，马上让人端上饮食。然后，恭恭敬敬地说：“消灭秦军有何良策呢？请先生多多指教。”

郦食其见刘邦改变了态度，虚心求教，便对他说：“足下的兵马还

不到1万人，就打算长驱攻入秦国的国都，这好比是驱赶着羊群扑向老虎，只能白白送命。依我看不如先去攻打陈留。陈留是个战略要地，城中积存的粮食很多，作为军粮足够用，而且交通四通八达。”

这样，郦食其向刘邦献出了一条妙计。刘邦非常高兴，请郦食其先行到陈留，然后选派一员大将领一部分精兵赶到。

郦食其来到陈留，见到县令后就劝他投降，县令不肯。郦食其在酒宴上把县令灌醉了，然后偷出县衙令箭，假传县令的命令，骗开城门，把刘邦的军队放进去。

第二天，刘邦的大队人马进入陈留。由于郦食其事先早已为刘邦写好了安民告示，刘邦一进城，就受到百姓的欢迎。

刘邦看到陈留果然贮有大量的粮食，十分佩服郦食其的神机妙算，于是，封他为广野君。刘邦在陈留招兵买马，军队扩大了将近一倍。并且从此更加礼待郦食其。

公元前204年楚汉相争时，郦食其又建议刘邦说：“楚汉相争久持不下，这样百姓骚动，海内动荡，人心不安。希望你急速进兵，收取荥阳，有了粮食，并且占据了险要地方，天下就归属于你了。”并说自己愿意去说服兵众将广、割据一方的齐王田横。

“高阳酒徒”郦食其的这一建议，成为刘邦夺取天下的战略思想。郦食其到了齐地，向齐王田横晓以利害，齐王欣然同意。罢兵守城，天天和郦食其纵酒谈心。这时，由于韩信乘机攻齐，为田横所误解，认为这是郦食其出卖了他，遂将郦食其烹杀。

在临刑前，田氏宗族田广对郦食其说：“你要是能阻止汉军，我就放了你。”

郦食其说：“举行大事，就不要顾及细小的事，大的德行我不会推辞，你也不必多说了。”说罢慷慨就义。

刘邦礼待郦食其，终于得到一名忠臣。后世的人们只要一提起“高阳酒徒”，不仅会想到刘邦以礼待人的做法，更会想到郦食其为刘邦建立汉王朝所立下的汗马功劳。

张良大礼跪拜黄石公

汉代对礼仪的重视在张良身上得到了充分体现，而且是通过他的传奇经历来体现的。

张良，又叫张子房，是西汉高祖刘邦的军师，他的祖先是韩国人。在秦灭韩后，张良立志为韩国报仇。有一次，因刺杀秦始皇未遂，受到追捕而避居到下邳。也许是正因为他行刺失败后逃到了下邳，才有了黄石公授书的传奇经历。

原来，秦始皇在灭了六国统一中原以后，经常到各地方去视察。公元前218年的春天，他带着大队人马到了博浪沙，就是现在的河南原阳县城东郊。

车队正在拐弯的时候，突然“哗啦啦”一声响，不知道打哪儿飞来个大铁锥，把前面的一辆副车砸得粉碎。秦始皇不在副车上，铁锥打碎了副车的车挡，有半截碎块崩到他的跟前，差点儿打着他。

车队一下子全停下来。武士们四面搜查，没费多大工夫就把那个刺客逮住了。

秦始皇命令，一定要手下的人把主使刺客的人查出来。主使的人当然是有的，可是那个刺客就是不说。刺客在说事先编好的话时不知不觉地露了口风，怕秦始皇的人追问下去，就自己撞死了。

从刺客的话语中，秦始皇推想那个主使刺客的人是从前韩国相国的儿子，就立刻下了命令，捉拿那个韩国的公子，尤其是韩国一带更

要严加搜查。

这件事的主谋正是韩国公子，他听到风声很紧，就更名改姓叫张良，逃到了下邳。

张良的祖父、父亲都做过韩国的相国。韩国被灭的时候，张良还年轻，他决心替韩国报仇，就变卖家产，推说到外边去求学，离开了家。其实他是到外边去找机会刺杀秦始皇。

时间不久，张良交上了一个大力士，情愿替他拼命。那个大力士使的兵器是一个大铁锥，足足有120斤重。秦汉时期的一斤，相当于现在的半斤。

他们到处探听秦始皇的行动。这会儿探听到秦始皇要到东边来，就在博浪沙埋伏着，给他一个突然袭击。哪知只打碎了一辆车，刺客也自杀了。

张良一直逃到下邳，躲了起来。他身上带着黄金，在这里结交了不少朋友，还想替韩国报仇。不到一年工夫，张良在下邳出了名。临近的人都知道他是个很有学问的读书人，可不知道他就是跟大力士在博浪沙行刺秦始皇的韩国公子。

这一天，张良闲来无事，就到下邳桥上去散步。但就是在这里，他碰到了一个改变他命运的老人。

老人穿着粗布短衣，见到一个年轻人，打量了半天，就走到他旁边。他故意把鞋子踢在桥下，然后回过头来冲着年轻人说："孩子，下桥去给我把鞋子拾上来。"

张良听了一愣，不知道他为什么这样指使自己，但一看他是个老人，就忍住气到桥下把鞋拾了上来。

那老人见年轻人很听话，就又命令似的说："把鞋子给我穿上！"

张良一想，既然已经给他拾来了鞋子，不如就给他穿上吧，于是就跪在地上给他穿鞋。

那老人依坐在桥栏边，悠闲地跷着二郎腿，把脚伸出来，让张良给他穿好后，笑嘻嘻地走了。

张良一直用惊奇的目光注视着老人的去向。那老人走了一段路，又折回身来，对他说："你这个孩子是能培养成才的。5天以后的早上，

天一亮，就到这里来同我会面吧！”

张良想，一个老人约自己，那就不该不来的。于是，就跪下来诚恳地说：“是。”

第五天天刚亮，张良到了下邳桥上。不料那老人已经等在那里了。老人见了张良，生气地说：“和老人约会，怎么应该迟到？再过5天你再来吧！”说完转身离去。

张良觉得这的确是自己的错。5天后的早上，鸡一叫，张良就赶去了。可是到了那里，发现老人又等在那儿了。

老人见了张良，生气地说：“你怎么又落在我后面了？过5天再来吧！”说完又走了。

又过了5天，这次，张良不到半夜就赶到桥上，等了好久，那老人来了。

老人一看挺高兴，就说：“嗯，这样才对嘛！”说完拿出一本书来，指着说道，“你从今天起，认真研读这本书。过10年，天下形势有变，你就会发迹，能做帝王的老师了！以后13年，你就会在济北郡谷城山下看到一块黄石，那就是我了。”

老人说完，飘然而去。

张良怔怔地愣在那里，半天没回过神儿来。等到早上天亮时，他拿出那本书来一看，原来是《太公兵法》。他知道，这是辅佐周武王伐纣的姜太公的兵书！一时欣喜若狂，知道自己得到了世间宝物。

张良十分珍爱《太公兵法》，从此以后，每天反复地学习、研究，终于弄懂了其中排兵布阵的道理。

10年过去了，陈胜等人起兵反秦，张良也聚集了100多人响应。这时，沛县的刘邦率领几千人马，在下邳的西面攻占了一些地方。张良见刘邦势众，又是一个想干大事的有志之士，就归附于他，成为他的部属。

自从归附刘邦，张良就根据从《太公兵法》中学得的知识，经常向刘邦献计献策。每次刘邦都认为很好，常常采用他的计谋。

由于其计策多有成效，刘邦就任命他为军师。从此，张良宏图大展，运筹于帷幄之中，决胜于千里之外，成为一个杰出的军事家、政治家，与韩信、萧何一起，被称为“汉初三杰”，他们都是汉王朝的开

国元勋。刘邦称帝后，封张良为留侯。

张良始终不忘那个给他《太公兵法》的老人。13年后，他随从刘邦经过济北时，果然在谷城山下看见了老人当初说的那块黄石，并把它取回，称之为“黄石公”，作为珍宝供奉起来，按时祭祀。

张良去世以后，他的家属把这块黄石和他葬在了一起，以示永久纪念。

张良得到了世上高人的指点，就是因为他充分地尊重老人，以大礼参拜，才赢得了老人的赏识，在其指引下终成大器，流芳千古。

明山宾忠厚讲信用

明山宾是南北朝时的人，他曾做过南北朝时梁朝的御史中丞这样的高官。他做官清正廉洁，为人忠厚耿直。在担任州官时，正碰上灾年，颗粒不收。他就把官仓的粮食拨出来救济老百姓，因为这件事而触怒了朝廷。朝廷以他耗费国库为罪名，把他的田园房舍都没收归官了。

明山宾虽然做了好多年的官，但生活一直很清苦。一次，他竟穷得不得不把自己驾车的牛卖掉来应付家庭生活开支。

这天，他站了好半天，好不容易把牛卖了。明山宾拿着卖牛的钱往家走。猛然，他想起一件事，便又急忙跑回了集市。

那人正向周围的人夸耀他买的牛如何便宜，猛然看见明山宾追来，以为他要来重新讲价钱，便抢先道：“咱们可是讲定了的，一手钱，一手货，这牛现在是我的了。”

明山宾喘息了一阵说：“你误会了。我忘了告诉你一件事，这牛曾经患漏蹄症，虽然治好了，保不了以后不发病，这事我不能不告诉你。”

那人听了这番话，马上变了脸色，要和明山宾重新讲价钱。明山宾没有犹豫，按新讲定的价钱退还给那人很多钱。

周围的人见到这个情景便七嘴八舌议论开了。有的赞扬明山宾诚实，讲信用；有的说他太傻，不会做生意。明山宾毫不理会，拿着剩下的钱坦然地离开人群，回家了。

唯仁者能好人

子曰："唯仁者，能好①人，能恶②人。"

子曰："苟③志④于仁矣，无恶也。"

子曰："富与贵⑤，是人之所欲⑥也；不以其道得之，不处也。贫与贱，是人之所恶也；不以其道得之，不去也。君子去仁，恶乎成名？君子无终食之间违仁，造次必于是，颠沛必于是。"

【注释】

①好：喜爱的意思。

②恶：憎恶、讨厌。

③苟：如果。

④志：立定志向。

⑤富与贵：富，财富。贵，身份高贵。

⑥欲：欲望，盼望，想要。

【解释】

孔子说："只有那些有仁德的人，才能爱人和恨人。"

孔子说："如果立志于仁，就不会做坏事了。"

孔子说："发财和显贵是人们所盼望的，假如用不正当的手段去得到它，君子是不会接受的。穷困和低贱是人们所厌恶的，假如不是通过正当的途径抛弃它们，君子是不会抛弃的。君子离开了仁，怎么成就他的名声呢？君子即使是一顿饭的时间也不会违背仁德；仓促、匆忙的时候坚守仁德；颠沛流离的时候也会坚守仁德。"

【故事】

廉政思想的萌芽状态

古代廉政思想，是在先秦时期萌芽和兴起的。这一时期包括原始社会、夏、商、周、春秋和战国几个阶段。

在原始社会，由于生产力水平极端低下，人们只有依靠集体力量共同劳动才能维持生存，因而在氏族内部财产公有，平均分配，没有私有制、阶级和剥削，也无国家与法律，人们的社会地位平等。

正如《礼记·礼运》记载：

大道之行也，天下为公，选贤与能，讲信修睦。

意思是说：在大道施行的时候，天下是人们所共有的，把有贤德、有才能的人选出来给大家办事，人人讲求诚信，崇尚和睦。

原始社会晚期，氏族和部落首领没有什么特权和君主独尊的意识，相反的，“为民父母”的原始公仆意识倒是相当强烈的。这种公仆意识的产生，就是我国廉政思想的最初萌芽。

《孟子·梁惠王上》记载：“为民父母，行政，不免于率兽而食人，恶在其为民父母也！”意思是说：身为百姓的父母官，施行政事，假如等同于率领野兽来吃人，这又怎能算是百姓的父母！

氏族和部落首领不仅广泛地听取民众的意见，而且还以戒言或名言的形式去诲人律己。

轩辕黄帝在《诲颛顼》中写道：“爰有大圜在上，大矩在下，汝能法之，为民父母。”意思是说：有皇天在上，大地在下，你能够效法它们，可以做人民的父母官了。

尧在《尧戒》中写道：“战战栗栗，日谨一日，人莫踬于山，而踬于垤。”意思是说：做事应该兢兢业业，每日都要谨慎从事。否则，人

不会被高山绊倒，却会被小土堆绊倒。

廉政的先决条件是廉吏，因此对官员的选择至关重要。在这方面，氏族和部落首领们认为：继承人必须有极好的德行，足以做百官和庶民的楷模；继承人必须能经受住各种艰难困苦的考验而不后退，因日后他是千万臣民的公仆，而不是高压于人上的至尊；继承人必须有智慧，谋事周到，能提出非常正确的施政意见。

尧对选择继承人是十分严肃认真的，也是十分严格的。尧曾经询问四方诸侯之长："你们之中谁能顺应天命，我把天子之位让给他。"

四方诸侯之长回答是："我们的德行卑下，不配登上天子的大位。"随即向尧推荐舜。

尧问舜的德行如何，诸侯们回答说："他是乐官瞽叟的儿子。他父亲心术不正，他的母亲善于撒谎，他的弟弟十分傲慢，虞舜却能和他们和睦相处，并能以自己的孝行美德感化他们，都使他们改恶从善了。"

舜即位后，也曾经召集四方部落首领商议选任一批公职人员。有人推荐皋陶，舜告诫他说："只有公正廉明才能使人心服。"

有人推举伯夷做主持典礼的官员，舜采纳了这个建议，但他同时叮嘱伯夷说："要清明正直。"舜还对那些新任命的其他公职人员说：

“你们要小心谨慎啊！要时刻记住上天交付给我的事业，要竭尽全力辅助好。”

舜时代提出从政者要有9种品德：“简而廉，刚而塞，强而义，乱而敬，扰而毅，直而温，宽而栗，柔而立，愿而恭。”意思是说：平易近人又坚持原则，做事主动坚决又有节制，能力强又能协调好关系，处事公平而持重，耐心随顺又极其果敢，严于律己又宽以待人，行事谨慎如履薄冰，办事方式柔和而又立场坚定，与人为善又严肃负责。

依照这些品德，舜不仅要求自己公正廉明，还每3年考核这些公职人员的政绩一次。经过3次考核后，清正廉明的就升迁，否则就降级。由于舜加强了廉政建设，百官尽力，百姓满意，于是一切事业都振兴起来了。

禹继承了舜的帝位后，也表白了自己的廉政理念。他说：“民无食也，则我弗能使也，功成而不利于民，我弗能劝也。”意思是说：老百姓家里没有吃的东西，我就无法支使他们；事情做成了，却对老百姓没有好处，我就无法激励他们。

尧舜禹均能时时刻刻自检自律，可谓积极地自我监督。同时，他们以自己的行政理念来倡导勤俭廉明之风，促使了廉政思想的最初萌芽。

尧舜禹既是具有伦理道德方面的理想人格的古昔圣王，又是治国平天下的君主楷模。以至于后来的儒家和墨家都以尧舜禹为号召，而且在整个封建时代，从未有人怀疑过尧舜禹他们在历史上的存在和他们的业绩。

古代廉政思想真正兴起，是在奴隶制时期。自从建立了第一个奴隶制国家夏王朝后，加上商、周、春秋和战国时期，这是历史上的奴隶制时期。

在夏、商、周时期，奴隶主阶级一方面为了维护自身的根本利益和长效管理，开始寻求实现长治久安的有效途径；另一方面，随着奴隶制国家机器的逐步发展完善，管理效能的日益强化，奴隶主阶级不

得不对被管理者的行为进行必要的限制。

奴隶主阶级已经认识到了“民不畏死”，对待人民的反抗，必须加强国家政权自身的建设，其中就包括廉政建设。这样，奴隶主阶级中的一些有识之士，开始陆续提出了一些有关廉政建设的思想主张，廉政思想便在当时的政治思想领域内开始逐步兴起。

至春秋战国时期，各诸侯国争霸战争连年不断，大大加剧了各国之间的政治斗争。同时，新兴的地主阶级开始登上了历史政治舞台，对各国的奴隶主贵族政权形成了强有力的挑战。在这种背景下，奴隶主阶级进一步加强了廉政建设的紧迫感。

这一时期的廉政思想，主要表现在以下两个方面：一是以奴隶制国家政权整体作为规范对象，主张在一定程度上调整改善管理政策；二是以从事政治活动的管理者个体作为规范对象。

伴随着春秋战国时期社会大变动和文化大繁荣，廉政文化得到了进一步发展，使廉政思想有了更加广阔的发展空间。

召公首先成为廉洁官吏

尧舜禹的“为民父母”的公仆意识，在周代的召公身上得到了鲜明体现。

召公，周武王姬发的弟弟。因他的采邑在召，故称“召公”，又称“邵公”“召康公”“太保召公”。召地位于现在的陕西省凤翔县一带。

公元前1100年，周武王在灭商3年后去世，他的儿子姬诵即位，这就是周成王，是西周王朝的第二代国王。因当时周成王年仅13岁，便由周公和召公两人辅政。

周公和召公两个人以陕即今河南省陕县张汴原为界，分陕而治，召公主西。周公、召公分陕而治的界石，又称为“分陕石柱”，它是我国古代历史上最早的界碑。

召公以人为本，爱民如子，俭以奉身，正道直行，仁厚威重，政

肃民清，从侯爵伯爵到老百姓，每一个人都有适应的职位，没有失业的，人人安居乐业。

召公为官清廉，勤政爱民，以纣为戒，免除暴政，轻徭薄赋。所辖区域，政治清明，社会安定，百姓安居乐业，民风淳朴。

召公还常常不辞辛苦，下乡巡视察看，在田间地头处理民间事务，了解百姓疾苦，奖励农桑，山山岭岭留下了他的足迹，村村寨寨常现他的身影。凡遇民间诉讼，他都仔细察明，秉公决断。

那时黄河经常泛滥，气候干旱成灾。召公就在甘棠树下和百姓一起寻找救灾大计，共谋抗旱方略。鼓励青壮年奋力自救，攀山越岭，寻找水源。

一天，召公来到崤山一带，太阳落山，为了不打扰百姓，他就在甘棠树下，搭一草棚住下。地方官吏要让百姓腾出房屋让他歇息，召公马上制止，他说："不劳我一身，而劳百姓，这不是仁政。"

这样，召公就在山野的棠树下休息，摘吃棠梨果子解渴充饥，并告诫地方官吏："这甘棠树真好，浓荫郁郁葱葱，果实甜酸可口，百姓劳作累了，可以歇息解渴，要让百姓好好保护它，不要乱砍滥伐，把它做柴薪。"

百姓闻听此事，盛赞召公体恤民情，广施惠政，深得民心，并编成《甘棠》等诗来歌颂召公。

《诗经》里有《甘棠》诗一首，其诗写道：

蔽芾甘棠，勿剪勿伐，召伯所茇。

蔽芾甘棠，勿剪勿败，召公所憩。

蔽芾甘棠，勿剪勿拜，召伯所说。

意思是说：棠荫茂盛树荫长，千万别砍伤，召公曾用它做房。棠荫茂盛树荫长，千万别砍劈，召公曾在此休息。棠荫茂盛树荫长，千万别动手，召公曾在此逗留。

这首诗虽然没有华丽的词语，只有朴素的情感，但这是老百姓发自心声的歌谣，更是老百姓对召公深深的思念。小小甘棠，默不作声，因沐浴了召公清风，成了勤政爱民的象征。由此可见，得民心者永恒。

《甘棠》入选《诗经》绝非偶然。《诗经》是纯粹的民歌，劳动人民口传口唱的歌，可见一个人真正地为人民做了好事，真正地为政清廉，人民是不会忘记他的。一种伟大的精神是要依靠生息着的民众的拥戴，是依靠社会主流的支撑与包容而继往开来的。精神本来是无形的，而融汇与吸纳的形式和流程，却是可见的。

周成王在去世前，恐怕太子姬钊不能胜任，于是，就命召公率领诸侯辅佐，姬钊就是后来的周康王。姬钊登基时，召公率诸侯带着太子姬钊来到先王庙祭典。召公又做文章告诫姬钊："先祖成就王业不易，一定要勤政为民，专志诚信，节俭廉洁，不可有过高的欲望。"

姬钊继位后，向诸侯宣告先王之德，遵先辈所行，清正廉明，励精图治。所以，天下太平，百姓安居乐业，一切刑罚放在一边，40 年派不上用场。这些与召公的辅佐是分不开的。

召公去世于康王时期，那时，周王朝已相当稳固了。召公历经周武王、周成王、周康王三朝，他为维护周王朝政权所做的努力，经受了时间的考验，这是对他的政绩的最好说明。

召公没有留下巨著鸿篇，也没有留下警世名言，甚至没有能够留下只言片语。然而，他却把自己留给了煌煌 3000 年历史，留给了一代一代生息繁衍的中华民族的子孙。

人们为了感念召公的恩德，集资在陕州即现在的三门峡市陕州风

景区内建“召公祠”，栽甘棠树，使召公载誉天下，留传百代。后来，“召公棠”这一典故，用来称颂惠政及管理者的惠施惠行。

召公勤政爱民的“甘棠风范”，为官清廉的美德被人们世代流传。后人评价召公功绩说：“所幸周之有召公，若汉之有萧何，镇国家，抚百姓，给馈饷，不绝粮道，方有周公三年之征，久战克胜。”

召公为政，具有既正己身复能正人，问政阡陌，爱民如子，劳己不劳民，为公不为私的精神。这种精神是后世清风之源，而召公则为天下廉吏之祖。

孔子节俭开支的理念

孔子是将尧舜禹的公仆意识发扬光大的人，更崇尚召公开创的廉吏清风。他一生都在为了恢复周礼而努力研究治国，而节用思想是他治国思想的一个重要方面。

孔子自幼家境贫寒，3岁丧父，是母亲颜氏将他抚养长大。后来做官，周游列国，讲学授徒，整理典籍，成为春秋末年的思想家和教育家，是儒家学派始祖，被尊称为“圣人”和“万世师表”。

孔子对为政清廉的尧舜禹大加赞美说：“巍巍乎，舜禹之有天下也，而不与焉。”意思是说：多么崇高啊！舜和禹得到天下，不是夺过来的。

孔子所处的时代，社会混乱，政局动荡。他继承和发扬了尧舜禹“做百姓父母官”的公仆思想，提出来自己关于勤俭的见解。

《论语》开篇后第一句涉及勤俭节约的话是，要求国家“节用而爱人”，要求国家审慎使用财富，爱惜百姓的人力。其中的“节用”两字，集中体现了孔子的清廉节俭的为政思想。孔子认为，做人应该“温、良、恭、俭、让”，他把“俭”作为自己的人生态度之一。孔子本人非常注重廉洁，一生都过着清心寡欲的生活。

孔子在生活中是很注意节俭的。当时用苎麻做的帽子，是举行冠

礼时戴的，但这种帽子做起来费工费时，如果用丝来做，则容易织成，并且省工省时，因而俭省一些。

孔子认为，做行冠礼的帽子，用麻用丝只是原料不同，和礼的本质无关，所以用什么节俭就用什么。这就体现了孔子“礼与其奢也，宁俭”的思想。

孔子一向崇尚节俭，认为吃粗饭，喝白水，弯着胳膊当枕头，这种生活中也有着快乐。用不正当的手段而得来的宝物，在他看来就好比天上的浮云。

孔子的俭用思想，在料理丧事方面表现得很突出。他认为料理丧事，要根据家庭的经济情况，经济富裕的不要过分；经济差的只要殡葬了就可以了。他的这个主张与今人的“入土为安”思想很接近。

孔子70岁时，他50岁的儿子孔鲤去世了。按当时孔子的大夫身份，再加上有很多的弟子帮助，给他儿子厚葬完全是有条件的，但是“鲤也死，有棺而无椁”，只是举行一般葬礼埋了。

孔鲤去世后不久，孔子的得力弟子颜回去世了。颜回的父亲和孔子的弟子都要厚葬颜回，孔子考虑到颜回家中本来穷困，若用厚葬，就超出了他家庭的实际负担，所以他认为“不可”。

孔子对富有的贵族，也规定了一个丧葬的最高限度，比如他在任中都宰时规定“四寸之棺，五寸之椁。因丘陵为坟，不封不树”。他的这一规定不仅在鲁国有效推行，而且成了诸侯丧葬的准则。

孔子不但自己保持着艰苦朴素的生活作风，而且还在弟子中提倡这一生活作风。对于能够耐得住清贫的人，他是十分赞赏的。

子路是孔子的得力弟子，他生活俭朴，得到了孔子的大力称赞：“衣敝缊袍，与衣狐貉者立，而不耻者，其由也欤？”意思是说：子路穿着破旧的衣服与穿着皮衣的富贵站在一起，却不觉得惭愧，表现出内心充裕，重视道德，不计较衣着破旧的高贵品质。

孔子对子路不嫉妒，不贪求，量入为出的艰苦朴素的生活作风给以极高的评价。

孔子的弟子颜回每天的饮食就是一小筐饭，一瓢水，而且住的地方也十分简陋，但他依然保持乐观的精神，发愤学习。孔子曾给予他高度的评价，称他是真正的“贤德之人”。

当然，孔子也不是认为衣服穿得越破旧越好，应根据自己的生活实际量入为出；对超出自己生活实际，去追求豪华服饰的生活作风是反对的。他主张要根据自己的实际生活情况，衣服整洁，举止端正，即所谓“出门如见大宾”那样。

有一次，孔子的弟子子张向他请教怎样当官。孔子说了几条，其中有“惠而不费”和“欲而不贪”两句，前者强调的是为政利民、无费于财的思想，后者意谓为政者自己要追求仁德，戒掉贪欲。这反映了孔子的清廉节俭的为政思想。

为政者如何才能做到清廉节俭，孔子认为关键要耐得住清贫，要有吃苦的精神。他希望为政者能做到“饮食上不要太追求，居住上不要太讲究”，“即使是在长期的贫困中也要坚守自己良好的品德和对理想的追求”。

孔子的弟子子夏做了莒父宰后去向他问政，他说："无欲速，无见小利。欲速则不达，见小利则大事不成。"意思是说：做事不要图快，不要只见眼前小利。如果只图快，结果达不到目的；只图小利，就办不成大事。说明做事不能只图快不求好，急于求成反而干不好事。

孔子这句话一方面是讲为政者在政绩上不要图快，要做脚踏实地的工作；另一方面是讲为政者要廉洁勤俭，不要贪图小利。如果见了小利就起贪心，"则大事不成"。

为政者清廉节俭，孔子除了要求为政者要做到耐得住清贫之外，还提出了一个更高的精神境界，就是要以"三无私"的精神来从政。

据《论语·孔子闲居》记载，有一次孔子和弟子们讨论道德修养问题，子夏问孔子怎样才能修成良好的道德品质，孔子回答说，从政者要用"三无私"的精神来为天下人操劳。子夏又问什么是"三无私"？

孔子说："就是天无私、地无私、日月无私。"他又解释说，天无私才能覆盖大地，地无私才能承受万物，日月无私才能普照天下，用这三种精神来为天下人操劳，这就叫"三无私"。

孔子自己在为政时，更是以清廉节俭要求自己，克勤克俭，尽到了一个官员应尽的义务和职责。

当时鲁国的世卿叔孙无忌听说孔子在中都治政如神，就派家臣前来观摩学习。家臣来到中都，恰逢孔子到四周的乡村巡视去了，家臣就参观起中都宰衙的建筑来。只见它虽不富丽，但也庄严，而且城池没有城墙，更没有一个护城的兵役。

正在疑惑之际，中都宰衙的衙役送来了饭食，仅一盘鲤鱼和一碟蔬菜。家臣就问："平日你们老爷就吃这样的饭菜吗？"

衙役答说："平日老爷以吃蔬菜粗粮为主，根据老爷的吩咐，凡有客人到来，才加鲤鱼一条，表示以礼相待！"

家臣听了，默不作声。饭后，家臣又信步来到街市场，只见货殖充裕，平卖平买，秩序井然，感觉中都的确不是虚传。他游览过街市回到衙门时，孔子已在公堂等候了。

家臣问孔子说："先生，这中都的政绩，与外面传闻的确名副其实，只是在下见那城墙已败，为什么不再筑一座机关呢？"

孔子说："我关心的是百姓的生活，修筑城墙，要劳役百姓，百姓不种庄稼而来筑城，岂不怨声载道？况且，仲尼并不认为城墙能有什么大用。"

孔子说："仲尼为官是为了天下百姓，不是为了自己占据一块疆土，更不想凭借一块疆土觊觎天下。如果百姓真心实意拥护我，若有人来侵犯，百姓们自然会来保护，城墙可以用武力攻破，而民心是用武力打不破的！"

家臣说："先生的美德仁政，在下敬佩之至！"他接着又问，"先生，我一路而来，见百姓都在田里干活，比其他的地方都要勤劳，不知是否颁布了什么好的政令？"

孔子说："我只教育他们重视农活，争取丰衣足食。如果不讲清道理只是一味去命令他们，强迫他们，他们不会如此卖力干活的。"

孔子说："我心里想的是老百姓，做的事也是为了老百姓，他们自然对我非常信任。如果一个地方官吏能以关心百姓的态度端正自己的行业，那管理这个地方还会有什么困难？如果自身不端正，又怎能端正别人呢？我曾说过，'其身正，不令而行；其身不正，虽令不从'。地方官本身清廉节俭，不发命令人民也会照样去做；本身不正派，即使下严厉的命令也不会有人服从的！"

家臣听了孔子的一席话后，深有感触，尤其是听到孔子说的"其身正"，更觉得不虚此行。此后不久，鲁国大夫季友的私人领地费邑也派人前来请教，齐国的几个县邑也派人来中都取经。

孔子德治中都的政绩，在天下传开，从此，人们都称孔子为"圣人"。中都的老百姓们还作歌赞誉道：

圣人出，黄河清；

圣人治，中都富。

孔子“节用”思想是古代廉政思想中的宝贵财富，极大地丰富了古代廉政思想的内涵。这一思想对后代臣民都产生了极为深远的影响。

子路知错认错识大体

弟子们跟着孔子周游列国来到陈国。一天，子路和巫马期两个人到野外去打柴，突然一阵轰隆隆的车马之声呼啸而至。只见这队车马，浩浩荡荡，一眼看不到头，马车走到山脚下停住，车上的人下来，在草地上开怀畅饮。

子路问巫马期：“巫马期，他们真是够气派啊！如果你忘了你所学的知识，也不去用尽你的才能，便得到这样的富贵荣华，永远也不去见孔子，你愿意吗？”

巫马期怒视子路，说道：“我曾经听孔子说过：‘勇士不能丧失精神，仁人志士不能见利忘义。’你不了解我吗？难道你说的意思就是你的志向吗？”。

子路心中惭愧，回来后，把事情向孔子说了一遍。孔子没有说话，转身拿过琴弹了起来。琴声先是舒缓悠扬，渐渐地慷慨激昂起来。孔子神色严峻，两眼微闭，思绪随琴声飞扬。一曲弹罢，孔子轻轻地说：“你羡慕荣华富贵，难道我的理想不能实现吗？”

这时子路已经惭愧地无地自容，垂手恭立在孔子身边，对孔子说：“子路愧对老师，愧对巫马期。”

好仁恶不仁

子曰："我未见好仁者，恶不仁者。好仁者，无以尚[1]之；恶不仁者，其为仁矣，不使不仁者加乎其身。有能一日用其力于仁矣乎？我未见力不足者。盖[2]有之矣，我未之见也。"

子曰："人之过也，各于其党[3]。观过，斯知仁矣。"

子曰："朝闻道，夕死可矣！"

【注释】

①尚：动词，超过，再好不过。

②盖：副词，带疑问语气，大概、或许。

③党：古代地方户籍编制单位，500家为党。党人，指同乡人。党友，指志向相近、立场相似、经常在一起的人。

【解释】

孔子说："我未曾见过爱好仁的人，也未曾见过憎恶不仁的人。爱好仁的人，那是再好也没有的了；憎恶不仁的人，他对待仁，只是不使不仁的东西加在自己的身上。有谁能花一天之力来用在仁上吗？我未曾见过心有余而力不足的。大概这样的人还是有的，但我没有见过罢了。"

孔子说："人们的错误，总是与他那一类人所犯错误性质是一样的。所以，考察一个人所犯的错误，就可以知道他有没有仁德了。"

孔子说："早晨理解了真理，就是当天晚上死去也心甘。"

孔子认为，人之所以犯错误，从根本上讲是他没有仁德。有仁德的人往往会避免错误，没有仁德的人就无法避免错误。这从另一角度

讲了加强道德修养的重要性。

【故事】

季文子的廉洁勤俭作风

先秦时期，除了孔子、老子、墨子等思想家对廉政的论述与实践，还有诸侯国许多贤臣廉吏，在自己思想实践中，践行了他们对廉政的理解与认识。春秋时期鲁国贵族、著名外交家季文子就是其中之一。

季文子在鲁国久执国政，历经鲁宣公、鲁成公、鲁襄公三君，是对鲁国发展具有重要影响的人物。

季文子的父亲季友和他的二哥庆父、三哥叔牙是历史上有名的季孙氏、孟孙氏、叔孙氏“三桓”势力的老祖。“三桓”名声不好，可季文子的廉政清明以及他的“三思而后行”的思想，却得到后世的肯定。

鲁宣公执政期间，季文子当了宰相。他除去了制造内乱的东门襄仲，驱逐了他的儿子公孙归父，使国内有了一个较稳定的环境；他推行“初税亩”，开始按占有田亩多少征税，迈出了从奴隶赋税制向封建赋税制过渡的一步；他请求晋国出兵，并和晋在鞍邑打败了齐，收回了被齐侵夺的隆邑；他建立鞍邑之战胜利纪念馆，以此让公室不忘国耻，树立胜利的信念。

季文子在政治上取得了很大的成绩，而他对自身修养的要求则更为后人重视。他以廉洁俭朴的形象在诸侯列国中形成了很好的口碑，被诸侯列国奉为廉吏楷模。

季文子崇尚俭朴，以节俭为立身的根本。他穿衣只求朴素整洁，除了朝服以外没有几件像样的衣服。每次外出，所乘坐的车马也极其简单。与此同时，季文子还要求家人也过俭朴的生活，家中没有穿丝绸衣服的妾，厩中没有喂粮食的马。这在钟鸣鼎食之家，确实极为少见。

有一次，季文子家中来了一位贵宾，这位贵宾非常赏识季文子的才华，见他案头的文具过于陈旧，特地为季文子送上一套非常考究的文具。

季文子见人家一片诚意，因而对客人风趣地说道："您看我居室中哪样东西能和您这礼物相比呢？我一向用惯了旧物件，要是一下子用上您这东西，恐怕文思会大减的。我看您还是留着自己用吧！"

就这样，季文子硬是让他把礼品收了回去。

季文子以鲁国执政的身份而大兴节俭之道，为鲁国政治带来了一股清新的风气，并在客观上起到了表率的作用。

鲁国政治家孟献子有个儿子叫仲孙它，经常出入季文子这位长辈家中。仲孙它血气方刚，看到季文子这样节俭，很不理解他为何过这样的日子，并认为这有损于鲁国形象。

有一次，仲孙它带着疑惑的神情质疑季文子说："您身为上卿，德高望重，但我听说您在家里不准妻妾穿丝绸衣服，也不用粮食喂马，您自己也不注重容貌服饰，这样不是显得太寒酸，让别国的人笑话您

吗？这样做也有损于我们国家的体面，人家会说鲁国的上卿过的是一种什么样的日子啊？您为什么不改变一下这种生活方式呢？这于己于国都有好处，何乐而不为呢？”

季文子听后淡然一笑，对仲孙它严肃地说：“我也希望把家里布置得豪华典雅，但是看看我们国家的百姓，还有许多人吃着粗糙得难以下咽的食物，穿着破旧不堪的衣服，还有人正在受冻挨饿，想到这些，我怎能忍心去为自己添置家产呢？如果平民百姓都粗茶敝衣，而我则装扮妻妾，精粮养马，这哪里还有为官的良心！况且，我听说一个国家的富强与光荣，只能通过臣民的高洁品行表现出来，并不是以他们拥有美艳的妻妾和良骥骏马来评定的。既然如此，我就不能接受你的建议。”

这一番话，说得仲孙它满脸羞愧之色，只得红着脸走开了。

季文子把此事告诉了孟献子。孟献子不仅是个很正直的官员，也是个不简单的父亲，他把儿子仲孙它在家关了 7 天让他面壁思过。

仲孙它终于迷途知返，认识到了自己的错误，效法季文子，积极改过。从此以后，他十分注重生活的简朴，妻妾只穿用普通布做成的衣服，家里的马匹也只是用谷糠、杂草来喂养。

季文子听闻仲孙它改过之事，赞赏地说：“犯了错误能及时改正的人，就可以成为人上之人了。”后来提拔他为上大夫。

在“礼崩乐坏”的春秋时期，身处政治斗争漩涡之中的季文子为什么能够做到清廉节俭？关键在于他办事总是“三思而后行”。凡事总要做到有备无患，这是季文子稳妥周全的行事风格。

季文子有一次打算要出使晋国，在准备好聘礼之后，又让随从准备些丧事之礼以应急。随从都不理解其中的原因，季文子就解释给他们说：“备而不用是古人留下的善言名句。如有急需而却没准备，那情况就太难堪了，多预备点没什么害处。”

同样在节俭这一问题上，季文子也是一思再思。他认为，节俭是爱民的出发点，力行节俭，才是达到国家治理的正确途径。廉洁和节俭不仅仅只是个人生活作风问题，而是蕴涵着政治生活中的大道理。

孔子听到弟子谈论季文子的事迹后说："对于季文子这样的人来说，想两次也就可以了。"

孔子的意思是说，季文子审慎多思与行事缜密，对这样一个人，再要求他慎思，只怕会过犹不及。

慎思之，明辨之，是儒家一贯主张。孔子对季文子的"三思而后行"是持积极而肯定的态度的。孔子在设坛讲学的过程中，曾以季文子、子产等享誉一时的人物为例，给弟子们阐述做人为官之道，希望弟子通过他们自己的努力，建立像季文子等人那样的品行和功业，进而实现他们的政治抱负。

公元前568年，季文子因病逝世，鲁襄公前往吊唁，发现随葬品都是些案头、橱中破旧的东西，不禁问道："家中难道不舍得拿出些值钱的东西陪葬吗？"

季文子家人听罢摇头答道："家中实在没有一件金、玉等贵重物品。"

鲁襄公不解地问道："为什么不购置些来呢？"

季文子的管家听罢，含着泪说："国君，我家主人一生节俭，还常为国事而解私囊，家中一点点积蓄也没有。如若不信，这里有账可查。"管家向国君奉上季文子家的账簿。

鲁襄公边看边点头，随行的不少官员亲眼看见这样的情形，也都大为震撼。此事传至百姓中，人们都夸赞季文子品德高尚。季文子作为堂堂三朝元老不但没有什么积蓄，甚至连丧葬用品都准备不齐，这确实让人感叹不已。

季文子廉洁节俭，得到了后世极高的评价。西汉时期史学家司马迁借用"君子"的话称他既"忠"又"廉"，而"忠"说的是他对鲁国政治与外交的贡献，"廉"则是对他生活作风的褒扬。

季文子作为朝廷重臣，能够注重个人修养，廉洁勤俭，不仅在鲁国的内政外交中发挥了重要作用，更为后世树立了一个廉吏的楷模，受到后人不断的赞誉和尊崇。他的"三思而后行"的思想，也一直影响着后世。

孙叔敖的循吏之功

如果说季文子为世人树立了一个廉吏的楷模，那么，孙叔敖则以自己的亲身实践，彻底粉碎了某些人"高官厚禄者一定腐败"的世态断言。

孙叔敖出生在一个小官吏家庭，最初在乡间务农。耕种的同时他刻苦读书，很有学问，很多人都知道他是个满腹经纶的人。

公元前614年，楚庄王即位。为了国家强盛，楚庄王在即位之初就寻求治国人才。他听到孙叔敖很有才能的消息后，就请求孙叔敖出山做官，任命他为令尹。

孙叔敖当了令尹后，四方的吏民纷纷登门祝贺，都觉得孙叔敖遇到了大好时机，可以一展宏图了。他虽然已经身居高位，却能够谦虚待人。

这一天，有一位老者来到了孙叔敖府上。只见老者白头发、白胡子、白帽子、白衣服，通身白色，仿佛给人吊丧一般。众人都认为这是个老疯子，主张把他轰走。

孙叔敖劝阻大家说："不能这样，不能这样。他既然如此怪异，其中必有缘故。今天不管是谁，来到府上都是客人。"

为了表示对老者的尊重，孙叔敖整好衣冠，把老者请到了厅内，恭敬地向老者施了一礼，诚恳地向老者说："请问老人家，人尽来贺，您独来吊，您有什么话要教导我吗？"

那位老者一板一眼地说："我有三句断言：身处富贵而傲慢无礼地教训他人者，人们就会唾弃他；职位很高而独断擅权、玩弄权术者，国君就会厌恶他；享受的俸禄已经很多，仍贪心不足者，众人就会独避他。"

孙叔敖听了这番话，赶忙给老者作揖行礼，请他多加教诲。

老者接着说："身贵而不骄民，位高而不擅权，禄厚而不苟取。你

若能坚守这3条为官的原则，就可以治理好楚国了。”说完，飘然而去。

孙叔敖听完老者的话，敬佩不已，心想这一定是哪方世外高人来指点自己。因此，他更觉得自己应该为国家、为百姓多做好事，做一个勤俭廉政的贤臣。

孙叔敖任令尹后，大力兴修水利工程。约公元前605年，他主持兴建了古代最早见于记载的大型渠系水利工程期思陂灌区。期思陂就是现在的河南商城及其附近一带。他带领民工在期思排除积水，将古期思水引入众多的小陂，形成期思陂灌溉之野。

孙叔敖又主持兴建了古代淮河流域最著名的水利工程芍陂。他疏引淠水经白芍亭东积成湖，灌溉周围原野。后来，芍陂工程经过自汉至唐代的多次修浚，方圆达到二三百里，灌田万余顷。

孙叔敖不但重视农田水利建设，还注重牧业和渔业发展。他劝导百姓利用秋冬农闲季节上山采伐竹木，在春夏多水季节通过河道运出去卖掉。这样使资源得到合理利用，也利于国家富足和百姓生活改善。

由于孙叔敖兴建水利工程，大力发展农业，并注重牧业和渔业多项发展，使楚国经济迅速恢复与发展，人民很快富裕起来了。

《史记》上记述了当时楚国的繁荣景象：上下祥和，民俗美善，政令宽松，令行禁止，官吏中没有奸邪之人，盗贼不起。秋冬季节孙叔敖劝说百姓进山采矿，春夏兴修水利，大家都得到了好处，百姓都为这样的生活感到快乐。

孙叔敖还帮助楚庄王进行币制改革。当时楚庄王认为钱币太轻，就把小钱改成大钱，结果百姓使用不方便，都不做生意了。

这时，管理集市的官员对孙叔敖说："集市混乱，百姓不知道到哪里安身，社会秩序无法安定。"

孙叔敖问："这样的情况有多少时间了？"

集市官员回答："有3个月的时间了。"

孙叔敖说："现在就停止使用大钱，我马上下令从今天开始恢复使用小钱。"

5天后，孙叔敖在上朝时奏请楚庄王："以前以为小钱太轻，换成了大钱。如今管理集市的官员来说'集市混乱，百姓不知道到哪里安身，社会秩序无法安定。'我请求下令恢复使用小钱。"

楚庄王答应了，下令3天，集市恢复得像原来一样繁荣了。楚庄王因得到这样一个好令尹，心里也很痛快。

孙叔敖任令尹后，还大力整顿军队。他曾依据楚国的军事典令和战争实践，明确规定军队的行军顺序和各自的任务。使楚军在行进中军行严整，常备不懈；战斗中统一指挥，军令肃然。

经过孙叔敖的大力整顿，楚军的战斗力大大增强。在强大的军事力量支持下，楚国迫使郑国投降，楚军还击败了晋国的军队，对楚庄王称霸起了重要作用。由于孙叔敖行政、治军有功，楚庄王多次重金封赏他，但他坚辞不受，工作上更加兢兢业业，忠于职守。

孙叔敖不仅政绩十分突出，还一向持家严格，勤俭为本，不许家人铺张浪费。为官多年，家中却没有积蓄。

由于长年劳累，孙叔敖晚年染上了重病。他躺在病床上思前想后，最不放心的就是他的儿子孙安。

孙叔敖想：自己死后，大王很可能会赐给孙安一份丰厚的产业，

或者留孙安在大王身边做官。如果这样，孙安当然不用发愁衣食穿用，可这对他没有什么好处。孙安自幼在生活方面已经比普通人优越了，如果再不靠自己的努力去养活自己，学会俭朴地过日子，他就会变得更懒，变得更奢侈。这样，自己做父亲的，不是害了儿子吗！

孙叔敖想到这儿，忍着病痛坐起来，一笔一画地给楚王写了一份奏章。

孙叔敖写好奏章，把孙安叫到跟前，语重心长地对他说："孩子，父亲一生清苦朴素，廉洁为公，没有积蓄，不能给你留下什么遗产。我已经活不久了，我死后，楚王可能封你做官，或者赐你产业。我是了解你的，你没有治理国家的才能。我死后，你就回老家种地务农吧！大王如果一定要给你产业，你就只收下寝丘那块地，千万不要争什么好地，选一块没人要的地就可以了。记住，我一生俭朴，不求富贵，希望你也如此。"

孙安流着泪答应着。孙叔敖又将写好的奏章递给孙安，说："刚才嘱咐你的意思，我都写在奏章里了。我死后，你把奏章呈给楚王。"

几天后，孙叔敖病逝了，孙安遵照父亲的遗嘱，将奏章交给楚庄王。

楚庄王一看，上面除了有关内政、外交、经济及爱护百姓、奖励耕织的许多建议外，还写了这样一段话："靠了大王的信任，使我这样一个普通的乡下人居然做了楚国的令尹。尽管我十分努力办事，也报答不了大王的恩宠。现在，我要离大王和楚国而去了。我只有一个儿子，但他没有治理国家的才能，我恳求大王不要留他在身边做官，让他回到家乡去生活，这就是对他很好的照顾了。"

楚庄王一边看着奏章，一边流泪。看完奏章，他痛心疾首，冲着天上喊："苍天啊！你为什么夺走我的股肱之臣！"

楚庄王要孙安留在身边当大夫。孙安坚持要照父亲的嘱咐决定回家乡去。孙安带着母亲回到老家种地为生。因为父亲没有遗产，去世时又花去一笔丧葬费用，所以生活十分贫苦。但他牢记父亲的话，秉承父亲的家风，俭朴持家，日子勉强过得去。

后来，楚庄王还是请孙安在宫中做官。孙安仍表示要坚持遵照父亲的意思不愿做官。楚庄王说：“不做官，就封你一座城吧！”孙安无论如何也不要。

楚王说：“你什么都不要，我心里如何过得去？天下人也要骂我的。”

孙安说：“如果这样，就请大王把寝丘那块地封给我吧！”

楚王说：“寝丘可是块没人要的废地呀！”

孙安说：“这不是我想出来的。是父亲临终前这样交代的，我怎么好自作主张更改呢？”

最后，楚庄王叹息了一阵，只好答应了孙安的要求，把寝丘封给了他。

孙叔敖兢兢业业，一心治国，虽功勋盖世而清廉俭朴，品格高尚。他以自己的实践，打破当初那位世外高人关于“身贵骄民、位高擅权、禄厚苟取”的世态断言，表现了一位贤吏高超的处事方式。孙叔敖备受后人赞誉，司马迁在《史记·循吏列传》中列其为第一人。

晏婴身为元老能尚俭

晏婴是春秋后期齐国政治家、思想家和外交家。他的从政实践具有自己的特色，他的事迹告诉人们，勤俭既是传统美德，也是成就事业的素质。

晏婴在任宰相的时候，为齐国的富强做了不少好事。由于他在齐灵公、齐庄公、齐景公三朝时做高官，所以他又被人称为齐国的“三朝元老”。别看这位“三朝元老”在齐国居官的时间长、地位高、有名望，但他日子过得相当节俭。

晏婴平时穿的是粗布衣服，即便祭祀祖先的时候，也不过把衣服和帽子洗干净穿上而已。一件狐皮大衣，也只是在出使他国或参加盛典时穿，并且一直穿了30多年。每日粗茶淡饭，正餐也不过是糙米

饭，只有一荤一素两个菜。

由于晏婴生活清苦，齐景公曾经多次派人给晏婴送去生活上的费用，但晏婴根本不愿接受，多次叫来人带回。齐景公见晏婴不肯收钱，也没办法，于是便决定亲自去晏婴家视察一下。

一天，齐景公专门找了个吃饭的时间到了晏婴家。他故意不让随从报告，自己径直走到晏婴饭桌前。这时，晏婴正端着一碗糙米饭在吃。饭桌上只放着两盘菜：一盘鸟肉，一盘青菜，而且量相当少。

齐景公看到这种情形，感慨地说："你的生活如此清苦，这是我的不对啊！你总说生活并不贫穷，今天我算是亲眼见了。"说完，惭愧地低下了头。

可晏婴像什么事情也没有发生一样，他先客气地请齐景公坐下，而后语调平和地说："大王，我的生活的确很不错了。现在百姓的生活很不富裕。一般做小官的，每顿不过吃饱小米饭。我的饭桌上有一盘鸟肉，这就等于一般小官的两顿饭了，现在又加上了一盘青菜，这就等于人家的三顿饭了。您说，我的才能不会比普通人高出一倍，可我却吃了他们三个人的饭，我的生活能算清苦吗？"

齐景公被晏婴说得无话可说，无可奈何地摇着头。

晏婴平日上朝时，总是乘坐一辆劣马拉的破旧车子，有时甚至步行着去。齐景公知道后，便派人送去新车骏马，可使者连续送了两趟，都被晏婴回绝了。然而，齐景公还是觉得晏婴乘坐的车马与他的身份太不相称了，所以仍坚持要送他一辆由几匹良马驾的好车，于是第三次派人送去，可还是被晏婴拒绝了。

齐景公非常不高兴，责问他为何不收，晏婴说："您让我管理全国的官吏，我深感责任重大。平时，我反对奢侈浪费，要求他们节衣缩食，以减轻百姓的负担。我若乘坐好车好马，百官们便会上行下效，奢侈之风就会流毒四方。假如真的到了那个时候，恐怕就再也无法禁止了。"

晏婴虽然官居相位，但从未嫌弃自己昔日的糟糠之妻，更没有纳妾的想法。

一天，齐国大夫田无宇路过晏婴家门口，看到晏婴站在大门外，便凑上去打招呼。这时，只见屋内走出一位颤颤巍巍的老妇人，满脸皱纹，满头白发，身上穿着粗布做的衣服。田无宇等那妇人走远后，问晏婴："刚才那位老妇人是谁啊？"

晏婴说是自己的妻子。

田无宇听后哈哈大笑说："您位至卿大夫，为何不另娶一位妙龄阿娇，却同一个老太婆厮守在一起？"

晏婴白了他一眼，不屑一顾地回答说："我曾听人说，'抛弃年老的，是为不守礼义；纳娶年少的，是为淫乱。'何况是见色忘义，因富贵而失人伦，简直可称得上是大逆不道。难道你希望看到我有淫乱之行，不顾人伦而另娶，做那些倒行逆施、寡廉鲜耻的事情吗？"

一席话，说得田无宇面红耳赤，无地自容。

据说，齐景公有位年轻貌美的宝贝女儿，愿意嫁给晏婴。一天，齐景公到晏婴府上赴宴，酒至半酣，看到一个老妇人穿堂而过，便明知故问："这就是您的妻子吗？"晏婴点头称是。

齐景公故作惊讶地说："哎呀，怎么这么老，这么丑啊！"接着又说自己有个女儿年轻漂亮，愿意嫁给他做夫人。

晏婴一听，马上站了起来，诚惶诚恐地表示："现在，我妻子确实又老又难看，但她年轻时也是很漂亮的。只是随着岁月的流逝、年龄的增加，才变成这般模样的。我们已经共同生活了几十年，我决不能辜负她！"并进一步说，"无论任何人都会随着岁月的流逝而变得衰老和难看的。我非常感谢大王的好意，但却万万不能从命！"说罢，俯身下拜不起。

齐景公见状，也只好作罢。

"贫贱不能移，富贵不能淫，威武不能屈"，是我国传统士大夫孜孜追求的最高道德境界，晏婴做到了。

一个厉行节俭的官员，一般来讲也是一个治国有方的人。晏婴就是这样的人。由于他政绩突出，齐景公决定把齐国的平阴和棠邑两地赐给他。

这两个地方相当富足，尤其是棠邑，当时有好多人想得到它，可晏婴却不肯接受。他态度诚恳地对齐景公说："国君，我不敢接受您的恩赐。我认为当官的，首先应为君主和国家着想。现在百姓的生活贫困不堪，他们已经对朝廷有了怨恨情绪，我们为臣的不顾及这些，还在拼命地追求自己的享受，这会使百姓更加无法忍受，对王室的怨恨也会加深的。"

齐景公听晏婴的话句句在理，态度又十分诚恳，也就没有再坚持。

晏婴虽然身为齐国国相，却大力倡导俭朴节约，并且身体力行，为齐国的官吏在厉行廉洁、反对奢侈浪费方面做出了榜样。

西门豹除恶俗兴水利

在先秦时期的廉吏中，西门豹是个地位相对低下的地方官员，但他的为政举措，别出心裁，政绩显著，完全可以和季文子、孙叔敖、晏婴等人的勤俭廉政精神相媲美。

西门豹，战国时期魏国人，故里在今山西运城盐湖区安邑一带。

他是魏文侯时期著名的政治家、水利家，为治理邺县立下赫赫功勋，使之成为当时魏国的东北重镇。

公元前445年，魏文侯作为魏国的第一代君主登位。此时的魏国，已初步建立了君主集权的国家制度。但魏国的旧势力仍然相当猖獗，疆土纷争依然经常发生。

魏国的邺县靠近漳河，毗邻赵国，是军事战略要地。但漳河连年泛滥，两岸百姓深受其害，以致邺县非但不能起到外御强敌的作用，反而成为魏国的肘腋之患。因此，魏文侯总想委派一名得力的官吏去管理邺地。

西门豹因其胆识超群，明达干练，并积极参与李悝的政治改革运动而深得魏文侯的信任。于是在大臣翟璜等的推荐下，魏文侯决定任命西门豹为邺令。

赴任前夕，西门豹深知自己此次身肩重任，又知道自己平时脾气比较急躁，易动肝火，特地找了一根柔软而富有韧性的熟皮带佩在腰间，时时提醒自己欲速则不达，遇事应缓而静思，克服性子急躁的毛病。从此，一位举止稳健、精力充沛的地方官吏出现在漳河两岸。

西门豹身着便服，不露声色地来到邺地民间，召集当地一些乡邑

老者，问他们有关老百姓痛苦的事情。原来，在当地民间流行着一种古老的恶俗：每年为河伯娶妇，将年轻貌美的女子活活淹死，结果不仅不能避灾息祸，反而造成城中空无人迹的景象。

不屈服于旧习惯势力的西门豹来了个将计就计。以惊人的胆识和谋略，用“以其人之道，还治其人之身”的计策，揭穿了“为河伯娶妇”的鬼把戏，智惩巫婆和三老。同时又用事实教育百姓移风易俗，改造自然，从根本上制止了三患之中的人为之害。

从此以后，在邺地没人再敢提为河伯娶妇的事，也没有人再相信为河伯娶妇就能消灾了。

西门豹深刻认识到，倘若只治人为之害，而水患不除，邺县的面貌则不能彻底改观。因此，西门豹毅然决定率领民众开渠筑堤，引漳灌田。

邺地位于太行山东部的冲积平原，自西向东流经邺地汇入黄河的漳河，一到雨季就会因泄洪不畅，水位暴涨，经常泛滥成灾，造成田园冲毁、人畜死亡的惨痛景象。

如何治理这条多灾多难的漳河，变祸水为福水，成为西门豹破除“为河伯娶妇”的迷信恶俗之后要做的又一件大事，事关百姓幸福和农业生产的发展。

西门豹先后多次请当时的一批能工巧匠出谋划策，然后又身先士卒，带领大家溯流而上，饮风沙、蹬泥泞、观地势、察水脉，披星戴月，备尝艰辛。在那些长途跋涉的日子里，他常常是渴饮沟渠水，饥餐农家粥，身体力行，事必躬亲。

西门豹徒步勘察了漳河两岸的村村户户，殚精竭虑、呕心沥血，一幅治理漳河的宏图，也渐渐地成竹在胸了：沿漳河开挖12条水渠，引流分洪，蓄水灌溉。

在生产力还十分落后的战国初期，要想同时开挖12条水渠，其工程之艰巨是可想而知的。一时百姓心存疑虑，以至于怨声四起。西门豹又走村串户，谆谆诱导，反复强调开渠的利与弊，他坚信，现在挖渠引水，父老乡亲会因此受些苦难，但料定他们将来一定会明白的。

由于西门豹总是晓之以理动之以情，不厌其烦地向人们解释，终于他的治水宏愿得到了越来越多的百姓的理解和支持，甚至出现了父母送子、妻子送夫上工地的感人情景。

在西门豹的率领下，一支浩浩荡荡的治水大军，在漳河两岸安营扎寨。顷刻间，彩旗猎猎，车水马龙，治水工地上呈现出一派热火朝天的劳动景象。

西门豹治水如治军，纪律严明，秋毫无犯，有功必赏，违法必究。他自己更是身先士卒，从不擅离工地，日夜辛劳在治水的第一线。即使到了夜深人静的时候，他还要打着火把到施工现场巡视，察看工程质量，若发现问题，便及时下令更改。

寒来暑往，斗转星移。在西门豹亲自督促下，邺地百姓经过数载埋头苦干，12 条大水渠终于修成了。每条水渠不仅有调节水量的水门，而且还分别筑坝多处，便于日常取水。为了不妨碍交通，每条水渠上建起了桥梁。

治理好了漳河，农田得以旱涝保收，邺地产粮高于当时魏国的其他地区，逐渐富庶起来。百姓生活逐渐得到了改善，原先的穷乡僻壤开始呈现出一派兴旺景象，逃亡他乡的贫民也纷纷重返故土。

可以说，“漳河十二渠”既是古代劳动人民集体智慧的结晶，更是凝结着邺令西门豹的心血。

“漳河十二渠”是春秋战国时期最著名的四大水利灌溉工程之一，也是黄河流域出现较早的灌溉工程，对后世治理水患、应用水利起到了积极作用。据史书记载，西门豹的引漳灌渠，直至汉代还在发挥利民效益。

西门豹除了治理漳河外，为官也十分清正廉明，而且执法严明。在当时，由于西门豹治漳河时有人反对，而且总有些法令会得罪一些权贵，自然更遭人嫉恨，也不断有人在魏文侯面前说他的坏话，巴不得魏文侯将西门豹革职罢官。为了查明事实真相，魏文侯决定亲自到邺地视察。

魏文侯到了邺地，看到沟渠交错，庄稼茂盛，但察看粮仓和府库

时，果然如人所告：粮仓里不见颗粒粮食，府库里不见丝毫钱财，兵库里不见一矛一盾，衙门里也不见有人审理公务。

于是魏文侯责问西门豹："当初翟璜推荐你任邺令，总希望你能有所作为，想不到你把邺地治理得这么乱，你若能说明其中原委倒也罢了，否则削官问斩！"

西门豹不慌不忙地答道："臣听说有作为的国君富民，图强霸的国君富武，只有亡国的国君才富府。我以为大王现在是想做一个富国强兵的君主，所以我实行蓄积于民的措施。这样说大王也许不信，请允许我登上城楼，擂响战鼓，大王所要的甲兵粟米可立即备好。"

魏文侯听了半信半疑，便由西门豹陪同一齐登上了城楼。

当西门豹擂完第一通鼓时，只见邺城军民个个顶盔贯甲，挽弓荷箭，披挂而列。当第二通鼓声擂罢，一支有牛车装载、百姓肩挑背负的运粮大军已立即赶到城楼脚下。

魏文侯看了惊喜不已，对西门豹说："我现在明白了，请下令收兵吧！"

西门豹便摇了摇头，摆手道："不行，我与老百姓之间有约法规定，讲究信誉，绝非一日之功。现在既然已擂动出征的战鼓，却又接着下令收兵，今后邺地的军民就不会听命于我了。"

说到这里，西门豹斩钉截铁地向魏文侯请战："燕国经常侵扰魏国八城，臣请北击，收复失地。"

魏文侯同意了西门豹的请战要求。于是，西门豹带领将士北上击燕国，很快收复了被燕国侵占的土地。邺地也从此成为保卫魏国边境的一道坚固屏障。

总的来说，西门豹作为一个地方官吏，能够以大无畏的精神，智破迷信除恶习，带领百姓兴修水利，发展农业生产，巩固社会基础，确实值得后人景仰，人们都把他看作是春秋战国时期的一位不可多得的地方清官。

晋平公向贤师请教

晋平公作为一位国君，政绩不凡，学问也不错。他在70岁的时候，依然希望多读点书，多长点知识。可是70岁的人再去学习，困难很多，因此，他对自己的想法总是不自信，于是他去询问他的一位贤明的臣子师旷。

师旷是一位双目失明的老人，他博学多智，虽然眼睛看不见，但很有智慧。晋平公问师旷说："您看，我已经70岁了，年纪的确老了，可是我还很希望再读些书，长些学问，又总是没有信心，总觉得是否太晚了。"

师旷回答说："您说太晚了，那为什么不把蜡烛点起来呢？"

晋平公说："此话怎么讲？"

师旷回答说："我听说，人在少年时代学习，就如同早晨温暖的阳光一样，那太阳越照越亮，时间也长久。人在壮年的时候学习，就好比中午明亮的阳光一样，虽然中午的太阳已走了一半，可它的力量还很强、时间也还有很多。人到老年的时候好学，虽然好像到了日暮时分，没有了阳光，可他还可以借助蜡烛啊。蜡烛的光亮虽然不怎么明亮，但总比在黑暗中摸索要好多了吧？"

晋平公恍然大悟，高兴地说："你说得太好了，的确如此！我有信心了。"

士志于道

子曰："士志于道，而耻恶衣恶食者，未足与议也。"

子曰："君子之于天下也，无适[①]也，无莫[②]也，义[③]与之比[④]。"

子曰："君子怀[⑤]德，小人怀土[⑥]，君子怀刑[⑦]，小人怀惠。"

【注释】

①适：意为亲近、厚待。

②莫：疏远、冷淡。

③义：适宜、妥当。

④比：亲近、相近、靠近。

⑤怀：思念。

⑥土：乡土。

⑦刑：法制惩罚。

【解释】

孔子说："有些人立志于追求真理，但又以自己穿破旧的衣服吃粗糙的食物为耻辱，对这种人，是不值得与他议论的。"

孔子说："君子对天下的事情，没先入为主地规定可以干什么，也没规定不可以干什么，只是按照义来办事。"

孔子说："君子关心的是道德教化，小人关心的是乡土田宅；君子关心的是法度，小人关心的是恩惠。"

孔子认为君子有高尚的道德，他们胸怀远大，视野开阔，考虑的是国家和社会的事情；而小人则只知道思恋乡土、小恩小惠，考虑的只有个人和家庭的生计。这是君子与小人之间的区别。

【故事】

大禹的爱国爱民精神

古代报国思想准确说应该始于夏代，因为从禹建立了夏王朝以后，人们才有了“国家”的概念。禹在建国过程中所体现出来的爱国爱民精神，成为中华民族的精忠报国思想的源头。

那是在帝尧时期，中原洪水为灾，百姓愁苦不堪。鲧受命治理水患，他用堵截的办法治水，用了9年时间，结果洪水未平。舜巡视天下，发现一点成绩也没有，就命鲧的儿子禹继任治水之事。

禹接受任务后，立即与百官商议对策。他亲自翻山越岭，淌河过川，拿着绳墨标杆等工具，进行实地勘察，测度地形的高低，树立规划水道。

禹穿着破烂的衣服，吃粗劣的食物，住简陋的席篷，每天亲自手持耒锸，带头干最苦最累的活。几年下来，他的腿上和胳膊上的汗毛都脱光了，手掌和脚掌结了厚厚的老茧，躯体干枯，脸庞黧黑。老百

姓见了无不心痛流泪。至今嵩山一带还流传着许多大禹治水的动人故事。

传说，禹治水时，要在介于太室山和少室山之间的轩辕山打出一条疏洪泄流的通道。为了加快挖山的速度，他化为一头神力无比的大黑熊，连推带扒，很快就把山挖掉了大半。尽管民间传说具有神化色彩，但由此也可见禹为治水患而付出的艰辛和牺牲。

禹为了治水，费尽脑筋，不怕劳苦，从来不敢休息。他路过家门口，听到妻子生产，儿子呱呱坠地的声音，都咬着牙没有进家门。第三次经过的时候，他的儿子启正抱在母亲怀里，他已经懂得叫爸爸，挥动小手，和禹打招呼。禹只是向妻儿挥了挥手，表示自己看到他们了，还是没有停下来。

禹鉴于前辈治水无功主要是没有根据水流规律因势利导，而只采用筑堤截堵的办法，一旦洪水冲垮堤坝便前功尽弃的教训，大胆改用疏导和堰塞相结合的新办法。这就是顺天地自然，高的培土，低的疏浚，成沟河，除壅塞，开山凿渠，疏通水道。

经过 13 年的努力，禹带领人们开辟了无数的山，疏浚了无数的河，修筑了无数的堤坝，使天下的河川都流向大海，终于治水成功，根治了水患。

洪水刚刚退去，一块块平原露出水面，他带领人们在田间修起条条沟渠，引水灌溉，种植粟、黍、豆、麻等农作物，还教人们在地势低洼的地方种植水稻，使农业生产也取得了进步。

禹勤奋地为万民谋利，在天下的威望达到顶点。万民称颂说："如果没有禹，我们早就变成鱼鳖了，也早就饿死了！"

帝舜称赞禹，正式禅位于禹。禹在诸侯的拥戴下，以安邑为都城，国号夏。当了部落联盟首领的禹更加热爱自己的国家，为夏王朝的长远发展制订了许多新措施。

禹曾在治水的过程中走遍天下，对各地的地形、习俗、物产都了如指掌。于是，他把全国分为 9 个州，即冀州、兖州、青州、徐州、扬州、荆州、豫州、梁州和雍州。

禹还规定了五服制：帝畿以外五百里的地区叫“甸服”，再外五百里叫“侯服”，再外五百里叫“绥服”，再外五百里叫“要服”，最外五百里叫“荒服”。甸、侯、绥三服，进纳不同的物品或负担不同的劳务。要服，不纳物服役，只要求接受管教，遵守法制政令。荒服，则根据其习俗进行管理，不强制推行政教。

禹为了管理国家还到南方巡视，在涂山约请诸侯相会。涂山位于现在的安徽蚌埠市西。为纪念这次涂山盛会，把各方诸侯部落酋长们送来的青铜铸成九鼎，象征统一天下九州，成为夏王朝之象征。

禹还在视察少数民族地区时，沿途向当地人询问习俗，鼓励农耕，告其农时，播种五谷，教育部族酋长们讲礼仪，知法度，不以强凌弱，和睦相处。同时又宣布，若有不听教化者，要以兵征讨，决不客气。

禹关心百姓的疾苦。他看见穷人把孩子卖了，就把孩子赎了回来；见到有的百姓没有吃的，就让随从把仅有的粮食分给百姓。

有一次，他出门看见一个罪人，竟下车问候并哭了起来。随从说：“罪人干了坏事，你何必可怜他！”

禹说：“尧舜的时候，人们都和尧舜同心同德。现在我当天子，人心却各不相同，我怎能不痛心？”

禹成功治水，建立夏王朝，热爱自己的国家，爱戴天下万民。对于大禹的爱国爱民精神，后人总结出以下几个方面：

一是公而忘私、勤政为民的奉献精神。大禹受命统率全国治水事务，始终以为民造福为己任。大禹 13 年在外，三过家门而不入，是公而忘私执政为民的代名词。

二是革故鼎新、务实求真的科学精神。禹认真总结前人治水教训，组织了全国性的大地测量，精研山水地理，虚心学习各地治水经验，终于提出了改革古道、因势利导的治水方略。

三是艰苦奋斗、坚忍不拔的创业精神。大禹为了治水伟业，吃粗茶淡饭，穿破旧衣服，住简陋房屋。正是他这种身先士卒、艰苦奋斗、坚韧不拔的创业精神，成就了我国历史上第一个人类战胜自然的典范。

四是和谐发展、依法治国的民本精神。大禹在带领人民治理洪患

的艰苦历程中，最广泛地接触了人民，最深切地了解了民情，最真切地感受到了人民群众的伟大力量，形成了以“敬民、养民、教民、护民”为主要内容的“民本”思想。

五是谦虚谨慎、廉洁奉公的自律精神。舜评价大禹说：“成治水之功，行声教之言，成就最大。勤劳于国，尽力沟洫；节俭于家，卑宫菲食。谦恭而不自满，可谓贤才之最。备受赞美而不骄，天下无人敢与之争能；不尚征伐而战绩斐然，天下无人能与争功。”

大禹的爱国爱民精神是中华民族的宝贵财富，几千年来，不断被炎黄子孙发扬光大，使大禹精神超越了时代的界限，升华为整个中华民族的精神。

伊尹的济难报国之志

大禹建立的夏王朝到了桀期间，由于夏桀昏庸傲慢，不得民心，那些受尽欺压的平民百姓指着太阳咒骂他：“你几时灭亡，我们情愿跟你一道灭亡！”桀的大臣们也都盼望夏朝早点灭亡。

这些都被汤看在眼里。汤又叫“太乙”，他是夏王朝在黄河下游的一个属国商国的首领。汤见夏桀腐败残暴，就决心与他争夺天下。

汤一天到晚总考虑怎样推翻桀的计划，一日三餐，马马虎虎，并不留心饭菜质量怎么样。这种情况，早被细心的厨师伊尹看到了。

伊尹出身低微，养父是有莘国厨师。伊尹聪明好学，很有才干，终于学得一身好手艺成为一位名厨。伊尹的烹饪技术十分高超，尤其

是擅长精制味美的汤，达到了出神入化的境界，名传四方。

喜爱喝汤的商汤听说后，就派人向伊尹的主人莘氏索要伊尹，遭到了拒绝。商汤不死心，为得到伊尹，不惜向莘国公主求婚，以迎娶不美貌的公主为代价。莘氏答应了，而且让伊尹做女儿的陪嫁物。

伊尹佩服有大志的人，他听说汤有远大志向，高兴坏了，立刻背着烹调用的“玉鼎”和“砧板”跟着去了。从这时起，伊尹就已经不再满足于为国君做那可口的饭菜与酒肴，他更有一颗在政治上的忠君报国之心。

事实上，在伊尹的心目中，经常考虑的是整个国家普天之下的人民的生存状况及命运问题，他认为在商汤管理的范围内，只要还有一个男子或是妇女，没有受到尧舜之道的恩泽的话，就如自己把他们推进沟壑中一样。他把天下个别人的疾苦，视为整个国家人民的疾苦，把天下人民的灾难，视为自己没有尽到拯救的责任。

正因为伊尹有如此广阔的胸襟，强烈的济天下之难的责任心，所以才建议汤踏上了伐夏救民，灭夏兴商的革命大道，而他本人也投身于这场壮丽的事业中。

伊尹知道汤总是惦记着推翻桀的大事。他看在眼里，急在心上，总想找个机会和汤谈一谈自己对这事的看法。于是想出了一个办法来吸引汤的注意，这一次故意把饭菜做得特别咸，下一次又故意不放盐。

汤感到饭菜不顺口，不对味，就叫过伊尹说：“你最近做的菜，不是咸，就是淡，是为什么呢？”

伊尹说：“大王，这是我在试探您还知道滋味不知道。从今天起，我一定把饭菜做好。不然，大王杀我的头！”

从那以后，伊尹做的饭菜咸淡适度香甜可口，味道很合汤的胃口。汤非常满意，又把伊尹找来说：“看来，你的进步很大，做菜的本事果然不凡。”

伊尹连忙借题发挥，有所指地说：“大王，这并没有什么值得夸奖的。菜不能太咸，也不能太淡，只要把佐料搭配好，吃起来自然有味。这和您治理国家是一个道理，既不能无所作为，也不能急于求成。只

有掌握好分寸关节，才能把事情办好。”

汤听了连连点头，心想：“谁能知道，在我的厨房里竟有这样一位难得的人才！”于是，汤立即宣布解除伊尹的奴隶身份，让他做了大臣。

伊尹心怀感激地对汤说：“大丈夫生于天地之间，济世安民，忠君报国，乃是男儿所为。”

从此以后，伊尹尽心尽力为汤出谋划策，逐渐成为汤的主要助手。有一天，伊尹向汤建议，鉴于夏桀昏庸残暴，不要再向夏送贡品了。同时，他还建议汤控制一些小国，使他们归附汤。汤采纳了这一计划。

桀不甘心自己的势力范围缩小，就以商国没有进贡为借口，联合起九夷族的力量，气势汹汹地讨伐商国。汤听到这个消息，对伊尹说：“现在桀找上门来打仗，我们打还是不打呢？”

伊尹沉思了片刻，然后说：“桀这次集中了九夷族的兵力，说明他还有一些战斗力，我看不如避其锋芒，先恢复向夏进贡等以后有机会再说。”

汤立刻派人把贡品送到桀的军营。

桀见了堆积如山的财宝，十分得意，笑着对手下人说：“看来，汤还是怕我的呀！”于是，桀带着贡品满载而归收兵回国了。

第二年，商国又不向夏进贡了。桀暴跳如雷，发号施令，集合本国一些军队，觉得不一定能打败商汤，于是想再次召集九夷族一起去讨伐商国。可是，九夷族也逐渐看到了夏桀的种种昏庸表现，已经不愿意为夏朝出兵卖命了。

这时，在夏桀的附属国中，真正能听桀调遣的只剩下昆吾国这一个了。伊尹与商汤分析了这一形势。汤对大臣们说：“服从桀的人越来越少，我们只要打败他的最后一个帮手昆吾国，夏亡的日子就不远了。”于是，汤和伊尹率领商国军队北上，迅速打败了昆吾国，消灭了桀的最后一支外围力量。

桀恼羞成怒，带兵倾巢出动与汤决战。商军以逸待劳，早已等候

在鸣条这个地方。

伊尹和汤鼓励将士们奋勇杀敌，振奋精神。汤传下法令说：“桀做尽了坏事，我们要去讨伐他，大家要听从命令。对杀敌立功的，我要给予重赏，决不食言；对不服从命令的，我也绝不客气！”

将士们下定死战的决心。交战这一天，天刚亮商军就冲了过去，势不可挡，将士们非常勇猛。夏桀的队伍有一部分赶紧逃命，大多数投降了商军。汤乘胜追击，把夏桀赶进安徽南巢山中。夏桀困于山中，由于没有援兵，当地的百姓也痛恨他，最后饿死在南巢山里。

汤率领军队攻入了夏朝的国部，夏灭亡了，汤建立了商王朝，并定都于亳，成为我国历史上第二个王朝。商汤废除了夏的政令，并作《汤诰》告诫诸侯要敬畏上天，修行德政，为民谋利。

伊尹作战勇敢，智慧超群，为汤开国创业立下不少功劳，他由一名当厨师的奴隶，一直成为辅助国君的大臣，后来当上了右丞相。因此，伊尹深受国王的赏识和人民的爱戴。

胸怀报国之心的伊尹不仅辅佐成王开创了商王朝，后来又辅佐成汤的儿子大丁、外丙、仲壬和成汤之孙太甲，为三朝功臣，他主持建造了偃师商城，规范了甲骨文，提出“以德治国”、“任人唯贤”等立国大计，被历代尊为贤相，称“中华第一名相”。

孔子爱国思想的实践

如果说伊尹具有强烈的济天下之难的责任心，那么生活于春秋时期的鲁国的孔子，则在以仁义为灵魂，以天下为己任，济世救民的价值观支配下，在治国方面提出了自己的“仁治”、“礼治”主张。他的这一思想主张，成为当时及后世知识分子报国捐躯的行为准则。

那是在鲁昭公管理国家的时候，鲁国发生了内乱，鲁昭公被迫出逃。孔子也离开鲁国来到齐国，做了齐国执政大夫高昭子的家臣。

有一次，高昭子把孔子推荐给齐景公。齐景公问孔子国君应该如

何施行国家政事，孔子回答说："国君在施行国家政事时，首先是做国君的要像个国君，做臣子的要像个臣子；做父亲的要像个父亲，做儿子的要个儿子。"

齐景公又问施政原则是什么，孔子回答说："施政最重要的是控制支出，节省财力。"

从此以后，齐景公常常与孔子一起谈论政事，时常约孔子同去郊外打猎，感觉和孔子在一起如沐春风。由于相处日久，教益日深，还给孔子提高了待遇。

有一年春夏两季，齐国滴雨未下，农作物颗粒无收。孔子日夜牵挂灾民，但自己身居客地，也没有办法救济他们。齐景公更是为此心急如焚，要前来向先生请教解救的良方。

孔子说："您如此怜惜百姓，仲尼实为敬服，这也是齐国百姓有福，能遇上这样一位仁德的君主。民为立国之本，一个国君能爱惜百姓，这个国家必能兴盛，就是遇到再大的困难，也是可能战胜的。"

齐景公又问用什么办法来赈济灾民为好，孔子说："过去尧帝时发生过9年水灾，商汤有7年旱灾。水旱灾荒，古代圣明帝王在位，也是无法避免的。尧舜时代，常常遭遇水灾，后来经过大禹治水13年，水灾才慢慢减少了。丘认为最好的赈济办法首先就是免除百姓的苦役，开仓放粮，赈济灾民，然后向丰收的邻国买粮食，并半价转卖给饥民，

这叫平粜。最重要的是水旱灾荒必须常年预防，不可临渴掘井。”

齐景公担心杯水车薪解决不了问题，孔子说：“丘的想法，就请国君劝导那些富足的官家，每户拿出数十石，就可以救活一批灾民。”

齐景公于是决定召集大夫出粮赈灾，孔子又说：“开仓放赈，容易被一些昧着良心的人从中作弊，即使国君拿出了粮食，饥民所得无几，因此必须选派贤德的大夫去做才是！”

就这样，齐国上下都投入了赈济灾民的热潮之中。孔子因此在齐国百姓中享有盛誉。

孔子主张用“仁爱”的方式治理天下，在齐国施教的影响越来越大，但一些大臣嫉妒孔子之心也日渐强烈，一次又一次地在齐景公面前贬低孔子。由于坏话说得太多，齐景公的态度也慢慢转变了。

这一天，孔子的弟子南宫适差人送来书信，信中介绍了鲁国政治已趋稳定的情况。孔子阅信后，更有归国之意，就对弟子子路说：“我离开鲁国已是数年，鲁国毕竟是父母之邦啊！”

于是，孔子启程归国，时年 38 岁。

当时的鲁国，政权实际掌握在大夫的家臣手中，被称为“陪臣执国政”，因此孔子虽有过两次从政机会，却都放弃了。直至公元前 501 年，孔子被任命为中都宰，此时的孔子已经 51 岁了。

在中都宰的位上，孔子与他的弟子们做了很多的事情，卓有成效。有一次，鲁定公问孔子，能不能用治理中都的办法治理鲁国，孔子回答得相当有信心：“用我的方法治理天下都可以，何况只是一个鲁国呢？”

于是，一年之后，孔子便被另任为司空，接着再任为大司寇。这样，孔子参与政治的抱负终于实现了。

孔子在任司寇时，强调“仁治”“礼治”的教化作用，反对滥施刑罚。比如，有一次在处理父子诉讼案时，面对父亲告儿子不孝、儿子告父亲打人的控告，问清情况的孔子并没有立即判谁的罪，而是把他们监管起来让他们各自反省。等到都想通了并且各自找到了自己的不对之处，孔子竟然把他们全部释放，结果是自此父慈子孝，连个口

角也不再发生。

当时的当政者季桓子对此提出批评，认为孔子是背离以孝治民的道路。但是孔子仍然坚持自己的做法，认为为政者要做表率，反对不教而诛，主张不杀无辜、不滥施刑罚。

还是在孔子的司寇任上，有一次从衙署下班回家，路上听到了马厩失火的消息。他首先关心和问及的，是人有没有受伤，而没有问及马匹及财产的损失情况。

虽然这只是一件不大被人注意的小事，却也反映着孔子内心深处的“仁爱”的思想，体现了对于人的重视，而且危急时刻，更能够看出人的根底的善恶。

作为全权负责公检法的官员，处理案件，审判官司，当然是他的首要任务。在完成这一任务的时候，他一改以往由贵族官吏根据惯例专断判决的习惯，而是从“仁”的精神出发，将民主的东西引进诉讼。将凡与案件有关的人员找来谈话，一一问询他们的意见，然后他再根据大家的意见做出分析，做出正确的判断。

孔子也注重诚信。据《论语·颜渊》记载，有一次孔子弟子子贡问老师说：“如果迫不得已必须要从粮食、军队与武器、百姓的信任三项中去掉一项，那么去掉哪项合适呢？”

孔子坚定地回答：“去掉军队与武器。”

“在粮食与百姓的信任二者中去掉一项，去掉哪一项？”孔子回答：“去掉粮食。”

孔子的这个回答很经典，以至于成为后世朝廷共同标榜的原则：没有粮食不过饿死，但如果人民对朝廷失去了信心，国家是立不起来的，也就会完了。

在为官方面，孔子为古代的知识分子带了一个好头，那就是有原则、有思想，真做官、做好官，而且是认真做官。

公元前500年夏天，孔子陪同鲁定公参加了齐、鲁两国夹谷之会。这是他政治生涯中最为光彩的一页，集中体现了他的“礼治”思想的精髓。

在盟会上，齐国大夫犁弥鼓动齐景公用武力劫持鲁定公。孔子带着鲁定公往后退，并命令随从道：“士兵们，快拿起武器冲上去！”

孔子转头对齐景公说：“两国国君友好会见，而华夏之地以外的夷人俘虏却用武力来捣乱，这不是齐国国君命令诸侯会合的本意。华夏以外的人不得图谋中原，夷人不得触犯盟会，武力不能逼迫友好。这样做对神灵是不吉祥的，对德行也是伤害，对人却是丧失礼仪，国君一定不会这样做。”

齐景公听了孔子这番话后，急忙叫劫持鲁定公的人避开。

即将举行盟誓时，齐国人在盟书上加上了这样的话：“一旦齐国军队出境作战，鲁国如果不派 300 辆兵车跟随我们，就按此盟誓惩罚。”

孔子作揖回答说：“如果你们不归还我们汶水北岸的土地，却要让我们供给齐国的所需，也要按盟约惩罚。”

齐景公准备设享礼款待鲁定公。享礼是当时使臣向朝聘国的君主进献礼物的仪式。

孔子对齐国大夫梁丘据说：“齐国和鲁国从前的典礼制度，您怎么没听说过呢？盟会的事已经结束了，而又没有设享礼款待，这是让办事人辛苦了。再说牺尊和象尊不出国门，钟磬不能野外合奏设享礼而全部具备牺象钟磬，这是抛弃了礼仪；如果这些东西不备齐，那就像用秕稗来款待，是国君的耻辱；抛弃礼仪则名声不好。您为什么不好好考虑一下呢？享礼是用来发扬光大德行的。不能发扬光大，还不如不举行。”

最后，齐景公只好打消举行享礼的想法。夹谷之会以后，鲁国的地位有所提高，孔子的影响也有所扩大。

孔子 56 岁那年，又由大司寇，代理相国职务。他参与国政仅仅 3 个月，鲁国的风俗就大大变了样。孔子的事业和影响越来越大。

孔子的成就使齐景公感到害怕，齐景公特地挑了 80 名美貌的女子，让她们穿上华丽的衣服，教她们学会舞蹈，加上 120 匹骏马，一起送给鲁定公，以腐蚀他的意志。这一计果然奏效，鲁定公沉湎于娱乐之中，不再过问政事了。

孔子的学生子路见到这种情况，便对孔子说。“老师，我们可以离开这里了吧！”

孔子一直对自己国家有着深深的爱，即使是在“礼崩乐坏”的现实面前他心里还抱有最后一线希望。于是回答说：“鲁国现在就要在郊外祭祀，如果能按照礼法把典礼后的烤肉分给大夫们，那我还可以留下不走。”

结果，鲁定公违背常礼，没把烤肉分给大夫们。孔子深感在这种“礼崩乐坏”的情况下，政治抱负难以实现，于是辞去职务，带领一批弟子，踏上了周游列国的旅途。

孔子和他的弟子们先后到过卫、宋、郑、陈、蔡、楚等国，本想宣传自己的政治主张，说服各诸侯国的当政者实行礼治仁治，然而终无一国接受，最后返回鲁国。

孔子返回鲁国后不再求仕，把自己的全部心血用在了文化教育上。他努力搜集整理国家历史上的文化典籍，删《诗》《书》，定《礼》《乐》，修《春秋》，作《易传》。这些文献，不仅在我国，而且在世界上都是十分难得的文化瑰宝。

孔子晚年时期的最高理想称之为“大同”。在大同的世界里，天下没有欺诈，没有盗贼，路不拾遗，夜不闭户，人人讲信修睦，选贤举能，大道之行，天下为公。老有所终，壮有所用，孩子们都能获得温暖与关怀，孤独的人与残疾者都有所依靠，男人各自有自己的事情，女人有满意的归宿。

孔子“仁治”“礼治”的思想与实践，在历史上占有重要地位，并对后世产生了深远的影响。它与“大禹精神”一起，成为中华民族精忠报国精神的源泉，激励着一代又一代中华民族的优秀儿女为人民的福祉、国家的强盛而努力奋斗。

寇母遗训寇準知错

寇準是北宋政治家、诗人。他出身于书香门第，他的父亲寇相学

问非常好，曾在一个贵族府第做秘书一类的小官。寇準出生后不久，父亲就去世了，因此家境贫寒，但寇母十分重视寇準的学习。少年时的寇準，聪明好学，从书本上学得许多知识和道理。

母子生活全靠母亲织布为主，寇母常常在深夜一边纺纱一边教寇準读书，督导寇準苦学成材。后来，寇準进京应试，得中进士。喜讯传到家乡，寇準的母亲已身患重病，临终时，她将亲手画的一幅画交给家人说：“寇準日后必定做官，如果他有错处，你就把这幅画给他！”

后来，寇準做了宰相，为庆贺自己的生日，大摆寿筵，准备宴请群僚。家人认为时机已到，便把寇母的画交给他。寇準展开一看，见是一幅《寒窗课子图》，画幅上面写着一首诗：

孤灯课读苦含辛，望尔修身为万民；

勤俭家风慈母训，他年富贵莫忘贫。

这原来是母亲的遗训，寇準再三拜读，不觉泪如泉涌。于是立即撤去寿筵。从此以后，寇準洁身爱民，秉公无私，成为宋朝有名的贤相。

小司马迁玑珠满腹

司马迁，陕西韩城人，生于公元前 145 年，是西汉伟大的史学家、文学家和思想家。他用毕生的精力给后人留下了历史巨著《史记》。4 岁进书院，7 岁能把 145 篇《国风》倒背如流。

司马迁家是史官世家，父亲司马谈在司马书院教书，4 岁的司马迁已是书院的学生。一天，司马谈授完课后，想考查一下学生的学习效果，于是，便叫王聪背诵《诗经 · 唐风》中的《蟋蟀》一文。

王聪开始背诵：“蟋蟀在堂，岁聿其莫。今我不乐……”下面想不起来，便用胳膊碰了碰同位的司马迁，司马迁会意，小声告诉王聪：

“日月其除。”王聪接着背：“日月其余。”司马迁碰了碰王聪说道：“不对，是日月其除，不是日月其余。”王聪接着背：“日月其除。无已大康，职思其居。好乐……”下面又背不出来，又用胳膊碰了碰司马迁。

司马迁小声告诉他：“好乐无荒，良士瞿瞿。”

王聪接着背：“好乐无荒，良士瞿瞿。”

两人的小动作被眯着眼的司马谈发现。

于是便说：“王聪，学习本是一件苦差事，不下苦功，怎能学到知识？不会就是不会，不能弄虚作假，知道了吗？”

王聪低头说：“知道了。”

司马谈接着说：“知错就改才会有进步。你要认真刻苦，明天还要叫你背，坐下吧。”

司马谈将目光转向司马迁，厉声说道：“你全都会背了，是不是？来，从头到尾，将学过的这5首诗给我全背出来！若背错一个字，看我怎么处置你！”

司马迁站起来开始背诵，背完之后又继续背另一首：“蒹葭苍苍，白露为霜。所谓伊人，在水一方。”

司马谈听他背的这一首还未学过，便说：“好了！好了！你怎么将未学过的这一首也背出来了？”

司马迁回答：“您不是常说饱学方能为士吗？”

司马谈内心欢喜，却绷着脸说：“好了，好了，今后上课不准多话！”

司马迁年幼好学，不但勤奋，而且聪明绝顶，远近都知司马谈的儿子司马迁是史官世家后代，从小就玑珠满腹。

一次，外祖父杨鼎带年仅7岁的司马迁出席乡间文人的文学聚会，席间，一位40岁左右的儒士杜明把司马迁叫到眼前问：“你今年7岁，对吧？”

司马迁回答：“是呀！”

杜明又说：“听人讲，你能把145首《国风》全部背出来，这是真的吗？”

司马迁落落大方地说："那还有假。"

杜明想当场验试，便说："那能不能请你来背给我们大家听听？"

司马迁干脆地说："当然可以。但不知杜先生是要我顺背还是倒背？"

司马迁语出惊人，在场之人无不愕然。周围的文人学士也都慢慢地靠拢过来，把这张桌子围得水泄不通。

司马迁却不慌不忙地站到一把椅子上，非常熟练地倒背起来："第145首，七月流火，八月授衣，一之日觱发，二之日栗烈。无衣无褐，何以卒岁？……"

司马迁声调抑扬顿挫，周围文人不由啧啧称道："嗯，真有水平！"

司马迁越背越有劲，145首《国风》在众人的掌声中全部倒背下来，众人无不惊呼："奇才！奇才！"

从此以后，司马迁更加努力学习，10岁时，便随父去了京都长安。在严父的教导下，他遍读史书，又在父亲的熏陶下，立志做一名历史学家。

长大后，司马迁遍游祖国各地，了解了各地历史和风土人情，这为日后编写史书提供了充足的史料。

做太史令后，他常随皇帝在全国巡游，搜集了大量的历史资料。他还遍读宫廷藏书，最后运用所学及掌握的大量史料，历时10年编写了历史巨著《史记》。

《史记》共120篇，约50万字，记述了从黄帝到汉武帝3000年的历史，被鲁迅称为"史学之绝唱，无韵之离骚。"对后世史学和文学有深远的影响。

不患无位

子曰："放[①]于利而行，多怨[②]。"

子曰："能以礼让为国乎？何有[③]？不能以礼让为国，如礼何[④]？"

子曰："不患无位，患所以立[⑤]。不患莫[⑥]己知，求为可知也。"

【注释】

①放：同仿，引申为追求。

②怨：别人的怨恨。

③何有：全意为"何难之有"。

④如礼何：把礼怎么办？

⑤立：立身的才学。

⑥莫：没有人。

【解释】

孔子说："为追求个人利益而行动，就会招致很多的怨恨。"

孔子说："能够用礼让原则来治理国家，那还有什么困难呢？不能用礼让原则来治理国家，还要礼干什么？"

孔子说："不担忧没有职位，只担忧没有能够胜任职位的本领；不怕没有人知道自己，去追求足以使别人知道自己的本领好了。"

这是孔子和学生经常谈论的问题，是他立身处世的基本态度。孔子希望他的学生必须首先立足于自身的学问、修养、才能的培养，具备足以胜任官职的各方面素质。

【故事】

孔子首倡重义轻利

见利思义，是中华民族的重要传统美德。“见利思义”，出自《论语·宪问》：“见利思义，见危授命，久要不忘平生之言，亦可以为成人矣。”意思是说：见到财货利益能想起道义，危亡关头不惜献出生命，长久处于困境而不忘记平生的诺言，就可以算是正人君子了。

由于孔子“见利思义”的道德观点，恰当地处理、准确地概括了义与利这一社会生活伦理的本质关系，所以，被后世奉为基本道德规范，传承至今。

孔子，春秋时期鲁国陬邑人，陬邑就是现在的山东曲阜市南辛镇。孔子是古代的大思想家和大教育家、政治理论家，儒家学派的创始人。在先秦思想家中，孔子是第一个提出重义轻利、先义后利主张的人，提倡“不义毋利、见利思义、义中取利”。这是孔子义利思想的基调和主流。

孔子提倡“不义毋利”。他说：“只要粗茶淡饭，喝喝白开水，弯起膀子当枕头，酣睡一觉，人生也会快乐无穷；不符合道义的富贵对

于我来说，就像天上的浮云。”

孔子是这样说的，也是这样做的。他是当时的大学问家，也有很强的理政能力。按理说，他这样的水平，做一国宰相之类的官员，求得一些名利地位是不成问题的。但他坚持自己的信仰和做人的原则。

孔子自20多岁起，就对天下大事非常关注，经常思考治理国家的诸多问题，也常发表一些见解，到30岁时，已有些名气。

公元前501年，孔子被鲁定公姬宋任命为中都宰。中都就是现在的山东汶上县。孔子治理中都一年，卓有政绩，被升为小司空，不久又升为大司寇，主掌司法大权，同时兼理百官，鲁国大治。

春秋时期社会动荡，周王室的典章制度受到冲击。鲁国是周王朝的同姓诸侯国，鲁定公在变革的社会形势下，不思进取，受佞臣蛊惑，多日不理朝政，又在祭祀时违背常规，致使臣民生怨。这与孔子的信仰和做人原则大相径庭，孔子非常失望。

面对“礼崩乐坏”的局面，孔子为了坚守心中恢复周礼这个“义”，辞去大司寇之职这个“利”，离开鲁国，开始了周游列国的旅程。

孔子提倡“见利思义”，并把它作为一个人成熟的首要条件。孔子要求，看见对自己有利的事，能多考虑一下义的方面。“义”就是看看这个“利”是不是合情、合理、合法。

有一次，孔子的弟子子路看见一个孩子掉进水里，他没有思考及多问，就纵身跃进水里，救上了孩子。孩子的父亲很感谢子路，就送了子路一头牛，以表示感激之情。

在当时，牛是人们用于耕作的主要畜力，价格是很贵的。人们听说了这件事，有人说子路贪心。孔子了解了事情的经过后认为，子路在救人前并没有想到会有一头牛的奖赏，只是对于奖赏的结果，他高兴地接受了。子路所得之“利”，是合情、合理、合法的。

因此，孔子称赞子路说：“你这样做是对的，不是贪心。你的做法能激励更多的人去救那些处于困境的人，而解救他人，理所应当得到报偿。”

孔子之所以表扬子路，前提是子路救人不是为了牛，而是救人在先，受牛在后，认为他应该得到这种品德和物质方面的双重表彰。这就是说，富贵和名利地位，必须要靠诚实劳动和光明正大去获得。如果不可求，则安分守己、安贫乐道，做好自己应该做好的工作，过好自己应该过的生活。

由此可见，“见利思义”既有精神的，也有物质的，并可以引导人们见义勇为，从而在全社会形成一种良好的风气。这是孔子“见利思义”思想的核心价值所在。

孔子并非一概反对富贵和名利，只不过是希望通过正当的渠道去获得。这就是他的“义中取利”观点。

春秋时期，鲁国制订了一条法律，如果鲁国人在外国看见自己的同胞被卖为奴婢，只要他们肯出钱把人赎回来，那么回到鲁国后，国家就会给他们以赔偿。这条法律执行了很多年，很多流落他乡的鲁国人因此得救，因此得以重返故国。

孔子有一个弟子叫子贡，他是一个很有钱的商人。他情愿自己出钱，从国外赎回来很多鲁国人，却拒绝国家的赔偿，没有到朝廷部门去报销。因为他自认为不需要这笔钱，为国分担赎人的负累。

孔子知道了这件事，却很不高兴，说子贡此举伤天害理，祸害了无数落难的鲁国同胞。他指责子贡说：“你这样做，人们就不会去赎回奴隶了！”

接着，孔子给子贡讲其中的道理：世上万事，不过义、利两字而已，鲁国原先的法律，所求的不过是人们心中的一个“义”字，只要大家看见落难的同胞时能生出恻隐之心，不怕麻烦去赎这个人，去把同胞带回国，那他就可以完成一件善举。

而事后国家会给他补偿，目的就是让这个行善举的人不会受到损失，而且能够因为他心中的“义”而得到大家的赞扬，长此以往，愿意做善事的人就会越来越多。所以这条法律是善法。

孔子认为，子贡的做法虽然也是做了好事，但却没有按政策办，到国库去报销赎奴的钱，人们虽然夸他做好事不留名，但客观上没有

将这种美德发扬光大，不能让人看到这种好的行为并有一个好的结果。往后那些赎人之后去向国家要钱的人，不但可能再也得不到大家的称赞，甚至可能会被国人嘲笑，责问他们为什么不能像你一样为国分忧。

最后，孔子对子贡说："你的赎人之举，是公民的一种义务，没有必要遮遮掩掩地怕人议论，不去领取该得的奖励。这种做法是把'义'和'利'对立起来了，所以不但不是善事，反倒是最可恶的恶行。"

孔子的一番精辟论述，子贡听了如醍醐灌顶，茅塞顿开，不但深刻地认识到了自己的错误，也对什么是"义"，什么是"利"，有了更清醒的理解。他更加佩服老师的才学了。

这件事说明，孔子是赞成善举得到酬报，不让行善之人蒙受损失的。

对于"义"和"利"，孔子认为两者是统一的，是不可分割的有机整体，正是由于符合道义，所以人们才能获得长久的利，正是由于存在着利益，所以人们才能做更多符合道义的事。正是把利与义相互结合，社会才会更和谐，国家才能长治久安。

后世的人们基于孔子的义利思想，把一切有利于国家发展、民族复兴、社会和谐、人民幸福的政策、法律、道德原则，都归为"义理"，维护这样的"义理"的行为，都属于"义举"；反之，则属于不义之理和不义之举。

由此可见，孔子的义利思想，无疑是一种相当高尚的道德思想，具有开启先河的重要历史作用。对古代良好的国民风气的形成，知识分子的人格塑造，以及良好的社会经济秩序的建立，都产生了积极而深远的影响。

孟子提倡舍生取义

继孔子之后，孟子继承和发扬了孔子的义利思想，并对儒家思想的发展做作出了巨大贡献，被后世的人们尊为"亚圣"。

孟子，邹国人，即现在的山东省邹城。战国时期伟大的思想家、教育家、政治家、文学家、雄辩家。儒家的主要代表之一。曾受业于孔子的嫡孙子思。是子思的弟子。

孟子特别推重"义"。他在《鱼我所欲也》开篇即用一个比喻，表述了他"舍生取义"的思想："鱼，我所欲也；熊掌，亦我所欲也。两者不可得兼，舍鱼而取熊掌者也。生，亦我所欲也；义，亦我所欲也。二者不可得兼，舍生而取义者也。"

意思是说：鱼是我想要的，熊掌也是我想要的，如果这两者不能同时都得到，那么，我会舍掉鱼而选择熊掌了。生命是我想要的，大义也是我想要的，如果两者不能同时得到，我就舍弃生命，而选择大义。

显然，在生命与"义"的天平上，孟子是向"义"倾斜的，甘愿"舍生取义"。

孟子主张"舍生取义"，不是因为他认为生命不重要，而是因为他认为世间有比生命更重要的东西，这就是"义"。他曾经说道：

> 有比生命更重要更值得倾情更值得献身的，我就会放弃生命；有比死亡更可恶更令人痛恨更令人恶心的，我就会选择死亡。

可见孟子把"义"看得太重要了。

孟子的"义"是什么呢？他打了一个比喻："一箪食，一豆羹，得之则生，弗得则死，呼尔而与之，行道之人弗受；蹴尔而与之，乞人

不屑也。”

意思是说：一筒饭，一碗汤，得到它就能活下来，得不到就会死去，如果有人不顾你的尊严有辱人格地呼唤你给你吃，即使是行路饿极了的人也不会接受的；有人用脚踢你踹你再给你饭吃，你就是讨饭的，这样的食物你也会拒绝。

“义”是和人格尊严一样的东西，或是比人格尊严更重要的东西。这是每个人都应该追求的大义。而对于执政者来说，义就是仁义治国。在治国方面，执政者更应该重义轻利。

孟子为了推行仁义治国的主张，他奔波于各国，“以身任天下”的大义之志，向世人展现了“宠不惊而辱不屈”“生死当前而不变”的仁义情怀。

孟子曾经到中原大梁的魏国推销自己的仁政主张。魏惠王跪在案子后面，两鬓斑白，问孟子道：“老先生，你不远千里而来，一定是有什么对我的国家有利的高见吧？”

当时的魏惠王并没有认识到自己穷兵黩武的错误，没有认识到国君的责任首要在于“敬天保民”、富民教民。孟子勇敢地、超前地主张“民为贵，社稷次之，君为轻”，对于魏惠王的做法自然反感。

孟子大义在胸，是个敢于横眉冷对的人。所以当即斥责魏惠王说：“你们天天嚷嚷着利，却不谈义！”

魏惠王见孟子不许讲利，就发牢骚说：“即使讲义，那么我治理国，也算讲义的。黄河以南发生饥荒，我就把灾民移于黄河以东，这不是义吗？当黄河以东发生饥荒，我也是如此。我调剂粮食，迁移灾民等，邻国的政治，还不如我呢！”

孟子说：“您这是五十步笑百步啊！您和您的邻国都不怎么样。关键是你没有仁政。只有仁者，才能无敌于天下！”

魏惠王也来了精神，说：“请先生教诲。”

孟子给魏惠王提出3条建议：第一是“不违农时”；第二是“不要用细密的渔网在池塘里捕捞小鱼，这样才会有更多的鱼”；第三是“可以在一定的时间内砍伐林木，但不要乱砍滥伐”。

在这三条中，第一条是要求遵照和利用自然规律以发展生产，不在农忙时征兵打仗，也不搞长官意志瞎指挥扰乱生产；第二第三条反对竭泽而渔、乱砍滥伐，是要求合理使用资源，保护生态环境，是要走一条促进民丰国富的“可持续发展”的道路。

此外，孟子还提出其他具体办法，比如：在5亩的宅基地旁边种上桑，50岁的人就可以穿帛了。100亩的自耕地，也不要夺其时，全家几口就不会饿死了。然后大家聚起来，讲孝顺的道理，仁义的理念等。

孟子的这些主张，不外乎是安定人民、富裕人民、教育人民的。然而，魏惠王并没有采纳孟子的这些建议，而他的儿子魏襄王也没有这样做。

孟子见魏襄王依然像他的父亲一样“不似人君”，就离开了魏国。孟子听说齐国有一个“稷下学宫”，是个读书人聚集的地方，于是就前往齐国。

此时齐宣王继位不久，增修了父亲齐威王留下的临淄稷门外的稷下学宫。著名学者如邹衍、淳于髡、田骈、慎到等76人，都被齐宣王安排在这里讲学。这里聚集的名闻天下的学者，达数百人之多。

齐宣王在雪宫接见孟子。孟子对他说：“当国君的关键是做仁义道德的表率作用，引导全国人民提高仁义道德水准，全国人都仁义了，国家就大治了。这就是王道。”

齐宣王忐忑不安地问：“像我这样的人，能修炼仁义，保民而王吗？”

孟子说：“仁政实行起来，就像捡起一根羽毛，折断一根树枝那么容易，您当然可以。上次，我看见您祭祀的时候热爱动物，不忍看见老牛哆嗦，这是仁心发现啊，这就是君子啊，君子远庖厨嘛！”

孟子和齐宣王谈论了如何施行仁政、不贪恋财物女色、官员管理，以及如何看待当时各诸侯间的战争等问题，齐宣王受益匪浅。于是，齐宣王授予孟子客卿的高位，事事请教。

孟子出门就有好几百人跟着。孟子受到齐宣王前所未有的礼遇。

齐宣王向孟子学起了仁政，并且从身边做起，从一点一滴做起。首先对自己的亲戚行仁义，把自己的老弟、大贵族田婴封为相邦。还组建了庞大的王家乐队，以礼乐推广孟子的仁政。

孟子还曾奔波于滕国、鲁国等诸侯国，与各国的国君或重臣讨论以仁治国，如何重“义”的问题，竭力倡导“先义而后利”，培养“配义与道”浩然正气。

孟子的“舍生取义”道德观念，是鼓舞志士仁人为民族大义献身的重要精神力量，是崇高道德人格的光辉写照。在几千年漫长的历史中，成为了中华民族虽历经磨难而能巍然屹立的最重要的精神支柱。

墨子坚持苦行为义

春秋战国时期的义利之争是一个时代命题，也是先秦时期诸子普遍关注的话题。除了孔子、孟子对“义”和“利”的阐释和亲身实践外，墨子继他们之后创立了墨家学派，这一学派对“义”和“利”也有自己的认识。

墨子，战国前期小邾国人。小邾国就是现在的山东省滕州。他好学深思，苦读博览，是战国时期著名的思想家、教育家、科学家、军事家、社会活动家。

墨子经过长时间艰苦的探索与实践，形成了独具特色的“义”“利”观，即“以德为先”“身体力行”，实现“兼相爱、交相利”，国泰民安的理想社会。

要实现这一崇高理想，教育就肩负着重大的使命。墨子认为，教

育是一种“为义”的活动。教育可以培育出有德之人，使人认识义的重要性。

当人们意识到行义不但能使自我受益，也可以给整个社会带来公义，那么人们也就会乐于从事行义的活动了。

有一次，有一个游历到墨子门下的人，身体很好，思虑敏捷，墨子想让他跟随自己学习。墨子对他说：“姑且学学吧，我将让你当官。”

用好言好意勉励他后，他答应学习。这个人学满一年，就向墨子求官职。墨子说：“我其实不能让你当官。”

这个人问：“当初你说让我当官的呀？”

墨子说：“你听说过一个鲁国的传说吗？鲁国有兄弟五人之家，他们的父亲死了，那个长子嗜好喝酒而不肯出资安葬父亲。他的4个弟弟说：‘你出资替我们安葬父亲，我们会为你买酒的。’用好话劝勉之后长子安葬了父亲。葬后长子就向他4个弟弟要酒。4个弟弟说：‘我们不能给你酒。你安葬你的父亲，和我们安葬我们的父亲是一样的，你安葬的哪里仅仅是我们的父亲？你不安葬那么人家将会嘲笑你，因此我们劝勉你安葬。’”

墨子最后和这个人说道：“现在你需要行道义，我也需要行道义，哪里只有我一个人讲道义的？你不学习，那么人家将会嘲笑你，所以我当初只是为了劝勉你学习。”

墨子不仅仅是注重“义”“利”观的教育，把劝学当作素质教育的重要内容，还把行义看得重于一切，“万事莫贵于义”。

墨子本人曾经止楚攻宋，楚惠王打算以书社封墨子，越王也打算以吴之地方五百里以封墨子，但墨子都没有接受。此“义”举被传为美谈。

墨子对弟子更是要求用“义”来处理人们的各种利益关系和社会关系，要求其在生死、贫富、亲疏面前，必须以“义”为原则做出选择，即谓：“不义不富，不义不贵，不义不亲，不义不近。”

墨子曾经使人到卫国做官，去做官的人到卫国后却很快回来了。墨子问他为什么回来，那人回答说：“卫国与我说话不合。说给我1000

盆的俸禄，却实际给了我500盆，所以我离开了卫国。”

墨子又问：“如果给你的俸禄超过1000盆，你还离开吗？”

那人答道：“不离开。”

墨子说：“既然这样，那么你不是因为卫国说话与你不合，而是因为俸禄少。”

墨子接着说：“世俗的君子，看待行义之人还不如一个背粟的人。现在这里有一个人背着粟，在路边休息，想站起来却起不来。君子见了，不管他是少、长、贵、贱，一定帮助他站起来。为什么呢？说这是义。现在行义的君子，承受先王的学说来告诉世俗的君子，世俗的君子，即使不喜欢不实行行义之士的言论也罢，却又加以非议、诋毁。这就是世俗的君子看待行义之士，还不如一个背粟的人了。”

后来，墨子又派弟子高石子到卫国从政。卫君给予高石子优厚的俸禄，安排在卿的官位上。高石子3次朝见卫君，每次都详述墨子的治国方略，卫君只是点头称好，却不采纳实行。

因此，高石子辞官回去，向墨子汇报说：“以前先生讲过，天下无道，仁义之士不该处在厚禄之位。现在卫君因老师您的缘故给我很高的待遇，我不愿在那里贪图俸禄和官位。”

墨子听了很高兴，就对得意的大弟子禽滑厘说：“背义而向往俸禄的人很多，拒绝俸禄而向往义的人很少。高石子就是为义背禄之人。”

从墨子对高石子离卫的举动大加赞赏并悉心劝慰的情况，我们也可以看出墨子“义胜于利”的价值观和“从道不从君”的思想。

墨子除聚徒讲学、组织团体之外，还周游列国。有一次，他的弟子问他：“先生见到各国之君说什么呢？”

墨子答道：“每到一国，必须选择那些急需的事先讲。国家混乱则语之尚贤尚同，国家贫穷则语之节用节葬，国家喜好声乐沉迷于酒色则语之非乐非命，国家淫僻无礼则语之尊天事鬼，国家抢夺侵凌则语之兼爱非攻。”

墨子是这样说的，也是这样做的。他四处奔走，“上说诸侯，下教民众”，席不暇暖，摩顶放踵，东北游齐国，西游卫国和郑国，南游宋

国、蔡国、楚国和越国。

有一次，墨子从鲁国到齐国，探望了老朋友。朋友对墨子说："现在天下没有人行义，你何必独自苦行为义，不如就此停止。"

墨子说："现在这里有一人，他有10个儿子，但只有一个儿子耕种，其他9个都闲着，耕种的这一个不能不更加紧张啊！为什么呢？因为吃饭的人多而耕种的人少。现在天下没有人行义，你应该勉励我行义，为什么还制止我呢？"

墨子曾经多次对弟子讲解义与利的关系。他说："义，利也，万事莫贵于义。"为义就是要"兴天下之利，除天下之害"，把"国家百姓人民之利"作为衡量价值高低的标准。要"兼相爱，交相利"，做到"兼而爱之，从而利之"。也就是说，为百姓、国家做好事，就是"义"，百姓、国家得到了好处，就是"利"。

墨子用利来规定义的内涵，把仁、义和爱的道德观念同利益、功利直接联系起来，表现了义利统一和重视功利的思想。

墨家弟子为"义"却可舍去一切。《墨子·大取》记载：

> 砍断指头和砍断手腕，如果两者利于天下相同，那就无所选择了。生和死，如果两者利于天下相同，那也就无所选择了。

墨家的贵义精神，既有平治天下的怀抱，也有大侠的义行，更有见义勇为、舍己为人的勇于牺牲精神。这种精神融于墨家学派的深层结构之中，并在其中薪火相传，代兴不辍，对中华民族优良品格的形成产生着深远的影响。

韩非坚持国家大义

韩非是先秦诸子中颇具影响的法家学派代表，法家思想的集大成

者。韩非为了坚持国家大义，宁可放弃道德肉体的价值。他用自己的亲身实践证明了这一点。

韩非是“战国七雄”韩国国君之子，战国末期韩国人，其范围即现在的河南省新郑市。

公元前280年，韩非出生在一个王室家族，但不幸的是，这个家族管理的是“战国七雄”中最弱的韩国。

在当时，声名远播的学术大师荀子正在楚国的兰陵开班讲学，四方学子慕名而去，韩非也加入到了求学者的行列。在求学期间，韩非结识了李斯。韩非文章出众，连李斯也自叹不如。

荀子是儒家八派中“荀学”的创始人，他的思想体系非常全面。若干年后，韩非学成，告别恩师踏上了回国的道路。

韩非以国家大义为重，目睹战国后期的韩国积贫积弱的现状，非常痛心。因此，他在回国以后多次上书韩王，希望改变当时治国不务法制、养非所用、用非所养的情况。

然而，韩非的主张始终得不到采纳。他只好退而著书，写出了《孤愤》《五蠹》《内外储》《说林》《说难》等著作。此时韩非的思想已经臻于澄明。

韩非的书传到秦国，秦王嬴政读了其中的《五蠹》《孤愤》之后被深深吸引，总是为他的形象魂牵梦绕。秦王曾经说：“我若能会见这位作者，和他交流谈论，便足慰平生了！”

战国后期的兼并战争在如火如荼地进行着，强者走向更强，弱者表现出不同形态的衰弱。

公元前234年，秦王派一支精锐的骑兵部队来到韩国的边境。但不是要韩国的土地和城池，而是要求把韩非献出来即可。

大军压境，韩国的君臣一筹莫展，最后想到了割地。当听说秦国只要韩非，如同抓到了救命稻草，就马上把韩非找出来送给了秦国。

韩非知道自己被韩国作弄，但他仍然心念祖国大义。为了韩国的利益，他一到秦国，就给秦王写了一封书信，这就是被后人称为《存韩》的这篇文章。

韩非在信中将韩国描绘成秦国的标准仆从国，出则为遮蔽，入则为枕席，为了秦国的利益竟干一些出力不讨好的事情，韩非竭尽全力使秦王相信秦国的最大敌人是赵国。说了这些后，韩非得出的结论是：秦国留着韩国有百利而无一害，不如领着韩国一起对付赵国，待击败赵国之后，天下自然就是秦国的天下。

就在秦国所有大臣对韩非结论表现沉默的时候，李斯作出了反应，他认为这是韩非的“障眼法”。

李斯认为，韩非开篇就先入为主地认定韩国一直是秦国忠贞不贰的仆从国，然后用大量篇幅以此为前提推导出保存韩国对秦国的好处，这是站在了韩国立场上说话。因此，他也给秦王上了一封书信。

在信中，李斯认为韩国并不是秦国忠贞不贰的仆从国，而是秦国的心腹之患。韩国的所作所为，都是为了将秦国的祸水引向其他国家，韩国偶尔追随秦国，也是为了避免灾难，贪图好处。最后，李斯得出了与韩非截然相反的结论：存韩误国，擒韩必然。

李斯深知韩非是语言、逻辑、概念方面的行家，对这个结论，韩非马上就能再写一封书信进行再反击，如果这样没完没了地辩论下去，最后必然会在文字上绕圈，事情的真相反倒被掩埋。

实施具体行动是李斯的长处。李斯又向秦王提议用事实来证明韩非所言的虚假。

李斯私下对秦王说道：“韩非是韩国王室贵族。现在秦国吞并诸侯已成定局，韩非的血统决定了他终究不会为秦国出力，这是人之常情。以韩非的学识和才干，如果不能为大王所用，久留于秦国而又平安返

回，不知道有多少秦国情报会随之而去，必将成为秦国的遗患。韩非来秦有日，无功于秦，却数次以文乱法，大王不如依法诛之。”

秦王表示赞同，于是韩非被关进了秦国的死囚牢里。韩非为了国家大义，最终在囚牢中饮毒酒而死。

韩非的思想尽在《韩非子》一书中。此书共有文章55篇，10余万字。里面的文章，风格严峻峭刻，干脆犀利，里面保存了丰富的寓言故事，在先秦诸子散文中独树一帜。

《韩非子》一书呈现出韩非极为重视唯物主义与功利主义思想，积极倡导君主专制，目的是为君主提供富国强兵的思想。

在义利方面，韩非认为无论是父母与子女之间还是君臣、民众之间的关系，都受自为自利之心的支配。因此，他主张完全以法代替道德，甚至还将仁义之学视为危害国家甚至导致国家破亡的害人思想。

作为法家思想的重要组成部分，韩非的义利观对我国历史的发展产生了深远的影响。秦汉时期以后，法家的影响逐渐式微，但法家并未因儒、道传和墨、法废而泯灭，相反仍是封建管理思想的一个重要方面，儒法互用构成了古代封建社会的意识形态。

范仲淹划粥割齑

范仲淹是北宋杰出的政治家、文学家。他不仅在政治上有卓越贡献，而且在文学、军事方面也表现出非凡的才能。

范仲淹两岁时，父亲就去世了。母亲没有办法生活下去，只好带着他改嫁到一个朱姓人家里。范仲淹从小就生活在受欺压、受凌辱的环境里。但是，他不甘寄人篱下，从小学习就非常刻苦。23岁那一年，他不远千里来到了当时著名的南都学舍求学。

那时，他的生活极其艰苦，每天只煮一碗稠粥，凉了以后划成四块，早晚各取两块，拌几根腌菜，再调拌一些醋汁，吃完继续读书，后世便有了划粥割齑的美誉，但他对这种清苦生活却毫不介意，而用

全部精力在书中寻找着自己的乐趣。

范仲淹就是这样严格要求自己，将全部精力放在学习上。他在南都学舍如饥似渴地昼夜苦学，每当困倦时，他就用冷水洗脸，清醒清醒头脑，又继续读书。据说，整整五年时间，他都是和衣而睡的。

一次，有人问起范仲淹的志向，范仲淹说："不是当个好医生，就是当个好宰相。好医生为百姓治病，宰相治理国家。"这种不为个人升官发财而读书的伟大抱负，让周围的人非常敬佩。

后来，范仲淹当了宰相，提出了许多富国利民的措施，实现了自己当年的志向。

君子喻于义

子曰："参乎，吾道一以贯①之。"曾子曰："唯。"子出，门人问曰："何谓也？"曾子曰："夫子之道，忠恕而已矣。"

子曰："君子喻于义，小人喻②于利。"

子曰："见贤③思齐焉，见不贤而内自省④也。"

【注释】

①贯：贯穿、贯穿始终。

②喻：明白、懂得、知道。

③贤：有德行的人，有才能的人，也称贤士。

④省：反省，自我反省。

【解释】

孔子说："参啊，我讲的道是由一个基本的思想贯彻始终的。"曾子说："是。"孔子出去之后，同学便问曾子："这是什么意思？"曾子说："老师的道，就是忠恕罢了。"

孔子说："君子明白大义，小人只知道小利。"

孔子说："见到贤人，就应该向他学习、看齐；见到不贤的人，就应该自我反省。"

这是修养方法之一，即见贤思齐，见不贤内自省。实际上这就是取别人之长补自己之短，同时又以别人的过失为借鉴，不重蹈别人的覆辙。这种态度，在今天仍非常实用。

【故事】

毛遂自荐做说客抗秦

公元前257年，秦国的军队包围了赵国的都城邯郸。平原君奉命去楚国求援，想与楚联合抗秦。

平原君打算从食客中挑出20个有智有勇的人，随他前往楚国。挑出19个人后，还有一个再也找不到合适的了。有个名叫毛遂的食客，向平原君自我推荐，平原君同意他随同前往。

途中，同行的人在与毛遂交谈过程中，逐渐发现他是个了不起的人物，都很钦佩他。他们到楚国后，楚王不愿联合抗秦，平原君也说服不了他。毛遂代表其他19位义士去说服楚王。

楚王听说毛遂是平原君门下的食客，怒气冲冲地要他滚出去。毛遂一手提剑，一手拉住楚王的衣袖，慷慨陈词，层层推进，一再说明联合抗秦的重要性。

楚王被毛遂勇敢的举动惊呆了。接着，毛遂又向楚王分析说，共同抗秦对赵、楚双方都有好处，道理是如此清楚、明白，楚王没有理由反对。毛遂的一席话，使楚王佩服得五体投地。楚王决定和平原君联合抗秦，很快为赵国解了围。

从此，毛遂成了平原君家中的贵客。

柳公权尊礼而传美名

唐代礼仪文化在继承传统的基础上，还有一定程度的创新，并使之贯穿于社会生活的各个领域。比如师生之间仍以“尊师”为核心，君臣之间君尊臣卑的纲常得以强化等。在这些方面，柳公权可谓重礼尊礼的代表，体现了唐代礼仪的道德性。

柳公权是唐代著名的书法家，“柳体”的创立者。官至太子少师，世称“柳少师”。他曾经以弟子之礼拜师，以臣子之礼劝谏皇帝。这中间的故事，一直被后世传为佳话。

柳公权小的时候，由于他特别喜欢写字，到了十四五岁便能写出一手好字，经常受到老师的表扬。日子久了，他心里美滋滋的，不知不觉就骄傲起来，以为天下“唯我独尊”了。

这一天，柳公权和几个伙伴们玩耍，玩什么好呢？这个说捉迷藏，那个说摔跤。柳公权说：“不行不行，咱们还是比比谁的字写得好吧！”

于是，大家便在大树下摆了一张方桌，一场“笔会”就这样开始了。柳公权书法底子好，很快写完了一篇，心想：“我肯定是第一了，谁能比得过？”心里这样想着，脸上也显露出洋洋得意的神情。

这时，一个卖豆腐脑儿的老头放下担子，来到桑树下歇凉。他很有兴致地看孩子们练字，柳公权递过自己写的说：“老爷爷，你看我写得棒不棒？”

老头接过去一看，只见纸上写的是“会写飞凤家，敢在人前夸”。老头觉得这孩子太骄傲了，皱了皱眉头，沉吟了一会儿，说道：“我看这字写得并不好，值不得在人前夸。这字好像我担子里的豆腐脑儿一样，软塌塌的，没筋没骨，有形无体，还值得在人前夸吗？”

几个小伙伴都停住笔，仔细听老人的品评。柳公权见老头把自己的字说得一塌糊涂，不服气地说：“人家都说我的字写得好，你偏说不好，有本事你写几个字让我看看！”

老头爽朗地笑了笑，说：“不敢当，不敢当！我老汉是一个粗人，写不好字。可是，人家有人用脚都写得比你好得多呢！不信，你到京

城里看看去吧！”

柳公权起初很生气，以为老头在骂他。后来想到老头和蔼的面容，爽朗的笑声，又不大像骂他，就决定到京城里去看看。

华京城离柳公权所在的柳家塬有20多千米路。第二天，柳公权起了个大早，悄悄给家里人留了张纸条，背着馍布袋就独自往华京城去了。柳公权进了京城，打听路人那个用脚写字的人在什么地方。路人告诉他那人在北街，柳公权按照地址找去。

柳公权来到北街，见一棵大槐树下挂着个白布幌子，上写“字画汤”3个大字，字体苍劲有力，笔法雄健潇洒。树下围了许多人，他挤进人群去看，不禁惊得目瞪口呆。

只见一个黑瘦的畸形老头，没有双臂，赤着双脚坐在地上，左脚压住铺在地上的纸，右脚夹起一支大笔，挥洒自如地在写对联。他运笔如神，笔下的字迹似群马奔腾，又如龙飞凤舞，博得围观看客们阵阵喝彩。

柳公权这才知道卖豆腐的老汉没有说假话，他惭愧极了，心想，和“字画汤”比起来，自己真是差得太远了！他“扑通”一声跪在“字画汤”面前，诚恳地说：“我叫柳公权，我愿拜你为师，请您收下我吧，我愿师傅告诉我写字的秘诀。”

“字画汤”慌忙放下脚中的笔，用脚拉起柳公权说：“我是个孤苦的畸形人，生来没手，干不成活，只得靠脚巧混生活。虽能写几个歪字，怎配为人师表？”

柳公权跪在地上，一再苦苦哀求。围观的人见状都说：“收下这个孩子吧，你看他多么真心实意呀！”

“字画汤”没再说什么，只是在地上又铺开一张纸，用右脚提起笔，写道：“写尽八缸水，砚染涝池黑；博取百家长，始得龙凤飞。”写完，让柳公权收起来。

柳公权是个聪明人，早已领略了这诗中的寓意，他不但懂得了写字必须勤写苦练，虚心学习，更懂得了做人亦不能恃才傲物，否则将一事无成。

他把老人写在纸上的话牢牢铭记在心里，再一次拜倒在地，感激地说：“谢谢您！谢谢您！”然后，小心翼翼地把那张纸收好，向老人深深地揖了又揖。

老人见柳公权颇懂礼貌，说道：“这几个字是我写字的秘诀。我自小用脚写字，风风雨雨已练了50多个年头了。我家有个能盛8担水的大缸，我磨墨练字用尽了8缸水。我家墙外有个半亩地大的涝池，每天写完字就在池里洗砚，池水都乌黑了。可是，我的字练得还差得远呢！”

柳公权揖着手说道：“您放心，我一定像您那样，刻苦练字！”

老人微笑着点点头。围观的人有的说：“这孩子将来一定有出息！”柳公权依依不舍地回去了。

自此，柳公权发奋练字，手上磨起了厚厚的茧子，衣服补了一层又一层，但从未停止过每日练字。“字画汤”刻苦习字的精神一直激励着他。

在练字过程中，柳公权学习了颜体的清劲丰肥，学习了欧体的开朗方润，学习了“字画汤”的奔腾豪放，也学习了“宫院体”的娟秀妩媚。

此外，柳公权曾经看人家剥牛剔羊，研究骨架结构，从中得到启示，联想到汉字的间架结构；他还注意观察天上的大雁、水中的游鱼、奔跑的麋鹿、脱缰的骏马，把自然界中各种优美的形态都熔铸到书法艺术里去。

柳公权最后终于练成流传千古的“柳体”。他的字，结构严谨，刚柔相济，疏朗开阔，为书法界所珍视，素有“颜筋柳骨”之美称。

可是，柳公权直至老，对自己的字还很不满意。他晚年隐居在华京城南的鹳鹊谷，就是现在的柳沟，专门研习书法，继续勤奋练字。

柳公权不但是一位大书法家，还是一位深谙君臣之礼的人。

有一年，皇帝唐穆宗在一座寺院里，看到了柳公权写的字，心里十分喜爱，很想见一见他，在一起谈论谈论书法。正巧，没过多久，柳公权从自己做官的地方夏州来朝廷办事。唐穆宗听说柳公权来了，

就让他来见自己，把他留在朝廷里做了右拾遗。

这一天，唐穆宗和柳公权在一起谈论书法，唐穆宗向柳公权请教说：“你的字写得笔法端正、刚劲有力，可我却写不了那么好，怎样用笔才能把字写好呢？”

听了唐穆宗的问话，柳公权心想，早就听说当今皇上耽于玩乐，不愿打理朝政，我何不借这个机会劝劝他呢？

柳公权毕竟是臣子，他知道身为人臣在劝谏帝王时应该怎么做。于是，他委婉地对唐穆宗说：“写字，先要握正笔。用笔的要诀在于心，只有心正了，笔才能正啊！”

听了柳公权的话，唐穆宗知道他是借讲笔法在规劝自己，不由得脸红了起来。

柳公权以特有的方式劝谏皇帝，收到了预期效果，唐穆宗果然有所收敛。柳公权言语委婉含蓄，体现了当时君臣之礼带有上古遗风。

欧阳修待人讲究尊重

宋代礼仪繁文缛节很多，却也造就了一个温文儒雅的大宋王朝。比如北宋的大文学家欧阳修，他虽是著名学者，但从不高傲，处处谦虚谨慎，待人讲究礼仪，给对方以极大尊重。

有一年，宋代的钱惟演镇守洛阳，建了一座驿舍。驿舍落成之后，一天，钱惟演邀请好友欧阳修、谢希深和尹师鲁三人为驿舍撰写一篇记文。

钱惟演没有什么爱好，平生唯独爱好读书，坐着读先秦时期百家著作、史书，躺着则读各种杂记，如厕时候则读小辞，大概从未把书放下。他对好文章从来都是百读不厌，因此也结交了许多写文章高手。

在钱惟演请的这3个文人当中，当时还顶属欧阳修的才华出众，名气大。但欧阳修认为，谢希深、尹师鲁写文章一定有值得自己借鉴的长处。于是，欧阳修决心抓住这个有利机会，取别人之长来补已

之短。

3个文人苦思冥索，终于各成一篇记文。欧阳修拿自己的文章与两位好友的文章进行比较，并与之相互交流。

谢希深的记文写了700字；欧阳修用500字写成；尹师鲁写得更短，全文才380多字，叙事清晰，结构谨严，遣词造句恰到好处。

欧阳修拜读尹师鲁的文章，赞不绝口："写得好，写得好！"他心悦诚服，甘拜下风。

随后，驿舍主人钱惟演赶紧安排3位文章大家就餐。宴席间，几个人纷纷表示，要再次撰写记文，使驿舍更加增色。钱惟演更是万分感谢，对他们的严谨态度钦佩不已。在席间，欧阳修屡屡赞美其他两位的文章各得千秋，是自己学习的榜样。还引用孔子的话说，"三人行，必有吾师"。

吃过饭后，欧阳修又提上一壶好酒，买来几道可口的好菜，来到尹师鲁的住处，诚恳地向尹师鲁讨教。尹师鲁被欧阳修那种虚心好学的精神深深感动，也就打消了种种顾虑，与欧阳修探讨起写文章的技巧来。他诚恳地说："你的文章不错，可就是文字欠简练。"

两位挚友一边饮酒，一边谈论。果然话语投机，竟是滔滔不绝，直至一轮红日东升，欧阳修方尽兴而归。

回到家里，欧阳修便按好友尹师鲁指出的问题，重新撰文。他凝神静想片刻，突然脑中文思泉涌，笔走龙蛇，从谋篇布局到遣词造句，比前文更加主题鲜明、字句凝练。

这一篇文章更完善、精粹，较尹师鲁还少了20个字，真是更上一层楼。但欧阳修还是把重新撰写的文章拿给尹师鲁审阅，以求精益求精。尹师鲁看了欧阳修改过的文章后，赞扬他说："你进步真快，真是

一日千里啊！”

最后，钱惟演就用欧阳修的文章作为驿舍的记文。而这座驿舍也因为欧阳修撰文而远近闻名。

欧阳修尊友的美德在许多事情上都有体现。宋仁宗曾经命翰林学士宋祁修撰《新唐书》。宋祁用了10多年时间，刻意求精，把该书的主要部分《列传》编写完了。这时，为了加快速度，皇帝又命欧阳修参加修撰，负责《纪》《志》的编写工作。

书成之后，宋仁宗感到全书体例及行文风格不一，要欧阳修从头润色。欧阳修把《列传》部分认真读过之后，感到写得很好，有独到之处，自己对唐代一些人物的看法与宋祁不同，但不能妄加修改强加于人。于是，他奏明宋仁宗，决定一字不易。

按照北宋时期惯例，史书修成后，不论多少人参加编写，只署官位最高的名字。欧阳修当时是宋代的参知政事，比宋祁的官位大得多，当然该在全部书上署他的名字了。

但欧阳修觉得自己只参加了一部分工作，书的大部分是由宋祁写的，便只在《纪》、《传》两部分署了自己的名字。他打破了惯例，不署全名，表现了尊重对方，以礼谦让的美德，深受人们的称赞。

有一次，欧阳修得到一幅古画，画的是一丛牡丹花，花下卧着一只小猫。他觉得这画很好看，就挂在了客厅里。这时欧阳修已经名气很大，而且孩子也长大了。他又与当朝丞相吴正肃成了亲家，在社会交往中成为名流人物。

一天，吴正肃来欧阳修家做客，欧阳修便在客厅里作陪。吴正肃看到欧阳修家客厅中的这幅古画，连连夸赞画得好。欧阳修自以为应该谦虚一下，便说：“还过得去吧，也不见得十分精彩。”

“怎么不精彩？”吴正肃认真起来。

欧阳修信口说：“你看，这花的颜色并不水灵，如果画露珠儿上去，岂不更好？”

吴正肃立刻站起身，走上前去，指着画说：“老弟，你错了！这里画的是正午牡丹，怎么可以有露珠呢？你瞧，花瓣是张开的，花的颜

色有些发干，正是阳光照射的结果。还有，你注意到这只小猫了吗？”

欧阳修对亲家前面说的话已经佩服了，又听他说到了画中的猫，就急切地问：“猫？这又有什么说道呢？”

吴正肃分析说：“你看，如果是早晨的牡丹，应是花苞未开，伴有露水，而且猫眼的瞳孔是圆的。而现在，猫眼的瞳孔眯成一条线，完全是正午的特征。”

欧阳修连连称是，暗想：我虽然得了此画，却不晓得其中奥妙，真是个门外汉！他叹了一口气，对吴正肃说：“看来我们这些舞文弄墨的人，真需要好好地向生活学习呀！否则，尽管文章写得多，也不会有生命力的。我真应该先向你学习了！”

欧阳修到了晚年，已经名噪天下，但他仍把以前所写的文章反复斟酌，逐字逐句地修改。欧阳修的妻子劝他说：“何必自讨苦吃呢？你这么大年纪了，难道还怕先生责怪吗？”

欧阳修笑着解释说：“如今不是怕先生责怪，而是怕后生笑话。”

杨时恭立雪地敬恩师

礼仪是律己、敬人的一种行为规范，是表现对他人尊重和理解的过程和手段。宋代的杨时为了求学，在大雪纷飞的天气立于老师门外等待求教，可谓以礼敬人的典范。

那是在北宋时期，福建将东县有个叫杨时的进士，他特别喜好钻研学问，到处寻师访友。

杨时小时候就很聪颖，显得与众不同，善写文章，读起书来又很用功。4岁入学，7岁就能写诗，8岁就能作赋，人称“神童”，15岁时攻读经史。杨时常对人家说：“学习对于我像吃饭一样，是我内心的需要，所以在任何时候我都不放松学习。”

杨时还认为，学习不仅需要有决心，而且必须有崇高的目标。他说：“学习和射箭一样，必须先有目标，然后才可放射，善于学习的

人，也一定先有自己的目标，然后才能订出学习计划，循序渐进。糊里糊涂是学不好的。”

杨时自己就是按照这一办法进行学习的。他年纪不大就能写一手好文章，后来又专心钻研经史，不久考中了进士。当时的理学大家程颢、程颐兄弟讲学很有名，四面八方的人都来向他们求教。杨时也弃官不做，到程颢处登门求教。

杨时虚心好学，进步很快，当他南行回家，程颢目送他感慨地说：“我的思想从此往南去了。”表达了对杨时怀念之情。后来程颢去世了，杨时很悲痛。

有一年，杨时赴浏阳任县令途中，不辞劳苦，绕道洛阳，拜程颐做老师，以求学问上进一步深造。

这时的杨时已经是40岁的人了，对理学已有相当造诣，但他仍然谦虚谨慎，不骄不躁，勤奋好学。

一天中午，杨时在学习上碰到了疑难问题，便和同学游酢一起去请教老师程颐。走到程老师家门口，杨时刚想敲门，忽然听见程老师打鼾的声音，就悄悄地对游酢说：“程老师正在午睡，咱们在这儿等一会儿吧！”

他们就站在门口，默默地背书，静静地等待着。

就在杨时等老师的时候，天上下起了鹅毛大雪，而且越来越大，天地间一片茫茫，时间不长，地面上就积出厚厚的一层雪。只见远山如玉簇，树林如银妆，房屋也披上了洁白的素装。

杨时、游酢马上成了两个雪人，形如雪雕一般。游酢建议回去，但杨时坚决不同意。杨时一只脚冻僵了，冷得发抖，但依然恭敬侍立。

过了很久，程老师醒来，发现两个学生站在门口的雪地里，就急忙把他们拉进屋里。这时，门外的积雪已经有一尺来厚了。杨时和游酢站过的地方，留下两双深深的脚印。

程老师心疼地说："外边雪这么大，你们为什么不进屋呢？"

杨时望着程老师慈祥的面容，说："老师，您在休息，我们不能惊动您。"

程颐听了，两眼望着门外漫天飞舞的大雪，久久没有说话。从此，更加尽心尽力地教杨时。杨时不负众望，终于学到了老师的全部学问。

后来，杨时学成后回到南方继续潜心研究和传播程氏理学。他为弄清楚张载《西铭》之理，专门写信向程颐请教。

杨时与当时南方著名学者胡安国、邹浩、游复、郑修、李夔等为友。经过一传数传，弟子众多，著名者有王苹、吕本中、张九成等。

由于杨时对程氏理学的传播，在南方形成独家学派龟山学派，在二程理学和朱熹之间起了承前启后的作用。被时人称为"龟山先生"。龟山是杨时的号。

龟山学派反对王安石的新学，注重《六经》等儒家经典，推崇《大学》和《中庸》，认为《大学》是学者入门之书，《中庸》为圣学之渊源。

杨时的学说到朱熹时，被发展为与"濂学""洛学""关学"并称的"闽学"。因此，杨时被尊为"闽学鼻祖"。

杨时的年寿很高，活到83岁。他的政治地位与学术地位都相当高，因此其学术思想在当时产生了很大影响，《宋史·道学传》记载：

东南学者唯杨时为程氏正宗。

南宋时期“东南三贤”的朱熹、吕祖谦、张栻，与龟山学派都有师承关系，其中尤以从罗从彦、李侗到朱熹一系为最有影响。杨时的龟山学派也就成为从二程到朱熹理学之重要环节。

位于现在的河南扶沟县城内书院街的大程书院内，有一座讲堂，中间塑有程颢的坐像，再现了他接人待物“春风满面”的历史旧幕。

据史书记载，程颢平时独坐或闭目养神，或思考问题，总是一脸严肃，像雕塑一样。而给学生解答问题或待人接物却满面春风，和蔼可亲。

讲堂东边的一组塑像，只见程颢、程颐端坐师位，杨时、游酢、吕大临、谢良佐这程门四大弟子，都满脸恭敬地站立求教，生动再现了“程门立雪”的典故。

事实上，杨时的理学建树恰恰源于“程门立雪”的精神。而这个故事本身，充分展示了一个学子求学师门，讲究礼仪，尊师重道的优秀品质，在中华礼仪文化中大放异彩。

范仲淹处处以礼为重

宋代礼仪文化在范仲淹身上也得到了充分体现。他为人处世以礼为重，为世人所称道。

范仲淹是北宋时期著名的政治家、军事家和文学家。他不仅教育儿子怎样以仁义之心接人待物，更是身体力行，礼待学人，虚心学习。在国家问题上，他更加重礼尊礼，表现了不计个人得失、以国家为重的襟怀。

范仲淹注重礼节，常常对孩子进行如何接人待物的教育。他给儿子取名叫范纯仁，寓意就是希望儿子长大后能够为别人着想，仁义待人。范纯仁从小知道这是父亲对他的期许，成年后自然而然地常常鼓

舞自己，并督促自己这样做。

有一次，范仲淹跟范纯仁说，让他把500斗麦子从京城运到江苏。范纯仁在途中遇到了父亲的老朋友，父亲故友说他家里父母去世了没有钱安葬，还有女儿都还没有嫁出去，生活状况比较窘迫。

范纯仁听完了，马上就把500斗麦子卖掉，把这些钱送给这位长辈。结果钱还不够。范纯仁想，帮人要帮到底。所以，他当场把运麦子的船也卖了，最后才凑够了钱。

范纯仁处理完之后，回京城见父亲，报告他在途中的情况。范仲淹得知麦子被卖掉，立刻对儿子说道："为什么不把麦船送给他呢？"

范纯仁听父亲说出这话，心里一阵轻松，回答道："我已经送给他了。"

仅凭这件事，就可知范仲淹的家风已经传给了他的儿子。范纯仁后来做观文殿大学士，常常教育子弟说："如果能用苛求别人的心来要求自己，用宽恕自己的心来宽恕别人，就不怕做不成圣贤！"

在以礼待人问题上，范仲淹自己做得更为极致。有一年，范仲淹在浙江桐庐做官时，因为十分敬仰崇拜严子陵，他特地为严子陵建造了一座祠堂。

严子陵是东汉初期人，跟刘秀是同学。刘秀做了皇帝以后，就召严子陵到京城去做谏议大夫，他不肯，隐居在富春山。相传严子陵经常在富春江边上钓鱼，因此祠堂就造在钓鱼台旁。

范仲淹为严子陵写了一篇记文，其中有一首赞颂严子陵的诗，诗中写道：

云山苍苍，江水泱泱；

先生之德，山高水长。

范仲淹写成诗后，就把这首诗拿给至交好友李泰伯看，并让他提出批评意见。李泰伯读后，再三叹服，然而觉得意犹未尽，他站起来说："先生的诗是一首好诗，先生的文章一旦传出去，必定名闻于天下，我想冒昧地改动一个字，使它白璧无瑕。不知先生意下如何？"

范仲淹已是大名鼎鼎的政治家、军事家和文学家，给这样一个人提意见，李泰伯实在有点儿诚惶诚恐。范仲淹听后，肃然起敬，马上站了起来，拱手说道："是哪一个字，快请说出来。"

李泰伯说："'云山''江水'等词句，从内容上说，十分宏伟开阔，博大奔放；从用词上说，极有气派，又与严子陵的居住环境吻合，白璧无瑕、韵味无穷，然而下面用一个'德'字接着它，似乎显得局促狭隘而且浅白了，换个'风'字您看怎么样啊？"

范仲淹此时似乎屏住了呼吸，聚精会神地听着，听罢频频点头，连声称"妙"，说罢他又低低吟诵一遍：

云山苍苍，江水泱泱；
先生之风，山高水长。

果然味道与"德"字大不相同，改用"风"字既包含了"德"的含义，又有"风传千里""风流千古"的意味，因此更能反映严子陵的高风亮节，反映出他对严子陵的崇高敬意。

想到这里，范仲淹对李泰伯佩服不已，嘴里说着："太好了，太好了，真是高见。"说着，就跪下来拜谢李泰伯。

李泰伯一见，慌忙扶起范仲淹，赶紧说："不必！不必！"

范仲淹虚心听取别人对他的诗文的修改意见，写文章常常字斟句酌，因此才有那样千古传诵的名句：

先天下之忧而忧，后天下之乐而乐。

范仲淹认为，关心国家大事，为天下人解忧，这是一个臣子最应

遵循的原则，是尊重国家，尊重人民，是最大的“礼”。

范仲淹自幼丧父，艰难的生活经历使他十分熟悉民生的疾苦，关心国家命运，敢于直言不讳地对朝政得失、民间利弊提出意见。范仲淹在任天章阁待制期间，发现宋仁宗皇帝年已 20 岁，但朝中各项军政大事，全凭 60 岁开外的刘太后把持，而且听说这年冬至那天，太后要让仁宗同百官一起，在皇帝办公的前殿给她叩头庆寿。

范仲淹认为，家礼与国礼不能混淆，损害君主尊严的事，应予制止。于是他奏上章疏，批评说：“在内宫事奉亲长，自当有家人礼仪，但在朝廷上天子和百官站在一起，朝南礼拜太后，不可成为后世的礼法。”

后来，范仲淹再上一章，干脆要求刘太后撤帘罢政。朝廷始终保持缄默，却降下诏令，贬范仲淹离京，调任河中府通判。

3 年后，范仲淹被恢复天章阁待制职务，担任对付西夏的军事重任，在军旅生涯中屡建功勋。范仲淹内心刚毅，外表谦和，以礼为重，虚怀若谷。他一生坚持进步理想，以天下为己任的高风亮节，体现了中华民族的高尚情操。